D1673207

Berner Kommentar

Kommentar zum schweizerischen Privatrecht

Berner Kommentar

Kommentar zum schweizerischen Privatrecht

Begründet von
† Prof. Dr. M. Gmür

Fortgeführt durch
† Dr. Dr. h.c. H. Becker
† Prof. Dr. A. Meier-Hayoz
Prof. Dr. Dr. h.c. Heinz Hausheer
Prof Dr. h.c. Hans Peter Walter

Herausgegeben von
Professorin Dr. Regina E. Aebi-Müller
und
Professor Dr. Christoph Müller

Der Berner Kommentar wurde im Jahre 1909 vom damaligen Ordinarius für Zivilrecht an der Universität Bern, Professor Dr. Max Gmür, begründet. Im Laufe der Jahrzehnte ist daraus eines der umfassendsten und wichtigsten Werke der schweizerischen juristischen Literatur herangewachsen.
Der Kommentar befindet sich in ständiger Entwicklung. Der Verlag macht es sich zur Pflicht, nur dann Lieferungen erscheinen zu lassen, wenn sie ein thematisch geschlossenes Gebiet behandeln. Daraus ergibt sich, dass alle Einzellieferungen des Berner Kommentars für den Praktiker auch wirklich brauchbar sind. Die neu erscheinenden Bände enthalten den Gesetzestext in allen drei Amtssprachen.

Übersicht über die verfügbaren Bände des Berner Kommentars
www.staempfliverlag.com/verlag/recht/programm/buchreihen/berner-kommentar
und des Berner Kommentar Update
www.staempfliverlag.com/verlag/recht/programm/buchreihen/berner_kommentar_update

Die Bände des Berner Kommentars sind auch über die Datenbank Swisslex abrufbar.

Schweizerisches Zivilgesetzbuch

Das Obligationenrecht

Das Aktienrecht: Systematische Darstellung

Erläutert von
Prof. Dr. Peter Nobel
Professor em. der Universitäten St. Gallen und Zürich,
Dr. rer. publ., Rechtsanwalt

 Stämpfli Verlag

Zitiervorschlag:
BK – NOBEL, Das Aktienrecht: Systematische Darstellung, § x, N y

Bibliografische Information der Deutschen Nationalbibliothek
Die Deutsche Nationalbibliothek verzeichnet diese Publikation in der Deutschen National-
bibliografie; detaillierte bibliografische Daten sind im Internet über http://dnb.d-nb.de abrufbar.

© Stämpfli Verlag AG Bern · 2017
www.staempfliverlag.com

ISBN 978-3-7272-3381-4

Über unsere Online-Buchhandlung www.staempflishop.com
ist zudem folgende Ausgabe erhältlich:
Judocu   ISBN 978-3-0354-1437-0

FSC
www.fsc.org
MIX
Papier aus ver-
antwortungsvollen
Quellen
FSC® C016087

Berner Kommentar

Kommentar zum schweizerischen Privatrecht

Vorwort und Überblick

Das vorliegende Buch ist kein Detailkommentar zum Aktienrecht, auch nicht zu Teilen davon. Es ist ein Überblick über die Entwicklung des Aktienrechts und über Probleme der aktienrechtlichen Welt, sei es historisch *de lege lata* oder *de lege ferenda*. Der Erläuterung dienen stets auch die eingefügten Fälle. So stehen am Anfang auch «Facts and Figures», also Angaben zu tatsächlichen Belangen (Kap. § 2). Jeder kann eigene Meinungen haben, aber nicht eigene Tatsachen. Dazu gehören auch Bemerkungen zum markanten Wandel der Aktionärsstruktur in Richtung «Institutionelle» und zu den zunehmend ihre Interessen wahrenden *Shareholder Services*.

Im vorliegenden Text ist auch immer wieder die Rede vom Finanzbereich. Dies geschieht darum, weil das Aktienrecht und das Kapitalmarktrecht immer näher zusammenrücken, formell und materiell (vgl. Kap. § 4). Einen wesentlichen Teil des Anwendungsbereichs des Aktienrechtes machen die Banken selbst aus, die als Aktiengesellschaften organisiert sind (Kap. § 5). Das ist der grösste Teil der Banken; selbst die bedeutenden Privatbanken sind nicht mehr Privatbanken im bankgesetzlichen Sinn (Art. 1 BankG; Personengesellschaften), sondern haben sich in Aktien- und Kommanditaktiengesellschaften umgewandelt. Im Vordergrund sind aber stets die Grossbanken (UBS und CS). Bei diesen stellt sich sogar das Problem der Systemstabilität (Too big to fail), dem mit, an sich aktienrechtlichen, Vorschriften wie Liquiditäts- und Kapitalanforderungen, dann aber auch organisatorischen Vorkehren (Abwicklungsfähigkeit) beizukommen versucht wird. Bankteile dürfen untergehen, aber nicht der Konzern.

Dann ist der Wertpapiermarkt Teil des Finanzmarktes (s. Kap. § 8). Die öffentliche Emission von Wertpapieren und die Kotierung an einer Börse mit der damit verbundenen Emittentenüberwachung verändert den Charakter einer AG weitgehend und zwar nicht nur streng aktienrechtlich, sondern auch durch eine Anzahl weiterer Bestimmungen (Börsengesellschaftsrecht). Auf diesem Markt spielen wiederum die Banken als Börsenteilnehmer und Vermittler eine bedeutende Rolle. Es kommt dazu, dass Finanzkrisen insbesondere auch die Aktienmärkte stark in Mitleidenschaft ziehen. Es sind auch die Aktionäre, die letztlich die (exorbitanten) Strafzahlungen (für Steuerzuwiderhandlungen, Embargo-Bruch oder Anlagefehlberatung) zu tragen haben.

Aktienrecht ist aber stets auch kapitalmarktorientiertes Entwicklungsrecht der Volkswirtschaften. Das Finanzmarktrecht ist seinerseits, neben der wesentlichen Komponente der staatlichen Aufsicht, zu einem schönen Teil sozusagen weiter elaboriertes Aktienrecht (Kapital- und Liquiditätsanforderungen, Organisation, Gewähr der Organe und qualifizierten Aktionäre, Konzernrecht, Sorgfaltspflichten, Prospekt- und Publizitätspflichten).

Mit dem marktwirtschaftlichen Denken und der Prosperität der Finanzmärkte, welche zunehmend das Aktienrecht beeinflusst haben (sog. «*Financialization*»), der wachsenden Bedeutung der grossen Publikumsgesellschaften und den internationalen Angleichungstendenzen im Rahmen der Globalisierung ist das Aktienrecht weniger technokratisch, dafür politischer geworden. Das vorliegende Werk folgt daher einem anderen Konzept als noch die leider unvollständig gebliebene Abhandlung zum Berner Kommentar von GOTTFRIED WEISS, Zum schweizerischen Aktienrecht, von 1968, an dessen Text mir ARTHUR MEIER-HAYOZ noch in sehr verdankenswerter Weise das Benutzungsrecht verschafft hat.

Am Beginn stehen aber auch Ausführungen zur Rechtsgeschichte der Aktiengesellschaft.

Für die juristische Person der AG (Art. 643 Abs. 1 OR) als vom Privatrecht körperschaftlich organisierte Personenverbindung (Art. 52 ff. und 59 Abs. 2 ZGB) ist auch die Stellung im Rahmen der Wirtschaftsverfassung von Bedeutung (s. Kap. § 1). Sie kann sich u.a. auf die Vereinigungs- und Wirtschaftsfreiheit (Art. 23, 27 und 28 BV) und ebenso auf die Eigentumsgarantie (Art. 25 BV) berufen. Ferner ist anzumerken, dass sie mit der sog. Abzockerinitiative zwecks Regelung von Vergütungen der obersten Organe, trotz einem ausgearbeiteten Gegenvorschlag auf Gesetzesebene, vorerst unvermittelt ihren eigenen Platz in der Bundesverfassung erhielt (Art. 95 Abs. 3 BV und dann VegüV, [heute Art. 735 ff. E-OR]).

Bemerkenswert ist auch der prozessrechtliche Status der AG, der überblicksmässig gute Einsichten vermittelt (s. Kapitel § 7).

Mit der Aktienrechtsreform vom 4. Oktober 1991 wurde eine lange Revisionsphase (1968–1991) abgeschlossen. Damit war eigentlich ein Zeitpunkt für einen konsolidierenden Überblick gegeben. Die Entwicklung ging aber schnell weiter:

– Am 7. Oktober 2005 wurden die Transparenznormen betreffend Entschädigungen durch börsenkotierte Gesellschaften (Botschaft, BBl 2004 4471 ff.; Art. 663b^{bis} OR) erlassen.

– Mit der GmbH-Reform vom 16. Dezember 2005 (Botschaft, BBl 2002 3148 ff.), welche die GmbH konsequent als personenbezogene Kapitalgesellschaft konzipierte, gab es auch einzelne Änderungen im Aktienrecht: Nach Art. 625 OR braucht es nicht mehr drei, sondern eine oder mehrere Gründungspersonen; ausserdem entfallen für Verwaltungsräte das Erfordernis der Aktionärseigenschaft und ebenso die Nationalitäts- und Domizilvorschriften (Art. 707 und aArt. 708 OR).

– Ebenfalls mit Novelle vom 16. Dezember 2005 (Botschaft, BBl 2004 3969 ff.) wurde das aktienrechtliche Revisionsrecht revidiert und das Revisionsaufsichtsgesetz erlassen.

– Mit der 2007 als «grosse Aktienrechtsreform» publizierten Vorlage (Botschaft, BBl 2008 1589 ff.) sollen die Corporate Governance verbessert, die Kapitalstruktur flexibler gestaltet, die GV modernisiert und das Rechnungslegungsrecht rechtsformübergreifend gestaltet werden.

– Dazwischen funkte die am 26. Februar 2008 zustande gekommene Volksinitiative «gegen die Abzockerei» (Botschaft, BBl 2009 299 ff.), welche in den eidgenössischen Räten zu einer Splittung der Reformvorlage führte.

– Der Teil Rechnungslegung wurde separiert und zu Ende beraten (Teilreform Rechnungslegungsrecht vom 23. Dezember 2011, AS 2012 6679 ff.).

– Für die anderen Teile der Reformvorlage 2007 wurde die Behandlung sistiert und die Durchberatung des Gegenvorschlags zur «Abzockerinitiative» vorgezogen. Mit dem Erlass der VegüV am 20. November 2013 war dieses Kapitel einstweilen abgeschlossen.

Zeitweilig war es eher schwierig, sich zum geltenden Recht Klarheit zu verschaffen. Mit der neuen Botschaft und dem Entwurf vom 23. November 2016 (BBl 2017 399) soll die grosse Aktienrechtsrevision nun beendet werden. Der Autor hat sich dazu entschlossen, das Ende nicht mehr abzuwarten, da dieses noch dauern kann. Auch im Aktienrecht ist zu konstatieren, dass es nicht mehr selten mehr um Politik als um Recht geht.

Neben der ordentlichen AG des OR (Art. 620 ff.) sind auch die Sondertypen zu vermerken, nämlich die traditionellen gemischtwirtschaftlichen Unternehmen (Art. 762 OR) sowie die Gesellschaften kantonalen Rechts (Art. 763 OR), Letztere sind zahlreich noch im Bereich der Kantonalbanken, von denen sich aber einige in Aktiengesellschaften des OR umwandelten (Kap. § 5). Die aus der Privatisierung hervorgegangenen Institute sind in der Regel spezialgesetzliche Aktiengesellschaften (bspw. Swisscom, SBB, Flughafen Zürich AG). Auch die Schweizerische Nationalbank ist eine sondergesetzliche AG. Anhand des kardinal gewordenen Finanzbereichs ist auch speziell auf die regulierte AG, vor allem auf die Bankaktiengesellschaft, einzugehen. Die Versicherungs-AG ist ein analoges Beispiel.

Früher galt die Einheit des Aktienrechts als Dogma. Heute ist jedenfalls zu unterscheiden zwischen den börsenkotierten und den übrigen Gesellschaften. Die Börsenkotierung spielt schon rein aktienrechtlich eine wesentliche Rolle (vgl. Art. 663*c*, 685*d* ff., 727, 727*b*, 958*e* und 962 OR). Mit der Börsenkotierung tritt eine Gesellschaft in den Bereich ein, den man heute mit *«Börsengesellschafts-*

recht» umschreibt (Kap. § 8). Er umfasst die Kotierung selbst, besondere Offenlegungspflichten (insb. die Ad-hoc-Publizität), aber auch die Emittentenüberwachung durch die Börse. Auch den Aktionären börsenkotierter Gesellschaften werden Pflichten auferlegt, die über die blosse Liberierungspflicht (Art. 620 Abs. 2
und 680 OR) hinausgehen und die Offenlegungs- und Angebotspflichten gemäss
Art. 120 ff. bzw. 125 ff. FinfraG umfassen. Das Übernahmerecht ist innert weniger Jahre zu einem eigenen regulierten Rechtsbereich geworden. Hier wird auch
eine Fallübersicht eingefügt.

Das Aktienrecht gehört zum Wirtschaftsrecht, ja ist sogar ein wesentlicher Teil
davon, da es massgebliche Instrumente zur Koordination der wirtschaftlichen
Aktivitäten bereitstellt. PETER FORSTMOSER erläuterte dazu, dass er in seiner langen Praxis vor allem zwei Entwicklungslinien bemerken musste (vgl. SJZ 2008,
133 ff.), nämlich einerseits eine zunehmende Ausrichtung auf internationale Standards (vgl. dazu § 12) und andererseits einen Übergang von einem formalen zu
einem auf die ökonomischen Konsequenzen ausgerichteten Normkonzept (same
business, same risks, same rules), d.h. auch eine (wieder) zunehmende Anknüpfung an die ökonomische Bedeutung der Wirtschaftsteilnehmer (dazu § 6).

Aktienrecht ist immer auch besonders mit der wirtschaftlichen und wirtschafts-
rechtlichen Entwicklung verbunden, namentlich auch mit den negativen Ereignissen und Skandalen. Zur Illustration und weil es in der Schweiz an Case Studies
weitgehend fehlt, wird neben einer Rechtsprechungsübersicht (s. Kap. § 4, N 268 ff.)
auch ein Überblick über prominente aktienrechtliche Fälle angefügt (spektakuläre
Fälle), freilich ohne Anspruch auf Vollständigkeit (s. Kap. § 7, N 194 ff.). Eine
Anzahl bemerkenswerter Fälle findet sich auch am Ende des Kapitels zum Börsengesellschaftsrecht (Kap. § 8) und auch des IPR-Kapitels (Kap. § 11), besonders
zu Fragen des internationalen Insolvenzrechts.

Der Aktiengesellschaft kommt das Prädikat eines industriepolitischen Entwick-
lungsmotors zu; sie ist, bei grösseren Unterfangen, eine Kapitalbeschaffungsma-
schine[1]. Dann unterstützt die Gesellschaftsform aber nicht nur eine strategisch
einsetzbare Unternehmens-, sondern auch eine Haftungsorganisation. Organisa-

---

[1]   S. dazu auch MICKLETHWAIT, JOHN/WOOLDRIDGE, ADRIAN, The Company, A Short
History of a Revolutionary Idea, New York 2005: Das Buch gibt einen faszinierenden
Überblick zur Entwicklung der Company oder Corporation und insbesondere auch zur Bedeutung der Managementmethoden. Es misst der gesellschaftsrechtlichen Entwicklung
grosse Bedeutung zu: «Hegel predicted that the basic unit of modern society would be the
state, Marx that it would be the commune, Lenin and Hitler that it would be the political
party. Before that, a succession of saints and sages claimed the same for the parish church,
the feudal manor, and the monarchy. The big contention of this small book is that they
have all been proved wrong. The most important organization in the world is the company:
the basis of the prosperity of the West and the best hope for the future of the rest of the
world» (Introduction, xiv).

tionsrechtlich vermittelt sie die Leitungsanwartschaft über ein Unternehmen und ist auch ein eigentliches kapitalistisches Element der schöpferischen Zerstörung *(creative destruction)* im SCHUMPETER'schen Sinne (JOSEPH A. SCHUMPETER, Capitalism, Socialism and Democracy, 1942, 82–85). Deshalb ist es auch interessant, ihre Geschichte zu verfolgen. Diese ist aber nicht abgeschlossen. Die AG war lange Zeit eine privatrechtliche Eigentümergesellschaft, wobei die Aktionäre eigentlich «Dritte» sind, denen zwar Eigentum im Rechtssinne an den Beteiligungspapieren, an den Gütern der AG und ihres Unternehmens hingegen bloss wirtschaftliches Eigentum zukommt.

Die Entwicklung der grossen Publikumsgesellschaften mit gestreutem Aktienbesitz wurde in den USA bereits in den 30er-Jahren des letzten Jahrhunderts als Wandel der Eigentumsverfassung wahrgenommen (BERLE/MEANS)[2], indem die Manager in die entscheidende Position rücken (Manager-Revolution). Theoretisch wurde dies später als Agency-Problem thematisiert, ein uralter Topos (schon bei CATO in der römischen Agrarwirtschaftslehre), der besagt, dass im Eigeninteresse effizienter gehandelt wird als bei der Verfolgung von Fremdinteressen. Das hat auch schon ADAM SMITH gesehen:

> «The directors of such companies, however, being the managers rather of other people's money than of their own, cannot well be expected that they should watch over it with the same anxious vigilance with which the partners in a private copartnery frequently watch over their own.»[3]

RUDOLF VON JHERING wollte dies im 19. Jahrhundert radikalisiert sehen:

> «Unter den Augen unserer Gesetzgeber haben sich die Aktiengesellschaften in Raub- und Betrugsanstalten verwandelt, deren geheime Geschichte mehr Niederträchtigkeit, Ehrlosigkeit, Schurkerei in sich birgt als manches Zuchthaus, nur dass die Diebe, Räuber und Betrüger hier statt in Eisen in Gold sitzen.»[4]

Und die moderne finanzwirtschaftlich orientierte Lehre formuliert weiterhin scharf:

> «Corporate governance deals with the ways in which suppliers of finance to corporations assure themselves of getting a return on their investment. How do the suppliers of finance get managers to return some of the profits to them? How do

---

[2]   «Finally, in the corporate system, the ‹owner› of industrial wealth is left with a mere symbol of ownership while the power, the responsibility and the substance which have been an integral part of ownership in the past are being transferred to a separate group in whose hands lies control» (ADOLF A. BERLE/GARDINER C. MEANS, The Modern Corporation and Private Property, New York 1932, 68 f.).

[3]   ADAM SMITH, An Inquiry into the Nature and Causes of the Wealth of Nations, Amsterdam/Lausanne et al., 29th May 2007, 574 f.

[4]   RUDOLF VON JHERING, Der Zweck im Recht, 3. Aufl., Leipzig 1893, Bd. I, 218.

they make sure that managers do not steal the capital they supply or invest in bad projects? How do suppliers of finance control managers?»[5]

Die Agency-Theorie entwickelte sich in der komplexer werdenden Welt zu einer Dreifachbetrachtung (vgl. KRAAKMAN REINIER/ARMOUR JOHN/DAVIES PAUL ET AL., The Anatomy of Corporate Law, 2nd ed., Oxford University Press, New York 2009, 35 ff.), nämlich des Verhältnisses (1) zwischen Aktionären und Managern, dann aber auch (2) zwischen Mehrheits- und Minderheitsaktionären und schliesslich (3) zwischen der Gesellschaft und den Anspruchsberechtigten (Stakeholdern).

Daraus erwuchs auch die Corporate-Governance-Diskussion (s. Kap. § 9); das «corporate» kommt natürlich von «corpus», Körperschaft, während in «governance» lenken und leiten («gubernare») anklingt, aber etymologisch auch noch der griechische Steuermann («kybernetes») mitschwingt.

Die Thematik wurde vom blossen «Shareholder Value»-Denken (RAPPAPORT ALFRED, Shareholder Value, Stuttgart 1995, 6 ff.) mit dem englischen *Cadbury Report* zur generellen Frage nach der Leitung von Unternehmen entwickelt (s. BÖCKLI PETER, Corporate Governance: The Cadury Report and the Swiss Board Concept of 1991, SZW 1996, 149 ff.) und mündete dann in eine allgemeine Diskussion über die Unternehmensorganisation. Dabei sind auch die Stakeholder-Ansätze bedeutungsvoll (wie etwa in den G20/OECD-Grundsätzen der Corporate Governance 2015, Ziff. IV), welche rechtlich freilich noch nicht mehr hergegeben haben als die Unterscheidung zwischen der korporativen Organisation der Aktionäre und den vertraglich gebundenen Gruppen der Arbeitnehmer und Gläubiger sowie den weiteren Kreisen, wie die Öffentlichkeit, denen es an einer spezifischen juristischen Einbindung indessen fehlt. So wird auch ein Überblick über die schweizerische Corporate-Governance-Diskussion angefügt, die 2002 erstmals in einen «Codex» mündete (Swiss code of best practice for corporate governance, jetzt 2014).

Gesellschaftsformen des aktiengesellschaftlichen Typus (in Aktien zerlegtes Grundkapital und abgeschieden vom Privatvermögen, also gemeinschaftliche Kapitalaufbringung und Verwaltung, in der Regel zur Organisation kommerzieller Unterfangen), sind alt; von einigen werden Spuren bis zu den römischen Publikanengesellschaften (Steuerpacht) verfolgt (BADIAN ERNST, Publicans and Sinners: Private Enterprise in the Service of the Roman Republic, 1972, dt. Übers. von WOLFGANG WILL, Zöllner und Sünder. Unternehmer im Dienst der römischen Republik, Darmstadt 1997; zurückhaltend, aber materialreich FLECKNER ANDREAS M., Antike Kapitalvereinigungen – Ein Beitrag zur Geschichte der Aktiengesellschaft, Köln/Weimar/Wien 2010, 88 und *passim*), doch besteht Einigkeit, dass die

---

[5]   ANDREI SHLEIFER/ROBERT W. VISHNY, A Survey of Corporate Governance, The Journal of Finance, vol. LII/no. 2, June 1997, 737.

Kolonialgesellschaften wie die niederländische Ostindische Kompagnie *(Vereenigde Oostinidische Compagnie VOC)* oder die englische *East India Company* bereits lehrreiche Vorläuferbeispiele sind. Sie konnten aber agieren wie Staaten.

Der erste grössere geschichtliche Überblick umfasst die Entwicklung bis zum grundsätzlich noch heute geltenden Aktienrecht von 1936 (Kap. § 3), der weitere bis heute, d.h. bis zur neuen Botschaft zum zweiten Teil der «grossen» Aktienrechtsreform vom 23. November 2016, deren Gehalt noch Eingang findet (Kap. § 4). Dieser Teil ab 1936 wird auch von einer selektiven Rechtsprechungsübersicht begleitet (Leading Cases). Ebenso wird dann die Herausbildung rechtsformgelöster, aber für die AG besonders bedeutsamer Entwicklungsmaterien, die sich an Grössenkriterien orientieren (Umsatz, Bilanzsumme, Vollzeitstellen) und rechtsformübergreifend sind, thematisiert (Rechnungslegung und Revision).

Die Rechnungslegung ist der Bereich, wo man die neue Form der Normentwicklung, nämlich die *internationalen Standards* (Kap. § 12), bis heute wohl am eindrücklichsten erkennt (IFRS, US-GAAP, in der Schweiz Swiss GAAP FER, Art. 962 und 962*a* OR, VASR[6]). Solche Standards werden von privaten fachkundigen Gremien entwickelt und orientieren sich an der Marktpraxis sowie an den Investorenwünschen. Sie sind allerdings von grosser Komplexität. Als moderne Normschaffungsinitiativen finden sie sich in verschiedenen Bereichen, und es ist auf dieses Phänomen der teilweisen Lösung der Rechtsfortbildung vom parlamentarischen Geschehen, welches bislang noch keine grosse Aufmerksamkeit gefunden hat, einzugehen.

Der *numerus clausus* der Handelsgesellschaftsformen mit der einfachen Gesellschaft als Auffangform (Art. 530 Abs. 2 OR) war allgemein akzeptierte Lehre. Jetzt wurde im Kollektivanlagengesetz die Figur der Aktiengesellschaft mit variablem Kapital (Investmentgesellschaft, Art. 36 ff. KAG) geschaffen und damit einer der Grundsatzbestandteile des Aktienrechts flexibilisiert. Auch mit dem Kapitalband (Art. 653*s* ff. E-OR 2007) wird am fixen Grundkapital gerüttelt, und man kann sich noch heute fragen – wie schon die Studiengruppe JÄGGI im Jahr 1957 –, ob dieses wirklich vonnöten sei. Eine AG ohne festes Grundkapital ist nämlich durchaus vorstellbar.

Neben den historischen Teilen (Aktienrecht bis bzw. nach 1936) gehören zur heutigen aktienrechtlichen Welt auch die internationalen Aspekte, vor allem das IPR des Gesellschaftsrechts (Kap. § 11) sowie die europarechtlichen Entwicklungen der Rechtsangleichung im Gesellschaftsrecht (Kap. § 13). Auch hier stösst man aber wieder auf Gegensätze, die man als historisch bezeichnen darf, etwa die Auseinandersetzung zwischen der Inkorporationstheorie und die Anknüpfung an

---

[6]   Verordnung über die anerkannten Standards zur Rechnungslegung vom 21. November 2012, SR 221.432.

den Sitz der effektiv leitenden Verwaltungstätigkeit. Rechtssicherheit schafft aber nur die Anknüpfung an den statutarischen Sitz (und die dort vorzunehmende Eintragung ins Handelsregister). Die Sitztheorie verkennt das heutige Wesen der AG und sieht sie als wirtschafts- und sozialpolitisches Instrument (was in Deutschland gerade auch mit der Mitbestimmung zum Ausdruck kommt). Das europäische Recht der Angleichung des Gesellschaftsrechts hat sich lange an deutschen organisationsrechtlichen Vorstellungen orientiert, die indessen nicht exportfähig waren. Entsprechend ist das Unterfangen denn auch steckengeblieben, bis von der Wertpapierseite erfolgreichere Impulse kamen.

Die heutige Rechtslage und auch die damit vielfach verbundenen Vorstellungen sind noch weitgehend vom Bild der selbstständigen Einzelgesellschaft geprägt. Das Aktienrecht lässt heute aber sowohl die Gesellschaft mit mehreren oder auch mit nur einem Aktionär zu (Art. 625 OR). Darin liegt auch eine besondere Rechtfertigung des *Konzerns,* denn dieser zeichnet sich speziell dadurch aus, dass eine Muttergesellschaft Tochtergesellschaften beherrscht. Dies führt zu Forderungen nach Transparenz und zu Schutzanliegen in Bezug auf aussenstehende (Minderheits)aktionäre und Gläubiger. Mit dem Konzernrecht sind die Gesellschaftsrechtler aber noch nicht vollständig zurande gekommen; es ist ein unerledigtes Feld (vgl. Kapitel § 10). Ob es dazu eine Spezialgesetzgebung braucht, sei aber offengelassen.

Eine wirtschaftsrechtliche Betrachtungsweise der Rechtsentwicklung rund um die AG, die auf die Funktion der privatwirtschaftlichen Institutionen (auch der gesellschaftsrechtlichen) im Vollzug des Wirtschaftssystems achtet, hat auch die als Folge der Globalisierung auftretenden Änderungen der normativen Anforderungen zur Kenntnis zu nehmen. Dazu gehören sowohl die breite internationale Corporate-Governance-Diskussion wie auch die Entwicklung der internationalen Standards sowie der Verhaltenscodices (Global Compact, Leitsätze der OECD für multinationale Unternehmen). Sie sind zu einem grossen Teil Ausdruck neuer ethischer Anforderungen auf der internationalen Ebene. Gefordert werden zunehmend eine Corporate Social Responsibility (CSR) und weitere ethische Standards. Die Sorge um die Menschenrechte wird auch hier in den Vordergrund geschoben.

Dank

Ich möchte allen danken, die mitgearbeitet und mich unterstützt haben.

Grosser Dank gilt vor allem Dr. NIKOLAUS LINDER, der den alt-historischen Teil ausgeführt hat. Danken möchte ich auch dem umsichtigen Koordinator und Mitarbeiter für die Entwicklung ab 1936 RA RINON MEMETI und meiner langjährigen wissenschaftlichen Mitarbeiterin CHARLOTTE BAER vor allem für die Rechtsprechungsübersicht und das Stichwortverzeichnis. Dann haben verschiedene Assistenten und Mitarbeiter (so NICOLA ZEHNDER und RA SILVAN GEHRIG), an verschiedenen Teilen und zu verschiedenen Zeiten in dankenswerter Weise aktiv mitgewirkt. DAVID SCHÖNBERGER hat die «Facts and Figures» zusammengetragen und aufgearbeitet, und PHILIPP SIEGRIST ist verfahrensrechtlichen Fragen nachgegangen. Das Buch lag als halbfertiges Manuskript, immer wieder von neuen Revisionen überholt, jahrelang herum, und zwar bis ich fand, dieser Art von Ausführungen könne selbst die noch mangelnde Vollendung des mehrfach verschobenen zweiten Teils der «grossen» Aktienrechtsreform (bundesrätliche Botschaften vom Dezember 2007 und November 2016) nichts Entscheidendes mehr anhaben, da das Buch ja nicht als Kommentar im eigentlichen Sinne gedacht ist. Mein Partner, RA Dr. CHRISTOPH PETER, hat in kurzer Zeit mit der ihm eigenen Effizienz auch die Auswahl der übernahmerechtlichen und der sog. «spektakulären» Fälle, die ins Buch eingeflossen sind (s. Kapitel § 8, N 153 ff.), bearbeitet. Mein Freund Prof. Dr. ROBERT WALDBURGER und RINON MEMETI haben mir in der Schlussphase in wertvoller Weise geholfen, die steuerlichen Ausführungen in verlässlicher Weise anzufügen.

Frau RA Dr. CLAUDIA SIEBENECK, meine ehemalige Assistentin (St. Gallen), hat sich der Mühe eines abschliessenden Lektorates unterzogen.

Die Gesamtverantwortung trage ich aber selbst; und die Arbeit an diesem Buch war ein Vergnügen.

Peter Nobel

Inhaltsübersicht

Abkürzungsverzeichnis

a.A.	anderer Ansicht
a.a.O.	am angeführten Ort
AB	Amtsblatt
ABB	Asea Brown Boveri
ABl.	Amtsblatt der Europäischen Gemeinschaften
Abs.	Absatz
aBV	alte Bundesverfassung
ABV	Aktionärsbindungsvertrag
ADHGB	Allgemeines Deutsches Handelsgesetzbuch
AEUV	Konsolidierte Fassung des Vertrags über die Arbeitsweise der Europäischen Union
AG	Aktiengesellschaft
AGB	Allgemeine Vertragsbedingungen
AHV	Alters- und Hinterbliebenenversicherung
AHVG	Bundesgesetz vom 20. Dezember 1946 über die Alters- und Hinterlassenenversicherung (SR 831.10)
AIA	Automatischer Informationsaustausch
AIAG	Bundesgesetz vom 18. Dezember 2015 über den internationalen automatischen Informationsaustausch
AIAV	Verordnung vom 23. November über den internationalen automatischen Informationsaustausch
AJP	Aktuelle Juristische Praxis
AktG	Aktiengesetz (Deutschland)
a.M.	anderer Meinung
AmtlBull	Amtliches Bulletin der Schweizerischen Bundesversammlung
Anm.	Anmerkung/-en
Art.	Artikel
AS	Amtliche Sammlung des Bundesrechts
AT	Allgemeiner Teil
Aufl.	Auflage
BankG	Bundesgesetz vom 8. November 1934 über die Banken und Sparkassen (Bankengesetz, SR 952.01)
BankV	Verordnung vom 17. Mai 1972 über die Banken und Sparkassen (Bankenverordnung, SR 952.02)
BBl	Bundesblatt
BCBS	Basle Committee on Banking Supervision (Basler Ausschuss für Bankenaufsicht)
Bd.	Band
BEG	Bundesgesetz vom 3. Oktober 2008 über Bucheffekten (SR 957.1)
BEHG	Bundesgesetz vom 24. März 1995 über die Börsen und den Effektenhandel (Börsengesetz, SR 954.11)
BEHV	Verordnung vom 2. Dezember 1996 über die Börsen und den Effektenhandel (Börsenverordnung, SR 954.11)

BEHV-EBK	Verordnung vom 25. Juni 1997 der Eidgenössischen Bankenkommission über die Börse und den Effektenhandel (nicht mehr in Kraft)
BEHV-FINMA	Verordnung der Eidgenössischen Finanzmarktaufsicht vom 25. Oktober 2008 über die Börsen und den Effektenhandel (Börsenverordnung-FINMA, SR 954.193)
BEKB	Berner Kantonalbank
BEPS	Base Erosion and Profit Shifting
BetrVG	Betriebsverfassungsgesetz (Deutschland)
BewG	Bundesgesetz vom 16. Dezember 1983 über den Erwerb von Grundstücken durch Personen im Ausland (Bewilligungsgesetz, SR 211.412.41)
BFS	Bundesamt für Statistik
BG	Bundesgesetz
BGBl	Bundesgesetzblatt (Deutschland)
BGE	Bundesgerichtsentscheid
BGer	Bundesgericht
BGFA	Bundesgesetz vom 23. Juni 2000 über die Freizügigkeit der Anwältinnen und Anwälte (Anwaltsgesetz, SR 935.61)
BGG	Bundesgesetz vom 17. Juni 2005 über das Bundesgericht (SR 173.110)
BGH	Bundesgerichtshof (Deutschland)
BGHZ	Entscheidungen des Bundesgerichtshofs in Zivilsachen (Deutschland)
BIP	Bruttoinlandprodukt
BIS	Bank for International Settlements (= BIZ)
BIZ	Bank für Internationalen Zahlungsausgleich (= BIS)
BJ	Bundesamt für Justiz
BK	Berner Kommentar
BP	British Petroleum
BR	Bundesrat
BSI	Banca della Svizzera Italiana
BSK	Basler Kommentar
bspw.	beispielsweise
BT	Besonderer Teil
Bull.	Bulletin
BV	Bundesverfassug der Schweizerischen Eidgenossenschaft vom 18. April 1999 (SR 101)
BVerfG	Bundesverfassungsgericht (Deutschland)
BVerfGE	Entscheidung des Bundesverfassungsgerichts (Deutschland)
BVerfGK	Kammerentscheid des Bundesverfassungsgerichts (Deutschland)
BVG	Bundesgesetz vom 25. Juni 1982 über die berufliche Alters-, Hinterlassenen- und Invalidenvorsorge (SR 831.40)
BVGE	Bundesverwaltungsgerichtsentscheid
BVV 2	Verordnung vom 18. April 1984 über die berufliche Alters-, Hinterlassenen- und Invalidenvorsorge (SR 831.441.1)
bzgl.	bezüglich
bzw.	beziehungsweise

ca.	circa
CCP	Central Counterparty
CdC	Code de Commerce français
CEBS	Committee of European Banking Supervisors, ersetzt durch die European Banking Authority (EBA)
CEO	Chief Executive Officer
CFC-Regeln	Control Foreign Company Rules
CFO	Chief Financial Officer
CHF	Schweizer Franken
Co.	Company
CRA	Credit Rating Agency
CRD	Capital Requirements Directives
CS	Credit Suisse
CSR	Corporate Social Responsibility
d.h.	das heisst
DBA	Doppelbesteuerungsabkommen
DBG	Bundesgesetz vom 14. Dezember 1990 über die direkte Bundessteuer (SR 646.11)
ders.	derselbe
Diss.	Dissertation
DTB	Deutsche Terminbörse
DoJ	Departement of Justice (USA)
E	Entwurf
E./Erw.	Erwägung
EBA	European Banking Authority, ersetzt das Committee of European Banking Supervisors (CEBS)
ebd.	ebenda
EBG	Eisenbahngesetz vom 20. Dezember 1957 (SR 742.101)
EBK	Eidgenössische Bankenkommission (heute: FINMA)
EBK-Bull.	Bulletin der Eidgenössischen Bankenkommission
EBR	Europäischer Betriebsrat
ed.	editor
EF	Expert Focus
EFD	Eidgenössisches Finanzdepartement
EG	Europäische Gemeinschaft
EGMR	Europäischer Gerichtshof für Menschenrechte
EHRA	Eidgenössisches Amt für Handelsregister
Eidg.	Eidgenössische
EJPD	Eidgenössisches Justiz- und Polizeidepartement
ElCom	Elektrizitätskommission
EMRK	Konvention vom 4. November 1950 zum Schutz der Menschenrechte und Grundfreiheiten (Europäische Menschenrechtskonvention, SR 0.101)
endg.	endgültig
EO	Erwerbsersatzordnung

ERV	Verordnung vom 29. September 2006 über die Eigenmittel und Risiko-verteilung für Banken und Effektenhändler (Eigenmittelverordnung, SR 952.03)
Erw.	Erwägung
ESMA	European Securities and Markets Authority
EStV	Eidgenössische Steuerverwaltung
ESZB	Europäisches System für Zentralbanken
et al.	et aliae
etc.	et cetera
ETH	Eidgenössische Technische Hochschule
EU	Europäische Union
EuGH	Europäischer Gerichtshof
EUR	Euro
EURIBOR	Euro Interbank Offered Rate
EUV	Vertrag über die Europäische Union
evtl.	eventuell
EWG	Europäische Wirtschaftsgemeinschaft
EWIV	Europäische wirtschaftliche Interessenvereinigung
EWR	Europäischer Wirtschaftsraum
EZB	Europäische Zentralbank
f., ff.	folgende, fortfolgende
FAQ	Frequently Asked Questions
FASB	Financial Accounting Standards Board
FATCA	Foreign Account Tax Compliance Act (USA)
FATF	Financial Action Task Force on Money Laundering
F&E	Forschung und Entwicklung
FER	Fachempfehlungen zur Rechnungslegung
FIDLEG	Bundesgesetz über die Finanzdienstleistungen (Entwurf)
FinfraG	Bundesgesetz vom 19. Juni 2015 über die Finanzmarktinfrastrukturen und das Marktverhalten im Effekten- und Derivatenhandel (Finanz-marktinfrastrukturgesetz, SR 958.1)
FinfraV	Verordnung vom 25. November 2015 über die Finanzmarktinfra-strukturen und das Marktverhalten im Effekten- und Derivatenhandel (Finanzmarktinfrastrukturverordnung, SR 958.11)
FinfraV-FINMA	Verordnung der Eidgenössischen Finanzmarktaufsicht vom 3. Dezember 2015 über die Finanzmarktinfrastrukturen und das Marktverhalten im Effekten- und Derivatenhandel (Finanzmarkt-infrastrukturverordnung-FINMA, SR 958.111)
FINIG	Bundesgesetz über die Finanzinstitute (Entwurf)
FINMA	Eidgenössische Finanzmarktaufsicht
FINMAG	Bundesgesetz vom 22. Juni 2007 über die Eidgenössische Finanz-marktaufsicht (Finanzmarktaufsichtsgesetz, SR 611.0)
FINMA-RS	Rundschreiben der Eidgenössischen Finanzmarktaufsicht
FINRA	Financial Industry Regulatory Authority (USA)
FN	Fussnote
FS	Festschrift

FSAP	Financial Sector Assessment Program (IWF)
FSAP	Financial Services Action Plan (EU)
FSB	Financial Stability Board (ehemals: FSF)
FSF	Financial Stability Forum (heute: FSB)
FusG	Bundesgesetz vom 3. Oktober 2003 über Fusion, Spaltung, Umwandlung und Vermögensübertragung (SR 221.301)
FZA	Freizügigkeitsabkommen
G20	Zusammenschluss von 20 Entwicklungs- und Schwellenländern
GAFI	Groupe d'Action financière
GATS	General Agreement on Trade and Services
GATT	General Agreement on Tariffs and Trade
GAV	Gesamtarbeitsvertrag
GesKR	Schweizerische Zeitschrift für Gesellschafts- und Kapitalmarktrecht sowie Umstrukturierungen
GG	Grundgesetz (Deutschland)
ggf.	gegebenenfalls
GL	Geschäftsleitung
GM	General Motors Company
GmbH	Gesellschaft mit beschränkter Haftung
GOG ZH	Gerichtsorganisationsgesetz des Kantons Zürich
GS	Genussschein/-e
GV	Generalversammlung
GwG	Bundesgesetz vom 10. Oktober 1997 zur Bekämpfung der Geldwäscherei im Finanzsektor (Geldwäschereigesetz, SR 955.0)
Habil.	Habilitation
Hg.	Herausgeber
HG	Handelsgericht
HGB	Handelsgesetzbuch (Deutschland)
HK	Handkommentar
h.L.	herrschende Lehre
HReg.	Handelsregister
HRegV	Handelsregisterverordnung
Hrsg.	Herausgeber
HWP	Handbuch für Wirtschaftsprüfung
HWpÜ	Haager Wertpapierübereinkommen
IAASB	International Auditing and Assurance Standards Board
IAIS	International Association of Insurance Supervisors
IAS	International Accounting Standards
IADI	International Association of Deposit Insurers
IASB	International Accounting Standards Board
IASC	International Accounting Standards Committee
IAASB	International Auditing and Assurance Standards Board
IASC	International Accounting Standards Committee
ICC	Schiedsgerichtsordnung der Internationalen Handelskammer
i.d.R.	in der Regel
IFRS	International Financial Reporting Standards (vormals IAS)

IKS	internes Kontrollsystem
ILO	International Labour Organization
IMF	International Monetary Fund (= IWF)
Inc.	Incorporation
inkl.	inklusive
insb.	insbesondere
IOSCO	International Organization of Securities Commissions
IPO	Initial Public Offering
IPR	Internationales Privatrecht
IPRG	Bundesgesetz vom 18. Dezember 1987 über das internationale Privatrecht (SR 291)
IPSAS	International Public Sector Accounting Standards
IRS	Internal Revenue Service (USA)
IRSG	Bundesgesetz vom 20. März 1981 über die internationale Rechtshilfe in Strafsachen (Rechtshilfegesetz, SR 351.1)
IRSV	Verordnung vom 24. Februar 1982 über internationale Rechtshilfe in Strafsachen (Rechtshilfeverordnung, SR 351.11)
i.S.	in Sachen (bei Gerichtsentscheiden)
ISA	International Standards on Auditing
i.S.d.	im Sinne der/des
ISO	International Organization for Standardization
ISS	Institutional Schareholder Services
i.S.v.	im Sinne von
IV	Invalidenversicherung
i.V.m.	in Verbindung mit
IWF	Internationaler Währungsfonds
KAG	Bundesgesetz vom 23. Juni 2006 über die kollektiven Kapitalanlagen (Kollektivanlagegesetz, SR 951.31)
Kap.	Kapitel
KB	Kantonalbank
KG	Bundesgesetz vom 6. Oktober 1995 über Kartelle und andere Wettbewerbsbeschränkungen (Kartellgesetz, SR 251)
KGK	Kommanditgesellschaft für kollektive Kapitalanlagen
KKV	Verordnung vom 22. November 2006 über die kollektiven Kapitalanlagen (Kollektivanlagenverordnung, SR 951.311)
KMU	Kleine und mittlere Unternehmen
KonTrag	Gesetz zur Kontrolle und Transparenz im Unternehmensbereich (Deutschland)
KR	Kotierungsreglement SIX Swiss Exchange vom 29. Oktober 2008
KUKO	Kurzkommentar
KYC	Know your customer
LIBOR	London Interbank Offered Rate
LiqV	Verordnung vom 30. November 2012 über die Liquidität der Banken (SR 952.03)
lit.	litera
Ltd.	Private Limited Company

LugÜ	Übereinkommen vom 30. Oktober 2009 über die gerichtliche Zuständigkeit und die Anerkennung und Vollstreckung von Entscheidungen in Zivil- und Handelssachen (SR 0.275.12)
M&A	Mergers & Acquisitions
m.a.W.	mit anderen Worten
MCAA	Multilateral Competent Authority Agreement
m.E.	meines Erachtens
MoU	Memorandum of Understanding
m.w.H.	mit weiteren Hinweisen
m.w.N.	mit weiteren Nachweisen
MiFID	Markets in Financial Instruments Directive
Mio.	Million/-en
MitbestG	Mitbestimmungsgesetz (Deutschland)
Mrd.	Milliarde/-n
MwSt	Mehrwertsteuer
MwStG/MWSTG	Bundesgesetz über die Mehrwertsteuer vom 12. Juni 2009 (Mehrwertsteuergesetz, SR 641.20)
N	Note, Randziffer, Randnummer
NASDAQ	National Association of Securities Dealers Automated Quotation
NBG	Bundesgesetz vom 3. Oktober 2003 über die Schweizerische Nationalbank (Nationalbankgesetz, SR 951.11)
NBV	Verordnung vom 18. März 2004 zum Bundesgesetz über die Schweizerische Nationalbank (Nationalbankverordnung, SR 951.131)
NGO	Non-Governmental Organization
No.	numéro, Nummer
NOB	Nordostbahn-Gesellschaft
NR	Nationalrat
Nr.	Nummer
NYSE	The New York Stock Exchange
NYÜ	Übereinkommen über die Anerkennung und Vollstreckung ausländischer Schiedssprüche (SR 0.277.12)
NZZ	Neue Zürcher Zeitung
OECD	Organisation for Economic Co-operation and Development
OECD-MA	OECD-Musterabkommen
OFK	Orell Füssli Kommentar
OGer	Obergericht
OR	Bundesgesetz vom 30. März 1911 betreffend die Ergänzung des Schweizerischen Zivilgesetzbuches (Fünfter Teil: Obligationenrecht, SR 220)
OTC	over the counter
OWiG	Gesetz über Ordnungswidrigkeiten (Deutschland)
P2P	Peer-to-Peer
p.a.	per annum
PEPs	Politically Exposed Persons
PfG	Pfandbriefgesetz vom 25. Juni 1930 (SR 211.423.4)
PG	Postgesetz vom 17. Dezember 2010 (SR 783.0)

PGB	Privatrechtliches Gesetzbuch für den Kanton Zürich (1853–1855)
PLC	Public Limited Company
POG	Bundesgesetz vom 17. Dezember 2012 über die Organisation der Schweizerischen Post (SR 783.1)
Pra	Die Praxis des Bundesgerichts
Präs.	Präsident
Prof.	Professor
PS	Partizipationsschein
publ.	publiziert
PCAOB	Public Company Accounting Oversight Board (USA)
PVG	Postverkehrsgesetz
PVÜ	Pariser Übereinkunft zum Schutz des gewerblichen Eigentums (SR 0.232.04)
QI	Qualified Intermediary
RAB	Revisionsaufsichtsbehörde
RAG	Bundesgesetz vom 16. Dezember 2005 über die Zulassung und Beaufsichtigung der Revisorinnen und Revisoren (Revisionsaufsichtsgesetz, SR 221.302)
RAV	Verordnung vom 22. August 2007 über die Zulassung und Beaufsichtigung der Revisorinnen und Revisoren (Revisionsaufsichtsverordnung, SR 221.302.3)
REPRAX	Zeitschrift für Rechtssetzung und Praxis in Gesellschafts- und Handelsregisterrecht
resp.	respektive
rev	revidiert
RFA	Regulierungsfolgeabschätzung
RK-S	Rechtskommission des Ständerates
RL	Richtlinie
RLAhP	Richtlinie der SIX vom 29. Oktober 2008 betreffend Ad-hoc-Publizität
RLCG	Richtlinie der SIX vom 29. Oktober 2008 betreffend Informationen zur Corporate Governance
RLD	Richtlinie vom 1. Januar 2016 betreffend Dekotierung von Beteiligungsrechten, Derivaten und Exchange Traded Products
RLMT	Richtlinie der SIX vom 7. Januar 2005 betreffend Offenlegung von Management-Transaktionen
RLR	Richtlinie der SIX vom 29. Oktober 2008 betreffend Rechnungslegung
RS	Rundschreiben
Rs.	Rechtssache
RuVG	Bundesgesetz vom 18. Dezember 2015 über die Sperrung und die Rückerstattung unrechtmässig erworbener Vermögenswerte ausländischer politisch exponierter Personen (SR 196.1)
RVB	FINMA Rundschreiben 2015/1 vom 27. März 2014 Rechnungslegung Banken
S.	Seite

s.	siehe
s.a.	siehe auch
SA (S.A.)	Société Anonyme
SAG	Schweizerische Aktiengesellschaft: Zeitschrift für Handels- und Wirtschaftsrecht
SAir	Swissair
SBB	Schweizerische Bundesbahnen
SBBG	Bundesgesetz vom 20. März 1998 über die Schweizerischen Bundesbahnen (SR 742.31)
SBG	Schweizerischer Bankverein (heute UBS)
SCA	Société en commandite par actions
SCB	Schweizerische Centralbahn
SCBP	Swiss Code of Best Practice for Corporate Governance
SCE	Societas Cooperativa Europaea (Europäische Genossenschaft)
SchKG	Bundesgesetz vom 11. April 1889 über Schuldbetreibung und Konkurs (SR 281.1)
SchlBest	Schlussbestimmungen
SE	Societas Europaea (Europäische Aktiengesellschaft)
SEC	Securities and Exchange Commission (USA)
Sec.	Section
SECO	Staatssekretariat für Wirtschaft
SEGA	Schweizerisch Effekten Giro AG
SGK	St. Galler Kommentar
SHAB	Schweizerische Handelsamtsblatt (Bern)
SIA	Steuerinformationsabkommen
SiAG	Bundesgesetz vom 12. Juni 2009 über den Informationsaustausch zwischen den Strafverfolgungsbehörden des Bundes und denjenigen der anderen Schengen-Staaten (Schengen-Informationsaustausch-Gesetz, SR 362.2)
SICAF	société d'investissement à capital fixe (Investmentgesellschaft mit festem Kapital)
SICAV	société d'investissement à capital variable (Investmentgesellschaft mit variablem Kapital)
SIF	Sekretariat für internationale Finanzfragen
SIS	SegaInterSettle AG
SIX	SIX Swiss Exchange (Schweizer Börse)
SJV	Schweizerischer Juristenverein
SJZ	Schweizerische Juristen-Zeitung
SKA	Schweizerische Kreditanstalt (heute CS)
Slg.	Sammlung
SLI	Swiss Leader Index
SME	Small and Medium-sized Entities (deutsch KMU)
SMI	Swiss Market Index
SMSG	Securities and Market Shareholder Group
SNB	Schweizerische Nationalbank
SOFFEX	Swiss Options and Financial Futures Exchange AG

sog.	sogenannt
SOX	Sarbanes-Oxley Act (USA)
S&P 500	Standard and Poor's 500
SPE	Societas Privata Europaea (Europäische Privatgesellschaft)
SPI	Swiss Performance Index
SPV	Special Purpose Vehicle
SR	Systematische Sammlung des Bundesrechts
SR	Ständerat
SRO	Selbstregulierungsorganisation
SSHW	Schweizer Schriften zum Handels- und Wirtschaftsrecht
SSW	Schriften zum Steuer- und Wirtschaftsrecht
ST	Der Schweizer Treuhänder
StAhiG	Bundesgesetz vom 28. September 2012 über die internationale Amts-hilfe in Steuersachen (Steueramtshilfegesetz, SR 651.1)
StBOG	Bundesgesetz vom 19. März 2010 über die Organisation der Straf-behörden (SR 173.71)
StG	Bundesgesetz vom 27. Juni 1973 über die Stempelabgaben (SR 641.10)
StG SG bzw.ZH	Steuergesetz des Kantons St. Gallen bzw. Zürich
StGB	Schweizerisches Strafgesetzbuch vom 21. Dezember 1937 (SR 311.0)
StHG	Bundesgesetz vom 14. Dezember 1990 über die Harmonisierung der direkten Steuern der Kantone und Gemeinden (Steuerharmonisie-rungsgesetz, SR 642.14)
StPO	Schweizerische Strafprozessordnung vom 5. Oktober 2007 (SR 312.0)
StR	Ständerat
StromVG	Bundesgesetz vom 23. März 2007 über die Stromversorgung (SR 734.7)
StromVV	Stromversorgungsverordnung vom 14. März 2008 (SR 734.71)
SUP	Societas Unius Personae
SVG	Strassenverkehrsgesetz vom 19. Dezember 1958 (SR 741.01)
SWIPRA	Swiss Proxy Advisor
Syst.	Systematisch/-e/-er
SZIER	Schweizerische Zeitschrift für internationales und europäisches Recht
SZW	Schweizerische Zeitschrift für Wirtschafts- und Finanzmarktrecht
TBTF	Too big to fail
Trex	Der Treuhandexperte
TRIPs	Trade Related Aspects of Intellectual Property Rights
u.	und
u.Ä.	und Ähnliches
u.a.	unter anderem
UeBest	Übergangsbestimmungen
UEK	Übernahmekommission
UEV	Verordnung der Übernahmekommission vom 21. August 2008 über öffentliche Kaufangebote (Übernahmeverordnung, SR 954.195.1)
UID	Unternehmensidentifikationsnummer

UIDG	Bundesgesetz vom 18. Juni 2010 über die Unternehmensidentifikationsnummer (SR 431.03)
UIDV	Verordnung vom 26. Januar 2011 über die Unternehmensidentifikationsnummer (SR 431.031)
UNO	United Nations Organization
UStR	Unternehmenssteuerreform
USD	US-Dollar
US GAAP	Generally Accepted Accounting Principles der USA
usw./u.s.w.	und so weiter
u.U.	unter Umständen
UWG	Bundesgesetz vom 19. Dezember 1986 gegen den unlauteren Wettbewerb (SR 241)
v.	versus
v.a.	vor allem
VAG	Bundesgesetz vom 17. Dezember 2004 betreffend die Aufsicht über Versicherungsunternehmen (SR 961.01)
VASR	Verordnung vom 21. November 2012 über die anerkannten Standards zur Rechnungslegung (SR 221.432)
v. Chr.	vor Christus
VE	Vorentwurf
VegüV	Verordnung vom 20. November 2013 gegen übermässige Vergütungen bei börsenkotierten Aktiengesellschaften (SR 221.331)
vgl.	vergleiche
VO	Verordnung
VOC	Vereenigde Oostindische Compagnie
vol.	volume
VR	Verwaltungsrat
VRP	Verwaltungsratspräsident
VSB	Vereinbarung vom 7. April 2008 über die Standesregeln zur Sorgfaltspflicht der Banken
VStG	Bundesgesetz vom 13. Oktober 1965 über die Verrechnungssteuer (SR 642.21)
VStV	Verordnung vom 12. Dezember 1966 über die Verrechnungssteuer (SR 642.11)
VStrR	Bundesgesetz vom 22. März 1974 über das Verwaltungsstrafrecht (SR 313.0)
VVG	Bundesgesetz vom 2. April über den Versicherungsvertrag (Versicherungsvertragsgesetz, SR 221.229.1)
WAK-N	Kommission für Wirtschaft und Abgaben des Nationalrats
WB	Weltbank
WFE	World Federation of Exchanges
WiJ	Journal der Wirtschaftsstrafrechtlichen Vereinigung
WTO	World Trade Organization
WuR	Wirtschaft und Recht
z.T.	zum Teil
z.B.	zum Beispiel

ZBJV	Zeitschrift des Bernischen Juristenvereins
ZBl	Schweizerisches Zentralblatt für Staats- und Verwaltungsrecht
ZBstA	Zinsbesteuerungsabkommen
ZEFIX/Zefix	Zentraler Firmenindex
ZertES	Bundesgesetzes vom 18. März 2016 über Zertifizierungsdienste im Bereich der elektronischen Signatur (SR 943.03)
ZGB	Schweizerisches Zivilgesetzbuch (SR 210)
ZGR	Zeitschrift für Unternehmens- und Gesellschaftsrecht
ZGRG	Zeitschrift für Gesetzgebung und Rechtsprechung in Graubünden
ZHR	Zeitschrift für das gesamte Handelsrecht und Wirtschaftsrecht
Ziff.	Ziffer
zit.	zitiert
ZK	Zürcher Kommentar
ZKB	Zürcher Kantonalbank
ZPO	Schweizerische Zivilprozessordnung (SR 272)
ZR	Blätter für Zürcherische Rechtsprechung
ZSR	Zeitschrift für Schweizerisches Recht
ZStR	Zeitschrift für Strafrecht

Allgemeines Literaturverzeichnis

Die folgenden Werke werden im ganzen Kommentar nur mit dem Verfassernamen und allenfalls mit dem beigefügten Stichwort zitiert. Sonderliteratur wird bei den einzelnen Kapiteln angeführt.

AMSTUTZ, MARC/MABILLARD, RAMON, Fusionsgesetz – Kommentar, Basel 2008

BERLE, ADOLF/MEANS, GARDINER, The Modern Corporation and Privat Property, New York 1932

BÖCKLI, PETER, Schweizer Aktienrecht, 4. Aufl., Zürich/Basel/Genf 2009 (zit. BÖCKLI, Aktienrecht)

BÜHLER, CHRISTOPH B., Regulierung im Bereich der Corporate Governance, Zürich/ St. Gallen 2009

DRUEY, JEAN NICOLAS/VOGEL, ALEXANDER, Das schweizerische Konzernrecht in der Praxis der Gerichte, Zürich 1999

DRUEY, JEAN NICOLAS/DRUEY JUST, EVA/GLANZMANN, LUKAS, Gesellschafts- und Handelsrecht, 11. Aufl., Zürich/Basel/Genf 2015

FORSTMOSER, PETER/MEIER-HAYOZ, ARTHUR/NOBEL, PETER, Schweizerisches Aktienrecht, Bern 1996

FORSTMOSER, PETER/VOGT, HANS-UELI, Einführung in das Recht, 5. Aufl., Bern 2012

HANDSCHIN, LUKAS, Der Konzern im geltenden schweizerischen Privatrecht, Habil. Basel/ Zürich 1994

HANDSCHIN, LUKAS, Rechnungslegung im Gesellschaftsrecht, Basel 2013

HONSELL, HEINRICH/VOGT, NEDIM P./WIEGAND, WOLFGANG (Hrsg.), Obligationenrecht I (Art. 1 – 529 OR), Basler Kommentar, 5. Aufl., Basel 2011 (zit. BSK OR I – AUTOR);

HONSELL, HEINRICH/VOGT, NEDIM PETER/WATTER, ROLF (Hrsg.), Basler Kommentar Obligationenrecht II, Basel 2016 (zit. BSK OR II – AUTOR)

HONSELL, HEINRICH/VOGT, NEDIM PETER/GEISER, THOMAS (Hrsg.), Basler Kommentar, Zivilgesetzbuch I, Art. 1-456 ZGB, 5. Aufl., Basel 2014 (zit. BSK ZGB I – AUTOR)

HONSELL, HEINRICH/VOGT, NEDIM PETER/SCHNYDER, ANTON K./BERTI, STEPHEN V. (Hrsg.), Basler Kommentar, Internationales Privatrecht, 3. Aufl., Basel 2013 (BSK IPRG – AUTOR)

KRAAKMAN, REINIER/ARMOUR, JOHN/DAVIS, PAUL/ENRIQUES, LUCA/HANSMANN, HENRY/ HERTIG, GERARD/HOPT, KLAUS/KANDA, HIDEKI/ROCK, EDWARD, The Anatomy of the Corporate Law – A Comparative and Functional Approach, 2nd edition, New York 2009 (zit. KRAAKMAN et al.)

KREN KOSTKIEWICZ, JOLANTA/NOBEL, PETER/SCHWANDER, IVO/WOLF, STEPHAN (Hrsg.), Orell Füssli Kommentar zum Schweizerischen Obligationenrecht, 2. Aufl., Zürich 2009 (zit. OFK-AUTOR)

KUNZ, PETER V., Der Minderheitenschutz im schweizerischen Aktienrecht, Bern 2001 (zit. KUNZ, Minderheitenschuzt)

KUNZ, PETER V., Grundlagen zum Konzernrecht der Schweiz, Bern 2016

MEIER-HAYOZ, ARTHUR/FORSTMOSER, PETER, Schweizerisches Gesellschaftsrecht, 11. Aufl., Bern 2012

MICKLETHWAIT, JOHN/WOOLDRIDGE, ADRIAN, The Company, A Short History of a Revolutionary Idea, New York 2005

NIGGLI, MARCEL A./WIPRÄCHTIGER, HANS (Hrsg.), Basler Kommentar zum Strafrecht, 3. Aufl., Basel 2013 (BSK StGB I – AUTOR)

NIGGLI, MARCEL A./WIPRÄCHTIGER, HANS (Hrsg.), Basler Kommentar Strafrecht II, Art. 110–392 StGB, 3. Aufl., Basel 2013 (zit. BSK StGB II – AUTOR);

NOBEL, PETER, Internationales und Transnationales Aktienrecht, Band 1: Teil IPR und Grundlagen, Bern 2012 (NOBEL, IPR)

NOBEL, PETER, Internationales und Transnationales Aktienrecht, Band 2: Teil Europarecht, Bern 2012 (zit. NOBEL, Europarecht)

NOBEL, PETER, Schweizerisches Finanzmarktrecht und internationale Standards, 3. Aufl., Bern 2010 (zit. NOBEL, Finanzmarktrecht)

REICH, MARKUS, Steuerrecht, 2. Aufl., Zürich/Basel/Genf 2012

RIEMER, MICHAEL HANS, Berner Kommentar zum schweizerischen Privatrecht, Einleitung und Personenrecht, Die juristischen Personen, Allgemeine Bestimmungen, Systematischer Teil und Kommentar zu Art. 52–59 ZGB, Bern 1993

STREINZ, RUDOLF, Europarecht, 10. Aufl., Heidelberg 2016

VISCHER, FRANK, Zürcher Kommentar zum Fusionsgesetz, Zürich 2004

VON DER CRONE HANS CASPAR, Aktienrecht, Bern 2014 (zit. VON DER CRONE, Aktienrecht)

WATTER, ROLF/VOGT, NEDIM PETER/TSCHÄNI, RUDOLF/DAENIKER, DANIEL (Hrsg.), Basler Kommentar zum Fusionsgesetz, 2. Aufl., Basel 2015 (zit. BSK FusG – AUTOR)

WATTER, ROLF/VOGT, NEDIM PETER/BAUER, THOMAS/WINZELER, CHRISTOPH (Hrsg.), Basler Kommentar zum Bankengesetz, 2. Aufl., Basel 2013 (zit. BSK BankG – AUTOR)

WATTER, ROLF/VOGT, NEDIM PETER (Hrsg.), Basler Kommentar zum Börsengesetz und Finanzmarktaufsichtsgesetz, 2. Aufl., Basel 2011 (zit. BSK BEHG – AUTOR)

WATTER, ROLF/VOGT, HANS-UELI (Hrsg.), Basler Kommentar zur Verordnung gegen übermässige Vergütungen bei börsenkotierten Aktiengesellschaften (VegüV), Basel 2015 (zit. BSK VegüV – AUTOR)

1. Teil Einführung

§ 1 Einführung – Die Aktiengesellschaft als Kapitalgesellschaft

1 Materialien: Abkommen zwischen der Schweizerischen Eidgenossenschaft einerseits und der Europäischen Gemeinschaft und ihren Mitgliedstaaten andererseits über die Freizügigkeit, abgeschlossen am 21. Juni 1999, in Kraft getreten am 1. Juni 2002, SR 0.142.112.681; Botschaft des Bundesrates an die Bundesversammlung zu einem Gesetzesentwurf über die Revision der Titel XXIV bis XXXIII des schweizerischen Obligationenrechts, BBl 1928 I 205 ff.; Botschaft zur Änderung des Obligationenrechts (Aktien- und Rechnungslegungsrecht sowie Anpassungen im Recht der Kollektiv- und der Kommanditgesellschaft, im GmbH-Recht, genossenschafts-, Handelsregister- sowie Firmenrecht) vom 21. Dezember 2007, BBl 2008 1589 ff.; Botschaft zur Änderung des Obligationenrechts (Aktienrecht) vom 23. November 2016, BBl 2017 399 ff.; Eidgenössisches Finanzdepartement, Kreisschreiben 29a vom 9. September 2015; HOFFMANN, ARTHUR, Zweiter Bericht über die Revision der Titel 24 bis 33 des schweizerischen Obligationenrechts, Bern 1925 (zit. Bericht HOFFMANN).

Literatur: ALCHIAN, ARMEN L./DEMSETZ, HAROLD, Production, Information Costs, [2] and Economic Organization, American Economic Review, vol. 62, No. 5 (1972), 777 ff.; AMSTUTZ, MARC/MABILLARD, RAMON, Fusionsgesetz – Kommentar, Basel 2008; ARMOUR, JOHN/WHINCOP, MICHAEL J., The Proprietary Foundations of Corporate Law, Oxford Journal of Legal Studies, vol. 27, No. 3 (2007), 429 ff.; ASSMANN, HEINZ-DIETER/KIRCHNER, CHRISTIAN/SCHANZE, ERICH, Ökonomische Analyse des Rechts, UTB 1685, Tübingen 1993; BÄLZ, ULRICH, Einheit und Vielheit im Konzern, Festschrift für Ludwig Raiser, Tübingen 1974, 287 ff.; BERLE, ADOLF/ MEANS, GARDINER, The Modern Corporation and Privat Property, New York 1932; BÖCKLI, PETER, Schweizer Aktienrecht, 4. Aufl., Zürich 2009; BUCHER, EUGEN, Das Personenrecht, Berner Kommentar zum schweizerischen Privatrecht, Bern 1993 (zit. BK-BUCHER, Art.); BÜHLMANN, LILIAN, Gläubiger als Stakeholder im Gesellschaftsrecht, Diss. Zürich 2014; CHEFFINS, BRIAN R., Company Law, Theory, Structure and Operation, New York 1997; COASE, RONALD H., The Firm, The Market and The Law, Chicago 1988; COFFEE, JOHN C., The Mandatory/Enabling Balance in Corporate Law: An Essay on the Judicial Role, Columbia Law Review, 1989, 1618 ff.; DAHRENDORF, RALF, Homo Sociologicus: Versuch zur Geschichte, Bedeutung und Kritik der Kategorie der sozialen Rolle, Kölner Zeitschrift für Soziologie und Sozialpsychologie (10), 1958; DIETL, CLARA-ERIKA/LORENZ, EGON, Wörterbuch für Recht, Wirtschaft und Politik, München und New York 1992; DRUEY, JEAN NICOLAS, Gesellschafts- und Handelsrecht, 10. Aufl., Zürich 2010; EHRENZELLER, BERNHARD/ MASTRONARDI, PHILIPPE/SCHWEIZER, RAINER J./VALLENDER, KLAUS A., Die schweizerische Bundesverfassung, Kommentar, 2. Aufl., Zürich/ St. Gallen 2008 (SGK BV-Autor); ENGLERTH, MARKUS, Behavioral Law and Economics – eine kritische Einführung, in: Engel, Christoph/Englerth, Markus/Lüdemann, Jörn/Spiecker, Indra (Hrsg.), Recht und Verhalten, Beiträge zu Behavioral Law and Economics, Tübingen 2007, 60 ff.; FACINCANI, NICOLAS/WYSS, DOMINIC, Anfechtung von GV-Beschlüssen und Wirkungen des Entlastungsbeschlusses – Besprechung des Urteils 4A_630/2012 des schweizerischen Bundesgerichts vom 19. März 2013, GesKR 3/2013, 416 ff.; FLEINER, THOMAS/GIACOMETTI, ZACCARIA, Schweizerisches Bundesstaatsrecht, Zürich 1949; FLECKNER, ANDREAS M., Antike Kapitalvereinigung. Ein Beitrag zu den konzeptionellen und historischen Grundlagen der Aktiengesellschaft, Forschungen zum römischen Recht, Köln 2010; FLUME, WERNER, Savigny und die Lehre von der juristischen Person, in: O. Behrends, M. Diesselhorst, H. Lange, D. Liebs, J. G. Wolf, Chr. Wollschläger (Hrsg.), Festschrift für Franz Wieacker zum 70. Geburtstag, Göttingen 1978, 340 ff.; FROWEIN, JOCHEN/PEUKERT, WOLFGANG, Europäische Menschenrechtskonvention – EMRK-Kommentar, 3. Aufl., Kehl am Rhein 2009; FÖGEN, MARIE-THERES, «Mehr Sein als Schein»? – Anmerkungen zur juristischen Person in Theorie und Praxis, SJZ 95 (1999), Nr. 18, 393 ff.; FORSTMOSER, PETER, Zur Verwendung der Rechtsform der Genossenschaft, ZSR 1971 I, 339 ff. (zit. FORSTMOSER, Genossenschaft); GOMEZ, PETER/MEYNHARDT, TIMO, Public Value – Gesellschaftsrechtliche Wertschöpfung als unternehmerische Pflicht, in: von Müller, Camillo/Zinth, Claas Philip (Hrsg.), Managementperspektiven für die Zielgesellschaft des 21. Jahrhunderts, 17–26; GRABENWARTER, CHRISTOPH, Europäische Menschenrechtskonvention,

4. Aufl., Wien 2009; GIERKE, OTTO VON, Die Genossenschaftstheorie und die deutsche Rechtsprechung, Berlin 1887 (zit. GIERKE, Genossenschaftstheorie); GIERKE, OTTO VON, Das deutsche Genossenschaftsrecht, Berlin 1868 (zit. GIERKE, Genossenschaftsrecht); GRUNDMANN, STEFAN/MICKLITZ, HANS-W./RENNER, MORITZ, Privatrechtstheorie, Bd. II, Tübingen 2015; GURTNER, PETER, Neues Rechnungslegungsrecht nach OR. Eine kritische Beurteilung aus steuerlicher Sicht, ST 6–7/2010, 385 ff.; GUTZWILLER, MAX, Das Recht der Verbandspersonen, Grundsätzliches, in: Schweizerisches Privatrecht, II. Band, Basel/Stuttgart 1967, 425 ff.; HÄFELIN, ULRICH/HALLER, WALTER/KELLER, HELEN, Schweizerisches Bundesstaatsrecht, 8. Aufl., Zürich 2012; HANSMANN, HENRY/KRAAKMAN, REINIER, The Essential Role of Organizational Law, The Yale Law Journal, vol. 110, No. 3 (2000), 387 ff.; HART, OLIVER, Firms, Contracts and Financial Structure, Oxford 1995; HAUNREITER, DIEGO, Grundlagen der ökonomischen Analyse des Rechts, in: Jusletter vom 30. November 2009, 1 ff.; HAYEK, FRIEDRICH AUGUST VON, The Corporation in a Democratic Society, in: ders., Studies in Philosophy, Politics and Economics, London, 300–312 (zit. HAYEK, Corporation in a Democratic Society); HEINEMANN, ANDREAS, Recht, Ökonomie und Realität, in: Waldburger et al. (Hrsg.), Law & Economics, Festschrift für Peter Nobel zum 70. Geburtstag, Bern 2015; HIRSCHMAN, ALBERT O., Exit, Voice and Loyalty, Responses to Decline in Firms, Organizations, and States, Cambridge 1970; HUBER, EUGEN, Erläuterungen zu einem Vorentwurf eines schweizerischen Zivilgesetzbuches, Bern 1914 (zit. HUBER, Erläuterungen Vorentwurf); HUBER, EUGEN, Erläuterungen zum Vorentwurf des Eidgenössischen Justiz- und Polizeidepartements, zweite und ergänzte Ausgabe 1914, Bd. I, 79, neu redigiert und publiziert von Reber, Markus/Hurni, Christoph in: Berner Kommentar zum schweizerischen Privatrecht, Materialien zum ZGB, Bd. II, Bern 2007 (zit. HUBER, in: Reber/Hurni); ISLER, PETER/SCHILTER-HEUBERGER, EVELYN, Die Verrechnungsliberierung als eigenständige dritte Art der Eigenkapitalbeschaffung, in: Festschrift Rolf H. Weber zum 60. Geburtstag, Bern 2011, 885; JENSEN, MICHAEL C./MECKLING, WILLIAM H, Theory of the Firm: Managerial Behavior, Agency Costs and Ownership Structure, Journal of Financial Economics, vol. 3, No. 4 (1976), 305 ff.; JHERING, RUDOLF VON, Der Zweck im Recht, Bd. I, 3. Aufl., Leipzig 1893; KELSEN, HANS, Reine Rechtslehre – Studienausgabe der 1. Aufl. von 1934, Jestaedt, Matthias (Hrsg.), Tübingen 2008; KAHNEMAN, DANIEL/TVERSKY, AMOS, Prospect Theory: An Analysis of Decision under Risk, in: Econometria, Vol. 47 (1979), 263 ff.; KAUFMANN, CHRISTINE, Konzernverantwortungsinitiative – Grenzenlose Verantwortlichkeit, SZW 1/2016, 45 ff.; KIEFNER, HANS, «Personae vice fungitur?», in: Festschrift für Harry Westermann, Karlsruhe 1974; KIRCHGÄSSNER, GEBHARD, Homo Oeconomicus, 3. Aufl., Tübingen 2008; KNIGHT, FRANK H., Risk, Uncertainty and Profit, New York 1964; KOCKA, JÜRGEN, Geschichte des Kapitalismus, München 2013; KRAAKMAN, REINIER/ARMOUR, JOHN/DAVIS, PAUL/ENRIQUES, LUCA/HANSMANN, HENRY HERTIG, GERARD/HOPT, KLAUS/KANDA, HIDEKI/ROCK, EDWARD, The Anatomy of the Corporate Law – A Comparative and Functional Approach, 2nd edition, New York 2009 (zit. KRAAKMAN et al.); MARX, KARL, Frühschriften, herausgegeben von Siegfried Landshut, Oliver Heins, 2004 (zit. MARX, Frühschriften); MATTEOTTI, RENÉ, Wirtschaft-

liche Betrachtungsweise und Steuergerechtigkeit, ZSR 2010 (NF 129), Band I, 217 ff.; MEIER-HAYOZ, ARTHUR, Berner Kommentar, Kommentar zum schweizerischen Privatrecht, Band IV, 1. Abteilung, 1. Teilband, Systematischer Teil und Allgemeine Bestimmungen, Art. 641–654 ZGB, 1981; MEIER-HAYOZ, ARTHUR/FORSTMOSER, PETER, Schweizerisches Gesellschaftsrecht, 11. Aufl., Bern 2012; MICKLETHWAIT, JOHN/WOOLDRIDGE, ADRIAN, The Company, A Short History of a Revolutionary Idea, New York 2005; MISES, LUDWIG VON, Economic Policy: Thoughts for Today and Tomorrow, 3rd edition, Auburn 2006; MÜLLER, JÖRG PAUL/SCHEFER, MARKUS, Grundrechte in der Schweiz – Im Rahmen der Bundesverfassung, der EMRK und der UNO-Pakte, 4. Aufl., Bern 2008; MÜLLER, JOHANNES J., USA Aktienrecht – Grundzüge, 3. Aufl., Zürich 1999; Niggli, Marcel Alexander/Wiprächtiger, Hans (Hrsg.), Basler Kommentar zum Strafrecht, 3. Aufl., Basel 2013 (zit. BSK StGB-AUTOR, Art.); NOBEL, PETER, Anstalt und Unternehmen, Diessenhofen 1978 (zit. NOBEL, Anstalt und Unternehmen); NOBEL, PETER, Das «Unternehmen» als juristische Person?, WuR, 1980, 27 ff. (zit. NOBEL, Unternehmen); NOBEL, PETER, Gedanken zum Persönlichkeitsschutz juristischer Personen, in: Festschrift für Mario Pedrazzini, Bern 1990, 411 ff. (NOBEL, Persönlichkeitsschutz juristischer Personen); NOBEL, PETER, Stakeholders and the legal theory of the corporation, in; Tison, Michel/De Wulf, Hans/Van der Elst, Christoph/Steennot, Reinhard (Hrsg.), Perspectives in Company Law and Financial Regulation, Esseys in Honour of Eddy Wymeersch, New York 2009 (zit. NOBEL, Stakeholder); NOBEL, PETER, Aktiengesellschaft, Konzern und Unternehmen, in: Festschrift Rolf H. Weber, Bern 2011, 153 ff. (zit. NOBEL, Aktiengesellschaft); NOBEL, PETER, Internationales und Transnationales Aktienrecht, Band 1: Teil IPR und Grundlagen, Bern 2012 (zit. NOBEL, IPR); NOBEL, PETER, Schweizerisches Finanzmarktrecht und internationale Standards, 3. Aufl., Bern 2010 (zit. NOBEL, Finanzmarktrecht); OSER, DAVID/VOGT, HANS-UELI, Die Ausschüttung von Agio nach geltendem und künftigem Aktienrecht, GesKR 1/2012, 10 ff.; PETERS, ANNE/ALTWICKER, TILMANN, Die Verfahren beim EGMR, in: Terhechte, Jörg Philipp (Hrsg.), Enzyklopädie des Europarechts, Bd. 3, Baden-Baden 2014; PFEIFER, WOLFGANG, Etymologisches Wörterbuch des Deutschen, 2. Aufl., Berlin; POSNER, RICHARD A., Unternehmenskorporationen (1977), in: Assmann, Heinz-Dieter/Kirchner, Christian/Schanze, Erich (Hrsg.), Ökonomische Analyse des Rechts, Tübingen 1993 (zit. POSNER, Unternehmenskorporationen); RAISER, THOMAS, Das Unternehmen als Organisation, Berlin 1969; REICH, ROBERT, The Future of Success, New York 2001; RITTNER, FRITZ, Rechtsperson und juristische Person, in: Forstmoser, Peter/Schluep, Walter R. (Hrsg.), Freiheit und Verantwortung im Recht, Festschrift zum 60. Geburtstag von Arthur Meier-Hayoz, Zürich 1982, 331 ff.; ROLLE, ROBERT, Homo Oeconomicus, Diss. Würzburg 2005; RÜEGG-STÜRM, JOHANNES, Das neue St. Galler Management-Modell, in: Dubs, Rolf/Euler, Dieter/Rüegg-Stürm, Johannes/Wyss, Christina (Hrsg.), Einführung in die Managementlehre, Bern 2004; SAVIGNY, FRIEDRICH CARL VON, System des heutigen römischen Rechts, Band 2, Berlin 1840 (Savigny, Römisches Recht); SCHÄFER, HANS-BERND/OTT, CLAUS, Lehrbuch der ökonomischen Analyse des Zivilrechts, 3. Aufl., Hamburg 2012; SCHLEIFER, ANDREI/VISHNY, ROBERT W., A Survey of Corporate Governance, The Journal of Finance, vol. 52,

No. 2 (1997), 737 ff.; SCHUMPETER, JOSEF A., Geschichte der ökonomischen Analyse des Rechts in 2 Bänden, Göttingen 1965; SEEBOLD, ELMAR, Kluge – Etymologisches Wörterbuch der deutschen Sprache, 25. Aufl., Berlin 2011; SMITH, ADAM, An Inquiry into the Nature and Causes of the Wealth of Nations, London 1776; ins Deutsche übersetzt bei Erich W. Streissler (Hrsg.), Untersuchung über Wesen und Ursachen des Reichtums der Völker (aus dem Englischen übersetzt von Monika Streissler), 2. Bde., Düsseldorf 1999; Trechsel, Stefan/Pieth, Mark (Hrsg.), Schweizerisches Strafgesetzbuch, Praxiskommentar, 2. Aufl., Zürich/St. Gallen 2013 (zit. StGB Praxiskommentar-AUTOR, Art.); TUOR, PETER/SCHNYDER, BERNHARD/SCHMID, JÖRG/JUNGO, ALEXANDER, Das Schweizerische Zivilgesetzbuch, 14. Aufl., Zürich 2015 (zit. TUOR/SCHNYDER/SCHMID/JUNGO, ZGB); ULRICH, HANS, Die Unternehmung als produktives soziales System – Grundlagen einer allgemeinen Unternehmungslehre, Stuttgart 1968; VAN AAKEN, ANNE, «Rational Choice» in der Rechtswissenschaft, Zum Stellenwert der ökonomischen Theorie im Recht, Diss. Frankfurt an der Oder 2001, Studien zur Rechtsphilosophie und Rechtstheorie Bd. 33, Baden-Baden 2003; VON DER CRONE, HANS CASPAR, Bericht zu einer Teilrevision des Aktienrechts: Nennwertlose Aktien, REPRAX 1/2002, 1 ff. (zit. VON DER CRONE, Kapitalband,); VON DER CRONE, HANS CASPAR, Stakeholder im Aktienrecht, ZSR, 4. Heft, I. Halbband, 2003, 409 ff. (zit. VON DER CRONE, Stakeholder); VON DER CRONE, HANS CASPAR, Aktienrecht, Bern 2014 (zit. VON DER CRONE, Aktienrecht); Waldburger, Robert/Sester, Peter/Peter, Christoph/Baer, Charlotte M. (Hrsg.), Law & Economics, Festschrift für Peter Nobel zum 70. Geburtstag, Bern 2015; WEBER, MAX, Wirtschaft und Gesellschaft, 5. Aufl., Tübingen 1972 (zit. WEBER, Wirtschaft und Gesellschaft); WEBER, MAX, Wirtschaftsgeschichte, 3. Aufl., Berlin 1958 (zit. WEBER, Wirtschaftsgeschichte); WEBER, ROLF H., Eigentum als Rechtsinstitut – Beurteilungsstand und Entwicklungstendenzen, in: ZSR 1978, 161 ff. (zit. WEBER R., Eigentum); WEBER, ROLF H., Juristische Personen, in: Schweizerisches Privatrecht, II. Band, 4. Teilband, Basel 1998, 39 ff. (zit. WEBER R., juristische Personen); WEISS, GOTTFRIED, Zum Schweizerischen Aktienrecht, in: Berner Kommentar Sonderdruck, hrsg. von Hans Merz, Bern 1968; WIEACKER, FRANZ, Zur Theorie der Juristischen Person des Privatrechts, in: Festschrift für Rudolf Huber, Göttingen 1973, 339 ff.; WIELAND, KARL, Handelsrecht, Bd. I, Das kaufmännische Unternehmen und die Handelsgesellschaften, München/Leipzig 1930.

3   Rechtsvergleichung: **Deutschland:** Gesetz über die Zulassung von Stückaktien (StückAG) vom 25. März 1998; Gesetz betreffend die Gesellschaften mit beschränkter Haftung vom 20. April 1892 (GmbH-Gesetz); **Europäische Union:** (EU) Zweite Richtlinie vom 13. Dezember 1976 (Kapitalrichtlinie), 77/91/EWG; (EU) Publizitätsrichtlinie, RL 2009/101/EG vom 16. September 2009, ABl. Nr. L 258 vom 1. Oktober 2009

I. Einleitung

A. Systematik

Das Aktienrecht findet sich im sechsundzwanzigsten Titel der **4** dritten Abteilung (Die Handelsgesellschaften und die Genossenschaft) des OR (Art. 620–763) und ist systematisch in acht Abschnitte aufgeteilt (Allgemeine Bestimmungen Art. 520–559*b*, Rechte und Pflichten der Aktionäre Art. 660 bis 697*m*, Organisation der Aktiengesellschaft Art. 698–731*b*, Herabsetzung des Aktienkapitals Art. 732–735, Auflösung der Aktiengesellschaft Art. 736–751, Verantwortlichkeit Art. 752–760, Beteiligung von Körperschaften des öffentlichen Rechts Art. 762, Ausschluss der Anwendung des Gesetzes auf öffentlichrechtliche Anstalten Art. 763). Als allgemeiner Teil sind die Art. 52–59 ZGB zu betrachten. Für die Vorgesellschaft im Gründungsstadium ist das Recht der einfachen Gesellschaften beizuziehen (Art. 530 ff. OR). Was sich heute in der VegüV (Verordnung gegen übermässige Vergütungen) findet, wird mit der laufenden Revision ins ordentliche Recht zurückgeführt werden.

Wesentliche Teile sind aber abgewandert und sind als Ausbau und Ergänzung der **5** vierten Abteilung (Handelsregister, Geschäftsfirmen und kaufmännische Buchführung) konzipiert worden, so der zweiunddreissigste Titel (jetzt: Kaufmännische Buchführung und Rechnungslegung). Das Prospektrecht (Art. 652*a* und 1156 OR) wird ins FIDLEG übernommen. Dazu kommt der gesamte aktienrechtsrelevante Komplex des Börsenrechtes.

Die aktienrechtliche Systematik ist durch zahlreiche Einfügungen (weitere Artikel **6** mit a, b, b bis usw.) unübersichtlicher geworden. Insbesondere bei den Rechten und Pflichten der Aktionäre finden sich auch Materien (wie Geschäftsbericht, Reserven), die besser im Rechnungslegungsrecht untergebracht würden. Eine umfassende Revision des Aktienrechts müsste sich auch mit der Systematik auseinandersetzen.

B. Ein fixes Kapital als Ausgangslage der Kapitalgesellschaft?

Schon GOTTFRIED WEISS schreibt in seiner systematischen Ein- **7** führung zum schweizerischen Aktienrecht, dass die AG der Prototyp der Kapitalgesellschaft sei:

> «Sie unterscheidet sich von den Personengesellschaften (Kollektiv- und Kommanditgesellschaft) vor allem dadurch, dass sie mit einem *festen Grundkapital* in den Verkehr tritt, und dadurch, dass die Gesetzgebung mit besonderer Strenge auf

die Erhaltung dieses Grundkapitals bedacht ist.» (Hervorhebung im Original,
WEISS, 33 N 59)

8   Dem entspricht in etwa die gegenwärtige (aber in der kommenden Revision noch
ausgebaute) Regelung des Art. 620 Abs. 1 OR, die besagt:

«Die Aktiengesellschaft ist eine Gesellschaft mit eigener Firma, deren zum voraus
bestimmtes Kapital (Aktienkapital) in Teilsummen (Aktien) zerlegt ist und für deren Verbindlichkeiten nur das Gesellschaftsvermögen haftet.»

9   Art. 622 Abs. 4 OR bestimmt schliesslich, dass der Nennwert der Aktie mindestens einen Rappen betragen muss, die Revision will nur noch «grösser als null»
verlangen (Art. 622 Abs. 4 E-OR). Die Aktiengesellschaft verfügt also über ein
zum Voraus bestimmtes Grundkapital und der Nominalwert darf nicht weniger als
einen Rappen betragen, muss folglich einen realen Wertbezug aufweisen.

10 Die Leistungspflicht des Aktionärs ist gesellschaftsrechtlich auf die Liberierung
des gezeichneten Anteils beschränkt und kann statutarisch nicht erweitert werden
(vgl. Art. 620 Abs. 2 und Art. 680 Abs. 1 OR). Nebenleistungspflichten sind damit
verpönt, und dies wollte der Gesetzgeber (s. BBl 1928 I 242). Die Gesetzgebung
auferlegt dem Aktionär heute aber weitere Pflichten, wenigstens für Börsengesellschaften, so die Meldepflicht des Börsenrechts (Art. 120 Abs. 1 FinfraG) und
allenfalls auch Angebotspflichten (Art. 125 ff. FinfraG). Auch sollten statutarische
Schiedsklauseln klar zulässig sein (BGer Urteil 4A_492/2015 vom 25. Februar
2016). Neu wurden auch (zur Geldwäschereiabwehr) aktienrechtliche Meldepflichten eingeführt (Art. 697i ff. OR).

11 Die AG ist eine juristische Person, die ihre Rechtssubjektivität aus der Gründungsgesellschaft als einfache Gesellschaft mit dem (heilenden) Eintrag ins Handelsregister erwirbt (Art. 643 Abs. 2 OR). Die Literatur von Law & Economics
sieht die Corporation als *nexus of contracts,* der zur Firma wird, wenn die Transaktionskosten ein vertragliches Vorgehen als ineffizient erscheinen lassen (COASE,
95 ff.). *Contracts* können aber nie jede zukünftige Eventualität abdecken und sind
daher immer *unfinished,* d.h., sie lassen Entscheidungs- und Interpretationsspiel-
raum offen (HART, 3). Als Institution lässt die AG zwei Arten von Einflussmöglichkeiten zu (HIRSCHMAN, 10 ff.):[1] *Voice* (Mitsprache) oder *Exit* (Anteilsver-
kauf), wobei *Voice* fördernd wirkt.

12 Die Botschaften vom 21. Dezember 2007 und 23. November 2016 zur Änderung
des Obligationenrechts entfernen sich noch einen Schritt weiter von dieser Grund-

---

[1]   Der ganze Titel des Buches lautet: Exit, Voice and Loyalty: Responses to Decline in Firms,
Organizations and States, Cambridge 1970. Das Werk war von grosser Wirkung. Die Gedanken für das Aktienrecht anmahnend: FORSTMOSER, PETER, Exit oder Voice? Das Dilemma institutioneller Investoren, in: FS Wolfgang Wiegand, Bern/München 2005, 785 ff.

annahme des realen Wertbezuges der Aktien. Die Regeln werden derart gelockert, dass lediglich noch vorgesehen ist, dass der Mindestnominalwert grösser als null sein müsse (BBl 2008 1637; BBl 2017 431). Ausserdem wurde die Legaldefinition in Art. 620 Abs. 1 OR als unzureichend eingestuft (BBl 2008 1636). Die neue Legaldefinition nach Art. 620 Abs. 1 E-OR lautet:

> «Die Aktiengesellschaft ist eine Kapitalgesellschaft, an der eine oder mehrere Personen, Handelsgesellschaften oder Rechtsgemeinschaften beteiligt sind. Für ihre Verbindlichkeiten haftet nur das Gesellschaftsvermögen.»

Art. 625 OR bestätigt die Möglichkeit der Einpersonengesellschaft: 13

> «Eine Aktiengesellschaft kann durch eine oder mehrere natürliche oder juristische Personen oder andere Handelsgesellschaften gegründet werden.»

Damit ist auch klar, dass die Beherrschung einer AG durch eine AG möglich ist   14
und damit auch Konzerne gebildet werden dürfen.

Eine Abkehr von der Kapitalbezogenheit findet sich also nicht. Im Gegenteil, im   15
Bericht wird nach wie vor von einer «kapitalbezogenen Kapitalgesellschaft» gesprochen, und die Botschaft 2008 (S. 1636) sowie Art. 620 Abs. 1 E-OR stellen unmissverständlich klar, dass das Grundkapital in den Statuten festgelegt sein muss.

Immerhin muss das Nominal- oder Grundkapital nicht mehr länger vollkommen   16
fix sein. Dies belegt die Idee des Kapitalbandes, die ursprünglich von VON DER CRONE stammt (VON DER CRONE, Kapitalband, 1 ff.; s.a. MEIER-HAYOZ/FORSTMOSER, § 10 N 134). Das Kapitalband ist in seiner ursprünglichen Idee schlicht die Möglichkeit, das Aktienkapital in einem gewissen Spektrum frei bewegen zu können; sie wird im OR übersetzt in eine genehmigte Ausgabe neuer Aktien oder genehmigte Rücknahme bestehender Aktien (vgl. etwa BÖCKLI, § 2 N 38 ff.). Sie findet nun auch Eingang in die Gesetzgebung, Art. 653s und 653t E-OR (BBl 2008, 1652 f.), und zwar als autorisierte Kapitalerhöhung und -herabsetzung. Damit ist der erste wesentliche Schritt weg vom Konzept des starren Kapitals der Kapitalgesellschaft getan.

Ein weiterer Schritt ist die Schaffung einer SICAV (Société d'Investissement à   17
capital variable, Gesellschaft mit variablem Kapital), im Rahmen des KAG (vgl. Art. 36 ff. KAG, dazu § 4, N 173). Der Gesetzgeber schuf die SICAV, wo weder ein festes Grundkapital vorgesehen ist noch die Aktien einen Nennwert aufweisen (vgl. Art. 36 Abs. 1 lit. a und Art. 40 Abs. 2 KAG).

Es ist auch kein Zeichen getreuer Kapitalerhaltung, aber von Effizienz, wenn bei   18
einer Kapitalerhöhung mit Liberierung auf dem Verrechnungswege auch dann vollwertiges Kapital geschaffen werden kann, wenn die Aktiven keine vollwertige Deckung mehr bieten (vgl. Art. 635 Abs. 1 OR; Art. 634a Abs. 2 E-OR; vgl. auch ISLER/SCHILTER-HEUBERGER, 885; ferner BÖCKLI, § 1 N 426 ff.).

19   Die Idee zu einer Gesellschaft ohne fixes Grundkapital ist schon wesentlich älter.
      Sie wurde bereits 1961 erwähnt im Bericht JÄGGI. Die Studiengruppe hatte damals
      den Auftrag, sich mit der «Schaffung von Kleinaktien» zu beschäftigen (Bericht
      JÄGGI, 10). Als Kleinaktien im Sinne des Berichts galten damals allerdings Aktien
      mit einem Nennwert von weniger als CHF 100.–.

20   Im Rahmen des Berichts JÄGGI werden nebst der Teilung des Nennwertes von
      existierenden Aktien auch zwei interessante, aber damals noch ebenso unkonven-
      tionelle Ideen besprochen. Der Text beschreibt die Möglichkeit der Ausgabe von
      Quotenaktien, d.h. «Titeln, die weder einen Nennwert noch eine Grundkapitalzif-
      fer angeben, dafür aber das relative Verhältnis – Quote – der Aktien zum gesam-
      ten Grundkapital» (S. 7). Diese Möglichkeit ist heute in Deutschland verwirklicht
      (vgl. dazu hinten N 27).

21   Der Bericht beschäftigte sich aber auch mit der Schaffung nennwertloser Aktien
      und beschreibt diese als Titel, «die weder einen Nennwert, noch ein Quotenver-
      hältnis, noch eine Grundkapitalziffer angeben» (S. 7). Diese Titel müssten sich
      vollständig am Verkehrswert der jeweiligen Aktiengesellschaft orientieren, ihr
      Wert müsste also regelmässig neu berechnet werden (vgl. heute Art. 40 Abs. 2
      KAG für die SICAV). Die Ausgabe von nennwertlosen Aktien wird durch zahlrei-
      che positive Argumente und Gewichtungen, z.B. die effektive wirtschaftliche
      Bedeutungslosigkeit des Nennwerts einer Aktie nach dem Gründungszeitpunkt
      oder die ganz generelle Behebung der Missverständnisse, die mit dem Nennwert
      einhergehen können (wie die falschen Vorstellungen bei der Berechnung der
      Dividende basierend auf dem Nennwert einer Aktie), unterstützt; als einzige Ar-
      gumente gegen die Einführung nennwertloser Aktien werden die dadurch notwen-
      digen und erheblichen Änderungen von OR und Steuergesetzgebung genannt
      (Bericht JÄGGI, 9).

22   Von besonderem Interesse sind die Gründe, die gegen die «Bejahung eines Be-
      dürfnisses» nach kleinen Aktien ganz allgemein ins Feld geführt worden sind. So
      ist an prominenter Stelle zu lesen (Bericht JÄGGI, 8), dass die Einführung von
      kleinen Aktien zu einer zusätzlichen Nachfrage seitens neuer Kreise von Publi-
      kumsaktionären führen könne. Die Möglichkeit einer Korrelation zwischen Ak-
      tienhandel und Nennwertgrösse, bzw. der Schaffung von massiv günstigeren Ak-
      tien, wurde damit erkannt. In diesem Zusammenhang ist auch zu erwähnen, dass
      die durchschnittliche Haltedauer von Aktien sich über die letzten drei Jahrzehnte
      um ein Vielfaches reduziert hat. Gemäss statistischen Erhebungen der World Fe-
      deration of Exchanges (WFE) beträgt diese global im Jahr 2011 noch 0,6 Jahre, im
      Jahr der letzten grossen Krise, also 2008, gar nur noch die Hälfte. Im Vergleich
      dazu wurden im Jahr 1980 Aktien durchschnittlich 9,7 Jahre in denselben Händen
      gehalten. Die *Loyalty* wandelt sich also.

Die Zweite Richtlinie der EU (sog. Kapitalrichtlinie von 1976) sieht in Art. 3 auch bereits den Fall vor, dass die Rechtsordnungen der Mitgliedstaaten vorsehen, dass Aktiengesellschaften Aktien ohne Angabe des Nennbetrages ausgeben. 23

In Deutschland wurden im Jahr 1998 mit dem Gesetz über die Zulassung von Stückaktien (auch Stückaktiengesetz oder StückAG) vom 25. März 1998 Stückaktien im HGB eingeführt (Art. 1 Ziff. 2 StückAG verlangte die Änderung von § 8 AktG dahin gehend, dass Aktien nun auch als Stückaktien begründet werden können). Die deutsche Stückaktie bezieht sich auf einen bestimmten Anteil am Grundkapital. Die Stückaktie repräsentiert einen fiktiven, aber immer gleichbleibenden Anteil an der Unternehmung. Sie ist am ehesten vergleichbar mit einer Quotenaktie. Eine echte, nennwertlose Aktie ist aber mit dem StückAG nicht möglich und bleibt nach § 8 AktG nicht erlaubt. 24

Die Motivation zur Einführung des StückAG dürfte nicht zuletzt gewesen sein, dass am 1. Januar 1999/2002 der Euro als Währung eingeführt worden ist. Die Umrechnung von der Deutschen Mark zum Euro war kompliziert und hätte im Falle der Nennwerte von Aktien zu unhaltbaren Ergebnissen geführt. So verwundert es nicht, dass die grosse Mehrheit der an der deutschen Börse kotierten Unternehmen auf Stückaktien umgestellt hat, noch bevor der Euro eingeführt worden ist. 25

C. Das Grundkapital als Ausschüttungssperrziffer

Das Nennwertkapital gilt auch als Ausschüttungssperrziffer. Kapitalanteile können, unter Vorbehalt einer durchgeführten Kapitalherabsetzung, nicht zurückgefordert werden (Art. 680 Abs. 2 OR; vgl. auch BGE 87 II 169; 109 II 128). Zuwiderhandlung führt zur Nichtigkeit (BGE 117 II 290 E. 4c/aa). Eine Dividende oder Tantieme darf nur aus dem Bilanzgewinn oder aus hierfür gebildeten Reserven bezahlt werden (Art. 675 Abs. 2 OR). Mit der steuerfrei zugelassenen Rückzahlung von Kapitaleinlagen (vgl. etwa das Kreisschreiben 29a, Eidgenössisches Finanzdepartement, vom 9. September 2015) wurde der Spielraum erhöht, obwohl die Frage der Rückzahlung von Agio vorher umstritten war (vgl. beispielsweise OSER/VOGT, 11). 26

Es ist auch interessant hier anzumerken, dass einer der Pioniere liberaler Wirtschaft, nämlich F. A. VON HAYEK, meinte, die Aktionäre sollten die Ausschüttungsquote jährlich selbst neu bestimmen können: 27

> «It seems to me that nothing would produce so active an interest of the individual stockholder in the conduct of a corporation, and at the same time give him so much effective power, as to be annually called upon individually to decide what part of his share in the net profits he was willing to reinvest in the corporation.» (HAYEK, Corporation in a democratic society, 307/308)

D.   Blick in andere Rechtsordnungen und Kulturräume

28   Im Englischen gibt es kein exaktes Äquivalent des Wortes «Kapitalgesellschaft». Selbst die Übersetzungsvorschläge sind nicht einheitlich. Gängige Übersetzungen für das Vereinigte Königreich führen auf: *Company Limited by Shares* (DIETL/LORENZ, 421), die gemeinhin mit *«Limited Company»* abgekürzt wird, oder auch *Joint Stock Company* (LANGENSCHEIDT, 493). Für die Vereinigten Staaten werden Begriffe wie *Corporation* (DIETL/LORENZ, 421 und LANGENSCHEIDT, 493) oder *Proprietary Company* (DIETL/LORENZ, 421) verwendet. Leitbild liefert aber vor allem *Corporation,* die in der Regel kotiert ist.

29   Aus den ersten Ausführungen kann daher bereits etwas geschlossen werden: Den Begriff der Kapitalgesellschaft gibt es im Englischen so nicht, weder im Vereinigten Königreich noch in den Vereinigten Staaten. Die Wörterbücher verwenden stattdessen einen Begriff einer dem Konzept einer Kapitalgesellschaft entsprechenden Gesellschaftsform als Übersetzungsäquivalent, bezeichnen aber damit immer eine konkrete Gesellschaftsform. Das ist so natürlich nicht ganz zutreffend.

30   Das amerikanische Gesellschaftsrecht ist zweigeteilt: Einzelstaatliches Organisationsrecht und bundesstaatliches Wertpapierrecht (vgl. § 14, N 8 ff.). Das einzelstaatliche Recht kennt die *Stock Corporation,* welche von ihrer Ausgestaltung her am ehesten mit der schweizerischen Aktiengesellschaft verglichen werden kann. Sie wird in den verschiedenen Staaten jedoch jeweils etwas unterschiedlich ausgestaltet. Im Gegensatz zur schweizerischen Aktiengesellschaft verfügt sie nicht zwingend über ein Mindestkapital (MÜLLER, 5), so kann beispielsweise in Delaware eine *Stock Corporation* ohne Kapital gegründet werden (MÜLLER, 24). Zwangsläufig muss die Höhe des Nominalkapitals nicht in den Gründungsurkunden oder in allfälligen Beistatuten aufgeführt werden (MÜLLER, 24).

31   Im Vereinigten Königreich gibt es zum einen die *Private Company limited by shares* oder schlicht *Limited (Ltd.).* Zum anderen gibt es die *Public Limited Company (PLC),* deren Wertpapiere im Gegensatz zur *Ltd.* öffentlich gehandelt werden dürfen. Beide Gesellschaftsformen sind im Wesentlichen aber Kapitalgesellschaften. Beide verfügen über ein Mindestkapital, dieses darf bei der *Ltd.* aber auch lediglich 1 £ betragen.

32   Am 1. November 2008, im Zuge der Reform des GmbH-Rechts, wurde in Deutschland die Rechtsform der Unternehmergesellschaft eingeführt. Rechtlich handelt es sich eigentlich nicht um eine neue Rechtsform, sondern um eine Abart der GmbH, an die geringere Kapitalanforderungen gestellt werden.

E.   Kapitalbezogenheit oder Personenbezogenheit

«Dass z.B. eine Aktiengesellschaft ein bestimmt anzugebendes ‹Kapital› gesetzlich haben muss und dass sie dieses Kapital unter bestimmten Kautelen durch Beschluss der Generalversammlung ‹herabsetzen› kann, bedeutet praktisch: kraft Gesetzes muss von Leuten, welche einen Zweckverband dieser Art vereinbaren, zugunsten der Gläubiger und der später in jenen Verband eintretenden Gesellschafter ein bestimmter Überschuss des gemeinsamen Besitzes an Sachgütern und Forderungen über die ‹Schulden› als dauernd vorhanden deklariert werden.» (MAX WEBER, Wirtschaft und Gesellschaft, 410)

Wie bereits MAX WEBER festgestellt hat, bedeutet Mindestkapital insbesondere   33
Gläubigerschutz. Das gilt selbstverständlich auch heute noch (MEIER-HAYOZ/
FORSTMOSER, § 16 N 66), nicht zuletzt auch, weil das Grundkapital eine buchhalterische Sperrziffer darstellt und somit eben auch zur Eruierung von Überschuldung oder Unterkapitalisierung dient (vgl. hierzu etwa MEIER-HAYOZ/FORSTMOSER, § 16 N 60 ff.).

Mit der Verminderung des Grundkapitals auf 1 £ oder 1 € ist der Gläubigerschutz,   34
zumindest in der Gründungsphase, also empfindlich geschwächt, ohne dass das Konzept der Kapitalgesellschaft an sich überwunden worden wäre. Dies gilt unabhängig davon, ob nun der Gesetzgeber die realwirtschaftliche Bedeutung des Grundkapitals in seiner Funktion als Sperrziffer falsch eingeschätzt hat (MEIER-HAYOZ/FORSTMOSER, § 16 N 112; das ist allerdings keine neue Erkenntnis und wurde bereits im Bericht JÄGGI, 8 so ähnlich festgestellt).

Das bedeutet auch, dass der Gläubigerschutz dasjenige Element ist, das soziologisch als gewollter Zweck des Aktienkapitals verstanden werden kann, ja sogar   35
muss. Gläubigerschutz kann aber auch ohne Mindestkapital sichergestellt werden, etwa durch persönliche Haftung der Verwaltungsräte, wie in einigen amerikanischen Rechtsordnungen (MÜLLER, 48 f.). Eine persönliche Haftung wäre aber grundsätzlich als Element der Personenbezogenheit zu werten und stellt insofern einen Schritt weg von der kapitalbezogenen Kapitalgesellschaft dar.

Die Kapitalbezogenheit ist in Haftungsfragen als Gegensatz zur Personenbezo-   36
genheit zu verstehen. In der Lehre gilt die Aktiengesellschaft als die am stärksten kapitalbezogene Gesellschaft des schweizerischen Rechts (vgl. etwa BÖCKLI, § 1 N 8). Sie ist von der Person des Gesellschafters quasi unabhängig. Unter diesem Gesichtspunkt ist der deutsche Begriff der Kapitalgesellschaft eigentlich sehr akkurat. Es muss gerade aus diesem Grund etwas grundlegender nach der Natur des Kapitals gefragt werden.

F.   Was ist Kapital?

37   «Kapital» findet seinen etymologischen Ursprung im lateinischen Wort *capitalis,* was so viel bedeutet wie «den Kopf betreffend». *Capitalis* selbst leitet sich wiederum vom Wort *caput* ab, also dem Kopf (PFEIFER, «Kapital»). Diese ursprüngliche Verwendung ist im Französischen wie im Englischen noch präsent im Gebrauch des Wortes *capital* und *capital* mit Bezug zur Hauptstadt. Erstaunlich eigentlich, wenn man sich das Gegensatzpaar kapitalbezogen und personenbezogen vor Augen hält.

38   Im Italienischen des 16. Jahrhunderts taucht überdies ein Begriff *capitale* auf, der so viel bedeutet wie Vermögen, gemessen an der Kopfzahl des Viehs (SEEBOLD, «Kapital»). Es ist eine der frühesten Verwendungen des Wortes in einem finanziellen Sinn und soll den Übergang zur wirtschaftlichen Verwendung des Begriffs darlegen. *Capitale* bezeichnete nämlich Vermögen, das im Gegensatz zum natürlichen Zuwachs der Tiere bei seinem gelenkten Einsatz Gewinn erzeugen soll.

39   ADAM SMITH hingegen verwendet das Wort *capital* in einem sehr breiten Sinne; er bezieht es sowohl auf Geld wie auch auf sonstige Güter, einschliesslich der eigenen Arbeitskraft. Insbesondere im 19. Jahrhundert beginnt aber die Reputation dieses «neuen» Begriffs zu leiden.

40   Kapital ist systematisch natürlich mit dem Begriff des «Kapitalismus» verbunden.[2] Dieser schillernde Begriff ist materiell schon alt, und der Anfang wurde vielfach mit dem Aufkommen des kaufmännischen Warenhandels verbunden; auch MAX WEBER hat Voraussetzungen der Entstehung der kapitalistischen Wirtschaft beschrieben (WEBER, Wirtschaftsgeschichte, 238): «Kapitalismus ist da vorhanden, wo die erwerbswirtschaftliche Bedarfsdeckung einer Menschengruppe auf dem Weg der Unternehmung stattfindet (…) und speziell rationaler kapitalistischer Betrieb ist ein Betrieb mit Kapitalrechnung.» Er sah neben der Marktbefreiung, käuflicher Arbeit und rationalem Recht vor allem in der Wertpapierherausgabe das Mittel rationaler Kapitalbeschaffung: «Hierher gehört vor allem die Aktiengesellschaft.»

41   Vor allem schon im 19. Jahrhundert begann die Reputation dieses Begriffs aber zu leiden und damit auch die Kapitalgesellschaft als dessen Exponentin. Mitursächlich dafür ist die Verwendung des Begriffs vonseiten MARX und ENGELS:

---

[2]   Vgl. für eine moderne Begriffsgeschichte etwa JÜRGEN KOCKA, Geschichte des Kapitalismus, München 2013, zur AG vgl. 53 ff. Vier Namen sind mit der Begriffsbildung jedenfalls verbunden: KARL MARX (Akkumulation und Aneignung des Mehrwerts); WERNER SOMBART (1902: Der moderne Kapitalismus; jüdischer Unternehmergeist als Motor); MAX WEBER (rationalistische Wirtschaftsweise, Die protestantische Ethik und der Geist des Kapitalismus); JOSEPH A. SCHUMPETER (Bedeutung der Innovation, Unternehmer als «schöpferische Zerstörer»).

> «Sie (die Lohnarbeit) schafft das Kapital, d.h. Eigentum, welches die Lohnarbeit
> ausbeutet, welches sich unter der Bedingung vermehren kann, dass es neue Lohn-
> arbeit erzeugt, um sie von neuem auszubeuten.» (MARX, Frühschriften, 540)

Im obigen Zitat scheint die juristisch heute an sich klare Trennung von Kapital,   42
Gesellschaft und Dienstleistung bzw. Arbeit zu verschwimmen.

Diese negative und einseitige Auffassung der Idee des Kapitals prägt die deutsche   43
Sprache bis heute. Der naturalistische Sprachgebrauch der Linkshegelianer äussert
sich heutzutage noch etwa darin, das Wort «Humankapital» zum Unwort des Jahres 2004 zu bestimmen. Wenn also mit dem Wort Kapital i.S.d. Kapitalgesellschaft eine negative Konnotation in Verbindung gebracht wird, muss berücksichtigt werden, woher diese negative Konnotation ursprünglich stammt.

Wie schon SCHUMPETER festgestellt hat, ist der Gehalt des Begriffs Kapitalismus   44
eher unklar, obwohl die Phänomene, die auch heute noch damit bezeichnet werden, alle schon gegen Ende des 15. Jahrhunderts bekannt waren (SCHUMPETER,
775). Kapitalismus kann sowohl für ein sozio-ökonomisches System, wie auch als
Name einer Zeitepoche verwendet werden. Die Zeit des Kapitalismus ist dabei just
das, was MARX und seine Nachfolger so vehement kritisiert hatten. Diese Kritik
findet ihren Ursprung in der Epoche unerträglicher Armut der frühen Industrialisierung (Pauperismus). Die Kapitalismusfrage, pro oder contra, hat die parteiliche
Auseinandersetzung in den europäischen Ländern immer wieder bestimmt.

Es wird gerne vergessen, was LUDWIG VON MISES bereits Anfang des letzten Jahr-   45
hunderts festgestellt hat (MISES, 4):

> «The people who think that the power of big business is enormous are mistaken
> also, since big business depends entirely on the patronage of those who buy its
> products: the biggest enterprise loses its power and influence when it loses its cus-
> tomer.»

Die AG war immer wieder Gegenstand engagierter Debatten, insbesondere in der   46
Form internationaler Konzerne. In den 70er- und 80er-Jahren des letzten Jahrhunderts waren vor allem die sog. «multinationalen Unternehmen» Diskussionsgegenstand, insbesondere von linker und entwicklungspolitisch orientierter Seite. Sie
befanden sich auch stets auf der Traktandenliste von NGOs. Als späte Ergebnisse
davon kann man sodann sowohl Global Compact wie auch etwa die OECD-
Leitsätze für multinationale Unternehmen nennen (s. dazu § 9, N 291 ff.).

Nach der Finanzkrise 2007/2008 flammte die Kapitalismusdiskussion erneut ve-   47
hement auf. Für nationale und internationale Unternehmen wurden Fragen der
Ethik und der Reputation wichtiger. Die Stakeholderbetrachtung schob sich vor
den Shareholder-Value-Ansatz, und auch die Komponente des Beitrags wirtschaftlicher Organisationen zum Gemeinwohl wurde stärker betont. Dies ist eigentlich
ein genuin wirtschaftsrechtlicher Ansatz, der auch dem Privatrecht eine Funktion

im Vollzug des Wirtschaftssystems der verantwortlichen sozialen Marktwirtschaft zuweist. Nur sind die Bezüge heute kaum mehr national, sondern international zu verorten. Für internationale Konzerne sind es dann besonders die Menschenrechte und Umweltstandards, deren Beachtung eingefordert wird. In der Schweiz soll dies mit dem Mittel einer Konzernverantwortungsinitiative geschehen (s. dazu Kap. § 9, N 296 ff.).

II.   Die Aktiengesellschaft in der Verfassung

A.   *Einige geschichtliche Grundlagen*

1.   Übersicht und Verfassungen von 1848 und 1874

48   Wie in einem Vergleich zwischen EMRK und Bundesverfassung ersichtlich wird, gehört die Wirtschaftsfreiheit nicht in den Katalog klassischer Freiheitsrechte. Eine ausdrückliche und umfassende Gewährleistung der Wirtschaftsfreiheit als Freiheitsrecht ist auch im Vergleich mit anderen Verfassungen ungewöhnlich, wenn nicht sogar einzigartig (vgl. HÄFELIN/HALLER/ KELLER, N 624).

49   Die erste Bundesverfassung von 1848 enthielt in Art. 29 Abs. 1 aBV einen Artikel zur Handelsfreiheit. Mit der Bundesverfassung von 1874 wurde dieser in ihrem Art. 31 aBV in eine erste Form der Wirtschaftsfreiheit erweitert, damals bezeichnet als Handels- und Gewerbefreiheit. Die ursprüngliche Fassung sah vor:

> «Die Freiheit des Handels und der Gewerbe ist im ganzen Umfange der Eidgenossenschaft gewährleistet.»

50   In den darauffolgenden beiden Absätzen wurden Ausnahmen ausbedungen für «das Salz- und Pulverregal, die eidgenössischen Zölle, die Eingangsgebühren von Wein und andern geistigen Getränken sowie andere vom Bund ausdrücklich anerkannte Verbrauchssteuern». Die Vorstellung einer bestimmten Wirtschaftsordnung, mehrheitlich im Geist der liberalen Schule der noch sehr jungen Volkswirtschaftslehre (vgl. FLEINER/GIACOMETTI, 283) war pointiert, aber noch mit etlichen Ausnahmen versehen. Mit anderen Worten waren die ganzen Marktzusammenhänge 1874 noch nicht so erfasst, wie sie heute verstanden werden.

51   Zählt man nicht nur Änderungen, sondern auch neue Absätze und Artikel dazu, sind bis zum Erlass der Bundesverfassung von 1999 13 Änderungen an Art. 31 aBV bzw. der Handels- und Gewerbefreiheit ergangen. Das verdeutlicht auch, dass mit der Schaffung der Wirtschaftsfreiheit gesellschaftliches Neuland betreten worden ist. Die Wirkung der Wirtschaftsfreiheit galt es erst zu kalibrieren.

2. Der Wirtschaftsartikel und seine Anpassungen

Bei der Kalibrierung der Wirtschaft waren die jeweiligen welt-   52
politischen Umstände durchaus einflussreich. So war die Abstimmung vom 6. Juli
1947 auch durch die Entwicklungen der Weltwirtschaft, insbesondere des Kriegs-
endes, geprägt. Art. 31*a* der alten Bundesverfassung leitet ein:

> «Der Bund trifft im Rahmen seiner verfassungsmässigen Befugnisse die zur Meh-
> rung der Wohlfahrt des Volkes und zur wirtschaftlichen Sicherung der Bürger ge-
> eigneten Massnahmen.»

An die Stelle der von der aufkommenden Volkswirtschaftslehre geprägten Vor-   53
stellung von liberaler Wirtschaft tritt langsam eine planmässige Lenkung (vgl.
auch HÄFELIN/HALLER/KELLER, N 617). Es besteht eben auch Misstrauen gegenüber der Wirtschaft, und die Erfahrung der Kriegsjahre hat dies, wenn nicht ausgelöst so doch wenigstens akzentuiert. Hier bleibt anzumerken, dass die Handels-
und Gewerbefreiheit aufgrund von faktischen Monopolen, Kartellen und insbesondere des Vollmachtsregimes faktisch ausgehebelt war. Und gerade in der
ersten Jahrtausendhälfte gab es drei solcher Regimes: Während der beiden Welt-
kriege und der Weltwirtschaftskrise 1936 waren alle Freiheitsrechte, insbesondere
aber die Handels- und Gewerbefreiheit, empfindlich beschnitten.

Die Bestimmung in Art. 31*a* aBV konkretisiert sich nochmals in zeitlicher Nähe   54
zu den Öl- und Weltwirtschaftskrisen von 1973 und 1979/1980: Mit Abstimmung
vom 2. März 1980 hat die Schweiz reagiert und Art. 31*a* Abs. 3 aBV lit. e erlassen. In der ursprünglichen Fassung von 1947 war der Bund nur in Kriegszeiten
befugt, der Handels- und Gewerbefreiheit zuwiderlaufende Bestimmungen zu
erlassen. Nach den beiden Krisen wurden diese Kompetenzen jedoch wieder ausgedehnt. Der Bund durfte demnach neu Vorschriften erlassen:

> «(...) über vorsorgliche Massnahmen der wirtschaftlichen Landesverteidigung
> und auch über Massnahmen zur Sicherstellung der Landesversorgung mit lebens-
> wichtigen Gütern und Dienstleistungen bei schweren Mangellagen, denen die
> Wirtschaft nicht selber begegnen kann.»

Auch prädominant soziale Phänomene werden von der Legislative aufgenommen   55
und widerspiegeln sich nicht nur in den effektiv gehaltenen und angenommenen
Abstimmungen, sondern auch in den geführten gesellschaftspolitischen Diskussionen. Am Juristentag 1970 wurde etwa von FRITZ GYGI aufgeführt, dass die
Wirtschaft eben nicht nur von der Privatwirtschaft lebe, sondern von etlichen
anderen wirtschaftlichen Freiheiten, auch den Freiheiten der staatlichen Konzerne
(vgl. hierzu insb. die Ausführungen bei HÄFELIN/HALLER/KELLER, N 626).

Mit der Totalrevision der Bundesverfassung von 1999 wird die Handels- und   56
Gewerbefreiheit neu die «Wirtschaftsfreiheit». Mit diesem Entscheid wird häufig

ein Entscheid für eine einheitliche Wirtschaftsverfassung verbunden (vgl. HÄFELIN/
HALLER/KELLER, N 627). Dem ist zuzustimmen, diese Auffassung passt aber auch
in das Jahr 1999 und würde nach der Krise 2008 eventuell anders aufgefasst werden. Die Finanzkrise, jedenfalls, wurde beendet mit einem Schrei nach mehr Regulation, selbst auf Verfassungsebene (vgl. § 4, N 198 ff.).

B.   Eine Verfassung für Menschen und Personen

57   Im Grundrechtskatalog der schweizerischen Bundesverfassung
wird klar unterschieden zwischen denjenigen Grundrechten, die allen Menschen
zukommen, und denjenigen Grundrechten, die allen Personen zukommen (vgl.
etwa Art. 8 Abs. 1 BV mit Art. 13 Abs. 1 BV).

58   Nun ist selbstverständlich, dass die Aktiengesellschaft kein Mensch ist. Aber
worin liegt der Unterschied zwischen Person und Mensch, bzw. was ist eigentlich
eine Person? Art. 53 ZGB stellt zumindest klar:

> «Die juristischen Personen sind aller Rechte und Pflichten fähig, die nicht die na-
> türlichen Eigenschaften des Menschen, wie das Geschlecht, das Alter oder die
> Verwandtschaft zur notwendigen Voraussetzung haben.»

59   Zwecks Klärung des Wesens der amerikanischen Corporation nahm der amerika-
nische Supreme Court noch 1987 (CTS Corp. v. Dynamics Corp. of America 481
U.S. 69) in einer Entscheidung Rückgriff auf eine Aussage von Chief Justice
Marshall aus dem Jahre 1819:

> «A corporation is an artificial being, invisible, intangible, and existing only in
> contemplation of law. Being the mere creature of law, it possesses only those
> properties which the charter of its creation confers upon it, either expressly, or as
> incidental to its very existence. These are such as are supposed best calculated to
> effect the object for which it was created.»

60   Die amerikanische *Corporation* ist damit als juristische Person ein rein rechtliches
Wesen, ein vom Menschen positivistisch geschaffenes Juridikum. Aber ist diese
Aussage vereinbar mit unserem, kontinentaleuropäischen Verständnis des Wesens
einer juristischen Person? In der Aussage des Supreme Court schwingt unter-
schwellig die Unterscheidung zur natürlichen Person, zum Menschen, mit.

61   Unsere Verfassung ist aber deutlich: Mensch und Person bezeichnen nicht dasselbe Phänomen. Wie HANS KELSEN schreibt, ist eine Person ein «personifizieren-
der Einheitsausdruck für ein Bündel von Rechtspflichten und Berechtigungen»
(KELSEN, 177–178). Das trifft nun aber auf die juristische Person, wie auch auf die
natürliche, durchaus zu (vgl. hierzu auch NOBEL, Persönlichkeitsschutz juristischer Personen, 411 ff.; NOBEL, Aktiengesellschaft, 156).

Person bezeichnet immer ein Rechtsphänomen, ganz im Gegenteil zum Begriff   62
Mensch. Das war auch EUGEN HUBERS Überzeugung, wenn er zwar auf «realistischer» Grundlage und gegen die Fiktionsauffassung schrieb:

> «Person im Rechtssinne ist notwendigerweise stets ein Rechtsbegriff (…) die irrige
> Auffassung, als ob der einzelne Mensch von Natur Person wäre, der Personenverband aber vermöge einer besonderen Privilegierung oder Fiktion, während doch
> das Verhältnis der Erscheinung zur Stellung der Person hier wie dort das gleiche
> ist, nämlich die Anerkennung eines vorhandenen Zustandes durch die Rechtsordnung.» (HUBER, Erläuterungen Vorentwurf, 45).

Insofern sind also sowohl die natürliche wie auch die juristische Person Produkte   63
einer rechtspositiven Betrachtung gesellschaftlicher Phänomene. Der alte Gegensatz zwischen Fiktions- und Realitätstheorie, der die Rechtswissenschaft stark
beschäftigte (z.B. MEIER-HAYOZ/FORSTMOSTER, § 2 N 11 ff.), scheint zwar überwunden, doch kommt man nicht darum herum, «Person» als rechtliche Konstruktion zu sehen, die formale «Maske» des Realen.

C.   Behandlung der einzelnen Freiheitsrechte

1.   Die Persönlichkeit der Aktiengesellschaft

Art. 13 BV umfasst mehrere Schutzbereiche. Gemäss Geset-   64
zeswortlaut geniesst jede Person «Anspruch auf Achtung ihres Privat- und Familienlebens, ihrer Wohnung sowie ihres Brief-, Post- und Fernmeldeverkehrs»
(Art. 13 Abs. 1 BV) sowie Anspruch auf «Schutz vor Missbrauch ihrer persönlichen Daten» (Art. 13 Abs. 2 BV).

Eine juristische Person kann kein Privat- oder Familienleben haben. Aber sie   65
verfügt gewöhnlicherweise über eine «Wohnung», die u.U. auch geschützt wird
(vgl. EGMR i.S. Stés Colas Est u.a. gegen Frankreich vom 16. April 2002,
Nr. 37971/97; Niemitz gegen Deutschland, 13710/88, Ziff. 31; Petri Sallinen gegen Finnland, 50882/99, Ziff. 70; auch SGK BV-BREITENMOSER, Art. 13 N 31;
MÜLLER/SCHEFER, 189). Die juristische Person selbst geniesst dabei aber keinen
Schutz, sondern nur die natürlichen Personen, die in diesem Bereich auch leben,
da auch berufliche Aktivitäten persönliche Beziehungen einschliessen können
(vgl. etwa MÜLLER/SCHEFER, 189). Art. 56 ZGB sprach aber bis zur Revision im
Jahre 2008 nicht von Sitz, sondern von «Wohnsitz» der juristischen Person und in
Art. 21 Abs. 1 IPRG heisst es noch heute:

> «Bei Gesellschaften (…) gilt der Sitz als Wohnsitz.»

Auch die EMRK ist hier offener formuliert als die Bundesverfassung. Hierbei tritt   66
ein Problem zutage, das nicht nur die EMRK, sondern auch die Schweiz aufgrund

ihrer verschiedenen Sprachen betrifft. Die französische Version der EMRK spricht in Art. 8 von *domicile,* während die englische Version noch immer von *home* spricht. Der EGMR hat aus diesem Grund festgestellt, dass diese französische Version offener ist, als die anderen (vgl. FROWEIN/PEUKERT, Art. 8 N 43). In der französischen Version von Art. 13 der schweizerischen Bundesverfassung steht auch «domicile», wohingegen die italienische Version von «abitazione» spricht. Diese Spannung zwischen den Formulierungen wurde vom Bundesgericht bis dato noch nicht kommentiert.

67 Für jede Person (z.B. BGE 126 I 50, 57 spricht von «Benützern» einer entsprechenden Dienstleistung; vgl. auch MÜLLER/SCHEFER, 209) gilt aber der Schutz des «Brief-, Post- und Fernmeldeverkehrs». Darunter zu subsumieren ist auch die elektronische Post (SGK BV-BREITENMOSER, Art. 13 N 33). Der Schutzbereich von Abs. 2 umfasst naturgemäss die Sammlung und allgemein jeden Umgang mit Daten über alle Personen und sogar Personenvereinigungen (SGK BV-SCHWEIZER, Art. 13 N 39 f.).

68 Die juristische Person geniesst indessen keinen Anspruch auf persönliche Freiheit (HÄFELIN/HALLER/KELLER, N 294), obwohl der Begriff der persönlichen Freiheit durchaus auch analog für juristische Personen verwendet werden könnte. An die Stelle des Rechts auf persönliche Freiheit tritt das Recht auf Wirtschaftsfreiheit. Dass die Rechtsnatur der persönlichen Freiheit der juristischen Person nicht zukommen kann, befindet überdies auch die Lehre zur EMRK (vgl. GRABEN-WARTER, 103).

2. Vereinsfreiheit, Wirtschaftsfreiheit und Eigentumsgarantie

69 Art. 23 BV garantiert die Vereinigungsfreiheit. Geschützt wird «das Recht zur Bildung von Vereinigungen» (HÄFELIN/HALLER/KELLER, N 553) sowie das Auflösen derselben. Es handelt sich mithin für die juristischen Personen um eines der grundlegendsten Rechte. Das Bundesgericht hat allerdings für die Vereinsfreiheit nach dem altrechtlichen Art. 56 aBV festgestellt, dass die Vereinsfreiheit nur natürlichen Personen zukommen könne (BGE 100 Ia 277, 286). Diese Auffassung wurde und wird zu Recht kritisiert (z.B. HÄFELIN/HALLER/KELLER, N 296). Die Vereinsfreiheit muss auch auf die juristische Person Anwendung finden, wenigstens wenn es um die Existenz der juristischen Person selbst geht (auch SGK BV-ERRASS, Art. 23 N 9). Die Vereinsfreiheit schützt ja nicht zuletzt die Grundlage der Existenz der juristischen Personen. Folgte man der Realitätstheorie, müsste sich die juristische Person sogar für das Recht zur Vereinigungsfreiheit seiner Mitglieder zur Wehr setzen können.

70 Hingegen ist die Wirtschaftsfreiheit nach Art. 27 BV grundsätzlich auf die juristischen Personen der Schweiz anwendbar. Nur gerade diejenigen Aspekte, die einer

menschenrechtlichen Ausprägung entstammen, z.B. das Recht auf eine freie Berufswahl (vgl. etwa MÜLLER/SCHEFER, 1064), sind für juristische Personen nicht anwendbar. Rein pragmatisch ist die freie Wahl des Zwecks aber ein mit der freien Berufswahl durchaus vergleichbarer Vorgang und weist in den Art. 52 ff. ZGB (insb. Art. 57 ZGB) und diversen Spezialgesetzen nicht unähnliche Einschränkungen bezüglich derselben auf. Das Bundesgericht begreift die Klage auf Auflösung einer juristischen Person entsprechend als persönlichkeitsrechtliche Klage (vgl. BGE 112 II 1, Regeste). Das Bundesgericht sagt auch, dass inländische juristische Personen sich auf die Wirtschaftsfreiheit berufen können, unter anderem auch, weil «die den natürlichen Personen zugestandene Wirtschaftsfreiheit auch das Recht umfasst, grundsätzlich darüber zu entscheiden, unter welcher Rechtsform sie wirtschaftlich auftreten wollen» (BGE 131 I 223, 226). Das ist doppelt von Bedeutung, weil es auch eine Einzelgesellschaft betreffen kann. Darüber muss dieser Schutz auch der juristischen Person selbst zugutekommen (vgl. hierzu auch MÜLLER/SCHEFER, 1060), was insbesondere dann wichtig sein wird, wenn eine Aktiengesellschaft einem – wirtschaftlich gesehen – eigenständigen Gebilde auch eine eigene Rechtsform verleihen will, etwa in einem Konzern durch die Gründung einer neuen Tochtergesellschaft oder auch der Restrukturierung einer anderen Unternehmung nach dem Erwerb.

Die Wirtschaftsfreiheit betrifft insbesondere private Personen, denn sie schützt ja den freien Zugang zum privatwirtschaftlichen Erwerb. Gemeinwesen können sich nicht auf die Wirtschaftsfreiheit berufen (HÄFELIN/HALLER/KELLER, N 632). Bis anhin ungeklärt ist die Frage, ob sich öffentliche Unternehmen auf Art. 27 BV berufen können, so z.B. die Swisscom (vgl. hierzu etwa BGE 127 II 8 E. 4c). Selbiges für gemischtwirtschaftliche Unternehmen. Bei der Beurteilung dieser Frage ist in Betrachtung zu ziehen, dass öffentliche Unternehmen einer gesetzlichen Grundlage bedürfen. Sie sind insofern nicht mit privatrechtlichen Unternehmen vergleichbar, der Gesetzgeber musste bei deren Ausgestaltung an die konkreten Regeln im Einzelfall denken. Vor diesem Hintergrund scheint es vertretbar, den öffentlichen Unternehmen die Berufung auf die Wirtschaftsfreiheit zu untersagen. Systemisch wäre in einem Rechtsfalle eher eine Gesetzesänderung durch das Parlament angezeigt. Dieses Argument wird zusätzlich untermauert durch die Tatsache, dass die Wirtschaftsfreiheit vor Eingriffen des Staates schützen soll (HÄFELIN/HALLER/KELLER, N 650). 71

Daneben muss gefragt werden, ob auch ausländische juristische Personen des Privatrechts zu den Rechtsträgern von Art. 27 BV gehören können. Lange Zeit konnten sich ausländische natürliche Personen nur dann auf die Wirtschaftsfreiheit berufen, wenn ihnen ein Staatsvertrag, beispielsweise ein Freizügigkeitsabkommen, diese Rechte zusätzlich zugesichert hatte (vgl. HÄFELIN/HALLER/KELLER, N 654). Die neue Rechtsprechung geht allerdings davon aus, dass natürlichen Personen die Rechtsträgerschaft auch dann zukommen solle, wenn sie eine Nie- 72 derlassungsbewilligung besitzen oder durch einen Staatsvertrag Anspruch auf eine solche hätten (BGE 125 I 182 E. 5a). Die Situation für juristische Personen ist nach wie vor ungeklärt (BGE 131 I 223, 226). Das Bundesgericht umgeht die Beantwortung der Frage jedoch insofern, als es sich zur Beantwortung auf das Abkommen vom 21. Juni 1999 zwischen der Schweizerischen Eidgenossenschaft und der Europäischen Gemeinschaft bezüglich Freizügigkeit (Freizügigkeitsabkommen, FZA, SR 0.142.112.681), insb. Art. 5 und 17 ff. des Anhangs, beruft. Dieses findet ausdrücklich auch auf juristische Personen Anwendung. Die Frage, ob nun ausländische juristische Personen Rechtsträger der Wirtschaftsfreiheit seien, musste daher nicht geklärt werden und blieb auch ungeklärt.

73   Die Eigentumsfreiheit verfügt über einen persönlichkeitsbezogenenen Aspekt: Ursprünglich wurde die Eigentumsfreiheit konsequent auf die menschliche Persönlichkeit ausgerichtet und ist bereits von EUGEN HUBER so erwähnt worden (WEBER R., Eigentum, 185). Nun ist aber jede Person, auch natürliche Personen, auch ein juristisches Gebilde: Person ist immer ein rechtlicher Begriff (vgl. weiter vorne, N 61 ff.). Es war also nur konsequent, die juristische Person mit einzuschliessen. Im persönlichkeitsbezogenen Aspekt wird dann das Eigentum als fundamentaler Ausdruck der Persönlichkeit angesehen. Nebst diesem persönlichen Aspekt, beinhaltet die Eigentumsgarantie auch einen wirtschaftlichen Aspekt. Der wirtschaftliche Aspekt der Eigentumsgarantie, zusammen mit der Wirtschaftsfreiheit, ist institutionell wesentlich bedeutender als der individuell-persönlichkeitsbezogene Aspekt (MÜLLER/SCHEFER, 1009). Dem kann sich auch der Eigentumsbegriff stellen. Auszugehen ist vom Abgaberecht, wo vom wirtschaftlichen Eigentum die Rede ist:

> «Dieses präsentiert sich nicht als besondere Art des Eigentums, sondern als durch spezifisch abgaberechtliche Überlegungen diktierte Bestimmung der Person des Abgabepflichtigen. Zu diesem Zweck kann es angezeigt sein, mehr auf die wirtschaftliche Bedeutung als auf die zivilrechtliche Erscheinung eines Tatbestandes abzustellen.» (MEIER-HAYOZ, N 362)

74   Im Zusammenhang mit der Aktiengesellschaft, mit der juristischen Person mit eigener Rechtspersönlichkeit und den Rechten an ihnen in verbriefter Form, also Aktien, eröffnet sich die Problematik. Die Aktie selbst fällt in zwei komplett unterschiedliche Sphären: Sachenrechtlich geschützt ist das Recht am Eigentum der Aktie im Sinne ihrer sachlichen Qualität. An dieser Sache hängt aber auch das Eigentum an der Aktiengesellschaft selbst, das mithin als wirtschaftliches Eigentum zu gelten hat. Es verwundert kaum, dass in jüngerer Zeit dem wirtschaftlichen Aspekt grösseres Gewicht beigemessen wird (MÜLLER/SCHEFER, 1009) und der «wirtschaftliche Eigentümer» vor allem im Finanzbereich Einzug gehalten hat (N 147 ff.).

3.   Exkurs: Gleichbehandlung der Konkurrenten

Der besonderen Erwähnung bedarf, gerade im Zusammenhang   75
mit juristischen Personen, die gebotene Gleichbehandlung direkter Konkurrenten,
auch wenn der Grundsatz der Gleichbehandlung direkter Konkurrenten nicht absolut gilt (vgl. hierzu BGE 125 II 129 E. 10). Das Bundesgericht ist in seiner Beurteilung, was direkte Konkurrenten sind, auch sonst nicht immer stringent: So gilt
beispielsweise eine Aktiengesellschaft mit einem Riesenrad von 32 Metern
Durchmesser nicht mehr als direkte Konkurrentin zu einer Aktiengesellschaft mit
einem Riesenrad von 44 Metern Durchmesser (BGE 128 I 136, 147 f.), obwohl
beide am selben Jahrmarkt auftreten wollten und somit mit einem sehr vergleichbaren Angebot im exakt selben Markt teilnehmen. Dafür sind Konditoren und
Bäcker direkte Konkurrenten (vgl. BGE 120 Ia 236), meines Erachtens nicht zu
Recht. Die Bevorzugung des Zirkus Knie bei der Zurverfügungstellung des öffentlichen Grundes wurde aber auch vom Bundesgericht gutgeheissen (BGE 119 Ia
445).

4.   Rechtsstaatliche Garantien, Rechtsgleichheit und
übrige Freiheitsrechte sowie deren Besonderheiten

Dass auch juristische Personen Anspruch auf rechtsgleiche Be-   76
handlung haben, scheint selbstverständlich. Die Formulierung von Art. 8 Abs. 1
BV würde aber an sich auf etwas anderes schliessen lassen: «Alle Menschen sind
vor dem Gesetze gleich.» Die Rechtsgleichheit gilt aber auch für juristische Personen (MÜLLER/SCHEFER, 653). Sie können ja schliesslich auch Trägerin aller
Rechte und Pflichten sein, die nicht eine natürliche Eigenschaft des Menschen zur
notwendigen Voraussetzung haben (Art. 53 ZGB). Art. 9 Abs. 1 BV ist da klarer
formuliert:

> «Jede Person hat Anspruch darauf, von den staatlichen Organen ohne Willkür und
> nach Treu und Glauben behandelt zu werden.»

Den Grund für die Formulierung in Art. 8 Abs. 1 BV findet man in der elementa-   77
ren Bedeutung des Gleichheitsgrundsatzes (MÜLLER/SCHEFER, 653, Fn. 10).

Von besonderem Interesse für die juristische Person ist die Garantie der Religions-   78
freiheit, insbesondere im Zusammenhang mit der Kirchensteuerpflicht in diversen
Kantonen. Das Bundesgericht schützt diese in seiner ständigen Rechtsprechung
seit dem Jahr 1878 (BGE 4 I 536, 539 und 541; BGE 95 I 350, 353; auch etwa in
BGE 126 I 122, 129), u.a. unter Berufung auf Rechtssicherheit und die kantonale
Autonomie in kirchenrechtlichen Angelegenheiten. Ausgenommen sind nur juristische Personen, die selbst einen religiösen Zweck verfolgen (BGE 95 I 350, 356;
BGE 108 Ia 82, E 1; auch HÄFELIN/HALLER/KELLER, N 434), (für weitere Aus-
führungen vgl. MÜLLER/SCHEFER, 285 f.). Das bedeutet für die juristische Person

im Grunde nichts anderes, als dass ihre Persönlichkeit nicht so weit reicht, sich auf dieses Grundrecht berufen zu können. Das gibt auch das Bundesgericht so zu, wenn es schreibt:

> «Da sich diese (die juristischen Personen) nicht auf die Religionsfreiheit berufen können, verletzt ihre Besteuerung auch nicht **Art. 49 Abs. 6 aBV.**» (Aus: BGE 126 I 122, 129, Text in Klammern hinzugefügt, Hervorhebung im Original).

79   Das Bundesgericht erwähnt freilich noch eine ganze Menge anderer Gründe, weswegen sich juristische Personen nicht auf die Religionsfreiheit berufen können sollen. Aber der wirklich essenzielle Punkt ist die Beschränkung der Persönlichkeit bzw. des Schutzes der Persönlichkeit der juristischen Person.

80   Wenn der juristischen Person die Religionsfreiheit nicht zukommen soll, weil sie über keine verfügt, dann bedeutet das nur, dass ihre Persönlichkeit eben nicht weitreichend genug ist. Das wiederum verlangt nach einer Anschlussfrage: Ist die Persönlichkeit der juristischen Person dünn genug, damit die natürliche Person hinter der juristischen Person sich auf Art. 15 BV berufen kann?

81   Dies wird z.B. im Bereich des Schutzes der Wohnung so angenommen. Geschäftsräume sind nur unter gewissen Bedingungen schutzfähig, so z.B. dann, wenn die Geschäftsräume «so eng mit dem eigentlichen Privatbereich verbunden» (MÜLLER/SCHEFER, 189) sind, dass sie umfassend geschützt werden müssen. Der Eingriff trifft m.a.W. den Menschen, der in den Räumen der juristischen Person arbeitet. Der Eingriff trifft die natürliche Person durch die juristische Person hindurch.

82   Im Falle von Art. 15 BV gilt dies aber nicht. Weder kann die juristische Person selbst einen Eingriff in ihre Glaubens- und Gewissensfreiheit monieren, noch können die natürlichen Personen dahinter, die Aktionäre und Eigentümer oder die Organe eine solche rügen. Die juristische Person ist also weder real genug, um sich selbst zu verteidigen, noch ist sie Fiktion genug, um die Eingriffe durch sich hindurch zuzulassen.

83   Das Bundesgericht hat in BGE 95 I 350, 354 mit Bezug auf die Religionsfreiheit und die Kirchensteuern eine Ausnahme geschaffen: Kirchensteuern sind für juristische Personen in dem Fall unzulässig, wenn diese selbst einen religiösen Zweck verfolgen. Das Bundesgericht erachtet die Kirchensteuer für juristische Personen mit religiösem Zweck aber nicht als Eingriff in die Religionsfreiheit der juristischen Person, sondern als eine indirekte Beeinträchtigung für die beteiligten natürlichen Personen:

> «Der Heranziehung juristischer Personen zu Kultussteuern ist entgegengehalten worden, dass diese Steuern in letzter Linie doch die an der juristischen Person beteiligten natürlichen Personen treffen. Das Bundesgericht hat demgegenüber auf

die rechtliche Selbständigkeit der juristischen Person verwiesen und erklärt, ‹auch wenn man übrigens darauf abstellen wollte, dass wirtschaftlich das Vermögen der juristischen Personen deren Mitgliedern gehört, so wäre doch zu sagen, dass die letzteren durch die Kirchensteuer in einer Weise indirekt getroffen werden, dass von einer nach **Art. 49 Abs. 6 BV** unstatthaften Gewissensbeschwerde nicht mehr die Rede sein könnte› (**BGE 35 I 336**). Diese Ueberlegung mag inbezug auf die juristischen Personen im allgemeinen durchaus vertretbar sein. Mit dem Sinn und Geist des **Art. 49 Abs. 6 BV** nicht mehr vereinbaren lässt sie sich jedoch, wenn sie auch auf juristische Personen angewendet wird, die selber religiöse und insbesondere kirchliche Zwecke verfolgen, wie es bei den sogenannten Freikirchen der Fall ist. Zwischen den als juristische Personen konstituierten Freikirchen und ihren Mitgliedern und deren religiösem Glauben besteht eine enge Beziehung: die juristische Person ist die Form der Gemeinschaft, zu welcher sich die Anhänger der Freikirche zur Pflege ihres religiösen Lebens zusammengeschlossen haben.» (BGE 95 I 350, 354; Hervorhebungen im Original)

Der juristischen Person kommt also nach wie vor kein Schutz zu. Paradoxerweise gestaltet es sich nun so, dass die Zwecksetzung der juristischen Person einen Eingriff in die Religionsfreiheit der Eigentümer erst ermöglicht, wegen einer besonders engen Verbindung zwischen natürlichen und juristischen Person, die hier sogar als «Gemeinschaft» bezeichnet wird. Darüber hinaus können öffentlich-rechtlich organisierte Kirchen sehr wohl in eigenem Namen Beschwerde beim Bundesgericht erheben, etwa um die Interessen ihrer Mitglieder zu wahren (vgl. HÄFELIN/HALLER/KELLER, N 434). Hier tut sich ein Widerspruch auf. 84

Juristische Personen können sich nur nach überwiegender Ansicht in der Lehre, wohl aber nicht nach Rechtsprechung des Bundesgerichts auf die Sprachenfreiheit gemäss Art. 18 BV berufen (vgl. dazu MÜLLER/SCHEFER, 295 f.). Die Niederlassungsfreiheit gemäss Art. 24 BV ist ebenfalls nur für natürliche Personen gedacht, der Wortlaut spricht sogar nur von «Schweizerinnen und Schweizern» (vgl. Art. 24 BV; auch: MÜLLER/SCHEFER, 316). Der Schutz der freien Wahl des Ortes der Geschäftsniederlassung oder der Berufsausübung, darin inbegriffen ist das Recht auf freie Sitzwahl, wird durch die Wirtschaftsfreiheit garantiert (vgl. dazu BGE 119 Ia 374 E. 2a; vgl. auch MÜLLER/SCHEFER, 1059 f.). 85

Ansonsten sind juristische Personen grundsätzlich Träger aller Grundrechte im Zusammenhang mit freier Kommunikation (vgl. dazu MÜLLER/SCHEFER, 357 ff.). Gerade der Schutz dieser Grundrechte bedingt eine ausgesprochen reale Vorstellung einer juristischen Person, wenn sie denn über ihre Organe handeln soll und in ihren Meinungsäusserungen geschützt wird. Mit dem Recht auf Verweigerung der Kommunikation sieht es etwas anders aus: Das Bankgeheimnis geniesst keinen verfassungsmässigen Schutz (vgl. dazu BGE 104 Ia 49 E. 4a; wurde bestätigt im Entscheid 124 I 176). Eine Verfassungsinitiative (Matter) ist aber hängig (eidgenössische Volksinitiative «Ja zum Schutz der Privatsphäre» vom 25. September 2014; s. ausführlich Botschaft 2015, 7043). 86

87   In einem unveröffentlichten Entscheid des Zürcher Handelsgerichts wurde die
     Geltung eines Urteils gegen eine juristische Person auch für dessen Organe ange-
     nommen (FÖGEN, 399): Zwischen zwei Aktiengesellschaften entfachte ein Patent-
     streit. Die Beklagte zog ihrerseits die Widerklage, die Klage auf Nichtigkeit des
     Patents, zurück, und in der Folge erwuchs der Entscheid in materielle Rechtskraft.
     Einige Jahre später klagte dieselbe Aktiengesellschaft wiederholt und in derselben
     Angelegenheit, dieses Mal aber gegen den Verwaltungsrat der ehemals beklagten
     Aktiengesellschaft. Dieser Verwaltungsrat erhob in der Folge die Einrede der
     Patentnichtigkeit nach Art. 86 des Patentgesetzes.

88   Das Gericht entschied sich, auf diese Patentnichtigkeitseinrede nicht einzutreten.
     Die Begründung: Es ist dem Organ verwehrt, sich auf seine von der juristischen
     Person verschiedene Rechtspersönlichkeit zu berufen. M.a.W. handelt es sich um
     eine *res iudicata*, das Urteil gegen die juristische Person wirkt auch unmittelbar
     gegenüber dem Organ. Die sich in diesem Entscheid manifestierte Realität der
     juristischen Person ist aber durchaus fragwürdig, bzw. sie ist juristisch nicht zwin-
     gend (selbe Meinung: FÖGEN, 399). Auf jeden Fall ist sie sehr weitreichend.

89   Kann eine juristische Person bedürftig sein und einen Anspruch auf ein unentgelt-
     liches Verfahren geltend machen oder gar einen unentgeltlichen Rechtsbeistand
     beantragen? Diese Fragen werden durchaus relevant, wenn man die juristische
     Person als Person ernst nehmen will. Die Formulierung von Art. 29 Abs. 3 BV
     («Jede Person, die nicht über die erforderlichen Mittel verfügt, [...]») würde eine
     offene Beurteilung zulassen, in der Praxis wird aber einer juristischen Person kein
     unentgeltlicher Rechtsbeistand oder nur schon die unentgeltliche Prozessführung
     gewährt (BGE 131 II 306). Als Grund wird etwa aufgeführt, dass die Bedürftigkeit
     einer juristischen Person leicht manipuliert werden könne (vgl. MÜLLER/SCHEFER,
     894; vgl. hierzu auch § 7, N 3 ff.).

90   Die prozessualen Grundrechte in Art. 29, 29a und 30 BV beziehen sich alle zu-
     meist auf die «Person», mit Ausnahme von Art. 29 Abs. 2 BV, der sich auf die
     Parteien vor Gericht bezieht. Die prozessualen Grundrechte finden auch Anwen-
     dung auf natürliche wie auf juristische Personen.

91   Die unentgeltliche Prozessführung gemäss Art. 29 Abs. 3 BV findet aber auf die
     juristische Person keine Anwendung. In der Lehre diskutiert wird aber ein Fall, in
     dem die AG auch «bedürftig» sein könnte: nämlich wenn die Aktiengesellschaft
     eine Forderung einklagen will, die gleichzeitig ihr einziges Aktivum ist (MÜLLER/
     SCHEFER, 895, insb. Fn. 13). Das birgt aber auch die Gefahr, dass ein Anspruch
     eingeklagt wird und zwecks Klage eigens eine Aktiengesellschaft gegründet wird.
     Es ist insofern auch nicht restlos konsequent, dass einer Konkursmasse kein An-
     spruch auf unentgeltliche Rechtspflege zukommen kann (BGE 131 II 306).

Dass die prozessualen Grundrechte in ihrer Terminologie nicht nur konsequent   92
sind, zeigt sich darin, dass Art. 31 BV (Freiheitsentzug) nur von der «Person»
spricht.

D.   Exkurs: Art. 27 und 28 ZGB

Es ist schwierig, die Stellung der juristischen Person in der   93
Verfassung vollständig zu erklären, ohne dabei auch Art. 27 und 28 ff. ZGB genauer zu betrachten. Historisch und systematisch sind Art. 27 und 28 ff. Bestandteile des Persönlichkeitsschutzes (vgl. BK-BUCHER, Art. 27 N 9) und von grundlegender Bedeutung bereits mit dem ZGB von 1907 (vgl. TUOR/SCHNYDER/
SCHMID/JUNGO ZGB, § 11 N 4). Aber sind diese Artikel damit in einem Zusammenhang zu Art. 13 oder 23 BV zu sehen?

Vorab ist die Anwendbarkeit von Art. 27 ZGB auf juristische Personen zu klären.   94
Diese ist aber nicht weiter problematisch. Art. 53 ZGB statuiert, dass die auf natürliche Personen anzuwendenden Regeln auch für juristische Personen anwendbar sind, sofern nicht spezifisch menschliche, natürliche Eigenschaften dazu notwendig sind. Der Persönlichkeitsschutz ist davon klarerweise nicht betroffen.

Es hilft hier, einen Blick auf die Rechtsprechung des Bundesgerichts zu werfen,   95
zumal der sog. Bierliefervertrag einige Berühmtheit erlangt hat:

> «Geht es um die Freiheit der wirtschaftlichen Betätigung, ist das Bundesgericht
> zurückhaltend in der Annahme eines Verstosses gegen Art. 27 ZGB. Eine vertrag-
> liche Einschränkung der wirtschaftlichen Bewegungsfreiheit wird nur dann als
> übermässig angesehen, wenn sie den Verpflichteten der Willkür eines anderen
> ausliefert, seine wirtschaftliche Freiheit aufhebt oder in einem Masse einschränkt,
> dass die Grundlagen seiner wirtschaftlichen Existenz gefährdet sind (BGE 111 II
> 337 E. 4 mit Hinweis).» (Vgl. hierzu auch BGE 114 II 159 E. 2a.)

Das Bundesgericht geht in diesem Entscheid davon aus, dass Art. 27 ZGB zurück-   96
haltend anzuwenden sei und eigentlich die wirtschaftliche Freiheit schütze. Das
rückt Art. 27 ZGB vom Bedeutungsgehalt her in die Nähe von Art. 13 und 23 BV.
Dabei stellt das Bundesgericht im oben zitierten Entscheid auch klar, dass Art. 27
auch für juristische Personen, selbst im Innenverhältnis Geltung habe, etwa wenn
es um die vom Gesetz abweichende Zuteilung von Organaufgaben geht:

> «Als grundsätzlich ausgeschlossen erscheint es jedenfalls mangels einer beson-
> dern abweichenden Vorschrift, dass die Statuten einer Körperschaft die ihrem
> obersten Organ verliehenen Befugnisse, namentlich aber die Befugnis zur Abän-
> derung der Satzung, einem andern Organ oder einem Dritten, z.B. einer Behörde,
> übertragen oder ihnen ein Mitwirkungs- oder Einspracherecht einräumen (für die
> Genossenschaft: v. STEIGER, Die Eintragung der Genossenschaft im Handels-

register S. 66, PARISIUS und CRÜGER, Genossenschaftsgesetz 12. Aufl. § 16
Anm. 5; für die A. G.: BGE 51 II 333 f., 59 II 282/3, STAUB, Komm. zum HGB
12./13. Aufl. § 243 Anm. 2 d, 274, Anm. 2; anderer Meinung für den Verein
EGGER, ZGB Art. 65 N 4 und 8). Dadurch würde sich die Körperschaft des ihrem
Wesen eigentümlichen Selbstbestimmungsrechtes begeben und sich fremder
Willkür ausliefern, was einer Entmündigung gleichkäme und als ebenso unzuläs-
sig erscheint wie der Verzicht einer natürlichen Person auf ihre Rechts- und
Handlungsfähigkeit (Art. 27 ZGB).» (Vgl. BGE 67 I 262 E. 1)

97   In diesem älteren Entscheid ging das Bundesgericht in der Auslegung des Bedeu-
tungsgehalts von Art. 27 ZGB also noch um einiges weiter. Art. 27 erhält in diesem Entscheid den Anschein einer konstituierenden Kraft im Wesen der Aktiengesellschaft.

98   Art. 28 ZGB wurde mehreren – wichtigen – Überarbeitungen unterzogen. Insbesondere die Überarbeitung durch das Bundesgesetz von 1983 und die damit einhergehende Einführung von Art. 28a ff. ZGB wird von der Lehre als für den Persönlichkeitsschutz sehr bedeutend eingestuft (vgl. TUOR/SCHNYDER/SCHMID/
JUNGO ZGB, § 11 N 4). Insbesondere der Beseitigungsanspruch ist für die Tragweite der Rechtspersönlichkeit relevant (vgl. TUOR/SCHNYDER/SCHMID/JUNGO
ZGB, § 11 N 27). Für die Aktiengesellschaft ist dies auch von Bedeutung wegen
Art. 17 BV: Art. 28 ff. ZGB stellt nämlich eine Einschränkung der Medienfrei-
heit zugunsten des Persönlichkeitsschutzes dar (vgl. auch BSK ZGB I-MEILI,
Art. 28 N 10). Jedenfalls kann die AG als juristische Person aber den Persönlichkeitsschutz beanspruchen (vgl. hierzu auch NOBEL, Aktiengesellschaft, 153 ff.,
m.w.H.).

E.   Die juristische Person in der EMRK

«Die Hohen Vertragsparteien sichern allen ihrer Hoheitsgewalt unterstehenden
Personen die in Abschnitt I bestimmten Rechte und Freiheiten zu.»

99   Art. 1 EMRK gibt zu verstehen, dass alle Personen in den Genuss der Menschenrechte kommen und nicht nur natürliche Personen. Diesem Gedanken entsprechen
aber die englische und die französische Fassung vielleicht mehr, wo es heisst
everyone within their jurisdiction und *à toute personne de leur jurisdiction*. Insbesondere die englische Version zeigt, wie weitreichend der personelle Geltungsbereich verstanden sein will: Es handelt sich nicht nur um natürliche und juristische
Personen, sondern auch um sonstige Personenzusammenschlüsse (vgl. auch
FROWEIN/PEUKERT, Art. 1 N 3). Nochmals klarer ausgedrückt findet sich dies in
Art. 34 der Konvention, der jeder natürlichen Person, jeder nicht staatlichen Organisation und jeder Personengruppe das Recht gibt, Beschwerde zu erheben. Allerdings ist anzumerken, dass auch hier die englische Fassung klarer ist: «from any

person, non-governmental organisation or group of individuals». Juristische Personen sind also insbesondere dann vom persönlichen Geltungsbereich der Grundrechte ausgeschlossen, wenn eine staatliche Organisation hinter ihnen steht. Das gilt auch im Fall einer juristischen Person, deren Aktien vollumfänglich im Besitz des Staates sind, nicht aber für gemischtwirtschaftliche Unternehmen (GRABENWARTER, 102).

Auch wenn im Ergebnis die Grundrechte der EMRK auch nur dann juristischen Personen zukommen, wenn diese der Natur nach juristischen Personen zukommen können (vgl. GRABENWARTER, 103), so liegt doch hierin ein grundlegender Unterschied zur schweizerischen Bundesverfassung: Die EMRK stellt von Anfang an klar, dass die Rechte grundsätzlich allen Personen und selbst Personenverbänden zukommen sollen.   100

Für das schweizerische Recht ist die EMRK in einem doppelten Sinne wichtig. Zum ersten ist die Schweiz Vertragsstaat und nimmt für die Geltung von Staatsverträgen ein monistisches System an: Die EMRK ist somit direkt in der Schweiz anwendbar (HÄFELIN/HALLER/KELLER, N 235), und Rügen können bis vor den Europäischen Gerichtshof für Menschenrechte gezogen werden (HÄFELIN/HALLER/KELLER, N 237). Dies etwa im Gegenteil zum Vereinigten Königreich von Grossbritannien, wo ein dualistisches System gilt. Das internationale Recht muss demnach zuerst in nationales Recht übersetzt werden und kann nicht direkt von Gerichten angewandt bzw. von Betroffenen geltend gemacht werden. In der Schweiz führt dies allerdings dazu, dass Beschwerdeführer stets alle verletzten Grundrechte eigens und separat rügen müssen, da sowohl für Grundrechte aus EMRK als auch für Rechte aus der BV eine Kasuistik aufgebaut wird (HÄFELIN/HALLER/KELLER, N 1974).   101

Zum Zweiten sind wesentliche Formulierungen der EMRK direkt in die BV von 1999 übernommen worden, es handelt sich also wenigstens teilweise um denselben Wortlaut (man vergleiche hierzu beispielsweise die Formulierung von Art. 13 Abs. 1 BV und Art. 8 Abs. 1 EMRK).   102

In einem neueren Entscheid vom 12. Januar 2017 hatte der EGMR über eine Beschwerde der UBS AG gegen den französischen Staat u.a. wegen der Verletzung der Eigentumsfreiheit (Art. 1 ZP EMRK) zu befinden.[3] Art. 1 Abs. 1 ZP EMRK statuiert: 103

> «Jede natürliche oder juristische Person hat ein Recht auf Achtung ihres Eigentums. Niemandem darf sein Eigentum entzogen werden, es sei denn, dass das öffentliche Interesse es verlangt, und nur unter den durch Gesetz und durch die allgemeinen Grundsätze des Völkerrechts vorgesehenen Bedingungen.»

---

[3] Décision UBS AG c. France, n° 29778/15, 12 janvier 2017.

104   Die UBS wurde in Frankreich wegen steuer- und strafrechtlichen Ermittlungen zur Leistung einer Kaution an den französischen Staat in der Höhe von 1,1 Mrd. EUR verpflichtet. Die von der UBS erhobene Beschwerde wies der EGMR im Ergebnis ab, mit der Begründung, dass der Kaution eine vorläufige Natur zukomme und deshalb die Eigentumsgarantie nicht verletzt sei. Das Urteil veranschaulicht dennoch, dass auch juristische Personen legitimiert sind, eine Beschwerde zu erheben, soweit die Rechte und Freiheiten auf sie Anwendung finden (vgl. PETERS/ALTWICKER, § 13 N 15).

105   Für juristische Personen ist ebenso Art. 10 EMRK von Bedeutung, der in Abs. 2 aber auch die Schranken einer Begrenzung der Meinungsäusserungsfreiheit zeigt, wenn «sie in einem demokratischen Gemeinwesen» nicht notwendig ist.

F.   Theorienstreit in der Verfassung

106   Die Frage, woraus die Theorie der Persönlichkeit der juristischen Person abgeleitet wird, lässt sich anhand der Bundesverfassung nicht abschliessend beantworten. Das ergibt sich schon daraus, dass die juristische Person zur Anwendung der Freiheitsrechte auf dieselbe bereits Bestand haben muss. M.a.W. muss bereits klar sein, dass die juristische Person mehr «Sein als Schein» ist, bevor überhaupt gefragt werden kann, welche Grundrechte diesem juristischen Sein nun zukommen sollen (vgl. hierzu FÖGEN, 393 ff.). Das hat, gegenteilig zu dem was uns Art. 53 ZGB weis machen will, nicht so sehr mit einem «fähig sein» zu tun, sondern vielmehr mit einer positiven, rechtlichen Entscheidung. Und dass die juristische Person zu allen Rechten und Pflichten fähig ist, die ihr «naturgemäss» zukommen können, ist eine Entscheidung, die der Gesetzgeber, mit einer gehörigen Portion Vision von EUGEN HUBER, geschaffen hat.

107   HANS KELSEN behält damit Recht: Der Begriff der Person ist zu klären, bzw. die Person ist als Teil der objektiven Gesetzesordnung zu erkennen, bevor das Gesetz dazu überhaupt ausgearbeitet werden kann (KELSEN, 70). Das Verständnis der Person, auch der juristischen, muss der rechtlichen Ausgestaltung derselben apriorisch sein. Die Regeln zur Rechtsfähigkeit der juristischen Person im ZGB sind daher auch als Ausdruck dieses Theorienstreits zu verstehen.

108   Der Theorienstreit bezeichnet die Auseinandersetzung ganzer Generationen von Juristen über das «Wesen» der juristischen Person. Als die Aktiengesellschaft «erfunden» wurde und erstmals reglementierten Eingang in die Gesetzbücher des frühen 19. Jahrhunderts fand, kam kurze Zeit darauf auch der Begriff des subjektiven Rechtes auf, das die Rechtsordnungen radikal auf das Subjekt umorientierte. Konsequenterweise musste nun auch die Aktiengesellschaft zum Subjekt erklärt

werden, und in diesem Moment muss nach dem «subjektiven Wesen» der juristischen Person gefragt werden (Näheres nachzulesen bei FÖGEN, 393 ff.).

In der Schweiz ist der Theorienstreit indessen zwar nicht überwunden, es sind aber doch gewisse Entwicklungen sichtbar. Der schweizerische Gesetzgeber hat mit der Straffähigkeit der juristischen Person in Art. 102 StGB einen Paradigmenwechsel herbeigeführt (s. dazu BSK StGB-NIGGLI/GFELLER, Art. 102 N 9 ff.). Art. 102 StGB gilt aber nur dann, wenn «diese Tat wegen mangelhafter Organisation des Unternehmens keiner bestimmten natürlichen Person zugerechnet werden» kann. Es ist also durchaus als eine Art juristischer Einbahnstrasse zu sehen. Die Verfassung spricht im Zusammenhang mit Strafverfahren übrigens stets von «Person», niemals nur von natürlichen Personen oder gar Menschen oder Bürgern. Gleiches gilt für Art. 6 EMRK. [109]

Unter dem altrechtlichen Art. 172 StGB wurde lediglich die Lücke geschlossen, die sich bei echten und unechten Sonderdelikten im Bereich der Vermögensdelikte auftun würde, wenn die Tätereigenschaften nur teilweise der handelnden natürlichen Person, in anderen Teilen aber der juristischen Person zukommen würden. Art. 6 Abs. 3 VStrR sieht auch eine strafrechtliche Verantwortung von juristischen Personen im Verwaltungsstrafrecht vor. Wobei dann die Strafbarkeit doch die «schuldigen Organe» trifft, nicht die juristische Person als solche. (Weitere Ausführungen, § 4, N 105 ff.). [110]

Auf der anderen Seite steht die Aktiengesellschaft, die als juristische Person Eignerin der ihr zugehörigen Werte und Interessen – auch faktischer Interessen (MÜLLER/SCHEFER, 1918) – ist und als solche in ihrem Eigentum geschützt sein muss. Schliesslich kann nur die juristische Person selbst, vertreten durch ihre Organe, für den Schutz ihrer Werte und Interessen eintreten. In diesem Fall ist die juristische Person selbst für die Wahrung ihrer Interessen zuständig und verantwortlich. [111]

Im Verwaltungsstrafrecht hingegen, wird die Realität der juristischen Person umgangen. Art. 6 Abs. 1 VStrR lautet: [112]

> «Wird eine Widerhandlung beim Besorgen der Angelegenheiten einer juristischen Person, Kollektiv- oder Kommanditgesellschaft, Einzelfirma oder Personengesamtheit ohne Rechtspersönlichkeit oder sonst in Ausübung geschäftlicher oder dienstlicher Verrichtungen für einen andern begangen, so sind die Strafbestimmungen auf diejenigen natürlichen Personen anwendbar, welche die Tat verübt haben.»

Diese Regelung in Abs. 1 wird in Abs. 3 von Art. 6 VStrR noch weiter ausgeführt. Sollten die in Abs. 1 erwähnten natürlichen Personen nicht natürliche, sondern juristische Personen sein, hat also eine juristische Person Organstellung im delinquierenden Unternehmen, wird auch durch diese juristische Person auf deren «tat- [113]

sächlich leitenden Personen» durchgegriffen. Die Verwendung des Begriffes Personen in diesem Zusammenhang birgt eine gewisse Ironie.

114   Die Realität bzw. die Fiktion der juristischen Person und damit auch der Aktiengesellschaft, ist – wie das Beispiel der Kirchensteuer und auch Art. 102 StGB zeigt – in der Rechtsanwendung selten durchgehend stringent durchgeführt. Das kann unter anderem als Ergebnis oder als unerwünschtes Nebenprodukt des Versuches, die wirtschaftliche Realität juristisch zu erfassen, verstanden werden. Und zwar insbesondere deswegen, weil dieser Versuch stets ein politischer ist, ja unbedingt sein muss.

115   Das birgt Gefahren für das Recht. Es bringt nämlich ein Verwechslungspotenzial mit sich. Dieser Umstand ist auch der ungeklärten Ausgestaltung der Persönlichkeit juristischer Personen anzulasten. MARIE-THERES FÖGEN (FÖGEN, 399) hat pointiert auf dieses Phänomen hingewiesen, zwar in einem anderen Zusammenhang. Aber ihre Äusserung passt sowohl zur Minder-Initiative als auch zur Hatz auf übersetzte Gehälter und Steuerhinterziehung:

> «Also schlägt man den Sack, den Verwaltungsrat, und meint den Esel, die juristische Person.»

III.   Der Bestand der Aktiengesellschaft

A.   *Rechtliche Einordung*

1.   Körperschaftliche Organisation

116   Art. 59 ZGB steht am Ende dessen, was man als allgemeinen Teil zu den juristischen Personen bezeichnen kann (Art. 52 ff.; vgl. auch GUTZWILLER, 438 ff.; BSK ZGB-HUGUENIN/REITZE, Vor Art. 52–59; KIEFNER, 263 ff.; BK-RIEMER, Syst. Teil und Art. 52–59 ZGB; WEBER R., juristische Personen, 48 ff.); er hält Folgendes fest.

> «Personenverbindungen, die einen wirtschaftlichen Zweck verfolgen, stehen unter den Bestimmungen über die Gesellschaften und Genossenschaften» (Abs. 2).

117   Das ist in Bezug auf die AG nicht ganz präzise, denn diese kann auch für andere als wirtschaftliche Zwecke gegründet werden (Art. 620 Abs. 3 OR), was für die Behandlung als AG aber folgenlos bleibt.

118   Dann ist in Art. 59 Abs. 2 ZGB die Rede von «Gesellschaften und Genossenschaften». Diese Gesellschaften können positivrechtlich aber auch juristische Personen sein (AG, Kommandit-AG, GmbH), denn dieser Terminologie liegt die alte Di-

chotomie der «körperschaftlich organisierten Personenverbindungen» und der «einem besondern Zwecke gewidmeten und selbständigen Anstalten» zugrunde (Art. 52 Abs. 1 ZGB). Gesellschaften und Genossenschaften waren die Idealtypen körperschaftlicher Organisationen des 19. Jahrhunderts, wobei Abgrenzung und Entwicklung noch offen waren.

> «Man wird ja nicht verkennen, dass den Aktiengesellschaften und Genossenschaften manches Gemeinsame eignet und es wird auch künftig, wenn wir die beiden Gebilde getrennt behandeln, nicht verhindert werden können, dass die Praxis, wie bisher, aus den für die eine Form aufgestellten Grundsätzen analoge Schlüsse für die andere Form zieht.» (Botschaft 1928, 210)[4]

Die AG ist nach der Idee des Gesetzgebers eine Personenverbindung, also eine körperschaftlich organisierte und personifizierte Gesellschaft. Massgeblich ist bei Körperschaften der Einfluss der Mitglieder, ihre Bestimmungsmacht. Da viele Publikationen den schwindenden Einfluss der (Publikums-)Aktionäre bemerkt haben (vgl. nachfolgend N 183 ff.), ist auch die Idee aufgekommen die AG, deren Personifizierung historisch ja auch stark dem zweckgewidmeten Kapital zu verdanken ist (vgl. WIEACKER, 339 ff.[5]), auch als Anstalt zu betrachten. FRITZ RITTNER sagte: «Vor allem aber bei der privatrechtlichen Körperschaft lässt sich beobachten, wie sie durch ein Zurückdrängen der mitgliedsschaftlichen Elemente zur Anstalt werden kann.» (RITTNER, 342; s. auch NOBEL, Anstalt und Unternehmen, 25[6]). Dies erwies sich letztlich nicht als ergiebig, ist aber geeignet, näher in die Struktur der AG als Kapitalgesellschaft einzudringen.   119

2.   Zweckverband

Die AG ist, ob als Körperschaft oder als Anstalt ein Zweckverband. Seine Rechtsfähigkeit, deren Umfang der schweizerische Gesetzgeber der   120

---

[4] Der Entwurf HUBER zur Reform des Gesellschaftsrechtes enthielt auch einen Allgemeinen Teil, der als rechtliche Annäherung zwischen AG und Genossenschaft gewertet und nicht verwirklicht wurde (Bericht HOFFMANN, 5 ff.).

[5] Das positive Recht hat nach WIEACKER die Bedeutung der grossen Theorien des 19. Jahrhunderts herabgesetzt. «Lebendig sind sie aber noch heute insofern, als sie nacheinander den drei Strukturaspekten das Wort gaben, die in ihrer wechselseitigen Ergänzung den Typus aller körperschaftlichen juristischen Personen konstituieren: der Meinung und Tragweite der positivrechtlichen Personifikation menschlicher Verbände und den beiden vorpositiven Bestimmungsgründen dieser Personifikation: ein überindividueller Verbandszweck und die Anknüpfung eines durch diesen Zweck organisierten Sondervermögens an eine körperschaftliche Personenmehrheit.» (339).

[6] Diese Arbeit beschäftigt sich damit, dass der Begriff der Anstalt, der im öffentlichen Recht als Organisation von persönlichen Kräften und sachlichen Mitteln «überlebte», auch zivilrechtlich noch mehr als bloss «Zweckvermögen» und Stiftung sein könnte und Überlegungen zu einer Unternehmensorganisation aus Kapital und Stakeholdern anleiten könnte.

praktischen Entwicklung überlassen wollte (vgl. BGE 95 II 488), geht über die finanziellen Aspekte hinaus und umfasst auch den Schutz der (juristischen) Persönlichkeit (kritisch gegenüber einem Übermass, NOBEL, Persönlichkeitsschutz juristischer Personen, 424 f.).

B.   Zwei Organisationskonzepte

1.   Kapitalbezogene Ausprägung

121   In der Geschichte der korporativen Verbände standen immer wieder zwei Konzepte im Vordergrund: Das aktienrechtliche, kapitalbezogene und damit kapitalistisch-marktwirtschaftliche und das auf Selbsthilfe orientierte genossenschaftliche (mutual). Beim Ersteren erscheint kennzeichnend, dass sich die Einflussgewährung an der Beteiligungshöhe orientiert, während genossenschaftlich die Selbsthilfe und das Kopfstimmrecht im Vordergrund stehen. Die Zuteilung war früher auch nicht immer klar; Alpgenossenschaften konnten z.B. durchaus kapitalistische Züge der Organisation nach dem wirtschaftlichen Gewicht (Kuhstösse) aufweisen.

2.   Genossenschaftliche Ausprägung

122   OTTO VON GIERKE sah die Wirtschaftsorganisation ganz im Lichte des Genossenschaftswesens:

> «Diese engeren Gemeinwesen und Genossenschaften, welche der Allgemeinheit gegenüber als Besonderheit erscheinen, ihren Gliedern gegenüber aber selber Allgemeinheiten sind, bieten allein die Möglichkeit, eine grosse und umfassende Staatseinheit mit einer thätigen bürgerlichen Freiheit, mit der Selbstverwaltung zu vereinen.» (GIERKE, Genossenschaftsrecht, 4)

123   Die Schweiz hat auch eine lange genossenschaftliche Tradition (vgl. § 2, N 42 ff.). In der Schweiz wurde bei der Erfüllung wirtschaftlicher Zwecke immer zwischen Handelsgesellschaften und Genossenschaften unterschieden (vgl. Art. 59 Abs. 2 ZGB). Die gesellschaftsrechtliche Botschaft von 1928 stand aber gewissermassen immer noch in einer deutschrechtlichen, genossenschaftlichen Tradition der Selbsthilfe, die mehr die Gemeinsamkeiten als die Unterschiede betonte (vgl. BBl 1928 I 210).

124   Mit der Behandlung der Grossgenossenschaften (u.a. Migros und Coop) weckte PETER FORSTMOSER aber doch Bedenken, ob die Unterscheidung ihrer ursprünglichen Ideologie noch entspreche (FORSTMOSER, 339 ff.). Dies ist mit Vorsicht insofern zu bejahen, als Kapitalbindung und Shareholder-Value zwar entfallen,

das wettbewerbliche Umfeld aber zur kollektiven Selbsthilfe animiert. Die Corporate Governance ist nach innen gerichtet, doch ist der wirtschaftliche Leistungsausweis sehr beeindruckend. Jedenfalls ist für die Schweiz zu verzeichnen, dass eine nicht unwesentliche Anzahl von Gesellschaften nach wie vor genossenschaftlich organisiert ist, und zwar sowohl in der Lebensmittelverteilung wie auch im Versicherungsbereich (Mobiliar). Auch im Bankbereich war diese Rechtsform zu finden, aber nicht sehr beliebt, denn das aBankG sah noch vor, dass der Bundesrat Sonderbestimmungen erlassen konnte für die Umwandlung von Genossenschaftsbanken (Art. 14 Abs. 1 aBankG). Die letzte dieser Umwandlungen betraf die Schweizerische Volksbank. Das Volksbankmodell beruhte auf «Umwandlung» im eigentlichen Sinne, die man lange nur auf dem Wege der Liquidation und anschliessenden Neugründung für möglich hielt. So diente, bis die Umwandlung mit dem FusG (Art. 53 ff.) problemlos wurde, das Volksbankmodell auch als Vorlage für die Umwandlung einiger Kantonalbanken von öffentlich-rechtlichen Anstalten in Aktiengesellschaften (vgl. § 5, N 27 ff.).

C. Die juristische Person: Fiktion oder Realität?

Als Erbe aus dem 19. Jahrhundert hat die «Theorie» der juristischen Person auch hinsichtlich der Frage überdauert, ob sie eine Fiktion oder eine Realität sei. Die Fiktionstheorie schrieb man mehr der angloamerikanischen und romanistischen Tradition zu; sie kommt treffend zum Ausdruck im klassischen Entscheid Trustees of Darmouth College v. Woodward von 1819 (Supreme Court of the United States, Decision of February 2, 1819, 17 U.S. 518; s. auch hinten Kap. § 14, N 8 f.): [125]

> «A corporation is an artificial being, invisible, intangible, and existing only in contemplation of law.»

Zum deutschen Recht wird SAVIGNY als Vertreter der Fiktionstheorie angeführt. (BSK ZGB-HUGUENIN/REITZE, Vor Art. 52–59 N 4; CARL FRIEDRICH VON SAVIGNY, System des heutigen römischen Rechts, Bd. II, 1840, 235 ff.). Er sprach von der juristischen Person als «des Vermögensfähigen angenommenen künstlichen Subjekts» mit Bezug auf das römische *persone vice fungitur:* Den Terminus «Juristische Person» übernimmt er von HUGO, der ihn wohl als Erster verwendet hat (vgl. FLUME, Savigny und die Lehre von der juristischen Person, in: Festschrift für Franz Wieacker, 340). [126]

Die Realitätstheorie wird hauptsächlich dem deutschrechtlichen Rechtskreis zugeordnet. GIERKE bringt dies vor allem in seiner Genossenschaftstheorie treffend zum Ausdruck: [127]

> «Die Körperschaft ist als Gesamtperson nicht bloss rechtsfähig, sondern auch *willens- und handlungsfähig*. Als die *germanistische Genossenschaftstheorie* diesen Satz als unabweisliche Konsequenz ihrer Grundauffassung zuerst aussprach, trat sie damit in den denkbar schärfsten Gegensatz zu der damals fast unbestrittenen *romanistischen Lehre,* nach welcher die juristische Person als eine blosse Fiktion schlechthin willens- und handlungsunfähig ist und gleich dem Kinde oder Wahnsinnigen erst durch eine nach dem Bilde der Vormundschaft eingerichtete Vertretung die Möglichkeit einer rechtlichen Bethätigung ihres Daseins gewinnt [...] Die Praxis aber pflegt, wennschon auch vor den Gerichten das Gespenst der willensunfähigen persona ficta von Zeit zu Zeit auftaucht, in der Mehrzahl der Fälle von dieser Vorstellung keinen Gebrauch zu machen, sondern unbefangen die Körperschaft als wollendes und handelndes Wesen zu würdigen.» (GIERKE, Genossenschaftstheorie, 603 ff.)

128   Während also gemäss der Fiktionstheorie das Handeln der juristischen Person über eine *Stellvertretungsfigur* konstruiert wird, verpflichtet demgegenüber gemäss der Realitätstheorie das Organ die juristische Person gerade nicht als Vertreter, sondern weil es selbst Teil ihrer Persönlichkeit ist. Auch das schweizerische ZGB (Art. 54 und 55) steht in dieser Tradition. EUGEN HUBER führt dies in seinen Erläuterungen zum Vorentwurf, der allgemein «dem Grundsatz huldigt, dass juristische Personen, sobald sie sich hinreichend über ihre Konstituierung ausgewiesen haben, anzuerkennen seien» (HUBER, Erläuterungen zum Vorentwurf des Eidgenössischen Justiz- und Polizeidepartements, in: Reber/Hurni, 76 N 197), wie folgt aus:

> «Unter den Personen werden hergebrachtermassen zwei Kategorien unterschieden: die einzelnen Menschen und die Personenverbände und Anstalten. Die natürliche Erscheinung wird weder hier noch dort durch die Rechtsordnung geschaffen. Sie ist dort unmittelbar gegeben, hier dagegen das Ergebnis eines Rechtszustandes, setzt als solches also einen Rechtsakt voraus. Daraus ergibt sich die bekannte Unterscheidung zwischen natürlichen und juristischen Personen, die an zwei Mängeln leidet. Einmal erzeugt sie die irrige Auffassung, als ob der einzelne Mensch von Natur Person wäre, der Personenverband aber vermöge einer besondern Privilegierung oder Fiktion, während doch das Verhältnis der Erscheinung zur Stellung der Person hier wie dort das gleiche ist, nämlich die Anerkennung eines vorhandenen Zustandes durch die Rechtsordnung.» (a.a.O., 43 N 94)

129   Man fragt sich, ob solche Reminiszenzen überhaupt noch relevant sind und findet, dass beispielsweise die vertretungsrechtlichen Teile in Art. 10 der Ersten Richtlinie der EU zur Angleichung des Gesellschaftsrechts davon beeinflusst sind (Publizitätsrichtlinie, RL 2009/101/EG vom 16. September 2009, ABl. Nr. L 258 vom 1. Oktober 2009, S. 11; s. auch hinten Kap. § 13, N 25). Auch das Überleben der Sitztheorie im IPR (s. dazu Kap. § 11, N 21 ff.) ist wohl auf die Idee sozialrechtlicher Verankerung zurückzuführen.

Es ist wohl unbestritten, dass eine durch die juristische Person kontrollierte Organisation eine soziale Realität ist, der in der Regel auch sichtbare Wirksamkeit zukommt. Das ändert indessen nichts daran, dass das Ganze auf einer juristischen Konstruktion beruht, die auch anders sein könnte. Es ist so praktisch gar nicht möglich, die beiden Theorien in einen Gegensatz zu stellen. Die dogmatische Auseinandersetzung hat denn auch keine wirklichen Folgen gezeitigt, denn das Recht der juristischen Personen ist auch «positiviert» worden (vgl. dazu auch NOBEL, Aktiengesellschaft, 153 ff.). 130

D. Verschiedene Haftungssphären

1. Gesellschaftsvermögen

Eine Nachzeichnung der früheren Entstehungsgeschichte der AG zeigt die Bedeutung der Absonderung von vermögensrechtlichen Haftungssphären (FLECKNER, 239 ff.); die AG haftet nicht für die Inhaber der Beteiligungsrechte und diese haften nicht für die AG. Für die Verbindlichkeiten der AG haftet nur das Gesellschaftsvermögen (Art. 620 OR). Der Wert der AG oder des Unternehmens wird aber in dem Wert der Beteiligungsrechte widergespiegelt und diese stellen dann auch privates Haftungssubstrat dar, das der Zwangsvollstreckung unterliegen kann, ohne dass dadurch aber ein Grund für eine Auflösung der Gesellschaft resultieren würde (anders bei den Personengesellschaften; vgl. Art. 575 OR). Insofern sind auch die Aktionäre ausserhalb der Gesellschaft stehende Dritte. 131

Das Gesellschaftsvermögen ist selbstständig und von den Anteilsrechten zu unterscheiden. Die Aktionäre sind nur wirtschaftliche Eigentümer; ein Begriff, der in einem zivilrechtlichen, anders als im angloamerikanischen *(beneficial owner)* System nicht einfach zu beschreiben ist, aber heute vielfach Verwendung findet. So verlangt die Sorgfaltspflicht bei Finanzgeschäften (heute) die Feststellung des wirtschaftlich Berechtigten (Art. 305ter StGB, Art. 27 ff. VSB 2016), etwa auch bei Gesellschaften, die nicht operativ tätig sind (Art. 39 Abs. 2 VSB 2016). Auch die börsenrechtlichen Meldepflichten richten sich an den wirtschaftlich Berechtigten (Art. 10 FinfraV-FINMA); die Meldepflicht trifft denn auch die direkt und indirekt Berechtigten (Art. 120 Abs. 1 FinfraG). 132

Auch wenn alle Aktien verkauft werden, sind allein diese Aktien Gegenstand des Kaufgeschäfts und nicht die Aktiven und Passiven der Gesellschaft (BGE 79 II 155; 107 II 419, 422). Man kann damit sagen, dass die Kontrolle über die Ressourcen des Unternehmens verkauft wird, und die gesetzliche Gewährleistung erstreckt sich nur auf den Bestand und die Qualität der verkauften Wertpapiere (oder Wertrechte) und nicht auf deren Wert. Gewährleistungen in Bezug auf die Werthaltigkeit des Unternehmens selbst müssen deshalb spezifisch, separat verab- 133

redet werden, was auch routinemässig geschieht. Solche Zusicherungen und Gewährleistungen führen sehr oft zu Auseinandersetzungen, die aber bei grösseren
Geschäften regelmässig vor Schiedsgerichten geführt werden, was die Transparenz verhindert. In Frage kommt allenfalls eine Irrtumsanfechtung des Kaufvertra-
ges, wobei man sich aber nur über wertbildende Faktoren und nicht über den Preis
selbst irren kann (ausführlich CATHOMAS/VON DER CRONE in SZW 1/2017,
112 ff. zu BGer 4A_97/2016 vom 11. August 2016).

2. Persönlich haftende Rechtssubjekte

134   Das Prinzip der alleinigen Haftung des Gesellschaftsvermögens
wird aber von Figuren persönlicher Haftung durchbrochen. Schon Art. 55 Abs. 2
ZGB besagt, dass die Gesellschaft durch die Organe verpflichtet wird, sei es durch
Verträge, sei es durch sonstiges Verhalten. «Für ihr Verschulden sind die handelnden Personen ausserdem persönlich verantwortlich.» (Abs. 3.) Dies betrifft
nun nicht nur formelle, sondern auch sog. faktische Organe, also Personen, die
ersichtlich an den geschäftlichen Entscheidungsprozessen teilnehmen (s. Art. 754
Abs. 1 OR, der von den mit gewissen Tätigkeiten «befassten» Personen spricht).
Das gilt auch im Bereich von Art. 722 OR, der besagt, dass die Gesellschaft für
den Schaden aus unerlaubten Handlungen hafte, die eine zur Geschäftsführung
oder zur Vertretung befugte Person in Ausübung ihrer geschäftlichen Verrichtungen begeht. Die betreffende Person haftet selbst aber auch. Abgrenzungskriterium
für die Zurechnung an die Gesellschaft ist hier die nicht immer einfache Frage, ob
ein Vorgang sich im Bereich der «geschäftlichen Verrichtungen» abspielte.

135   Die persönlichen Haftungen sind sodann in einem weiten Umfang im Verantwortlichkeitsrecht geregelt (Art. 752 ff. OR), und zwar je unterschieden für den korrekten, nicht irreführenden Emissionsprospekt (Art. 752 OR), die korrekte Gründung (Art. 753 OR), sorgfältige Geschäftsführung und Liquidation (Art. 754 OR)
und die Revision (Art. 755 OR). Voraussetzungen einer Ersatzpflicht sind hier das
effektive Vorliegen eines Schadens im Rechtssinne (Differenztheorie), eine Sorg-
faltspflichtverletzung (Widerrechtlichkeit), Verschulden, wobei Fahrlässigkeit
genügt, und adäquater Kausalzusammenhang. Stets grosse Probleme bieten die
Regeln zur (heute differenzierten) Solidarität und zum Rückgriff (Art. 759 OR).

136   Bei aufrechtstehender Gesellschaft werden solche Haftungen aber selten aktuell;
es sind dies in der Regel Themen im Rahmen eines Konkursverfahrens und der
Abtretung von Verantwortlichkeitsansprüchen an die Gläubiger (Art. 757 OR,
Art. 260 SchKG). Ausser Konkurs können die Gesellschaft und die Aktionäre
klagen; Letztere aber nur auf Leistung an die Gesellschaft (Art. 756 OR), was
wenig attraktiv ist. Gläubiger können denn auch erst im Konkurs klagen (Art. 756
und 757 OR), und erst, wenn die Konkursverwaltung davon absieht (Art. 757

Abs. 1 OR). Wird nach Abtretung in Prozessstandschaft geklagt, so können hier die Kläger sich zuerst bezahlt machen, was wesentlich attraktiver ist, als eine Klage auf Leistung an die Gesellschaft (Art. 757 Abs. 2 OR).

3. Direkte und indirekte Schädigung

Zu unterscheiden ist ferner die indirekte Schädigung, nämlich [137] die Reflexiv-Schädigung durch vorgängige Schädigung des Gesellschaftsvermögens, um die sich das ganze Verantwortlichkeitsrecht dreht, und die direkte Schädigung von Aktionären und/oder Gläubigern, die als ordentliche Schadenersatzklage zu behandeln ist (Art. 41 OR; zum ganzen Verantwortlichkeitsrecht vgl. BÖCKLI, § 18 N 107 ff.; VON DER CRONE, Aktienrecht, § 12).

Befremdend ist die Regel des Bundesgerichts wonach eine Anfechtung eines Ge- [138] neralversammlungsbeschlusses (Art. 706 OR) subsidiär zu einer möglichen Verantwortlichkeitsklage ist (BGE 100 II 384 E. 2a; 92 II 243, E. 2). Dies ist zwar nun relativiert worden, grundsätzlich gilt dies aber noch immer (vgl. FACINCANI/ WYSS, 416 ff.).

4. Spezialgesetzliche Haftungsnormen

Besondere Haftungsnormen enthalten auch andere Gesetze, [139] speziell das AHVG. Dieses enthält zulasten der Organe praktisch eine Kausalhaftung, wenn Beiträge unbezahlt bleiben (Art. 52; BGE 114 V 219). Auch nach den Steuergesetzen besteht im Liquidationsfalle, und selbst bei der stillen Liquidation, eine solidarische Mithaftung der Geschäftsführenden für die Steuern (Art. 15 VStG, 55 DBG, 15 MwStG).

E. *Rechtlicher Schutz der Aktiengesellschaft*

1. Rechtliche Selbstständigkeit und Unabhängigkeit

Die Rechtsordnung lässt nicht nur die AG entstehen, sondern [140] verteidigt sie auch. Die Selbstständigkeit und Unabhängigkeit der juristischen Person wird grundsätzlich hochgehalten.[7] Die Einpersonengesellschaft wird (heute) zwar zugelassen (Art. 625 OR), obwohl von «Gesellschaft» (Art. 620 Abs. 1 OR) die Rede ist (was in der Regel auf eine Mehrzahl hinweist; vgl. Art. 530 Abs.1 OR); hier ist denn auch schon das Einfallstor dessen, was man mit «Konzern-

---

[7] So wird bei der juristischen Person Eigenbedarf nur an Geschäftsräumen gelten gelassen (s. BGE 115 II 181 E. 2a, m.w.H.).

recht» zu erfassen versucht (s. hinten, Kap. § 10), nämlich die Kontrolle einer AG durch eine andere. Die juristische Person darf sich auch selbst nicht ihrer Handlungsfreiheit entäussern, sondern bleibt an die Schranken von Art. 27 ZGB gebunden (BGE 114 II 159, 162). Auch den externen, widerrechtlichen Eingriff in ihre Persönlichkeitsrechte (Art. 28 ZGB) lässt die schweizerische Rechtsordnung nicht zu (BGE 22 I 175, 184, anders in Deutschland; vgl. NOBEL, Unternehmen, 36).

141   Wie alle Rechte an die Anforderungen von Treu und Glauben gebunden sind (Art. 2 ZGB), kann auch der Bestand der AG dort seine Grenzen finden. Man spricht in solchen Fällen missbräuchlicher Verwendung der juristischen Person von «Durchgriff» *(pierce the veil)*, und zwar kann dieser auf die dahinterstehende Person erfolgen oder sogar von dieser auf die AG (umgekehrter Durchgriff; vgl. dazu hinten, Kap. § 4, N 272 ff.).

142   Die AG untersteht dem Recht des Ortes ihres Handelsregistereintrags (Inkorporationstheorie; vgl. dazu Kap. § 11, N 21 f.). Die Sitztheorie, d.h. die Unterstellung unter das Recht des Orts, wo die wesentlichen Entscheide gefällt werden, ist nur noch – anders als in der EU – ein Notbehelf bei ausländischen Gesellschaften (vgl. Art. 154 IPRG).

2.   Steuerrechtliche Behandlung im Besonderen

143   Das Steuerrecht sieht die Sache aber anders und unterstellt eine Gesellschaft dem schweizerischen Steuerrecht, wenn sich ihr Sitz oder ihre tatsächliche Verwaltung in der Schweiz befinden (Art. 50 DBG, 20 StHG). Mit der tatsächlichen Verwaltung ist der Ort der dauernden Alltagsentscheide gemeint. Durchgegriffen hat das Steuerrecht immer im Bereich der Immobilienaktiengesellschaften; der Verkauf des Grundstücks wurde gleich behandelt wie der Verkauf der Aktien (BGE 103 Ia 159 = Pra 66 Nr. 94). Die wirtschaftliche Betrachtungsweise, für die das Steuerrecht berühmt und berüchtigt ist, wurde an sich massvoll eingesetzt, wenn unübliche Vorgehensweisen bei der Absicht der Steuerumgehung auch noch erfolgreich waren (für einen sehr guten Überblick: MATTEOTTI, 217 ff.)

144   Das Steuerrecht hat zudem eine ganze Anzahl von Spezialgesellschaften geschaffen, deren Kennzeichen eine differenzierte Behandlung von aus- und inländischen Einkünften war (Domizil- und Verwaltungsgesellschaften; s. § 15, N 28 ff.). Aktienrechtlich blieb dies aber praktisch ohne Bedeutung. Die Unternehmenssteuerreform III wollte hier (auf internationalen Druck hin) Gleichheit schaffen. Steuerrechtlich bestimmt ist auch der Begriff der Holdinggesellschaft (Gesellschaften deren statutarischer Zweck zur Hauptsache in der dauernden Verwaltung von Beteiligungen besteht, vgl. Art. 28 Abs. 2 StHG), doch hat auch das Aktienrecht diesen Begriff (in einer wenig bedeutsamen Frage) aufgenommen (Art. 671 Abs. 4 OR; Reservebildung und Ausschüttungsbeschränkung). Im Übrigen hat sich das

Steuerrecht aber immer an das sog. Massgeblichkeitsprinzip gehalten, d.h., dass die aktienrechtliche Rechnungslegung als massgeblich zu betrachten war, sofern nicht steuerlich gebotene Aufrechnungen vorzunehmen waren (s. etwa GURTNER, 385 ff.; BGE 141 II 83). Offen ist die Frage, ob die Entwicklung neuer Standards, wie z.b. BEPS (*Base erosion and Profit shifting* in der OECD), d.h., die Bestrebungen, die wirtschaftliche Leistung am Ort ihrer Entstehung zu besteuern, sich in der aktienrechtlichen Rechnungslegung (länderweiser Gewinnausweis) oder nur im Steuerrecht niederschlagen wird (s. Kap. § 15, N 107 ff.).

3. Finanzmarktrechtliche Einflüsse

In neuster Zeit sind lange übliche korporative Off-shore-Strukturen ohne wirtschaftliche Substanz (Briefkastenfirmen) geradezu in Verruf geraten, und es ist fraglich, wie weit sie überhaupt noch weiter eingesetzt werden können. Die Unternehmen haben auch ihr Reputationsrisiko zu beachten. Die Offenlegung der *Panama Papers* ging wie ein Rausch durch die Medienwelt. [145]

In der Schweiz wurde nach dem Texon-Skandal (BGE 105 I*b* 348; unzulässige Anlage ausländischer Gelder im Inland) die Vereinbarung über die Sorgfaltspflicht der Banken (VSB) geschaffen, und zwar bereits mit dem Konzept der Kundenidentifikation *(KYC; Know Your Customer)* und der Verurkundung des wirtschaftlich Berechtigten. Dieses durchgreifende Dispositiv wurde durch die Geldwäschereivorschriften noch verstärkt (Art. 305ter StGB). In diesem Kontext kam es auch zur Umschreibung der Sitzgesellschaft, bei der der wirtschaftlich Berechtigte zu identifizieren ist; es handelt sich dabei um eine Gesellschaft, die nicht operativ tätig ist (Art. 39 VSB 2016; früher: «kein nach kaufmännischer Art geführtes Gewerbe betreibt»). [146]

Das Börsenrecht wollte sich im Offenlegungs- und Übernahmerecht nicht mit dem direkten Halten der Beteiligungspapiere begnügen. So hält das Gesetz fest, dass die Rechtsfolgen eintreten, wenn die Beteiligung «direkt» oder «indirekt» gehalten wird (s. Art. 120 Abs. 1 FinfraG). Die Verordnung (FinfraV-FINMA) enthält einen ganzen Katalog von indirekten Vorgehensweisen, der zeigt, dass allenfalls auch durch ganze Ketten von juristischen Personen durchgegriffen wird, um zum letztlich wirtschaftlich Berechtigten zu gelangen (Art. 10 ff. FinfraV-FINMA). Die juristische Person erhält im kapitalmarktlichen Kontext ein anderes, offeneres Gesicht. So spielt dort auch das Vorgehen in Gruppen eine bedeutendere Rolle (etwa Art. 120 Abs. 1, Art. 134 Abs. 3 oder Art. 135 FinfraG). [147]

Der Aktionär war früher zwar Eigentümer, aber auch Dritter im Verhältnis zur Gesellschaft. Eigentum kam ihm aber immer nur an der Aktie zu und nicht an den Vermögensgegenständen der AG. Schon mit den börsenrechtlichen Meldepflichten, aber auch mit der zunehmenden allgemeinen Forderung nach Transparenz [148] über die Beteiligungsverhältnisse wird der Aktionär im gesellschaftsrechtlichen Kreis neu verortet. Die Gesellschaften, die Namenaktien kannten, hatten lange Zeit auch einen Überblick über die Beteiligungsverhältnisse. Dann verbreitete sich die Dispoaktie, d.h. die Namenaktie, die verkauft wurde und der Verkäufer aus-, aber der Käufer (mangels Gesuch) nicht eingetragen war. Dies schuf neben den Inhaberaktien zunehmend anonyme Beteiligungsverhältnisse, auch für die Gesellschaften. Man auferlegte den Gesellschaften dann aber die Pflicht, bedeutende Aktionäre und stimmrechtsverbundene Aktionärsgruppen (5 Prozent, Namen- und Inhaberaktien) und ihre Beteiligungen im Anhang zur Bilanz bekannt zu geben und ebenso die Beteiligungen der Mitglieder von VR und GL (Art. 663c OR).

149   Die VSB brachte auch die Vorschrift, dass bei einer Kontobeziehung mit einer Bank die natürlichen Personen mit einer Beteiligung von über 25 Prozent als Kontrollinhaber schriftlich festzuhalten sind (Art. 20 VSB 2016). Neuerdings unterstehen die Inhaberaktien nicht kotierter Gesellschaften einer Meldpflicht (Art. 697i OR), und die wirtschaftlich Berechtigten von Beteiligungen von über 25 Prozent an nicht kotierten Gesellschaften sind ebenfalls zu melden (Art. 697j OR).

150   Das Aufkommen des wirtschaftlich Berechtigten, der unserem Zivilrechtssystem eigentlich fern liegt (NOBEL, Finanzmarktrecht, § 1 N 151 ff.), steigert auch die Neigung, die AG mehr als wirtschaftlich funktionelles Netzwerk denn als personifiziertes Bollwerk zu sehen.

IV.   Law and Economics

A.   *Einleitung*

151   Der Jurist wird mit dem Wissen ausgebildet, wie welches Verhalten nach welcher Rechtsvorschrift zu beurteilen ist. Für ihn ist es dabei Usus, die Gesetze als gegeben hinzunehmen, wobei in selteneren Fällen die Regel auf ihre Vereinbarkeit mit übergeordneten Normen bzw. Gesetzen oder allenfalls mit allgemeinen Gerechtigkeitsvorstellungen zu überprüfen ist (Verfassungsbeschwerden). Die Rechtswissenschaft ist zwar aufgerufen, bei der Lückenfüllung «modo legislatoris» bewährter Lehre und Überlieferung zu folgen (Art. 1 ZGB). Bei neuer Gesetzgebung gibt es aber kaum Systemzwänge, sondern das Programm folgt in der Regel einer politischen Agenda. Dagegen richtet sich das Interesse der Ökonomen vor allem auf die Fragen der Beschränktheit der Mittel und nach der Wirkung der Gesetze auf das menschliche Verhalten. Diesbezüglich ist zu prüfen, wie bestimmte rechtliche Normen auszusehen haben, damit die angestrebten Zwecke möglichst gut erreicht werden. Obwohl es sich bei Ökonomie und Recht um

zwei traditionell getrennte Wissenschaften handelt, ergibt sich ein natürliches Zusammenspiel. «Law & Economics» lässt sich sowohl umschreiben als eine Verzahnung von Theorien und Methoden beider Nachbarwissenschaften als auch die praxisorientierte ganzheitliche Betrachtung von Regelungs- und Gestaltungsfragen in Bezug auf Märkte und Unternehmen. Dabei greifen wirtschaftsrelevante Theorien und Teildisziplinen aus den Wirtschaftswissenschaften, z.B. die klassische ökonomische Analyse des Rechts, und aus den Rechtswissenschaften (insbesondere Gesellschaftsrecht und die damit verbundenen Organisationsfragen) mit dem Ziel der gegenseitigen Integration und Befruchtung ineinander (WALDBURGER et al., zum Geleit).

Das vorliegende Kapitel über «Law & Economics» soll dem Leser zunächst einen Überblick über das ökonomische Verhaltensmodell und den «homo oeconomicus» verschaffen. Der weitaus grössere Teil will dagegen den Einfluss von «Law & Economics» auf das Gesellschaftsrecht beleuchten. 152

B. Wirtschaftliche Betrachtungsweise

1. Das ökonomische Verhaltensmodell

Das ökonomische Verhaltensmodell, welches in der klassischen Ökonomie wurzelt (KIRCHGÄSSNER, 2), beschreibt einen rational und eigennützig handelnden Modellmenschen, den sogenannten *homo oeconomicus*[8] (ROLLE, 168). Die Ökonomie untersucht das wirtschaftliche Geschehen, namentlich die Folgen bestimmter Anreizstrukturen von Situationen und Institutionen auf das Verhalten der wirtschaftenden Akteure. Homo oeconomicus ist somit nicht Gegenstand der ökonomischen Theorie, sondern das aus der Problemstellung und Methodik der ökonomischen Theorie erwachsende Instrument dieser Theorie (ROLLE, 165). 153

Beim ökonomischen Verhaltensmodell wird unterstellt, dass für das Individuum Güterknappheit vorliegt, sodass es nicht alle seine Bedürfnisse gleichzeitig befriedigen kann und sich jeweils zwischen mehreren Möglichkeiten entscheiden muss 154

---

[8] Der Begriff «homo oeconomicus» wurde massgeblich durch DAVID RICARDO (1772–1823) geprägt. RICARDO, als Begründer der reinen theoretischen Wirtschaftswissenschaft, beschreibt innerhalb seiner Lehre keinen realen Menschen mehr. RICARDO vollzieht in seinem Hauptwerk «The Principles of Political Economy and Taxation» (1817) aus wirtschafts-anthropologischer Perspektive als Erster den Schritt in die Abstraktion, indem er von einer Modellvorstellung des wirtschaftenden Menschen ausgeht. Der lateinische Begriff «homo oeconomicus» wurde letztendlich erstmals von VILFREDO PARETO (1848 bis 1923) verwendet und setzte sich sodann in der neoklassischen Interpretation durch (ROLLE, 122).

(KIRCHGÄSSNER, 12; ROLLE, 198 ff.). Gemäss KIRCHGÄSSNER wird das individuelle Verhalten namentlich durch zwei Elemente geprägt: durch seine Präferenzen und durch die Restriktionen. Letztere begrenzen den Handlungsspielraum des Individuums, wie beispielsweise das Einkommen, die auf den Märkten geltenden Preise, die rechtlichen Rahmenbedingungen seines Handelns und die (erwarteten) Reaktionen anderer. Innerhalb dieses Handlungsspielraums liegen die einzelnen Handlungsmöglichkeiten, die ihm zur Verfügung stehen und zwischen welchen sich das Individuum entscheiden muss. Vor der Entscheidung wird es die Konsequenzen abschätzen, d.h., es muss Prognosen für die Zukunft machen. Die Präferenzen auf der anderen Seite spiegeln die Wertvorstellungen des Individuums wider und stehen zu den aktuellen Handlungsmöglichkeiten in keiner Verbindung. Anhand der Präferenzen nimmt das Individuum eine Bewertung der einzelnen ihm zur Verfügung stehenden Wahlmöglichkeiten vor, m.a.W. erfolgt eine Abwägung der Vor- und Nachteile, Kosten und Nutzen der einzelnen Alternativen. Schliesslich entscheidet es sich für diejenige Möglichkeit, die seinen Präferenzen am nächsten kommt bzw. von der es sich den höchsten «Netto-Nutzen» verspricht. Der *homo oeconomicus* wird dabei diejenige Möglichkeit auswählen, welche ihm den grösstmöglichen Nutzen einbringt, da er ständig danach strebt, seinen Nutzen zu maximieren (KIRCHGÄSSNER, 13 f.; HEINEMANN, 28).

155 Die Unterstellung, dass der *homo oeconomicus* stets rational entscheidet, basiert wiederum auf der Annahme, dass er über vollständige Informationen verfügt (ROLLE, 215 ff., KIRCHGÄSSNER, 66) Namentlich wird für eine rationale Entscheidung ein vollständiger Überblick über Angebot und Nachfrage, Mengen, Preise und Produktionskosten vorausgesetzt. Gestützt auf einer vollständigen Informationslage entscheidet sich der *homo oeconomicus* beispielsweise für den Kauf von Produkten zu günstigen Preisen oder den Verkauf von Produkten zu dem Preis auf dem Markt, der den grössten Gewinn abwirft. Problematisch ist, dass Informationen nicht nur unvollständig, sondern der Wissensstand oft auch ungleich verteilt ist. Für FRIEDRICH A. VON HAYEK stellt dies sogar das eigentliche ökonomische Problem der Gesellschaft dar:

> «Der eigentümliche Charakter des Problems einer rationalen wirtschaftlichen Ordnung ist genau durch die Tatsache bestimmt, dass die Kenntnis der Umstände, von welchen wir Gebrauch machen müssen, niemals in konzentrierter oder integrierter Form existiert, sondern nur als verstreute Teile unvollständiger und häufig auch widersprüchlicher Kenntnisse, welche die einzelnen Individuen besitzen. Das wirtschaftliche Problem einer Gesellschaft ist daher nicht hauptsächlich ein Problem, wie man die ‹gegebenen› Ressourcen auf die einzelnen Verwendungen aufteilt, falls ‹gegeben› bedeuten soll, dass sie einem einzelnen Verstand zur Verfügung stehen, der das in diesen ‹Daten› gegebene Problem wohlüberlegt löst. Es ist eher ein Problem, wie man die beste Verwendung der Ressourcen sicherstellen kann, die irgendwelche Mitglieder einer Gesellschaft kennen, für Ziele, deren re-

lative Bedeutung nur diese Individuen kennen.» (HAYEK, Corporation in a democratic society, 519 f.)

2. Behavioral Economics

Diese ökonomische Theorie, dass Menschen ihre eigenen Inte- 156
ressen rational verfolgen *(homo oeconomicus)* wird von der *Behavioral School*
nicht geteilt. Vielmehr sei von einer «Bounded Rationality» – dieser Begriff wurde
vom Sozialwissenschaftler HERBERT A. SIMON wesentlich geprägt[9] – auszugehen,
wonach sich die Entscheidungen des Menschen nicht oder nur beschränkt nach
rationalen Kriterien richten.

Die Disziplin der Verhaltensökonomik *(Behavioral Economics)* zeigt dabei in 157
empirischen Untersuchungen auf, dass zwischen dem wirklichen Verhalten von
Individuen und dem Verhalten des rational-egoistischen *homo oeconomicus* systematische Abweichungen bestehen (SCHÄFER/OTT, 104; ENGLERTH, 64). Ziel der
Behavioral Law and Economics ist es, das «menschliche Verhalten besser erklären
und treffender prognostizieren [zu können], als die klassische Law-and-Economics-
Forschung bisher vermocht hat» (ENGLERTH, 65 f.; HAUNREITER, 7).

Die «Prospect»-Theorie stellt die wohl wichtigste Kritik der Behavioralists am 158
neoklassischen Rational-Choice-Modell dar. Die «Prospect»-Theorie bildet dabei
den Versuch von KAHNEMAN und TVERSKY – basierend auf verschiedenen empirisch festgestellten Befunden –, eine umfassende Entscheidungstheorie zu entwickeln (KAHNEMAN/TVERSKY, 263 ff.). Die «Prospect»-Theorie gleicht dem Rational-
Choice-Modell insofern, als in beiden Modellen der Mensch seinen eigenen Nutzen zu maximieren versucht. In der Theorie von KAHNEMAN und TVERSKY wird
aber angenommen, dass die Menschen dabei «in systematischer und deshalb prognostizierbarer Weise Fehler begehen und Inkonsistenzen offenbaren» (ENGLERTH,
87). Eine solche Inkonsistenz kann auch das Handeln zum Vorteil anderer sein.

C. Bedeutung von «Recht und Ökonomie» für das Gesellschaftsrecht

Ursprünglich verstand man unter dem Ausdruck «Recht und 159
Ökonomie» vor allem die Anwendung der Ökonomie auf das Antitrustrecht
(POSNER, Unternehmenskorporationen, 90). CALABRESI und COASE unternahmen

---

[9]   Vgl. SIMON, HERBERT A., A Behavioral Model of Rational Choice, The Quarterly Journal
of Economics 69 (1955), 99–118; derselbe, Theories of decision making in economics and
behavioral science, American Economic Review 49 (1959), 253–283.

in ihren Aufsätzen «Some Thoughts on Risk Distribution and the Law of Torts»[10] und «The Problem of Social Cost»[11] die ersten Versuche, die ökonomische Analyse in systematischer Art und Weise auf andere Rechtsgebiete anzuwenden (POS-NER, Unternehmenskorporationen, 91).

160   Das Gesellschaftsrecht und besonders die Figur der Aktiengesellschaft waren natürlich immer schon wirtschaftsverbunden, von ökonomischen Überlegungen getrieben und dienten der Wirtschaft vor allem als Organisationsmittel. Die Anwendung der Ökonomie auf das Gesellschaftsrecht führte zu Erklärungsmodellen, welche auch das juristische Wesen der Aktiengesellschaft fassbar machten. Ausgehend von der Annahme, der Mensch handle *«eigeninteressiert, nutzenmaximierend und reagiere auf Änderungen seiner Umwelt durch Änderung seines Verhaltens»* (ASSMANN/KIRCHNER/SCHANZE, 79, zu Posners Aufsatz, Recht und Ökonomie: Eine Einführung), hat die Ökonomie als Wissenschaft zur Unternehmenslehre beigetragen und die Entstehung von Unternehmen («Firmen») auf die Effizienz der Reduktion von Transaktionskosten durch vertikale Integration zurückgeführt (vgl. NOBEL, IPR, 13). Es ist auffallend, dass von juristischer Seite seit der grossen (deutschen) Diskussion über das «Unternehmensverfassungsrecht», wo es um das Unternehmen als interessenpluralistische Veranstaltung (und Mitbestimmung) ging (s. NOBEL, Unternehmen, 27 ff.), wenig mehr beigetragen wurde. ANDREAS MARTIN FLECKNER hat vor allem eine vermehrte Beachtung der historischen Perspektive und der damit verbundenen Sozialauffassungen angemahnt.[12]

D. Trennung von Eigentum und Kontrolle

161   In der Neuzeit waren es aber vor allem zwei Leute, BERLE und MEANS (ein Jurist und ein Ökonom), die in dem gemeinsamen epochemachenden Werk *The Modern Corporation and Private Property* (1932) die grosse Aktiengesellschaft (corporation) als eine wirkungsmächtige Idee, nämlich als eine das Eigentum transformierende Institution beschrieben.

162   Die Aktiengesellschaft ermöglichte es einer unbestimmten Anzahl von Investoren, ihr Vermögen einem gemeinsamen Zweck zu widmen, während die Kontrolle über das angesammelte Vermögen einer kleinen Minderheit übergeben wurde (BERLE/ MEANS, 2). Im Phänomen der Aktiengesellschaft sahen sie sogar eine Revolution, die das *Institut des Eigentums,* das nach damaliger Weltanschauung Besitz voraus-

---

[10]   GUIDO CALABRESI, Some Thoughts on Risk Distribution and the Law of Torts, Yale Law Journal 70 (1961), 499 ff.

[11]   RONALD H. COASE, The Problem of Social Cost, The Journal of Law and Economics, vol. 3 (1960), 1 ff.

[12]   Vgl. FLECKNER, ANDREAS MARTIN, Roman Business Associations, Max Planck Institute for Tax Law and Public Finance, Working Paper 2015-10, October 2015.

setzte, zerstörte und es in seine Einzelteile – Kontrolle und wirtschaftliches Eigentum – zerlegte (BERLE/MEANS, 2 ff. u. 346). Das alte Verständnis einer Unternehmung sei durch das Konzept der Körperschaft *(corporate enterprise)* verdrängt worden (BERLE/MEANS, 3 u. 349). Unter dem Konzept der Körperschaft verstanden die Autoren folgendes:

> «... aggregations in which tens and even hundreds of thousands of workers and property worth hundreds of millions of dollars, belonging to tens or even hundreds of thousands of individuals, are combined through the corporate mechanism into a single producing organization under unified control and management [...] A corporation in which a large measure of separation of ownership and control has taken place through the multiplication of owners» (BERLE/MEANS, 3 u. 4, Klammern eingefügt).

So legten BERLE und MEANS schon früh die Grundlage für das neue Verständnis   163
der Aktiengesellschaft, das später insbesondere durch den Aufsatz «Theory of the Firm: Managerial Behavior, Agency Costs and Ownership Structure» von MICHAEL JENSEN und WILLIAM MECKLING unter dem Begriff «nexus of a set of contracting relationships» bekannt wurde (JENSEN/MECKLING, 8 f.). Diese Form der Organisation wirtschaftlicher Aktivitäten sei nach BERLE und MEANS einerseits durch das Fabrikwesen *(factory system)* – die Grundlage der industriellen Revolution –, welches eine immer grösser werdende Masse an Arbeitern direkt unter die Kontrolle eines Managements brachte, ermöglicht worden (BERLE/ MEANS, 3). Andererseits erschuf die Aktiengesellschaft die Gelegenheit, Vermögen einer grossen Anzahl Investoren unter dasselbe Management zu vereinigen (BERLE/MEANS, 3).

> «The property owner who invests in a modern corporation so far surrenders his wealth to those in control of the corporation that he has exchanged the position of independent owner for one in which he may become merely recipient of the wages of capital.» (BERLE/MEANS, 3)

Genau diese Trennung von Eigentum und Kontrolle sei es schliesslich, die einer   164
enormen Anhäufung von Kapital, daher auch der Aktiengesellschaft, Vorschub leistete und die Finanzierung grosser Unternehmen erlaubte (BERLE/MEANS, 5). So beobachteten BERLE und MEANS diese Entwicklung als Erstes in den Bereichen der öffentlichen Versorgungsunternehmen, Transportunternehmen, Banken und Versicherungsgesellschaften, wo hohe Investitionskosten anfielen und das Bedürfnis einer beschränkten Haftung für die Investoren respektive die Eigentümer bestand (BERLE/MEANS, 17 u. 129).

Unter dem neuen Verständnis von Eigentum, welches sich nach BERLE und   165
MEANS grundsätzlich in zwei Komponenten, Kontrolle und wirtschaftliches Eigentum, teilt, ist es auch nicht erstaunlich, dass sich das Bedürfnis der Kapitalgeber nach einer beschränkten Haftung vergrösserte, ist es doch das Management,

das über die konkrete Verwendung ihres *Eigentums* entscheidet. So kommt auch NOBEL zu folgendem Schluss:

> «They [the shareholders] are also not „real" owners of the corporate assets, only economic beneficiaries.» (NOBEL, Stakeholder, 174, Klammern eingefügt)

E. *Transaktionskostentheorie*

1. Coase-Theorem

166   RONALD H. COASE, wohl einer der berühmtesten Vertreter der ökonomischen Analyse des Rechts, befasste sich wie BERLE und MEANS ebenfalls mit der *Natur der Unternehmung*. Schon in seinem Aufsatz *The Nature of the Firm* (1937)[13] kommt COASE zum Schluss, dass ein Unternehmen ein Organisationsvehikel der Wirtschaft ist, welches zwar Verhandlungen und Verträge zwischen sich auf dem Markt befindenden Parteien nicht eleminiert, aber diese in hohem Masse reduziert und dadurch Kosten einspart (s. COASE, 38 ff.). Diesen Gedanken führt COASE in seinem Aufsatz *The Problem of Social Cost* (1960)[14] weiter aus und versucht anhand der Transaktionskostentheorie das effizienzsteigernde Wesen der Unternehmung zu erklären.

167   COASE beschäftigt sich in seinem Aufsatz, einem «Meilenstein in der Entwicklung der Ökonomischen Analyse des Rechts» (ASSMANN/KIRCHNER/SCHANZE, 129), vordergründig mit dem Problem von Unternehmensaktivitäten, die auf andere schädigende Wirkungen haben, und damit, wie das Recht solches Verhalten beeinflussen kann. Er geht davon aus, dass in solchen Fällen, bei Abwesenheit von Transaktionskosten, Rechte («legal rights») unabhängig ihrer anfänglichen Festlegung auf einem funktionierenden Markt gehandelt werden, wenn dadurch eine Produktionswertsteigerung erzielbar ist (s. COASE, 115). Die Transaktionskostentheorie von COASE besagt sodann, das sobald die Kosten für die Durchführung von solchen Markttransaktionen berücksichtigt werden, der Handel bzw. die Umverteilung der Rechte nur dann vorgenommen wird, wenn die dadurch bewirkte Produktionswertsteigerung die dadurch verursachten Kosten (Transaktionskosten) übersteigt (COASE, 115). COASE folgert, dass Transaktionskosten eine effiziente Verteilung von Rechten durch Verhandlung verhindern können und dass sich demnach die anfängliche Festlegung von Rechtspositionen tatsächlich auf die Effizienz des ökonomischen Systems auswirkt. Mit anderen Worten: In dem Moment, in dem Transaktionskosten berücksichtigt werden, werden Eigentumsrechte

---

[13] Erstmals erschienen in *Economica*, vol. 4, No. 16 (1937), 386 ff.
[14] Erstmals erschienen in *The Journal of Law and Economics*, vol. 3 (1960), 1 ff.

und die Struktur von Organisationen entscheidend für das Wirtschaftssystem und seine Effizienz (so auch VAN AAKEN, 223).

Als mögliche alternative ökonomische Organisationsform, die im Gegensatz zu vertraglichen Verhandlungen der Parteien auf dem Markt das gleiche Resultat zu geringeren Transaktionskosten liefern kann, nennt COASE die Unternehmung («firm»). COASE führt zusammenfassend aus, dass die Rechte der betroffenen Parteien in der Unternehmung vereinigt werden bzw. dass das Unternehmen die Rechte aller Parteien erwerben wird, wodurch weniger Transaktionskosten zwischen den Parteien, aber mehr administrative Kosten in der Unternehmung, die in der Summe nicht notwendigerweise geringer sein müssen, als die Kosten bei vertraglichen Verhandlungen der partikulären Parteien, anfallen (COASE, 116). Diesen Lösungsvorschlag zur Minimierung der Transaktionskosten und der dadurch bewirkten Produktionswertsteigerung propagiert er insbesondere für Fälle, in denen sich Vertragsverhandlungen schwierig und langwierig gestalten könnten (COASE, 116). Folglich bietet sich die Gründung einer Unternehmung immer dann an, wenn die administrativen Kosten des Unternehmens geringer ausfallen als die Kosten der einzelnen Transaktionen. Anstatt eine Geschäftsbeziehung durch mehrere Verträge oder einen langfristigen Dauervertrag zu regeln, könnte es unter dem Gesichtspunkt der Transaktionskosten günstiger sein, die Geschäftsbeziehung in einem Unternehmen aufgehen zu lassen, in welchem eine Partei aufgrund der ihr zugestandenen Autorität Entscheidungen trifft. 168

COASE erkannte aber auch, dass in Fällen, in denen die Administrationskosten einer Unternehmung sehr hoch ausfallen, das Problem kaum durch eine Unternehmung gelöst werden könne (COASE, 116 f.). Stattdessen würde sich seiner Meinung nach als Alternative die direkte Regelung durch die Regierung anbieten. Durch bindende Regelungen könnte die Regierung durch Gesetz oder durch Einschaltung von Verwaltungsbehörden festlegen, was die Parteien zu tun oder zu unterlassen haben und welche Produktionsmethoden benutzt werden dürfen oder nicht, um Transaktionskosten, die durch die Verhandlung um Rechte entstehen könnten, zu minimieren (COASE, 117). Diese Aussage ist jedoch mit Vorsicht zu geniessen. Auch wenn die staatliche Regulierung gut durchdacht ist, kann sie zu hohen administrativen Kosten führen (vgl. ausführlich dazu CHEFFINS, 203 ff.). Jedenfalls ist aber anzumerken, dass alle Staaten (Vertrags-)Modelle zur Firmengründung bereitstellen, und zwar entweder eine geschlossene *(numerus clausus)* oder offene Anzahl. Auch die Gestaltbarkeit kann sehr variieren (gering bei der deutschen Aktiengesellschaft; vgl. § 23 Ziff. 5 AktG). 169

Durch seine Überlegungen trug COASE damit massgeblich dazu bei, der Aktiengesellschaft eine (weitere) Daseinsberechtigung zuzusprechen und im weiteren Sinne das Recht ökonomischen Überlegungen zugänglich zu machen und «dass Juristen die Augen darüber geöffnet werden sollen, welche ökonomischen Implikationen in 170 ihren legislativen und judikativen Entscheidungen enthalten sind» (vgl. ASSMANN/ KIRCHNER/SCHANZE, 129).

171   Wir leben heute in einer Unternehmenskultur, die dem Risiko, daher den Wahrscheinlichkeiten des Eintretens von Gefahren und Verlusten, grosse Bedeutung beimisst. Risikomanagement, d.h. das systematische Erfassen, Messen und Steuern von Risiken, ist in den Vordergrund gerückt. Dies lässt etwas vergessen, dass der Klassiker von FRANK KNIGHT in der «Uncertainty» geradezu die Unternehmensfunktion begründete (KNIGHT, 268–295). Dies beschäftige auch COASE, der so die alleinige Ableitung aus der Preisfunktion als Ersatz für den Unternehmer gefährdet sieht und meint, unternehmerisches Know-how könne auch vertraglich eingekauft werden (COASE, s. bei GRUNDMANN/MICKLITZ/RENNER, Privatrechtstheorie, Bd. I, 400 u. 401). Dies greift aber wohl doch zu kurz (weiterführend JENSEN/MECKLING, 305 ff.). Es bleibt aber die Erkenntnis, dass Kosten zur vertikalen Integration in Unternehmen führen.

2.   «Unfinished contracts»

172   Einen ähnlichen Ansatz wie COASE verfolgte OLIVER HART mit seiner Theorie der *unvollständigen Verträge (unfinished contracts)*. Seine Hauptaussage hält er in seiner Einleitung wie folgt fest:

> «The basic idea is that firms arise in situations where people cannot write good contracts and where the allocation of power or control is therefore important.» (HART, 1)

173   Die Schwierigkeit, vollständige Verträge und d.h. gute Verträge auszuhandeln, sieht HART in den Transaktionskosten (vgl. HART, 23): Erstens sei es den verhandelnden Parteien in einer höchst komplexen Welt nicht möglich, jede Eventualität vertraglich zu regeln. Zweitens, auch wenn die Parteien alle möglichen Szenarien in Betracht ziehen würden, bestünde immer noch die Schwierigkeit, sich auf einen gemeinsamen Vertragstext festzulegen. Drittens müsste der Vertrag so abgefasst sein, dass er auch für eine aussenstehende Partei – beispielsweise ein Gericht, das sich unter Umständen mit dem Gegenstand des Vertrages nicht auskennt –, verständlich und in einem Streitfall durchsetzbar wäre.

174   Selbst wenn man Spezialisten wie es beispielsweise Anwälte sind, für die Vertragsverhandlung und -ausarbeitung heranziehen würde, fielen für die Parteien Transaktionskosten an, und zwar in Form von Honoraren, die ansteigen, je konkreter der Vertrag auszugestalten wäre. Ab einem gewissen Zeitpunkt würden die Vorteile aus der gewonnenen Konkretisierung die Kosten für die Spezialisten nicht mehr aufwiegen, und die Parteien würden sich wiederum für einen unvollständigen Vertrag entscheiden müssen (vgl. CHEFFINS, 132). Einen weiteren

Grund für lückenhafte Verträge sieht CHEFFINS im Zeitaufwand (CHEFFINS, 132). Statt sich über Details der Vereinbarung zu streiten, könnten sie ihre Zeit für eine produktivere Arbeit aufwenden. Wiederum wäre ein vollkommener Vertrag, auch wenn erwünscht, nicht effizient, weshalb man es vorziehen würde, einen lücken-haften Vertrag abzuschliessen (CHEFFINS, 132).

Die Konsequenz der oben erwähnten Probleme sei, dass Verträge Lücken aufwei-sen und deshalb überarbeitet und/oder neu verhandelt werden müssen, was wiede-rum zu Kosten führt. (HART, 23 ff.). Insoweit stimmt HART mit COASE überein, dass Vertragsverhandlungen kostspielig sind und diese Kosten durch den Zusam-menschluss der Parteien zu einem Unternehmen gemindert werden können. Auch bezüglich der Bedeutung der Verteilung von Rechten oder Macht *(power)* auf die Effizienz des Wirtschaftslebens greift HART auf die Transaktionskostentheorie zurück, bemängelt aber gleichzeitig, dass sie keine Antwort darauf liefert, warum es von Bedeutung ist *wer* Eigentum an einer Sache hat (HART, 5). In gewisser Weise in der Fortführung der Transaktionskostentheorie sagt er: 175

> «The answer is that ownership is a source of power when contracts are incom-plete.» (HART, 29)

Um sich über die Bedeutung dieses Satzes klar zu werden, bedient sich HART des Beispiels eines Leihvertrages. Gemäss der Theorie der «unfinished contracts» weist der Vertrag aufgrund der Transaktionskosten Lücken auf und regelt daher nicht jede mögliche Verwendungsart des Leihgegenstandes (im Beispiel von HART handelt es sich um eine Maschine). Kommt nun die Frage auf, ob der Ge-genstand in einer bestimmten Art und Weise gebraucht werden darf, und enthält der Leihvertrag keine Bestimmung dazu, so liegt es nach HART am Eigentümer (Verleiher) des Gegenstandes über dessen Benützung zu entscheiden (vgl. dazu HART, 29 f.). 176

> «That is, the owner of an asset has residual control rights over that asset: the right to decide all usages of the asset in any way not inconsistent with a prior contract, custom, or law. In fact, possession of residual control rights is taken virtually to be the definition of ownership.» (HART, 30)

Angewendet auf die grosse Aktiengesellschaft erkennt HART, dass Kontrollrechte *(«residual rights of control»)* der Eigentümer oft an den Verwaltungsrat *(board of directors)* und das Management delegiert werden, weil die Eigentümer einer grossen Gesellschaft diese oft nicht alleine führen können (HART, 127). Dadurch kommt es, um es in den Worten von BERLE und MEANS zu sagen, zu einer Tren-nung von Eigentum und Kontrolle. In diesem Sinne lässt sich die Aktiengesell-schaft wie folgt charakterisieren: 177

> «a collection of people and assets, with ownership of the latter carefully allocated amongst the former» (ARMOUR/WHINCOP, 441).

178 Geht man vom Eigentumsbegriff von HART aus und wendet diesen auf die Feststellungen von BERLE und MEANS an, so lässt sich die Brisanz dieser Entwicklung
unweigerlich erkennen. Wenn die Eigentümer einer Aktiengesellschaft, die nach
HART auch ohne Besitz über die Verwendung des Gegenstands die Entscheidungsmacht haben, ihre Kontrollrechte aber auf das Management übertragen,
kommt es zu einer Machtverschiebung innerhalb der Aktiengesellschaft, bei der
das Eigentum der Aktionäre auf eine Gewinnbeteiligung reduziert wird. Und obwohl HART die Machtverschiebung zugunsten des Managements wegen der Trennung von Eigentum und effektiver Kontrolle durch das Stimmrecht der Eigentümer gemildert sieht, sind Aktionärsstrukturen denkbar, in denen die ultima-
tive Kontrolle *(ultimate control)* der Eigentümer praktisch ausgeschaltet ist (vgl.
HART, 127, Fn. 4). Gerade aus diesem Grunde dreht sich die Diskussion zu einem
grossen Teil um die Bedeutung von «property rights» (s. dazu GRUNDMANN/
MICKLITZ/RENNER, 1507 ff.).

179 HARTS Ausführungen sind eine ausgezeichnete Grundlage für weitere Theorien,
die das Unternehmen als *nexus of contracts* sehen (vgl. GRUNDMANN/MICKLITZ/
RENNER, 1459), wie es auch bei JENSEN/MECKLING zum Ausdruck kommt und
sozusagen eine deinstitutionalisierte Institutionstheorie anvisiert, denn Unternehmen seien *simply legal fictions which serve as a nexus of contracting relationships
among individuals* (GRUNDMANN/MICKLITZ/RENNER, 1464 u. 1507 ff.)

3.   Unternehmenskorporationen

180   Mit den Problemen hoher Transaktionskosten bei Vertragsverhandlungen und dem Kontrollverlust bei der Organisation ökonomischer Aktivitäten durch die Unternehmung befasste sich auch RICHARD A. POSNER. Er führt aus,
dass einem Vertrag langwierige und kostspielige Verhandlungen vorausgehen und
dadurch hohe Transaktionskosten, welche bei geänderten Umständen wegen Neu-
verhandlungen zusätzlich erhöht werden, anfallen (POSNER, Unternehmenskorporationen, 223). Ebenso fielen nach POSNER auch bei der Organisation einer wirtschaftlichen Tätigkeit durch ein Unternehmen Kosten für «Initiative, Information
und Kommunikation» an, insbesondere weil die Abläufe im Unternehmen durch
Anweisungen des Arbeitgebers geregelt werden, und dies eine kostspielige und
unvollständige Befehlskette erforderlich mache (POSNER, Unternehmenskorporationen, 223).

181 POSNER gesteht der Transaktionskostentheorie ein, dass sie darüber Aufschluss
gäbe, warum so viel wirtschaftliche Aktivität in Unternehmen organisiert sei, nicht
aber darüber, warum diese Unternehmen als Korporationen ausgestaltet seien.
Seine Antwort gleicht derjenigen von BERLE und MEANS, ist jedoch ein bisschen
bestimmter. Er sieht die Korporation primär als eine «Methode zur Lösung von

Problemen, die bei der Aufbringung eines grossen Kapitalbedarfs entstehen» (POSNER, Unternehmenskorporationen, 224). Die Vorteile der Korporation gegenüber der Personengesellschaft *(partnership)* seien die beschränkte Haftung auf das Geschäftsvermögen und der Schutz gegen die Willkür eines Partners. Bei der Personengesellschaft besteht das Problem, dass die Unternehmung von jedem Partner einseitig aufgehoben werden könne bzw. durch den Tod eines Partners automatisch aufgelöst werde, was von einem kapitalintensiven Engagement abschrecken könnte (POSNER, Unternehmenskorporationen, 224; vgl. auch HANS-MANN/KRAAKMAN, 411). Zudem haftet bei der Personengesellschaft jeder Partner unbeschränkt, was es einerseits für die Partner risikoreich macht und andererseits potenziellen Anlegern die Mühe aufbürdet, sich über den Umfang der möglichen Haftung des Unternehmens eine genaue Vorstellung zu machen (POSNER, Unternehmenskorporationen, 225).

Zusammenfassend stellt POSNER fest, dass «der primäre Nutzen des Korporations-rechts in der Bereitstellung einer Kette von standardisierten stillschweigenden Vertragsbedingungen, beispielsweise zur Kapitalbeschaffung, liegt, sodass Unternehmen die Bedingungen nicht bei jeder Transaktion verlautbaren müssen, obwohl sie dies erforderlicherweise könnten» (POSNER, Unternehmenskorporationen, 229).   182

F.   Das Principle-Agent-Problem

1.   Die Principle-Agent-Theorie

Dass die Aktiengesellschaft kein problemloses Mittel zur Organisation von wirtschaftlichen Aktivitäten ist, erkannten nicht erst BERLE und MEANS in ihrem Werk *The Modern Corporation and Private Property* (1932), sondern schon frühere Autoren, die sich mit dem Wesen der Unternehmung respektive mit der Aktiengesellschaft auseinandersetzten. Nach der Ansicht von BERLE und MEANS konnte eine Managerkaste sich über das verstreute Eigentum der Vielzahl der Aktionäre zur Dominanz erheben. Sie schreiben (BERLE/MEANS, 355):   183

> «The property owner who invests in a modern corporation so far surrenders his wealth to those in control of the corporation that he has exchanged the position of independent owner for one in which he may become merely recipient of the wages of capital... [Such owners] have surrendered the right that the corporation should be operated in their sole interest...» (Text in Klammern hinzugefügt).

Von diesem Buch zehren alle nachfolgenden Bearbeitungen des Verhältnisses zwischen Aktionären und Leitungsorganen. Diese Problematik ist bei modernen   184

Grossunternehmen besonders aktuell. So stellen SCHÄFER/OTT fest (SCHÄFER/ OTT, 700):

> «Typisch für moderne Grossunternehmen ist eine Trennung von Eigentum und Kontrolle der Unternehmung. Damit können die Interessen der Kapitalgeber und die Interessen des Managements auseinander fallen.»

185   Markantestes Produkt der nachfolgenden Diskussion zwischen Juristen und Ökonomen ist die sog. Agency-Theorie. Das Agency-Problem ist ein wirtschaftlicher Begriff und beschreibt mögliche Interessenkonflikte zwischen zwei Vertragsparteien (KRAAKMAN et al., 35):

> «(…) an ‹agency problem› – in the most general sense of the term – arises whenever the welfare of one party, termed the ‹principal›, depends upon actions taken by another party, termed the ‹agent›.»

186   Auf die Aktiengesellschaft angewandt ergeben sich diverse Anwendungsprobleme. Das offensichtlichste betrifft das Verhältnis der obersten Firmenleitung zu den Aktionären. Das Problem ist aber durchaus älter, wie aus dem ca. 150 v. Chr. erschienenen Werk von CATO MAIOR *De agri cultura* ersichtlich ist, wo er beschreibt, was ein Aufseher für Pflichten hat:

> «Haec erunt vilici officia. Disciplina bona utatur. (…) Alieno manum abstineat, sua servet diligentur (…).»[15]

187   Die potenziellen Vorwürfe gegenüber den Managern als «agents» der Aktionäre gehen dabei teilweise sehr weit, wie das nachfolgende Zitat zeigt (SHLEIFER/ VISHNY, 737):

> «Corporate governance deals with the ways in which suppliers of finance to corporations assure themselves of getting a return on their investment. How do the suppliers of finance get managers to return some of the profits to them? How do they make sure that managers do not steal the capital they supply or invest it in bad projects? How do suppliers of finance control managers?»

188   Eigene Interessen lassen sich aber nicht ausschalten. Das wusste schon ADAM SMITH (SMITH, 715):

> «Da die Direktoren solcher Gesellschaften jedoch mit anderer Leute Geld als mit ihrem eigenen wirtschaften, kann man wohl nicht erwarten, dass sie darauf mit der gleichen sorglichen Wachsamkeit achten, wie die Partner einer Personengesellschaft häufig auf das Ihre.»

189   SMITH war, wie aus dem Zitat hervorgeht, kein Enthusiast der AG. RUDOLF VON JHERING drehte dies dann gar ins polemisch-bösartige (JHERING, 218):

---

[15]   «The following are the duties of the overseer: He must show good management. (…) He must withhold his hands from another's goods and diligently preserve his own (…)».

«Unter den Augen unserer Gesetzgeber haben sich die Aktiengesellschaften in organisierte Raub- und Betrugsanstalten verwandelt, deren geheime Geschichte mehr Niederträchtigkeit, Ehrlosigkeit, Schurkerei in sich birgt, als manches Zuchthaus, nur dass die Diebe, Räuber und Betrüger hier statt in Eisen in Gold sitzen.»

JHERING führt weiter aus (221 f.):

«Solange das eigene Interesse am Steuerruder des Rechts sitzt, gibt es sich selber nicht preis; sowie aber das Steuerruder fremden Händen anvertraut wird, ist diese Garantie, welche das eigene Interesse gewährt, hinweggefallen, und die Gefahr heraufbeschworen, dass der Steuermann den Kurs dahin richte, wohin sein Interesse, nicht das fremde es wünschenswert macht. Die Stellung des Verwalters schliesst eine grosse Versuchung in sich. Sein Begehren reizend durch die unausgesprochene Berührung, in die sie ihn mit dem fremden Gut bringt, eröffnet sie ihm eine günstige Gelegenheit, sich dasselbe anzueignen, wie keinem anderen – kein Dieb hat es so leicht zu stehlen wie der Verwalter fremden Gutes, kein Betrüger es so leicht, eine Gaunerei zu begehen und zu vertuschen, wie er. Darum bedarf es an dieser Stelle, wo die Gefahr am grössten, auch der grössten Garantie.»

Eine neuere Gemeinschaftsarbeit weltbekannter Autoren zur *«Anatomy of the Corporate Law – A Comparative and Functional Approach»* gelangte dann zur Hypothese, dass es gewöhnlich mindestens drei Agency-Probleme innerhalb jeder grösseren Aktiengesellschaft geben müsse (vgl. hierzu KRAAKMAN et al., 36 f.). Das *erste* Agency-Problem betrifft den bereits erkannten Interessenkonflikt zwischen den Eigentümern, also den Aktionären und den Managern. Das *zweite* Agency-Problem betrifft das Verhältnis verschiedener Aktionäre untereinander. Es kann also das Verhältnis von Mehrheits- und Minderheitsaktionären, bei Vorliegen entsprechender Vetorechte, betreffen, aber ebenso den Interessenkonflikt zwischen Stimmrechtsaktionären und gewöhnlichen Aktionären. Das *dritte* Agency-Problem betrifft das Verhältnis der Gesellschaft selbst gegenüber allen Dritten inklusive den Stakeholdern. Hieran wird ersichtlich, dass das «Agency-Problem» eigentlich jedes Vertragsverhältnis betrifft (KRAAKMAN et al., 35; ähnlich schon ALCHIAN/DEMSETZ, 779 ff. und JENSEN/MECKLING, 310 f): [190]

«In particular, almost any contractual relationship, in which one party (the ‹agent›) promises performance to another (the ‹principal›), is potentially subject to an agency problem.»

Damit sind die wesentlichen Spannungsfelder rund um die Figur der Aktiengesellschaft aufgezeigt, aber nicht gelöst. Besonders das dritte Agency-Problem zwischen Gesellschaft und Stakeholdern ist für die gesellschaftsrechtliche Bearbeitung noch ein Desiderat; es geht um die Beziehung zu Gläubigern, Arbeitnehmern und der Öffentlichkeit, aber in einem umfassenderen Sinn sind auch die Aktionäre (Shareholder) gleichzeitig «Stakeholder», wenn man diesen Ausdruck als Name [191] für die Anspruchsgruppen versteht. Es geht mithin um die Konstruktion der Aktiengesellschaft als Ganzes.

192 Handelsrecht ist im Wesentlichen das Recht des kaufmännischen Unternehmens. Das hat KARL WIELAND schön gezeigt (WIELAND, Das kaufmännische Unternehmen und die Handelsgesellschaften). Zum Handelsrecht gehört aber auch das Aktienrecht. Es fragt sich also, wie sich das Aktienrecht zum Unternehmen verhält. Vorauszuschicken ist jedoch, dass der Unternehmensbegriff dem Recht aber weitgehend fremd geblieben ist; er ist kein zentraler Rechtsbegriff (NOBEL, Unternehmen, 27 ff.). Die Erlasse sprechen von «nach kaufmännischer Art geführtem Gewerbe» (Art. 934 OR), aber auch (als Oberbegriff) von der «Unternehmens-Identifikationsnummer» (Art. 936a OR), von «Firma» (UWG) und von «Rechtseinheiten» (HRegV, FusG). In der Handelsregisterverordnung ergeben sich noch Anklänge, wenn von der Fusion, Spaltung und Umwandlung von kleineren und mittleren Unternehmen die Rede ist (Art. 131 Abs. 2, 134 Abs. 2, 136 Abs. 2 HRegV) oder auch von «Unternehmen mit Sitz im Ausland» (Art. 154 Abs. 1 HRegV).

193 Der Unternehmensbegriff taucht auch im Konzernrecht vielfach auf, denn als wirtschaftliche Unternehmenseinheit kann nämlich auch der Konzern gesehen werden, ein polykorporatives Gebilde[16], das in der Regel als wirtschaftliche Einheit, ja als Leitungseinheit fungiert (BÄLZ, 287 ff.). Das neue Rechnungslegungsrecht spricht von der Kontrolle mehrerer rechnungslegungspflichtiger Unternehmen (Art. 963 Abs. 1 OR). Das Konzernrecht ist die Baustelle des Gesellschaftsrechts. Es ist aufgrund seiner doppelten Natur von Mehrheit und Einheit für die Erfassung im Organisationsrecht äusserst paradox (DRUEY, 19) und entsprechend schwierig zu erfassen. Das Festhalten an rechtlich, wirtschaftlich und organisatorisch selbstständigen Gesellschaften wird der Realität wirtschaftlicher Tätigkeit kaum gerecht (MEIER-HAYOZ/FORSTMOSER, § 24 N 35). Als solches ist das Konzernrecht als Ausdruck ungenügender Erfassung der modernen unternehmerischen Realität zu werten (s. hierzu mehr im Kap. § 11, Konzernrecht).

194 Auch unternehmensrechtlich orientierte Autoren räumen ein, dass das Unternehmen vielmehr als ein soziales System zu verstehen ist (AMSTUTZ/MABILLARD, 6). Damit kann man auch Anschluss an die Betriebswirtschaftslehre finden:

> «Wenn wir die Unternehmung als reales, dynamisches System bezeichnen, so sagen wir damit, dass es sich um ein von der übrigen Wirklichkeit abgrenzbares Gebilde handelt, das aus einer geordneten Mehrzahl von unterscheidbaren Teilen oder Elementen besteht, welche zueinander in Beziehung stehen, und dass dieses Gebilde ‹sich verhält›, dass sich etwas bewegt und verändert; ferner können wir

---

[16] Der Ausdruck polykorporativer Verband wurde geprägt von LUDWIG RAISER (1904–1980), Professor für Bürgerliches-, Handels- und Wirtschaftsrecht, an den Universitäten Göttingen und Tübingen.

> sagen, dass Unternehmungen relativ offen sind gegenüber der Umwelt.» (ULRICH, 155)

Im Übrigen lässt die Betriebswirtschaftslehre den Juristen eher im Stich, denn für   195
das Recht räumen die Unternehmensmodelle nur einen bescheidenen Platz ein
(RÜEGG-STÜRM, 117). Auch neuere Theorien, die mehr die gemeinwohlorientierte,
ethische Perspektive in den Vordergrund stellen (GOMEZ/MEYNHARDT, 21 ff.),
gehen nicht auf die rechtliche Verfassung ein. Es fehlt damit die umfassende
Klammerperspektive, nämlich, dass das Unternehmen in jedem Fall eine rechtlich
organisierte Einheit ist, unabhängig davon, wie das Recht selbst es als Ganzes
erfasst und welche Elemente für die juristische Personifizierung wesentlich sind.

Aber auch das Recht hat Ansätze wie etwa die Idee von THOMAS RAISER   196
(RAISER, Das Unternehmen als Organisation) nicht weiter verfolgt. RAISER sieht
im wirtschaftlichen Unternehmen eine soziale bzw. gesellschaftliche Organisation,
welche als solche eine Verfassung mit Rechten und Pflichten aller Beteiligten
benötigt. Dabei geht es grundsätzlich um die Ausgestaltung des rechtlichen Charakters der Wirtschaftseinheiten als Teile einer gesellschaftsrechtlichen Gesamtwirtschaft:

> «In der Gesetzgebung haben wir es im Handelsgesetzbuch und seinen Nebenge-
> setzen formell noch mit den Kaufleuten und Gesellschaften als den Zentralbegrif-
> fen und den einzigen Rechtssubjekten zu tun. In den meisten anderen Gesetzen,
> namentlich im privaten und öffentlichen Wirtschaftsrecht, in den europäischen
> Verträgen und, mit geringer Signifikanz, im Arbeits- und Steuerrecht, fungieren
> demgegenüber jedoch die Unternehmen als die Adressaten der gesetzlichen Vor-
> schriften und als selbständige Träger von Rechten und Pflichten und sind insoweit
> an die Stelle der Kaufleute und Gesellschaften getreten.» (RAISER, 65)

RAISERS Ansicht folgt aus einer historischen Perspektive: 197

> «Auf allen Gebieten macht sich, bei mannigfachen Nuancen im einzelnen, im Er-
> gebnis also ein mächtiger Trend bemerkbar, das Unternehmen sachlich und förm-
> lich als den Zentralbegriff des Rechts der Wirtschaftsordnung zu konstituieren
> und die Begriffe des Kaufmanns und der Gesellschaft von dieser Stelle abzulösen.
> Wir beobachten hier den Prozess, dessen Tragweite kaum zu überschätzen ist.»
> (RAISER, 67)

Der Unternehmer als Schlüsselbegriff eines liberalen, kapitalistischen Wirtschafts-   198
systems erscheint lediglich im Werkvertragsrecht («Durch den Werkvertrag verpflichtet sich der Unternehmer zur Herstellung eines Werkes […]»; Art. 363 OR).
Im Kartellgesetz erscheint das Unternehmen selbst schon bei der Umschreibung
des Geltungsbereiches: «Das Gesetz gilt für Unternehmen des privaten und öffentlichen Rechts […]» (Art. 2 Abs. 1 KG), und dann wird seit dem Jahre 2003 auch
definiert, was «Unternehmen» heissen soll: «Als Unternehmen gelten sämtliche
Nachfrager oder Anbieter von Gütern und Dienstleistungen im Wirtschaftspro-

zess, unabhängig von ihrer Rechts- oder Organisationsform» (Art. 1 Abs. 1bis KG). Unternehmen ist hier offensichtlich Oberbegriff (wie in Art. 936*a* OR), aber auch Aufgriffskonzept. Die Kontrolle über die Unternehmenszusammenschlüsse (Art. 4 Abs. 2, Art. 9 ff., Art. 32 ff. KG) ist sodann eine wirtschaftlich orientierte Prüfung von Fusionen und die Erlangung von Kontrolle (Konzerneingangskontrolle), die in eine Untersagung münden kann, wenn der Zusammenschluss eine marktbeherrschende Stellung, durch die wirksamer Wettbewerb beseitigt werden kann, begründet oder verstärkt (Art. 10 Abs. 2 lit. a KG).

199   Die moderne Lehre von der juristischen Person unterscheidet zwischen korporativ Beteiligten und vertraglich Assoziierten, wobei die Bezeichnung als «Stakeholder» beides umfasst. Korporativ assoziiert sind die Aktionäre, in Ländern mit Mitbestimmung im Unternehmen aber auch die Arbeitnehmer. Diese befinden sich aber in einer Doppelrolle, denn die Mehrheit ist vertraglich, über Arbeitsverträge, eingebunden. Vertraglich sind auch die Gläubiger verbunden, jedenfalls so lange als das Unternehmen nicht in Schwierigkeiten gerät (Art. 1157 ff. OR; zur eigentlichen Bedeutung der Gläubiger, die oft verkannt wird, vgl. BÜHLMANN, 6 ff.). Die Öffentlichkeit, oft ebenfalls als Stakeholder bezeichnet, kann keinen direkten Status beanspruchen. Nicht zu übersehen ist aber, wie die Unternehmen nicht nur in die positiven Steuerordnungen eingebettet sind, sondern sich auch zunehmend steuerpolitischen Forderungen (wie BEPS) ausgesetzt sehen, die unübersehbare Rückwirkungen auf das Unternehmensverhalten haben.

200   Die juristische Person ist Trägergesellschaft des Unternehmens, wobei der Eigentumskomponente (Kapital) auch die Leitungsanwartschaft zukommt. Die AG ist damit vor allem eine komplexe unternehmerische Leitungsorganisation, der ein gewisses Primat zukommt, obwohl sie in die weiteren Teile der unternehmerisch orientierten Rechtsordnung wie Gläubiger-, Arbeitnehmer und öffentliche Anspruchsrechte eingeordnet ist.

2.   Kosten des Principle-Agent-Problems

201   Die durch die Trennung von Eigentum und Kontrolle entstandenen Probleme innerhalb der Aktiengesellschaft wurden also früh erkannt. Andererseits gehört das Principle-Agent-Problem bei grossen Aktiengesellschaften unweigerlich zu ihrer Gesellschaftsform dazu. Wäre jede Entscheidung innerhalb der AG von allen Aktionären, den eigentlichen Eigentümern, zu treffen, würde dies zu einem enormen Aufwand und hohen Verwaltungskosten führen. Man spricht auch von Koordinationskosten *(coordination costs)* (KRAAKMAN et al., 36).

202   Das Agency-Problem verschärft sich zudem dadurch, dass schlechte Entscheidungen von allen Aktionären getragen werden, was den Einzelnen dazu verleiten könnte, den Aufwand, sich gut zu informieren, nicht auf sich zu nehmen (Free-

rider-Problem) (ALCHIAN/DEMSETZ, 788; HART, 127). Eine effektive Unternehmensführung in einer grossen Aktiengesellschaft kann daher in den meisten Fällen nur erreicht werden, wenn die Entscheidungsmacht einer kleineren Gruppe (Management) übertragen wird (ALCHIAN/DEMSETZ, 788; HART, 127). Diese könnte jedoch versucht sein, sich Ressourcen der Unternehmung anzueignen, indem sie beispielsweise überhöhte Gehälter bezieht (SCHÄFER/OTT, 700). Durch das Principle-Agent-Problem und das damit verbundene Auseinanderfallen der Interessen von Kapitalgeber und Management, entstehen notwendigerweise Kosten, die sich insbesondere aus der Überwachung des Managements ergeben (SCHÄFER/ OTT, 700; vgl. ausführlich dazu JENSEN/MECKLING, 305 ff.). In einer grossen Aktiengesellschaft verschärft sich dieses Problem zusätzlich dadurch, dass ein einzelner Aktionär keinen Anreiz hat, die Überwachung des Managements zu übernehmen, weil er die Kosten dafür zu tragen hätte, aber alle anderen Aktionäre auch davon profitieren würden (HART, 127). Folglich läuft es darauf hinaus, dass jeder Aktionär in der Hoffnung, dass die anderen die Überwachung des Managements übernehmen, keine Anstrengungen unternimmt und daher überhaupt keine oder nur eine geringe Überwachung des Managements stattfindet (HART, 127). Die Frage, ob staatliche Regulierung in gewissen Fällen effektiver ist als die Selbstregulierung durch die Unternehmen (ausführlich dazu CHEFFINS, 126 ff.), die sich COASE bereits in seinem Aufsatz «The Problem of Social Cost» (1960) stellte, scheint in der heutigen Zeit aktueller denn je zu sein.

Die AG *(corporation)* ist wohl immer noch die kapital- und damit investitions-orientierteste Gesellschaft in der Marktwirtschaft, aber auch in der juristischen Bedeutung kennzeichnendste Institution. Bei all den theoretischen Betrachtungsweisen ist aber nicht zu vergessen, dass Unternehmen in einem täglich riskanten Umfeld operieren. So ist auch das folgende Zitat signifikant: 203

> «Corporation is a long-term entrepreneurial relationship among economic actors whom society whishes to encourage to accept risk.» (John C. Coffee, 1659)

G. AG und Unternehmen im Einzelnen

Unbestrittenermassen ist die AG Trägergesellschaft von Unternehmen, und dem Eigentumsfaktor kommt die Leitungsanwartschaft zu. Den dabei entstehenden Problemen wird versucht mithilfe des Principal-Agent-Modells beizukommen (s. voranstehend lit. F). Dabei wird die AG aber im Sinne des *Shareholder Capitalism* verstanden. In neuerer Zeit ist aber vermehrt auch das Konzept einer Auffassung diskutiert worden, die die AG als Veranstaltung von Stakeholdern verstehen will, also das von der rechtlichen Konstruktion erfasste Interessenspektrum erweitern möchte. In der Schweiz hat vor allem HANS CASPAR VON DER CRONE vor einem solchen Schritt gewarnt (VON DER CRONE, Stakehol- 204 der, 409 ff.). Die dogmatische Erfassung aufgrund des Stakeholder-Ansatzes ist aber noch nicht über so allgemeine Deklarationen hinausgelangt wie etwa diejenige in den Corporate-Governance-Grundsätzen der OECD:

> «Der Corporate-Governance-Rahmen sollte die gesetzlich verankerten oder einvernehmlich festgelegten Rechte der Unternehmensbeteiligten (Stakeholder) anerkennen und eine aktive Zusammenarbeit zwischen Unternehmen und Stakeholdern mit dem Ziel der Schaffung von Wohlstand und Arbeitsplätzen sowie der Erhaltung finanziell gesunder Unternehmen fördern.» (G20/OECD-Grundsätze der Corporate Governance, IV)

205   Eine Erweiterung des Interessenspektrums lag auch der Diskussion um ein Unternehmensrecht zugrunde, wie sie in Deutschland gepflegt wurde, aber letztlich zu einer Diskussion für und gegen die Mitbestimmung wurde (NOBEL, Unternehmen, 41 f. und 44 ff.). In der Schweiz wurde herausgearbeitet, dass dem FusG ein unternehmensrechtlicher Ansatz zugrunde liege (AMSTUTZ/MABILLARD, Einleitung, N 1 ff.). Diesen Schluss kann man aus den Konsultationspflichten in Bezug auf die Arbeitnehmer sowie deren Wahlmöglichkeiten (vgl. Art. 27 FusG) bei der Anpassung der rechtlichen Strukturen ziehen (vgl. etwa Art. 77 FusG). Unternehmensrecht bedeutet hier Einbezug des Faktors Arbeit in die Entscheidungsprozesse.

206   Im FusG werden auch die Belange von sog. kleinen und mittleren Unternehmen besonders (erleichternd) geregelt, und das sind (Aktien-)Gesellschaften die keine Anleihensobligationen ausstehend haben, nicht an einer Börse kotiert sind und zwei von drei Grössenkriterien (Bilanzsumme 20 Mio., Umsatz 40 Mio., 250 Vollzeitstellen) nicht überschreiten (Art. 1 Ziff. 2 lit. e, 14 und 15 je Abs. 2 FusG).

207   Es würde sich aber lohnen, über das Unternehmen als Rechtsbegriff und allenfalls sogar als juristische Person nachzudenken (s. dazu NOBEL, Unternehmen, 27 ff.), denn das Unternehmen ist als hauptsächlicher Gegenstand des Handelsrechtes stets präsent.

208   Im Aktienrecht erschien das Unternehmen nur beiläufig, nämlich bei der Erlaubnis zur überschiessenden Bildung von stillen Reserven und bei der Erlaubnis zur Nutzung der allgemeinen Reserve, als «Rücksicht auf das dauernde Gedeihen des Unternehmens» (Art. 669 Abs. 3 aOR, 671 Abs. 3 OR). Im revidierten Rechnungslegungsrecht besagt Art. 960a Abs. 4 OR nach wie vor:

> «Zu Wiederbeschaffungszwecken sowie zur Sicherung des dauernden Gedeihens des Unternehmens dürfen zusätzliche Abschreibungen und Wertberichtigungen vorgenommen werden. Zu den gleichen Zwecken kann davon abgesehen werden, nicht mehr begründete Abschreibungen und Wertberichtigungen aufzulösen.»

209   Dies wird als wesentlicher Einbruch in das System der *True and Fair View* angeprangert (BÖCKLI, § 8 N 887 ff. u. 892), entspricht aber alter Schweizer Tradition.

Das Handelsregisterrecht kennt den Begriff des Unternehmens nur beim Einzelunternehmen (Art. 36–38 HRegV), ansonsten heute der neutrale Oberbegriff der «Rechtseinheit» (Art. 2 HRegV) verwendet wird. Allgemein ist vorgeschrieben, dass «wer ein Handels-, Fabrikations- oder ein anderes nach kaufmännischer Art betriebenes Gewerbe betreibt» verpflichtet ist, «dieses am Ort der Hauptniederlassung ins Handelsregister eintragen zu lassen» (Art. 934 Abs. 1 OR). Das Aktienrecht regelt die Pflicht zur Eintragung auch selbstständig in Art. 643 OR und versieht diese sogar mit einer sog. «heilenden Wirkung». Das Bundesgesetz über die Unternehmensidentifikationsnummer (UID) will dagegen die eindeutige Identifizierbarkeit aller Unternehmen sichern (Art. 3), wobei diese dann aber in einem Katalog aufgeführt werden und als UID-Einheiten auch für die im Handelsregister eingetragenen Rechtsträger gelten. 210

Das (revidierte) Recht zur kaufmännischen Buchführung und Rechnungslegung unterscheidet vorerst zwischen Einzelunternehmen, Personengesellschaften und juristischen Personen, die unterstellt sind (Art. 957 OR). Für die Buchführung gilt sodann, dass sie diejenigen Geschäftsvorfälle und Sachverhalte erfassen muss, «die für die Darstellung der Vermögens-, Finanzierungs- und Ertragslage des Unternehmens (wirtschaftliche Lage) notwendig sind» (Art. 957a Abs. 1 OR). Die Rechnungslegung soll in der Folge «die wirtschaftliche Lage des Unternehmens so darstellen, dass sich Dritte ein zuverlässiges Urteil bilden können» (Art. 958 OR). Zusätzliche Anforderungen bestehen für die Rechnungslegung «grösserer Unternehmen» (Art. 961 ff. OR). Im Rechnungslegungsrecht wird damit der Unternehmensbegriff relativ frei als Oberbegriff verwendet. 211

Das Unternehmen ist auch der zentrale Gegenstand des Kartellrechtes, das wirtschaftlich orientiert ist. Der Geltungsbereich bezieht sich auf alle Unternehmen des privaten und öffentlichen Rechtes und dies wird noch präzisiert: 212

«Als Unternehmen gelten sämtliche Nachfrager oder Anbieter von Gütern und Dienstleistungen im Wirtschaftsprozess, unabhängig von ihrer Rechts- oder Organisationsform.» (Art. 2 Abs. 1 und 1bis KG)

Unternehmen erscheint hier als wirtschaftsrechtlicher Oberbegriff. 213

Der Unternehmensbegriff ist aber auch im Strafrecht vorherrschend. Darunter werden juristische Personen des Privatrechts und des öffentlichen Rechts – mit Ausnahme der Gebietskörperschaften – subsumiert, aber auch Gesellschaften (ohne Rechtspersönlichkeit) und Einzelfirmen, womit Einzelunternehmen gemeint sind (Art. 102 Abs. 4 StGB; vgl. StGB Praxiskommentar – TRECHSEL/JEAN-RICHARD-DIT-BRESSEL, Art. 102 N 2 ff.). 214

H. Einfluss des Managements und seiner Methoden

215   In der Regel geht die Rede darüber, was die negativen Aspekte des Agency-Problems und die möglichen Massnahmen zu deren Behebung sind. Davon ist die überaus reiche Literatur voll. Was kaum zur Sprache kommt, sind die positiven Resultate und vor allem auch der *Impact* des Managements (und seiner Berater) auf die Gestaltung und Organisation des Unternehmens. Das wäre sozusagen die betriebswirtschaftliche Seite von Law & Economics in Bezug auf die AG.

> «This new ‹corporation›, this new Société Anonyme, this new Aktiengesellschaft, could not be explained away as a reform, which is how the new army, the new university, the new hospital presented themselves. It clearly was an innovation … It was the first autonomous institution in hundreds of years, the first to create a power center that was within society yet independent of central government.» (PETER DRUCKER zit. in Micklethwait/Wooldridge, 54)

216   In ihrer faszinierenden Wirtschaftsgeschichte der *Corporation,* für die ein Hauptmerkmal eben die Erringung der selbstständigen Rechtspersönlichkeit vom Staate war *(chartering),* gehen die Autoren MICKLETHWAIT/WOOLDRIDGE auch auf die gestaltenden Wirkungen der Managementlehren ein. «Management is the permanent function of business.» (110.) ALFRED CHANDLER hielt fest : «Modern business enterprise» became viable «only when the visible hand of management proved to be more efficient than the invisible hand of market forces.» (ALFRED CHANDLER zit. in Micklethwait/Wooldridge, 60.) Diese Lehren gingen vor allem von den USA aus; die übrige Welt hat das jeweils mit verschiedenen zeitlichen Verzögerungen übernommen.

217   Im Kapitel «The Triumph of Managerial Capitalism» (100 ff.) wird das, beginnend schon vor dem Ersten Weltkrieg, anschaulich gemacht: «If the achetypical figure of the Gilded Age was the robber baron, his successor was the professional manager.» (104.) Dies hing auch mit der Trennung von Eigentum und Kontrolle zusammen, da die Eigentümerfamilien nicht mehr in der Lage waren, die grossen Gebilde effizient zu leiten. An ihre Stelle traten die *Corporate* oder *Organisational Men,* bald nach der Jahrhundertwende.

218   ALFRED SLOANE (1875–1966) machte aus GM, anders als der mehr technisch orientierte Henry Ford – der Erfinder des Fliessbandes aus dem Taylorismus –, eine *multidivisional firm,* beruhend auf kontrollierter Dezentralisation *as an objective organisation, as distinguished from the type that get lost in the subjectivity of personalities.* (ALFRED SLOAN zit. in Micklethwait/Wooldridge, 106.) SLOAN sagte: «I do not regard size as a barrier. To me it is only a problem of management.» (ALFRED SLOAN zit. in Micklethwait/Wooldridge, 106.) In den 20er-Jahren wurden auch die ersten grossen Management-Consultant-Firmen (Arthur D. Little,

James Mc Kinsey) und die American Management Association) gegründet. PETER
F. DRUCKER argumentierte schon 1942, dass *Corporations* nicht nur ökonomische,
sondern auch soziale Ziele hätten (DRUCKER, PETER F., The future of Industrial
Man, New York 1942), und das Buch, das als Markstein der Managementliteratur
gilt (DRUCKER, PETER F., The concept of the corporation, New York 1946), integrierte auch die Mitarbeiter, später vor allem die *konwledge workers* als Sozial-
komponenten des Unternehmens. In der Schweiz findet man dies erst in den
St. Galler Arbeiten von HANS ULRICH zum Unternehmen als soziales produktives
System (1968).

Im Jahr 1951 sagte FRANK ABRAMS (Präs. Standard Oil), dass es die Aufgabe des   219
Managements sei, *to maintain an equitable and working balance among the
claims of the directly interested groups ... stockholders, employees, customers and
the public at large.* (Frank Abrams zit. in REICH, 71.) Diesbezüglich hat sich nicht
viel verändert. Es muss aber ins Bewusstsein dringen, dass die Manager zur Entwicklung der *Corporate Culture* und zur Effizienz der Wirtschaft, die zwar nicht
alle lieben, viel beigetragen haben. Sie sind nicht nur *Agents,* sondern auch *Principals.*

I. Kapitalmarktliches Denken

COASE hat geschlossen, dass der Markt in der Wirklichkeit   220
nicht vollkommen ist, sondern Transaktionskosten verursacht. Für die *Corporation*
folgt daraus, dass die Idee der juristischen Person (Firma) sich im Verhältnis zum
komplexer werdenden kontraktlichen Zugang als günstiger erweist. Das ist die
Theorie der Firma. Rund um diesen organisatorischen Nukleus herum spielt die
Figur des Vertrages aber (weiterhin) eine entscheidende Rolle.

Die vom Gesellschaftsrecht zur Verfügung gestellten Formen, lange mit einem   221
Numerus clausus versehen, sind eigentlich nichts anderes als standardisierte Kon-
trakte für die Gründung, die Erweiterung und den Betrieb von gewerblichen Unternehmen. Sie sind als Normalmuster konzipiert, und zwar unter der Annahme,
dass die Parteien einen Punkt, wenn sie ihn geregelt hätten, so hätten regeln wollen, wie das dispositive Recht vorgibt. Gesellschaftsrechtliche Statute sind ermög-
lichende *(enabling)* Statute und haben nicht normativen Pflichtcharakter. Dies
ermöglicht auch die in der Wirklichkeit vorhandene grosse Vielfalt der Einzelaus-
gestaltungen. Das Gesellschaftsrecht sagt auch, wieweit die Statuten Anpassungen
an individuelle Voraussetzungen erlauben. Diesen Anpassungen können Verhand-
lungsergebnisse (etwa zwischen Gründern und Banken) zugrunde liegen.

Die Gründer bringen in der Regel einen beschränkten Kapitalanteil und Ideen ein.   222
Dann beginnt aber die Konkurrenz um Investoren und Kapital, das ein beschränk-

tes Gut darstellt und unter Wettbewerbsbedingungen beschafft werden muss. Die emittierten Papiere, mit oder ohne Stimmrecht oder mit gesteigerten Stimmrechten (Stimmrechtsaktien), oder Anleihensobligationen *(debt)* sind aber auch Marktprodukte. Dies trifft sogar für die juristische Person als Ganzes zu *(Market for corporate control)*.

223   Das Gesellschaftsrecht sagt im Wesentlichen, wer in dieser pluralistischen Veranstaltung eines Unternehmens das Sagen hat (vgl. dazu besonders EASTERBROOK, FRANK/FISCHEL, DANIEL R., The economic structure of corporate law: «The role of corporate law at any instant is to establish rights among participants in the venture», 14) und welche Kosten *(agency costs)* aus verschiedenen Arrangements entstehen. Auch in diesem *fine tuning* der Einflussspähren können in konkreten Fällen Verhandlungsmomente eine entscheidende Rolle spielen, und zwar auch in der Gestaltung korporativer Aspekte. Vertragliche Elemente stehen aber ganz im Vordergrund bei der Einbindung der sog. «Stakeholder», nämlich der vertraglich gebundenen Teilnehmer am Unternehmensgeschehen. Dies betrifft in erster Linie die Arbeitnehmer (durch individuelle und kollektive Arbeitsverträge) und die Gläubiger (Banken) durch Obligationenanleihen und Kredite. Die vertraglich eingebundenen Teilnehmer haben feste vertragliche Ansprüche, während die Inhaber von Beteiligungspapieren das Risiko eines genügenden Unternehmensergebnisses tragen und damit auf den «Überrest» *(residual claims)* beschränkt sind.

224   Die an der Börse kotierte Gesellschaft hat mit der Börsenorganisation einen weiteren Vertragspartner, der auf die «Governance» weitgehenden Einfluss nimmt; damit verändert sich in der Regel auch die Aktionärsstruktur in Richtung einer vermehrten Teilnahme von «Institutionellen»; diese konzentrieren sich aber oftmals auf das Marktgeschehen als Ganzes und weniger auf die einzelne Gesellschaft (passive Investoren, marktindexorientiert). Die Gesellschaft selbst tritt aber in den Bereich des öffentlichen Interesses ein (bei grossen Banken bis zur Systemwesentlichkeit gesteigert) und wird selbst zu einer Institution, an die für alle Bereiche zunehmende Transparenzanforderungen und mehr und mehr auch solche der «Moral» gestellt werden. Der Einfluss individueller Aktionäre nimmt ab *(voice)*, doch können sie ihre Anteile frei verkaufen *(exit)* und so ihrer Unzufriedenheit Ausdruck verleihen *(Wall Street rule)*.

225   Rechtlich gesehen beherrscht die Vertragsfigur übers Ganze auch das Gesellschaftsrecht. Erfolgreiches Wirtschaften bedeutet daher in weitem Umfange vor allem erfolgreiches Verhandeln. Der menschliche Faktor ist aus der Welt des Gesellschaftsrechtes nicht wegzudenken.

§ 2 Zahlen, Fakten und Varia

1 Materialien: **Publikationen:** Avenir Suisse, Multis: Zerrbild und Wirklichkeit, Zürich 2013 (Avenir Suisse, Multis: Zerrbild und Wirklichkeit, Seite); Bundesamt für Statistik, Die berufliche Vorsorge in der Schweiz, Pensionskassenstatistik 2014 (zit. BFS, Pensionskassenstatistik 2014); **Botschaften:** Botschaft zur Änderung des Obligationenrechts (Aktien- und Rechnungslegungsrecht sowie Anpassungen im Recht der Kollektiv- und der Kommanditgesellschaft, im GmbH-Recht, Genossenschafts-, Handelsregistersowie Firmenrecht) vom 21. Dezember 2007, BBl 2008 1589 ff.; **Statuten:** Ethos-Statuten, zu finden unter http://www.ethosfund.ch/de/startseite; **Geschäfts- und Jahresberichte:** ABB-Group-Jahresbericht 2012; ABB-Group-Jahresbericht 2013; ABB-Group-Jahresbericht 2014; ABB-Group-Jahresbericht 2015; alle zu finden unter: http://www.abb.com; Actelion-Jahresbericht 2012; Actelion-Jahresbericht 2013; Actelion-Jahresbericht 2014; Actelion-Jahresbericht 2015; alle zu finden unter: http://www.actelion.com; Ausgleichsfonds AHV/IV/EO, Jahresbericht 2015, verfügbar auf: www.compenswiss.ch; Credit-Suisse-Group-Jahresbericht 2012; Credit-Suisse-Group-Jahresbericht 2013; Credit-Suisse-Group-Jahresbericht 2014; Credit-Suisse-Group-Jahresbericht 2015; alle zu finden unter: http://www.credit-suisse.com; DSKH-Holding-Geschäftsbericht 2012; DSKH-Holding-Geschäftsbericht 2013; DSKH-Holding-Geschäftsbericht 2014; alle zu finden unter: http://www.dksh.com/htm/654/de/Fakten-und-Zahlen.htm; Holcim-Geschäftsbericht 2012; Holcim-Geschäftsbericht 2013; Holcim-Geschäftsbericht 2014; alle zu finden unter: http://www.holcim.com; LafargeHolcim-Jahresbericht 2016; zu finden unter: http://www.lafargeholcim.com/; Nestlé Jahresbericht 2012; Nestlé Jahresbericht 2013; Nestlé-Jahresbericht 2015; alle zu finden unter: http://www.nestle.com; Novartis-Jahresbericht 2012; Novartis-Jahresbericht 2013; Novartis-Jahresbericht 2014; Novartis-Jahresbericht 2015; alle zu finden unter: http://www.novartis.com/investors/financial-results/annual-results.shtml; Richemont-Jahresbericht 2012; Richemont-Jahresbericht 2013; Richemont-Jahresbericht 2014; alle zu finden unter: http://www.richemont.com; Roche-Geschäftsbericht 2012; Roche Geschäftsbericht 2013; Roche-Geschäftsbericht 2014; Roche Geschäftsbericht 2015, Roche-Finanzbericht 2015; alle zu finden unter: http://www.roche.com; Schindler-Finanzbericht 2015 (abrufbar auf: http://www.schindler.com/com/internet/en/about-schindler.html); SwissRe-Finanzbericht und -Geschäftsbericht 2012; SwissRe-Finanzbericht und -Geschäftsbericht 2013; SwissRe-Finanzbericht und -Geschäftsbericht 2014; alle zu finden unter: http://www.swissre.com/investors/financial_information/; Syngenta-Jahresbericht 2012; Syngenta-Jahresbericht 2013; Syngenta-Jahresbericht 2014; Syngenta-Jahresbericht 2015; alle zu finden unter: http://www.syngenta.com; UBS-Jahresbericht 2012; UBS-Jahresbericht 2013; UBS-Jahresbericht 2014; UBS-Jahresbericht 2015; alle zu finden unter: http://www.ubs.com; Zurich-Financial-Services-Jahresbericht 2012; Zurich-Financial-Services-Jahresbericht 2013; Zurich-Financial-Services-Jahresbericht 2014; alle zu finden unter: http://www.zurich.com/investors/; Schweizerische Nationalbank, Jahresbericht 2014; Schweizerische Nationalbank, Jahresbericht 2015;

alle zu finden unter: www.snb.ch; **GV-Protokolle**[1]: Nestlé: Abstimmungs-protokoll 2016 vom 7. April 2016, zu finden unter: www.nestle.com; Novartis: Protokoll über die 17. ordentliche Generalversammlung der Novartis AG, Basel, vom 23. Februar 2013; Protokoll über die 19. ordent-liche Generalversammlung vom 27. Februar 2015; Novartis: Protokoll über die 20. ordentliche Generalversammlung vom 23. Februar 2016; alle zu finden unter: http://www.novartis.ch; Roche: GV Protokoll 2016 vom 1. März 2016, zu finden unter: www.roche.com; Syngenta: Protokoll über die 11. ordentliche Generalversammlung der Syngenta AG, Basel, vom 24. April 2012, zu finden unter: http://www.syngenta.com; UBS: Be-schlussprotokoll der ordentlichen Generalversammlung der UBS AG vom 2. Mai 2013, Beschlussprotokoll der ordentlichen Generalversammlung der UBS AG vom 7. Mai 2015, UBS Kurzprotokolle der GVs 2012 bis 2015; alle zu finden unter: http://www.ubs.com; **sonstige Statistiken:** Sta-tistik der schweizerischen Handelsregisterämter, zu finden unter: http://www.zefix.ch; Statistiken des SECO: zu finden unter: http://www.seco.admin.ch; Statistiken der Schweizer Börse SIX Swiss Exchange, zu finden unter http://www.six-swiss-exchange.com; Eidgenössische Betriebszäh-lung 2008[2], diverse Daten zu finden unter: www.bfs.admin.ch; Fortune 500 Global, zu finden unter: http://www.beta/fortune/com/global500; Sta-tistisches Jahrbuch der Schweiz 2013, Verlag Neue Zürcher Zeitung, Zü-rich 2013; Statistisches Jahrbuch der Schweiz 2014, Verlag Neue Zürcher Zeitung, Zürich 2014; Statistisches Jahrbuch der Schweiz 2015, Verlag Neue Zürcher Zeitung, Zürich 2015; World Competitiveness Yearbook 2014, IMD, Lausanne 2014; World Competitiveness Yearbook 2015, IMD, Lausanne 2015; **Zeitungsartikel:** The Economist: From clout to rout, Ausgabe vom 2. Juli 2016, Seite 5; NZZ vom 22. August 2016: Die Börse belohnt starke Familienbande; NZZ vom 14. Juli 2016: Sie würden es wieder tun; NZZ vom 6. Februar 2013: Swatch droht Ausschluss aus SMI; NZZ vom 15. September 2016, Wenn die Resultate im Dunkeln bleiben; Handelszeitung vom 28. Juni 2007, Familiengesellschaften: Stark sein – und schweigen; HYATT, JAMES, Proxy Advisors Find Themsel-ves in the Spotlight, erschienen auf: www.business-ethics.com am 17. Mai 2010; plädoyer 5/12, S. 8 ff. «Stimmrechtsberater sind ein Problem», Dis-kussion zwischen Peter Forstmoser und Daniel Häusermann; R. JAMES BREIDING, «What's the story behind Switzerland's success?», in: KPMG: Clarity on Investment, Investment in Switzerland, Interview mit R. James Breiding, S. 17 ff.

Literatur: BIEDERMANN, DOMINIQUE, Investisseurs institutionnelles: intensification   2
des mesures d'actionnariat actif, Anwaltsrevue 8/2011, 312 ff.; BÖCKLI, PETER, Schweizer Aktienrecht, 4. Aufl., Zürich 2009; BERTSCHINGER, URS, Proxy Advisors – Fluch oder Segen in der Corporate Governance,

---

[1] Alle Beschlussprotokolle von Generalversammlungen der an der SIX Swiss Exchange ge-listeten Aktiengesellschaften können auch eingesehen werden unter: www.generalversammlung.net. Diese Seite wird unterhalten von der Z Capital AG.

[2] Die Betriebszählung, sowie einige weitere statistischen Erhebungen des Bundes, wurden 2008 zum letzten Mal publiziert. Sämtliche Erhebungen können nun eingesehen werden im StatTab, dem statistischen Tool des Bundesamtes für Statistik. Es kann auf der Website des Bundesamtes für Statistik gefunden werden: http://www.bfs.admin.ch.

SZW 5/2015, 506 ff.; Breiding, R. James/Schwarz, Gerhard, Wirtschaftswunder Schweiz, Zürich 2016; Daeniker, Daniel, Wer kontrolliert die Aktiengesellschaft? Rückblick auf die GV-Saison 2015/16, SZW
5/2016, 434 ff.; Fleischer, Holger, Proxy Advisors in Europa: Reform
Proposals and Regulatory Strategies, in: European Company Law 2012,
12 ff.; Forstmoser, Peter, Exit oder Voice – Das Dilemma institutioneller Investoren, in: Bucher et al. (Hrsg.), Norm und Wirkung, Festschrift
für Wolfgang Wiegand zum 65. Geburtstag, Bern 2005, 785 ff.; Gericke,
Dieter/Baum, Oliver, Corporate Governance: Wer ist der Governor?,
SZW 4/2014, 345 ff.; Hoch, Mariel, Proxy Advisory – eine Standortbestimmung, SZW 5/2016, 487 ff.; Meier-Hayoz, Arthur/Forst-
moser, Peter, Schweizerisches Gesellschaftsrecht, 11. Aufl., Bern 2012;
Nikitine, Alexander, Der unabhängige Stimmrechtsvertreter in der
Verordnung gegen übermässige Vergütungen bei börsenkotierten Aktiengesellschaften («VegüV»): Überblick – herausgegriffene Fragen – Lösungsansätze, SZW 5/2013, 351 ff.; Nobel, Peter, Der Stand des Aktienrechts – Ein Überblick, SZW 2/2013, 115 ff. (zit. Nobel, Stand Aktienrecht); Nobel, Peter, Risikomanagement als Aufgabe, in: Wiegand,
Wolfgang/Koller, Thomas/Walter, Hans Peter (Hrsg.), Tradition mit
Weisheit, Festschrift für Eugen Bucher zum 80. Geburtstag, Bern 2009,
545 ff. (zit. Nobel, Risikomanagement); Nobel, Peter, The squeaky
wheel gets (all) the grease: Wie weit soll und darf der Verwaltungsrat auf
die aktiven Aktionäre eingehen?, SZW 5/2015, 481 ff. (zit. Nobel, Verwaltungsrat); Rioult, Christian, Regulierung von Stimmrechtsberatern,
AJP 2014, 1176 ff.; Vogt, Hans-Ueli, Aktionärsdemokratie, Über die
Möglichkeiten und Grenzen der Verwirklichung eines politischen Leitbildes im Aktienrecht, mit besonderer Berücksichtigung der Revision
des schweizerischen Aktienrechts, Zürich/St. Gallen 2012; Vischer,
Markus/Gnos, Urs, Erfahrungen mit dem Fusionsgesetz 2007–2010,
AJP 2011, 402 ff.; Wohlmann, Herbert/Gerber, Alexandra, Der
Dialog der Aktiengesellschaft mit den Stimmrechtsberatern, SZW 3/2014,
284 ff.

3 Rechtsvergleichung: EU: ESMA – European Securities and Markets Authority, Discussion
Paper – An Overview of the Proxy Advisory Industry, Considerations on
Possible Policy Options, 22. März 2012; ESMA/2012/212; ESMA – European Securities and Markets Authority, Final Report – Feedback state-
ment on the consultation regarding the role of the proxy advisory industry,
19. Februar 2013; ESMA/2013/84; ESMA – European Securities and
Markets Authority – Securities and Markets Stakeholder Group, ESMA's
Discussion Paper on Proxy Advisors – Opinion of the SMSG, 26. April
2012, ESMA/2012/SMSG/25; ESMA – European Securities and Markets
Authority – Credit Rating Agencies' 2014 market share calculation for the
purposes of Article 8d of the CRA Regulation vom 22. Dezember 2014;
ESMA/2014/1583, S. 3; ESMA, Press Release vom 19. Februar 2013;
USA: US Securities and Exchange Commission (SEC), Report on the
Role and Function of Credit Rating Agencies in the Operation of the Secu-
rities Markets, January 2003; US SEC Staff Legal Bulletin No. 20; Financial Crisis Inquiry Report, Final Report of the National Commission on the
Causes of the Financial and Economic Crisis in the United States, January
2011.

I. Zahlen des Handelsregisters

In der Schweiz waren per 1. Januar 2017 211 926 Aktienge-   4
sellschaften im schweizerischen Handelsregister eingetragen. Die Grenze von
200 000 Aktiengesellschaften wurde im Verlauf des Jahres 2013 überschritten.
Von den per 1. Januar 2016 total 598 294 Firmeneintragungen im Handelsregister
(diese umfassen jede Geschäftsform, mithin auch Einzelfirmen und Zweigniederlassungen) waren 209 225 Aktiengesellschaften. M.a.W. sind immerhin deutlich
über ein Drittel aller Eintragungen im Handelsregister Aktiengesellschaften. Genau genommen waren es 34,97 Prozent; die Zahl sinkt demnach stetig, im Jahr
2014 waren doch noch 35,31 Prozent aller Eintragungen Aktiengesellschaften
(202 183 Aktiengesellschaften von 572 560 Eintragungen). Der Grund dafür ist im
überproportionalen Wachstum einer anderen Gesellschaftsform zu finden.

Seit der Revision des GmbH-Rechts (Inkrafttreten per 1. Januar 2008; dazu § 4,   5
N 153 ff.) nahm die Zahl der GmbH in der Schweiz stetig zu. Während per
1. Januar 2008 101 462 GmbH eingetragen waren (AG: 179 761), waren es per
1. Janaur 2017 178 594 GmbH (AG: 211 926). Gemessen an der Zahl jährlicher
Neugründungen gilt die GmbH als beliebteste Gesellschaftsform der Schweiz.
Alleine im Jahr 2013 (Vergleich des Stands des Handelsregisters vom 1. Januar
2013 mit dem 1. Januar 2014) sind beinahe 9000 GmbHs gegründet worden. In
derselben Zeitspanne wurden nur knapp 4000 neue Aktiengesellschaften eingetragen. Dieser Trend hat sich auf das Jahr 2016 nochmals verstärkt: Im Jahr 2015
wurden auf etwas über 3000 neue Aktiengesellschaften knapp 10 000 neue gegründete GmbHs eingetragen. Am 1. Januar 2015 waren es erstmals mehr GmbHs
als Einzelunternehmen.

Die Aktiengesellschaft erfreute sich in der Schweiz aber von jeher grösserer   6
Beliebtheit als die Gesellschaft mit beschränkter Haftung. Aus den Statistiken aus
dem Jahr 1980 wird ersichtlich, dass in der Schweiz im Jahr 1980 nur 3055
GmbHs im Handelsregister eingetragen waren. Zur selben Zeit existierten aber
bereits 107 643 Aktiengesellschaften. Dazu im Vergleich: In Deutschland waren
1980 2147 Aktiengesellschaften eingetragen, jedoch 255 940 Gesellschaften mit
beschränkter Haftung. In Österreich zeigen sich ähnliche Verhältnisse (29 658
GmbHs bei 519 Aktiengesellschaften um 1980) wie in Deutschland. Die Schweiz
ist mit Hinblick auf die Verhältnisse zwischen AG und GmbH durchaus einzigartig.

Das Bild in der Schweiz änderte sich sprunghaft mit der Revision des Rechts der   7
Aktiengesellschaft 1968/91, die am 1. Juli 1992 in Kraft getreten ist. Mit Inkrafttreten der Revision ändert sich das Gleichgewicht der Gesellschaftsformen sehr
rapide. Waren 1992 noch 2964 GmbHs (weniger als 1980!) im Handelsregister
eingetragen, sind es 1993 schon 4186, 1994 bereits 6600 und fünf Jahre nach

Inkrafttreten der Revision, also 1997, knapp acht Mal mehr als noch 1992: 23 164. Im Jahr 2007, 15 Jahre nach Inkrafttreten also, hat die Anzahl der GmbHs die 100 000er-Grenze hinter sich gelassen. In derselben Zeitspanne sind nur 15 000 neue Aktiengesellschaften hinzugekommen. Vergleicht man die Zahlen von 1992 mit den Zahlen von 2015, dann sind seit 1992 53,84 Mal mehr Gesellschaften mit begrenzter Haftung eingetragen als 1992, wohingegen die Anzahl der Aktiengesellschaften im selben Zeitraum nur um den Faktor 1,91 gestiegen ist. Die Beliebtheit der GmbH, gemessen an der Anzahl, ist also seit 1992 über 28 Mal schneller gewachsen als diejenige der Aktiengesellschaft.

8   Es werden seit 1995 rund 8000 GmbHs jedes Jahr neu gegründet. Dabei handelt es sich um eine untere Grenze; über die letzten beiden Jahre beispielsweise wurde dieser Wert um 20 Prozent übertroffen. Die Zahl der Aktiengesellschaften hingegen wächst nicht so regelmässig. Augenscheinlich sind dort die Folgen der Veränderungen seit Verabschiedung des neuen GmbH- und Revisionsrechts am 16. Dezember 2005. Sind zwischen 1992 und 2006 weniger als 5000 neue Aktiengesellschaften hinzugekommen, so werden seit 2006 und der Einführung der rechtsformunabhängigen Revision jährlich wieder mehrere Tausend Aktiengesellschaften gegründet (22 973 zwischen Ende 2006 und Ende 2012).

9   Diese Neugründungen wären sonst wohl auf die GmbH entfallen, der «Vorteil» der rechtsformabhängigen Revision zugunsten der GmbH ist mit besagter Revision aber entfallen. Die Revisionspflicht knüpft nicht mehr an die Rechtsform an, sondern an die Unternehmensgrösse.

10   Zu den übrigen Gesellschaftsformen kann für das Jahr 2015 vergleichsweise Folgendes gesagt werden. Während die Anzahl Kollektivgesellschaften, Kommanditgesellschaften, Genossenschaften und Stiftungen rückläufig waren (jeweils einige Hundert weniger per 1. Januar 2015 im Vergleich zum 1. Januar 2016 und bereits per 1. Januar 2015 im Vergleich zum 1. Januar 2014), gibt es einige Hundert Vereine, Einzelunternehmen und Zweigniederlassungen mehr. Dieser Trend setzte sich über die letzten drei Jahre so fort. Die grossen zahlenmässigen Veränderungen finden exklusiv bei GmbH und AG statt, nicht bei den übrigen Geschäftsformen. Selbst die Einzelunternehmung, bis 1. Januar 2014 immerhin zweithäufigste Gesellschaftsform, verharrt seit mehreren Jahren auf circa 156 000 Eintragungen.

11   Kantonal bestehen teilweise grosse Unterschiede. Per 1. Januar 2015 waren 32 624 Aktiengesellschaften im Kanton Zürich gemeldet, per 1. Januar 2017 waren es bereits 33 308. Damit ist über ein Drittel aller neu gegründeten Aktiengesellschaften auf den Kanton Zürich entfallen.

12   Im Kanton Uri waren am 1. Januar 2017 642 Aktiengesellschaften eingetragen, bei praktisch gleich vielen GmbHs (589). In Zürich waren diese Verhältnisse mit 32 979 GmbHs nicht unähnlich. Interessant wird der Vergleich mit dem Kanton

Zug, in dem 17 360 Aktiengesellschaften 8832 GmbHs gegenüberstanden. Der Eindruck im Kanton Zug zeugt aber nicht von den Entwicklungen des letzten Jahres, zwischen dem 1. Januar 2014 und dem 1. Januar 2015 wurden aus dem Zuger Handelsregister 20 Aktiengesellschaften gestrichen, bis zum 1. Januar 2016 nochmals über 121. Hingegen wurden im Jahr 2014 1883 und im Jahr 2015 608 neue GmbHs eingetragen. Eine ähnlich ungleiche Verteilung zwischen AG und GmbH bei so grossen Beständen weisen nur noch die Kantone Tessin (17 464 AGs bei 11 245 GmbHs) und Genf (17 334 AGs und nur 11 367 GmbHs) auf. Das relativ grösste Ungleichgewicht findet sich im Kanton Appenzell Innerrhoden, wo auf drei Aktiengesellschaften etwa eine GmbH kommt.

II.   Internationaler Sektor der Wirtschaft

A.   *Gesamtwirtschaftliche Betrachtung*

Die schweizerische Wirtschaft verfügt im internationalen Vergleich über einen stark überproportionalen internationalen Sektor. Dass dem so ist, wird auch anhand der alljährlich publizierten Liste der Fortune 500 Global wieder verdeutlicht. Die Schweiz verfügt pro Kopf der Bevölkerung über vier Mal mehr Fortune-500-Unternehmen als die USA, die in absoluten Zahlen die Rangliste anführt. [13]

Dass die Schweizer Wirtschaft insgesamt und global betrachtet so gut da steht, ist gerade im europäischen Vergleich erstaunlich. Europäische Unternehmen sehen sich unlängst einem viel grösseren Druck ausgesetzt. Das trifft zwar auch auf Schweizer Unternehmen zu. Aber verglichen mit der Weltwirtschaft stehen europäische Unternehmen im Vergleich zu ihren amerikanischen und asiatischen Pendants eher unterkapitalisiert da (vgl. dazu «Economist», From clout to rout, Ausgabe vom 2. Juli 2016, 5). Im selben Atemzug muss dazu allerdings angeführt werden, dass die Marktkapitalisierung alleine kaum geeignet ist, die Wichtigkeit eines Unternehmens zu eruieren. Dennoch: Europa sieht sich immer mehr Druck ausgesetzt, die Schweizer Unternehmen behaupten sich dabei ganz passabel. [14]

Die Weltbank hat für die Schweiz im Jahr 2014 ein Bruttoinlandprodukt in der Höhe von USD 701 Mrd. errechnet. Im Jahr 2011 waren es noch etwas über USD 659 Mrd. Sie liegt im internationalen Vergleich in der Statistik der Weltbank 2014 auf Rang 20, zwischen Saudi Arabien (19) und Schweden (21). Dazu sollte angeführt werden, dass diese Zahlen absolut sind und die meisten Länder in den Rängen 1 bis 20 ein Vielfaches der Einwohner der Schweiz beheimaten. Bemerkenswert ist auch das vom US-amerikanischen Unternehmer R. JAMES BREIDING und dem Direktor von Avenir Suisse GERHARD SCHWARZ herausgegebene Buch [15]

«Wirtschaftswunder Schweiz», das in mittlerweile dritter Auflage Ursprung, Struktur und Besonderheiten von wichtigen Branchen der Schweizer Wirtschaft beschreibt und belegt, dass der bemerkenswerte wirtschaftliche Aufschwung der Schweiz in den letzten 200 Jahren auf spezifische ressourcenmässige und kulturelle Unterschiede zurückzuführen ist. So ist die Rohstoffarmut der Schweiz nicht Fluch, sondern Segen, da sie zu besonderen Anstrengungen verleitet. Darüber hinaus prägte die Reformation unter Calvin die schweizerische Unternehmermentalität und die einmalige Balance aus individueller Selbstverantwortung und genossenschaftlicher Solidarität trug überdies noch massgeblich zu dem beachtenswerten Erfolg bei.

16 Die Vernetzung der schweizerischen Wirtschaft mit den internationalen Märkten zeigt sich noch besser an einigen Beispielen. Ein Indikator kann z.B. das Auslandsvermögen der Schweiz sein: Ende 2011 belief es sich rein netto, also nach Abzug der Auslandspassiven, auf rund CHF 825 Mrd. Ende 2014 gibt die Nationalbank das Auslandsnettovermögen der Schweiz mit rund CHF 667 Mrd. an, was knapp 104 Prozent des BIP im selben Jahr entspricht. Per Ende 2015 sind es noch rund CHF 610 Mrd.[3] und im zweiten Quartal 2016 rund CHF 757 Mrd., wobei der grösste Anteil (CHF 658 Mrd.) Währungsreserven sind (SNB, Medienmitteilung, Zahlungsbilanz und Auslandvermögen der Schweiz). Zum Vergleich: Die Schweizer Banken hatten Ende 2014 ein Nettoauslandsvermögen von CHF 7,6 Mrd. (SNB, Die Banken in der Schweiz 2014, S. A104). Die relativen Zahlen sind verglichen mit anderen Ländern sehr hoch. Die Schweiz gehört in die Top 5 der im Ausland investierenden Länder in Relation zum BIP. Nur Hongkong, Singapur, Norwegen sowie Taiwan haben Ende 2014 ein noch höheres Auslandsvermögen relativ zu ihrem BIP.[4]

17 Diese Zahlen sind aber zu relativieren, Angaben alleine in Schweizer Franken verzerren das Bild, gerade mit Bezug auf Währungsreserven. Ende Dezember 2000 betrugen die Reserven der SNB in USD 54 Mrd. Ende 2012 stieg diese Zahl auf 531 Milliarden und in USD sind die Währungsreserven zum Ende des Jahres 2014 nochmals gestiegen, auf USD 545 Mrd. und per 31. Januar 2015 auf USD 585,9 Mrd. und im Juni 2015 schliesslich auf über USD 600 Mrd.

18 In letzter Zeit wird auch Kritik am hohen Auslandsvermögen der Schweiz geübt. Durch die Entwicklung des Schweizer Frankens verlor der theoretische Wert des Auslandsvermögens im Verhältnis des effektiven Werts des Auslandsvermögens der Schweiz massiv an Wert: Alleine für das Jahr 2015 wird von einem Verlust auf Währungsreserven von knapp CHF 20 Mrd. ausgegangen (vgl. SNB Jahresbericht 2016, 122).

---

[3] SNB: https://data.snb.ch (Stand 20. Dezember 2016).
[4] IWF: http://dsbb.imf.org (Stand 27. Dezember 2016).

B. Multinationale Unternehmen

Viele Schweizer Unternehmen tragen massgeblich zum inter- 19
nationalen Erfolg und zur internationalen Ausrichtung der Schweiz bei. Sie sind –
global gesehen – äusserst erfolgreich. An erster Stelle sind hierbei die im Schweizerischen SMI gelisteten Unternehmen zu nennen, aber auch viele kleine Unternehmen, die nicht nach aussen auftreten wie etwa Coca-Cola, es aber auch nicht
müssen.

> «It was not so long ago that nations believed in a Westphalean notion that a coun-
> try's strength is based on the size of its army, the extent of its colonies or natural
> resource base, or its population size. Switzerland has been at the front of the curve
> demonstrating that it is trade and talent that matters. No other country of its size
> has achieved such a high level of disposable income while maintaining a relative-
> ly equitable distribution of rewards. Few or no countries hold such leading posi-
> tions in so many industries. No other developed country has so far avoided bur-
> dening future generations with large debts, fostering illusions among its people
> about meeting pension and healthcare costs. In no other country are individual cit-
> izens so powerful and so certain that their voices count. As public opinion of poli-
> ticians and public sector bodies in most western democracies has fallen to an all-
> time low, the effectiveness of the Swiss system of governance is an enviable
> model of success.» (R. JAMES BREIDING, What's the story behind Switzerland's
> success?, in: KPMG: Clarity on Investment, Investment in Switzerland, S. 17 ff.)

Novartis hat im Jahr 2014 nach eigenen Angaben einen Umsatz in der Höhe von 20
USD 57 996 Mio. erwirtschaftet. 2013 war es in etwa gleich viel (USD 57 920
Mio.). Im Jahr 2015 waren es lediglich noch knapp 50 Milliarden, allerdings wur-
de 2015 auch der Umsatz von 2014 auf 52 180 Millionen angepasst (vgl. Novartis-
Geschäftsberichte 2013, 2014 und 2015, jeweils S. 6).

Das BIP 2014 (die Angaben sind vorläufig noch provisorisch[5]) wird vom Bundes- 21
amt für Statistik mit CHF 642 256 Mio. berechnet, von der Weltbank mit USD
701 Mrd. Das bedeutet, dass Novartis alleine über 7,4 Prozent zum Schweizerischen BIP beigetragen hat. Der Umsatz von Novartis 2013 entsprach 8,11 Prozent
des schweizerischen BIP. 2011 waren es gar 8,83 Prozent.

Aber wie werden diese Zahlen nun in einen internationalen Zusammenhang ge- 22
rückt? Novartis verkauft Dienst- und Sachleistungen in über 180 Ländern (Jahresberichte 2014 und 2015, jeweils S. 8). Und nach eigenen Angaben erwirtschaftete
Novartis nur rund ein Prozent des gesamten Umsatzes in der Schweiz (Novartis
Geschäftsbericht 2014, 184). Auch 2011 wurden nur CHF 643 Mio. in der Schweiz
erwirtschaftet, also 1,24 Prozent des Gesamtumsatzes von 2011. Diese Zahlen

---

[5] Die Berechnung des Bruttoinlandprodukts (nach verschiedenen Ansätzen) dauert jeweils
sehr lange und die Zahlen bleiben provisorisch für zwei bis drei Jahre.

sind also die Regel und nicht etwa die Ausnahme. Vom Nettoumsatz 2013 wurden überhaupt nur 36 Prozent in Europa erwirtschaftet (Novartis-Jahresbericht 2013, 2), 2014 rund 37 Prozent. Im Zusammenhang mit dem vorher Gesagten heisst das auch, dass vom Novartis-Anteil am Schweizerischen BIP in der Höhe von über 7 Prozent rund 99 Prozent aus dem Ausland beigesteuert worden sind. Bei Nestlé sieht dieses Bild durchaus ähnlich aus, vom globalen Umsatz von CHF 91,6 Mrd. wurden derer lediglich 1,6 Milliarden in der Schweiz erwirtschaftet (Nestlé-Jahresbericht 2014, 1).

23   Es muss allerdings nicht zwingend so sein: Die Credit Suisse verzeichnet im Jahr 2014 einen Umsatz von CHF 26 242 Mio. Davon wurden 8,247 Milliarden in der Schweiz erwirtschaftet (CSG-Jahresbericht 2014, 254), was in etwa einem Drittel entspricht, 30 Mal mehr als bei Novartis.

24   Die insgesamt sehr starke internationale Ausrichtung der Schweizer Wirtschaft spiegelt sich aber auch in kleineren Gesellschaften wider. Im März 2012 hat sich eine «kleinere» SPI-Gesellschaft an der Schweizer Börse SIX Swiss Exchange kotieren lassen. Es handelt sich dabei um die DKSH Holding. Die DKSH Holding ist eine Handels- und Dienstleistungsgesellschaft mit Sitz in Zürich. Gemäss eigenen Angaben sind von ihren 770 Niederlassungen im Jahr 2015 aber nur 30 in Europa, Nord- und Südamerika. 740 Standorte befinden sich im asiatisch-pazifischen Raum, wo DKSH übrigens auch den Hauptteil ihres Umsatzes erwirtschaftet (Informationen zu finden unter: http://dksh.com/cs/dksh_ch/en/about-us/company/locations).

25   Gerade grosse SMI-Gesellschaften sind immer wieder dabei, ausländische Gesellschaften zu übernehmen. Am 22. April 2013 gab z.B. ABB bekannt, Power One Inc. zu übernehmen. Auf diese Weise wird die Belegschaft der ABB um die 3300 Mitarbeiter der Power One Inc. grösser. Die Mehrheit der Stellen findet sich jedoch in Italien, China und den Vereinigten Staaten. Am 16. Mai 2012 liess ABB verlauten, die amerikanische Konkurrentin Thomas & Betts aufgekauft zu haben. Die Presse wertete dies als Schaffen von 11 400 neuen Stellen. Durch solche Ankäufe von kleineren Unternehmen werden die neuen Stellen zumeist im Ausland «geschaffen».

26   Hier mag kurz auf ein Phänomen verwiesen werden, das mit diesen neu geschaffenen Stellen zusammenhängt. Das Fusionsgesetz vom 3. Oktober 2003 ist mittlerweile über zehn Jahre in Kraft und statistische Informationen werden regelmässig wieder erhoben. So sind zwischen Januar 2007 und November 2010 knapp 4000 Fusionen durchgeführt worden (vgl. VISCHER/GNOS, 402).

27   Es bietet sich auch an, die Anzahl ausländischer und inländischer Arbeitnehmer der grossen internationalen Gesellschaften zu vergleichen. Die zehn grössten SMI-Gesellschaften beschäftigten im Jahr 2011 etwas über 908 000 Mitarbeiter (NOBEL,

Stand Aktienrecht, 117). Im Jahr 2014 beschäftigten Nestlé, Novartis, Roche, CS und UBS weltweit 666 877 Mitarbeiter. Davon befindet sich allerdings nur ein Bruchteil im Inland. Nestlé, der grösste (private) Arbeitgeber der Schweiz, beschäftigte 2015 von seinen 335 000 Arbeitnehmern nur 10 885 in der Schweiz, 2014 waren es immerhin noch 11 117 (vgl. Nestlé Annual Report 2015, 42). Das sind nur ca. 3,25 Prozent der gesamten Belegschaft.

Von den 88 509 Arbeitnehmern der Roche befinden sich immerhin 13 050 in der 28 Schweiz. Novartis beschäftigt bei über 133 413 Arbeitnehmern etwa gleich viele wie Roche in der Schweiz. Mit anderen Worten stellen die fünf höchstkapitalisierten Arbeitgeber der Schweizer Wirtschaft zwar über 666 877 Vollzeitstellen zur Verfügung, aber davon sind nur rund 11,4 Prozent der Stellen überhaupt in der Schweiz (alle Zahlen gemäss Jahresberichten der jeweiligen Unternehmen).

III. Ausländische Beherrschung von Schweizer Unternehmen

Nach den eindrücklichen Zahlen über die internationale Aus- 29 richtung der Schweizer Wirtschaft muss auch die Gegenseite untersucht werden. Sind die internationalen Investoren auch auf die Schweiz ausgerichtet? Oder wie schweizerisch ist die schweizerische Wirtschaft eigentlich?

Ein Projekt von UBS AG und NZZ hat im Jahr 2015 Daten hierüber erhoben, 30 mehrheitlich unter Auswertung von Daten von Bloomberg (vgl. NZZ vom 21. August 2015, Wem gehört der Schweizer Aktienmarkt; zu finden unter www.nzz.ch).[6]

Untersucht wurden die 30 grössten Unternehmen an der SIX Swiss Exchange. 31 Global über diese 30 Unternehmen gesehen, sind übers Ganze nur noch 17,8 Prozent der Anteile am Unternehmen in Schweizer Händen; die übrigen Aktien werden von ausländischen Investoren gehalten. Davon machen Investoren aus den USA den grössten Teil aus, mit 43 Prozent mehr als doppelt so viel wie die schweizerischen Investoren. Auch Investoren aus Luxembourg halten einen hohen Prozentsatz der Aktien der höchstkotierten 30 Unternehmen: 8,3 Prozent. Zu erklären ist dies insbesondere durch die vielen Fonds, die in Luxembourg domiziliert sind.

Da solche allgemeinen Zahlen aufgrund der Aufteilung des SMI mit Vorsicht zu 32 geniessen sind (vgl. dazu weiter hinten, N 59 ff.), muss auf die Unterschiede in den einzelnen Unternehmen hingewiesen werden. Die Swisscom hat mit 82 Pro-

---

[6] Die Daten sind zwangsläufig unvollständig.

zent die grösste Beteiligung von Schweizer Aktionären, wobei hierbei auch der gesetzliche Anteil des Bundes mit 51 Prozent zu nennen ist. Den höchsten relativen Anteil an ausländischen Aktionären hat Transocean, die eigentlich ein amerikanisches Unternehmen ist und lediglich an der Schweizer Börse kotiert ist: 74 Prozent sind ausländisch beherrscht. Auch Julius Bär wird zu 71,1 Prozent ausländisch beherrscht. Auf Werte um 50 Prozent kommen diverse Unternehmen, darunter einige der Grössten: Credit Suisse, UBS, Richemont, Swatch und Nestlé.

IV. Gross-AGs und Klein-AGs

A. Von ganz gross bis ganz klein

33   Anlässlich der Betriebszählung 2008 wurden in den schweizerischen KMU, also Unternehmungen bis und mit 249 Arbeitnehmern, 3 320 963 Personen beschäftigt. Grossunternehmen, unabhängig von der Rechtsform, beschäftigten schweizweit lediglich 695 875 Arbeitnehmer. Im Jahr 2012 sind über 99 Prozent aller Unternehmen KMU.[7]

34   Die NZZ titelte in einem Artikel vom 13. November 2013: «Ein-Mann-Firmen dominieren». Im Jahr 2011 waren 65,1 Prozent aller Unternehmen Kleinstunternehmen mit weniger als zwei Beschäftigten. Und auch 2012 blieb das so: 92,3 Prozent aller Unternehmen in der Schweiz haben weniger als zehn Beschäftigte, sind also sogenannte Mikrounternehmen. Die mittlere Unternehmensgrösse blieb zwischen 2005 und 2012 stabil bei etwa acht Mitarbeitern.

35   Aber: Grossunternehmen mit mehr als 250 Mitarbeitern, kein Prozent aller Unternehmen der Schweiz, stellen dennoch 29,9 Prozent aller Arbeitsplätze schweizweit zur Verfügung.

36   Das eröffnet einen weiteren Blickwinkel auf das Phänomen Aktiengesellschaft. Die schweizerische Unternehmenslandschaft ist geprägt von einer weiteren Dichotomie. Auf der einen Seite sind die grossen Aktiengesellschaften im Stil von Nestlé, Roche oder auch Glencore Xstrata. Auf der anderen Seite stehen die Einzelunternehmungen und KMU. Im wirtschaftlichen Selbstverständnis der Schweizer Bevölkerung werden die grossen Unternehmen zumeist überproportional wahrgenommen.

---

[7]   Im Jahr 2007 ist der Bundesrat bei der Beurteilung, wie viele Unternehmen nach den Vorschriften (darin insbesondere Art. 961 Ziff. 3 i.V.m. Art. 963a Abs. 1 E-OR) für grössere Unternehmen beurteilt werden müssten, noch von ca. 7000–10 000 Betrieben ausgegangen (BBl 2008 1589 ff.). Diese Zahlen sind aber im Sinne des Gesetzes zu verstehen und – obwohl sehr ähnlich – nicht deckungsgleich mit KMU zu verstehen (vgl. auch: NOBEL, Risikomanagement).

Das ändert nichts an den klaren Verhältnissen: Im Jahr 2008 gab es 1154 Unternehmen mit mehr als 250 Mitarbeitern. Das heisst, dass im Jahr 2008 von allen im Handelsregister eingetragenen 513 898 Unternehmungen (rechtsformübergreifend) 0,22 Prozent der Unternehmungen 17,32 Prozent aller Beschäftigter angestellt haben. Im Jahr 2011 waren es 1258 Unternehmen mit mehr als 250 Angestellten.   37

Per 30. Dezember 2014 betrug die Kapitalisierung der SMI-Gesellschaften CHF 1084 Mrd. (*free-float*-bereinigt). Das BIP (wie vom SECO mit CHF 642,3 Mrd. angegeben; Anmerkung: Zu Redaktionsschluss handelt es sich dabei um eine noch nicht definitiv berechnete Schätzung) beträgt 59,2 Prozent der Kapitalisierung der SMI-Gesellschaften. Oder anders herum: Die Kapitalisierung der SMI-Gesellschaften gesamthaft betrachtet beträgt rund 1,7 Mal das BIP der Schweiz.   38

Per Ende 2015 weist der SPI, also der Gesamtindex, eine Kapitalisierung von CHF 1449 Mrd. (vor *free-float*-Bereinigung). Das (bei Redaktionsschluss geschätzte) BIP von knapp 640 Milliarden entspricht nun nur noch einem Bruchteil, es beträgt deutlich weniger als die Hälfte: etwas über 44 Prozent.   39

Diese Zahlen unterstreichen, auch im internationalen Vergleich, die überdurchschnittliche wirtschaftliche Bedeutung der grossen und international ausgerichteten Aktiengesellschaften für die schweizerische Wirtschaft. Denn alleine die drei grössten SMI-Gesellschaften (Nestlé, Novartis und Roche) machen regelmässig durchschnittlich 60 Prozent der gesamten Marktkapitalisierung aus. Es sind just diese grossen Aktiengesellschaften, die insbesondere international tätig sind.   40

Nicht vergessen werden darf dabei, dass die Schweiz noch einige riesige Aktiengesellschaften sitzmässig beheimatet, die nicht an der Schweizer Börse kotiert sind. Zu nennen sind hier allen voran Glencore Xstrata. Sie hat ihren Hauptsitz im Kanton Zug, in Baar und ist kotiert an den Börsen von London und Hongkong. Sie beschäftigte per 2014 rund 181 000 Arbeitnehmer weltweit (inklusive *Contractors*, also auf Basis von Secondments entliehene Arbeitnehmer) und setzte 2014 ca. USD 224 Mrd. um. Auch im Rohstoffhandel tätig ist Vitol S.A. mit Sitz in Genf. Mit ca. 3200 Mitarbeitern im Jahr 2014 hat Vitol USD 270 Mrd. umgesetzt. Das Unternehmen ist in privater und mehrheitlich holländischer Hand, es wurde in Rotterdam 1950 gegründet. In belgischer Hand ist Nyrstar, der Weltmarktführer in der Zinnproduktion. Der Hauptsitz ist zwar in Zürich, kotiert ist das Unternehmen aber an der belgischen Börse. Dazu sollte vielleicht erwähnt werden, dass sich die ganze Rohstoffindustrie spätestens seit 2014 in einer massiven Krise befindet. Schliesslich muss noch ACE Ltd. genannt werden, ein Versicherungsunternehmen mit Sitz in Zürich (seit 2008). ACE Ltd. ist kotiert an der New York Stock Exchange und Teil des S&P500. Sie beschäftigte im Jahr 2014 weltweit immerhin rund 21 000 Angestellte.   41

42   Eine riesige Unternehmung, die trotz ihrer etwas «eigenwilligen» genossenschaftlichen Rechtsform nicht vergessen werden sollte, ist die Migros. Sie beschäftigte
2014 immerhin 97 456 Arbeitnehmer, davon die Mehrheit in der Schweiz. Coop
beschäftigte im selben Jahr mit rund 77 000 Arbeitnehmern etwas weniger als die
Migros. Gemessen an der Anzahl der Mitarbeiter in der Schweiz sind im Vergleich zu den grossen SMI-Gesellschaften, bei denen die grosse Anzahl der Mitarbeitenden im Ausland beschäftigt wird, beide mehrere Male grösser. Und sie sind
für die Kapitalisierung der Börse absolut irrelevant.

43   Genossenschaften spielen für die Schweizer Wirtschaft überhaupt eine nicht zu
unterschätzende Rolle. Es sind per 1. Januar 2017 zwar nur 8855 Genossenschaften eingetragen im schweizerischen Handelsregister. Aber darunter sind auch
Genossenschaften wie die zwölf Migros-Genossenschaften und die Raiffeisenbanken; als Gruppe sind die Raiffeisenbanken, nach eigenen Angaben, immerhin die
drittgrösste Bank der Schweiz, mit 292 Niederlassungen, die jeweils eine eigene
Genossenschaft bilden.

44   Daneben ist noch der Versicherungskonzern Die Mobiliar zu erwähnen, der ebenfalls als Genossenschaft organisiert ist. Er hat, wenn auch klein im Vergleich mit
der Zürich, immerhin ein konsolidiertes Eigenkapital von knapp CHF 5 Mrd.
und eine Bilanzsumme von knapp CHF 18 Mrd. per Ende 2015. Er betreut aber
1,7 Millionen private Haushalte kombiniert in den Sparten Leben und Nicht-
Leben.

45   Dem gegenüber stehen die Neugründungen im Jahr 2011. 8455 neue Unternehmen
mit zwischen ein und fünf Vollzeitstellenäquivalenten sind gegründet worden
(Quelle: Stat-Tab, Bundesamt für Statistik). Sie bieten insgesamt 13 891 Arbeitnehmern eine Stelle, das entspricht insgesamt 12 236 Vollzeitäquivalenten.

46   Abschliessend kann gesagt werden, dass die Schweiz sehr starke und in jeder
Hinsicht bedeutende Grossaktiengesellschaften beheimatet. Im internationalen
Vergleich und pro Kopf finden sich in der Schweiz mehr Grossfirmen als in allen
anderen Ländern der Welt. Daneben pflegt die Schweiz auch eine Kultur von
Klein- und Kleinstunternehmen. Viele dieser Kleinunternehmen haben auch, obwohl nicht unbedingt als «gesetzgeberischer Idealfall» so vorgesehen, die Rechtsform der Aktiengesellschaft angenommen. Und nicht alle der grössten Unternehmen der Schweiz bestehen in der vorgesehen Rechtsform der Aktiengesellschaft:
Coop und Migros wirtschaften im rechtlichen Gewand der Genossenschaft.

B. Familiengesellschaften ohne fixe Grösse

       Familiengesellschaften sind häufig Klein- und Kleinstgesell-   47
schaften. Aber: Familiengesellschaften kommen auch in ganz grosser Form vor.
Zu nennen vorab ist geradewegs eine der grössten Gesellschaften der Schweiz:
Roche. Gemäss Finanzbericht 2015 beträgt die totale Börsenkapitalisierung der
Roche CHF 236 Mrd. (S. 93). Das Aktienkapital besteht aus 160 Millionen Aktien
mit einem Nominalwert von CHF 1.00 pro Aktien (Inhaberaktien). Daneben sind
702 562 700 Genussscheine ausgegeben, die nach schweizerischem Recht keinen
Nennwert haben dürfen und nicht Teil des Aktienkapitals sind (S. 93). Nach wie
vor gehört knapp über die Hälfte der Aktien der Gründerfamilie und einer ihr
verbundenen Aktionärsgruppe. Und dies ist auch das Abgrenzungskriterium: Bei
Familiengesellschaften muss die Gründerfamilie noch einen massgeblichen Einfluss auf die Unternehmung ausüben können. Bei Untersuchungen variiert die
effektiv geforderte Anzahl an Aktien dann aber etwas. Die Novartis AG und ihre
Tochtergesellschaften halten 33⅓ Prozent der ausgegebenen Aktien.

Auch Nestlé begann ihren Weg zum grössten Lebensmittel- und Getränkeherstel-   48
ler als Familiengesellschaft. Die kleine Familiengesellschaft von 1905 wurde 2011
zur Nummer 1 der Fortune 500, als profitabelste Unternehmung der Welt, gewählt. Für die Schweiz zwar nicht relevant, aber durchaus vergleichbar ist Lego,
die noch heute vollständig in privater Hand ist und gar nicht an der Börse gehandelt wird. Wie eine kürzlich erschienene Studie nahelegt, schneiden Anlagen bei
Familiengesellschaften sogar überdurchschnittlich gut ab, verglichen mit Anlagen
von reinen Publikumsgesellschaften (vgl. NZZ vom 22. August 2016, «Die Börse
belohnt starke Familienbande»).

Zahlen spezifisch über Familiengesellschaften zu finden, wenn sie nicht kotiert   49
sind, ist aber eine kaum mögliche Aufgabe. Die meisten Zahlen beruhen daher auf
Schätzungen oder eher ungefähren Angaben. Diejenigen Angaben, die dann öffentlich sind, müssen erst noch mühsam zusammengetragen werden. Die wirtschaftliche Stellung dieser Familiengesellschaften darf aber dennoch nicht ver-
nachlässigt werden. Im Jahr 2007 erliess die Schweizer Handelszeitung eine eigene Liste von Top 500 Unternehmen, darunter immerhin 129 Unternehmen mit
mehr als CHF 1 Mrd. Umsatz. Davon waren ganze 30 Familienunternehmen (vgl.
Handelszeitung vom 28. Juni 2007, Familiengesellschaften: Stark sein – und
schweigen). Als Beispiele, die nicht börsenkotiert sind, können hier etwa die Emil
Frey Gruppe oder Kühne und Nagel genannt werden. Auch die Bühler AG ist ein
Familien-Weltunternehmen mit über 10 600 Mitarbeitern. Teilweise kotiert ist
etwa Schindler. Per Jahresende 2015 hielten die Familien Schindler und Bonnard
über Aktionärsbindungsverträge sowie diesen Familien nahestehende Personen
gesamthaft 47 643 814 der Namenaktien der Schindler Holding AG, was 70,0 Pro-

zent der Stimmrechte des im Handelsregister eingetragenen Aktienkapitals entspricht (Schindler Finanzbericht 2015, 104).

V. Börsenkotierte Aktiengesellschaften

A. *Exkurs: Börsen und Indizes*

1. Die Börsen in der Schweiz

50   Art. 1 Abs. 1 FinfraG legt den Zweck des Finanzmarktinfrastrukturgesetzes fest:

> «Dieses Gesetz regelt die Organisation und den Betrieb von Finanzmarktinfrastrukturen sowie die Verhaltenspflichten der Finanzmarktteilnehmerinnen und -teilnehmer beim Effekten- und Derivatehandel.»

51   Und schliesslich in Abs. 2:

> «Es bezweckt die Gewährleistung der Funktionsfähigkeit und der Transparenz der Effekten- und Derivatemärkte, der Stabilität des Finanzsystems, des Schutzes der Finanzmarktteilnehmerinnen und -teilnehmer sowie der Gleichbehandlung der Anlegerinnen und Anleger.»

52   Handelsplätze sind nicht nur die Börsen, sondern auch die multilateralen Handelssysteme (vgl. Art. 2 und 26 FinfraG).

53   Das Finanzmarktinfrastrukturgesetz ist per 1. Januar 2016 in Kraft getreten und ist als Teil einer Triade von neuen Gesetzen zur Regelung von Banken, Börsen und Effektenhändlern zu verstehen. Konkret ersetzt das FinfraG das BEHG. Die Börse gilt gemäss Art. 2 lit. a Ziff. 1 FinfraG als Finanzmarktinfrastruktur.

54   Was nun eine Börse genau ist, statuiert Art. 26 lit. b FinfraG: «Börse: eine Einrichtung zum multilateralen Handel von Effekten, an der Effekten kotiert werden und die den gleichzeitigen Austausch von Angeboten unter mehreren Teilnehmern sowie den Vertragsabschluss nach nichtdiskretionären Regeln bezweckt.» Art. 2 lit. b BEHG definierte noch: «Einrichtungen des Effektenhandels, die den gleichzeitigen Austausch von Angeboten unter mehreren Effektenhändlern sowie den Vertragsabschluss bezwecken.»

55   Die FINMA übt ihre Aufsicht dann über drei Börsen und zwei multilaterale Handelssysteme aus. Die Börse mit der grössten Bedeutung für die Schweiz ist die SIX Swiss Exchange, die Schweizer Börse mit Sitz in Zürich.

Daneben ist einerseits die Scoach Holding S.A., mit Sitz in Luxemburg, bzw.   56
deren Tochter Scoach Schweiz AG der FINMA unterstellt. An ihr werden insbesondere strukturierte Produkte gehandelt. Sie ist das Produkt eines Joint Ventures
der Deutschen Börse AG und der SIX Group.

Die Eurex Exchange (oder Eurex, von European Exchange) ist eine der weltweit   57
grössten Börsen für Finanzderivate. Sie ging aus einem Zusammenschluss der
ehemaligen Swiss Options and Financial Futures Exchanges (Soffex) und der
Deutschen Terminbörse (DTB) im Jahr 1998 hervor. Sie ist heute Teil der Deutschen Börse.

Als multilaterales Handelssystem ist vorab die BX Berne eXchange zu nennen.   58
Sie agiert im juristischen Gewand des Vereins und ist strukturell nicht mit einer
Börse vergleichbar, sodass die FINMA keine volle Aufsicht über sie ausübt. Ebenfalls als börsenähnlich gilt die International Capital Market Association (ICMA)
mit Sitz in Zürich. Es handelt sich dabei um den internationalen Branchenverband
der Kapitalmarktteilnehmer, und sie ist entsprechend im Bondhandel tätig.

2. SPI und SMI – eine Übersicht

Von allen Aktiengesellschaften in der Schweiz waren am   59
31. Dezember 2015 263 Aktiengesellschaften an der Schweizer Börse SIX Swiss
Exchange kotiert. Davon sind 207 (im Dezember 2015) jeweils am schweizerischen Gesamtmarktindex, dem Swiss Performance Index (oder SPI), zusammengefasst.

Der SPI, wie auch die anderen Indizes der Schweizer Börse, sind eingetragene   60
Indexmarken, deren Benützung nur zur «wahrheitsgemässen Berichterstattung
über den betreffenden Index» frei ist (vgl. SPI-Reglement, Art. 8).[8]

Die 20 grössten Aktiengesellschaften des SPI sind im Swiss Market Index (auch   61
SMI) zusammengefasst. Der SMI deckt ca. 85 Prozent der Marktkapitalisierung
des schweizerischen Aktienmarktes ab. Vor der Neuausrichtung des SMI im Jahr
2007 waren maximal 30 Gesellschaften für den SMI zugelassen, heute noch 20.

Die drei grössten Aktiengesellschaften der Schweiz (Nestlé, Novartis und Roche)   62
teilen sich bereits über 60 Prozent der gesamten Marktkapitalisierung des SMI
per 31. Dezember 2015. Die gesamte Marktkapitalisierung des SMI beträgt
per Ende Dezember 2015 CHF 1128 Mrd., *free-float*-bereinigt immerhin noch
CHF 1073 Mrd.

---

[8]   Sämtliche Reglemente der SIX Swiss Exchange sind zu finden auf der Website der SIX
Swiss Exchange, unter der Rubrik für Regularien: https://www.six-exchange-regulation.
com/de/home.html.

3.   Funktionsweise von SPI, SMI und SLI

63   SPI und SMI funktionieren nicht exakt gleich in der Berechnung von Free-Float und Rangliste. Die Berechnung der einzelnen Indizes ist im jeweiligen Reglement geregelt. Die Reglemente werden von der SIX erlassen und können von ihr jederzeit wieder geändert werden.

64   Die SPI-Indexfamilie hat, wie die übrigen Indizes, ihr eigenes Reglement (zu finden auf der Website der SIX Swiss Exchange, www.six-swiss-exchange.ch). Der SPI hat zum Ziel, die Gesamtentwicklung des schweizerischen Aktienmarktes abzubilden (Art. 1.1 SPI-Reglement), weswegen er alle Aktientitel umfasst, die an der SIX Swiss Exchange primärkotiert sind. Hierzu gibt es zwei Ausnahmen:

–   Aktientitel mit frei handelbarem Anteil von weniger als 20 Prozent (vgl. hierzu Art. 3.1 SPI-Reglement) und

–   Investmentgesellschaften, sofern sie nicht ausschliesslich in nicht an der Schweizer Börse primärkotierte Unternehmen investieren. Grund hierfür ist die Vermeidung von Doppelkotierungen.

65   Die Ermittlung der SMI-Gesellschaften und deren Rangfolge (für den SMI) erfolgt für jeden einzelnen Titel durch die Kombination der Kriterien der durchschnittlichen Free-Float-Marktkapitalisierung (im Verhältnis zur Kapitalisierung des gesamten SPI) und dem kumulierten Orderbuch-Umsatz (im Verhältnis zum Gesamtumsatz des SPI). Die prozentuale durchschnittliche Marktkapitalisierung und der prozentuale Umsatz werden dabei je zu 50 Prozent gewichtet (vgl. dazu Art. 3.2 SMI-Reglement).

66   Ein Titel wird in den SMI aufgenommen, wenn er in der gesamten SPI-Selektionsliste Rang 18 oder höher erreicht. D.h., die am höchsten gewichteten 18 Titel im SPI sind für den SMI gesetzt. Für die letzten beiden Titel gilt eine spezielle Regelung (festgelegt in Art. 3.2.1, 3.2.2 und 3.2.3 SMI-Reglement). Zusammenfassend gilt im SMI ein Toleranzbereich von 10 Prozent, d.h., die letzten zwei Ränge (2 aus 20) werden etwas lockerer gehandhabt und bleiben grundsätzlich im SMI gesetzt, bis sie die Toleranzgrenze im SPI überschreiten. Das heisst, sie werden erst ausgeschlossen, wenn sie auf Rang 23 oder schlechter platziert werden. Grund hierfür ist die Vermeidung von allzu hohen Fluktuationen (vgl. Art. 3.2.1 SMI-Reglement).

67   SPI und SMI leiden beide an einem rechnerischen Problem. Beispielsweise verfügt Nestlé per 6. Mai 2013 über 18,84879 Prozent der Marktkapitalisierung des SPI und ist damit mit einigem Abstand die grösste an der Schweizer Börse kotierte Gesellschaft. Die kleinste kotierte Gesellschaft ist die CI COM SA, eine Beteiligungsgesellschaft mit Sitz in Genf. Ihr Anteil am SPI beträgt per 6. Mai 2013

0,00009 Prozent. Mit anderen Worten verfügt die grösste kotierte Gesellschaft über eine 209 431 Mal grössere Kapitalisierung als die kleinste kotierte Gesellschaft. Im SMI per selben Datum ist Nestlé immerhin noch gut 33 Mal grösser als Actelion, die kleinste Gesellschaft im SMI (alle Angaben aus den Statistiken der Schweizer Börse SIX Swiss Exchange).

Rein rechnerisch könnte die CI COM SA verschwinden, es würde den SPI selbst   68
auf drei Nachkommastellen nicht verändern. Aber auch im SMI würde eine massive Veränderung von Actelion kaum ins Gewicht fallen. Dagegen löst eine gewöhnliche Kursfluktuation bei Nestlé ein Erdbeben sowohl im SPI als auch im SMI aus. Dieses Ungleichgewicht führt dazu, dass diese beiden Indizes für die Gesamtmarktentwicklung über relativ wenig Aussagekraft verfügen, da gewöhnliche Kursschwankungen bei den grossen Gesellschaften zu einer übermässigen Verzerrung des gesamten Index führen.

Um ein genaueres Bild der Gesamtwirtschaft abbilden zu können, wurde von der   69
SIX Swiss Exchange am 2. Juli 2007 der Swiss Leader Index (oder SLI) eingeführt. Er beinhaltet die 30 grössten und liquidesten Titel des schweizerischen Aktienmarktes. Im Vergleich zu den anderen Indizes wird das Indexgewicht der einzelnen Titel aber durch ein Kappungsmodell limitiert. Art. 2.3 SLI-Reglement sagt zur Kappung:

> «Dabei wird das Indexgewicht der vier grösst-börsenkapitalisierten Titel mit jeweils 9% gekappt. Das Indexgewicht aller nachfolgenden Titel wird – sofern notwendig – mit 4,5% limitiert (‹gekappt›).»

Der gesamte Index wird nach der Methode von *Laspeyres* berechnet (SLI-   70
Reglement, Art. 2.1) und unterscheidet sich damit nicht von den anderen Indizes.

Nach dieser Art der Berechnung sind die grössten drei Gesellschaften des SLI, per   71
31. Dezember 2015, nicht dieselben wie im SMI und SPI: Die UBS kommt auf 9,27 Prozent des Indexes während Nestlé, Novartis und Roche allesamt knapp unter 9 Prozent zu liegen kommen. Die drei grössten Gesellschaften kommen so auch nur auf rund 27 Prozent, nicht über 60 Prozent wie beim SMI.

Das Bild des SLI ist somit einerseits verzerrt, weil Nestlé auf einmal weniger   72
Anteil am Gesamtindex hat. Auf der anderen Seite verfügt das Gesamtbild, der SLI auf eine einzige Ziffer reduziert, über wesentlich mehr Aussagekraft als SMI oder SPI. Trotz dieser rechnerischen Vorteile zur Darstellung des Gesamtmarktes und der Gesamtmarktentwicklung gegenüber SMI und SPI, wird der SLI bis heute eher selten als Referenz verwendet.

B.   Institutionelle Anleger

1.   Was sind institutionelle Anleger?

73   Weil für kotierte Gesellschaften auch eigene Rechtsregeln gelten (Stichwort: Börsengesellschaftsrecht; ausführlich in Kap. § 8), sind bei an der Börse kotierten Gesellschaften auch interessante und spezifische Phänomene zahlenmässig zu erfassen.

74   Zum einen verfügen gerade grosse Gesellschaften über institutionelle Anleger. Institutionelle Anleger und Aktionäre sind u.a. Fonds, Vorsorgeeinrichtungen, Versicherungen und Banken. Aber was nun «institutionelle Anleger» genau sind, ist kaum klar zu definieren. Geht man von der Praxis aus, fällt auf, dass institutionell auch als Gegensatz zu privat genutzt wird. So schreibt Novartis in ihrem Geschäftsbericht 2012, dass 12 Prozent ihrer Aktien von Privaten gehalten werden, 88 Prozent von Institutionellen, wobei als Institutionelle «Gesellschaften, Nominees und Treuhänder» gelten (Novartis Jahresbericht 2012, 175). Diese Ziffer wurde im Geschäftsbericht 2014 weggelassen. Auch im Geschäftsbericht 2015 findet sich diese Unterscheidung nicht, stattdessen sind «individual shareholders», die 96,14 Prozent des Aktionariats ausmachen, aber nur 11,76 Prozent der Stimmen halten, unterschieden von «legal entities» einerseits und den «Nominees, fiduciaries and ADS depositary» andererseits (ADS depositary ist ein Investment in US-Dollar in eine Unternehmung ausserhalb der USA, allerdings erworben über eine Börse innerhalb der USA; die Anteile sind aber auf hinterlegte Aktien ausgegebene Zertifikate und nicht selbst Aktien). Letztere machen 0,07 Prozent der Aktionäre aus, halten aber indirekt mit 48,59 Prozent beinahe die Hälfte der Aktien von Novartis. Der Trend geht also noch eher in Richtung der institutionellen Anlage.

75   Exakte Zahlen zur Anzahl der institutionellen Anleger sind aufgrund der Abgrenzungsschwierigkeiten keine vorhanden, was darunter fällt, geht zu weit auseinander, und nicht alle Gesellschaften geben diese Zahlen überhaupt bekannt. Schätzungen sind entsprechend ungenau. So schätzte FORSTMOSER im Jahr 2005 den durchschnittlichen Aktienbesitz institutioneller Anleger am gesamten Aktienkapital noch auf durchschnittlich 30–50 Prozent (FORSTMOSER, 790). BIEDERMANN spricht von einem Verhältnis zwischen privaten und institutionellen Anlegern von 40:60 Prozent im Schnitt (BIEDERMANN, 312 ff.). Im Einzelfall kann dieses Verhältnis aber stark variieren. Bei der Novartis liegt der Anteil der institutionellen Investoren bei knapp 90 Prozent und damit deutlich darüber.

76   Das Investitionsvolumen in Aktien beläuft sich bei schweizerischen Pensionskassen bei einer totalen Marktkapitalisierung von CHF 777,3 Mrd. auf insgesamt etwa CHF 227,6 Mrd., von denen lediglich CHF 77 Mrd. (32%) in schweizerische

Aktien investiert sind (BFS, Pensionskassenstatistik 2014, 14; s.a. bei STOFFEL/ PERRIARD, 466, m.w.H.). Von den CHF 77 Mrd. werden nur CHF 36 Mrd. (45%) von den Pensionskassen direkt gehalten, während der grössere Teil indirekt, über kollektive Anlagevehikel geführt wird (BFS, Pensionskassenstatistik 2014, 14). Das Gewicht der Pensionskassen in der schweizerischen Wirtschaft wird durch diese wirtschaftlichen Gegebenheiten relativiert (STOFFEL/PERRIARD, 467).

Der Ausgleichsfonds AHV/IV/EO hielt im Jahr 2015 CHF 1,4 Mrd. an schweize- 77 rischen Aktien, also gerade mal 1,8 Promille von der gesamten Börsenkapitalisierung (Jahresbericht 2015, 55).

Die Zürich Versicherungs-Gesellschaft AG (Zürich) gibt für das Geschäftsjahr 78 2015 an, dass von ihren insgesamt 130 151 Aktionären 124 667 natürliche Personen seien. Im Jahr 2012 waren es noch 124 847 eingetragene Aktionäre, wovon 119 238 natürliche Personen. Nach wie vor sind also rund 95 Prozent aller Aktionäre natürliche Personen. Diese halten per Geschäftsbericht 2015 29,3% der eingetragenen Aktien bzw. 17 Prozent aller ausgegebenen Aktien (vgl. Geschäftsbericht Zürich von 2015, 283). Der Rest wird gehalten von juristischen Personen und Anlagestiftungen, m.a.W. von Institutionellen. Dabei hat die Zürich nur einen Grossaktionär: Black Rock Inc. hält mehr als 5 Prozent der Aktien von Zürich.

Die Verhältnisse innerhalb Novartis änderten sich über die letzten Jahre nicht. 79 Aber: 33 Aktionäre von insgesamt 149 745 Aktionären (per 31. Dezember 2014) verfügen über 51,06 Prozent des Aktienkapitals. Der Grossteil der Aktionäre besitzt zwischen 101 und 1000 Aktien, es sind derer 89 754 Aktionäre. Sie verfügen zusammen über 1,44 Prozent des Aktienkapitals. Die 20 105 Aktionäre mit weniger als 100 Aktien besitzen zusammen 0,05 Prozent Aktienstimmen (Novartis Geschäftsbericht 2014, 73).

Hier ist auch anzumerken, dass die VegüV eine Stimmpflicht für Pensionskassen 80 eingeführt hat. Art. 22 VegüV statuiert hierzu die Einzelheiten. Eine solche Stimmpflicht wird bzw. hat ihren Einfluss auf die Aktionärsdemokratie, Vorsorgeeinrichtungen halten oft genug grosse Anteile an börsenkotierten Aktien. Entsprechend werden sie im Bundesgesetz über die berufliche Vorsorge auch gesondert geregelt. Anlagestiftungen werden in Art. 53g ff. BVG geregelt, und es wird verwiesen auf die Ausführungsbestimmungen des Bundesrates, geregelt in der Verordnung über die Aufsicht in der beruflichen Vorsorge (BVV 2). Zusätzlich sieht Art. 54a BVV 2 eine Begrenzung einzelner Gesellschaftsbeteiligungen vor. Demnach dürfen sich Anlagen in Beteiligungen, wie insbesondere Aktien, auf höchstens fünf Prozent des Gesamtvermögens belaufen. Für die einzelnen Anlagekategorien gelten bezogen auf das Gesamtvermögen 50 Prozent Begrenzung für Anlagen in Aktien (Art. 55 BVV 2). In einem erst kürzlich ergangenen Entscheid zur Haftbarkeit der Stiftungsräte der Sammelstiftung Provitas, hielt das Bundes-

gericht jedoch fest, dass die Einhaltung der Anlagegrenzwerte der Verordnung
BVV 2 nicht zwangsläufig von der Haftung befreit, und dass die Grundsätze in
Art. 71 BVG – wie beispielsweise derjenige der Sicherheit – unabhängig von den
Anlagegrenzwerten zu befolgen, ja sogar diesen übergeordnet sind (BGer
9C_752/2015 vom 28. Dezember 2016 i.S. Sammelstiftung Provitas).

2. Dispoaktien

81   Weiter gilt es, das Phänomen der Dispoaktien zu erfassen. Dispoaktien ergeben sich aufgrund eines Widerspruches im Gesetzestext. Während
Art. 685*f* Abs. 1 OR besagt, dass die Vermögensrechte beim börsenmässigen
Erwerb direkt auf den Erwerber übergehen sollen, bestimmt Art. 686 Abs. 4 OR,
dass als Aktionär nur gilt, wer im Aktienbuch der jeweiligen Gesellschaft eingetragen ist. Der Verkäufer wird gestrichen aufgrund der Veränderungsmeldung
(Art. 685*e* OR). Fehlt der Eintrag, gilt der Erwerber noch nicht als Aktionär (vgl.
etwa auch BÖCKLI, § 6 N 155 f.). Aus faktischem Zwang, z.B. bei ungenügender
Zeit zwischen Eintragung und Erwerb oder bei Vorliegen eines statutarisch festgelegten Grundes zur Eintragsverweigerung, oder aus absichtlichem Unterlassen des
Eintragungsgesuches entstehen also Aktien ohne Stimmrecht; nur die vermögenswerten Rechte verbleiben dem neuen Eigentümer; sie werden über das Bankensystem kapillarisch verteilt.

82   Novartis gibt an, dass die eingetragenen Aktionäre im Jahr 2012 zusammen rund
75 Prozent der ausgegebenen Aktien halten (Novartis-Jahresbericht 2012, 175).
Nach Abzug der eigenen Aktien käme Novartis daher auf ca. 15 Prozent Dispoaktien im Jahr 2012. Im Jahr 2014 werden die total registrierten Aktien mit
70,18 Prozent beziffert, 2015 mit 70,48 Prozent (Novartis-Jahresbericht 2015, 82).

83   Die Zürich gab 2012 an, nur 62,1 Prozent aller ausgegebenen Aktien im Aktienbuch eingetragen zu haben (Zurich-Financial-Services-Jahresbericht 2012, 355).
Von den 2819 Millionen Aktien der ABB, sind nur 2315 Millionen oder 82 Prozent registriert (ABB-Jahresbericht 2012, 126). Holcim gab 2012 an, über 30 Prozent Dispoaktien zu verfügen (Holcim-Geschäftsbericht 2012, 52). Bei Holcim ist
dies insbesondere von Interesse, weil per Ende 2012 knapp 31 Prozent des gesamten Aktienkapitals von meldepflichtigen Aktionären gehalten worden ist (Thomas
Schmidheiny mit 20,11% und Eurocement Holding mit 10,82%). Im Jahr 2014
sind es nach wie vor nur 31 Prozent Dispoaktien bei gleichbleibender Beteiligung
des Grossaktionärs sowie der Holding (Holcim-Jahresbericht 2014, 235 und 64).
Durch die Operation mit Lafarge im Juli 2015 hat sich die Eigentümerschaft verändert, wobei neu acht «signifikante» Aktionäre genannt werden (vgl. Lafarge-
Holcim-Geschäftsbericht 2015, 278). Eurocement, mit Sitz in Moskau, hat per
22. Juli 2015 deklariert, 6,39 Prozent zu halten. Im Jahr 2014 waren es noch über
zehn Prozent.

3. Wahrnehmung der Aktionärsdemokratie

Die Aktionärsdemokratie als Wunschziel zahlreicher Revisionen kann zahlenmässig durch diverse Faktoren nähergebracht werden. Faktisch relevant sind auch die Dispoaktien, da sie sich rein rechnerisch auf die Abstimmungsresultate auswirken. Hält die Unternehmung eigene Aktien, wirkt sich dies in einer ähnlichen Weise auf die Aktiengesellschaft aus: Es reduziert das vorhandene Stimmkapital. 84

Das Halten eigener Aktien ist gesetzlich limitiert. Gemäss Art. 659 Abs. 1 OR dürfen nicht mehr als zehn Prozent des gesamten Aktienkapitals als eigene Aktien gehalten werden, und zum Kauf darf nur frei verwendbares Eigenkapital eingesetzt werden. Der wohl häufigste Grund für eine Unternehmung, eigene Aktien zu erwerben, ist Kurspflege: Der Kauf eigener Aktien führt zu einer Verknappung der erhältlichen Aktien und damit zu einem Kursanstieg. Es handelt sich faktisch um eine nicht genehmigte Kapitalherabsetzung. Aus diesem Grund erwähnte das Börsengesetz den Kauf eigener Aktien in Art. 33f unter dem Titel der Kursmanipulation. Bis zur Reform von 1991 war der Rückkauf eigener Aktien gar nicht erlaubt. Mit dem Inkrafttreten des FinfraG wurde die Kursmanipulation in Art. 155 weiter präzisiert. 85

Es erstaunt wenig, dass nicht alle kursrelevanten Aktienrückkäufe offen kommuniziert werden. Beispielsweise hat die ABB im Jahr 2010 letztmals eigene Aktien aus den öffentlichen Märkten gekauft, insgesamt immerhin 12,1 Millionen Titel (ABB-Jahresbericht 2012, 126). Im Geschäftsbericht der Zürich steht nichts von eigenen Aktien, allerdings findet sich auf der Passivseite der Bilanz eine Reserve für eigene Aktien in der Höhe von CHF 303 Mio., rund zwölf Millionen weniger als im letzten Jahr (vgl. Geschäftsbericht Zürich 2015, 279). 86

Zum anderen sind auch die faktische Teilnahme und das Stimmverhalten an den Generalversammlungen der Aktiengesellschaften für die Wahrnehmung der Aktionärsdemokratie von Bedeutung. Vorab zu erwähnen ist ein faktisches Problem in diesem Zusammenhang: Begrenzungen ergeben sich durch die grosse Anzahl von Aktionären. Novartis zählt per 31. Dezember 2015 rund 161 000 eingetragene Aktionäre, wie noch vor drei Jahren (Novartis-Jahresbericht 2012, 175; Novartis Jahresbericht 2015, 82). Eine Aktionärsversammlung mit 161 000 Personen ist schlicht unmöglich und organisatorisch kaum zu bewältigen. Im Jahr 2016 waren an der Novartis-Generalversammlung 1776 Aktionäre präsent, gemessen an den Köpfen tritt hier noch der unabhängige Stimmrechtsvertreter hinzu: also 1777. Alle gemeinsam vertraten 61,58 Prozent der ausgegebenen Namenaktien (Novartis-GV-Protokoll 2016, 2). Anlässlich der Generalversammlung am 27. Februar 2015 nahmen auch über 1704 Aktionäre teil (Novartis-GV-Protokoll 2015,). Bei der UBS sind regelmässig um 60 bis 70 Prozent der Stimmen vertreten (UBS-Kurzprotokoll GV 2012, 2013, 2014 und 2015, jeweils S. 1). 87

88   Darüber hinaus muss gesagt werden, dass viele dieser Generalversammlungen, teilweise wohl auch aus faktischen Gründen, organisatorisch eher altgebacken daher kommen. Abgestimmt wird teilweise noch mit Händen. GV-Protokolle werden teilweise sehr verspätet oder überhaupt nicht publiziert (vgl. NZZ vom 15. September 2016, Wenn die Resultate im Dunkeln bleiben). Das macht eine exakte Auswertung äusserst schwierig, viele Zahlen fehlen schlicht. Und weil sich solche Transparenzprozesse tendenziell eher verbessert haben, ist eine historische Betrachtung der Aktionärsdemokratie besonders schwierig, und Angaben sind jeweils mit Vorsicht zu geniessen.

4.   Der unabhängige Stimmrechtsvertreter

89   Die Zahlen im vorangegangenen Kapitel verdeutlichen ein neues Phänomen. Seit der Einführung der VegüV ergibt sich noch eine weitere Sichtweise, die aber durchaus im Zusammenhang mit der Aktionärsdemokratie steht. Was in der vornehmlich politisch geführten Debatte zur Minder-Initiative nicht besprochen wurde, sind die Auswirkungen auf das Machtgefüge im Zusammenhang mit dem unabhängigen Stimmrechtsvertreter (Art. 689 und insb. 689c OR).

90   Dazu einige Beispiele der Generalversammlungen grosser SMI-Gesellschaften: Die Zürich hielt ihre jährliche GV 2015 im Hallenstadion Zürich ab. Bei total 1745 anwesenden Personen ist die Wahl des Ortes auch nicht weiter verwunderlich. Die 1744 Aktionäre und Aktionärinnen, darunter fallen auch juristische und nicht nur natürliche Personen, hielten zusammen 842 383 Stimmen, bzw. Aktien. Das sind 0,87 Prozent der Stimmberechtigten. Da fehlt nun aber noch eine Person, die 1745ste: der unabhängige Stimmrechtsvertreter. Er hielt knapp 60 Millionen Aktienstimmen oder 61,69 Prozent der berechtigten Stimmen.

91   Diese Zahlen sehen für andere SMI-Gesellschaften nicht grossartig anders aus. Bei Nestlé hielt der unabhängige Stimmrechtsvertreter 2015 98,6 Prozent aller anwesenden Aktienstimmen (vgl. Abstimmungsprotokoll 2016 von Nestlé, 1). Am 27. Februar 2015 haben 1703 Aktionäre teilgenommen, mit insgesamt 61,12 Prozent der Stimmen. Dabei war auch ein unabhängiger Stimmrechtsvertreter, der aber von den anwesenden Stimmen 93 Prozent alleine gehalten hat. Im Jahr 2016 waren an der Novartis-GV 89 Prozent der Stimmen vertreten durch den unabhängigen Stimmrechtsvertreter, einer einzigen Person von 1777 (vgl. Novartis-GV-Protokoll 2016, 2). Im krassen Gegensatz dazu steht Roche, bedingt durch die hohe Konzentration an Aktien bei wenigen Aktionären: Die an der GV 2016 anwesenden 797 Personen hielten 86,9 Prozent des stimmberechtigten Aktienkapitals, wovon nur ein kleiner Teil des anwesenden Kapitals durch den unabhängigen Stimmrechtsvertreter vertreten wurde (etwa 1,5%) (vgl. Roche-GV-Protokoll 2016, 3 und 4).

An der Generalversammlung 2012 der UBS waren 65,01 Prozent des stimmbe-   92
rechtigten Kapitals anwesend und dies entsprach 1 809 669 901 Aktienstimmen.
Von Aktionären selbst vertreten wurden aber lediglich 49 413 751 Stimmen, die
übrigen 97,27 Prozent der anwesenden Stimmen wurden von unabhängigen
Stimmrechtsvertretern wahrgenommen (UBS-Kurzprotokoll-GV 2012, 2). Das
sieht im Jahr 2015 nicht anders aus: Am 7. Mai waren knapp 1361 Aktionäre
anwesend, die zusammen 2 168 044 325 Aktienstimmen (76,49% der stimmberechtigten Aktien) vertraten. 46 011 767 dieser Stimmen wurden durch die anwesenden Aktionäre ausgeübt und durch unabhängige Stimmrechtsvertreter (vgl.
Beschlussprotokoll der ordentlichen Generalversammlung der UBS Group AG
vom 7. Mai 2015, 1).

Ein noch «undemokratischeres» Bild zeigte Syngenta 2012. 1003 Aktionäre waren   93
anwesend, insgesamt wurden 33,61 Prozent des gesamten Aktienkapitals vertreten. Die anwesenden Aktionäre machten dabei nur 1,02 Prozent der vertretenen
Aktienstimmen aus, 89 Prozent der anwesenden Aktienstimmen wurden vom
unabhängigen Stimmrechtsvertreter ausgeübt, immerhin knapp 10 Prozent vom
Organvertreter (Syngenta-Protokoll-GV 2012, 2).

Der alte Art. 689*b* OR enthielt eine undemokratische Anweisung: Bei Ermange-   94
lung konkreter Weisungen des Aktionärs hat der Depotstimmhalter den Anträgen
des Verwaltungsrates zu folgen (vgl. etwa BÖCKLI, § 12 N 278 ff.). Die Minder-
Initiative hat nun aber eben dieses Problem beseitigt, insbesondere durch die Stärkung des unabhängigen Stimmrechtsvertreters. Es handelt sich dabei um einen
gesetzlichen Sondertyp innerhalb der institutionellen Stimmrechtsvertretung
(NIKITINE, 353). Die These war, dass der unabhängige Stimmrechtsvertreter die
Legitimation der anlässlich der GV gefassten Beschlüsse (so NIKITINE, 353, m.w.H.)
unterstütze. Denn mit der Minder-Initiative darf der unabhängige Stimmrechtsvertreter nicht mehr entsprechend den Weisungen des Verwaltungsrats stimmen,
sondern muss sich im Falle einer fehlenden Weisung enthalten. Wegkommend
vom alten Art. 689*b* OR scheint dies auch so zu sein: Anstatt dem Verwaltungsrat
zu folgen, wenn konkrete Anweisungen fehlen, enthält er sich. Die Zahlen deuten
nun aber darauf hin, dass der unabhängige Stimmrechtsvertreter eine solche
Stimmmacht auf sich vereint, dass der eigentliche Zweck der erhöhten Legitimation wenigstens im Ansatz etwas untergraben wird. Insofern bleibt unklar, was
nach Minder zu tun ist und wie die Zielsetzung erreicht werden könnte.

Zum hier Gesagten ist allerdings noch auf etwas hinzuweisen, das auch von der   95
Presse (vgl. NZZ vom 15. September 2016, Wenn die Resultate im Dunkeln blei-
ben) aufgenommen worden ist: Viele Unternehmen, auch kotierte, publizieren die
Statistiken zu den Generalversammlungen ungenügend. Häufig fehlen exakte
Angaben zu den Abstimmungsergebnissen. Die Abstimmungen finden oft noch

per Handabstimmung statt. Mit anderen Worten ist es nach wie vor schwierig, die Lage exakt einzuschätzen.

5.   Rechnungslegung in Zahlen

96   Gemeinhin wird die Rechnungslegung wenig mit der Grösse einer Unternehmung in Verbindung gebracht, umso weniger seit der Revision des Rechnungslegungsrechts, das die Art der Rechnungslegung nicht mehr von der Rechtsform, sondern von der Unternehmensgrösse abhängig macht. Nun ist das für börsenkotierte Unternehmen aber etwas anders. Dies ist so aufgrund der internationalen Standards, die für die Börsenkotierung durch das Regulatory Board und nach Massgabe von Art. 51 KR und der darauf beruhenden Richtlinie Rechnungslegung (RLR) als verbindlich festgelegt worden sind. Akzeptiert werden IFRS, US GAAP und Swiss GAAP FER.

97   Dabei ist zu erwähnen, dass die Swiss GAAP FER eine schweizerische Eigenheit darstellen und nicht ein internationaler Standard sind. Mit der Wahl eines Rechnungslegungsstandards sind also gewisse Konsequenzen für die Kotierung an internationalen Börsen verbunden; Konsequenzen gibt es aber auch für den Aufwand, die interne Rechnungslegung zu besorgen.

98   Im Jahr 2013 hat sich erstmals ein im SMI kotiertes Unternehmen, die Swatch, dazu entschieden, vom internationalen Standard IFRS auf den nationalen Standard zu wechseln, auf die Swiss GAAP FER. Das hat im Jahr 2013 noch für einen Eklat gesorgt, der Swatch drohte der Ausschluss aus dem SMI (vgl. dazu NZZ vom 6. Februar 2013: Swatch droht Ausschluss aus SMI). Seither haben sich die Wogen aber geglättet.

99   Und obwohl Swatch derzeit die einzige SMI-Unternehmung geblieben ist, die neu nicht mehr nach IFRS Rechnung legt, sind doch etliche börsenkotierte, allerdings im SPI gelistete Unternehmen gefolgt, sodass inzwischen 41 Unternehmen von IFRS auf den nationalen Standard zurückgekehrt sind (vgl. NZZ vom 14. Juli 2016: Sie würden es wieder tun). Im Jahr 2016 war dies etwa Bobst. Im selben Jahr wie Swatch, also 2013, wechselt auch die Georg Fischer zurück zum nationalen Standard. Bekannt sein dürfte ausserdem noch die im Jahr 2014 zum nationalen Standard zurückgekehrte APG. Unternehmen mit mehr als einer Milliarde Umsatz mit Rechnungswesen im Swiss GAAP FER, neben Swatch, Georg Fischer und Bobst, sind Dorma+Kaba und Dätwyler, also fünf insgesamt (vgl. NZZ vom 14. Juli 2016: Sie würden es wieder tun).

C. Shareholder Services

1. Einleitung

Der Begriff *Shareholder Services* ist im Deutschen nicht ge- 100
bräuchlich, ein exaktes Äquivalent gibt es nicht. Erbracht werden *Shareholder
Services* durch sog. *proxy firms* oder *proxy advisors*, die im Französischen
Agences en conseil de vote heissen. Im Deutschen kennt man dafür den Begriff
des Stimmrechtsberaters oder aber verwendet die englischen Begriffe gleichermassen. Der deutsche Begriff des Stimmrechtsberaters bezeichnet indessen nicht
nur die wirtschaftliche Einheit *proxy advisor*, sondern auch eine institutionelle
Funktion.

Die Behandlung des Stimmrechtsberaters findet nun schon einige Jahre Interesse 101
(VOGT, 45 ff.; BÖCKLI, Einleitende Bemerkungen N 35), das wurde seit der Annahme der Minder-Initiative[9] nochmals zusätzlich verstärkt (vgl. WOHLMANN/
GERBER, 284). Es wird argumentiert, dass die Abschaffung des Depot- und des
Organvertreters ein Vakuum hinterlassen habe (vgl. z.B. Art. 9 und Art. 10 VegüV),
das von den Stimmrechtsberatern nun gerne aufgefüllt werden wolle. Stimmrechtsberater geben primär zwar nur Empfehlungen an Investoren und Aktionäre
ab, sie erbringen aber auch Dienstleistungen für die Emittenten selbst, insb. im
Bereich der Corporate Governance (RIOULT, 1176).

Mit der Frage nach der Relevanz der Stimmrechtsberater oder besser gesagt, wie 102
viel Relevanz diese Stimmrechtsberater überhaupt haben dürfen («Stimmrechtsbe-
rater sind ein Problem», Diskussion zwischen PETER FORSTMOSER und DANIEL
HÄUSERMANN, in: plädoyer 5/12, 8), kleidet sich eine alte Diskussion in ein neues
Gewand: das Problem der Agency. Der Stimmrechtsberater als Verteidiger der
Corporate Governance ist zu gleichen Teilen Lösungsvorschlag und Problem. Der
Stimmrechtsberater selbst bleibt unbeteiligt: Er trägt kein unternehmerisches Risi-
ko, weder dasjenige des Eigentümers noch dasjenige des Arbeitnehmers (GERI-
CKE/BAUM, 347). Stimmrechtsberater sind schlicht Drittpersonen. Gleichzeitig
stellen diese Drittpersonen Ansprüche an die Gesellschaft, an die Corporate
Governance (GERICKE/BAUM, 347) und gewinnen mehr und mehr Einfluss.

---

[9] Eidgenössische Volksinitiative «gegen die Abzockerei», vorgeprüft am 17. Oktober 2006,
BBl 2006, 8755 ff., eingereicht am 26. Februar 2008 und zustande gekommen am 2. April
2008, BBl 2008 2577 ff.

2. Die Stimmrechtsberater

a. Rechtliche Ausgestaltung

103   Einen fixen Rechtstypus für Stimmrechtsberater gibt es nicht. Mit Bezug auf Aktionärsversammlungen ist der Stimmrechtsberater eine Sonderform der gewillkürten Stimmrechtsvertretung (Art. 689 Abs. 2 OR) («Stimmrechtsberater sind ein Problem», Diskussion zwischen PETER FORSTMOSER und DANIEL HÄUSERMANN, in: plädoyer 5/12, 9). Die gewillkürte Stimmrechtsvertretung nach Art. 689 Abs. 2 OR bleibt auch mit Inkrafttreten der VegüV neben der unabhängigen Stimmrechtsvertretung i.S.v. Art. 8 VegüV möglich (RIOULT, 1177). Sie gehört damit nicht zur sog. institutionellen Stimmrechtsvertretung (Depotstimmrecht, Organvertretung), die man abschaffen wollte und damit den unabhängigen Stimmrechtsvertreter auf den Schild hob (Art. 689 Abs. 2 OR sowie Art. 689c OR). Sie ist damit rechtlich quasi nicht reguliert, auch nicht auf internationaler Ebene (RIOULT, 1177 und 1181). Eine Regulierung der *proxy advisors* findet fast ausschliesslich auf der Stufe der institutionellen Investoren statt (HOCH, 492). So fordert der Swiss Code of Best Practice for Corporate Governance (dazu § 9, N 42 f.) von institutionellen Investoren und *proxy advisors* die Befolgung der *Richtlinien für institutionelle Investoren zur Ausübung ihrer Mitwirkungsrechte bei Aktiengesellschaften*[10].

104   Die effektive Marktmacht der Stimmrechtsberater und *proxy advisors* sowie deren mediale Beachtung nehmen aber stetig zu. Die Stellung der *proxy advisors* wird bereits als Problem angesehen; verdeutlicht wird dies nicht primär anhand juristischer Beiträge und der Forschung, sondern durch Kritik von politischer und regulatorischer Seite. Schliesslich entstand 2012 ein Diskussionspapier der ESMA[11], welche in ihren Erwägungen alles bis hin zur vollständigen Regulierung auf EU-Ebene prüft (ESMA/2012/212, S. 5.) und in einem Bericht mündete (ESMA/2013/84).

b. Anfänge der grossen Proxy-Unternehmen

105   Vor über 25 Jahren wurde, wohl auch im Hinblick auf die für Aktionäre zunehmende Komplexität der Aktionärsversammlungen, die ISS (kurz für Institutional Shareholder Services) in den USA gegründet. ISS ist bis heute der weltweite grösste *proxy advisor*.[12] Trotz ihrer überragenden marktbeherrschenden Stellung hat ISS in den letzten Jahren die Eigentümer öfter gewechselt. Gegenwärtig gehört ISS MSCI Inc., einem Indexanbieter (MSCI bietet u.a. den MSCI World

---

[10]   Verfügbar auf: http://www.ethosfund.ch/sites/default/files/upload/publication/p432d_130121
_Richtlinien_fr_Institutionelle_Investoren.pdf, Stand 14. Dezember 2016.

[11]   European Securities and Market Authority.

[12]   Weltweite Nummer 2 ist Glass Lewis.

und den MSCI EAFE an). Der Einfluss, den ISS auf die alljährlichen Generalversammlungen ausübt, ist nicht zu unterschätzen. Nach eigenen Angaben deckt ISS
über 39 000 Unternehmen in 115 Ländern ab.[13] ISS berät weltweit rund 1700
Kunden, die zusammen USD 25,5 Mrd. verwalten (RIOULT, 1178). Wiederum
nach eigenen Angaben beteiligt sich ISS an sieben Millionen Abstimmungen
weltweit und repräsentiert 2,7 Milliarden Aktien.[14]

Für Europa sind wenige exakte Zahlen bekannt. Der Markt ist deutlich weniger   106
ausgebaut als in den Vereinigten Staaten. Die amerikanischen Proxy-Unternehmen
dominieren auch in Europa. Grössere Gesellschaften wurden einzig in Deutschland, im Vereinigten Königreich und Frankreich gegründet. Die Firma IVOX, die
in einem ESMA Discussion Paper noch erwähnt wird, wurde 2012 gegründet, aber
2015 von Glass Lewis übernommen (vgl. ESMA Discussion Paper, N 26).[15]

In Deutschland, davon gehen Schätzungen aus, hat ISS einen Marktanteil von   107
etwa 50 Prozent (FLEISCHER, 13). Im Vereinigten Königreich sind drei nennens-
werte, also marktrelevante Proxy-Firmen aufgetreten: IVIS, Manifest und Pirc.
IVIS, oder Institution Voting Information Service, ist eines der führenden UK-
basierten Proxy-Unternehmen. Manifest hatte 2012 rund drei Billionen Pfund
Sterling Assets under Management, PIRC immerhin noch ungefähr die Hälfte
(ESMA Discussion Paper, S. 11). In Frankreich wurde 1995 Proxinvest gegründet.
Proxinvest deckt, mit der von ihr selbst gegründeten Expert Corporate Governance
Service, nach eigenen Angaben «more than 85% of the free float-adjusted market
capitalization across the European developed markets equity universe».[16]

In der Schweiz wird groben Schätzungen zufolge jede dritte Stimme an General-   108
versammlungen von Publikumsgesellschaften von *proxy advisors* beeinflusst
(HOCH, 488). ISS und Glass Lewis kommt mit ca. 20 Prozent bzw. 10 Prozent der
Stimmen das grösste Gewicht zu (HOCH, 488). Die Stiftung Ethos als Schweizer
Pionier bei der Stimmrechtsberatung geniesst zwar einiges an medialer Aufmerksamkeit, spielt aber wie auch die anderen Schweizer Vertreter (u.a. zRating oder
Swiss Prox Advisors) eine «marginale» Rolle (ESMA Discussion Paper, S. 11;
s.a. RIOULT, 1178). Immerhin fand ISS Interesse an der Minder-Initiative und
erliess am 15. Februar 2013 ein siebenseitiges Dokument.[17] Darin wird unter anderem auf die Wirkungen, aber auch auf den vom Parlament beschlossenen, indirekten Gegenvorschlag eingegangen. Von Interesse war dabei selbstverständlich

---

[13] http://www.issgovernance.com/about/about-iss/, besucht am 3. Dezember 2014.
[14] http://www.issgovernance.com/about/about-iss/, besucht am 3. Dezember 2014.
[15] Pressemitteilung von Glass Lewis vom 11. Juni 2015, zu finden unter http://www.glasslewis.
      com//press-releases/.
[16] Gemäss Website Proxinvest, www.proxinvest.fr; zuletzt besucht am 8. April 2016.
[17] Zu finden unter: https://www.issgovernance.com/library/switzerland-2013-minder-initiative-
      faq/.

auch, wie die Initiative das «proxy voting» berühren würde (ISS-Bericht 2013, 4), und er kommt zum Schluss, dass es mehr Platz für Firmen wie ISS geben müsste.

109   In der Schweiz gibt es neu noch einen *proxy advisor,* der sich speziell auf Reputationsrisiken spezialisiert: RepRisk. RepRisk arbeitet nicht nur für Schweizer Unternehmen, sondern international und bietet ihre Dienste u.a. auch über ISS an.

c.   Stimmrechtsberater in der Schweiz

110   Die Anlagestiftung Ethos wurde in der Schweiz im Jahr 1997 «zur Förderung einer nachhaltigen Anlagetätigkeit und eines stabilen und gesunden Wirtschaftswachstums» (Ethos-Richtlinien 2013, Frontseite) von Schweizer Pensionskassen gegründet. Die Ethos Stiftung führt aber zwei Zweckbestimmungen in ihren Statuten auf:

> «1. bei den Anlagetätigkeiten die Berücksichtigung von Grundsätzen für nachhaltige Entwicklung und die Best-Practice-Regeln im Bereich der Corporate Governance zu fördern. Sie kann sich an Gesellschaften beteiligen, die zum Zweck haben, die Grundsätze dieser Charta anzuwenden.
>
> 2. ein stabiles und prosperierendes sozioökonomisches Umfeld, das der Gesellschaft als Ganzes dient und die Interessen der zukünftigen Generationen wahrt, zu fördern. Zu diesem Zweck kann die Stiftung alle Tätigkeiten ausüben, insbesondere interessierte Kreise sensibilisieren und Studien durchführen. In diesem Rahmen setzt die Stiftung einen rein gemeinnützigen Zweck fort und hat keinerlei Gewinnziel.»

111   Die Anlagetätigkeit wird wahrgenommen über die von ihr betriebenen Ethos Services SA; diese berät nach eigenen Angaben «Anlagefonds und diskretionäre Vermögensverwaltungs-Mandate von zurzeit CHF 2 Milliarden»[18]. Bei Ethos bestimmt gemäss den Statuten die Charta, die sie sich selbst gibt, die Ausrichtung der Investitionstätigkeit (vgl. Art. 3 der Ethos-Statuten).

> «Die gesellschaftliche Wohlfahrt hängt von einer gesamtwirtschaftlichen Politik der nachhaltigen Entwicklung ab. Damit dies gelingen kann, braucht es das persönliche Engagement von Einzelpersonen. Ethos ist überzeugt, dass die Anlagetätigkeit zur allgemeinen Wohlfahrt beitragen soll. Mit einer auf der nachhaltigen Entwicklung basierenden Anlagestrategie begünstigen Investorinnen und Investoren ein stabiles und prosperierendes sozioökonomisches Umfeld. Daher fördert Ethos ein solches Umfeld.»[19]

112   Daneben existiert eine Unternehmung, die sich primär als Stimmrechtsberater profiliert: Swiss Proxy Advisor, oder kurz: SWIPRA. Diese Stiftung für wert-

---

[18]   Gemäss Ethos-Homepage, www.ethosfund.ch; zuletzt besucht am 20. Februar 2014.
[19]   Aus Ethos-Charta, dritter und letzter Abschnitt; zu finden unter: www.ethosfund.ch.

orientiertes Investieren verfolgt dieselbe Zielsetzung wie die Ethos-Anlagestiftung und wurde gegründet von der Konferenz der Anlagestiftungen der Schweiz (kurz: KGAST), der Pensionskasse der Credit Suisse Group und der Vita Sammelstiftung. Heute steht SWIPRA allen Anlegern offen[20].

Eine weitere schweizerische Unternehmung ist die zCapital AG mit Sitz in Zug. 113
Im Gegensatz zu den beiden Anlagestiftungen Ethos und SWIPRA ist zCapital eine Aktiengesellschaft, die als unabhängiger Vermögensverwalter wirkt und sich nebenbei für die Verbesserung der Corporate Governance einsetzt und dazu jährlich eine Studie publiziert.

d. VegüV, Stimmrechtsberater und Stimmrechtsvertreter

Managergehälter, Lohnexzesse und Bankenkrisen sind nur einige der Schlagwörter, die in der Presse vor der Annahme der Initiative gegen die Abzockerei[21] regelmässig in den Medien lang und breit getreten worden sind. In der Öffentlichkeit als diffus wahrgenommene Begriffe wie «Depotstimmrecht», das latent wohl das Bild grauer Wirtschaftseminenz evoziert, waren damit auch medienwirksames Ziel von politischen Attacken geworden (vgl. «Stimmrechtsberater sind ein Problem», Diskussion zwischen PETER FORSTMOSER und DANIEL HÄUSERMANN, in: plädoyer 5/12, 8). 114

Die Minder-Initiative forderte in der Konsequenz die Aufgabe des Instituts des Depotstimmrechtes und mit Annahme der Initiative wurden Depotvertreter und Organvertreter (bislang geregelt in Art. 689c und 689d OR) abgeschafft. Eingesetzt wird nun dafür ein unabhängiger Stimmrechtsvertreter, der nach Art. 10 f. VegüV Weisungen einholen muss. 115

Der unabhängige Stimmrechtsvertreter ist ein gesetzlicher Sondertyp innerhalb der institutionellen Stimmrechtsvertretung (NIKITINE, 353). Mit der VegüV ist nun der unabhängige Stimmrechtsvertreter das einzige Überbleibsel der institutionellen Stimmrechtsvertretung (NIKITINE, 354). Die gewillkürte Stimmrechtsvertretung, also diejenige, die vom Aktionär frei vereinbart werden kann und unter welcher Form etwa die Proxy-Unternehmen tätig sind, wurde durch die Minder-Initiative und VegüV nicht tangiert (NIKITINE, 353) und bleibt damit ohne Regelung. 116

---

[20] Angaben gemäss Website von Swipra, www.swipra.ch, Stand 10. Juli 2016.
[21] Eidgenössische Volksinitiative «gegen die Abzockerei», vorgeprüft am 17. Oktober 2006, BBl 2006, 8755 ff., eingereicht am 26. Februar 2008 und zustande gekommen am 2. April 2008, BBl 2008 2577 ff.

e.   Kritik

117   Kritik an der Methodik der Stimmrechtsberatungsfirmen (RIOULT, 1182) ist zwar möglich, führt am Ende aber nicht weit. Denn, was genau will man bei den Methoden kritisieren? Die Methode, nach denen Proxy-Unternehmen ihre Abstimmungsempfehlungen abgeben, sind nicht im Detail bekannt: Sie sind Geschäftsgeheimnis. Das Einzige, was bekannt wird, ist die konkrete Empfehlung und eventuell noch eine Pressemitteilung, wenn es sich um eine medial brisante Empfehlung handelt. Eine tiefere Kenntnis der Methode fehlt, und daher ist eine fundierte Kritik nicht per se möglich.

118   Hinzu tritt der Umstand, dass sich das Geschäftsmodell von Proxy-Firmen kaum von demjenigen der Rating-Agenturen oder Wirtschaftsprüfer und Analysten unterscheidet. Eine Kritik am Geschäft der *proxy advisory,* solange sie nur deren Arbeitsmethoden betrifft, muss daher ins Leere zielen.

119   In den Vereinigten Staaten sind *proxy advisors* zunehmender Kritik ausgesetzt, unter anderem von der amerikanischen Securities and Exchanges Commission (SEC). Das betrifft nicht nur die generelle Arbeitsweise. Im Jahr 2013 hat sich die ISS zu einer Strafzahlung in Höhe von USD 300 000 und einigen organisatorischen Änderungen verpflichten lassen, weil ISS geheime Informationen über das Wahlverhalten weitergereicht hat. Bereits seit 2007 stehen Proxy-Firmen in der Kritik wegen ihrer Doppelrolle als Berater und Investor und dem daraus resultierenden Interessenkonflikt. Dies führte u.a. 2014 zum Erlass einer Richtlinie der US SEC über den Umgang mit Proxy-Firmen, aber auch mit Empfehlungen (US SEC Staff Legal Bulletin No. 20, kurz SLB 20). Eine stärkere Regulierung der grossen Proxy-Firmen ist aber, entgegen den Erwartungen, noch nicht erfolgt. Der Druck kommt neu nun aber teilweise von der Industrie.

120   Vonseiten der Lehre betrifft die Kritik beispielsweise die Interessenkonflikte, die Stimmrechtsberater zu bewältigen haben (RIOULT, 1181). Oder aber es wird gleich danach gefragt, ob nicht die Gesellschaft vor den Dienstleistungen der *Proxy Advisors* zu schützen wäre (BERTSCHINGER, 514). Etliche Stimmrechtsberater geben nämlich Corporate-Governance-Beratung, unterhalten aber gleichzeitig einen Corporate-Governance-Index[22] oder gar einen gewöhnlichen Börsenindex.[23] Hierbei ist anzumerken, dass ESMA diesen Interessenkonflikt, wenigstens in der effektiven Praxis, als geringfügig erachtet (ESMA 2012/212, S. 21). Andere *proxy*

---

[22]   Hierunter fällt in der Schweiz beispielsweise zRating, die die Homepage www. generalversammlung.net unterhält. Sie berät in Corporate-Governance-Angelegenheiten und führt ihren eigenen Corporate Governance Index.

[23]   Dies betrifft u.a. gerade den Weltmarktführer, ISS. ISS gehört MSCI, einem amerikanischen Indexanbieter (MSCI World Index). Gleichzeitig besitzt ISS eine Tochter, ICS, die Beratungen im Bereich der Corporate Governance anbietet.

firms unterhalten nebst ihrem Corporate-Governance-Geschäft enge Verbindungen zur Vermögensverwaltung, und es fragt sich, inwiefern das Geschäft um die Besorgung der Corporate Governance sich mit den Interessen der Geschäftsherren und Partner verbinden lässt.[24] Die Strafzahlung seitens ISS im Jahr 2013 lässt darauf schliessen, dass es durchaus Lücken gibt und das theoretische Problem des Interessenkonflikts sich auch in der Praxis manifestieren kann.

3.   Das ESMA Discussion Paper

Im Jahr 2012 hat ESMA ein Diskussionspapier zur «proxy advisory industry in Europe» publiziert. Sie geht darin vielen wesentlichen Aspekten auf den Grund. Es wird aber gleich von Anfang an klargestellt, was dieses Papier auch soll: 121

> «ESMA views this paper as an opportunity to gain evidence on the extent to which market failures related to the activities of proxy advisors may exist, the extent to which EU-level intervention might be appropriate, and what ESMA's role might involve.» (ESMA 2012/212, S. 5)

Eines der Hauptziele des Diskussionspapiers war das Verständnis darüber, wie die *proxy advisory industry* in Europa überhaupt funktioniert (ESMA 2012/212, S. 7). Zu einer Konklusion kommt das Papier damit nicht. Das führte unter anderem dazu, dass sich die SGSM, die Securities and Market Shareholder Group, veranlasst sah, das Papier der ESMA weiter zu kommentieren. Ihre Perspektive wirft ein interessantes Licht auf den Umgang mit *proxy advisors* aus der Sicht von institutionellen Investoren: 122

> «However, professional investors avail themselves of proxy advice because they find it cost efficient to delegate these issues to the PA. This would suggest that even professional investors rely on certain basic assumptions with respect to the service they get from the PA, and in particular that they rely on the quality of the advice and on the integrity of the PA as they may find these attributes difficult or costly to monitor. This is even more the case with respect to retail investors' reliance on PAs.» (ESMA/2012/SMSG/25, S. 4)

Gerade weil die *proxy advisors* nicht nur für Private und ungeübte Investoren eine Rolle spielen, sondern im Gegenteil auch für institutionelle Investoren wichtig sind, greifen auch diese selbst auf grundlegende Informationen der *proxy advisors* zurück. Am 19. Februar 2013 erging die finale Version des Reports der ESMA (ESMA 2013/84). Er wurde begleitet von einer Medienmitteilung und der Forderung nach einem Code of Conduct: 123

---

[24]   Glass Lewis ist im Eigentum zweier institutioneller Vermögensverwalter. Es ist aber auch der Fall für die schweizerische zCapital, die nicht nur Anlagefond ist, sondern auch diverse Ratings publiziert.

«The Report has found that there is no current market failure related to proxy advisors interaction with investors and issuers in the European Union (EU), which would require regulatory intervention. However, ESMA has identified a number of concerns regarding the independence of proxy advisors, and the accuracy and reliability of the advice provided which would benefit from improved clarity and understanding amongst stakeholders.» (ESMA, Press Release vom 19. Februar 2013)[25]

124   Eine endgültige Version des Code of Conduct steht nach wie vor aus. Was aber klar geworden ist, auch dank der Sichtweise der SMSG, ist die Notwendigkeit einer Regelung. Und die Regulierung ist nicht etwa nötig wegen konsumentenschützerischer Argumente, sondern weil die *proxy advisors* effektiv eine grosse Marktmacht ausüben können, die bis dato nicht oder nicht genügend reguliert worden ist.

D. Ratingagenturen

125   Ratingagenturen, zu Englisch Credit Rating Agencies, sind private Unternehmen, welche die Kreditwürdigkeit von Unternehmen bewerten. Wichtig ist dies insbesondere wegen der Möglichkeit eines Kreditausfalls. Sie sind insbesondere auf den weltweiten Finanzmärkten eine nicht zu unterschätzende Macht. Dabei spielen drei Ratingagenturen eine exorbitant grosse Rolle: Standard & Poor's, Moody's und Fitch Group.

126   In der Schweiz werden die Ratingagenturen regulatorisch insbesondere durch die FINMA erfasst. Das Rundschreiben 2012/1 befasst sich mit der «Anerkennung von Instituten zur Bonitätsbeurteilung», oder eben Ratingagenturen. Es ist in Kraft seit dem 1. Januar 2012. Dabei wird im Rundschreiben auch gerade klar gestellt, was die FINMA eben nicht kann:

«Die FINMA übt keine ständige Aufsicht über Ratingagenturen aus. Sie übernimmt keinerlei Gewähr für die Richtigkeit und Zuverlässigkeit der von anerkannten Ratingagenturen abgegebenen Ratings.» (Rundschreiben 2012/1, N 8)

127   Die FINMA übt keine eigentliche Aufsichtsfunktion aus, sondern versucht einen Mindeststandard einzuführen. Ratingagenturen sind aber, trotz der marktmässig grossen Wichtigkeit, eher knapp reguliert.

128   Im Jahr 2014 wurden von ESMA die einzelnen Marktanteile der Ratingagenturen aufgrund derer Umsatzzahlen errechnet. Standard & Poor's kommt auf 39,69 Prozent, Moody's auf 34,53 Prozent und Fitch noch auf 16,22 Prozent. Das sind

---

25   Zu finden unter: http://www.esma.europa.eu/news/ESMA-recommends-EU-Code-Conduct-proxy-advisor-industry.

zusammen immerhin knapp über 90 Prozent (vgl. hierzu: Credit Rating Agencies'
2014 market share calculation for the purposes of Article 8d of the CRA Regulation
vom 22. Dezember 2014; ESMA/2014/1583, S. 3). Die dominante Stellung der drei
Ratingagenturen ist auch geschichtlich zu erklären, sie waren in den Vereinigten
Staaten staatlich anerkannt, durch die SEC (U.S. Securities and Exchange Comis-
sion), unter anderem zur Abschätzung von Kreditrisiken, und das seit 1975. Dabei
wurden die «nationally recognized statistical rating organizations», NRSROs, erst
seit 1994 genauer reguliert (SEC, Report on the Role and Function of Credit Rating
Agencies in the Operation of the Securities Markets, January 2003, 3).

Grund für das Abstellen der SEC auf die Ratingagenturen war der Wechsel weg   129
vom Goldstandard und dem Bretton-Woods-System im Zuge der Liberalisierung
der Finanzmärkte. Die Evaluierung von Kreditrisiken wurde da mit einem Schlag
wichtig, Ratingagenturen wurden zu einem verlässlichen Hilfsmittel.

Die Ratingagenturen sind im Zusammenhang mit der Finanzkrise 2007 bis 2010   130
und insbesondere im Zusammenhang mit dem Rating von Banken wie Lehman
Brothers vor Ausbruch der Krise unter argen Beschuss geraten. Aber bereits im
Jahr 2002, im Zuge der Finanzskandale, zum Beispiel um Enron, und dem Erlass
des Sarbanes-Oxley Acts, wurden Ratingagenturen ein erstes Mal genauer unter
die Lupe genommen. Section 702b des Sarbanes-Oxley Acts beinhaltet die Verpflichtung zur Erstellung eines Berichts (SEC, Report on the Role and Function of
Credit Rating Agencies in the Operation of the Securities Markets, January 2003).
Ein Problem, das in diesem Bericht besonders aufgegriffen worden ist, ist die
Schaffung von «ancillary businesses», also Nebengeschäften. Die fraglichen Ne-
bengeschäfte sind Beratungen in Sachen Kreditwürdigkeit. Der Bericht schliesst
daher schon 2003 mit der Feststellung, dass aufgrund der zahlreichen problemati-
schen Bereiche («a wide range of issues») weitere Untersuchungen angezeigt sind
(SEC, Report on the Role and Function of Credit Rating Agencies in the Operation of the Securities Markets, January 2003, 43). Nach der Finanzkrise 2007 bis
2010 wurde schliesslich eine Kommission, die sich mit der Finanzkrise befasst,
geschaffen, und diese hat sich ausdrücklich mit den Rating Agencies auseinandergesetzt und ihnen eine Schlüsselrolle im Entstehen der Finanzkrise angelastet
(Financial Crisis Inquiry Report, Conclusions, S. XV).

Die Leistung der Ratingagenturen in Zahlen ausgedrückt ist beeindruckend. Fitch,   131
die kleinste der grossen Ratingagenturen, prüft nach eigenen Angaben über 11 000
US-amerikanische und 19 400 internationale Banken in über 200 Ländern. Was
aber Fitch über die eigenen «Ratings» aussagt, rückt die eigene Leistung auch
wieder in Perspektive:

> «Ratings, including Rating Watches and Outlooks, assigned by Fitch are opinions
> based on established criteria and methodologies that Fitch is continuously evaluat-

ing and updating. Therefore, ratings are the collective work product of Fitch and no individual, or group of individuals, is solely responsibe for a rating. Ratings are not facts, and therefore cannot be described as being accurate or inaccurate. Users should refer to the definition of each individual rating for guidance on the dimensions of risk covered by such rating.»[26]

E. Aktivistische Aktionäre

132   Die Figur des «aktiven Aktionärs» wurde in den USA geboren und hing schon immer eng mit der Produkthaftpflicht oder mit den *proxy fights* zusammen (NOBEL, Verwaltungsrat, 482). Die aktivistischen Aktionäre versuchen, durch den Erwerb einer nicht kontrollierenden Beteiligung einer kotierten Gesellschaft, Einfluss auf die Unternehmensstrategie auszuüben (DAENIKER, 440). Es geht dabei nicht bloss um Beseitigung einer Informationsasymmetrie, sondern um Macht (NOBEL, Verwaltungsrat, 482). Ebenfalls treten Hedgefunds vermehrt als «aktive Aktionäre» und oft mit einer kleinen Beteiligung von z.B. 5 Prozent auf (NOBEL, Verwaltungsrat, 482).

133   Gesamt betrachtet haben seit der Jahrtausendwende die Beteiligungen von «aktivistischen Aktionären» im Durchschnitt um 34 Prozent zugenommen (NOBEL, Verwaltungsrat, 482 mit weiteren Hinweisen). Die Hedgefunds verfolgen meist eigennützige Ziele, indem sie durch deren Einfluss einen Kursanstieg der betroffenen Gesellschaft herbeiführen.[27] Durch diese Vorgehensweise erzielten die Aktiven der betroffenen Gesellschaft eine um 1,5 Prozent bessere Rendite. Seit der amerikanische Markt uninteressant geworden ist, richten sich fast 65 Prozent der Aktivitäten auf die Märkte England, Frankreich und Schweiz aus. In Europa wählten die Aktivisten eher das diskrete Gespräch mit dem Management als einen grossen medialen Auftritt. Die rund 100 publik gemachten Kampagnen sind dagegen nicht einmal die Hälfte der gesamt ausgetragenen Kampagnen.

134   Im Jahr 2015 sorgten verschiedene Kampagnen für Schlagzeilen. In der Folge einige Beispiele. Aktivistische Aktionäre kritisierten die Zusammensetzung des Verwaltungsrates der gategroup Holding AG. Artisan Partners beteiligte sich mit 5,5 Prozent bei der Adecco und versuchte in der Folge den CEO abzusetzen. Cevian Capital beteiligte sich dagegen mit 5,2 Prozent an ABB, ohne dass die genaue Absicht bekannt wurde. Auch andere Hedgefunds beteiligten sich an Un-

---

[26]   Fitch Group https://www.fitchratings.com/site/definitions, Stand 29. Juli 2016.
[27]   Hier und im Folgenden: Mit dem «Barbaren» im Bunde, aktivistische Aktionäre entdecken die Schweiz, NZZ online vom 3.9.2015.

ternehmen, um Einfluss zu bewirken wie z.B. Icahn Enterprises LP mit 5,9 Prozent bei Transocean oder Knight Vinke mit 1,2 Prozent bei UBS.[28]

VI. Der Finanzsektor und die übrigen Sektoren

Der Finanzsektor muss wegen seines Umfangs für die Schweiz   135
gesondert erwähnt werden. Für die Schweizer Wirtschaft ist er von grosser Bedeutung, wenn nicht der wichtigste Sektor. Einige der grössten schweizerischen Unternehmen sind im Finanzsektor tätig. Per 30. Dezember 2013 nimmt die Finanzbranche 17 Prozent der gesamten Marktkapitalisierung des SMI für sich in Anspruch, per 31. Dezember 2015 noch leicht mehr: 18,08 Prozent. Das ist zwar gemessen an der Grösse des Gesundheitssektors (39,86%) eher wenig, aber aufgrund seiner strukturellen Bedeutung verdient er doch gesonderte Beachtung: Die direkte Bruttowertschöpfung des schweizerischen Finanzsektors lag Ende 2015 bei einem Anteil von 9,6 Prozent am BIP (vgl. Wirtschaftsforschungsinstitut BAK Basel, Die volkswirtschaftliche Bedeutung des Schweizer Finanzsektors, Oktober 2016, S. II) und damit höher als beim Baugewerbe, Detailhandel oder Gesundheitswesen. Dies ist im internationalen Vergleich ein leicht höherer Anteil als in anderen Volkswirtschaften: In den USA betrug der Finanzsektor 2014 rund 7 Prozent des BIP, im Vereinigten Königreich 2015 7,2 Prozent und in Deutschland 2015 4,1 Prozent. Im internationalen Vergleich steht die Wettbewerbsfähigkeit der Schweiz an zweiter Stelle, hinter Hongkong und vor den USA, Singapur und Schweden (vgl. IMD, World Competitiveness yearbook 2016). Auch der Finanzplatz Schweiz zählt international nach wie vor zu den global führenden Finanzzentren. Dies zeigen internationale Studien wie beispielsweise der Global Financial Centres Index. Demzufolge liegt Zürich als bester kontinentaleuropäischer Finanzplatz auf Rang 9, Genf auf Rang 23 (vgl. Z/Yen, Global Financial Centres Index 20, September 2016).

Um das Gewicht des Finanzsektors in der Schweiz fassbarer zu erläutern, hilft es,   136
auf einen Vergleich hinzuweisen. Interessant ist nicht nur die Börsenkapitalisierung, sondern auch die aggregierte Bilanzsumme. Alle Banken in der Schweiz (das umfasst auch Schweizer Niederlassungen ausländischer Banken) wiesen 2015 eine kumulierte Bilanzsumme von CHF 3026,1 Mrd. auf. Das ist rund 4,7 Mal das gesamte schweizerische BIP 2015. Davon stellen alleine die beiden Grossbanken Credit Suisse und UBS 47,1 Prozent der kumulierten Bilanzsumme. «Too big to fail» bekommt so eine verständlichere Dimension, auch wenn die Bilanzsummen im Vergleich zum Jahr 2007 bereits bedeutend reduziert wurden.

---

[28]   Activist Insight, Unternehmensinformationen; für Weiteres auch: RONALD J. GILSON & JEFFREY N. GORDON, The Agency Costs of Agency Capitalism: Activist Investors and the Revaluation of Governance Rights, 113 Columbia Law Review 863 (2013).

137 In diesem Zusammenhang kann der Umfang der Finanzbranche und die Bedeutung für die schweizerische Volkswirtschaft anhand einer kurzen Tabelle verdeutlicht werden (in Mrd. CHF):

Jahr	Aggregierte Bilanzsumme	Veränderungen zum Vorjahr	BIP Schweiz	Verhältnis
2007	3458	+8,3%	573	6.03
2009	2668	−13,4%	587	4.55
2011	2793	+2,9%	618	4.52
2013	2849	+2,6%	635	4.49
2015	3026	−0,5%	646	4.68

Alle Angaben in CHF Mrd., gerundet.
Quellen: SNB, Die Banken in der Schweiz 2013, 52; 2015, 9; Zahlen für das Schweizerische BIP
jeweils vom Bundesamt für Statistik (www.bfs.admin.ch), Verhältnis: eigene Berechnung.

138 Von einer ähnlichen Bedeutung sind die Arbeitsplätze im Finanzsektor. Per Ende
Dezember 2015 weist die Schweiz rund fünf Millionen Erwerbstätige aus. Gemäss
Schweizerischer Bankiervereinigung bieten die Banken direkt 167 000 Arbeitsplätze. Hinzu kommen weitere 168 000 Arbeitsplätze, die indirekt durch die Banken geschaffen wurden. Hierzu treten wiederum die direkten und indirekten Stellen im Versicherungssektor, immerhin 88 000 bzw. 82 000 Stellen. Im Jahr 2015
waren somit rund 255 000 Personen direkt im Finanzsektor beschäftigt, was unter
Berücksichtigung der Teilzeitstruktur rund 220 000 vollzeitäquivalenten Arbeitsplätzen entspricht. Berücksichtigt man die direkten und indirekten Effekte, so bot
der Finanzplatz Schweiz rund 505 000 Arbeitsplätze, was somit rund zehn Prozent
aller Arbeitsplätze in der Schweiz entspricht.

139 Darüber hinaus dient das Steueraufkommen des Finanzsektors durchaus zum Ver-
ständnis der Wichtigkeit. Hier sind die Banken im Verhältnis zu den Versicherun-
gen bis 2015 etwas weiter vorne: Kumuliert man das direkte und indirekte Steuer-
aufkommen des Bankensektors per Ende Dezember 2015, ergibt sich die Zahl von
CHF 7 Mrd. Hinzu kommen noch die steuerrelevanten Finanzmarkteffekte des
Bankensektors in der Höhe von CHF 7,4 Mrd. Das Steueraufkommen alleine des
Bankensektors belief sich im Jahr 2015 somit auf CHF 14,4 Mrd. Die gesamten
Fiskalerträge von Bund, Kantonen und Gemeinden beliefen sich 2015 auf rund
CHF 135,5 Mrd. Der gesamte mit Finanzdienstleistungen und -transaktionen ver-
bundene Fiskaleffekt, inklusive Versicherungssektor, belief sich 2015 auf rund
CHF 19,7 Mrd. oder rund 14,6 Prozent der gesamten Fiskalerträge.

Betreffend die Arbeitsproduktivität ist anzumerken, dass bei den Versicherungen   140
bereits ein bedeutender Teil der personalintensiven Aktivitäten, wie etwa die Mak-
lertätigkeiten, in andere Branchen ausgelagert ist, während die Banken personalin-
tensive Dienste, etwa Schaltertätigkeiten oder die Beratung, selber betreiben. Dies
ist ein Grund dafür, dass die Beschäftigtenproduktivität (Wertschöpfung pro Beschäftigten) der Versicherungen insgesamt höher ausfällt als diejenige der Banken: So lag die Arbeitsproduktivität des Bankensektors im Jahr 2015 bei über
CHF 116,6 pro Person und Stunde, was rund 1,5 Mal so produktiv ist wie im gesamtwirtschaftlichen Durchschnitt pro Stunde (CHF 79,2). Bei den Versicherungen wurden demgegenüber pro geleistete Arbeitsstunde eine Wertschöpfung von
rund CHF 233,8 erwirtschaftet, was mehr als das Dreifache des Durchschnitts ist.

In den letzten 20 Jahren zählte der Finanzsektor auch in Bezug auf das Wachstum   141
zu den wichtigsten Branchen der Schweizer Volkswirtschaft, obschon die beiden
Finanzkrisen des neuen Jahrtausends – die Dotcom-Blase (2000–2002) sowie die
Finanz- und Schuldenkrise (ab 2008) – die Entwicklung dieses Sektors deutlich
bremsten. Rund ein Sechstel (17,3%) des Wachstums der Gesamtwirtschaft wurde
in den letzten zwei Jahrzehnten vom Finanzsektor getragen. Einzig der Handel
(Gross- und Detailhandel) (26,5%) und die öffentlichen Dienstleistungen (19,8%)
trugen stärker zum gesamtwirtschaftlichen Wachstum bei.

Der Schweizer Finanzsektor gehört gemessen an seinem Anteil an der Gesamt-   142
wirtschaft zu den grössten weltweit. Ein Faktor für diesen im internationalen Vergleich überdurchschnittlichen Anteil ist die nach wie vor starke Exportorientie-
rung des Schweizer Finanzsektors, welche sich in der herausragenden Stellung der
grenzüberschreitenden Vermögensverwaltung zeigt, wobei das Private Banking,
welches spezialisierte Bankdienstleistungen für vermögende Privatpersonen anbietet, im Jahr 2015 fast ein Fünftel der gesamten Wertschöpfung des Finanzsektors
generierte. Das Private Banking bleibt somit weiterhin Aushängeschild des
Schweizer Finanzplatzes und erwirtschaftet zusammen mit dem Retail Banking
den grössten Teil der Bruttowertschöpfung des Finanzsektors. Laut Schätzungen
bleibt die Schweiz auch im Jahr 2015 die bedeutendste Destination für Offshore-
kapital: Rund ein Viertel des weltweiten grenzüberschreitenden Vermögens wird
in der Schweiz verwaltet (CHF 6567,6 Mrd.), wobei fast 50 Prozent der verwalte-
ten Vermögen aus dem Ausland stammen.

Der Vergleich einzelner Finanzplätze zeigt die starke Performance des Finanzplat-   143
zes Zürich, welcher mit durchschnittlich 3,8 Prozent jährlich wuchs und sich damit dynamischer entwickelte als die Finanzzentren Genf, Mailand, Paris, New
York und der gesamtschweizerische Finanzsektor (vgl. Wirtschaftsforschungsinstitut BAK Basel, Die volkswirtschaftliche Bedeutung des Schweizer Finanzsektors, Basel 2016). Als «Global Players» mit Sitz in der Schweiz – bzw. in anderen

Rechtsordnungen als «national champions» – können sodann bezeichnet werden:
Bei den Banken insbesondere die UBS sowie CS und bei den Versicherungen
beispielsweise die Swiss Re.[29]

---

[29]   Alle Zahlen stammen von der Schweizerischen Bankiervereinigung und können gefunden
       werden auf der Homepage www.swissbanking.org.

2. Teil Geschichte der Aktiengesellschaft

§ 3 Rechtsgeschichte der Aktiengesellschaft

Materialien:

Amtliche Sammlung der Bundesgesetze und Verordnungen der Schweize- [1] rischen Eidgenossenschaft (AS), Bern 1851 ff.; Amtliches Bulletin der schweizerischen Bundesversammlung (AmtlBull), Bern 1891 ff.; Bundesblatt, Bern 1849 ff.; Fasel Urs (Hg.), Handels- und obligationenrechtliche Materialien, Bern 2000; Bericht der nationalräthlichen Commission über den Entwurf eines schweizerischen Obligationen- und Handelsrechtes (November 1880), BBl 1881 I 153–194; Bericht der ständeräthlichen Commission über den Entwurf eines schweizerischen Obligationen- und Handelsrechtes (vom 31. Mai 1880); BBl 1880 III 149–180; BRB (Vollmachtenbeschluss) vom 8. Juli 1919 zur Abänderung und Ergänzung des schweizerischen Obligationenrechts vom 30. März 1911 in Bezug auf Aktiengesellschaften, Kommanditaktiengesellschaften und Genossenschaften (= Beilage zum XIII. Neutralitätsbericht, BBl 1919 V 437, 447; BBl 1919 IV 503–514), AS 1919 527; BRB [Vollmachtenbeschluss] betreffend die Folgen der Währungsentwertungen für Aktiengesellschaften und Genossenschaften vom 26. Dezember 1919, BBl 1920 I 505; [HUBER EUGEN], Schweizerisches Obligationenrecht. Entwurf eines Bundesgesetzes betreffend Revision der Titel XXIV bis XXXIII des Obligationenrechts. Vorlage an das schweizerische Justiz- und Polizeidepartement vom Dezember 1919, [Bern] 1919; [ders.], Bericht über die Revision der Titel 24 bis 33 des schweizerischen Obligationenrechts, Beilage zum Entwurf vom Dezember 1919. Dem schweizerischen Justiz- und Polizeidepartement erstattet im März 1920; [HOFFMANN ARTHUR], Schweizerisches Obligationenrecht. 2. Entwurf eines Bundesgesetzes betreffend Revision der Titel 24 bis 33 des Obligationenrechts, Vorlage an das eidgenössische Justiz- und Polizeidepartement vom Dezember 1923, Bern 1925; [ders.], Zweiter Bericht der Revision der Titel 24 bis 33 des schweizerischen Obligationenrechts. Beilage zum zweiten Entwurf vom Dezember 1923. Dem schweizerischen Justiz- und Polizeidepartement erstattet im Dezember 1923; Protokoll der Expertenkommission zur Revision der Titel XXIV bis XXXIII des schweizerischen Obligationenrechts, herausgegeben vom Eidgenössischen Justiz- und Polizeidepartement, Bern 1928; Botschaft des Bundesrates an die Bundesversammlung zu einem Gesetzesentwurf über die Revision der Titel XXIV bis XXXIII des schweizerischen Obligationenrechts (vom 21. Februar 1928) und Gesetzesentwurf über die Revision der Titel XXIV bis XXXIII des schweizerischen Obligationenrechts vom 21. Februar 1928, BBl 1928 I, 205–499; Verhandlungen der Kommission des Ständerates betr. Revision der Titel XXIV bis XXXIII des Obligationenrechts, Bern 1928 ff.; Verhandlungen der Kommission des Nationalrates betr. Revision der Titel XXIV bis XXXIII des Obligationenrechts und betr. Genehmigung der Genfer Abkommen über die Vereinheitlichung des Wechselrechts und des Checkrechts, Bern 1932 ff.; Bundesgesetz über die Revision der Titel XXIV bis XXXIII des schweizerischen Obligationenrechts (vom September 1936): Vorlage für die Redaktionskommission (vom 28. Mai 1936), Bern 1936; Bundesgesetz über die Revision der Titel XXIV bis XXXIII des Obligationenrechts vom 18. Dezember 1936, BBl 1936 III 605–766, AS 53 185.

2   Literatur:

BADIAN, ERNST, Zöllner und Sünder. Unternehmer im Dienst der römischen Republik, Darmstadt 1997; BÜRGE, ALFONS, Li schiavo (in)dipendente e il suo patrimonio, in; Corbino, Alessandro/Humbert, Michel/Negri, Giovanni (Hrsg.), Homo, caput, persona. La construcina giuridica dell'identità nell'esperienza romana. Dall'epoca di Plauto a Ulpiano, Pavia 2010, 369 ff.; Bayer, Walter/Habersack, Mathias (Hrsg.), Entwicklung des Aktienrechts, Tübingen 2007; BONNASSIEUX, PIERRE, Les grandes compagnies de commerce. Étude pour servir à l'histoire de la colonisation, Paris 1892; BÖSSELMANN, KURT, Die Entwicklung des deutschen Aktienwesens im 19. Jahrhundert. Ein Beitrag zur Frage der Finanzierung gemeinwirtschaftlicher Unternehmungen und zu den Reformen des Aktienrechts, Berlin 1939; Caroni, Pio (Hrsg.), Das Obligationenrecht 1883–1983, Berner Ringvorlesung zum Jubiläum des schweizerischen Obligationenrechts, Bern 1984; ders., Rechtseinheit. Drei historische Studien zu Art. 64 BV, Bern 1986; ders. (Hrsg.), Le droit commercial dans la société suisse du XIXe siècle, 1997; ders., Privatrecht im 19. Jahrhundert: Eine Spurensuche, hrsg. v. Sibylle Hofer, Bern 2015; CHANDLER, ALFRED DUPONT, The Visible Hand. The Managerial Revolution in American Business, Cambridge (Mass.) 1977; COHN, GEORG, Die Aktiengesellschaft, Zürich 1921; EUGSTER, RICHARD, Die Entstehung des schweizerischen Obligationenrechtes vom Jahre 1883, Weida/Thüringen 1926; FLECKNER, ANDREAS M., Antike Kapitalvereinigungen. Ein Beitrag zur Geschichte der Aktiengesellschaft, Köln/Weimar/Wien 2010 (zit. FLECKNER, Antike

Kapitalvereinigungen); ders., Roman Business Associations, Max Planck Institute for Tax Law and Public Finance, Working Paper 2015-10, October 2015 (zit. FLECKNER, Roman Business Associations); FREEDEMAN, CHARLES ELDON, Joint-Stock Enterprise in France, 1807–1867: From Privileged Company to Modern Corporation, Chapel Hill 1979; GAASTRA, FEMME S., The Dutch East India Company. Expansion and Decline, Zutphen 2003; GOLDGAR, ANNE, Tulipmania: Money, Honor, and Knowledge in the Dutsch Golden Age, Chicago 2008; GOLDSCHMIDT, LEVIN, Universalgeschichte des Handelsrechts, 3. völlig umgearb. Aufl. des Handbuchs des Handelsrechts, Stuttgart 1891; HARRIS, RON, Industrializing English Law. Entrepreneurship and Business Organization, 1720–1844, Cambridge 2000; HARTUNG, WILHELM, Geschichte und Rechtsstellung der Compagnie in Europa: eine Untersuchung am Beispiel der englischen East-India Company, der niederländischen Vereenigten Oostindischen Compagnie und der preußischen Seehandlung, Diss. Bonn 2000; HAUSSMANN, FRITZ, Vom Aktienwesen und vom Aktienrecht, Mannheim etc. 1928; HENKEL, WOLFGANG, Zur Theorie der juristischen Person im 19. Jahrhundert. Geschichte und Kritik der Fiktionstheorien, Göttingen 1972; KINDLEBERGER, CHARLES POOR, Manias, Panics and Crashes: A History of Financial Crises, 6. Aufl., Houndmills Basingstoke 2011; LASTIG, GUSTAV, Entwicklungswege und Quellen des Handelsrechts, Stuttgart 1877; LAUX, FRANK, Die Lehre vom Unternehmen an sich. Walther Rathenau und die aktienrechtliche Diskussion in der Weimarer Republik, Berlin 1998; LEFEBVRE-TEILLARD, ANNE, La société anonyme au XIXe siècle du Code de commerce à la loi de 1867. Histoire d'un instrument juridique du développement capitaliste, Paris 1985; LEHMANN, KARL, Die geschichtliche Entwicklung des Aktienrechts bis zum Code de Commerce, Berlin 1895; LIEFMANN, ROBERT, Beteiligungs- und Finanzierungsgesellschaften. Eine Studie über den modernen Effektenkapitalismus in Deutschland, den Vereinigten Staaten, der Schweiz, England, Frankreich und Belgien, 5. Aufl., Jena 1931; MAY, PIERRE VON, Die Gründung der Aktiengesellschaft in ihrer geschichtlichen Entwicklung in der Schweiz, insbesondere in den Kantonen Bern und Zürich, Diss. Bern 1945; MEHR, RALF, *Societas* und *universitas*. Römischrechtliche Institute im Unternehmensgesellschaftsrecht vor 1800, Köln 2008; NEAL, LARRY, The Rise of Financial Capitalism. International Capital Markets in the Age of Reason, Cambridge 1990; LÜPOLD, MARTIN, Der Ausbau der «Festung Schweiz»: Aktienrecht und Corporate Governance in der Schweiz, 1881–1961, Diss. Zürich 2008; NOBEL, PETER, Anstalt und Unternehmen. Dogmengeschichtliche und vergleichende Vorstudien, Diessenhofen 1978; POHLMANN, JÖRG, Das Aktienrecht des 19. Jahrhunderts. Dogmengeschichtliche Betrachtungen zur Rechtsträgerschaft, Entstehung und Auflösung der Aktiengesellschaft, Baden-Baden 2007; RAISCH, PETER, Die Abgrenzung des Handelsrechts vom bürgerlichen Recht als Kodifikationsproblem im 19. Jahrhundert, Stuttgart 1962; ders., Geschichtliche Voraussetzungen, dogmatische Grundlagen und Sinnwandlung des Handelsrechts, Karlsruhe 1965; RIPERT GEORGES, Aspects juridiques du capitalisme moderne, 2. Aufl., Paris 1951; RITTNER, FRITZ, Die werdende juristische Person. Untersuchungen zum Gesellschafts- und Unternehmensrecht, Tübingen 1973; SCHILLER, ROBERT J., Irrational Exuberance, 2. Aufl., Princeton 2005; SCOTT, WILLIAM ROBERT, The Constitution and Finance of English, Scottish and Irish Joint-Stock Companies to 1720, 3 Bde., London 1910–12; SÉE, HENRI, Les origines du capitalisme moderne (Esquisse historique), 4. Aufl., Paris 1926; SILBERNAGEL, ALFRED, Die Gründung der Aktiengesellschaft nach deutschem, schweizerischem, französischem und englischem Aktienrecht, Berlin 1907; SOMBART, WERNER, Der moderne Kapitalismus, 2., neugearb. Aufl., München 1987; WEBER, MAX, Zur Geschichte der Handelsgesellschaften im Mittelalter. Nach südeuropäischen Quellen, Stuttgart 1889; STRIEDER, JAKOB, Studien zur Geschichte kapitalistischer Organisationsformen. Monopole, Kartelle und Aktiengesellschaften im Mittelalter und zu Beginn der Neuzeit, 2. verm. Aufl., München 1925; WIEACKER, FRANZ, Societas – Hausgemeinschaft und Erwerbsgesellschaft. Untersuchungen zur Geschichte des Römischen Gesellschaftsrechts, Weimar 1936; WILKINS, MIRA, The Emergence of Multinational Enterprise. American Business abroad from the Colonial Era to 1914, Cambridge etc. 1970.

3 Rechtsvergleichung: Groot Placaet-Boeck, Inhoudende De Placaten Ende Ordonnantien vande Hoogh-Mog: Heeren Staten Generael der Vereenighde Nederlanden […], s'Gravenhage 1658; The Law Relating to India, and the East-India Company, 4. Aufl., London 1842; The Lawes or Standing Orders of the East India Company, [London] 1621; Baums, Theodor (Hrsg.), Gesetz über die Aktiengesellschaften für die königlich preussischen Staaten vom 9. November 1843: Text und Materialien, 1981; Carr, Cecil T. (Hrsg.), Select Charters of Trading Companies, A.D. 1530–1707, London 1970; COCCEIJ, SAMUEL VON, Novum corpus constitutionum Prussico-Brandenburgensium praecipue Marchicarum … vom Anfang des Jahrs 1751 und folgenden Zeiten, 12 Bde. mit Continuationen, Berlin 1753–1822 (NCC I–XII); FICK, HEINRICH, Kritische Uebersicht der schweizerischen Handels- und Wechselgesetzgebung, Erlangen 1862; HAKLUYT RICHARD, The Principal Navigations Voyages Traffiques [and] Discoveries of the English Nation, made by Sea or Over-Land to the remote and Farthest Distant Quarters of the Earth […], 12 Bde. Glasgow 1903–05; ISAMBERT, FRANÇOIS-ANDRÉ et al., Recueil général des anciennes lois françaises depuis l'an 420 jusqu'à la Révolution de 1789, 29 Bde., Paris 1821–33; MYLIUS, CHRISTIAN OTTO, Corpus constitutionum Marchicarum, … ad annum 1736 inclusivè, 6 Theile mit Continuationen, Berlin 1737–1755 (CCM I–VI); RING, VIKTOR, Asiatische Handlungscompagnien Friedrichs des Grossen. Ein Beitrag zur Geschichte des preußischen Seehandels und Aktienwesens, Berlin 1890; Gesetz, betreffend die Einführung der Allgemeinen Deutschen Wechsel-Ordnung, der Nürnberger Wechsel-Novellen und des Allgemeinen Deutschen Handelsgesetzbuches als Bundesgesetze v. 5. Juni 1869, Bundesgesetzblatt des Norddeutschen Bundes 1869, Nr. 32, 379–381, m. Anlagen; Gesetz, betreffend die Kommanditgesellschaften auf Aktien und die Aktiengesellschaften v. 11. Juni 1870, Bundesgesetzblatt des Norddeutschen Bundes Band 1870, Nr. 21, 375–386; Gesetz, betreffend die Kommanditgesellschaften auf Aktien und die Aktiengesellschaften v. 18. Juli 1884, Deutsches Reichsgesetzblatt 1884, Nr. 22, 123–170; Handelsgesetzbuch, Fassung vom 10. Mai 1897, Deutsches Reichsgesetzblatt Band 1897, Nr. 23, Seite 219–436; SCHUBERT, WERNER/HOMMELHOFF, PETER, Quellen zur Aktienrechtsreform der Weimarer Republik

(1926–1931), Frankfurt am Main/Berlin/Bern 1999; SHAW, JOHN, Charters relating to the East India Company from 1600–1761, Madras 1887.

I. Aktiengesellschaft, Kapitalvereinigung und juristische Person

Die Aktiengesellschaft (AG) ist ein historisch junges Phäno-   4
men. Als *Société anonyme* (SA) erscheint sie erstmals 1807 im *Code de commerce français* (CdC), dessen Gesetzgeber das neue Institut fest im Privatrecht verankerte. Mit ihr wurde die Kapitalbildung im Sinne einer «Konzentration bereits gebildeter Kapitale» (K. MARX, Das Kapital I, MEW XXIII, 654) als zweckgerichtetes Gesamtkapital (Zentralisation) zum Gegenstand der – vorläufig freilich noch eng beschränkten – Privatautonomie. Mit der Verbreitung der AG in den folgenden Jahrzehnten ging eine «ungeheure Ausdehnung der Stufenleiter der Produktion und Unternehmungen» (K. MARX, Das Kapital III, MEW XXV, 452) einher, wie sie durch die einfache Akkumulation von Einzelkapitalien in so kurzer Zeit nicht möglich gewesen wäre. In der vom Eisenbahnbau befeuerten Hochkonjunkturphase zwischen 1848 und 1873 setzte sie sich auf breiter Front durch. Zeitgenössische Beobachter waren von ihrer radikalen Modernität fasziniert. KARL MARX, der das Strukturmerkmal der konsequenten Trennung von Kapitalgeber- und Geschäftsführerrolle als Vergesellschaftung von Produktionsmitteln interpretierte, hielt die von ihr bewirkte Verwandlung von Industriekapitänen in «bloße Eigentümer, bloße Geldkapitalisten» (ebd.) gar für ein Vorzeichen der großen proletarischen Revolution. Für den Schriftsteller Herman Melville hingegen wurde die hybride Künstlichkeit der zusammengesetzten Einzelkapitale *(Joint Stock)* zur Metapher für die Abgründigkeit einer ziel- und rastlosen Moderne: «It's a mutual, joint-stock world, in all meridians» (H. MELVILLE, Moby Dick or: the Whale, 1851, c. 13).

Das wirtschaftliche Bedürfnis, private Kapitalien zweckgerichtet unter einheitli-   5
cher Leitung zusammenzufassen, war in der industriellen Moderne besonders ausgeprägt; neu war es nicht. Bereits früh finden sich Rechtsformen, mit denen die «Konzentration bereits gebildeter Kapitale» versucht wurde. Die *Rechts*geschichte der AG setzt deshalb nicht erst im 19. Jahrhundert ein, sondern bei ihren funktionalen «Antezedenzien» in Antike, Mittelalter und Früher Neuzeit (MAX WEBER, Wirtschaft und Gesellschaft, 1922/1980, 230). Diese lassen sich grob in drei Gruppen einteilen: Personengesamtheiten von Kapitalisten wie etwa die Publikanengesellschaften der römischen Republik (unten N 11 ff.); zweckgerichtete Kapitalzusammenschlüsse in spätmittelalterlichen Städten *(Montes, Maonae)* mit dem Prinzip der – zumindest faktischen – Haftungsbeschränkung der Anleihenkäufer als hervorragendem Strukturmerkmal (unten N 26 ff.); und schliesslich die handelskapitalistischen Monopolkompanien des 17. und 18. Jahrhunderts, mit denen

die Aktie als Dividendenpapier, ihre immer freiere Übertragbarkeit und der Börsenhandel Einzug hielten (unten N 34 ff.). Zur Bezeichnung historischer Techniken und Organisationen der Kapitalzentralisation hat ANDREAS FLECKNER den Begriff *Kapitalvereinigung* vorgeschlagen (FLECKNER, Antike Kapitalvereinigungen, 24 f.); er findet im Folgenden ebenfalls Verwendung. Von *Kapital-* oder *Aktiengesellschaft* und insbesondere von *Aktienrecht* sollte dagegen frühestens im ersten Drittel des 19. Jahrhunderts gesprochen werden.

6   Das moderne Gesellschaftsrecht, das im CdC erstmals erscheint, charakterisiert sich vor allem durch die Freiheit der Zwecke, wie sie liberale Philosophen von JOHN LOCKE bis IMMANUEL KANT für das vernunftbegabte Individuum beansprucht hatten und sie das französische Revolutionsrecht mit dem *Décret d'Allarde* und der *Loi Le Chapelier* erstmals gesetzlich statuierte. Wirtschaftliche Tätigkeit, gedacht als Anwendungsgebiet der dem Einzelnen in Ansehung seiner Vernunft von Natur aus oder apriorisch zustehenden Freiheit, sollte nun ohne Zunftzwang und ganz ausserhalb altständischer Bindungen stattfinden. Dem entsprach zunächst die gesetzliche Ermächtigung zur freien Zweckbildung unter staatlicher Aufsicht und im Endeffekt die Hypostasierung des ökonomischen Subjekts zu einer mit eigenem Willen begabten, gesellschaftlich radikal dekontextualisierten *juristischen Person*, die in der – festen oder variablen, aber immer fiktiven – Kapitalbasis eines Unternehmens verankert war: «Ohne Vermögen kann kein Actienverein bestehen. Eher umgekehrt ohne Mitglieder» (J. BEKKER, Zweckvermögen, insbesondere Peculium, Handelsvermögen und Actiengesellschaften, ZHR 1861, 499–567, 560). «Mit der Trennung des ‹Geschäfts› von der Person des Unternehmers», so einprägsam WERNER SOMBART zu Beginn des 20. Jahrhunderts, wurde «in dieser Wirtschaftsform Ernst gemacht. Es gibt in der Aktiengesellschaft überhaupt keine Personen mehr, sondern nur noch ein Geschäft auf der Grundlage eines gleichsam automatisch funktionierenden Kapitals, das aus sich heraus Vorstand und Aufsichtsrat als seine eigenen Verwalter bestellt» (W. SOMBART, Der moderne Kapitalismus II/1, 1916/1987, 151). Als hochabstrakter, frei programmierbarer Zurechnungspunkt wirtschaftlicher Operationen erreichte sie so ein Maximum an Freiheit und Organisationsautonomie.

7   An kaum einem Ort zeigt sich die epistemische Schwelle zwischen Recht und Wirtschaft so deutlich wie bei der AG. Ihrer waren sich die Schriftsteller des ausgehenden 19. Jahrhunderts überaus bewusst, allen voran MAX WEBER. Beim Rostocker Handelsrechtler KARL LEHMANN heisst es dazu 1895, es sei zwar «der Fehler vieler Nationalökonomen, gegenüber der wirthschaftlichen Bedeutung eines Institutes die juristische Ausprägung zu gering zu schätzen», umgekehrt verfielen aber auch die «Juristen leicht in den Fehler, den ein neues Rechtsinstitut in das Leben rufenden wirthschaftlichen Gedanken gegenüber der formalen Ausprägung zu wenig zu betonen» (K. LEHMANN, Die geschichtliche Entwicklung des Aktienrechts bis zum Code de Commerce, 1895, 17). Mit der begrifflichen Klä-

rung und systematischen Einordnung der AG hatten sich Rechtswissenschaft und Gesetzgebung in den Jahrzehnten zuvor entsprechend schwergetan. Zwischen dem Erlass des ersten Aktienrechts 1807 und dem Durchbruch zum modernen Unternehmen gegen Ende des Jahrhunderts suchten sie mit erheblichem Aufwand nach historisch-dogmatischen Anknüpfungen und förderten dabei, dem Zeitgeist entsprechend, eine faszinierende Vielzahl historischer Vorläufer zutage. Vor diesem Hintergrund spielte sich auch der sogenannte *Fiktionsstreit* zwischen Romanisten und Germanisten ab um die Frage nach dem ontologischen Status der juristischen Person. Während die (pandektistischen) Anhänger der Fiktionstheorie auf einer gedachten Kollektivpersönlichkeit bestanden, legten die (überwiegend germanistischen) Verfechter der Realitätstheorie ihren Überlegungen die Lehre von den *realen Verbandspersonen* zugrunde. Nur vereinzelt wurde auf den Umstand hingewiesen, dass die AG ebenso gut auch *beides* sein konnte, «aus den Actionären zusammengesetzte Persönlichkeit» *und* «selbständiges, einheitlich organisirtes Rechtssubject» zugleich (J.C. BLUNTSCHLI, Deutsches Privatrecht II, 1854, 113).

BLUNTSCHLIS Oxymoron einer aus *communio* und *universitas* zusammengesetzten «Gesamtperson» klingt auch in der Legaldefinition des ersten schweizerischen Aktienrechts von 1881 an. Dort wird sie als «Gesellschaft … für deren Verbindlichkeit nur das Gesellschaftsvermögen, nicht aber der einzelne Gesellschafter persönlich haftet» (612 aOR 1881) bezeichnet, eine Formel, die mittelbar auch dem geltenden Recht zugrunde liegt (620 I und II OR). Diese begriffliche Ambivalenz ist, anders als bisweilen bemerkt, kein Fehler des Redaktors, sondern eine Folge des Dilemmas der römisch-gemeinrechtlichen Überlieferung mit ihren beiden Regelungsalternativen Gesellschaft *(societas)* und Körperschaft *(corpus)*. Dass die Letztere nach römischem (und kanonischem) Recht zu ihrer Gründung eines obrigkeitlichen Titels bedurfte und auch sonst privatautonomem Handeln vielfach entzogen war, bildete für die am römisch-gemeinen Recht orientierten Juristen als tonangebender Minderheit, die den wissenschaftlichen Diskurs vor 1850 weitgehend dominierte, die Hauptschwierigkeit bei der Behandlung der AG. Sie nach dem Vorbild einer juristischen Person des *öffentlichen* Rechts zu gestalten, wofür das römische und das kanonische Recht des Mittelalters vielfache Möglichkeiten boten, war offensichtlich keine Alternative. Nach einer juristischen Person des *Privatrechts* wiederum, deren Gründung und Betrieb privatautonom vonstatten gehen konnten, hielt man in den einschlägigen Quellen lange Zeit vergeblich Ausschau.

Neben der Sorge um die übergrosse Marktmacht und den politischen Einfluss grosser *Kompanien,* die die Rechtspolitiker in ganz Europa umtrieb, und dem Streit um die «Künstlichkeit» der juristischen Person stand in der deutschsprachigen Rechtswissenschaft daher vor allem der *Mangel an Quellen* im Vordergrund, aus denen zweifelsfrei ersehen werden konnte, dass es private Kapitalvereinigungen in der Vergangenheit nicht nur gegeben hatte, sondern auch *geben durfte* und welche Regeln gegebenenfalls auf sie anzuwenden waren. Im zweiten Band seines *Systems des heutigen römischen Rechts* präsentierte FRIEDRICH CARL VON SAVIGNY eine Lösung; er fand sie in einer Unterart des Gesellschaftsvertrags *(societas)*, die «das Recht von Corporationen» führte, «ohne darum den allgemeinen Namen Societates aufzugeben»: die «Gesellschaften zum Betrieb von Bergwerken, Salinen und Zollpachtungen» (C.F. V. SAVIGNY, System des heutigen römischen Rechts II, 1840, 254), von den Römern Publikanengesellschaften *(societates publicanorum* oder *vectigalium)* genannt. Diese, so SAVIGNY, seien in Rom wie Körperschaften behandelt worden, ohne dabei ihre privatrechtlichen Eigenschaften einzubüssen. Die privilegierte Behandlung hätten sie der engen Bindung an das Gemeinwesen verdankt, dessen Aufträge sie übernommen und sich damit diese Privilegierung verdient hätten. Dies entspreche genau dem staatlichen Konzessionsprinzip (unten N 63 ff.), wie es das damalige Aktienrecht vorsah (F.C. V. SAVIGNY, Obligationenrecht II, 1853, 113 f., Anm.).

10 Nach romanistischer Überzeugung waren AG deshalb grundsätzlich *personal* verfasst. Mit Körperschaften, so SAVIGNY, hätten sie tatsächlich «eine geringere Verwandtschaft als mit den Sozietäten, bei denen stille Gesellschafter beteiligt seien. Alle Aktionäre dächten sich als stille Gesellschafter, mit der Maßgabe, daß neben ihnen keine offene Gesellschaft, an welche sie sich angeschlossen, bestehe» (zit. bei Th. Baums (Hrsg.), Gesetz über die Aktiengesellschaften für die königlich preussischen Staaten vom 9. November 1843: Text und Materialien, 1981, 168–172, 170). Das «Subject der Rechte» müsse man sich dabei freilich «nicht in den einzelnen Mitgliedern (selbst nicht in allen Mitgliedern zusammengenommen), sondern in dem idealen Ganzen» denken (F.C. V. SAVIGNY, System des heutigen römischen Rechts II, 1840, 242 f.). Obwohl an sich ein reines Vertragsverhältnis, verschaffe das Konstitutivmerkmal der «obrigkeitlichen Erlaubniß» der AG den unwiderleglichen Anschein einer Körperschaft, ohne sie wirklich in eine solche zu verwandeln, ganz so, wie die faktische Bindung an das Gemeinwesen dies bei den Publikanen getan habe. Vieles spreche denn auch dafür, dass gerade «die Erlangung der Rechte einer moralischen Person das in das Auge zu fassende wesentliche Moment sei, die Befreiung der Aktionäre von der persönlichen Verhaftung dagegen in den Hintergrund trete» (zit. bei Th. Baums (Hrsg.), Gesetz über die Aktiengesellschaften für die königlich preussischen Staaten vom 9. November 1843: Text und Materialien, 1981, 168–172, 171).

II.   Kapitalvereinigungen vor 1800

11   Doch von welchen Quellen sprach SAVIGNY? *Societas* bezeichnete im römischen Recht einen Konsensualvertrag, der die Beteiligten zu einer Gesellschaft verband, der aber weder Rechtspersönlichkeit noch Vermögensfähigkeit zukam (Inst. 3.25; Gai. Inst. 148 ff.). Als Vertrag hörte sie auf zu existie-

ren, wenn ein Gesellschafter austrat, verstarb, insolvent wurde oder eine Statuseinbusse erlitt. Die Steuerpächtergesellschaft der römischen Republik war zwar auch eine *societas,* wich in wichtigen Punkten aber von diesem Regelungsmodell ab. So war ihr nach den Quellen die «Bildung einer Körperschaft» erlaubt *(permissum est corpus habere,* D. 3.4.1.pr.), weswegen sie nicht nur den Tod oder die Insolvenz eines ihrer Gesellschafter überstehen konnte, sondern auch dessen Klage gegen seine Mitgesellschafter *(actio pro socio manente societate,* D. 17.2.65.15), die ansonsten umstandslos zur Auflösung führte. «Nach dem Vorbild eines staatlichen Gemeinwesens» war sie zudem berechtigt, eine gemeinschaftliche Kasse *(arca communis)* zu führen. Auch verfügte sie über «einen Repräsentanten oder einen Syndikus [...], durch den, ebenso wie in einem Gemeinwesen, das getan und bewirkt wird, was gemeinschaftlich getan oder bewirkt werden muß» (D. 3.4.1). Dies alles machte die Publikanengesellschaft zu einem Institut «an der Grenze zwischen privatem und öffentlichem Recht» (A. BÜRGE, Römisches und Romanistisches zum Unternehmensrecht, WuR 32 [1980] 1, 133–151, 138). Der eigenartige Dualismus, der die Romanisten so intensiv beschäftigte, hatte seinen Grund in der eminent politischen Rolle dieser Gesellschaften: Da sie im Auftrag der Republik öffentliche Aufgaben zu verrichten hatten, wurden ihnen, analog zu dieser, andauerndes und ungestörtes rechtliches Bestehen unabhängig vom konkreten Mitgliederbestand und die übrigen Privilegien öffentlicher Körperschaften zugestanden.

Publikanengesellschaften gab es seit der mittleren Republik. Der Historiker Livius 12 berichtet von drei Gesellschaften mit insgesamt 19 Mitgliedern, die 215 v. Chr. während des Zweiten Punischen Kriegs die Aufgabe übernommen haben sollen, die Armee in Spanien mit Nachschub zu beliefern (Liv. 23, 49; auch Val. Max. 5.6.8). Siebzig Jahre später, so ist bei Polybius und anderen nachzulesen, versahen die Gesellschaften bereits viele öffentliche Aufgaben in ganz Italien (Pol. Hist. 6.17, Plin. 33.21.78, Strab. 3.2.10 147-48), darunter die Bewirtschaftung öffentlicher Ländereien, den Betrieb von Bergwerken und Salinen (Cic. Brut. 85 ff.; Cic. Manil. 17 ff.; Cic. leg. agr. 2.40; Strab. 12.3.40), Bau- und Instandhaltungsarbeiten an öffentlichen Gebäuden *(opera publica, sarta tecta,* Cic. Verr. 2.1.130-138), Geldtransporte für den *aerarius* oder auch die Lieferung von Zirkustieren. Sie taten dies, so die Historiker, mit finanzieller Beteiligung aus allen Schichten der Bevölkerung.

Nach dem endgültigen Sieg über die Karthager entstand im Zuge der Ausdehnung 13 der römischen Herrschaft auf den gesamten Mittelmeerraum ein neues Geschäftsfeld für die Gesellschaften, die Erhebung direkter Steuern, Zölle und Abgaben *(vectigalia, tributa)* in den ausseritalischen Provinzen. Diese einträgliche, aber auch kapitalintensive Tätigkeit weiteten sie gegen Ende des 2. Jahrhunderts auf das gesamte Reich aus, wobei die wirtschaftliche Bedeutung der Provinzen stetig wuchs; so steuerte etwa im Jahr 62 v. Chr. allein die Provinz Asia ein Fünftel zu den Einnahmen des *Imperium Romanum* bei. In kleineren Provinzen war oft eine einzige Gesellschaft tätig, in grösseren teilten sich mehrere das Geschäft. In der Regel trugen sie den Namen ihres Wirkungsgebiets (*societas Asiae, societas Bithynica* usw.), oft in Verbindung mit einem Hinweis auf ihr Tätigkeitsfeld (*societas portus et scripturae Siciliae* usw.). Bei den Provinzialen waren sie verhasst, wie in den frühen Evangelien nachgelesen werden kann (*publicani et peccatores*, Lk 15,1, 19,2–7; Mt 9,10; Mk 2,15). Zur Entstehungszeit dieser Texte in den letzten Jahrzehnten des ersten nachchristlichen Jahrhunderts befanden sie sich bereits im Niedergang. Unter Augustus und seinen Nachfolgern war das Steuerwesen in den Provinzen mehr und mehr in den Aufgabenkreis der kaiserlichen Verwaltung gerückt, während die Bewirtschaftung der öffentlichen Besitzungen an lokale und regionale Pächter vergeben wurde. Kaiser Traian (98 bis 117 n. Chr.) vollzog schliesslich die endgültige Abkehr von der Steuerpacht. Damit endete auch das Zeitalter der grossen Gesellschaften; übrig blieben Einzelpächter im Bereich des Zollwesens.

14 Das Recht, auf eigene Rechnung Steuern zu erheben, erwarben die Gesellschaften, zusammen mit weiteren Staatsaufträgen, in öffentlichen Versteigerungen, die alljährlich von den Zensoren in Rom durchgeführt wurden. Mit den Verhandlungen waren besondere Aufkäufer (*mancipes*) betraut, die die Lose durch Kauf (*emptio*), später auch durch Pacht (*conductio*) auf eigene Rechnung erwarben. Da sie bereits beim Zuschlag substanzielle Zahlungen zu leisten hatten, mussten sie jederzeit grosse Geldbeträge und Pfänder vorhalten. Dabei standen ihnen Bürgen (*praedes*) zur Seite. Diese bildeten zusammen mit dem Aufkäufer innerhalb der Gesellschaft eine besondere Gruppe, die von den einfachen Gesellschaftern (*socii*) unterschieden war. Nur aus diesen wurde die Geschäftsleitung, die «Vorsteher und gleichsam Senatoren der Publikanen» (Cic. Verr. 2.3) gebildet. Ihr Vorsteher war der *magister societatis,* der in Rom residierte und jährlich neu gewählt wurde. Die Geschäfte in den Provinzen wurden von Statthaltern (*pro magistri*) geführt. Unterstützt wurden sie von Sklaven, Freigelassenen und freien Provinzialen, die als Angestellte der Gesellschaft Bauaufträge ausführten, Steuern eintrieben und übrige Arbeiten erledigten. Diese *familia publicanorum* war nur locker mit der Gesellschaft verbunden; ansonsten ist wenig über sie bekannt.

15 Die rezeptionsgeschichtlich bedeutendste Gruppe innerhalb der Publikanengesellschaft bildeten die Teilhaber (*participantes, adfines*) genannten Inhaber von sogenannten «Anteilen» (*partes*). Ihr Status ist nicht restlos geklärt. In der philologischen, politik- und wirtschaftshistorischen Altertumsforschung des 19. Jahrhunderts hielt man sie vielfach für Aktionäre. Im Jahr 1835 übersetzte der Zürcher Altphilologe Hans-Caspar von Orelli das Wort *partes* ohne Weiteres mit «Actien», die auf Börsen «zu verschiedenen Zeiten mal teurer, mal weniger teuer» gehandelt worden sein, «ganz danach, ob Krieg herrschte oder Frieden oder eine Provinz fruchtbarer oder weniger fruchtbar war» (H.-C. V. Orelli, In Vatinium

interrogatio, 1835, 10 f.). Diesem Missverständnis lag u.a. eine Übersetzung des Verbs *eripere* an einer Stelle bei Cicero zugrunde, wo dieser seinen Kontrahenten Vatinius fragt, ob er seine «Anteile» etwa «zum Teil Caesar, zum Teil den Publikanen entrissen» habe (*eripuerisne partis ... carissimas a Caesare, partim a publicanis?*, Cic. Vat. 12.29). Selbst wenn man *eripere* frei mit «unter dem Marktpreis erwerben, übervorteilen» übersetzen wollte, erscheint diese Lesart zumindest als spekulativ.

ORELLI war wohl der erste, aber nicht der einzige, der den Römern Finanztechniken 16 zutraute, die erst im 18. Jahrhundert verbreitet praktiziert wurden. So sprach der grosse Historiker und Literaturnobelpreisträger THEODOR MOMMSEN von einer «Klasse von Steuerpächtern und Lieferanten, die in dem reissend schnellen Wachsthum ihrer Opulenz, in der Gewalt über den Staat, dem sie zu dienen schienen und in dem widersinnigen und sterilen Fundament ihrer Geldherrschaft den heutigen Börsenspeculanten vollkommen vergleichbar» gewesen sei (TH. MOMMSEN, Römische Geschichte I, 1854, 185). Am weitesten ging wohl der Wirtschaftshistoriker MICHAEL ROSTOWZEW, der in der «Speculation, das ganze auf dem römischen Forum stattfindende Börsenleben mit seinem Börsenjargon (*partes, particulae, eripere partes, partes carissimae* u.s.w.) und seinem Einfluß auf die mittleren und niederen Schichten der römischen Bevölkerung» einen wesentlichen Faktor im Leben der späten Republik sah (M. ROSTOWZEW, Geschichte der Staatspacht in der Römischen Kaiserzeit bis Diokletian, Philologus 1904, 329–511; 372 f.). Die neuere Forschung ist erheblich zurückhaltender. Sie sieht in den *adfines* der Form nach stille Teilhaber, die freilich nicht anonym bleiben konnten, sondern sich beim Zuschlag ebenso in die Listen einzutragen hatten wie die übrigen Gesellschafter. Auch scheint das hierarchische Gefälle zwischen Hauptgesellschaftern und Unterbeteiligten für manche Autoren nicht recht zur Vorstellung der Kapitalgesellschaft zu passen, allenfalls zur Kommanditgesellschaft auf Aktien. Rein wirtschaftliche Beteiligungen ohne Mitgliedschaftsrechte existieren zwar auch in heutigen Aktienrechten (vgl. etwa 656a ff. OR), sie sind aber nicht als Unterbeteiligungen ausgestaltet.

Als «Antezedenzien» der AG lassen sich die römischen Publikanengesellschaften 17 nur im allgemeinsten Sinn begreifen, im Hinblick auf ihre Hauptfunktion, der Mobilisierung kleinerer Teilkapitalien und deren Zusammenfassung zu einem übergeordneten Zweck. Schon ihre ständische Verfasstheit weckt Zweifel. Bindungen der Familie oder des Stamms (*gens*) spielten in den Gesellschaften zwar keine Rolle, ihre Mitglieder gehörten jedoch fast ausnahmslos dem Ritterstand (*ordo equester*) an; Senatoren war die Teilhaberschaft aus Standesgründen verboten, und auch die unteren Stände hatten zu ihnen keinen Zugang. Die Anteile der Hauptgesellschafter konnten nicht frei übertragen werden, die Privatvermögen des Aufkäufers und der Bürgen waren ebenso wenig vor dem Zugriff der Gesellschaftsgläubiger geschützt wie das Gesellschaftsvermögen vor dem Zugriff von deren Privatgläubigern. Die Anteilsinhaber (*adfines*) wiederum waren Klienten,

die den Hauptgesellschaftern zu Gefolgschaft verpflichtet waren. Hier auch nur
ansatzweise moderne Kapitalmarktverhältnisse zu unterstellen, scheint schon fast
verwegen. Der gewichtigste Einwand gegen die These römischer AG ist aber der
Umstand, dass sich die Gesellschaften nie eigene Zwecke setzten, sondern ihre
Aufgaben, seien es Heereslieferungen im Krieg, Strassenbau oder Steuerpacht, von
Senat und Magistraten vorgesetzt erhielten. Privatautonomie im Sinne selbstständiger und freier Zwecksetzung fehlte bei den Publikanengesellschaften mithin
völlig. Daran ändert auch SAVIGNYS Analogieschluss auf die Konzessionspflicht,
der europäische AG bis ins letzte Drittel des 19. Jahrhunderts unterstanden, nichts
Grundlegendes. Von den drei Möglichkeiten im römischen Recht *(societas, publicanorum, peculium)* war sie aber die stabilste (vgl. FLECKNER, Roman Business
Associations, 6 ff.).

18   Schon zu SAVIGNYS Lebzeiten wurde die Lehre von der Publikanengesellschaft
als römischer AG heftig angegriffen. Der in Zürich geborene, 1848 nach München
berufene J.C. BLUNTSCHLI gehörte dabei zu den frühesten und radikalsten Kritikern. Ungerührt bezeichnete er sie nicht nur schlicht als Körperschaft des *öffentlichen* Rechts *(universitas)* und damit als unvereinbar mit dem Privatrecht; er verwarf damit auch die Methode der Pandektisten, aus römischen Quellen für die
Gegenwart Recht schöpfen zu wollen, zumindest für den Bereich des Handels-
und Gesellschaftsrechts. Vergleichsweise locker verbundene Gelegenheitsgesell-
schaften möge es heute und auch weiterhin wohl geben; die «wichtigeren Gesellschaften aber des neuern Lebens, namentlich die Handelsgesellschaften» seien
«von einem durchaus andern Geiste beseelt». Sie dürften «eben desshalb nicht aus
einem ihnen fremden Princip beurteilt werden. Wir sehen vielmehr hier Gesellschaften sich bilden, welche einen viel festeren, dauernden Bestand haben, daher
weder so formlos erzeugt noch so leicht gelöst werden können, wie die römischen
Gesellschaften, und auch nach Aussen, im Verkehr mit dritten Personen als zu-
sammengehörige Gesellschaften erscheinen, handeln und obligirt werden. Um
dieses wesentlich verschiedenen juristischen Charakters willen bedürfen diese
Gesellschaften daher auch einer aus ihrem eigenen Lebensprincip abgeleiteten
Doctrin, und es kann für sie die Theorie der römischen Juristen nicht mehr massgebend sein» (J.C. BLUNTSCHLI, Deutsches Privatrecht II, 1854, 387).

19   BLUNTSCHLIS Stellungnahme hat deshalb besonderes Gewicht, weil sie in die
Endphase seiner Arbeit am *Privatrechtlichen Gesetzbuch für den Kanton Zürich*
(PGB) fällt, das zwischen 1853 und 1855 in Kraft trat. Es enthielt ein eigenständiges, im In- und Ausland intensiv diskutiertes Aktienrecht auf deutschrechtlicher
Grundlage im Umfang von 52 Paragraphen (20, 22–25, 27–49, 1342–1365) mit
der AG als «genossenschaftlicher Korporation» (1342 I i.V.m. 22 ff.; 1342 II). Sie
schloss «als Ganzes» Verträge ab, war durch ihre Organe aktiv- und passivlegitimiert und verbürgte die organisatorische und rechtliche Trennung von Gesell-
schafts- und Privatvermögen der Aktionäre, die für die Schulden der Gesellschaft

nicht persönlich hafteten (1344). Sie war keine reine Körperschaft, weil sie «zugleich subjectiv in eine Anzahl gleichartiger Theilrechte (Actien) an dem gesammten Actienvermögen zerlegt» war, wodurch «eben sie den besondern Charakter der Genossenschaften» erhielt, wie BLUNTSCHLI in seinem Lehrbuch erklärte (J.C. BLUNTSCHLI, Deutsches Privatrecht I, 148). Als «Gesamtperson», führte BLUNTSCHLI in den Erläuterungen zu 22 PGB zudem aus, verfüge die zürcherische AG über «eine korporative Organisation, ein Domizil und eigenes Vermögen»; zugleich bestehe sie «aus einer Anzahl von Aktionären, deren Antheil an der Verbindung und deren Recht an dem Vermögen nach Massgabe der Aktien bestimmt und gemessen wird». Jedem «Theilrechte» war eine Stimme zugedacht (32), «bei der Abstimmung in der Genossenversammlung» durfte jedoch niemand «mehr als ein Drittheil sämmtlicher Theilrechte repräsentiren» (33). Zur Ausgestaltung des Stimmrechts verwies das Gesetz auf die Statuten (1353), wobei BLUNTSCHLI Abweichungen vom reinen Aktienprinzip vor allem dort für angezeigt hielt, wo «der Wille eines oder einiger weniger Aktionäre ausschliesslich maßgebend» zu werden drohte und «das Stimmrecht der großen Zahl kleinerer Aktionäre illusorisch» machte. Dadurch würde «[d]er Charakter der Gesellschaft [...] verletzt und das individuelle Interesse Weniger bekäme das Übergewicht über das gemeinsame Interesse Aller» (Erläuterung zu 1353 PGB). Diese dispositive Regelung des Stimmrechts entsprach der in- und ausländischen Praxis und wurde kurz darauf vom Allgemeinen Deutschen Handelsgesetzbuch fast wörtlich übernommen (224 ADHGB, letzter Satz). Auch zur Regelung der Wahlen, der Zusammensetzung der Vorsteherschaft genannten Leitung und der übrigen Gesellschaftsorganisation verwies das PGB auf die Statuten (27) und statuierte nur wenige zwingende Vorschriften, etwa die, wonach Präsident und Vorstand aus dem Kreis der Aktionäre zu wählen waren (35). Aufgelöst werden konnte die Gesellschaft durch Beschluss der *Korporationsversammlung,* der obrigkeitlich autorisiert werden musste, durch «Auflösung von Seiten der Staatsbehörde» oder durch Eröffnung des Konkurses (1359 lit. a–c). Wie die Aktienrechte Frankreichs und Preussens statuierte auch das PGB eine Pflicht zur staatlichen Konzession, wenn die Gesellschaft Wirtschaftsunternehmen betrieb (22 I). Genehmigungsbehörde war der Zürcher Regierungsrat.

BLUNTSCHLIS Gesetzbuch wurde von den Kantonen Luzern, Schaffhausen und Graubünden materiell übernommen und diente zudem als Grundlage für PETER CONRADIN VON PLANTAS Bündner *Civilgesetzbuch* von 1862, dessen Aktienrecht auf die Erfordernis einer staatlichen Genehmigung aber verzichtete (88, 448). Banken, Sparkassen, Kredit-, Leih- und Rentenanstalten mussten jedoch jederzeit Nachweis führen können, wirtschaftlich auf solider Grundlage zu ruhen und die erforderliche Gewähr zu bieten (94). Auch in die Diskussion um das Allgemeine Deutsche Handelsgesetzbuch (ADHGB) fand das PGB mit seinem von historischen Traditionsbeständen vergleichsweise wenig belasteten Aktienrecht Eingang (vgl. N 68 unten). Im Gegensatz zu SAVIGNY, für den die Körperschaftlichkeit der AG lediglich eine Reflexwirkung der Konzession war, bezeichnete BLUNTSCHLI die AG als aus konkreten Mitgliedern konstituierten Verband, der mit den anderen öffentlich- und privatrechtlichen Genossenschaften, aus denen nach germanistischer Überzeugung das deutsche Recht überhaupt bestand, in einer Reihe stand. Im Gegensatz zu seinen deutschen Kollegen hielt BLUNTSCHLI, obwohl von Hause aus Rechtshistoriker, von der Historisierung der AG und der quellengestützten Erforschung ihrer Genealogie freilich vergleichsweise wenig.

21   In der deutschrechtlichen Doktrin der Korporation, die, ebenso wie die juristische Romanistik, zutiefst dem historistischen Zeitgeist verpflichtet war, liegt jedoch die Wurzel dieses Begriffs der AG. Paradigmatisch wirkte hier GEORG BESELER, der die binäre Struktur des römisch-gemeinen Rechts mittels Rückgriff auf das deutschrechtliche Mittelalter zu transzendieren versuchte: «Der Associationsgeist hat hier [d.h. im deutschen Recht] nicht bloß jene extremen Institute ausgebildet, welche auch das römische Recht kennt, sondern das zwischen ihnen liegende Gebiet mit einer großen Menge verschiedenartiger Vereinigungen bedeckt, bei denen jener schroffe Gegensatz zwischen *universitas* und *communio* nicht durchgeführt worden ist» und bei denen sich «das Princip der Gemeinschaft bald mehr bald weniger stark und einflußreich» zeige (G. BESELER, System des gemeinen deutschen Privatrechts I, 1847, § 68, 357 f.). Wie BLUNTSCHLI bezeichnete aber auch BESELER die AG ausdrücklich als modernes Institut (G. BESELER, System des gemeinen deutschen Privatrechts III, 1855, § 223, 301).

22   Eine Generation später, im Zuge der historistischen Durch- und Aufarbeitung des mittelalterlichen Genossenschaftswesens durch OTTO VON GIERKE, wirkte diese pragmatische und verhalten modernistische Position überholt. Im Kapitel von der «Entstehung und Vollendung der Vermögensgenossenschaft» (O. GIERKE, Rechtsgeschichte der deutschen Genossenschaft, 1868, 965 ff.) erschien die AG nun als Perfektionsform einer langen Kette von Vorläufern, die ihren Ursprung allesamt im *Mittelalter* hatten, dem deutschen Zeitalter schlechthin (so schon J.W. GOETHE, Von deutscher Baukunst [1772], Berliner Ausgabe XIX, 1973, 28–37). Für GIERKE war die AG eine völlig «selbständige Bildung des deutschen Rechts […] welche in die Zwangsjacke überlieferter römischer Begriffe nicht passt» (O. GIERKE, Rechtsgeschichte der deutschen Genossenschaft, 1868, 1009). BLUNTSCHLI und BESELER warf er romanistisch überformte Begrifflichkeit vor; sie machten aus der AG ein «Mittelding zwischen Körperschaft und Gesellschaft», das «wol historisch, nicht aber juristisch existiren» könne. Denn tatsächlich handle es sich bei ihr um eine «korporative Genossenschaft […], keine römischrechtliche, von dem Princip der *universitas* beherrschte, sondern eine deutschrechtliche, nach dem Princip der Genossenschaft gebaute Körperschaft» (ebd.). Da die Aktie dieser Auffassung nach nichts anderes war als «das zur Sache gewordene Genossenrecht» (ebd. 1017), konnte die rechtshistorische Forschung nun grundsätzlich alle

mittelalterlichen Institute mit anteiligen Nutzungsrechten als Vorläufer der AG in Betracht ziehen. So versetzte juristische Verwissenschaftlichung in Tateinheit mit historistischer Sinnstiftung ein durch und durch modernes Institut in den festen Bezugsrahmen vergangener nationaler Grösse.

Ziel GIERKES war dabei weniger die historische Erkenntnis als das rechtspolitische Manifest, wonach «die Konstituirung der modernen Kapitalgenossenschaft ein über das Vertragsrecht hinausschreitender socialrechtlicher Vorgang» sei (O. GIERKE, Die Genossenschaftstheorie und die deutsche Rechtsprechung, 1887, 139). Im Einzelnen war er zurückhaltend; so bescheinigte er den Anteilsrechten mittelalterlicher Salinen und Mühlengenossenschaften zwar eine «gewisse Verwandtschaft» mit der Aktie, doch hielt er die Quellenlage für zu unsicher, um ihre innere Organisation näher zu bestimmen (O. GIERKE, Rechtsgeschichte der deutschen Genossenschaft, 1868, 969). In den bergrechtlichen Gewerkschaften sah er hingegen «eine der Vorstufen des Aktienvereins», da Kuxe, ebenso wie Aktien, zum Dividendenbezug berechtigten (ebd. 972). Andere Germanisten widerstanden den Versuchungen der Geschichte weniger gut. «Das Nutzungsrecht (der Pflug, der Jan, das Seyrecht), der Kux, die Deichpflicht u.s.f.», schrieb 1885 etwa der Basler Germanist ANDREAS HEUSLER, seien «rechtlich nichts Anderes als die Actie», und «bei Betrachtung dieser genossenschaftlichen Gebilde» habe sich ihm «die Gleichheit mit der Actiengesellschaft immer als unabweislich aufgedrängt» (A. HEUSLER, Institutionen des deutschen Privatrechts I, 1885, 304 f.). [23]

Ähnlich wie SAVIGNYS gesellschaftsrechtliche Theorie wurde auch die Genossenschaftstheorie der AG bereits unter Zeitgenossen heftig kritisiert. Mehr noch als die Publikanengesellschaft traf sie der Einwand der unhintergehbaren Einbettung in eine bestimmte Kultur *(embeddedness)*. War man sich über den kapitalistischen Charakter der Ersteren noch weithin einig gewesen, schien ein solcher bei der mittelalterlichen Genossenschaft abwegig. «Die Realgenossenschaft, der er angehört», sei für den mittelalterlichen Menschen «die Welt, in der er lebt» gewesen, schrieb etwa der bereits erwähnte KARL LEHMANN (K. LEHMANN, Das Recht der Aktiengesellschaften I, 1898, 21 f.), weswegen sich dessen Stellung und Rechte von denen eines Aktionärs fundamental unterschieden. Auch bei GIERKES Kronzeugen, den bergrechtlichen Gewerkschaften, habe es sich um sehr spezifische Personenverbände gehandelt, deren Mitglieder zudem Miteigentümer der Bergwerke gewesen seien. Die Übertragung der Kuxe sei deshalb in der Regel unmöglich gewesen. Auch von einer Haftungsbeschränkung der Gewerken fand LEHMANN keine Spur, umso mehr dagegen von strenger Nachschusspflicht, der sie sich nur durch Austritt und Aufgabe ihres Anteils zugunsten ihrer Mitgewerken hätten entziehen können (ebd. 25 f.). Kritisch äusserte sich auch der grosse Handelsrechtspionier und Rechtshistoriker LEVIN GOLDSCHMIDT. Den Austritt nicht zum Nachschuss bereiter Gewerken freilich sah er anders; der war für ihn, im Sinne einer mittelalterlichen *Wall Street Rule,* geradezu der «einzige Berührungs- [24]

punkt» zwischen Gewerkschaft und moderner AG (L. GOLDSCHMIDT, Universalgeschichte des Handelsrechts, 1891, 290).

25   Im Bereich der juristischen Dogmatik führten die Geschichtskämpfe von Romanisten und Germanisten beiderseits zu Verhärtungen. So sprach die Pandektistik in
der Nachfolge SAVIGNYS der AG eine eigenständige Rechtspersönlichkeit vollständig ab. Unter den Vertretern der neu entstehenden Handelsrechtswissenschaft
hingegen setzte sich zunächst die von BESELER und BLUNTSCHLI vorgezeichnete
Linie durch, so bei HEINRICH THÖL, der die AG als «deutschrechtlich modificirte
societas» bezeichnete (H. THÖL, Das Handelsrecht I., 3. verm. Aufl., 1854, 197 f.).
Das dogmatische Kernproblem formulierte ERNST ZITELMANN 1873 bereits ohne
Rückgriff auf die Historie, als er bei der Diskussion der engen Verwandtschaft der
AG mit der Offenen Handelsgesellschaft zugleich die «unübersteigliche Kluft»
zwischen beiden betonte, «über welche ohne Verletzung der Logik keine Brücke
geschlagen werden kann» (E. ZITELMANN, Begriff und Wesen der sogenannten
juristischen Personen, 1873, 103 f.). Im Jahr 1893, kurz vor der vollständigen
Positivierung des bürgerlichen und Handelsrechts in Deutschland, schlug der
letzte der grossen pandektistischen Systematiker, FERDINAND REGELSBERGER,
schliesslich vor, die juristische Person auch für das Privatrecht anzuerkennen
(F. REGELSBERGER, Pandekten I, 1893, 302). Die Rechtswissenschaft, so schien
es, hatte sich müde geschrieben und war erleichtert, die jahrzehntealte Streitfrage
um das «Wesen» der AG nun an den Gesetzgeber weiterreichen zu können.

26   Neben den soeben präsentierten historischen Erklärungsansätzen wurden im letzten Drittel des 19. Jahrhunderts noch mindestens zwei weitere diskutiert, die nicht
Personengesamtheiten, sondern funktionale Grundmerkmale der AG zum Ausgangspunkt ihrer Betrachtungen machten. Sie entstanden nicht mehr im Kreis der
Zivilrechtler romanistischer und germanistischer Observanz, sondern in der Zunft
der Handelsrechtler, die sich erst vor Kurzem als eigenständige akademische Disziplin etabliert hatte. Hier rückten zuerst die Beschränkung der Gesellschafterhaf-
tung und ihre institutionellen Ausgestaltungen in den Blick. Dazu kannte das Gemeine Recht von alters her zwei Regelungsmodelle: das Pekulium *(peculium)*, ein
Sondervermögen des Haussohns, das auch Sklaven als Geschäftskapital eingeräumt werden konnte, und das sogenannte Seedarlehen *(fenus nauticum)*.

27   Die Idee, die beschränkte Haftung von Teilhabern für Gesellschaftsschulden nicht
primär vertrags-, sondern sachenrechtlich, nämlich durch Begründung von Miteigentum an einem Sklaven mit darauf folgender Bestellung eines nach den Ei-
gentumsquoten gewichteten Sondervermögens, entstehen zu lassen, wurde nach
1860 von mehreren Rechtshistorikern entwickelt, unter ihnen JULIUS BEKKER
(J. BEKKER, Zweckvermögen, insbesondere Peculium, Handelsvermögen und
Actiengesellschaften, ZHR 1861, 499–567). Da ein Sklave grundsätzlich nicht
sich selbst, sondern seinen Herrn obligierte und dieser damit gewissermassen

«durch jenen hindurch» erwarb, haftete der Herr für Geschäftsschulden des Sklaven von Rechts wegen lediglich in der Höhe des zuvor eingeräumten Betrags. Bei mehreren Miteigentümern konnte diese Konstruktion als «das mit Hülfe der Sklaverei ermöglichte Vorbild der modernen AG» (H. FICK, Ueber Begriff und Geschichte der Aktiengesellschaften, ZHR 1862, 1–63, 31) angesehen werden. Zugleich bot sie eine (allzu) elegante Erklärung für das Fehlen der juristischen Person im römischen Privatrecht. Dieser Theorie standen freilich schon früh Bedenken entgegen. Wirtschaftliche Beteiligungen mehrerer an geschäftsführenden Sklaven *(institores)* waren in Rom zwar durchaus an der Tagesordnung, jedoch fehlten Quellenbelege für die organisatorische Verfestigung eines solchen Verhältnisses zwischen einer Mehrzahl von Eigentümern und einem Sklaven, ebenso wie solche für dessen wirtschaftliche Tätigkeit jenseits des Gelegenheitsgeschäfts. Für den Betrieb von Grossunternehmen, so die überwiegende Meinung, war diese juristisch durchaus reizvolle Konstruktion also kaum geeignet. Sie wird heute nur noch vereinzelt vertreten (Nachweise bei BÜRGE, 369 ff. u. FLECKNER, Antike Kapitalvereinigungen, 223 ff.).

Beim zweiten Regelungsmodell handelte es sich um eine Unterart des Darlehens   28 *(mutuum),* bei dem der Kapitalgeber die Darlehenssumme nicht zurückfordern konnte, wenn das Transportgut auf hoher See verloren gegangen und damit das besondere Risiko des Verkehrs auf hoher See *(periculum maris)* eingetreten war. Dieser sogenannte *Seevertrag,* der ursprünglich aus dem griechischen Recht stammte, wurde in der Spätantike *fenus nauticum* genannt (D.22.2; C.4.33). Im mittelalterlichen Mittelmeerraum findet man seit dem 10. Jahrhundert eine vergleichbare Vertragsart, die *commenda* (von *commendare,* anvertrauen), die zwischen einem Kapitalgeber *(socius stans)* und einem seefahrenden Unternehmer *(socius tractans, tractator)* abgeschlossen wurde.[1] Davon existierten zwei Unterarten, die einfache *commenda,* bei der der Unternehmer lediglich seine Arbeit beitrug und dafür ein Viertel des Gewinns erhielt, und die *Seegesellschaft (societas maris),* bei der er sich am Risikokapital beteiligte und den Gewinn mit dem *socius stans* hälftig teilte. Im Hanseraum wurden solche Verträge *Widerlegung (wederlegginge)* und *vera societas* genannt (A. CORDES, Spätmittelalterlicher Gesellschaftshandel im Hanseraum, 1998, 24 et passim).

In derartigen bedingt zweiseitigen Vertragskonstellationen mit Haftungsbeschrän-   29 kung erblickte neben dem schon erwähnten LEVIN GOLDSCHMIDT (L. GOLD-SCHMIDT, Universalgeschichte des Handelsrechts, 1891, 254, 290 ff.) auch der Zürcher Ordinarius für Römisches Recht, Handels- und Wechselrecht HEINRICH FICK das Urprinzip der Kapitalvereinigung, das mit der Kommanditgesellschaft

---

[1]   Dies war das Thema von MAX WEBER: siehe S. 163 *Zur Geschichte der Handelsgesellschaften im Mittelalter*, Habil. Stuttgart 1889, insb. Kap. II, Die seehandelsrechtlichen Sozietäten, 15 ff.

(société en commandite) zuerst im französischen und seither in vielen anderen Handelsrechten kodifiziert worden sei. Aus ihr, und damit letztlich aus der *commenda*, seien zuerst die Kommanditgesellschaft auf Aktien und schliesslich auch die moderne AG entstanden. Wie schon der sklavenrechtliche Ansatz des nach Kapitalquoten geteilten Pekuliums (oben N 27 ff.) beruhte auch diese Konstruktion auf der Kombination zweier Gedankenexperimente. Zum einen hatte man sich den haftungsprivilegierten Kapitalgeber als Aktionariat beliebig vervielfacht vorzustellen; zum anderen war der Geschäftsführer nur mehr dem Namen nach als natürliche Person, tatsächlich aber als «künstliches und deshalb unsterbliches Personen-Individuum» gedacht (H. FICK, Ueber Begriff und Geschichte der Aktiengesellschaften, ZHR 1862, 1–63, 15 f.). Auf diese Weise meinte FICK, die vielen dogmatischen Probleme rund um den Stammbaum der AG gelöst zu haben (ebd. 17).

30   Die ersten «Vereine, welche den Namen Aktiengesellschaften verdienen», waren nach FICKS Meinung daher nicht römisch- oder deutschrechtliche Personengesamtheiten, sondern die *Monti* genannten Anhäufungen *(montes)* privater Einzelkapitale, die im öffentlichen Bank- und Finanzwesen oberitalienischer Stadtstaaten und spanischer Mittelmeerstädte seit dem späten Mittelalter verbreitet waren. Dazu zählten der *Monte comune* in Florenz, der *Banco di Sant'Ambrogio* in Mailand, der *Monte vecchio* in Venedig, die *Taulas* in Valencia und Barcelona und ganz besonders der 1340 begründete *Monte delle compere e de banchi di Giorgio* in Genua. Gespeist wurden sie aus langfristigen, in der Regel fest verzinslichen öffentlichen Schuldverschreibungen. Die dafür ausgegebenen Anteilscheine trugen nach Ort verschiedene Bezeichnungen; waren es in Genua *luoghi* oder *loca*, sprach man in Venedig von *carati*, deren Inhaber ins Staatsschuldbuch *(cartulario)* eingetragen wurden.

31   Die Entstehung eigentlicher Kapitalvereinigungen aus diesen Fonds geschah nach Meinung der Handelsrechtler FICK und GOLDSCHMIDT zunächst durch institutionelle Verfestigung in körperschaftsähnlichen Gebilden, die auf einem variablen Grundkapital aus Staatsschuldpapieren aufruhten. Das verschiedentlich angeführte Beispiel dafür war die schon genannte Genueser St. Georgsbank, die 1407 nicht nur alle langfristigen Verbindlichkeiten der Stadt zu einem Grundkapital konsolidierte, sondern als Komplementär *(casa)* fortan auch im Aussenverhältnis unbeschränkt haftete, während die Haftung der Anteilsinhaber *(luogatari)* auf die Höhe ihrer Einlagen beschränkt blieb (L. GOLDSCHMIDT, Universalgeschichte des Handelsrechts, 1891, 296 ff.). Nach 1419 zahlte die *Casa San Giorgio*, wie sie nun hiess, nicht mehr feste Zinsen, sondern beteiligte ihre Teilhaber am Gewinn. Damit vollzog sie nach Meinung mancher den Wechsel vom Renten- auf das Dividendenmodell und näherte sich damit dem Idealtyp der Kapitalvereinigung noch weiter an (vgl. neben GOLDSCHMIDT auch G. SCHMOLLER, Die Handelsgesellschaften des 17.–18. Jahrhunderts, hauptsächlich die grossen Kompagnien, SCHMOLLERS Jahrbuch 1893, 959–1018, 962).

Auch diese Theorie über den Ursprung der AG im spätmittelalterlichen Mittel-   32
meerraum traf auf Kritik; sie betraf vor allem den Geschäftszweck und das (fehlende) unternehmerische Gepräge der *Monti*. In ihren jeweiligen Städten bewirt-
schafteten sie den Markt der Staatsschulden und waren im Kreditgeschäft tätig.
Die relativ bescheidenen Gewinne, die sie erzielten, wurden zur Deckung des
Aufwands verwendet und zuweilen auch an die *luogatari* ausgeschüttet. Da dieses
Geschäft immer schlechter lief, wies man ihnen vermehrt auch Einkünfte aus
indirekten Steuern zu. Damit, so manche Kritiker, fehlte ihnen aber ein wesentliches Merkmal der Kapitalvereinigung, der Aspekt des unternehmerischen Risikos.
«Nicht Speculations-, sondern Rentenzwecke» hätten sie verfolgt, die «Renten-,
nicht die Dividendenidee [sei] die massgebende», ihre «Mitglieder [...] Rentiers,
nicht Unternehmer» gewesen (K. LEHMANN, Das Recht der Aktiengesellschaften
I, 1898, 45). Ihr Handeln, schrieb RUDOLF WIETHÖLTER 1961, sei «nicht risikorei-
ches aktives Streben nach unsicherem Gewinn, den die Zukunft bringen soll»
gewesen, sondern «risikoloses passives Warten auf sicheren, wenn auch variablen
Gewinn, den die jeweils abgeschlossene Periode gebracht hat» (R. WIETHÖLTER,
Interessen und Organisation der Aktiengesellschaft im amerikanischen und deutschen Recht, 1961, 55 f.). Man sei sich, mit anderen Worten, bei den *Monti* stets
darüber im Klaren gewesen, dass man es nicht mit einer Handelsgesellschaft zu
tun habe, sondern mit einer staatlichen Institution. Diese Einschätzung, wonach
hier nicht «Unternehmerrisiko und Handelsgewerbe», sondern «Obligationenzins
und Einnahmeverwaltung» (ebd.) im Vordergrund gestanden hätten, prägt bis
heute das Bild.

Wie die römischen Publikanengesellschaften waren auch die *Monti* zur Zentralisa-   33
tion von Einzelkapitalien geeignet. Ebenso wie diese verfügten sie über selbstständiges, von den Anteilseignern unterschiedenes Leitungspersonal *(officiales
montis)*. Auch scheint der Vermögensschutz der privaten Teilhaber in Ansätzen
gewährleistet gewesen zu sein, obwohl über die organisatorische und rechtliche
Struktur der *casa* und ihrem Verhältnis zu den *luogatari* vieles im Unklaren bleibt.
Die Anteile schliesslich scheinen grundsätzlich übertragbar gewesen zu sein, der
Handel damit hielt sich jedoch in überaus engen Grenzen. Ähnlich wie bei den
Publikanengesellschaften, so die Kritik um 1900, habe aber auch bei ihnen das
privatautonome, unternehmerische Element jenseits der Bewirtschaftung der langfristigen Verbindlichkeiten des Gemeinwesens und der Gewährung kleinerer Dar-
lehen gefehlt.

Die dritte Gründungsgeschichte der AG, die im 19. Jahrhundert erzählt wurde,   34
setzte weder in der Antike noch im Mittelalter ein, sondern im ausgehenden
16. Jahrhundert, als die Erschliessung und Ausbeutung überseeischer Kolonien
nach Organisationsformen rief, mit denen bislang unbekannte Mengen von Kapitalien zentralisiert und zugleich ein hohes Geschäftsrisiko aufgefangen werden
konnte. Das historisch erste solche Institut machte LEVIN GOLDSCHMIDT bereits

im 14. Jahrhundert aus, die sogenannte *Ma(h)ona* (von arab. معاونة, *gegenseitige Hilfe*), einen Zusammenschluss von Einzelkapitalien zu einem Geschäftsvermögen, das, wie bei den *Monti*, in *luoghi* aufgeteilt war. Am bekanntesten waren die Genueser Maonen, allen voran die *Maona von Chios (ma[h]ona de Chio)*, deren ursprünglich 29 Teilhaber Mitte des 14. Jahrhunderts auf eigene Kosten die ostägäischen Inseln Chios und Phokäa eroberten und sich von ihrer Mutterstadt die Nutzungsrechte an den dortigen Ressourcen als *dominium utile* übertragen liessen. 1362 formierte sie sich neu und umfasste nun noch zwölf Konzessionäre *(appalatores)*. Von da ab beutete sie während rund 200 Jahren die natürlichen Mastix- und Alaunvorkommen der Inseln aus, betrieb Handel im gesamten Mittelmeerraum und entfaltete als Kolonialherrin eine umfangreiche Bautätigkeit, bis sie 1566 von den Türken vertrieben wurde. Für die Nutzungsrechte und das Handelsmonopol mit den begehrten Erzeugnissen zahlte sie der Stadt Genua Zins; da diese ihre Hoheitsrechte an den Inseln mangels Finanzkraft nie zurückkaufte, war sie ihrer Schirmherrin gegenüber aber praktisch autonom. Im Jahr 1373 wurde nach diesem Vorbild auch die *Maona von Zypern (Maona vecchia di Cipro)* gegründet.

35 Maonen wurden von einem *Consiglio* und zwei Gubernatoren *(gubernatori)* geführt, die dem Kreis der Familien angehörten, unter deren Kontrolle sie standen. Im Fall der *Maona von Chios* war dies der *Albergo dei Giustiniani*, eine Verbindung von Genueser Kaufmannsfamilien, die ihre Geschäfte im östlichen Mittelmeerraum unter einem gemeinsamen Dach betrieben. Obwohl die Anteile an der Maona grundsätzlich übertragbar waren, blieben sie ausnahmslos im Besitz des Albergo, dessen Vertreter zu Beginn des 15. Jahrhunderts für kurze Zeit auch die politische Führung Genuas innehatten. Wegen ihrer familiär-syndikalistischen Struktur, der nach den Quellen wohl kaum anzunehmenden Körperschaft und dem fehlenden Handel mit ihren Anteilen wurde sie als Ahnherrin der AG ebenfalls schon bald in Zweifel gezogen. Trotz der kolonialwirtschaftlichen Tätigkeit der *Maonen* und dem damit wenigstens zu Beginn verbundenen unternehmerischen Risiko habe die Beteiligung an ihnen, ähnlich wie bei den *Monti,* vor allem Obligations- und Rentencharakter gehabt, monierte wiederum KARL LEHMANN (K. LEHMANN, Die geschichtliche Entwicklung des Aktienrechts bis zum Code de Commerce, 1895, 17).

36 Dass Maonen zur Zentralisation von Kapital geeignet waren und tatsächlich auch dazu dienten, wurde indessen auch von LEHMANN nicht bestritten. Auch ihr koloniales Gepräge und das nicht unerhebliche unternehmerische Risiko, das bei ihrer Gründung in Kauf genommen wurde, entging ihm nicht, weshalb er sie mit Unternehmen verglich, die viel später und an einem ganz anderen Ort in Erscheinung traten: die englischen *Joint Stock Companies* («Kompanie mit vereinigten Kapitalen») des 16. Jahrhunderts. Auch ihnen fehlte das körperschaftliche Element; auch war zunächst weder von Aktienbörsen noch von Haftungsbeschränkung der Teilhaber die Rede, Letzteres übrigens bis zum Ende des 18. Jahrhunderts (R. HARRIS,

Industrializing English Law, 2005, 29 ff.). Was sie auszeichnete, war das bei ihrer Gründung und ihrem Betrieb eingegangene unternehmerische Wagnis, das sich im Risiko- und Gewinncharakter der Beteiligungen spiegelte. Hier endlich schien die Zentralisierung von Einzelkapitalien in einer Gesellschaft unmittelbar dem wirtschaftlichen Bedürfnis Privater zu gehorchen, die organisatorische und rechtliche Mittel suchten, um Gefahren und Risiken des transkontinentalen Überseehandels zu bewältigen. Die Trägergesellschaft des *Joint Stock* war mithin eine Handelsgesellschaft *(partnership)*, keine Kommandite. Das neue, zunächst nur im angelsächsischen Raum praktizierte Element war ihre fallweise Erhebung zur oktroierten, mit einem königlichen Patent *(charter)* ausgestattete Kompanie. Zu den begehrtesten Privilegien, die der Souverän verlieh, zählte das Recht, eine Körperschaft von unbefristeter Dauer zu bilden. Da war sie nun, die Handelsgesellschaft, die auch Körperschaft sein konnte: ein HOBBES'scher *Leviathan* privater Einzelkapitalien auf der Suche nach einem Zweck.

Als erste Gesellschaft dieses neuen Typs gilt die *Muscovy* oder *Russia Company.* 37 Im Jahr 1550 in London als Gelegenheitsgesellschaft gegründet, wurde ihr Geschäftsvermögen von «gewissen einflussreichen und umsichtigen Personen als eine Art Senat oder Kompanie» gemeinsam aufgebracht (W.R. SCOTT, The Constitution and Finance of English, Scottish and Irish Joint-Stock Companies II, 1911, 36). Geleitet wurde sie von einem Gouverneur *(governor)* und einem Verwaltungsrat, bestehend aus vier Konsuln *(consuls)* und 24 Assistenten *(assistants of the governor)*, die im Gesellschaftsvertrag alle namentlich genannt wurden. Das Patent, um das sich die Gesellschafter bewarben, verlieh ihnen das Privileg der selbstständigen Wahl der Organe und der Selbstverwaltung, wovon sie mit der Aufstellung von Statuten *(by-laws)* und Regularien *(standing orders)*, die regelmässig publiziert wurden, ausgedehnten Gebrauch machten. Hinzu kam das Recht zum Landerwerb, das private Vollstreckungsrecht gegenüber säumigen Schuldnern sowie die völkerrechtliche Befugnis, im Namen der Krone jedes neu entdeckte Territorium in Besitz zu nehmen. Wirtschaftlich am bedeutsamsten war das unbefristete Monopol für den Russlandhandel, das allen Untertanen der Krone verbot, diese Gebiete ohne die ausdrückliche Erlaubnis der Kompanie zu bereisen. Im Jahr 1553 rüstete die Kompanie drei Schiffe zu einer Reise nach Russland aus, deren Teilnehmern es streng verboten war, «in Missachtung des gemeinsamen Kapitals» einzeln Geschäfte abzuschliessen.

Erst nach der Rückkehr von dieser Reise erfolgte die Inkorporierung zu *one bodie* 38 *and perpetuall fellowship and communaltie* (R. HAKLUYT, The Principal Navigations Voyages Traffiques [and] Discoveries of the English Nation II, ed. 1903, 305). Aber auch danach führte die Kompanie einzelne Rechnungen für jede ihrer Expeditionen *(voyages)*, an denen sich die Mitglieder *(fellows)* nach Belieben beteiligen konnten. Ein einheitliches Geschäfts- oder Grundkapital blieb mithin lange Zeit unbekannt, der körperschaftliche Aspekt trat im Vergleich zum gesellschaftsrechtlichen deutlich in den Hintergrund. Der *one bodie* der Körperschaft mochte wichtig sein, wenn es darum ging, das gemeinsame Vermögen gegen Zugriffe einzelner Gesellschafter zu schützen oder diese gegen die Gläubiger der Kompanie; für die Zentralisation im eigentlichen Sinn notwendig scheint sie nicht gewesen zu sein. Auf Dauer gestellte, rechtliche «Unsterblichkeit» war auch hier ein Akzidens, kein Essentiale der Kapitalvereinigung.

39 In ganz ähnlicher Weise wie die *Muscovy Company* entstand rund 50 Jahre später eine der berühmtesten und langlebigsten aller frühneuzeitlichen Handelskompanien, die *East India Company*, deren 218 Gründer von Königin Elisabeth I. am 31. Dezember 1600 zur *The Governor and Company of Merchants of London, Trading into the East-Indies, one Body Corporate and Politick, in Deed and in Name, really and fully* inkorporiert wurden (J. SHAW, Charters relating to the East India Company from 1600–1761, 1887, 2). Auch diese Kompanie erhielt das Recht zur Wahl ihrer eigenen Organe – sie stand unter der Leitung eines Gouverneurs, dem ein 24-köpfiger Verwaltungsrat *(committees)* zur Seite stand (ebd. 4 ff.) – und zur Selbstorganisation (ebd. 7). Das Handelsmonopol, das sie für Ostindien erhielt, war rückwirkend ab Weihnachten 1600 auf 15 Jahre befristet. Es versprach der Kompanie den ausschliesslichen Zugang zu den Gebieten zwischen dem Kap der Guten Hoffnung und der Magellanstrasse und gewährte ihr umfangreiche Zollprivilegien für die von ihr importierten Güter (ebd. 6, 8 f., 10 f.). Für den Fall eines unvorteilhaften Gangs der Geschäfte behielt das Patent die Abwicklung der Kompanie binnen zweier Jahre vor (ebd. 14). Tatsächlich stiess die Finanzierung der ersten Kompaniereise auf grosse Schwierigkeiten, weshalb die auf dem Weg der Selbstgesetzgebung eingeführte Generalversammlung *(general court)* verschiedentlich Kapitalnachschüsse anordnete und säumigen Zahlern mit Verzugsstrafen, Ausschluss und sogar mit Inhaftierung drohte. Die Seeleute und Faktoren, die im Februar 1601 auf die erste Reise aufbrachen, wurden in Höhe von jeweils zwei Monatslöhnen an der Kompanie beteiligt. 15 Jahre später erwarb Thomas Roe für die Kompanie das Recht, in Surat eine Fabrik zu bauen. In den folgenden Jahrzehnten verdrängte die Kompanie die Portugiesen aus dem Indienhandel. Entlang der Ost- und Westküste Indiens entstanden Handelsposten, und in Kalkutta, Bombay und Madras siedelten sich zahlreiche Engländer an.

40 Wie die *Muscovy Company* bildete auch die *East India Company* für jede ihrer Reisen *(voyage)* ein separates Kapital, über das nach der Rückkehr jeweils Rechnung gelegt wurde. Erst allmählich wurde es üblich, Kapital für mehrere Reisen zu sammeln; bei ungenügender Deckung musste aber auch dann weiterhin nachgeschossen werden. Zu einem eigentlichen Grundkapital *(New General Stock)* kam die Kompanie erst Mitte des 17. Jahrhunderts. Die Anteile *(Shares, Actions)* hatten keinen gleichmässigen Nennwert, sondern bezeichneten lediglich die Höhe der Einlage, die zu Erlangung des Stimmrechts mindestens benötigt wurde; nach den Statuten von 1661 war dies die respektable Summe von 500 Pfund Sterling. Alle

Aktien waren auf den Namen gestellt, jedoch nicht im Sinne fungibler Wertpapiere (Effekten). Ihre Übertragung war zwar problemlos möglich, konstitutiv für den Übergang der Teilhaberrechte war jedoch nicht die Übergabe des Papiers, sondern die Eintragung im Aktienbuch. Trotz ihrer hohen Renditen – die Kompanie erwirtschaftete im Durchschnitt einen Jahresgewinn von 13 Prozent, von der sie bis zu 60 Prozent an die Aktionäre verteilte – blieb der Handel mit Kompanieaktien bis ins 18. Jahrhundert eher bescheiden.

Im Verlauf des 17. Jahrhunderts wurden die Privilegien der Kompanie in acht   41 weiteren Patenten bestätigt und sukzessive erweitert. So erhielt sie die Gerichtsbarkeit und das Münzrecht in Indien, das Recht zur Kriegführung, zum Festungsbau und zur Werbung von Truppen. Zugleich häuften sich die Klagen über Misswirtschaft und Korruption. Im Jahr 1698 belieh das Parlament deshalb eine Konkurrenzgesellschaft mit identischen Privilegien (9/10 W. 3 c. 44). In den darauf folgenden Jahren schloss sich diese mit der alten Londoner Kompanie zur *United East-India Company* zusammen. Erst jetzt wurden die Aktivitäten in Indien erstmals unter einheitliche Leitung gestellt. Im Verlauf des 18. Jahrhunderts, vor allem im Siebenjährigen Krieg (1756–1763), erweiterte sie ihren Herrschaftsbereich dort entscheidend. Nach dem Sieg in der Schlacht von Plassey 1757 errang sie erstmals die formale Herrschaft in Bengalen und damit auch den begehrten *diwan,* das Recht, im Namen des Mogulkaisers Steuern und Abgaben zu erheben. Auch jetzt rissen die Klagen über die Bereicherungssucht, Inkompetenz und politische Unbedarftheit ihrer Vertreter nicht ab. Nach der katastrophalen Hungersnot der Jahre 1769 und 1770, in der mehr als ein Drittel der bengalischen Bevölkerung umkam, erwog das Parlament in London erstmals die Zerschlagung der Kompanie. Im Jahr 1773 wurde das Kommando in Indien einem Generalgouverneur übertragen und die Kompanie parlamentarischer Aufsicht unterstellt. In den folgenden Jahrzehnten dehnte sie ihren Herrschaftsbereich weiter aus, in der Regel informell durch Botschafter und Berater an den Höfen einheimischer Herrscher, zunehmend aber auch durch gewaltsame Annexion. Diese Praxis, ihre konfiskatorische Abgabenpolitik und das Elend der einheimischen Bevölkerung führten 1857 zum grossen Aufstand *(great mutiny),* in dessen Folge die Kompanie ihrer langen Herrschaft auf dem Subkontinent verlustig ging. Wiederum durch Parlamentsgesetz (21 and 22 Vic., c. 106.) wurde Britisch-Indien daraufhin in eine Kronkolonie umgewandelt, die bis 1946 von einem Vizekönig regiert wurde.

Das niederländische Gegenstück zur *East India Company* und Vorbild der konti-   42 nentalen Kompaniegründungen des 17. und 18. Jahrhunderts war die *Vereenigde Oostindische Compagnie* (VOC), die 1602 durch Oktroi der Generalstaaten der Vereinigten Niederlande ins Leben gerufen wurde. Bei ihr handelte es sich nicht um eine einfache, sondern um eine verbundene Gesellschaft bestehender Schiffspartnerschaften in den nordniederländischen Provinzen, die sich seit Mitte der 1690er-Jahre locker assoziiert hatten *(vóór-compagnieën).* Wie die englischen

Joint Stock-Kompanien dienten auch die Vorkompanien der Zentralisation von privaten Kapitalien für den transkontinentalen Überseehandel. Ihre Mitglieder teilten sich in zwei Gruppen: die Hauptpartizipanten, die mit mindestens 5000 Gulden im Mitgliederbuch eingetragen und zur Wahl und Mitwirkung in der Kompanie berechtigt waren, und die Nebenpartizipanten, die mit erheblich geringeren Beträgen unter dem Namen eines Hauptpartizipanten registriert waren. Die Leitung der Vorkompanien hatten die grössten Anteilseigner inne, die *bewindthebber* genannten Gouverneure.

43   Im föderalen Aufbau der VOC spiegelten sich die politischen und wirtschaftlichen Machtverhältnisse in den damaligen nördlichen Niederlanden. In sechs Kammern *(kamers)* repräsentierte sie die Einheit der sechs Provinzen Amsterdam, Zeeland (Middelburg), Delft, Rotterdam, Hoorn und Enkhuizen unter der Führung der Weltmetropole Amsterdam (18–23 Groot Placæt-Boeck II,1,1). Bei der Gründung 1602 rückten die Gouverneure der Vorkompanien automatisch zu Kammerdirektoren auf, später wurden Vakanzen in der Kompanieleitung auch mit Vertretern der Provinzregierungen besetzt (24). Die vermögendsten und einflussreichsten Teilhaber der Kammern bildeten den 17-köpfigen Konzernvorstand der *Heeren seventien* (2 f.), in dem sich die Machtelite des Landes versammelte. Die VOC bestand mithin, in den Worten GUSTAV SCHMOLLERS, aus «lauter Leuten, deren kaufmännisches Interesse durch grossen Aktienbesitz mit der Kompagnie verbunden war und die daneben als Regenten der Generalstaaten ein Hauptinteresse an der Herrschaft in Indien hatten» (G. SCHMOLLER, Die Handelsgesellschaften des 17.–18. Jahrhunderts, hauptsächlich die grossen Kompagnien, Schmollers Jb. 1893, 959–1018, 994).

44   Nach dem Willen des Gesetzgebers wurde die VOC zunächst für die Dauer von 21 Jahren angelegt; während der ersten zehn Jahre war kein Kapitalrückzug möglich (7 Groot Placæt-Boeck II,1,1). Rechnungslegung und Liquidation, die nach Ablauf dieser Zeit fällig gewesen wären, fanden freilich nie statt. Stattdessen wurde die Laufzeit regelmässig verlängert, was in den folgenden Jahrzehnten zur (gewohnheitsrechtlichen) Bildung eines festen Grundkapitals führte. Auch von einem gleichmässigen Nennwert der Anteile von 3000 Gulden war die Rede, aber auch dabei handelte es sich nicht um eine gesetzliche Vorgabe.

45   Die *Heeren seventien* waren für die strategische und operative Leitung zuständig, während Bau und Unterhalt der Kompanieschiffe sowie Organisation und Durchführung der Fahrten nach Fernost den einzelnen Kammern oblagen (12 Groot Placæt-Boeck II,1,1). Verkauf und Vertrieb der erworbenen Waren waren kompanieweit syndikalistisch organisiert und fanden in den Zentren, vor allem in Amsterdam, statt, von wo die Gewinne zurück in die Provinzen flossen. Die Amsterdamer Kammer beschäftigte über 1200 Mitarbeiter mit 25 Direktoren und trug die Hälfte der zentralen Betriebskosten, die zweitgrösste Kammer, Zeeland, ein Vier-

tel, die übrigen teilten sich den Rest (1). Dieser Lastenverteilung entsprechend stellte Amsterdam acht von 17 Vorstandsmitgliedern; während jeweils sechs von acht Jahren hatte ein Amsterdamer den Vorsitz inne (4).

Der Umstand, dass sie den staatsrechtlichen Aufbau der Vereinigten Niederlande   46 spiegelte, verschaffte der VOC bestenfalls eine Art faktischer Rechtspersönlichkeit, die weder von den Gerichten des Gemeinen Rechts noch von denen des *Common Law* anerkannt wurde. Ihre wirtschaftliche Funktion, für die vermögenden Bürger Investitionsanreize zu schaffen und auf diese Weise das politische Konkurrenzverhältnis unter den nordniederländischen Städten und Provinzen zu nutzen, blieb davon jedoch unberührt. Als Herrscherin über ein rasch expandierendes Kolonialimperium integrierte sie die wirtschaftlichen und politischen Differenzen ihrer Heimat «unter einer guten allgemeinen Ordnung, Policey, Einvernehmlichkeit und Gemeinschaft» (Präambel, Groot Placæt-Boeck II,1,1), indem sie die ländlichen Provinzen am rasch steigenden Wohlstand der Metropole beteiligte und die Niederlande insgesamt von ihren grössten Konkurrenten Spanien und England abgrenzte. Dazu band sie die politischen Entscheidungsträger konsequent ein. Nicht nur Bürgermeister und Provinzstatthalter wurden von Amts wegen zu Kammerdirektoren ernannt, die Generalstaaten selbst waren laut Oktroi selbstständige Teilhaber der Kompanie und damit unmittelbar am unternehmerischen Erfolg beteiligt (44). Diese revanchierten sich durch die grosszügige Einräumung von Sonderrechten wie dem Handelsmonopol für Ostindien (34) oder dem Recht, im Namen des Gemeinwesens völkerrechtliche Verträge abzuschliessen (35).

In den rund 200 Jahren, in denen die VOC bestand, verbreitete sich die Organisa-   47 tionsform der Kompanie in ganz Europa. In den Niederlanden selbst entstand 1621 eine Westindische Kompanie. Bereits einige Jahre zuvor hatten Schweden und Dänemark Ostindienkompanien gegründet, es folgten Frankreich, Portugal, Österreich, das Heilige Römische Reich und Spanien mit mehr oder minder erfolgreichen Gründungen. GUSTAV SCHMOLLER schätzte die Zahl der Monopolkompanien im 17. und 18. Jahrhundert auf «einige hundert» (G. SCHMOLLER, Die Handelsgesellschaften des 17.–18. Jahrhunderts …, 984). In Preussen, wo 1711 eine vom Grossen Kurfürsten oktroyierte *Afrikanische Handelskompanie* gescheitert war (CCM Theil 6, Abtheilung 1, 555 ff.), unternahm nach 1740 Friedrich II. mehrere vergebliche Versuche, im Überseehandel Fuss zu fassen (NCC 5B 514 ff.). Auch einer Kompanie für den Monopolhandel mit Salz war kein Erfolg beschieden (NCC 5B 552 ff.). Die 1770 mit der «landesherrlichen Erlaubnis … für Manufacturen, Fabriquen, waaren und Waaren-Lager und Magazine, Versicherungen für Feuers-Gefahr zu geben» (NCC 7 3294 ff.) ausgestattete *Assecuranz-Compagnie zu Berlin* löste sich 1791 durch Beschluss ihrer Aktionäre auf. Auch die VOC überdauerte das 18. Jahrhundert nicht. Ihr Ende kam mit dem Einmarsch der französischen Truppen und der Ausrufung der Batavischen Republik. Nach der Liquidation 1798 fiel ihr koloniales Imperium an den niederländischen Staat, der es bis in die zweite Hälfte des 20. Jahrhunderts verwaltete.

48 An der Dividende von durchschnittlich 18 Prozent, die die Teilhaber der VOC während fast 200 Jahren erhielten, zeigt sich, wie lukrativ das Kolonialgeschäft sein konnte. In Amsterdam etablierte sich daher früh eine Aktienbörse, auf der Anteile an den verschiedenen Kammern gehandelt wurden; drei Siebtel davon blieben für den kompanieinternen Handel reserviert. Hier wurde der gemeinrechtliche Fachbegriff für die gerichtliche Klage (*actio*) erstmals im Sinn eines Anteils- und Dividendenrechts verwendet *(actiones seu partes societatis Indiæ Orientalis vel Occidentalis)*. Grund dafür war die Bezugnahme auf den Digestentitel *Über den Verkauf einer Erbschaft oder einer Klagforderung* (D.18.4), an den die elegante Jurisprudenz bei der Behandlung des Dividendenpapiers anknüpfte. Wie gerichtliche Klagen seien auch die Anteile der Ost- und Westindischen Kompanien unkörperliche Sachen, weswegen ihr Besitz nicht einfach durch Tradition oder Traditionssurrogat übertragen werden könne, schrieb beispielsweise JOHANNES VOET in seinem Pandektenkommentar. Ihr Verkäufer müsse sie vielmehr «im Register oder in den Büchern und Rechnungen der Gesellschaft zu Handen des Käufers umschreiben» lassen, was nach dem einschlägigen Statutarrecht «innerhalb von 14 Tagen nach dem Verkauf» zu geschehen habe, «wenn der Vertrag an dem Ort geschlossen wurde, wo die Überschreibung zu erfolgen hat oder innerhalb eines Monats, wenn dies an einem anderen Ort geschah» (J. VOET, Commentarius ad Pandectas … I, 1698, 798 f.). Aktienkäufe konnten echt und unecht bedingt und mit Rückkauf- oder Optionsklauseln versehen werden. Beliebt war auch der Handel mit Bruchteilen «schwerer» Kompanieaktien, die in attraktivere Portionen von 300 Gulden oder weniger zerlegt und ausserbörslich gehandelt wurden.

49 Im Jahr 1688 begann mit der *Glorious Revolution* in England die sogenannte *Finanzrevolution (Financial Revolution),* in deren Zug die Kapitalvereinigung in kurzer Zeit einen enormen Entwicklungsschub erlebte. Zwischen 1690 und 1720 etablierte sich ein Standard der inneren Organisation mit einem Kanon von Prinzipien hinsichtlich der personellen Trennung von Geschäftsleitung und Kapitalgebern, der (zumindest faktischen) beidseitigen Haftungsbeschränkung und der erleichterten Übertragung der Anteile. Er wurde von Gesetzgebern und Unternehmern der Folgezeit vielfältig aufgenommen und weiterentwickelt. Nun fand die Organisationsform der Kompanie auch in Bereichen fernab des Kolonialhandels Anwendung bei einer Vielzahl grösserer und kleinerer Unternehmen, die als Banken, Versicherungen oder Industrieunternehmen konzessioniert und inkorporiert wurden, vermehrt aber auch ohne obrigkeitliches Patent ihren Geschäften nachgingen. Die wohl bekannteste Gründung dieser Jahre war die 1694 durch Parlamentsgesetz (5 Will. & Mar. c. 20) errichtete *Bank of England*. Nach § 21 dieses Gesetzes bestand auch sie zunächst nur befristet. Sie hatte ein festes Grundkapital, gebildet aus einer Staatsanleihe in der Höhe von 1 200 000 Pfund Sterling, die

gesetzlich durch künftige Steuereinnahmen abgesichert war. Ausser zu Edelme-
tall- und Wechselgeschäften (28) wurde sie explizit zur Ausgabe von Papiergeld
ermächtigt (20 f., 26) und ab 1697 durch Bankprivileg monopolistisch alleinge-
stellt (8/9 Will. 3 c. 20 § 28: «... *no other Bank ... shall be erected or undestablis-
hed ...*»). Im Jahr 1707 erhielt sie eine unbefristete Bestandsgarantie *(perpetuall
succession),* ebenfalls durch Gesetz (6/7 Ann. c. 7 § 5).

Nur wenige Jahre nach der *Bank of England* wurde in London, wiederum durch   50
Parlamentsakte, eine zweite Grossbank gegründet, die *South Sea Company.* Ihre
Organisation folgte weitgehend dem Modell der Bank, mit fast zehn Millionen
Pfund war sie aber erheblich stärker kapitalisiert. Anders als ihre Firma und ihr
öffentliches Auftreten vermuten liessen, war sie nicht zum Kolonialhandel ins
Leben gerufen worden. Mit einem Grundkapital, das aus mehreren Klassen unab-
löslicher, hochverzinslicher staatlicher Rentenanleihen *(irredeemable annuities)*
gebildet war, die mit der Gründung in Dividendenpapiere verwandelt wurden und
auch als Zahlungsmittel Verwendung fanden, betrieb sie stattdessen eine Reihe bis
dahin nie gesehener Finanzoperationen. Dabei störte allerdings, dass ihr nach § 43
ihres eigenen Gründungsstatuts (9 Ann. c. 21) solche Geschäfte explizit verboten
waren, weil ihnen das Monopol der Bank entgegenstand. Dem Verbot halfen ihre
Gründer auf rechtshistorisch bemerkenswerte und folgenreiche Weise ab: Sie
verwendeten dafür den *Mantel* einer anderen Kompanie. Eine gewisse *Sword
Blade Company* mit einem Patent aus dem Jahr 1691, das zur Herstellung von
Degenklingen im Norden Englands ermächtigte, verfügte ebenfalls über ein Bankprivileg. Weil dieses älter sei als das der *Bank of England,* behaupteten die Vertreter der Südseekompanie, könne diese nach dem Erwerb der Degenmanufaktur
unbeschadet der Monopolrechte ihrer Rivalin ebenfalls Bankgeschäfte betreiben.
Nun fehlte nur noch ein Anreiz, um die Inhaber staatlicher Renten zum Einstieg in
die Aktienspekulation zu bewegen; mit der Konzession für den südamerikanischen
Sklavenhandel *(asiento),* die die Südseekompanie im Frieden von Utrecht 1713
erwarb, materialisierte sich dieser nur wenig später.

Diese Operationen hatten im *Projekt* des schottischen Papiergeldmerkantilisten   51
JOHN LAW OF LAURISTON (1671–1729) ihr französisches Gegenstück. Nach der
Berufung durch den Regenten PHILIPPE D'ORLÉANS 1715 hatte dieser die *Banque
Générale* mit einem Grundkapital von 600 000 *Livres tournois* gegründet, die
fortan Banknoten mit dem Rang eines offiziellen Zahlungsmittels ausgab. Später
wurde daraus die *Banque Royale.* Ein Jahr später erfolgte die Gründung der *Compagnie d'Occident* mit einem Grundkapital von 60 000 000 *Livres,* deren Aktien
nur im Austausch gegen staatliche Rentenpapiere *(billets d'état)* erworben werden
konnten. Um Renteninhaber zum Eintritt in den Aktienmarkt zu bewegen, senkte
LAW ihre Obligationszinsen und pries zugleich die fantastischen Gewinnmöglich-
keiten seiner Kompanie im Handel mit der Kolonie *Louisiana* und ihrer Hauptstadt *La Nouvelle Orléans.* Den dort angebauten Tabak vertrieb er im Rahmen des

staatlichen Tabakmonopols *(ferme des tabacs)*, das ihm der Regent ebenfalls zugestanden hatte. Im Mai 1719 schliesslich vereinigte sich die Mississippi-Kompanie mit allen übrigen Monopolhandelskompanien Frankreichs zur *Compagnie des Indes*, im Jahr darauf auch noch mit der *Banque Royale*. Nachdem er sich auch die Steuerpacht *(ferme générale)* für ganz Frankreich gesichert hatte, war LAW nun der unangefochtene Herrscher über weite Teile der französischen Wirtschaft. Öffentliche Zahlungen durften nur noch in Papiergeld seiner Kompanie erfolgen, die mit einem Grundkapital von 150 000 000 *Livres tournois* schon jetzt grösser war als alles bisher Dagewesene.

52   In Paris und London waren damit die Karten gelegt für den ersten flächendeckenden Zusammenbruch der Aktienbörsen im frühneuzeitlichen Europa. Phasen irrationalen Überschwangs, denen ein rapider Wertverfall folgte, waren zuvor nur im Handel mit Luxusgütern beobachtet worden. Zu Berühmtheit gelangte vor allem die Spekulation mit Tulpenzwiebeln in den Niederlanden. Für rare Gewächse wie die rot-weiss geflammte «Semper Augustus», von der angeblich nur zwölf Exemplare existierten, zahlten Liebhaber dort schon in den 1620er-Jahren halbe Vermögen. Auf dem Höhepunkt der «Tulpenmanie» zu Beginn des Jahres 1637 erzielten auch relativ verbreitete Sorten Höchstpreise, etwa die rot-gelb gestreiften «Switser», die ihren Namen den farbenprächtigen Uniformen der Schweizer Söldner verdankte; ihr Wert vermehrte sich innert eines Monats um das Zwölffache (GOLDGAR, 133 u. 202). Die exzessive Aktienhausse, die zum Krach von 1720/21 führte, ging von den Zentren Paris und London aus. Sie begann im Frühsommer 1719 mit einer gigantischen Kapitalerhöhung, die die gesamten langfristigen Schulden der französischen Krone in Eigenkapital der «Compagnie des Indes» überführte. Zugleich zeichnete LAW die Gewinnaussichten in der Neuen Welt in den rosigsten Farben. Durch extreme Kursanstiege trieb er den Buchwert der Kompanie auf bis zu 4 325 000 000 *Livres tournois*. Ermöglicht wurde dies dank Innovationen wie der Inhaberaktie, deren Erfindung LAW zugeschrieben wird, einer grosszügigen Liberierungspraxis – in Extremfällen reichte weniger als ein Prozent des Nennwerts – und anderer Finanzierungsmöglichkeiten, die auch weniger Begüterten den Zugang zum Aktienmarkt eröffneten. Im Zuge gestaffelter Kapitalerhöhungen mit jeweils unterschiedlichen Bezugsrechten wurde Spekulation zur Massenattraktion. «Alle, die vor sechs Monaten reich waren, sind jetzt verarmt, und wer nicht einmal trockenes Brot hatte, schwimmt jetzt im Überfluss», schrieb MONTESQUIEU dazu in den «Lettres Persanes»:

> «Nie haben sich zwei Extreme so nahe berührt. Der Fremde – gemeint war John Law – hat den Staat so umgewendet wie der Trödler einen Rock, er hat das Unterste zu oberst und das Oberste zu unterst gekehrt. Welche unerwarteten Reichtümer, unglaublich selbst für die, denen sie zufielen! Gott selbst zieht die Menschen nicht schneller aus dem Nichts hervor! Wie viele Bediente, die heute von ihren Kameraden und morgen vielleicht von ihren Herren bedient werden.»

In London imitierte die Südseekompanie LAW's Projekt und erhöhte ihr Grundka-   53
pital ebenfalls um den Betrag der gesamten Staatsschulden, der sich auf für die
damalige Zeit gigantische Summe von 32 Millionen Pfund Sterling belief. Den
Inhabern staatlicher Renten stellte sie blendende Geschäfte im transatlantischen
Sklavenhandel in Aussicht, wenn sie ihre Schuldverschreibungen gegen Aktien
eintauschten. In Paris fand der Aktienhandel hauptsächlich am Sitz der «Compagnie des Indes» an der «rue Quincampoix» statt, in London in den Kaffeehäusern
rund um die «Threadneedle Street».

Der starke Edelmetallabfluss und die spekulative Überdehnung führten an beiden   54
Orten binnen kurzer Zeit zu einem Vertrauensverlust, der die Pläne der Finanzpio-
niere fatal durchkreuzte. LAWS Sturz nach dem Bankrott der *Banque Royale* im
Februar 1720 inmitten rasch wachsender Inflation bedeutete zugleich das Ende
seines Systems. In London, wo neben der Südseekompanie noch eine Fülle weiterer Gesellschaften an der Börse präsent waren, darunter viele, die nicht obrigkeitlich patentiert waren, traf die Krise wenige Monate später ein. Auslöser war ein
Parlamentsgesetz: Im Bestreben, immer mehr privates Kapital auf die Mühlen der
grossen Kompanie zu lenken, hatte das Parlament allen nicht patentierten Kompanien im sogenannten *Bubble Act* vom Juni 1720 (6 Geo. I, c. 18) die wirtschaftliche Tätigkeit untersagt und den Aktienhandel gesetzlich stark eingeschränkt. Dass
von dieser Massnahme auch die *Sword Blade Company* betroffen war, die die
Bankgeschäfte der Südseekompanie betrieb, obwohl sie nicht als Bank oktroyiert
war, fiel erst auf, als es zu spät war. Noch vor den Börsenferien gerieten die Kurse
ins Sinken; bei der Wiedereröffnung im August brachen sie ein. Am 24. September musste die Südseekompanie ihre Zahlungen einstellen (*«Sword Blade don't
pay»*), illustre Zeitgenossen wie der Komponist GEORG FRIEDRICH HÄNDEL und
der Physiker SIR ISAAC NEWTON verloren ihre gesamten Vermögen. Dem Zusammenbruch folgte eine parlamentarische Untersuchung gegen die Direktoren,
die mit Konfiskation und Einkerkerung bestraft wurden. JOHN LAWS *Compagnie
des Indes* und die Südseekompanie verloren zwar ihre wirtschaftliche Bedeutung,
überstanden die Krise aber relativ unbeschadet und wurden erst 1769 bzw. 1825
liquidiert.

Die Krise hatte europäisches Ausmass. Nach dem Zusammenbruch in Paris und   55
London stürzten auch die Amsterdamer, Hamburger und Lissaboner Börsen ab. In
Genf und Bern gingen grosse Bankhäuser in Konkurs. Abgesehen von diesen kurzfristigen Folgen signalisierte sie für Kapitalvereinigungen insgesamt einen Wen-
depunkt. Während diese zusammen mit Aktienbanken und Börsenhandel in den
ersten beiden Jahrzehnten des 18. Jahrhunderts in ganz Europa eine immer wichtigere Rolle zu spielen schienen, verschwanden sie während der ersten Industrialisierung fast gänzlich aus dem Blickfeld. In Frankreich wurde mit der *Caisse
d'Escompte* erst wieder 1767 ein Institut gegründet, das mit der zutiefst diskredi-
tierten *Banque Royale* vergleichbar war. Schon nach zwei Jahren aufgelöst, wurde

sie unter Ludwig XVI. 1776 ein zweites Mal eröffnet, bevor sie 1793 endgültig abgewickelt wurde. Eine Staatsbank, die *Banque de France,* entstand erst wieder unter Napoleon I. In England verhinderten Gesetze wie der *Bubble Act* bis weit ins 19. Jahrhundert hinein die freie Gründung von Kapitalvereinigungen. Frei zugelassen waren weiterhin nur personalistisch verfasste Gesellschaften, bei denen weder Rechtspersönlichkeit noch beidseitige Haftungsbeschränkung oder die personelle Trennung von Eigentümer- und Geschäftsführerrolle vorgesehen war.

56   Auch in der zeitgenössischen Rechtsliteratur, beispielsweise in Frankreich, fehlt die Handelskompanie fast vollständig. Das Gesellschaftsrecht der *Ordonnance du commerce* von 1673 regelte nur die allgemeine Handelsgesellschaft *(société générale)* und die Kommanditgesellschaft *(société en commandite).* Die handelsrechtliche Lehre anerkannte zusätzlich eine dritte Form, bei der die geschäftsführenden Gesellschafter im Aussenverhältnis stets im eigenen Namen auftraten, während die übrigen Partner anonym blieben – daher die Bezeichnung *Société anonyme.* Mit einer Kapitalvereinigung oder gar einer AG hatte dieser personalistisch verfasste Typus jedoch kaum etwas zu tun. Die oktroyierten Monopolkompanien wiederum galten weder nach Gesetz noch Doktrin als Handelsgesellschaften. Wenn sie in der rechtswissenschaftlichen Literatur besprochen wurden, dann rein deskriptiv und in gänzlich anderem Zusammenhang. Ihre Errichtung durch den König, schrieb etwa SAVARY am Schluss seines *Parfait négociant* aus dem Jahr 1679, sei deshalb notwendig geworden, weil die Franzosen alle Kolonien zwar selbst entdeckt hätten, bei ihrer Erschliessung aber in Rückstand zu den übrigen Nationen geraten seien. Auch von den Juristen im Heiligen Römischen Reich wurden die Kompanien überwiegend deskriptiv abgehandelt. Ansonsten, etwa in JOHANNES MARQUARDS *Tractatus politico-juridicus de iure mercatorum et commerciorum singulari* von 1662, blieb es bei der gemeinrechtlichen Einordnung als *universitates* und *collegia.* Das *Allgemeine Landrecht für die preußischen Staaten* (ALR), das 1794 erschien, enthielt zur «genehmigten oder privilegirten Gesellschaft» nur eine einzige Bestimmung, nämlich eine Verweisung auf den «Inhalt des ihr ertheilten Privilegii» (II 6 § 22); der Handel mit Aktien war in drei Paragraphen nur geringfügig dichter normiert (I 2 § 12, I 11 § 793, I 12 § 415).

57   Anders als die Gesetzgeber nahmen aufgeklärte Politiker und Schriftsteller die Monopolkompanien durchaus wahr und unterzogen sie mitunter scharfer Kritik. EDMUND BURKE etwa strengte 1788 einen Prozess vor dem Unterhaus gegen die *East India Company* und ihren ersten Generalgouverneur in Indien, WARREN HASTINGS, an und bezeichnete sie dabei sarkastisch als «Staat in der Verkleidung eines Kaufmanns», der seiner äusseren Erscheinung nach zwar einem Handelsunternehmen gleiche, in der «Hauptsache, dem Inneren» jedoch «fast vollständig politisch» sei (E. BURKE, The Speeches ... in the House of Commons and in Westminster-Hall III, 1816, 350). In die gleiche Zeit fällt ADAM SMITHS mehr als 50-seitige Generalabrechnung mit den oktroyierten Kompanien im fünften Teil

seines Klassikers *An Inquiry into the Nature and Causes of the Wealth of Nations*. Sie beginnt mit dem Zugeständnis, die besonderen militärischen Befugnisse der Kompanien seien beim «Handel mit barbarischen und unzivilisierten Nationen» (A. SMITH, An Inquiry ... III, 1789, 107) zwar wohl gerechtfertigt, gingen in der gegenwärtigen Ausgestaltung aber weit über das Notwendige hinaus. Auch sonst machten Unternehmen wie die *East India Company* von ihren Privilegien wirtschaftlich schlechten Gebrauch. Sie dienten der imperialen Machtprojektion und fiskalischen Zwecken und seien ohne ihre Monopole nicht konkurrenzfähig. Daher kämen für sie eigentlich nur «Routinetätigkeiten mit methodischer Gleichförmigkeit» in Frage, die «wenig oder gar keine Abweichung» erforderten und für private Gesellschaften zu kapitalintensiv seien. Zu diesen unternehmerisch und intellektuell wenig anspruchsvollen Tätigkeiten, bei denen es nur auf die schiere Finanzkraft ankomme, zählte er das Bank- und das Versicherungswesen, den Kanalbau und die öffentliche Wasserversorgung. Abgesehen von diesen Einzelbeispielen, so SMITH abschliessend, könne er sich «an keinen Fall erinnern, wo die Errichtung einer solchen Kompanie sinnvoll gewesen» sei (ebd. 150).

In der Tat entsprechen die Monopolkompanien der Frühen Neuzeit kaum unseren an privatrechtlichen Kategorien orientierten Vorstellungen von Handels- und Gesellschaftsrecht. Am ehesten finden sich Übereinstimmungen bei der inneren Ausgestaltung, die überwiegend statutarisch geregelt war; doch auch hier gibt es grosse Unterschiede. Die *Standing Orders* der Londoner *East India Company* etwa, die 1621 erstmals im Druck erschienen, regelten diese Belange in nicht weniger als 62 Titeln mit 335 Artikeln. Davon war jedoch nur ein gutes Dutzend Verfahrensaspekten wie der Durchführung der Generalversammlung (*Courtes*, Art. 1–15) und Wahlen (*Election of Officers*, Art. 52–56) oder der Leitungsorganisation gewidmet (Art. 16–51). Der weitaus grösste Teil der Statuten betraf die Beschreibung sämtlicher Kompaniestellen vom Sekretär der Geschäftsleitung (Art. 57–63) über den Hauptschiffsbaumeister (*Mr. Shipwright*, Art. 108–113), den Justitiar (*Solicitor in the Law*, Art. 271 f.) bis zum Portier des Kompaniesitzes in London (Art. 289–296). Den Handelsniederlassungen in Indien – immerhin das Hauptgeschäft der Kompanie – war dabei nur gerade ein einziger Titel gewidmet (*Factories in the Indies*, Art. 227–250). Insgesamt gleicht diese erste Aufstellung eher dem Ämterkataster eines frühneuzeitlichen Stadtstaats als dem Organigramm eines Wirtschaftsunternehmens. Am Ende des Jahrhunderts konnte es freilich anders aussehen; so vermitteln die ersten *By-Laws* der *Bank of England* von 1697 bereits einen vertrauteren Eindruck. Da viele organisationsrechtliche Aspekte gesetzlich geregelt waren, beschränkten sie sich auf Aspekte wie Ersatzwahlen in den Vorstand (I), Ausstandsregeln (VII) oder die Vergütungen des Leitungspersonals (XIII) und umfassten daher lediglich 14 Artikel.

In der Schweiz kamen frühneuzeitliche Kapitalvereinigungen nach dem Vorbild der genannten kaum vor; wie in anderen Bereichen zeichnete sich die schweizerische Rechtsentwicklung auch hier durch eine gewisse rechtspolitische Verspätung aus. In den dreizehn Orten der alten Eidgenossenschaft, allesamt agrarische und rohstoffarme Binnenländer, die keine stehenden Heere kannten und während Jahrhunderten von Krieg verschont blieben, fehlte die extrinsische Motivation, die anderswo zur Zentralisation führte: Kriegsführung, Flotten-, Berg- und Kanalbau, Seehandel und Kolonialismus. *Societäten* und Kommanditen blieben hier dem strengen Personalprinzip verhaftet und existierten neben einer Vielzahl altehrwürdiger Korporationen und Gemeinderschaften. Nur äusserst selten wurde eine Handelsgesellschaft mit obrigkeitlichen Privilegien ausgestattet. Dies war etwa der Fall beim Bau des Kanals von Entreroches zwischen dem Neuenburger- und dem Genfersee, der von 1638 bis 1648 versucht wurde. Die Trägergesellschaft *(société d'Entreroches)* unter der Leitung des Bretonen ELIE GOURET führte ein Patent des Großen Rats von Bern, das sie zum alleinigen Betrieb des Kanals ermächtigte; sie wird deshalb in Teilen der Literatur als erste AG der Schweiz bezeichnet. Tatsächlich handelte es sich um eine Stille Gesellschaft, deren Geldgeber aus einem kleinen Kreis patrizischer Familien aus Bern und den Niederlanden stammten, die auch verwandtschaftlich miteinander verbunden waren. Zwar war hier die Eigentümer- von der Geschäftsführungsposition getrennt; von den übrigen Merkmalen, die Kapitalvereinigungen in dieser Zeit auszeichneten – faktische Haftungsbeschränkung und Vermögensschutz der Gesellschafter oder erleichterte Übertragbarkeit der Anteile –, war hingegen keine Rede. Dass um 1700 merkantilistische Wirtschaftskonzepte wie die Monopolhandelskompanie und ihre Funktionsweise in der Eidgenossenschaft bekannt waren, zeigen hingegen die Pläne für eine Auffanggesellschaft der in der Südseekrise ins Straucheln geratenen Berner Bank *Malacrida* aus den Jahren 1721 und 1722. Ausgestattet mit einem Handelsmonopol für die französischen Überseeterritorien sollte sie den inländischen Handel fördern und dadurch den Edelmetallabfluss ins Ausland mindern helfen. Ein anderer Plan setzte auf den Alleinexport inländischer Produkte wie Leinwand, Käse, Rohseide und Leder, für die die Kompanie im Gegenzug «nothwendige, nützliche und üebliche Waaren» aus den Manufaktursystemen und Kolonien des Auslands einführen sollte. Keine dieser Ideen wurde jemals verwirklicht.

60   Nach dem Oktroisystem verfasste Kapitalvereinigungen entstanden in der Schweiz erst in der Zeit der Helvetik. Als erstes Unternehmen dieser Art gilt die *Baumwollen-Spinnerey-Gesellschaft* St. Gallen, die verschiedene maschinelle Verfahren zur Textilbearbeitung in der Schweiz einführte. Sanktioniert wurde sie durch mehrere Beschlüsse des *Gesetzgebenden* und des *Vollziehungsrats* der Helvetischen Republik, die ihr das Recht zur Nutzung eines Teils des Klosters St. Gallen verliehen und sie vorläufig von der Steuerpflicht befreiten (ASAH VI, 910 f.). Gestützt auf ein Gesetz zur Förderung der Industrie erhielten die Gesellschaft und ihre Mechaniker HEYWOOD und LONGWORTH zudem *Industrie-Patente,* die sie für die Dauer von sieben Jahren zur ausschliesslichen Nutzung der eingesetzten Maschinen und

zum Alleinhandel mit den Erzeugnissen auf dem Gebiet der Eidgenossenschaft ermächtigten. Im Gegenzug legte die Regierung unter anderem Wert auf die Ausbildung «helvetischer Lehrlinge» an den Maschinen und auf die Gleichbehandlung aller Aktionäre. Sämtliche Privilegien waren resolutiv bedingt und erloschen, wenn nicht binnen eines Jahres mit der Produktion begonnen wurde. Alles Übrige war der Selbstgesetzgebung der Kompanie überlassen. Die 1805 in Zürich gegründete Gesellschaft *Escher Wyss & Compagnie,* die die Grossspinnerei Neumühle betrieb, verfügte über eine Erlaubnis des Regierungsrats und stützte sich mangels gesetzlicher Vorschriften im Übrigen ebenfalls auf ihre eigenen Statuten, das sogenannte *Handlungstraktat.* Auch in den folgenden Jahrzehnten blieben Kapitalvereinigungen in der Schweiz äusserst selten. Unternehmen wie die *Ersparniskasse des Amtsbezirks Aarwangen* und die *Ludwig von Roll'schen Eisenwerke* in Solothurn, beide 1823 gegründet, oder die drei Jahre jüngeren *Niklaus Meyer'schen Walz- und Hammerwerke* in Luzern blieben Einzelerscheinungen. Regelmässig waren Geschäftsführung und Betrieb hochobrigkeitlich sanktioniert, alles Übrige oblag mangels generell-abstrakter Regeln über das Aktienwesen der Selbstgesetzgebung der Gesellschaftsstatuten.

III. Aktienrecht und Aktiengesellschaften des 19. Jahrhunderts

Rechtlich anerkannte, privathandelsrechtliche Kapitalvereinigungen existierten vor Beginn des 19. Jahrhunderts nicht. Doch gab es zwischen ihnen und den Monopolkompanien des absolutistischen Zeitalters durchaus Kontinuitäten. Im Zug der Finanzrevolution hatte die Praxis solcher Kompanien in England und Frankreich einen Kern organisationsrechtlicher Regeln entwickelt, aus dem im Verlauf der folgenden Jahrzehnte ein europäisches Gewohnheitsrecht mit national unterschiedlichen Ausformungen wurde. An ihm orientierten sich Gesetzgeber und handelsgesellschaftliche Selbstgesetzgebung nach 1800. Von den oktroyierten Kompanien zu unterscheiden, sind rein faktische private Kapitalvereinigungen, deren Geschichte ebenfalls bis in die Zeit vor 1720 zurückgeht. Seit damals organisierte sich eine wachsende Zahl von *Common Law*-Gesellschaften *(Co-partnerships)* nach dem *Joint Stock*-Prinzip, ohne über die dafür notwendige staatliche Genehmigung zu verfügen. Von den Juristen wurden sie deshalb als Personengesellschaften behandelt. Die rechtlichen Voraussetzungen für die freie Gründung von Kapitalvereinigungen schuf erst das Recht der Französischen Revolution, das den oktroyierten Kompanien ausgesprochen feindlich gegenüberstand. Im angelsächsischen Rechtskreis herrschte dagegen weiterhin das alte Gesellschaftsrecht vor, das ausschliesslich Personengesellschaften rechtlich sanktionierte und die wirtschaftliche Entwicklung daher mehr behinderte als förderte. Damit kam man so lange gut zurecht, bis mit dem um sich greifenden Eisenbahnbau ein völlig neues wirtschaftliches Umfeld entstand.

62 Am 27. September 1825 wurde zwischen Stockton und Shildon die erste öffentliche Eisenbahn der Welt eingeweiht. Ihre Trägergesellschaft, die *Stockton & Darlington Railway Company* (S&DR), war auf der Grundlage eines Einzelgesetzes, dem *Act for making and maintaining a railway or tram-road from the River Tees at Stockton to Wilton Park Colliery, with several branches therefrom, all in the County of Durham* (2 Geo. 4), gegründet worden. Als das wirtschaftliche und technische Potenzial der Eisenbahn gegen Ende des Jahrzehnts allgemein erkannt wurde, begann mit der sogenannten zweiten Industrialisierung auch eine bis dahin nie da gewesene Phase der Zentralisation öffentlicher und privater Kapitalien. Das übermächtige Bedürfnis nach kapitalgesellschaftlicher Freiheit und Autonomie wirtschaftlicher Organisation veranlasste den englischen Gesetzgeber nach einer über 15 Jahre intensiv geführten Debatte schliesslich zur Abkehr vom Oktroiprinzip. Diese vollzog sich in mehreren Schritten. Den Anfang machte der *Act for the Registration, Incorporation and Regulation of Joint Stock Companies* (7 & 8 Vict. c. 110) aus dem Jahr 1844 für *Co-partnerships* mit *Joint Stocks* von mehr als 25 Mitgliedern. Sie galten fortan als Körperschaften, deren Aktien ohne besondere Einverständniserklärung der Partner übertragen werden konnten. Sie waren im Gegenzug zu Transparenz hinsichtlich ihrer Vermögensverhältnisse verpflichtet. Mit dem *Limited Liability Act* von 1855 (17 & 18 Vict. c. 133) wurde für grössere Gesellschaften die Möglichkeit geschaffen, die Haftung ihrer Mitglieder für Gesellschaftsschulden zu beschränken. Notwendig waren dazu ein mit qualifizierter Mehrheit gefasster und registrierter Beschluss sowie die Erfüllung einer bestimmten Liberierungsquote. Die Firma einer solchen Gesellschaft musste das Wort *Limited* enthalten. Mit dem *Companies Act* von 1862 (25 & 26 Vict. c. 89) wurden diese Regeln auf alle Gesellschaften erstreckt. Damit führte England als erstes Land in Europa das System der freien, allgemeingesetzlichen Gründung von Kapitalgesellschaften (Normativsystem) ein.

63 Anders verlief die Entwicklung in Frankreich. Dort war die Idee einer rationalen Neuordnung des Rechts in einem umfassenden Gesetz (Kodifikation) bereits im 17. Jahrhundert verbreitet und mit der *Ordonnance du commerce* von 1673 für den Bereich des Handelsrechts auch erstmals umgesetzt worden (F.-A. ISAMBERT ET AL., Recueil général des anciennes lois françaises XIX, 92–107). An ihm hauptsächlich orientierte sich die Kommission, die den CdC 1807 im Beisein Napoleons I. ausarbeitete. An der sprichwörtlichen Abneigung des Kaisers Kaufleuten *(marchands)* gegenüber lag es denn auch, dass der CdC bei seinem Erscheinen vielerorts als wenig innovativ und handelsfeindlich kritisiert wurde. Eine der wenigen wirklichen Neuerungen betraf das Gesellschaftsrecht, das mit der *Société anonyme* (SA) einen Typus der Handelsgesellschaft einführte, der dem alten Recht unbekannt war (19). Mit seiner strikten Trennung von Inhaberschaft und Geschäftsfüh-

rung, dem Schutz der Privatvermögen der Gesellschafter vor den Forderungen der Gesellschaftsgläubiger und des Gesellschaftsvermögens vor den Gläubigern ihrer Mitglieder abstrahierte und generalisierte es Regeln, die zuvor privilegienrechtlich oder auf dem Weg der Selbstgesetzgebung gesetzt worden waren. Die Bezeichnung der SA durfte keinen Hinweis auf einzelne Gesellschafter enthalten (29), sondern lediglich eine Sachfirma (30); daher, wie oft behauptet wird, der Zusatz *anonyme*. Ihre Leitung stand im Auftragsverhältnis zur Gesellschaft, ohne ihr selbst angehören zu müssen (Mandatsprinzip, 31); sie verpflichtete sich durch ihre Handlungen zugunsten der Gesellschaft in keinem Fall persönlich (32). 33 CdC statuierte das Prinzip der beschränkten Haftung der Aktionäre *(associés)*. Das Grundkapital der Gesellschaft war in Aktien und Dividendenbezugsscheine *(coupons)* von gleichem Nennwert aufgeteilt (34), die als Inhaber- oder Namenaktien ausgegeben werden konnten (35). 36 CdC regelte das Aktienbuch. Mit der gesetzlichen Anerkennung der Inhaberaktie war zugleich eine wesentliche Grundlage für den reibungslosen Handel an Effektenbörsen gelegt.

Mit nur elf Artikeln war das erste Aktienrecht der Welt auf den ersten Blick eher kurz geraten; ergänzt wurde es durch die allgemeinen Regeln des Zivil- und Handelsrechts sowie die vertraglichen Abreden der Gesellschafter (18). Einschlägig waren sodann die Weisungen der öffentlichen Verwaltung, was aus dem Gesetzestext aber nur ansatzweise hervorging. Zur erfolgreichen Gründung einer Aktiengesellschaft verlangte der CdC nämlich nicht nur eine öffentliche Beurkundung (40), sondern auch ein erfolgreich durchlaufenes Konzessionsverfahren (37), dessen Schwerfälligkeit und Unwägbarkeiten schon bald sprichwörtlich wurden. Es begann mit einem Antrag an den Präfekten des Sitzdepartements oder an den Polizeipräfekten von Paris, wenn die Gründung dort erfolgte. Dieser äusserte sich in einem Gutachten und leitete dieses zusammen mit dem Antrag an das Innenministerium weiter. Hier wurden die rechtliche Zulässigkeit des Gesellschaftszwecks und die wirtschaftlichen Aussichten des Unternehmens genauer überprüft. Daraufhin ging die Sache an den Staatsrat *(Conseil d'État)*, der aufgrund der gesamten Akten und einer eigenen Untersuchung einen Entscheidungsvorschlag zuhanden des Kaisers erarbeitete, der rechtskräftig entschied. Die Konzession war grundsätzlich befristet und bezog sich ausschliesslich auf die im Zeitpunkt der Erteilung vorliegenden Statuten; für jede Änderung musste das ganze Verfahren von Neuem durchlaufen werden. Angesichts dieser Schwierigkeiten erstaunt es nicht, dass im Kaiserreich nur sehr wenige Gesellschaften gegründet wurden. 64

Zu Beginn der Restaurationszeit wurden neue Regeln erlassen. Das Verfahren kam nun insgesamt unter die Herrschaft des Staatsrats, der die zuvor von Departementalpräfekten und Ministerialbürokratie begutachteten Anträge noch einmal von einer eigenen Kommission überprüfen liess, bevor er in Vollbesetzung letztinstanzlich entschied. Erst mit der Publikation des Konzessionstexts und der genehmigten Statuten galt die Gesellschaft als rechtskräftig konstituiert (45). Auch den 65

laufenden Geschäftsgang kontrollierte die Behörde streng. Verlief dieser nicht wie
vorgesehen oder kam die Gesellschaft ihrer Pflicht zur Berichterstattung nicht
nach, konnte sie das Leitungspersonal jederzeit abberufen oder die Gesellschaft
auflösen. Nach Überzeugung des Staatsrats bildete dieses Regime ein notwendiges
Gegengewicht zur Rechtswohltat der beschränkten Haftung, von der er fast nur
Schlechtes erwartete. Grosse Aktienunternehmen, so hatte 1807 schon die Gesetz-
gebungskommission festgehalten, seien oft nichts als «Fallen für die Gutgläubig-
keit der Bürger», und selbst ohne eindeutige Absicht zum Betrug setzten schlecht
verfasste, mangelhaft geführte Unternehmen die Einlagen der Aktionäre «oft genug leichtfertig aufs Spiel, schädigten den allgemeinen Kredit und störten den
öffentlichen Frieden» (übers. aus J.G. LOCRÉ, Esprit du code de commerce ou
commentaire de chacun des articles du code … I, 2. Aufl. 1829, 92). Das Misstrauen des Gesetzgebers, der die Aktiengesellschaft für «notwendig, aber gefähr-
lich» hielt (A. LEFEBVRE-TEILLARD, La société anonyme au XIXe siècle …, 1985,
21), wurde von den Vollziehungsbehörden, allen voran dem Staatsrat, uneingeschränkt geteilt. Entsprechend zurückhaltend verfuhr er bei der Erteilung der Konzessionen. Nur rund zwei Drittel der Gesuche wurden gutgeheissen; zwischen
1815 und 1833 waren es 151, etwas mehr als acht pro Jahr.

66   Die relativ geringe Zahl von Zulassungen unter dem Konzessionssystem, dessen
60-jähriges Regime lediglich 642 SA hervorbrachte, hat oft dazu geführt, die Rolle der Kapitalgesellschaft in Frankreich, wo die erste Eisenbahnstrecke 1827 in
Betrieb genommen wurde, zu unterschätzen. Tatsächlich lag die Funktion der
kapitalistischen Dampfmaschine hier zunächst nicht bei der SA, sondern bei der
Société en commandite par actions (SCA) nach 38 CdC, die rechtlich nicht als
Kapitalgesellschaft galt und daher keiner behördlichen Autorisation bedurfte. Von
Gesetzes wegen waren beide Typen streng getrennt. So hatte man die Bezeichnung SA, die in der vorrevolutionären Handelsrechtswissenschaft eine Art Stiller
Gesellschaft bezeichnet hatte (N 55 oben), überhaupt nur ins Gesetz aufgenommen, um Verwechslungen mit der SCA zu vermeiden. Als dieser 1832 vom Pariser Handelsgericht aber erlaubt wurde, Inhaberaktien auszugeben, wurde sie zur
Rechtsform der Wahl zur Umgehung des restriktiven Verfahrens des Staatsrats,
denn mit einem Strohmann als Komplementär war es leicht möglich, eine konzes-
sionsfreie «faktische» Aktiengesellschaft zu gründen. Dies führte viele Unternehmen dazu, sich zunächst als SCA zu konstituieren und erst später, wenn überhaupt, den beschwerlichen Weg der Konzession anzutreten. Erkauft wurde dieser
Vorteil durch gewichtige Organisationsdefizite, stand den Kommanditären in einer
SCA, wollten sie ihrer beschränkten Haftung nicht verlustig gehen, doch keinerlei
Einfluss auf die Geschäftsleitung zu. Bis zum Börsenkrach 1838 entstanden Hunderte solcher Gesellschaften, viele von ihnen reine Schwindelunternehmen. Nach
einem fehlgeschlagenen Versuch, die SCA zu verbieten, wurde die freie Gründung

1856 merklich erschwert. Durch Einführung hoher Liberierungsquoten und der Deckelung des Grundkapitals verlor sie ihre Bedeutung als Alternative zur SA.

Das System der Staatsgenehmigung geriet sofort wieder unter Druck, als sich Frankreich 1857 handelsvertraglich verpflichtete, belgischen Kapitalgesellschaften die freie Geschäftstätigkeit im Inland zu erlauben *(Loi du 30 mai 1857)*. Als 1862 auch frei gegründeten *Limited Companies* Marktzugang gewährt wurde, führte der französische Gesetzgeber aus Gründen der Gleichbehandlung eine neue Form der Kapitalgesellschaft ein, die *Société à responsabilité limitée* (SARL), für die keine Konzession benötigt wurde (1 I *Loi du 22 mai 1863*). Nur Gesellschaften mit einem Grundkapital von weniger als 20 Millionen Francs konnten sich dieser Form bedienen (1 II). Rechtskräftig konstituiert war die SARL erst, wenn mindestens sieben Gesellschafter (2) das gesamte Grundkapital gezeichnet und mindestens ein Viertel bar einbezahlt hatten (4). An der Gründungsversammlung *(assemblée générale)* wurde aus dem Kreis der Aktionäre die Leitung gewählt *(administrateurs)*, die, wie im bisherigen Recht, in einem Auftragsverhältnis zur Gesellschaft stand (1 IV). Hinzu kamen sogenannte Kommissäre *(commissaires, 6 I)* zur Berichterstattung an die Generalversammlung über die wirtschaftliche Situation der Gesellschaft, die Bilanz und die von der Leitung vorgelegte Rechnung (15). Dazu durften sie jederzeit Einsicht in die Bücher nehmen (16). Mindestens einmal jährlich musste eine reguläre Generalversammlung stattfinden, deren Teilnahme statutarisch auf Grossaktionäre beschränkt werden konnte (12 I). Zuständig war sie unter anderem für die Wahl der Leitungsorgane und Änderungen der Statuten. Auch Beschlüsse über die Fortsetzung der Gesellschaft über die statutarisch festgesetzte Frist hinaus fielen in ihren Geschäftsbereich. Das Gesetz enthielt auch zahlreiche Verantwortlichkeits- und sogar Strafnormen; so wurde etwa der Verstoss gegen die Emissionsvorschriften (3) mit Busse und Gefängnis «zwischen acht Tagen und sechs Monaten» bestraft (30 II). Die Artikel 29 f., 32–34, 36 und 40 CdC wurden ausdrücklich beibehalten (1 III). Vier Jahre später endete das Konzessionssystem auch im Aktienrecht. Abgelöst wurde es in Anlehnung an die SARL durch das Normativsystem (21 I *Loi du 24 juillet 1867 sur les sociétés commerciales*, Bulletin des Lois 1867 n° 1513). Nur Versicherungsunternehmen benötigten fortan noch eine Konzession (66). Zum Schutz der Aktionäre statuierte das neue Gesetz einen Mindestnennwert der Aktien von 100 Francs. In seinen 67 Artikeln näherte es die SA im Übrigen stark der SARL an. Übernommen wurde insbesondere das dispositive Zensuswahlrecht in der Generalversammlung (27 I), die Aufsicht durch Kommissäre, deren Stellung leicht gestärkt wurde (32 ff.), sowie die Regeln zur Verantwortlichkeit, die man für die SA vereinheitlichte (44). Es blieb bis 1966 in Kraft.

Mit der globalen Verbreitung des CdC in den ersten Jahrzehnten des 19. Jahrhunderts – er war diesbezüglich noch erfolgreicher als der *Code civil* – wurde auch dessen Aktienrecht vielerorts rezipiert. Manche Länder hatten das Gesetzbuch schon im Zuge der französischen Expansion eingeführt und behielten es später bei, darunter das Königreich Belgien, das Großherzogtum Luxemburg, in Italien das Königreich Lombardo-Venetien, das Großherzogtum Toscana und die Republik Genua. In Deutschland waren es die Rheinprovinz und das Großherzogtum Baden, wo man das Aktienrecht des CdC umfassend in das *Rheinische Handelsgesetzbuch* übernahm. Um die Erlaubnis zur Gründung einer Aktiengesellschaft zu erlangen, bedurfte es hier des Nachweises der Gemeinnützigkeit, weshalb Aktiengesellschaften zunächst nur für den Strassenbau, das Schifffahrts- und Versicherungswesen gegründet wurden. Wie in Frankreich war der Erfolg auch in Deutschland bescheiden; bis 1843 wurden in der Rheinprovinz lediglich 41 Aktiengesellschaften beantragt. In der Schweiz blieb der CdC in der Republik Genf und in den sechs Ämtern des Berner Jura in Kraft; beide hatten bis 1815 zu Frankreich gehört. An allen genannten Orten wurde auch das Konzessionssystem übernommen.

69   Die Rezeption des CdC beschränkte sich jedoch nicht auf diese Beispiele mehr oder minder kontinuierlicher Weiterführung. Oft wurden französisches Aktienrecht und Konzessionsprinzip nicht integral übernommen, sondern selektiv in eigene Gesetzbücher umgearbeitet. Beispiele dafür sind die Königreiche Spanien (1829), Portugal (1833), Griechenland (1835), Niederlande (1838) und Serbien (1860), in Italien die Königreiche beider Sizilien (1819) und Piemont (1842) und der Vatikan (1821), ausserhalb Europas Haiti (1826) oder Brasilien (1850). Im Deutschen Bund beriet 1836 zuerst das Königreich Sachsen über die Einführung eines Aktiengesetzes. Kurz darauf folgte Preussen mit dem *Eisenbahngesetz vom 3. November 1838* und fünf Jahre später mit dem *Aktiengesetz vom 9. November 1843,* das unter dem Justizminister SAVIGNY erarbeitet wurde. Es enthielt allgemeine Bestimmungen für alle preussischen Aktiengesellschaften und folgte inhaltlich grundsätzlich dem CdC. Nach dem Vorbild des 1838 erlassenen niederländischen *Wetboek van Koophandel* regelte es bestimmte Bereiche aber einlässlicher, etwa mit der zwingenden Vorschrift, in den Statuten die Höhe des Grundkapitals und den Nennwert der Aktien festzuschreiben (2 *Aktiengesetz vom 9. November 1843)* oder dem Verbot von Kapitalrückzahlungen an die Aktionäre (17). Beide Gesetze unterstellten die Aktiengesellschaft der Konzessionspflicht und verwiesen in zentralen Bereichen auf das ALR.

70   Auch das Aktienrecht des *Allgemeinen Deutschen Handelsgesetzbuchs* (207–249 ADHGB), das 1861 in den Ländern des Deutschen Bundes in Kraft trat, 1869 Bundesgesetz des Norddeutschen Bundes (BGBl. 1869, Nr. 32, 6 f.) und 1871 Reichsgesetz wurde (RGBl. 1871, 63), war dem Konzessionsprinzip verpflichtet (208 ADHGB). Einer Intervention Hamburgs folgend, wo Kapitalgesellschaften seit 1835 frei gegründet werden konnten, war dessen konkrete Anordnung aber der Landesgesetzgebung anheimgestellt (249 ADHGB). Das ADHGB galt zunächst nur für Gesellschaften, die Handelsgeschäfte betrieben (207 i.V.m. 5 ADHGB); für die übrigen, sogenannten *Civilactiengesellschaften* war weiterhin das Landes-,

und wenn ein solches fehlte, das Gemeine Recht massgeblich. Es orientierte sich am französischen Recht und der dazugehörigen Praxis, vornehmlich aber am preussischen Gesetz von 1843, enthielt in seinen 43 Artikeln aber auch Wegweisendes und Neues. So statuierte es in den Abschnitten *Rechtsverhältniß der Aktionaire* und *Rechte und Pflichten des Vorstandes* ein ausführliches Organisationsrecht mit einem (fakultativen) Aufsichtsrat (225 ADHGB). Die letztere Vorschrift veranlasste die Länder Baden, Lübeck, Oldenburg, Bremen, Württemberg, Hamburg und Sachsen in den ersten Jahren nach Inkrafttreten, die Konzessionspflicht aufzugeben und zum Prinzip der freien Gründung überzugehen (249 ADHGB). Auch beim Aktionärsschutz und hinsichtlich des festen Grundkapitals wirkte das ADHGB wegweisend. Mit der Aktiennovelle von 1870 wurde es bereits vor der Reichsgründung entscheidend revidiert (*Gesetz, betreffend die Kommanditgesellschaften auf Aktien und die Aktiengesellschaften v. 11.6.1870*, BGBl. 1870, Nr. 21, 375–386). Sie führte im gesamten Bundesgebiet das Normativprinzip ein (208, 210 f. n.F. ADHGB), hob die Unterteilung in Handelsgesellschaften und *Civilactiengesellschaften* auf und machte die statutarische Einsetzung eines Aufsichtsrats zur Pflicht (225 i.V.m. 175 Ziff. 6 n.F. ADHGB). Die Organisation der AG blieb im Übrigen unverändert.

In der Schweiz verlief die Aktiengesetzgebung zunächst eher gemächlich; bis 1881 erliessen überhaupt nur zehn Kantone eigene Aktienrechte. In der Westschweiz geschah dies auf dem Weg der integralen Übernahme des CdC (N 66 oben) oder durch Teilübernahme. Sachlich und zeitlich an erster Stelle steht dabei der Kanton Neuenburg, dessen *Loi sur quelques matières commerciales* aus dem Jahr 1833 die SA in 15 Artikeln regelte, von denen mehrere wörtlich aus dem CdC übernommen waren. Anders als dieser statuierte das Neuenburger Gesetz aber nicht nur die völlige Freiheit der Firmenwahl, sondern verzichtete auch auf das Erfordernis einer staatlichen Genehmigung. An ihre Stelle trat die notarielle Beurkundung der Gründung, die beim Gericht der Sitzgemeinde innert Monatsfrist zu melden war (19). Als rechtskräftig konstituiert galt die Gesellschaft erst mit der Eintragung ins Handelsregister, wobei Gesellschaftszweck, Namen der zeichnungsberechtigten Gesellschafter, Grundkapital und die geplante Dauer des Unternehmens anzugeben waren (20, 25 III). Wichtige Beschlüsse und Statutenänderungen unterlagen denselben Publizitätsvorschriften (22, 31). Da dieses liberale Regime von auswärtigen Gesellschaften missbraucht wurde, wandte sich der Gesetzgeber 1852 vom Normativprinzip ab. Im gleichen Jahr erliess der Nachbarkanton Waadt eine *Loi du 14 décembre 1852 sur les sociétés commerciales,* die sich überwiegend am Neuenburger Gesetz orientierte, hinsichtlich Firma und Konzessionspflicht jedoch zum französischen Vorbild zurückkehrte, dessen Genehmigungspraxis sie eher noch verschärfte. Das Aktienrecht des Freiburger *Code de commerce* vom 11. September 1849 und die Walliser *Loi sur les sociétés commerciales* vom 29. November 1853 folgten ebenfalls weitgehend dem CdC. Genehmigungsbehörde war in beiden Fällen die Kantonsregierung *(Conseil d'État)*. Die Änderungen der französischen Aktiengesetzgebung nach 1860 vollzog nur mehr der Kanton Genf nach. 1864 wurde hier die SARL zugelassen, deren Firma der Zusatz *société anonyme libre* beizufügen war (1 *Loi sur les sociétés anonymes libres du 2 novembre 1864*). Im Übrigen blieb es auch hier beim Konzessionsprinzip bis zu dessen vollständiger Aufgabe vier Jahre später, wiederum als Reaktion auf die französische Gesetzgebung (1 *Loi sur les Sociétés du 29 août 1868*).

72   In der deutschsprachigen Schweiz war der Einfluss des französischen Rechts weniger spürbar und die Gesetzeslage daher variantenreicher. Industriell avancierte Kantone wie St. Gallen und Glarus hatten überhaupt kein gesetzliches Aktienrecht und verliessen sich auf ihre Gerichte, die das Recht anderer Kantone analog anwandten oder sich mit der gemeinrechtlichen Handelsrechtslehre behalfen. Zürich und Bern schufen mit dem *Gesetz über das Ragionenwesen* (1835) und dem *Gesetz über die gemeinnützigen Gesellschaften* (1847) wenig tragfähige Spezialgesetze nach dem Konzessionsprinzip, während der Kanton Aargau in seinem *Allgemeinen Bürgerlichen Gesetzbuch* noch 1855 das Oktroisystem einführte (724 i.V.m. 19). Im *Civilgesetzbuch* des Nachbarkantons Solothurn entstand derweil ein ebenfalls dem Konzessionsprinzip verpflichtetes, im Übrigen aber durchaus eigenständiges Aktienrecht (1218–1223, 1196–1198, 1210, 1213). Genehmigungsbehörde war, wie in den übrigen Kantonen, der Regierungsrat, der der Gesellschaft die Konzession regelmässig zu erteilen hatte, wenn sie «sich ausweist, dass sie genugsam ökonomische Kräfte besitze und ihre innere Einrichtung gehörig geordnet sei» (1218 II). Der Inhalt der Konzession und die Namen des Leitungspersonals unterlagen der Publikationspflicht (1219). Dieses war den Aktionären jederzeit zur Rechnungslegung verpflichtet (1196). Ähnlich wie im Kanton Neuenburg konnte auch die solothurnische Aktiengesellschaft nach einem ihrer Mitglieder benannt werden (1218 I).

73   Mit dem Bau der ersten kommerziellen Eisenbahnlinien begann wirtschaftlich und gesellschaftsrechtlich auch in der Schweiz eine neue Epoche. Im Vergleich zu England und den Nachbarn Deutschland und Frankreich befand sie sich diesbezüglich stark im Rückstand. 1844, als die französische Linie Strassburg–Basel bei St. Louis die Landesgrenze erreichte und England mit der Modernisierung seines Gesellschaftsrechts begann, war in der Schweiz noch kein einziger Meter Schiene verlegt, und mit Ausnahme von Genf und Neuenburg verfügte kein Kanton über ein zeitgemässes Aktienrecht. Daran änderte auch die Eröffnung der Linie Baden–Zürich (Spanisch-Brötli-Bahn) durch die später in Alfred Eschers *Nordostbahn* (NOB) aufgegangene *Schweizerische Nordbahn* im Juni 1847 vorerst wenig. Drei Jahre später, als die englischen Eisenbahnen bereits 10 000 Streckenkilometer befuhren und die deutschen immerhin 6000, lagen in der Schweiz bloss 26 Kilometer Schienen. Der junge Bundesstaat war sich dieses Problems bewusst; ESCHER, sein erster Nationalratspräsident, kritisierte zu Beginn der Dezemberses-

sion 1849 den überbordenden Föderalismus der Vergangenheit und rief den Versammelten die Bundesverfassung in Erinnerung, die den Bund zur Errichtung öffentlicher Werke ermächtige (21 BV 1848). Zugleich warnte er die Schweizer vor Behäbigkeit: «Und hier komme ich zuerst auf die Eisenbahnangelegenheit zu sprechen. [...] Von allen Seiten nähern sich die Schienenwege immer mehr der Schweiz. Bereits wird die Frage, wie sie mit einander in Verbindung gebracht werden sollen, eifrig verhandelt. Es tauchen Pläne auf, gemäß denen die Bahnen um die Schweiz herumgeführt werden sollen. Der Schweiz droht somit die Gefahr, gänzlich umgangen zu werden und in Folge dessen in der Zukunft das traurige Bild einer europäischen Einsiedelei darbieten zu müssen. Und diese Gefahr droht ihr mit Beziehung auf Schöpfungen, die man als die schönen Werke des Friedens zu betrachten gewohnt ist, gerade in einem Augenblicke, da sie sich selbstgefällig das Eiland des Friedens und der Ruhe in dem sturmbewegten Meere Europa's nennt!» (BBl 1849 III 149).

Kurz darauf erliess der Bundesgesetzgeber das *Bundesgesetz, betreffend die Verbindlichkeit zur Abtretung von Privatrechten* vom 1. Mai 1850 (BBl 1850, 47–64), das, gestützt auf 21 BV 1848, «[j]edermann, so weit solche Werke es erforderlich machen», verpflichtete, «sein Eigenthum oder andere aus unbewegliche Sachen bezügliche Rechte gegen volle Entschädigung dauernd oder bloß zeitweise abzutreten» (1). Es übertrug die Verfahrensherrschaft den Gemeinden (10), setzte kurze Fristen an (11 f.) und regelte den Rechtsschutz überwiegend zugunsten der Unternehmer (13 f.). Mit dem *Bundesgesez über den Bau und Betrieb von Eisenbahnen im Gebiete der Eidgenossenschaft* vom 28. Juli 1852 (AS 3 [1853] 170–176) erklärte er das Eisenbahnwesen gegen den Willen des Bundesrats insgesamt zur «Privatthätigkeit» (1), übertrug die Kompetenz zur Erteilung von Bahnkonzessionen an die Kantone (2) unter Vorbehalt der Bundesgenehmigung (7) und erklärte das soeben erlassene Enteignungsgesetz für anwendbar (6). Auf Vorschriften zur bundeseinheitlichen Planung und technischen Standardisierung der Bahnlinien wurde einstweilen verzichtet (12); statuiert wurden jedoch Transport- und Bauvorbehalte zugunsten der Post (8), des Telegraphenwesens (9) und des Militärs (10) sowie ein befristetes Rückkaufsrecht (14). Damit legte der Bund die eisenbahntechnische Entwicklung in die Hände privater, in der Rechtsform der AG organisierter Akteure, von denen Ende 1853 bereits elf in erbittertem Wettbewerb standen.

74

Was nun folgte, war eine Phase bislang unerhörter wirtschaftlicher Dynamik und gnadenlosen Wettbewerbs um Kapital und Konzessionen, deren Akteure AGs von bislang unerhörten Proportionen waren. Von Basel aus operierte die *Schweizerische Centralbahn* (SCB), von Zürich aus die *Nordost-Bahngesellschaft* (NOB), deren Linien von 300 Streckenkilometern 1853 auf gut 1100 im Jahr 1860 anwuchsen. Nach der Fertigstellung der Hauptlinien führte bereits zwei Jahre später eine durchgehende Verbindung von Genf durch das Mittelland an den Bodensee.

75

Das im Wettbewerb der Gesellschaften und Kantone aus dem Boden gestampfte Eisenbahnnetz wich zwar von demjenigen ab, das der Bundesrat 1850 vorgesehen hatte, vermochte die wesentlichen Ziele aber zu erreichen. Bis 1870 wuchs das Netz auf 1420 Streckenkilometer, und in den zehn darauf folgenden Jahren kamen noch einmal 1000 hinzu. Mittlerweile war auch die kontroverse Alpenbahnfrage entschieden. In einem Staatsvertrag hatten sich das Königreich Italien, der Norddeutsche Bund und die Schweiz 1869 geeinigt, die Strecke gemeinsam zu finanzieren und den Bau in die Hände der Gotthardbahnvereinigung zu legen, aus der 1871 die Luzerner *Gotthard-Bahngesellschaft* (GB) hervorging, die den Bau der Gotthardlinie bis 1882 abschliessen konnte. Ihr Direktionspräsident war der schon mehrfach genannte ALFRED ESCHER, mittlerweile mehrfach gewesener Präsident des Nationalrats und des Regierungsrats des Kantons Zürich, Mitglied der kantonalen und kommunalen Parlamente, des Staats-, Kirchen- und Erziehungsrats, Gründer und Verwaltungsratspräsident der NOB und der SAK, die als erste Grossbank der Schweiz 1856 explizit zur Finanzierung des Bahnbaus ins Leben gerufen worden war.

76   Nach 1870 flachte die Euphorie ab. Schon seit Jahren war die Mehrzahl der Bahngesellschaften wirtschaftlich angeschlagen, Skandale häuften sich, die in der Öffentlichkeit den Ruf nach einer wirksameren Bundeskontrolle und sogar der Verstaatlichung laut werden liessen. Im Zuge des Deutsch-Französischen Kriegs wurden die Mängel des schweizerischen Eisenbahnnetzes, das nur über Anschlüsse nach Frankreich und die Länder des Deutschen Zollvereins verfügte, schonungslos aufgedeckt. Die finanziellen Nachforderungen der Gotthardgesellschaft an die öffentliche Hand taten ein Übriges, um den politischen Druck aus den Kantonen zu erhöhen, wo die demokratische Bewegung kontinuierlich an Boden gewann. 1872 waren nach einer Reihe von Fusionen noch zehn von ursprünglich 16 Bahngesellschaften am Markt. Zur gleichen Zeit erging das *Bundesgesetz über den Bau und Betrieb der Eisenbahnen auf dem Gebiete der schweizerischen Eidgenossenschaft* vom 23. Dezember 1872 (AS XI 1), das die Erteilung von Konzessionen in die Kompetenz des Bundes stellte (1 II). Die Aufsicht über Bau, Betrieb, Tarif- und Rechnungswesen wurde 1874 auch verfassungsrechtlich verankert (26 BV 1874). Auf dem Weg der Ausführungsgesetzgebung wurden in den folgenden Jahren der Eisenbahntransport (1875, 1893), die Bahnpolizei (1878), das Arbeits- und Sozialversicherungsrecht der Bahnangestellten und manches andere geregelt. Gesellschaftsrechtshistorisch bedeutend waren insbesondere die Bundesgesetze *über das Rechnungswesen der Eisenbahnen* vom 27. März 1896 (AS 15 517) und *über das Stimmrecht der Aktionäre von Eisenbahngesellschaften und die Beteiligung des Staates bei deren Verwaltung* vom 28. Juni 1895 (AS 15 283). Während das Streckennetz, zu dem nun immer zahlreichere Neben- und Schmalspurbahnen hinzukamen, noch einmal erheblich anwuchs – von 2536 im Jahr 1880 auf 3215 Streckenkilometer im Jahr 1890 – wurden die Stimmen zugunsten einer Bundes-

bahn immer zahlreicher. Nach der Wahl des ersten Katholisch-Konservativen, Josef Zemp, in den Bundesrat 1891, der die Verstaatlichung klar befürwortete, wurde am 15. Oktober 1897 schliesslich das *Bundesgesetz, betreffend die Erwerbung und den Betrieb von Eisenbahnen auf Rechnung des Bundes und die Organisation der Verwaltung der Schweizerischen Bundesbahnen* (AS XVI, 553) verabschiedet. Dem fakultativen Referendum unterstellt und heftig umkämpft, wurde diese Gesetzesvorlage am 20. Februar 1898 mit 67,9 Prozent Jastimmen bei einer Stimmbeteiligung von 78 Prozent – der höchsten bis dahin erreichten - angenommen. Zwischen 1900 und 1909 erwarb die Eidgenossenschaft die fünf grossen Eisenbahngesellschaften zum Preis von über 1 000 000 000 Franken. Mittlerweile war das Schienennetz auf 3673 Kilometer Länge angewachsen, dessen Hauptstrecken die *Schweizerischen Bundesbahnen* (SBB) betrieben. Auf den Nebenstrecken, im Betrieb der Schmalspur-, Zahnrad- und Drahtseilbahnen und der städtischen Trambetriebe waren hingegen weiterhin Privatbahngesellschaften tätig; im Jahr 1901 waren es rund 120.

Die eklatante Dynamik des beginnenden Eisenbahnzeitalters schlug sich auch im 77 Gesellschaftsrecht der Kantone nieder, von denen einige sogar eigentliche Aktienrechte schufen. Zu den bereits erwähnten Gesetzgebungen in Graubünden und in der Westschweiz (N 20, 65, 69 f. oben) kamen Basel-Stadt (*Gesetz über Commanditen und anonyme Gesellschaften* vom 6. Dezember 1847) und Luzern (*Gesetz über anonyme oder Aktiengesellschaften* vom 3. März 1857). Zwei Kantone modernisierten ihr bereits bestehendes Aktienrecht, Zürich mit dem PGB (N 19 f. oben), das bei der Gründung des SKA 1856 Anwendung fand, und Bern mit dem 49 Artikel umfassenden *Gesetz über Aktiengesellschaften* vom 27. November 1860. Wie aus dessen Legaldefinition der AG hervorgeht, war es dem Konzessionsprinzip verpflichtet (1), was angesichts der neuesten englischen Gesetzgebung nicht mehr selbstverständlich war. Diese Entscheidung hatte der Berner Gesetzgeber aber durchaus bewusst gefällt, wie Regierungsrat CHRISTIAN SAHLI 1860 vor dem Grossen Rat erläuterte: «Die sogenannte Administrativkonzession verdient vor dem englischen System den Vorzug, weil die Aktiengesellschaft ein künstliches Rechtssubjekt ist, das erst durch die Genehmigung des Staates geschaffen wird. Alle Staaten ausser England kennen dieses System» (zit. in TH. BÜHLER, Die Aktiengesellschaft in den kantonalen Gesetzgebungen bis zum alten Obligationenrecht 1881–1883, in: Bayer/Habersack, Entwicklung des Aktienrechts, 2007, 287–317, 310).

Diese Stellungnahme wie auch der Befund, dass sich nach 1855 überhaupt nur 78 zwei Kantone für ein Normativprinzip entschieden, Genf und das kapitalgesellschaftlich unbedeutende Graubünden, mögen erstaunen. Wie wurde der Boom, den das Eisenbahngesetz von 1852 mit auslöste, gesellschaftsrechtlich bewältigt, wenn Gründung und Betrieb in der Rechtsform der Kapitalgesellschaft nicht frei gehandhabt werden konnten, sondern einem kantonalen Kontroll- und Aufsichtsregime unterstanden? Und wie lassen sich der verbreitete Aktienhandel und die oft kritisierte Spekulation erklären zu einer Zeit, als es, abgesehen von Genf, in der Schweiz keine Effektenbörsen gab? Die Antwort auf diese Fragen ist wohl in den (partei-)politischen Zuständen des frühen Bundesstaats zu suchen, die über die verschiedenen Stufen des föderalen Systems hinweg in dichten Netzwerken exorbitante Machtballungen erlaubten. Wie das Beispiel von ALFRED ESCHERS *System* exemplarisch zeigt, konnten institutionelle Mängel dadurch in beträchtlichem Masse aufgefangen werden; In-sich-Geschäfte einer überschaubaren, finanzstarken und fest in den Kantonen verwurzelten Machtelite kompensierten die generell-abstrakten Defizite sozusagen im Konkreten. Ein Konzessionsverfahren in einem Kanton, wo die antragstellende Gesellschaft vom reichsten Bürger beherrscht wurde, der zugleich Präsident der Genehmigungsbehörde (und der Bundesversammlung) war, konnte vermutlich leichter bestanden werden als eines vor dem französischen Staatsrat. Ähnliches galt für die zahllosen Enteignungsverfahren, die der Bahnbau notwendig machte. Das Konzessionssystem, das im Ausland zunehmend unter Druck geriet, blieb in der Schweiz so noch ein wenig länger erhalten. Im Eisenbahnboom zeigte sich aber auch, wie wenig staatliche Aufsicht tatsächlich vermochte. Die zahlreichen Gründungen, Fusionen und Konkurse machten die AG letztlich auch hier «von einem aussergewöhnlich rechtlichen Instrument zu einem gewöhnlichen» (LEFEBVRE-TEILLARD).

79   Das beste Beispiel für die Art und Weise, wie sie sich auch ausserhalb des Bahnsektors verbreitete, ist der Aufstieg der Aktienbanken, der parallel zu dem der Eisenbahngesellschaften fast explosionsartig verlief. Gab es vor 1850 gerade einmal 26 dieser Institute – neben der Waadtländer Kantonalbank vor allem einige grössere Geschäftsbanken in Genf, Basel und Zürich –, waren es 20 Jahre später bereits 148, davon 28 Notenbanken mit einem Notenumlauf von 19 Millionen Franken. Am Vorabend der Handelsrechtseinheit gab es schliesslich 238 Aktienbanken mit einem Aktienkapital von fast 270 Millionen Franken. Der Notenumlauf der mittlerweile 36 Notenbanken belief sich auf 93 Millionen Franken. Vor Beginn des Eisenbahnzeitalters war Genf der wichtigste Bankenplatz gewesen; nun hatte es diese Rolle an Zürich verloren, wo 1856 die mit 20 Millionen kapitalisierte SKA entstanden war. Zwei Jahre zuvor war mit 14 Millionen die Bank *Leu & Cie.* gegründet worden, 1862 folgte die mit 15 Millionen kapitalisierte *Bank in Winterthur*. Im Jahr 1870 verfügten die 20 Zürcher Institute über eine Kapitalisierung von fast 70 Millionen, weit vor ihren Genfer und Basler Konkurrentinnen, die es je auf rund ein Drittel brachten. Auch Bern vermochte mit der 1863 gegründeten *Eidgenössischen Bank* Zürich den Rang nicht streitig zu machen. Aktienbanken entstanden nicht nur in den Handelsstädten und Kantonen mit gesetzlich geregeltem Aktienrecht, sondern auch im ländlichen Raum. Im Bereich der Finanzwirtschaft war diese Rechtsform um 1870 überall angekommen mit Ausnahme der Urkantone, Appenzell Innerrhoden und dem Wallis. In Kantonen, wo dies

rechtlich möglich war, vor allem in Bern, im Aargau und in der Ostschweiz, gab es zudem eine Reihe von Genossenschaftsbanken, für die in der Regel keine Konzessionen beantragt werden mussten. Sowohl ihre Zahl als auch ihre Kapitalisierung fielen wesentlich geringer aus als bei den Aktienbanken.

Auch ausserhalb des Finanzsektors verbreitete sich die AG. Im März 1885 gab es insgesamt 1135 Unternehmen dieser Rechtsform, die in 104 verschiedenen Wirtschaftszweigen von «Alpwirthschaft» bis «Zwirnereien» tätig und mit fast einer Milliarde Schweizer Franken kapitalisiert waren (A. FURRER, Volkswirthschafts-Lexikon der Schweiz I, 1885, 23 ff.). In letzterer Hinsicht belegten auch hier die Sitzkantone der grossen Eisenbahn- und Bankgesellschaften die vordersten Plätze, während die AGs in Flächenkantonen typischerweise geringer kapitalisiert, dafür oft zahlreicher waren. Die meisten gab es in Bern und in der Waadt, gefolgt von Zürich, Neuenburg, Genf und allen weiteren Kantonen, die sich vor 1870 ein eigenes Aktienrecht gegeben hatten; die untere Hälfte des Tableaus bevölkerten hingegen jene, bei denen es an expliziten Regeln fehlte. Ausnahmen bildeten St. Gallen, Sitzkanton von 74 AGs, das sich in diesen Dingen nicht auf das Gesetz, sondern auf sein Handelsgericht verliess, und der Kanton Wallis, wo unter der Herrschaft des Aktiengesetzes von 1853 lediglich acht AGs gegründet wurden. In Appenzell Innerrhoden und Nidwalden gab es auch 1885 noch keine einzige AG. Neben Handelsstädten und Flächenkantonen bildeten die früh und vergleichsweise hoch industrialisierten Kantone der Zentralschweiz einen dritten Typus. In Uri, das sich der Rechtsmodernisierung im 19. Jahrhundert weitgehend verweigerte und deshalb auch kein modernes Gesellschaftsrecht kannte, gab es 1885 nur zwei AGs, darunter die 1873 gegründete *Dynamitfabrik Isleten,* die Sprengstoffe für den Streckenbau am Gotthard produzierte. Mit einem Aktienkapital von 6,7 Millionen Franken war sie ein für die damaligen Verhältnisse so respektables Unternehmen, dass Uri ihretwegen in der Liste der durchschnittlichen Kapitalwerte auf Platz zwei aufrückte, hinter Basel, doch unmittelbar vor Zürich, Zug, Luzern und St. Gallen.

Nach 1870 entstanden im Bankenbereich geringer kapitalisierte Institute, etwa der *Schweizerische Bankverein* und die *Eisenbahnbank* in Basel oder die Genfer *Société suisse pour l'industrie des chemins de fer.* Diejenigen Eisenbahngesellschaften, denen die Konsolidierung gelungen war, bauten nun nicht mehr in der Fläche des Mittellandes, sondern auf Nebenlinien und in den Alpen. Als Folge der deutschen und italienischen Subventionen an den Bau der Gotthardstrecke intensivierte sich der Kontakt zwischen schweizerischen und deutschen Banken; zugleich wuchs der Markt für Schweizer Bahnaktien. In Basel und Zürich kam es daher zur Errichtung von Effektenbörsen, in Basel im Kontext der Gründung des Schweizerischen Handels- und Industrievereins 1876, in Zürich ein Jahr später mit dem staatlich beaufsichtigten Effektenbörsenverein. Nach dem Börsenkrach von 1890/91 wurde auch die Basler Börse unter kantonale Aufsicht gestellt (*Börsenge-*

setz vom 8. April 1897). Anders als in Deutschland, wo das Börsenwesen seit 1896 reichsgesetzlich reguliert war (*Börsen-Gesetz* vom 22. Juni 1896), scheiterte in der Schweiz ein entsprechender Versuch. Zu einem Bundesgesetz kam es mit dem *Bundesgesetz über die Börsen und den Effektenhandel* (BEHG) vom 24. März 1995 erst 100 Jahre später.

IV. Schweizerisches Aktienrecht (1881–1936)

82   Als die ersten Eisenbahnen in der Schweiz gebaut wurden, war die föderalistische Uneinheitlichkeit im Recht der Aktiengesellschaft, ihrer Entstehungsvoraussetzungen und Publizitätseinrichtungen, für Politik und Öffentlichkeit in den Kantonen kein besonderes Thema. Die frühesten Schritte zur Vereinheitlichung des schweizerischen Privatrechts setzten denn auch an einem anderen Ort an. Einer Anregung des Berner Konservativen EDUARD BLÖSCH folgend, legte der Basler Jurist EMANUEL BURCKHARDT-FÜRSTENBERGER 1857 den Entwurf einer Wechselordnung nach dem deutschen Vorbild von 1848 vor, die mangels einschlägiger Verfassungsgrundlage auf dem Konkordatsweg in Kraft gesetzt und in einigen Kantonen Gesetz wurde. Erst nach der Annahme des ADHGB im deutschen Bund 1861 wurden die Stimmen lauter, auch für die Schweiz ein Handelsgesetzbuch nach dem Vorbild der nördlichen Nachbarn zu schaffen. In diesen Kontext gehört die Motion von Nationalrat BASIL FERDINAND CURTI vom 30. Januar 1862 zur Vereinheitlichung des Handels- und Wechselrechts, die als *Motion Curti* seither den Beginn der schweizerischen Kodifikationsgeschichte markiert. Darin wurde der Bundesrat «eingeladen, zu untersuchen, ob es nicht angemessen wäre, Unterhandlungen zu pflegen, um auf dem Konkordatswege ein gemeinsames Handelsgesetzbuch für die Schweiz, solange dies aber nicht möglich sein sollte, wenigstens für eine größere Anzahl von Kantonen einzuführen und darüber der Bundesversammlung Bericht und Antrag zu hinterbringen» (zit. in: R. EUGSTER, Die Entstehung des schweizerischen Obligationenrechtes, 1926, 27).

83   Daraufhin setzte der Bundesrat drei Gutachter ein, die schon genannten BURCK-HARDT-FÜRSTENBERGER (N 79 oben) und FICK (N 29 f. oben) sowie den jungen Privatdozenten WALTHER MUNZINGER, der bereits von der Berner Kantonsregierung mit dem Entwurf eines Handelsgesetzbuchs betraut war, und unterbreitete ihnen die Frage, *[o]b überhaupt eine einheitlich nationale Gestaltung des Handelsrechts einschließlich des Wechsel- und Eisenbahnspeditionsrechtes wünschbar und ausführbar sei.* Alle drei bejahten, rieten aber zu unterschiedlichen Lösungen. MUNZINGER, der die ausführlichste Stellungnahme abgeliefert hatte, fiel es in der Folge zu, einen Entwurf zu erarbeiten, der 1864 im Druck erschien. Ein Jahr später folgten die *Motive,* in denen sich der Verfasser auch erstmals ausführlicher zum Aktienrecht äusserte (abgedruckt in: FASEL, Handels- und obligationenrecht-

liche Materialien 305–336). Für seinen Entwurf hatte er sich inhaltlich nach eigenem Bekunden vor allem an der englischen Gesetzgebung und den französischen und genferischen Gesetzen zur SARL orientiert, hinsichtlich Aufbau und Systematik am ADHGB (ebd. 312). Von den ebenfalls herangezogenen zürcherischen und Berner Aktienrechten hob er sich dagegen mitunter deutlich ab.

In der Frage des Konzessionsprinzips ging MUNZINGER über alle damals auf dem Kontinent geltenden Gesetzgebungen hinaus. Indem er die AG vollständig «von der staatlichen Genehmigung» befreite, «es sei denn, die Gesellschaft sei auf eine Zeitdauer gestellt, welche 30 Jahre übersteigt (Art. 119)» (ebd. 306), vollzog er einen einheitlichen und klaren Bruch mit dem bis anhin vorherrschenden System, was kompromisshafte Zwischenlösungen wie die SARL oder einen Ländervorbehalt wie im ADHGB seiner Meinung nach unnötig machte. Die möglichst vollständige Zurückdrängung des Konzessionssystems, so MUNZINGER, sei zum einen theoretisch gerechtfertigt, weil es «auf dem im Allgemeinen längst verlassenen Standpunkt des Privilegiums» beruhe und deshalb, «bei Lichte betrachtet … in unserer Zeit eine befremdende Singularität, … nach allen Richtungen hin eine Anomalie» darstelle, die im Widerspruch stehe zu «dem heute allgemein anerkannten Prinzip der Rechtsgleichheit» (ebd. 308 f.). Zum andern, darüber herrsche heute in Wissenschaft und Praxis eine «Uebereinstimmung, die Eindruck macht» (ebd. 309), sei es auch praktisch nutzlos und sogar schädlich, weil es die Marktteilnehmer zur Sorglosigkeit ermuntere. England und Frankreich hätten die Staatsautorisation deshalb bereits abgeschafft, Deutschland und die übrigen Staaten würden ihnen wohl in nächster Zukunft folgen. Auch die Schweiz solle sich dieser Entwicklung anschliessen; tue sie dies nicht, komme sie in Zugzwang, so wie vor kurzem Frankreich (N 65 oben). Denn wie ihr westlicher Nachbar habe auch sie inzwischen Handels- und Niederlassungsverträge mit Ländern abgeschlossen, die ihr Kapitalgesellschaftsrecht liberalisiert hätten. «Und wir sollten unsern eigenen Kaufleuten, die auf schweizerischem Boden eine Gesellschaft gründen, weniger Vertrauen schenken und ihrem Geist der Unternehmung nicht diejenige Freiheit gönnen, die wir den Franzosen und Engländern zu gewähren gezwungen sind?!» (ebd. 311). Auch aus politischen Gründen sei das Konzessionsprinzip in der Schweiz deshalb überholt. [84]

Noch vor der Publikation von MUNZINGERS Motiven richtete der Bundesrat im Dezember 1864 eine Botschaft an die Bundesversammlung mit dem Ersuchen, den Kantonen ein Konkordat für ein schweizerisches Handelsgesetzbuch vorschlagen zu dürfen (BBl 1864 III 224). Während der Ständerat dem Ansinnen zustimmte, lehnte es der Nationalrat ab, dessen Mehrheit sich nicht nur für die Aufnahme des *gesamten* Obligationenrechts in den Entwurf aussprach, sondern anstelle eines Konkordats auch ein Bundesgesetz erlassen wollte. Für Letzteres fehlte es jedoch weiterhin an einer Verfassungsgrundlage, weshalb die Zentralisten im Nationalrat nun eine *Revision* der BV nach 111 ff. BV 1848 ins Auge fass- [85]

ten, die gleichzeitige Abänderung mehrerer innerlich nicht verbundener Materien der Verfassung. Neben der Niederlassungs- und Kultusfreiheit, der Gewährung politischer Rechte, der Aufhebung von Handelsschranken für Angehörige aller Konfessionen im gesamten Bundesgebiet und der bundesweiten Vereinheitlichung von Massen und Gewichten zielte sie auch auf die Einräumung von Gesetzgebungskompetenzen des Bundes in den Bereichen des gewerblichen Rechtsschutzes und des Handels- und Verkehrsrechts. Die letzteren Anliegen wurden jedoch schon in der parlamentarischen Beratung verworfen, weshalb sich diese erste und einzige Teilrevision der ersten BV der Schweiz letztlich nur in den Art. 41 (Niederlassungsfreiheit) und 48 (interkantonale Gerichtsstandsgarantie) niederschlug. Nach dieser ersten Niederlage in Sachen Zivilrechtseinheit schwenkten Bundesrat und Parlament 1866 vorerst zurück auf den Konkordatsweg.

86   Der Wille der bundesstaatlichen Eliten zum Einheitsgesetzbuch *(Code unique)* war jedoch ungebrochen und setzte sich an den interkantonalen Konferenzen, die in den folgenden Jahren zu diesem Thema stattfanden, letztlich durch. Nachdem die erste Sitzung, zu der Bundesrat KNÜSEL im Dezember 1867 nach Bern geladen hatte und an der auch WALTHER MUNZINGER teilnahm, ergebnislos verlaufen war, verschickte der Bundesrat ein Kreisschreiben an die Kantone, in denen er diese ersuchte, sich bis Ende Mai darüber klar zu werden, ob sie ein Handelsrecht im Sinne des bereits ausgearbeiteten Entwurfes oder ein allgemeines schweizerisches Obligationenrecht bevorzugten. Im darauf folgenden Treffen der Kantonsvertreter vom 4. Juli 1868 stimmten 15 Kantone der letzteren Lösung zu, woraufhin der Bundesrat seinen Redaktor MUNZINGER mit der Ausarbeitung eines entsprechenden Entwurfs beauftragte. Gleichzeitig setzte er eine Expertenkommission ein, der neben dem Redaktor sechs weitere Rechtswissenschaftler und Praktiker angehörten: der schon mehrfach genannte HEINRICH FICK, dessen Berner Kollege JAKOB LEUENBERGER, der Genfer CHARLES FRIDERICH, der St. Galler Landammann und Bundesrichter CARL GEORG SAILER, CARL BURKHARDT-BURKHARDT aus Basel sowie HENRI CARRARD aus Lausanne.

87   Im Herbst und Winter 1868 verfasste MUNZINGER zunächst einen auf wenige Kernmaterien beschränkten Teilentwurf, der wesentlich von den deutschen Vorarbeiten zu einem allgemeinen Gesetz über Schuldverhältnisse, dem sogenannten *Dresdner Entwurf,* inspiriert war. Nachdem dieser der Kommission im Frühsommer zugegangen war, traf sich diese in der letzten Oktoberwoche 1869 erstmals zu einer Plenarsitzung, an der eine Reihe weitreichender Zusatz- und Abänderungsbeschlüsse gefasst wurden. Der Auftrag zu einem umfassenden Entwurf, der sowohl das Schuld- als auch das Handelsrecht umfassen sollte, ging wiederum an WALTHER MUNZINGER. 15 Monate darauf legte dieser sein Werk, das zugleich auch im Druck erschien, der Kommission vor. Dieser sogenannte *Erste Entwurf* zum schweizerischen Obligationenrecht umfasste 892 Artikel, die in 26 Titel geordnet waren (abgedruckt in: U. FASEL, Handels- und obligationenrechtliche Ma-

terialien, 2000, 555–691). Das Recht der Handelsgesellschaften und der Genossenschaft in den Titeln 17 bis 21 führte das Recht der Kommanditaktiengesellschaft und das Aktienrecht in zwei separaten Titeln auf. Dem Letzteren war der *Neunzehnte Titel* gewidmet, der 94 Einzelbestimmungen in 57 Artikeln umfasste. Der neue Entwurf war somit kürzer als sein Vorläufer von 1864, der 61 Artikel und 103 Einzelbestimmungen umfasst hatte. Inhaltlich hatte sich nur weniges, dafür Entscheidendes geändert. Weggefallen war insbesondere jede Erfordernis einer Staatsgenehmigung (N 81 oben); dafür schrieb der Entwurf zwingend die Wahl eines Aufsichtsrats vor, dem es oblag, «die Geschäftsführung der Gesellschaft zu überwachen, die Jahresrechnung, die Bilanz und den Vorschlag zur Vertheilung von Zinsen und Dividenden zu prüfen und der Generalversammlung alljährlich Bericht zu erstatten» (673 I). Dazu war er befugt, «jederzeit ... die Bücher und Schriften der Gesellschaft einzusehen, den Bestand der Kasse zu untersuchen und nöthigenfalls die Generalversammlung einzuberufen» (673 II).

Die Gesetzgebungsarbeiten kamen kurz darauf für längere Zeit zum Stillstand. 88 Grund dafür war ein weiterer Vorstoss zur Schaffung einer Verfassungsgrundlage für die Kodifikation des Zivilrechts, der im Mai 1872 aber an der Urne scheiterte (BBl 1872 II 358). Einige Zeit später nahm die Kommission unter dem Vorsitz von JOHANN JAKOB BLUMER, der bereits mehrere Gesetzbücher für den Kanton Glarus verfasst hatte, ihre Arbeit wieder auf und beriet MUNZINGERS Entwurf an einer Plenarsitzung, die vom 6. bis 13. Oktober 1872 in Bern stattfand. Hier erfolgte die aktienrechtsgeschichtlich bedeutsame Entscheidung, das Aktienrecht und das Recht der Kommanditaktiengesellschaft fortan konsequent nach dem Vorbild des ADHGB zu gestalten «wegen des internationalen Charakters dieser Institute», wie es der Bundesrat später formulierte (Botschaft ... zu einem Gesezentwurfe, enthaltend Schweizerisches Obligationen- und Handelsrecht vom 27. November 1879, in: U. FASEL, Handels- und obligationenrechtliche Materialien, 2000, 1205–1276, 1220). Damit wurde das deutsche Aktienrecht, das mit der sogenannten *Aktiennovelle* (Gesetz, betreffend die Kommanditgesellschaften auf Aktien und die Aktiengesellschaften v. 11. Juni 1870) soeben grundlegend erneuert worden war, zur offiziellen Leitordnung für die schweizerische Gesetzgebung.

Diese neuerliche Umarbeitung konnte WALTHER MUNZINGER, der Ende April 89 1873 im Alter von knapp 43 Jahren verstarb, nicht mehr leisten. Sie fiel seinem Nachfolger HEINRICH FICK zu, der im Juli 1875 einen *Zweiten Entwurf* zum Obligationenrecht vorlegte (abgedruckt in: U. FASEL, Handels- und obligationenrechtliche Materialien, 2000, 701–865), nachdem es inzwischen gelungen war, dem Bund auf dem Weg einer Totalrevision der Bundesverfassung die Kompetenz zur Gesetzgebung auf den Gebieten des Obligationenrechts sowie des Handels- und Wechselrechtes zu sichern (BBl 1874 I 699). Inhaltlich und formell folgte FICK MUNZINGERS Entwurf von 1871 weitgehend; mit 910 Artikeln übertraf er diesen umfangmässig nur um weniges. An manchen Orten entfernte er sich jedoch radikal von seinem Vorgänger, so besonders im Aktienrecht und im Recht der Kommanditaktiengesellschaften, die sich nicht auf die Anpassung an dogmatische Grundentscheidungen des deutschen Gesetzes beschränkten, sondern dessen Systematik und Formulierungen bis ins Detail übernahmen. Sichtbar wird dies etwa bei der Regelung der sogenannten *Apportgründung* (647 E 1875), die wörtlich der Aktiennovelle entnommen war (209 b. ADHGB) und unwesentlich abgeändert 1881 Gesetz wurde (619 OR 1881). Diese Bestimmung, für die es in den Entwürfen MUNZINGERS kein Vorbild gab, war, so ein zeitgenössischer Kommentar, «gegen den Gründerschwindel gerichtet, [...] Wenn er auch dadurch keineswegs völlig beseitigt werden kann, so ist doch wenigstens dafür gesorgt, daß auch die nicht eingeweihten Actionäre sich genauen Aufschluß verschaffen können über die Opfer, welche sie dem Gründungcomite für die Uebernahme seiner Activen zu bringen haben.» Nur an wenigen Stellen, etwa beim Verzicht auf Vorschriften zur strafrechtlichen Verantwortlichkeit des Vorstands und des Aufsichtsrats (693; vgl. dagegen 249 und 249a ADHGB) oder zur Eidleistung (232 ADHGB), wich der Entwurf vom deutschen Vorbild ab. Als Folge dieser inhaltlichen Neuorientierung nahm nicht nur die Zahl der zwingenden Vorschriften zu, etwa im Bilanzrecht (682 f. nach dem Vorbild von 239a f. ADHGB), das von MUNZINGER nur rudimentär geregelt worden war, sondern auch die Zahl der Einzelbestimmungen insgesamt, die auf 151 hochschnellte, während die Artikelzahl mit 53 annähernd gleich blieb.

90   FICKS Entwurf wurde einer neuen, erweiterten Expertenkommission vorgelegt, die ihn im Frühling und Herbst 1876 diskutierte. Als Folge einer Umstellung in der Systematik des Gesetzbuchs kam das Aktienrecht nun im *Einundzwanzigsten Titel* zu stehen. In einigen Punkten konkretisiert und moderat erweitert, vor allem im Bereich des Verantwortlichkeitsrechts (693a, 694a f.), umfasste es nun 163 Einzelbestimmungen in 55 Artikeln. Besondere Schwierigkeiten bereitete die französische Übersetzung, sodass der sogenannte *Dritte Entwurf* erst Ende Februar 1877 veröffentlicht werden konnte (abgedruckt in: U. FASEL, Handels- und obligationenrechtliche Materialien, 2000, 867–1050). Es folgte eine breit angelegte Vernehmlassung, an der sich vor allem die juristische Fachöffentlichkeit beteiligte und die bis im Herbst 1877 fast 50 Stellungnahmen ergab. Am schweizerischen Juristentag in Zürich stellten die Professoren KARL GUSTAV KÖNIG und CARL HILTY den Entwurf vor. In der Plenardiskussion wurde das Aktienrecht von verschiedenen Seiten als zu restriktiv kritisiert. ANDREAS HEUSLER (N 23 oben), den das Justizdepartement zum Gutachter bestellt hatte, sprach sich hingegen für eine noch strengere Normierung aus.

91   Die Vernehmlassungsantworten und weitere Reaktionen aus Fachkreisen und der breiteren Öffentlichkeit flossen in der Folge in einen *Vierten Entwurf* ein, den die Expertenkommission, die zu diesem Zweck noch einmal erweitert und prominenter besetzt wurde, zuhanden des Parlaments erarbeitete (abgedruckt in: U. FASEL,

Handels- und obligationenrechtliche Materialien, 2000, 1051–1204). Im Aktienrecht, das nun den *20. Titel* bildete (623–688), änderten sich u.a. die Legaldefinition (623) durch Hinzusetzung der Qualifikation *anonyme Gesellschaft* nach dem
Vorbild des CdC. Zur Regelung des Stimmrechts in der Generalversammlung fand
sich nun eine eigene Formel (649 E 1879, der spätere 640 OR), die vom deutschen
Vorbild (224 ADHGB, letzter Satz, vgl. N 19 oben) abwich. Änderungen gab es
auch bei der Kapiteleinteilung des Entwurfs, der mit 199 Einzelbestimmungen in
68 Artikeln umfangreicher als seine Vorläufer geworden war. In der dazu gehörigen Botschaft, die der Bundesversammlung Ende November 1879 zuging, bezog
sich der Bundesrat ausführlich auf die aktuellen Gesetzgebungen Englands, Frankreichs und Deutschlands, die er rechtsvergleichend beleuchtete und deren Einflüsse
auf die Vorlage er im Detail nachwies. Ebendort fanden sich auch die *Leitenden
Gesichtspunkte* des Gesetzes, namentlich das Bekenntnis zum Einheitsgesetzbuch
(Code unique), das der Bundesrat als Verzicht auf ein merkantiles Standesrecht
verstanden wissen wollte, der mit «den demokratischen Staatseinrichtungen in der
Schweiz und mit der demokratischen Gesinnung des Schweizervolkes im Zusam-
menhange» stehe und in dem Umstand begründet liege, «wohl in keinem andern
Lande Europa's» gebe es eine «in so hohem Grade durch alle Schichten der Ge-
sellschaft gleichmäßig verbreitete Schulbildung und geschäftliche Begabung des
Volkes» (U. FASEL, Handels- und obligationenrechtliche Materialien, 2000, 1226).
Als zweiten Leitgedanken erwähnte er die «besonderen Rechtsanschauungen und
Traditionen der französischen Schweiz … welche oft sehr weit von den in der
deutschen Schweiz vorherrschenden gemeinrechtlichen Theorien abweichen»
(ebd.).

In den parlamentarischen Beratungen, die sich über fast eineinhalb Jahre hinzo- 92
gen, kam es noch einmal zu wesentlichen Änderungen im Gesetzestext, darunter
die Abkehr vom Institut des Aufsichtsrats, an dessen Stelle ein System von «Revisoren» trat, die sogenannte «Controlstelle» (662 f.). Wie ein Aufsichtsrat war sie
von der Generalversammlung gewählt und hatte dieser «einen Bericht über die
Bilanz und die von der Verwaltung vorgelegten Rechnungen zu unterbreiten»
(659). Dazu war sie berechtigt, die «Vorlage der Bücher und Belege zu begehren
und den Kassenbestand festzustellen» (660). Im Gegensatz zum Aufsichtsrat
brauchten ihre Mitglieder aber nicht selbst Aktionäre zu sein. Auch im Recht der
Verwaltung wurden noch kleinere Änderungen eingefügt, etwa eine Bestimmung,
wonach diese «nur von Actionären ausgeübt werden» konnte. Neue Verwaltungsräte hatten «durch Erwerb von Actien Actionäre» zu werden (649). Umfangmässig
schrumpfte das Aktienrecht geringfügig, obwohl man ihm, entgegen dem
deutschen Vorbild, als sechsten Abschnitt auch noch das Recht der Kommanditaktiengesellschaft angefügt hatte (676 f.). Am 10. Juni 1881 erfolgte die Schlussabstimmung über das *Bundesgesetz über das Schweizerische Obligationenrecht* im
Ständerat, vier Tage später im Nationalrat (BBl 1881 III 316). Nachdem die Refe-

rendumsfrist ungenutzt verstrichen war, setzte es der Bundesrat auf den 1. Januar 1883 in Kraft (BBl 1881 IV 4). Die erste Nationalkodifikation des Bundesstaats brachte so auch die Aktienrechtseinheit: *Die Aktiengesellschaft* bildete den 26. Titel des neuen Gesetzbuchs mit 66 Artikeln (612–677 aOR 1881) mit insgesamt 188 Einzelbestimmungen, denen das modernste Aktienrecht Europas Pate gestanden hatte. Für Eisenbahngesellschaften trat später noch das sogenannte *Stimmrechtsgesetz* vom 28. Juni 1895 (N 74 oben) hinzu.

93   Mit seinem Inkrafttreten 1883 wurde das schweizerische Aktienrecht auch zum Gegenstand der bundesgerichtlichen Rechtsprechung. Zwischen 1883 und 1920 ergingen insgesamt 71 Urteile zu aktienrechtlichen Fragen (G. COHN, Aktiengesellschaft, 84), in denen die Vorbildrolle des deutschen Aktienrechts für sein schweizerisches Pendant regelmäßig betont wurde (BGE 21 I 549, 564; 23 I 1825, 1831; 32 II 273, 280, Letzterer auch mit Hinweis auf die Vorbildfunktion des französischen Gesetzes von 1867). Zum Verständnis des Letzteren wurde sein deutsches Vorbild dementsprechend oft herangezogen (vgl. etwa BGE 25 II 156, 156; 33 II 159, 162). Dabei wurden manche Gemeinsamkeiten festgestellt, etwa hinsichtlich der Rechtsnatur der Dividende (BGE 23 I 1825, 1836), der Solidarhaftung der Gründer (BGE 32 II 273, 280) oder des Massstabs für die Bewertung von Aktien (BGE 24 II 340, 348), aber auch Abweichungen, so bei der Erfordernis der Aktionärseigenschaft der Verwaltungsräte (24 II 358, 363), bei der kategorischen Ausschliessung einer Nachschusspflicht (BGE 25 II 22), vor allem aber im Bilanzrecht (BGE 25 II 195, 240; 27 II 231, 241). Eine deutliche Stoßrichtung der bundesgerichtlichen Rechtsprechung zur AG betraf die Vorstellung der juristischen Person als realem Verband, etwa mit der Anerkennung der AG als Trägerin geschäftlicher Ehre, deren Verletzung mit der Genugtuungsklage nach 55 OR geltend gemacht werden konnte (BGE 31 II 242), oder ihrer zivilrechtlichen Deliktsfähigkeit «als Postulat des modernen Verkehrs- und Rechtslebens» (Urteil vom 15. Dezember 1905, zit. in: A. SILBERNAGEL, Die Gründung der Aktiengesellschaft …, 1907, 47). Als weiteres Merkmal der frühen Rechtsprechung erscheint die Orientierung an allgemeinen Rechtsprinzipien, etwa im Fall der Bindung der Gesellschaftsorgane an ihre eigenen Statuten (BGE 20 I 952) oder der Verpflichtung des Zeichners zur Einzahlung, auch wenn infolge Konkurses der AG keine Aktientitel mehr ausgestellt wurden (BGE 15 I 642).

94   Mit der Kodifizierung dieser höchstrichterlichen Klarstellungen liess sich der Gesetzgeber viel Zeit. Nachdem der Bund 1898 die Kompetenz erhalten hatte, auch das übrige Privatrecht zu vereinheitlichen, stellte sich die Frage nach der zukünftigen systematischen Stellung des OR. Drei Alternativen boten sich an: die Integration in die neue Zivilrechtskodifikation, die Schaffung eines besonderen Gesetzbuchs oder die Regelung in Einzelgesetzen. Im August 1900 beriet der Schweizerische Juristenverein diese Frage und entschied sich für eine Kombination der ersten und der dritten Variante, die Einfügung des OR in das ZGB bei

gleichzeitiger Herauslösung einzelner Materien, konkret: des Aktienrechts, des Genossenschaftsrechts, des Wechsel- und Checkrechts sowie des Rechts der Wertpapiere (ZSR 19 593). Im Vorentwurf zum ZGB, den das Justiz- und Polizeidepartement 1900 vorlegte, waren die Titelüberschriften des OR entsprechend angezeigt, diejenigen Teile aber weggelassen, für die man eine spezialgesetzliche Regelung in Aussicht nahm. Die von EUGEN HUBER verfasste Botschaft zum ZGB von 1904 behielt die Frage, ob und inwieweit das OR revidiert werden solle, einer späteren Entscheidung vor (Botschaft … zu einem Gesetzesentwurf enthaltend das Schweizerische Zivilgesetzbuch vom 28. Mai 1904, BBl 1904 IV 1, 5). Im gleichen Jahr beriet der Juristentag über die Revision. Die beiden Referenten, REHFOUS und WALDKIRCH, befürworteten sie (ZSR 23 567 ff.), lehnten eine grundsätzliche Änderung des bestehenden Rechts jedoch ab und wollten es mit der Füllung bestehender Lücken und der Verschärfung einzelner Vorschriften bewenden lassen. Dies betraf etwa die genossenschaftsrechtlichen Residuen im Stimmrecht in der Generalversammlung, wo die stärkere Durchführung des Aktienprinzips angemahnt wurde. Der gesetzlichen Regelung von Vorzugsaktien stimmte WALDKIRCH hingegen zu. Deren Existenz entspreche nicht nur einer lang dauernden und unwidersprochen Übung, sondern sei aus wirtschaftlichen Gesichtspunkten auch höchst wünschenswert. Gerade in Krisenzeiten seien Vorzugsaktien ein unentbehrliches Mittel zur Rettung notleidender Unternehmen; ihre Einführung sei im Übrigen lediglich eine Kodifizierung der bereits bestehenden Ordnung. Diesen Ideen der Referenten, die später beide zu Mitgliedern der verschiedenen Expertenkommissionen berufen wurden (Botschaft 1928, 206), kam im Verlauf der Revisionsarbeiten eine zentrale Bedeutung zu.

Inzwischen schritten die Vorarbeiten für die Anpassung des OR an das ZGB voran. 1905 unterbreitete der Bundesrat der Bundesversammlung einen Vorschlag, wonach das OR als fünfter Teil in das ZGB eingefügt, Aktienrecht, Genossenschaftsrecht und Wechselrecht hingegen herausgelöst und spezialgesetzlich geregelt werden sollten (Botschaft … zu einem Gesetzesentwurf betreffend die Ergänzung des Entwurfes eines schweizerischen Zivilgesetzbuches durch Anfügung des Obligationenrechtes und der Einführungsbestimmungen vom 3. März 1905, abgedruckt in: U. FASEL, Handels- und obligationenrechtliche Materialien, 2000, 1439–1487, 1445 f.). Nach seiner Ansicht drängte sich für die gesellschaftsrechtlichen Materien diese Lösung deshalb auf, weil sich beide in raschem Umbruch befänden und von der Kodifikation zu sehr eingeengt würden. Beide seien nach dem Vorbild der deutschen Gesetzgebung gestaltet, diese habe inzwischen aber selbst gewichtige Änderungen erfahren. Das schweizerische Rechtsleben, so der Bundesrat in seiner Botschaft, habe auf dem Boden des Gesellschaftsrechts aber inzwischen eigene Bahnen betreten. Die Gesetzgebung des Bundes sei nicht länger geneigt, sich in die «dem Auslande entlehnten Formen einzuschnüren», sondern wolle ein Handelsrecht, das den nationalen Verhältnissen entspreche und den

95

Schweizern «eigen» sei. Zu diesem Zweck wolle man für die Aktiengesellschaften und Genossenschaften auf dem Wege der Spezialgesetzgebung ein schweizerisches Recht schaffen (ebd. 1445).

96   Nach dreijähriger Beratung wurde das ZGB am 10. Dezember 1907 von beiden Räten ohne eine einzige Gegenstimme angenommen (BBl 1907 VI 888); die Referendumsfrist verstrich ungenutzt. In der Frage der Revision des OR legten sich die Räte zwei Jahre später fest (*Bericht des Bundesrates ... betreffend die Revision des Obligationenrechts [Nachtrag zur Botschaft vom 3. März 1905]* vom 1. Juni 1909, abgedruckt in: U. FASEL, Handels- und obligationenrechtliche Materialien, 2000, 1629–1655). Sie folgten dem bundesrätlichen Entwurf und sprachen sich dafür aus, vorläufig lediglich den Allgemeinen und den Besonderen Teil bis zum Titel 23 anzupassen. So konnte das ZGB zusammen mit dem revidierten OR als Fünftem Teil (BBl 1911 II 355) am 1. Januar 1912 in Kraft treten. Dessen separate Artikelzählung wurde beibehalten, wie im Rest des Gesetzbuchs wurden aber auch hier Marginalien mit Gesetzeskraft eingefügt. Das Handels-, Gesellschafts- und Wechselrecht der Titel 24 bis 33 harrte derweil weiter der Revision. Bis dahin sollten mehr als 20 Jahre vergehen. Inzwischen koppelte sich die schweizerische von der deutschen Gesetzesentwicklung, die mit einer weiteren Aktiennovelle (Rgbl. 1884, Nr. 22, 123) und dem Handelsgesetzbuch von 1897 (Rgbl. 1897, Nr. 23, 219) bereits zwei Erneuerungszyklen durchlaufen hatte, zusehends ab, insbesondere etwa von der schärferen Funktionsgliederung und deutlicheren Abgrenzung der Befugnisse und Pflichten der einzelnen Organe oder den Verbesserungen beim Aktionärsschutz, die die Novelle von 1884 gebracht hatte. Die schweizerische Gesetzgebung zur AG verzeichnete bis Mitte der 1930er-Jahre nur zwei Änderungen. Beide waren Folgen der wirtschaftlichen Verwerfungen der unmittelbaren Nachkriegszeit.

97   Am Ersten Weltkrieg beteiligte sich die Schweiz als neutrales Land bekanntlich nicht direkt. Die gewaltigen wirtschaftlichen Umwälzungen, die er mit sich brachte, wirkten sich auf ihre innere Ordnung jedoch in vielerlei Hinsicht aus. Während die Währungen der kriegführenden Staaten, allen voran die Reichsmark, rapider Entwertung verfielen, wurde der Schweizer Franken zur Fluchtwährung. In einem Vollmachtenbeschluss aus dem Jahr 1919 dispensierte der Bundesrat daher Aktiengesellschaften und Genossenschaften mit erheblichen Auslandsengagements von der Pflicht, ihre Währungsverluste in den Bilanzen auszuweisen. Zu diesem Zweck senkte er vorübergehend die Anforderungen an die bilanzmässige Darstellung und Bewertung von Aktiven nach 656 aOR (3 III des BRB vom 26. Dezember 1919, BBl 1920 I 506; 6 ÜBest OR). Ein weiterer Vollmachtenbeschluss, der vor allem auf Druck der Ententemächte getroffen wurde, adressierte das Problem der sogenannten *Scheingesellschaften* (AS 35 527, BBl 1919 V 447). Infolge der Kriegswirren, führte der Bundesrat dazu aus, hätten immer mehr Ausländer mit ausländischem Kapital in der Schweiz AG gegründet, um damit unter dem Schutz

der Anonymität von der Schweiz aus Handel zu betreiben. Diesem Übel, das in der Regel ausländischen Interessen diente, sei nur durch Notrecht Abhilfe zu schaffen. Um die ausländische Beherrschung schweizerischer Gesellschaft im Einzelfall feststellen zu können, stellte man auf die Nationalität der Hauptaktionäre ab. Dazu verpflichtete man Gesellschaften mit weniger als 500 000 Franken Grundkapital, nur noch Namenaktien auszugeben, verschärfte Formvorschriften, die bei der Gründung und der Emission neuer Aktien beachtet werden mussten, und führte den Prospektzwang ein. Für grössere Gesellschaften verschärfte man die Publizitätspflichten, die nun auch auf bislang nicht erfasste Gebiete erstreckt wurde. Mit gesteigerter Publizität und strengeren Formvorschriften liess es der Bundesrat im Kampf gegen die Scheingesellschaften aber nicht bewenden, sondern veranlasste zudem die Nationalisierung der leitenden Organe von Kapitalgesellschaften und Genossenschaften. Von den in der Verwaltung einer AG tätigen Schweizern hatte zudem mindestens einer zur Vertretung der Gesellschaft befugt zu sein. Damit sowie mit der zwingenden Vorschrift, wonach die Leitungsgremien der AG, der Kommandit-AG und der Genossenschaft zukünftig mehrheitlich mit Schweizer Bürgern mit inländischem Wohnsitz zu besetzen waren, griff er tief in die rechtlich garantierte Organisationsautonomie dieser Rechtsformen ein.

Im Jahr 1919, im Jahr dieser sogenannten Kriegsnovelle, waren die handels- und gesellschaftsrechtlichen Revisionsarbeiten schon seit einiger Zeit im Gange, doch sie verliefen schleppend. Die Rechtswissenschaftler und Politiker, die das ZGB aus der Taufe gehoben hatten, waren davon ausgegangen, die Revision der 1909 zurückgestellten Materien und damit auch die Anpassung des Aktienrechts an die aktuellen Bedürfnisse sei eine Sache weniger Jahre. Verschiedene durch Krankheit und Tod notwendig gewordene personelle Wechsel bei der Redaktion, die Dringlichkeit anderer gesetzgeberischer Aufgaben und nicht zuletzt die besonderen Schwierigkeiten der Handelsgesetzgebung im Spannungsfeld wirtschaftlicher und politischer Turbulenzen liessen indessen fast ein Vierteljahrhundert verstreichen, bis das Ziel erreicht war. Zu einem wesentlichen Teil waren es besondere Probleme des Aktienrechts, die diese Verzögerung verursachten und rechtfertigten. Dabei wurde auch die zwischenzeitlich favorisierte Lösung, das Aktienrecht spezialgesetzlich zu regeln, wieder verworfen. 1911 hatte EUGEN HUBER vom Bundesrat den Auftrag erhalten, die Revision der fehlenden Titel vorzubereiten, unter ihnen auch das Aktienrecht. Bereits 1915 lag ein Entwurf zum Recht der Handelsgesellschaften vor, den er im September 1916 mit zwei engen Beratern besprach. Ein zweiter Entwurf, der sich auch auf die übrigen Abschnitte der dritten Abteilung des Obligationenrechts bezog, wurde im September 1917 einer erweiterten Kommission vorgelegt. Ihr gehörte neben den bereits genannten REHFOUS und WALDKIRCH (N 91 oben) und weiteren Professoren und Vertretern der Finanzwirtschaft auch ARTHUR HOFFMANN an, ein promovierter Jurist, der zwischen 1911 und 1917 Mitglied des Bundesrats und zeitweise Vorsteher des Justiz- und Polizeide-

98

partements (JPD) gewesen war. Aufgrund der Beschlüsse dieser Kommission legte HUBER dem Departement im Dezember 1919 seinen *Entwurf eines Bundesgesetzes betreffend Revision der Titel XXIV bis XXXIII des Obligationenrechts* vor, der zeitgleich auch gedruckt veröffentlicht wurde. Diesem folgte im März 1920 ein einlässlicher erläuternder Bericht.

99   HUBERS Entwurf wich in verschiedener Hinsicht vom geltenden Recht ab. Mit einer Artikelzahl von 148 und 421 Einzelbestimmungen übertraf er dieses quantitativ um fast das Zweieinhalbfache. Nur knapp die Hälfte der Artikel nahm direkten Bezug auf Vorschriften des geltenden Rechts, der Rest war neu. Hinzugekommen waren Änderungen und Zusätze aus fast 40 Jahren aktienrechtlicher Praxis sowie eine Reihe rechtspolitischer Desiderate: einlässliche Bilanzierungsvorschriften (651–664), die ausdrücklich auch die Bildung *Stiller Reserven* anerkannten (664 II), die Einrichtung gesetzlicher und statutarischer Reservefonds (722 f.,), Letztere auch «zu Wohlfahrtszwecken für Arbeiter und Angestellte» (724), erweiterte Regeln zur Gewinnverteilung (726 ff.), die Übernahme der Bilanzierungs- (657) und Nationalisierungsvorschriften (760), der Vollmachtenbeschluss (N 94 oben) sowie Ansätze zu einem eigentlichen Organisationsrecht (647–650; 748–777) und einem Recht verbundener Gesellschaften (778–780). Im Aufsichtsrecht lehnte sich HUBER wiederum an deutsche Vorbilder an, indem er statt einer Kontrollstelle alternativ die Bildung eines Aufsichtsrats vorsah (777). Im begleitenden Bericht, der beinahe zur Hälfte dem Aktienrecht gewidmet war, erteilte HUBER der *Vinkulierung von Namenaktien* erstmals den Segen des Gesetzgebers. Da es einer AG «nicht gleichgültig sein könne, wer eine Namenaktie erwerbe, wird ihr die Möglichkeit zugestanden, in den Statuten die Gründe anzugeben, aus denen die Eintragung in das Aktienbuch verweigert werden darf. Enthalten die Statuten hierüber keine Bestimmungen, so soll die Verweigerung der Eintragung in das Aktienbuch gleichwohl stattfinden dürfen, sobald hierzu ein wichtiger Grund vorliegt» (Bericht HUBER 1920, 123). Gesetzgebungsmethodisch radikal war HUBERS Umbau der gesellschaftsrechtlichen Systematik. Anstelle der überlieferten Reihung der kanonischen Formen des Gesellschaftsrechts hatte er sich für eine Zweiteilung in *Handelsgesellschaften ohne* und solche *mit juristischer Persönlichkeit* entschieden. Die Letzteren bildeten den 25. Titel, der mit einem 50 Artikel umfassenden Allgemeinen Teil (638–687) unter der Überschrift *Gemeinsame Bestimmungen* einsetzte. Dem Aktienrecht war der unmittelbar darauf folgende zweite Abschnitt gewidmet (688–785), der dritte der Kommanditaktiengesellschaft (786–793) und der vierte der Genossenschaft (794–841). Die Gesellschaft mit beschränkter Haftung hatte man nicht in den Entwurf aufgenommen. «Für den Fall, dass diese Form der Handelsgesellschaft mit Persönlichkeit anerkannt werden wollte» (E 1919 94), hatte der Autor aber dennoch einen 32 Artikel umfassenden Eventualvorschlag formuliert (793a–c).

HUBERS Bericht beschäftigte die schweizerische Rechtswissenschaft schon bald   100
intensiv. An der 55. Jahresversammlung des Schweizerischen Juristenvereins
(SJV) 1920 in Basel wurde HUBERS Entwurf erstmals breit diskutiert. Im Rahmen
seines Vortrags *Die Aufsicht in der schweizerischen Aktiengesellschaft* präsentierte der deutschsprachige Referent, DR. MAX STAEHELIN aus Basel, einlässliche
Vorschläge zu 771 bis 775a des geltenden Rechts. Das Verhandlungsprotokoll
übersandten die Veranstalter anschliessend dem Bundesrat zuhanden der Revisionsarbeiten. Am Juristentag in Thun zwei Jahre später befasste sich AUGUST
EGGER mit dem Entwurf des Genossenschaftsrechts. Anders als dieser plädierte er
für eine dezidiert personalistische Ausgestaltung und damit für eine klarere Ab-
grenzung zu den Kapitalgesellschaften. 1923 widmete sich das Hauptreferat des
Frauenfelder Juristentags wiederum dem Aktienrecht. Unter dem Titel *Die
Apport-Gründung der Aktiengesellschaft* referierte der Zürcher Rechtsanwalt
ALFRED WIELAND zur Problematik der Sacheinlagen, die im Entwurf breiten
Raum einnahm. 1925 in Davos wurde über *Das Handelsstrafrecht* verhandelt
(Referenten: DR. CARL LUDWIG, Strafgerichtspräsident, Basel; DR. HENRY
BOVAY, Advokat, Lausanne), und damit wiederum über die Kapitalgesellschaften.
Inhaltlich ging es um die Komplettierung der aktienrechtlichen Schutzbestimmun-
gen zugunsten der Gesellschaft, der Aktionäre und der Gesellschaftsgläubiger
durch besondere strafrechtliche Vorschriften, die im Genossenschaftsrecht und im
Recht der GmbH analog erlassen werden sollten. Dazu plädierten die Referenten
für ein entsprechendes Sondergesetz des Bundes.

Inzwischen war EUGEN HUBER nach längerer schwerer Krankheit am 23. April   101
1923 verstorben. Die Fortführung der Arbeiten, insbesondere auch die Sichtung
und Einarbeitung der zahlreichen Reaktionen aus Wissenschaft und Praxis, fiel
deshalb seinem Nachfolger zu. Wie schon 50 Jahre zuvor nach dem Tod
WALTHER MUNZINGERS ernannte man dazu ein Mitglied der Kommission, das mit
den Gesetzgebungsarbeiten eng vertraut war. Mit ARTHUR HOFFMANN (N 95
oben) traf es diesmal allerdings keinen Hochschullehrer, sondern einen ehemaligen Magistraten, der dem JPD nur wenige Monate später im Dezember 1923 einen
neuen Entwurf mit erläuterndem Bericht einreichte. Darin nahm das Aktienrecht
den 27. und das Recht der Kommanditaktiengesellschaft den 28. Titel ein (637–
784). Inhaltlich hatte sich nicht viel geändert, die Materien beanspruchten ungefähr den gleichen Raum wie im Entwurf HUBERS. Dessen systematische Zweiteilung des Gesellschaftsrechts und die Ausscheidung eines Allgemeinen Teils für
das Recht der Kapitalgesellschaften und der Genossenschaft waren jedoch verschwunden; stattdessen etablierte HOFFMANN wiederum die überlieferte Ordnung
des geltenden Rechts. 1924 und 1925 wurde der zweite Entwurf von einer erweiterten Expertenkommission beraten. Die Protokolle dieser Sitzungen publizierte
das JPD 1928 zusammen mit den Berichten einer Redaktionskommission. Aus
diesen Vorarbeiten entstand schliesslich der Entwurf, den der Bundesrat der Bun-

desversammlung zusammen mit der Botschaft vom 21. Februar 1928 unterbreitete
(BBl 1928 I, 205–499).

102   Mit 138 Artikeln und 411 Einzelbestimmungen (619–756) war das Aktienrecht
des bundesrätlichen Entwurfs ein wenig kürzer als das seiner Vorgänger. Wie aus
geltendem Recht gewohnt, nahm es nun wieder den 26. *Titel* ein, dem die Titel zur
Kommandit-AG (757–765) und zur neu eingeführten GmbH (766–817) unmittelbar folgten. Den Schluss des Gesellschaftsrechts bildete, wie gewohnt, das Genossenschaftsrecht (817–911). Der bundesrätliche Entwurf hatte nicht nur die systematische Zweiteilung rückgängig gemacht, sondern den Stoff des Aktienrechts
auch übersichtlich in neun Abschnitte gegliedert. Die ersten vier – *A. Allgemeine
Bestimmungen* (619–660), *B. Rechte und Pflichten der Aktionäre* (661–695),
C. Organisation der Aktiengesellschaft (696–725) und *D. Die Auflösung* (726–
739) – sowie der Abschnitt *G. Verantwortlichkeit* (746–754) folgten der Unterteilung des geltenden Rechts. Von den vier zusätzlichen Abschnitten behandelten
drei das Verhältnis der AG zum öffentlichen Recht und zum Gemeinwesen. Einen
besonders umstrittenen Bereich der gesamten Gesetzgebungsarbeit bildete der
ebenfalls neu hinzugekommene Abschnitt *F. Herabsetzung des Grundkapitals*
(741–745), den das geltende Recht als Nebenmaterie in lediglich zwei Artikeln
(660, 667) abhandelte. Inhaltlich gab es noch einmal zahlreiche Neuerungen, die
auf die weitere wirtschaftliche Stärkung und Nationalisierung der Unternehmen
abzielten. Neben der Einführung eines Mindestkapitals von 20 000 Franken (620)
zählten dazu einlässlichere Regeln zur Kapitalerhöhung (649 ff.), zur Gewinnverteilung (675 ff.), zu den Rechten und Pflichten des Aktionärs im Verhältnis zur
Gesellschaft (680 ff.) und zur Verantwortlichkeit (746 ff.). Das Recht der Kapitalherabsetzung (741 ff.) wurde noch einmal gänzlich neu gefasst ebenso wie die
Kapitalerhöhung (649 ff.). Auch «[i]n der Behandlung der Vorzugsaktien», so die
Botschaft, habe sich «eine weitgehende Wandlung vollzogen» (Botschaft 1928,
233). Habe sich das Gesetz über Vorzugsaktien bislang ausgeschwiegen, so sei
man sich in Praxis und Lehre doch über deren Berechtigung einig gewesen und
ihre Einführung durch die Gesellschaftsstatuten durchwegs akzeptiert. Nun sei
aber die Zeit gekommen, diese weit verbreitete Usanz gesetzlich festzuschreiben,
wobei man sich nach dem Vorbild des deutschen Rechts gerichtet habe (ebd. 234).

103   Die Beratungen des Entwurfs beschäftigten die Räte während mehrerer Jahre. Am
25. März 1931 beschloss der Ständerat, dessen Kommission von August 1928 bis
April 1930 getagt hatte, auf die Vorlage einzutreten (AmtlBull S 1931 I 143); am
6. Juni 1934 folgte ihm der Nationalrat (AmtlBull N 1934 II 223). Dazwischen
gingen die Beratungen stellenweise mit denjenigen zum Bankengesetz einher. Die
um sich greifende Weltwirtschaftskrise hatte den Ruf laut werden lassen, Banken
unter stärkere staatliche Kontrolle zu stellen. Zu diesem Zweck war in der Kommission des Nationalrats sogar verlangt worden, für Aktienbanken das Konzessionssystems einzuführen, allerdings ohne Erfolg. Immerhin wurden einzelne

Vorschriften des Bankengesetzes hinsichtlich Aufsicht und Verantwortlichkeit in den Entwurf zum Aktienrecht übernommen. Die Krise wirkte auch sonst in vielfacher Hinsicht auf die Beratungen ein. Von liberaler Seite wurde auf betriebliche Mitbestimmung gepocht und ein «Kapitalismus mit menschlichem Antlitz» (Votum BÉGUIN, AmtlBull S 1931 I 149) gefordert. In der Sitzung vom 5. Dezember 1934 präsentierten die sozialdemokratischen Kommissionsvertreter die Idee eines *Krisenfonds* für grosse Unternehmen, um «in Zeiten schlechten Geschäftsganges soweit als möglich die Entlassung von Angestellten und Arbeitern zu verhindern oder ihre Folgen zu mildern» (AmtlBull 1934 V 844). Ihm sollten nach Abzug der Zuschüsse für den allgemeinen Reservefonds und einer mindestens fünfprozentigen Dividende zehn Prozent des Reingewinns zugewiesen werden. Dieser Vorschlag, «vielleicht der am meisten umstrittene der ganzen Gesetzesvorlage» (Bundesrat Baumann in der Sitzung vom 2. April 1935, AmtlBull N 1935 I 95), scheiterte jedoch, denn die Sympathie des Bundesrats und der bürgerlichen Ratsmehrheit lag klar auf der Seite der Stärkung des *Unternehmens an sich,* der die bereits von HUBER vorgesehenen Instrumente der *Stillen Reserven* (663) und der *vinkulierten Namenaktien* (684) dienten, die den Unternehmen erlaubten, auch unter widrigen wirtschaftlichen Bedingungen handlungsfähig zu bleiben. Diese Instrumente waren keineswegs neu, sondern entsprachen lang geübter aktienrechtlicher Usanz; sie waren bislang jedoch einzig in der statutarischen Gesetzgebung der Gesellschaften beheimatet gewesen. Nun ging es um ihre bundesrechtliche Positivierung. Im Hinblick auf die stillen Reserven war der Bundesrat bereits vor Ausbruch der Krise «von dem leitenden Gesichtspunkte» ausgegangen, «dass es im Interesse einer soliden und weitblickenden Geschäftsführung liegt, wenn Möglichkeiten für reichliche Reservestellungen und Rücklagen geschaffen werden» könnten (Botschaft 1928, 237). Mit «Rücksicht auf die dauernde Sicherstellung des Unternehmens» sollte es daher erlaubt sein, einzelne oder ganze Kategorien von Aktiven unter Wert zu bilanzieren (ebd.). Die entsprechenden Artikel fanden unverändert Eingang in den Gesetzestext.

Nicht immer folgte das Parlament den Vorschlägen der Regierung. Mit der Einführung sogenannter Stimmrechtsaktien wich der Gesetzgeber deutlich von den Vorgaben von Bundesrat und Experten ab. Diese standen allen Abweichungen vom Aktienprinzip grundsätzlich ablehnend gegenüber und hatten in den Entwürfen daher auf diesbezügliche Regeln verzichtet. In der Folge wurde das sogenannte *Pluralstimmrecht* aber zu einer der umstrittensten Fragen der gesamten Revision, wie der ständerätliche Kommissionsberichterstatter THALMANN 1931 feststellte. Auch für diesen Fall finde sich im geltenden Recht keine ausdrückliche Bestimmung, sondern lediglich die Formel, wonach die Aktionäre ihr Stimmrecht in der Generalversammlung nach Verhältnis der Zahl der in ihrem Besitze befindlichen Aktien auszuüben hätten (640), woraus die Praxis abgeleitet habe, das Gesetz berücksichtige lediglich die Stückzahl und nicht den Nennwert der Aktien. In den

104

vergangenen Jahren habe dies verschiedentlich zu Problemen geführt, weshalb
Stimmrechtsaktien überhaupt abgeschafft werden sollten (StenBull SR 1931 II,
408). Dagegen habe sich aber «eine Grosszahl wirtschaftlicher Verbände, Behörden und Juristen gewendet und verlangt, dass man es beim alten Rechtszustand
des OR 640, wie er in der Praxis anerkannt worden ist, belassen und am Grundsatz: Eine Aktie, eine Stimme ohne Rücksicht auf den Nominalbetrag festhalten
solle» (ebd.). Trotz eingehender Diskussion der Gefahren von Intransparenz und
Missbräuchen und erbitterter Gegenwehr der Ratslinken hielten die Räte letztlich
an der bisherigen Praxis fest (693 OR 1936). Die Schlussabstimmung über die
revidierten Titel, und damit auch über das Aktienrecht, fand am 18. Dezember
1936 statt. Es umfasste 144 Artikel (620–763) und 441 Einzelbestimmungen in
acht Abschnitten. Nach Verstreichen der Referendumsfrist wurde es auf den
1. Juli 1937 in Kraft gesetzt. Die Revision, so eine zeitgenössische Einschätzung,
habe sich auf die genauere Umschreibung der Pflichten und der Verantwortlichkeit der Gesellschaftsorgane konzentriert. Verbessert worden seien sowohl der
Aktionärsschutz als auch der Schutz des Aktienkapitals; bestehende Lücken, etwa
hinsichtlich Vorzugsaktien, Genussscheinen, der Anfechtung von GV-Beschlüssen
oder der Verjährung, seien gefüllt worden. Das Aktienrecht von 1936, das sich im
Prinzip durchwegs an den Gesetzestext der alten Gesetzgebung von 1881 angelehnt habe, sei deshalb dynamischer, elastischer und wirklichkeitsnäher geworden
(P. VON MAY, Die Gründung der AG, 1945, 91). Bis 1991 unverändert, bildete es
die «Basis für fünf Jahrzehnte Corporate Governance» (M. LÜPOLD) in der
Schweiz.

105   Durch der Eisenbahnboom der Gründerjahre, die Überwindung der interkantonalen Differenzen 1881 und die Stärkung des Unternehmens an sich mit der Revision von 1936 hindurch breitete sich die Rechtsform der AG aus, lange im Schatten ihrer Konkurrentinnen. Zwischen 1885 und 1900 verdoppelte sich ihre Zahl
auf etwas mehr als 2000, was ungefähr fünf Prozent der im Handelsregister eingetragenen Firmen entsprach. Diesen standen rund 4000 Genossenschaften gegenüber, deren Zahl bis Ende der 1920er-Jahre noch auf 12 000 anwuchs. Im Jahr der
bundesrätlichen Botschaft zur Revision 1928 wurde sie von der AG erstmals zahlenmässig überflügelt. Auch unter dem neuen Recht ließ ihr Aufstieg auf sich
warten; zur seither viel beschworenen «Bonne à tout faire des schweizerischen
Gesellschaftsrechts» (FORSTMOSER) wurde sie erst in der langen Hochkonjunktur
der Nachkriegszeit. Zwischen 1948, 1963, 1973 und 1990 verdoppelte sich ihre
Zahl im Abstand von zehn bis 15 Jahren, sodass sie bereits Mitte der 1970er-Jahre
die Einzelfirma als beliebteste Rechtsform überholte. 1997 gab es erstmals mehr
als 170 000 AG in der Schweiz. mit heute circa 190 000 dauert ihre Erfolgs-
geschichte auch im 21. Jahrhundert an. Am 1. Januar 2017 zählte die Schweiz
211 926 AG (s. auch § 2, N 4).

§ 4 Entwicklung des Aktienrechts nach 1936

Materialien: Bericht zur Vernehmlassung zum Vorentwurf vom 28. November 2014 1
zur Änderung des Obligationenrechts, 17. September 2015 (zit. Vernehm-
lassungsbericht 2014); Botschaft des Bundesrates an die Bundesversammlung zu einem Gesetzesentwurf über die Revision der Titel XXIV bis
XXXIII des schweizerischen Obligationenrechts, BBl 1928 I 205 ff. (zit.
Botschaft Aktienrecht 1936, S.); Botschaft betreffend den Entwurf eines
Bundesgesetzes über die Banken und Sparkassen vom 2. Februar 1934,
BBl 1934 I 171 ff. (zit. Botschaft BankG 1934, S.); Botschaft über die Revision des Aktienrechts vom 23. Februar 1983, BBl 1983 II 745 ff. (zit.
Botschaft Aktienrecht 1991, S.); Botschaft zu einem Bundesgesetz über
die Börsen und den Effektenhandel vom 24. Februar 1993, BBl 1993
1369 ff. (zit. Botschaft Börsengesetz, S.); Botschaft zum Bundesgesetz
über Fusion, Spaltung, Umwandlung und Vermögensübertragung (Fusionsgesetz; FusG) vom 13. Juni 2000, BBl 2000 4337 ff. (zit. Botschaft FusG
S.); Botschaft zur Revision des Obligationenrechts (GmbH-Recht sowie
Anpassungen im Aktien-, Genossenschafts-, Handelsregister- und Firmenrecht, vom 19. Dezember 2001, BBl 2002 3148 ff. (zit. Botschaft GmbH,
S.); Botschaft betreffend die Internationalen Übereinkommen zur Bekämpfung der Finanzierung des Terrorismus und zur Bekämpfung terroris-
tischer Bombenanschläge sowie die Änderung des Strafgesetzbuches und
die Anpassung weiterer Bundesgesetze vom 26. Juni 2002, BBl 2002
5390 ff.; Botschaft zur Änderung des Bundesgesetzes über den Erwerb
von Grundstücken durch Personen im Ausland, vom 28. Mai 2003, BBl
2003 4357 ff. (zit. Botschaft BewG, S.); Botschaft zur Änderung des Obligationenrechts (Revisionspflicht im Gesellschaftsrecht) sowie zum Bundesgesetz über die Zulassung und Beaufsichtigung der Revisorinnen und
Revisoren vom 23. Juni 2004, BBl 2004 3969 ff. (zit. Botschaft Revisionspflicht, S.); Botschaft zur Änderung des Obligationenrechts (Transparenz betreffend Vergütungen an Mitglieder des Verwaltungsrates und
der Geschäftsleitung) vom 23. Juni 2004, BBl 2004 4471 ff. (zit. Botschaft
Transparenz, S.); Botschaft zum Bundesgesetz über die kollektiven Kapitalanlagen (Kollektivanlagegesetz) vom 23. September 2005 (zit. Botschaft
KAG, S.); Botschaft zum Bucheffektengesetz sowie zum Haager Wertpapierübereinkommen vom 15. November 2006, BBl 2006, 9315 ff. (zit.
Botschaft BEG, S.); Botschaft zur Änderung des Obligationenrechts vom
21. Dezember 2007, BBl 2008 1589 ff. (zit. Botschaft Aktienrechtsentwurf 2007, S.); Botschaft zur Volksinitiative «gegen die Abzockerei» und
zur Änderung des Obligationenrechts (Aktienrecht) vom 5. Dezember

2009, BBl 2009 299 ff. (zit. Botschaft Minder-Initiative, S.): Botschaft zur Umsetzung der 2012 revidierten Empfehlungen der Groupe d'action financière (GAFI) vom 13. Dezember 2013, BBl 2014 605 ff. (zit. Botschaft GAFI, S.); Botschaft zum Finanzmarktinfrastrukturgesetz (FinfraG) vom 3. September 2014, BBl 2014 7483 ff. (zit. Botschaft FinfraG, S.) Botschaft zur Änderung des Obligationenrechts (Handelsregisterrecht) vom 15. April 2015, BBl 2015 3617 ff. (zit. Botschaft Handelsregisterrecht, S.); Botschaft zum Finanzdienstleistungsgesetz (FIDLEG) und zum Finanzinstitutsgesetz (FINIG) vom 4. November 2015, BBl 2015 8901 ff. (zit. Botschaft FIDLEG/FINIG, S.); Botschaft zur Änderung des Obligationenrechts (Aktienrecht) vom 23. November 2016, BBl 2017 399 ff. (zit. Botschaft Aktienrechtsentwurf 2016, S.); BÖCKLI, PETER/HUGUENIN, CLAIRE/ DESSEMONTET, FRANÇOIS, Expertenbericht der Arbeitsgruppe «Corporate Governance» zur Teilrevision des Aktienrechts, vom 30. September 2003 (zit. Expertenbericht Corporate Governance); Bundesamt für Justiz, Groupe de réflexion «Gesellschaftsrecht», Schlussbericht, Bern am 24. September 1993 (Groupe de réflexion, S.); Eidgenössisches Volkswirtschaftsdepartement, Kleinaktien und nennwertlose Aktien – Bericht der vom Eidg. Volkswirtschaftsdepartement eingesetzten Studiengruppe, erschienen als Sonderheft 69 der «Volkswirtschaft», Bern 1961 (Bericht JÄGGI, S.); Erläuternder Bericht zur Änderung des Obligationenrechts (Aktienrecht), 2014 (zit. Bericht VE-OR 2014); Europarat, Liability of enterprises for offences, Empfehlung No. R (88) 18 vom 20. Oktober 1988; GAUTSCHI, GEORG, (unveröffentlichter) Bericht und Vorschläge zu einer Revision des schweizerischen Aktienrechts von 1936, Zürich 1966 (Vorliegend nur die Seiten 169 bis 180) (Bericht GAUTSCHI, S.); Zwischenbericht des Präsidenten und des Sekretärs der Arbeitsgruppe für die Überprüfung des Aktienrechts zum Vorschlag für eine Teilrevision des Aktienrechts; Arbeitsgruppe unter dem Vorsitz von Hans Tschopp, Bern 1972 (Zwischenbericht TSCHOPP, S.).

2   Literatur: BAER, CHARLOTTE M., Aktuelle Praxis der Finanzmarktaufsicht, in: Nobel, Peter (Hrsg.) Aktuelle Rechtsprobleme des Finanz- und Börsenplatzes Schweiz, Bd. 14, Bern 2007, 149 ff.; BÄRTSCHI, HARALD, Verantwortlichkeit im Aktienrecht, SSHW Bd. 210, Zürich 2001; BEALE, SARA SUN, The Development and Evolution of the U.S. Law of Corporate Criminal Liability, Duke University 2014 (verfügbar auf: www.law.duke.edu); BÖCKLI PETER, Wesentliche Änderungen in der Vinkulierung der Namenaktien, ST 11/1991, 583 ff.; BÖCKLI, PETER, Corporate Governance: The «Cadbury Report» and the Swiss Board Concept of 1991, SZW 1996, 149 ff.; BÖCKLI, PETER, Nachbesserungen und Fehlleistungen in der Revision des Aktienrechts, Zum Gesetzesentwurf vom 21. Dezember 2007, SJZ 104/2008, 333 ff. und 357 ff. (zit. BÖCKLI, Gesetzesentwurf 2007); BÖCKLI, PETER, Schweizer Aktienrecht, 4. Aufl., Zürich 2009 (BÖCKLI, Aktienrecht); BÖCKLI, PETER/FORSTMOSER, PETER/RAPP, JEAN-MARK, Reform des GmbH-Rechts, Expertenentwurf vom 29. November 1996, Zürich 1997; BRADFORD, STEVEN C., Crowdfunding and the Federal Securities Laws, in: Columbia Law Review, 2012 Issue 1, 1 ff.; BÜHLER, CHRISTOPH B., Vergütungen an Verwaltungsrat und Geschäftsleitung: Volksinitiative «gegen die Abzockerei» und Gegenentwürfe, in: Watter, Rolf (Hrsg.), Die «grosse» Schweizer Aktienrechtsrevision – Standortbe-

stimmung per Ende 2010, Zürich 2010, 247 ff. (zit. BÜHLER, Vergütungen); BURG BENEDICT/VON DER CRONE HANS CASPAR, Vertrauenshaftung im Konzern, SZW 2010, 417 ff.; BÜRGI, FRIEDRICH WOLFHART, Revisionsbedürftige Regelungen des schweizerischen Aktienrechts, in: FS des Schweizerischen Juristenvereins zur Landesausstellung, Lausanne 1964, 201 ff.; DAENIKER, DANIEL, Der «Geheimbericht Gautschi» zum Aktienrecht, Eine Bestandesaufnahme nach 50 Jahren unter Verschluss, SJZ 111/2015, 593 ff.; DALLA TORRE, LUCA/GERMANN, MARTIN, 12 Antworten zum neuen Bucheffektengesetz, GesKR 4/2009, 573 ff.; DANNACHER, MARNIE, Das neue Bundesgesetz über die Rückerstattung unrechtmässig erworbener Vermögenswerte politisch exponierter Personen (RuVG) – Fluch oder Segen?, SJZ 2011, 481 ff.; DONATSCH, ANDREAS/STOFFEL, SARA, Entwicklungen im Strafrecht, in: SJZ 110 (2014), Nr. 22, 578 ff.; DRUEY, JEAN NICOLAS/DRUEY JUST, EVA/GLANZMANN, LUKAS, Gesellschafts- und Handelsrecht, 11. Aufl., Zürich/Basel/Genf 2015; ERK, CHRISTIAN, Corporate Responsibility: Eine kritische Reflexion, REPRAX 2/2015, 23 ff.; EMMENEGGER, SUSAN, Das Yates-Memorandum: Verschärfung im amerikanischen Unternehmensstrafrecht, AJP 8/2016, 1045 ff.; FORLIN, PRISCA, Der Partizipationsschein als Finanzierungsinstrument, Diss. St. Gallen 1991; FORSTMOSER, PETER, Zur Revision des Schweizerischen Aktienrechts, Separatdruck aus der Schweiz. Zeitschrift für Beurkundungs- und Grundbuchrecht, Heft 2/1973, 77 ff. (zit. FORSTMOSER, Revision 1973); FORSTMOSER PETER, Das neue Aktienrecht – Übersicht über die wichtigsten Änderungen, ZGRG 4/91, 78 ff. (zit. FORSTMOSER, Änderungen Aktienrecht 1991); FORSTMOSER PETER, Vom alten zum neuen Aktienrecht, SJZ 88/1992, 137 ff. (zit. Forstmoser, neues Aktienrecht); FORSTMOSER PETER, OR 663c – ein wenig transparentes Transparenzangebot, FG zum Schweizerischen Juristentag 1994, Zürich 1994, 69 ff. (zit. FORSTMOSER, Art. 663c); FORSTMOSER, PETER, Gestaltungsfreiheit im schweizerischen Gesellschaftsrecht, in: Lutter, Marcus/Wiedemann, Herbert (Hrsg.), Gestaltungsfreiheit im Gesellschaftsrecht, 11. ZGR-Symposium «25 Jahre ZGR», ZGR Sonderheft 13, Berlin 1998, 254 ff. (zit. FORSTMOSER, Gesellschaftsrecht); FORSTMOSER PETER, Aufgaben, Organisation und Verantwortlichkeit des Verwaltungsrates, ST 5/2002, 485 ff. (zit. FORSTMOSER, Verwaltungsrat); FORSTMOSER, PETER, Abschied vom Numerus clausus im Gesellschaftsrecht, in: Waldburger et. al. (Hrsg.), Wirtschaftsrecht zu Beginn des 21. Jahrhunderts, Festschrift für Peter Nobel zum 60. Geburtstag, Bern 2005, 77 ff. (zit. FORSTMOSER, Numerus Clausus im Gesellschaftsrecht); FORSTMOSER, PETER, Das neue Recht der Schweizer GmbH, in: Kramer et al. (Hrsg.), Festschrift für Peter Böckli zum 70. Geburtstag, Zürich 2006, 535 ff. (zit. FORSTMOSER, GmbH); FORSTMOSER, PETER, Die «grosse» Aktienrechtsreform – Übersicht und Gesamtwürdigung, in: Watter, Rolf (Hrsg.), Die «grosse» Schweizer Aktienrechtsrevision, Eine Standortbestimmung per Ende 2010, SSHW 300, Zürich 2010, 1 ff. (Forstmoser, Aktienrechtsreform); FORSTMOSER, PETER, Corporate Social Responsibility, eine (neue) Rechtspflicht für Publikumsgesellschaften?, in: Waldburger, Robert et al. (Hrsg.), Law & Economics, Festschrift für Peter Nobel zum 70. Geburtstag, Bern 2015 (zit. FORSTMOSER, Corporate Social Responsibility); FORSTMOSER, PETER, Was bringt die Aktienrechtsreform im Verantwortlichkeitsrecht?, Europa Institut Zürich, Bd. 171, 185 ff. (zit. FORSTMOSER, Verantwortlichkeit);

FORSTMOSER, PETER/MEIER-HAYOZ, ARTHUR/NOBEL, PETER, Schweizerisches Aktienrecht, Bern 1996; FORSTMOSER, PETER/KÜCHLER, MARCEL, Schweizer Aktienrecht 2020, EXPERT FOCUS 1–2/2016, 86 ff.; FORSTMOSER, PETER, Die «Lex Minder» – ein Schuss in den Ofen?, in: Weber, Rolf H./Stoffel, Walter A./Chenaux, Jean-Luc/Sethe, Rolf (Hrsg.), Aktuelle Herausforderungen des Gesellschafts- und Finanzmarktrechts, Festschrift für Hans Caspar Von der Crone zum 60. Geburtstag, Zürich 2017, 275 ff. (zit. FORSTMOSER, Lex Minder); FRICK, JÜRG, Private Equity im Schweizer Recht, Diss. Zürich 2009; GERICKE, DIETER, Das Kapitalband (E Art. 653s–653x OR), GesKR 2008 (Sondernummer), 38 ff. (zit. GERICKE, Kapitalband); GERICKE, DIETER, Vorzugsrecht des Venture Capital-Incubators, in: GERICKE (Hrsg.), Private Equity, Zürich 2011, 108 f. (zit. GERICKE, Venture Capital); GERICKE, DIETER, Aktienrechtsreform und Private Equity – Relevante Neuerungen und Lücken, in: GERICKE (Hrsg.), Private Equity V, Zürich 2016, 104 ff. (zit. GERICKE, Private Equity); GNOS, URS P./KEISER, BARBARA A., Gesellschaftsrecht, Entwicklungen 2012, Bern 2013; GROSSFELD, BERNHARD, Aktiengesellschaft, Unternehmenskonzentration und Kleinaktionäre, Tübingen 1968; GROSZ, MIRINA, Frauenquote im Aktienrecht? – Die Verfassungsmässigkeit der Vorgabe zur Geschlechtervertretung im Verwaltungsrat und in der Geschäftsleitung gemäss Vorentwurf zur Aktienrechtsrevision, ZBl 10/2015, 511 ff.; GWELESSIANI, MICHAEL, Praxiskommentar zur Handelsregisterverordnung, 3. Aufl., Zürich/Basel/Genf 2016; HAAB, ROBERT/SIMONIUS, AUGUST/SCHERRER, WERNER/ZOBL, DIETER, Zürcher Kommentar zum Schweizerischen Zivilgesetzbuch, IV. Band, Das Sachenrecht, 1. Abteilung, Das Eigentum, Art. 641–729, 2. Aufl., Zürich 1977; HANDSCHIN, LUKAS, Einige Überlegungen zum Cashpooling im Konzern, in: Mélanges Roland Ruedin, Basel 2006, 273 ff.; HÄUSERMANN, DANIEL, Dispoaktien: Ein 250-Milliarden-Problem?, GesKR 2012, 220 ff.; HECKELMANN, MARTIN, Hauptversammlung und Internet, Diss. Berlin 2006, Studien zum Handels-, Arbeits- und Wirtschaftsrecht, Band 114, Baden-Baden; HEILE, MORITZ, Societas delinquere non potest: Mit dem Latein am Ende?, WiJ 4.2014, 228 ff.; HEINE, GÜNTER, Straftäter Unternehmen: das Spannungsfeld von StGB, Verwaltungsstrafrecht und Steuerstrafrecht, in: recht 2005, 1 ff.; HIRSCH, ALAIN/NOBEL, PETER, Projekt einer privaten Aktiengesellschaft, SZW 1997, 126 ff.; HOBY, JEAN-PIERRE, Vom Gesellschaftsrecht zum Kapitalmarktrecht, WuR 1980, 47 ff.; HOFFMANN, RAUNO/WYSER, JÜRG, Going east – Korruptionsbedingte Risiken für Unternehmen und Mitarbeiter, GesKR 2010, 26 ff.; HOMBURGER, ERIC, Zum Durchgriff im schweizerischen Gesellschaftsrecht, SJZ 197, 249 ff.; Honsell, Heinrich/Vogt, Nedim Peter/Watter, Rolf (Hrsg.), Basler Kommentar Obligationenrecht II, Basel 2016 (zit. BSK OR II – AUTOR); HUBER, ADRIANO R., Vergütungsfestsetzung nach Art. 95 Abs. 3 BV, Diss. Zürich 2014, aufgenommen in Zürcher Studien zum Privatrecht, Bd. 263, Zürich/Basel/Genf 2015; HÜPPI, DAVID, Die Methoden zur Auslegung von Statuten, Zürich 1971; JOSITSCH, DANIEL, Das schweizerische Korruptionsstrafrecht, Zürich 2004; JUNOD, VALÉRIE, Quotas féminins dans le CO: Que penser de la volte-face du Conseil fédéral?, GesKR 3/2015, 381 ff.; KOBIERSKI, MARLENE, Der Durchgriff im Gesellschafts- und Steuerrecht, SSW Band 22, Bern 2012; KREKELER, WILHELM, Brauchen wir ein Unternehmensstrafrecht?, in: von Ebert et al. (Hrsg.), Festschrift für Ernst-Walter Hanack

zum 70. Geburtstag am 30. August 1999, Berlin/New York 1999, 639 ff.;
Kren Kostkiewicz, Jolanta/Nobel, Peter/Schwander, Ivo/Wolf, Stephan
(Hrsg.), Orell Füssli Kommentar zum Schweizerischen Obligationenrecht,
2. Aufl., Zürich 2009 (zit. OFK-AUTOR); KÜNG, MANFRED/MEISTER-
HANS, CLEMENS/ZENGER, URS/BLÄSI, CHRISTOF/NUSSBAUM, MARTIN F.,
Kommentar zur Handelsregisterverordnung, Band VII, 1. Aufl., Q Verlag
2000 (zit. KÜNG et al. 2000); KUNZ, PETER V., Der Minderheitenschutz im
schweizerischen Aktienrecht, Bern 2001 (zit. KUNZ, Minderheitenschutz);
KUNZ, PETER V, Klarstellung der Konzernhaftung, recht 2011, 41 ff. (zit.
KUNZ, Konzernhaftung); LIEBI, MARTIN, Vorzugsaktien, Diss. Zürich/
St. Gallen 2008; LORANDI, FRANCO, Konkursverfahren über Handelsge-
sellschaften ohne Konkurseröffnung, Gedanken zu Art. 731b OR, AJP 2008,
1378 ff.; MANDEL, ROLAND, Die richterliche Interessenabwägung in der
Frage des aktienrechtlichen Minderheitenschutzes, Diss. St. Gallen 1974;
MEIER, MARCEL, Strafrechtliche Unternehmenshaftung, Einführung in der
Schweiz unter Berücksichtigung prozessualer Folgeprobleme im Konzern,
Diss. Zürich 2006; MEIER-HAYOZ, ARTHUR/FORSTMOSER, PETER, Grund-
risse des schweizerischen Gesellschaftsrechts, Bern 1976 (zit. MEIER-
HAYOZ/FORSTMOSER, Grundriss); MEIER-HAYOZ, ARTHUR/FORSTMOSER,
PETER, Schweizerisches Gesellschaftsrecht, 11. Aufl., Bern 2012 (zit.
MEIER-HAYOZ/FORSTMOSER, Gesellschaftsrecht); MONTAVON, PASCAL,
Die strafrechtliche Verantwortlichkeit des Unternehmens, TREX 2005,
87 ff.; MÜLLER, DOMINIQUE/KIESER, HANNES, Keine Aktivlegitimation
der Masse zur Geltendmachung von Verantwortlichkeitsansprüchen für
ausschliessliche Gläubigerschäden, GesKR 2016, 112 ff.; MÜLLER,
KARIN/KÄCH, ALICE, Ausgewählte Entscheide im Gesellschaftsrecht des
Jahres 2015 in Kürze, Jusletter vom 11. April 2016; MÜLLER, LUKAS/
MÜLLER, PASCAL, Organisationsmängel in der Praxis, AJP 2016, 56 ff.;
NAEF, FRANCESCO, Soft Law und Gewaltenteilung, AJP 2015, 1117 ff.;
NÄNNI, MATTHIAS/VON DER CRONE, HANS CASPAR, Auskunft und Ein-
sicht im Konzern, SZW 2006, 150 ff.; NIESELER, LARS, Geldbussen gegen
juristische Personen und Personenvereinigungen, in: Graf, Jürgen/Jäger,
Markus/Wittig, Petra (Hrsg.), Wirtschafts- und Steuerstrafrecht, Kommen-
tar, Beck 2011, § 30 OWiG; Niggli, Marcel A./Wiprächtiger, Hans
(Hrsg.), Basler Kommentar Strafrecht II, Art. 110–392 StGB, 3. Aufl.,
Basel 2013 (zit. BSK StGB II – AUTOR, Art., N); Niggli, Marcel A./
Wiprächtiger, Hans (Hrsg.), Basler Kommentar Strafrecht I, Art. 1–110
StGB, 3. Aufl., Basel 2013 (zit. BSK StGB I – AUTOR, Art. N); ; NOBEL
PETER, Europäisierung des Aktienrechts, Diss. St. Gallen 1974 (zit. NOBEL,
Europäisierung des Aktienrechts); NOBEL PETER, Bezugsrecht und
Bezugsrechtsausschluss, AJP 1993, 1171 ff. (zit. NOBEL, Bezugsrecht);
NOBEL PETER, Börsengesellschaftsrecht?, in: von Büren, Roland (Hrsg.),
Aktienrecht von 1992–1997: Versuch einer Bilanz, Festschrift zum Ge-
burtstag von Rolf Bär, Bern 1998, 301 ff. (zit. NOBEL, Börsengesellschaftsrecht); NOBEL, PETER, Klein-AG und GmbH in der Schweiz, Sonderdruck aus der Festschrift für Bernhard Grossfeld zum 65. Geburtstag,
Heidelberg 1999 (zit. NOBEL, Klein-AG und GmbH); NOBEL, PETER, Der
wirtschaftlich Berechtigte – Ein unsicheres Konzept, SZW 1999, 258 ff.
(zit. NOBEL, Der wirtschaftlich Berechtigte); NOBEL, PETER, Schweizerisches Finanzmarktrecht und internationale Standards, 3. Aufl., Bern 2010
(zit. NOBEL, Finanzmarktrecht): NOBEL, PETER, Internationales und Trans-

nationales Aktienrecht, Bd.1, 2. Aufl., Bern 2012 (zit. NOBEL, internationales und transnationales Aktienrecht); NOBEL, PETER, Der Stand des Aktienrechts – Ein Überblick, SZW 2/2013, 115 ff. (zit. NOBEL., Aktienrechts); NOBEL PETER, Entwicklungen im Bank- und Kapitalmarktrecht, SJZ 110/2014, 11 ff. (zit. NOBEL, Bank- und Kapitalmarktrecht); NOBEL, PETER, Abschied vom Bankgeheimnis, ZSR 1/2015, 21 ff. (zit. NOBEL, Bankgeheimnis); NOBEL PETER/GRONER ROGER, Aktienrechtliche Entscheide, 3. Aufl., Bern 2006; Oser, David/Müller, Andreas (Hrsg.), Praxiskommentar zur Verordnung gegen übermässige Vergütungen bei börsenkotierten Aktiengesellschaften, Zürich 2014 (zit. Praxiskommentar VegüV – AUTOR, Art.); PFLAUM, SONJA/WOHLERS, WOLFGANG, Kurs- und Marktmanipulation, Straf- und aufsichtsrechtliche Relevanz der Manipulation von Börsenkursen, GesKR 2013, 523 ff.; POGGIO, KARIN/ZIHLER, FLORIAN, Weiterer Meilenstein in der Aktienrechtsrevision, EXPERT FOCUS 1-2/2016, 1 ff.; POP, ANCA IULIA, Criminal Liability of Corporations – Comparative Jurisprudence, Michigan 2006; POPP, PETER, Grundzüge der internationalen Rechtshilfe in Strafsachen, Basel 2001; REBSAMEN, THOMAS, Die Gleichbehandlung der Gläubiger durch die Aktiengesellschaft, Diss. Freiburg, Zürich 2004; RIOULT, CHRISTIAN, Gender Diversity in der Unternehmensführung, Zürich 2016; RHYSER, ROLAND/ KUCHOWSKY, NATALIE, Die Strafbarkeit des Unternehmens – Organisationspflichten und Strafrecht, Der Schweizer Treuhänder 8/05, 583 ff.; SCHENKER, URS, Gleichstellung – ein aktienrechtliches Thema, SZW 5/2015, 469 ff.; SCHLUEP, WALTER R., Die wohlerworbenen Rechte des Aktionärs, Diss. St. Gallen 1955 (zit. SCHLUEP, wohlerworbene Rechte); SCHLUEP, WALTER R., Mitbestimmung? Bemerkungen zum Verhältnis von Aktiengesellschaft, Unternehmen und öffentlichen Interessen, in: Boemle, Max et al. (Hrsg.), Lebendiges Aktienrecht, Festgabe zum 70. Geburtstag von Wolfhart Friedrich Bürgi, Zürich 1971, 311 ff. (zit. SCHLUEP, Mitbestimmung); SETHE, ROLF, Entwicklungen im Gesellschaftsrecht und im Wertpapierrecht, SJZ 106 (2010), 510 ff.; SETHE, ROLF/ANDREOTTI, FABIO, Entwicklungen im Gesellschaftsrecht und im Wertpapierrecht, SJZ 109 (2013), 491 ff.; SETHE, ROLF/EGLE, CARLO, Entwicklungen im Gesellschaftsrecht und im Wertpapierrecht, SJZ 111 (2015), 522 ff.; TAUBE, TAMARA, Entstehung, Bedeutung und Umfang der Sorgfaltspflicht der Schweizer Banken bei der Geldwäschereiprävention im Bankenalltag, Zürich/St. Gallen 2013; TSCHÄNI, RUDOLF, Funktionswandel des Gesellschaftsrechts, Bern 1978; VISCHER, FRANK, Zürcher Kommentar zum Fusionsgesetz, Zürich 2004; VOGT HANS-UELI/BÄNZIGER MICHAEL, Das Bundesgericht anerkennt die Business Judgment Rule als Grundsatz des schweizerischen Aktienrechts, GesKR 2012, 607 ff.; VON DER CRONE, HANS CASPAR, Bericht zu einer Teilrevision des Aktienrechts: Nennwertlose Aktien, REPRAX 1/2002, 1 ff. (zit. VON DER CRONE, nennwertlose Aktie); VON DER CRONE, HANS CASPAR, Bericht zu einer Teilrevision des Aktienrechts: Stimmrechtsvertretung/Dispoaktien, REPRAX 2/2003, 1 ff. (zit. VON DER CRONE, Teilrevision Aktienrecht); VON DER CRONE HANS CASPAR, Aktienrecht, Bern 2014 (zit. VON DER CRONE, Aktienrecht); VON DER CRONE, HANS CASPAR/GOTTINI MELANIE, Aktuelle Rechtsprechung des Bundesgerichts zum Aktienrecht, SZW 2015, 512 ff.; VON DER CRONE, HANS CASPAR/ANGSTMANN, LUCA, Kernfragen der Aktienrechtsrevision, SZW 1/2017, 2 ff.; VON SALIS, ULYSSES, Private Equity Finanzierungsverträge, Zürich 2002; WATTER, ROLF, Neuerungen im Bereich des Verwaltungsrates, in: Watter, Rolf (Hrsg.), Die «grosse» Schweizer Aktienrechtsrevision, Zürich/St. Gallen 2010, 285 ff.; WATTER, ROLF/ VOGT, NEDIM PETER/TSCHÄNI, RUDOLF/DAENIKER, DANIEL (Hrsg.), Basler Kommentar zum Fusionsgesetz, 2. Aufl., Basel 2015 (zit. BSK FusG – AUTOR); YAROSKY, HARVEY, The criminal liability of corporations, McGill Law Journal Vol. 10 (1964), No. 2, 142 ff.

I. Überblick: Reformen in grossen Zügen

Das heutige Aktienrecht beruht in seinen Grundfesten immer   3
noch auf dem Erlass von 1936 (AS 53 185; BBl 1936 III 605). Nach einer langen Reformgeschichte wurde schliesslich am 4. Juli 1991 eine Teilrevision des Aktienrechts beschlossen, die am 1. Juli 1992 in Kraft trat (AS 1992 733; BBl 1991 III 1476). Hervorgerufen durch die Zusammenbrüche von sogenannten Abschreibungsgesellschaften und anderen Missbräuchen wurde Ende der 1970er-Jahre auch in der Schweiz der Ruf nach vermehrter und verbesserter Erfassung des Kapitalmarktes durch das Recht laut.[1] Zudem wurde kritisch angemerkt, dass es sonderbar anmute, dass angesichts eines so grenzüberschreitenden Phänomens wie des Kapitalmarkts «die Gesetzgebung noch immer in die Kompetenz der Kantone fällt».[2] Die Bedeutung, die der Finanzplatz Schweiz weltweit erlangt hatte, kontrastierte augenfällig mit den inhaltlich überholten Regelungen[3]. Ein eidgenössisches Börsengesetz wurde dann am 24. März 1995 (BEHG, AS 1997 68; SR 954.1) erlassen; es trat gestaffelt am 1. Februar 1997 und am 1. Januar 1998 in Kraft und hatte einen erheblichen Einfluss auf das Aktienrecht. Vor allem den Verbesserungen der Transparenz wurde grosses Gewicht beigemessen. Am 1. Juli 2004 trat das Fusionsgesetz (FusG, SR 221.301) in Kraft und am 1. Januar 2007 das Kollektivanlagegesetz (KAG, SR 951.31). Gleichzeitig mit dem KAG wurde Art. 663b^{bis} OR zur Transparenz betreffend Vergütungen an Mitglieder des Verwaltungsrates und der Geschäftsleitung erlassen (AS 2006 2629; BBl 2004 4471). Im selben Jahr, am 1. September 2007, wurde auch das Revisionsaufsichtsgesetz (RAG, AS 2007 3971; SR 221.302) verbindlich. Am 1. Januar 2008 sind das neue GmbH-Recht, das neue Revisionsrecht sowie verschiedene punktuelle Änderungen im Aktienrecht («kleine Aktienrechtsrevision») in Kraft getreten (vgl. BBl 2002 3148 und BBl 2004 3969), zudem auch die totalrevidierte Handelsregisterverordnung vom 17. Oktober 2007 (HRegV, AS 2007 4851; SR 221.411).

[1] Vgl. hierzu die im Nationalrat eingereichte Motion Carobbio vom 21. März 1979 (Anlagen bei Nichtbanken).

[2] Vgl. auch: JEAN-PIERRE HOBY, Vom Gesellschaftsrecht zum Kapitalmarktrecht, WuR 32 (1980), 60.

[3] HANS-DIETER VONTOBEL, Kritische Betrachtungen zum Recht der schweizerischen Effektenbörse, Zürich 1972.

4 Bereits am 21. Dezember 2007 war die Botschaft zu einer «grossen» Aktienrechtsrevision erschienen (BBl 2008 1589). Das Zustandekommen der von
THOMAS MINDER initiierten Volkinitiative «gegen die Abzockerei» am 26. Februar
2008 (BBl 2008 2577) sorgte jedoch für eine Zäsur in der «grossen» Aktienrechtsreform. Sie führte zu einer Zusatzbotschaft Ende 2008 (BBl 2009 299),
welche zusammen mit der Vorlage von 2007 vom Ständerat noch fertig beraten
wurde (AB 2009, S. 601 ff., 9.–11. Juni 2009). Im Herbst 2009 beschloss
schliesslich die Kommission des Zweitrates, das Rechnungslegungsrecht von der
«grossen» Aktienrechtsrevision zu entkoppeln und den aktienrechtlichen Teil zu
sistieren (AmtlBull NR vom 1. Juni 2012 und AmtlBull SR vom 27. September
2012, 906). Das Rechnungslegungsrecht (Art. 957 ff. OR) wurde anschliessend
ordnungsgemäss weiter beraten und auf den 1. Januar 2013 in Kraft gesetzt (AS
2012 6679; BBl 2008 1589). Am 1. März 2013 wurde die Volkinitiative «gegen
die Abzockerei» vom Volk und von den Ständen angenommen, obwohl das Parlament einen (indirekten) Gegenvorschlag erarbeitet hatte.[4] Am 20. November
2013 wurde zur Umsetzung der Volksinitiative die Verordnung gegen übermässige
Vergütungen bei börsenkotierten Aktiengesellschaften (VegüV, AS 2013 4403;
SR 221.331) verabschiedet und per 1. Januar 2014 in Kraft gesetzt. Am 23. November 2016 verabschiedete der Bundesrat die neue Botschaft zur «grossen»
Aktienrechtsrevision (BBl 2017 399).

5 Mit dem Erlass des Finanzmarktinfrastrukturgesetzes (FinfraG, AS 2015 5339; SR
958.1) vom 19. Juni 2015 und dessen Inkrafttreten am 1. Januar 2016 wurde das
Börsengesetz bereits in weiten Teilen aufgehoben und der erste Teil der neuen
schweizerischen Finanzmarktarchitektur umgesetzt (AS 2015 5339; BBl 2014
7483). Vervollständigt werden soll die neue sektorenübergreifende Regulierung
durch das Finanzinstitutsgesetz (FINIG, BBl 2015 9139) und das Finanzdienstleistungsgesetz (FIDLEG, BBl 2015 9093). Mit dem FIDLEG sollen darüber hinaus
die Bestimmungen zum Emissionsprospekt (Art. 652a OR) und zur Prospekthaftung (Art. 752 OR) im OR aufgehoben und im FIDLEG umfassend normiert werden. Für sich genommen, kommt das auch einer Aktienrechtsrevision gleich. Mit
einem Erlass des FINIG und FIDLEG ist jedoch nicht vor 2020 zu rechnen.

---

4   Medienmitteilung der RK-S vom 17. August 2010 (abrufbar auf: https://www.parlament.
     ch/press-releases/Pages/2010/mm-rk-s-2010-08-17.aspx, Stand 20. Dezember 2016).

A. Schaffung des Aktienrechts von 1936

1. Der bundesrätliche Entwurf von 1928 und die Überlagerung mit der BankG-Reform

Die bundesrätliche Vorlage beschäftigte die eidgenössischen   6
Räte ab 1931 über mehrere Jahre hinweg. In den Jahren 1933/34 gingen die Beratungen mit denjenigen zum Bankengesetz einher. Zu den Hauptmotiven des BankG zählte die weltweit herrschende Wirtschaftskrise, welche «eine noch grössere Vorsicht und Geschicklichkeit als früher und die Unterstützung durch eine strenge Kontrolle [erfordert]» (Botschaft BankG 1934, 172). In den nachfolgenden Ratsdebatten übernahm man dann die Verantwortlichkeitsvorschriften des Bankengesetzes, welches zum 1. März 1935 in Kraft trat.

Verschiedene Bestimmungen wurden in den parlamentarischen Beratungen fal-   7
lengelassen (Aufsichtsrat), andere neu aufgenommen (Mindestnennwert der Aktien, Erleichterungen für Holdinggesellschaften, Zulässigkeit von Stimmrechtsaktien, Inkompatibilität zwischen Geschäftsführung und Kontrollstelle). In der Tendenz setzte der Ständerat vermehrt auf die Förderung des Unternehmens, während im Nationalrat die Missbrauchsbekämpfung und der Gläubigerschutz erhöhte Aufmerksamkeit genossen (MANDEL, 231).

2. Das Gesetz von 1936

Das OR 1936 ermöglicht die Gründung der Aktiengesellschaft   8
mit einem Startkapital von CHF 50 000.– (Art. 621), wobei die effektive Einzahlung von CHF 20 000.– genügt (Art. 633). Der Unterschied zum Mindestkapital der GmbH schmilzt in der praktischen Ausgestaltung und wohl auch im täglichen Leben dahin.

Ansonsten belässt das Gesetz von 1936 eher viel Freiraum. Art. 668 OR 1936 statu-   9
ierte, dass das Grundkapital auf der Passivseite einzutragen sei und das nicht einbezahlte Grundkapital auf der Aktivseite (BBl 1936 III 605, 633). Derselbe Artikel spricht zudem von «Erneuerungsfonds»: Der Vergleich einer Aktiengesellschaft zu einer im Gesamteigentum stehenden Liegenschaft ist daher nicht weit hergeholt.

Mit der Revision wurde die Ausstellung von Genussscheinen gesetzlich geregelt,   10
da sich in der Praxis diese Form der Gewinnbeteiligung schon länger durchgesetzt hatte (Botschaft Aktienrecht 1936, 234). Die Ausstellung von Genussscheinen wurde jedoch nur zugunsten der Gründer oder solcher Personen zugelassen, die mit dem Unternehmen verbunden sind oder waren (Botschaft Aktienrecht 1936, 234). Die Praxis transformierte diesen Genussschein dann in einen Partizipations-

schein (PS), praktisch eine Beteiligung ohne Stimmkraft, deren gesetzliche Grundlage aber prekär war. Die Reform von 1991 schuf dann aber diese Basis (Art. 656a ff.; s. ferner nachfolgende N 52). Zugleich wurde der Kreis der Genussberechtigten erweitert (vgl. Art. 657 OR, ausführlich BSK OR II – RAMPINI/ SPILLMANN, Art. 657 N 1 ff.; zum Partizipationsschein s. nachfolgend, N 58). Die Roche Holding AG als prominentes Beispiel kennt keine Einschränkungen hinsichtlich des Besitzes von Roche-Genussscheinen, die an der Schweizer Börse SIX kotiert sind[5]. Zudem sind die Genussscheine den Aktien auch in vermögensrechtlicher Hinsicht gleichgestellt und berechtigen die Besitzer zum gleichen Anteil am Bilanzgewinn und an dem nach Rückzahlung des Aktien- und Partizipationskapitals verbleibenden Liquidationserlös wie die Aktien.[6]

11   Wie wird das Aktienrecht von 1936 faktisch genutzt? Zwei gegenläufige Tendenzen sind festzustellen. Zum einen ist dies der ausserordentliche Zuwachs von Kleinaktiengesellschaften. Dieser Zuwachs hat seine Ursachen im vereinfachten Zugang zum Institut der Aktiengesellschaft, in der Vielseitigkeit ihrer Ausgestaltung und im Mangel an Alternativen. Denn die Gesellschaft mit beschränkter Haftung (GmbH) hat sich in ihrer ursprünglichen Konzeption bis zur Reform vom 16. Dezember 2005 als Gesellschaftsform für Klein- und Familienunternehmen nicht durchzusetzen vermocht (dazu hinten Kap. «Reform der GmbH», N 153 ff.). Die meisten dieser Klein-AG führen kein kaufmännisches Unternehmen, beschäftigen auch kaum Arbeitnehmer und erfahren keine Veränderungen in der Zusammensetzung ihres Aktionariats. Gerade in Familiengesellschaften sind die Aktien zumeist stark vinkuliert; allenfalls bestehen statutarische Übernahmerechte. Viele dieser Klein-AG, mutieren zu Einmann-Aktiengesellschaften und sind als Basis-, Immobilien-, Holding- oder reine Vermögensverwaltungsgesellschaften konzipiert oder aber als Konzernuntergesellschaften. Die Einmann-AG stellt somit eine Verdoppelung der Rechtspersönlichkeit resp. eine Abstrahierung einer Privatperson oder eines Kaufmanns dar, oder sie bildet eine rechtlich verselbständigte Abteilung eines Grossunternehmens (Botschaft Aktienrecht 1991, 748). Durch den Parallelbestand einer Aktiengesellschaft, neben einer natürlichen Person, können auch ganz einfach Haftungsbeschränkungen im Geschäftsleben hergestellt werden. Bereits Art. 625 OR 1936 hat die nachträgliche Einpersonen-AG zugelassen. Heute ist selbst die Gründung einer Einpersonen-AG generell erlaubt (Art. 625 OR). Ein Verbot stand folglich nie zur Diskussion.

12   Auf der anderen Seite wird die schweizerische Rechtswirklichkeit auch durch die Entstehung von Grossgesellschaften geprägt. Obwohl ursprünglich für solche

---

[5]   http://www.six-swiss-exchange.com/shares/security_info_de.html?id=CH0012032048CHF 1&view=lev1_1 (Stand 22. September 2016).
[6]   S. http://www.roche.com/de/investors/faq_investors.htm?acc1=tab5 (Stand 22. September 2016).

Gebilde gedacht, wurde das Aktienrecht aber durch die konzernmässigen Zusammenfassungen mehrerer Gesellschaften dann doch überfordert. Gesellschaften hielten Anteile an Gesellschaften; vermehrt wurde die Analogie von Mutter und Tochter benützt. Konzerne werfen mannigfache Probleme auf, deren Lösung überwiegend der Rechtsprechung überlassen wird (s. dazu Kap. § 10, N 68 ff.). Ausserdem sind die meisten Grossgesellschaften Publikumsgesellschaften, deren Anteile an der Börse kotiert sind. Dieser börsenrechtlichen Überlagerung trug das Aktienrecht von 1936 noch in keiner Weise Rechnung, sie ist heute aber zentral (s. Kapitel § 8, N 85 ff.).

Diese zwei gegensätzlichen Tendenzen sind einerseits Produkt des sehr liberalen Aktienrechts, andererseits auch schlicht wirtschaftliche Realität, der sich das Recht stellen musste. Die Aktiengesellschaft war zu allem gut. 13

3. Die Aktiengesellschaft als «Bonne à tout faire»

Die Ausgestaltung der Aktiengesellschaft führte schon zu Beginn des 20. Jahrhunderts dazu, dass Klein- und Kleinstaktiengesellschaften sich rasant vermehrt haben. Die Botschaft von 1928 spricht in diesem Zusammenhang von «Zwerggesellschaften mit einem Grundkapital von wenigen tausend, ja hundert Franken» (Botschaft Aktienrecht 1936, 225). Es war also nicht das Gesetz von 1936, das dies überhaupt erst ermöglichte, es war auch dies eine wirtschaftliche Realität. 14

Die Mindestkapitalvorschrift für die GmbH bedingt eine Mindestkapitalvorschrift für die Aktiengesellschaft, da ansonsten die Gefahr besteht, dass Geschäftsleute mit kleinerem Aktienkapital sich in die Aktiengesellschaft flüchten würden. Und die «G. m. b. H.» sollte die kleinere der beiden Gesellschaftsformen sein (Botschaft Aktienrecht 1936, 225). 15

Im Lichte dieser Tatsachen wurde die Aktiengesellschaft denn auch verschiedentlich als *bonne à tout faire* des schweizerischen Gesellschaftsrechts bezeichnet (etwa FORSTMOSER, Verwaltungsrat, 485). Von der kleinen Einpersonen-AG bis hin zu Novartis oder UBS kam die Rechtsform der AG gleichermassen zur Anwendung. 16

Umso mehr erstaunt es, dass noch die Reform des Aktienrechts 1936 am Prinzip der Einheit des Aktienrechts festhalten wollte und lediglich in einigen wenigen Einzelpunkten eine differenzierte Regelung speziell für Grossgesellschaften vorbehält. Diese Selbstbeschränkung des Gesetzgebers statuiert die bundesrätliche Botschaft gleich in den ersten Sätzen (Botschaft Aktienrecht 1991, 746) und weiter führt sie aus: 17

«Die Vorlage enthält nur die notwendigen Anpassungen des Aktienrechtes. Weitere gesellschaftsrechtliche Themen, die das Parlament aufgegriffen hat, werden in einer weiteren Reformphase zu behandeln sein.»

4. Parallelen zu späteren Entwürfen

18   Die Botschaft von 1983 enthält noch andere Parallelen zur Botschaft von 1928. Es werden wesentliche «Probleme» angesprochen, für welche das Gesetz noch immer keine Lösung gefunden hat. Zu nennen ist beispielsweise das Problem des Mindestkapitals der Aktiengesellschaft. In der Botschaft von 1928 wird festgehalten, dass ein Mindestkapital eingeführt werden soll, und dass selbiges nicht kleiner sein dürfe, als es bei der GmbH sei, da ansonsten die GmbH realwirtschaftlich illusorisch würde: Niemand gründet eine GmbH, wenn die Gründung einer Aktiengesellschaft noch «günstiger» wäre (Botschaft Aktienrecht 1936, 224 f.). Die Botschaft kommt noch zum Schluss, dass CHF 20 000.– Mindestkapital für beide Gesellschaftsformen ausreichend seien. In Art. 621 OR 1936 steht dann jedoch, dass das Grundkapital für die Aktiengesellschaft mindestens CHF 50 000.– betragen müsse. Und dabei ist es letztlich auch geblieben. Wegen dem «Zuwachs von Kleingesellschaften» spricht die Botschaft 1983 schliesslich von einer Verdoppelung des Mindestkapitals der Aktiengesellschaft auf CHF 100 000.– (Botschaft Aktienrecht 1991, 747) und führt dieses auch ein. Diese Diskussion ist eine wiederkehrende, der in jeder Botschaft wieder einige Seiten gewidmet sind.

19   In diesem Zusammenhang sollte man sich, die verschiedenen Jahrzehnte überspannend, nochmals einige Zahlen in Erinnerung rufen. Als das Grundkapital bei beiden Gesellschaften CHF 20 000.– betrug, nämlich 1937, waren in der Schweiz 20 173 Aktiengesellschaften registriert, aber nur 68 Gesellschaften mit beschränkter Haftung (Botschaft Aktienrecht 1991, 754). 65 Jahre später wird beschlossen, das Aktienkapital der Aktiengesellschaft auf CHF 100 000.– zu erhöhen und mit Einführung dieser Gesetzesänderung, nämlich in den frühen 90er-Jahren, beginnt die GmbH erstmals aus ihrem Schattendasein zu treten (vgl. hierzu Kapitel § 2, N 4 ff.). Es war ein gezielter unattraktiver Faktor der Aktiengesellschaft, der der GmbH erst zum wirtschaftlichen Realerfolg verholfen hat.

20   Das Problem der «zu günstigen» Aktiengesellschaft ist wie bereits erwähnt ein wiederkehrendes. In jeder Botschaft seit 1928, inklusive der Botschaft von 2007, finden sich Absätze, in denen über die Aktiengesellschaft als gleichzeitige Rechtsform für Gross- und Kleinunternehmen gerätselt wird. Dass die Idee der Aktiengesellschaft einst für grosse, kapitalstarke Unternehmen gedacht war, ist jedoch eine aktienrechtliche Binsenwahrheit.

Überlegungen, wie sie in der Botschaft von 1928 angestellt worden sind (Aktien-   21
gesellschaft als Grundgesellschaft, Minimal-Nennwertaktien usw.), zeugen von
erstaunlicher Aktualität. Die Tendenz, die bereits 1928 festgestellt worden ist,
nämlich die Verwendung der Rechtsform der Aktiengesellschaft für kleine Gesellschaften, für welche die «Form der Aktiengesellschaft wenig geeignet» ist (Botschaft Aktienrecht 1936, 224), blieb schon beinahe stereotyp und prägt auch die
Lehre des 21. Jahrhunderts noch (s.a. nachfolgend, N 67 ff.).

5. Mängel im Recht von 1936

Von gravierenden «Missständen oder Mängeln» sprechen die   22
Verfasser der Botschaft von 1928 nicht. Rechtsdogmatik und Rechtswirklichkeit
klaffen jedoch weit auseinander: Die Wirtschaft hat sich vom Recht weg entwickelt.

Grund dafür ist nicht nur die juristische Flexibilität der Aktiengesellschaft, son-   23
dern auch das damit zusammenhängende Geschäftsgebaren, das den «Vätern» des
Aktienrechts von 1936 nicht behagt. Aber auch eine neue Rechtsform sollte mit
dem neuen Aktiengesetz eingeführt werden: die GmbH. Das Verhältnis zwischen
GmbH und AG musste auch geklärt werden, sodass die «richtigen» Unternehmer
Rückgriff auf die richtige Rechtsform nehmen könnten. In einem gewissen Sinne
kann die Reform von 1936 also durchaus als Lenkungsreform gesehen werden.

Die Botschaft von 1928 spricht an einigen Stellen abwertend von Strohmännern,   24
ja sogar von einem systematisch ausgebildeten «Strohmännertum», um die Voraussetzungen für die Gesellschaftsgründung zu erfüllen (Botschaft Aktienrecht
1936, 258). Diesen soll durch diverse juristische Überlegungen das wirtschaftliche
Dasein erschwert oder gar verunmöglicht werden. Der Begriff der Strohleute ist
bis heute noch gebräuchlich für fiduziarisch tätige Verwaltungsräte (vgl. etwa
MEIER-HAYOZ/FORSTMOSER, § 16 N 467) oder im Zusammenhang mit zwei der
drei Aktionäre einer faktischen «Ein-Mann-AG» unter dem Recht der Aktiengesellschaft vor der letzten Reform. Das ändert sich dementsprechend auch in der
Botschaft von 1983 nicht (vgl. Botschaft Aktienrecht 1991, 748).

Ein grosses Thema ist auch der Gläubigerschutz (Botschaft Aktienrecht 1936,   25
235), gerade im Zusammenhang mit einem Mindestkapital (Botschaft Aktienrecht
1936, 225). Dass dieses Mindestkapital dem effektiven Gläubigerschutz, ausser
gerade im Gründungsstadium, nicht besonders hilfreich ist, wurde aber erst in
jüngerer Zeit erkannt. Ansonsten ist die Botschaft von 1928 in vielerlei Hinsicht
wegweisend und bleibt in einigen Aspekten äusserst «modern».

B.   Der Weg zur Teilreform

1.   Kurssetzung auf die Reform

26   Nach der Revision wurde es eine Weile still um weitere Reformen. Nachdem die Reform vom Ersten Weltkrieg verzögert worden ist, wird das Inkrafttreten derselben durch den Ausbruch des Zweiten Weltkrieges überschattet. Die Schweizer Wirtschaft kam in den Kriegsjahren aufgrund Ressourcenmangels praktisch vollständig zum Erliegen. In den Jahren des Wiederaufbaus unmittelbar im Anschluss an das Kriegsende waren wichtigere Probleme zu bewältigen. Die ersten Probleme mit dem Aktienrecht von 1936 kommen erst mit dem Wachstum der Wirtschaft.

27   Die Revision des Aktienrechts von 1968/1991 war formell als Teilrevision konzipiert, materiell wohl aber als umfassende Revision zu werten; sie war noch um einiges langwieriger, als es die Revision von 1936 war. Sie war im Gegensatz zu der vorangehenden Revision aber nicht verlangsamt durch weltgeschichtliche Tragödien oder den Tod des Schöpfers des ZGB, sondern schlicht durch politisches Tauziehen.

> «Die ersten parlamentarischen Vorstösse, die zur Überprüfung des Aktienrechtes führten, gehen auf das Jahr 1957 zurück. Am 3. und 10. Juni 1958 reichten Nationalrat WEIBEL und Ständerat ROHNER je ein Postulat ein, welche die Schaffung von Aktien mit niedrigerem Nennwert und von nennwertlosen Aktien forderten. Die beiden Vorstösse zielten darauf ab, das Eigentum an Aktien im Volk breiter zu streuen, die Bevölkerung am Wachstum der Wirtschaft mitzubeteiligen und neue Finanzierungsquellen für den immer grösser werdenden Finanzbedarf der Wirtschaft zu erschliessen.» (Botschaft Aktienrecht 1991, 772)

28   In die nämliche Richtung zielte auch ein Postulat von Ständerat WILLI ROHNER vom 10. Juni 1958. Darin wird der Bundesrat zur «Prüfung der Frage eingeladen, ob und durch welche gesetzgeberischen Massnahmen [...] Aktien mit niedrigem Nennwert geschaffen und auf diese Weise breite Volkskreise am Wohlergehen und Wachstum der Wirtschaft interessiert werden können». Ebenso wird, unter Verweis auf «positive ausländische Erfahrungen», die Schaffung nennwertloser (Quoten-)Aktien angeregt (vgl. Wortlaut des Postulats, AmtlBull SR, 2. Oktober 1958, 275).

2.   Studiengruppe JÄGGI

29   Infolge der Postulate wurde vom Eidgenössischen Volkswirtschaftsdepartement eine Studiengruppe eingesetzt, deren Ergebnis im Sonderheft 69 der «Volkswirtschaft» im Jahr 1961 herausgegeben wurde. Unter Leitung von

Prof. Dr. PETER JÄGGI von der Universität Freiburg führte die Studiengruppe im Sommer 1959 eine Umfrage bei 80 Aktiengesellschaften sowie weiteren interessierten Organisationen durch[7]. Ziel war, das Bedürfnis nach der Schaffung von Volks- und Kleinaktien im Sinne der Postulate abzuklären und zu ermitteln, in welcher Weise der Gesetzgeber die Aufteilung der hohen Verkehrswerte der einzelnen Aktien ermöglichen oder erleichtern solle. Der besagte Bericht der Studiengruppe ging auf diverse Probleme ein und enthielt Vorschläge, die bis heute als modern und voraussichtig gelten und weiterhin Bestand haben sollten. Die Studiengruppe begrüsst unter anderem die «Beteiligung weiter Volkskreise an wirtschaftlichen Unternehmungen» (Bericht JÄGGI, 21); für die Schweizer Wirtschaft bestehe aber weder ein Bedarf an eigentlichen Kleinaktien noch die Notwendigkeit, deren Ausgabe durch staatliche Massnahmen zu fördern. Als «wünschenswert, wenn auch nicht dringlich» wird lediglich die Herabsetzung der Mindestnennwertgrenze durch entsprechende Abänderung von Art. 622 Abs. 4 aOR bezeichnet, um «für bestimmte Gesellschaften [...], bei denen der Mindestnennwert wegen der Negotiabilität der Aktien und wegen der Grösse des Kapitalbedarfes eine starke Hemmung darstellen kann» (Bericht JÄGGI, 12), das Splitting in Kleinaktien zu ermöglichen. Die Einführung der nennwertlosen Aktie erforderte dagegen die «Änderung zahlreicher Einzelbestimmungen» (Bericht JÄGGI, 20), auch ausserhalb des Aktienrechts. Für eine derart umfangreiche Gesetzesrevision aber sah die Studiengruppe, die ihren Auftrag bewusst eng verstand – so hatte man beispielsweise auch den «Sonderfall» der Arbeitnehmeraktie nicht geprüft – «zur Zeit» keinen genügenden Anlass (Bericht JÄGGI, 20 f.).

Die Studiengruppe JÄGGI erläutert die Ausgangslage mit dem gestiegenen Einkommen breiter Bevölkerungsschichten aufgrund der anhaltenden Hochkonjunktur (Bericht JÄGGI, 5). Das «Wirtschaftswunder» Deutschlands und Österreichs der Nachkriegszeit hat auch die Schweiz erfasst und resultiert in einem breiten Wohlstandswachstum weiter Bevölkerungskreise. Es ging also darum, diese breiten, neuen und reicheren Schichten mittels «Volksaktien» am Wachstum teilhaben zu lassen. Ähnliche Bestrebungen waren auch in Deutschland und überhaupt in weiten Teilen Europas im Gange.   30

31

---

[7]   Betreffend die Einführung von «Kleinaktien», nennwertlosen Aktien oder Quotenaktien befragte die Arbeitsgruppe 80 schweizerische Aktiengesellschaften und zusätzlich zehn weitere Institutionen und Organisationen, die aber nicht weiter spezifiziert werden (Bericht JÄGGI, 7). Der Arbeitsgruppe waren 59 Antworten eingegangen. Das Bedürfnis nach der Schaffung von solchen Aktien generell wurde in 44 dieser 59 Stellungnahmen wenigstens teilweise bejaht und nur in 15 grundsätzlich verneint. Immerhin in 14 Stellungnahmen wurde die Ausgabe nennwertloser Aktien befürwortet (im Vergleich dazu stimmten 25 für die Teilung des Nennwerts, eine für die Ausgabe von Quotenaktien und zwei für die Ausgabe von Genussscheinen) (Bericht JÄGGI, 7 f.).

Der Bericht forschte auch in eine selbst heute noch sehr modern anmutende Richtung und untersuchte auch nennwertlose Aktien und Quotenaktien (Bericht JÄGGI, 7). Das erstrebte Ziel könnte mit keinem Mittel so effizient erreicht werden wie mit nennwertlosen Aktien oder Quotenaktien, die eine bestimmte Quote des Aktienkapitals bzw. des Gesellschafsvermögens verkörpern (FORSTMOSER/MEIER-HAYOZ/NOBEL, § 1 N 52). Man unterscheidet zwischen echten und unechten nennwertlosen Aktien. Bei unechten nennwertlosen Aktien wird das Nennwertsystem als solches beibehalten, wodurch aus dem Aktienkapital und der Anzahl Aktien sich jederzeit der rechnerische Nennwert der einzelnen Aktie berechnen lässt (s. VON DER CRONE, nennwertlose Aktie, 2 f.). Das deutsche Aktiengesetz beispielsweise lässt unechte nennwertlose Aktien als Stückaktien zu, die im gleichen Umfang am Grundkapital der Gesellschaft beteiligt sind (§ 8 Abs. 3 AktG). Einschränkend hält das deutsche Aktiengesetz jedoch fest, dass der auf die einzelnen Aktien entfallende anteilige Betrag des Grundkapitals einen Euro nicht unterschreiten darf (§ 8 Abs. 4 des deutschen Aktiengesetzes). Bei echten nennwertlosen Aktien, wie sie unter anderem in den USA, Kanada oder Japan bekannt sind, wird das Nennwertsystem aufgegeben und an die Stelle der Bilanzposition des festen Aktienkapitals tritt die variable Bilanzposition «Emissionserlös» (s. VON DER CRONE, nennwertlose Aktie, 2 f. u. 7, mit Verweisen). In einem vom Bundesamt für Justiz am 4. Mai 2000 in Auftrag gegebenen Expertenbericht wurde die Einführung von nennwertlosen Aktien erneut eingehend geprüft, aber wiederum abgelehnt, insbesondere unter Berufung auf die europäische Tradition (Expertenbericht zu einer Teilrevision des Aktienrechts: Nennwertlose Aktien, REPRAX 1/2002, 1 ff.). Als Ersatz wird die Flexibilisierung durch ein Kapitalband vorgeschlagen (vgl. VON DER CRONE/ANGSTMANN, 7; sowie nachfolgend N 192 ff.).

3.   Bericht JÄGGI, Börsenblasen und die Krise von 1962

32   Der Bericht JÄGGI hält im Anschluss Argumente fest, die wider und für die Bejahung des Bedürfnisses nach Klein- oder nennwertlosen Aktien sprechen. Unter den Argumenten wider die Einführung kleiner Aktien wird paradoxerweise unter anderem aufgeführt:

> «Die Auswirkungen einer Aufteilung von schweren Aktien in Titel mit kleinem Verkehrswert, verbunden mit der Propaganda zum Kauf von Kleinaktien, könnte sich zu Ungunsten der Neuerwerber solcher Aktien auswirken, indem für das verhältnismässig geringe flottante Aktienmaterial eine grosse zusätzliche Nachfrage seitens eines neuen Kreises von Publikumsaktionären entstehen würde. Eine solche Entwicklung müsste die Börsenkurse auf ein Niveau heben, welches in keinem Verhältnis zum Renditen- und zum inneren Wert dieser Aktien mehr stünde.» (Bericht JÄGGI, 8)

Der Bericht führt damit als Gegenargument auf, was eigentlich Ziel der damaligen   33
Untersuchung war: Aktien breiter zu streuen, als dies bisher der Fall war. Wie es
auch heute nicht unüblich ist, riefen 1962 massive Turbulenzen an den Börsen
dem Publikum auf schmerzhafte Weise die Risiken des Effektenhandels ins Bewusstsein. Der Gesamtindex der Schweizer Aktien sackte zwischen April 1962
und April 1963 mehrmals drastisch ab und verlor fast ein Drittel seines Wertes
(Statistisches Jahrbuch der Schweiz 1964, 291). Plötzlich standen die Gefahren für
Kleinanleger und «Aktiensparer» im Vordergrund, und um die Begehren nach
Einführung von Klein- und Volksaktien wurde es allmählich «recht still» (BÜRGI,
213). Der heutige Aktionär ist wohl um einiges mündiger geworden oder wenigstens gesteht man ihm diese Mündigkeit zu. Als breit akzeptierte Investitionsmög-
lichkeit haben sich Aktien auch für Kleinanleger endgültig etabliert.

4.   Parlamentarische Vorstösse

In BGE 83 II 297 insbes. E. 4 vom 11. Juni 1957 hatte das   34
Bundesgericht über das Schicksal der Aktionärsrechte zu entscheiden für den Fall
der Weigerung der Gesellschaft, den Erwerber einer vinkulierten Namenaktie ins
Aktionärsbuch einzutragen. Dabei entschied es sich für die sog. *Spaltungstheorie,*
welche – bei Vorliegen einer (auch stillschweigenden) *Spaltungsabrede* – den
Übergang der Vermögensrechte an den Erwerber bei gleichzeitigem Verbleiben
der Mitgliedschaftsrechte beim Veräusserer statuiert.

Durch diese Entwicklung sah sich Nationalrat LEO SCHÜRMANN 1960 veranlasst,   35
dem Bundesrat ein Postulat einzureichen, worin er um Prüfung einer Revision von
Art. 686 aOR ersuchte mit dem Zweck, den Aktiengesellschaften *auch* die Vinkulierung des Übergangs der Vermögensrechte zu ermöglichen. Damit sollten die
schweizerischen Gesellschaften besser vor dem «Eindringen ausländischer Interessen» geschützt werden. Das Postulat wurde am 20. September 1961 begründet
und vom Bundesrat entgegengenommen (s. Wortlaut des Postulats in: Bericht
TSCHOPP, 12).

Am 22. September 1964 folgte ein Postulat von Nationalrat ANTON MUHEIM,   36
worin der Bundesrat eingeladen wird, «Bericht und Antrag zu einer Revision des
Obligationenrechtes in dem Sinne vorzulegen, dass die Aktiengesellschaften zu
vermehrter Publizität [...] verpflichtet werden» (zum Wortlaut s. Bericht
TSCHOPP, 11). Begründet wird dies unter Bezugnahme auf Interessen der Gläubiger und Aktionäre, aber auch auf solche öffentlicher Natur, z.B. auf das öffentliche Interesse an einer erfolgreichen Konjunkturpolitik. Die Überweisung erfolgte
am 16. Juni 1965.

Nationalrat ANTON HEIL reichte am 15. Dezember 1965 ein Postulat ein, worin er   37
die Anliegen der Postulate WEIBEL und ROHNER wieder aufgriff, ohne sich aber

auf das Gebiet des Aktienrechts zu beschränken. Der Bundesrat wird ersucht, «Vorschläge für eine Intensivierung der Vermögensbildung in breitesten Volksschichten» zu unterbreiten, «gleichgültig, ob sie auf gesetzgeberischer oder einer anderen Ebene zu verwirklichen» seien (zum Wortlaut s. Bericht TSCHOPP, 11). Eine mündliche Begründung erfolgte am 14. März 1966; bereits 1967 wurde das Postulat abgeschrieben.

5.   Der Bericht GAUTSCHI

38   Alle diese Postulate betrafen mittelbar oder unmittelbar das Aktienrecht von 1936. Im Herbst 1965 sah sich der damalige Departementsvorsteher des EJPD, Bundesrat LUDWIG VON MOOS, daher veranlasst, eine Untersuchung über die «Gesichtspunkte und Zusammenhänge […] die durch die parlamentarischen Vorstösse tangiert sind» in Auftrag zu geben. Mit dieser Aufgabe wurde Dr. GEORG GAUTSCHI betraut, Zürcher Rechtsanwalt und Autor des Berner Kommentars über den Werkvertrag.

39   Der fast 600-seitige Bericht, den GEORG GAUTSCHI bereits im Mai 1966 ablieferte, bezieht ausgesprochen pointiert Stellung zu den Problemen des damals geltenden Aktienrechts. Viele Ideen von GAUTSCHI wirken auch heute noch visionär. In manchen Bereichen, z.B. mit seiner Forderung nach einem schweizerischen Börsengesetz oder der strikten Ablehnung der Spaltungstheorie, war er seiner Zeit geradezu um Jahrzehnte voraus. Im Jahr 1966 allerdings waren seine sehr direkt und kämpferisch vorgetragenen Ansichten alles andere als opportun, zumal er auch vor persönlichen Angriffen nicht zurückschreckte. Als Beispiel wird im Folgenden eine Stelle aus dem Bericht zitiert, in der der Umgang mit dem Vorsichtsprinzip in der Rechnungslegung kritisiert wird:

> «Kein System, das sich essentiell mit Geld und Geldwert befasst, kann sich auf die Dauer behaupten, wenn seine Träger nicht nach Adam Riese rechnen können oder wollen. Wir behaupten nicht, dass der ‹wirkliche Wert› der einzige Faktor ist, der die Börsenkursentwicklung einer Aktien bestimmt. Aber er ist ein sogar vom Aktiengesetzgeber von 1936 als essentiell betrachteter Faktor.» (Bericht GAUTSCHI, 179)

40   Sein Bericht wurde zwar gedruckt; als man jedoch vom Inhalt Kenntnis zu nehmen begann, wurde er auf Anweisung des Departementsvorstehers für geheim erklärt und die Auflage bis auf wenige Exemplare eingestampft. Ausser der Arbeitsgruppe TSCHOPP stand der Bericht keiner der folgenden Kommissionen mehr zur Verfügung. Der Bericht könnte schon beinahe als Geheimbericht betrachtet werden (vgl. FORSTMOSER, Revision 1973, 1). Heute ist er im Gegensatz zu damals wenigstens wissenschaftlich interessierten Kreisen zugänglich (DAENIKER,

593 ff., dessen Artikel die erste juristische Publikation überhaupt ist, die umfassend aus dem Bericht zitieren darf).

Die zentralen Thesen GAUTSCHIS (eine Auswahl) umfassen unter anderem: 41

– die Herabsetzung des Mindestnennwertes von Aktien auf CHF 50.–

– Ablehnung von nennwertlosen Aktien (wie noch im Bericht JÄGGI nahegelegt), aber gleichzeitig die Einführung von «stummen Titeln», Titeln ohne Nennwert

– neue Regelung über die stillen Reserven und Verbesserung der Publizität

– strikte Verstärkung der dem Einzelaktionär zur Durchsetzung seiner Rechte dienlichen Mittel (Verwässerungsschutz)

– diverse Regelungen betr. das Stimmrecht und dessen Ausübung

– detaillierte Regelungen über den Inhalt und die Publikation von Geschäftsberichten

– Beschränkung der Vertretung an Generalversammlungen und Regelung des Depotstimmrechts

– Regelung der Aktionärsbindungsverträge

GAUTSCHI zeigt ansatzweise bereits einen funktionalen Zusammenhang des Aktienrechts mit dem Kapitalmarktrecht auf, indem er am Recht von 1936 bemängelt, es ignoriere weitgehend die Funktion der Aktie als Objekt des Wertpapierhandels und als Mittel der Geldbeschaffung und Kapitalanlage; auch bedauert er das Fehlen eines eidgenössischen Börsen- und Wertpapiergesetzes nach amerikanischem Muster (Bericht GAUTSCHI, 169 ff.; zum Börsengesellschaftsrecht s. Kap. § 8).   42

Des Weiteren warnt GAUTSCHI vor einer konzeptlosen Teilrevision; es drohe ein inkonsistentes Flickwerk, welches weder den praktischen Bedürfnissen der Wirtschaft noch der Allgemeinheit dienlich sei. Er behält damit sicherlich Recht, aber seine Warnung wurde vor der Öffentlichkeit verschlossen.   43

6.   Arbeitsgruppe TSCHOPP

Es ist anzunehmen, dass der Bericht GAUTSCHI in den betroffenen Kreisen einiges an Aufsehen erregt hat. Schliesslich und endlich waren es mithin die wirtschaftlichen Veränderungen, die auch nach rechtlichen Änderungen riefen. Der Bericht GAUTSCHI veranlasste den Vorsteher des Eidgenössi-   44 schen Justiz- und Polizeidepartements, Bundesrat LUDWIG VON MOOS, im Mai 1968 eine Kommission zur Überprüfung des Aktienrechts einzusetzen. Die Kommission unter dem Vorsitz von Bundesrichter HANS TSCHOPP nahm den Bericht GAUTSCHI zwar zur Kenntnis, verzichtete aber darauf, im Einzelnen dazu Stellung zu nehmen (vgl. Zwischenbericht TSCHOPP, 14). Die Arbeitsgruppe wird im Verlauf dieser Stellungnahme aber noch einiges deutlicher:

> «Die Ansichten der Arbeitsgruppe hierzu ergeben sich zum grossen Teil aus den in diesem Bericht enthaltenen Begründungen und Erläuterungen zu den eigenen Vorschlägen. Festzuhalten ist hier einzig, dass die Arbeitsgruppe gewisse Revisionsvorschläge von Dr. GAUTSCHI teils ausdrücklich, teils implizite, verworfen oder als nicht dringlich bezeichnet hat. Es handelt sich dabei insbesondere um folgende Punkte: Volksaktien, Aktionärsbindungsverträge, Beschränkung der Wählbarkeit in den Verwaltungsrat, Kennzeichnung der fiduziarischen Verwaltungsräte, Massnahmen der Verwaltung bei Überschuldung (Art. 725 OR), Verantwortlichkeitsrecht.» (Zwischenbericht TSCHOPP, 14)

45   Im Juli 1971 schloss die Arbeitsgruppe ihre Beratungen mit der Veröffentlichung eines Zwischenberichts vorläufig ab. Der Zwischenbericht hält auf anderthalb Seiten fest, weswegen gerade eine Totalrevision nicht angezeigt sei und stattdessen eine Teilrevision vorzuziehen wäre (Zwischenbericht TSCHOPP, 17 f.). Der Zwischenbericht stellt mit einem an politische Beschwichtigung anmutenden Unterton fest:

> «Wir sind in Übereinstimmung mit der einmütigen Arbeitsgruppe der Ansicht, dass unser Aktienrecht nicht derart mangelhaft ist, dass sich eine Totalrevision aufdrängt. Da überdies die Rechtswirklichkeit im Gebiete des Aktienrechts sich nicht grundlegend gewandelt hat, erscheint es heute nicht notwendig, die Grundzüge des Aktienrechts eingehend zu überprüfen und von Grund auf neu zu regeln.» (Zwischenbericht TSCHOPP, 17)

46   Die Botschaft von 1983 schliesst denn auch trocken, dass durch die Arbeitsgruppe TSCHOPP dem Bundesrat «politisch realisierbare Änderungen und Ergänzungen des Aktienrechts» vorgelegt werden sollten (Botschaft Aktienrecht 1991, 774). Die Teilrevision setzte sich damit selbst materielle Schranken mit dem Argument, dass eine Teilrevision weit ergehende Forderungen nicht verwirklichen könne (NOBEL, Europäisierung des Aktienrechts, 294). Aber auch die pauschale Ablehnung ausländischer Lösungen und der Mangel des Vorschlags differenzierender Vorgehensweisen fällt auf (NOBEL, Europäisierung des Aktienrechts, 290). Diese der Teilrevision inhärenten, grundlegenden Mängel, die sie wohl schon damals als unvollkommen erscheinen liessen, kamen schliesslich im Schlussbericht der *Groupe de réflexion* zum neuen Aktienrecht von 1991 unmissverständlich zum Ausdruck (s. nachfolgend N 60 ff.).

In ihrem Zwischenbericht hielt die unter TSCHOPP agierende Arbeitsgruppe fest, in   47
welchen Bereichen der Gesetzgeber tätig werden sollte (aus Zwischenbericht
TSCHOPP, 19):

– Jahresrechnung und Geschäftsbericht

– Stellung und Aufgabe der Kontrollstelle

– Genehmigtes Kapital

– Bedingte Kapitalerhöhung

– Partizipationsscheine

– Kleinaktien

– Bezugsrecht

– Erwerb eigener Aktien

Dazu sollte eine Alternativlösung für die Vinkulierung und die Nationalitätsvor-   48
schriften vorgelegt werden. Bezüglich der stillen Reserven konnte in der Arbeitsgruppe keine Einigung erzielt werden (Zwischenbericht TSCHOPP, 41).

Nach einem lebhaften öffentlichen Diskurs und zahlreichen Stellungnahmen zum   49
Zwischenbericht sowie zahlreichen weiteren Vorstössen[8] nahm die Arbeitsgruppe
ihre Tätigkeit wieder auf (Botschaft Aktienrecht 1991, 774). Im Oktober 1974 legte
sie dem Eidgenössischen Justiz- und Polizeidepartement einen überarbeiteten,
endgültigen Vorentwurf für ein teilrevidiertes Aktienrecht vor, ohne jedoch eine
Änderung der Vorschriften zur Bewertung von Aktiven vorzunehmen (Art. 664–
669 VE-OR 1975). Hingegen wurde in Art. 724 Abs. 2 Ziff. 1 VE-OR 1975 festgelegt, dass die im Geschäftsjahr gebildeten oder aufgelösten stillen Reserven im
Geschäftsbericht offengelegt werden müssten. Insgesamt sind die Vorschriften zur
Publizität aber im direkten Vergleich zum Gesetz von 1936 wesentlich verschärft
worden. Klar war auch, dass die Einheit des Aktienrechts weiterhin gewahrt werden sollte. Definitiv vorgeschlagen wurden nun auch «neue Finanzierungsmöglichkeiten», in der Form der genehmigten und bedingten Kapitalerhöhung.

Im Sommer 1975 wurde der Vorentwurf zusammen mit einem Begleitbericht der   50
Eidgenössischen Justizabteilung in die Vernehmlassung geschickt. Die eingegangenen Stellungnahmen waren sich über die Notwendigkeit einer Teilrevision ei-

---

[8]   Kleine Anfrage von Nationalrat ANTON MUHEIM betreffend den Ausbau der Publizität
      (1973); Motion von Nationalrat KOLLER betreffend ein Bundesgesetz über Konzerne
      (1973); Motion von Nationalrat OEHLER betreffend ein Publizitätsgesetz (1974); Postulat
      OEHLER (1974).

nig, ansonsten aber äusserst kontrovers. Insbesondere die Neuregelung zu den stillen Reserven erfuhr besonders viel Kritik. Dabei wurde die Wichtigkeit der stillen Reserven für die Selbstfinanzierung und die Arbeitsplatzsicherung betont und gleichzeitig die durch Offenlegung der stillen Reserven ermöglichte Einsicht in die Geschäftstätigkeit durch allfällige Konkurrenzunternehmen besonders moniert (s. Botschaft Aktienrecht 1991, 775 und 814).

7.   Arbeitsgruppe VON GREYERZ

51   Aufgrund der zum Teil sehr kontroversen Reaktionen der Öffentlichkeit auf den von der Arbeitsgruppe TSCHOPP erarbeiteten Revisionsentwurf setzte der Bundesrat im Dezember 1978 eine neue Arbeitsgruppe unter der Leitung von Prof. Dr. CHRISTOPH VON GREYERZ ein, um einen neuen Revisionsentwurf zu erarbeiten, der politisch realisierbar war. Deshalb war die Arbeitsgruppe VON GREYERZ von Beginn an sehr bestrebt, alle wichtigen Wirtschaftsorganisationen und Sozialpartner bei der Ausarbeitung des Entwurfs miteinzubeziehen. Nach dreijähriger Arbeit legte die Arbeitsgruppe am 12. Januar 1982 einen neuen Gesetzesentwurf vor, der schliesslich Eingang in die Botschaft von 1983 fand und die Grundlage für das neue Aktienrecht bildete (Botschaft Aktienrecht 1991, 780).

C.   Endlich ein zukunftssicheres Aktienrecht oder doch nur ein Flickwerk?

1.   Das revidierte Aktienrecht von 1991

52   Die Botschaft von 1983 beschreibt gleich im ersten Abschnitt, dass das Leitbild des Aktienrechts die Gesellschaft mit einem grossen Aktionärskreis sei, und stellt aber fest:

> «Die schweizerische Aktienrechtswirklichkeit ist durch zwei gegenläufige Tendenzen gekennzeichnet, nämlich durch einen Zuwachs an Kleingesellschaften und durch das Entstehen von Grossgesellschaften und Konzernen.» (Botschaft Aktienrecht 1991, 780)

53   Immerhin räumt sie auch ein, dass trotz dieses Leitbildes das «Gesetz nicht wenige Bestimmungen enthält, die auf Kleinaktiengesellschaften zugeschnitten sind» (Botschaft Aktienrecht 1991, 747). Dass viele dieser Kleingesellschaften Immobiliengesellschaften sind, hat sich seit 1928 nicht geändert (vgl. hierzu Botschaft Aktienrecht 1936, 224 f. und Botschaft Aktienrecht 1991, 747). Erkannt wurde das Problem der Aktiengesellschaft als «Verdoppelung der Rechtspersönlichkeit» (Botschaft Aktienrecht 1991, 748). Dies kann aber durchaus als linear-logische

Entwicklung weg vom in der früheren Botschaft kritisierten «Strohmännertum» gesehen werden. Mit der Zulassung der 1-Mann-AG anlässlich der GmbH-Reform (vgl. Art. 625 OR) wurde eine Kehrtwende eingeschlagen und so auch das «Strohmännertum» in die Obsoleszenz verbannt.

Die Sprache der Botschaft von 1983 lässt in wesentlichen Belangen aber ein etwas   54
falsches Bild beim Leser entstehen. Mit anderen Worten ist der kämpferische Ton der Berichte GAUTSCHI und JÄGGI vollends verschwunden, mehr noch als beim Zwischenbericht TSCHOPP. Die Verfasser der Botschaft schreiben beispielsweise im Zusammenhang mit dem Konzernrecht:

> «Das Aktienrecht ist zur Durchführung von Konzernierungsmassnahmen auch auf der übernehmenden Seite bestens geeignet (...).»Botschaft Aktienrecht 1991, 748)

Das ist so selbstverständlich nicht ganz korrekt, zumal schon seit geraumer Zeit nun   55
über die Einführung eines eigentlichen Konzernrechts diskutiert wird. Bereits in den 70er-Jahren sind mehrere Postulate eingereicht worden, die eben auf die Schaffung eines Konzernrechts hinzielten, so die Postulate von ARNOLD KOLLER am 26. Juni 1973 und MUHEIM am 11. Dezember 1973. Das Postulat OEHLER vom 25. Juni 1973 zielt auf die Offenlegung von konzernrechtlichen Beteiligungen ab (Botschaft Aktienrecht 1991, 782 ff.). MUHEIM reichte im Jahr 1978 auch noch eine Motion ein, in welcher er den Bundesrat aufgefordert hat, zu diversen Themen eine Botschaft und einen Entwurf vorzulegen. Die von ihm angesprochenen Punkte betreffen insbesondere publizitätsrelevante Themen (Botschaft Aktienrecht 1991, 782).

Die Botschaft von 1983 formuliert die Ziele des Entwurfes ganz klar und deutlich   56
aus und fasst sie in fünf treffliche Zielkreise zusammen (Botschaft Aktienrecht 1991, 767). Gefordert werden trotz der Kritik im Vernehmlassungsverfahren:

– Erhöhung der Transparenz

– Verstärkung des Aktionärsschutzes

– Verbesserung von Struktur und Funktion der Gesellschaftsorgane

– Erleichterung der Kapitalbeschaffung

– Verhinderung von Missbräuchen

Diese Hervorhebung der Ziele war modern und ist es noch heute. Die «Verhinde-   57
rung von Missbräuchen» ist wohl das offenste und auslegungsbedürftigste Ziel. Vorgeschlagene Massnahmen betreffen unter anderem die Erhöhung des minimalen Aktienkapitals sowie diverse neue Regelungen zu den qualifizierten Gründungen, den Kauf eigener Aktien und verdeckte Gewinnausschüttungen oder Kapitalrückzahlungen (Botschaft Aktienrecht 1991, 771 f.). Die Selbstverständlichkeit, mit der wir heute auf die qualifizierten Regeln in diesen Bereichen schauen, ver-

deutlicht, wie notwendig die Revision von 1968/1991 zwischenzeitlich geworden war.

58   Aber nicht nur in dem angesprochenen Bereich wurde das Bedürfnis einer Revision deutlich. Das Recht von 1936 enthielt für viele wesentliche Belange der Wirtschaft und der grossen Aktiengesellschaften schlicht gar keine Regelung. Das galt insbesondere für den Partizipationsschein, der in der Praxis als Surrogat für die im schweizerischen Recht nicht zugelassenen stimmrechtslosen Aktien entstanden ist (FORSTMOSER, Änderungen Aktienrecht 1991, 81 f.; derselbe, neues Aktienrecht, 142 f.). Den Begriff «Partizipationsschein» verwendete erstmals die Sulzer AG im Jahre 1963 im Zuge der Emission von Wertpapieren zur Kapitalbeschaffung, um den «Partizipationsschein», der von seinem Verwendungszweck her anders als der Genussschein der Kapitalbeschaffung und nicht als Ersatztitel für verloren gegangene Rechte oder nicht honorierte Leistungen dient, abzugrenzen (FORLIN, 11, m.w.H.; s.a. BÖCKLI, Aktienrecht, § 5 N 2). Mangels gesetzlicher Ordnung wurde der Partizipationsschein von Lehre und Praxis dem Recht des Genussscheins unterstellt (vgl. BGE 105 Ib 177 E. 2b u. 113 II 529 E. 3). Mit der Aktienrechtsrevision 1991 wurde der Partizipationsschein im Gesetz verankert (s. Art. 656a ff. OR). Die Partizipationsscheine werden gegen Einlage ausgegeben und haben einen Nennwert, aber sie gewähren kein Stimmrecht und sofern die Statuten nichts anderes bestimmen, auch keines der mit dem Stimmrecht zusammenhängenden Rechte (s. Art. 656a Abs. 1 u. Art. 656c Abs. 1 OR). Der Partizipant hat Anspruch darauf, über die Einberufung der GV und die Verhandlungsgegenstände und Anträge informiert zu werden (Art. 656d Abs. 1 OR). Zudem ist jeder Beschluss der GV unverzüglich am Gesellschaftssitz zur Einsicht der Partizipanten aufzulegen (Art. 656d Abs. 2 OR). In vermögensrechtlicher Hinsicht darf der Partizipant bei der Verteilung des Bilanzgewinnes und des Liquidationsergebnisses sowie beim Bezug neuer Aktien nicht schlechtergestellt werden als die Aktionäre (*Schicksalsgemeinschaft*, s. Art. 656f Abs. 1 OR). Der Partizipationsschein unterscheidet sich demnach von der Aktie durch das mangelnde Stimmrecht und vom Genussschein durch den Nennwert, die Einlage und die Gewährung von Schutz- und Kontrollrechten (s.a. Botschaft Aktienrecht 1991, 875).

59   Aber nach einem 25 Jahre dauernden politischen Tauziehen, nach über 55 Jahren geltenden Rechts, mehreren Wirtschaftskrisen und neuen Verhältnissen nach einem Weltkrieg war die Zeit wohl endlich gekommen, Nägel mit Köpfen zu machen und die längst überfällige Revision, von der «alle ein bisschen die Nase voll» hatten (s. Nationalrätin LILIAN UCHTENHAGEN, AmtlBull NR vom 3. Juni 1991, S. 852), ins Ziel zu führen. Nach den parlamentarischen Debatten von 1985 bis 1991 wurde schliesslich das neue Aktienrecht nach einem insgesamt odysseischen Gesetzgebungsprozess in der Schlussabstimmung vom 4. Oktober 1991 angenommen und per 1. Juli 1992 in Kraft gesetzt (AS 1992 733; BBl 1991 III 1476).

2.   Groupe de réflexion

Schon kurz nach Inkrafttreten des neuen Aktienrechts wurde   60
vom damaligen Vorsteher des EJPD, Bundesrat ARNOLD KOLLER (einem Gesellschaftsrechtler), eine *Groupe de réflexion*[9] eingesetzt, um den Handlungsbedarf im
Bereich des Gesellschaftsrechts einer «ersten Prüfung» zu unterziehen (vgl. Groupe de réflexion, 5). Unter anderem die Erhöhung der Transparenz wurde schon seit
Längerem diskutiert und war Gegenstand diverser Postulate. Das revidierte Gesetz
von 1991 führt in Art. 697*h* OR zwar eine Offenlegungspflicht für Publikums- und
Grossgesellschaften ein (vgl. hierzu auch Botschaft Aktienrecht 1991, 767). Dennoch harrt der parlamentarische Vorstoss MUHEIMS vom Zeitpunkt des Erschei-
nens der Botschaft im Jahr 1983 weiterhin einiger Antworten:

> «Nach einer langen und bewegten Revisionsgeschichte ist am 1. Juli 1992 das re-
> vidierte Aktienrecht in Kraft getreten. Dabei handelte es sich nur um eine Teilre-
> vision. Verschiedene wichtige Fragen wurden bewusst ausgeklammert und deren
> Überprüfung einer späteren Revision vorbehalten.» (Groupe de réflexion, 5)

Die *Groupe de réflexion* kommt in ihrem bereits 1993 publizierten Schlussbericht,   61
also zehn Jahre nach der etwas blauäugig angepriesenen Beurteilung in der Botschaft von 1983, zu einem um einiges realistischeren Schluss:

> «Der Revisionsbedarf im schweizerischen Gesellschafts- und Wertpapierrecht ist
> erheblich. Angesichts der an sich dringend zu regelnden Fragen fällt es schwer,
> Prioritäten zu setzen.» (Groupe de réflexion, 80)

Nach der Revision ist vor der Revision, könnte man zynisch behaupten. Diese   62
Beurteilung ist aber sicherlich nicht ganz falsch. Dabei darf aber auch nicht vergessen werden, dass gerade die ersten paar Jahre der 90er des letzten Jahrhunderts
wirtschaftspolitisch sehr aufregend waren und das insbesondere mit Hinblick auf
das Aktienrecht.

3.   EWR und ein hypothetisches Ende

In einem spannenden Abstimmungskampf wurde der Beitritt   63
der Schweiz zum Europäischen Wirtschaftsraum knapp von Ständen (16 von 23
Nein) und Bevölkerung (50,3% Nein) verworfen. Der Ausgang sowie die Führung
des damaligen Abstimmungskampfes legten eine Spaltung der politischen Land-
schaft der Schweiz offen. Sie ist in einem gewissen Sinne eine Bestätigung der

---

[9]   Der Groupe de réflexion gehörten als Mitglieder an: Dr. iur. et lic. oec. HEINRICH KOLLER;
Prof. Dr. iur. PETER BÖCKLI; Prof. Dr. iur. PETER FORSTMOSER; lic. sc. pol. BEAT KAPPELER;
Prof. Dr. iur. ANNE PETITPIERRE-SAUVAIN; Prof. Dr. iur. ROLAND RUEDIN; Prof. Dr. iur.
WALTER SCHLUEP.

beschwichtigenden Worte der Botschaft von 1983 und den Bemühungen, alle politischen Parteien und erst noch mögliche Betroffene in die Gestaltung mit einbeziehen zu wollen. Der Ausgang der EWR-Debatte legt die Differenzen endgültig offen dar und die Annäherung der Schweiz an die EU war auch in der Folge ein dominantes Thema, sowohl medial wie politisch und auch juristisch bis ins neue Jahrtausend (s. Abstimmung vom 8. Juni 1997 zur eidgenössischen Volksinitiative «EU-Beitritt vors Volk!» [BBl 1997 IV 356], Volksabstimmung vom 21. Mai 2000 über die Bilateralen Abkommen I [BBl 2000 3773], die Abstimmung vom 4. März 2001 zur eidgenössischen Volksinitiative «Ja zu Europa» [BBl 2001 2025], aber auch eine Abstimmung über die Erneuerung der Bilateralen Verträge mit der EU [s. Interview der NZZ mit Bundesrat DIDIER BURKHALTER, NZZ online vom 4. Mai 2014], ferner auch die positiv ausgegangene Initiative zur Masseneinwanderung [BBl 2014 4117] und deren umstrittene Umsetzung).

64   Wäre die Schweiz dem Vertragswerk mit der EU beigetreten, hätte dies auch eine massgebliche Anpassung des schweizerischen Aktienrechts zur Folge gehabt und zwar innert dreier Jahre seit Beitritt (s. Groupe de réflexion, 7). Das Nein zum EWR hat diese Verpflichtung dahinfallen lassen. Die Frage der Anpassung des Schweizer Rechts an dasjenige der Europäischen Gemeinschaft blieb dennoch gegenwartsnah und so kam es, dass auch der Bundesrat am «Integrationskurs der Schweiz» festhalten wollte (Groupe de réflexion, 7). Auch die *Groupe de réflexion* lehnte eine völlig eigenständige Rechtsentwicklung ab:

> «Bei zukünftigen Gesetzesrevisionen sind grundsätzlich europataugliche Regelungen zu wählen; insbesondere ist darauf zu achten, dass das schweizerische Gesellschaftsrecht nicht in eine Richtung fortgebildet wird, die zu einer weiteren Entfernung vom EG-Recht und den Rechtsordnungen unserer Nachbarländer führt. Die gesellschaftsrechtlichen Richtlinien der EG beruhen auf weite Strecken auf der gleichen Grundkonzeption wie das Schweizer Recht. Wo dies sinnvoll erscheint, sind die Rahmenvorschriften der EG zu übernehmen. Bei einer schrittweisen Anpassung an die EG-Richtlinien kann allenfalls nach der Unternehmensgrösse differenziert werden.» (Groupe de réflexion, 8)

65   Eine Angleichung des schweizerischen Gesellschaftsrechts an die Rahmenvorschriften der EG erachtete die Expertengruppe für notwendig, insbesondere hinsichtlich der Rechnungslegung, der fachlichen Anforderungen an besonders befähigte Revisoren, der Neuregelung der Fusion und Spaltung von Gesellschaften sowie der Ermöglichung der Gründung von Einpersonengesellschaften (vgl. Groupe de réflexion, 19 f. und 81). Generell sei bei künftigen Rechtssetzungsprojekten im Bereich des Gesellschaftsrechts Kompatibilität mit dem Recht der EG (heute EU) anzustreben, sofern keine wichtigen Gründe dagegen sprächen (Groupe de réflexion, 20).

Dementsprechend wurde in allen künftigen Botschaften ein Kapitel eingefügt, 66
welches die Entwicklungen in der EU in Erwägung zog oder rechtsvergleichend
das Verhältnis zum europäischen Recht behandelte (vgl. Kap. § 13).

D. Zweiteilung des Aktienrechts

1. Die Einheit des Aktienrechts

Die Einheit des Aktienrechts wird noch heute gerne hochstili- 67
siert. Die Botschaft von 1983 fragt an sich relativ nüchtern nach der Zweckmässigkeit, an der Einheit des Aktienrechts festzuhalten, insbesondere angesichts der
«Heterogenität der heutigen Aktienrechtswirklichkeit» (Botschaft Aktienrecht
1991, 772). Ähnlich sieht es die *Groupe de réflexion,* für die es offensichtlich
erscheint, dass für Grosskonzerne, Familienbetriebe und Einmanngesellschaften
nicht in allen Fragen die gleiche Regelung vorgesehen werden kann (Groupe de
réflexion, 25). Die Aktienrechtsrevision ging dennoch vom Leitgedanken der
Einheit des Aktienrechts aus (Groupe de réflexion, 25). Der Einheitsgedanke war
auch der Massstab, den Bundesrat KURT FURGLER der Kommission VON GREYERZ
setzte. Bei FORSTMOSERS Beurteilung von 1992 heisst es:

> «Beibehalten worden ist trotz vielfacher Kritik die *Einheit des Aktienrechts,* wo-
> bei das gesetzgeberische Leitbild das der kapitalbezogenen *Publikumsgesellschaft*
> blieb.» (Hervorhebungen im Original, FORSTMOSER, neues Aktienrecht, 139)

Die Frage nach der Einheit des Aktienrechts galt lange als «Einheitsdogma» (Begriff 68
auch kritisch betrachtet von BÖCKLI, Aktienrecht, § 1 N 94), auch wenn das «Dogma» dann abgelehnt wird. Der Begriff ist aber eine Erfindung der Lehre nach der
dogmatisierenden Botschaft von 1983. Das Thema wurde bereits im Vorfeld der
Revision von 1936 diskutiert und auch EUGEN HUBER hat sich dazu geäussert. Er tat
dies aber in eine gänzlich andere Richtung, als das heute gemeinhin bekannt ist:

> «Die Praxis unseres Aktiengesellschaftsrechts hat auf der Basis des geltenden OR
> diese Unterscheidung bereits vollzogen und den Typus einer kleinen Aktienge-
> sellschaft mit kleinem Kapital oder in einem kleinen Rahmen als Familienaktien-
> gesellschaft herangebildet, deren Anerkennung auf dem Boden des geltenden
> Rechts ohne weiteres als zulässig erschien. Diese Entwicklung war bei uns mög-
> lich, weil das Aktiengesellschaftsrecht so weitherzig gehalten war, dass auch die-
> se kleinen Gebilde sich unter demselben mit der nötigen Freiheit bewegen konn-
> ten.» (EUGEN HUBER, Bericht über die Revision der Titel 24 bis 33 des schweize-
> rischen Obligationenrechts an das schweizerische Justiz- und Polizeidepartement,
> März 1920 [Beilage zum Entwurf vom Dezember 1919], 43 f.)

2.   Durchsetzung des Börsengesellschaftsrechts

a.   Problemstellung

69   In allen Industrieländern ist es in den letzten Jahrzehnten zu einer sich immer mehr beschleunigenden Entfaltung von Kapitalmärkten gekommen, von Märkten also, auf welchen liquide Mittel (Ersparnisse) von Individuen und juristischen Personen, aber auch von Körperschaften des öffentlichen Rechts anderen Wirtschaftseinheiten ausgeliehen oder in einem Beteiligungsverhältnis zur Verfügung gestellt werden (vgl. auch HOBY, 47). Ein Grossteil des Kapitals wird nicht mehr zwecks Teilnahme an einem Verband, sondern primär zur Gewinnerteilung angelegt; der Kapitalgeber ist folglich nur noch mittelbar Gesellschafter. Infolgedessen stellt sich die Frage, ob gesetzliche Vorschriften für den Kapitalmarkt erforderlich sind und welche Regelungen allenfalls geeignet sind, Missstände auf diesem Gebiet auszuräumen oder zu verhindern.[10] Die Schaffung einer kapitalmarktrechtlichen Regelung war vor diesem Hintergrund wohl nichts anderes als eine logische Folge der eingetretenen Veränderungen im Wirtschaftsbereich und insbesondere im Kapitalbeschaffungssektor (so auch HOBY, 47). Denn die zunehmende Fungibilität des Mitgliedschaftspapiers, also die Möglichkeit, Aktien an der Börse zu kaufen und zu verkaufen, hat zu einer Rückbildung der körperschaftlichen Struktur geführt. Vermehrt wird das Grundkapital voll von den Banken einbezahlt, diese fungieren somit als die eigentlichen Gründungsgesellschafter; anschliessend veräussern die Banken die Beteiligungspapiere irgendwelchen Kapitalgebern zu Anlagezwecken (sog. Festübernahme von Aktien). Je unabhängiger aber die einzelne Gesellschaft von ihren Mitgliedern ist, desto grösser ist die Gefahr, dass sich die Verfügungsmacht in den Händen weniger konzentriert und so die Durchsetzung von Sonderinteressen auf Kosten der Gesellschafter ermöglich wird (TSCHÄNI, 76; GROSSFELD, 181). Schon die Bindung des Stimmrechts an den Kapitalanteil gefährdet das körperschaftliche Element im Kern und macht die AG für Machtballungen anfällig. Erschwerend wirkt sich hier aus, dass viele Gesellschafter ihr Stimmrecht nicht selbst wahrnehmen und auf diese Weise das (kapitallose) Depotstimmrecht der Banken ermöglichten.[11] Der Gesellschafter gibt seine Kontrollfunktion ab, was einer wesentlichen Zielsetzung des Gesetzgebers widerspricht (HOBY, 49). Zudem erweist sich das Bild des Aktionärs, der auf Grundlage seiner Sacheinlage Einfluss auf die Geschäftsführung nehmen will, zunehmend als überholt; Stimm- und Klagerechte des Aktionärs werden ange-

---

[10]   Vgl. dazu etwa die Abhandlung von HELMUT KOHL/FRIEDRICH KÜBLER/RAINER WALZ/ WOLFGANG WÜSTRICH, Abschreibungsgesellschaften, Kapitalmarkteffizienz und Publizitätszwang. – Ein Plädoyer für ein Vermögensanlagegesetz, in: ZHR 138 (1974), 1–49.

[11]   Vgl. hierzu etwa: HANS-PETER SCHAAD, Das Depotstimmrecht der Banken nach schweizerischem und deutschem Recht, Zürich 1972. Die VegüV änderte das (s. Art. 11).

sichts der immer kürzeren durchschnittlichen Haltedauern der Beteiligungspapiere immer bedeutungsloser (so bereits HOBY, 48).

Eine weitere Abwertung der Gesellschafterstellung ergibt sich durch die Zusam-   70
menfassung rechtlich selbstständiger Unternehmen unter einheitlicher Leitung, wobei hier aber nicht das Gesellschafts-, sondern das Konzerninteresse im Vordergrund steht.[12] Da sich die Unternehmenspolitik zwangsläufig nach gesellschaftsexternen Parametern richtet, kann das Interesse sowohl der Gesellschaftsmitglieder als auch der -gläubiger gefährdet werden (MEIER-HAYOZ/FORSTMOSER, Grundriss, 372).

b.   Die Entdeckung des Kapitalmarkts als Funktionsträger der AG

Die aufgezeigten Strukturprobleme führten in den meisten eu-   71
ropäischen Ländern und auch in der Schweiz zu Reformbemühungen (s. Bericht TSCHOPP, dazu N 44 ff.), um das Gesellschaftsrecht und insbesondere das Aktienrecht mit den Grundsätzen der jeweiligen Wirtschaftsverfassung wieder in Einklang zu bringen. In der Schweiz erfolgte die Hinwendung zum Kapitalmarkt als Funktionsträger der AG jedoch relativ spät: Erst in einer späten Phase der parlamentarischen Debatten über das Aktienrecht 1991 entdeckte das Parlament gewissermassen die Kotierung und die Börse. Es war dies in der Zeit, als «weisse Ritter», wie Tito Tettamanti oder Werner K. Rey, sich zur Sanierung müder Unternehmen empfahlen (NOBEL, Börsengesellschaftsrecht, 304 f.; s. auch BÖCKLI, Namenaktien, 583).

Formell traf das Aktienrecht 1991 bereits wesentliche Unterscheidungen nach den   72
Kriterien der Börsenkotierung oder der Ausgabe von Anleihensobligationen, was beides eine Inanspruchnahme des Kapitalmarkts bedeutet (NOBEL, Börsengesellschaftsrecht, 305). Entsprechend wurden solche Gesellschaften angehalten:

– einen konsolidierten Rechnungsabschluss zu erstellen (Art. 663e Abs. 3 Ziff. 1 und 2 OR 1991); im Zuge der Revision des Rechnungslegungsrechts wurde Art. 663e OR aufgehoben. Seit dem 1. Jan. 2013 statuiert Art. 963 OR die Pflicht zur Erstellung einer konsolidierten Jahresrechnung (Konzernrechnung).

– Die Jahresrechnung zu veröffentlichen (Art. 697h Abs. 1 Ziff. 1 und 2 OR 1991); die Pflichten zur Offenlegung und Einsichtnahme werden seit der Revision neu in Art. 958e OR geregelt. Die Formulierung wurde formell leicht angepasst, um eine rechtsformneutrale Regelung zu schaffen, materiell erfuhr die Bestimmung keine Änderungen (Botschaft Aktienrechtsentwurf 2007, 1703 f.).

---

[12]   ERNST-JOACHIM MESTMÄCKER, Verwaltung, Konzerngewalt und Rechte der Aktionäre, Karlsruhe 1958.

- Die Jahresrechnung besonders qualifizierten Prüfern zu unterbreiten (Art. 727*b* Abs. 1 Ziff. 2 OR 1991); nach geltendem Recht müssen Publikumsgesellschaften als Revisionsstelle ein staatlich beaufsichtigtes Revisionsunternehmen nach den Vorschriften des Revisionsaufsichtsgesetzes (RAG) bezeichnen (Art. 727 Abs. 1 OR).

- Ausserdem galt und gilt seit dem für diese Gesellschaften eine Prospektpflicht für öffentliche Zeichnungsangebote (Art. 652*a* OR; s. nachfolgend).

73   Mit der Entdeckung der Börse ging auch die Einführung eines neuen Vinkulierungsregimes einher. Artikel 685*d*–685*g* OR stellen spezielle Regeln in Bezug auf die Vinkulierung und die Gewährleistung der Handelbarkeit der Kapitalanteile von Publikumsgesellschaften auf (s. Ausführungen in der Bundesversammlung vom 22. September 1988, AmtlBull SR 1988 Bd. III S. 482 f.). Bei kotierten Gesellschaften ist die mögliche Vinkulierung reduziert auf eine prozentmässige Beschränkung (Art. 685*d* Abs. 1 OR). Die Gesellschaft kann in den Statuten festlegen, bis zu welchem maximalen Umfang ein Aktionär als Aktionär mit voller Rechtsstellung anerkannt und ins Aktienbuch eingetragen wird (BSK OR II-DU PASQUIER/WOLF/OERTLE, Art. 685*d* N 4). In der Praxis wird die Grenze etwa bei ein, zwei oder fünf Prozent des Aktienkapitals oder der Stimmrechte gesetzt (DRUEY/DRUEY JUST/GLANZMANN, § 10 N 81). Darüber hinaus kann die Gesellschaft die Eintragung ins Aktienbuch auch verweigern, wenn der Erwerber auf Verlangen hin nicht ausdrücklich erklärt, dass er die Aktien im eigenen Namen und auf eigene Rechnung erworben hat (Art. 685*d* Abs. 2 OR). Dies soll heute weitergeführt werden, indem die Ablehnung auch explizit bei Erwerb aus Wertpapierleihe möglich sein soll (vgl. Art. 685*d* Abs. 2 E-OR 2016), um sog. «empty voting» (Spaltung) zu verhindern. Bei börsenkotierten Namenaktien sieht das Gesetz zudem einen separaten Übergang des Stimmrechts und der damit verbundenen Rechte und der Vermögensrechte vor, wobei der Zeitpunkt des Rechtsübergangs der Vermögensrechte davon abhängt, ob die kotierten Namenaktien börsenmässig oder ausserbörslich erworben werden (Art. 685*f* OR; ausführlich BSK OR II – DU PASQUIER/WOLF/OERTLE, Art. 685*f*, N 1 ff.). Das Stimmrecht und die damit zusammenhängenden Rechte gehen erst mit der Anerkennung des Erwerbers durch die Gesellschaft auf diesen über (Art. 685*f* Abs. 2 OR). Bis zur Anerkennung sind die Erwerber auf Gesuch hin als Aktionäre ohne Stimmrecht ins Aktienbuch einzutragen (Art. 685*f* Abs. 3 OR). Bei einem börsenmässigen Verkauf kotierter Namenaktien meldet die Veräussererbank den Namen des Veräusserers und die Anzahl der verkauften Aktien unverzüglich der Gesellschaft (Art. 685*e* OR). Begehrt der Erwerber den Eintrag nicht, so entstehen sog. Dispoaktien (dazu s. Kap. § 2, N 81 ff.).

74   Zusätzlich wurde eine – wenn auch noch so unvollkommene – Pflicht zur Bekanntgabe der Beteiligungsverhältnisse bei Publikumsgesellschaften eingeführt

(Art. 663c OR 1991; dazu FORSTMOSER, Art. 663c, 69 ff.; aber auch 663b Ziff. 7 [Anhang] OR 1991). Zugleich fand bereits der dann im Börsengesetz im Vordergrund stehende Begriff der «stimmrechtsverbundenen Aktionärsgruppe» Eingang ins Aktienrecht (vgl. Art. 663c OR 1991).

c. Das Börsengesetz als Durchbruch organisierten Marktgeschehens

«Das Kapitalmarktrecht findet seine Berechtigung im Umstand, dass die Fungibilität der Wertpapiere und das Aufkommen bedeutender Kapitalmärkte, die im wirtschaftlichen Bereich an sich zuständigen gesellschaftsrechtlichen Normen weitgehend wirkungslos gemacht haben. Es geht heute darum, einen Bereich der aus der rechtlichen Umklammerung herausgewachsen ist, einzufangen und erneut einer Regelung zuzuführen.» (HOBY, 61)   75

Ein wesentlicher Schritt in diese Richtung erfolgte mit dem Börsengesetz, das am 24. März 1995 erlassen wurde und am 1. Februar 1997 bzw. am 1. Januar 1998 gestaffelt in Kraft trat. Es umfasst auch das Offenlegungs- und Übernahmerecht (s. Botschaft Börsengesetz, 1380). Das Offenlegungsrecht legt in erster Linie die Pflichten der Aktionäre und der Gesellschaft im Zusammenhang mit der Offenlegung von Beteiligungen an schweizerischen börsenkotierten Gesellschaften fest (vgl. ausführlich Kap. § 8, N 114 f.). Die Bestimmungen des Übernahmerechts regeln hingegen öffentliche Kaufangebote für Beteiligungen an börsenkotierten Gesellschaften. Sie sind heute vom FinfraG ohne grössere materielle Änderungen aus dem BEHG übernommen worden; das Gleiche gilt für die Verordnungen (s. zum ganzen Kapitel § 8, N 126 ff.). Aufgrund des Prinzips der Selbstregulierung (aArt. 4 BEHG; neu Art. 27 FinfraG) sind schliesslich auch die Reglemente der einzelnen Börsen, an denen die Beteiligungspapiere der Gesellschaften kotiert sind, massgebend, die eine eigentliche Emittentenregulierung zur Folge haben (vgl. auch DRUEY/DRUEY JUST/GLANZMANN, § 16 N 7 ff.). Erwähnt seien an dieser Stelle das Kotierungsreglement der SIX Swiss Exchange (KR) und die entsprechenden Richtlinien bezüglich Rechnungslegung (RLR), Ad-hoc-Publizität (RLAhP), Informationen zur Corporate Governance (RLCG, vgl. auch eigenständiges Kap. Corporate Governance) und Offenlegung von Management-Transaktionen (RLMT). Die Schaffung kapitalmarktrechtlicher Bestimmungen wurde bei ihrem Erlass als Versuch verstanden, das Gesellschaftsrecht aus seiner Isolierung und seiner Konzentration auf Gesellschafter und Rechtsform herauszulösen und mit der heutigen Realität zu konfrontieren. Im Vordergrund standen dabei die Reaktivierung gesellschaftsrechtlicher Bestimmungen in einem grösseren, umfassenderen Ordnungsrahmen, die Gewährleistung der Leistungs- und Funktionsfähigkeit des Kapitalmarktes und die Verhinderung von Missbräuchen in diesem   76

Bereich.[13] Diese Zielsetzung steht in Einklang mit der Wirtschaftsverfassung, die geprägt ist vom Gedanken der Wirtschaftsfreiheit und des möglichen Wettbewerbs.

77 Das Börsenrecht erfasst die AG in vielfältiger Hinsicht, die weit über die aktienrechtliche Betrachtungsweise hinausragt (dazu schon NOBEL, Börsengesellschaftsrecht, 306 ff.):

– So übersteigen die inhaltlichen Anforderungen an den Kotierungsprospekt diejenigen an den Emissionsprospekt gemäss Art. 652*a* OR bei Weitem. Mit dem FIDLEG sollen in naher Zukunft für sämtliche Effekten, die öffentlich angeboten oder an einem Handelsplatz gehandelt werden, einheitliche Prospektanforderungen eingeführt werden (Botschaft FIDLEG/FINIG, 8902 und 9004). Für nicht kotierte Gesellschaften sieht das FIDLEG allerdings zahlreiche Ausnahmen und Erleichterungen vor. Von der Prospektpflicht kann abgesehen werden, wenn das öffentliche Angebot sich nur an professionelle Kunden oder an weniger als 150 Privatkunden oder an Anleger richtet, die Effekten im Wert von mindesten CHF 100 000.– erwerben (vgl. Art. 38 Abs. 1 lit. a–c E-FIDLEG). Unternehmen können künftig ebenfalls auf die Veröffentlichung eines Prospekts verzichten, wenn die Mindeststückelung des öffentlich angebotenen Wertpapiers CHF 100 000.– beträgt oder das öffentliche Angebot über einen Zeitraum von zwölf Monaten berechnet einen Gesamtwert von CHF 100 000.– nicht übersteigt (vgl. Art. 38 Abs. 1 lit. d und e E-FIDLEG). Weiter räumt das FIDLEG dem Bundesrat die Ermächtigung ein, für KMU Erleichterungen von der Prospektpflicht festzulegen (vgl. Art. 49 E-FIDLEG). Art. 652*a* OR, Art. 752 OR und Art. 1156 OR werden durch die neuen Bestimmungen des FIDLEG abgelöst und im OR aufgehoben, was für sich genommen einer Aktienrechtsrevision gleichkommt.

– Die aktienrechtliche Publizitätspflicht wird ergänzt durch die börsenrechtliche Ad hoc-Publizität (vgl. Art 53 KR SIX sowie Richtlinie betreffend Ad-hoc-Publizität der SIX).

– Das BEHG auferlegte den Aktionären direkte Pflichten: Sie wurden meldepflichtig in Bezug auf bedeutende Beteiligungen (aArt. 20 BEHG); ferner wurden ihnen Pflichten auferlegt, wenn sie ein öffentliches Angebot zum Erwerb von Aktien abgaben; beim Erreichen einer Schwelle von 33⅓ Prozent wurden sie gar verpflichtet, ein Angebot zu unterbreiten (aArt. 32 BEHG; neu Art. 135 f. FinfraG). Statutarisch haben Gesellschaften nach Art. 135 Abs. 1 FinfraG die Möglichkeit, dafür einen höheren Grenzwert bis max. 49 Prozent vorzusehen *(Opting-up)*. Vor der Kotierung ihrer Beteiligungspapiere können

---

[13] Vgl. auch: HERBERT WIEDEMANN, Die Zukunft des Gesellschaftsrechts, in: FS R. Fischer, Berlin 1979, 895 ff.

Gesellschaften die Pflicht zu einem öffentlichen Kaufangebot sogar ganz abbedingen (Art. 125 Abs. 3 FinfraG). In diesen Fall spricht man von einem *Opting-out*.

– Den börsenrechtlichen Meldepflichten unterstehen nicht nur die Aktionäre, sondern auch der wirtschaftlich Berechtigte (Art. 9 BEHV-FINMA; neu in Art. 120 Abs. 1 FinfraG und Art. 10 FinfraV-FINMA).

– In Übernahmesituationen verlagert sich das aktienrechtliche Kompetenzgefüge vom Verwaltungsrat auf die Generalversammlung, und der Verwaltungsrat wird zur Kooperation verpflichtet (aArt. 29 BEHG). Der Verwaltungsrat der Zielgesellschaft hat den Inhabern von Beteiligungspapieren einen Bericht vorzulegen, in dem er zum Angebot Stellung nimmt (Abs. 1). Von der Veröffentlichung des Angebots bis zur Veröffentlichung des Ergebnisses darf der VR keine Rechtsgeschäfte beschliessen, mit denen die Aktiven oder Passiven der Gesellschaft in bedeutender Weise (10%; vgl. Art. 36 Abs. 2 lit. a UEV) verändert würden (Abs. 2). (Der 5. Abschnitt des BEHG [aArt. 22–33*d*] wurde materiell grundsätzlich unverändert in das 3. Kapitel des 3. Teils des FinfraG [Art. 125–141] übernommen. Die Pflichten der Zielgesellschaft werden neu in Art. 132 FinfraG geregelt sein).

– Wer die Angebotspflicht verletzt, dem können seine Stimmrechte suspendiert werden (aArt. 32 Abs. 7 BEHG; ersetzt durch Art. 135 Abs. 5 FinfraG).

– Nach einem zu 98 Prozent erfolgreichen Angebot kann die verbleibende geringe Minderheit ausgeschlossen werden (aArt. 33 BEHG; neu Art. 137 FinfraG); was im Gesetz mit «Kraftloserklärung der restlichen Beteiligungspapiere» beschrieben wird, ist effektiv ein *Squeeze-out*.

– Der 9. Abschnitt des BEHG enthielt Strafbestimmungen betreffend die Ausnützung von Insiderinformationen (aArt. 40), Kursmanipulation (aArt. 40*a*), Verletzung von Meldepflichten (aArt. 41) und der Angebotspflicht (aArt. 41*a*) sowie Pflichtverletzungen durch die Zielgesellschaft (aArt. 42) mit Bussandrohungen in Millionenhöhe. Während Insiderhandel (aArt. 161 StGB) und Kursmanipulation (aArt. 161bis StGB) anfänglich im StGB geregelt waren, wurden sie mit der Revision der Börsendelikte ins BEHG überführt (aArt. 40 und aArt. 40*a* BEHG). Redaktionell überarbeitet, materiell aber mit gleichem Inhalt werden sie nun in Art. 142 und 143 FinfraG sowie Art. 122 ff. FinfraV geregelt. Weiterhin zulässig sind auch nach dem neuen Gesetz Effektengeschäfte zum Zweck der Preisstabilisierung (Kurspflege), sofern die Stabilisierung zeitlich und umfangmässig begrenzt ist und sowohl der Börse als auch der Öffentlichkeit mitgeteilt wird (s. Art. 126 FinfraV). Damit soll hinreichend sichergestellt werden, dass kein manipulativer Eingriff erfolgt.

*d. Die Entstehung des Börsengesellschaftsrechts und
seine Bedeutung*

78   Mit dieser Überlagerung der rechtlichen Belange der kotierten
Aktiengesellschaften durch das Börsengesetz ist die Einheit des Aktienrechts
materiell dahin und der Grundstein für das gelegt, was man Börsengesellschafts-
recht nennen kann, welches aus einer Mischung von privatem und öffentlichem
Recht die Pflichten rund um die kotierten Unternehmen regelt (weiterführend
Kap. § 8). Börsengesellschaftsrecht ist aber noch mehr als nur Sonderregime für
Publikumsgesellschaften. Es bedeutet auch eine offenkundige Hinwendung zum
Denken an und für den Aktionär als Kapitalgeber im marktwirtschaftlichen Zusammenhang, wo auch Kapital ein knappes Gut ist. Der Aktionär soll über seine
Investition informiert entscheiden können. Er soll auch nicht Angst haben müssen,
dass besser Informierte ihn indirekt prellen. Informationsmanipulation ist ebenso
verboten wie die Ausnützung von qualifiziert erworbener Mehrinformation. Mit
der Angebotspflicht hat aber auch der Minderheitenschutz gewissermassen abge-
dankt. Umgekehrt darf der Aktionär aber auch nicht mehr als Störenfried verbleiben, wenn er ein Angebot nicht akzeptiert hat, welches ansonsten zu 98 Prozent
erfolgreich war (neu in Art. 137 FinfraG, entspricht aufgehobenem Art. 33
BEHG, s. dazu Nobel, Börsengesellschaftsrecht, 309 f.). Auch nach dem Fusionsgesetz ist lediglich eine Auszahlung möglich *(Squeeze-out Merger),* wenn
mindestens 90 Prozent der stimmberechtigten Gesellschafter der übertragenen
Gesellschaft dem Fusionsbeschluss zustimmen (Art. 8 Abs. 2 i.V.m. Art. 18
Abs. 5 FusG).

79   Die Bedeutung der neuen Regeln, die durch das Börsengesetz eingeführt worden
sind und sich nun im FinfraG finden, kann für das Aktienrecht entsprechend nicht
genügend betont werden. Sie sind wohl als gewichtigste Änderung und Erweiterung des Aktienrechts zu werten. Das Börsengesetz betrifft denn auch Themen,
die in jeder Revision seit 1936 besprochen wurden: Publikationsvorschriften und
klare Regeln im Falle von Übernahmeangeboten. Das Pflichtgebot der Schwelle
von 33⅓ Prozent wirkt aber auch bremsend. Letztlich war es aber der Markt, der
nach einem Börsengesetz rief.

> «Der Kurssturz an den Börsen im Herbst 1987 sowie verschiedene Übernahmen,
> bei welchen die Publikumsaktionäre sich geprellt fühlten, da sie nicht vom höhe-
> ren Übernahmepreis profitieren konnten, waren mit ein Grund für die gegenwärti-
> gen Anstrengungen zur Schaffung eines eidgenössischen Börsengesetzes.» (Bot-
> schaft Börsengesetz, 1373)

80   Die Börsengesetzgebung regelt die Aktiengesellschaft in der Form, aus der sie
ursprünglich entstanden ist: «Als Emittentin von frei handelbaren, genormten und
wertpapiermässig verbrieften Anteilsrechten» (vgl. etwa Böckli, Aktienrecht, § 7
N 6). Das Börsengesetz bringt die Aktiengesellschaft damit zurück zu dem, was

sie eigentlich immer war. Es regelt die Aktiengesellschaft, wenigstens teilweise, von Grund auf neu und doch ursprünglich. Das Börsengesellschaftsrecht umfasst rechtliche Sonderregeln für die kotierte Aktiengesellschaft in den Bereichen der Prospektpflicht, der Offenlegung (in vielerlei Hinsicht), in den Regimes der kotierten und vinkulierten Namenaktien und betreffend die institutionelle Stimmrechtsvertretung (notabene auch ein grosses Thema der Reform von 1991).

e. Der Weg zu einem Finanzmarktinfrastrukturgesetz

Das Schweizer Aktienrecht hat sich seit den 90er-Jahren weit   81
weg entwickelt vom Ursprungsgedanken, der ihm einst zugedacht wurde. Insbesondere die Entwicklungen der letzten 25 Jahre waren hierfür entscheidend. Der Grundsatz der Einheit des Aktienrechts wurde seit der Revision 1991 regelmässig durchbrochen. Dank der fortschreitenden Globalisierung und der internationalen Rechtsharmonisierung hat diese Entwicklung eine zusätzliche Dimension erhalten, die durch neue Gesetzgebungsprojekte fortgesetzt wird.

Am 28. März 2012 beauftragte der Bundesrat das EFD, unter Mitwirkung des   82
EJPD und der FINMA, Projektarbeiten zur Erarbeitung einer sektorübergreifenden Regulierung von Finanzprodukten und Finanzdienstleistungen sowie von deren Vertrieb aufzunehmen, um insbesondere den Anlegerschutz auf dem Schweizer Finanzmarkt zu stärken und die Wettbewerbsfähigkeit des Finanzplatzes zu fördern.[14] Herausgekommen sind drei Gesetzesvorlagen: das Finanzdienstleistungsgesetz (FIDLEG), das Finanzinstitutsgesetz (FINIG) und das Finanzmarktinfrastrukturgesetz (FinfraG). Das neue Gesetzestrio führt zu einem grundlegenden Strukturwandel der schweizerischen Finanzmarktgesetzgebung und einer engeren Anknüpfung an internationale Standards. Dementsprechend tief greifend sind deren Auswirkungen auf die verschiedenen Bereiche, was in den betroffenen Gesetzen zu (zum Teil erheblichen) Anpassungen führt.

Mit dem Inkrafttreten des FinfraG per 1. Januar 2016 wurde das schweizerische   83
Börsengesellschaftsrecht grösstenteils in das neue FinfraG und die dazugehörigen Verordnungen (FinfraV und FinfraV-FINMA) sowie in eine revidierte Version der Übernahmeverordnung überführt (vgl. dazu Kap. § 8, N 73 ff.). Das FinfraG ersetzt die im BEHG enthaltenen Bestimmungen betreffend die Börse und die börsenähnlichen Einrichtungen, zudem werden sämtliche im BEHG enthaltenen Marktverhaltensregeln ins FinfraG übernommen (Botschaft FinfraG, 7499 und 7607 f.). Aufgrund internationaler Entwicklungen innerhalb der G 20 und der EU führte der schweizerische Gesetzgeber mit dem FinfraG zudem Regeln für den bis anhin nicht geregelten ausserbörslichen Derivatehandel (OTC-Derivate) ein, u.a.

---

[14]   https://www.news.admin.ch/message/index.html?lang=de&msg-id=43953 (Stand 23. November 2015).

die Abrechnung von OTC-Derivaten über zentrale Gegenparteien (CCP) und die Meldung an Transaktionsregister (vgl. Botschaft FinfraG, 7489 ff. und 7495). Darüber hinaus erfuhr der Aktienhandel keine entscheidenden Änderungen durch den Übergang zu einem Finanzinfrastrukturgesetz.

f.   Neue unkonventionelle Finanzlösungen

84   Das Bedürfnis, Unternehmen über den Kapitalmarkt zu finanzieren, ist in den letzten Jahren wieder angestiegen. Hintergrund ist die negative Entwicklung des Zinsumfelds, durch die eine Kreditaufnahme im Bankensystem weniger attraktiv wird. Angesichts dieser Herausforderungen erscheint es zentral, dass regulatorische und steuerliche Hürden, die die Entwicklung des Kapitalmarkts in der Schweiz hemmen, abgebaut werden.[15]

85   Eine innovative Finanzdienstleistung, die sich als geeignete Alternative zum Bankenwesen erweist, ist das sog. *Crowdinvesting, das* häufig auch Peer-to-Peer-Lending (P2P-Lending) genannt wird.[16] Das Konzept, das in seiner ursprünglichen Bedeutung die Darlehensgewährung von (in der Regel) wenigen Privatpersonen an eine andere Privatperson über eine Vermittlungsplattform bezeichnet (s. BRADFORD, 5), stellt insbesondere für KMU eine gute Finanzierungsquelle dar.[17] Die *crowdfinanzierte* AG ist i.d.R ein KMU, das jedoch in Bezug auf die geografische Streuung und die anonymen Verhältnisse des Aktionariats teilweise mit der Publikumsgesellschaft vergleichbare Eigenschaften aufweist.[18] Zweifelhaft ist die Eignung der AG für Crowdinvestments jedoch mit Blick auf die Erstellung eines Prospekts und der Koordination der zahlreichen Aktionäre (*Crowd*).

86   Die in Art. 701c E-OR vorgesehene Möglichkeit einer virtuellen GV kommt den *crowdfinanzierten* Gesellschaften diesbezüglich jedoch entgegen, denn die Einführung der elektronischen GV ohne Tagungsort vermag zur Kostensenkung beizutragen (vgl. GNOS/KEISER, 30; BÜHLER, 269; zu den Vorschlägen zur Modernisierung nachfolgend N 194). Zudem könnte die Binnenkommunikation zwischen den

---

[15]   MARK BRANSON, Fintech und Negativzinsen: Chance und Herausforderung für den Finanzplatz, Referat «Mittagsreihe des Europainstituts der Universität Zürich», 25. September 2016.

[16]   Bekannte und dem *Crowdlending* ähnliche Konzepte sind die Begriffe Mikrokredit und Social Lending.

[17]   Vgl. STEFAN GRIEDER/JANA ESSEBIER, Teil A – Crowdfunding in der Schweiz, Diskussionspapier, in: SECO (Hrsg. und Auftraggeber), Diskussionspapier Risikopapier in der Schweiz, Dezember 2013, publiziert 14. Januar 2014.

[18]   Vgl. dazu: CHRISTOPHER HAHN/DANIEL NAUMANN, Kapitel 7.3: Crowdinvesting, in: Hahn (Hrsg.), Finanzierung und Besteuerung von Start-up-Unternehmen, Wiesbaden 2014, 185; s.a. AJAY K. AGRAWAL/CHRISTIAN CATALINI/AVI GOLDFARB, Some Simple Economics of Crowdfunding, National Bureau of Economic Research Working Paper 19133, Juni 2013.

Aktionären auf einer elektronischen Plattform ermöglicht werden. Der resultierende aktive Meinungsaustausch der Aktionäre kann sich auch für die Gesellschaft als fruchtbar erweisen (HECKELMANN, 94).

Hemmend für eine solch fortschrittliche alternative Finanzierungsform wirkt sich in der Schweiz jedoch das Steuersystem aus. Die grössten Hürden bilden dabei die Stempelabgaben, die auf der Ausgabe (Emissionsabgabe, Art. 5–12 StG) und dem Umsatz von Wertpapieren (Umsatzabgabe, Art. 13–20 StG) erhoben werden, sowie die Verrechnungssteuer, von der gemäss Art. 4 (1) VStG die «Zinsen, Renten, Gewinnanteile und sonstigen Erträge» erfasst werden. Deren Abschaffung wäre zweifelsfrei mutig, aber ein wichtiger und zukunftsweisender Schritt.[19] 87

E. Corporate-Governance-Bewegung und Selbstregulierung

1. Die Mitbestimmungsinitiative

Die Frage der Mitbestimmung der Arbeitnehmer war in der juristischen Lehre immer wieder Diskussionsgegenstand (vgl. SCHLUEP, Mitbestimmung, 311 ff., insb. 341 ff.). Darüber hinaus vermochte das Thema keinen Enthusiasmus zu wecken. Am 25. August 1971 reichten der Schweizerische Gewerkschaftsbund, der Christlichnationale Gewerkschaftsbund der Schweiz und der Schweizerische Verband evangelischer Arbeitnehmer aber die Mitbestimmungsinitiative zur Ergänzung der Bundesverfassung mit Artikel 34ter Abs. 1 Buchstabe b[bis] ein: 88

«Artikel 32ter

Der Bund ist befugt, Vorschriften aufzustellen:

…

b[bis] über die Mitbestimmung der Arbeitnehmer und ihrer Organisationen in Betrieb, Unternehmung und Verwaltung.»

Sie wurde in der Volksabstimmung vom 21. März 1976 jedoch wuchtig verworfen von allen Ständen und mit 66,3 Prozent der Volksstimmen (BBl 1976 II 662). Auch in der Folge erlangte die «Mitbestimmung», also die *direkte und indirekte Beteiligung der Arbeitnehmer oder ihrer Organisationen an der Willensbildung im Betrieb, Unternehmung und Verwaltung*» (BBl 1973 II 237), in der Schweiz nie die Bedeutung, die ihr beispielsweise in Deutschland mit dem Betriebsverfassungsgesetz (BetrVG) und dem Mitbestimmungsgesetz (MitbestG), welche die Aufnahme von Arbeitnehmervertretern in den Aufsichtsrat gewährleistet, zu- 89

---

[19] BRANSON, a.a.O, Fn. 15.

kommt. Immerhin kam es zum Erlass des Bundesgesetzes über die Information und Mitsprache der Arbeitnehmerinnen und Arbeitnehmer in den Betrieben (Mitwirkungsgesetz) vom 17. Dezember 1993, welches per 1. Mai 1994 in Kraft trat (AS 1994 1037; SR 822.14).

90   Das Mitwirkungsgesetz sichert allen Arbeitnehmern von privaten Betrieben (Art. 1 Mitwirkungsgesetz) bestimmte Informationsrechte (Art. 9 Mitwirkungsgesetz) und Mitwirkungsrechte (Art. 10 Mitwirkungsgesetz) gegenüber dem Betrieb zu. In Betrieben mit mindestens 50 Arbeitnehmern haben die Arbeitnehmer das Recht, eine Arbeitnehmervertretung zu bestimmen, welche die Informations- und Mitwirkungsrechte nach dem Mitwirkungsgesetz wahrnimmt (Art. 3 sowie Art. 5 ff. Mitwirkungsgesetz). Unternehmen sind bei Betriebsübertragungen sowie Fusionen, Spaltungen und Vermögensübertragungen zudem verpflichtet, die Arbeitnehmervertretung resp. die Arbeitnehmer, falls es keine Arbeitnehmervertretung gibt, über den Vollzug und die damit einhergehenden Folgen zu informieren und ggf. zu konsultieren, wenn Massnahmen beabsichtigt sind, welche die Arbeitnehmer betreffen (s. Art. 333a OR sowie die darauf verweisenden Art. 28, 50 und 77 FusG).

91   Gewisse spezialgesetzliche Unternehmen wie die SBB und die Swisscom und auch private Unternehmen wie die Migros Genossenschaft sind noch weiter gegangen und haben die Mitwirkung der Arbeitnehmer weiter ausgebaut und ihnen in bestimmten Bereichen sogar ein Mitspracherecht eingeräumt (s. GAV SBB 2011, Ziff. 98 ff. sowie Anhang 10 und 11[20]; GAV Swisscom, Ziff. 3.5 sowie Anhang 3[21]; Landes-Gesamtarbeitsvertrag für die Migros-Gruppe 2015–2018, Anhang 4, Mitwirkungsordnung).[22]

2.   Swiss Code of Best Practice und RLCG

92   Den Beginn der schweizerischen Diskussion rund um Corporate Governance stellt die Veröffentlichung des «Report of the Committee on the Financial Aspects of Corporate Governance» («Cadbury[23] Report») vom 1. Dezember 1992 in Grossbritannien dar, auch wenn sich ähnliche konzeptuelle Ansätze bereits

---

[20]   Verfügbar auf:
http://www.sbb.ch/content/dam/sbb/de/pdf/sbb-konzern/jobs-karriere/Arbeitgeberin/
GAV%20SBB%20-%20Gesamtarbeitsvertrag%202011.pdf (Stand 13. September 2016).

[21]   Verfügbar auf:
https://www.swisscom.ch/content/dam/swisscom/de/about/jobs/unsere-welt/anstellung/
documents/gesamtarbeitsvertrag-swisscom-2013.pdf.res/gesamtarbeitsvertrag-swisscom-
2013.pdf (Stand 13. September 2016).

[22]   Verfügbar auf:
https://www.migros.ch/de/stellen/arbeitgeberin-migros/gesamtarbeitsvertrag/migros-landes-
gesamtarbeitsvertrag.html (Stand 13. September 2016).

[23]   Nach dem Vorsitzenden des Komitees ADRIAN CADBURY.

im Aktienrecht von 1992, insbesondere in den Artikel 716, 716*a* und 716*b* OR (s. Botschaft Aktienrecht 1991, 840 ff. und 921 ff.), finden lassen (BÖCKLI, SZW 1996, 149 ff.). In grossem Masse durch den «Cadbury Report» beeinflusst, entbrannte die Diskussion um Coporate Governance auch in anderen europäischen Staaten, die mit eigenen Berichten und Richtlinien ihren Beitrag zur Thematik leisteten. In England wurde die Diskussion mit dem «Greenbury Report» (1995) und dem «Hampel Report» (1998) weitergeführt, in Frankreich entstanden die «Viénot-Rapporte» (1995 und 1999), in Deutschland wurde die Diskussion im Jahre 1998 durch das «Gesetz zur Kontrolle und Transparenz im Unternehmensbereich» (KonTrag) aufgegriffen, und auf internationaler Ebene entstanden die «OECD-Grundsätze der Corporate Governance» (1999) (s. BÖCKLI, Namenaktien, 1 ff.). Die Diskussion führte weit über die finanziellen Aspekte hinaus; sie blieb aber stark anlegerorientiert.

Unter dem Einfluss der genannten Berichte erarbeitete die Anfang 2001 vom Verband der Schweizer Unternehmer (economiesuisse) beauftragte Expertengruppe den *Swiss Code of Best Practice for Corporate Governance* (Swiss Code 2002)[24]. Der Code wurde auch von einem informativen Bericht von Prof. KARL HOFSTETTER begleitet[25]. Das Ziel der Expertengruppe war es, «einen gemeinsamen Kern der verschiedenen Bemühungen um eine Verbesserung von Corporate-Governance-Aspekten in der Schweiz herauszuarbeiten» (Präambel, Swiss Code 2002). 2014 ist der Swiss Code nach der Revision im Jahr 2007, die insbesondere die Ergänzung des Swiss Code durch einen Anhang mit Empfehlungen zu Entschädigungen von Verwaltungsrat und oberstem Management umfasste, zum zweiten Mal überarbeitet worden, um die Neuerungen, die sich aufgrund von Art. 95 Abs. 3 der Bundesverfassung (Minder-Initiative, nachfolgend N 198 ff.) ergeben haben, zu berücksichtigen (Vorwort, Swiss Code 2014[26]).

93

Der Swiss Code, der den Charakter einer unverbindlichen Empfehlung hat, wurde durch die Corporate-Governance-Richtlinie der Schweizer Börse SIX (RLCG 2002, überarbeitet 2007 und 2014) verstärkt (NOBEL, Finanzmarktrecht, 789). Die RLCG verpflichtet Emittenten, Angaben über die Führung und Kontrolle auf der obersten Unternehmensebene ihrer Unternehmung zu publizieren und den Investoren bestimmte Schlüsselinformationen zur Corporate Governance zugänglich zu machen (Art. 1 und 2 RLCG). Sieht der Emittent von der Offenlegung bestimmter

94

---

[24] Abrufbar auf: http://www.economiesuisse.ch/de/publikationen/corporate-gouvernance-switzerland (Stand 28. März 2017).

[25] KARL HOFSTETTER, Corporate Governance in der Schweiz, Bericht im Zusammenhang mit den Arbeiten der Expertengruppe «Corporate Governance», von 2002, abrufbar auf: http://www.economiesuisse.ch/de/publikationen/corporate-gouvernance-der-schweiz (Stand 28. März 2017).

[26] Abrufbar auf: http://www.economiesuisse.ch/sites/default/files/publications/ economiesuisse_swisscode_d_web.pdf_20140926.pdf (Stand 28. März 2017).

Informationen ab, so hat er dies nach dem Grundsatz von *«comply or explain»* im Corporate-Governance-Bericht ausdrücklich zu begründen (Art. 7 RLCG).

95   Zur Corporate Governance s. § 9.

3.   Arbeitsgruppe «Corporate Governance»

96   Das Aktienrecht von 1991 enthielt keine Vorschriften zur Frage der Transparenz von Vergütungen und Beteiligungen von Mitgliedern des Verwaltungsrates und der Geschäftsleitung. Nach zahlreichen parlamentarischen Vorstössen, welche unterschiedliche Anliegen aus dem Bereich der Corporate Governance betrafen (s. Auflistung in Expertenbericht Corporate Governance, 32 f.), setzte das Eidgenössische Justiz- und Polizeidepartement deshalb die Arbeitsgruppe «Corporate Governance», bestehend aus Professor PETER BÖCKLI, Professorin CLAIRE HUGUENIN und Professor FRANÇOIS DESSEMONTET, ein, um das Aktienrecht hinsichtlich der Anforderungen der Corporate Governance zu prüfen und einen entsprechenden Regelungsvorschlag zur Frage der Transparenz der Entschädigungen und Beteiligungen der obersten Leitungsorgane einer Aktiengesellschaft zu erarbeiten (vgl. Botschaft Transparenz, 4477 f.). Am 25. März 2003 reichte die Arbeitsgruppe dem Bundesrat einen Zwischenbericht zur Offenlegung von Organentschädigungen und -krediten ein, am 30. September 2003 folgte der Expertenbericht zur Teilrevision des Aktienrechts mit einem Gesetzesentwurf für eine Revision des 26. Titels des Obligationenrechts (Expertenbericht Corporate Governance, 1 ff.). Die Vorschläge der Expertengruppe zielten primär auf die Verbesserung der Aktionärsrechte, eine Klarstellung der Rahmenbedingungen für den Verwaltungsrat und eine Verbesserung der Transparenz sowie auf die Verwirklichung der als wesentlich erkannten Anliegen der Corporate Governance für kotierte und wirtschaftlich bedeutende nicht kotierte Aktiengesellschaften (vgl. Expertenbericht Corporate Governance, 2 ff.).

97   Fast gleichzeitig legte Professor MAX BOEMLE, der von der Kommission für Wirtschaft und Abgaben des Nationalrats (WAK-N) damit beauftragt wurde, einen Gesetzesentwurf zur Transparenz von börsenkotierten Firmen zu erstellen, seinen Expertenbericht vor (s. Botschaft Transparenz, 4477 ff.).

98   Gestützt auf den Zwischenbericht der Arbeitsgruppe «Corporate Governance» und den Bericht von Prof. MAX BOEMLE erarbeitete das EJPD einen Vorentwurf für eine Regelung der Transparenz von Vergütungen, der nach der Vernehmlassung und der darin angeregten Überarbeitung in die Botschaft zur Änderung des Obligationenrechts (Transparenz betreffend Vergütungen an Mitglieder des Verwaltungsrates und der Geschäftsleitung) vom 23. Juni 2004 mündete (BBl 2004 4471 ff.). Es betraf dies Art. 663b^{bis} und 663c OR.

4. Transparenz und Vergütung

Die Problematik der Entschädigungen für Verwaltungsräte und   99
Management (Direktion) beschäftigte sowohl die Öffentlichkeit wie auch den
Gesetzgeber über alle Massen. So wurden am 7. Oktober 2005 zur Schaffung von
Transparenz betreffend Vergütungen die Art. 663b^{bis} und 663c OR neu erlassen
(Botschaft Transparenz, 4471). Am 1. Januar 2007 traten die neuen Bestimmungen in Kraft. Mit der «grossen» Aktienrechtsrevision sollten diese Bestimmungen
wieder aufgehoben werden, da die Angaben zu Vergütungen an das oberste Kader
börsenkotierter Gesellschaften nicht mehr im Anhang zur Bilanz bzw. Jahresrechnung enthalten sein sollten, sondern im separaten Vergütungsbericht (s. N 219 und
240). Börsenkotierte Unternehmen müssen alle individuellen Bezüge ihrer Verwaltungsratsmitglieder und Beiräte offenlegen. Auszuweisen ist auch die Summe
der Bezüge ihrer Geschäftsleitungsmitglieder sowie der Lohn des höchstdotierten
Mitglieds. Diese Offenlegung sollte den Aktionären ermöglichen, ihre Rechte
wahrzunehmen und den Umgang mit ihrem Eigentum zu kontrollieren (s. auch
Kap. § 9, N 215 ff.).

Mit der Annahme der Minder-Initiative am 3. März 2013 (Art. 95 Abs. 3 BV) und   100
dem Erlass der VegüV (Verordnung gegen übermässige Vergütungen bei börsenkotierten Aktiengesellschaften vom 20. November 2013) wurden die Einflussmöglichkeiten der Aktionäre nochmals verstärkt (s. nachfolgend, N 198 ff. und Kap. § 9,
N 222 ff.).

Hierher gehört auch die Offenlegung von Managementtransaktionen gemäss Art. 56   101
KR (Kotierungsreglement SIX) und der darauf gestützten Richtlinie betreffend Offenlegung von Managementtransaktionen (RLMT) vom 27. November 2012 der
SIX. Sie wollen Transparenz schaffen, vermitteln aber auch Marktsignale. Die Offenlegung von Managementtransaktionen fördert die Informationsversorgung der
Anleger und trägt zur Verhütung und Verfolgung von Marktmissbräuchen bei
(Art. 56 Abs. 1 KR). Zu den meldepflichtigen Personen gehören Mitglieder des
Verwaltungsrats und der Geschäftsleitung eines Emittenten, dessen Beteiligungsrechte an der SIX primärkotiert sind (Art. 1 und 2 Abs. 1 RLMT). Gegenstand der
Meldepflicht an die SIX Exchange Regulation sind insbesondere Erwerb und Veräusserung von Beteiligungsrechten des Emittenten (Aktien, Partizipationsscheine
und Genussscheine) und Wandel-, Erwerbs- sowie Veräusserungsrechte derselben,
die eine Realerfüllung erlauben (Art. 4 und 5 RLMT). Bemerkenswert ist, dass die
als Entschädigungen ausgerichteten Beteiligungen oder Beteiligungsoptionen nicht
offenzulegen sind, sofern der Meldepflichtige diese Transaktion nicht durch die
Ausübung eines Wahlentscheids zum Abschluss bringen kann (Art. 6 Abs. 1 u. 2
RLMT). Meldepflichtig ist erst der anschliessende Verkauf oder die Ausübung solcher Rechte (Art. 6 Abs. 3 RLMT).

5.   Digitalisierung in der Corporate Governance

102   Der Entwurf von 2007 zur Aktienrechtsrevision sah eine Modernisierung der Ordnung der Generalversammlung vor, die es den Unternehmen ermöglichen sollte, bei der Einberufung, Vorbereitung und der Durchführung der GV elektronische Mittel zu nutzen und unter bestimmten Voraussetzungen die GV an verschiedenen Tagungsorten gleichzeitig durchzuführen (sog. multilokale GV) oder sogar gänzlich auf einen räumlichen Tagungsort zu verzichten (sog. elektronische bzw. virtuelle Generalversammlung) (Botschaft Aktienrechtsentwurf 2007, 1621 ff.). Die gesetzgeberischen Vorschläge, die mit kleineren Änderungen auch Eingang in den Entwurf von 2016 fanden (s. Art. 701a–f E-OR 2016), sollen die aktive Beteiligung der Aktionäre fördern und die Funktion der GV im Prozess der innergesellschaftlichen Willensbildung stärken (Botschaft Aktienrechtsentwurf 2007, 1621; kritisch dazu FORSTMOSER/KÜCHLER, 89). Auf die Einführung eines elektronischen Aktionärsforums für börsenkotierte Aktiengesellschaften, um die Kommunikation zwischen Aktionären untereinander zu ermöglichen und zu verbessern, wurde aufgrund der negativen Vernehmlassungsergebnisse verzichtet (s. nachfolgend N 207).

103   Bereits der mit der Minder-Initiative erlassene Art. 95 Abs. 3 lit. a BV sieht vor, dass Aktionäre börsenkotierter Aktiengesellschaften elektronisch fernabstimmen können sollen. Die Umschreibung «elektronische Fernabstimmung» könnte unter Betrachtung der Aktienrechtsrevision dahin gehend ausgelegt werden, dass darunter die Abstimmung ausserhalb der Lokalität der Generalversammlung subsumiert wird (sog. *direct voting*) (NIKITINE, Art. 9 N 35). Diese Umsetzung wurde aber aus Praktikabilitätsgründen verworfen, und es wurde eine mittelbare Stimmrechtsausübung gewählt (sog. *indirect voting*), um dem Aktionariat die Möglichkeit zu geben, dem Stimmrechtsvertreter elektronisch Vollmachten und Weisungen zu erlauben (NIKITINE, Art. 9 N 35; Praxiskommentar VegüV-GERICKE, Art. 9 N 2).

104   Die Möglichkeit der Verwendung elektronischer Mittel wird auch für den Verwaltungsrat vorgesehen. Sofern kein Mitglied eine mündliche Beratung verlangt, soll künftig die Beschlussfassung auch unter ausschliesslicher Verwendung elektronischer Mittel erfolgen können (Art. 713 Abs. 2 E-OR 2016). Die Verwendung elektronischer Mittel befreit den VR jedoch nicht davon, über die Verhandlungen und Beschlüsse ein Protokoll gemäss geltendem Art. 713 Abs. 3 OR zu führen.

F. Exkurs: Aktienrecht und Strafrecht – eine Entwicklung

1. Einleitende Bemerkungen

Der Grundsatz *«societas delinquere non potest»* gilt seit sehr   105
langer Zeit als wichtiges Prinzip lateinischer Rechtstradition (vgl. HEILE, 229). In
der Schweiz wurde am 1. Oktober 2003 erstmals ein Unternehmensstrafrecht im
StGB, im damaligen Art. 100^{quater}, eingeführt. Einige Risse im Limes der römischen Rechtsregeln gab es aber damals schon im Schweizer Recht (vgl. dazu weiter unten, N 122 ff.), z.B. im Verwaltungsstrafrecht.

Die internationale Entwicklung war 2003 aber schon wesentlich weiter vorange-   106
schritten. Vorreiter sind die angloamerikanischen Rechtssysteme, allen voran die
Vereinigten Staaten und das Vereinigte Königreich. Dieses, der Schweiz fremde,
Rechtsdenken bekommt die Schweiz regelmässig wieder zu spüren; das betrifft im
Moment die Schweizer Banken, die Verfahren in den Vereinigten Staaten über
sich ergehen lassen (müssen) (vgl. dazu NOBEL, Bankgeheimnis, 22 ff.), um Anklagen und Verurteilungen zu vermeiden.

Internationale Fälle von grösserem Ausmass werden auch medial ausge-   107
schlachtet: Im November 2012 bekannte sich der britische Konzern British Petroleum (BP), die strafrechtliche Verantwortung zu übernehmen für die auf der Bohr-
insel «Deepwater Horizon» verursachten Explosionen und damit verbundenen
14 Anklagepunkte, darunter – und das ist das Aussergewöhnliche – Totschlag[27] an
11 Arbeitern (vgl. HEILE, 230).

Vor allem grosse Unternehmen sind meist im Rechtsgewand der Aktiengesell-   108
schaft unterwegs. Und just diese grossen Unternehmungen, «big corporations»,
sind Ziel dieser Art von Strafbarkeit. Das wird in den relevanten und anwendbaren
Gesetzen nicht immer direkt so ausformuliert (vgl. hierzu den Wortlaut von
Art. 102 StGB). Werden aber die dogmatischen Ursprünge historisch aufgearbeitet, wird der Zusammenhang klar. Die Anfänge der Durchbrechung des Grundsatzes *«societas delinquere non potest»* sind eher im anglo amerikanischen Rechtssystem zu finden: Corporate criminal liability.

---

[27] Dogmatisch ist die Tatsache, dass eine Unternehmung sich zu Totschlag bekennen kann,
noch eine grössere Abkehr vom Grundsatz, dass Gesellschaften nicht delinquieren könnten.
Dass es sich dabei um ein Bekenntnis handelt, ändert nichts an dieser Tatsache. Während
Finanz- oder Steuerdelikte noch immer indirekt verursacht werden können, verlangt die
Vorstellung einer Verursachung eines Totschlags durch ein juristisches Konstrukt der Fan-
tasie mehr ab.

2.   UK und USA

109   Das englische case law steht nur beschränkt in der römischen Rechtstradition. Das englische Recht kannte die Strafbarkeit von Unternehmen aber lange nicht, auch wegen der Widersprüche zum Verschuldensstrafrecht:

> «At one time it was felt that a corporation could not be convicted of a criminal offence because, having no mind of its own, it could not have the mens rea or ‹guilty intent› necessary to most crimes.» (YAROSKY, 142; Hervorhebung im Original)

110   Im Jahr 1915 wurde der Fall Lennard's Carrying Co. v. Asiatic Petroleum Co. entschieden; in ihm wurde aufgestellt, was fortan als *«alter ego doctrine»* (YAROSKY, 143) gelten sollte und die Weichen für weitere Entwicklung legte. Die *«alter ego doctrine»* führt aus, dass gewisse Personen in einer Unternehmung mehr sind als nur Agenten oder Bedienstete. Es sind Führungsmitglieder und leitende Entscheidungsträger. Diese fungieren als das Alter Ego der Unternehmung.

111   Vom Entscheid Lennard's Carrying Co. v. Asiatic Petroleum Co. ausgehend, ergingen in den 1940ern drei weitere Entscheide, welche die geschaffene Grundlage erheblich weiter führten: Die Richter etablierten dadurch eine eigentliche Strafbarkeit des Unternehmens:

> «It is true that a corporation can only have knowledge and form an intention through its human agents, but circumstances may be such that the knowledge and intention of the agent must be imputed to the body corporate.» (Director of Public Prosecutions v. Kent and Sussex Contractors Ltd., Aussage von Viscount Caldecote, K. B. D. 515)

112   Im Fall R. v. I. C. R. Haulage Ltd. wurde auf das oben zitierte Urteil nochmals Bezug genommen und die Strafbarkeit von Unternehmen seither als möglich erachtet (YAROSKY, 145). Viel mehr noch:

> «It is fairly well established in England today (...) that a corporation can be convicted of a criminal offence.» (YAROSKY, 142)

113   Das amerikanische Rechtssystem verfügt – rechtsvergleichend – über die am stärksten ausgebaute *«corporate criminal liability»* von allen (westlichen) Rechtssystemen (vgl. hierzu POP, 4). Sie basiert auf der sog. «aggregation theory», die besagt, dass Unternehmen auf der Basis der Strafbarkeit einzelner Mitarbeiter gesamthaft zur strafrechtlichen Verantwortung gezogen werden können (vgl. hierzu POP, 4 f.). In der Umsetzung dieses Grundsatzes ist das amerikanische Rechtssystem bis hin zu Strukturänderungen konsequent: «Succession or merger does not extinguish the corporate criminal liability (USA)» (POP, 21).

Dazu muss bemerkt werden, dass in den USA einige sehr wichtige Rechtsetzungsbe-   114
reiche den Bundestaaten vorbehalten sind, also nicht zentral geregelt werden, sondern von Bundestaat zu Bundesstaat eine andere Regelung erfahren haben. Bereiche
wie das Steuerrecht, Antikorruptionsrecht, Wertpapier- und Kartellrecht und selbst
Bestimmungen über Handelsembargos betreffen auch internationale Unternehmen
und sind bundestaatlich geregelt (vgl. auch EMMENEGGER, 1047).

Aus dem amerikanischen Rechtssystem stammen denn auch die medial meistbe-   115
achteten Fälle zur Strafbarkeit von Unternehmen. Die USA etablierten ihre *«corporate criminal liability»* bereits um 1903 im Elkins Act, der vor dem Hintergrund
neuer, national agierender Eisenbahngesellschaften und in einer Stimmung der
Ausweitung föderalen Strafrechts durch den amerikanischen Kongress entstand
(BEALE, 2-4). Bereits 1909 erging das Urteil im New York Central Case (New
York Central & Hudson River Railroad Co. v. United States, 1909), der *«criminal
liability»* für juristische Personen festhalten sollte und bis heute als der Leitentscheid gilt (BEALE, 4):

> «Since a corporation acts by its officers and agents, their purposes, motives, and
> intent are just as much those of the corporation as are the things done. If, for ex-
> ample, the invisible, intangible essence or air which we term a corporation can
> level mountains, fill up valleys, lay down iron tracks, and run railroad cars on
> them, it can intend to do it, and can act therein as well viciously as virtuously.»
> (N. Y. Cent. & Hudson River R.R. v. United States, 212 U.S. 481, 492-493)

Die Finanzkrise hat diese Tendenzen in den letzten Jahren zusätzlich verstärkt,   116
insbesondere in den Vereinigten Staaten. Im September 2015 ist in den USA das
sogenannte Yates-Memorandum[28] eingeführt worden. Es trägt den Titel: «Individual Accountability of Corporate Wrongdoing». Wie es angewandt wird, bleibt zu
sehen: Die in den Vereinigten Staaten herrschende Kultur, auch in strafrechtlich
relevanten Bereichen Vergleiche abzuschliessen, lässt mehrere Szenarien zu. Was
hingegen feststeht, ist, dass es eines Vergleichs der vollumfänglichen Kooperation
des Unternehmens bedarf (vgl. auch EMMENEGGER, 1048 f. u. 1052). Die Idee des
Yates-Memorandums ist aber auch, nicht nur Unternehmen anklagen zu können,
sondern immer auch Einzelpersonen anzuklagen (EMMENEGGER, 1053).

3.   EU und Deutschland

a.   Europäische Union

Im Jahr 1988 erliess der Europarat ein Empfehlungsschreiben   117
No. (88) 18. Der Europarat empfiehlt darin den Mitgliedländern, die Strafbarkeit

---

[28]   Das Memorandum ist zu finden unter: http://www.justice.gov/dag/file/769036/download.

für Wirtschaftsunternehmen des privaten (und öffentlichen) Rechts vorzusehen, «wenn die Art und Schwere der Tat, insbesondere ihre Sozialschädlichkeit, sowie die Schuld des Unternehmens und die Generalprävention dies gebieten» (Europarat Empfehlungsschreiben No. R [88] 18, S. 2). Die Begründung ist dieselbe, wie sie es in den Vereinigten Staaten 80 Jahre vor diesem Empfehlungsschreiben war: Es sind die Umstände des einzelnen Falles, die ein Handeln notwendig machen.[29]

118   Die Entwurfsbegründung geht im Weiteren auf die Möglichkeit der Europäischen Kommission ein, Geldsanktionen gegen Unternehmen und Unternehmensverbände im Bereich des Kartellrechts zu verhängen (KREKELER, 655.).

119   Dieses an sich als Empfehlung gedachte Schreiben führte in zahlreichen europäischen Ländern dazu, dass ein Unternehmensstrafrecht geprüft wurde und in einigen Fällen hernach auch eingeführt worden ist. Seit 1994 kennt Frankreich die Strafbarkeit von juristischen Personen (Art. 121 im französischen Code Penal), seit 1996 auch Dänemark (§§ 25 ff. im dänischen Strafgesetzbuch). In den Niederlanden kam es bereits 1976 zum Bruch mit dem Grundsatz «societas delinquere non potest» (vgl. HEILE, 230).

b.   Deutschland

120   Deutschland, als eines der wenigen Länder im europäischen Raum, kennt die Strafbarkeit juristischer Personen noch nicht (vgl. HEILE, 230). Nach deutschem Recht sind Unternehmen nicht deliktsfähig. Politisch sind aber schon länger Bestrebungen im Gange, die Strafbarkeit der juristischen Personen einzuführen. So wurde bereits im Januar 1998 eine grosse Anfrage im Deutschen Bundestag gestellt und darin die besondere Verantwortlichkeit von Unternehmen zu erläutern versucht.[30]

121   Unternehmen sind, obgleich nicht deliktsfähig, doch mögliches Ziel von Sanktionen. Festgehalten wird dies im Gesetz über Ordnungswidrigkeiten (OWiG), dessen Art. 30 eine Unternehmensgeldbusse statuiert. In der deutschen Lehre ist die Natur dieser «Geldbusse gegen juristische Personen und Personenvereinigungen» umstritten (NIESELER, 1008).

---

[29]   In diesem Bereich zeigt sich denn auch, dass sich Common-Law-Tradition und romanisch geprägtes kontinentaleuropäisches Rechtsdenken nicht so radikal unterscheiden.

[30]   Deutscher Bundestag, Drucksache 13-9682, vom 15. Januar 1998. Grosse Anfrage der Abgeordnete Dr. Jürgen Meyer u.v.a. (zu finden unter www.bundestag.de).

4.   Entwicklungen in der Schweiz

a.   Abgabebetrug

Im Gesellschaftsrecht waren die relevanten Delikte lange ei-   122
gentlich nur diejenigen, die man den Organen vorhalten konnte, wie Betrug
(Art. 146 StGB) und ungetreue Geschäftsbesorgung (Art. 158 StGB) oder Urkundenfälschung (Art. 251 StGB). Diese Linie entlud sich noch einmal mit grosser
Vehemenz, als man glaubte, den für unmöglich gehaltenen Swissair-Zusammen-
bruch mit einem Strafprozess gegen verantwortliche Organe bewältigen zu können. All die Freisprüche vom 4. Juni 2007[31] liessen das Unterfangen aber scheitern. Nicht jeder Zusammenbruch ist auf deliktisches Handeln zurückzuführen.
Und politische Fehlentscheide sind selten deliktisch.

b.   Einführung der Unternehmensstrafbarkeit im StGB und erstes Urteil

In der Schweiz kamen die letzten römisch-rechtlichen Erinne-   123
rungen ins Wanken, als *«societas delinquere potest»* ganz wahr wurde, indem am
1. Oktober 2003 Art. 100^{quater} und 100^{quinquies} StGB (*de lege lata* Art. 102 StGB)
in Kraft getreten sind (vgl. auch MEIER, 72 ff. sowie BSK StGB I-NIGGLI/
GFELLER, Art. 102 N 13 ff.). Die Botschaft von 2002 erläutert, unter welchen
Umständen die Einführung erfolgte:

> «Im Zentrum der hier vorgeschlagenen Strafrechtsrevision steht eine neue, allge-
> meine Terrorismusstrafnorm sowie eine eigenständige Strafnorm der Terroris-
> musfinanzierung.» (Botschaft betreffend die Internationalen Übereinkommen zur
> Bekämpfung der Finanzierung des Terrorismus und zur Bekämpfung terroristi-
> scher Bombenanschläge sowie die Änderung des Strafgesetzbuches und die An-
> passung weiterer Bundesgesetze, BBl 2002 5390 ff., 5391)

Die Strafbarkeit der juristischen Person wurde damit zusammen mit dem inter-   124
nationalen Übereinkommen gegen die Terrorismusfinanzierung eingeführt
(MONTAVON, 87). Geplant war die Einführung des Unternehmensstrafrechts allerdings erst für die Totalrevision des Allgemeinen Teils des Strafrechts (RHYSER/
KUCHOWSKY, 583), welche vom Parlament am 13. Dezember 2002 verabschiedet
wurde (BBl 2002 8240). Im Rahmen des Terrorismusabkommens (Internationales
Übereinkommen zur Bekämpfung der Finanzierung des Terrorismus, SR 0.353.22)
wurde die Einführung der Unternehmensstrafbarkeit vorgezogen. Art. 100^{quater}

---

[31]   Urteil und Beschlüsse des Bezirksgerichts Bülach vom 4. Juni 2007 (Geschäfts-Nr.
DG060089/U); ausführlich in § 7, N 245 ff.

wurde schliesslich bei der Einführung des neuen Allgemeinen Teiles des StGBs in Art. 102 StGB überführt, dessen Abs. 1 und 2 lauten:

«[1] Wird in einem Unternehmen in Ausübung geschäftlicher Verrichtung im Rahmen des Unternehmenszwecks ein Verbrechen oder Vergehen begangen und kann diese Tat wegen mangelhafter Organisation des Unternehmens keiner bestimmten natürlichen Person zugerechnet werden, so wird das Verbrechen oder Vergehen dem Unternehmen zugerechnet. In diesem Fall wird das Unternehmen mit Busse bis zu 5 Millionen Franken bestraft.

[2] Handelt es sich dabei um eine Straftat nach den Artikeln 260[ter32], 260[quinquies33], 305[bis34], 322[ter35], 322[quinquies36], 322[septies] Absatz 1[37] oder 322[octies38], so wird das Unternehmen unabhängig von der Strafbarkeit natürlicher Personen bestraft, wenn dem Unternehmen vorzuwerfen ist, dass es nicht alle erforderlichen und zumutbaren organisatorischen Vorkehren getroffen hat, um eine solche Straftat zu verhindern.»

125 Das Unternehmensstrafrecht ist mehr als zweckdienliche Zurechnungs- und Verstärkungsnorm denn als Verletzung eherner Prinzipien zu verstehen. Vor allem der Organisationsmangel (dazu BSK StGB I-NIGGLI/GFELLER, Art. 102 N 214 ff.) in Art. 102 Abs. 1 StGB deutet darauf hin, denn es dürfte auch im Zeitalter der Kybernetik für eine juristische Person schwierig sein, sich selbst zu organisieren. Bei den Delikten gemäss Art. 102 Abs. 2 StGB steht wohl auch die Absicht der Verstärkung im Vordergrund, denn die finanzielle Leistungsfähigkeit der juristischen ist doch wesentlich grösser als diejenige natürlicher Personen (s. BSK StGB I-NIGGLI/GFELLER, Art. 102 N 230 ff.; auch ERK, 44). Mit der Einführung von Art. 102 StGB musste auch die prozessuale Stellung des Unternehmens geregelt werden (vgl. Botschaft StPO, 1166 ff.). In einem Strafverfahren wird dieses von einer einzigen unterschriftsberechtigten Person vertreten (vgl. Art. 112 StGB). Die Vertreter des Unternehmens oder zur Vertretung berechtigte Personen dürfen nur als Auskunftsperson einvernommen werden (Art. 178 lit. g StPO).

126 Am 5. Januar 2005 erging das erste Urteil gestützt auf Art. 102 StGB (*Ordonance Pénale* vom 5. Januar 2005, RFJ 2005, S. 59, Nr. 21). Die Freiburger Untersuchungsbehörde hat die Y. SA mit Strafmandat zur Bezahlung einer Busse von CHF 3 000.– für zu schnelles Fahren verurteilt. Das bedarf einer kurzen Erklärung: Eine unbekannte Person wurde mit einem Firmenfahrzeug ertappt. Es war im Nachhinein nicht feststellbar, welches Firmenmitglied zu schnell unterwegs

---

[32] Kriminelle Organisation.

[33] Finanzierung des Terrorismus.

[34] Geldwäscherei.

[35] Bestechung schweizerischer Amtsträger/Bestechung.

[36] Bestechung schweizerischer Amtsträger/Vorteilsgewährung.

[37] Bestechung fremder Amtsträger.

[38] Bestechung Privater.

war. Nun fragt sich, ob sich mit diesem ersten Entscheid eine Reise ins Unbekannte verwirklicht hat. Denn solche Fälle können kaum im Sinne des Gesetzgebers gewesen sein. Im SVG wurde überdies die Haftung des Fahrzeughalters bewusst ausgeklammert, wenn der Fahrer nicht eruiert werden konnte (vgl. etwa HEINE, 2; ebenso BGE 106 IV 142). Es wurde neuerdings auch geklärt, dass die Verurteilung eines Unternehmens nach Abs. 2 die Strafbarkeit natürlicher Personen zur Voraussetzung hat (s. BGer 6B_124/2016 vom 11. Oktober 2016, zur Publikation vorgesehen).

Die grösste Furcht der Organe besteht aber immer noch vor der Gefahr, persönlich in ein Strafverfahren verwickelt zu werden. Es werden wohl kaum Geschäftsprozesse mit grösserem Respekt behandelt als etwa die Organisation der mit der «Abzockerinitiative» von Thomas Minder unter Strafandrohung notwendig gewordenen verbindlichen Abstimmung der Aktionäre über die verschiedenen Teile der Entschädigung (Art. 95 Abs. 3 BV und Art. 24 Abs. 2 Ziff. 3 lit. b VegüV). Es ist aber nicht etwa so, dass dies aus einer Unrechtserkenntnis heraus geschähe, sondern vielmehr um einem als übertrieben betrachteten Formalismus mit demselben Formalismus genügen zu wollen. Hier gerät die Ethik des Strafrechts, so es denn hier eine solche gibt, gewiss an ihre Grenzen. Es führt selten zu längerfristig guten Ergebnissen, wenn politisch transitorische Emotionen strafrechtlich verstärkt werden.

127

c.   Eine Reise ins Unbekannte?

Über die Einführung von Art. 100^{quater} wurde geschrieben:

128

«Das geplante Unternehmensstrafrecht stellt eine Reise ins Ungewisse dar.» (Aus dem Protokoll der Kommission für Rechtsfragen Nationalrat, 26. März 2001, S. 3)

Aber war es das auch? Immerhin wurde in der Schweiz der Grundsatz *«societas delinquere non potest»* bereits vor über 40 Jahren durchbrochen. Art. 7 VStrR lautet:

129

«Sonderordnung bei Bussen bis zu 5000 Franken

1. Fällt eine Busse von höchstens 5000 Franken in Betracht und würde die Ermittlung der nach Artikel 6 strafbaren Personen Untersuchungsmassnahmen bedingen, die im Hinblick auf die verwirkte Strafe unverhältnismässig wären, so kann von einer Verfolgung dieser Personen Umgang genommen und an ihrer Stelle die juristische Person, die Kollektiv- oder Kommanditgesellschaft oder die Einzelfirma zur Bezahlung der Busse verurteilt werden.

2. Für Personengesamtheiten ohne Rechtspersönlichkeit gilt Absatz 1 sinngemäss.»

130 Überdies hat eine Anzahl von Spezialgesetzen diesen Artikel damals ebenfalls für anwendbar erklärt (HEINE, 1 f.). Per 1. März 1988 trat das revidierte UWG (Bundesgesetz gegen den unlauteren Wettbewerb, SR 241) in Kraft. In dessen Art. 26 werden die Art. 6 und 7 des Verwaltungsstrafgesetzbuches für anwendbar erklärt. Die Reise ins Unbekannte hatte längst begonnen.[39]

131 Der publizierten Praxis zu Art. 7 VStrR kommt jedoch nur eine sehr geringe Bedeutung zu. Was aber erstaunt, ist, dass der Bedeutungsgehalt von Art. 7 VStrR im Rahmen der Einführung der Art. 100^{quater} und ^{quinquies} des StGB kaum Erwähnung gefunden hat (HEINE, 1).

d. Steuerrecht

132   Eine weitere Durchbrechung des Grundsatzes *«societas non delinquere potest»* findet sich vor Einführung von Art. 100^{quater} StGB im Steuerrecht (MONTAVON, 87). Art. 181 Abs. 1 DBG (Bundesgesetz über die direkte Bundessteuer, SR 642.11) lautet:

> «Werden mit Wirkung für eine juristische Person Verfahrenspflichten verletzt, Steuern hinterzogen oder Steuern zu hinterziehen versucht, so wird die juristische Person gebüsst.»

133 Aus dem Wortlaut wird klar, dass die Begehung der Straftat in keiner Weise der juristischen Person angelastet wird, sondern jemandem, der für die juristische Person handelt. Die juristische Person wird lediglich für diese Handlung bestraft. Just aus diesem Aspekt ergibt sich auch, dass die juristische Person nach DGB nicht für Steuerbetrug bestraft wird, sondern nur für Steuerhinterziehung: Eine Urkundenfälschung oder die Verwendung eines Lügengebäudes kann die juristische Person nicht «begehen».

134 Grundsätzlich ist zu bemerken, dass steuerlich die Lage schwer überschaubar geworden ist. Jedenfalls sind zwei Sachen vorbei: Erstens, dass das Steuerrecht samt dem Steuerstrafrecht den Steuerrechtlern wie bis anhin (mit Dank) alleine überlassen werden kann, und zweitens geht es nicht mehr, dass die Steuersituation der Kunden zur «privaten» Angelegenheit erklärt wird (wenn man gerade *private banking»* betreibt).

---

[39] Das ist rechtsdogmatisch nicht unproblematisch. Das StGB ist der Pfeiler des Strafrechts. Die in ihm gesetzten Grenzen werden nun aber ausgeweitet und verschoben, wenn Nebenstrafrecht Vorrang erhält und sich im Schatten des StGB ausbreitet. Zu diesem Zeitpunkt war die Strafbarkeit von juristischen Personen noch kein Thema (vgl. dazu insb. HEINE, 4 ff.). Bei der eigentlichen Einführung der Unternehmensstrafbarkeit in Art. 100^{quater} wurde das Verwaltungsstrafrecht nicht mehr diskutiert.

Vor allem die USA haben sich um die Frage, was nach schweizerischem Recht   135
strafbar sei und was nicht, herzlich wenig gekümmert (POPP, N 44). Selbst nach
amerikanischem Recht ist aber mindestens unklar, ob die schlichte Entgegennahme und Verwaltung von unversteuerten Geldern wirklich strafbar ist. «Beihilfe» («*aiding and abetting*»), «*tax fraud*» und sogar «*conspiracy*» wurden
nach amerikanischen Anklagestandards durchgesetzt und auch «*sham corporations*» trotz der Unklarheit der QI-Vereinbarungen nicht mehr hingenommen. Und
wer beim Studium des UBS-Falles den Ernst der Lage nicht erkannt hat, ist
besonders verwerflich vorgegangen. Gerade dieser UBS-Fall war in seiner zweiten Ausprägung, nämlich der steuerlichen, aber lange nur schwer erkennbar und
die Banken erhielten keine Hilfe. Die FINMA hat sich im Konzept lediglich
darauf konzentriert, dass die Banken die Rechts- und Reputationsrisiken des
grenzüberschreitenden Vermögensverwaltungsgeschäfts zu erkennen, zu erfassen und zu managen hätten.

Das Geschäftsmodell muss sich ändern; das Strafrecht aber bleibt und wurde sogar   136
verstärkt, indem qualifizierte Fiskaldelikte auch zu Vortaten der Geldwäscherei
geworden sind (Art. 305bis Ziff. 1bis StGB).

e.   Einzug der Geldwäschereinormen und dessen Folgen

Der Erlass des Geldwäschereitatbestands im Strafgesetzbuch   137
(Art. 305bis StGB) erfolgte im Jahr 1990 (vgl. BSK StGB II – PIETH, Vor
Art. 305bis N 18 f.). Die von den Banken gewollte Verhinderung eines Tatbestan-
des der fahrlässigen Geldwäscherei hatte aber zur Strafnorm betreffend Sorgfaltspflicht bei Finanzgeschäften geführt (Art. 305ter StGB; vgl. TAUBE, 281 u. BSK
StGB II-PIETH, Art. 305ter N 1) und das hatte Folgen. Zivilrechtlich ist dazu vor
allem zu vermerken, dass die unserem System eigentlich fremde Figur des «wirtschaftlich Berechtigten» allgemein salonfähig (in der Regel aber salonunfähig)
wurde (s.a. NOBEL, Klein-AG u. GmbH, 258 ff.). Die «nach den Umständen gebotene Sorgfalt» im Sinne von Art. 305ter Abs. 1 StGB war nach der VSB[40] sodann
genügend klar; diese galt aber nicht allgemein, und schon daraus ergab sich die
Notwendigkeit eines Geldwäschereigesetzes (GwG, SR 955.0) im Jahr 1998, das
dann auch die Banken wieder einfing.

Im Gefolge verschiedener Skandale, von Ferdinand Marcos bis Sani Abacha (vgl.   138
hierzu DANNACHER, 481 f.)[41], und in einer gewissen Abhängigkeit von der Entwicklung internationaler Standards durch die FATF (Financial Action Task Force bei der

---

[40]   Vereinbarung über die Standesregeln zur Sorgfaltspflicht der Banken; vgl. hierzu TAUBE,
260 ff.
[41]   S.a. Ch. Severin, Korruption als Hemmschuh der Entwicklung, Bestechung von Politikern
fördert eine Korruptionskultur, NZZ vom 26. März 2004, 21.

OECD) verstärkte die (damalige) EBK das Dispositiv aber schon früh. Sichtbares Resultat war vorerst vor allem die Spezialbehandlung der PEPs (Politically Exposed Persons; dazu TAUBE, 65 f.), welche 1998 in die Geldwäscherei-Richtlinien der EBK Eingang fanden (EBK-RS 98/1 Geldwäscherei vom 26. März 1998). Schon seit dem Fall «Marcos»[42] forderte die EBK aber von den Banken erhöhte Sorgfaltspflichten bei der Aufnahme von Geschäftsbeziehungen mit PEPs. Entsprechend sollen die Geschäftsleitung und nicht untergeordnete Stellen in Banken unter Abklärung sämtlicher Umstände entscheiden, ob solchermassen exponierte Geschäftsverbindungen aufgenommen oder weitergeführt werden sollen; die Banken sind ferner angehalten, dies in internen Richtlinien klar zu regeln.[43]

139   Die Strafbarerklärung der Auslandsbestechung per 1. Mai 2000 (Art. 322^{septies} StGB) rückte die Korruption in den Vordergrund (HOFFMANN/WYSER, 26 ff.; JOSITSCH, 391 ff.), den sie immer noch hält.

140   Zu bemerken ist hier aber, dass auch im Bereich des Strafrechts dem neuen Phänomen der internationalen Standards eine grosse Bedeutung zukommt (NAEF, 1117 f.). Internationale, gemischte Gremien entwickeln ihre Vorstellungen, «wie es sein sollte», und diese werden dann mit dem Gewicht der Grossmacht USA, aber auch der EU, als notwendige Verhaltenskodices promulgiert. Mit der im Völkerrecht lange gepflegten «Demokratie» allgemeinen Konsenses hat dies längst nichts mehr zu tun.

141   Besonders auffällig ist aber, dass mit den Melderechten und den Meldepflichten die Kundenbeziehungen auf eine neue Basis gestellt wurden. Das immer wieder evozierte Vertrauensverhältnis ist eigentlich nur noch vordergründige Fassade, währendem im Hintergrund die Compliance-Abklärungen und -Anstrengungen laufen (TAUBE, 282). Es ist immer noch fraglich, ob sich die schweizerische Bankenzukunft wirklich erfolgreich auf das «Private Banking» konzentrieren kann.

142   Die Banken stecken aber noch in einem anderen Dilemma, das sich neuerdings noch verschärft hat. Einerseits stehen sie auch für Geldwäschereibelange unter der strengen Aufsicht der FINMA (Art. 12 GwG), der gegenüber sie vollumfänglich auskunfts- und berichterstattungspflichtig sind (Art. 29 FINMAG), und zwar rein aufsichtsrechtlich, unabhängig von (eingreifenden) Verwaltungs- oder Strafverfahren. Die FINMA hat ihre Auskunftsbegehren auch nicht mit Sanktions- oder Strafandrohungen (etwa im Sinne von Art. 292 StGB) zu versehen. Grundsätzlich besteht aber auch im Aufsichtsverfahren keine Pflicht, sich selbst zu belasten

---

[42]   EBK-Jahresbericht 1986, 25 ff.; EBK-Jahresbericht 1987, 29 f.; beide Jahresberichte sind auffindbar unter https://www.finma.ch/FinmaArchiv/ebk/d/publik/bericht/index.html.

[43]   EBK-Jahresbericht 1987 (Fn. 51), 30. S. dazu auch Bericht der EBK «Abacha-Gelder bei Schweizer Banken» vom 30. August 2000, 2 ff., https://www.finma.ch/FinmaArchiv/ebk/d/archiv/2000/pdf/neu14a-00.pdf.

(*«nemo tenetur»*) oder Untersuchungen gegen sich selbst zu führen, sofern eine spätere Strafverfolgung mit einiger Wahrscheinlichkeit zu erwarten ist (vgl. zur Vorwirkung des Nemo-tenetur-Grundsatzes auf das Aufsichtsverfahren PFLAUM/ WOHLERS, 538 f., m.w.N.). Diesen Grundsatz hat das Bundesgericht mit seinem Urteil vom 30. Mai 2016 in Sachen UBS zwar wortreich, aber wenig überzeugend vom Tisch gewischt (s. BGE 142 IV 207, E. 7). Es ordnete die Übergabe eines Berichts an die Strafverfolgungsbehörden (BA) an, der von der Bank auf Begehren der FINMA zum Kern des strafrechtlichen Geldwäschereithemas (Organisationsverschulden) erarbeitet worden war. Ein Ausweg zwischen den Mühlsteinen von FINMA und BA ist hier nur schwer zu finden. Jedenfalls ist der besagte, aufschlussreiche und der Strafverfolgung sehr dienliche Bericht von der Bank nicht *sponte sua,* sondern auf aufsichtsrechtliches Geheiss erstellt worden. Banken können damit aufsichtsrechtlich gezwungen sein, an der eigenen Strafverfolgung aktiv mitzuarbeiten. Die FINMA hat den Bericht denn auch nicht herausgegeben, und zwar unter Hinweis auf die mögliche Zerrüttung des Aufsichtsverhältnisses.

Ein zweiter Punkt ist hier die Ausweitung der internationalen Rechtshilfe, die an sich zu begrüssen ist. Es ist aber prekär, die Frage der Plausibilität der Begehren «strategisch» nicht hinterfragen zu wollen und auf die Vermutung der Völkerrechtstreue der Staaten abzustellen.[44] Nur im Fall des russischen Erdölkonzerns Yukos hat das Bundesgericht in drei praktisch gleich lautenden Urteilen den Schritt gewagt und die rechtshilfehindernde politische Motivation hervorgehoben (BGer 1A.2015/2005, 1A.2016/2005 und 1A.2017/2005, alle vom 4. Januar 2006). Zuerst verweist es auf den speziellen Kontext des Verfahrens mit komplexen Tatbeständen und exorbitanten Deliktsummen und hält dann fest, das Rechtshilfeersuchen aus Moskau stelle den Sachverhalt in einer «gewissen Konfusion» dar. Des Weitern verweist das Bundesgericht auf eine Resolution des Europarats, wonach die Strafverfahren gegen Chodorkovski und Konsorten nicht mit der EMRK in Einklang stünden und rechtsstaatliche Prinzipien verletzten (BGer 1A.2015/2005, 1A.2016/2005 und 1A.2017/ 2005, insb. E. 3.2 u. 3.3; s. auch BAER, 159). Auch anderen russischen Begehren ist der politische Kern aber nicht fremd, doch mag die Bundesanwaltschaft darauf kaum eingehen. Hier lauert die Gefahr, dass das Rechtshilferecht zum politischen Instrument wird. Es mag zwar sein, dass wir eher die Rekonstitution des russischen Machtstaates als die Plünderung durch die Oligarchen unterstützen wollen; rechtshilfemässig liefert dies aber keine tauglichen Kriterien.

143

---

[44] Vgl. dazu BGer 1C_205/2007 vom 18. Dezember 2007, E. 8.3: «Aufgrund der Vermutung der Vertragstreue ist davon auszugehen, dass Russland den Spezialitätsvorbehalt nach Art. 14 EAUe beachten und den Beschwerdeführer nur für diejenigen Delikte verfolgen wird, für welche die Auslieferung bewilligt worden ist.» S. zur Vermutung der Vertragstreue auch Wegleitung des Bundesamtes für Justiz, «Die internationale Rechtshilfe in Strafsachen», 9. Aufl. 2009, 33, http://www.rhf.admin.ch/etc/medialib/data/rhf.Par.0085. File.tmp/wegl-str-d-2009.pdf.

144   Mit dem neuen Fall BSI[45] der FINMA (Liquidation nach Integration des Bankgeschäfts in die EFG) wegen schwerer Verletzung des Aufsichtsrechts hat eine bedenkenswerte Tendenz auch ins interne Recht durchgeschlagen. Unser Dispositiv zur Geldwäschereiabwehr und -verhinderung ist zwar hochzuhalten, bedenkt man aber, dass der malaysische Staatsfonds, der bestohlen worden sei, keinen Finger rührt, um wieder an sein Eigentum zu gelangen, so sind die Ursachen dafür wohl klar, aber es darf doch die Frage beschäftigen, wie weit wir weltweit erzieherisch tätig sein wollen. Dies ist keine Kritik an der FINMA, sondern eine politische Überlegung. Es kommt ja dazu, dass die Schweiz die bei der BSI konfiszierten Gewinne einfach behalten will.[46] Auch hier aber ist die Tendenz: «[...] any breach of licensing requirements under supervisory law is a criminal offence [...].»[47]

f.   Jüngste Entwicklungen

145   Am 19. Mai 2014 erging ein Entscheid des Bundesgerichts zur strafrechtlichen Geschäftsherrenhaftung,[48] in dem das Bundesgericht zu entscheiden hatte, ob ein ehemaliger Direktor, der zuständig für einen Betriebsteil war, für den Tod eines siebenjährigen Jungen verantwortlich gemacht werden könnte. Besprochen hat das Bundesgericht unter anderem die Garantenstellung, im Zusammenhang mit Organisation und Überwachungspflicht. Hierin, insb. in der Frage nach der Organisation, zeigt sich die gedankliche Verwandtschaft zum Unternehmensstrafrecht. Das Bundesgericht hat die Strafbarkeit aber abgelehnt.

146   Am 19. November 2015 erging ein Urteil des Obergerichts des Kantons Solothurn (OGer Kanton Solothurn, Strafkammer, Urteil vom 19. November 2015, Staatsanwaltschaft gegen Schweizerische Post und Rechtsnachfolger). In besagtem Urteil wurde die Strafbarkeit der Schweizerischen Post nach Art. 305bis Ziff. 1 StGB i.V.m. Art. 100[quater] Abs. 2 aStGB bzw. 102 Abs. 2 StGB zwar verneint (bestätigt in BGE 142 IV 333), interessant sind aber insbesondere die Ausfüh-

---

[45]   Vgl. hierzu D. IMWINKELRIED, Ein Strategiewechsel wird zur Irrfahrt, NZZ vom 25. Mai 2016, 25; D. IMWINKELRIED, Eine Expansion ins Ungewisse, NZZ vom 16. Juni 2016, 31.

[46]   Vgl. Medienmitteilung der FINMA vom 24. Mai 2016, BSI verletzt Geldwäschereibestimmungen schwer, https://www.finma.ch/de/news/2016/05/20160524-mm-bsi/; C. STEINER, Geldwäschereiverdacht, Finma zieht BSI den Stecker, NZZ online, 24. Mai 2016, http://www.nzz.ch/wirtschaft/unternehmen/geldwaescherei-verdacht-bsi-chef-stefano-coduri-tritt-zurueck-ld.84344.

[47]   FINMA, Fact Sheet «Bitcoins», 25. Juni 2014, 2, https://www.finma.ch/en/finma-public/faktenblätter/#Order=4.

[48]   Dabei handelt es sich nicht direkt um ein Thema zur strafrechtlichen Verantwortlichkeit des Unternehmens. Gleichwohl verdeutlichte dieser Entscheid, wie schwer sich die Gerichte mit der Strafbarkeit in Unternehmen und der Organisationsproblematik tun. Bundesgerichtsentscheid vom 19. Mai 2014, 6B_405_2013; wird auch besprochen von DONATSCH/STOFFEL, 578 ff.

rungen des Obergerichts betreffend die Rechtspersönlichkeit einer juristischen Person und deren Bestand. Vorab ist zu klären, dass die Strafbarkeit auch einer öffentlich-rechtlichen Anstalt im Sinne von Art. 102 Abs. 4 lit. b StGB unbestritten ist.

«Die Schweizerische Post» wurde nach der Handlung aber vor dem Urteil mittels Postgesetz umstrukturiert in «Die Schweizerische Post AG». Konsequenterweise behauptete die Beklagte, es bestehe keine Identität zwischen der in der Klageschrift Genannten und ihr selbst. Das Gericht stellt hierzu allerdings klar, dass die Rechtsidentität nicht alleine von einer Umstrukturierung abhängt, dass die Rechtsperson also die Änderung der Rechtsform überdauern kann: 147

> «Es steht damit fest, dass zwischen ‹Die Schweizerische Post› und ihrer Rechtsnachfolgerin ‹Die Schweizerische Post AG› Identität besteht und es sich ausschliesslich um eine Änderung der Rechtsform handelt.» (S. 12)

Die Strafbarkeit wird also eher ausgeweitet. Als Ausblick bleibt eine Gewissheit, dass auch der internationale Druck bestehen bleiben wird. Die Strafbarkeit von Unternehmen wird sowohl von der Europäischen Union vorangetrieben, von den Vereinigten Staaten weiter betrieben und von Schweizer Gerichten in Tendenz weiter ausgelegt. 148

G.   Die Gesetzgebungsprojekte überrollen sich

1.   Das neue Fusionsgesetz (FusG)

Am 1. Juli 2004 ist das Fusionsgesetz vom 3. Oktober 2003 (FusG, SR 221.301) in Kraft getreten. Es zeitigt für sämtliche Gesellschaftsformen Auswirkungen, ist aber in besonderem Masse verknüpft mit der Aktiengesellschaft. Die Regelungen zur rechtlichen Umstrukturierung von Unternehmen rührten noch von der Revision des OR im Jahre 1936 her und waren nur rudimentär bzw. fehlten (hinsichtlich der Spaltung) gänzlich. Das Gesetz von 1936 erlaubte die Fusion nur in der Form der Kombination oder Annexion; im ersten Fall werden mehrere Gesellschaften durch eine neu zu gründende Gesellschaft in der Weise übernommen, dass das Vermögen der bisherigen Gesellschaften ohne Liquidation an die neue übergeht, im zweiten Fall wird eine Gesellschaft von einer anderen Gesellschaft mit Aktiven und Passiven ohne Liquidation übernommen (s. Botschaft Aktienrecht 1936, 260). 149

150 Weil die Rechtsfortentwicklung durch das Bundesgericht[49] und die Handelsregisterbehörden zu Fusion und Umwandlung keine befriedigende Lösung bringen
konnte und eine Neuordnung der rechtlichen Umstrukturierungen von Unternehmen aus der Aktienrechtsrevision 1991 ausgeklammert wurde, bestand in der
Schweiz diesbezüglich Handlungsbedarf (s. Groupe de réflexion, 16 und 63 ff.).
Als wirklicher Anstoss wird auch die EWR-Abstimmung gewertet: Der Inhalt der
Fusions- und Spaltungsrichtlinie konnte nicht über den EWR eingeführt werden
und musste nun in Eigenregie erarbeitet werden (Näheres bei BÖCKLI, Aktienrecht, § 3 N 15 f.). Im Jahr 1992 wurde vom Bundesamt für Justiz ein erster Auftrag erteilt, einen Vorentwurf für ein Gesetz über die Fusion, Umwandlung und
Spaltung auszuarbeiten (vgl. VISCHER, 3).

151 Der Vorentwurf zum Fusionsgesetz, er datiert vom 1. Dezember 1997, wurde zu-
sammen mit dem Bericht der Arbeitsgruppe «Steuern bei Umstrukturierungen»
(Bericht STOCKAR) in die Vernehmlassung geschickt. Der Bericht STOCKAR, benannt nach dem Vorsitzenden Dr. Conrad Stockar, wurde zum Zweck der Steuerneutralität von Umstrukturierungen geschaffen (Botschaft FusG, 4345). In der
Folge wurden Anpassungen gefordert und vorgenommen, die in einem doppelten
Sinne dem Gedanken der Einheit des Aktienrechts entgegenstehen: Es wurden
Erleichterungen für KMU eingeführt: KMU können weitgehend auf die Erfordernisse nach dem Fusionsgesetz verzichten, sofern alle Gesellschafter zustimmen
(vgl. dazu etwa die Art. 14 Abs. 2, 15 Abs. 2, 16 Abs. 2, Art. 39 Abs. 2, Art. 40,
Art. 41 Abs. 2, Art. 42 Abs. 2, Art. 61 Abs. 2 und 63 Abs. 2 FusG). Der bundesrät-
liche Entwurf vom 13. Juni 2000 trug all diesen Änderungen bereits Rechnung
(BBl 2000 4531 ff.). Mit der Umarbeitung des Fusionsgesetzes ging auch eine
weitgehende Liberalisierung des Handelsregisterrechts einher.

152 Am 13. Juni 2003 wurde der bundesrätliche Entwurf mit wenigen Änderungen,
insbesondere mit Bezug auf die steuerrechtlichen Bestimmungen, erneut in die
Vernehmlassung geschickt und nach kleineren Anpassungen durch die beiden
eidgenössischen Räte in der Schlussabstimmung vom 3. Oktober 2003 gutgeheissen (AS 2004 2617; BBl 2003 6691; s.a. VISCHER, 4). Mit dem neuen Fusionsgesetz wurden die Möglichkeiten der unternehmerischen Umstrukturierung erweitert
(s. dazu Kap. § 6, N 110 ff.).

[49] Trotz fehlenden gesetzlichen Grundlagen hatte das Bundesgericht zunächst die Fusion von
Vereinen (BGE 53 II 1) und später diejenige von Stiftungen (BGE 115 II 415) zugelassen
(ausführlich BSK FusG – MORSCHER, Art. 1 N 38). In BGE 125 III 18 E. 4a bestätigte das
Bundesgericht die Zulässigkeit der Umwandlung einer GmbH in eine AG (s. auch Botschaft FusG, 4342).

2. Reform der GmbH

Seit der Einführung der Gesellschaftsform der GmbH im Rah-   153
men der OR-Revision von 1936 blieb das GmbH-Recht, welches weitgehend auf
dem Deutschen Recht beruhte, praktisch unverändert. Erst als die GmbH stark an
Beliebtheit gewann – u.a. weil bei der Revision 1992 für die AG das Mindestkapital von CHF 50 000 auf CHF 100 000 angehoben und das Obligatorium einer
unabhängigen Revisionsstelle eingeführt wurde (s. Botschaft Aktienrecht 1991,
745) –, mehrten sich die Stimmen, die eine Überarbeitung des GmbH-Rechts verlangten (vgl. schon Groupe de réflexion, 45 und 82). In der Folge beauftragte das
Bundesamt für Justiz 1995 eine Expertengruppe rund um die Professoren PETER
BÖCKLI, PETER FORSTMOSER und JEAN-MARC RAPP damit, einen Vorentwurf
für eine Revision des GmbH-Rechts auszuarbeiten (Botschaft GmbH, 3152). Der
Expertenentwurf wurde im November 1996 vorgelegt (s. BÖCKLI/FORSTMOSER/
RAPP, 1 ff.) und nach einer Überarbeitung durch dieselbe Expertengruppe in die
Vernehmlassung geschickt (Botschaft GmbH, 3153). Die Beratungen im Parla-
ment begannen 2002, am 16. Dezember 2005 erfolgte die Verabschiedung des
revidierten Rechts, welches per 1. Januar 2008 schliesslich in Kraft trat (AS 2007
4791; BBl 2005 7289).

Das übergeordnete Ziel der Revision war es, die GmbH konsequent als personen-   154
bezogene Kapitalgesellschaft auszugestalten, um den Bedürfnissen von Unternehmen mit einem eher kleineren Kreis von Gesellschafterinnen und Gesellschaftern gerecht zu werden (Botschaft GmbH, 3154). Die Zahlen der GmbH haben
sich positiv entwickelt, obschon für die GmbH auf das Recht der Aktiengesellschaft verwiesen wird (vgl. Art. 818 OR). Es ist möglich, dass das geringe
Stammkapital von CHF 20 000 doch eine grosse Rolle spielt (vgl. Zahlen § 2,
N 4 ff.). Um die Einheit und Konsistenz des Gesellschaftsrechts zu wahren, wurden die gesetzlichen Regelungen anderer Rechtsformen, so auch der Aktiengesellschaft, punktuell mit der Neuordnung der GmbH harmonisiert (ausführlich zu den
Neuerungen FORSTMOSER, GmbH, 535 ff.).

Besonders erwähnenswert ist, dass mit der Revision des GmbH-Rechts die Mög-   155
lichkeit geschaffen wurde, sowohl die GmbH als auch die AG als Einpersonengesellschaft zu gründen (vgl. Art. 625 und Art. 775 OR). Ebenfalls eine Lockerung
erfuhren Erfordernisse an die Mitglieder des Verwaltungsrats. So ist das Erfordernis der «Pflichtaktie» für Verwaltungsratsmitglieder mit der Revision weggefallen
(s. aArt. 707 Abs. 1 und 2 OR; s.a. Botschaft GmbH, 3228). VR-Mitglieder müssen nach neuem Recht nicht mehr Aktionäre der Gesellschaft sein (Art. 707 OR).
Sie sind berechtigt, an der Generalversammlung teilzunehmen und Anträge zu
stellen, auch wenn sie keine Aktien der Gesellschaft halten (Art. 702a OR). Ganz
aufgehoben wurde auch das Nationalitäts- und Wohnsitzerfordernis für den Verwaltungsrat. Während nach aArt. 708 Abs.1 OR die Mitglieder des VR mehrheit-

lich Personen sein mussten, die in der Schweiz wohnhaft waren und das Schweizer Bürgerrecht besassen, genügt es heute, wenn eine vertretungsbefugte Person (VR-Mitglied oder Direktor) Wohnsitz in der Schweiz hat (vgl. Art. 718 Abs. 4 OR). Neu ins Gesetz aufgenommen wurde das Schriftformerfordernis für Verträge zwischen der Gesellschaft und ihren Vertretern (Insich-Geschäfte), sofern die Leistung der Gesellschaft den Wert von CHF 1000 übersteigt (Art. 718b OR).

156   Einer vollständigen Neuordnung wurde das Vorgehen bei Mängeln in der Organisation der Gesellschaft unterzogen (s. Art. 731b OR). Mit der im Rahmen der GmbH-Reform neu eingefügten Bestimmung wurde eine einheitliche Ordnung für die Behebung und Sanktionierung sämtlicher Mängel in der gesetzlich vorgeschriebenen Organisation der Gesellschaft geschaffen (vgl. dazu Kap. § 6, N 157).

157   Eingang ins Gesetz fand zudem die Praxis des «Kapitalschnitts». Das OR erlaubt neu ausdrücklich, dass zum Zweck der Sanierung das Aktienkapital auf null herabgesetzt werden darf, wenn es gleichzeitig durch neues, voll einbezahltes Kapital von min. CHF 100 000 ersetzt wird (Art. 732 Abs. 5 OR). Die bisherigen Mitgliedschaftsrechte der Aktionäre gehen mit der Herabsetzung gänzlich unter; ihnen steht aber bei der Wiedererhöhung des Aktienkapitals ein Bezugsrecht zu, das nicht entzogen werden darf (Art. 732a OR).

3.   Das Bankengesetz (BankG)

158   Das Bankengesetz von 1934 wurde parallel zur Aktienrechtsrevision von 1936 als Rahmengesetz vor allem zum Schutze der Gläubiger konzipiert (Botschaft BankG 1934, 178 f.). Es ist damit auch am Modell der Aktiengesellschaft ausgerichtet; es sah aber stets eine zwingende dualistische Struktur vor und verlangte von den Organen «Gewähr». Es kamen Sondervorschriften betreffend Eigenmittel, Liquidität und Publizität dazu. Im Laufe der Zeit wurde das BankG aber mehrfach revidiert, durch Verordnungen und Rundschreiben der FINMA konkretisiert und durch andere Gesetze teilweise überlagert (s. Übersicht in NOBEL, Finanzmarktrecht, 526 ff.). Im Zusammenhang mit der jüngsten Finanzkrise wurden verschiedene Bereiche der schweizerischen Bankenregulierung von tief greifenden Reformen durchzogen. Gleichzeitig wurden zusätzliche Kapitalarten für alle Banken eingeführt: das Vorratskapital und das Wandlungskapital (Art. 11–13 BankG, s. dazu Kap. § 5, N 81 ff.). Entsprechend hat die Revision im Aktienrecht Spuren hinterlassen. Dieses verweist heute auf die bankenrechtlichen Vorschriften (Art. 651 Abs. 5 und 653 Abs. 3 OR).

159   Mit dem Inkrafttreten des FinfraG am 1. Januar 2016 erfuhr das Bankengesetz erneut zahlreiche Änderungen. Auch mit den Erlassen des FINIG und FIDLEG sind etliche Anpassungen zu erwarten.

4. Das Bewilligungsgesetz (BewG)

Am 1. Januar 1985 ist das Bundesgesetz über den Erwerb von 160
Grundstücken durch Personen im Ausland (BewG) in Kraft getreten, auch Lex
Koller genannt nach Altbundesrat ARNOLD KOLLER. Dessen Art. 1 legt auch
gleich den Zweck des Gesetzes fest: Die Beschränkung des Erwerbs von Grund-
stücken durch Personen im Ausland, um die Überfremdung des einheimischen
Bodens zu verhindern. Das Gesetz unterstellt den Erwerb von Grundstücken für
Personen im Ausland einer Bewilligungspflicht. Ausgenommen von der Bewilli-
gungspflicht ist der Erwerb von gewerblichen Immobilien und Betriebsstätten
sowie der Erwerb von Liegenschaften, die dem Erwerber als natürliche Person als
Hauptwohnung am Ort seines rechtmässigen und tatsächlichen Wohnsitzes dienen
(Art. 2 Abs. 1 und 2 BewG). Weitere Ausnahmen sieht das Gesetz z.b. für gesetzliche Erben im Erbgang oder Verwandte des Veräusserers in auf- und absteigender
Linie sowie für Ehegatten vor (vgl. Art. 7 BewG). Indirekte Investitionen in Immobilien, daher der Erwerb von Anteilen an Immobilienanlagefonds und seit der
Revision von 2005 auch der Erwerb von Aktien von schweizerischen Immobiliengesellschaften, die an einer Schweizer Börse kotiert sind, bedürfen ebenfalls keiner Bewilligung (vgl. dazu Botschaft BewG, 4357).

Eine Aktiengesellschaft, die zum Ziel hat, Personen mit Wohnsitz im Ausland die 161
Umgehung der Sonderbestimmungen des BewG zu ermöglichen, verfolgt einen
widerrechtlichen Zweck (BGE 115 II 401 E. 1b; 107 I*b* 12 E. 1). Sie kann deshalb
die Rechtspersönlichkeit nicht erlangen bzw. ist aufzulösen (Art. 52 Abs. 3 ZGB;
s. auch Kap. § 6, N 13 ff.); ihr Vermögen fällt dann an das Gemeinwesen (Bund,
Kanton, Gemeinde), dem sie nach ihrer Bestimmung angehört hat, selbst wenn
etwas anderes bestimmt ist (Art. 57 Abs. 3 ZGB; s. BGE 112 II 1 E. 14; 110 I*b*
105 E. 3b).

Aktuell wird über eine Verschärfung der Lex Koller diskutiert. Obwohl die von 162
Nationalrätin JACQUELINE BADRAN eingereichten Motionen zur «Wiederunterstel-
lung von betrieblich genutzten Immobilien unter die Bewilligungspflicht der Lex
Koller» (Motion 13.3975, vom 27. September 2013) und zur «Aufhebung der Privilegierung des Erwerbs von Anteilen an Immobilienfonds und börsenkotierten Immobiliengesellschaften in der Lex Koller» (Motion 13.3976, vom 27. September
2013) vom Ständerat abgelehnt wurden, hat der Bundesrat eine Verschärfung des
Gesetzes an die Hand genommen (Medienmitteilung vom 1. April 2015[50]). Unter

---

[50] Verfügbar auf https://www.admin.ch/gov/de/start/dokumentation/medienmitteilungen.msg-
id-56752.html, Stand 5. Februar 2016.

anderem soll der Erwerb von Aktien schweizerischer Immobiliengesellschaften, die an der Börse kotiert sind, wieder unter die Bewilligungspflicht fallen.[51]

5.   Handelsregisterrecht

163   Wie viele Belange im Gesellschaftsrecht hat sich auch das enorm wichtige Handelsregisterrecht nur zaghaft weiterentwickelt, und die Handelsregisterverordnung wurde in zahlreichen mehr oder weniger geglückten Teilrevisionen erweitert. Es erstaunt daher nicht, dass der Anstoss für eine Totalrevision vonseiten der Praktiker kam, aus deren Diskussionen – namentlich in der Eidgenössischen Fachkommission für das Handelsregister unter der Leitung von Dr. HANSPETER KLÄY – die neue Handelsregisterverordnung vom 17. Oktober 2007 entstanden ist (GWELESSIANI, Vorwort). Per 1. Januar 2008 ist die neue Handelsregisterverordnung in Kraft getreten. Die Änderungen umfassten neben formellen Änderungen auch materiell- und prozessrechtliche Neuerungen (ausführlich s. Kap. § 6, N 145 ff.). Entsprechend der Totalrevision der Handelsregisterverordnung hat der Bundesrat auch die Überarbeitung des 30. Titels des Obligationenrechts (Art. 927 ff. OR) in Angriff genommen (s. Kap. § 6, N 161 ff.).

6.   Rechnungslegungs- und Revisionsrecht

164   Basierend auf den Empfehlungen der *Groupe de réflexion* beauftragte das EJPD eine breit abgestützte Expertenkommission unter dem Vorsitz von Dr. PEIDER MENGIARDI, zur Frage der Rechnungslegung und Berichterstattung (Publizität) sowie zur Frage der fachlichen Anforderungen an besonders befähigte Revisoren jeweils einen Gesetzesentwurf auszuarbeiten und einen Begleitbericht zu verfassen (BBl 2004 3980). Am 29. Juni 1998 wurden Vorentwürfe zu einem neuen Bundesgesetz über die Rechnungslegung und Revision (VE RRG) sowie eine Verordnung über die Zulassung von Abschlussprüfern (VE VZA) vorgelegt.[52] Die übergeordneten Ziele der Neuregelungen waren, die Transparenz der Rechnungslegung zu verbessern und das schweizerische Rechnungslegungsrecht dem Anforderungsniveau der EU-Richtlinien anzugleichen (Botschaft Revisionspflicht, 3980 ff.).

---

[51]   MARKUS HÄFLIGER, Sommaruga will die Lex Koller massiv verschärfen, NZZ online vom 8. Juni 2015.

[52]   Der Expertenbericht zu einem Bundesgesetz über die Rechnungslegung und Revision (RRG) und zu einer Verordnung über die Zulassung von Abschlussprüfern (VZA) vom 29. Juni 1998) kann beim Bundesamt für Bauten und Logistik, Vertrieb Publikationen, 3003 Bern, bezogen werden.

Aufgrund der grundlegenden Kritik in der Vernehmlassung und weiterer Entwick-   165
lungen im In- und Ausland (Revision des GmbH-Rechts und Sarbanes-Oxley Act
USA) beschloss das EJPD die Aufteilung des Gesetzgebungsprojekts in zwei
Teilvorlagen (Botschaft Aktienrechtsentwurf 2007, 1603). Man entschied sich
zum einen, die Neuordnung der Revisionsstelle aus dem Projekt für ein Bundesgesetz über die Rechnungslegung und Revision herauszulösen und mit der Frage der
Revisionsaufsicht zu ergänzen, und zum andern die Überarbeitung der materiellen
Buchführungs- und Rechnungslegungsvorschriften in einer zweiten Vorlage zu
behandeln (Botschaft Revisionspflicht, 3984).

Der Vorschlag eines eigenständigen Bundesgesetzes über die Revision wurde in   166
der Folge fallen gelassen. Stattdessen wurde die Zulassung zur Revision und die
Aufsicht über die Revisorinnen und Revisoren in einem separaten Bundesgesetz
geregelt (RAG), welches am 1. September 2007 in Kraft trat (AS 2007 3971; BBl
2005 7349). Mit dem Erlass des neuen Gesetzes wurde grösstenteils auch den
Forderungen aus der Motion LEUTENEGGER OBERHOLZER betreffend Rechnungslegung und Revision vom 25. September 2002 (N 02.3489; AB 2003 N 797 ff.),
der Motion Rechtskommission des Nationalrates, Minderheit RANDEGGER, betreffend Unabhängigkeit des Revisorats vom 18. November 2002 (N 02.3646; AB
2002 N 2159) und der Motion BÜHRER betreffend Überwachung der Revisionsgesellschaften vom 20. März 2003 (N 03.3113) entsprochen (s. Botschaft Revisionspflicht, 3987 ff.). Die Einzelheiten für den Gesetzesvollzug hat der Bundesrat in
der Revisionsaufsichtsverordnung (RAV) geregelt. Die Bestimmungen über die
Revisionspflicht und die Revisionsstelle wurden hingegen im Obligationenrecht
belassen, aber unter dem Datum vom 16. Dezember 2005 ebenfalls einer Neuordnung unterzogen und am 1. Januar 2008 in Kraft gesetzt (AS 2007 4797; BBl
2005 7349). Damit wurde ein weitgehend rechtsformunabhängiges Konzept für
alle wirtschaftlich tätigen Körperschaften implementiert, das bei allen Rechtsformen nach der Unternehmensgrösse differenziert (s. Kap. § 6, N 96 ff.).

Neue Vorschläge von Prof. GIORGIO BEHR betreffend die Totalrevision des Buch-   167
führungs- und des Rechnungslegungsrechts wurden anfänglich mit der Revision
des Aktienrechts im Obligationenrecht zusammengeführt und am 2. Dezember
2005 in die Vernehmlassung geschickt. Die Neuordnung sah insbesondere die
Schaffung einer einheitlichen Regelung für alle Rechtsformen des Privatrechts im
Obligationenrecht vor, die Differenzierung nach der Unternehmensgrösse, das
Verbot gewillkürter Reserven, die Vereinfachung der Rechnungslegung für Konzerngesellschaften und die Pflicht für Konzerne und für Unternehmen, unter bestimmten Voraussetzungen einen Abschluss nach einem anerkannten Standard zur
Rechnungslegung zu erstellen (Botschaft Aktienrechtsentwurf 2007, 1603 ff.).
Unter der erneuten Leitung von Prof. G. BEHR wurden die genannten Vorschläge
im Lichte der Vernehmlassungsergebnisse bereinigt und zusammen mit dem Vorentwurf über die Revision des Aktienrechts im Obligationenrecht in der Botschaft

des Bundesrates vom 21. Dezember 2007 publiziert (Botschaft Aktienrechtsentwurf 2007, 1589 ff.).

168   Der Fortgang der Aktienrechtsrevision und der Neuordnung des Rechnungslegungsrechts wurde durch das Zustandekommen der Volksinitiative «gegen die Abzockerei» gebremst, da einzelne Forderungen der Initiative direkte Auswirkungen auf Bestimmungen des Aktienrechts hatten (s. N 196 ff.). Die Initiative führte zu einer Zusatzbotschaft Ende 2008 (BBl 2009 299), welche zusammen mit der Vorlage von 2007 vom Ständerat noch fertig beraten wurde (AB 2009, S. 601 ff., 9.–11. Juni 2009). Im Sommer 2009 entschied das Parlament, das Rechnungslegungsrecht von der Aktienrechtsrevision abzuspalten und als eigene Vorlage getrennt zu behandeln (Medienmitteilung der Kommission für Rechtsfragen des Ständerats vom 16. Juni 2009 [AB] 2009 S. 602 und 615). Am 23. Dezember 2011 wurde das neue Rechnungslegungsrecht, immer noch auf dem Gesetzesentwurf vom 21. Dezember 2007 basierend, vom Parlament verabschiedet und per 1. Januar 2013 in Kraft gesetzt (AS 2012 6679; BBl 2012 63). Mit dem neuen Rechnungslegungsrecht wurde eine übersichtliche, rechtsformübergreifende und steuerneutrale Ordnung geschaffen, deren Anforderungen nach der wirtschaftlichen Bedeutung der Unternehmen differenzieren (s. ausführlich Kap. § 6, N 68 ff.).

7.   KAG und der Numerus clausus im Gesellschaftsrecht

169   Der Grundsatz des Numerus clausus galt als unbestritten, wurde unter anderem sogar mit den Argumenten von Rechtssicherheit und Verkehrsschutz gerechtfertigt (MEIER-HAYOZ/FORSTMOSER, Gesellschaftsrecht, § 11 N 2 ff.). Realwirtschaftlich besteht und bestand auch immer ein Bedürfnis zur Diversifizierung der Rechtsformen. Diesem Bedürfnis ist der schweizerische Gesetzgeber bis dato durch eine gewisse Flexibilität der existierenden Gesellschaftsformen nachgekommen, in grossem Masse trifft dies aber vor allem auf die Aktiengesellschaft zu. Die *«bonne à toute faire»* (FORSTMOSER, Numerus clausus im Gesellschaftsrecht, 80) übernahm in diesem Sinne eine wichtige Aufgabe für das ansonsten unflexible Aktienrecht. Aber auch vermeintlich statischere juristische Personen, die ihrem Typ besonders treu sein wollten, lassen Abwandlungen zu, die vom Gesetzgeber 1936 kaum erdacht worden sind. FORSTMOSER schreibt trefflich:

> «Selbst das Genossenschaftsrecht, bei welchem es in der Revision von 1936 das erklärte Ziel des Gesetzgebers war, ‹mit flammendem Schwert und heiligem Eifer alles aus dem Genossenschaftsparadies (zu) vertreib(en), was nicht einwandfrei als echt kooperativ ausgewiesen ist›, lässt atypische Gebilde zu, wie etwa die Genossenschaften des Migros- und des Coop-Konzerns zeigen, die der gesetzgeberischen Idee der Selbsthilfegemeinschaft in keiner Weise entsprechen.» (FORSTMOSER, Numerus clausus im Gesellschaftsrecht, 80)

Wie schwer sich die Schweiz damit tat, das bestehende Arsenal an juristischen   170
Standards zu erweitern, zeigt sich beispielsweise an der Ablehnung des von ALAIN
HIRSCH und PETER NOBEL eingereichten Vorschlags zur Einführung einer privaten
Aktiengesellschaft anstelle einer überarbeiteten GmbH (HIRSCH/NOBEL, 126 ff.).

Durch die Schaffung neuer Gesellschaftsformen räumt das Gesetz über die Kol-   171
lektiven Kapitalanlagen (KAG) mit dem Grundsatz des Numerus clausus im Gesellschaftsrecht auf (vgl. hierzu FORSTMOSER, Numerus clausus im Gesellschaftsrecht, 77 ff.). Es sind die ersten neuen Gesellschaftsformen seit der Revision des
Aktienrechts von 1936. Damals wurde die GmbH neu eingeführt.

Das KAG ist die Weiterentwicklung des Gesetzes über die Anlagefonds vom   172
18. März 1994, die am 1. Januar 2007 in Kraft trat. Das KAG ist für das Recht der
Aktiengesellschaft insofern relevant, als einige der durch das KAG regulierten
Investmentgesellschaften im Rechtsgewand der Aktiengesellschaft daher kom-
men, so wie die *Société d'investissement à capital variable* (SICAV) und die
Société d'investissement à capital fix (SICAF).

Die SICAV – eine der luxemburgischen SICAV *(Société d'investissement à capi-*   173
tal variable) nachempfundene Investmentgesellschaft – wurde in der bundesrätlichen Botschaft als «eine der innovativsten Schöpfungen des Entwurfs» hervorgehoben (Botschaft KAG, 6420). Hinsichtlich der Gründung richtet sich die SICAV
abgesehen von den Bestimmungen über die Sacheinlage, die Sachübernahme und
die besonderen Vorteile nach den Regeln des Obligationenrechts über die Gründung der Aktiengesellschaft (vgl. Art. 37 Abs. 1 KAG). Kennzeichnend ist für sie –
im Gegensatz zur AG –, dass Kapital und Anzahl der Aktien nicht im Voraus
bestimmt sind, ihr Kapital in Unternehmer- und Anlegeraktien aufgeteilt ist und
sie ausschliesslich dem Zweck der kollektiven Kapitalanlage dient (Art. 36 Abs. 1
KAG und Art. 37 ff. KAG). Im Unterschied zur AG lauten die Aktien der SICAV
auf den Namen und weisen keinen Nennwert auf, zudem müssen sie vollständig in
bar liberiert sein (Art. 40 KAG; s. auch WEBER [2007], 438 ff.). Insbesondere die
offene Anlagestruktur *(«open-ended Fund»)* grenzt sie entscheidend von der AG,
deren «zum voraus bestimmtes Kapital (Aktienkapital) in Teilsummen (Aktien)
zerlegt ist» (Art 620 Abs. 1 OR), ab. Sie darf daher zu Recht als neue Gesellschaftsform bezeichnet werden (FORSTMOSER, Numerus clausus im Gesellschaftsrecht, 90; vgl. auch Botschaft KAG, 6451). Die SICAV verfügt über kein fixes
Grundkapital; durch freien Ein- und Austritt der Aktionäre schwankt das Kapital
mit. Bei der Gründung muss jedoch eine Mindesteinlage von CHF 500 000.– bzw.
CHF 250 000.– erbracht und danach auch dauerhaft eingehalten werden (vgl.
Art. 37 Abs. 2 KAG i.V.m. Art. 54 KKV), andernfalls die Auflösung der SICAV
durch die FINMA droht (vgl. BSK KAG – RAYROUX/SCHOLLER, Art. 37 N 33).
Die Mindesteinlage der SICAV ist nicht mit der Mindesteinlage einer AG
(Art. 632 OR) gleichzusetzen. Diese beschreibt die Zulässigkeit einer Teillibe-

rierung des Aktienkapitals, wohingegen bei der SICAV die Mindesteinlage einen Mindestbetrag darstellt, den die Gründer (Unternehmensaktionäre) zu erbringen haben (vgl. dazu BSK KAG – RAYROUX/SCHOLLER, Art. 37 N 29 ff.).

174   Im Unterschied dazu handelt es sich bei den anderen mit dem KAG eingeführten Gesellschaftsformen, nämlich der SICAF und der Kommanditgesellschaft für kollektive Kapitalanlagen, um keine neuen Rechtsformen im eigentlichen Sinne. Die SICAF (Investmentgesellschaft mit festem Kapital) ist «nichts anderes als eine gewöhnliche AG i.S.v. Art. 620 ff. OR» (Urteil des Bundesverwaltungsgerichts B-422/2015 E. 3.1.1, vom 8. Dezember 2015), deren Zweck auf die kollektive Kapitalanlage beschränkt ist (Art. 110 Abs. 1 KAG). Entsprechend sind auch die Bestimmungen des OR über die Aktiengesellschaft anwendbar, sofern das KAG nicht anderes vorsieht (Art. 112 KAG). Die Kommanditgesellschaft für kollektive Kapitalanlagen (Art. 98 ff. KAG) stellt grundsätzlich eine Kommanditgesellschaft nach Art. 594 ff. OR dar (Botschaft KAG, 6473). Wie bei der SICAF kommen auch bei der Kommanditgesellschaft für kollektive Kapitalanlagen ergänzend die Bestimmungen des OR, nämlich diejenigen der Kommanditgesellschaft, zur Anwendung (Art. 99 KAG). Die Kommanditgesellschaft nach KAG unterscheidet sich von der Kommanditgesellschaft nach OR im Wesentlichen dadurch, dass ihr Zweck auf die kollektive Kapitalanlage beschränkt ist und die Komplementäre Aktiengesellschaften mit Sitz in der Schweiz sein müssen (Art. 98 Abs. 1 und 2 KAG; s. auch nachfolgend Kap. § 6, N 54 ff.).

8.   BEG und die Bucheffekten

175   Das Bucheffektengesetz vom 3. Oktober 2008 widmet sich den Backoffice-Funktionen des Effektenhandels und regelt die Verwahrung von Wertpapieren und Wertrechten durch Verwahrungsstellen und deren Übertragung (Art. 1 Abs. 1 BEG). Es ist die zwingende Fortsetzung der Regulierung von Wertpapieren und dem Handel von Wertpapieren an den Börsen. Die bundesrätliche Botschaft begründet die Schaffung des BEG damit, dass die «Verkörperung des Rechts» in Form eines Wertpapiers für Geld- und Kapitalmarktpapiere überholt sei (Botschaft BEG, 9321, vgl. auch Kap. § 8, N 64 ff.).

176   Im Dezember 2002 wurde das Haager Wertpapierübereinkommen (HWpÜ) von der Haager Konferenz für internationales Privatrecht erlassen, und von der Schweiz als erstem Staat am 14. September 2009 ratifiziert. Seither ist erst Mauritius nachgefolgt, die USA haben das Übereinkommen unterzeichnet, aber noch nicht ratifiziert.[53] Völkerrechtlich wird das Übereinkommen erst mit der Ratifizierung durch einen dritten Staat in Kraft treten (s. Art. 19 HWpÜ). Obwohl die

---

[53]   Siehe https://www.hcch.net/en/instruments/conventions/status-table/?cid=72, Stand 11. Januar 2016.

schweizerische Lehre eine Modernisierung forderte, blieb insbesondere die betroffene Industrie zurückhaltend (vgl. hierzu Botschaft BEG, 9325).

Eine Gesellschaft weiss insbesondere im Falle von Inhaberaktien nicht, wer ihre 177
Aktionäre sind. Die Aktionäre erhalten durch Art. 16 BEG aber nun gegenüber der kontoführenden Bank einen Anspruch auf Ausstellung eines Ausweises über die ihren Konten gutgeschriebenen Bucheffekten (DALLA TORRE/GERMANN, 574). Auch wenn dem Ausweis kein Wertpapiercharakter zukommt (Art. 16 Satz 2 BEG), erlaubt er Anlegern, sich im Zusammenhang mit ihren Mitwirkungs- und vermögenswerten Rechten gegenüber der Gesellschaft zu legitimieren, was in der Praxis im Zusammenhang mit der Bestimmung der Gesellschafter bzw. Gläubiger von Relevanz sein dürfte (DALLA TORRE/GERMANN, 574). Bei Namenaktien könnte es sich u.U. ergeben, dass sich eine Diskrepanz zwischen dem Aktienbuch und dem Ausweis nach Art. 16 BEG einstellt. Auf diese Weise ist das BEG für das Aktienrecht durchaus relevant und verändert das gewohnte Gewicht von Namenaktien und Inhaberaktien.

9. Geldwäschereiabwehr

Mit der Umsetzung der revidierten Empfehlungen der *Groupe* 178
d'action financière (GAFI) von 2012 wurden per 1. Juli 2015 neue Bestimmungen zur Transparenz bei juristischen Personen und Inhaberaktien in Kraft gesetzt (s. Bundesgesetz zur Umsetzung der 2012 revidierten Empfehlungen der Groupe d'action financière). Die damit im OR in Kraft getretenen Änderungen sehen namentlich neue Melde- und Identifikationspflichten für Inhaberaktionäre nicht kotierter Aktiengesellschaften vor.

Wer Inhaberaktien einer nicht kotierten Aktiengesellschaft erwirbt, muss den Er- 179
werb innert Monatsfrist der Gesellschaft melden (Art. 697*i* Abs. 1 OR). Ebenfalls meldepflichtig sind Personen, die alleine oder in gemeinsamer Absprache mit Dritten durch den Erwerb von Aktien den Grenzwert von 25 Prozent des Aktienkapitals oder der Stimmen erreichen oder überschreiten (Art. 697*j* Abs. 1 OR). Die meldepflichtigen Personen müssen ihren Vor- und Nachnamen oder Firma sowie ihre Adresse resp. den Vor- und Nachnamen und die Adresse der wirtschaftlich berechtigten Person angeben und ihre Identität mittels Dokumenten nachweisen (Art. 697*i* Abs. 2 und 3 OR sowie Art. 697*j* Abs. 1 und 2 OR). An die Meldepflicht sind sowohl die Mitgliedschaftsrechte als auch die Vermögensrechte, die mit den Aktien einhergehen, geknüpft. Solange der Aktionär seinen Meldepflichten nicht nachgekommen ist, ruhen die Mitgliedschaftsrechte (Art. 697*m* Abs. 1 OR). Die Vermögensrechte kann der Meldepflichtige erst geltend machen, wenn er seinen Meldepflichten nachgekommen ist (Art. 697*m* Abs. 2 OR). Kommt er seiner Pflicht nicht innert der gesetzlich vorgeschriebenen Frist nach, verliert er

alle Vermögensrechte, die bis zum Nachholen der Meldung entstanden sind (Art. 697m Abs. 3 OR). Eine Ausnahme von der Meldepflicht besteht, wenn die Aktien als Bucheffekten nach dem BEG ausgestaltet sind, da die Aktien dadurch einer bestimmten Person zugeordnet werden können (Art. 697i Abs. 4 OR und Art. 697j Abs. 3 OR). Im Gegenzug ist die Gesellschaft dazu verpflichtet, ein Verzeichnis über die Inhaberaktionäre sowie über die der Gesellschaft gemeldeten wirtschaftlich berechtigten Personen zu führen (Art. 697 OR).

180   Generell wird zur Lösung der Problematik der Inhaberaktien deren Umwandlung in Namenaktien empfohlen (s. Interpretativnote zur GAFI-Empfehlung 24 Ziff. 14). Mit der Einführung von Art. 704a OR wurde die Umwandlung von Inhaber- in Namenaktien erleichtert, da der Beschluss zur Umwandlung zwingend mit einfachem Mehr zu erfolgen hat (Botschaft GAFI, 663). Die Statuten dürfen kein erhöhtes Quorum für eine entsprechende Statutenänderung vorsehen (Art. 704a OR).

II.   Die «grosse» Aktienrechtsrevision 2007–2016

A.   Die «grosse» Aktienrechtsreform: Teil 1

1.   Die Botschaft von 2007

a.   Einführung

181   Mit der Botschaft vom 21. Dezember 2007 (BBl 2008 1589) war eine grosse Aktienrechtsreform vorgesehen. Ihr Tenor weicht nicht zu stark von den früheren Botschaften ab, wenigstens an denjenigen Orten, welche die Begründung der Änderung aufführen:

> «Im ausgehenden 20. Jahrhundert ist die Wirtschaft von tiefgreifenden Veränderungsprozessen erfasst worden. Die normativ relevante Entwicklung ist insbesondere durch drei Faktoren gekennzeichnet (…).» (Botschaft Aktienrechtsentwurf 2007, 1597)

182   Die drei Faktoren sind die zunehmende internationale Abhängigkeit, die zunehmende wirtschaftliche Dynamik und die vorangeschrittene «Informatisierung» (Botschaft Aktienrechtsentwurf 2007, 1598). Abgesehen vom Unwort «Informatisierung» erwähnt die Botschaft damit an sich nichts Neues. Der Umbruch der Wirtschaft – die neuen ökonomischen Bedingungen – war auch 1928 als primärer Grund für die Revision angeführt worden und wurde über die ganze Dauer immer wieder aufgeführt. Was jedoch erstaunt, ist, dass die Botschaft 2007 diesen Umstand nicht nur übersieht, sondern versucht, die früheren Revisionen in ein anderes Licht zu rücken und gerade die gegenwärtigen wirtschaftlichen Veränderungen als

besonders grundlegend verstanden haben will. Zu diesem Zweck spielt sie die vorangegangenen Veränderungen herunter:

> «Das Aktienrecht blieb zwischen 1936 und 1991 ganze 55 Jahre lang unverändert. Diese rechtliche Beständigkeit entsprach einem über Jahrzehnte hinweg recht statischen wirtschaftlichen Umfeld.» (Botschaft Aktienrechtsentwurf 2007, 1597)

Die neueste «Reformgeschichte» beginnt genau genommen schon mit den Arbeiten der *Groupe de réflexion* 1993, die kurz nach Inkrafttreten des neuen Aktienrechts bereits wieder einen Revisionsbedarf im schweizerischen Gesellschafts- und Wertpapierrecht ausgemacht hatte (s. vorne N 60 ff.). Nach zahlreichen parlamentarischen Vorstössen zur Verbesserung der rechtlichen Situation im Bereich der «Corporate Governance» wurde eine Arbeitsgruppe unter dem Vorsitz von Prof. PETER BÖCKLI beauftragt, einen Bericht über eine Teilrevision des Aktienrechts nach den Grundsätzen der Corporate Governance auszuarbeiten, um den zahlreichen parlamentarischen Vorstössen Rechnung zu tragen (Botschaft Aktienrechtsentwurf 2007, 1599). Parallel dazu hat HANS CASPAR VON DER CRONE einen eigenen Expertenbericht eingereicht, der sich nebst der Corporate Governance auch mit Vorschlägen zur institutionellen Stimmrechtsvertretung und der Flexibilisierung des Verfahrens zur Erhöhung und Herabsetzung des Aktienkapitals befasste (Kapitalband, s. VON DER CRONE, Teilrevision Aktienrecht, 1 ff.). 183

Basierend auf dem Expertenbericht vom 30. September 2003 der Arbeitsgruppe erfolgte die Ausarbeitung eines Gesetzesentwurfs (Botschaft Aktienrechtsentwurf 2007, 1599). Das Vernehmlassungsverfahren wurde am 2. Dezember 2005 vom Bundesrat eröffnet, und es dauerte bis zum 31. Mai 2006. Der grundsätzlich positiv aufgenommene Entwurf wurde schliesslich an die wenigen Vorschläge angepasst. Der Entwurf verfolgte vier Hauptziele (Botschaft Aktienrechtsentwurf 2007, 1591 f.): 184

– die Verbesserung der Corporate Governance

– eine flexiblere Ausgestaltung der Regelungen der Kapitalstrukturen

– die Modernisierung der Generalversammlung

– eine umfassende Reform des Rechnungslegungsrechts

Der Gesetzesentwurf sah u.a. einige wesentliche Neuerungen zur Verstärkung des Kapitalschutzes, zum Ausbau der Aktionärsrechte und zur Verbesserung der Haftung der Revisionsstelle sowie die Einführung der nennwertlosen Aktien und eines Kapitalbandes vor, innerhalb dessen die GV den VR hätte ermächtigen können, für eine Dauer von bis zu drei Jahren das Aktienkapital zu erhöhen oder herabzusetzen (Botschaft Aktienrechtsentwurf, 1589 ff.). Eine grundlegende Neuordnung sollte die Stimmrechtsvertretung erfahren; vorgesehen war anstelle des Depot- 185 stimmrechts und der Organvertretung nur noch eine Form der institutionellen Stimmrechtsvertretung, die sog. unabhängige Stimmrechtsvertretung (Botschaft Aktienrechtsentwurf 2007, 1613).

186 Neben diesen wesentlichen Änderungen enthielt die Vorlage eine grosse Zahl von zweckmässigen Retuschen und technischen Nachbesserungen, Differenzierungen und Klarstellungen, aber auch eine erhebliche Anzahl von Fehlleistungen (vgl. ausführlich dazu BÖCKLI, Gesetzesentwurf 2007, 333 ff. und 357 ff.).

b.   Die wesentlichen Vorschläge

aa.   Verbesserung der Corporate Governance

i.   Ausbau der Aktionärsrechte

187   Der Entwurf enthält verschiedene Vorschläge zur Stärkung der Aktionärsrechte. U.a. sollte das Auskunfts- und Einsichtsrecht erweitert werden. Nach geltendem Recht können Aktionäre ihren Informationsanspruch nur in der GV geltend machen. Unter den geltenden Voraussetzungen von Art. 697 Abs. 2 OR sah der Entwurf für Aktionäre einer nicht kotierten Gesellschaft deshalb vor, dass diese jederzeit vom Verwaltungsrat schriftlich Auskunft über die Angelegenheiten der Gesellschaft verlangen könnten (Botschaft Aktienrechtsentwurf 2007, 1608). Auf eine adäquate Regelung für Publikumsgesellschaften wurde zu Recht verzichtet, weil diese ohnehin den strengeren Informationspflichten des Börsenrechts unterstehen (s. dazu Kap. § 8, N 110 ff.). Das Auskunftsrecht sollte nicht nur in quantitativer Hinsicht, sondern auch in qualitativer Hinsicht ausgedehnt werden. Der Entwurf räumte den Aktionären ein spezifisches Auskunftsrecht bezüglich der Höhe der Entschädigungen des Verwaltungsrates ein (Art. 697^{quinquies} E-OR 2007). Im Gegensatz zur Verpflichtung von Börsengesellschaften gemäss Art. 663b^{bis} OR (ersetzt durch Art. 5 i.V.m. Art. 13 ff. VegüV) war eine Publikation der Bezüge im Geschäftsbericht nicht vorgesehen (Botschaft Aktienrechtsentwurf 2007, 1609).

188 Für die Rückerstattungsklage (Art. 678 OR), das Institut der Sonderprüfung (Art. 697a ff. OR) sowie das Recht auf Einberufung einer GV und das Traktandierungsrecht (Art. 699 ff. OR) sah der Entwurf eine Senkung der Schwellenwerte vor, da sich diese als unpraktikabel erwiesen hatten.

189 In Anlehnung an die GmbH wurde vorgeschlagen, dass die Gesellschaft in den Statuten bestimmte Entscheide des VR der Genehmigung der GV unterstellen kann (sog. obligatorischer Genehmigungsvorbehalt) (Botschaft Aktienrechtsentwurf 2007, 1611). Zugleich sah der Entwurf vor, dass die GV sich in den Statuten die Zuständigkeit betreffend die Festlegung der Bezüge der Mitglieder des Verwaltungsrates vorbehalten könne (s. Art. 627 Abs. 4 E-OR 2007). Obwohl die

bundesrätliche Botschaft betont, dass der Entwurf keine Verschiebung der Zuständigkeiten des Verwaltungsrates zugunsten der GV vorsieht, lässt sich zumindest ein offensichtlicher Trend in diese Richtung erkennen (s.a. FORSTMOSER, Aktienrechtsreform, 17 ff.).

ii. Organisation des VR

Zur Verbesserung der Corporate Governance sollte auch der Vorschlag einer Begrenzung der Amtsdauer für Verwaltungsräte beitragen. Der Entwurf sah vor, dass jedes VR-Mitglieder jährlich durch die GV gewählt werden müsse, was in der Vernehmlassung sehr kritisch aufgenommen wurde. Der Vorschlag zur Beschränkung der Amtszeit von Verwaltungsräten fand schliesslich nach der Annahme der Minder-Initiative mit dem Erlass der Verordnung gegen übermässige Vergütungen bei börsenkotierten Gesellschaften doch noch seinen gesetzlichen Niederschlag (vgl. Art. 3 Abs. 2 u. Art. 4 Abs. 2 VegüV). 190

iii. Stimmrechtsvertretung

Hinsichtlich der Stimmrechtsvertretung wurde eine vollständige Neuordnung vorgeschlagen. Das Depotstimmrecht der Banken und die Organvertretung sollten abgeschafft und durch die Stimmrechtsvertretung durch eine unabhängige Person ersetzt werden. Die Stimmrechtsvertreterin oder der Stimmrechtsvertreter darf grundsätzlich das Stimmrecht nur ausüben, wenn sie oder er Weisungen für die Stimmabgabe erhalten hat (s. Botschaft Aktienrechtsentwurf 2007, 1613 ff.). 191

bb. Flexibilisierungen im Bereich der Kapitalstrukturen

i. Das Kapitalband

Das Kapitalband stellt ein innovatives Rechtsinstitut dar, welches die Verfahren zur Erhöhung und Herabsetzung des Aktienkapitals flexibler gestaltet (s. erstmals bei VON DER CRONE, nennwertlose Aktie, 1 ff. s.a. VON DER CRONE/ANGSTMANN, 2 ff.). Demnach kann die GV den VR ermächtigen, innerhalb einer Ober- und Untergrenze das Aktienkapital frei herauf- oder herabzusetzen (vgl. Art. 653s E-OR 2007). Die Dauer der Ermächtigung war auf höchstens drei Jahre begrenzt (Art. 653s Abs. 1 E-OR 2007), mit dem neuen Entwurf aber auf fünf erhöht worden (Art. 653s E-OR 2016). Die Obergrenze für die Kapitalerhöhung innerhalb des Kapitalbandes darf höchstens 50 Prozent über dem bisher im Handelsregister eingetragenen Aktienkapital liegen und die Untergrenze maximal 50 Prozent unter dem bisherigen Aktienkapital, wobei das gesetzliche Min- 192

destkapital nach Art. 621 OR stets zu wahren ist (Botschaft Aktienrechtsentwurf
2007, 1652 f.). Die GV kann demnach dem VR sowohl die Ermächtigung zur
Kapitalerhöhung als auch die Ermächtigung zur Kapitalherabsetzung einräumen
(ausführlich GERICKE, Kapitalband, 39 ff.). Die Starrheit der Grundkapitalbasis,
die für Schweizer Publikumsgesellschaften im internationalen Umfeld einen
Wettbewerbsnachteil darstellt, wird auf diese Weise gelockert, ohne dass auf das
Prinzip des festen Grundkapitals verzichtet wird (FORSTMOSER, Aktienrechtsreform, 14).

ii.   Nennwert

193   Mit der Aktienrechtsrevision von 1991 wurde der Mindestnennwert der Aktie zuerst von CHF 100.– auf CHF 10.– und mit dem Erlass des
Fusionsgesetzes auf 1 Rappen herabgesetzt. Im Entwurf war schliesslich nur noch
vorgesehen, dass die Aktie einen Nennwert aufweisen müsse, der grösser ist als
null (s. Art. 622 Abs. 4 E-OR 2007).

cc.   Modernisierung der GV

194   Der Entwurf sah die Modernisierung der Ordnung der Generalversammlung vor. Insbesondere sollten die gesetzlichen Grundlagen geschaffen
werden, die den Einsatz elektronischer Mittel erlauben, gleichzeitig aber eine
Verfälschung der Willensbildung vermeiden (s. Botschaft Aktienrechtsentwurf
2007, 1621). Die Voraussetzungen für die Verwendung elektronischer Mittel
waren, dass der VR sicherstellen müsse, dass die Identität der Teilnehmer feststehe,
jeder Teilnehmer Anträge stellen und sich an der Diskussion beteiligen könne und
das Abstimmungsergebnis nicht verfälscht werden könne (vgl. Art. 701d E-OR
2007). Konkret vorgesehen waren u.a. die elektronische Einberufung der GV, die
Durchführung der GV an verschiedenen Tagungsorten (multilokale GV) und im
Ausland sowie die Cyber-Generalversammlung, bei der kein räumlicher Tagungsort mehr besteht. Eine Cyber-GV wäre jedoch nur mit der Zustimmung sämtlicher
Aktionäre möglich gewesen, und sofern die Beschlüsse der GV keiner öffentlichen Beurkundung bedurft hätten (s. Art. 701d E-OR 2007). Nach dem neuen
Entwurf bedarf es zur Durchführung einer virtuellen GV nur noch einer statutarischen Grundlage und der Bezeichnung einer unabhängigen Stimmrechtsvertretung
(vgl. Art. 701d E-OR 2016).

dd.   Reform des Buchführungs- und Rechnungslegungsrechts

195   Für das veraltete Buchführungs- und Rechnungslegungsrecht
sah die Aktienrechtsrevision eine umfassende Reform vor, die aber aufgrund der

Verzögerungen durch die Minder-Initiative der Aktienrechtsrevision vorgezogen und per 1. Januar 2013 umgesetzt wurde (s. Kap. § 6, N 68 ff.).

2. Unvorhergesehene Verzögerungen

Das Aktienrecht befindet sich seit dem Frühjahr 2009 in par-   196
lamentarischen Beratungen, und der Ständerat behandelte den ganzen Entwurf (vgl. SETHE, 510). Das Zustandekommen der Minder-Initiative (s. sogleich zur sog. «Abzockerinitiative») hat diesen Prozess bereits von Beginn an in einer gewissen Weise beeinflusst (ausführlich dazu FORSTMOSER, Lex Minder, 275 ff.). Das gilt aber nicht nur für die Bereiche, die durch die Minder-Initiative geregelt worden sind, sondern auch für die übrigen Teile der geplanten Revision des Aktienrechts. Im Februar 2009 starteten im Ständerat als Erstrat die parlamentarischen Beratungen zur «grossen» Aktienrechtsrevision unter Einbezug des bundesrätlichen Zusatzentwurfs zu Managementvergütungen, welcher als direkter Gegenvorschlag zur Abzockerinitiative gedacht war (vgl. Botschaft Minder-Initiative, 299).

Im Sommer 2009 entschied das Parlament, das Rechnungslegungsrecht von der   197
Aktienrechtsrevision abzuspalten und als eigene Vorlage getrennt zu behandeln und die Beratung des aktienrechtlichen Teils bis zur Abstimmung über die Abzockerinitiative zu sistieren (Medienmitteilung der Kommission für Rechtsfragen des Ständerats vom 16. Juni 2009 [AB] 2009 S. 602 und 615; s. auch NOBEL, Aktienrecht, 125 ff. und SETHE/ANDREOTTI, 489 ff.). Der Rechnungslegungsteil wurde unterdessen weiter beraten. Am 23. Dezember 2011 wurde schliesslich auch das neue Rechnungslegungsrecht vom Parlament verabschiedet und per 1. Januar 2013 in Kraft gesetzt (AS 2012 6679; BBl 2012 63).

a. Die «Abzockerinitiative»

aa. Der Initiativtext von Art. 95 Abs. 3 BV

Im Jahr 2005 wurden im allgemeinen Bewusstwerden der   198
Problematik der hohen Gehälter von Gesellschaftsfunktionären neue Transparenzvorschriften eingeführt (s. vorne, N 99 ff.). Aber diese Transparenzvorschriften gingen THOMAS MINDER nicht weit genug. Im Alleingang lancierte er die eidgenössische Volksinitiative «gegen die Abzockerei», die durch journalistische Mithilfe schnell in aller Munde war. Die Initiative von THOMAS MINDER wurde am 26. Februar 2008 eingereicht (BBl 2008 2577). Der vorgeschlagene Verfassungstext lautet in Art. 95 Abs. 3 BV wie folgt:

«[3] Zum Schutz der Volkswirtschaft, des Privateigentums und der Aktionärinnen und Aktionäre sowie im Sinne einer nachhaltigen Unternehmensführung regelt das Gesetz die im In- oder Ausland kotierten Schweizer Aktiengesellschaften nach folgenden Grundsätzen:

a. Die Generalversammlung stimmt jährlich über die Gesamtsumme aller Vergütungen (Geld und Wert der Sachleistungen) des Verwaltungsrates, der Geschäftsleitung und des Beirates ab. Sie wählt jährlich die Verwaltungsratspräsidentin oder den Verwaltungsratspräsidenten und einzeln die Mitglieder des Verwaltungsrates und des Vergütungsausschusses sowie die unabhängige Stimmrechtsvertreterin oder den unabhängigen Stimmrechtsvertreter. Die Pensionskassen stimmen im Interesse ihrer Versicherten ab und legen offen, wie sie gestimmt haben. Die Aktionärinnen und Aktionäre können elektronisch fernabstimmen; die Organ- und Depotstimmrechtsvertretung ist untersagt.

b. Die Organmitglieder erhalten keine Abgangs- oder andere Entschädigung, keine Vergütung im Voraus, keine Prämie für Firmenkäufe und -verkäufe und keinen zusätzlichen Berater- oder Arbeitsvertrag von einer anderen Gesellschaft der Gruppe. Die Führung der Gesellschaft kann nicht an eine juristische Person delegiert werden.

c. Die Statuten regeln die Höhe der Kredite, Darlehen und Renten an die Organmitglieder, deren Erfolgs- und Beteiligungspläne und deren Anzahl Mandate ausserhalb des Konzerns sowie die Dauer der Arbeitsverträge der Geschäftsleitungsmitglieder.

d. Widerhandlung gegen die Bestimmungen nach den Buchstaben a–c wird mit Freiheitsstrafe bis zu drei Jahren und Geldstrafe bis zu sechs Jahresvergütungen bestraft.»

bb.   Der indirekte Gegenvorschlag des Bundesrates

199   Nach einem in der Folge langwierigen politischen Prozess hat das Parlament am 16. März 2012 den indirekten Gegenentwurf zur «Abzockerinitiative» verabschiedet. Der Gegenentwurf stellte nicht nur einfach eine andere, mildere Form dar, sondern war für sich gesehen viel eher als eine ausgearbeitete Teilrevision des Aktienrechts zu werten (NOBEL, Aktienrecht, 127). Das markanteste Unterscheidungskriterium war die Absenz der Strafbestimmungen, welche von den Gegnern der Initiative als unwirksam und sogar als kontraproduktiv angesehen worden waren. Gleichzeitig sah der Gegenentwurf aber ein strengeres Regime für den Verwaltungsrat vor. Weiteres Unterscheidungskriterium war die Möglichkeit einer konsultativen Abstimmung über die Vergütung der Geschäftsleitung, wohingegen der Initiativtext eine bindende Abstimmung vorsah (vgl. etwa Art. 731f E-OR, in Botschaft Minder-Initiative, 326). Der Gegenentwurf wurde von beinahe allen Beteiligten gutgeheissen. THOMAS MINDER selbst stimmte ihm nicht zu. Im Falle einer Ablehnung der Initiative und unter Vorbehalt eines Referendums wäre dieser indirekte Gegenvorschlag in Kraft getreten.

cc.   Die Volksabstimmung vom 3. März 2013

Kurz darauf am 3. März 2013 wurde die «Abzockerinitiative»   200
wider Erwarten und entgegen der Meinung der meisten Parteien, des Bundesrats
und des Parlaments gesamtschweizerisch mit 67,9 Prozent der Stimmen und von
allen Ständen angenommen (vgl. Bundesbeschluss vom 30. April 2013 über das
Ergebnis der Volksabstimmung vom 3. März 2013, BBl 2013 3129 ff.).

b.   *VegüV*

Nach der Annahme von Art. 95 Abs. 3 BV durch Volk und   201
Stände wurde der Bundesrat damit beauftragt, innerhalb eines Jahres seit der
Volksabstimmung die erforderlichen Ausführungsbestimmungen zu erlassen
(Art. 197 Ziff. 10 BV, Übergangsbestimmung zu Art. 95 Abs. 3 BV). Am 14. Juni
2013 präsentierte Bundesrätin SIMONETTA SOMMARUGA, Vorsteherin des Eidge-
nössischen Justiz- und Polizeidepartements (EJPD), den Vorentwurf der Verord-
nung gegen die Abzockerei (VgdA) und eröffnete die Anhörung der politischen
Parteien, Dachverbände der Wirtschaft und weiterer interessierter Organisationen.
Diese hatten bis zum 28. Juli 2013 Zeit, sich zum Vorentwurf zu äussern. Der
Zeitplan des Bundesrates sah vor, die Verordnung Ende November 2013 zu verabschieden und auf den 1. Januar 2014 in Kraft zu setzen (Medienmitteilungen, Der

Bundesrat vom 14. Juni 2013). Nach detaillierter Auswertung der Stellungnahmen
zum Vorentwurf wurde dieser angepasst und die mit einem geänderten (geläuter-
ten) Titel versehene Verordnung am 20. November 2013 verabschiedet. Wie geplant trat die *Verordnung gegen übermässige Vergütungen bei börsenkotierten
Aktiengesellschaften* (VegüV) am 1. Januar 2014 in Kraft (vgl. Art. 33 VegüV).
Umstritten war hier eigentlich nur die Frage der Zulässigkeit der prospektiven
Festlegung variabler Vergütungen. Es erstaunte sodann auch, dass über den Vergütungsbericht nicht abzustimmen ist und es hier so beim Wunsch der ausländischen Investoren nach einer konsultativen Abstimmung bleibt.

Interessanterweise liegt die VegüV hierarchisch nicht neben oder unter dem OR,   202
sondern geht widersprechenden Bestimmungen des OR sogar vor (vgl. Art. 1
Abs. 2 Satz 1). Aus rechtsdogmatischer Sicht stellt sich berechtigterweise die
Frage, ob dies eine «saubere Lösung» ist, wenn eine Verordnung statuiert, dass sie
ein Bundesgesetz überlagert. So sind es doch im Normalfall die Bundesgesetze,
die eine Delegationsnorm zum Erlass einer Verordnung enthalten. Auch wenn
man Art. 197 Ziffer 10 BV als eine Delegationsnorm zu einer selbstständigen
Verordnung ansieht, dann lässt sich zu Recht fragen, ob man aus Art. 95 Abs. 3
BV eine zwölfseitige Verordnung mit 32 Artikeln ableiten kann. Denn auch bei
einer selbstständigen Verordnung muss der Inhalt dieser durch die Pflichten, wel-

che die BV (hier jene von Art. 95 Abs. 3 BV) auferlegt, gedeckt sein (vgl. HUBER, 105 ff.). Immerhin ist dieses Problem im OR weniger stossend als im Strafrecht (vgl. hierzu vorne N 105 ff.).

203 Im Allgemeinen setzt die VegüV den Trend weg von der Einheit des Aktienrechts fort. Sie gilt, wie bereits aus dem Titel ersichtlich, nur für börsenkotierte Unternehmen und ist in diesem Sinne auch als neues Kapitel im Börsengesellschaftsrecht zu werten (vgl. Art. 1 VegüV). Sie verfolgt generell das Ziel, die Corporate Governance von Börsengesellschaften zu stärken, im Besonderen aber Vergütungen des obersten Managements zu begrenzen (s.a. Kap. § 9, N 220 ff.). Zu diesem Zweck wurden u.a. zum einen bestimmte Vergütungsarten wie Abgangsentschädigungen oder Vorausvergütungen untersagt (vgl. Art. 20 f. VegüV) und zum andern der Generalversammlung die unübertragbare Kompetenz eingeräumt, über die Vergütungen des Verwaltungsrates und der Geschäftsleitung abzustimmen (Art. 2 Ziff. 4 VegüV). Diese neuen gesellschaftsrechtlichen Rechte und Pflichten werden zusätzlich durch Strafbestimmungen, die eine Freiheitsstrafe von bis zu drei Jahren oder eine Geldstrafe vorsehen, gestützt (Art. 24 f. VegüV).

B. Die «grosse» Aktienrechtsrevision: Teil 2

1. Der Vorentwurf 2014

204 In der Sommersession 2013 wurden die Botschaft und der Entwurf 2007 vom Parlament infolge der Annahme der Volksinitiative «gegen die Abzockerei» durch Volk und Stände an den Bundesrat zur Überarbeitung zurückgewiesen. Der neu ausgearbeitete Vorentwurf nimmt die sistierte Revision des Aktienrechts wieder auf.[54] Da der Ständerat im Jahr 2009 den Entwurf 2007 vollständig beraten hatte und dabei vieles unbestritten blieb, bildet dieser eine wichtige Grundlage der «grossen Aktienrechtsrevision». Die Liberalisierung der Gründungs- und Kapitalbestimmungen, die Verbesserung der Corporate Governance – auch bei nicht börsenkotierten Gesellschaften – und die Verwendung elektronischer Mittel in der Generalversammlung sind zentrale Aspekte, die übernommen werden. Erkenntnisse der neusten Lehre und Rechtsprechung flossen ein, um die Bestimmungen des Entwurfs 2007 zu verfeinern. Der neue Vorentwurf verfolgt zudem das Ziel, die per 1. Januar 2014 in Kraft gesetzte Verordnung gegen übermässige Vergütungen bei börsenkotierten Aktiengesellschaften in die Bundesgesetze zu überführen und das Aktienrecht auf das neue Rechnungslegungsrecht abzustimmen.

---

[54] Verfügbar auf: https://www.bj.admin.ch/bj/de/home/aktuell/news/2014/ref_2014-11-28.html, Stand 26. Januar 2016.

Er greift sodann weitere Themen auf, die einen engen Bezug zur Minder-Initiative haben, insbesondere um Rechtssicherheit zu schaffen und die Rechtsdurchsetzung zu stärken. So werden insbesondere die Sorgfaltspflichten der Mitglieder des Verwaltungsrats und der Geschäftsleitung im Bereich der Vergütungspolitik präzisiert, prospektive Abstimmungen über variable Vergütungen sollten untersagt werden, es werden sodann Leitplanken für Antrittsprämien und für Entschädigungen im Zusammenhang mit Konkurrenzverboten gesetzt sowie die Hürden für die Rückerstattungsklage gesenkt.   205

Der Vorentwurf enthält weiter, in Anlehnung an das EU-Recht (s. Richtlinie 2013/ 34/EU[55]), einen Vorschlag für die Regelung der Transparenz bei wirtschaftlich bedeutenden, in der Rohstoffförderung tätigen Unternehmen. Diese sollen zur Offenlegung von Zahlungen an staatliche Stellen verpflichtet werden (Erläuternder Bericht zur Änderung des Obligationenrechts 28. November 2014, Seite 1; s.a. EJPD, Bericht in Erfüllung der Empfehlung 8 des Grundlagenberichts Rohstoffe und des Postulats 13.3365 «Mehr Transparenz im Schweizer Rohstoffsektor», vom 16. Mai 2014[56]).   206

2. Die Vernehmlassungsergebnisse und Eckwerte des Bundesrates

Am 28. November 2014 schickte der Bundesrat den Vorentwurf in die Vernehmlassung, welche bis zum 15. März 2015 dauerte (vgl. dazu SETHE/EGLE, 522 ff.). Die Stellungnahmen waren zum Teil sehr kontrovers und reichten von grundsätzlicher Zustimmung bis gänzlicher Ablehnung[57]. Nachdem der Bundesrat die Ergebnisse der Vernehmlassung zur Kenntnis genommen hatte, präsentierte er am 4. Dezember 2015 die Eckwerte für die Botschaft[58]. Es wurden verschiedenen Anliegen insbesondere aus der Wirtschaft Rechnung getragen, weshalb die Eckwerte wesentliche Abschwächungen gegenüber dem Vorentwurf vorsehen. Der Bundesrat verzichtet insbesondere auf das Recht auf Einleitung   207

---

[55]   Richtlinie 2013/34/EU des Europäischen Parlaments und des Rates vom 26. Juni 2013 über den Jahresabschluss, den konsolidierten Abschluss und damit verbundene Berichte von Unternehmen bestimmter Rechtsformen und zur Änderung der Richtlinie 2006/43/EG des Europäischen Parlaments und des Rates zur Aufhebung der Richtlinie 78/660/EWG und 83/349/EWG des Rates, ABl. L 182 vom 29. Juni 2013, 19.

[56]   Verfügbar auf: http://www.ejpd.admin.ch/dam/data/bj/aktuell/news/2014/2014-06-25/ber-d.pdf, (Stand 6. Juli 2016).

[57]   S. Bericht zur Vernehmlassung zum Vorentwurf vom 28. November 2014 zur Änderung des Obligationenrechts (Aktienrecht), 17. September 2015 und weitere Stellungnahmen (verfügbar auf: https://www.bj.admin.ch/dam/data/bj//wirtschaft/gesetzgebung/aktien-rechtsrevision14/ve-ber-d.pdf, Stand 28. März 2016).

[58]   Medienmitteilung des Bundesrates vom 4. Dezember 2015 (verfügbar auf: https://www.bj.admin.ch/bj/de/home/aktuell/news/2015/ref_2015-12-04.html, Stand 26. Januar 2016).

einer Klage auf Kosten der Gesellschaft, auf die Pflicht zum Aufbau und Betrieb eines elektronischen Aktionärsforums, auf die Pflicht zur statutarischen Festlegung des Verhältnisses fixe/variable Vergütungen und auf das Verbot der vorgängigen Abstimmung über die variable Vergütungen, wobei im Falle einer vorgängigen Abstimmung über solche Vergütungen zwingend eine Konsultativabstimmung über den Vergütungsbericht durchzuführen ist. Auch betreffend die Geschlechterrichtwerte für das oberste Kader wurde eine Herabsetzung beschlossen. Während der Vorentwurf für grosse börsenkotierte Gesellschaften sowohl für den Verwaltungsrat als auch für die Geschäftsleitung einen Geschlechteranteil von je min. 30 Prozent vorsah, statuieren die Eckwerte des Bundesrates für die Geschäftsleitung einen Wert von je min. 20 Prozent für jedes Geschlecht. Weiterhin soll der *Comply-or-Explain*-Ansatz greifen, wenn eine Gesellschaft diese Geschlechterrichtwerte nicht erfüllt. Eine wesentliche Erleichterung sehen die Eckwerte für die Gründung einfach strukturierter Kapitalgesellschaften vor. In Zukunft soll für diese die Pflicht zur öffentlichen Beurkundung entfallen.

3.   Die Botschaft 2016

a.   *Einleitung*

208   Der Bundesrat hat am 23. November 2016 die neue Botschaft zur «grossen» Aktienrechtsrevision zuhanden des Parlaments verabschiedet. Um eine gewisse Rechtssicherheit zu schaffen, hatte er bereits am 4. Dezember 2015 die Eckwerte des neuen Aktienrechts beschlossen und veröffentlicht (s. oben). Damit blieben auch grössere Überraschungen aus. Im Zentrum der Aktienrechtsreform stehen eine flexiblere Ausgestaltung der Gründungs- und Kapitalvorschriften, die Stärkung der Aktionärsrechte, die massvolle Umsetzung der Vergütungsvorschriften (VegüV), die Schaffung von Transparenz bei Finanzströmen in der Rohstoffbranche, die Einführung von Richtwerten für die Vertretung beider Geschlechter im obersten Kader grosser börsenkotierter Gesellschaften zur Förderung der Gleichstellung zwischen Mann und Frau, die Verbesserung der «Frühwarnsysteme» bei der Sanierung im OR und die Anpassung des Obligationenrechts an das per 1. Januar 2013 in Kraft getretene Rechnungslegungsrecht.

209   Einige Vorschläge des Vorentwurfs stiessen in der Vernehmlassung auf eine deutliche Ablehnung (ausführlich POGGIO/ZIHLER, 1 ff.). Der Bundesrat verzichtet deshalb auf besonders umstrittene Einzelpunkte. Dazu gehören insbesondere die Vorschläge zur Abschaffung der Möglichkeit zur Teilliberierung und der Buchwertkonsolidierung sowie die Vorschläge zur Einführung einer Bonus-/Malusdividende für aktive respektive passive Aktionäre, einer Prüfpflicht bei der Rückzahlung gesetzlicher Reserven (insb. Agio), eines elektronischen Aktionärsforums, der Klage auf Kosten der Gesellschaft und der Vorschlag zur Ausdehnung der

Organverantwortlichkeit auf die unabhängige Stimmrechtsvertretung (vgl. Botschaft Aktienrechtsentwurf 2016, 426 ff.).

Bezüglich der Umsetzung von Art. 95 Abs. 3 BV hält sich der Bundesrat weitgehend an die Bestimmungen der VegüV. Er verzichtet grösstenteils auf die über die VegüV hinausgehenden Bestimmungen des Vorentwurfs, insbesondere auf das Verbot prospektiver Abstimmungen über variable Vergütungen (ausführlich Kap. § 9, N 225), die Pflicht, das Verhältnis zwischen fixen und variablen Vergütungen in den Statuten festzulegen, auf die Einzeloffenlegung der Vergütungen der Geschäftsleitungsmitglieder und die Einführung vergütungsspezifischer Sorgfaltspflichten für die geschäftsführenden Organe. 210

Keinen Handlungsbedarf sieht der Bundesrat im Bereich der Dispoaktien. Wie im Vorentwurf verzichtet er auch im Entwurf auf einen Regulierungsvorschlag (vgl. Botschaft Aktienrechtsentwurf 2016, 446). Im Gegensatz zum Revisionsentwurf 2007, der die Problematik rund um die Dispoaktien hochstilisierte (s. Botschaft Aktienrechtsentwurf 2007, 1619 ff.), scheint eine Regulierung der Dispoaktien nicht mehr dringlich zu sein (s. Vernehmlassungsbericht 2014, 17). Darüber hinaus konnten die bereits mit dem ersten Entwurf besprochenen Lösungsansätze (vgl. Botschaft Aktienrechtsentwurf 2007, 1619 ff.) – darunter das vom Ständerat gutgeheissene *Nominee*-Modell[59] von PETER BÖCKLI und JAN BANGERT – nicht vollends überzeugen (Botschaft Aktienrechtsentwurf 2016, 442 ff.; dazu auch HÄUSERMANN, 220 ff.). 211

b.   Gründungs- und Kapitalvorschriften

Die Aktienrechtsreform sieht zahlreiche Liberalisierungen bei den Gründungs- und Kapitalvorschriften der Aktiengesellschaft vor. Zu den auffallendsten Neuerungen gehört sicherlich das Kapitalband (s. oben N 192), dass das Aktienkapital nicht mehr zwingend auf Schweizer Franken lauten muss (Art. 621 E-OR) und dass die Aktien nur noch einen Nennwert aufweisen müssen, der grösser ist als null (Art. 622 Abs. 4 E-OR). Auch die Regeln über die ordentliche und bedingte Kapitalerhöhung sowie die Kapitalherabsetzung sollen gemäss bundesrätlichem Entwurf punktuell überarbeitet werden (s. dazu VON DER CRONE/ ANGSTMANN, 2 ff.). 212

Die Bestimmungen zur Liberierung durch Sacheinlagen oder Sachübernahmen werden im Entwurf komplett überarbeitet. Teilweise handelt es sich um Präzisierungen, teilweise um materielle Änderungen (s. Art. 634 ff. E-OR). So soll die in 213

---

[59]   Privatgutachten für die Wirtschaftsverbände vom 26. August 2008 (verfügbar auf: http://www.swissholdings.ch/fileadmin/kundendaten/Dokumente/Archiv_Vernehmlassungen-Kapital/Erlaeuterungen_final.pdf, Stand 13. Dezember 2016).

Art. 628 Abs. 2 OR geregelte «beabsichtigte Sachübernahme» zukünftig nicht mehr einen qualifizierten Tatbestand bei der Gründung oder Kapitalerhöhung darstellen (Botschaft Aktienrechtsentwurf 2016, 487).

214   Für viel Diskussionsstoff sorgte der Vorschlag zur Abschaffung der öffentlichen Beurkundung bei einfach strukturierten Gesellschaften. Art. 629 Abs. 4 E-OR hält fest, dass bei der Gründung einer Aktiengesellschaft auf das Erfordernis der öffentlichen Beurkundung verzichtet werden kann, wenn die Statuten ausschliesslich den gesetzlich vorgeschriebenen Mindestinhalt enthalten, das Aktienkapital auf Franken lautet und die Einlagen vollständig geleistet werden. Diese Erleichterung gilt auch für die GmbH.

215   Ins Auge sticht zudem, dass das Aktienrecht immer mehr zu einem «Zweiklassen-aktienrecht» verkommt. Der Entwurf sieht diesbezüglich weitere Unterscheidungen zwischen börsenkotierten und nicht börsenkotierten Gesellschaften vor, u.a. bei der Beschlussfassung für die Zusammenlegung von Aktien (Art. 625 Abs. 2 E-OR), den Schwellenwerten für die Sonderuntersuchung, die Einberufung der GV und das Traktandierungs- und Antragsrecht (Art. 697d E-OR, 699, 699b E-OR) und der massgeblichen Zeitdauer für Massnahmen bei drohender Zahlungsunfähigkeit (dazu Kap. § 9, N 128 ff.). Eine wesentliche Unterscheidung zwischen börsenkotierten und nicht börsenkotierten Gesellschaften trifft der Entwurf auch beim Partizipationskapital. Während das geltende Recht festlegt, dass das Partizipationskapital das Doppelte des Aktienkapitals nicht übersteigen darf, soll diese Schwelle in Zukunft nur noch für nicht börsenkotierte Gesellschaften gelten (s. Art. 656b Abs. 1 E-OR). Börsengesellschaften erhalten dadurch einen grösseren Spielraum bei der Ausgestaltung ihrer Kapitalstrukturen, da sie ihr PS-Kapital unabhängig von der Höhe ihres Aktienkapitals festsetzen könnten (s. Botschaft Aktienrechtsentwurf 2016, 518). Bei der Berechnung der Höchstgrenze für den Rückkauf eigener Aktien wird das PS-Kapital nicht mehr zum Aktienkapital hinzugerechnet, sondern getrennt behandelt, um Umgehungen von Art. 659 ff. OR zu verhindern.

c.   Stärkung der Aktionärsrechte

216   Mit der wieder aufgenommenen Aktienrechtsrevision verfolgt der Gesetzgeber unter anderem die Verbesserung der Corporate Governance – auch bei Gesellschaften, die nicht an der Börse kotiert sind. Zwar halten sowohl der erläuternde Bericht zum Vorentwurf 2014 als auch die Botschaft 2016 fest, dass eine gute Corporate Governance ein funktionales Gleichgewicht zwischen den verschiedenen Organen der Gesellschaft bezwecke *(checks and balances)*, einem allgemeinen Trend entsprechend lässt sich jedoch eine Kompetenzverschiebung vom Verwaltungsrat zur Generalversammlung erkennen (vgl. auch FORST-

MOSER/KÜCHLER, 86 ff.). Eines der Hauptziele der laufenden Revision ist die Verbesserung der Mitwirkungs- und Informationsrechte der Aktionäre.

aa.   Senkung der Schwellenwerte

Zur Stärkung des Minderheitenschutzes sieht der Entwurf bei börsenkotierten Gesellschaften unter anderem eine deutliche Senkung der Schwellenwerte für das Recht auf eine Sonderuntersuchung von zehn Prozent auf drei Prozent des Aktienkapitals oder der Stimmen (vgl. Art. 697*d* Abs. 1 Ziff. 1 E-OR) und das Recht auf Einberufung einer GV von zehn Prozent auf fünf Prozent des Aktienkapitals oder der Stimmen vor (vgl. Art. 699 Abs. 3 Ziff. 1 E-OR). Der Vorentwurf sah bezüglich des Einberufungsrechts sogar eine noch tiefere Schwelle (3%) vor (s. Bericht VE-OR 2014, 46). Für das Traktandierungs- und Antragsrecht wird eine Senkung von zehn Prozent[60] auf 0,5 Prozent des Aktienkapitals oder der Stimmen vorgeschlagen (vgl. Art. 699*b* Abs. 1 Ziff. 1 E-OR; im Vergleich zum Vorentwurf wurde die Schwelle jedoch erhöht, s. Botschaft Aktienrechtsentwurf 2016, 457 ff.). 217

Auch bei privaten Gesellschaften hält der Entwurf 2016 eine Erleichterung der Ausübung des Tranktandierungs- und Antragsrechts für angemessen und empfiehlt eine Senkung des Schwellenwerts von zehn Prozent[61] auf fünf Prozent des Aktienkapitals oder der Stimmen (vgl. Art. 699*b* Abs. 1 Ziff. 2 OR; im Vergleich zum Vorentwurf wurde die Schwelle auch in diesem Fall erhöht, s. Botschaft Aktienrechtsentwurf 2016, 457 ff.). 218

bb.   Informationsrechte

Bei nicht kotierten Gesellschaften sollen zudem die Informationsrechte der Aktionäre verbessert werden. Den Aktionären nicht kotierter Gesellschaften stehen im Gegensatz zu denjenigen kotierter Gesellschaften, bei denen bereits heute die Informationslage aufgrund strengerer Berichterstattungspflichten (Art. 663*b*[bis] OR[62]; Art. 663*c* OR[63]; Art. 962 Abs. 1 Ziff. 1 OR) und der 219

---

[60]   Obwohl das OR für das Traktandierungsrecht in Art. 699 Abs. 3 keine Prozentklausel statuiert, hat sich in der Lehre analog der Schwelle beim Einberufungsrecht die Schwelle von 10% des Aktienkapitals oder der Stimmen etabliert (s. dazu MÜLLER/LIPP/PLÜSS [2011], 589 f., mit weiteren Verweisen auf die h.L.).

[61]   Vgl. ebd.

[62]   Wie in der VegüV vorgesehen, sollen zukünftig Informationen zu den Vergütungen an VR- und GL-Mitglieder in einem separaten Vergütungsbericht veröffentlicht werden (vgl. Art. 734 ff. VE-OR).

[63]   Wird aufgehoben, da bereits mit Art. 120 FinfraG (ehemals Art. 20 BEHG) und Art. 959*c* Abs. 2 Ziff. 11 OR erfüllt.

Anforderungen der Börse auf einem hohen Stand ist, bescheidenere Mittel zur Verfügung, um an gesellschaftsrelevante Informationen zu gelangen.

220 Nach geltendem Recht ist jeder Aktionär berechtigt, an der GV vom Verwaltungsrat Auskunft über die Angelegenheiten der Gesellschaft und von der Revisionsstelle über Durchführung und Ergebnis der Prüfung zu verlangen (Art. 697 Abs. 1 OR), sofern die Auskunftserteilung für die Ausübung der Aktionärsrechte erforderlich ist und nicht die Interessen der Gesellschaft gefährdet (Art. 697 Abs. 2 OR).

221 Der Entwurf sieht ein weiter gehendes Auskunftsrecht vor, welches Aktionäre ausserhalb der GV ausüben können (vgl. Botschaft Aktienrechtsentwurf 2016, 539 ff.). Vorgesehen ist, dass jeder Aktionär das Recht haben soll, vom Verwaltungsrat schriftlich Auskunft über die Angelegenheiten der Gesellschaft zu verlangen, sofern er alleine oder mit anderen Aktionären zusammen fünf Prozent des Aktienkapitals oder der Stimmen vertritt[64] und die Auskunftserteilung zur Ausübung der Aktionärsrechte erforderlich ist und keine Geschäftsgeheimnisse oder anderen vorrangigen Interessen der Gesellschaft entgegenstehen (Art. 697 Abs. 2 und 4 E-OR). Der VR müsste die Anfragen innerhalb von vier Monaten beantworten und spätestens an der nächsten GV zur Einsicht auflegen (Art. 697 Abs. 3 E-OR).

222 Neben dem Auskunftsrecht sieht der geltende Art. 697 Abs. 3 OR für den Aktionär ein Einsichtsrecht vor, welches ihm bei berechtigtem Interesse ermöglicht, Einsicht in die Akten der Gesellschaft zu nehmen, die für eine Beurteilung der Lage der Gesellschaft relevant sind (vgl. FORSTMOSER/MEIER-HAYOZ/NOBEL, § 40 N 192 ff. und DRUEY/DRUEY JUST/GLANZMANN, § 11 N 49 ff.). Dem Einsichtsrecht wird im Entwurf neu ein eigener Artikel gewidmet (Art. 697a E-OR). Dies ergibt insofern Sinn, als das Recht auf Einsicht und das Recht auf Auskunft einen verschiedenen Inhalt haben und auch das für die Geltendmachung einzuhaltende Verfahren Unterschiede aufweist (vgl. BGE 132 III 71 E. 2.1). Die Voraussetzungen zur Ausübung des Einsichtsrechts sind dieselben wie beim Auskunftsrecht.

cc.   Recht auf Einberufung einer Sonderprüfung

223   Mit der Aktienrechtsrevision von 1991 wurde das Recht auf Einleitung einer Sonderprüfung eingeführt. Die Sonderprüfung war als Instrument der Aktionäre gedacht, sich im Hinblick auf eine angestrebte Verantwortlichkeitsklage Informationen zu beschaffen, um den Nachweis für das Vorliegen von Haftungsvoraussetzungen zu erbringen bzw. die Prozessrisiken besser abschätzen zu können (s. Botschaft Aktienrecht 1991, 834 f.).

---

[64]   Im Vorentwurf war noch keine Schwelle vorgesehen (s. Bericht VE-OR 2014, 43).

Nach geltendem Recht kann jeder Aktionär mit der Genehmigung der Generalver-   224
sammlung beantragen, «bestimmte Sachverhalte durch eine Sonderprüfung abklären zu lassen, sofern dies zur Ausübung der Aktionärsrechte erforderlich ist und
er das Recht auf Auskunft oder das Recht auf Einsicht bereits ausgeübt hat»
(Art. 697*a* Abs. 1 OR). Ohne Zustimmung der GV können nur Aktionäre, die
zusammen mindestens zehn Prozent des Aktienkapitals oder Aktien im Nennwert
von CHF 2 Mio. vertreten, innert dreier Monate den Richter ersuchen, einen Son-
derprüfer einzusetzen (Art. 697*b* Abs. 1 OR). Als zusätzliche Voraussetzung
kommt hinzu, dass dem Antrag auf eine Sonderprüfung ein Auskunfts- oder Ein-
sichtsbegehren an der GV vorausgegangen sein muss (BGE 138 III 252 E. 3.1).

In der Praxis haben sich die Hürden für eine Sonderprüfung generell als zu hoch   225
erwiesen, weshalb das Institut der Sonderprüfung weitgehend ohne Bedeutung
blieb (s. Erläuternder Bericht 2014, 113; vgl. auch DRUEY/DRUEY JUST/GLANZ-
MANN, § 11 N 57 f.). Erschwerend kommt hinzu, dass Aktionäre, die dem Entlastungsbeschluss der Generalversammlung nicht zugestimmt haben, innerhalb von
sechs Monaten ihr Klagerecht (Verantwortlichkeit) ausüben müssen (Art. 758
Abs. 2 OR). Diese Sechsmonatsfrist ist zu kurz, um eine Klage auf den Bericht
einer Sonderprüfung abzustützen und so ein gezieltes Vorgehen zu ermöglichen
(FORSTMOSER, Verantwortlichkeit, 205).

Der Entwurf 2016 sieht zumindest für börsenkotierte Gesellschaften eine Sen-   226
kung des Schwellenwerts für die Ausübung des Rechts auf eine Sonderprüfung
von zehn Prozent auf drei Prozent vor (Art. 697*d* Abs. 1 Ziff. 1 E-OR). Im Unterschied zum geltenden Recht soll zukünftig die Glaubhaftmachung eines bereits
eingetretenen Schadens nicht Voraussetzung sein, sondern es reicht aus, dass eine
Rechtsverletzung geeignet ist, einen Schaden zu bewirken (Botschaft Aktienrechtsentwurf 2016, 544). Materiell weitgehend unverändert bleiben hingegen die
Bestimmungen zur Einleitung, Durchführung und Kostentragung der Sonderuntersuchung (Art. 697*c*–Art. 697*h*^bis OR; vgl. Botschaft Aktienrechtsentwurf 2016,
545 ff.).

     dd.   Aktionärsklagen

     Einen dringenden Reformbedarf sieht der Vorentwurf bei den   227
Aktionärsklagen, da sich sowohl die Rückerstattungsklage (Art. 678 OR) als auch
die Verantwortlichkeitsklagen (Art. 752 ff. OR) als nicht praktikabel erwiesen
(Bericht VE-OR 2014, 47 ff.). Pflichtverletzungen der Organe bleiben deshalb oft
ohne Folgen, zumindest solange die Gesellschaft nicht in Konkurs fällt (s. auch
FORSTMOSER, Verantwortlichkeit, 197 ff.).

i.   Die Rückerstattungsklage

228   Der persönliche und sachliche Geltungsbereich der Rückerstattungsklage wird im Entwurf präzisiert (Art. 678 E-OR). Vom persönlichen Geltungsbereich werden neu ausdrücklich auch die mit der Geschäftsführung befassten Personen und die Mitglieder des Beirats umfasst, um eine Umgehung der Rückerstattungspflicht zu verhindern (Botschaft Aktienrechtsentwurf 2016, 528). Der sachliche Geltungsbereich wird erweitert durch Vergütungen, gesetzliche Kapital- und Gewinnreserven und andere Rückzahlungen. In Absatz 2 der Bestimmung wird zudem klar hervorgehoben, dass die Übernahme von Vermögenswerten von den oben genannten Personen zu offensichtlich nicht marktüblichen Bedingungen zulasten der Gesellschaft ebenfalls einen Rückerstattungsanspruch der Gesellschaft begründet.

229   Auch die Geltendmachung des Anspruchs auf Rückerstattung soll erleichtert werden. Bösgläubigkeit beim Empfänger der Leistung wird nicht mehr vorausgesetzt. Ebenso ist die Situation der Gesellschaft kein Tatbestandsmerkmal mehr, wenn es um die Rückerstattung von Leistungen geht, bei denen ein offensichtliches Missverhältnis zwischen Leistung und Gegenleistung besteht. Hinsichtlich des Umfangs der Rückerstattung verweist der Entwurf auf Art. 64 OR, was zur Rechtssicherheit beiträgt.

230   In Konzernverhältnissen wird die Klagelegitimation auf die Gesellschaftsgläubiger ausgedehnt. Art. 678 Abs. 4 E-OR sieht vor, dass auch diese die Rückerstattung an die Gesellschaft verlangen können, wenn die ungerechtfertigten Leistungen innerhalb eines Konzerns erfolgen.

231   Sodann wird die Verjährungsfrist an das Bereicherungsrecht (Art. 67 OR) angepasst. Vorgesehen ist die Einführung einer kurzen relativen Frist (drei Jahre) und einer längeren absoluten Frist (zehn Jahre) (Art. 678a E-OR).

ii.   Die Verantwortlichkeitsklagen

232   Nach geltendem Recht können die Verantwortlichkeitsklagen des Aktienrechts (Art. 752 ff. OR) von der Gesellschaft, aber auch von einzelnen Aktionären erhoben werden. Die Aktionäre müssen jedoch trotz des Prozesskostenrisikos, das sie tragen, auf Leistung an die Gesellschaft klagen (Art. 756 Abs. 1 OR). Vor allem bei börsenkotierten Gesellschaften mit einem breit gestreuten Aktionariat ist der wirtschaftliche Vorteil des klagenden Aktionärs daher sehr gering, weshalb Verantwortlichkeitsklagen ausserhalb eines Konkurses eher die Ausnahme bleiben (vgl. FORSTMOSER/KÜCHLER, Aktienrecht, 91, m.w.H.).

Der Vorentwurf für die Aktienrechtsrevision sah die Möglichkeit der Anhebung   233
einer Verantwortlichkeitsklage auf Kosten der Gesellschaft vor (vgl. Art. 697*j* und
697*k* VE-OR). Aufgrund der Vernehmlassungsergebnisse teilte der Bundesrat bei
der Bekanntgabe der Eckwerte für das neue Aktienrecht jedoch mit, dass auf dieses Recht verzichtet werde (s. oben N 207).

Auch Verantwortlichkeitsklagen durch die Gesellschaft sind eher selten. Ein   234
Grund dafür ist, dass sich der Verwaltungsrat, der über die Anhebung der Klage
entscheidet, oftmals in einem Interessenkonflikt befindet, da er gegen seine aktuellen oder ehemaligen Mitglieder, gegen die Mitglieder der Geschäftsleitung oder
gegen die Revisoren vorzugehen hat, und dabei riskiert, dass Missstände in seiner
Organisation bzw. die Verletzung seiner Geschäftsleitungs- und Überwachungs-
pflichten aufgedeckt werden (vgl. Bericht VE-OR 2014, 48). Um dem entgegenzuwirken, sieht der Entwurf vor, dass die GV darüber entscheiden können soll, ob
die Gesellschaft eine Verantwortlichkeitsklage erhebt und ob der VR oder ein
anderer Vertreter mit der Prozessführung betraut wird (Art. 756 Abs. 2 E-OR).

Um eine gute Ausübung der Aktionärsrechte zu garantieren, sieht der Entwurf des   235
Weiteren vor, dass die Frist zur Einreichung einer Verantwortlichkeitsklage für
die Aktionäre, die dem Entlastungsbeschluss nicht zugestimmt haben, von sechs
Monaten auf zwölf Monate nach dem Entlastungsbeschluss erstreckt wird
(Art. 758 Abs. 2 E-OR). Zudem soll die Frist während des Verfahrens auf Anord-
nung der Durchführung einer Sonderuntersuchung stillstehen.

> *d.   Sanierung im OR*

> Zu den Reformvorschlägen zur Sanierung im OR Kap. § 9,   236
N 128 ff.

> *e.   Umsetzung von Art. 95 Abs. 3 BV und der VegüV*

> Mit der Revision sollen die Bestimmungen der VegüV auf eine   237
formell-gesetzliche Stufe überführt werden. Aufgrund der Vernehmlassungsergebnisse hat sich der Bundesrat grundsätzlich für eine «VegüV-nahe» Umsetzung
von Art. 95 Abs. 3 BV entschieden (vgl. auch VON DER CRONE/ANGSTMANN, 2).

Das OR soll zukünftig klar festlegen, welche Vergütungen zulässig sind und wel-   238
che nicht (Art. 735*c* E-OR). Antrittsprämien, welche einen nachweisbaren finanziellen Nachteil kompensieren, z.B. den Verlust werthaltiger Ansprüche gegenüber dem bisherigen Arbeitgeber oder Auftraggeber, sind schon nach geltendem
Recht keine unzulässigen Vergütungen (vgl. Art. 735*c* Abs. 1 Ziff. 5 E-OR).
Ebenfalls ausdrücklich geregelt wird, dass Karenzentschädigungen aufgrund eines

geschäftsmässig begründeten Konkurrenzverbotes zulässig sind (vgl. Art. 735c Abs. 1 Ziff. 2 E-OR).

239   Die in der VegüV verankerten Strafbestimmungen werden in Art. 154 E-StGB und in Art. 76 E-BVG überführt. Sie regeln zukünftig die Strafbarkeit der VR- und Geschäftsleitungsmitglieder börsenkotierter Gesellschaften und die Strafbarkeit bei Vorsorgeeinrichtungen (bisher Art. 24 und 25 VegüV). Die Strafnormen sind wie schon im Vorentwurf als Offizialdelikte ausgestaltet (Botschaft Aktienrechtsentwurf 2016, 450 f.). Die Strafdrohungen des Art. 95 Abs. 3 BV werden zudem präzisiert, da nicht alle zu sanktionierenden Verhaltensweisen den gleichen Unrechtsgehalt aufweisen.

f.   Anpassung der Rechnungslegungsbestimmungen

240   Mit der Aktienrechtsreform will der Gesetzgeber Bestimmungen aus dem OR, insbesondere diejenigen zu den Reserven, mit dem am 1. Januar 2013 in Kraft getretenen Rechnungslegungsrecht abstimmen, dazu gehört auch die Streichung der letzten übrig gebliebenen aktienrechtlichen Rechnungslegungsvorschriften (Art. 663b^{bis}, 663c und 670 OR), gleichzeitig erfahren die Rechnungslegungsbestimmungen (Art. 957 ff. OR) aufgrund der Aktienrechtsreform selbst gewisse Anpassungen.

241   Der Entwurf unterscheidet zwischen Kapital- und Gewinnreserven, bei Letzteren wiederum zwischen gesetzlichen und freiwilligen Gewinnreserven, was eine deutliche Verbesserung darstellt, da diese Abgrenzungen mit dem neuen Rechnungslegungsrecht korrelieren (s. Art. 959a Abs. 2 Ziff. 3 lit. b–d OR). Bei den gesetzlichen Kapitalreserven handelt es sich um Mittel, die von Eigenkapitalgebern der Gesellschaft geleistet werden, zu denen neu ausdrücklich auch weitere durch Inhaber von Beteiligungspapieren geleistete Einlagen und Zuschüsse zu zählen sind (s. Art. 671 Abs. 1 Ziff. 1–3 E-OR). Dieser Vorschlag steht im Zusammenhang mit der Unternehmenssteuerreform II und der Einführung des sog. Kapitaleinlageprinzips (Art. 20 Abs. 3 DBG; dazu Kap. § 15, N 116). Die Buchung dieser Einlagen und Zuschüsse in die gesetzlichen Kapitalreserven hat den Vorteil, dass aus der Bilanz ersichtlich ist, dass diese Mittel nicht aus unternehmerischer Tätigkeit stammen (Botschaft Aktienrechtsentwurf 2016, 522).

242   Die Rückzahlung gesetzlicher Kapital- und Gewinnreserven an die Aktionäre wird entsprechend der neusten Rechtsprechung des Bundesgerichts liberalisiert (vgl. BGE 140 533 E. 6.2.2). Die Bestimmung hält zur Verwendung der Kapitalreserven nur noch fest, dass diese an die Aktionäre zurückbezahlt werden dürfen, wenn die gesetzlichen Kapital- und Gewinnreserven die Hälfte bzw. 20 Prozent (Holdinggesellschaften) des im Handelsregister eingetragenen Aktienkapitals übersteigen (Art. 671 Abs. 2 und 3 E-OR). Der Hinweis, dass die gesetzlichen Kapitalre-

serven für Massnahmen zur Weiterführung des Unternehmens bei schlechtem Geschäftsgang sowie zur Bekämpfung der Arbeitslosigkeit und Milderung ihrer Folgen verwendet werden können (Art. 671 Abs. 3 OR), soll hingegen ersatzlos gestrichen werden.

Art. 672 und 673 E-OR regeln die gesetzlichen und die freiwilligen Gewinnreser-   243
ven. Die gesetzlichen Gewinnreserven umfassen sämtliche Reserven, die aus einbehaltenen Gewinnen der Gesellschaft gebildet werden (Botschaft Aktienrechtsentwurf 2016, 524). Diesen sind fünf Prozent des Jahresgewinns zuzuweisen, bis sie zusammen mit den gesetzlichen Kapitalreserven die Hälfte des im HReg. eingetragenen Aktienkapitals erreichen (Art. 672 Abs. 1 u. 2 E-OR). Zur Verwendung wird auf die gesetzlichen Kapitalreserven verwiesen.

Der Bildung von freiwilligen Reserven soll nur erlaubt sein, wenn das dauernde   244
Gedeihen des Unternehmens unter Berücksichtigung der Interessen aller Aktionäre dies rechtfertigt (Art. 673 Abs. 2 E-OR). Als Bestimmung zum Minderheitenschutz (Schutz vor «Aushungerung» von Personen mit Minderheitsbeteiligungen; s. Botschaft Aktienrechtsentwurf 2016, 524) gedacht, taugt sie für diesen Zweck nur bedingt, da dem Unternehmen bezüglich Abschreibungen, Wertberichtigungen und Rückstellungen weiterhin ein beachtlicher Handlungsspielraum verbleibt (s. dazu Kap. § 6 N 73 f.).

Art. 671a OR zu den Reserven für eigene Aktien soll aufgehoben werden, da sich   245
diese Pflicht bereits aus Art. 659b Abs. 2 OR ergibt (s. Botschaft Aktienrechtsentwurf 2016, 523 f.).

g.   Geschlechterrichtwerte

aa.   Politische Ausgangslage

Eine Materie, die im Zuge der Aktienrechtsreform neu ins Ge-   246
setz aufgenommen werden soll, sind Richtwerte für die Vertretung beider Geschlechter in VR und Geschäftsleitung. In der ersten Botschaft 2007 waren noch keine Bestimmungen zur Zusammensetzung des Verwaltungsrates und keine entsprechenden Transparenzvorschriften für Gender Diversity in der Unternehmensführung vorgesehen (WATTER, 290; FORSTMOSER, Aktienrechtsreform, 41). Ab 2009 gewann das Thema jedoch schnell an politischer Aktualität, da mehrere von Nationalrätinnen eingereichte Motionen, Postulate und Initiativen eine ausgewogene Vertretung der Geschlechter im Verwaltungsrat forderten (RIOULT, 206 f.). Am weitesten ging dabei die parlamentarische Initiative von SUSANNE LEUTEN-BERGER-OBERHOLZER, die eine Geschlechterquote von 40 Prozent für den Verwaltungsrat von börsenkotierten Gesellschaften verlangte. Sollten Unternehmen

diese Quote nicht erfüllen, wären sie von der Börse zu dekotieren.[65] Dieser Initiative wurde, wie allen anderen Vorstössen, nicht Folge geleistet. Der Bundesrat erklärte jedoch 2013 in seiner ablehnenden Antwort auf eine der Motionen, dass er das Thema in der Aktienrechtsrevision aufnehmen und es deswegen nicht separat behandeln wolle.

bb.   Geplante Gesetzesbestimmung

247   Im Vorentwurf vom 28. November 2014 hat sich der Bundesrat erstmalig zur geplanten Bestimmung bezüglich Gender Diversity geäussert. In Art. 734e VE-OR war vorgesehen, dass in börsenkotierten Gesellschaften, die die KMU-Schwellenwerte überschreiten, beide Geschlechter mindestens zu 30 Prozent im Verwaltungsrat und in der Geschäftsleitung vertreten sein sollen. Sofern die Gesellschaften diese Vorgabe nicht erreichen, haben sie im Vergütungsbericht die Gründe anzugeben, weshalb die Geschlechter nicht je zu mindestens 30 Prozent vertreten sind. Ausserdem sind im Vergütungsbericht die Massnahmen zur Förderung des weniger stark vertretenen Geschlechts zu erläutern. In Art. 5 VE UeBest. war eine Übergangsfrist von fünf Jahren ab Inkrafttreten des neuen Rechts vorgesehen.

248   Im erläuternden Bericht des Bundesrats wird darauf hingewiesen, dass die geplante Geschlechterquote dem Grundsatz von *comply or explain* folgt (Bericht VE-OR 2014, 151). Der Richtwert von 30 Prozent soll die Wirtschaft zur aktiven und umfassenden Kaderförderung von Frauen motivieren (Bericht VE-OR 2014, 152). Gemäss Ausführungen des Bundesrats wird durch diese Vorgabe der Handlungsspielraum des Verwaltungsrates und der Geschäftsleitung nicht unverhältnismässig eingeschränkt (Bericht VE-OR 2014, 152). Den Gesellschaften wird ein ausreichender Spielraum zur Abweichung von den Geschlechterrichtwerten gelassen (vgl. Botschaft Aktienrechtsentwurf 2016, 455; s.a. RIOULT, 210 ff. und 240; SCHENKER, 475 ff.; JUNOD, 385 f. und 394; GROSZ, 532 ff.). Zudem soll den Gesellschaften durch die relativ lange Übergangsfrist von fünf Jahren genügend Zeit gegeben werden, sich an die neuen Bestimmungen anzupassen (Bericht VE-OR 2014, 206).

249   Basierend auf der Tatsache, dass die Regulierungsfolgenabschätzungen (RFA) von zwei Wirtschaftsfachhochschulen[66] die Geschlechterrichtwerte des Vorentwurfs für angemessen erklärt haben, hat sich der Bundesrat am 4. Dezember 2015 –

---

[65]   Parlamentarische Initiative 12.469, Verwaltungsräte der börsenkotierten Unternehmen. Gleichmässige Vertretung von Frauen und Männern. Änderung des Börsengesetzes.

[66]   Haut école de gestion Arc, Neuchâtel/Zürcher Hochschule für Angewandte Wissenschaften, Analyse d'impact de la règlementation relative à la modernisation du droit de la société anonyme, rapport final, 30 septembre 2015.

trotz den mehrheitlich negativen Vernehmlassungsergebnissen – für die Beibehaltung der Geschlechterrichtwerte ausgesprochen und die eingeschlagene Richtung der regulierten Selbstregulierung beibehalten.[67] Im Unterschied zum Vorentwurf differenziert der Entwurf allerdings zwischen dem VR und der Geschäftsleitung: So sieht Art. 734*f* E-OR vor, dass bei grossen börsenkotierten Gesellschaften im jährlichen Vergütungsbericht gewisse Angaben zu machen sind, sofern nicht jedes Geschlecht mindestens zu 30 Prozent im VR bzw. zu 20 Prozent in der Geschäftsleitung vertreten ist. Ausserdem gilt die Pflicht zur Berichterstattung für den VR spätestens ab dem Geschäftsjahr, das fünf Jahre nach Inkrafttreten des neuen Rechts beginnt, und für die Geschäftsleitung zehn Jahre nach Inkrafttreten des neuen Rechts (Art. 4 E. UeBest. E-OR). Diese Differenzierung scheint gerechtfertigt, da in der Geschäftsleitung mehr spezifische Branchenkenntnisse erforderlich sind und Geschäftsleitungsmitglieder oft intern gefördert werden, sodass eine Beförderung in die Geschäftsleitung im Durchschnitt erst nach rund 13 Jahren erfolgt. Dem internen Talentmanagement soll beim Richtwert für die Geschäftsleitung genügend Zeit eingeräumt werden (Botschaft Aktienrechtsentwurf 2016, 455). Überdies wird darauf verzichtet, einen separaten Bericht betreffend die Einhaltung der Geschlechterrichtwerte vorzusehen. Mit der Anknüpfung an den bereits bestehenden Vergütungsbericht wird die Einführung eines neuen Instruments ins Aktienrecht vermieden. Dies wird als elegante Lösung eingestuft (s. SCHENKER, 475).

cc.   Gesellschaftlicher und internationaler Hintergrund

In der Botschaft zur Änderung des Obligationenrechts von   250
2016 nimmt der Bundesrat Bezug sowohl auf aktuelle Studien im Bereich Gender Diversity in der Unternehmensführung als auch auf internationale Entwicklungen, um seinen Vorschlag zu rechtfertigen (Botschaft Aktienrechtsentwurf 2016, 452 ff.). So ist dem am 8. März 2016 zum elften Mal veröffentlichten *Schillingreport*[68] zu entnehmen, dass es in den VR der 100 grössten Schweizer Unternehmen zwar mit 16 Prozen mehr Verwaltungsrätinnen gibt als im Vorjahr (15%), der Frauenanteil unter den neuen Mitgliedern des VR mit 23 Prozent allerdings geringer ausfällt als im Vorjahr (33%). Zudem fällt der Befund auf Geschäftsleitungsebene ernüchtern aus. Nur 4 Prozent aller neu gewählten Geschäftsleitungsmitglieder waren laut der Analyse im *Schillingreport* Frauen (2015 waren es noch 9%); dies bedeutet, dass der Frauenanteil auf bescheidenen 6 Prozent stagniert.[69]

---

[67]   Medienmitteilung des Bundesrats vom 4. Dezember 2015.
[68]   Schillingreport 2016 der Guido Schilling AG, Transparenz an der Spitze, die Geschäftsleitungen und Verwaltungsräte der 100 grössten Schweizer Unternehmen im Vergleich.
[69]   Medienmitteilung vom 8. März 2016 mit den wichtigsten Erkenntnissen des *Schillingsreports* 2016.

251 Auch im internationalen Vergleich hinkt die Schweiz gemäss einer Studie von Ernst & Young in Bezug auf die Vertretung der Frauen in den Führungsgremien hinterher und belegt bei der Besetzung der Geschäftsleitung lediglich Rang 56 (von 59). Beim Anteil der Verwaltungsrätinnen sieht es etwas besser aus, hier belegt die Schweiz immerhin Rang 42.[70] Diese Entwicklung überrascht nicht, wenn man sich vor Augen führt, dass im internationalen Umfeld klare Bestrebungen erkennbar sind, den Frauenanteil in VR und Geschäftsleitung zu erhöhen. So hat die EU-Kommission am 14. November 2012 einen Vorschlag für einen gesetzlich zu verankernden Richtwert für die Vertretung beider Geschlechter im VR verabschiedet.[71] Gemäss dem Richtlinienvorschlag sollte als Zielvorgabe vorgesehen werden, dass das unterrepräsentierte Geschlecht 40 Prozent der Aufsichtsratsmitglieder bzw. der nicht geschäftsführenden Direktoren in börsenkotierten Unternehmen stellen soll. Das EU-Parlament stimmte am 20. November 2013 dem entsprechenden Vorschlag mit bedeutenden Abänderungen zu. Insbesondere wurde 40 Prozent als Zielgrösse und nicht mehr als starre Quote verankert. Die Zustimmung des Ministerrats steht noch aus und ist ungewiss, obwohl in Europa bereits etliche Staaten einen Geschlechterrichtwert gesetzlich verankert haben. So hat bspw. Norwegen bereits 2003 eine Gesetzesbestimmung erlassen, die der Initiative LEUTENEGGER-OBERHOLZER sehr nahekommt: Börsenkotierte Unternehmen waren verpflichtet, bis 2008 einen Geschlechterrichtwert von 40 Prozent für die Aufsichtsräte einzuführen. Im Extremfall könne bei Nichteinhaltung des Geschlechterrichtwerts die Auflösung des Unternehmens angeordnet werden.[72] Auch in Deutschland müssen seit 2016 30 Prozent der Aufsichtsräte in börsenkotierten Unternehmen Frauen sein und eine Wahl der Mitglieder des Aufsichtsrats unter Verstoss gegen den Geschlechterrichtwert ist nichtig, und die für das unterrepräsentierte Geschlecht vorgesehenen Plätze bleiben unbesetzt (Prinzip des «leeren Stuhls»).[73] Schliesslich ist noch auf die Entwicklung in Grossbritannien hinzuweisen, wo der Anteil von Verwaltungsrätinnen in den 100 grössten britischen Unternehmen seit 2011 um mehr als das Doppelte gestiegen ist (von 12,5% auf 26,1%).[74] Der Ansatz beruht in Grossbritannien allerdings auf einem freiwilligen,

---

[70] Medienmitteilung E&Y vom 7. März 2016 «Internationale Studie: Schweiz bei der Entwicklung weiblicher Führungskräfte weit abgeschlagen».

[71] Vorschlag der EU-Kommission für eine Richtlinie des Europäischen Parlaments und des Rates zur Gewährleistung einer ausgewogeneren Vertretung von Frauen und Männern unter den nicht geschäftsführenden Direktoren/Aufsichtsratsmitgliedern börsennotierter Gesellschaften und über damit zusammenhängende Massnahmen (COM [2012] 614 final).

[72] Spiegel online, «Quote in Norwegen: Frau am Steuer», vom 28. Mai 2012 (Stand 13. Dezember 2016).

[73] HARTMUT OETKER, § 96 AktG N 7, in: Müller-Glöge, Rudi/Preis, Ulrich/Schmidt, Ingrid, Erfurter Kommentar zum Arbeitsrecht, 16. Auf., München 2016.

[74] NZZ vom 31. Oktober 2015, S. 34: «Freiwillig mehr Frauen in britischen Verwaltungsräten».

von der Wirtschaft initiierten Geschlechterrichtwert von 25 Prozent und nicht auf gesetzlichen Vorgaben.

Der *Swiss Code of Best Practice for Corporate Governance* enthält in der revidier- 252
ten Fassung von 2014 zwar immerhin einen Hinweis auf die Vertretung beider Geschlechter im VR, allerdings wird in Ziffer 12 («Zusammensetzung von VR und Geschäftsleitung») nur festgehalten, dass «dem Verwaltungsrat weibliche und männliche Mitglieder mit den erforderlichen Fähigkeiten angehören sollen, damit eine eigenständige Willensbildung im kritischen Gedankenaustausch mit der Geschäftsleitung gewährleistet ist». Diese Regelung ist sehr deutlich vom Selbstregulierungsansatz von Grossbritannien entfernt (Botschaft Aktienrechtsentwurf 2016, 454).

h.   Berichterstattung von Rohstoffunternehmen

Die neuen Bestimmungen zur Berichterstattung von Rohstoff- 253
unternehmen in Art. 964*a* ff. E-OR sind systematisch dem 32. Titel des OR über die kaufmännische Buchführung und Rechnungslegung angegliedert. Die Regelungen sehen neue Berichterstattungspflichten für grosse[75] Rohstoffunternehmen vor, die «selber oder durch ein von ihnen kontrolliertes Unternehmen im Bereich der Gewinnung von Mineralien, Erdöl oder Erdgas oder des Einschlags von Holz in Primärwäldern tätig sind» (Art. 964*a* Abs. 1 E-OR). Der persönliche Geltungsbereich soll vorerst Unternehmen erfassen, die in der Rohstoffgewinnung tätig sind. Der Bundesrat soll mittels einer Delegationsnorm aber ermächtigt werden, im Rahmen eines international abgestimmten Vorgehens auf dem Verordnungsweg den Anwendungsbereich sinngemäss auf Unternehmen ausdehnen zu können, die mit Rohstoffen handeln (s. Botschaft Aktienrechtsentwurf 2016, 468 f.).

Die Offenlegung erfasst Zahlungen von min. CHF 100 000.– an staatliche Stellen, 254
wobei die konkreten Anforderungen an Veröffentlichung, Aufbewahrung und Dokumentation denjenigen des allgemeinen Rechnungslegungsrechts nachgebildet sind (Art. 964*c*–964*e* E-OR; s. FORSTMOSER, Corporate Social Responsibility, 157 ff.).

Verletzungen der Transparenzvorschriften sollen künftig mit Busse bis CHF 255
10 000.– bestraft werden können (Art. 325bis E-StGB i.V.m. Art. 106 Abs. 1 StGB).

Hauptziel der neuen Bestimmungen ist es, Transparenz zu schaffen, und insbeson- 256
dere zu verhindern, dass die an Regierungen von rohstoffreichen Ländern geleisteten Zahlungen aufgrund von Misswirtschaft und Korruption versickern oder im schlimmsten Fall zur Konfliktfinanzierung missbraucht werden (Botschaft

---

[75]   Art. 727 OR: Pflicht zur ordentlichen Revision.

Aktienrechtsentwurf 2016, 468; zur Thematik der Multinationalen Unternehmen s. Kap. § 9 N 282 ff.).

i.   Kapitalbeschaffung für Private-Equity-Firmen

aa.   Hintergrund – Förderung von Private Equity

257   Unter *Private Equity* werden zumeist alle Formen des privaten Beteiligungskapitals verstanden. Die Beteiligung erfolgt dabei auf mittelfristige Sicht. Grundsätzlich wird unterschieden zwischen *Venture-Capital-Unternehmen,* die sich an jungen Unternehmen in der Gründungs- und Wachstumsphase beteiligen, und *Private-Equity-Unternehmen,* die in reife oder sanierungsbedürftige Gesellschaften investieren. Neben den *Private-Equity-Firmen,* die sich in der Regel mehrere Jahre engagieren und wesentlichen Einfluss auf die strategischen Entscheidungen der Unternehmensleitung nehmen, gehören auch *Hedge-Funds* in die Kategorie der privaten Kapitalgeber. Sie zeichnen sich traditionell durch einen kurzfristigen Investitionshorizont aus und investieren zudem fast ausschliesslich in börsenkotierte Gesellschaften, um Kursgewinne zu erzielen. Allerdings ist die Grenze zwischen *Hedge-Funds* und *Private-Equity-Unternehmen* in den letzten Jahren immer fliessender geworden, denn gerade *Hedge-Funds* nehmen immer stärker auch Einfluss auf das oberste Kader eines Unternemens.[76]

258   Im Gegensatz zu bspw. Deutschland, wo v.a. US-amerikanische Finanzinvestoren in Form von *Private-Equity-Unternehmen* und *Hedge-Funds* als Heuschrecken betrachtet wurden[77], blieb es in der Schweiz hinsichtlich der *Hedge-Funds* und *Private-Equity-Unternehmen* relativ ruhig. U.a. im Zusammenhang mit dem Eignerwechsel, bei der damals stark angeschlagenen OC Oerlikon sind konkrete politische Vorstösse aus dem Jahr 2010 zu finden: Interpellation GUTZWILLER vom 19. März 2010 (10.3337) und Interpellation KAUFMANN vom 19. März 2010 (10.3285). Die Metapher der Heuschrecke wurde selten verwendet.[78] Grundsätzlich sind ausländische Investoren in der Schweiz willkommen, was der hohe Kapitalbestand von Auslandsinvestitionen in der Schweiz zeigt. Sie unterstützen die

---

[76]   Jahresgutachten 2005/06 des Sachverständigenrats der deutschen Wirtschaft, S. 464 (verfügbar auf: www.sachverstaendigenrat-wirtschaft.de, Stand, 13. Dezember 2016).

[77]   Stern Online vom 28. April 2005, «Die Namen der Heuschrecken».

[78]   Interpellation DAVID vom 19. März 2010 (103254): Die «Heuschrecken» in der Ostschweiz. Vereinzelt wurde der Begriff im Rahmen der Beratungen der verschiedenen Aktienrechtsvorlagen bzw. der Volksinitiative «gegen die Abzockerei» (2008-2013) verwendet (08.011: AB **2009** S. 603; AB **2013** S 568, AB **2013** N 885; 08.080: AB **2010** N 461 ff.; AB **2010** N 475, AB **2010** N 340/344, AB **2010** N 340; 10443: AB **2011** N 838 ff.). Auch bei der Rückweisung des E 2007 an den Bundesrat wurden die «actionnaires prédateur»/ «criquets« erwähnt (JEAN CHRISTOPHE SCHWAAB, AB **2013 N 884 f.**). Materielle Erkenntnisse lassen sich daraus insgesamt keine gewinnen.

Wettbewerbsfähigkeit der Schweizer Wirtschaft und schaffen Arbeitsplätze.[79] Ein Kahlschlag an Arbeitsplätzen oder eine Zerschlagung schweizerischer Unternehmen oder Unternehmensgruppen durch *Hedge-Funds* und *Private-Equity-Unternehmen* waren bisher nicht erkennbar (Botschaft Aktienrechtsentwurf 2016, 440). Vor diesem Hintergrund geht der Bundesrat davon aus, dass die vom deutschen Sachverständigenrat gewonnenen Erkenntnisse, dass von den Aktivitäten sowohl der *Hedge-Funds* als auch der *Private-Equity-Unternehmen* keine wesentlichen Risiken für die Unternehmen sowie die Anleger ausgehen[80], auf die Schweiz übertragbar sind, weswegen der Bundesrat einen gesetzgeberischen Handlungsbedarf im Aktienrecht als nicht gegeben betrachtet (Botschaft Aktienrechtsentwurf 2016, 440).

bb.   Gestaltung und Durchsetzung der verschiedenen Rechtsstellungen

Wie GERICKE in seinem Aufsatz ausführt, ist das aktienrechtliche Instrumentarium, auf das die Risikokapitalfinanzierung zur Umsetzung und Durchsetzung der relevanten Rechte und Pflichten angewiesen wäre, in der Schweiz nur in Ansätzen vorhanden (GERICKE, Private Equity, 123).   259

Erlöspräferenzen sind Vorzugsrechte, welche den Vorzugsaktionären das Recht geben, im Fall eines Verkaufs der Gesellschaft bis zum Vorzugsbetrag vorrangig vor den Stammaktionären bezahlt zu werden. Zugleich beinhalten sie den Verzicht der Stammaktionäre auf Verkaufserlöse, soweit damit die Vorzugsbezüge abgegolten werden. Gemäss h.L. steht das in Art. 680 Abs. 1 OR verankerte Verbot zusätzlicher Aktionärspflichten der Festlegung einer Erlöspräferenz in den Statuten entgegen (LIEBI, 237; FRICK, N 894; GERICKE, Venture-Capital, 108 f.; VON SALIS, N 748, mit anderer Begründung). Da es ohne Erlöspräferenz jedoch keine Eigenkapitalfinanzierung von Wachstumsgesellschaften gibt, sehen sämtliche *Venture-Capital*-Finanzierungen Erlöspräferenzen in den Aktionärsbindungsverträgen vor (vgl. BSK OR II-LIEBI, Art. 654–656 N 48, der die Wichtigkeit für *Venture-Capital*-Finanzierungen ebenfalls betont). Bei vertraglichen Lösungen besteht jedoch der Nachteil, dass sie nur schwer durchsetzbar sind, wenn sich jemand nicht entsprechend verhalten sollte. Darüber hinaus ist sowieso fraglich, ob die statutarische Erlöspräferenz eine Nebenpflicht i.S.v. Art. 680 Abs. 1 OR ist. Denn ähnlich wie eine Liquidationspräferenz regelt sie lediglich die Aufteilung von Werten, die mit der Gesellschaft assoziiert sind, unter den Aktionären (GERICKE, Private Equity, 124).   260

---

[79]   Medienmitteilung des WBF vom 30. Januar 2008.
[80]   Jahresgutachten 2005/06 des Sachverständigenrats der deutschen Wirtschaft, S. 35 u. 468 (verfügbar auf: www.sachverstaendigenrat-wirtschaft.de, Stand 13. Dezember 2016).

261   GERICKE schlägt zu diesem Zweck eine relativ einfache Gesetzesänderung, nämlich die Einführung eines neuen Art. 656 Abs. 3 OR mit folgendem Wortlaut vor:

> «Die Vorzugsaktien können befristete oder bedingte Rechte vorsehen, sowie das
> Recht, auf einseitige schriftliche Willenserklärung des Aktionärs oder der Gesell-
> schaft eine Umwandlung in eine andere Aktienkategorie zu bewirken. Der Ver-
> waltungsrat führt die Statuten entsprechend nach.» (GERICKE, Private Equity,
> 126)

262   Schliesslich besteht in der *Private-Equity*-Praxis das Bedürfnis, Aktien – z.B. zum
Zwecke der Mitarbeiterbeteiligung – auszugeben, verbunden mit dem Recht der
Gesellschaft, diese unter Vorbehalt der Kapitalschutzschranken zurückkaufen zu
können. Umgekehrt kann das Bedürfnis bestehen, Mitarbeitern oder Investoren
das Recht einzuräumen, ihre Aktien zurückzuverkaufen. Auch hier behilft sich die
Praxis heute mit vertraglichen Rechten, die manchmal als *Calls* oder *Puts* oder
auch als *Claw-back*-Rechte bezeichnet werden. Eine verlässlichere Methode wäre
jedoch die Schaffung von besonderen Aktienkategorien, die alle diese Möglichkeiten abbilden. GERICKE schlägt auch hierzu eine Gesetzesbestimmung vor:

> «Aktien einer bestimmten Aktienkategorie können in den Statuten mit Rechten
> oder Pflichten zum Rückkauf durch die Gesellschaft oder Rückkauf an die Gesell-
> schaft verbunden werden. In diesen Fällen sind die Schranken von Art. 659 OR
> im Zeitpunkt der Geltendmachung des Rechts oder der Pflicht massgeblich. So-
> fern von den Statuten nicht anders geregelt, bedarf die Aufhebung oder Ein-
> schränkung des Rechts, Aktien an die Gesellschaft zurückzuverkaufen, der Zu-
> stimmung einer Versammlung der Aktionäre der betreffenden Aktionärskatego-
> rie.» (GERICKE, Private Equity, 127)

cc.   Beteiligungsrechte für Mitarbeiter, Dienstleister und Gläubiger

263   Insbesondere im Gründungs- und Aufbaustadium ist Kapital
oft ein knappes Gut, weswegen es sich anbietet, Leistungen Dritter statt mit Geld
durch eine aktienbasierte Vergütung zu entschädigen. In der Folge sollte es das
Aktienrecht ermöglichen, nicht nur Aktionäre, sondern auch Mitarbeiter, Dienst-
leister, Zulieferer und Gläubiger statt in Geld mit Beteiligungsrechten abzufinden.

264   Im geltenden Recht werden diese Bedürfnisse gemäss Art. 653 OR durch bedingtes Kapital abgedeckt, das sehr vielfältig und flexibel einsetzbar ist. Zwar schränkt
der Wortlaut von Art. 653 OR den Einsatzbereich des bedingten Kapitals auf die
Unterlegung von Wandel- und Optionsrechten von Inhabern von Anleihens- und
ähnlichen Obligationen sowie von Arbeitnehmern ein; der praktische Anwendungsbereich wurde jedoch seit der Einführung des bedingten Kapitals vor
25 Jahren immer weiter ausgedehnt, sodass der Kreis möglicher Empfänger in der
Rechtspraxis heute als weitgehend unbeschränkt angesehen wird; namentlich

können Aktionäre (FORSTMOSER/MEIER-HAYOZ/NOBEL, § 52 N 330 ff.), irgend-welche Gläubiger und Lieferanten sowie auch Verwaltungsräte oder Berater in den Genuss von aktienbasierten Vergütungen kommen, die sich auf bedingtes Kapital stützen (OFK-GERICKE/LAMBERT, OR 653 N 12, m.w.H.). Das gelebte Recht entspricht somit den Bedürfnissen des Unternehmertums in diesem Bereich.

Die Aktienrechtsrevision wäre nun ein guter Zeitpunkt, um den Wortlaut des Ge-   265
setzes an die gelebt Praxis anzugleichen. Art. 653 E-OR erfüllt diese Anforderung punktuell, indem neu auch Aktionäre sowie Verwaltungsräte als mögliche Emp-fänger von Rechten gestützt auf bedingtes Kapital erwähnt werden, allerdings bleiben andere Gläubiger, wie etwa Lieferanten oder Berater, ungenannt. Darüber hinaus beschränkt sich das bedingte Kapital weiterhin auf «Wandel- und Options-rechte», wodurch die Ausdehnung auf die zahlreichen Pflichtwandelinstrumente und reinen Erwerbsrechte nicht nachvollzogen wird.

Ein Nichtnachvollzug gewisser Entwicklungen der Praxis kann als Gefährdung   266
des gelebten Rechts angesehen werden, denn dies könnte als qualifiziertes Schweigen und damit als Ablehnung dieser Entwicklungen interpretiert werden. Dies gilt umso mehr, wenn punktuell Anpassungen gemacht werden, diese jedoch zu wenig weit gehen.

Vor diesem Hintergrund wäre zu fordern, dass die geltende Praxis im Gesetzes-   267
wortlaut vollumfänglich abgebildet oder dass auf Änderungen überhaupt verzich-tet wird.[81]

III. Leading Cases

A. *Leading Cases im Aktienrecht*

1. Organisation der AG

a. Rechtspersönlichkeit der AG und Durchgriff

aa. Rechtliche Selbstständigkeit der AG

     In einem älteren, ultrakurzen Urteil vom 11. Februar 1941   268
(**BGE 67 II 29**) stellte das Bundesgericht zur Verfügungsbefugnis über das Ge-sellschaftsvermögen einer Aktiengesellschaft Folgendes klar:

---

[81] Für die erforderlichen Anpassungen des Gesetzestextes vgl. auch die Vernehmlassungsein-gabe von Homburger AG vom 15. März 2015, Stellungnahmen weiterer Teilnehmer (2), 102 ff., 121.

«La possession de toutes les actions d'une société anonyme ne confère pas à l'actionnaire le droit de disposer à sa guise de l'actif social; il faut que les actes de disposition soient faits dans les formes prescrites par la loi et les statuts et qu'ils aient une cause juridique valable.»

269 Die rechtliche Selbstständigkeit der juristischen Person ist demnach grundsätzlich zu wahren. Der «Inhaber aller Aktien hat nach allgemein anerkannter Auffassung die von Gesetz und Statuten vorgeschriebenen Formen zu beachten und kann nicht wie ein Privatmann nach Belieben über die Aktiven der ihm gehörenden Gesellschaft verfügen» (**BGE 86 II 171** E. 1d). Nur ausnahmsweise darf die rechtliche Selbstständigkeit juristischer Personen durchbrochen werden, wenn diese im Einzelfall rechtsmissbräuchlich, gegen Treu und Glauben geltend gemacht wird (**BGE 85 II 111** E. 3).

270 Auch unter dem Aktienrecht von 1991 entschied das Bundesgericht, dass Einmanngesellschaften eine eigene Rechtspersönlichkeit besitzen und sie rechtlich nicht schlechthin mit der beherrschenden Person identifiziert werden dürfen. Allein schon das Interesse der Gläubiger der jeweiligen Rechtssubjekte gebietet es, dass das Vermögen der Gesellschaft von demjenigen der Gesellschafter zu trennen ist und nicht zur Tilgung der Schulden der Gesellschafter verwendet wird (**BGer 5C.209/2001 vom 12. Februar 2002** E. 3a).

271 Dem Umstand, dass in der Realität schon früh Aktiengesellschaften nach ihrer Gründung zu Einpersonen-AG mutierten, wurde im Zuge der GmbH-Revision vom 16. Dezember 2005, welche auch eine Teilreform des Aktienrechts mit sich brachte und am 1. Januar 2008 in Kraft trat, Rechnung getragen. Demnach ist gemäss Art. 625 OR die Einpersonen-AG ausdrücklich zugelassen (OFK-MORSCHER, OR 625 N 3).

bb.   Durchgriff

272   Das Bundesgericht befasste sich schon früh mit dem gesellschaftsrechtlichen Durchgriff, also der Durchbrechung der rechtlichen Selbstständigkeit von juristischen Personen (dazu ausführlich KOBIERSKI, 63 ff.). In **BGE 53 II 25** bejahte es erstmals einen Durchgriff im Gesellschaftsrecht, indem es zum Schluss gelangte, «dass der Beklagte im Hinblick auf seine Stellung als Hauptaktionär des Unternehmens, dessen Finanzierung er in Wirklichkeit auch als seine eigene Angelegenheit betrachtet und betrieben, an der Kreditaufnahme ein Selbstschuldnerinteresse gehabt habe, der Kläger dagegen bloss das Interesse eines gut entlöhnten Angestellten am Gedeihen der A.-G., sodass seine rückgriffsweise Belangung *[des Beklagten gegen den Kläger]* gegen Treu und Glauben verstosse.»

In der Folge ergingen weitere Bundesgerichtsentscheide, die das Prinzip des   273
Durchgriffs veranschaulichen (BGE 71 II 272; 72 II 67; 72 II 275; 81 II 455; 85 II
111; 92 II 160 = Pra 56/1967 Nr. 23). In **Pra 56/1967 Nr. 23** hielt das Bundesgericht fest, dass die rechtliche Selbstständigkeit der Gesellschaft und des Aktionärs
nur dann ausser Betracht fällt, wenn es der Grundsatz von Treu und Glauben im
Verkehr mit Dritten verlangt:

> «Nur wenn der Grundsatz von Treu und Glauben es im Verhältnis zu den Dritten
> verlangt, ist über die rechtliche Selbständigkeit der Gesellschaft und des beherr-
> schenden Aktionärs hinwegzusehen und darf entsprechend der wirtschaftlichen
> Wirklichkeit angenommen werden, zwischen diesen beiden Personen bestehe
> Identität [...].» (E. 3)

Den Begriff des «Durchgriffs» verwendete das Bundesgericht in Anlehnung an   274
HOMBURGER (S. 254) erstmals im Entscheid **97 II 289** (E. 3):

> «Die rechtliche Selbständigkeit einer sog. Einmanngesellschaft bleibt nach der
> Rechtsprechung freilich ausnahmsweise unbeachtet, wenn die Berufung darauf
> gegen Treu und Glauben verstösst [...] Dass in dieser Weise auf den Alleinaktio-
> när ‹durchgegriffen› werde, können jedoch nur Dritte verlangen; der Alleinaktio-
> när selbst [...] muss die von ihm gewählte Organisationsform gegen sich gelten
> lassen [...].» (Klammern eingefügt)

Im **Urteil 5A_498/2007 vom 12. Dezember 2010** nannte das Bundesgericht die   275
Voraussetzungen für den gesellschaftsrechtlichen Durchgriff, wie sie auch heute
noch für die Definition herangezogen werden:

> «Die erste Voraussetzung des Durchgriffs besteht in der wirtschaftlichen Identität
> von juristischer Person und ihrem Mitglied. Sie beinhaltet die Möglichkeit der
> Beherrschung und bedingt ein Abhängigkeitsverhältnis, das irgendwie – zulässig
> oder unzulässig, lang- oder kurzfristig, zufällig oder planmässig – geartet sein
> kann und das auf Anteilseignerschaft oder aber auf anderen Gründen beruht wie
> vertraglichen Bindungen oder familiären, verwandtschaftlichen und freundschaft-
> lichen Beziehungen. Die zweite Voraussetzung des Durchgriffs besteht in der
> rechtsmissbräuchlichen Berufung auf die rechtliche Selbstständigkeit der juristi-
> schen Person. Es bedarf nicht der Gründung einer juristischen Person zu miss-
> bräuchlichen Zwecken, sondern es genügt die missbräuchliche Verwendung bzw.
> die missbräuchliche Berufung auf die Trennung zwischen juristischer Person und
> beherrschender Person. Zur Annahme von Rechtsmissbrauch müssen geradezu
> eine Massierung unterschiedlicher und ausserordentlicher Verhaltensweisen im
> Sinne eigentlicher Machenschaften und eine qualifizierte Schädigung Dritter vor-
> liegen. Typische Fallgruppen sind namentlich die Sphären- und Vermögensvermi-
> schung, d.h. die ungenügende Beachtung der Selbstständigkeit der juristischen
> Person gegenüber der beherrschenden Person, die Fremdsteuerung, z.B. durch
> Verfolgung von Sonderinteressen der beherrschenden Person zulasten der juristi-
> schen Person, oder die Unterkapitalisierung der juristischen Person in einer Wei-
> se, dass ihre Lebensfähigkeit gefährdet ist.» (E. 2.2)

276 In **BGE 102 III 165** (= **Pra 66/1977 Nr. 17**) geht es um einen Durchgriff im
Zwangsvollstreckungsrecht. Gemäss Sachverhaltsdarstellung erwarb C. im Dezember 1969 für CHF 2,7 Mio. alle Aktien der P. AG, welcher laut Grundbuch
eine Villa in Pregny GE gehört. Im August 1970 wurde X. einziger Verwaltungsrat der P. AG. Im September 1973 liess H. die Villa für eine Schadenersatzforde-
rung gegen den damals in Untersuchungshaft befindlichen und seither gegen Kaution freigelassenen C. arrestieren. H. klagte gegen die P. AG und bestritt das von
dieser beanspruchte Eigentum an der Villa. Das Gericht Erster Instanz wies die
Klage ab. Das übergeordnete kantonale Gericht hiess sie stattdessen gut und stellte
fest, C. sei Eigentümer der Villa; das BGer bestätigte diesen Entscheid. Das BGer
argumentiert wie folgt:

> «Die wirtschaftliche Identität zwischen C. und der AG ist vollkommen: als einzi-
> ger Aktionär und einziger Gläubiger verfügt C. nach seinem Belieben über die
> Gesellschaft, die keine nicht bloss formelle Autonomie und Identität besitzt. In-
> dem C. einerseits die Aktien dem Zugriff seiner Gläubiger entzieht und anderseits
> durch die Gesellschaft das Eigentum an der Villa beanspruchen lässt, umgeht er
> das Gesetz in der klaren Absicht, seinen Gläubigern ein bedeutendes Aktivum
> vorzuenthalten. Dieses Verhalten bedeutet einen offenbaren Rechtsmissbrauch im
> Sinne von ZGB 2.» (E. II.3)

277 Um einen umgekehrten Durchgriff geht es in **BVGer A-7342/2008 und A-7426/
2008 vom 5. März 2009.** Das Bundesverwaltungsgericht hält zunächst fest, dass
«jemand, der eine selbständige juristische Person gegründet hat, sich auch dort an
deren rechtliche Organisation und deren Formalakte zu halten hat, wenn wirtschaftlich gesehen zwischen ihm und der juristischen Person Identität besteht»,
mit anderen Worten es ist das *«Spiel der AG zu spielen»* (E. 5.5.2.5). Mit Blick auf
das Steuerstrafrecht und die Amtshilfe gilt entsprechend der *Grundsatz,* dass «für
eine korrekt errichtete selbständige juristische Person, deren rechtliche Organisation beachtet wird, und welche die notwendigen Formalakte einhält, die dogmatische Trennung zwischen der juristischen Person einerseits und dem oder den an
ihr Berechtigten andererseits [...] zu akzeptieren ist» (E. 5.5.2.5). Das Bundesgericht zeigt sich in der Handhabung dieses Grundsatzes allerdings grosszügig. In
BGE 142 II 69 geht es um einen französischen Staatsangehörigen, der Alleinaktionär einer Gesellschaft mit Sitz in Genf ist. Zuvor war er Inhaber von Marken-
rechten; seit der Übertragung dieser Rechte auf seine Schweizer Gesellschaft
deklarierte er jedoch keine entsprechenden Einkünfte mehr. Die französische
Steuerbehörde hegte den Verdacht, es handle sich um eine Art Scheingesellschaft,
welche es dem Alleinaktionär ermögliche, die markenrechtlichen Einkünfte am
französischen Fiskus vorbeizuschmuggeln, und verlangte von der Schweiz verschiedene Angaben, um die Echtheit der Firma zu überprüfen. Die ESTV bewilligte die Amtshilfe. Eine dagegen erhobene Beschwerde der Schweizer AG hiess
das Bundesverwaltungsgericht teilweise gut. Das BGer sieht das aber anders und
schützt die Beschwerde der ESTV. Es argumentiert, dass auch diejenigen Perso-

nen oder Gesellschaften einer umfassenden Auskunftspflicht unterstehen, auf die das Auskunftsbegehren zwar nicht unmittelbar abzielt, deren eigene steuerliche Situation jedoch durch die ersuchten Informationen beeinflusst werden kann. *In casu* vermutet die französische Steuerbehörde, dass die Gesellschaftsgründung durch den Alleinaktionär einzig steuerlich motiviert ist. Sollte dies zutreffen, wäre die steuerliche Situation der Genfer AG selber betroffen, indem ihre Einkünfte direkt dem Alleinaktionär zugutekämen (Durchgriff). Folglich unterliegt die AG gemäss schweizerischem Recht (DBG) einer umfassenden Auskunftspflicht (E. 5.1.4).

Das Körperschaftsrecht basiert auf dem Grundprinzip der vollkommenen rechtli-   278
chen und tatsächlichen Trennung der juristischen Person von ihren Mitgliedern in persönlicher und vermögensmässiger Hinsicht. Selbst wenn Gesellschaft und Gesellschafter vom gleichen Willen beherrscht werden und die wirtschaftlichen Interessen der Rechtssubjekte identisch sind, ist aus Gründen der Rechtssicherheit und des Verkehrsschutzes die äussere juristische Form massgebend (MEIER-HAYOZ/FORSTMOSER, Gesellschaftsrecht, § 4 N 11 und § 58 N 43 ff.). Nur ausnahmsweise, wenn die Gesellschaft von einem alleinigen oder beherrschenden Aktionär als Instrument rechtsmissbräuchlich benutzt wird, wird der *Schleier zwischen der juristischen Person und der dahinterstehenden Person gelüftet* (KOBIERSKI, 190; DRUEY/JUST/GLANZMANN, § 7 N 20). Der gesellschaftsrechtliche Durchgriff stellt demnach einen Anwendungsfall von Art. 2 Abs. 2 ZGB dar (ausführlich KOBIERSKI, 49 ff. m.w.N.). Gestützt darauf erging eine Fülle von Gerichtsentscheiden, die ebenso die Erfassung der Gesellschaft von den Pflichten des Aktionärs (sog. umgekehrter Durchgriff; vgl. diesbezüglich vorne N 14, ferner BGer 5C.209/2001 vom 12. Februar 2002, E. 3a; BGE 121 III 319, 321 f. E. 5a; BGE 113 II 31, E. 2c) sowie diejenige von Gesellschaften, die vom selben Aktionär abhängig sind (sog. Querdurchgriff), behandelten (s. dazu NOBEL/GRONER, 171 ff.; KOBIERSKI, 63 ff.).

cc.   Sphärenvermischung

«Nach der bundesgerichtlichen Rechtsprechung gibt es keinen   279
eigentlichen ‹Durchgriff›, wenn die Wirkungsbereiche der beherrschenden und der beherrschten Gesellschaft miteinander verschmelzen, oder wenn die Haftung der beherrschenden Gesellschaft bereits in ihr selbst begründet ist, beispielsweise wenn sie das Vertrauen Dritter täuscht oder wenn ihr Willensäusserungen zuzuschreiben sind, aus denen eine Verpflichtung erwachsen kann» (**Pra 101/2012 Nr. 41**, E. 2.3.1 = BGE 137 III 550). In diesen Fällen ist die beherrschende Gesellschaft nicht anstelle, sondern zusammen mit der beherrschten Gesellschaft berechtigt und verpflichtet. Es liegt eine Vermischung der Sphären vor, wo äusserlich die Identität einer Tochtergesellschaft nicht mehr von derjenigen der Mutter

zu unterscheiden ist; äussere, den Anschein einer Einheit erweckende Anzeichen hierfür sind beispielsweise eine identische oder sehr ähnliche Firmenbezeichnung, übereinstimmende Firmensitze, Räumlichkeiten, Organe, Beschäftigte oder Telefonnummern (E. 2.3.2 m.w.N.).

b.   Organisationsmängel

280   Das Bundesgericht beschäftigte sich in **BGE 136 III 369** (= Pra 100/211 Nr. 19) mit Sinn und Zweck von Art. 731*b* OR (Mängel in der Organisation der Gesellschaft), welcher am 1. Januar 2008 in Kraft trat. Die Anordnung der Liquidation der Aktiengesellschaft nach den Vorschriften über den Konkurs sollte zwar nur als *ultima ratio* in Frage kommen. Die Bestimmung wurde allerdings bewusst eingeführt, um im Einzelfall Transparenz über die Rechtslage der Gesellschaft zu schaffen (E. 11).

281   Das vorliegende Verfahren fand noch unter der kantonalen Tessiner Zivilprozessordnung statt. Insbesondere äusserte sich das Bundesgericht zur Frage, ob die nach dem Auflösungsentscheid erfolgte, nachträgliche Behebung des Organisationsmangels im Berufungsverfahren nach der alten Tessiner Zivilprozessordnung trotz strengem Novenverbot noch vorgebracht werden konnte. Das Bundesgericht kam zum Schluss, dass die zwangsweise Liquidation dem ausdrücklichen Willen des Gesetzgebers entspreche. Die Botschaft führt dazu aus:

> «Ähnlich wie bei der Auflösung der Gesellschaft aus wichtigem Grund (s. Art. 736 Ziff. 4 OR) muss dem Gericht ein hinreichender Handlungsspielraum gewährt werden, weil es die konkreten Umstände zu berücksichtigen gilt und weil sowohl im Fehlen eines Organs als auch von Zwangsmassnahmen nicht nur die Gesellschaft und deren Aktionärinnen und Aktionäre, sondern auch Dritte berührt werden können (insbesondere Gläubigerinnen und Gläubiger, Arbeitnehmerinnen und Arbeitnehmer).» (Botschaft GmbH, 3232)

282   Zudem sei mit der Einführung des Art. 731*b* OR auch die in Art. 86 Abs. 3 aHRegV vorgesehene Möglichkeit entfallen, die Auflösung zu widerrufen, sofern die Gesellschaft innert dreier Monate den gesetzmässigen Zustand wiederhergestellt hat. Damit erscheine das Novenverbot im Tessiner Berufungsverfahren durchaus im Einklang mit den Vorstellungen des Gesetzgebers und stelle keinen überspitzten Formalismus gemäss Art. 29 Abs. 1 BV dar, wenn die nachträgliche Behebung des Organisationsmangels im Berufungsverfahren nicht mehr berücksichtigt würde.

283   Nach der Schweizerischen Zivilprozessordnung, welche am 1. Januar 2011 in Kraft getreten ist, findet die Anordnung der Massnahmen bei Organisationsmängeln im summarischen Verfahren statt (Art. 250 lit. c Ziff. 6 ZPO). Der Entscheid unterliegt der Berufung (Art. 308 Abs. 1 lit. a ZPO). Die Heilung des Mangels

nach Fällung des erstinstanzlichen Entscheides stellt dabei ein echtes Novum dar und wird vom Gericht berücksichtigt, sofern die Voraussetzungen von Art. 317 Abs. 1 ZPO erfüllt sind. (vgl. auch LORANDI, 1378 ff.).

Diese Ansicht ist praxistauglich, da Unternehmungen, die bereits zuvor (in der Regel monatelang) eingeschriebene Post des Handelsregisteramtes und von Gerichten ignorieren, lange genug die Gelegenheit hatten, ihre Organisationsmängel zu beheben und die entsprechenden Tatsachen vor dem Handelsregister und vor den jeweiligen Gerichtsinstanzen geltend zu machen. Es kann daher durchaus verhältnismässig sein, über diese Gesellschaften den Konkurs zu eröffnen (MÜLLER/ MÜLLER, 56 f).   284

BGE 142 III 629 geht der Frage nach, ob im Organisationsmängelverfahren eine   285 streitgenössische Nebenintervention zulässig ist. Diese unterscheidet sich von der abhängigen Nebenintervention insofern, als der Nebenintervenient die Stellung eines Streitgenossen einnimmt, der den Prozess unabhängig von der unterstützten Hauptpartei führen kann und seine Prozesshandlungen auch gegen deren Widerspruch wirksam sind. Vorausgesetzt ist, dass das Urteil zwischen den Hauptparteien auch für das Rechtsverhältnis zwischen dem Nebenintervenienten und der Gegenpartei direkt Wirkungen zeitigt (E. 2.3.4 m.w.H.). Das BGer anerkennt das Institut der streitgenössischen Nebenintervention im Bereich der ZPO ausdrücklich (E. 2.3.6). Damit erklärt es eine streitgenössische Nebenintervention im Organisationsmängelverfahren nach Art. 731*b* OR als zulässig. In E. 2.3.7 führt das BGer dazu aus:

> «Bei einem Organisationsmängelgesuch handelt es sich […] wie bei einer aktienrechtlichen Anfechtungs- oder Auflösungsklage (Art. 706 bzw. Art. 736 Ziff. 4 OR) um eine gesellschaftsrechtliche Streitigkeit, über die mit einem Urteil zu entscheiden ist, das *gegenüber allen Aktionären* kraft materiellen Rechts notwendigerweise direkte Wirkungen entfaltet, die nicht nach Art. 77 ZPO in einem Folgeprozess beseitigt oder abgemildert werden können. [Der Organisationsmängelrichter ist] zwar nicht gehalten, denjenigen Aktionären, die sich nicht am Organisationsmängelverfahren beteiligen wollen, von Amtes wegen Parteistellung einzuräumen […] Beteiligt sich ein Aktionär aber aus freien Stücken als Nebenpartei am Verfahren, muss ihm im Blick auf die für ihn potentiell nachteiligen Wirkungen des Organisationsmängelurteils die Stellung eines streitgenössischen Nebenintervenienten zukommen, der auch gegen den Willen der Hauptpartei ein Rechtsmittel ergreifen kann.» (Hervorhebungen durch das BGer)

In **Pra 104/2015 Nr. 3** (= BGE 140 III 349) beurteilte das Bundesgericht die Fra-   286 ge, ob eine Statutenbestimmung, welche zwecks Vermeidung einer allfälligen Blockadesituation eine automatische Wiederwahl des Verwaltungsrats vorsieht, zulässig ist. Dazu hält es zunächst fest, dass «in einer Gesellschaft ein Organisationsmangel gemäss Art. 731*b* Abs. 1 OR insbesondere dann besteht, wenn eine unüberwindliche Blockade unter den Aktionären die Wahl eine Organs verhindert

[...]» (E. 2.1). In Bezug auf die fragliche Statutenbestimmung führte es weiter aus, diese verstosse gegen die aktienrechtliche Kompetenzverteilung, widerspreche sie doch dem unübertragbaren Recht der GV, die Mitglieder des Verwaltungsrats zu wählen (Art. 698 Abs. 2 Ziff. 2 OR). Eine solchermassen gegen die Grundstrukturen der AG verstossende Klausel sei demzufolge nichtig (E. 2.6).

287   Im Leitentscheid **BGE 141 III 43** äusserte sich das Bundesgericht erstmals explizit zur Frage, ob ein gestützt auf Art. 731*b* Abs. 1 Ziff. 3 OR ergangener Auflösungsentscheid in analoger Anwendung von Art. 195 SchKG bei nachträglicher Behebung des Organisationsmangels widerrufen werden könne. Das Bundesgericht stützt sich auf die Motivation des Gesetzgebers (Botschaft GmbH, 3232), wonach die zwangsweise Liquidation nach SchKG gerade auch dann zur Anwendung kommt, wenn die Gesellschaft nicht überschuldet ist, und spricht sich für die Unwiderruflichkeit von Auflösungsentscheiden gestützt auf Art. 731*b* Abs. 1 Ziff. 3 OR aus. Es ortet ein qualifiziertes Schweigen des Gesetzgebers und führt aus, «dass der Gesetzgeber eine nachträgliche Widerrufbarkeit des Auflösungsentscheids stillschweigend ausgeschlossen hat [...] Von einer Gesetzeslücke bezüglich der Frage, ob ein Auflösungsentscheid bei nachträglicher Behebung des Organisationsmangels widerrufen werden kann, kann keine Rede sein.» (E. 2.5.3 und 2.5.5).

288   Bei Art. 731*b* Abs. 1 Ziff. 1–3 OR handelt es sich um einen beispielhaften, nicht abschliessenden Katalog von Massnahmen zur Behebung von Organisationsmängeln, welche in einem Stufenverhältnis stehen, indem der Richter die strengste Massnahme der Auflösung (Ziff. 3) erst anordnen soll, wenn die milderen in Ziff. 1 (Frist zur Wiederherstellung des ordnungsgemässen Zustands) und Ziff. 2 (Bestellung eines Sachwalters) nicht genügten. Der Richter hat folglich einen Ermessensspielraum; es gilt aber, wie bei der Auflösungsklage nach Art. 736 Ziff. 4 OR, das Verhältnismässigkeitsprinzip zu wahren (BGE 138 III 407 E. 2.4; BGE 141 III 43 E. 2.6; s.a. TRAUTMANN, MATTHIAS/VON DER CRONE, HANS CASPAR, Organisationsmängel und Pattsituationen in der Aktiengesellschaft, SZW 2012, 461 ff., 470 ff.). Überhaupt werden viele früher im Lichte von Art. 736 Ziff. 4 OR diskutierte Organisationsmängel der AG heute unter dem Gesichtswinkel von Art. 731*b* Abs. 1 OR abgehandelt. Unterschiedlich ist freilich die Klagelegitimation: Während die Auflösungsklage nach Art. 736 OR auch ein Aktionärsminderheitenrecht ist, können gemäss Art. 731*b* Abs. 1 OR, nebst dem Aktionär, auch ein Gläubiger oder der Handelsregisterführer klagen. Die Folgen von Organisationsmängeln reichen wesentlich weiter und nehmen sozusagen den Charakter eines öffentlichen Ordnungsrechts an.

289   Die Organisationsmängel-Bestimmung von Art. 731*b* OR löst mithin auch die alten gesellschaftsbezogenen, vormundschaftsrechtlichen Normen von aArt. 392 Ziff. 2 und aArt. 393 Ziff. 4 ZGB ab, wonach die Vormundschaftsbehörde für eine

Gesellschaft unter entsprechenden Voraussetzungen eine Beistandschaft errichten konnte, etwa im Falle von Interessenkollisionen zwischen einer Gesellschaft und ihren Organen (**BGer 4A_717/2014 vom 29. Juni 2015,** E. 2.3 sowie VON DER CRONE/GOTTINI, 521). Insgesamt reicht die Thematik der Organisationsmängel bis hinein in den Argumentationshaushalt in Verbindung mit der Auflösungsklage (Art. 736 Abs. 4 OR); an einer klaren Abgrenzung des Anwendungsbereichs der Bestimmungen fehlt es aber noch.

c. Statutenauslegung

Die Auseinandersetzung mit der Auslegung von Gesellschafts-   290
statuten fand in der Schweiz wenig Beachtung (vgl. dazu monografisch HÜPPI; ferner BÖCKLI, Aktienrecht, § 1 N 625 ff., welcher in Fn. 1295 konstatiert, dass die Literatur zur Methode zur Auslegung von Statuten bis heute spärlich geblieben ist). Dies ist einigermassen überraschend, gelten die Statuten doch sozusagen als «Verfassung» der Aktiengesellschaft (HÜPPI, 1).

Statuten weisen Gemeinsamkeiten sowohl mit Gesetzen als auch mit Schuldver-   291
trägen auf. Dies gilt es auch bei deren Auslegung zu berücksichtigen (FORSTMO-SER/MEIER-HAYOZ/NOBEL, § 7 N 2 ff. u. 33) und wird vom Bundesgericht auch entsprechend wahrgenommen. Wegleitend ist nach wie vor das «Sunegga»-Urteil **BGE 107 II 179,** worin es sich zur Auslegungsmethodik folgendermassen äussert:

> «Gesellschaftsstatuten sind wie Willenserklärungen, die bei Schuldverträgen ab-gegeben werden, nach dem Vertrauensprinzip auszulegen [...] Bei Gesellschaften, die sich zur Aktienzeichnung an das breite Publikum wenden, rechtfertigt sich zu-dem eine analoge Anwendung der Grundsätze, die für die Interpretation von Ge-setzesrecht entwickelt worden sind und ebenfalls zu einer objektiven Auslegung nach Treu und Glauben führen [...] Das heisst nicht, die Entstehungsgeschichte einer Norm sei methodisch unbeachtlich. Der wirkliche Wille von Aktionären, welche die Statuten ausarbeiteten, dürfte indes nur dann im Sinne von Art. 18 Abs. 1 OR den Vorrang verdienen, wenn sich nur wenige damit zu befassen hat-ten.»

Bei der kleinen AG, wo alle beteiligten Aktionäre an der Konzeption der Statuten   292
mitgewirkt hatten, sind folglich die individuell-konkreten Umstände zu beachten. Für unklare statutarische Bestimmungen kann demnach auf die Vorverhandlungen sowie weitere Äusserungen der Beteiligten zurückgegriffen werden, sofern sich daraus ein einheitlicher Wille herauskristallisieren lässt. Bei der Publikums-AG mit einem breiten Aktionärskreis, zu dem im Wesentlichen lediglich eine Kapi-talbeziehung besteht, kommen für die Interpretation der Statuten hingegen die Methoden der Gesetzesauslegung zur Anwendung (FORSTMOSER/MEIER-HAYOZ/ NOBEL, § 7 N 41).

293 Bereits in seinem allerersten Entscheid **BGE 26 II 276** E. 2 zur Frage der Statu-
tenauslegung hielt das Bundesgericht fest,

> «[diese seien] aus sich selbst heraus zu interpretieren. Da dieselben dazu bestimmt
> sind, nicht nur für die bei deren Abfassung beteiligten Personen, sondern für je-
> dermann Recht zu machen, der durch Erwerbung von Aktien der Gesellschaft bei-
> tritt, muss bei der Auslegung ihres Inhaltes vom Standpunkt des Publikums aus-
> gegangen werden, das die Entstehungsgeschichte der einzelnen Bestimmungen
> nicht kennt und sich deshalb lediglich an dasjenige zu halten hat, was darin ge-
> schrieben steht und nach den Regeln grammatikalischer und logischer Interpreta-
> tion gemeint sein kann.»

d.   Kompetenzabgrenzung zwischen den Organen

aa.   Bekenntnis zum Paritätsprinzip

294   Art. 698 Abs. 1 OR, der da lautet:

> «Oberstes Organ der Aktiengesellschaft ist die Generalversammlung der Aktio-
> näre»,

erweckt auf Anhieb den Anschein, als bekenne sich das schweizerische Aktienrecht zur Omnipotenztheorie, wonach die GV alle Entscheide soll fällen können.
Dem ist freilich nicht so. Nach überwiegend herrschender Lehre basiert das
schweizerische Recht *funktionell* auf dem *Paritätsprinzip,* welches jedem Organ
bestimmte Aufgaben zuweist, innerhalb derer es grundsätzlich allein zuständig ist.
Auch das Bundesgericht legt seiner Praxis das Paritätsprinzip zugrunde (**BGE 100
II 384** «FABAG»).

295 Das OR 1991 hat diese Theorie noch bekräftigt, indem es dem Verwaltungsrat in
Art. 716*a* Abs. 1 OR Kompetenzen nicht nur als unübertragbar, sondern explizit
auch als «unentziehbar» zuweist (FORSTMOSER/MEIER-HAYOZ/NOBEL, § 20
N 11 ff.; OFK-CHAPUIS, OR 716 N 1), womit die AG in zunehmendem Masse
einen «institutionellen Charakter» angenommen hatte (NOBEL/GRONER, 204).

296 Gemäss BGE 100 II 384 führte die FABAG Fachschriften-Verlag und Buchdruckerei AG im Juni 1970 eine ausserordentliche Generalversammlung durch, welche
den Fusionsvertrag mit der Druckerei Winterthur AG vom Mai 1970 genehmigt
und die Änderung des Gesellschaftsnamens in «Liegenschaften und Beteiligungen
AG» sowie die Änderung der Gesellschaftsstatuten beschlossen hatte. Frieda
Dürst, Nutzniesserin von 127 Stammaktien und 865 Prioritätsaktien der FABAG,
hatte an der GV über ihren Vertreter gegen die Genehmigung des Fusionsvertrags
gestimmt, weshalb sie anschliessend auf gerichtlichem Wege die Aufhebung des
Beschlusses beantragte. Nachdem die Klage von den Vorinstanzen abgewiesen

wurde, gelangte Frieda Dürst ans Bundesgericht. Sie verlangte die Aufhebung des Beschlusses der ausserordentlichen GV der FABAG aus formellen und materiellen Gründen, nämlich mangels Zuständigkeit sowie wegen Unsachlichkeit und Missachtung des Anspruchs der Aktionäre auf gewinnbringende Geschäftsführung. Die GV sei nicht befugt gewesen, über die Beteiligung der Beklagten an der Buchdruckerei Winterthur AG zu befinden, da der angefochtene Beschluss gegen die gesetzliche und statutarische Zuständigkeitsordnung verstosse. Zu beurteilen war folglich, ob das vom Obergericht der Verwaltungstätigkeit im weiteren Sinne zugerechnete Sachgeschäft von der Generalversammlung behandelt werden durfte.

Das Bundesgericht hielt fest, dass der angefochtene Beschluss selbst unter Voraussetzung primärer Entscheidungskompetenz des Verwaltungsrats nicht gegen die aktienrechtliche Zuständigkeitsordnung verstossen hatte (E. 2a). Indem die GV den Fusionsvertrag genehmigte, entzog sie der Verwaltung nicht eigenmächtig die Geschäftsführung und Vertretung, sondern handelte auf deren Ersuchen, was nach den Statuten der FABAG zulässig war (E. 2a). Der Verwaltungsrat durfte daher von sich aus die GV um Erlass bestimmter Anordnungen oder richtungweisender Beschlüsse ersuchen oder ihr ein von ihr vorbereitetes, wichtiges Geschäft zur Beschlussfassung unterbreiten, für das sie aufgrund der ordentlichen Rechenschaftspflicht ohnehin einzustehen hätte (E. 2a). Zusätzlich konstatierte das Gericht, dass die GV über das streitige Sachgeschäft nicht bloss Beschluss fassen durfte, sondern musste, weil der «Fusionsvertrag über eine blosse Beteiligung gemäss Art. 2 der ursprünglichen Statuten weit hinausging, indem er die Gesellschaft dem Wesen und der Organisation nach (Umwandlung der Betriebsgesellschaft in eine Verwaltungs- und Holdinggesellschaft) veränderte und ihren Geschäftsbereich sowohl ausdehnte wie verengte.» (E. 2b) 297

Dies entspricht auch der herrschenden Lehre unter dem Aktienrecht 1991, wonach Entscheide des Verwaltungsrats, welche in eine faktische Änderung des Gesellschaftszwecks münden und eine Statutenänderung erfordern, in den zwingenden Kompetenzbereich der GV fallen (Art. 698 Abs. 2 Ziff. 1 i.V.m. Art. 626 Ziff. 2 OR). Demgegenüber findet eine Kompetenzattraktion durch die GV ihre Grenze in Art. 716a OR: GV-Beschlüsse, welche in den Bereich der unübertragbaren und unentziehbaren Aufgaben des Verwaltungsrats eingreifen, sind nichtig (ausführlich dazu und m.w.N. BSK OR II – WATTER/PELLANDA, Art. 716 OR N 4). 298

Von der Kompetenzattraktion durch die GV zu unterscheiden, ist der in der Lehre umstrittene Fall, wonach der Verwaltungsrat ein Geschäft an die GV delegieren will, über das er selber entweder gar keinen Beschluss gefasst hat oder seinen Beschluss an die Bedingung der Zustimmung durch die GV knüpft (Genehmigungsbeschluss, vgl. dazu eingehend BSK OR II – WATTER/PELLANDA, Art. 716 OR N 6, m.w.H.). Nach der hier vertretenen Auffassung kann der Verwaltungsrat die laufende Geschäftsführung lediglich nach unten delegieren. Beschliesst der 299

Verwaltungsrat gleichwohl – in eigener Kompetenz – der GV eine Frage zu unterbreiten, hat die Beschlussfassung der GV lediglich konsultativen Charakter ohne Bindungswirkung für den Verwaltungsrat (MEIER-HAYOZ/FORSTMOSER/NOBEL, § 30 N 71 f.).

300   Zu erwähnen ist noch, dass das Bundesgericht die Erweiterung der Vertretungsmacht des Verwaltungsrats einer Aktiengesellschaft nach Art. 718 Abs. 1 aOR (heute Art. 718*a* Abs. 1 OR) in gewissen Situationen als zulässig erachtet (BGE 116 II 320, s. dazu Kap. § 8, N 158).

bb.   Kompetenzordnung im Liquidationsstadium

301   Im «Stratton»-Urteil **123 III 473** hat das Bundesgericht seine bisherige Rechtsprechung zur Kompetenzordnung der Organe der AG im Liquidationsstadium geändert, indem es Art. 739 Abs. 2 OR nicht – wie bisher (vgl. BGE 91 I 438) – einschränkend auslegt, sondern aus dessen Wortlaut unter Hinweis auf die «Natur» der Handlungen der Gesellschaftsorgane und damit auch auf die Gesetzessystematik eine positive Aussage über das Zusammenwirken der Organe mit den Liquidatoren und deren gegenseitige Kompetenzordnung herausliest. Demnach verfügen nach Auffassung des Bundesgerichts

> «die Liquidatoren nicht über alle zur Durchführung der Liquidation erforderlichen Kompetenzen […], sondern [bedürfen] der Mitwirkung der Gesellschaftsorgane […], deren Fortbestand vorausgesetzt wird. Die Organe bleiben zuständig für Handlungen, die ‹nicht ihrer Natur nach von den Liquidatoren übernommen werden können› […]. Damit wird Bezug genommen auf die organisatorische Struktur der Gesellschaft und auf jene Aktivitäten der Gesellschaftsorgane, welche der Aufrechterhaltung der gesellschaftsrechtlichen Organisation dienen.» (BGE 123 III 473 E. 4)

302   Das Bundesgericht kommt dabei zum Schluss, dass das OR für das Liquidationsstadium keine gesonderte Kompetenzordnung vorsieht. Sowohl die GV wie auch die Revisionsstelle behalten ihre Aufgaben. Wesentliche Auswirkungen hat Art. 739 Abs. 2 OR hingegen auf die Stellung des Verwaltungsrats; diese sind mehrdeutig, je nachdem ob der Verwaltungsrat die Liquidation selber besorgt oder ob hierfür eigens Liquidatoren bestellt werden:

> «Obliegt dem Verwaltungsrat in der unaufgelösten Gesellschaft die Führung der Geschäfte bzw. die Beaufsichtigung der Geschäftsführung (Art. 716, 716*a* und 716*b* OR), liegt nach der Auflösung die in der Liquidationstätigkeit bestehende Hauptaktivität der Gesellschaft in den Händen der Liquidatoren (Art. 742–745 OR). Diese und nicht der Verwaltungsrat haben im Falle der Überschuldung den Richter zu benachrichtigen (Art. 743 Abs. 2 OR). Kann der Verwaltungsrat für die unsorgfältige Führung der Geschäfte der unaufgelösten Gesellschaft zur Verantwortung gezogen werden, sind es nach der Auflösung der Gesellschaft die Li-

quidatoren (Art. 754 Abs. 1 OR). Die Bestimmung von Art. 739 Abs. 2 OR ist in ihrer Funktion als Kompetenzabgrenzung zwischen Verwaltungsrat und Liquidatoren, hinter der auch eine Verantwortungsabgrenzung steht, zweifellos zwingender Natur. Die im Vergleich zu Generalversammlung und Revisionsstelle ungleich stärkeren Auswirkungen der Liquidation auf die Kompetenzen des nicht liquidierenden Verwaltungsrates ändern aber nichts am Prinzip, dass der Auflösungsbeschluss und der anschliessende Eintritt der Gesellschaft in das Liquidationsstadium ihre Grundstruktur nicht verändert.» (E. 4b)

e. Organe der Aktiengesellschaft

BGE 97 II 403 («Kornmarkt Luzern») konkretisierte die Sorg-   303
faltspflicht eines Verwaltungsrats gemäss Art. 722 aOR und bemerkt insbesondere, dass derjenige, dem Zeit und Fachwissen fehlen, auf ein entsprechendes Verwaltungsmandat verzichten sollte. Das Bundesgericht mahnt:

> «Nach Art. 722 Abs. 3 OR hat die Verwaltung die mit der Geschäftsführung beauftragten Personen (auch wenn diese der Verwaltung angehören) zu überwachen und sich regelmässig über den Geschäftsgang unterrichten zu lassen. Sie hat diese Pflicht ‹mit aller Sorgfalt zu erfüllen› (Art. 722 Abs. 1 OR). Diese Vorschriften sind, obwohl im Bankengesetz nicht enthalten, deshalb anzuwenden, weil die KVB eine Aktiengesellschaft ist [...] Nach dieser Vorschrift muss der Verwaltungsrat nicht jedes einzelne Geschäft, sondern die Tätigkeit der Geschäftsleitung und den Geschäftsgang im allgemeinen überprüfen [...] Das setzt voraus, dass der Verwaltungsrat die ihm unterbreiteten Berichte kritisch liest, nötigenfalls von der Geschäftsleitung ergänzende Auskünfte verlangt und bei Feststellung von Irrtümern oder Unregelmässigkeiten einschreitet [...] Die Beklagten können sich daher nicht mit dem Einwand entlasten, dass sie sich an höchstens 10 halbtägigen Sitzungen im Jahr mit den ‹dringlichsten Sachen beschäftigten› und dafür nur ‹Fr. 3 000.– bzw. Fr. 2 000.– nebst ... Fr. 200.– pro Sitzung bezogen›. Konnten sie mangels Zeit oder genügender Fachkenntnisse ihre Pflicht nicht sorgfältig erfüllen, so hatten sie auf einen Sitz im Verwaltungsrat der Bank zu verzichten.» (E. 5b)

Die geforderte Sorgfalt bestimmt sich nach objektiven Kriterien. Die Aktien-   304
rechtsreform 1991 hat in Art. 715a OR das Auskunfts- und Einsichtsrecht des Verwaltungsrats griffiger ausgestaltet und die Pflichten konkretisiert.

In **BGE 99 I*b* 104** geht es um die Charaktereigenschaften eines Revisors. Das   305
Bundesgericht verlangt nebst den berufsspezifischen Leumundsmerkmalen auch persönliche Eigenschaften:

> «Für die Geschäftsführer und die leitenden Revisoren einer bankengesetzlichen Revisionsstelle muss es daher vor allem auf die Integrität, Geradheit, Gewissenhaftigkeit und einwandfreie Sorgfalt ankommen. Darin sind die berufsspezifischen Leumundsmerkmale zu erblicken, mit denen allgemeine Eigenschaften wie Ansehen, Achtung und Vertrauenswürdigkeit selbstverständlich einhergehen. Da-

zu kommt die Unabhängigkeit im Sinne der Charakterstärke, die Fähigkeit, ohne
Rücksicht auf allfällige Rückwirkungen auf das Mandatsverhältnis und somit ohne Rücksicht auf eigene Interessen zum Rechten zu sehen und das Richtige zu
tun. Diese Unabhängigkeit reicht weiter als die in Art. 20 Abs. 2 und 3 BankG
umschriebenen Unvereinbarkeiten.» (E. 5)

306   Heute besteht eine formelle Aufsicht über die Revisorinnen und Revisoren gemäss
Revisionsaufsichtsgesetz vom 16. Dezember 2005 (SR 221.302).

2.   Vergütung

307   Die Qualifikation der Vergütung an Mitglieder von Verwaltungsrat und Geschäftsführung wird nicht in der VegüV geregelt, sondern richtet
sich nach dem *Arbeitsrecht* (VON DER CRONE, Aktienrecht, § 4 N 289, m.w.N.). In
Art. 322*d* OR wird zwischen Lohn und Gratifikation unterschieden. Der Begriff
«Bonus» existiert hingegen im Obligationenrecht nicht.

308   Zur Abgrenzungsfrage Lohn/Gratifikation lassen sich aus der höchstrichterlichen
Rechtsprechung folgende Grundsätze ableiten (s. dazu auch VON DER CRONE,
Aktienrecht, § 4 N 289):

– Die Gratifikation ist gemäss Art. 322*d* OR eine *Sondervergütung,* «welche der
  Arbeitgeber neben dem Lohn bei bestimmten Anlässen, wie Weihnachten oder
  Abschluss des Geschäftsjahrs, ausrichtet […] Sie zeichnet sich dadurch aus,
  dass sie zum Lohn hinzutritt und immer in einem gewissen Masse vom *Willen
  des Arbeitgebers* abhängt. Die Gratifikation wird damit ganz oder zumindest
  teilweise *freiwillig* ausgerichtet […]» (**BGE 139 III 155** E. 3.1).

– Für die Frage, ob eine Vergütung als Lohn oder als Gratifikation zu qualifizieren ist, ist entscheidend, ob dem Arbeitgeber ein *Ermessen* zusteht. Fehlt ein
  solches Ermessen, handelt es sich um eine Lohnzahlung:

  «Ein […] Ermessen [des Arbeitgebers] ist zu bejahen, wenn die Höhe des Bonus
  nicht nur vom Erreichen eines bestimmten Geschäftsergebnisses, sondern zudem
  auch von der subjektiven Einschätzung der persönlichen Arbeitsleistung durch
  den Arbeitgeber abhängig gemacht wird […].» (**BGE 142 III 381** E. 2.1)

– Vereinbaren Arbeitgeber und Arbeitnehmer im Voraus, dass Letzterer in der
  Zukunft eine Gratifikation erhalten wird, liegt eine *unechte Gratifikation* vor,
  welche einen *Anspruch* des Arbeitnehmers begründet. Die Gratifikation steht
  dann nicht mehr im vollständigen Belieben des Arbeitgebers. «Nur bezüglich
  der Höhe besteht ein Freiraum für den [Arbeitgeber] und erlangt dessen Willen
  allenfalls Bedeutung […] Der Arbeitgeber darf seine Pflicht zur Ausrichtung
  der Sondervergütung aber nicht dadurch unterlaufen, dass er diese willkürlich
  tief festsetzt oder ganz entfallen lässt. Wurde eine Gratifikation vertraglich

vereinbart, hat sie der Arbeitgeber nach billigem Ermessen festzusetzen.» (**BGE 136 III 313** E. 2.3; vgl. auch **BGE 129 III 276** E. 2)

– Das Bundesgericht nimmt aber auch eine *konkludente Zusicherung* einer (unechten) Gratifikation an, wenn eine solche während *mindestens drei aufeinanderfolgenden Jahren* regelmässig und vorbehaltlos ausbezahlt worden ist (**BGE 129 III 276** E. 2 Ingress).

Die Gratifikation ist eine Sondervergütung (Art. 322*d* Abs. 1 OR); sie hat mithin   309
zum Lohn *akzessorisch* zu sein (vgl. etwa ULLIN STREIFF/ADRIAN VON KAENEL/ ROGER RUDOLPH, Arbeitsvertrag Praxiskommentar zu Art. 319–362 OR, 7. Aufl., Zürich 2012, Art. 322*d* N 4; **BGE 129 III 276** E. **2.1; 142 III 381** E. 2.2.1). Die entsprechende Grenze kann freilich nicht einfach mittels einer festen Verhältniszahl zwischen dem vereinbarten Lohn und der freiwilligen Gratifikation definiert werden. «Vielmehr sind die Umstände des Einzelfalles zu berücksichtigen [...] Immerhin erscheint der akzessorische Charakter aber dann kaum mehr gewahrt, wenn die Gratifikation regelmässig einen höheren Betrag erreicht als der Lohn.» (**BGE 139 III 155** E. 3.2)

In der neueren Rechtsprechung hat das Bundesgericht das Erfordernis der Ak-   310
zessorietät eingeschränkt, wenn der eigentliche Lohn (ohne Bonus) des Arbeitnehmers seine Existenz bei Weitem gewährleistet und seine Lebenshaltungskosten erheblich übersteigt (**BGE 139 III 155** E. 5.3; wo es um einen Jahreslohn von total über CHF 2 Mio. ging); diesfalls handelt es sich bei der freiwilligen Vergütung durch den Arbeitgeber immer um eine Gratifikation. In **BGE 141 III 407** E. 4.2.3 und **142 III 381** E. 2.2.2 bestätigt das Bundesgericht seine Rechtsprechung und sagt überdies, was es unter einem «sehr hohen» Einkommen versteht:

> «[D]ie Akzessorietätsprüfung [entfällt]» und eine ins Ermessen der Arbeitgeberin gestellte freiwillige Vergütung ist *in jedem Fall als Gratifikation zu qualifizieren,* auf die kein Anspruch besteht, sofern der Arbeitnehmer auch ohne den umstrittenen Bonus ein sehr hohes Einkommen aus der gesamten Entschädigung für seine Arbeitstätigkeit erzielt. Als sehr hohe Entschädigung wird ein Einkommen aus Arbeitsvertrag angesehen, das den fünffachen Medianlohn übersteigt [...] Der massgebliche Zeitraum zur Beurteilung, ob ein Arbeitnehmer aus dem Arbeitsvertrag ein sehr hohes Einkommen erzielt, bestimmt sich in der Regel nach einem Jahreslohn.» (Hervorhebungen im Original).

Wird dem Arbeitnehmer die Möglichkeit geboten, sich mittels Erwerb von Optio-   311
nen am Geschäftserfolg des Unternehmens bzw. der Unternehmensgruppe zu beteiligen, wird mit ihm ein *Beteiligungsvertrag* abgeschlossen. Trägt der Arbeitnehmer das Risiko einer Wertverminderung aus freien Stücken, handelt er als *Anleger,* wodurch der Arbeitnehmerschutz entfällt und der Kauf der Optionen als *Investition* qualifiziert wird. Das Bundesgericht führt in **BGE 130 III 495** E. 4.2.3 dazu aus:

«Der [Arbeitnehmer] hat die streitigen Optionen käuflich erworben und dafür einen Preis bezahlt, den er selbst nicht als besonders vorteilhaft ausgibt. Vielmehr ging er mit den Investitionen in die Optionen ein unternehmerisches Risiko ein, weil er die erfolgreiche Zukunft [des Bankkonzerns] vor Augen hatte [...] Die zugeteilten Optionen stellen somit keinen Lohnbestandteil dar, was gegen die Anwendung der arbeitsrechtlichen Schutzvorschriften spricht. [...] Sodann ist davon auszugehen, dass der Abschluss der Verträge seinem freien Willen entsprang. Aufgrund seiner Kenntnisse als Investitionsfachmann erwartete er einen hohen Gewinn unter Begrenzung des maximalen Verlustes auf den eingesetzten Kaufpreis. Die für die Optionen geleisteten Zahlungen charakterisieren sich damit klar als auf einem Anlageentscheid beruhende Investition, die ihm aufgrund seiner Anstellung bei einer dem [...] Konzern angehörenden Gesellschaft ermöglicht wurde.»

312   Die Mitarbeiterbeteiligung dient unterschiedlichen Zwecken (s. **BGE 130 III 495** E. 4.1):

– Erhöhung der Attraktivität der Gesellschaft als Arbeitgeberin für hoch qualifizierte Arbeitskräfte;

– Motivation der Mitarbeitenden, indem diese von dem eigens geschaffenen Wert profitieren können;

– Bindung des Kaders an die Arbeitgeberin, jedenfalls bis zum Zeitpunkt der Optionsausübung;

– Gleichschaltung der Ziele von Angestellten, Aktionären und Management.

3. Verantwortlichkeit

a. *Prospekthaftung (Art. 752 OR)*

313   In **BGE 112 II 258** klagte Aktionär X gestützt auf Art. 752 OR gegen Y, der als Kontrollstelle der Z-Gesellschaften wirkte, für einen Verlust, den er im Zuge der Sanierung der Z-Holding AG erlitten hatte. X machte u.a. geltend, die Sanierungsdokumentation der Z-Holding AG, welche Y ihm zusammengestellt hatte, sei fehlerhaft gewesen. Das Bundesgericht führt aus, der *Prospekt* im Sinne von Art. 752 OR sei ein Mittel zur Werbung von Drittpersonen für die Aktienzeichnung, entsprechend diene die spezifische aktienrechtliche Prospekthaftung dem Schutz des zur Zeichnung aufgerufenen Publikums vor Übervorteilung. Dieser Schutz komme aber nicht nur bei der Gründung einer Aktiengesellschaft zur Anwendung, sondern bei jeder Aktienemission und erfasse darum auch entsprechende Dokumente, die anlässlich einer Kapitalerhöhung ausgegeben werden (E. 3a). Den Gesetzeswortlaut von Art. 752 OR zitierend, präzisiert das Bundesgericht indessen, dass diese Haftungsbestimmung nur Kundgebungen betreffe, wel-

che «bei der Ausgabe» von Aktien erfolgen, weshalb ein Zusammenhang mit der Emission gegeben sein muss (OFK – BERTSCHINGER, OR 752 N 9; vgl. dazu auch BSK OR II – WATTER, Art. 752 OR N 5 und 14). Vorliegendenfalls handle es sich jedoch um eine Dokumentation für eine Sanierung, deren Modalitäten noch offen waren, weshalb eine Haftung auf der Grundlage von Art. 752 OR ausgeschlossen werden müsse (E. 3b).

Überholt ist BGE 112 II 258 freilich in Bezug auf die Frage der Aktivlegitimation, bei derer eine Absicht fordert, die «Aktien in den Verkehr einzuführen» (E. 3a). **BGE 131 III 306,** E. 2.1 spricht zwar analog auch vom «Erstwerber der neu ausgegebenen Titel», sagt aber darüber hinaus, dass als «Erwerber» i.S.v. Art. 752 OR auch spätere Käufer klageberechtigt sind, sofern die Angaben im Prospekt für den Kaufentschluss kausal waren (vgl. da zu auch BSK OR II – WATTER, Art. 752 OR N 6 ff.). 314

b.   Gründungshaftung (Art. 753 OR)

In **Pra 1965 Nr. 59** (= BGE 90 II 490) geht es um die Haftung bei der Überbewertung von Sacheinlagen. Dazu führte das Bundesgericht Folgendes aus: 315

> «Es trifft zu, dass gemäss ständiger Rechtsprechung […] ein Gründer für seine Handlungen und Unterlassungen nicht haftbar gemacht werden kann, wenn die übrigen Gründer ihnen in Kenntnis des Sachverhalts aus freien Stücken zugestimmt haben. Da ihr Wille der AG zugerechnet werden muss, ist unter solchen Umständen anzunehmen, dass die AG bewusst eine Vermögensverminderung in Kauf genommen oder auf eine Vermögensvermehrung verzichtet habe und deshalb nicht nachträglich Ersatz erlittenen Schadens fordern könne, da ihre Zustimmung den Handlungen und Unterlassungen des Gründers ihren widerrechtlichen Charakter nimmt […]. Hieraus folgt, dass die AG bei Überbewertung von Sacheinlagen nur dann keine Ansprüche besitzt, wenn sie über die Machenschaften des fehlbaren Gründers hinlänglich orientiert war […].» (E. 4)

Primäres Ziel von Art. 753 OR, der anlässlich der Reform 1991 lediglich redaktionelle Änderungen erfahren hat, ist die Sicherstellung einer rechtmässigen Aufbringung des Grundkapitals, dessen Hauptfunktion es ist, eine Haftungsbasis für die Gläubiger sicherzustellen (statt vieler MEIER-HAYOZ/FORSTMOSER, Gesellschaftsrecht, § 16 N 66). Obwohl der Begriff der Gründungshaftung von jeher weit ausgelegt wird und «alle Personen, die bei der Gründung mitwirken», umfasst (Art. 753 OR), bietet dieses Kapital lediglich einen Schutz *post festum*. Um Missbräuche im Zusammenhang mit qualifizierten Gründungen und Kapitalerhöhungen zu vermeiden, fügte der Gesetzgeber im Zuge der Aktienrechtsrevision 1991 Art. 634 und insb. Art. 635*a* ein (s. Botschaft Aktienrecht 1991, 771 f., 858 f.). Nach Art. 635*a* OR hat ein zugelassener Revisor den Gründungsbericht, der u.a. 316

Rechenschaft über die Art und den Zustand von Sacheinlagen oder Sachübernahmen und die Angemessenheit der Bewertung ablegt (s. Art. 635 Ziff. 1 OR), zu
prüfen und zu bestätigen, dass dieser vollständig und richtig ist.

c.   Verantwortlichkeit des Verwaltungsrats

aa.   Grundsätzliches

317   Das Bundesgericht hat in stetiger Rechtsprechung die Voraussetzungen für die Verantwortlichkeit nach Art. 754 OR präzisiert. Es bleibt aber
bei der Haftung für jedes Verschulden (Art. 754 Abs. 1 OR). Nach **BGer 4C.201/
2001 vom 19. Juni 2002** gilt für die Sorgfalt, welche der Verwaltungsrat bei der
Führung der Geschäfte der Gesellschaft anzuwenden hat, ein objektiver Massstab.
«Das Verhalten eines Verwaltungsratsmitgliedes wird deshalb mit demjenigen
verglichen, das billigerweise von einer abstrakt vorgestellten, ordnungsgemäss
handelnden Person in einer vergleichbaren Situation erwartet werden kann»
(E. 2.1.1 m.w.N.). Bei der nachträglichen Beurteilung von Geschäftsentscheiden,
die in einem einwandfreien, auf einer angemessenen Informationsbasis beruhenden und von Interessenskonflikten freien Entscheidprozess zustande gekommen
sind, hat sich das Bundesgericht in Übereinstimmung mit der herrschenden Lehre
Zurückhaltung auferlegt (**BGer 4A_306/2009 vom 8. Februar 2010 E. 7.2.4**).

bb.   Business Judgment Rule

318   In **BGer 4A_74/2012 vom 18. Juni 2012** hat das Bundesgericht die Anwendung der *Business Judgment Rule* im schweizerischen Aktienrecht
erstmals ausdrücklich anerkannt. Demnach wird ein Geschäftsorgan nicht verantwortlich für einen Schaden, wenn dieser aufgrund eines Geschäftsentscheids eingetreten ist, der nicht offensichtlich unsorgfältig vorbereitet wurde (was insbesondere die Beschaffung der erforderlichen Information betrifft), in dessen Rahmen
nicht in sorgfaltswidriger Weise Rechtsvorschriften missachtet wurden, der nicht
unter dem Einfluss eines Interessenkonflikts zustande kam und der im Lichte der
Gesellschaftsinteressen vertretbar war (E. 5.1; VOGT/BÄNZIGER, 621).

319   Seither ergingen weitere Urteile zur Business Judgment Rule, vgl. dazu die Übersicht bei MÜLLER/KÄCH, N 50.

cc.   Aktivlegitimation und aktienrechtlicher Schadensbegriff

320   **BGE 131 III 306** («Biber») behandelte die Aktivlegitimation
bei einer aktienrechtlichen Verantwortlichkeit und den aktienrechtlichen Scha-

densbegriff und klärte diesbezügliche Unsicherheiten auf. Das Bundesgericht beurteilte dabei die Klage eines Aktionärs, welcher zwischen November 1994 und November 1995 insgesamt 3500 Namenaktien der Biber Holding AG erwarb. Nachdem über die Biber Holding AG der Konkurs eröffnet wurde, klagte der Aktionär gegen drei ehemalige Verwaltungsräte der Biber Holding AG aus Verantwortlichkeit gemäss Art. 754 OR. Wie die Vorinstanzen wies das Bundesgericht die Klage wegen fehlender Aktivlegitimation ab. Zunächst setzte sich das Bundesgericht mit dem sogenannten «mittelbaren» Gläubiger- bzw. Aktionärsschaden auseinander und verwies dabei auf die Grundsätze des Haftpflichtrechts:

> «Nach den Grundsätzen des Haftpflichtrechts ist nur derjenige geschädigt, dem ein direkter Schaden in seinem Vermögen zugefügt worden ist. Der Dritte, der nur aufgrund einer besonderen Beziehung zum Direktgeschädigten einen Reflexschaden – bzw. mittelbaren Schaden – erleidet, besitzt grundsätzlich keinen Anspruch gegen den Schadensverursacher.» (E. 3.1.1)

Weiter führte das Bundesgericht aus, dass auch ein mittelbarer Schaden im Aktienrecht eintreten kann: Ein Aktionär kann aufgrund des Wertverlustes seiner Aktien einen Schaden erleiden, der mittelbar daraus resultiert, dass die Gesellschaft durch Pflichtverletzungen der Organe geschädigt wird. Auch ein Gläubiger, dessen Konkursdividende dadurch vermindert wird, dass ein Organ der Gesellschaft einen Schaden verursacht, erleidet bloss einen mittelbaren Schaden. Anschliessend stellt das Bundesgericht klar, wer zur Aktivlegitimation legitimiert ist: 321

> «In diesen Situationen ist entsprechend den haftpflichtrechtlichen Grundsätzen in erster Linie die Gesellschaft als direkt Geschädigte aktivlegitimiert, Schadenersatz gegenüber den verantwortlichen Organmitgliedern zu verlangen. Für die mittelbar geschädigten Aktionäre und Gläubiger gibt es keine Möglichkeiten, ihren eigenen Reflexschaden mittels Individualklage geltend zu machen. Ausserhalb des Konkurses steht dem Aktionär – nicht aber dem Gesellschaftsgläubiger […] – immerhin die Möglichkeit offen, mittels Gesellschaftsklage Schadenersatz für die Gesellschaft einzuklagen (Art. 756 Abs. 1 OR). Nach der Konkurseröffnung ist in erster Linie der Konkursverwalter berechtigt, die Verantwortlichkeitsansprüche der konkursiten Gesellschaft gegenüber den verantwortlichen Organmitgliedern geltend zu machen. Die Aktionäre und die Gesellschaftsgläubiger können den Schaden gegenüber den verantwortlichen Organen nur einklagen, wenn der Konkursverwalter auf die Geltendmachung von Verantwortlichkeitsansprüchen verzichtet (Art. 757 OR). Die Klageberechtigung des Konkursverwalters hat Vorrang.» (E. 3.1.1)

Danach äussert sich das Bundesgericht zum unmittelbaren Schaden dahin gehend: 322

> «Wenn der durch die Organe verursachte Schaden nicht im Vermögen der Gesellschaft, sondern unmittelbar im Vermögen der Aktionäre oder Gesellschaftsgläubiger eingetreten ist, können diese direkt gegenüber den verantwortlichen Organen die Leistung von Schadenersatz einklagen […]. Diese Klagemöglichkeit ist keiner Beschränkung unterworfen, solange kein Konkurs über die Gesellschaft

eröffnet ist. Das Gleiche gilt grundsätzlich auch nach Eröffnung des Konkurses, wenn ausschliesslich Aktionäre bzw. Gesellschaftsgläubiger geschädigt worden sind.» (E. 3.1.2)

323 Das Bundesgericht befasste sich überdies mit dem Fall, dass nebst den Aktionären bzw. den Gläubigern auch die Gesellschaft direkt geschädigt ist und die Gesellschaftsklage mit der Individualklage in Konkurrenz tritt:

«Nur für diesen Fall hat die Rechtsprechung die Klagebefugnis der Aktionäre und Gläubiger zur Verhinderung eines Wettlaufs zwischen der Konkursverwaltung und den direkt klagenden Gläubigern bzw. Aktionären zur Geltendmachung von Verantwortlichkeitsansprüchen eingeschränkt. Danach können die Aktionäre bzw. Gläubiger ihren direkten Schaden nur ausnahmsweise geltend machen, wenn das Verhalten eines Gesellschaftsorgans gegen aktienrechtliche Bestimmungen verstösst, die ausschliesslich dem Gläubiger- bzw. Aktionärsschutz dienen oder die Schadenersatzpflicht auf einen anderen widerrechtlichen Verhalten des Organs im Sinn von Art. 41 OR oder einen Tatbestand der culpa in contrahendo gründet [...].» (E. 3.1.2)

324 BGE 131 III 306 kehrt damit zum allgemein gültigen Schadensbegriff zurück und rückt damit vom Schadensbegriff in **BGE 122 III 176** wieder ab, wonach der unmittelbare Gläubiger- bzw. Aktionärsschaden im Konkurs nach dem Kriterium des Schutzzweckes der verletzten Norm bzw. der Grundlage der Schadenersatzpflicht definiert wird. Mit dem Biber-Entscheid wird nun wieder darauf abgestellt, welche Vermögensmasse vom Schaden betroffen ist. Die Rückkehr zum allgemein gültigen Schadensbegriff ist zu begrüssen. Eine Neuheit des Biber-Entscheids bildet auch die Einschränkung der Aktivlegitimation von direkt geschädigten Aktionären und Gläubigern bei gleichzeitiger Schädigung der Gesellschaft. Sind sowohl Gesellschaft als auch Gläubiger bzw. Aktionäre direkt geschädigt, können Gläubiger bzw. Aktionäre ihren unmittelbaren Schaden im Konkurs nämlich nur dann ausnahmsweise geltend machen, wenn das Verhalten der Organe gegen aktienrechtliche Bestimmungen mit ausschliesslichem Gläubiger- bzw. Aktionärsschutzcharakter verstösst oder die Haftung auf einem anderen widerrechtlichen Verhalten des Organs bzw. einem Tatbestand der *culpa in contrahendo* gründet.

dd.   Verantwortlichkeitsklage

325 Gegenstand von **BGE 142 III 23** («SAirGroup») bilden Ersatzansprüche aus aktienrechtlicher Verantwortlichkeit (Art. 754 OR) im Zusammenhang mit sieben von der SAirGroup zwischen dem 10. September und dem 1. Oktober 2001 an Dritte geleistete Zahlungen. Die Nachlassmasse der SAirGroup (Beschwerdeführerin) machte diesbezüglich wegen Gläubigerbegünstigung eine Verantwortlichkeitsklage gegen vier ehemalige Verwaltungsräte der SAirGroup geltend. Als weitere Beklagte wurde die CFO der SAirGroup ins Recht gefasst. Das

Bundesgericht stellte zunächst klar, dass die Nachlassmasse, vertreten durch ihren Liquidator, in analoger Anwendung der für den Konkurs aufgestellten Regeln aktivlegitimiert ist, einen Schaden der in Nachlassliquidation befindlichen Gesellschaft aus einem pflichtwidrigen Organverhalten geltend zu machen. Dies gilt unabhängig davon, ob Gläubiger der Gesellschaft durch dieses Verhalten bloss mittelbar oder unmittelbar geschädigt wurden (E. 4.1). Die Beschwerdeführerin verwies in ihrer weiteren Argumentation u.a. auf die «Raichle»-Praxis (BGer 5C.29/2000 vom 19. September 2000 E. 4b/c). Im «Raichle»-Entscheid hielt das Bundesgericht fest, dass in der damals streitbetroffenen Darlehensrückzahlung kurz vor dem Konkurs der Gesellschaft eine Pflichtverletzung der in Anspruch genommenen Organe lag. Diese habe zu einer Schädigung der Gläubiger geführt, die darin bestand, dass durch die vollumfängliche Tilgung einer Schuld und der damit einhergehenden Verminderung des Verwertungssubstrats die Werthaltigkeit ihrer Forderungen (im Konkurs) beeinträchtigt worden sei. Die Konkursverwaltung sei diesfalls befugt, das zur Masse gehörende Vermögen im Interesse der Gesamtheit der Gesellschaftsgläubiger durch Verantwortlichkeitsklage erhältlich zu machen.

Das Bundesgericht hielt fest, der von der Klägerin angerufene «Raichle»-Entscheid müsse vor dem Hintergrund der damaligen, sehr restriktiven bundesgerichtlichen Praxis zur Aktivlegitimation bei der Geltendmachung von Gläubigerschäden im Konkurs gesehen werden (E. 4.2). Im Lichte der seitherigen Entwicklung der Rechtsprechung erschiene der Entscheid i.S. «Raichle» als überholt (E. 4.2). Nach der damals geltenden, in BGE 122 III 176 («X Corporation») entwickelten Praxis sollten Verantwortlichkeitsansprüche der Gläubiger im Konkurs der ausschliesslichen Herrschaft der Konkursverwaltung unterstellt werden, um einen Wettlauf der Ansprüche zu verhindern. Zum einen sei sodann im «X Corporation»-Entscheid beim Schadensbegriff nicht zwischen der traditionellen Definition des unmittelbaren oder mittelbaren Schadens unterschieden worden, d.h., in welcher Vermögensmasse der Schaden eingetreten sei, sondern danach, auf welcher Rechtsgrundlage der Schaden beruht habe (BGE 122 III 176 E. 7b). Zum anderen sei ein unmittelbarer Schaden der Gläubiger, zu dessen Geltendmachung die Gläubiger im Konkurs der Gesellschaft gegen die Organe unabhängig vom Vorgehen der Konkursverwaltung geltend zu machen einzig befugt seien, nur anzunehmen, wenn die Verletzung von Rechtsnormen durch die belangten Organe geltend gemacht worden sei, welche ausschliesslich die Gläubiger, nicht aber gleichzeitig die Gesellschaft schützen würden (BGE 122 III 176 E. 7b–d). 326

Das Bundesgericht hielt allerdings fest, dass diese Praxis – vom Sonderfall der gleichzeitigen direkten Schädigung der Gesellschaft und der Gläubiger abgesehen – aufgehoben sei (E. 4.2.2). Dementsprechend rechtfertige es sich nicht mehr, der Konkursverwaltung bzw. der Nachlassmasse die Aktivlegitimation für ausschliesslich den Gläubigern entstandene Schäden zuzugestehen. Dafür biete das Verantwortlichkeitsrecht keine Handhabe (E. 4.3). Das Bundesgericht fährt fort: 327

«Die Klage der Gesellschaft bzw. der Nachlassmasse (action sociale), setzt voraus, dass im Vermögen der Gesellschaft bzw. deren Masse ein Schaden im Sinne der Differenztheorie eingetreten ist. Denn nur ein solcher Gesellschaftsschaden ist nach nun ganz herrschender Auffassung Gegenstand der durch die Konkursverwaltung vertretenen Masse [...] bzw. der aktienrechtlichen Sonderregelung nach Art. 756–758, was sich ausdrücklich aus der Marginalie zu diesen Bestimmungen ergibt, die von ‹Schaden der Gesellschaft› spricht [...] Ist ausschliesslich ein Schaden im Vermögen von Konkursgläubigern eingetreten, wird dieser nach dem Gesagten von der gesetzlichen Regelung, die von der Konkursmasse eine Befugnis zur Geltendmachung von Verantwortlichkeitsansprüchen einräumt, nicht erfasst. Er kann ausschliesslich und ohne Einschränkungen von den nicht befriedigten Gläubigern geltend gemacht werden.» (E. 4.3)

328   Das Bundesgericht zieht folgendes Fazit:

«Dementsprechend ist die Beschwerdeführerin als Nachlassmasse nicht legitimiert, den von ihr vorliegend eingeklagten Schaden, bestehend in einer blossen Verminderung des Verwertungssubstrats, mit Verantwortlichkeitsklage gegen die Gesellschaftsorgane geltend zu machen.» (E. 4.3)

329   Ferner stellt das Bundesgericht klar, dass die Konkursverwaltung zwar gemäss der «Raschein»-Doktrin[82] zur Geltendmachung eines einheitlichen Anspruchs der Gläubigergesamtheit befugt sei. Dabei umfasse dieses Recht allerdings nur Ansprüche, die sich aus dem Recht der Gesellschaft (bzw. im Konkurs der Konkursmasse) aus einer Schädigung im Sinne der Differenztheorie ableiten:

«Nicht darunter fallen dagegen Ansprüche der Gläubiger aus einer Schädigung, die allein sie im Konkurs wegen einer blossen Verminderung des Verwertungssubstrats infolge Bezahlung einer fälligen Schuld durch die Gesellschaft erlitten haben, ohne dass gleichzeitig eine Schädigung der Gesellschaft vorliegt, da bei ihr der Abnahme der Aktiven eine gleichzeitige Abnahme der Passiven gegenübersteht. Eine solche, die Stellung der nicht befriedigten Gläubiger im Vollstreckungsverfahren verschlechternde Verminderung des Verwertungssubstrats im der Konkurs- bzw. Nachlassmasse (Verminderung der flüssigen Mittel der Gesellschaft) kann Gegenstand einer gegen den Zahlungsempfänger gerichteten paulianischen Anfechtung durch die Masse sein (Art. 285 Abs. 1 und 2 Ziff. 2 und Art. 288 Abs. 1 sowie Art. 325 SchKG; BGE 101 III 92 E. 4a), nicht indessen einer Verantwortlichkeitsklage der Konkurs- bzw. der Nachlassmasse gegen die Gesellschaftsorgane.» (E. 4.4)

---

[82] Gemäss Bundesgericht (BGE 117 II 432) ist die auf Art. 753/754 OR gestützte Verantwortlichkeitsklage der Konkursmasse einer Aktiengesellschaft oder des gemäss Art. 756 Abs. 2 OR an ihrer Stelle klagenden Gläubigers als Klage aus dem Recht der *Gläubigergesamtheit* aufzufassen (BGE 117 II 432, 439). Dieser Klage können Einreden, die den verantwortlichen Organen gegen die Gesellschaft oder gegen einzelne Gläubiger zustünden, nicht entgegengehalten werden (BGE 117 II 432, 440).

Nach diesem Entscheid steht fest, dass die «Raichle»-Praxis, d.h. die Klageberech-   330
tigung der Masse zur Geltendmachung eines durch die Verminderung von Verwertungssubstrat unmittelbar im Vermögen der Gläubiger entstandenen Schadens,
aufgehoben wurde. Die «Raichle»-Praxis, welche aus pragmatischen Gründen ins
Leben gerufen wurde, konnte jedoch auch nicht überzeugen. So ist nicht einzusehen, dass die Konkursmasse einen Schaden einklagen konnte, der sie bzw. die
konkursite Gesellschaft selber überhaupt nicht betraf. Anhand der Marginalie zu
Art. 756 OR («Schaden der Gesellschaft») ist auch erkennbar, dass dies nicht im
Sinne des Gesetzgebers gewesen sein dürfte (vgl. MÜLLER/KIESER, 115; REBSA-
MEN, N 866; BÄRTSCHI, 217). Nach dem vorliegenden Entscheid ist eine Konkurs-
bzw. Nachlassmasse nicht mehr zur Erhebung einer Verantwortlichkeitsklage
legitimiert, sofern der durch eine organschaftliche Pflichtverletzung entstandene
Schaden ausschliesslich in der Verminderung des Verwertungssubstrats zulasten
der Gläubiger liegt, ohne dass gleichzeitig der konkursiten Gesellschaft ein Schaden entstanden ist. Die Gläubiger sind damit verpflichtet, den ihnen unmittelbar
entstandenen Schaden selber einzuklagen. Des Weiteren ist für die Praxis von
Bedeutung, dass zur Rückgängigmachung einer Verminderung von Verwertungssubstrat der Masse nur die Anfechtungsklage nach Art. 285 ff. SchKG zur Verfügung steht. Die Verantwortlichkeitsklage ist nicht das richtige Instrument, das
Verwertungssubstrat im Interesse der Gläubigergesamtheit sicherzustellen, denn
die Rückzahlung einer fälligen Schuld führt eben nicht zu einem Schaden im Sinne der Differenztheorie.

4.   Rechtsstellung des Aktionärs

a.   Bezugsrecht

In **BGE 91 II 298** (Wyss-Fux A.-G.) befasste sich das Bundes-   331
gericht mit der Frage, ob die Beschränkung des Bezugsrechts in aArt. 652 OR auf
Aktionäre, die in der Gesellschaft tätig sind, mit dem Grundsatz der Gleichbehandlung der Aktionäre zu vereinbaren sei. Zunächst hielt es fest, dass das Bezugsrecht nicht zu den «wohlerworbenen Rechten»[83] gehört (E. 2). Bezugnehmend auf seine frühere Rechtsprechung (BGE 69 II 246 E. 1 m.w.N.) bekräftigte
das Bundesgericht sodann den (ungeschriebenen) *Gleichbehandlungsgrundsatz.*
Allerdings gilt dieser Grundsatz nicht absolut; Abweichungen sind dann gestattet,
wenn sie «für die Verfolgung des Gesellschaftszweckes im Interesse der Gesamtheit der Aktionäre unumgänglich notwendig» sind (E. 2). Dieses Prinzip der
Gleichbehandlung gilt auch für das Recht zum Bezug neuer Aktien. *In casu* stand
zur Diskussion, ob ein Aktionär (Kläger), der ein Konkurrenzunternehmen der

---

[83]   S. zu den wohlerworbenen Rechten eingehend SCHLUEP, WALTER R., Die wohlerworbenen
Rechte des Aktionärs, Diss. St. Gallen 1955.

beklagten AG betreibt, vom Bezugsrecht ausgeschlossen werden darf. Das Bundesgericht verneinte die Frage. Es argumentierte mit dem Fehlen einer Treuepflicht des Aktionärs:

> «Die Aktiengesellschaft ist vor allem eine Kapitalgesellschaft. Der Aktionär ist zu nichts weiterem verpflichtet als zur Leistung seiner Einlage. Verpflichtungen persönlicher Art auferlegt ihm das Gesetz nicht. Insbesondere ist er in seiner Tätigkeit ausserhalb der Gesellschaft frei und braucht auf die Interessen der Gesellschaft und der übrigen Aktionäre keine Rücksicht zu nehmen [...] Es ist daher einem Aktionär (auf jeden Fall wenn er nicht dem Verwaltungsrat angehört) nicht verwehrt, sich als Konkurrent der Gesellschaft zu betätigen. Die Tatsache, dass der Kläger heute ein Konkurrenzunternehmen der Beklagten betreibt, vermag daher die im Ausschluss vom Bezugsrecht bestehende rechtsungleiche Behandlung nicht zu rechtfertigen.» (E. 6a)

332   Das Bundesgericht untermauerte diese Sichtweise mit dem Wesen der AG als *reine Kapitalgesellschaft,* welche es verbietet, «einen Aktionär wegen seiner Stellung als Konkurrent in seinen Rechten zu beeinträchtigen» (E. 6a). Ausserdem monierte es, dass der Ausschluss eines Aktionärs vom Bezugsrecht die Ausnahme bleiben müsse (E. 7).

333   In der Lehre wurde jedoch wiederholt angeregt, eine Treuepflicht des Aktionärs zu bejahen (vgl. MEIER-HAYOZ/FORSTMOSER, Gesellschaftsrecht, § 3 N 23; VON STEIGER WERNER, Über die Verantwortung des Hauptaktionärs, in: FG Max Gutzwiller, Basel 1959, 699 ff., 708; KUNZ, Minderheitenschutz, § 8 N 39).

334   Zudem anerkennt ein Teil der neueren Lehre, dass die Frage nach einer allfälligen Treuepflicht neben der Rechtsform auch mit der realen Struktur, d.h. dem tatsächlichen Gesellschaftsvertrag, dem verfolgten Zweck und der konkreten Position und damit verbundenen Einflussmöglichkeiten eines Aktionärs zusammenhängt und diese Aspekte auch von Relevanz sind. So beruht es auf sachlichen Gründen, von einem nicht geschäftsführenden Mehrheits- bzw. Blockaktionär, welcher die dominante Stellung in der Gesellschaft hält, ein anderes Verhalten zu verlangen als von einem einfachen Minderheitsaktionär (vgl. GERMANN SANDRO, Die personalistische AG und die GmbH, SSHW Bd. 327, Zürich/St. Gallen 2015, § 9 N 710; KUNZ, Minderheitenschutz, § 8 N 40). So ist denn auch darauf hinzuweisen, dass heute auch im Gesellschaftsrecht das Prinzip der schonenden Rechtsausübung anerkannt ist (BGer 4A_43/2007 vom 11. Juli 2007; BGE 121 III 219; BGE 117 II 290).

335   Trotz diesen vermehrten Stimmen aus der Lehre lehnt das Bundesgericht eine Treuepflicht des Aktionärs bisher konsequent ab (vgl. BGer 4C.143/2003 vom 14. Oktober 2003, E. 6; BGE 105 II 114, E. 7b, BSK OR II-KURER/KURER, Art. 680 N 7).

Der Fundamentalsatz, dass Aktionäre einzig und allein zur Liberierung verpflichtet seien, ist insbesondere für Publikumsgesellschaften durch das BEHG bzw. neu durch das FinfraG stark relativiert worden. Dieses Gesetz begründete börsengesetzliche Aktionärspflichten (BSK OR II-KURER/KURER, Art. 680 N 1).   336

Im Gegensatz zum schweizerischen Recht anerkennt das deutsche Recht eine   337
gesellschaftsrechtliche Treuepflicht des Aktionärs. Bei der Treuepflicht handelt es sich um eine im deutschen Recht allgemein anerkannte, das gesamte Gesellschaftsverhältnis durchziehende Pflicht der Gesellschafter zur Loyalität und Rücksichtnahme auf die berechtigten Interessen der Gesellschaft und der Mitgesellschafter. Die Existenz gesellschaftlicher Treuebindungen ist in Deutschland seit dem entsprechenden Leading Case des Bundesgerichtshofs in Sachen Linotype im Jahre 1988 unbestritten:

> «Eine gesellschafsrechtliche Treuepflicht besteht auch zwischen den Aktionären. Denn auch bei der Aktiengesellschaft hat ein Mehrheitsgesellschafter die Möglichkeit, durch Einflussnahme auf die Geschäftsführung die gesellschaftsbezogenen Interessen der Mitgesellschafter zu beinträchtigen, sodass auch hier als Gegengewicht die gesellschaftsrechtliche Pflicht einzufordern ist, auf diese Interessen Rücksicht zu nehmen.» (BGHZ 103, 184)

Bemerkenswert ist sodann, welch weitreichende Kompetenzen im Kapitalerhö-   338
hungsverfahren bereits unter dem alten Recht an den Verwaltungsrat delegiert wurden. So gewährte der GV-Beschluss der beklagten AG dem Verwaltungsrat völlig freie Hand in Bezug auf die Erhöhungsmodalitäten, welche die Möglichkeit eines erheblichen Eingriffs in die Interessen der vom Bezugsrecht ausgeschlossenen Aktionäre nicht ausschlossen (E. 5).

Das Bundesgericht sprach sich konsequent für den aktienrechtlichen Minderhei-   339
tenschutz hinsichtlich des Bezugsrechts aus. Auf die vom Kläger geltend gemachten personalistischen Charakterzüge der beklagten AG ging es nicht ein, sondern hob die formelle Ordnung hervor:

> «Das angebliche Überwiegen des persönlichen Elementes sodann ist ein Gesichtspunkt, der dem Wesen der Aktiengesellschaft fremd.» (E. 6b)

Diese bundesgerichtlichen Erwägungen fanden denn auch Eingang ins Aktienrecht   340
1991, welches das Bezugsrecht weiter verstärkt hat. So darf das Bezugsrecht nach dem geltenden Art. 652*b* Abs. 2 OR nur noch aus wichtigen Gründen ausgeschlossen werden, und es darf niemand unsachlich begünstigt oder benachteiligt werden. Auch die breite Kompetenzdelegation der GV an den Verwaltungsrat im Kapitalerhöhungsverfahren wurde vom Gesetzgeber mit dem genehmigten Kapital i.S.v. Art. 651 OR implementiert.

341   Im Entscheid «Nestlé/Canes» (**Pra 1992 Nr. 137** = BGE 117 II 290) hatte das Bundesgericht die Zulässigkeit des Bezugsrechtsausschlusses bestätigt. Freilich steht dieser nicht im Belieben der GV; vielmehr braucht es einen sachlichen Grund (E. 4e). Ein solcher ist dann gegeben,

> «wenn er im Interesse der AG beschlossen worden und für die Verfolgung ihrer gesetzmässigen Ziele unerlässlich ist […] Die AG hat ein solches Interesse, wenn nach Abwägung der einander gegenüberstehenden Interessen das verfolgte Ziel eine Kapitalerhöhung erfordert, während die Interessen der Bezugsrechtberechtigten diesem Ziel untergeordnet sind. So ist ein Entzug gerechtfertigt, der die Ausgabe von Aktien an Mitarbeiter oder an das Kader, Naturaleinlagen oder den Erwerb von Beteiligungen oder sogar von ganzen Unternehmen oder Teilen von Unternehmen mittels Aktientausch (Übernahme einer Partizipation, Quasi-Fusion) ermöglichen muss. Gleich verhält es sich, wenn durch den Ausschluss die Ausübung des Wandel- oder Optionsrechts […], die Umwandlung ausländischen Kapitals in Eigenkapital oder auch die Erweiterung des Investorenkreises ermöglicht werden soll […].» (E. 4e/aa)

342   Zudem hat dieser Ausschluss dem – ursprünglich sachenrechtlichen – *Prinzip der schonenden Rechtsausübung* zu genügen:

> «Der Grundsatz der schonenden Rechtsausübung ist verletzt, wenn die Beschlüsse der Mehrheit die Rechte der Minderheit beeinträchtigen und das im Interesse der AG verfolgte Ziel auf eine für diese Minderheit mehr oder weniger unschädliche Weise und ohne Nachteile für die Mehrheit hätte erreicht werden können […] Nach der Rechtsprechung des BG findet dieser Grundsatz seine Grenzen im Mehrheitsprinzip, welches im Aktienrecht herrscht, und dem sich jeder Aktionär im Moment des Erwerbs der Mitgliedschaft unterwirft.» (E. 4e/bb)

343   Das heute geltende Aktienrecht statuiert denn auch ausdrücklich, dass das Bezugsrecht nur aus wichtigen Gründen aufgehoben werden kann und durch die Aufhebung niemand in unsachlicher Weise begünstigt oder benachteiligt werden darf (vgl. Art. 652b Abs. 2 OR; Botschaft Aktienrecht 1991, 864 f. u. 956). Mit der anstehenden Aktienrechtsrevision sollen diese Schranken auch für die Festlegung des Bezugspreises gelten (s. Art. 652*b* Abs. 4 E-OR 2016).

b.   *Mehrheitsmacht*

344   In **BGE 99 II 55** («Weltwoche/Ringier») verstieg sich das Bundesgericht zur folgenden kühnen Aussage:

> «Mit dem Eintritt in die Gesellschaft unterwirft der Aktionär sich bewusst dem Willen der Mehrheit und anerkennt, dass diese auch dann bindend entscheidet, wenn sie nicht die bestmögliche Lösung trifft und ihre eigenen Interessen unter Umständen denjenigen der Gesellschaft und einer Minderheit vorgehen lässt.» (E. 4b)

Diese bundesgerichtliche Argumentationsweise wurde in der Literatur denn auch 345
gemeinhin kritisiert (etwa FORSTMOSER/MEIER-HAYOZ/NOBEL, § 39 Fn. 9; NOBEL/
GRONER, 501). Verallgemeinernd könnte sie durchaus als Aufbruch zu *Squeeze-
outs* und Raubzügen auf die Taschen der Aktionärsminderheiten verstanden werden, überzeugend ist sie indessen nicht (NOBEL/GRONER, 501). Richtschnur muss
vielmehr das *Gesellschaftsinteresse* sein bzw. die vernünftigen Erwartungen der
Aktionäre in die Steigerung des Unternehmenswerts. Art. 706 Abs. 2 Ziff. 3 OR
hat mit der Statuierung des Gesellschaftszwecks als Maxime die gebotene Klarheit
geschaffen (NOBEL, Aktienrecht, 120, vgl. auch Kap. § 9, N 55 ff.). Anzumerken
ist, dass im zitierten BGE der Grundsatz der schonenden Rechtsausübung noch
verworfen wurde; die Anerkennung geschah dann im Entscheid BGE 117 II 290
(«Canes/Nestlé»).

c.   Ausschluss vom Stimmrecht

In **BGE 128 III 142** beurteilte das Bundesgericht den Aus- 346
schluss eines mit der Geschäftsführung einer AG betrauten Aktionärs, welcher die
Stimmen eines nicht geschäftsführenden Aktionärs vertrat, von der Beschlussfassung über die Déchargeerteilung. Es führte hierzu Folgendes aus:

> «Die Generalversammlung kann ihre Beschlüsse nach einhelliger Lehre nur an-
> lässlich einer tatsächlich gesetzeskonform einberufenen Versammlung der Aktio-
> näre fassen; Zirkularbeschlüsse oder Urabstimmungen sind unzulässig [...]. Der
> Aktionär kann somit weder auf dem Zirkularweg noch schriftlich stimmen. Sein
> Vertreter ist daher nicht bloss Bote, sondern hat – auch wenn er weisungsgebun-
> den handelt – in der Versammlung und aufgrund der dort vermittelten Informatio-
> nen die vertretenen Stimmen abzugeben [...] Ist er gleichzeitig Geschäftsführer
> der Gesellschaft, so ist er damit seinerseits dem Interessenkonflikt ausgesetzt, den
> Art. 695 OR im Interesse der Funktionsfähigkeit der Gesellschaft und des Min-
> derheitenschutzes verhindern soll.» (E. 3b)

Das Bundesgericht folgerte daraus, dass dem Sinn und Zweck des Stimmrechts- 347
ausschlusses gemäss Art. 695 Abs. 1 OR entsprechend alle an der Versammlung
anwesenden Personen vom Stimmrecht ausgeschlossen sind, die als Organe vom
Entlastungsbeschluss betroffen sind. Die Elektronik dürfte dies ändern.

5.   Grundkapital und Aktien

a.   Vorratsaktien

Im bereits zitierten Entscheid «Nestlé/Canes» (**Pra 1992** 348
Nr. 137 = BGE 117 II 290) hatte das Bundesgericht die Schaffung von Vorratsaktien – ein Institut, welches dem Aktienrecht 1936 noch fremd war – für zulässig

erklärt. Es betrachtete diese nicht als unzulässige Umgehung des Verbots des Erwerbs eigener Aktien, zumal das wirtschaftliche Risiko eines Wertverlusts auf dem liberierten Betrag auf die Banken übertragen und nicht von der Gesellschaft übernommen wird (E. 4d/aa). In **Pra 1997 Nr. 55** («Omni/Berner Kantonalbank») hat das Bundesgericht diese Rechtsprechung bestätigt und bekräftigt, bei Vorratsaktien trage der Treuhänder das wirtschaftliche Risiko, wobei sich seine Pflicht auf die Liberierung der Aktien beschränkt. Werden die liberierten Aktien gutgläubig und weisungsgemäss auf einen Dritten übertragen, müsse der Treuhänder auch dann nicht einstehen, wenn sich später herausstellt, dass die vom Dritten gegenüber der Gesellschaft eingegangene Schuld wertlos sei (E. 6b/aa). Beide Urteile betreffen das alte Aktienrecht von 1936. Die Reform von 1991 mit dem Institut des genehmigten Kapitals (Art. 651 OR) hat dem Bundesgericht weitere solche Klimmzüge erspart (vgl. auch sogleich N 349).

b.   Genehmigte und bedingte Kapitalerhöhung

349   Im Grundsatzurteil **BGE 121 III 219** («Schweiz. Bankgesellschaft/BK Vision)» nimmt das Bundesgericht namentlich Stellung zu den Schranken der Kompetenzdelegation von der GV an den Verwaltungsrat im Zusammenhang mit Kapitalerhöhungen. In seinen Erwägungen 1 und 5 kommt es zum Schluss, dass sowohl bei der genehmigten als auch bei der bedingten Kapitalerhöhung (Art. 651 bzw. 653 OR) der Entscheid über die Aufhebung bzw. Einschränkung des Bezugsrechts grundsätzlich von der GV zu treffen ist; eine Delegation an den Verwaltungsrat ist zulässig, sofern die GV in ihrem Beschluss die einschlägigen Zwecke nennt und die Leitlinien definiert. Konkret führt das Bundesgericht aus, «die genehmigte Kapitalerhöhung [solle] dem Verwaltungsrat namentlich ermöglichen, die für die Durchführung von Beteiligungsnahmen und Annexionen erforderlichen Aktien rasch bereitzustellen und die Übernahmeverhandlungen diskret zu führen» (E. 1d/bb). Bei der bedingten Kapitalerhöhung haben die Statuten den Kreis der Wandel- oder Optionsberechtigten zu definieren.

350   Des Weitern qualifiziert das Bundesgericht die Finanzierung von Übernahmen und Beteiligungen als wichtigen Grund für den Ausschluss des Bezugsrechts. Unter Berufung auf NOBEL (Bezugsrecht, 1175) führt es aus,

> «dass die Finanzierung von Investitionen zwar für sich allein kaum als wichtiger Grund betrachtet werden darf, dagegen die Interessenabwägung bei bestimmten Finanzierungssituationen einen Entzug zu rechtfertigen vermag, namentlich wenn damit eine Kotierung der Aktien an ausländischen Börsen verbunden ist. Das trifft vor allem für solche internationalen Sachverhalte zu, bei denen im Falle von Annexionen, Fusionen oder wesentlichen Beteiligungserwerben einer Vorschrift des ausländischen Rechts nachzuleben ist, wonach Aktien der übernehmenden Gesell-

schaft am Sitz der übernommenen Gesellschaft zu kotieren oder mindestens auf dem dortigen Aktienmarkt zu platzieren sind.» (E. 3)

c. *Sammelverwahrung von Inhaberaktien*

In **BGE 112 II 406** («Ems Chemie/Pent Holding») äusserte 351 sich das Bundesgericht zur Sammelverwahrung von Inhaberaktien und anerkannte die Miteigentumsthese an nicht individualisierten Wertpapieren:

> «Die Lehre hat unter dem Blickwinkel von Art. 727 ZGB der Sammelverwahrung von Wertpapieren, wie sie im Bankgeschäft Eingang gefunden hat, besondere Aufmerksamkeit geschenkt und in diesem Zusammenhang den Begriff des modifizierten und labilen Miteigentums geprägt [...]. Von labilem Miteigentum wird deshalb gesprochen, weil die aufbewahrende Bank ohne weiteres berechtigt, aber auch verpflichtet ist, jedem Hinterleger auf Verlangen Wertpapiere ohne Mitwirkung und Zustimmung der andern Miteigentümer von Art und Zahl, wie sie vom Ansprecher deponiert wurden, herauszugeben. Damit fällt die Verfügungsbeschränkung, wie sie im Normalfall dem Miteigentümer namentlich durch Art. 648 Abs. 2 ZGB auferlegt ist, weg.» (E. 4a)

Von modifiziertem Miteigentum spricht man hingegen, weil im Gegensatz zum 352 gewöhnlichen Miteigentum zwischen den Deponenten nur theoretisch Rechtsbeziehungen bestehen (HAAB/SIMONIUS/SCHERRER/ZOBL, Art. 727 N 94b uns insb. 94c).

Die sich in diesem Zusammenhang ebenfalls stellende Frage nach der Ausübung 353 des *Depotstimmrechts* bei bankverwahrten Titeln fand mit der Aktienrechtsreform 1991 als Art. 689*b* ff. Eingang ins OR.

Die Entwicklung der rechtlichen Grundlagen für die sog. *mediatisierte Effekten-* 354 *verwahrung* vermochte aber zunächst mit den tatsächlichen Entwicklungen nicht Schritt zu halten. Zunächst wurde diese auf der Grundlage des herkömmlichen Sachen-, Schuld- und Konkursrechts bewältigt. Aber bereits die Sammelverwahrung und das System der Globalurkunden rüttelten an der herkömmlichen wertpapierrechtlichen Grundordnung, und das Konzept der Wertrechte, welches vollständig auf das Verkörperungselement verzichtet, brachte die erforderliche Rechtssicherheit vollends ins Wanken (Botschaft BEG, 9316). Mit Inkraftsetzung des *Bucheffektengesetzes* am 1. Januar 2010[84] wurde dann für Entmaterialisierung der Wertpapiere eine umfassende und moderne Grundlage geschaffen. Für das Aktienrecht mussten im Wertpapierrecht des OR die Art. 973*a*–973*c* geschaffen werden.

---

[84] Bundesgesetz über Bucheffekten vom 3. Oktober 2008, SR 957.1.

d.   Die Überwindung des Buchaktionärs

355   Die alte Vinkulierungsordnung von 1936 hatte etwelche Inkonvenienzen zur Folge, namentlich im Zusammenhang mit der Institution des Buchaktionärs, wodurch die spaltungsrechtliche Gemengelage aus Aktien- und Wertpapierrecht kaum mehr zu überblicken war. Im wegweisenden Entscheid **BGE 114 II 57** («UTH/Denner») nahm das Bundesgericht zu den Konsequenzen dieser altrechtlichen Vinkulierung Stellung, und zwar insbesondere zur *«Spaltungstheorie»* bei fehlender Zustimmung der AG zur Übertragung der Namenaktien: Gemäss dieser altrechtlichen Theorie verblieben die Aktionärsrechte beim verkaufenden Buchaktionär, und der Erwerber konnte nur die obligationenrechtlichen Forderungsrechte erlangen. Das Bundesgericht meinte, die Rechte des Buchaktionärs aus einem «Prinzip der konstanten Zahl der Mitgliedschaftsstellen, wonach ohne Änderung der Grundkapitalziffer ein Austritt oder Ausschluss nicht möglich ist», ableiten zu können (E. 5b/bb).

356   Die Aktienrechtsreform 1991 hat die Spaltung im nicht kotierten Bereich abgeschafft und für den kotierten Bereich zumindest beschränkt. Das Gespenst des Buchaktionärs ist im Wesentlichen verschwunden. Er blieb lediglich dort partiell erhalten, wo börsenkotierte Aktien sog. «ausserbörslich» erworben werden und der Erwerber noch kein Gesuch um Anerkennung als Aktionär eingereicht hat (Art. 685*f* Abs. 1 OR; Dispoaktien, dazu Kap. § 2 N 81 ff.).

6.   Kapitalschutz

a.   *Rückerstattungsklage und Verantwortlichkeitsklage, Gewährung konzerninterner Darlehen und Ausschüttbarkeit von Agio*

357   Im Entscheid **BGE 140 III 533** beurteilte das Bundesgericht drei bisher unentschiedene Streitfragen im Zusammenhang mit dem Schutz des Kapitals einer Aktiengesellschaft. Der Fall handelte von der Swisscargo AG als Klägerin und Beschwerdegegnerin, welche bis Ende 2000 eine hundertprozentige Tochtergesellschaft der SAirLogistics AG war. Die SAirLogistics AG war ihrerseits wiederum eine Tochtergesellschaft der SAirGroup AG. Die A. AG (Beklagte und Beschwerdeführerin) war für das Jahr 2000 die Revisionsstelle der Swisscargo AG und des SAirGroup-Konzerns. Die Beschwerdegegnerin machte dabei u.a. im vorinstanzlichen Verfahren geltend, die Beschwerdeführerin habe sich mit ihrer vorbehaltlosen Genehmigung der beantragten Dividendenausschüttung aus aktienrechtlicher Verantwortlichkeit haftbar gemacht. Der Beschwerdegegnerin hätten Ende 2000 nicht freie Mittel von CHF 29,17 Mio. zur Ausschüttung einer Dividende (Eigenkapital abzüglich Aktienkapital, Agio und allgemeine Reserven) zur

Verfügung gestanden. Das für die Dividendenausschüttung verwendbare Eigenkapital der Beschwerdegegnerin von CHF 29,17 Mio. sei zufolge der konzerninternen Darlehen im Umfang von CHF 23,65 Mio. nämlich bereits beansprucht gewesen, womit bloss ein Betrag von CHF 5,52 Mio. verblieben sei, welcher der Aktionärin als Dividende hätte ausgeschüttet werden dürfen. Durch die unberechtigte Dividendenausschüttung sei die Konkursdividende im Umfang des Klagebetrages kleiner geworden.

Zunächst widmete sich das Bundesgericht der Frage des Verhältnisses der Verantwortlichkeitsklage (Art. 754 ff. OR) und der Rückerstattungsklage (Art. 678 OR). Das Bundesgericht folgte dabei der überwiegenden Lehrmeinung, welche das Verhältnis der Klagen als konkurrierend bezeichnet (statt vieler BÖCKLI, Aktienrecht, § 12 N 567). Das Bundesgericht stellte damit klar, dass die Verantwortlichkeitsklage nicht subsidiär zur Rückerstattungsklage ist, m.a.W. muss der Verantwortlichkeitskläger nicht zuerst gegen den Empfänger von ungerechtfertigten Leistungen der Gesellschaft klagen, bevor er den durch die Rückerstattungsklage nicht abgegoltenen Schaden gegenüber den verantwortlichen Organen einklagt (BGE 140 III 533, 539 f.). [358]

In einem zweiten Schritt hält das Bundesgericht fest, dass der aktienrechtliche Kapitalschutz auch der Gewährung von Darlehen unter Konzerngesellschaften Grenzen setzt. Bei einem Darlehen einer Tochtergesellschaft an ihre Muttergesellschaft (sog. Up-stream-Darlehen) stelle sich insbesondere die Frage, ob unter dem Deckmantel eines Darlehens in Wirklichkeit eine Ausschüttung von geschütztem Eigenkapital an die Aktionärin erfolge und damit gegen das Verbot der Einlagenrückgewähr verstossen werde. Ein Verstoss gegen die Einlagenrückgewähr liegt gemäss Bundesgericht insbesondere vor, wenn ein nicht zu Marktbedingungen hingegebener Darlehensbetrag aus dem geschützten Eigenkapital refinanziert wird. Stammt das Darlehen aus freiem Eigenkapital, [359]

> «führt eine solche Ausschüttung mit Blick auf eine Dividendenausschüttung aber zu einer faktischen Sperrung des freien Eigenkapitals im Umfang des ausgerichteten Darlehenbetrages [...]. Denn bliebe das nicht zu den Marktbedingungen ausgerichtete und damit Ausschüttungscharakter aufweisende Darlehen bei der Bestimmung der ausschüttbaren Dividende unberücksichtigt, würde das freie Eigenkapital doppelt verwendet, nämlich im Zusammenhang mit dem erfolgten Darlehen einerseits und der geplanten Dividende andererseits.» (E. 4.2)

Schliesslich äusserte sich das Bundesgericht auch noch zum Agio und qualifizierte das Agio in Übereinstimmung mit der herrschenden Lehre als eine gewöhnliche allgemeine Reserve, die keinen besonderen Schutz wie das Verbot der Einlagenrückgewähr gemäss Art. 680 Abs. 2 OR geniesst. Als Teil der allgemeinen Reserve ist die Generalversammlung daher ermächtigt, über das Agio frei zu verfügen, [360] soweit die allgemeine Reserve (inkl. Agio) die Hälfte des Aktienkapitals übersteigt (BGE 140 III 533, 548).

b. Rückerstattungsklage: Missverhältnis zur Gegenleistung und zur wirtschaftlichen Lage der Gesellschaft

361   In **BGE 140 III 602** setzte sich das Bundesgericht ausführlich mit der Frage des Missverhältnisses der Leistung der Gesellschaft einerseits zur Gegenleistung des Verwaltungsrats und anderseits zur wirtschaftlichen Lage der Gesellschaft auseinander und stellt Folgendes klar:

> «Nach Art. 678 Abs. 2 OR muss das Missverhältnis zur Gegenleistung der Gesellschaft (wie auch zu deren wirtschaftlichen Lage) offensichtlich sein. Das Missverhältnis ist dann offensichtlich, wenn es jedermann, der gerecht und billig denkt und die konkreten Verhältnisse vernünftig beurteilt, in die Augen fällt [...], weil es einer vernünftigen wirtschaftlichen Begründung entbehrt[...].» (E. 8.2)

Das Bundesgericht verweist auf die in Art. 678 Abs. 2 OR bekundete Absicht des Gesetzgebers, die Ausübung des Geschäftsermessens den Gesellschaften zu überlassen (E. 8.2).

362   In Bezug auf das Missverhältnis zur Wirtschaftslage der Gesellschaft präzisiert das Bundesgericht weiter:

> «Auch bei guten wirtschaftlichen Verhältnissen steht Art. 678 Abs. 2 OR einer offensichtlichen Begünstigung einzelner Verwaltungsräte zulasten des Gesellschaftsvermögens entgegen. Durch die beiden Kriterien des Missverhältnisses zur Gegenleistung und zur wirtschaftlichen Lage sowie durch die im Gesetz verlangte Offensichtlichkeit der Missverhältnisse wird vermögenden Gesellschaften kein Freipass für verdeckte Gewinnausschüttungen ausgestellt [...]. Dem Kriterium der wirtschaftlichen Situation der Gesellschaft kommt vielmehr Bedeutung zu für das Ermessen, das den Gesellschaften zugebilligt wird [...]. In dieses Ermessen wollte der Gesetzgeber nicht eingreifen. Sanktioniert wird sowohl bei finanzstarken als auch bei finanzschwachen Gesellschaften nur die Überschreitung des Ermessens. Der Ermessensspielraum ist bei wirtschaftlich guten Verhältnissen aber grösser [...].» (E. 9.3)

363   Auch unter diesem Aspekt übt sich das Bundesgericht in Zurückhaltung bei der Beurteilung von Geschäftsentscheiden. Diese höchstrichterliche Zurückhaltung kann auch als Ausdruck einer realistischen Einschätzung der Justiziabilität von Geschäftsentscheiden interpretiert werden, mündet doch praktisch jeder auch noch so rational fundierte Entscheidungsprozess im Verwaltungsrat oder in der Geschäftsleitung einer AG in eine auch intuitive Entscheidung, mitgeprägt durch Informationsasymmetrien und Risikodenken (dazu VON DER CRONE/GOTTINI, 517 f.).

Der bundesrätliche Entwurf vom November 2016 verzichtet in Art. 678 Abs. 2 364
E-OR auf das Kriterium des offensichtlichen Missverhältnisses der gesellschaftlichen Leistung zu ihrer wirtschaftlichen Lage. Dies vor dem Hintergrund der Überlegung, dass die Sorgfalts- und Treuepflichten sowie das Gleichbehandlungsgebot der Aktionäre für den Verwaltungsrat sowohl in guten wie auch in schlechten Zeiten gelten. Ebenfalls neu werden in Abs. 4 von Art. 678 E-OR auch die Gläubiger zur Rückerstattungsklage aktivlegitimiert, und das bei aufrechtstehender Gesellschaft; einschränkend verlangt der Entwurf allerdings, dass die Leistungen gemäss Abs. 1 und 2 von Art. 678 E-OR innerhalb des Konzerns erbracht werden mussten (Botschaft Aktienrechtsentwurf 2016, 530; s. dazu vorne N 228 ff.).

    c.   *Cashpooling*

            Im **Bundesgerichtsurteil 4A_603/2014 vom 11. November** 365
2015 i.S. Flightlease AG in Nachlassliq. geht es um die Frage der Haftung bei Teilnahme einer Konzerntochtergesellschaft an einem konzerninternen Cashpooling (E. 3 ff.). Cashpooling hat zur Folge, dass rechnerisch oder effektiv die Liquiditätsguthaben mehrerer Gesellschaften regelmässig saldiert und zentral verwaltet werden. Der bedeutendste Anwendungsfall sind Konzerngesellschaften (HANDSCHIN, 273). Es geht also um die Bündelung der Liquidität innerhalb eines Konzerns. Bezweckt wird damit, im Konzern generierte Liquiditätsüberschüsse einzelner Konzerngesellschaften zugunsten der Liquiditätsbedürfnisse anderer zu nutzen, um die Finanzierungskosten des gesamten Konzerns tief zu halten. Statt dass einzelne Konzernglieder über Banken Liquidität beschaffen, tun sie das intern über den Cashpool bzw. über diejenigen Konzerngesellschaften, welche flüssige Mittel in den Pool einzahlen (vgl. ausführlich HANDSCHIN, 275).

In den Jahren 1998/1999 wurde im SAirGroup-Konzern eine zentrale Konzernfi- 366
nanzierung unter einheitlicher finanzieller Leitung eingerichtet, deren wesentlicher Bestandteil das Cashpooling bildete. Ab Mitte 1999 wurde von der SAirGroup ein sog. *Zero Balancing Cash Pooling* mit der UBS AG als Poolbank betrieben. Bei diesem *Zero Balancing Cash Pooling* wurden jeweils abends die drei dem Pool angeschlossenen Bankkonti in USD, EUR und CHF jeder Teilnehmergesellschaft auf null gestellt, indem die positiven bzw. negativen Saldi tatsächlich auf die Bankkonti der Poolführerin und Finanzierungsgesellschaft des ganzen Konzerns, SAirGroup Finance (NL) B.V., überwiesen bzw. diesen belastet wurden. Im Gegenzug erwarben die einzelnen Teilnehmergesellschaften eine gleich hohe Forderung oder Schuld pro Konto gegenüber der Finance B.V. Die Flightlease AG war als Konzerngesellschaft Mitglied dieses Cashpool (E. A.c).

Mit dem vorliegenden Urteil 4A_603/2014 wies das Bundesgericht eine Be- 367
schwerde der Nachlassmasse der Flightlease AG (Beschwerdeführerin) ab. Gefor-

dert wurden CHF 50 Mio.; die Klägerin verlangte von den Beklagten den Ersatz des Schadens, welcher ihr durch die Beteiligung am Cashpool der Gruppe entstand. Die Beschwerdeführerin argumentierte, «der Entscheid zur Teilnahme der Flightlease AG am konzernweiten Cashpool sei nicht durch den dafür nach Art. 716*a* OR zuständigen Verwaltungsrat der Flightlease AG getroffen worden, sondern durch die Organe der SAirGroup, die dadurch als Organ der Flightlease geamtet hätten. Diese hätten einen mangelhaft implementierten Cashpool zwecks Zentralisierung der konzernweiten Liquidität betrieben und die Teilnahme der Flightlease an diesem Cashpool veranlasst. Dadurch sei für Flightlease, insbes. für deren Liquidität, ein enormes Klumpenrisiko entstanden. Der Verwaltungsrat der Flightlease AG habe sich weder jemals mit der Frage der Beteiligung am Cashpool noch mit derjenigen eines Ausstiegs aus demselben befasst. Der Verwaltungsrat sei damit in einem ihm durch Gesetz und Statuten auferlegten Pflichtbereich gänzlich untätig geblieben. Es fehle damit an einem bewussten Geschäftsentscheid und erst recht an der Entscheidfindung in einem ordnungsgemässen Verfahren auf Grundlage angemessener Information. Soweit dies in Bezug auf Organe der SAirGroup anders sei, würde bei ihnen ein klassischer Fall eines rechtlich relevanten Interessenkonflikts vorliegen.» (E. 7.1.2)

368   Das Bundesgericht stützte die vorinstanzlichen Urteile und verneinte das Vorliegen von Pflichtverletzungen. Die Beteiligung der Flightlease am Cashpool der Gruppe stelle nicht *per se* ein übermässiges Klumpenrisiko dar. Zudem wäre die Eingehung eines liquiditätsmässigen Klumpenrisikos auch nicht kausal für den erlittenen Schaden gewesen. Im Gegenteil hätte die Flightlease den mit der Klage geltend gemachten Schaden auch dann erlitten, wenn sie mit ihrer Beteiligung am Cashpool kein Liquiditätsrisiko eingegangen wäre (z.B. weil sie anderweitig über genügend Liquidität verfügt oder sich mit nur einem kleinen Teil ihrer flüssigen Mittel am Cashpool beteiligt hätte (E. 6). Die Organe durften angesichts der konkreten Umstände und des Verhaltens der SAirGroup auch von einer Verrechnungsmöglichkeit ausgehen und annehmen, die SAirGroup würde eine von der Flightlease erklärte Verrechnung von Forderungen aus dem Cashpool mit Schulden gegenüber der SAirGroup akzeptieren und die Verrechnung zulassen. Die Organe schufen somit nach den konkreten Umständen *ex ante* kein übermässiges Verlustrisiko und verletzten ihre Pflicht zu einer wertbeständigen Vermögensanlage, durch die Teilnahme bzw. nicht Beendigung der Flightlease am Cashpool, nicht (E. 7.1.2).

369   Weiter machte die Beschwerdeführerin geltend, die Organe hätten die Pflicht zur Wahrnehmung des Gesellschaftsinteresses verletzt, indem sie in der Krise die Interessen des Konzerns statt das davon abweichende Interesse der Flightlease verfolgt hätten; «*Gesellschaftsinteresse vs. Konzerninteresse*». Letzteres hätte nach Ansicht der Beschwerdeführer verlangt, die Flightlease aus dem Konzern herauszulösen, d.h., ein sog. *Ringfencing* vorzunehmen. Das Bundesgericht beur-

teilte die Beschwerde diesbezüglich als unbegründet. Der Vorwurf sei viel zu allgemein gehalten und damit untauglich, eine Verantwortlichkeitsklage zu begründen (E. 8).

7. Beendigung der AG

Nach Art. 736 Ziff. 4 OR wird eine Aktiengesellschaft durch [370] richterliches Urteil aufgelöst, wenn Aktionäre, die zusammen mindestens zehn Prozent des Aktienkapitals vertreten, aus wichtigen Gründen die Auflösung verlangen. Seit der Aktienrechtsreform 1991 kann der Richter aber auch auf eine andere sachgemässe und den Beteiligten zumutbare Lösung erkennen.

Im Togal-Entscheid **BGE 105 II 114** vom 22. Mai 1979 hat das Bundesgericht [371] aber bereits festgestellt, dass bei einer kleinen Familienholding ohne eigenes Personal ein anderer Massstab anzuwenden ist als bei einer Publikumsgesellschaft. In E. 7 führt es entsprechend aus:

> «Dabei können auch persönliche Aspekte in Betracht fallen, wenngleich sie in einer Aktiengesellschaft grundsätzlich in den Hintergrund treten […] Im Rahmen von Art. 736 Ziff. 4 OR dürfen sie aber insbesondere dann nicht völlig ignoriert werden, wenn es um eine kleine Familiengesellschaft geht […].»

Auch Drittinteressen sind nach bundesgerichtlicher Auffassung in beschränktem [372] Rahmen zu berücksichtigen:

> «Dem Auflösungsinteresse des Klägers steht das Interesse der Beklagten oder zutreffender ihrer Mehrheit am Fortbestand der Gesellschaft gegenüber. Dabei sind die wirtschaftlichen und sozialen Folgen einer Auflösung zu berücksichtigen, von welchen allenfalls auch Dritte betroffen werden können […] Dieses Kollektivinteresse ist aber nicht generell dem Individualinteresse der Minderheit vorzuziehen, sondern diesem im Prinzip gleichwertig.» (E. 7c)

In **Pra 2010 Nr. 140** (= BGE 136 III 278) hat das Bundesgericht zwar seine [373] Rechtsprechung bestätigt, jedoch einen strengeren Ton angeschlagen, indem es einerseits das Wesen der AG als Kapitalgesellschaft in Erinnerung rief und anderseits dem Mehrheitsprinzip bei den GV-Beschlüssen das Wort redete (E. 2.2.2; s. auch STOFFEL WALTER A., Das Gesellschaftsrecht 2010, SZW 2011, 68 ff., 71 f.). Gemäss Sachverhalt standen sich zwei zerstrittene Hauptaktionäre gegenüber, welche sich in verschiedenen Zivil- und Strafverfahren bekämpften. Dabei versuchten sie, den dritten Aktionär je auf ihre Seite zu ziehen. Die Auflösungsklägerin, welche teilweise die GV-Beschlüsse mit unterschiedlichem Erfolg angefochten hatte, warf ihrem Widersacher vor, sich mittels Manipulation des Dritten eine Mehrheit verschafft zu haben, die er dann missbräuchlich ausgenutzt hatte.

374   Das Bundesgericht erachtete die Voraussetzungen der Auflösungsklage als nicht erfüllt und monierte zunächst:

«In einer Aktiengesellschaft werden die wichtigsten Entscheide nach dem Mehrheitsprinzip von der Generalversammlung getroffen [...] Wenn sich zwischen Aktionären Meinungsverschiedenheiten oder Konflikte ergeben, müssen die Entscheide gemäss dem Willen der Mehrheit getroffen werden; dass die Konflikte zwischen den Aktionären weiter bestehen oder sich wiederholen können, reicht grundsätzlich für eine Auflösung der Gesellschaft nicht aus, da es der Mehrheit obliegt, zu entscheiden, und da die Minderheit grundsätzlich den endgültig getroffenen Entscheid zu beachten hat [...] Die Möglichkeit einer Auflösung darf nicht dazu führen, das Mehrheitsprinzip seinem Grundsatz nach in Frage zu stellen; es kann nicht darum gehen, eine Gesellschaft aufzulösen, nur weil eine Minderheit den von der Mehrheit gefällten Entscheid nicht billigt [...].» (E. 2.2.2)

375   Zwar könne in kleinen Familiengesellschaften in einem gewissen Masse den persönlichen Beziehungen ebenfalls Rechnung getragen werden – und hier beruft sich das Bundesgericht u.a. auf den Togal-Fall –, doch «darf nicht vergessen werden, dass die Aktiengesellschaft eine Kapitalgesellschaft und nicht eine Personengesellschaft ist, sodass die finanziellen Interessen massgebend sind». (E. 2.2.2)

376   Das Fundamentalprinzip, das in der Aktiengesellschaft die Mehrheit bestimmt, wird nur in schweren Fällen von Machtmissbrauch und sofern keine milderen Massnahmen in Frage kommen, durchbrochen (s. auch VOGT, HANS-UELI/ENDERLI, THOMAS, Die Auflösung einer Aktiengesellschaft aus wichtigen Gründen und die Anordnung einer «anderen sachgemässen Lösung» [Art. 736 Ziff. 4 OR], recht 2010, 238 ff.). Solange keine Pattsituation vorliegt, wird die vorgängige Anhebung von Anfechtungs- und Informationsklagen erwartet:

«Die Beschwerdeführerin erreichte zwar zweimal, dass Beschlüsse der Generalversammlung als ungültig erklärt wurden. Sie unterlag indessen bei ihren späteren Klagen, und sie focht die Beschlüsse der letzten Generalversammlungen nicht an. Aus diesen Umständen lässt sich folglich nicht ableiten, dass die Mehrheit die andauernde Absicht hat, an der Generalversammlung ihre Aktionärsrechte zu verletzen [...] Es liegt nicht jene Konstellation vor, dass sich zwei Aktionäre zu je 50% das Aktienkapital teilen würden, sodass ihr Konflikt zu einer Patt-Situation bei der Leitung der Gesellschaft führen würde.» (E. 2.2.4)

377   Eine derartige richterliche Auflösung rechtfertigende Pattsituation bejahte das Bundesgericht hingegen in **BGE 126 III 266** («P. Grumser S.A.»), wo es freilich auch um ein Familienunternehmen, nämlich einen Uhrenladen in Lausanne, ging. Pierre Grumser (Kläger) hielt 22 Prozent am Aktienkapital der P. Grumser S.A. (Beklagte); die anderen 78 Prozent hielt seine Schwester als Mehrheitsaktionärin. Die Gesellschaft erwirtschaftete seit Jahren massive Verluste, das Unternehmen war unrentabel. Gleichwohl war die Mehrheitsaktionärin zu keiner Änderung des Geschäftsmodells bereit. Weil offensichtlich war, dass ohne eine derartige Ände-

rung die Reserven des Familienunternehmens in Kürze aufgebraucht sein würden, erachtete das Bundesgericht eine Fortführung des Unternehmens als für den Minderheitsaktionär unzumutbar. Das Bundesgericht führte aus:

> «A cet égard, des aspects personnels – en particulier dans les petites sociétés à caractère familial – peuvent jouer un rôle dans la pesée des intérêts, à tout le moins lorsqu'ils rendent durablement et objectivement insupportable la continuation des rapports sociaux [...].» (E. 1a)

Der subsidiäre Charakter der Auflösungsklage i.S.v. Art. 736 Ziff. 4 OR sei als Ausfluss des Verhältnismässigkeitsprinzips zu sehen: 378

> «La dissolution d'une société anonyme pour de justes motifs, au sens de l'art. 736 ch. 4 CO, est une mesure radicale destinée à sauvegarder les intérêts légitimes des actionnaires minoritaires. Pour cette raison, elle n'entre en ligne de compte que si des mesures plus douces ne suffisent pas à assurer la protection de ceux-ci. Dans ce sens, une telle mesure est qualifiée parfois d'«ultima ratio» et il est aussi question de la subsidiarité de l'action en dissolution. Il ne faut cependant pas en déduire que, dans tous les cas, l'actionnaire minoritaire doit tenter de sauvegarder ses intérêts par d'autres moyens de droit tels que l'action en annulation des décisions de l'assemblée générale ou l'action en responsabilité [...]. Ce qui est déterminant, ici aussi, c'est de savoir si l'on peut raisonnablement imposer à l'actionnaire minoritaire de faire valoir ses droits d'une autre manière. Ainsi, le caractère subsidiaire de l'action en dissolution n'est que l'expression du principe de la proportionnalité [...].» (E. 2a)

Die Aktienrechtsreform 1991 hat das Ermächtigungsquorum zur Auflösungsklage von 20 Prozent auf zehn Prozent des Aktienkapitals herabgesetzt. In BGE 126 III 266 werden die richterlichen Entscheidungsalternativen anschaulich dargestellt. Der Richter ist nicht vor die Wahl gestellt, entweder die Klage abzuweisen oder auf Auflösung zu erkennen. Vielmehr kann er eine «andere sachgemässe und den Beteiligten zumutbare Lösung» anordnen (Art. 736 Ziff. 4 Satz 2 OR). Als solche kommen ein Aktienrückkauf (zugunsten der klagenden Minderheit) oder andere Anordnungen gegenüber der Gesellschaft in Frage, allenfalls sogar die Einsetzung einer Instanz mit Stichentscheid. Die Norm gibt dem Richter eine ausdrückliche, materielle Alternativermächtigung, die nicht an die Parteianträge gebunden ist (NOBEL/GRONER, 544 f.). 379

B. Leading Cases im Konzernrecht

1. Konzernorganisation

Im **Bundesgerichtsurteil 5C.9/2001 vom 18. Mai 2001** geht es um die Frage, ob ein Stiftungszweck rechtens ist, wonach eine Stiftung dazu 380 dient, einen Konzern (*in casu* eine Gruppe von Unternehmen, die insbesondere auf dem Gebiet der Luftfahrt tätig sind) als Familienunternehmen zu erhalten und zu fördern. Die Kläger machen eine Teilnichtigkeit des entsprechenden Zweckartikels in der Stiftungsurkunde geltend. Sie argumentieren, eine «Unternehmensstiftung sei jedenfalls dann unzulässig», wenn der von ihr geführte oder über eine Holdinggesellschaft kontrollierte Betrieb ausschliesslich wirtschaftliche Zwecke verfolge und auch sonst keinerlei Anlass besteht, Stiftungen oder Zweckbestimmungen in Stiftungsurkunden zuzulassen, die einzig darauf abzielen, «auf Dauer einen gewöhnlichen Betrieb oder die Aktien einer gewöhnlichen Betriebsgesellschaft zu halten» (E. 2). Weiter führen die Kläger aus, dass nur zehn Prozent des Gesellschaftskapitals aus stimmrechtsberechtigten Aktien bestehe; 90 Prozent des Kapitals seien Partizipationsscheine ohne Stimmrecht. Indem der Stifter und seine Familie 92 Prozent der Aktien, aber nur 9,2 Prozent des Kapitals in die Stiftung eingebracht hätten, hätten sie der Stiftung mit wenig Kapital die alleinige Kontrolle über den Konzern verschafft (E. 4c).

381   Das Bundesgericht ruft zunächst in Erinnerung, dass Unternehmensträgerstiftungen im Allgemeinen eine untergeordnete wirtschaftliche Rolle spielen, auch wenn es in der Schweiz schätzungsweise über 1000 solcher Stiftungen gibt. «Ziemlich verbreitet und zudem von erheblicher wirtschaftlicher Bedeutung sind [dagegen] die Holdingstiftungen» (E. 2a). Bezugnehmend auf die Frage der Teilnichtigkeit der Stiftungsurkunde führt das Bundesgericht aus, dass «die Rechtsgeschäftsfreiheit allgemein und die Stiftungsfreiheit im Besonderen [...] eine Beschränkung auf ideale Zwecke nicht [zulassen]» (E. 2c). Untersagt sind einzig voraussetzungslose Leistungen aus dem Stiftungsvermögen an Familienangehörige in Umgehung von Art. 335 ZGB. Ebenso wenig gibt es – so das Bundesgericht weiter – eine Bestimmung im Aktien- und Stiftungsrecht, welche es untersagt, in einer Stiftung Stimmrechte zu konzentrieren, die über die eigene Kapitalbeteiligung hinausgehen und damit einen Konzern kontrollieren (E. 5).

2.   Informationsrechte im Konzern

382   In einem **Urteil des Obergerichts des Kantons Zürich vom 28. Juni 1967** (SAG 1973, 49) hatte ein Aktionär (Kläger) der Muttergesellschaft, welche kapitalmässig die Tochtergesellschaft kontrollierte, Auskunft und Einsicht in die Gewinn- und Verlustrechnung der beherrschten Tochter verlangt; die beklagte Muttergesellschaft hatte dieses verweigert. Sie wandte vor Gericht ein, der Kläger sei durch die Bilanz sowie die Gewinn- und Verlustrechnung der Beklagten über die Gewinnausschüttungen der Tochtergesellschaft, welche darin enthalten seien, in genügender Weise unterrichtet. Das Obergericht Zürich hielt zunächst fest, dass es für die Auskunftpflicht über die Verhältnisse und Vorgänge in abhängigen Gesellschaften entscheidend auf die Intensität der Abhängigkeit an-

komme. Weil die Beklagte die Tochtergesellschaft kapitalmässig beherrsche –
wodurch die stärkste Form der Abhängigkeit geschaffen wurde –, sei nicht auf die
formelle Rechtslage, sondern auf die wirtschaftlichen Verhältnisse abzustellen und
davon auszugehen, dass herrschende und abhängige Gesellschaft eine wirtschaftliche Einheit bilden. Weiter führte das Gericht aus, die finanziellen Verhältnisse
und geschäftlichen Vorgänge der abhängigen Gesellschaft unterlägen der gleichen
aktienrechtlichen Aufschlusspflicht durch die Organe, wie sie für die Verhältnisse
und Vorgänge bei der herrschenden Gesellschaft besteht. Aus diesem Grund entschied das Gericht, dass der Kläger aufgrund des allgemeinen Auskunftsrechts
von Art. 697 aOR Anspruch auf Mitteilung der Gewinn- und Verlustrechnung, der
Bilanz, des Geschäfts- und Kontrollberichts der Tochtergesellschaft habe.

Mit diesem Urteil, das den üblichen Rahmen der helvetischen Rechtsprechung 383
sprengte, hat das Zürcher Obergericht mutig ein Stück Konzernrecht geschaffen
(NOBEL, Aktienrecht, 121). Das Schweizer Recht kennt bis zum heutigen Datum
kein eigentliches Konzernrecht (s. Kap. § 10, N 4 ff.). Einzelne Bestimmungen,
welche das Konzernrecht tangieren, sind zwar ins Obligationenrecht, vor allem in
das Rechnungslegungsrecht eingeflossen, in vielerlei Hinsicht war es jedoch die
Rechtsprechung, die für Klarheit innerhalb von Konzernverhältnissen sorgte.

Das Bundesgericht hingegen hat zwischen dem Anspruch auf Auskunft über 384
Geschäftsvorgänge in den Tochtergesellschaften und der Einsicht in die Jahresrechnung der Tochtergesellschaften unterschieden. In den zitierten Bundesge-
richtsentscheiden ging es darum, zu bestimmen, wie weit das Auskunfts- und
Einsichtsrecht der Aktionäre einer Konzernobergesellschaft greift.

Für Geschäftsvorgänge von Tochtergesellschaften mit Dritten, die von einer ent- 385
sprechenden Tragweite sind und in die Konzernrechnung einfliessen, bejahte das
Bundesgericht ein berechtigtes Informationsinteresse der Aktionäre der Konzernobergesellschaft (**BGer 4C.234/2002 vom 4. Juni 2003** E. 4.1 m.w.H.). Hinsichtlich eines Einsichtsrechts der Aktionäre der Konzernobergesellschaft in die Jahresrechnungen der Tochtergesellschaften, welche diese isoliert darstellen, nahm
das Bundesgericht hingegen eine gegensätzliche Position ein, mit der Begründung,
dass seit der Einführung der Pflicht zur Erstellung und Vorlage einer Konzernrechnung das Informationsinteresse des Aktionärs der Muttergesellschaft über die
Tochtergesellschaften mit der Konzernrechnung befriedigt werde (**BGE 132 III
71** E. 1.3.3). Es hielt zwar fest, dass die Jahresrechnung einer Tochtergesellschaft
durchaus Gegenstand des Einsichtsrechts sein könne (E. 1.2), deren Einsicht jedoch nur gerechtfertigt sei, wenn die Aktionäre der Konzernobergesellschaft
nachweisen könnten, dass diese weiter gehenden Informationen für sie erforderlich seien, um ihre Aktionärsrechte in der Konzernobergesellschaft sinnvoll ausüben zu können (E. 1.3.3).

386 Das Gesetz gesteht jedem Aktionär das Recht zu, an der Generalversammlung vom Verwaltungsrat Auskunft über die Angelegenheiten der Gesellschaft zu verlangen und Einsicht in die Geschäftsbücher und Korrespondenzen zu nehmen (Art. 697 OR). Der Ausübung dieser Rechte hat die bundesrichterliche Rechtsprechung enge Grenzen gesetzt (s. MEIER-HAYOZ/FORSTMOSER, Gesellschaftsrecht, Kap. § 16 N 198). Die klageweise Geltendmachung dieser Rechte gegen eine Tochtergesellschaft, an der der Aktionär der Konzernmuttergesellschaft nicht selbst direkt beteiligt ist, scheidet von jeher aus (vgl. dazu BGE 109 II 47 E. 3 ff.). Diese Praxis hat das Bundesgericht nun fortgesetzt. Es ging aber noch weiter und setzte die Schranken für zukünftige Informationsbegehren deutlich höher (NÄNNI/ VON DER CRONE, 159 ff.). Zu erwähnen ist, dass im Zuge der Aktienrechtsrevision eine neue Bestimmung aufgenommen werden soll, welche den Aktionären der Konzernobergesellschaft das Recht gewährt, in die Geschäftsunterlagen einer Konzernuntergesellschaft Einsicht zu nehmen (Art. 697bis Abs. 3 E-OR).

3. Konsolidierungspflicht und wirtschaftlicher Beistandszwang

387 Im wegweisenden Urteil **BGE 116 I*b* 331** («CS Holding») zum Konzern- und zum Bankenrecht äusserte sich das Bundesgericht zur Konsolidierungspflicht und zum Beistandszwang von Bankkonzernen. Dem Urteil lag folgender Sachverhalt zugrunde: Nach verschiedenen Umstrukturierungen innerhalb der Schweizerischen Kreditanstalt (SKA, heute Credit Suisse AG) und der CS Holding, die schliesslich als Konzernholdinggesellschaft für die SKA und andere Gesellschaften fungierte, wies die Eidgenössische Bankenkommission (EBK, heute FINMA) die SKA in einer Verfügung an, alljährlich eine konsolidierte Bilanz der CS Holding, in der die Beteiligung der CS Holding an der CS First Boston quotenkonsolidiert einbezogen sein müssen, sowie einen Eigenmittelausweis für den CS Holding-Konzern einzureichen. Zusätzlich verfügte die EBK, dass die SKA einen allfälligen Fehlbetrag im Eigenmittelausweis auszugleichen hätte. Gegen diese Verfügung erhoben die SKA und die CS Holding Verwaltungsgerichtsbeschwerde ans Bundesgericht. Sie rügten, dass weder für die konzernweite Konsolidierungs- und Unterlegungspflicht noch für die Verschärfung der Eigenmittelunterlegung eine gesetzliche Grundlage existiere. Ferner machten sie geltend, dass der von der EBK behauptete faktische Beistandszwang der SKA zugunsten der Schwestergesellschaften nicht bestehe.

388 Zur Frage der Konsolidierungs- und Unterlegungspflicht und der Eigenmittelunterlegung hielt das Bundesgericht fest, dass sich eine Bank nicht isoliert beaufsichtigen lasse, sondern ihr ganzes Konzernumfeld einschliesslich der übergeordneten Holding- und der Schwestergesellschaften in die Risikobeurteilung miteinbezogen werden müssten (E. 2a). Es begründete seinen Entscheid wie folgt:

«Der Bankkonzern wird nämlich stärker als der Industrie- oder Handelskonzern als wirtschaftliche Einheit wahrgenommen. Wie die Eidgenössische Bankenkommission hervorhebt, stellt der Bankkonzern ein empfindlich reagierendes Verbundsystem dar, in welchem die Insolvenz eines Gliedes zum Vertrauensentzug gegenüber den andern Gliedern führt. Im klassischen Bankkonzern lasten die aus der wirtschaftlichen Einheit erwachsenden Risiken auf der Konzernspitze mit Bankstatus. Diesen zusätzlichen Risiken für die Konzernspitze wird gemäss Art. 12 Abs. 2 BankV [heute Art. 4 Abs. 1 BankG i.V.m. Art. 7 ERV] mit der Anforderung an die Eigenmittel auf konsolidierter Basis Rechnung getragen. [...] Neben den Risiken aus ihrer eigenen Geschäftstätigkeit können nämlich auf einer Bank auch Risiken aus der Geschäftstätigkeit rechtlich von ihr getrennter Unternehmungen des Bank- und Finanzsektors lasten, mit denen sie zu einem Bank- und Finanzkonzern verbunden ist. [...] Auch ohne rechtliche Verpflichtung und ohne Beteiligungsverhältnis kann eine Bank unter Umständen zur Erhaltung ihrer eigenen Kreditwürdigkeit faktisch gezwungen sein, die Zahlungsfähigkeit der Konzerngesellschaften des Bank- und Finanzsektors zu erhalten und für deren Verbindlichkeiten einzustehen. Zwecks Vermeidung einer solchen Notlage ist es daher im Interesse der Bank, auf welcher die aufgezeigten Risiken lasten, bzw. im Interesse der Bankgläubiger, dass genügend Eigenmittel im Konzern vorhanden sind.» (E. 2a und 2b)

Auch hinsichtlich einer Beistandspflicht der SKA gegenüber anderen Tochtergesellschaften der CS Holding wies das Bundesgericht darauf hin, dass für die Beurteilung der sich in einem Bankkonzern aus dem wirtschaftlichen Verbundsystem ergebenden Risiken eine *wirtschaftliche Betrachtungsweise* anstelle einer formalrechtlichen Betrachtung Platz zu greifen habe: 389

«Es liegt auf der Hand, dass für die Beurteilung der sich in einem atypischen Bankkonzern für eine der Aufsicht der Eidgenössischen Bankenkommission unterstehende Bank aus dem wirtschaftlichen Verbundsystem ergebenden Risiken eine wirtschaftliche Betrachtungsweise an Stelle einer formalrechtlichen Betrachtung Platz zu greifen hat. Wie auch im klassischen Bankkonzern beruhen diese Risiken ja eben nicht auf rechtlichen Verpflichtungen der Bank gegenüber andern Konzerngesellschaften. Wie die Eidgenössische Bankenkommission zutreffend festhält, besteht ein faktischer Beistandszwang einer Bank gegenüber einem anderen Unternehmen des Bank- und Finanzbereiches grundsätzlich dann, wenn aufgrund öffentlich zugänglicher Informationen eine derart enge Verbindung zwischen beiden Gesellschaften hergestellt wird, dass sie als Bestandteile derselben wirtschaftlichen Einheit bzw. Unternehmung erscheinen.» (E. 3a)

In casu gelangte das Bundesgericht zum Ergebnis, dass die Bank- und Finanzgesellschaften der CS Holding-Gruppe eine wirtschaftliche Einheit bilden, unabhängig davon, wer wen beherrsche (E. 3b). Es führte weiter aus, dass die aus der wirtschaftlichen Einheit erwachsenden Risiken in erster Linie auf der SKA als Hauptgesellschaft lasten würden, weil ein allfälliger Zusammenbruch einer Schwestergesellschaft einen Vertrauensschwund für die SKA zur Folge hätte, den sie mit allen Mitteln bekämpfen müsse, was mit finanziellem Beistand an die   390

Schwestergesellschaft zu geschehen hätte (E. 3b). Der Nachweis, dass im Konzern gesamthaft genügend Eigenmittel vorhanden sind, liege daher im Interesse der Gläubiger, im Konzern eine Notlage infolge ungenügender Eigenmittel zu verhindern (E. 4 ff.).

391   Die Wichtigkeit dieser Rechtsprechung, die im Aufsichtsrecht der Gruppenbetrachtung gegenüber der Betrachtung des Einzelunternehmens Vorrang einräumt, manifestiert sich dadurch, dass das Konzept des wirtschaftlichen Beistandszwangs ins Gesetz überführt wurde (s. Art. 3c Abs. 1 lit. c BankG und Art. 12 Abs. 2 BankV).

4.   Konzern(vertrauens)haftung

392   In **BGE 120 II 331** («Swissair») stand die Frage im Zentrum, ob die Muttergesellschaft aus werbemässigen Erklärungen, die sie gegenüber Geschäftspartnern ihrer Tochtergesellschaften abgab, haftbar sei. In den Werbeunterlagen der Tochtergesellschaft wurde die Einbindung in den Swissair-Konzern in verschiedener Hinsicht werbemässig hervorgehoben: Die Klägerin machte geltend, sie habe beim Vertragsschluss nicht auf die kapitalschwache Tochter, sondern auf die Swissair und deren damaliges Image von Finanzstärke, Zuverlässigkeit und Fairness vertraut. Das Bundesgericht hielt fest, dass erwecktes Vertrauen in das Konzernverhalten der Muttergesellschaft unter Umständen auch bei Fehlen einer vertraglichen oder deliktischen Haftungsgrundlage aus der Verallgemeinerung der Grundsätze über die Haftung aus *culpa in contrahendo* haftungsbegründend sein könne. Einschränkend konstatierte das BGer jedoch, dass eine Haftung nur entstehe, wenn die Muttergesellschaft durch ihr Verhalten bestimmte Erwartungen in ihr Konzernverhalten und ihre Konzernverantwortung erwecke, diese aber später in treuwidriger Weise enttäusche (E. 5a).

393   In mehreren darauf folgenden Entscheiden bekräftigte und präzisierte das Bundesgericht seine Rechtsprechung: **BGE 123 III 220** («Omni Holding»); **BGE 124 III 297** («Motor Columbus») (s. auch die Übersicht bei BURG/VON DER CRONE, 419 ff.). Im «Motor Columbus»-Fall stellte das Bundesgericht klar, dass der alleinige Hinweis auf das Bestehen eines Konzerns nicht genüge, um einen haftungsbegründenden Vertrauenstatbestand zu schaffen. Vielmehr müssen hierfür hinreichend konkrete und bestimmte Erwartungen erweckt werden (E. 6a). Es braucht dazu eine Sonderverbindung.

394   In BGer 4A_306/2009 vom 8. Februar 2010 («UBS») machte ein Bankenkonsortium (Kläger) eine Forderung, die es gegen eine 100-Prozent-Tochtergesellschaft der UBS hatte, gegen die UBS (Beklagte) selbst geltend. Die von den Klägern begehrte Zahlung von rund CHF 100 Mio. aus Haftung für erwecktes und enttäuschtes Konzernvertrauen, aus positiver Vertragsverletzung und aus aktienrecht-

licher Verantwortlichkeit wies das Bundesgericht ab, soweit es überhaupt darauf eintrat (s. ausführlich KUNZ, Konzernhaftung, 41 ff.).

Zur Vertrauenshaftung im Konzern wiederholte das Bundesgericht seine bisherige Rechtsprechung, wonach eine Konzernverbindung an sich noch keine Haftung der Mutter begründet. Ergänzend hielt es fest, dass der Geschäftspartner einer Tochtergesellschaft deren Kreditwürdigkeit grundsätzlich selbst zu beurteilen habe und das Bonitätsrisiko nicht einfach generell auf die Muttergesellschaft abwälzen könne. Ebenso sei die Erwartung, dass ohne vertragliche Verpflichtung eine Leistung erbracht werde, grundsätzlich nicht schützenswert, da es dem Vertrauenden in aller Regel zumutbar sei, sich durch einen entsprechenden Vertragsschluss abzusichern; andernfalls führe die Anerkennung der Vertrauenshaftung dazu, dass das Rechtsinstitut des Vertrages ausgehöhlt werde (E. 5.1). Zur Frage einer Haftung aus aktienrechtlicher Verantwortlichkeit hielt das Bundesgericht allgemein fest:

> «Im Konzern kann eine übergeordnete Gesellschaft (Muttergesellschaft) namentlich dadurch als faktisches Organ der Untergesellschaft bzw. Tochtergesellschaft nach Art. 754 OR verantwortlich werden, dass sie sich als herrschende Gesellschaft in die Verwaltung und Geschäftsführung der Tochtergesellschaft einmischt.» (E. 7.1.1)

Des Weiteren fuhr es fort:

> «Eine Haftung der Muttergesellschaft als faktisches Organ nach Art. 754 OR kann unter den dargestellten Voraussetzungen insbesondere eintreten, wenn die Organe der Tochtergesellschaft gleichzeitig Organe der Muttergesellschaft, mithin Doppelorgane, sind und sich in die Eigenschaft als Organ der Muttergesellschaft in die Verwaltung und Geschäftsführung der Tochtergesellschaft einmischen und dieser dabei ein Schaden verursachen.» (E. 7.1.2)

Das Bundesgericht bejahte *in casu* zwar die Stellung der Muttergesellschaft als faktisches Organ der Tochtergesellschaft, konnte der Muttergesellschaft jedoch keine haftungsbegründende Pflichtverletzung nachweisen. KUNZ kommt zum Schluss, dass das Entsenden eines Doppelorgans nicht *eo ipso* eine Verantwortlichkeit der Mutter begründet, es aber zumindest das Risiko steigert, aus materieller Organschaft (Art. 754 OR) und aus Organhaftung (Art. 722 OR) verantwortlich gemacht zu werden (KUNZ, Konzernhaftung, 47 f.).

Ebenfalls mit der Vertrauenshaftung – freilich ausserhalb des Konzernrechts – beschäftigt sich **BGE 142 III 84.** Es geht um die Frage, ob eine Zertifizierungsgesellschaft für den Schaden von Kunden einer zertifizierten Gesellschaft haftet. Das Bundesgericht verneint eine derartige Vertrauenshaftung und argumentiert, die Bestätigung, dass ein Unternehmen – *in casu* eine als Vermittlerin tätige Invest-

395

396

397

398

mentfirma – über ein Qualitätsmanagement verfüge, gäbe keine Garantie, dass das Unternehmen auch die Investitionen der Kunden zurückzahlen könne:

> «Die Tatsache allein, dass die Beschwerdegegnerin der D. AG ein ISO-Zertifikat ausgestellt hat, führt nicht zu einer Haftung aus erwecktem und enttäuschtem Vertrauen. Andernfalls würde die Vertrauenshaftung leicht zu einer Haftung sämtlicher Zertifizierungsgesellschaften gegenüber jedem geschädigten Kunden einer zertifizierten Gesellschaft ausufern [...] Dies ist nicht der Sinn der Vertrauenshaftung. Ob Vertrauen erweckt und enttäuscht wurde, kann nicht losgelöst davon beurteilt werden, was inhaltlich zertifiziert wurde. Die Beschwerdeführerin hätte jedenfalls aufzeigen müssen, dass und inwiefern die ISO-Zertifizierung geeignet gewesen sein sollte, hinreichend konkrete und bestimmte Erwartungen der Anleger dahingehend zu wecken, dass diese ihr investiertes Geld zurückbezahlt erhalten würden.» (E. 3.5)

399   Mit dieser Rechtsprechung will das Bundesgericht einer Ausuferung der Vertrauenshaftung auf der Basis von Richterrecht zuvorkommen. Das Haftungsrisiko von Zertifizierungsgesellschaften wäre andernfalls kaum noch überschaubar. Auf der andern Seite bleibt die praktische Bedeutung der Vertrauenshaftung damit gering (ius.focus 4/2016, S. 7).

5. Publizität im Konzern: die Pflicht zur Bekanntgabe bedeutender Aktionäre

400   Ein bedeutender Entscheid erging in **BGE 124 II 581** (Entscheid des Bundesgerichtes vom 11. September 1998 i.S. BZ Bank AG und BZ Gruppe Holding AG gegen EBK; auszugsweise auch in EBK-Bull. 37/1999, S. 13 ff. publiziert) zur Frage der Rechnungslegung der Banken, insbesondere zur Frage der Offenlegung indirekt Beteiligter einer nicht an der Börse kotierten Bank (s. dazu auch NOBEL, Der wirtschaftlich Berechtigte, 249 sowie Besprechung und Kommentar in NZZ vom 3.12.1998, S. 21). Dem Urteil lag folgender Sachverhalt zugrunde: Die EBK verpflichtete die BZ Bank AG künftig im Anhang ihrer Jahresrechnung alle direkten und indirekten Kapitaleigner, deren Beteiligung am Bilanzstichtag fünf Prozent sämtlicher Stimmrechte überstieg, mit Namen und prozentualer Beteiligung nicht nur (wie bis anhin) dieser Behörde, sondern auch der Öffentlichkeit bekanntzugeben. Für das Jahr 1997 verlangte die EBK eine Publikation dieser Angaben im «Schweizerischen Handelsamtsblatt» sowie eine nachträgliche Ergänzung der noch vorhandenen Geschäftsberichte. Die BZ Bank AG und die BZ Gruppe Holding AG reichten hiergegen Verwaltungsgerichtsbeschwerde ein mit dem Antrag, diese Verfügung aufzuheben. Sie argumentierten, der in der aBankV und den entsprechenden Richtlinien vorgesehenen Verpflichtung, die Kapitaleigner bekannt zu geben, fehle die erforderliche gesetzliche Grundlage. Das Bundesgericht wies die Verwaltungsgerichtsbeschwerde ab und entschied, dass der Bundesrat mit der fraglichen Bestimmung – Art. 25c Abs. 1

Ziff. 3.10.2 aBankV – den ihm durch Art. 6 Abs. 5 aBankG eingeräumten Delegationsrahmen nicht überschritten hatte.

Art. 6 Abs. 4 und 5 aBankG (vgl. dazu heute Art. 6*a* und 6*b* BankG sowie Art. 55   401
Abs. 2 FINMAG) bestimmte lediglich, dass die Banken ihre Jahresrechnungen zu veröffentlichen haben, und überliess es dem Bundesrat, festzulegen, «wie die Jahresrechnungen, Konzernrechnungen und Zwischenabschlüsse zu gliedern sind und in welcher Form, in welchem Umfang sowie innert welcher Fristen sie zu veröffentlichen oder der Öffentlichkeit zugänglich zu machen sind». Gestützt darauf verpflichtete der Bundesrat in Art. 25*c* Abs. 1 Ziff. 3.10.2 aBankV die Banken – abgesehen von Privatbankiers –, «mit Namen und je der prozentualen Beteiligung die Kapitaleigner und stimmrechtsgebundenen Gruppen von Kapitaleignern anzugeben, deren Beteiligung am Bilanzstichtag fünf Prozent aller Stimmrechte» überstieg, sofern keine tiefere, statutarische Eintragungslimite bestand. Die Richtlinien der EBK vom 14. Dezember 1994 zu den Rechnungslegungsvorschriften der Art. 23–27 aBankV sahen in N 175 ihrerseits vor, dass die Offenlegung nach dem Prinzip der *wirtschaftlichen Betrachtungsweise* sowohl für die *direkten* wie die *indirekten Kapitaleigner* galt (E. 2b). Die Bekanntgabepflicht, wie in diesen Richtlinien festgelegt, wurde somit auch auf den wirtschaftlich Berechtigten ausgedehnt (E. 2.c/bb):

> «Zu Recht weist die EBK darauf hin, dass es im Bank- und Finanzmarktaufsichtsrecht regelmässig nicht nur auf den formellen Aktionär, sondern vielmehr zusätzlich gerade auch auf den wirtschaftlich Berechtigten ankommt.»

Das Bundesgericht liess offen, wie weit die dem Bundesrat im aBankG eingeräumte   402
Kompetenzdelegation im Einzelnen reichte. Zumindest die umstrittene Pflicht zur Offenlegung war laut Urteil gedeckt. Der Delegationsnorm in Art. 6 Abs. 5 aBankG, wonach der Bundesrat «die Gliederung» der Bankjahresrechnung festlegen kann, wurde die Bedeutung beigemessen, dass damit nicht nur die Struktur, sondern auch der Inhalt definiert werden kann. Zwar war im deutschen Gesetzestext nur die Rede davon, dass der Bundesrat festlegt, wie die Jahresrechnung zu gliedern ist. Aus der französischen und italienischen Fassung ergab sich jedoch, dass damit nicht nur Bestimmungen über den formellen Aufbau der Jahresrechnung, sondern durchaus auch Anordnungen über deren Inhalt gemeint waren (E. 2b und 2c):

> «Le conseil fédéral détermine les éléments qui doivent figurer dans les comptes annuels...»; «Il consiglio federale stabilisce quali elementi devono figurare nei conti annuali...».

Weiter führte das Bundesgericht aus, dass der Bundesrat die gemäss *Aktienrecht*   403
(Art. 663*c* OR) für Publikumsgesellschaften geltende Offenlegungspflicht den Banken generell auferlegte – unabhängig davon, ob sie an der Börse kotiert waren oder nicht. Dabei lag für das Bundesgericht auf der Hand, dass das Interesse an

der Offenlegung der Beherrschungsverhältnisse im Zusammenhang mit Banken nicht geringer sein konnte als gegenüber Publikumsgesellschaften. Die in der Verordnung getroffene Lösung war, so hielt das Bundesgericht fest, «im Lichte der vom Gesetzgeber getroffenen Wertungen und der beabsichtigten Markttransparenz vorgegeben», weshalb der Bundesrat den ihm gesetzten Delegationsrahmen nicht überschritten hatte. Dass die Pflicht zur Offenlegung gemäss den EBK-Richtlinien für direkte wie indirekte Kapitaleigner galt, wurde vom Bundesgericht ebenfalls nicht beanstandet (E 2c/aa):

> «Die [...] Lösung war dabei im Lichte der vom Gesetzgeber getroffenen Wertungen und der beabsichtigten Markttransparenz sachlich vorgegeben.»

404   Verneint wurde auch ein *Recht des Aktionärs auf Anonymität* im Bereich von Art. 663c OR und des BankG (vgl. Art. 3 Abs. 2 lit. c^bis BankG). Vergeblich hatten sich die Klägerinnen *in casu* darauf berufen. Ein solches Recht bestand laut dem Urteil im Bereiche des BankG (und von Art. 663c OR) «gerade nicht». Der Gesetzgeber hat im Aktienrecht für die Publikumsgesellschaften das Interesse an der Transparenz des Marktes höher gewichtet als das Interesse des Aktionärs, anonym zu bleiben. Und soweit die Bankengesetzgebung die Pflicht zur Transparenz auch auf nicht an der Börse kotierte Banken ausdehnte, gingen diese Bestimmungen dem Aktienrecht vor (E. 2c/cc):

> «Zu Unrecht beriefen sich die Beschwerdeführerinnen [...] auf das Recht des Aktionärs auf Anonymität. Ein solches besteht im Anwendungsbereich von Art. 663c OR [...] gerade nicht. Der Gesetzgeber hat das Interesse an der Transparenz des Marktes grundsätzlich höher gewichtet als jenes des einzelnen Aktionärs (bzw. im Rahmen von Art. 663h OR der Gesellschaft selber) an Geheimhaltung [...].»

405   Im Grunde war diese Ausrichtung sicherlich richtig. Die Bemühungen in der aBEHV-EBK (Art. 9) zeigten jedoch, dass die Erfassung der eher angloamerikanischen «Fremdfigur» des wirtschaftlich Berechtigten, die bei uns aber schon ganz heimisch geworden zu sein schien (u.a. VSB 98, Art. 305ter StGB, Art. 9 aBEHV-EBK), mit zivilistisch orientierten Begriffen kein einfaches Unterfangen war (NOBEL, Der wirtschaftlich Berechtigte, 249).

406   Die obligationenrechtlichen Rechnungslegungs- und Buchführungsvorschriften (Art. 662 ff. und 957 ff. OR) wurden inzwischen überarbeitet, rechtsformunabhängig ausgestaltet und im 32. Titel des OR (kaufmännische Buchführung und Rechnungslegung) zusammengefasst. Die Bestimmungen traten am 1. Januar 2013 in Kraft. Durch die integrale Neuordnung des Buchführungs- und Rechnungslegungsrechts wurde – trotz dem grundsätzlichen Verweis des BankG auf das Aktienrecht (Art. 6 Abs. 3 BankG) – auch der bisherige Art. 6 BankG überarbeitet. Im BankG sind seit dem 1. Januar 2013 drei Artikel (Art. 6–6b BankG) der Rechnungslegung gewidmet. Ziel war es, den Normtext klarer zu strukturieren und zu aktualisieren (vgl. Botschaft Aktienrechtsentwurf 2007, 1742). Wie im Fall der

obligationenrechtlichen Rechnungslegungsvorschriften bestand für die Umsetzung der Art. 6, 6*a* und 6*b* BankG eine Übergangsfrist von zwei Jahren für den Einzelabschuss und von drei Jahren für die Konzernrechnung, welche folglich ab dem Geschäftsjahr 2015 – bei der Konzernrechnung ab dem Geschäftsjahr 2016 – erstmals zwingend angewendet werden mussten.

Zeitgleich mit dem neuen Rechnungslegungsrecht trat auch die Verordnung über die anerkannten Standards zur Rechnungslegung (VASR, SR 221.432) in Kraft. Darin bezeichnet der Bundesrat diejenigen Regelwerke, die als anerkannte Standards zur Rechnungslegung i.S.v. Art. 962 f. OR gelten, wobei die FINMA gemäss Art. 6*b* Abs. 4 BankG die Auswahl der vom Bundesrat anerkannten Standards zur Rechnungslegung für Banken aufgrund der erhöhten Anforderungen an die Transparenz (volkswirtschaftliche Bedeutung) einschränken kann. Für Banken gemäss BankG und für Effektenhändler gemäss BEHG sind die Rechnungslegungsvorschriften der FINMA für Banken und Effektenhändler (Art. 25–42 BankV) einem anerkannten Standard zur Rechnungslegung gleichgestellt (Art. 2 Abs. 1 VASR). Den Banken sollen nur die anerkannten Standards zur Auswahl stehen, die den Besonderheiten der Branche ausreichend Rechnung tragen. Da die Swiss GAAP FER nicht auf die Besonderheiten des Bankgeschäfts ausgerichtet sind, werden den Banken vorab nur IFRS, US-GAAP oder die Richtlinien der FINMA zur Verfügung stehen (vgl. Botschaft Aktienrechtsentwurf 2007, 1743). 407

Am 1. Januar 2015 traten schliesslich die totalrevidierte BankV sowie das darauf basierende Rundschreiben der FINMA 2015/1 «Rechnungslegung Banken, Rechnungslegungsvorschriften für Banken, Effektenhändler, Finanzgruppen und -konglomerate» (RVB), welches das bisherige RS 2008/2 vollständig ersetzte, in Kraft (s. dazu auch FINMA, Revision Rechnungslegung Banken, Erläuterungsbericht vom 29. Oktober 2013; Erläuterungsbericht des Eidgenössischen Finanzdepartements zur Totalrevision der Bankenverordnung vom 15. April 2014). Zu den Kernpunkten der Reform zählten, nebst der Angleichung an internationale Standards (IFRS, US GAAP), die uneingeschränkte Einzelbewertung für Beteiligungen, Sachanlagen und immaterielle Werte in sämtlichen Abschlussarten sowie die Ausdehnung der Konsolidierungspflicht. Somit mussten die Banken in ihrer Konzernrechnung alle wesentlichen Tochtergesellschaften einschliesslich Zweckgesellschaften mit berücksichtigen. Obligatorisch wurde ferner ein halbjährlicher Zwischenabschluss für alle Institute; die Erleichterungen für kleinere Banken fielen dahin. In formeller Hinsicht wurde die BankV verschlankt, indem die Gliederungsvorschriften neu im Rundschreiben standen. Aber auch dieses wurde gestrafft und etliche Detailvorschriften in insgesamt sieben Anhänge verlegt. Änderungen rein formeller Natur waren ferner in der Eigenmittelverordnung, der Liquiditätsverordnung, der Bankeninsolvenzverordnung sowie in anderen FINMA-Rundschreiben notwendig (NOBEL, Bank- und Kapitalmarktrecht, 15). 408

C. Rechtsformübergreifende Sachverhalte

409 In **BGE 140 III 206** hat es das Bundesgericht der als Genossenschaft organisierten Raiffeisen-Gruppe untersagt, zwecks erleichterter Kapitalbeschaffung Partizipationsscheine auszugeben. Das Bundesgericht ortet keine Gesetzeslücke, welche durch den Richter zu füllen wäre (E. 3.5.2 und 3.7). Vielmehr argumentiert es, der Gesetzgeber habe Beteiligungsscheine nicht bei allen Gesellschaftsformen und in jedem Fall nur mit besonderen Schutzvorkehren für die Partizipanten zulassen wollen (E. 3.6.3 und 3.6.4). Einer Genossenschaft sei es deshalb aufgrund der geltenden Rechtslage verwehrt, ein Partizipationskapital zu schaffen.

410 Immerhin wird das Anliegen nun aber gesetzgeberisch an die Hand genommen. In einer Anschlussrevision des BankG zum Erlass des Finanzinstitutsgesetzes (FINIG) soll den Genossenschaftsbanken von Gesetzes wegen die Möglichkeit eingeräumt werden, ein Beteiligungskapital zu schaffen (Art. 11 Abs. 2bis und 3 sowie Art. 14 E-BankG; s. Botschaft FIDLEG/FINIG, 9176 f.).

§ 5 Die gemischtwirtschaftliche, die spezialgesetzliche und die regulierte Aktiengesellschaft

---

[1] Materialien: Botschaft des Bundesrates an die Bundesversammlung, betreffend die
                         eidgenössische Volksabstimmung vom 20. Februar 1898, vom 18. März
                         1898, BBl 1898 II 69 ff.; Botschaft des Bundesrates an die Bundesver-
                         sammlung betreffend den Entwurf eines Bundesgesetzes über die Banken

und Sparkassen vom 2. Februar 1934, BBl 1934 I 171 ff. (zit. Botschaft BankG 1934, S.); Botschaft zur Bankreform vom 13. Mai 1996, BBl 1997 I 909 ff.; Botschaft über die Revision des Bundesgesetzes über die Banken und Sparkassen vom 27. Mai 1998, BBl 1998 3847 ff. (zit. Botschaft BankG 1998, S.); Botschaft zu einer Änderung des Bundesgesetzes über den Erwerb von Grundstücken durch Personen im Ausland, BBl 2003 4357 ff. (zit. Botschaft BewG, S.); Botschaft zur Änderung des Bankenge-setzes (Stärkung der Stabilität im Finanzsektor; *too big to fail*) vom 20. April 2011, BBl 2011 4717 ff. (zit. Botschaft TBTF, S.); Botschaft zum Bundesbeschluss über die Genehmigung der Änderung der Bankver-ordnung und der Eigenmittelverordnung (too big to fail), BBl 2012 6669 ff.; FINMA Rundschreiben 2008/21 Operationelle Risiken Banken vom 20. November 2008 (FINMA-RS 2008/21 «Operationelle Risiken Banken»); FINMA Rundschreiben 2011/2 Eigenmittelpuffer und Kapital-planung Banken vom 30. März 2011 (FINMA-RS 2011/2 «Eigenmittel-puffer und Kapitalplanung Banken»); FINMA Rundschreiben 2013/1 Auf-sichtsrechtlich anrechenbare Eigenmittel von Banken vom 1. Juni 2012 (FINMA-RS 2013/1 «Anrechenbare Eigenmittel Banken»); FINMA Rundschreiben 2015/1 Rechnungslegung Banken vom 27. März 2014 (FINMA-RS 2015/1 «Rechnungslegung Banken»); FINMA Rundschrei-ben 2015/2 Qualitative Anforderungen an das Liquiditätsrisikomanage-ment und quantitative Anforderungen an die Liquiditätshaltung vom 3. Juli 2014 (FINMA-RS 2015/2 «Liquiditätsrisiken Banken»).

Literatur: BRÜHLMANN, WALTHER, Bundesgesetz über die Ausgabe von Pfandbrie-fen vom 25. Juni 1930, Zürich 1931; BÜHLER, CHRISTOPH B./BÖCKLI, PETER, Der Staat als faktisches Organ einer von ihm beherrschten privaten Aktiengesellschaft, in: Philippin, Edgar/Gilliéron, Philippe/Michel, Jean-Tristan/Vulliemin, Pierre-François (Hrsg.), Mélanges en l'honneur de François Dessemontet, Lausanne 2009, 17 ff.; BÜRGI, WOLFHART F./NORDMANN-ZIMMERMANN, URSULA, Zürcher Kommentar zu Art. 739 – 771 OR, Zürich 1979; DUPERREX, EMILE, La lettre de gage, Diss. Genf 1930; Ehrenzeller, Bernhard/Mastronardi, Philippe/Schweizer, Rainer/Vallender, Klaus (Hrsg.), Die schweizerische Bundesverfassung, St. Gal-ler Kommentar, 3. Aufl., Bd. 1 und 2, Zürich/Basel/Genf 2014 (zit. SGK BV – AUTOR); EMMENEGGER, SUSAN, Bankorganisationsrecht als Koor-dinationsaufgabe, Grundlinien einer Dogmatik der Verhältnisbestimmung zwischen Aufsichtsrecht und Aktienrecht, Habil. Bern 2004; EMMEN-EGGER, SUSAN/GEIGER, HANSUELI, Bankaktiengesellschaften, Statuten und Reglemente mit Mustern, Zürich/Basel/Genf 2004; ERB, KARL, Rechtstellung und Organisation der gemischtwirtschaftlichen Bankunter-nehmen in der Schweiz, Diss. Zürich 1938; FALKEISEN, EMANUEL, Die Vertretung juristischer Personen im Verwaltungsrat, Zürich 1947; Fell-mann, Walter/Zindel, Gaudenz (Hrsg.), Kommentar zum Anwaltsgesetz, Zürich/Basel/Genf 2011 (zit. BGFA Kommentar – AUTOR); FORSTMO-SER, PETER, Wer «A» sagt muss auch «B» sagen, Gedanken zur Privatisie-rungsdebatte, SJZ 98 (2002), 193 ff.; FORSTMOSER, PETER/MEIER-HAYOZ, ARTHUR/NOBEL, PETER, Schweizerisches Aktienrecht, Bern 1996; FORSTMOSER, PETER/JAAG, TOBIAS, Der Staat als Aktionär, haf-tungsrechtliche Risiken der Vertretung des Staates im Verwaltungsrat von Aktiengesellschaften, Zürich/Basel/Genf 2000; HÄBERLE, PETER, Öffent-

2

liches Interesse als juristisches Problem, 2. Aufl., Berlin 2006; Hsu, Peter/
Stupp, Eric (Hrsg.), Basler Kommentar zum Versicherungsaufsichtsgesetz,
Basel 2013 (BSK VAG – AUTOR); HUNZIKER, LAURA, Der schweizerische Pfandbrief, Diss. Zürich 1986; JAAG, TOBIAS/RÜSSLI, MARKUS, Der
Staat als Bankier. Die Vertretung des Kantons in den Organen der Kantonalbank, in: VON DER CRONE et al. (Hrsg.), Aktuelle Fragen des Bank-
und Finanzmarktrechts, Festschrift für Dieter Zobl, Zürich/Basel/Genf
2004, 87 ff.; JÄGGI, PETER, Die Immobilien-Aktiengesellschaft, SAG
1974, 145 ff.; KUNZ, PETER V., Too Big to Fail (TBTF): Konzept der Gefahrenabwehr sowie der Rettung von systemrelevanten Finanzinstituten,
in: Jusletter 21. November 2016; MEIER-HAYOZ, ARTHUR/FORSTMOSER,
PETER, Schweizerisches Gesellschaftsrecht, 11. Aufl., Bern 2012; NOBEL,
PETER, Der arme Bankaktionär, in: Weber, Rolf H et al. Aktuelle Herausforderungen des Gesellschafts- und Finanzmarktrechts, Festschrift für
Hans Caspar Von der Crone zum 60. Geburtstag, Zürich/Basel/Genf 2017,
637 ff. (zit. NOBEL, Bankaktionär); NOBEL, PETER, Das «öffentliche Interesse» sollte nicht immer helfen können, in: Cavallo, Angela/Hiestand,
Eliane/Blocher, Felix/Arnold, Irene/Käser, Beatrice/Caspar, Milena/Ivic,
Ingo (Hrsg.), Liber amicorum für Andreas Donatsch, Im Einsatz für Wissenschaft, Lehre und Praxis, Zürich/Basel/Genf 2012, 147 f. (zit. NOBEL,
öffentliches Interesse); NOBEL, PETER, Unabhängigkeit und Organisationsformen im Anwaltsberuf, in: Ehrenzeller, Bernhard (Hrsg.), Das Anwaltsrecht nach dem BGFA, St. Gallen 2003, 43 ff. (zit. NOBEL, Organisationsformen im Anwaltsberuf); NOBEL, PETER, Organisationsfreiheit für
Rechtsanwälte, in: Nater, Hans (Hrsg.), Professional Legal Services: Vom
Monopol zum Wettbewerb, Zürich 2000, 127 ff. (zit. NOBEL, Organisationsfreiheit der Rechtsanwälte); NOBEL, PETER, Rechtsformen der Zusammenarbeit von Anwälten: Organisationsfreiheit für Anwälte!, in: Fell-
mann, Walter et al. (Hrsg.), Schweizerisches Anwaltsrecht, Bern 1998,
339 ff. (zit. NOBEL, Zusammenarbeit von Anwälten); NOBEL, PETER, Aktienrechtsreform und Banken, in: Gehrig, Bruno/Schwander, Ivo (Hrsg.),
Banken und Bankrecht im Wandel, Festschrift für Beat Kleiner, Zürich
1993, 169 ff. (zit. NOBEL, Aktienrechtsreform); NOBEL, PETER, Bemerkungen zum Verhältnis von Zivil- und Aufsichtsrecht im Bankbereich, in:
Mélanges Pierre Engel, Lausanne 1989, 235 ff. (zit. NOBEL, Aufsichtsrecht im Bankbereich); RIMLE, ALOIS, Recht des schweizerischen Finanzmarktes, Zürich 2004; SCHILLER, KASPAR, Schweizerisches Anwaltsrecht, Grundlagen und Kernbereich, Zürich 2009; SCHÜRMANN, LEO, Das
Recht der gemischtwirtschaftlichen und öffentlichen Unternehmung mit privatrechtlichen Organisation, ZSR 72 (1953), 136 ff.; STÄMPFLI, MICHAEL,
Die gemischtwirtschaftliche Aktiengesellschaft und ihre Willensbildung
und Organisation, Bern 1991; STOFFEL, ARMIN, Beamte und Magistraten
als Verwaltungsräte von gemischtwirtschaftlichen Aktiengesellschaften,
Diessenhofen 1975; UTZ, EMIL, Organisation und Tätigkeit der schweizerischen Pfandbriefzentralen, Diss. Bern 1938; VIOTTO, REGINA, Das öffentliche Interesse, Transformationen eines umstrittenen Rechtsbegriffes,
Diss. Bielefeld 2008; VÖGELI, ANDREAS, Staatsgarantie und Leistungsauf-
trag bei Kantonalbanken, Schweizer Schriften zum Finanzmarktrecht,
Bd. 92, Zürich/Basel/Genf 2009; Watter, Rolf/Vogt, Nedim Peter/Bauer,
Thomas/Winzeler, Christoph (Hrsg.), Basler Kommentar zum Bankengesetz, 2. Aufl., Basel 2013 (zit. BSK BankG – AUTOR); WYSS, MARTIN

PHILIPP, Öffentliche Interessen – Interessen der Öffentlichkeit?, Das öffentliche Interesse im schweizerischen Staats- und Verwaltungsrecht, Bern 2001; ZINDEL, GAUDENZ, Anwaltsgesellschaften in der Schweiz, SJZ 108/2012, 249 ff.

I. Einleitung

Soll eine öffentliche Aufgabe oder ein öffentliches Interesse   3
mittels einer Aktiengesellschaft erfüllt oder gesichert werden, so kann die öffentliche Hand, je nach Intensität des notwendigen Einflusses, auf weitere als die privatrechtlichen Rechtsformen zugreifen: die gemischtwirtschaftlichen, die spezialgesetzlichen und die regulierten Aktiengesellschaften. In der Nachkriegszeit fokussierte die wirtschaftsrechtliche Diskussion auf die verfassungsrechtlichen Grundlagen der Kooperation zwischen Staat und Privaten und somit auf das Verhältnis zwischen Staat und Wirtschaft. Die massgeblichen Fragen waren einerseits, wie weit die wirtschaftliche Betätigung unabhängig vom Staat vor sich gehen sollte, wie der Staat sie beeinflussen, fördern oder beschränken oder sie selbst ausüben sollte, und andererseits (rechtlich-technisch), welche rechtlichen Prinzipien für die Wirtschaftstätigkeit überhaupt gelten sollten und, soweit der Staat diese Tätigkeit fördert, beschränkt oder ausübt, in welcher Form dies geschehen sollte, z.B. mit der Wahl von privatrechtlichen Organisationsformen (vgl. SCHÜRMANN, 136 ff.). Im verfassungsrechtlichen Diskurs stellte, und das gilt auch heute, die von Art. 31 aBV (heute Art. 94 BV) garantierte Wirtschaftsfreiheit die fundamentale Schranke öffentlicher Interventionen im Wirtschaftsleben dar. Heute betreffen die rechtswissenschaftlichen Auseinandersetzungen vorwiegend die Koordinationsbedürftigkeit von Privatrecht und öffentlich-rechtlicher Regulierung.

Wir verwenden den Begriff des öffentlichen Interesses routinemässig und meinen   4
auch zu wissen, was wir damit meinen. Die Literatur dazu ist reichhaltig (u.a. VIOTTO, 1 ff.; HÄBERLE, 1 ff.; WYSS, 1 ff.). Befasst man sich aber mit dem Begriff, stellt man ernüchtert fest, dass man in einem Zirkelschluss gefangen ist: Im Ergebnis verbleibt als öffentliches Interesse, was wir als öffentliches Interesse ausgeben (NOBEL, öffentliches Interesse, 147 f.).

Auf der aktiengesellschaftsrechtlichen Ebene wurde das Thema bereits mit der   5
Revision des Obligationenrechts von 1936 mit der Aufnahme der Art. 762 und der Neufassung des alten Art. 613 OR zu Art. 763 OR berührt. Art. 763 gilt bis heute unverändert. Art. 762 wurde dem revidierten Aktienrecht von 1991 angepasst (AS 1992 733 ff.). Art. 762 OR regelt die Beteiligung von Körperschaften des öffentlichen Rechts an Aktiengesellschaften. Diesen kann, sofern sie ein öffentliches Interesse an einer Aktiengesellschaft haben, in den Statuten der Gesellschaft

das Recht eingeräumt werden, Vertreter in den Verwaltungsrat oder in die Revisionsstelle abzuordnen, auch wenn sie nicht Aktionäre sind. Dasselbe gilt auch für den Fall einer Beteiligung. Für die von einer Körperschaft des öffentlichen Rechts abgeordneten Mitglieder haftet die Körperschaft der Gesellschaft, den Aktionären und den Gläubigern gegenüber, unter Vorbehalt des Rückgriffs nach dem Recht des Bundes und der Kantone (Art. 762 Abs. 2 OR). Art. 763 erlaubt es weiter den Kantonen, eigene Aktiengesellschaften kantonalgesetzlich zu gestalten (auch mit Kapitalbeteiligung von Privatpersonen), sofern der Kanton die subsidiäre Haftung übernimmt. Keine Anwendung finden diese Normen für Gesellschaften, die vor dem 1. Januar 1883 (also dem Inkrafttreten des Obligationenrechts) durch kantonale Gesetze gegründet worden sind (Art. 899 UeBest. OR 1881).

6   Möglich ist auch, dass sich der Staat an einer rein privatrechtlich strukturierten Aktiengesellschaft nach Art. 620 ff. OR beteiligt. Das Aktienrecht gilt dabei uneingeschränkt. Der Staat als «gewöhnlicher» Aktionär hat hier die Strukturen der Aktiengesellschaft, insbesondere die Kompetenzzuweisungen, zu respektieren (vgl. BÜHLER/BÖCKLI, 17–41, 19).

7   Zu den gemischtwirtschaftlichen und kantonalgesetzlichen Aktiengesellschaften gesellen sich schliesslich die spezialgesetzlichen Aktiengesellschaften des Bundes, die hauptsächlich, ausser die SNB, auf Privatisierungsschritte zurückzuführen sind.

8   Schliesslich spielen die regulierten Aktiengesellschaften eine wichtige Rolle. Allen voran sind hier die Bank- und Versicherungsaktiengesellschaften, aber auch etwa die Anwaltskörperschaften zu erwähnen. Die aufsichtsrechtlichen Normen überlagern hier die allgemeinen aktienrechtlichen Bestimmungen des Privatrechts und dienen dem Schutz der Beteiligten (Anleger, Versicherten und Rechtssuchenden), aber auch der «Systeme» bzw. des Vertrauens in diese. Typischerweise werden regulierte Gesellschaften von einer Behörde beaufsichtigt. Die Eidgenössische Finanzmarktaufsichtsbehörde beaufsichtigt die Einhaltung der Finanzmarktgesetze (Art. 1 FINMAG). Die Anwaltskörperschaften werden von den kantonalen Aufsichtskommissionen über die Rechtsanwältinnen und Rechtsanwälte beaufsichtigt (Art. 14 BGFA).

II. Die gemischtwirtschaftliche Aktiengesellschaft nach Art. 762 OR

A. Entstehungsgeschichte der gemischtwirtschaftlichen Aktiengesellschaft

In der Mitte des 19. Jahrhunderts hatten die privaten Eisen-   9
bahngesellschaften in der Schweiz ihre Blüte. Doch im ausgehenden 19. Jahrhundert und zu Beginn des 20. Jahrhunderts legte sich eine handfeste Krise über den Eisenbahnsektor. Schnell wurde aber den Kantonen und den Gemeinden die Wichtigkeit dieses Transportmittels bewusst. So griffen die Kantone den darbenden Eisenbahngesellschaften unter die Arme mit Krediten, Subventionen und Beihilfen. Unbefriedigend war jedoch, dass die Kantone im Gegenzug keinen Einfluss auf die Geschäftätigkeit der Eisenbahnen erhielten (STÄMPFLI, 106). So forderten die öffentlichen Körperschaften, Einsitz in den Organen der Aktiengesellschaften zu erhalten. Als Folge dieser Forderungen wurde der damalige Art. 14 Eisenbahngesetz (EBG, SR 742.101) mit der Revision des Obligationenrechts als Art. 762 OR ins Aktienrecht aufgenommen (FALKEISEN, 17 ff.; STOFFEL, 33 ff.). Es konnte somit statutarisch öffentlich-rechtlichen Körperschaften das Recht eingeräumt werden, Vertreter in den Verwaltungsrat und in die Revisionsstelle zu entsenden. Dabei handelt es sich um eine einschneidende Abweichung von fundamentalen Regeln des Aktienrechts (Art. 689 Abs. 2 Ziff. 2, Art. 705 Abs. 1 OR), mit dem Einbezug der öffentlichen Hand als echtem Dritten in die Aktiengesellschaft (BSK OR II-WERNLI/RIZZI, Art. 762 N 3 ff.). Ziel der Entsendung ist somit die Vertretung der Interessen der öffentlichen Hand sowohl in der Exekutive als auch in der Kontrolle.

B. Motivation zur Gründung gemischtwirtschaftlicher Aktiengesellschaften

Gemischtwirtschaftliche Unternehmen arbeiten aufgrund der   10
privaten Anspruchsgruppen (Aktionäre) nicht selten mit einer höheren wirtschaftlichen Effizienz als reine Staatsbetriebe. Der Staat kann mit der Wahl der gemischten Unternehmensform von privaten *Know-how-Trägern* und deren *Expertise* profitieren, die Haftung auf eine breitere Subjektbasis stellen und von einer breiteren Akzeptanz in der Bevölkerung profitieren. Eine nach Bundesprivatrecht konstituierte Aktiengesellschaft eignet sich auch hervorragend für die interkommunale oder interkantonale Zusammenarbeit (FORSTMOSER/MEIER-HAYOZ/ NOBEL, § 63 N 10).

[11]   Seit einigen Jahren ist die Tendenz zu beobachten, dass der Bund und die Kantone, vor allem im Bereich der Kantonalbanken, der Elektrizitätswerke, Gesundheitsbetriebe und des Telekommunikationswesens, staatliche Anstalten in privatrechtliche oder gemischtwirtschaftliche Unternehmungen überführen. Dies nicht zuletzt aus Gründen der einfacheren Kapitalbeschaffung an den Kapitalmärkten und zur Gewähr einer organisatorischen und betrieblichen Autonomie. Es spielt hier auch die Idee einer Entpolitisierung wirtschaftlicher Aufgaben eine Rolle.

[12]   Auf der anderen Seite ist es für private Anleger sicherlich interessant, sich an einer gemischtwirtschaftlichen Unternehmung zu beteiligen, da mit der Beteiligung des Gemeinwesens immer auch eine implizite Garantie des entsprechenden Gemeinwesens verbunden ist (Art. 762 Abs. 4 OR).

[13]   Zudem kann eine Beteiligung an einer gemischtwirtschaftlichen Unternehmung eine Möglichkeit bieten, sich an sonst monopolisierten oder konzessionierten Betrieben zu beteiligen, welche der Privatwirtschaft nicht offenstehen.

C.   Anwendungsbereich von Art. 762 OR

[14]   Art. 762 OR ist grundsätzlich nur auf obligationenrechtliche Aktiengesellschaften anwendbar, deren Aktien sich in privatem, öffentlichem und privatem oder auch ganz in öffentlichem Besitz befinden (BGE 105 Ia 155 E. 5).

[15]   Grundlage der gemischtwirtschaftlichen AG ist eine privatrechtlich organisierte Aktiengesellschaft. Daher ist es selbsterklärend, dass Art. 762 OR keine Anwendung findet auf öffentlich-rechtliche Gesellschaften, welche zwar als «AG» konstituiert, aber einem «speziellen» Bundesgesetz unterstellt sind (z.B. die SBB AG, welche durch das SBBG, SR 742.31, oder die Nationalbank, welche durch das NBG, SR 951.11, konstituiert ist) (s.a. BSK OR II-WERNLI/RIZZI, Art. 762 N 6). Dies sind die sogenannten spezialgesetzlichen Aktiengesellschaften (FORSTMOSER/MEIER-HAYOZ/NOBEL, § 63 N 23 ff.). Wenn das kantonale oder eidgenössische Recht auf das Aktienrecht zurückverweist, ist dieses nicht als Bundesprivatrecht zu verstehen, sondern als öffentliches Recht des Kantons oder der Gemeinde (BGE 83 II 353 E. 1 ff.).

[16]   Es sei hier bemerkt, dass das Recht öffentlich-rechtlicher Körperschaften, Vertreter in den Verwaltungsrat abzuordnen oder abzuberufen, von den Bestimmungen der Verordnung gegen übermässige Vergütungen bei börsenkotierten Aktiengesellschaften (VegüV) unberührt bleibt (Art. 1 Abs. 2 VegüV).

D. Rechtliche Funktionsweise der gemischtwirtschaftlichen AG nach Art. 762 OR

Am Ausgangspunkt der gemischtwirtschaftlichen Aktiengesell- 17
schaft steht eine «normale» AG. Diese ist grundsätzlich nach den Normen des Privatrechts gemäss Art. 620 ff. OR konstituiert. Haben nun Körperschaften des öffentlichen Rechts wie Bund, Kanton, Bezirk oder Gemeinde ein öffentliches Interesse an einer Aktiengesellschaft, so kann der Körperschaft in den Statuten der Gesellschaft das Recht eingeräumt werden, Vertreter in den Verwaltungsrat (Art. 707 OR) oder in die Revisionsstelle (Art. 730 OR) abzuordnen, auch wenn sie nicht Aktionärin ist. Unabhängig von der Beteiligung an einer öffentlich-rechtlichen Körperschaft einer Aktiengesellschaft wird diese zur «gemischtwirtschaftlichen» Aktiengesellschaft. Das den interessierten Körperschaften eingeräumte Recht auf Entsendung von Repräsentanten in den Verwaltungsrat ist ein direktes Entsendungsrecht und nicht «nur» ein Vorschlagsrecht (FORSTMOSER/ MEIER-HAYOZ/NOBEL, § 63 N 14 ff.). Gemäss Art. 762 Abs. 2 OR steht auch das Recht auf Abberufung der vom Gemeinwesen abgeordneten Vertreter nur diesem selbst zu. Mit der statutarischen Selbstbeschränkung der Aktiengesellschaft kommt auch hier eine Einschränkung der Rechte der Generalversammlung zum Tragen. Von der Kompetenz und Verantwortung her unterscheiden sich die durch die öffentliche Hand entsendeten Organmitglieder aber nicht von jenen, die durch die Generalversammlung gewählt wurden (Art. 762 Abs. 3 OR).

Die Haftung für die entsendeten Verwaltungsratsmitglieder übernimmt gemäss 18
Art. 762 Abs. 4 OR die entsendende Körperschaft. Diese Haftung besteht gegenüber der Gesellschaft, den Aktionären und den Gläubigern, unter Vorbehalt des Rückgriffs nach dem Recht des Bundes und der Kantone (mit welchem die jeweiligen Verantwortlichkeitsgesetze gemeint sind). Erstaunlich ist hier, dass diese direkte Haftungsübernahme des Gemeinwesens eine Abkehr vom Grundsatz der persönlichen Verantwortlichkeit gemäss Art. 754 OR darstellt (FORSTMOSER/ JAAG, 59).

E. Prominente Beispiele für gemischtwirtschaftliche Aktiengesellschaften

1. Der Flughafen Zürich

Der Internationale Flughafen Zürich-Kloten ist ein prominenter 19
Vertreter der gemischtwirtschaftlichen Aktiengesellschaften. Basierend auf § 2 Abs. 1 des kantonalen Flughafengesetzes (Flughafengesetz vom 12. Juli 1999, LS. 748.1; das Flughafengesetz ist nicht die Basis für eine spezialgesetzliche Ak-

tiengesellschaft, sondern die gesetzliche Grundlage für den Kanton Zürich zur Beteiligung nach obigem Schema an der Aktiengesellschaft) wurden der Flughafen und die gesamte Infrastruktur einer gemischtwirtschaftlichen Aktiengesellschaft übertragen. Gemäss § 7 Flughafengesetz räumt die Gesellschaft (statutarisch) dem Staat (Kanton Zürich) das Recht ein, mehr als ein Drittel aller Mitglieder des Verwaltungsrates zu ernennen. Die Statuten konkretisieren und ergänzen die Entsendung in den Verwaltungsrat: Nach Art. 18 Statuten räumt die Gesellschaft dem Kanton Zürich das Recht ein, drei von sieben oder acht bzw. vier von neun Verwaltungsratssitzen mit seinen Vertretern zu besetzen. Zudem räumt die Gesellschaft der Stadt Zürich das Recht zum Wahlvorschlag für eines der von der Generalversammlung zu wählenden Mitglieder ein, solange die Stadt Zürich mit mindestens fünf Prozent am Aktienkapital beteiligt ist.

20   Gemäss § 8 ist der Kanton zudem verpflichtet, eine Beteiligung im Umfang von mehr als einem Drittel am stimmberechtigten Kapital zu halten. Per Stichtag, 31. Dezember 2015, besitzt der Kanton Zürich 33,33 Prozent plus eine Aktie und die Stadt Zürich 5 Prozent der Aktien bzw. der Stimmrechte der Gesellschaft (Geschäftsbericht 2015 der Flughafen Zürich AG, S. 43).

2. Swissgrid

21   Die Swissgrid AG ist die nationale Netzgesellschaft gemäss Art. 18 ff. des Bundesgesetzes über die Stromversorgung vom 23. März 2007 (StromVG, SR 734.7). Swissgrid verantwortet als nationale Netzgesellschaft den diskriminierungsfreien, zuverlässigen und leistungsfähigen Betrieb des Übertragungsnetzes sowie den umweltverträglichen und effizienten Unterhalt. Die Erneuerung und der bedarfsgerechte Ausbau des Schweizer Höchstspannungsnetzes gehören ebenfalls zu ihren wichtigsten Aufgaben. Aufgrund der hohen Investitionen für den Bau des Übertragungsnetzes, der steigenden Skalenerträge (dies angesichts sinkender Grenzkosten) sowie der hohen irreversiblen Kosten liegt im Bereich der Stromübertragung ein natürliches Monopol vor. Dieses hat der Gesetzgeber durch das Stromversorgungsgesetz (StromVG) und die Stromversorgungsverordnung (StromVV) zu einem rechtlichen Monopol ausgestaltet. Die Überwachung der Einhaltung von StromVG und StromVV ist Aufgabe der Eidgenössischen Elektrizitätskommission (ElCom) (vgl. Geschäftsbericht Swissgrid 2015, 13).

22   Allen Kantonen zusammen steht das Recht zu, zwei Mitglieder in den Verwaltungsrat der Gesellschaft zu entsenden und abzuberufen. Auf der Ebene der Aktionäre muss Swissgrid sicherstellen, dass ihr Kapital und die damit verbundenen Stimmrechte direkt oder indirekt mehrheitlich Kantonen und Gemeinden gehören

(Art. 18 Abs. 3 StromVG). Interessant ist, dass das StromVG es Swissgrid unter-sagt, an einer Börse kotiert zu sein (Art. 18 Abs. 5 StromVG).

III. Die spezialgesetzliche kantonale Aktiengesellschaft nach Art. 763 OR

A. *Einleitung*

Art. 613 aOR, welcher mit Art. 763 Abs. 1 OR übereinstimmt,   23
war im Entwurf von 1905 nicht enthalten und wurde erst in der parlamentarischen Beratung – auf Antrag der nationalrätlichen Kommission – ins Gesetz aufgenom-men. Damit sollte sichergestellt werden, dass Anstalten wie Banken und Versiche-rungen, die durch kantonale Spezialgesetze geschaffen worden waren und «unter der Mitwirkung der Behörden» verwaltet wurden, weiterhin dem kantonalen Recht unterstehen durften, auch wenn sie ähnlich wie Aktiengesellschaften ausgestaltet waren (BSK OR II-WERNLI/RIZZI, Art. 763 N 1, m.w.H.). Sofern die Aktienge-sellschaft durch ein kantonales Spezialgesetz gegründet wurde und der Kanton die subsidiäre Haftung für deren Verbindlichkeiten übernimmt sowie bei der Verwal-tung der AG mitwirkt, kommen die Bestimmungen des Aktienrechts nicht zur Anwendung. Allgemein vom Aktienrecht ausgenommen sind auch kantonalge-setzliche Gesellschaften, die vor dem 1. Januar 1883 gegründet worden sind (Da-tum des Inkrafttretens des Obligationenrechts).

Es sei hier nebenbei bemerkt, dass die Gründungsemission resp. die Kapitalerhö-   24
hung einer spezialgesetzlichen Aktiengesellschaft, ob kantonalrechtlich oder bun-desrechtlich, nicht *per se* von der Emissionsabgabe auf Beteiligungspapieren, Aktien, Genuss- und Partizipationsscheinen befreit ist (BGE 115 I*b* 233 bzgl. Zuger Kantonalbank).

B. *Gründung durch kantonales Spezialgesetz*

Die Gesellschaft wird durch ein kantonales Gesetz gegründet   25
(bspw. Gesetz über die Gebäudeversicherung des Kantons Zürich [GebVG], vom 2.3.1975, GS 862.2). Die kantonalen Spezialgesetze regeln insbesondere den Zweck der Gesellschaft, deren Finanzierung sowie deren Verwaltung (FORST-MOSER/MEIER-HAYOZ/NOBEL, § 63 N 43).

C. Rolle der Behörde

26   Die Rolle der Behörden in einer kantonalen spezialgesetzlichen Aktiengesellschaft unterscheidet sich von jener in der gemischtwirtschaftlichen dahin gehend, dass die Kompetenz der Behörde weiter geht als ein reines Entsendungsrecht, wie es Art. 762 OR vorsieht. Die Rolle resp. die Mitwirkung der Behörde muss im entsprechenden Spezialgesetz verankert sein. Die Einräumung eines blossen Aufsichtsrechts genügt indes nicht (z.B. § 8 und 13 des Kantonalbankgesetzes des Kantons Basel-Landschaft, vom 24. Juni 2004, GS 35.0241). Bei der Mitwirkung muss es sich um eine aktive Tätigkeit in den Gesellschaftsorganen handeln (s. BÜRGI/NORDMANN, Art. 763 N 7). Die Mitwirkung, welche ein notwendiges Merkmal der Errichtungsform darstellt, kann aber sehr liberal gehandhabt werden. Die Errichtung einer dualistischen Organstruktur mit einem «Aufsichtsrat», welcher mit Behördenmitgliedern besetzt ist, könnte so schon diesem Erfordernis genügen (FORSTMOSER/MEIER-HAYOZ/NOBEL, § 63 N 44).

IV. Exkurs: Die Kantonalbanken

A. Begriff der Kantonalbank

27   Der Begriff der Kantonalbank ist ein solcher des materiellen Bundesrechts (so BankG-Kommentar-ZOBL, Art. 3a N 19. Vgl. auch EBK, Jahresbericht 1995, S. 45). Die Legaldefinition der Kantonalbank findet sich in Art. 3a BankG, der wie folgt lautet:

> «Als Kantonalbank gilt eine Bank, die aufgrund eines kantonalen gesetzlichen Erlasses als Anstalt oder Aktiengesellschaft errichtet wird. Der Kanton muss an der Bank eine Beteiligung von mehr als einem Drittel des Kapitals halten und über mehr als einen Drittel der Stimmen verfügen. Er kann für deren Verbindlichkeiten die vollumfängliche oder teilweise Haftung übernehmen.»

28   Diese Banken unterstehen der vollumfänglichen Aufsicht durch die FINMA.

B. Numerus clausus der zulässigen Rechtsformen

29   Das Bundesrecht schreibt für Kantonalbanken die Rechtsform der öffentlich-rechtlichen Anstalten und der Aktiengesellschaften vor. Als Aktiengesellschaft nach Art. 3a BankG kommen die privatrechtliche Aktiengesellschaft nach Art. 620 ff. OR, die gemischtwirtschaftliche Aktiengesellschaft nach Art. 762 OR und die spezialgesetzliche kantonale Aktiengesellschaft nach

Art. 763 OR infrage (vgl. auch VÖGELI, 10). Dieser Numerus clausus soll verhindern, dass Kantonalbanken in Rechtsformen gekleidet werden, die nach den Vorgaben des Bankenrechts wenig geeignet oder gar unzulässig sind (vgl. Botschaft BankG 1998, 3865 f.). Die meisten Kantonalbanken sind noch als öffentlich-rechtliche Anstalten ausgestaltet (z.b. auch die ZKB). In den Kantonen Genf, Glarus, Jura, Waadt, Wallis und Zug werden die Kantonalbanken als spezialgesetzliche kantonale Aktiengesellschaften nach Art. 763 OR geführt, während sich St. Gallen für die Lösung der gemischtwirtschaftlichen Aktiengesellschaft nach Art. 762 OR entschieden hat. Die Rechtsform der privatrechtlichen Aktiengesellschaft nach Art. 620 ff. OR findet sich in den Kantonen Bern, wo die BEKB 1998 als erste Kantonalbank in eine privatrechtliche AG nach Art. 620 ff. OR umgewandelt wurde, und Luzern (seit 2001).

1. Privatrechtliche Aktiengesellschaft nach Art. 620 ff. OR

Die reine privatrechtliche Aktiengesellschaft stellt eine zulässige Rechtsform für Kantonalbanken dar. Allfällige diesbezügliche Zweifel wurden durch die explizite Aufnahme ins BankG ausgeräumt. Falls sich ein Kanton für diese Rechtsform entscheidet, unterwirft er sich den bundesprivatrechtlichen Spielregeln; seine Rechtsstellung entspricht derjenigen eines privaten Aktionärs. Die Aufnahme des Gesellschaftszweckes in den Statuten muss aufzeigen, dass öffentliche Interessen und damit eventuell einhergehende Einschränkungen bezüglich Gewinnerzielung berücksichtigt werden. Falls dies nicht geschieht, können die privaten Aktionäre darauf vertrauen, und die dem Gesellschaftsinteresse verpflichteten Verwaltungsräte haben dafür zu sorgen, dass die Gesellschaft gewinnstrebig arbeitet, das heisst auf Gewinnoptimierung aus ist (FORSTMOSER, 217 u. 219). [30]

2. Gemischtwirtschaftliche Aktiengesellschaften

Eine Aktiengesellschaft nach Art. 620 ff. OR wird als gemischtwirtschaftliche Aktiengesellschaft bezeichnet, falls einer öffentlich-rechtlichen Körperschaft, welche ein öffentliches Interesse an ihr bekundet, das statutarische Recht eingeräumt wird, alternativ Vertreter in deren Verwaltungsrat oder in deren Revisionsstelle abzuordnen (vgl. 762 Abs. 1 OR). Das Entsendungsrecht kann sowohl einer Körperschaft, die Aktionärin ist, als auch aktienmässig unbeteiligten Körperschaften eingeräumt werden (BSK OR II-WERNLI/RIZZI, Art. 762 N 13). Die von der öffentlich-rechtlichen Körperschaft abgeordneten Verwaltungsräte und Mitglieder der Revisionsstelle sind grösstenteils denjenigen gleichgestellt, die durch die Generalversammlung gewählt werden (Art. 762 Abs. 3 OR). Eine Ausnahme besteht jedoch in Bezug auf die Haftung. An die Stelle der persönlichen [31]

Haftung der abgeordneten Mitglieder gegenüber den Gläubigern und den Aktionären tritt die Haftung der abordnenden Körperschaft unter Vorbehalt des Rückgriffs
nach dem Recht des Bundes und der Kantone (Art. 762 Abs. 3 und Abs. 4 OR).
Fraglich ist, ob sich nach den im Jahr 1999 und 2003 erfolgten Bankengesetzrevi-
sionen im Bereich der Verantwortlichkeitsbestimmungen bei Kantonalbanken eine
Abweichung von dieser Regel gebietet. Ein Teil der Lehre beispielsweise plädiert
dagegen, denn obwohl Art. 39 BankG nur auf Art. 752 bis Art. 760 OR verweist,
finden sich in den Materialien keine Anhaltspunkte, die auf einen gewollten Ausschluss des Art. 762 OR hindeuten (VÖGELI, 30). Vielmehr soll aus der Beibehaltung der gemischtwirtschaftlichen Aktiengesellschaft als möglicher Rechtsform
für Kantonalbanken geschlossen werden, dass die Haftungsübernahme, wesentliches Merkmal dieser Rechtsform, weiterhin möglich sein soll. Diese Argumentation wird umso mehr bekräftigt, als durch die solvente Körperschaft der Gläubigerschutz verstärkt wird (BankG-Kommentar-ZOBL, Art. 38 N 4; JAAG/RÜSSLI,
98 f.; RIMLE, N 88).

3. Spezialgesetzliche kantonale Aktiengesellschaften nach Art. 763 OR

32   Hierbei handelt es sich um als Aktiengesellschaften organisierte juristische Personen, die als solche nicht unter die aktienrechtlichen Bestimmungen der Art. 620 ff. OR fallen, sondern vollumfänglich dem kantonalen öffentlichen Recht unterstehen (BSK OR II-WERNLI/RIZZI, Art. 763 N 1). Den Kantonen bleibt jedoch die Möglichkeit, im Spezialgesetz oder in den Statuten ihrer
kantonalen Aktiengesellschaft auf die bundesrechtlichen Vorschriften zu verweisen. In diesem Fall gilt das Bundesrecht als subsidiäres kantonales Recht
(BÜRGI/NORDMANN, Art. 763 N 5; BSK OR II-WERNLI/RIZZI, Art. 762 N 6).

4. Öffentlich-rechtliche Anstalt

33   Die Rechtsform der öffentlich-rechtlichen Anstalt ist bei Kantonalbanken schon seit langer Zeit am stärksten vertreten (vgl. RUSSENBERGER MARC,
Die Sonderstellung der schweiz. Kantonalbanken in der Bundesverfassung und im
Bankengesetz, Diss. Zürich 1988, 62). Die Zürcher Kantonalbank als grösstes Institut verfügt beispielsweise über diese Rechtsform (Art. 1 des Gesetzes über die
Zürcher Kantonalbank vom 28. September 1997, vgl. dazu NOBEL, PETER, Privatisierung – Organisatorische Belange und Kapitalmarktaspekte, SZW [Sondernummer
1999], 16). Bei der organisatorischen Ausgestaltung hat das Gemeinwesen als An-
staltsträger grundsätzlich freie Hand. Es gilt jedoch die in Art. 3 BankG aufgeliste-
ten Bewilligungsvoraussetzungen zu beachten, um einen Konflikt mit der FINMA
zu vermeiden, der zur Verweigerung der Bewilligungsvoraussetzung führen kann

(VÖGELI, 33; ausführlich SCHWITTER GAUDENZ, Die Privatisierung von Kantonalbanken, Diss. Freiburg 2000, 70).

C. Errichtung aufgrund eines kantonalen gesetzlichen Erlasses

Als Konstitutiverfordernis bedarf jede Kantonalbank einer   34
formellgesetzlichen Grundlage im kantonalen Recht (s. Art. 3a BankG); damit wird aus Gründen der demokratischen Legitimation ein Gesetz im formellen Sinne vorausgesetzt. Das kantonale Gesetz hat Angaben über die Gründung und die Organisation der Kantonalbank zu beinhalten (vgl. Botschaft BankG 1998, 3864); es kann aber die Gründung einer Bank nach dem bundesrechtlichen Aktienrecht vorsehen.

D. Qualifizierte Beteiligung des Kantons

Der Kanton muss an der Bank eine Beteiligung von mehr als   35
einem Drittel des Kapitals halten und über mehr als einen Drittel der Stimmen verfügen. Ist eine Kantonalbank als Aktiengesellschaft ausgestaltet, so ist bei der Berechnung des Kapitals zum Aktienkapital ein allfälliges ausgegebenes Partizipationskapital hinzuzuzählen (VÖGELI, 10; BankG-Kommentar-ZOBL, Art. 3a N 43). Bei der Berechnung des Stimmrechts wird in der Regel auf den Nennwert der Aktien abgestellt (Art. 692 OR), während bei Vorhandensein von Stimmrechtsaktien die Anzahl Aktien massgebend ist (Art. 693 OR). Handelt es sich um eine kantonale spezialgesetzliche Aktiengesellschaft, sind kantonalrechtliche Besonderheiten hinsichtlich der Stimmkraft zu berücksichtigen. Bei öffentlich-rechtlichen Anstalten gibt es begriffsnotwendig keine Stimmrechte, da das körperschaftliche Element fehlt. Und auch die Wahrscheinlichkeit, dass ein allfälliges Partizipationskapital im Vergleich zum Dotationskapital ein Übergewicht erhält, ist als nicht sehr hoch zu beurteilen (BankG-Kommentar-ZOBL, Art. 3a N 43).

E. Staatsgarantie

Die Staatsgarantie zählt von Bundesrechts wegen nicht mehr zu   36
den konstitutiven Merkmalen einer Kantonalbank. Es bleibt vielmehr den Kantonen überlassen, ob sie ihre Kantonalbank mit einer vollumfänglichen oder bloss teilweisen Staatsgarantie versehen oder gar auf eine solche verzichten wollen (vgl. Botschaft BankG 1998, 3863; BankG-Kommentar-ZOBL, Art. 3a N 49 f.).

V. Spezialgesetzliche Aktiengesellschaften auf eidgenössischer Ebene

37   Aus dem Legalitätsprinzip (Art. 5 BV) ergibt sich, dass der Bund für die Konstituierung einer spezialgesetzlichen Aktiengesellschaft eine entsprechende Kompetenzgrundlage in der Bundesverfassung und in einem Spezialgesetz benötigt (SGK BV-SCHINDLER, Art. 5 N 19 ff.). Besteht ein Bundesgesetz, das die Konstituierung einer spezialgesetzlichen Aktiengesellschaft vorsieht, so kann der Bund zur Gründung schreiten. Die wohl prominentesten Vertreter der bundesspezialgesetzlichen Aktiengesellschaften sind die Schweizerische Nationalbank, die Schweizerische Post und die Schweizerischen Bundesbahnen. Im Folgenden werden diese prominenten Vertreter in einem Kurzabriss vorgestellt.

A. Die Schweizerische Nationalbank als spezialgesetzliche AG

1. Bundeskompetenz und Hintergund

38   Die wohl fundamentalste Bundeskompetenz, welche die Bundesverfassung statuiert, ist die Geld- und Währungskompetenz gemäss Art. 99 Abs. 1 BV. Art. 99 Abs. 2 BV statuiert die Kompetenz zur Gründung eines nationalen Finanzinstitutes, um die Geld- und Währungspolitik im Gesamtinteresse des Landes zu führen.

39 Im 19. Jahrhundert gab es mehrere Kantonalbanken und private Banken, die im Wettbewerb Banknoten herausgaben. Im Zuge der Entwicklung der Schweizer Volkswirtschaft wuchs aber das Bedürfnis nach einer genügenden und sicheren Versorgung der Wirtschaft mit Banknoten. Damit wuchs auch die Zahl der Befürworter einer zentralen, mit dem Banknotenmonopol ausgestalteten Notenbank. Die bundesrechtliche Kompetenz zur Banknotenemission wurde 1891 in der Verfassung verankert. So nahm im Juni 1907 die Schweizerische Nationalbank (SNB) ihre Tätigkeit als Zentralbank der Schweiz auf. Zur Zeit der Goldbindung der Banknoten und der festen Kurse bei der Gründung der SNB hatte diese den Auftrag, «den Geldumlauf zu regeln und den Zahlungsverkehr zu erleichtern». Auf Verlangen hatte sie Banknoten in Gold umzutauschen.

40 Heute spielt das Gold in der Geldpolitik eine verschwindende Rolle. Erhalten geblieben ist jedoch die Aufgabe der Nationalbank, ihre Geldpolitik so zu gestalten, dass der Wert des Geldes stabil bleibt und die Volkswirtschaft sich entfalten kann; ein Teil ihrer Währungsreserven ist aber nach wie vor in Gold zu halten

(Art. 99 Abs. 3 BV; s. auch Die schweizerische Nationalbank – Ein Kurzportrait, 6 f.[1]).

2. Gesetzliche Grundlage der SNB

Art. 99 BV verpflichtet die SNB, als unabhängige Zentralbank   41
eine Geld- und Währungspolitik zu führen, die dem Gesamtinteresse des Landes dient. Im Nationalbankgesetz (NBG) wird dieser Auftrag präzisiert: Die National-bank «gewährleistet die Preisstabilität», dabei trägt sie der konjunkturellen Ent-wicklung Rechnung (Art. 5 Abs. 1 NBG).

Auf Gesetzesstufe bildet das Nationalbankgesetz den Rahmen für die National-   42
bank und ihre Tätigkeit. Das NBG konkretisiert den verfassungsrechtlichen Auf-trag der SNB sowie ihre Unabhängigkeit. Gegenstück zur Unabhängigkeit ist die Rechenschafts- und Informationspflicht der SNB gegenüber Bundesrat, Parlament und Öffentlichkeit (Art. 5–7 NBG). Im Weiteren setzt das NBG den verfassungs-mässigen Auftrag der SNB, aus ihren Erträgen ausreichende Währungsreserven aufzubauen, um: Eine explizite Regel zur Gewinnermittlung erlaubt es der SNB, ihre Rückstellungen entsprechend der Entwicklung der schweizerischen Volks-wirtschaft anwachsen zu lassen (Art. 30 NBG). Ferner umschreibt das Gesetz die Instrumente, die der Nationalbank zur Umsetzung der Geldpolitik zur Verfügung stehen. Das rechtsgeschäftliche Instrumentarium wird durch die Vorschriften über den Geschäftskreis der SNB nur grob umrissen (Art. 9–13 NBG); weitere Einzel-heiten finden sich in den Richtlinien über das geldpolitische Instrumentarium sowie über die Anlagepolitik der SNB. Zu den hoheitlichen Instrumenten gehören die Erhebung von Finanzmarktstatistiken (Art. 14–16 NBG), die Pflicht der Ban-ken zum Halten von Mindestreserven (Art. 17–18 NBG) sowie die Überwachung von Zahlungs- und Effektenabwicklungssystemen (Art. 19–21 NBG). Einzelrege-lungen zum hoheitlichen Instrumentarium finden sich in der Nationalbankverord-nung vom 18. März 2004 (NBV, SR 951.131).

Das Nationalbankgesetz setzt auch die Organisationsstruktur der Nationalbank fest   43
(Art. 3 und 33–48 NBG). Organe der SNB sind der elf Mitglieder umfassende Bankrat, das Direktorium, die Revisionsstelle sowie die Generalversammlung.[2]

Heute nimmt die Bedeutung der Nationalbank in den Finanzmärkten stetig zu,   44
insbesondere in der Thematik des *too big to fail* (vgl. die Rettung der UBS). Diese beruht auf der Systemverantwortung der SNB (Art. 5 Abs. 2 lit. e NBG).

---

[1] Abrufbar unter: http://www.snb.ch/de/mmr/reference/kurzportraet/source (Stand 6. Juni 2016).

[2] S. http://www.snb.ch/de/iabout/snb/legal/id/snb_legal_law#t3 (Stand 27. August 2013).

B. Die Schweizerischen Bundesbahnen SBB als spezialgesetzliche AG

1. Bundeskompetenz und Hintergrund

45   Art. 87 BV bildet die verfassungsrechtliche Grundlage für die Schweizerischen Bundesbahnen (SBB). Der Artikel begründet eine umfassende Gesetzgebungskompetenz und gestattet dem Bund, eine eigene Bahnunternehmung zu gründen und zu betreiben.

46   Wie auch für die Post und das Fernmeldewesen ist der Bund bereits seit 1874 für die Eisenbahnen zuständig. Seitdem sind weitere Kompetenzen hinzugekommen, so betreffend die Seilbahnen, die Schifffahrt sowie die Luft- und Raumfahrt (SGK BV-LENDI/UHLMANN, Art. 87 N 1 ff.). 1898 hiessen die Stimmberechtigten das Bundesgesetz betreffend die Erwerbung und den Betrieb von Eisenbahnen für Rechnung des Bundes und die Organisation der Verwaltung der Schweizerischen Bundesbahnen und damit der SBB gut (s. BBl 1898 II 69). Diesen Vorhaben war eine Spekulationswelle vorausgegangen; dabei wurde erstmals der Ruf nach einem eidgenössischen Börsengesetz laut. Ab 1902 wurden mehrere Bahnunternehmen vom Bund übernommen und somit verstaatlicht. Am 1. Januar 1999 wurde die SBB zu einer spezialgesetzlichen Aktiengesellschaft des öffentlichen Rechts. Vorher war sie formell nur ein mehr oder weniger selbstständiger Teil der Bundesverwaltung ohne Rechtspersönlichkeit (vgl. BBl 1997 I 944).

2. Gesetzliche Grundlage

47   Die SBB wurde am 1. Januar 1999 zu einer spezialgesetzlichen Aktiengesellschaft des öffentlichen Rechts umgewandelt. Grundlage bildet das Bundesgesetz vom 20. März 1998 über die Schweizerischen Bundesbahnen (SBBG, SR 742.31). Es regelt die Errichtung, den Zweck und die Organisation der SBB (Art. 1 SBBG). Ergänzend gelten für die SBB sinngemäss die Vorschriften des Aktienrechts und für Strukturanpassungen das Fusionsgesetz (Art. 22 Abs. 1 SBBG). Das Bundesgericht hat in einem Rechtsstreit zwischen der SBB und dem Eidgenössischen Amt für Handelsregister (EHRA), bei dem es um die Zulässigkeit der Übernahme einer privatrechtlichen AG durch die SBB ging, jedoch einschränkend festgehalten, dass die Rechtsform der SBB «nicht einfach mit derjenigen der privatrechtlichen Aktiengesellschaft gleichgesetzt werden [kann], auch wenn die Regelung ihrer Organisation an jene der privatrechtlichen Aktiengesellschaft angelehnt ist» (BGE 132 III 470 E. 3.3). Es führte weiter aus, dass die SBB als spezialgesetzliche Aktiengesellschaft auf einer öffentlich-rechtlichen Rechtsgrundlage beruhe und ihre Rechtspersönlichkeit kraft Gesetzes (vgl. Art. 25 SBBG) erhalte (E. 3.3).

Seit der Gründung ist der Bund alleiniger Eigentümer der AG. Gemäss Art. 7   48
Abs. 3 SBBG muss der Bund zu jeder Zeit die kapital- und stimmenmässige
Mehrheit besitzen. Die Aktien der SBB sind voll liberiert. Es gibt keine Partizipa-
tions- oder Genussscheine sowie keine Wandelanleihen oder Optionen. Die Kapitalstruktur ist seit der Umwandlung der SBB in eine spezialgesetzliche Aktiengesellschaft des öffentlichen Rechts unverändert geblieben. Die Berichterstattung
der SBB orientiert sich in Bezug auf Gliederung und Organisation soweit möglich
an der Richtlinie betreffend Informationen zur Corporate Governance der SIX
Swiss Exchange (September 2014) sowie am Swiss Code of Best Practice for
Corporate Governance (September 2014).

C.   Die Schweizerische Post als spezialgesetzliche AG

1.   Bundeskompetenz und Hintergrund

Die verfassungsrechtliche Grundlage zur Gründung der spezi-   49
algesetzlichen Aktiengesellschaft die «Post CH AG» ist in Art. 92 BV begründet.
Art. 92 Abs. 1 BV legt eine umfassende, ausschliessliche Bundeskompetenz für
das Post- und Fernmeldewesen fest. Zum Postwesen gehören die allgemeinen
Postdienstleistungen, welche Brief- und Paketpost einschliesslich des Postzah-
lungsverkehrs umfassen, und die regelmässige und gewerbsmässige Beförderung
von Personen. Dies stellt nicht nur eine Kompetenz dar, sondern auch eine grundsätzliche Verantwortung des Bundes, ohne jedoch den Kreis der Leistungsträger
festzulegen (SGK BV-HETTICH/STEINER, Art. 92 N 2 ff.).

Basierend auf dieser Kompetenz wurde am 1. Januar 1849 die Bundespost zum   50
Transport von Briefen, Paketen, Personen und Baranweisungen geschaffen. Mit
der Gründung der eidgenössischen Postverwaltung erfolgte die Ablösung der
kantonalen Postverwaltungen durch den Bund. Somit erhielt der Bund das Monopol zur Weiterbeförderung von postalischen Dienstleistungen (Weiterleitung von
Informationen in geschriebener Form). Postsendungen wurden ab 1857 per Bahn
und Pferd befördert. Ab 1866 wurden Bahnpostwagen zu diesem Zweck in Betrieb
gestellt. Nachdem 1903 erstmals Motorfahrzeuge eingesetzt wurden, stellte die
letzte Pferdepost 1961 ihren Betrieb ein. Ab 1906 existierte ein Postcheckdienst
(Girokonto, der Vorläufer der heutigen PostFinance; Gelbes Konto). 1920 wurde
die Telefonie und Telegrafie mit der Post zusammengelegt. Die Behörde (besser
Anstalt) hiess nun PTT (Post, Telefon, Telegrafie). 1978 stellte die PTT die ersten
Postomaten (Geldautomaten) auf und bot die ersten Natels (nationales Autotele-
fon) an.

2.   Gesetzliche Grundlage

51   In den letzten Jahren haben grundlegende Veränderungen in der Organisation der PTT stattgefunden. Eine der tiefgreifendsten Reorganisationen war die Abspaltung der Fernmeldedienste und Gründung der Swisscom. Die Post erweiterte zudem die Finanzdienstleistungen unter der Marke PostFinance. Schlussendlich wurde nach längerer Diskussion im Parlament die Post in eine spezialgesetzliche Aktiengesellschaft umgewandelt. Der entsprechende Erlass, das Postorganisationsgesetz vom 17. Dezember 2010 (POG, SR 783.1), trat am 1. Oktober 2012 in Kraft. In Art. 1 ff. POG wird festgehalten, dass die schweizerische Post in eine spezialgesetzliche AG umgewandelt wird. Seit dem 12. Oktober 2012 ist die schweizerische Post unter dem Namen Post CH AG mit der Firmennummer CH-036.3.054.534-9 (www.zefix.ch, 1.9.2013) im Handelsregister des Kantons Bern als spezialgesetzliche Aktiengesellschaft eingetragen und führt unter diesem Namen die noch unter dem Postregal des Bundes verbleibenden Dienstleistungen als Grundversorgerin aus. Der Bund ist Aktionär der Post und muss über die kapital- und stimmenmässige Mehrheit verfügen (Art. 6 POG). Daraus folgt, dass auch eine «Teilprivatisierung» zulässig wäre. Auch mit einem breiteren Aktionariat bliebe die Post aber vom Staat abhängig: Art. 7 POG (Eignerstrategie) zeigt die politische «Unterwerfung» der Tätigkeiten des Verwaltungsrats klar auf.

52   Gleichzeitig mit der Umwandlung der Post in eine spezialgesetzliche Aktiengesellschaft wurden die Bereiche der PostFinance in die privatrechtliche Aktiengesellschaft «PostFinance AG» ausgegliedert (s. Art. 14 Abs. 1 POG). Alleinige Aktionärin der PostFinance AG ist die Post AG. Sie muss jederzeit über die kapital- und stimmenmässige Mehrheit verfügen (Art. 14 Abs. 2 POG). Bis zum 1. Oktober 2017 haftet der Bund subsidiär für Kundeneinlagen bis CHF 100 000.– je Gläubiger (Art. 15 Abs. 3 lit. a POG).

53   Nach einem zweijährigen Bewilligungsverfahren erhielt die PostFinance AG die Bankenbewilligung und wurde der Aufsicht der FINMA unterstellt (FINMA-Medienmitteilung vom 26. Juni 2013). Sie ist verpflichtet, die Grundversorgung im Zahlungsverkehr in der ganzen Schweiz sicherzustellen (Art. 32 Postgesetz; s.a. Art. 2 u. 43 ff. Postverordnung). Die Vergabe von Krediten und Hypotheken an Dritte ist ihr jedoch untersagt (Art. 3 Abs. 3 POG). Mit Verfügung vom 29. Juni 2015 wurde die PostFinance AG als Finanzgruppe von der SNB zudem als systemrelevante Bank eingestuft (s. SNB-Medienmitteilung vom 1. September 2015).

D. Die Swisscom als spezialgesetzliche AG

1. Bundeskompetenz und Hintergrund

Die Fernmeldedienstleistungen waren einst Teil der Postdienst-[54] leistungen. So stützt sich die Bundeskompetenz zur Erbringung von individuellen Fernmeldedienstleistungen ebenfalls auf Art. 92 BV. Art. 92 BV statuiert auch eine umfassende Bundeskompetenz im Fernmeldebereich (s. SGK BV-HETTICH/ STEINER, Art. 92 N 2 ff).

2. Gesetzliche Grundlage

Mit Inkrafttreten des neuen Postorganisationsgesetzes (POG)[55] und des neuen Telekommunikationsunternehmungsgesetzes (Bundesgesetz über die Organisation der Telekommunikationsunternehmung des Bundes [TUG] vom 30. April 1997 [SR 784.11]) wurden zu Beginn des Jahres 1998 die PTT-Betriebe, welche immer noch selbstständige Anstalten des Bundes waren, in die Schweizerische Post und die Swisscom aufgeteilt. Während die Post noch die Rechtsform einer öffentlich-rechtlichen Anstalt trug, wurde die Swisscom im Oktober 1998 als spezialgesetzliche Aktiengesellschaft gegründet und schrittweise teilprivatisiert. Die Schweizerische Eidgenossenschaft hält zurzeit 51 Prozent (Stand 6. Juni 2016) des Aktienkapitals. Das TUG beschränkt Fremdbeteiligungen auf 49,9 Prozent des Aktienkapitals (Art. 6 TUG).

Der Bundesrat hat in seiner Botschaft vom 5. April 2006 (AS 2006 0289) dem[56] Parlament vorgeschlagen, die Swisscom ganz zu privatisieren und das Aktienpaket des Bundes verzögert an das Publikum zu veräussern. Der Nationalrat ist auf diese Vorlage nicht eingetreten.

Art. 2 TUG statuiert, dass die Unternehmung (Swisscom AG) eine spezialgesetzli-[57] che Aktiengesellschaft ist, und ihre Organisation richtet sich nach diesem Gesetz, den Statuten und (subsidiär) den aktienrechtlichen Vorschriften.

Die Swisscom-Aktien sind an der Schweizer Börse kotiert und werden auch in den[58] USA bei der Bank of New York gehandelt.

VI. Rein privatrechtliche Aktiengesellschaften am Beispiel der RUAG Holding AG

Die öffentliche Hand kann sich auch einer rein privatrechtli-[59] chen Rechtsform bedienen. Ein Beispiel dieser Organisation stellt die RUAG

Holding AG dar. Diese ist ein Technologiekonzern, bei welchem die ehemaligen Rüstungsbetriebe des Bundes in eine private Aktiengesellschaft (Holdinggesellschaft), deren Aktien sich vollumfänglich im Besitz der Schweizerischen Eidgenossenschaft befinden, eingebracht wurden. Da öffentliche Interessen ersichtlich mitspielen, wäre auch eine Qualifikation als gemischtwirtschaftliche Gesellschaft nicht falsch. Nach Art. 5 Abs. 1 BGRB (Bundesgesetz über die Rüstungsunternehmen vom 10. Oktober 1997, SR 934.21) wurden die Rüstungsbetriebe des Bundes in eine Aktiengesellschaft des privaten Rechts überführt. Gemäss Art. 4 Abs. 1 BGRB ist der Bund seinem Interesse entsprechend im Verwaltungsrat vertreten. Gemäss Art. 2 der Statuten (unter «Zweck») hat die Gesellschaft im Rahmen ihrer Tätigkeiten die Eignerstrategie des Bundesrates zu beachten. Zudem muss der Verwaltungsrat gemäss Art. 3 Abs. 1ter BGRB für die Umsetzung der strategischen Ziele des Bundesrates bei den Rüstungsunternehmen sorgen. Er hat zudem dem Bundesrat jährlich Bericht über die Zielerreichung zu erstatten und die notwendigen Informationen für die Überprüfung der Zielerreichung zur Verfügung zu stellen. Diese Regelung kann indessen problematisch sein. Es ist nämlich fraglich, ob sich die oben erwähnte statutarische Bestimmung mit dem Aktienrecht vereinbaren lässt, da die Festlegung der Strategie eine unübertragbare und unentziehbare Kernkompetenz des Verwaltungsrates darstellt (Art. 716a Abs. 1 Ziff. 1 OR) und somit diese weder an die Generalversammlung noch an Dritte (hier an den Bundesrat) übertragen werden kann (vgl. Kap. § 9, N 110 ff.).

VII. Regulierte Aktiengesellschaften

A. Die Bankaktiengesellschaft

1. Einleitung

60   Das Aktien- und Bankwesen verbindet eine lange gemeinsame Geschichte. So liegt nach verbreiteter Ansicht die Wiege der Aktiengesellschaft im norditalienischen Bankwesen. In diesem Zusammenhang wird für die «erste sichere Aktiengesellschaft» meist auf die 1407 gegründete genovesische St. Georgsbank verwiesen, deren Vorgeschichte sogar ins Jahre 1345 zurückreichen soll. In der Schweiz begann die entscheidende Epoche des Aktien- und Bankenwesens erst Mitte des 19. Jahrhunderts. Auch hier traten unter den ersten dokumentierten Aktiengesellschaften zahlreiche Banken ans Licht (EMMENEGGER/GEIGER, 13 N 1). Auch heute, und dies mehr denn je, hat die Aktiengesellschaft eine grosse Bedeutung als Organisationsform für Banken. Von den 312 per Ende 2016 bewilligten Banken und Effektenhändlern sind 225 und somit 72 Prozent als Schweizer Aktiengesellschaften organisiert (werden von der Gesamtzahl der bewilligten Banken und Effektenhändler die 38 ausländischen Zweigniederlas-

sungen ausgenommen, machen die Schweizer Aktiengesellschaften 82 Prozent aus)[3]. Der Rest der bewilligten Institute ist in der Form von Genossenschaften (23), öffentlich-rechtlichen Anstalten oder spezialgesetzlichen Aktiengesellschaften (22, wovon 20 Kantonalbanken sind) und Privatbankiers (sechs) organisiert. Einzig die Ersparniskasse Speicher ist als Stiftung konstituiert.

Bereits bei der Inkraftsetzung des Bankengesetzes 1934 bestand die Auffassung, dass die Banktätigkeit zu einem öffentlichen Dienst geworden sei (Botschaft BankG 1934, 171) und dass hier Kontrollen notwendig seien: Es war ja auch eine Zeit der Wirtschaftskrise. 1934 kleideten sich 163 von 308 Banken in der Schweiz in die Rechtsform der Aktiengesellschaft (neben 26 Staatsinstitute, 91 Genossenschaften und 28 übrige Institute). Zum ganzen vgl. die Botschaft des Bundesrates an die Bundesversammlung betreffend den Entwurf eines Bundesgesetzes über die Banken und Sparkassen vom 2. Februar 1934 (Botschaft BankG 1934, 171, Anhang II). 61

Als Modell der Kontrolle dachte man vornehmlich an einen Ausbau der Tätigkeit und die Erhöhung der Anforderungen an die Kontrollstelle (Revision, heute Prüfgesellschaft). Die Revision war stets ein bedeutender Teil der Bankenregulierung. Bis heute wird diesbezüglich zwischen *financial* und *regulatory audit* unterschieden, und an die Revision werden hohe Anforderungen gestellt; vgl. illustrativ die Erwartungen des Bundesgerichts: 62

> «Für die Geschäftsführer und die leitenden Revisoren einer bankengesetzlichen Revisionsstelle muss es daher vor allem auf die Integrität, Geradheit, Gewissenhaftigkeit und einwandfreie Sorgfalt ankommen. Darin sind die berufsspezifischen Leumundsmerkmale zu erblicken, mit denen allgemeine Eigenschaften wie Ansehen, Achtung und Vertrauenswürdigkeit selbstverständlich einhergehen. Dazu kommt die Unabhängigkeit im Sinne der Charakterstärke, die Fähigkeit, ohne Rücksicht auf allfällige Rückwirkungen auf das Mandatsverhältnis und somit ohne Rücksicht auf eigene Interessen zum Rechten zu sehen und das Richtige zu tun.» (BGE 99 Ib 104 E. 5).

Die ebenfalls als notwendig erachtete staatliche Aufsicht (die Eidgenössische Bankenkommission, heute die Eidgenössische Finanzmarktaufsichtsbehörde FINMA) sollte aber ausserhalb der Bundesverwaltung stehen, denn es sollte nicht zulasten der ausländischen Kundschaft ein Risiko für das Bankgeheimnis geschaffen werden (Botschaft BankG 1934, 179 ff.). 63

Die Bankaktiengesellschaften wurden eingehender verfasst als die nicht regulierten Aktiengesellschaften. So wurde von Anfang an eine dualistische Corporate 64

---

[3]   Liste der von der FINMA bewilligten Banken und Effektenhändler vom 21. Dezember 2016. Verfügbar auf: https://www.finma.ch/de/finma-public/bewilligte-institute-personen-und-produkte/ (Stand 21. Dezember 2016).

Governance verlangt, nämlich eine Trennung zwischen Geschäftsleitung und dem Organ für die Oberleitung, Aufsicht und Kontrolle (Art. 3 Abs. 2 lit. a BankG). Die Organe müssen auch einen guten Leumund geniessen und Gewähr für eine einwandfreie Geschäftstätigkeit bieten. Weiter wurden Vorschriften zur Verantwortlichkeit der leitenden Bankorgane eingeführt sowie zur Publizität der Jahresrechnungen und Bilanzen, zu den eigenen Mitteln, zur Liquidität und zum Schutz der Spareinlagen.

2.   Verhältnis von BankG zum OR

65   Die Beratungen des Bankgesetzentwurfes und der Revisionsvorlage zum Gesellschaftsrecht des OR erfolgten in der ersten Hälfte der 1930er-Jahre weitgehend parallel. Dabei bestand die Chance, den Inhalt bzw. das Verhältnis zwischen den beiden Gesetzen im Gleichklang zu koordinieren. Aufgrund der geschichtlichen Umstände geriet jedoch das BankG auf die Schnellspur: Die Weltwirtschaftskrise der 1930er-Jahre hatte nämlich die Krisenanfälligkeit des Schweizer Bankensystems deutlich aufgezeigt. Eine grosse Anzahl von Banken musste sich reorganisieren und zu Aktienkapitalschnitten schreiten. Die Schweizerische Volksbank, die bis 1930 zur zweitgrössten Bank der Schweiz avanciert war, stand 1933 vor dem Zusammenbruch und musste von der Eidgenossenschaft gerettet werden (Historisches Lexikon der Schweiz, JAN-HENNING BAUMANN, Schweizerische Volksbank, www.hls-dhs-dss.ch/D41976.php). Schliesslich brach die Banque d'Escompte Suisse in Genf 1934 zusammen (Historisches Lexikon der Schweiz, YOUSSEF CASSIS, Banken, www.hls-dhs-dss.ch/D14061.php). Durch diese Ereignisse getrieben, wurde das BankG (Bundesgesetz über die Banken und Sparkassen, BankG vom 8. November 1934, SR 952.0) vorweg verabschiedet und per 1. März 1935 in Kraft gesetzt. Das revidierte Gesellschaftsrecht trat hingegen erst 1937 in Kraft.

66   Materiell bestand, trotz dem formellen «Alleingang» der beiden Gesetze, Parallelität (vgl. NOBEL, Aktienrechtsreform, 170). Bei der Schaffung der Bankorganisationsnormen des BankG 1934, die nach heutiger Terminologie rechtsformunabhängige Mindeststandards darstellen, orientierte man sich an den Entwürfen zur Aktienrechtsreform (NOBEL, Aufsichtsrecht im Bankenbereich, 240). Das noch nicht in Kraft getretene Aktienrecht diente somit als Grundlage der regulatorischen Anforderungen an die Banken, die freilich teilweise modifiziert wurden, im Grunde aber genetisch und konzeptionell Verstärkungen des Aktienrechts mit Ausnahmevorschriften für die anderen Rechtsformen sind. Die wichtigsten «Übernahmen» aus dem Aktienrecht waren die Verantwortlichkeitsvorschriften, die praktisch nicht von den aktienrechtlichen abwichen (NOBEL, Aufsichtsrecht im Bankenbereich, 240). Diesbezüglich bestand nur für die Kantonalbanken und die Privatbankiers, die nach dem Willen des Gesetzgebers nur Einzelfirmen, Kollektiv-

und Kommanditgesellschaften sein durften (Art. 1 Abs. 1 BankG 1936), eine Ausnahme (Art. 38 und 39–45 BankG). Heute verweist Art. 39 BankG für die Verantwortlichkeit direkt auf das Aktienrecht. Es wurden aber nicht nur Vorschriften des Aktienrechts ins BankG «transkribiert», sondern auch durch Verweis integriert: So verwies das BankG explizit auf die Bilanzierungsvorschriften des Aktienrechts (Art. 6 Abs. 2 BankG 1936).

Die Koexistenz von BankG und OR wurde bei der Inkraftsetzung des Letzteren in Art. 16 Schluss- und Übergangsbestimmungen geregelt, der den Vorbehalt des BankG nach dem Prinzip *lex posterior generalis non derogat legi priori speciali* statuierte (vgl. Art. 16 SchlÜBest OR). Für Bankaktiengesellschaften bewirkte das Fehlen von Vorschriften im BankG auf jeden Fall keine Sperrwirkung gegenüber den aktienrechtlichen Bestimmungen, wie das Bundesgericht selber sagte: «Daraus ergibt sich, dass dort, wo das Bankengesetz eine Vorschrift enthält, diese gilt, und dass dort, wo im Bankengesetz eine Bestimmung fehlt, das Obligationenrecht anwendbar ist.» (BGE 97 II 408 E. 1.) Darüber hinaus gab die Koordination der beiden Teilrechtsordnungen bis zur Revision des OR 1991 keinen Anlass zu Diskussionen (zum Ganzen vgl. auch EMMENEGGER, insb. 146 ff.). 67

Die Diskussionen um die Koordination von BankG und OR entfachten sich jedoch gerade mit der Revision des OR 1991. Es fehlte nämlich jegliche entsprechende Bestimmung. Den Geltungsvorrang des BankG in Art. 16 der Schlussbestimmungen des OR 1936 wurde aber nicht aufgehoben und galt somit weiterhin, wobei es nichts über die intertemporale Bestimmung der Geltung des neuen Aktienrechts selbst aussagte. Es stellte sich daher die Frage, ob die «schärferen» Vorschriften des neuen Aktienrechts hinter «älteren, largeren» Bestimmungen des BankG zurückzutreten hatten, was gesetzgeberisch kaum gewollt sein konnte. Auch bezüglich der Verweise des BankG auf das Aktienrecht bestand Unklarheit darüber, ob jene auf die Normen des alten OR oder des revidierten OR verwiesen. Diese Fragen wurden von der Judikatur nicht entschieden. Ein Teil der Lehre, darunter auch der Autor dieser Abhandlung, vertraten als Lösung das Konzept einer relativierten Spezialität, nach welcher grundsätzlich die *lex specialis* des BankG galt, vorbehältlich strengerer Regeln des revidierten Aktienrechts im Sinne der *lex posterior* (NOBEL, Aktienrechtsreform, 171 f.; vgl. auch EMMENEGGER, 149). Auf dieser Grundlage basierte auch das später zum Zweck der Koordinationsklärung erlassene Rundschreiben der Eidgenössischen Bankenkommission EBK-RS 93/1, Verhältnis zwischen dem Bankengesetz und dem revidierten Aktienrecht (Bankengesetz/Aktienrecht) vom 25. August 1993 (später, per 1. Dezember 2006, aufgehoben). Gemäss diesem war von den folgenden Grundsätzen auszugehen: (i) der Vorbehalt zugunsten des Bankengesetzes in Art. 16 der Schluss- und Übergangsbestimmungen des OR vom 18. Dezember 1936 gilt auch gegenüber dem revidierten Aktienrecht; (ii) das revidierte Aktienrecht gilt integral auch für Bankaktiengesellschaften, soweit das Bankengesetz nicht wie bisher vorbehaltene Bestimmun- 68 gen enthält; (iii) enthält das revidierte Aktienrecht Bestimmungen, die weiter gehen als die bankengesetzlichen Sonderbestimmungen, gilt für Bankaktiengesellschaften grundsätzlich das revidierte Aktienrecht; (iv) Verweisungen des Bankengesetzes und der Bankenverordnung auf das Aktienrecht meinen das jeweils geltende Aktienrecht, also nunmehr das revidierte Aktienrecht in der Fassung vom 4. Oktober 1991; (v) das Bankengesetz und die Bankenverordnung gelten dort als Spezialgesetz, wo sie abweichende Vorschriften enthalten; fehlt es an solchen, ist das Aktienrecht anwendbar. Das Rundschreiben enthielt zudem einen besonderen Teil über das Verhältnis einzelner Bestimmungen. Dieses Verständnis des Verhältnisses zwischen den bankengesetzlichen und den obligationenrechtlichen Bestimmungen ist bis heute allgemein anerkannt.

3.   Die Bankaktiengesellschaft

a.   *Bewilligungspflicht*

69   Die Aufnahme der Banktätigkeit ist bewilligungspflichtig, wobei die Bewilligungserfordernisse dauerhaft eingehalten werden müssen (Art. 1 Abs. 4 i.V.m Art. 3 BankG). Ihr Fehlen führt nämlich zur Liquidation der Bank. Die Bewilligung muss bei der Eidgenössischen Finanzmarktaufsicht beantragt werden, wobei es sich bei dieser um eine reine Polizeibewilligung handelt, die bei Erfüllen der Bewilligungsvoraussetzungen zu erteilen ist. Der Erhalt der Bewilligung ist Voraussetzung für die Eintragung in das Handelsregister (Art. 3 Abs. 1 BankG).

70   Die Bewilligung erfordert gemäss Art. 3 Abs. 2 BankG eine der Geschäftstätigkeit entsprechende Verwaltungsorganisation (mit dem Fokus auf die Funktionstrennung zwischen Risikomanagement und Kontrollsystemen; diesbezüglich sind insbesondere die Markt-, Kredit-, Ausfall-, Abwicklungs-, Liquiditäts- und Imagerisiken sowie operationelle und rechtliche Risiken zu erfassen, zu begrenzen und zu überwachen, vgl. Art. 9–14 BankV), den Ausweis des voll einbezahlten Mindestkapitals von CHF 10 Mio. (Art. 15 Abs. 1 BankV) und die «Gewähr» nicht nur der mit der Verwaltung und Geschäftsführung der Bank betrauten Personen, sondern auch derjenigen Personen, die eine qualifizierte Beteiligung (über 10% des Kapitals oder der Stimmen) halten. Zur Durchsetzung der Gewährsvorschriften ist es sogar möglich, dass aufsichtsrechtlich eine Stimmensperre verfügt wird (Art. 23ter BankG).

b. Eigenmittel und Liquidität

Das Bankengesetz statuiert für Banken, dass sie einzeln und [71] auf konsolidierter Basis über angemessene Eigenmittel und Liquidität verfügen müssen (Art. 4 Abs. 1 BankG). Im Übrigen hat es der Gesetzgeber dem Bundesrat und der FINMA überlassen, die Einzelheiten nach Massgabe der Geschäftstätigkeit und der Risiken der Banken zu regeln (Art. 4 Abs. 2 BankG). Mit dem Erlass der Verordnung über die Eigenmittel und Risikoverteilung für Banken und Effektenhändler vom 1. Juni 2012 (ERV, SR 952.03)[4] und der Verordnung über die Liquidität der Banken vom 30. November 2012 (LiqV, SR 952.06), die beide am 1. Januar 2013 in Kraft traten, hat der Bundesrat seine Kompetenzen wahrgenommen.

Die ERV verpflichtet Banken zum Schutz der Gläubiger und der Stabilität des [72] Finanzsystems, über angemessene Eigenmittel zu verfügen und ihre Risiken angemessen zu begrenzen (Art. 1 Abs. 1 ERV). Mit Eigenmitteln zu unterlegen sind Kreditrisiken, Marktrisiken, nicht gegenparteibezogene Risiken und operationelle Risiken (Art. 1 Abs. 2 ERV). Die operationellen Risiken umfassen auch Rechtsrisiken, nicht aber strategische Risiken und Reputationsrisiken (Art. 89 ERV und FINMA-RS 2008/21 «Operationelle Risiken Banken»). Banken müssen nach Abzügen gesamthaft Eigenmittel in Höhe von 8,0 Prozent der gewichteten Positionen als Mindesteigenmittel halten («Gesamtkapitalquote»; Art. 42 Abs. 1 ERV). Zudem sieht die ERV vor, dass die Banken über die Mindesteigenmittel hinaus einen Eigenmittelpuffer nach Art. 43 ERV (zur Höhe s. Anhang 8 der ERV) und zusätzliche Eigenmittel nach Art. 45 ERV halten, um den von den Mindesteigenmittelanforderungen nicht erfassten Risiken Rechnung zu tragen und die Einhaltung der Mindesteigenmittelanforderungen auch unter schwierigen Bedingungen sicherzustellen, sodass die Geschäftstätigkeit nach dem *Going Concern»*-Prinzip jederzeit fortgeführt werden kann (s. dazu FINMA-RS 2011/2 «Eigenmittelpuffer und Kapitalplanung Banken» und FINMA-RS 2013/1 «Anrechenbare Eigenmittel Banken»).

Analog zu den Eigenmittelanforderungen wurden auch die Liquiditätsanforderun- [73] gen in einer separaten Verordnung geregelt. Im Grundsatz verpflichtet die Liquiditätsverordnung die Banken, jederzeit über so viel liquide Mittel zu verfügen, dass sie ihre Zahlungsverpflichtungen auch in Stresssituationen erfüllen können (Art. 2 Abs. 1 LiqV). Die LiqV sieht qualitative Liquiditätserfordernisse vor. So haben Banken u.a. angemessene Prozesse zur Identifizierung, Beurteilung, Steuerung und Überwachung von Liquiditätsrisiken einzurichten (Art. 7 LiqV), Massnahmen zur Minderung von Liquiditätsrisiken zu treffen (Art. 8 LiqV), Stresstests durch-

---

[4]   Die totalrevidierte ERV vom 1. Juni 2012 ersetzte die ERV vom 29. September 2006 (s. AS 2006 4307) auf den 1. Januar 2013 (AS 2012 5441; BBl 2012 6669).

zuführen (Art. 9 LiqV) und ein Notfallkonzept für Liquidationsengpässe auszuarbeiten (Art. 10 LiqV). Neben den qualitativen Liquiditätserfordernissen sieht die Verordnung auch quantitative Liquiditätsanforderungen an die Gesamtliquidität vor (Art. 12–17*f* LiqV). Konkretisiert werden die Bestimmungen der Liquiditätsverordnung durch das FINMA-RS 2015/2 «Liquiditätsrisiken Banken».

c. *Bankkonzernrecht*

74   Das Bankkonzernrecht ist unter den Anforderungen eines wirklichkeitsgerechten Aufsichtsregimes weit mehr als im ordentlichen Aktienrecht ausgebaut worden (vgl. etwa Art. 14 BankV zum Umfang der Gruppen- und Konglomeratsaufsicht). Als Finanzgruppe gelten zwei oder mehrere Unternehmen, wenn mindestens eines als Bank oder Effektenhändler tätig ist, sie hauptsächlich im Finanzbereich tätig sind und sie eine wirtschaftliche Einheit bilden oder aufgrund anderer Umstände anzunehmen ist, dass ein oder mehrere der Einzelaufsicht unterstehende Unternehmen rechtlich verpflichtet oder faktisch gezwungen sind, Gruppengesellschaften beizustehen (Art. 3*c* Abs. 1 BankG). Diese Umschreibung des «faktischen Beistandszwanges» hat zu ausgedehnten Diskussionen geführt, auch betreffend das allgemeine Konzernrecht. Der Begriff findet seinen Ursprung im aufsichtsrechtlichen Bundesgerichtsentscheid betreffend konsolidierte Eigenmittelanforderungen der Schweizerischen Kreditanstalt (heute Credit Suisse Group), in welchem das Bundesgericht unter anderem das Folgende ausführte:

> «Es liegt auf der Hand, dass für die Beurteilung der sich in einem atypischen Bankkonzern für eine der Aufsicht der Eidgenössischen Bankenkommission unterstehende Bank aus dem wirtschaftlichen Verbundsystem ergebenden Risiken eine wirtschaftliche Betrachtungsweise an Stelle einer formalrechtlichen Betrachtung Platz zu greifen hat. Wie auch im klassischen Bankkonzern beruhen diese Risiken ja eben nicht auf rechtlichen Verpflichtungen der Bank gegenüber anderen Konzerngesellschaften. Wie die Eidgenössische Bankenkommission zutreffend festhält, besteht ein faktischer Beistandszwang einer Bank gegenüber einem anderen Unternehmen des Bank- und Finanzbereichs grundsätzlich dann, wenn aufgrund öffentlich zugänglicher Informationen eine derart enge Verbindung zwischen beiden Gesellschaften hergestellt wird, dass sie als Bestandteile derselben wirtschaftlichen Einheit bzw. Unternehmen erscheinen. Dies ist namentlich der Fall, wenn Verbindungselemente wie gleiche Firma oder Firmenbestandteile, Kapitalverflechtungen vertikaler oder horizontaler Natur, personelle Verflechtung der Organe, die auf einheitliche oder koordinierte Leistung schliessen lassen, sowie Synergien und Marktaufteilung vorliegen.» (BGE 116 Ib 331 E. 3)

d. Rechnungslegung und Revision

Gemäss Art. 6 BankG muss die Bankaktiengesellschaft für je- 75
des Geschäftsjahr einen Geschäftsbericht erstellen, welcher mindestens die Jahresrechnung, den Lagebericht und gegebenenfalls die Konzernrechnung enthält.
Weiter muss gemäss Art. 6 Abs. 2 BankG ein halbjährlicher Zwischenabschluss
erstellt werden. Inhaltlich verweist Art. 6 BankG jedoch auf den 32. Titel des
Obligationenrechts. Art. 6a BankG statuiert sodann, dass der Geschäftsbericht der
Öffentlichkeit zugänglich zu machen ist. Darüber hinaus wurde der Bundesrat
ermächtigt, zur Form, zum Inhalt und zur Veröffentlichung von Geschäftsberichten und Zwischenabschlüssen Ausführungsbestimmungen zu erlassen (Art. 6b
Abs. 1 OR; illustrativ der Bundesgerichtsentscheid 124 II 581 i.S. BZ Bank und
BZ Gruppe Holding AG gegen die Eidgenössische Bankenkommission [EBK]
noch zum alten Art. 6 Abs. 5 BankG, s. dazu Kap. § 4, N 397 ff.; s. auch EBK
Bull. 37/1999, 13 ff.[5]). Mit Art. 25–32 BankV (aArt. 23–27 BankV) ist der Bundesrat seinen Pflichten nachgekommen. Für Banken gelten auch die Vorschriften
des FINMA-Rundschreibens 2015/1 vom 27. März 2014 betreffend Rechnungslegung (RVB).

Das BankG orientiert sich für die Rechnungslegung am Obligationenrecht (Art. 6 76
Abs. 3 BankG), wobei aber zu sagen ist, dass für die Pflicht zur Erstellung einer
konsolidierten Konzernrechnung im Gegensatz zum Leitungsprinzip des OR immer das Kontrollprinzip galt (Art. 34 BankV).

Betreffend Rechnungslegungsstandards muss noch hinzugefügt werden, dass der 77
Bundesrat sogar so weit ging, in seiner Verordnung über die anerkannten Standards zur Rechnungslegung vom 21. November 2012 (VASR) die Rechnungslegungsvorschriften der FINMA gemäss Art. 25–42 BankG sozusagen zu einem
eigenen Standard zu erheben (Art. 2 VASR).

Im Bankbereich kam der Revision eine besondere Stellung zu (Art. 24 FINMAG; 78
Art. 18 BankG); es war zu unterscheiden zwischen *financial* und *regulatory audit*,
wobei Letzterer auch dazu führte, die Revisionsstelle als «verlängertern Arm» der
FINMA zu bezeichnen.

e. Insolvenz, Konkurs und Liquidation

Das BankG sieht heute umfangreiche, die Instrumente des 79
SchKG weitgehend ersetzende Massnahmen bei Insolvenzgefahr einer Bank vor
(Art. 25 ff. BankG und die Verordnung der Eidgenössischen Finanzmarktaufsicht
vom 30. August 2012 über die Insolvenz von Banken und Effektenhändlern [Ban-

---

[5] Verfügbar auf: https://www.finma.ch/de/archiv/ (Stand 27. Juli 2016).

keninsolvenzverordnung-FINMA, BIV-FINMA]). *In nuce*, je nach Intensität kann die FINMA Schutzmassnahmen anordnen, ein Sanierungsverfahren durchführen oder den Konkurs eröffnen bzw. die Bank liquidieren. Die Zuständigkeit der FINMA ist die Folge aus den Koordinationsdissonanzen in der Liquidation der Spar- und Leihkasse Thun, im Rahmen welcher der Aufruf von Bundesrichter Prof. Dr. KARL SPÜHLER an den Kommissär PAUL FREIBURGHAUS und an die Liquidatorin ATAG Ernst & Young AG, diese sollen «die ihnen gestellte anspruchsvolle Aufgabe gewissenhaft – das heisst insbesondere auch: im Rahmen der gesetzlichen Bestimmungen und der Anordnungen der Nachlassbehörde – und mit allen ihnen zur Verfügung stehenden Kräften [zu] erfüllen und alles [zu] vermeiden, was die Erfüllung der Aufgabe beeinträchtigt» (BGE 119 III 37 E. II.8.b.), in die Bankrechtsgeschichte eingegangen ist. In diesen Komplex gehört auch das System der Einlagensicherung (Art. 37*h* ff. BankG).

f.   Too big to fail (TBTF)

80   Im Nachgang zur Finanzkrise 2008 und zur Unterstützung der UBS wurden wegen der Gefahr eines *too big to fail* («zu gross, um zu scheitern») zulasten des Steuerzahlers wesentliche Normen zum Systemschutz erarbeitet (5. Abschnitt BankG). Systemrelevante Banken sind Banken, Finanzgruppen und bankdominierte Finanzkonglomerate, deren Ausfall die Schweizer Volkswirtschaft und das schweizerische Finanzsystem schädigen würde (Art. 7 Abs. 1 BankG). Diese systemrelevanten Banken werden durch die SNB bezeichnet (Art. 8 Abs. 3 BankG, zurzeit UBS und CS, Raiffeisen, ZKB, Postbank[6]). Die Bestimmungen dieses Abschnitts bezwecken, im Zusammenwirken mit den allgemein anwendbaren bankenrechtlichen Vorschriften die von systemrelevanten Banken ausgehenden Risiken für die Stabilität des schweizerischen Banksystems zusätzlich zu vermindern, die Fortführung volkswirtschaftlich wichtiger Funktionen zu gewährleisten und staatliche Beihilfen zu vermeiden (Art. 7 Abs. 2 BankG). Es gelten hier erhöhte Anforderungen in Bezug auf die Eigenmittel, die Liquidität und die Risikoverteilung. Ferner müssen systemrelevante Institute sogenannte Abwicklungspläne ausarbeiten, mit denen sie der Aufsichtsbehörde plausibel machen, dass sie auch im Notfall die volkswirtschaftlich essenziellen Funktionen weiterhin erfüllen können. Es darf angenommen werden, dass die Einrichtung von den (dezidiert schweizerischen) Töchtern der UBS und der CS diesem Zwecke dient.

81   Gleichzeitig wurde den Banken zur Krisenverhinderung und -bewältigung die Möglichkeit eingeräumt, schneller und einfacher zusätzliches Kapital in Form von

---

6   S. https://www.snb.ch/de/iabout/finstab/pub/id/finstab_pub_banksector   (Stand   26. September 2016).

Vorratskapital und Wandlungskapital zu schaffen (s. Botschaft TBTF, 4768 ff.). Neben der Ausgabe von Anleihen mit (bedingtem) Forderungsverzicht (Art. 11 Abs. 2 BankG) können Banken den Verwaltungsrat statutarisch ermächtigen, das Aktien- oder Partizipationskapital zu erhöhen, was als Vorratskapital bezeichnet wird (s. Art. 11 Abs. 1 lit. a und Art. 12 BankG). Im Grunde genommen wurde damit jedoch keine neue Kapitalform geschaffen, sondern eine zusätzliche Grundlage, aufgrund derer der Verwaltungsrat durch die GV zur Ausgabe von Aktien- oder Partizipationskapital ermächtigt werden kann (BSK BankG-REUTTER/RAUN, Art. 12 N 1). Das Vorratskapital ist somit dem genehmigten Kapital gemäss Art. 651 f. OR nachgebildet (Botschaft TBTF, 4768). Der Bezugsrechtsschutz ist aber eingeschränkt (Art. 12 Abs. 2 BankG). Im Übrigen gilt zum Vorratskapital:

> Art. 12 Bank
>
> ...
>
> ³ Im Übrigen gelten die Vorschriften des Obligationenrechts über die genehmigte Kapitalerhöhung mit Ausnahme der folgenden Bestimmungen:
>
> a. Artikel 651 Absätze 1 und 2 (zeitliche und betragsmässige Beschränkungen der genehmigten Kapitalerhöhung);
>
> b. Artikel 652b Absatz 2 (wichtige Gründe für den Bezugsrechtsausschluss);
>
> c. Artikel 652d (Erhöhung aus Eigenkapital);
>
> d. Artikel 656b Absätze 1 und 4 (betragsmässige Beschränkung der genehmigten Erhöhung des Partizipationskapitals).

Das Wandlungskapital will der Gesetzgeber hingegen als eine neue Rechtsschöpfung verstanden haben (Botschaft TBTF, 4768). Banken können in den Statuten eine Erhöhung des Aktien- oder des Partizipationskapitals vorsehen, die bei Eintritt eines bestimmten Ereignisses *(Trigger)* durch die Wandlung von Pflichtwandelanleihen *(CoCos)* durchgeführt wird (s. Art. 11 Abs. 1 lit. b und Art. 13 BankG). In der Krise bewirkt die Wandlung, dass neues Aktien- oder Partizipationskapital geschaffen, also die Eigenkapitalbasis gestärkt wird und die Bank ihre Schulden verringern kann (Botschaft TBTF, 4774). Ähnlich funktionieren die Anleihen mit Forderungsverzicht nach Art. 11 Abs. 2 BankG, wobei die Anleihen nicht in Aktien- oder Partizipationskapital umgewandelt, sondern abgeschrieben werden *(«write-offs»)*. Der Hauptunterschied zu bedingtem Kapital besteht im Wandlungsmechanismus. Während bei bedingtem Kapital den Gläubigern ein Wandlungsrecht gewährt wird, mit dem sie an künftigen Aktienkurssteigerungen teilhaben können, tritt beim Wandlungskapital die Wandlung unabhängig vom Einfluss der Gläubiger ein, sobald das Auslösungsereignis erreicht wird (vgl. Botschaft TBTF, 4774). Das Vorwegzeichnungsrecht ist hier auch eingeschränkt (Art. 13 Abs. 4 BankG). Darüber hinaus gilt:

[82]

Art. 13 BankG

…

[8] Die Vorschriften des Obligationenrechts zur bedingten Kapitalerhöhung finden keine Anwendung mit Ausnahme der folgenden Bestimmungen:

a. Artikel 653a Absatz 2 (Mindesteinlage);

b. Artikel 653d Absatz 2 (Schutz der Wandel- und Optionsberechtigten);

c. Artikel 653i (Streichung).

83   Zu den neuen Kapitalarten s.a. NOBEL, PETER, Der arme Bankaktionär, 637 ff., sowie KUNZ, PETER V., Too Big to Fail (TBTF): Konzept der Gefahrenabwehr sowie der Rettung von systemrelevanten Finanzinstituten, in: Jusletter 21. November 2016, 23 f.

g.   *Corporate Governance und Vergütungen*

84   Im Allgemeinen sowie im Einzelnen siehe Kap. § 9, N 65 u. 215 ff.

B.   Die Versicherungsaktiengesellschaft

1.   Versicherungsaufsichtsrecht

85   Das Versicherungsumfeld in der Schweiz hat sich Ende des 19., Anfang des 20. Jahrhunderts entwickelt und war in der Frühzeit auch Gegenstand von Skandalen und Krisen. Die Versicherungsbranche war darum die wohl am stärksten regulierte privatwirtschaftliche Branche. Das Bundesgesetz betreffend die Aufsicht über Versicherungsunternehmen vom 17.12.2004 (VAG, SR 961.01) ist seit dem 1.1.2006 in Kraft; Aufsichtsbehörde ist neu die FINMA (Art. 1 FINMAG). Die Versicherungstätigkeit wird heute zum Finanzmarkt gezählt. Das VAG löste das bis dahin geltende aVAG ab und vollzog einen Systemwechsel, weg von einer Versicherungsaufsicht durch systematische, präventive Prüfung von Tarifen und Bedingungen, hin zu einer verstärkten Aufsicht über die Solvenz der Versicherungsunternehmen (Institutsaufsicht) (BSK VAG-STUPP, Vorwort, V). Zur Zeit der Geltung des aVAG mit der präventiven Prämien- und AGB-Kontrolle hatte sich ein richtiggehendes Privatversicherungskartell gebildet. Unabhängig davon, welche Gesellschaft man wählte, boten die Produkte praktisch standardisierte Leistungen. Erst mit der Einführung des neuen Versicherungsaufsichtsgesetzes wurde der Markt «liberalisiert» und ist die Versicherungsaufsicht zu einer tatsächlichen Regulierungs- und Aufsichtsbehörde geworden, die operationelle Leitplanken bereitstellt und über deren Einhaltung wacht.

Art. 2 i.V.m. Art. 7 VAG statuiert, dass eine Schweizer Versicherung, welche das 86
Direkt- oder Rückversicherungsgeschäft betreibt, die Rechtsform einer Aktiengesellschaft oder Genossenschaft haben muss. Dies macht deutlich, dass das VVG
und das VAG Spezialerlasse zum Obligationenrecht darstellen, wie dies auch das
Bankenrecht macht (s. hierzu auch die Erläuterungen unter der N 65 ff.). Die Re-
gulierungen zur Versicherungsaktiengesellschaft betreffen in etwa die gleichen
Bereiche wie jene zur Bankaktiengesellschaft.

2.   Das OR überlagernde Regelungen im VAG

a.   Bewilligungspflicht für die Versicherungs-AG

Wie die Bankaktiengesellschaft bedarf auch die Versiche- 87
rungsaktiengesellschaft zur Aufnahme ihrer Tätigkeit einer Bewilligung (Art. 2
Abs. 1 i.V.m. Art. 3 Abs. 1 VAG). Zur Erlangung der Bewilligung bedarf es eines
Geschäftsplanes, welcher die Elemente von Art. 4 Abs. 2 lit. a–r VAG enthalten
muss. Ebenfalls ist eine Fusion oder Spaltung einer Versicherungsaktiengesellschaft durch die FINMA bewilligungspflichtig. Wie bei der Bankaktiengesellschaft ist auch die Bewilligung für die Versicherungstätigkeit eine Polizeibewilligung und muss bei Einhaltung der VAG-Vorgaben erteilt werden.

b.   Aktienkapital der Versicherungs-AG

Auch für die Versicherungsaktiengesellschaft werden die Ei- 88
genkapitalvorschriften der «normalen» obligationenrechtlichen AG überlagert.
Art. 621 OR verlangt eine Eigenkapitaleinlage von 100 000 Schweizer Franken
bei der Möglichkeit der Teilliberierung. Das VAG überlagert in Art. 8 Abs. 1
diese Bestimmung und verlangt für die Versicherungsgesellschaft ein Eigenkapi-
talband von 3 bis 20 Millionen Schweizer Franken. Die FINMA legt als Bewilligungsvoraussetzung im konkreten Einzelfall das erforderliche Eigenkapital fest
(Art. 8 Abs. 3 VAG). Das liberierte Kapital muss nicht zwingend die 20 Prozent-
Schwelle von Art. 622 OR übersteigen, es muss aber mindestens das von der
FINMA festgelegte Eigenkapital erreichen (BSK VAG-MEYER/BESSON, Art. 9
N 2). Für die Festlegung des tatsächlich im Einzelfall verlangten Aktienkapitals
sind die Versicherungssparte und die tatsächliche Risikoexposition massgebend
(BSK VAG-MEYER/BESSON, Art. 8 N 2; s. hierzu auch Verordnung über die Be-
aufsichtigung von privaten Versicherungsunternehmen [Aufsichtsverordnung,
AVO] vom 1. Januar 2013, Art. 6 ff.).

Im Normalfall kann eine Aktiengesellschaft nach der Liberierung frei über das 89
Aktienkapital verfügen, es ist in Wirklichkeit eine rein rechnerische Grösse. Nicht

so bei der Versicherungsaktiengesellschaft. Auch hier gibt es eine entscheidende Einschränkung. Gemäss Art. 9 Abs. 1 VAG muss das Versicherungsunternehmen «über ausreichende freie und unbelastete Eigenmittel bezüglich seiner gesamten Tätigkeit verfügen (Solvabilitätsspanne).»

c. Einschränkung der Geschäftstätigkeit

90   Versicherungsunternehmen dürfen neben dem Versicherungsgeschäft nur Geschäfte betreiben, die damit in unmittelbarem Zusammenhang stehen (Art. 11 Abs. 1). Dies ist faktisch gleichbedeutend mit einem Verbot, versicherungsfremde Tätigkeiten zu betreiben (BSK VAG-KELLER/SCHOTT, Art. 9 N 3). Dies schränkt die wirtschaftliche Freiheit der Aktiengesellschaft empfindlich ein. Der zentrale Zweck der Versicherungsaufsicht ist der Schutz der Versicherten vor Insolvenzen der Versicherungsunternehmen und vor Missbräuchen. Dieses Regelungsziel kommt in Art. 11 Abs. 2 VAG klar zum Ausdruck («die Interessen der Versicherten») und ist massgebend für die Auslegung und Anwendung der Norm. Der Versicherte soll geschützt werden vor unerwünschten Rückkoppelungen aus unseriös geführten versicherungsfremden Tätigkeiten (BSK VAG-UOMINI/ GSCHWIND, Art. 8 N 2). Die Gründung von Tochtergesellschaften erlaubt aber eine Liberalisierung.

C. Die Pfandbriefzentralen

91   Zu den regulierten Aktiengesellschaften gehören auch die Pfandbriefzentralen (auch Pfandbriefinstitute genannt). Sie emittieren Anleihen in Form von Pfandbriefen und gewähren ihren Mitgliedbanken aus dem Ausgabeerlös Darlehen zur Refinanzierung von Hypotheken. Die Refinanzierungskette wird durch eine Sicherungskette ergänzt: Die Darlehen der Pfandbriefinstitute an die Banken sind den Pfandbriefnehmern registerpfandrechtlich verpfändet und werden selber durch Registerpfandrechte an den Hypothekarforderungen der Banken gegenüber den Hypothekarschuldnern besichert. Das Pfandbriefsystem hat den Zweck, «dem Grundeigentümer langfristige Grundpfanddarlehen zu möglichst gleichbleibendem und billigem Zinsfusse zu vermitteln» (vgl. Art. 1 Abs. 1 PfG).

92   Das Recht zur Ausgabe von Pfandbriefen steht gemäss Art. 1 Abs. 2 des Pfandbriefgesetzes (PfG, SR 211.423.4) zwei Anstalten zu, nämlich je einer Zentrale der Kantonalbanken (Pfandbriefzentrale der schweizerischen Kantonalbanken AG) sowie der übrigen Kreditanstalten (Pfandbriefbank schweizerischer Hypothekarinstitute AG).

Der Geschäftskreis der Pfandbriefinstitute ist gesetzlich begrenzt. Neben dem   93
Hauptgeschäft, d.h. der Ausgabe von Pfandbriefen und der Anlage der Erlöse in
Darlehen sowie der Kapitalanlage in gewissen inländischen Werten (Art. 5 Ziff. 3
PfG), umfasst er «andere kurzfristige Bankgeschäfte nur insoweit, als die Ausgabe
der Pfandbriefe und die Gewährung der Darlehen es erfordern» (Art. 5 Ziff. 4
PfG).

Obschon die systematische Rechtssammlung die Pfandbriefinstitute unter den   94
«Kreditinstituten des öffentlichen Rechts» einordnet (SR 951.21), handelt es sich
nach herrschender Auffassung um gemischtwirtschaftliche Unternehmen in Form
von Aktiengesellschaften (HUNZIKER, 76; SCHÜRMANN, 136 f.; ERB, 161). Die
Pfandbriefinstitute wurden durch privaten Gründungsakt errichtet, benötigten aber
zur Pfandbriefausgabe eine bundesrätliche Ermächtigung (Art. 2 Abs. 1 PfG). Der
Bundesrat ist sodann befugt, einen Vertreter der Grundpfandschuldner für den
Verwaltungsrat der Pfandbriefinstitute zu ernennen (Art. 37 PfG), und genehmigt
auch deren Statuten (Art. 2 Abs. 2 PfG).

Am Aktienkapital selbst ist der Bund jedoch nicht beteiligt; Aktionäre sind die   95
Geschäftsbanken, welche sich über die Pfandbriefausgabe refinanzieren. Kantonalbanken haben das Recht, Mitglied der Pfandbriefzentrale der schweizerischen
Kantonalbanken AG zu sein (Art. 3 PfG). Andere Kreditanstalten mit schweizerischem Hauptsitz und mehr als 60 Prozent schweizerischem Hypothekenbestand
(gemessen an der Bilanzsumme) haben ein Recht auf Mitgliedschaft und damit
Aktionärseigenschaft bei der Pfandbriefbank schweizerischer Hypothekarinstitute
AG (DUPERREX, 87, der von einem «droit subjectif à devenir membre d'une centrale» spricht), wobei es der Pfandbriefbank freisteht, andere Banken mit schweizerischem Hauptsitz als Mitglieder (d.h. Aktionäre) aufzunehmen (Art. 4 Abs. 1–3
PfG). Gemäss statutarischer Regelung kann die Pfandbriefbank schweizerischer
Hypothekarinstitute AG schweizerische Banken als Aktionäre zulassen, wenn
deren Hypotheken mindestens 10% der Bilanzsumme erreichen, wobei der Verwaltungsrat Ausnahmen bewilligen kann.

Gemäss Art. 4 Abs. 4 PfG werden die Aufnahmebedingungen für die Mitglied-   96
schaft in der Pfandbriefbank «im übrigen durch die Statuten der Zentrale geregelt». Der Umfang dieser Bestimmung wurde bereits von den ersten Kommentato-
ren des Pfandbriefgesetzes breit verstanden und z.B. auch als Delegationsnorm zur
Regelung der relativen Beteiligungsverhältnisse in den Statuten aufgefasst. Nach
BRÜHLMANN erfasst Art. 4 Abs. 4 PfG insbesondere statutarische Regelungen,
welche vorschreiben, «dass sich die Mitglieder in einem bestimmten Verhältnis,
z.B. auf Basis ihrer Hypothekarbestände, am Aktienkapital beteiligen müssen,
dass die Zentrale berechtigt ist, über das Vorhandensein resp. über die Höhe dieser
Grundpfandkredite die erforderlichen und nötigen Nachweise zu verlangen, dass
die alten (Gründer-)Mitglieder verpflichtet sind, neu Eintretenden einen Teil ihres

Aktienbesitzes abzutreten usw.» (BRÜHLMANN, 41 und 49; vgl. UTZ, 11, wonach die Regelung der Beteiligung am Aktienkapital Sache der Zentralen ist; ähnlich DUPERREX, 87: «Les statuts des centrales auront à traiter encore un autre point, très important en pratique, à savoir de quelle manière un nouveau membre participera au capital de la centrale [...] les anciens actionnaires pourraient être obligés de céder un certain nombre de leurs actions au nouveau membre.»).

97   Das Pfandbriefgesetz sieht auch mit Bezug auf das von den Pfandbriefinstituten zu haltende Eigenkapital eine selbstständige Bestimmung vor. Nach Art. 10 PfG dürfen die Pfandbriefinstitute «Pfandbriefe nur in solcher Höhe ausgeben, dass der Betrag aller bilanzmässigen Schuldverpflichtungen, einschliesslich der Pfandbriefe, das Fünfzigfache des Eigenkapitals nicht übersteigt». Danach ergibt sich eine Mindesteigenkapitalquote von 2 Prozent. Zum anrechenbaren gehören neben dem Aktienkapital, den ausgewiesenen Reserven und dem Aktivsaldo auch 75 Prozent des nicht einbezahlten Aktienkapitals, für welches Verpflichtungsscheine vorhanden sind (Art. 18 PfG).

D. Die Anwalts-Aktiengesellschaft

98   Die Organisationsformen einer Anwaltskanzlei werden im Bundesgesetz über die Freizügigkeit der Anwältinnen und Anwälte (BGFA) nicht geregelt. Nachdem für Anwaltskanzleien lange nur die Formen der einfachen Gesellschaft und der Kollektivgesellschaft akzeptiert wurden (s. NOBEL, Organisationsformen im Anwaltsberuf, 43 ff.; derselbe, Organisationsfreiheit der Rechtsanwälte, 127 ff.; derselbe, Zusammenarbeit von Anwälten, 339 ff., der sich für die Organisationsfreiheit der Anwälte sowie die Zulässigkeit aller Rechtsformen für Anwaltskanzleien ausspricht), haben seit 2006 zahlreiche kantonale Aufsichtskommissionen die Anwalts-Aktiengesellschaft als Organisationsform zugelassen (so als Erste die Kantone Obwalden mit Verfügung AKO 06/001 vom 29. Mai 2006 sowie Zürich mit Beschluss AK KF060026 vom 5. Oktober 2006). Mit Urteil vom 7. September 2012 hat auch das Bundesgericht entschieden, dass sich eine Anwaltskanzlei als Aktiengesellschaft konstituieren darf, nachdem zuvor die Aufsichtskommission des Kantons St. Gallen ein entsprechendes Begehren abgelehnt hatte (BGE 138 II 440).

99   Die Statuten, das Organisationsreglement, die Arbeitsverträge mit Gesellschaftern und mitarbeitenden Rechtsanwälten sowie ein allfällig bestehender Aktionärbindungsvertrag müssen dafür Gewähr bieten, dass die Anwalts-Aktiengesellschaft auf allen Entscheidungsebenen (Generalversammlung, Verwaltungsrat wie auch Geschäftsführung in Bezug auf mandatsbezogene Belange) von den in einem kantonalen Anwaltsregister eingetragenen Anwälten beherrscht wird, diese Beherrschung auf Dauer angelegt ist und nicht eingetragenen Personen keinerlei

Weisungsrechte in Bezug auf die anwaltliche Tätigkeit der eingetragenen Anwälte zukommen (BGE 138 II 440 E. 18 und 23; s. auch SCHILLER, 338).

Im Bereich der Anwaltstätigkeit wird die in Art. 27 BV verankerte Wirtschafts- 100
freiheit durch Art. 8 Abs. 1 lit. d BGFA eingeschränkt. Letzterer setzt die institutionelle Unabhängigkeit der Anwältinnen und Anwälte für deren Eintragung im Anwaltsregister voraus und hält ferner fest, dass Anwältinnen und Anwälte nur Angestellte von Personen sein können, die ihrerseits in einem kantonalen Register eingetragen sind (BGFA Kommentar-STAEHELIN/OETIKER, Art. 8 N 31 ff.). Zulässig ist aber auch die Anstellung durch eine anwaltlich beherrschte AG.

Für den Fall, dass Anwaltskanzleien über eine (internationale) Dachorganisation 101
zusammengefasst werden, muss die zuständige Behörde aufgrund der Gegebenheiten des Einzelfalls abklären, ob die Unabhängigkeit der einzelnen Anwälte gewährleistet ist (BGFA Kommentar-STAEHELIN/OETIKER, Art. 8 N 50).

Alsdann hat die Anwalts-Aktiengesellschaft eine Berufshaftpflichtversicherung 102
abzuschliessen, welche die Körperschaft sowie alle angestellten Anwälte, also Partner und anwaltliche Mitarbeiter, einschliesst (Ausfluss von Art. 12 lit. f BGFA). Für ausservertragliche Ansprüche hingegen haften die Anwälte auch als Angestellte einer Anwalts-Aktiengesellschaft persönlich. Die Anwalts-Aktiengesellschaft steht jedoch den Geschädigten gegenüber für sonstiges Verhalten ihrer Organe nach Art. 55 Abs. 2 ZGB und für Schädigungen durch Hilfspersonen (angestellte Anwälte) nach Art. 55 OR ein (Beschluss des Obergerichts des Kantons Zürich vom 5. Oktober 2006, Ziff. 7.2.2 f.). Art. 722 OR hält ferner fest, dass die Gesellschaft für den Schaden aus unerlaubten Handlungen, die eine zur Geschäftsführung oder zur Vertretung befugte Person in Ausübung ihrer geschäftlichen Verrichtungen begeht, haftet. Es gilt auch das aktienrechtliche Verantwortlichkeitsrecht (Art. 754 ff. OR) mit der differenzierten Solidarität (Art. 759 OR). Ihren Gläubigern gegenüber haftet die Gesellschaft jedoch nur mit ihrem Vermögen (Art. 620 Abs. 1 OR). Weder das Gesellschaftsrecht noch das anwaltliche Berufsrecht schliessen diese Möglichkeit zur Haftungsbegrenzung für Anwälte aus (ZINDEL, 253).

Das anwaltliche Berufsgeheimnis hat unabhängig von der durch die Anwaltskanz- 103
lei gewählten Rechtsform seine Gültigkeit (ZINDEL, 255).

Die Organisationsfreiheit der Anwälte soll nunmehr im Schweizerischen Anwalts- 104
gesetz geregelt werden. Ein entsprechender Entwurf ist in Bearbeitung.

E.   Die Immobilienaktiengesellschaft

105   Seit jeher muss die Aktiengesellschaft als Rechtsform für alle denkbaren wirtschaftlichen Tätigkeiten herhalten. Ein spezieller Typus, der sich entwickelt hat, ist die Immobilienaktiengesellschaft (Immobilien-AG). Allgemein handelt es sich dabei um eine Aktiengesellschaft, deren (ausschliesslicher) Zweck es ist, Eigentum an einem oder mehreren Grundstücken (oder auch Baurechte und Miteigentumsanteile) zu erwerben (schon JÄGGI, 146). Charakteristisch für die Immobilienaktiengesellschaft ist, dass das Hauptaktivum ein bestimmtes Grundstück ist und die Gesellschaft von einem oder wenigen Aktionären beherrscht wird (s. FORSTMOSER/MEIER-HAYOZ/NOBEL, § 62 N 115 ff.).

106   Streng genommen ist die Immobilien-AG keine gesetzlich speziell geregelte Aktiengesellschaft, sondern an sich nur eine Erscheinung der Rechtsrealität, mit der sich insbesondere die Steuergesetze und andere Erlasse vereinzelt befassen (JÄGGI, 146). Eine besondere Stellung kommt ihr dennoch zu aufgrund des Bundesgesetzes über den Erwerb von Grundstücken durch Personen im Ausland (BewG). Im Grundsatz unterstellt das Gesetz den Erwerb von Grundstücken für Personen im Ausland einer Bewilligungspflicht. Um mögliche Umgehungen zu verhindern, entschied das Bundesgericht schon früh, dass Aktiengesellschaften, die mit dem Ziel errichtet werden, Personen mit Wohnsitz im Ausland die Umgehung dieser Sonderbestimmungen zum Erwerb von Grundstücken zu ermöglichen, einen widerrechtlichen Zweck im Sinne von Art. 57 Abs. 3 ZGB verfolgen, was die Aufhebung der AG und den Verfall ihres Vermögens an das Gemeinwesen nach sich zieht (vgl. BGE 112 II 1 E. 4, noch zum Bundesbeschluss vom 23. März 1967 und 21. März 1973 über den Erwerb von Grundstücken durch Personen im Ausland [BewB]; bestätigt in BGE 115 II 401 E. 1 zum BewG, welches am 1. Januar 1985 in Kraft getreten ist). Keiner Bewilligung bedürfen indirekte Investitionen in Immobilien, daher ist der Erwerb von Anteilen an Immobilienanlagefonds und seit der Revision von 2005 auch der Erwerb von Aktien von schweizerischen Immobiliengesellschaften, die an einer Schweizer Börse kotiert sind, erlaubt (Art. 4 Abs. 1 lit. e BewG; vgl. auch Botschaft BewG, 4357).

§ 6 Von der Verzahnung zur rechtsformunabhängigen Gesetzgebung

Materialien: Basler Handelskammer, Sieben Vorträge über das neue Obligationenrecht, [1] Basel 1937; Begleitbericht zur Totalrevision der Handelsregisterverordnung (HRegV) vom 27. März 2007 (zit. Begleitbericht 2007); Botschaft zu einem Gesetzesentwurfe, enthaltend Schweizerisches Obligationen- und Handelsrecht vom 27. November 1879, BBl 1880 I 149 ff.; Botschaft zu einem Gesetzesentwurf über die Revision der Titel XXIV bis XXXIII des schweizerischen Obligationenrechts vom 21. Februar 1928, BBl 1928 I 205 ff. (zit. Botschaft Aktienrecht 1936, S.); Botschaft über die Revision des Aktienrechts vom 23. Februar 1983, BBl 1983 II 745 ff. (zit. Botschaft Aktienrecht 1991, S.); Botschaft zum Bundesgesetz über Fusion, Spaltung, Umwandlung und Vermögensübertragung (Fusionsgesetz; FusG) vom 13. Juni 2000, BBl 2000 4337 ff. (zit. Botschaft FusG, S.); Botschaft zum Bundesgesetz über Zertifizierungsdienste im Bereich der elektronischen Signatur (ZertES) vom 3. Juli 2001, BBl 2001 5679 ff.; Botschaft zur Revision des Obligationenrechts (GmbH-Recht sowie Anpassungen im Aktien-, Genossenschafts-, Handelsregister- und Firmenrecht) vom 19. Dezember 2001, BBl 2002 3148 ff. (zit. Botschaft GmbH, S.); Botschaft zur Änderung des Obligationenrechts (Revisionspflicht im Gesellschaftsrecht) sowie zum Bundesgesetz über die Zulassung und Beaufsichtigung der Revisorinnen und Revisoren vom 23. Juni 2004, BBl 2004 3969 ff. (zit. Botschaft RAG, S.); Botschaft zur Änderung des Obligationenrechts (Aktienrecht und Rechnungslegungsrecht sowie Anpassungen im Recht der Kollektiv- und der Kommanditgesellschaft, im GmbH-Recht, Genossenschafts-, Handelsregister- sowie Firmenrecht), BBl 2008 1589 ff. (zit. Botschaft Aktienrechtsentwurf 2007, S.); Botschaft zur Bündelung der Aufsicht über Revisionsunternehmen und Prüfgesellschaften vom 23. August 2013, BBl 2013 6857 ff.; Botschaft zur Änderung des Obligationenrechts (Handelsregisterrecht) vom 15. April 2015, BBl 2015 3617 ff.; Botschaft zur Änderung des Revisionsaufsichtsgesetzes (extraterritoriale Zuständigkeit der Revisionsaufsicht) vom 1. Juli 2015, BBl 2015 5717 ff.; Dritte Richtlinie des Rates vom 9. Oktober 1978 gemäss Art. 53 Absatz 3 Buchstabe g des Vertrages betreffend die Verschmelzung von Aktiengesellschaften, 78/855/EWG, ABl L 295 vom 20.10.1978, S. 36 ff.; Expertenkommission «Rechnungslegungsrecht», Revision des Rechnungslegungsrechtes, Vorentwürfe und Begleitbericht zu einem Bundesgesetz über die Rechnungslegung und Revision (RRG) und zu einer Verordnung über die Zulassung von Abschlussprüfern (VZA) vom 29. Juni 1998 zuhanden des Eidgenössischen Justiz- und Polizeidepartementes (zit. Expertenbericht Rechnungslegungsrecht, S.); Groupe de réflexion «Gesellschaftsrecht», Schlussbericht der Expertenkommission vom 24. September 1993, Bundesamt für Justiz, 3003 Bern 407.020.d (zit. Groupe de réflexion, S.); Kreisschreiben Nr. 5 der Eidgenössischen Steuerverwaltung ESTV, Abteilung direkte Bundessteuer, Verrechnungssteuer, Stempelabgaben (zit. Kreisschreiben Nr. 5, S.); EJPD, Anleitung und Weisung an die kantonalen Handelsregisterbehörden betreffend die Prüfung von Firmen und Namen vom 1. Januar 1998 (Weisung Firmenrecht, S.); EJPD, Weisung an die Handelsregisterbehörden für die Bildung und Prüfung von Firmen und Namen vom 1. Juli 2016 (zit. Weisung Handelsregister, Ziff.).

2   Literatur: AMSTUTZ, MARC/MABILLARD, RAMON, Fusionsgesetz (FusG), Kommentar, Basel 2008; BÄR, ROLF, Grundprobleme des Minderheitenschutzes in der Aktiengesellschaft, ZBJV 1959, 369 ff. (zit. BÄR, Minderheitenschutz); BÄR, ROLF, Aktuelle Fragen des Aktienrechts, ZSR 1966 II, 321 ff. (zit. BÄR, Aktienrecht); BÄRTSCHI, HARALD, Revidiertes Handelsregisterrecht, GesKR 1/2008, 61 ff.; BEHR, GIORGIO/LEIBFRIED, PETER, Rechnungslegung, 2. Aufl., Zürich 2010; BERTSCHINGER, URS, Revisions-

stelle und «Corporate Governance», in: Weber, Rolf H./Stoffel, Walter A./
Chenaux, Jean-Luc/Sethe, Rolf (Hrsg.), Aktuelle Herausforderungen des
Gesellschafts- und Finanzmarktrechts, Festschrift für Hans Caspar von der
Crone zum 60. Geburtstag, Zürich/Basel/Genf 2017, 91 ff.; BESSENICH,
BALTHASAR, Gedanken zur Einführung der Spaltung im schweizerischen
Aktienrecht, SZW 1992, 175 ff.; BÖCKLI, PETER, Schweizer Aktienrecht,
4. Aufl., Zürich/Basel/Genf 2009 (zit. BÖCKLI, Aktienrecht); BÖCKLI,
PETER, Neue OR-Rechnungslegung, Zürich/Basel/Genf 2014 (zit. BÖCKLI,
Rechnungslegung); BÜHLER, ROLF, Grundlagen des materiellen Firmen-
rechts, Diss. Zürich 1991; BUCHER, EUGEN, Der Gegensatz von Zivilrecht
und Handelsrecht; Bemerkungen zur Geschichte und heutigen dogmatischen Bedeutung der Unterscheidung, in: «Aspekte der Rechtsentwicklung», Festschrift zum 50. Geburtstag von Arthur Meier-Hayoz, Zürich
1972, 1 ff.; CARONI, PIO, «Privatrecht»: Eine sozialhistorische Einführung,
Basel 1988; DRUEY, JEAN NICOLAS/DRUEY JUST, EVA/GLANZMANN,
LUKAS, Gesellschafts- und Handelsrecht, 11. Aufl., Zürich/Basel/Genf
2015; FORSTMOSER, PETER, Zur Revision des Schweizerischen Aktien-
rechts, Separatdruck aus der Schweiz. Zeitschrift für Beurkundungs- und
Grundbuchrecht, Heft 2/1973, 77 ff.; FORSTMOSER, PETER, Das neue
Recht der Schweizer GmbH, in: Kramer et al. (Hrsg.), Festschrift für Peter
Böckli zum 70. Geburtstag, Zürich 2006, 535 ff.; FORSTMOSER, PETER/
MEIER-HAYOZ, ARTHUR/NOBEL, PETER, Schweizerisches Aktienrecht,
Bern 1996; FORSTMOSER, PETER/TAISCH, FRANCO/TROXLER, TIZIAN,
Unzulässigkeit von Beteiligungsscheinen bei Genossenschaften, in: Juslet-
ter 14. Juli 2014; GANTENBEIN, BURKHARD K., Die Fusion juristischer
Personen und Rechtsgemeinschaften im schweizerischen Recht, Diss.
Freiburg 1995; GAUCH, PETER, Von der Eintragung im Handelsregister,
ihren Wirkungen und der negativen Publizitätswirkung, in: Die Schweizerische Aktiengesellschaft, Zeitschrift für Handels- und Wirtschaftsrecht,
1976, vol. 48, 139 ff.; GLANZMANN, LUKAS, Umstrukturierungen, Eine
systematische Darstellung des schweizerischen Fusionsgesetzes, 3. Aufl.,
Bern 2014; GNOS, URS P./VISCHER, MARKUS, Erfahrungen mit dem Fusionsgesetz, AJP 7/2006, 783 ff.; GUTZWILLER, MAX, Schweizerisches Privatrecht, Bd. II, Einleitung und Personenrecht, Basel/Suttgart 1967,
425 ff.; GWELESSIANI, MICHAEL, Praxiskommentar zur Handelsregisterverordnung, 3. Aufl., Zürich/Basel/Genf 2016; HANDSCHIN, LUKAS,
Rechnungslegung im Gesellschaftsrecht, Basel 2013; Honsell, Heinrich/
Vogt, Nedim Peter/Watter, Rolf (Hrsg.), Basler Kommentar, Obliga-
tionenrecht II, 5. Aufl., Basel 2016 (zit. BSK OR II-AUTOR); Honsell,
Heinrich/Vogt, Nedim Peter/Geiser, Thomas (Hrsg.), Basler Kommentar,
Zivilgesetzbuch I, Art. 1–456 ZGB, 5. Aufl., Basel 2014 (zit. BSK ZGB I-
AUTOR); Honsell, Heinrich/Vogt, Nedim Peter/Schnyder, Anton K./Berti,
Stephen V. (Hrsg.), Basler Kommentar, Internationales Privatrecht, 3. Aufl.,
Basel 2013 (BSK IPRG-AUTOR); JÄGGI, PETER, Von der atypischen Ak-
tiengesellschaft, in: Festgabe Franz Josef Jeger, Solothurn 1973, 563 ff.;
JOLIDON, PIERRE, Problèmes actuels du droit de la société anonyme, ZSR
1966 II, 1 ff.; KOLLER, ARNOLD, Grundfragen einer Typuslehre im Ge-
sellschaftsrecht, Arbeiten aus dem juristischen Seminar der Universität
Freiburg, Bd. 32, Freiburg 1967; KRÄHENBÜHL, SAMUEL, Einstufiger kantonaler Instanzenzug der Handelsregisterverordnung vom Bundesgericht
bestätigt (Art. 165 Abs. 2 HRegV), REPRAX 2/2011, 39 ff.; KÜNG,

MANFRED/MEISTERHANS, CLEMENS/ZENGER, URS/BLÄSI, CHRISTOF/
NUSSBAUM, MARTIN F., Kommentar zur Handelsregisterverordnung,
Band VII, 1. Aufl., Q Verlag 2000 (zit. KÜNG et al.); MEIER-HAYOZ,
ARTHUR, Zur Typologie im Aktienrecht, in: Boemle, Max et al. (Hrsg.),
Lebendiges Aktienrecht, Festgabe zum 70. Geburtstag von Wolfhart
Friedrich Bürgi, Zürich 1971, 243 ff.; MEIER-HAYOZ, ARTHUR/FORST-
MOSER, PETER, Schweizerisches Gesellschaftsrecht, 11. Aufl., Bern 2012;
MENGIARDI, PEIDER, Strukturprobleme des Gesellschaftsrechts, ZSR 1968
II, 1 ff.; Niggli, Marcel A./Wiprächtiger, Hans (Hrsg.), Basler Kommen-
tar, Strafrecht I, Art. 1–110 StGB, Jugendstrafgesetz, 3. Aufl., Basel 2013
(zit. BSK StGB I-AUTOR); NOBEL, PETER, Internationales und Transna-
tionales Aktienrecht, Bd. 1, 2. Aufl., Bern 2012; PEDRAZZINI, MARIO/
OBERHOLZER, NIKLAUS, Grundriss des Personenrechts, Bern 1993;
PETER, HENRY, Loi fédérale sur la fusion: Le point de la situation, Journal
des Tribunaux 150, 2002, 327 ff.; REBSAMEN, KARL, Das Handelsregister,
Ein Handbuch für die Praxis, 2. Aufl., Zürich 1999; RIEMER, MICHAEL
HANS, Berner Kommentar zum schweizerischen Privatrecht, Einleitung
und Personenrecht, Die juristischen Personen, Allgemeine Bestimmungen,
Systematischer Teil und Kommentar zu Art. 52–59 ZGB, Bern 1993 (zit.
RIEMER, jur. Personen); RIEMER, MICHAEL HANS, Vereins- und Stiftungs-
recht (Art. 60–89 ZGB) mit den allgemeinen Bestimmungen zu den juris-
tischen Personen (Art. 52–59 ZGB), Bern 2012 (zit. RIEMER, Vereins- und
Stiftungsrecht); Roberto, Vito/Trüeb, Hans Rudolf (Hrsg.), Handkommen-
tar zum Schweizer Privatrecht – GmbH, Genossenschaft, Handelsregister
und Wertpapiere, Zürich/Basel/Genf 2010 (zit. HK OR – AUTOR); Roberto,
Vito/Trüeb, Hans Rudolf (Hrsg.), Handkommentar zum Schweizer Privat-
recht, Ergänzungsband: Revidiertes Rechnungslegungsrecht 2013, Zürich/
Basel/Genf 2013 (zit. HK Rechnungslegung – AUTOR); SCHLUEP, WALTER
R., Schutz des Aktionärs auf neuen Wegen?, SAG 1961, 137 ff.; SCHNEIDER,
FRANK, Internationales Standardsetting in der Wirtschaftsprüfung, SZW
6/2015, 592 ff.; Siffert, Rino/Turin, Nicholas (Hrsg.), Handkommentar zur
Handelsregisterverordnung (HRegV), Bern 2013 (zit. HK HRegV –
AUTOR); TUOR, PETER/SCHNYDER, BERNHARD/SCHMID, JÖRG, Das
schweizerische Zivilgesetzbuch, 11. Aufl., Zürich/Basel/Genf 1999; TURIN,
NICHOLAS/ZIHLER, FLORIAN, Vision zum Schweizerischen Handelsregis-
terwesen, Bern, 9. November 2010, Für die Eidgenössische Expertenkommission für das Handelsregister, abgebildet in: REPRAX 1/2011,
1 ff.; Vischer, Frank (Hrsg.), Zürcher Kommentar zum Fusionsgesetz,
2. Aufl., Zürich/Basel/Genf 2012 (zit. ZK FusG – AUTOR); VON BÜREN,
ROLAND/STOFFEL, WALTER/WEBER, ROLF, Grundriss des Aktienrechts,
mit Berücksichtigung der laufenden Revision, Zürich/Basel/Genf 2011;
VON GREYERZ, CHRISTOPH, Die Aktiengesellschaft, SPR Bd. VIII/2, Basel
1982; Watter, Rolf/Vogt, Nedim Peter/Bösch, René/Rayroux, François/
Winzeler, Christoph (Hrsg.), Basler Kommentar, Kollektivanlagegesetz,
einschliesslich Darstellung der steuerlichen Aspekte in- und ausländischer
kollektiver Kapitalanlage, Basel/Zürich/Genf 2009 (zit. BSK KAG –
AUTOR); WEBER, ROLF H., Juristische Personen, Schweizerisches Privatrecht Bd. II, 4. Teilband, Basel 1998; ZIHLER, FLORIAN, Erhöhung der
Schwellenwerte von Art. 727 Abs. 1 Ziff. 2 OR, ST 9/11, 670 ff.

I. Einleitung

Als in den 1970er-Jahren eine Teilrevision des Aktienrechts [3] anstand, die aber so niemals umgesetzt wurde, wurden kritische Stimmen laut. Die Faktenlage hatte dazu geführt, dass die Aktiengesellschaft für alle möglichen Formen von Gesellschaften herhalten musste. Eine Überprüfung dieses Zustandes wurde gefordert:

> «[…] wäre darauf Rücksicht zu nehmen, *dass das Kleid der AG von ganz verschiedenartigen Zusammenschlüssen getragen wird.* […] Das Aktienrecht sollte aus diesem Grund Artikel für Artikel *danach geprüft werden, ob es auf alle Arten von Realtypen passt oder ob für einzelne Gesellschaftstypen Sondervorschriften aufzustellen sind.*»[1]

Es verwundert nicht, dass das Recht einiger anderer Gesellschaftsformen, wenigstens derjenigen mit eigener Rechtspersönlichkeit, in wesentlichen Belangen auf die «Vorschriften des Aktienrechts» (so die am häufigsten verwendete Wendung im Obligationenrecht) verweist. Konkret handelt es sich um die Kommandit-AG, die GmbH und die Genossenschaft aus dem Obligationenrecht; im Zivilgesetzbuch verweisen sowohl das Recht des Vereins wie auch dasjenige der Stiftung auf das Recht der Aktiengesellschaft. Andere juristische Personen und auch Personen des öffentlichen Rechts lehnen sich in ihrer Regelung ebenfalls an diejenige der Aktiengesellschaft an. Daher kann durchaus behauptet werden, die Aktiengesellschaft ermögliche erst eine rechtsformunabhängige Gesetzgebung. [4]

Seit geraumer Zeit ist der Gesetzgeber auch darum bemüht, rechtsformübergreifend zu legiferieren und rechtsformunabhängige Gesetze zu erlassen. In dieser Absicht wird dann gerne auf den Begriff des «Unternehmens» zurückgegriffen. Diesbezüglich ist insbesondere auf das neue Rechnungslegungs- und Revisionsrecht hinzuweisen, das seit seiner Überarbeitung explizit rechtsformunabhängig gilt. Es wurde getragen durch den Grundsatz: *Same business, same rules.* Dies bedeutet im Umkehrschluss auch die Übernahme von Regeln von anderen Gesellschaftsformen in das Recht der Aktiengesellschaft: [5]

> «Anlässlich der Totalrevision des GmbH-Rechts wurden wichtige Neuerungen bei der GmbH auch für die Aktiengesellschaft übernommen, so etwa die Möglichkeit der Gründung von Einpersonengesellschaften.» (Botschaft Aktienrechtsentwurf 2007, 1597)

Besonders zu erwähnen sind einige wirtschaftsrechtlich relevante Gesetze, die [6] rechtsformübergreifend gestaltet worden sind; allen voran steht hier das Fusions-

---

[1] PETER FORSTMOSER, Zur Revision des schweizerischen Aktienrechts, erweiterte Fassung eines Vortrags, gehalten am 1. Februar 1973 vor der Gesellschaft der Notar-Stellvertreter des Kantons Zürich, 17.

gesetz. Aber auch das Kartellgesetz oder das Handelsregisterrecht können in diesem Zusammenhang genannt werden. Dabei wird dann angeknüpft an bestimmte Messgrössen, die den entsprechenden Tatbestand qualifizieren, und nicht mehr an eine Rechtsform.

II. Verzahnung

A. Das Aktienrecht im System des Zivilrechts

7   Der strukturiert denkende Jurist versucht immer, eine Systematik in sein Denken und Handeln zu bringen. So unterscheiden die meisten Rechtsordnungen nicht nur zwischen Zivilrecht und öffentlichem Recht, sondern auch zwischen «normalem» Zivilrecht und Handelsrecht. Dies stellt zwar eine taugliche Distinktion dar, der schweizerische Gesetzgeber hat sich jedoch klar gegen diese Trennung entschieden und das Handelsrecht im Zivilrecht kodifiziert (s. BUCHER, 1). Der Bundesrat wollte kein Handelsrecht als «Standesrecht». Er hielt auch die «geschäftliche Begabung des Volkes» für ausreichend, sodass kein Sonderrecht nötig erschien (s. BBl 1880 I 174).

8   Obschon die beiden Werke von ZGB und OR ein unterschiedliches Editionsdatum haben, ist in der Zweiteilung kein Dualismus zu erblicken. Vielmehr ist das OR, in welchem auch das Aktienrecht (Art. 620 ff. OR) kodifiziert ist, als Einheit mit dem ZGB zu verstehen. Dabei stellt das Obligationenrecht den fünften Teil des Zivilgesetzbuches dar. So verwundert es nicht, dass das Handelsgesellschaftsrecht, welches im Obligationenrecht in den Art. 552 ff. zu finden ist (wobei aber auch die einfache Gesellschaft nach Art. 530 ff. OR stets eine Rolle spielt), immer wieder auf den allgemeinen Teil des Zivilgesetzbuches Bezug nimmt. Den Bestimmungen über die einzelnen juristischen Personen, welche im ZGB geregelt sind (Verein, Art. 60 ff. ZGB, und Stiftung, Art. 80 ff. ZGB), hat der Gesetzgeber die «allgemeinen Bestimmungen» über die juristischen Personen in den Art. 52–59 ZGB vorangestellt (RIEMER, Vereins- und Stiftungsrecht, 1; WEBER, 1 ff.; BSK ZGB I-HUGUENIN/REITZE, Vor Art. 52–59 N 1 ff.; GUTZWILLER, 448 ff.). Diese Basisregeln gelten als *lex generalis* grundsätzlich für alle juristischen Personen des schweizerischen Zivilrechts. Art. 52–59 ZGB sind bei Weitem nicht die einzigen allgemeinen Bestimmungen des Bundesprivatrechts für die juristischen Personen. Weitere grundlegende Bestimmungen, welche mehr oder weniger für die Gesamtheit der privatrechtlichen juristischen Personen gelten, sind namentlich in Art. 6b und 6c SchlT ZGB (intertemporales Recht), Art. 927–963 OR (Handelsregister, Geschäftsfirmen und kaufmännische Buchführung und Rechnungslegung), der HRegV (Handelsregisterverordnung), dem FusG (Fusionsgesetz), und dem IPRG (Bundesgesetz über das internationale Privatrecht) zu finden.

Das Gesagte war nicht immer so eindeutig klar. Nach der Entstehungsgeschichte   9
hat Art. 59 ZGB den Sinn, dass die allgemeinen Bestimmungen über die juristischen Personen (Art. 52–59 ZGB) nur – aber immerhin – auf die im ZGB geregelten juristischen Personen anwendbar sind. Die Lehre und Rechtsprechung sind
jedoch einen anderen Weg gegangen und haben aufgrund der deutlichen Notwendigkeit – hier ist vor allem an Art. 53 ZGB zu denken – die Art. 52–59 ZGB für
alle privatrechtlichen juristischen Personen, so auch für die AG, für anwendbar
erklärt (RIEMER, jur. Personen, 60). Im Falle von Widersprüchen gehen allerdings
die besonderen Regeln des OR den allgemeinen Bestimmungen des ZGB vor
(TUOR/SCHNYDER/SCHMID, § 14 II.d, 114.). Mit anderen Worten, gehen die speziellen Bestimmungen zur AG (Art. 620 ff. OR) jenen des ZGB vor.

B.   Zum Grundtypus der AG

Das Aktienrecht dient in vielerlei Hinsicht als Grundmodell   10
einer juristischen Person. Die AG gilt nach wie vor als Inbegriff der Kapitalgesellschaft. So finden sich wesentliche Belange des Gesellschaftsrechts im Aktienrecht
besonders gründlich reguliert.

Ziel des Gesetzgebers war unter anderem, eine Gesellschaftsform für ganz vielfäl-   11
tige Arten wirtschaftlicher oder auch nicht wirtschaftlicher Tätigkeiten zu schaffen
(MEIER-HAYOZ/FORSTMOSER, § 16 N 13). Er ist dabei aber von einem bestimmten
Leitbild (Typus) der kapitalbezogenen Publikumsgesellschaft ausgegangen
(s. FORSTMOSER/MEIER-HAYOZ/NOBEL, § 2 N 2 ff., insb. 22 ff.), obwohl in der
Rechtswirklichkeit die meisten Gesellschaften von diesem Typus abweichen (atypische Aktiengesellschaften, zum Begriff JÄGGI, 567 ff.). Die Typuslehre beschäf-
tigt(e) sich ausgiebig mit der Diskrepanz zwischen Gesetz und Wirklichkeit im
Aktienrecht und auch den theoretischen Aspekten des Typusbegriffes (s. vor allem
KOLLER, insb. 10 ff.; MENGIARDI, 1 ff.). Für die praxisbezogene Rechtswissenschaft konnte aber kein wesentlicher Nutzen erzeugt werden (s. JOLIDON, 567;
teilweise MEIER-HAYOZ, 253). Eine interessante, auch auf den Minderheitenschutz bezogene Kontroverse ergab sich in diesem Zusammenhang aber zwischen
ROLF BÄR und W.R. SCHLUEP. Ersterer hielt in einer frühen Kapitalmarktorientie-
rung dafür, dass die AG vor allem dem Interesse des (geschichtlich entwickelten)
typischen Aktionärs verpflichtet sei, während SCHLUEP das «wohlverstandene
Unternehmensinteresse» als Ausgleichsprinzip in den Vordergrund stellte (BÄR,
Minderheitenschutz, 369 ff.; derselbe, Aktienrecht, 321 ff.; SCHLUEP, 137 ff.,
170 ff., 188 ff.).

Konkrete Hinweise auf die Aktiengesellschaft als Grundtypus und die damit zu-   12
sammenhängenden Verweise fehlen. Es kann aber angenommen werden, dass die
Aktiengesellschaft auch aus Praktikabilitätsgründen einheitlich geregelt worden

ist. Die Botschaft zur Revision des Obligationenrechts vom 21. Dezember 2007 führt auf den Seiten 1589 ff. auf, dass anlässlich der Revision des Buchführungsrechts von verschiedenen Seiten gefordert wurde, für die Buchführung sei kein eigenes Gesetz zu erlassen, sondern sie sei aus Gründen der Praktikabilität im Obligationenrecht zu belassen. Das Argument der Praktikabilität ist verständlich und entspricht wohl auch den Vorstellung EUGEN HUBERS zum Obligationenrecht ganz allgemein. Und das Argument kann auch auf die Aktiengesellschaft selbst angewandt werden: Es ist praktisch, einen Grundtypus detailliert zu regeln und hernach *mutatis mutandis* auf diesen regelmässig zu verweisen. Es ist, mit den einfachsten Worten, praktikabel.

C.   Umfeld der Aktiengesellschaft

1.   Die Rechtspersönlichkeit der AG nach Art. 52 ZGB

13   Es muss als selbstverständlich gelten, dass die Aktiengesellschaft eine eigene Rechtspersönlichkeit besitzt. Rechtshistorisch betrachtet ist die Rechtsfähigkeit juristischer Personen aber keine Selbstverständlichkeit gewesen (s. dazu WEBER, 117 f.). Interessanterweise weist auch die Legaldefinition der Aktiengesellschaft (Art. 620 OR) keinen entsprechenden Hinweis auf. Das Aktienrecht besagt lediglich, dass die Rechtspersönlichkeit mit der Eintragung ins Handelsregister erlangt wird. Was die Rechtspersönlichkeit und deren Umfang darstellt, bleibt unausgesprochen. Dazu müssen die Normen des ZGB zur juristischen Person herangezogen und durch die Art. 643–645 resp. Art. 749 und 752 f. OR ergänzt werden.

a.   Die Rechtspersönlichkeit der AG

14   Analog dem Recht der natürlichen Person (erster Titel) regelt der zweite Titel des ZGB die Rechtsfähigkeit juristischer Personen (Art. 52 Abs. 1 ZGB). Art. 52 Abs. 1 ZGB gilt für juristische Personen des Normativsystems (System des Registerzwanges), welche eines Errichtungsaktes mit Eintragung bedürfen und somit auch für die Aktiengesellschaft (RIEMER, jur. Personen, 96). Die schweizerische Gesetzgebung folgt dem Normativsystem. In Bezug auf die Aktiengesellschaft bedeutet dies, dass die Unternehmung gemäss Art. 629 OR errichtet werden muss und mit Eintragung ins Handelsregister (gemäss Art. 643 Abs. 1 OR) ihre Rechtspersönlichkeit erhält resp. gültig konstituiert wird. Das Handelsregisterrecht stellt (ähnlich einer Polizeibewilligung) Voraussetzungen auf, bei deren Einhaltung resp. Erfüllung die Eintragung verlangt werden kann und auch vorgenommen wird (Normativsystem).

b.   Nichterwerb der Rechtspersönlichkeit

Art. 52 Abs. 3 ZGB schränkt den Erwerb der Rechtspersön-   15
lichkeit sodann wieder ein. Die Rechtspersönlichkeit kann nicht erworben werden,
wenn die Zweckverfolgung unsittlich oder widerrechtlich ist. Aktiengesellschaften
mit widerrechtlichem Zweck sind vorab solche, deren statutarischer Zweck gegen
zwingende Normen des objektiven Rechts verstösst. Es wird jedoch nicht lediglich
auf den statutarischen Zweck abgestellt, sondern auch auf das tatsächlich verfolgte
Ziel (vgl. BGE 115 II 404 E. 1a). Gemäss Art. 52 Abs. 3 ZGB ist es einer juristischen Person mit ursprünglich widerrechtlichem Zweck *ex tunc* verwehrt, die
Rechtspersönlichkeit zu erlangen. Die Gründung der juristischen Person ist im
Sinne von Art. 19 Abs. 2 OR bzw. Art. 20 Abs. 1 OR nichtig und wird nicht zur
Eintragung zugelassen. Auf Klage jedes Interessierten können die Widerrechtlichkeit und die daraus resultierende Nichtigkeit der Gesellschaft richterlich festge-
stellt werden. Bezüglich der Aktiengesellschaft hingegen findet gemäss Art. 643
Abs. 2 OR bei einer Eintragung ins Handelsregister eine Heilung statt. Hat eine
juristische Person kraft Handelsregistereintrags ihre Rechtspersönlichkeit erlangt,
ist sie *ex nunc* aufzuheben, und es hat ein Liquidationsverfahren im Sinne von
Art. 58 ZGB, der auf das Recht der Genossenschaft verweist (s. Art. 913 OR),
stattzufinden (BGE 112 I 2 E. 2), welches wiederum auf das Aktienrecht verweist
(Art. 738–747 OR).

2.   Die Rechtsfähigkeit nach Art. 53 ZGB

Für die AG ergibt sich der Umfang der Rechtsfähigkeit aus   16
Art. 53 ZGB, und sie tritt mit dem Zeitpunkt der Eintragung ins Handelsregister
(Art. 640 i.V.m. Art. 643 OR) ein. Art. 53 ZGB ist in Analogie zu Art. 11 Abs. 2
ZGB zu sehen. Es ist die einzige Bestimmung, welche den Umfang der Rechtsfä-
higkeit umschreibt. Eine Entsprechung in den jeweiligen Normen der juristischen
Personen hat sie aber nicht (RIEMER, jur. Personen, 111).

Ausgangspunkt der Rechtsfähigkeit von juristischen Personen ist die umfassende   17
Rechtsfähigkeit der natürlichen Person. Von dieser Basis aus werden Einschränkungen und Erweiterungen statuiert. Den juristischen Personen sollen jene, und
nur jene, Rechte und Pflichten nicht zukommen, welche in der «Natur» des Menschen (z.B. Geschlecht, Alter oder Verwandtschaft) liegen (RIEMER, Vereins- und
Stiftungsrecht, 10; WEBER, 117). Rechte und Pflichten, welche der Aktiengesellschaft oftmals nicht zukommen, sind namentlich jene aus dem Familien- und
Erbrecht sowie teilweise jene aus dem Sachenrecht (s. ausführlich WEBER, 124 ff.).

3.   Die Handlungsfähigkeit nach Art. 54 ZGB

18   Entsprechend dem System der natürlichen Personen regelt Art. 54 ZGB im Anschluss an die Norm betreffend Rechtsfähigkeit (Art. 53 ZGB) die Handlungsfähigkeit der juristischen Person. Art. 54 ZGB stellt dabei die Voraussetzungen auf, unter welchen die AG die Handlungsfähigkeit erlangt. Die Handlungsfähigkeit erlaubt natürlichen und juristischen Personen, durch eigenes Handeln Rechte und Pflichten zu begründen, zu modifizieren und aufzuheben (BSK ZGB I-HUGUENIN/REITZE, Art. 54/55 N 2, m.w.H.). Im Gegensatz zur natürlichen Person, welche die Handlungsfähigkeit besitzt, wenn sie volljährig und urteilsfähig ist (Art. 13 ZGB), kommt einer rechtsfähigen juristischen Person die Handlungsfähigkeit erst zu, wenn die gesetzlich und statutarisch unabdingbaren Organe bestellt sind (Art. 54 ZGB). Die (Exekutiv-)Organe haben die Funktion, die Gesellschaft nach aussen hin zu vertreten und deren Willen auszudrücken. Dabei verpflichtet das rechtmässige Handeln der Organe ab Erlangen der Handlungsfähigkeit nicht mehr die Organe selbst resp. nicht mehr die Gründergesellschaft, sondern die Aktiengesellschaft direkt (RIEMER, jur. Personen, 137). Anderes gilt bei unerlaubten Handlungen, wo auch die Organe haften (vgl. *lex generalis* Art. 55 Abs. 3 ZGB sowie *lex specialis* Art. 752 ff. OR). Ein wichtiger Aspekt der Handlungsfähigkeit ist auch die zivilrechtliche Deliktsfähigkeit. Die strafrechtliche Deliktsfähigkeit hingegen wird der Aktiengesellschaft nur in einem beschränkten Rahmen zuerkannt (vgl. BGE 85 IV 100; BGE 105 IV 172 E. 2 ff.; Art. 102 StGB; s. dazu § 4, N 105 ff.).

19   Aus dem Grundsatz, wonach die Organe als Teil der juristischen Person gelten, ergibt sich, dass der juristischen Person jene Handlungen der Organe nicht angerechnet werden können, für welche ihr die spezifische Rechtsfähigkeit fehlt. Aufgrund dieser Restriktion wurde im ausserrechtsgeschäftlichen Bereich beschlossen, dass die juristische Person mangels Schuldfähigkeit grundsätzlich nicht strafrechtlich für das Verhalten ihrer Organe zur Verantwortung gezogen werden kann (BSK ZGB I-HUGUENIN/REITZE, Art. 54 N 8). Diese Einschränkung gilt nur noch beschränkt. Seit dem 7. Oktober 2005 existiert die strafrechtliche Unternehmensverantwortung gemäss Art. 102 StGB, die vor allem bei Organisationsmängeln zum Zuge kommt. Falls im Zuge einer strafbaren Handlung im Tätigkeitsfeld einer Aktiengesellschaft die handelnde natürliche Person nicht eruiert werden kann, so wird die primäre Haftung der natürlichen Person auf die Aktiengesellschaft übertragen, und die Gesellschaft ist strafrechtlich verantwortlich. Bei einem Verbrechen oder Vergehen gemäss Art. 102 Abs. 1 StGB ist das Unternehmen subsidiär haftbar. Bei einem der Delikte, welche sich im abschliessenden Katalog von Art. 102 Abs. 2 StGB befinden, kann die Aktiengesellschaft unabhängig von der Strafbarkeit des Anlasstäters bestraft werden (BSK StGB I-NIGGLI/GFELLER, Art. 102 N 242; s. auch § 4, N 145 ff.).

4. Verantwortlichkeit nach Art. 55 ZGB

a. Handlungsfähigkeit

Die Aktiengesellschaft handelt durch ihre Organe, denen im [20] Rahmen der Erfüllung des Zweckes der juristischen Person durch Gesetz oder Statuten bzw. Stiftungsbestimmungen bestimmte Aufgaben bzw. Funktionen zugewiesen sind (s. RIEMER, jur. Personen, Art. 54/55 N 16 ff.). In einem langwierigen Prozess hat sich der funktionale Organbegriff in der Lehre und der Rechtsprechung etabliert, welcher nun auch ausdrücklich im neuen Aktienrecht verankert ist (Art. 717 und 754 OR). Die Organqualität bestimmt sich demnach nach drei alternativen Voraussetzungen. Erstens ist als Organ anzusehen, wer *qua forma* zur Erfüllung gesellschaftlicher Aufgaben berufen ist (das sogenannte formelle Organ), oder zweitens, wer *de facto* Entscheidungsträger ist und mit der effektiven Leitung der Unternehmung betraut ist (zum faktischen Organbegriff: BGE 96 I 474 E. 2; BGE 114 V 213 E. 3 f.). Drittens wird die Organstellung ebenfalls angenommen, wenn sie mitgeteilt wird oder sich durch konkludentes Handeln nach aussen hin manifestiert, selbst wenn sich die Organqualität nicht aus dem Handelsregister ergibt (MEIER-HAYOZ/FORSTMOSER, § 2 N 29 ff.).

b. Haftung

Der Grundgedanke, der der Haftungsnorm von Art. 55 ZGB [21] (mit der Marginalie «Betätigung») zugrunde liegt, ist, dass die Gesellschaft nach aussen verkörpert wird und wie eine natürliche Person auftreten soll (BGE 117 II 570 E. 3). Handelt also ein Organ in seiner Eigenschaft als Organ der betreffenden Aktiengesellschaft, so wird die Gesellschaft gegenüber Gutgläubigen gebunden, unabhängig davon, ob eine Vertretungsbefugnis im Innenverhältnis besteht oder nicht (PEDRAZZINI/OBERHOLZER, 217 ff.). Die AG «als juristische Person muss sich das Handeln ihrer Organe als eigenes anrechnen lassen, selbst wenn dieses unrechtmässig, ohne oder gegen den Willen der übrigen Organe oder der Aktionäre geschieht» (BGE 115 I*b* 274 E. 10c.). Das Gesetz schliesst aber nicht aus, dass die Organe einer juristischen Person für bestimmtes Handeln gegenüber Dritten, aber auch gegenüber der juristischen Person selbst auch persönlich haften (Art. 55 Abs. 3 ZGB; s. auch Kap. § 9, N 120 ff. zu Art. 754 f. OR). Die Aktiengesellschaft stellt daher keinen «Mantel» dar, unter welchem sich Organe einer persönlichen Haftung entziehen können (BGE 113 II 213 E. 2a und 2b).

5. Sitz der Aktiengesellschaft nach Art. 56 ZGB

a. Die Sitzbestimmung im nationalen Umfeld

22   In Analogie zum Wohnsitz der natürlichen Person regelt das Gesetz in Art. 56 Abs. 1, 1. Teilsatz ZGB die räumliche Verankerung der Gesellschaft. Im Unterschied zur natürlichen Person (vgl. BGE 45 I 202) ermöglicht das Gesetz den Gründern der Aktiengesellschaft statutarisch (Art. 626 OR) die rechtsgeschäftliche Bestimmung des Gesellschaftssitzes (RIEMER, jur. Personen, Art. 52–59 ZGB N 165). Für den subsidiären Sitzort kommt grundsätzlich Art. 56 Abs. 1, 2. Teilsatz ZGB zum Tragen. Dieser subsidiäre Sitz ist für die Aktiengesellschaft jedoch nicht relevant, weil der Handelsregistereintrag, welcher die Angabe eines Sitzes erfordert (Art. 117 HRegV), eine Konstitutivwirkung hat. Bis zum 1. Januar 2008 hatten auch die juristischen Personen einen «Wohnsitz» (noch im ZGB mit dem Stand 1. Dezember 2007 war Art. 56 ZGB mit der Marginalie «Wohnsitz» überschrieben). Erst seit der Gesetzesrevision vom 1. Januar 2008 wurde die an die natürliche Person angelehnte Terminologie zu «Sitz» geändert. Die terminologische Änderung hat jedoch noch keinen Eingang ins IPRG gefunden. Darin spricht Art. 21 immer noch vom Wohnsitz in Anlehnung an die natürliche Person.

b. Die Sitzbestimmung nach dem IPRG

23   Der Sitz bestimmt sich im internationalen Verhältnis nach Art. 21 Abs. 2 IPRG. Im schweizerischen IPRG wird ebenfalls auf den statutarischen Sitz abgestellt. Gemäss Art. 21 Abs. 2 i.V.m. Art. 154 Abs. 1 IPRG gilt hier die Inkorporationstheorie (s. BSK IPRG-EBERHARD/VON PLANTA, Art. 21 N 11 sowie Art. 154 N 1, 9 und 15 ff.). Dabei folgt die Definition des Sitzes den Grundsätzen von Art. 56 ZGB und verweist auf die Statuten der Aktiengesellschaft. Sehen die Statuten keine Sitzbezeichnung vor (was aufgrund der Eintragungspflicht unmöglich ist), so befindet sich der Sitz am Ort der tatsächlichen Verwaltung.

6. Aufhebung der juristischen Person

a. Allgemeines

24   Die allgemeinen Bestimmungen über die juristische Person enthalten Bestimmungen zur Entstehung der Rechtspersönlichkeit (Art. 52 ZGB). Art. 57 ZGB nennt jedoch keine klar definierten «Gründe» für die Aufhebung. Lediglich Art. 57 Abs. 3 ZGB erklärt als Grund für die Liquidation die Verfol-

gung eines unsittlichen oder widerrechtlichen Zwecks. Darüber hinaus sind aber regelmässig gesetzliche Auflösungsgründe bei den speziellen Bestimmungen der einzelnen juristischen Personen des ZGB des OR erwähnt (s. beispielhafte Auflistung in WEBER, 199 f.).

Für das Liquidationsverfahren verweist Art. 58 OR auf das Verfahren zur Genossenschaft, welches wiederum auf die Bestimmungen zur Aktiengesellschaft verweist (vgl. BSK ZGB I-HUGUENIN/REITZE, Art. 57/58 N 2; TUOR/SCHNYDER/ SCHMID, 143).   25

b.   Verwendung des Liquidationsüberschusses

Einziger materieller Gehalt der Norm von Art. 57 Abs. 1 ZGB   26
ist der Anfall des Liquidationserlöses zugunsten des Gemeinwesens. Als generelle Regelung tritt diese Norm hinter die Spezialnormen des Obligationenrechts zurück. Für die Aktiengesellschaft ist Art. 745 OR einschlägig und tritt an die Stelle von Art. 57 ZGB. Die Spezialnorm von Art. 745 OR sieht eine anteilmässige Verteilung des Liquidationsüberschusses an die Aktionäre vor.

c.   Aufhebung von Gesellschaften mit unsittlichem oder widerrechtlichem Zweck, Konfiskation durch das Gemeinwesen

Art. 57 Abs. 3 ZGB betreffend Vermögensanfall an das Ge-   27
meinwesen ist auch auf die Aktiengesellschaft anwendbar. Im Gegensatz zu Abs. 1 und 2 ist Abs. 3 eine Norm, welche auf alle Körperschaften des Obligationenrechts anwendbar ist. Wenn eine Aktiengesellschaft einen widerrechtlichen oder unsittlichen Zweck verfolgt, wird die Gesellschaft auf Klage hin (Klagelegitimation Art. 78/89 ZGB) vom Richter für aufgehoben erklärt. Das Vermögen fällt hierbei auf jeden Fall an das Gemeinwesen; diese Norm geht den aktienrechtlichen Bestimmungen vor. Das begünstigte Gemeinwesen ist der Kanton (vgl. BGE 115 II 401). Dabei bestimmt sich der Zweck der Gesellschaft nicht ausschliesslich nach der statutarischen Zweckumschreibung, sondern auch nach den tatsächlich verfolgten Zielen. Dient die Gesellschaft in Wirklichkeit einzig der Umgehung von Vorschriften und Bestimmungen, so bedient sie sich nicht nur unzulässiger Mittel beim Verfolgen ihrer Zwecke. Vielmehr ist der Zweck der Gesellschaft selber widerrechtlich (BGE 102 II 1 E. 4). Dies vor allem, wenn die Aktiengesellschaft als Deckmantel für das Handeln der natürlichen Person benutzt wird (BSK ZGB I-HUEGENIN/REITZE, Art. 57/58 N 20).

7.   Konstitution der Aktiengesellschaft

28   Das *Errichtungsstadium* der AG umfasst die Feststellung des gemeinsamen Willens der Gründungspersonen zur Errichtung der AG, die Feststellung der Statuten, die Bestellung der notwendigen Organe, die Zeichnung der Aktien und die Leistung der Einlagen (VON BÜREN/STOFFEL/WEBER, 25). In dieser Periode besitzt die Aktiengesellschaft noch keine Rechtspersönlichkeit. Die agierenden Personen handeln in diesem Stadium als einfache Gesellschaft, der Gründergesellschaft (vgl. Art. 530 OR); sie haften persönlich und solidarisch (Art. 645 Abs. 1 OR). Wurden Verpflichtungen ausdrücklich im Namen der zu gründenden Gesellschaft eingegangen, werden die Gründer gemäss Art. 645 Abs. 2 OR davon befreit, wenn innerhalb einer Frist von drei Monaten nach der Eintragung ins Handelsregister die Aktiengesellschaft die Verpflichtungen übernimmt (Art. 645 Abs. 2 OR). Es handelt sich dabei um eine Schuldenübernahme ohne Zustimmung des Schuldners.

29   Im *Errichtungsakt* wird das Vorliegen der obigen Voraussetzungen mittels öffentlicher Urkunde festgestellt (Art. 629 und Art. 631 OR; Art. 44 HRegV) (VON BÜREN/STOFFEL/WEBER, 25).

30   In der Konstitutionsphase entsteht die Aktiengesellschaft rechtsgültig und erhält ihre Handlungs- und Rechtsfähigkeit. Dazu bedarf es der Anmeldung beim Handelsregisteramt Eintragung der AG ins Handelsregister (Art. 640 OR; Art. 43 ff. HRegV). Die Eintragung und die damit verbundene Veröffentlichung im Handelsamtsblatt führt die Gründergesellschaft (einfache Gesellschaft nach Art. 530 ff. OR) in die Aktiengesellschaft über. Die Eintragung im Tagebuch hat für die Aktiengesellschaft daher eine konstitutive Wirkung (Art. 932 Abs. 1 OR). Mit der Eintragung ins Handelsregister entsteht die Aktiengesellschaft mit all ihren Rechtswirkungen. Die Gesellschaft erhält ihre Rechtspersönlichkeit und ihre Handlungsfähigkeit. Die konstitutive Wirkung ist die rechtserzeugende und rechtserhaltende Wirkung des Handelsregisters. Die Rechtswirkung tritt auch bei mangelhafter Gründung ein (Art. 643 Abs. 2 OR; ausführlich dazu VON BÜREN/STOFFEL/WEBER, 43 ff.).

31   Daneben hat der Handelsregistereintrag auch eine deklaratorische Wirkung. Die Wirkung besteht darin, dass die im Hauptregister eingetragenen Sachverhalte sowie der Umstand, dass sie eingetragen sind, dem Publikum dauernd kundgetan («deklariert») werden (GAUCH, 142).

8.   Das Firmenrecht

32   Die Firma ist der für den Handelsverkehr gewählte Name des Trägers eines Unternehmens oder eines Rechtsträgers. Die Firma ist demnach im

juristischen Sinne der Name – und keineswegs synonymer Ausdruck für «Geschäft» oder «Unternehmen» (BÜHLER, N 6.).

Mit der Revision des GmbH-Rechts von 2008 wurde durch den Art. 950, zweiter Satz OR die Pflicht eingeführt, die Rechtsform der Firma anzufügen. Für die Aktiengesellschaft bedeutet dies, dass der Firma stets der Zusatz «AG» beigefügt werden muss. Mit dem Fusionsgesetz wurde für Einzelunternehmen, Kollektiv- und Kommanditgesellschaften, Kapitalgesellschaften, Genossenschaften, Vereine, Stiftungen, Zweigniederlassungen und Institute des öffentlichen Rechts auch eine standardisierte firmen- und rechtsformunabhängige Unternehmens-Identifikationsnummer eingeführt (Botschaft FusG, 4495). Art. 936a OR verweist diesbezüglich auf das Bundesgesetz vom 18. Juni 2010 über die Unternehmens-Identifikationsnummer (UIDG, SR 431.03), welches die Vereinheitlichung der Zuweisung, Führung und Verwendung der in der öffentlichen Verwaltung existierenden Identifikationsnummern zum Zweck hat. Per 1. April 2011 wurden Ausführungsbestimmungen in der Verordnung über die Unternehmens-Indentifikationsnummer (UIDV) vom 26. Januar 2011 erlassen (SR 431.031). [33]

a.   *Funktion, Kern und notwendige Zusätze*

Die primäre Funktion der Firma ist die Individualisierung des Unternehmens. Jedes Unternehmen soll mittels der Firmenbezeichnung eindeutig von den anderen unterschieden werden können. Dabei kann die Firmenbezeichnung einen Sachbezug zum Tätigkeitsfeld (bspw. Stämpfli Verlag AG), einen Personenbezug (bspw. Huber AG), einen gemischten Namen (bspw. Huber Handels AG) aufweisen oder einen reinen Fantasienamen tragen (bspw. Bellissimo AG für einen Schönheitssalon). Die Art. 944 bis 956 OR regeln die Bildung der Firma. Jede Firma darf neben dem vom Gesetz vorgeschriebenen wesentlichen Inhalt Angaben enthalten, die zur näheren Umschreibung der darin erwähnten Personen dienen, auf die Natur des Unternehmens hinweisen oder eine Fantasiebezeichnung darstellen. Voraussetzung ist, dass der Inhalt der Firma der Wahrheit entspricht, keine Täuschung verursachen kann und keinem öffentlichen Interesse widerspricht (Art. 944 Abs. 1 OR; s. auch Weisung Handelsregister, Einleitung). Sachbegriffe dürfen nicht monopolisiert werden (vgl. BGE 101 Ib 366 E. 5c). Der in einer Aktiengesellschaft aufgeführte Personenname muss anders als bei einem Einzelunternehmen (s. Art. 945 Abs. 1 OR) nicht demjenigen eines Gesellschafters entsprechen (Weisung Handelsregister, Ziff. 76) und folglich auch nicht angepasst werden, wenn der namensgebende Gesellschafter aus der AG ausscheidet. [34]

b.   Täuschungsverbot

35   Der Grundsatz des Täuschungsverbots ist in Art. 944 Abs. 1 OR und Art. 26 HRegV festgehalten. Rechtsprechung und Praxis haben diesen Grundsatz konkretisiert. Insbesondere die Weisungen für die Bildung und Prüfung von Firmen und Namen des Eidgenössischen Amts für das Handelsregister sind massgebend (Weisung Handelsregister, Ziff. 1 ff.).

aa.   Firma-Zweck-Relation

36   Eine Firma darf zu keinen Täuschungen über das Tätigkeitsfeld des Rechtsträgers Anlass geben oder verleiten. Eine Täuschungsgefahr besteht immer dann, wenn die Firma Begriffe enthält, die sich auf eine Tätigkeit oder ein Produkt bzw. eine Dienstleistung beziehen, die von der (statutarischen) Zweckgebung nicht gedeckt sind, oder wenn die Firma nur auf einen Nebenzweck hinweist und dadurch die eigentliche Haupttätigkeit des Rechtsträgers verborgen bleibt (BGE 117 II 192 E. 4dd; Weisung Handelsregister, Ziff. 1 ff.).

bb.   Verbot des Hinweises auf eine bewilligungspflichtige Tätigkeit ohne deren Bewilligung

37   Es gibt Begriffe, welche alleine oder in Wortverbindungen in der Firma (wie auch in der statutarischen Zweckgebung) nur von Unternehmen verwendet werden dürfen, die von einer bestimmten eidgenössischen Behörde eine Lizenzierung (Bewilligung) für die Ausübung der entsprechenden Tätigkeit erhalten haben. So dürfen die Begriffe Bank und Banking nur dann Bestandteil der Firma sein, wenn die Eidgenössische Finanzmarktaufsicht (FINMA) eine entsprechende Lizenz für den operativen Geschäftsbetrieb erteilt hat (Art. 1 Abs. 4 BankG). Eine Ausnahme gilt, wenn aus dem Firmennamen unzweideutig hervorgeht, dass es sich nicht um ein lizenzbedürftiges Geldinstitut im Sinne des BankG handelt. Das Gesagte gilt ebenfalls für Begriffe wie «Börse», «Effektenabwicklungssystem» oder «Zentralverwahrer» (Art. 16 FinfraG) und in Zukunft auch für die Begriffe «Vermögensverwalter», «Trustee» oder «Wertpapierhaus» (Art. 12 E-FINIG).

38   Begriffe, die in einem Rechtserlass definiert werden, dürfen nur in die Firma aufgenommen werden, wenn dies materiell gerechtfertigt ist. Dies gilt insbesondere auch für die Begriffe: Hochschule, Universität (Art. 3 der Richtlinien der schweizerischen Universitätskonferenz für die Akkreditierung im universitären Hochschulbereich), Fachhochschule (Art. 3 des Fachhochschulgesetzes; SR 414.71); Casino, Kursaal (Art. 8 des Spielbankengesetzes; SR 935.52).

c.   Unklare Firmennamen

Bei unklaren Firmenbezeichnungen besteht keine Gewähr für   39
eine klare Identifikation resp. Individualisierung der Unternehmung, weshalb sie für
die Anspruchsgruppen irreführend sind. Firmen, die aus mehreren Teilen bestehen,
von denen jeder eine eigenständige Firma bilden kann, sind unzulässig, wenn die
Angabe der Rechtsform oder ein Personenname, die von Rechts wegen Bestandteil
der Firma sein müssen, mehrmals enthalten sind. Beispiele dafür sind: «Aktiengesellschaft für Antennenbau (Antennen-AG)»; «Genossenschaft KEG, Küchenbau
Einkaufsgenossenschaft»; «Tobler Klimaanlagen, Heinz Tobler». Zulässig: «Muster
+ Partner AG, Kommunikationsagentur»; «Marketing Schweiz AG – Arbeitsgruppe
für Marketing»; «AGW Sursee, Aktiengesellschaft für Wohnungsbau»; «360 Grad
Gesellschaft für Kommunikation GmbH».

Geografische Bezeichnungen sind als Firmenbestandteile frei verwendbar; vorbe-   40
halten bleiben das Wahrheitsgebot, das Täuschungsverbot und der Schutz öffentlicher Interessen. Der Unternehmenszweck muss nicht auf die in der Firma verwendete geografische Bezeichnung Bezug nehmen. Die Verwendung einer geografischen Bezeichnung in der Firma ist nicht gerechtfertigt, wenn ein Rechtsträger in
offensichtlich erkennbarer Weise keinen Bezug zu dieser geografischen Bezeichnung aufweist (Weisung Handelsregister, Ziff. 15 ff.).

9.   Verhältnis zwischen der AG und den anderen Gesellschaftsformen

a.   Verhältnis zwischen der AG und der einfachen Gesellschaft

Die einfache Gesellschaft ist eine «einfache» personenbezoge-   41
ne Gesellschaft, welche für eine Vielzahl von Zielen verwendbar ist. Diese «subsidiäre» Gesellschaftsform kommt nicht nur dann zum Tragen, wenn sie bewusst
gewählt wurde, sondern auch wenn die rechtlichen Voraussetzungen für eine andere Gesellschaftsform nicht erfüllt sind. Durch die «offene und neutrale» Gestaltung der Gesellschaftsform ohne Ausrichtung auf eine bestimmte Zweckverfolgung konnte eine fast universelle Passform gefunden werden. Die rechtlichen
Anforderungen sind so einfach wie möglich; so bedarf es zur Entstehung keiner
besonderen Form, und die innere Ordnung steht zur Disposition der Beteiligten.
Die offene und liberale Gestaltung hat auf der anderen Seite den Nachteil, dass
kaum Schutzvorschriften für die Gesellschafter bestehen (vgl. bspw. Art. 543
Abs. 1 und Art. 544 Abs. 3 OR). So eignet sich die Gesellschaft nicht für Projekte
und Unternehmen, welche grössere wirtschaftliche Risiken bergen, oder zum
Betrieb eines kaufmännischen Gewerbes. Aus dem Gesagten ergibt sich, dass die
einfache Gesellschaft rechtlich nicht der gesetzlichen Buchführung unterliegt.

42   Am Ausgangspunkt jeder Aktiengesellschaft (Art. 620 ff. OR) steht aber eine einfache Gesellschaft (Art. 530 ff. OR). Vom Zeitpunkt des Entschlusses, dass eine Aktiengesellschaft gegründet werden soll, bis zum Zeitpunkt, in dem die Aktiengesellschaft entstanden ist, besteht unter den Gesellschaftsgründern eine einfache Gesellschaft gemäss Art. 530 OR. Für die erfolgreiche Errichtung der Aktiengesellschaft bedarf es der Erfüllung sämtlicher formeller Voraussetzungen. Dies sind die personellen Voraussetzungen gemäss Art. 635 OR, die strukturellen gemäss Art. 626 f. OR, die finanziellen gemäss Art. 630, 632 f. und die funktionellen Voraussetzungen gemäss 629 Abs. 1 OR. Die Umwandlung von einer einfachen Gesellschaft in eine Aktiengesellschaft passiert im Moment der Eintragung ins Handelsregister (Art. 643 Abs. 1 OR, konstitutive Wirkung der Eintragung). Alle Rechte und Pflichten, die vor diesem Zeitpunkt vereinbart wurden, lasten auf der Gründergesellschaft, also der einfachen Gesellschaft gemäss Art. 530 OR.

43   Die ausdrücklich für die zu bildende Aktiengesellschaft eingegangenen Rechtsgeschäfte können von dieser ohne Zustimmung des Geschäftspartners und formlos innerhalb von drei Monaten nach der Eintragung ins Handelsregister übernommen werden, wodurch die einfache Gesellschaft bzw. deren «Gesellschafter» befreit werden (Art. 645 Abs. 2 OR). Für den Entscheid der Übernahme der Geschäfte ist der VR verantwortlich (MEIER-HAYOZ/FORSTMOSER, § 16 N 626). Nach der Dreimonatsfrist kann eine die Gründungsgesellschaft befreiende Übernahme der Rechtsgeschäfte nur mit Zustimmung des Geschäftspartners erfolgen (s. BSK OR II-SCHENKER, Art. 645 N 10). Die Übernahme muss dann nach den Regeln über die indirekte Stellvertretung vorgenommen werden (FORSTMOSER/MEIER-HAYOZ/NOBEL, § 18 N 10). So bedarf es einer Zession nach Art. 164 ff. OR oder einer Schuldübernahme nach Art. 175 ff. OR (s. Art. 32 Abs. 3 OR). Dasselbe gilt für Geschäfte, die nicht ausdrücklich im Namen der zu gründenden Aktiengesellschaft eingegangen wurden (FORSTMOSER/MEIER-HAYOZ/NOBEL, § 18 N 4; MEIER-HAYOZ/FORSTMOSER, § 16 N 624).

44   Falls die Aktiengesellschaft nicht erfolgreich errichtet wird resp. ein Gründungsfehler unterläuft und die Gesellschaft nicht rechtsgültig entstanden ist, besteht die einfache Gesellschaft bis zur Auflösung des widerrechtlichen Zustandes mit allen Haftungsfolgen für die Gesellschafter fort (Art. 645 Abs. 1 OR). Zum ABV als einfache Gesellschaft s. § 9, N 165 f.).

b.   *Verhältnis zwischen der AG und der Kollektivgesellschaft*

45   Die Kollektivgesellschaft (Art. 552 ff. OR) ist eine Personengesellschaft. Wie bei der einfachen Gesellschaft besteht bei der Kollektivgesellschaft eine solidarische, umfassende Haftung der Gesellschafter (Art. 552 Abs. 1 OR). Sie ist nach Art. 552 Abs. 2 OR ins Handelsregister einzutragen. Im Gegen-

satz zur Aktiengesellschaft ist die Eintragung kein Konstitutionserfordernis (kritisch dazu BGE 100 Ib 246 E. 2 ff). Betreibt eine Kollektivgesellschaft kein kaufmännisches Unternehmen, entsteht sie jedoch erst mit der Eintragung ins Handelsregister (Art. 553 OR). Demnach kann man die Kollektivgesellschaft «als personenbezogene, nach aussen hin verselbständigte Gesamthandsgemeinschaft von natürlichen Personen» ansehen, «die in der Regel wirtschaftliche Zwecke verfolgt und ein kaufmännisches Unternehmen betreibt und für deren Verbindlichkeiten neben dem Gesellschaftsvermögen subsidiär alle Gesellschafter unbeschränkt und solidarisch haften» (MEIER-HAYOZ/FORSTMOSER, § 13 N 2).

Die Intention des Gesetzgebers war es, eine Rechtsform zur Verfügung zu stellen, die besonders geeignet ist, wenn mehrere Personen ihre Arbeitskraft und ihr Kapital zur Führung eines gemeinsamen kaufmännischen Unternehmens unter eigener Firma vereinigen wollen (s. MEIER-HAYOZ/FORSTMOSER, § 13 N 3 ff.). Aufgrund der Haftungsbestimmungen, welche für die Kollektivgesellschafter auch existenzbedrohend sein können, hat diese Gesellschaftsform im Vergleich zur Aktiengesellschaft nur eine geringe Bedeutung. Auch bei der Organisation von Anwaltskanzleien dürfte die Kollektivgesellschaft über die letzten Jahre kontinuierlich an Bedeutung verloren haben, da das Bundesgericht endgültig positiv über die Zulässigkeit der Anwalts-AG und Anwalts-GmbH entschied (s. BGE 138 II 440). Die Haftungsnorm von Art. 569 OR ist sodann einschneidend. Während 2011 noch 12 813 Kollektivgesellschaften im schweizerischen Handelsregister eingetragen waren, sank ihre Anzahl im Jahr 2015 auf 11 604.[2] Zum Vergleich stieg die Anzahl der Aktiengesellschaften im selben Zeitraum von 194 289 auf 209 225.[3]

46

c. Verhältnis zwischen der AG und der GmbH

Die schweizerische GmbH ist ein Retortenbaby, das ohne Wurzeln in der schweizerischen Rechtstradition durch eine Gesetzesreform in den Dreissigerjahren zur Welt gebracht worden ist (FORSTMOSER, GmbH, 537). Sie ist eine künstliche Schöpfung des Gesetzgebers, die weder aus einer natürlichen Lebensgemeinschaft herausgewachsen noch in langer Verkehrsübung allmählich entstanden ist (KOLLER, 75). In der Botschaft von 1928 zur GmbH wird folglich nur auf das deutsche Recht verwiesen, in welchem die GmbH in Anlehnung an die Aktiengesellschaft beschrieben wurde (vgl. Botschaft Aktienrecht 1936, 272).

47

Mit der GmbH sollte ein Bindeglied oder ein «Zwischenglied zwischen den rein kapitalistisch und den rein individualistisch organisierten Vergesellschaftungsformen» angeboten werden (BBl Botschaft Aktienrecht 1936, 273). Dabei soll diese Gesellschaftsform vor allem kleineren Gesellschaften dienen, bei denen «eine

48

---

[2]   http://www.zefix.admin.ch/stats/stats.asp.
[3]   http://www.zefix.admin.ch/stats/stats.asp.

Verbindung von beschränkter Haftung mit persönlicher Beteiligung und Betätigung der Mitglieder bezweckt wird» (Botschaft Aktienrecht 1936, 247). In der Schweiz wurde die GmbH daher anfänglich auch schon als «juridisches Maultier»[4], eine Art Mischung aus Kapital- und Personengesellschaft, bezeichnet: In neuerer Zeit hat sie aber einen grossen Aufschwung erlebt, nachdem sie fast 60 Jahre ein Schattendasein gefristet hatte (s. Kap. § 4, N 153 ff.).

49   Bei der Gesellschaftsform der GmbH werden mit der Gründung, analog der Aktiengesellschaft, zwei Vermögenssphären gebildet. Das «Geschäftsvermögen» gehört nicht mehr dem Gesellschafter, sondern der Gesellschaft mit beschränkter Haftung und haftet ausschliesslich für Verbindlichkeiten der Gesellschaft (Art. 794 OR). Im Gegenzug erhalten die Gesellschafter Stammanteile (Art. 784 OR), welche ein anteilsmässiges Eigentumsrecht an der Gesellschaft verkörpern. Dieses System wird auch bei der Aktiengesellschaft angewandt.

50   Überhaupt ist die GmbH als körperschaftlich organisierte Gesellschaft mit einem im Voraus definierten Grundkapital, für deren Verbindlichkeiten grundsätzlich nur das eigene Vermögen haftet, stark an die AG angelehnt. Insoweit es um die Sicherung des Haftungskapitals geht, kommen weitgehend die gleichen – oder ähnliche (auch mittels Verweisung auf das Aktienrecht) – Regeln zur Anwendung (s. Art. 820 OR). Auch was den Gründungsvorgang anbelangt, zeigt sich eine starke Anlehnung an die Aktiengesellschaft (Art. 777 ff. OR und Art. 779a Abs. 1 OR). Bei der Kapitalerhöhung und der Kapitalherabsetzung kommt wie beim Erwerb eigener Stammanteile das Aktienrecht ergänzend zur Anwendung (Art. 781 Abs. 5 OR, Art. 782 Abs. 4 OR und Art. 783 Abs. 4 OR). Art. 805 Abs. 5 OR enthält schliesslich eine ganz Liste von Tatbeständen im Zusammenhang mit der Einberufung und Durchführung der Gesellschafterversammlung, für welche auf das Recht der Aktiengesellschaft und die entsprechende Regelung verwiesen wird: die Einberufung, das Einberufungs- und Antragsrecht der Gesellschafter, die Verhandlungsgegenstände, die Anträge, die Universalversammlung, die vorbereitenden Massnahmen, das Protokoll, die Vertretung der Gesellschafter und die unbefugte Teilnahme an der Gesellschafterversammlung.

51   Weitere Verweise auf das Aktienrecht finden sich u.a. bezüglich Genussscheinen (Art. 774a OR), Leistung der Einlagen (Art. 777c Abs. 2 OR), des Verzeichnisses über wirtschaftlich berechtigte Personen und der Folgen der Nichteinhaltung der diesbezüglichen Meldepflichten (Art. 790a Abs. 3 OR), Ausrichtung von Bauzinsen und Tantiemen (Art. 798a Abs. 2 und Art. 798b OR), Vorzugsstammanteilen (Art. 799 OR), Rückerstattung von Leistungen an Gesellschafter (Art. 800 OR), Reserven (Art. 801 OR), Anfechtung von Gesellschafterbeschlüssen (Art. 808c

---

[4]   So der nationalrätliche Berichterstatter in einem Vortrag, abgebildet in: Basler Handelskammer, Sieben Vorträge über das neue Obligationenrecht, Basel 1937, 100.

OR), Vertretung der Gesellschaft (Art. 814 Abs. 3 und 4 OR), Nichtigkeit von Beschlüssen der Geschäftsführer (Art. 816 OR), Revisionsstelle (Art. 818 Abs. 1 OR), Mängeln in der Organisation (Art. 819 OR), Auflösung der GmbH (Art. 821a Abs. 1 und Art. 826 Abs. 2 OR) und der Verantwortlichkeit (Art. 827 OR).

d. Verhältnis zwischen der Kommanditgesellschaft und dem Aktienrecht

aa. Die Kommanditgesellschaft nach Art. 594 ff. OR

Die Kommanditgesellschaft ist eine Personengesellschaft ohne [52] Rechtspersönlichkeit (BGE 95 II 547 E. 2). Im schweizerischen Obligationenrecht ist die Kommanditgesellschaft rechtlich nur spärlich geregelt in den Artikeln 594–619. Sie wird in der Literatur als eine *Sonderform der Kollektivgesellschaft* bezeichnet (s. BSK OR II-BAUDENBACHER, Art. 594 N 1 ff.). Von der Kollektivgesellschaft unterscheidet sie sich jedoch in entscheidendem Masse in der Ordnung der Haftung. Die Kommanditgesellschaft konstituiert sich begriffsnotwendig aus zwei Arten von Gesellschaftern: den Komplementären, die unbeschränkt und solidarisch untereinander haften, und den Kommanditären, deren Haftung auf eine zum Voraus bestimmte Kommanditsumme beschränkt ist (vgl. Art. 594 Abs. 1 OR). Dabei darf der Komplementär in der Regel nur eine natürliche Person sein, Kommanditäre können auch juristische Personen sein. Dieser Unterschied zur «normalen» Kollektivgesellschaft bereitet dieser Gesellschaftsform eine eigenständige Bedeutung.

Diese in Deutschland nicht selten anzutreffende Rechtsform hat in der Schweiz [53] nur eine geringe Bedeutung. Bei gesamthaft 598 294 Gesellschaften, die im Schweizer Handelsregister per 1. Januar 2016 eingetragen waren, erreichte die Kommanditgesellschaft lediglich eine Anzahl von 1771.[5] Dies mag auch daran liegen, dass insbesondere die AG bezüglich Haftung, Anonymität, Treuepflicht der Gesellschafter – Kommanditäre sind gegenüber der Gesellschaft der Treue verpflichtet (Art. 598 Abs. 2 OR i.V.m. Art. 561 OR) – und der Handelbarkeit der Gesellschaftsanteile bessere Lösungen bereithält (vgl. DRUEY/DRUEY JUST/ GLANZMANN, 75 N 9 ff.).

bb. Exkurs: Kommanditgesellschaft und das Bundesgesetz über die kollektive Kapitalanlage

Die gesetzliche Vorgabe nach Art. 594 ff. OR ist jene, dass [54] sich zwei oder mehrere Personen zum Zwecke vereinigen, ein Handels- oder Fab-

---

[5] http://www.zefix.admin.ch/stats/stats.asp.

rikations- oder ein anderes nach kaufmännischer Art geführtes Gewerbe (gemäss Art. 934 OR) unter einer gemeinsamen Firma in der Weise zu betreiben, dass wenigstens ein Mitglied unbeschränkt (vgl. Art. 568 OR), eines oder mehrere aber als Kommanditäre nur bis zu einem Betrag einer bestimmten Vermögenseinlage als Kommanditsumme haften (s. oben). Komplementäre können nur natürliche Personen sein (Art. 594 Abs. 2 OR). Die einfache Kommanditgesellschaft ist bezüglich ihrer strukturellen Ausgestaltung sehr nahe an der angelsächsischen *limited partnership,* welche in diesem Bereich der Vermögensverwaltung bereits erfolgreich eingesetzt wird.

55 Das Bundesgesetz über die kollektiven Kapitalanlagen (KAG) weicht nun von diesem Konzept teilweise ab. Es statuiert als Anlageinstrument die Kommanditgesellschaft für kollektive Kapitalanlagen (KGK), deren ausschliesslicher Zweck die kollektive Kapitalanlage ist (Art. 98 Abs. 1 KAG und Art. 103 KAG). Die KGK weist noch weitere Unterschiede zur «regulären» Kommanditgesellschaft auf. Gemäss Art. 98 Abs. 1 KAG muss die KGK einen oder mehrere Komplementäre (unbeschränkt haftende Gesellschafter) aufweisen. Gemäss Art. 98 Abs. 2 KAG müssen diese Komplementäre der KGK Aktiengesellschaften nach Schweizer Recht mit Sitz in der Schweiz sein. Es wird hier also unbeschränkte mit beschränkter Haftung kombiniert. Die Komplementär-AG muss eine «normale» Aktiengesellschaft mit einem Mindestkapital von CHF 100 000 sein. Sie haftet im Umfang ihrer Eigenmittel persönlich, unbeschränkt und solidarisch für alle Verbindlichkeiten der KGK. Die Haftung ist insofern subsidiär, als die Forderungen der Gläubiger in erster Linie aus dem Vermögen der KGK befriedigt werden (BSK KAG-PASQUIER/POSKRAKOV, Art. 98 N 4). Ergänzend bleiben jedoch die obligationenrechtlichen Bestimmungen über die Kommanditgesellschaft anwendbar (Art. 99 KAG). Die Besonderheit der Gesellschafterstruktur ist vor allem dadurch begründet, dass in den Investitionen der KGK ein hohes Risiko liegt. Dabei kann die Komplementär-AG einer KGK nur als Komplementärin einer einzigen KGK auftreten (BSK KAG-PASQUIER/POSKRAKOV, Art. 98 N 15). Die Komplementär-AG ist dabei eine Bewilligungsträgerin, welche nach Einhaltung der Bewilligungsvoraussetzungen von Art. 14 KAG ermächtigt ist, eine KGK zu betreiben, und die für die Einhaltung der Bewilligungsvoraussetzungen selbstständig verantwortlich ist.

56 Die Kommanditgesellschaft für kollektive Kapitalanlagen ist neben der SICAV eine der Hauptneuheiten des KAG (s. dazu Kap. § 4, N 169 ff.). Die Absicht des Gesetzgebers war es, ein geschlossenes kollektives Anlagevehikel für Risikokapital und alternative Anlagen zu schaffen (BSK KAG-PASQUIER/POSKRAKOV, Art. 98 N 1). Die Schweizer Rechtsordnung kannte bis dahin keine für solche Anlagen geeignete Rechtsform, mit Ausnahme der Investmentgesellschaft, deren Nutzung jedoch durch rechtliche und steuerrechtliche Nachteile erschwert war. Die Vorreiter von Risikokapitalanlagen *(private equity)* haben darum bis anhin zur

Strukturierung ihrer Aktivitäten ausländische Rechtsformen benutzt. Die *limited partnership* des angelsächsischen Rechts sowie die luxemburgische SICAR wurden von den institutionellen Schweizer Anlegern bevorzugt für Risikokapitalanlagen benutzt. (BSK KAG-PASQUIER/POSKRAKOV, Art. 98 N 2). Mit dem KAG verfolgt der Gesetzgeber das Ziel, die Schweiz als Kompetenzzentrum für die Verwaltung von kollektiven Anlagevehikeln im Rahmen der alternativen Anlageformen zu fördern und die Entwicklung von Risikokapital in der Schweiz zu unterstützen, insbesondere auch *Spin-off*-Unternehmen aus dem Hochschulbereich (BSK KAG-PASQUIER/POSKRAKOV, Art. 98 N 4).

Es existieren in der Schweiz insgesamt 17 KGK nach KAG.[6] Jene, die wohl zu grösstem – wenn auch nicht unzweifelhaftem – Ruhm gekommen ist, ist die «SNB StabFund Kommanditgesellschaft für kollektive Kapitalanlagen». Die StabFund KGK ist jene KGK, die von der SNB und der UBS gegründet wurde, um die «toxischen» Kreditpapiere aus der Bank auszulagern.   57

e. Verhältnis zwischen der AG und der Kommanditaktiengesellschaft

Die Kommanditaktiengesellschaft ist nach überwiegender Meinung eine «Abart» der Aktiengesellschaft und nicht etwa eine modifizierte Kommanditgesellschaft (s. Groupe de réflexion, 45). Art. 764 Abs. 2 OR (zum Begriff der Kommanditaktiengesellschaft) lautet: 58

> «Für die Kommanditaktiengesellschaft kommen, soweit nicht etwas anderes vorgesehen ist, die Bestimmungen über die Aktiengesellschaft zur Anwendung.»

Das Recht der Aktiengesellschaft gilt subsidiär, und nur wenn abweichende Bestimmungen formuliert worden sind, gilt das Recht der Aktiengesellschaft nicht mehr weiter. Diese Pauschalverweisung für eine ganze Gesellschaftsform ist einzigartig für die Kommandit-AG, die ohnehin mit nur sehr wenigen Artikeln im Obligationenrecht bedacht wurde. Ihre Regelung entspricht somit in grossen Zügen derjenigen der Aktiengesellschaft. Strukturelle Unterschiede ergeben sich insbesondere durch die Zweiteilung der Teilhabenden.   59

Die Kommanditaktiengesellschaft ist eine Gesellschaft, deren Kapital in Aktien zerlegt ist (vgl. Art. 620 Abs. 1 OR zur AG) und bei der eines oder mehrere Mitglieder den Gesellschaftsgläubigern unbeschränkt und solidarisch gleich einem Kollektivgesellschafter (s. Art. 552 Abs. 1 OR) haftbar sind (Art. 764 Abs. 1 OR).   60

Obschon die Kommandit-AG eine «valide» Gesellschaftsform ist, hat sie durch die komplexe «intransparente» Ausgestaltung keinen Anklang gefunden. Spiegel-   61

---

[6]   www.finma.ch (Stand 15. Juni 2016).

bildlich zur spärlichen Regelung der Kommanditaktiengesellschaft im OR ist auch deren Anwendungsbereich. Zwar gibt es insgesamt nur eine Handvoll Kommanditaktiengesellschaften, aber im Jahr 2014 haben sich zwei grosse Privatbanken, die frühere Pictet & Cie sowie die Lombard Odier & Cie, umgewandelt in Kommanditaktiengesellschaften (neu: Pictet Group und Lombard Odier Darier Hentsch) und damit ihren formellen Status als Privatbanken aufgegeben. Überhaupt ist die Form der Kommanditaktiengesellschaft insbesondere bei Privatbanken und Finanzinstituten beliebt. Sie ermöglicht Differenzierungen des Haftungsrisikos.

f. Verhältnis zwischen der AG und der Genossenschaft

62   Die Genossenschaft ist eine als Körperschaft organisierte Verbindung ohne begrenzte Anzahl der Mitglieder, die hauptsächlich die Förderung oder Wahrung bestimmter wirtschaftlicher Interessen ihrer Mitglieder in gemeinsamer Selbsthilfe bezweckt (Art. 828 Abs. 1 OR). Im Kontrast zur Aktiengesellschaft, welche kapitalbezogen ausgestaltet ist, ist die Genossenschaft eine personenbezogene Körperschaft.

63   Dennoch verweist das Recht der Genossenschaft in vielerlei Hinsicht auf die Regelungen der Aktiengesellschaft. So finden sich namentlich betreffend die Herabsetzung und Aufhebung von Anteilscheinen (Art. 874 Abs. 2 OR), die Revisionsstelle (Art. 906 Abs. 1 OR), Mängel in der Organisation der Genossenschaft (Art. 908 OR, s. aber auch Art. 831 Abs. 2 OR), die Liquidation und die Verteilung des Liquidationsvermögens der Genossenschaft (Art. 913 Abs. 1 OR) und die Haftung der Verwaltung und der Liquidatoren gegenüber Genossenschaftern und Gläubigern für mittelbare Schäden (Art. 917 Abs. 2 OR) Verweise auf das Recht der Aktiengesellschaft. Nur für konzessionierte Versicherungsgenossenschaften sind zudem die Vorschriften des Aktienrechts zur Amtsdauer der Verwaltung anwendbar (Art. 710 OR[7] i.V.m. Art. 896 Abs. 2 OR).

64   Die Gesellschaftsform der Genossenschaft wurde im Wirtschaftsleben in grossem Umfang durch die AG und den Verein verdrängt. Die Gründe liegen u.a. in der grösseren Freiheit des Vereinsrechts und der im Gegensatz zur Genossenschaft nicht gesetzlich begrenzten Ertragsmöglichkeit der AG (s. DRUEY/DRUEY JUST/GLANZMANN, § 19 N 6 und § 19 N 17). In gewissen Bereichen, wie der Landwirtschaft (bspw. Landi/Fenaco), dem Lebensmittelhandel (bspw. Migros und Coop), bei Wohnbaugenossenschaften, in der Versicherungsbranche (bspw. Mobiliar), bei Kreditinstituten (bspw. Landwirtschaftliche Bürgschaftsgenossenschaft) und bei

---

[7]   Für börsenkotierte Gesellschaften gilt Art. 3 Abs. 2 VegüV (jährliche Wahl). Die Bestimmungen der VegüV gehen den Bestimmungen des OR generell vor (s. Art. 1 Abs. 2 VegüV).

Bankinstituten (bspw. Raiffeisen), ist die Genossenschaftsform immer noch präsent (BSK OR II-BAUDENBACHER, Art. 828 N 2 ff.). Die vormals dem klassischen Leitbild der Genossenschaft entsprechenden vorgenannten Gesellschaften haben sich jedoch von diesem Leitbild weitestgehend entfernt. Vielmehr sind die Gesellschaften zu stark gewinnstrebigen Unternehmen avanciert, welche eigentlich dem Typ der Aktiengesellschaft eher entsprechen würden.

g. Die AG und Anstalten des öffentlichen Rechts

Nach Art. 763 Abs. 1 OR gelten die Vorschriften des Aktien-   65
rechts ebenfalls für Anstalten, «die durch besondere kantonale Gesetze gegründet worden sind» und «unter Mitwirkung öffentlicher Behörden verwaltet werden», sofern die Haftung **nicht** subsidiär durch den Kanton übernommen wird. Gesellschaften und Anstalten, die vor dem 1. Januar 1883 gegründet worden sind, sind hiervon aber generell ausgeschlossen.

Art. 762 OR sieht einige Sonderregeln für Aktiengesellschaften vor, sofern eine   66
Beteiligung seitens Körperschaften des öffentlichen Rechts, insbesondere von Gemeinweisen, vorliegt (s. dazu ausführlich Kap. § 5). Die Regeln beschreiben dann die Möglichkeit, die Beteiligung und Mitwirkung in Verwaltungsrat oder Geschäftsstelle statutarisch festzulegen, stellen aber auch klar, dass «von einer Körperschaft des öffentlichen Rechts abgeordnete Mitglieder des Verwaltungsrates und der Revisionsstelle» dieselben Rechte und Pflichten haben wie die gewählten Mitglieder.

III. Rechtsformunabhängige Gesetzgebung

A. Einleitung

Das schweizerische Gesellschaftsrecht hat sich lange Zeit nicht   67
stark weiterentwickelt. Doch seit den Neunzigerjahren – nicht zuletzt wegen der aufkommenden strukturellen wirtschaftlichen Probleme – kamen viele Revisionen in Gang (s. Kap. § 4, N 149 ff.). Bei den Revisionsbestrebungen hat sich eine Tendenz herausentwickelt: Diese ging dahin, dass sich viele Regelungen von der Rechtsform mehr oder weniger stark gelöst haben. Wie bereits weiter oben ausgeführt, verweist eine Vielzahl von gesellschaftsrechtlichen Instituten auf das Aktienrecht. Doch auch das Aktienrecht verweist in vielen Detailregelungen weiter auf andere Erlasse und Normen, so zum Beispiel beim Recht der kaufmännischen Buchführung und Rechnungslegung (Art. 957 ff. OR), dem Handelsregisterrecht

(Art. 927 ff. OR) oder dem Revisionsaufsichtsrecht (RAG). So verweisen praktisch alle gesellschaftsrechtlichen Institute auf gemeinsame Bestimmungen.

B.   Buchführung und Rechnungslegung

1.   Einleitung

68   Der Zweck der Rechnungslegung ist es, die wirtschaftliche Lage des Unternehmens so darzustellen, dass sich Dritte ein zuverlässiges Urteil bilden können (s. Art. 958 Abs. 1 OR). Die Bilanz stellt die Vermögens- und Finanzierungslage des Unternehmens am Bilanzstichtag dar (Art. 595 Abs. 1 OR). Das Bundesgericht hielt fest:

> «Sowohl Rechnungslegung als auch Rechnungsprüfung dienen schliesslich auch dem Schutz der Gläubiger und stellen in dieser Hinsicht Korrelate zum Fehlen der persönlichen Haftung der Gesellschafter dar.» (BGE 132 IV 12 E. 9.3.3)

69   Darüber hinaus dient die Rechnungslegung auch dem Eigenkapitalschutz, der Selbstinformation der Gesellschaft, als Bemessungsgrundlage für die Gewinnsteuern, als Führungsinstrument des Verwaltungsrats und der Geschäftsleitung und zugleich auch als Ansatzpunkt für deren Verantwortlichkeit (ausführlich BÖCKLI, Rechnungslegung, 2 ff.; s.a. BEHR/LEIBFRIED, 45 ff. und 57 ff.). Damit steht die Rechnungslegung im inneren Bezug zu praktisch jedem Abschnitt des Aktienrechts, und bildet entsprechend den «entscheidenden Kreuzweg aller aktienrechtlichen Vorschriften» (BÖCKLI, Aktienrecht, § 8 N 7 ff.).

70   Die zentrale Bedeutung der Rechnungslegung für das Funktionieren des Gesellschaftsrechts würdigt auch das Bundesgericht, indem es ihren Bestandteilen auch im Rahmen der Falschbeurkundung (Art. 253 Ziff. 1 StGB) eine erhöhte Glaubwürdigkeit und somit den strafrechtlichen Urkundencharakter zuspricht (BGE 122 IV 25 E. 2b; 108 IV 25 E. 1c).

2.   Die Aktienrechtsrevision von 1991

a.   Ziele der Revision

71   Aus der oben erwähnten Kritik ergaben sich auch die Ziele für die Revision der seit 1936 geltenden aktienrechtlichen Bilanzierungsvorschriften. Neben der Beschränkung der Bildung stiller Reserven sowie strengeren Vorschriften zur Offenlegung der Auflösung derselben waren die zentralen Anliegen der Revision die Durchsetzung der allgemeinen Grundsätze ordnungsmässiger Rechnungslegung, die Verbesserung der Aufgliederung, das Obligatorium der Kon-

zernrechnung und die Verpflichtung von Publikums- und von Grossgesellschaften zur Offenlegung ihrer Jahresrechnung (Botschaft Aktienrecht 1991, 809). Zudem wurde die Praxis der Aufwertung von Liegenschaften und Beteiligungen bei substanziellen Wertvermehrungen zur Vermeidung der Überschuldung von Aktiengesellschaften als Ausnahme vom Imparitätsprinzip in die neuen Bestimmungen aufgenommen und gesetzlich verankert (Art. 670 OR; vgl. Botschaft Aktienrecht 1991, 808 f.).

b. *Gliederungs- und Bewertungsvorschriften*

Bis zur Aktienrechtsreform 1991 steckte das Rechnungsle- 72
gungsrecht bildlich gesprochen noch in den Kinderschuhen und überliess die Darstellung der wirtschaftlichen Lage im Grossen und Ganzen der Gesellschaft. Das Aktienrecht enthielt praktisch keine Gliederungsvorschriften, was den Gesellschaften gestattete, «Posten der Jahresrechnung beliebig zu saldieren oder zu summieren und damit Abschlüsse vorzulegen, die wichtige Kennziffern wie Umsatz, Abschreibungsaufwand, Konzernverflechtungen, Aktionärsdarlehen usw.» nicht erkennen liessen (Botschaft Aktienrecht 1991, 808). Vielmehr war die Jahresrechnung ein «reiner Zahlenbericht», der die notwendigen Informationen über die Vermögens-, Finanzierungs- und Ertragslage, die zu einer zuverlässigen Beurteilung der wirtschaftlichen Lage eines Unternehmens unabdinglich sind, in gewillkürter und in nicht ohne Weiteres verständlicher Art und Weise darstellte (Botschaft Aktienrecht 1991, 808). Deshalb wurden im Zuge der Revision die Grundsätze der ordnungsmässigen Rechnungslegung konkretisiert und Einzelbestimmungen in den Gesetzestext integriert (vgl. Botschaft Aktienrecht 1991, 886 ff.). Insbesondere wurden Gliederungsvorschriften für die Erfolgsrechnung und die Bilanz gesetzlich verankert. Zudem wurde die Pflicht zur Erstellung eines Anhangs als dritten Teils der Jahresrechnung eingeführt. Dieser ergänzt und erläutert die anderen Bestandteile der Jahresrechnung und enthält Angaben über die angewandten Grundsätze der Rechnungslegung sowie Detailangaben zu Positionen der Bilanz und der Erfolgsrechnung (vgl. aArt. 663b OR, seit 1. Januar 2013 Art. 959c OR).

c. *Stille Reserven*

Für viel Polemik sorgt seit eh und je das Thema der stillen Re- 73
serven. Dies deshalb, weil gesetzlich weder die Bildung stiller Reserven beschränkt noch eine Pflicht für die Verwaltung, die Generalversammlung über die Auflösung von stillen Reserven zu informieren, statuiert war (vgl. Botschaft Aktienrecht 1991, 812). Der Vorentwurf der Arbeitsgruppe TSCHOPP für die Überprüfung des Aktienrechts von 1975 sah für die Bildung stiller Reserven weiterhin

keine Beschränkung vor, sondern schlug lediglich vor, dass die Differenz zwischen gebildeten und aufgelösten stillen Reserven im Geschäftsbericht bekannt gegeben werden müsse (s. Kap. § 4, N 44 ff.). Nach dem Vernehmlassungsverfahren wurde dieser Vorschlag fallen gelassen. Das Grundprinzip des neuen Vorschlags, der Eingang in den Entwurf von 1983 fand, sprach sich für die Beschränkung der Bildung und die Bekanntgabe der Auflösung stiller Reserven aus (Botschaft Aktienrecht 1991, 814). Die Bildung sollte nur möglich sein unter Berücksichtigung der Interessen aller Aktionäre und mit Rücksicht auf das Gedeihen des Unternehmens (Botschaft Aktienrecht 1991, 815; s. aArt. 669 Abs. 3 OR). Mit dem Hinweis auf das dauernde Gedeihen der Unternehmung wollte der Gesetzgeber verhindern, dass stille Reserven zu unternehmensfremden Zwecken oder zur Erreichung aussergesellschaftlicher Ziele gebildet werden (Botschaft Aktienrecht 1991, 815). Die Auflösung von stillen Reserven konnte hingegen weiterhin auch nach den damals neuen Bestimmungen des Rechnungslegungsrechts voraussetzungslos, jederzeit und zu jedem Zweck erfolgen. Gesetzlich verankert wurde jedoch die Pflicht zur Offenlegung der Auflösung von stillen Reserven im Anhang der Jahresrechnung (vgl. aArt. 663b Ziff. 8 OR).

74   Das neue Rechnungslegungsrecht hat in dieser Hinsicht die Bestimmungen des alten Rechts übernommen (s. Art. 959c Abs. 1 Ziff. 3 OR und Art. 960a Abs. 4 OR). Auch mit dem neuen Rechnungslegungsrecht wird die Bildung stiller Reserven (auch «Willkürreserven» genannt) praktisch unbeschränkt zugelassen (kritisch BÖCKLI, Rechnungslegung, 244 N 1083). Die Bildung von stillen Reserven wird zusätzlich dadurch begünstigt, dass einerseits gemäss Art. 960e Abs. 3 OR weitere Rückstellungen u.a. zur Sicherung des dauernden Gedeihens des Unternehmens (Ziff. 4) gebildet werden können, die über das betriebswirtschaftlich erforderliche Mass hinausgesehen (s. dazu BSK OR II-NEUHAUS/HAAG, Art. 960e N 19 f.), andererseits nicht mehr begründete Rückstellungen nicht aufgelöst werden müssen (Art. 960e Abs. 4 OR).

d.   Konsolidierung

75   Die Aktienrechtsrevision 1991 forderte ein Obligatorium für Aktiengesellschaften, eine konsolidierte Jahresrechnung vorzulegen, da im Jahresabschluss der Muttergesellschaften die Tochtergesellschaften nur in der Form von Beteiligungen und die ausgeschütteten Gewinne als Beteiligungsertrag erschienen und der Einzelabschluss der Muttergesellschaft somit kein vollständiges Bild vom Vermögensaufbau und von den Ertragsquellen des Konzerns vermittelte (Botschaft Aktienrecht 1991, 817).

76   Mit Konsolidierung ist nicht das blosse Zusammenfügen der Einzelabschlüsse gemeint, sondern vielmehr die Elimination der konzerninternen Vorgänge. Für die

Aktiengesellschaft ist insbesondere in der Rechnungslegung eine Konzernbetrachtung notwendig, da bei mehreren rechtlich selbstständigen Gesellschaften, die aus wirtschaftlicher Sicht zu einer einzigen Unternehmung zusammengefasst werden können, die Einzelabschlüsse nur Teilaspekte der unternehmerischen Tätigkeit aufzeigen und keinen Aufschluss über das Gesamtunternehmen geben. Die Konsolidierungspflicht ist wohl der wesentlichste Baustein eines Konzernrechtes (vgl. Kap. § 10, N 40 f.).

e. Offenlegung

Mit Einführung von aArt. 697*h* OR wurden Aktiengesellschaf- 77
ten, «die sich an die Öffentlichkeit wenden» – gemeint waren Publikums- und Grossgesellschaften –, verpflichtet, die Jahresrechnung und die Konzernrechnung zu veröffentlichen. Alle übrigen Gesellschaften wurden von der Offenlegungspflicht ausgenommen, hatten aber Gläubigern, die ein schutzwürdiges Interesse nachweisen konnten, Einsicht in die Jahresrechnung und, falls vorhanden, auch in die Konzernrechnung zu gewähren (vgl. aArt. 697*h* Abs. 2 OR). Im Bereich der Publizität wurde von Anfang an anerkannt, dass die Offenlegungspflicht nicht rechtsformspezifisch, sondern für alle Unternehmen einer bestimmten Grösse gleich geregelt werden müsse; dennoch wurde sie (vorerst) nur im Aktienrecht statuiert (Botschaft Aktienrecht 1991, 820). Heute regelt Art. 958*e* OR die Offenlegung und die Einsichtnahme in Jahresrechnung und Konzernrechnung für alle Unternehmen.

3.   Schlussbericht der «Groupe de réflexion»

Aufgrund der langen Revisionsdauer waren einzelne vorge- 78
schlagene Bestimmungen des Aktienrechts bereits überholt, und es ergaben sich zwangsläufig neue Fragen – auch im Rechnungslegungsrecht –, die sich insbesondere im Zusammenhang mit dem EG-Recht und dessen Relevanz für das schweizerische Gesellschaftsrecht stellten. Das Eidgenössische Justiz- und Polizeidepartement (EJPD) beauftragte eine Gruppe von Experten (Groupe de réflexion «Gesellschaftsrecht»). Ihr Schlussbericht hält u.a. fest, dass sich im Rechnungslegungsrecht gewichtige Unterschiede zwischen dem schweizerischen Gesellschaftsrecht und den bis zu diesem Zeitpunkt verabschiedeten Richtlinien der EG finden lassen und dass eine Angleichung an die EG-Richtlinien erste Priorität habe (Groupe de réflexion, 8 und 81). Die Empfehlungen der Expertengruppe für eine erneute Revision des Rechnungslegungsrechts umfassten insbesondere folgende Punkte:

a) Im Bereich der stillen Reserven sei eine Ausrichtung am Prinzip der *true and fair view* und damit eine Annäherung an das EG-Recht empfehlenswert.

b) Detailliertere Konsolidierungs- und Bewertungsvorschriften sollen zu einer erhöhten Transparenz und einem EG-konformen Rechnungslegungsrecht beitragen.

c) Die Anforderungen an die Rechnungslegung der Unternehmen sollten nicht nach der Rechtsform, sondern nach der wirtschaftlichen Bedeutung der Unternehmen unterschiedlich gestaltet und festgelegt werden.

d) Für prüfenswert erachtete die Groupe de réflexion die Verlagerung von Detailregelungen in eine Verordnung oder einen Entwurf eines besonderen Rechnungs- und Publizitätsgesetzes zur Entlastung des Obligationenrechts.

e) Im Zusammenhang mit einer Überprüfung des Rechnungslegungsrechts seien die Schaffung eines Zulassungssystems für Revisoren und gegebenenfalls die Anpassung der bestehenden Regelungen an die achte EG-Richtlinie[8] zu prüfen.

f) Die Bestimmungen über die Offenlegungspflichten der Unternehmen seien an die 1.[9] und die 11. Richtlinie[10] der EG anzugleichen, und unter Umständen sei die Normierung auf Verordnungsstufe oder die Schaffung eines Rechnungs- und Publizitätsgesetzes zu prüfen.

4. Das neue Rechnungslegungsrecht

79   Nachdem die Groupe de réflexion in ihrem Schlussbericht die Notwendigkeit einer erneuten Revision des Rechnungslegungsrechts aufgezeigt hatte, begannen sogleich auch die Vorarbeiten dazu. Nach einer zeitweilig sehr bewegten Reformgeschichte trat das am 23. Dezember 2011 verabschiedete neue Rechnungslegungsrecht per 1. Januar 2013 in Kraft (s. dazu Kap. § 4, N 164 ff.). Mit der Revision des Rechnungslegungsrechts erfolgte ein konzeptioneller Wechsel. Das neue Recht unterscheidet nicht mehr nach der Rechtsform, sondern nach der wirtschaftlichen Bedeutung des Unternehmens. Die bisherigen Bestimmungen zur Rechnungslegung wurden im Aktienrecht gelöscht und die neuen Bestimmungen in den 32. Titel des Obligationenrechts eingegliedert.

---

[8]   Achte Richtlinie 84/253/EWG vom 10. April 1984, ABl. L 126 vom 12. Mai 1984, S. 20, aufgehoben durch Richtlinie 2006/43/EG vom 17. Mai 2006, ABl. L 157 vom 9. Mai 2006, ABl. L 157 vom 9. Juni 2006, S. 87, wiederum geändert durch EU-Bilanzrichtlinie 2014/56/EU vom 16. April 2014, ABl. L 158 vom 27. Mai 2014, S. 196.

[9]   Erste Richtlinie 68/151/EWG vom 9. März 1968, ABl. L 65/8 vom 14. März 1968, aufgehoben durch Richtlinie 2009/101/EG vom 16. September 2009, ABl. L 258 vom 1. Oktober 2009, S. 11 (Publizitätsrichtlinie).

[10]   Elfte Richtlinie 89/666/EWR vom 21. Dezember 1989, ABl. 395 vom 30. Dezember 1989, S. 36, geändert durch Richtlinie 2012/17/EU vom 13. Juni 2012, ABl. L 156, S. 1.

a. Einheitliche Regelung für alle Rechtsformen

Mit dem Inkrafttreten des neuen Rechnungslegungsrechts in 80
Art. 957 ff. OR per 1. Januar 2013 wurden die rechtsformspezifischen Bestimmungen des Aktienrechts (Art. 662–663b und 663d–669 OR) aufgehoben und stattdessen eine für alle Rechtsformen des Privatrechts (auch Vereine und Stiftungen, vgl. Art. 69a und 83a ZGB) geltende Ordnung erlassen.

b. Massgeblichkeitsprinzip und «fair prensentation»

In der Vernehmlassung zum neuen Rechnungslegungsrecht 81
wurde der Vorschlag einer «umgekehrten Massgeblichkeit» stark kritisiert. Demzufolge hätten Abschreibungen, Wertberichtigungen und Rückstellungen, die von den Steuerbehörden nicht anerkannt würden, in der Jahresrechnung aufgelöst werden müssen. Im Ergebnis wäre dann das Steuerrecht und nicht das Buchführungs- und Rechnungslegungsrecht für die Jahresrechnung ausschlaggebend gewesen (vgl. Botschaft Aktienrechtsentwurf 2007, 604). Mit Blick auf das Verhältnis zwischen Rechnungslegungsrecht und Steuerrecht gilt deshalb immer noch das Massgeblichkeitsprinzip (s. Kap. § 15, N 34). Dadurch blieb die Steuerneutralität des neuen Rechnungslegungsrechts gewahrt (Botschaft Aktienrechtsentwurf 2007, 1626).

Die Bemühungen um eine steuerneutrale Neuordnung und das Festhalten am Mass- 82
geblichkeitsprinzip verhinderten aber zugleich eine Angleichung an die internationalen Standards und die Swiss GAAP FER, die für die Rechnungslegung das Prinzip der *fair presentation* oder der *true and fair view* vorsehen. Auch in der EU hat der Jahresabschluss ein den tatsächlichen Verhältnissen entsprechendes Bild *(true and fair view)* der Vermögens-, Finanz- und Ertragslage des Unternehmens zu vermitteln (Art. 4 Abs. 3 EU-Bilanzrichtlinie[11]). Dies bedeutet zwangsläufig eine Einschränkung der Möglichkeiten, stille Reserven zu bilden (vgl. auch BÖCKLI, Aktienrecht, § 8 N 73), und eine Orientierung an Marktwerten.

Der schweizerische Gesetzgeber entschied sich hingegen, an dem am Gläubiger- 83
schutz orientierten, traditionellen schweizerischen Rechnungslegungsrecht festzuhalten und Kapitalanlegerinteressen und den volkswirtschaftlichen Interessen an einer «richtigen» Darstellung der finanziellen Situation von Unternehmen *nur*

---

[11] Richtlinie 2013/34/EU des Europäischen Parlaments und des Rates vom 26. Juni 2013 über den Jahresabschluss, den konsolidierten Abschluss und damit verbundene Berichte von Unternehmen bestimmter Rechtsformen und zur Änderung der Richtlinie 2006/43/EG des Europäischen Parlaments und des Rates und zur Aufhebung der Richtlinie 78/660/EWG und 83/349/EWG des Rates, ABl. 2013 L 182, 19.

bei bedeutenden Unternehmen den Vorrang zu geben (vgl. dazu MEIER-HAYOZ/
FORSTMOSER, § 8 N 74 ff.; s.a. BEHR/LEIBFRIED, 59 ff.).

> c. *Differenzierung nach Unternehmensgrösse und*
> *schlanke Gliederungs- und Bewertungsvorschriften*
> *(Erleichterungen insb. für KMU)*

84   Die neuen Vorschriften zur Buchführung und Rechnungslegung statuieren je nach Umfang der Geschäftstätigkeit unterschiedliche Anforderungen. Zusammen mit den neuen Bewertungsgrundsätzen (Art. 960 ff. OR) und
den Mindestgliederungsvorschriften zur Bilanz und Erfolgsrechnung (vgl.
Art. 959 ff. OR), die sich nicht an den EG-Richtlinien, sondern am verkürzten
Konzept der International Financial Reporting Standards (IFRS for SMEs) orientieren, wurde insbesondere für KMU ein leicht nachvollziehbares, mit wenig
Aufwand zu bewältigendes Buchführungs- und Rechnungslegungskonzept eingeführt (vgl. Botschaft Aktienrechtsentwurf 2007, 1625).

85   Darüber hinaus hat es der Gesetzgeber mit den Hinweisen auf die Grundsätze
ordnungsmässiger Buchführung (Art. 957a Abs. 2 OR) und die Grundsätze ordnungsmässiger Rechnungslegung (Art. 958c OR) der Praxis überlassen, zu definieren, was unter Ordnungsmässigkeit zu verstehen ist, und diesen Begriff den
jeweils geltenden Anforderungen laufend anzupassen (BSK OR II-NEUHAUS/
SCHÄRER, Art. 957a N 2, m.w.H.).

> «Der Verweis auf allgemein anerkannte kaufmännische Grundsätze oder Grund-
> sätze ordnungsmässiger Rechnungslegung führt zu einer konstanten Veränderung
> des Rechts und damit zur Notwendigkeit einer eigenen Methodik bei der wissen-
> schaftlichen Analyse und Auslegung der Normen.» (HANDSCHIN, 13)

86   Für das Rechnungslegungsrecht hat sich vor allem das von der Kommission für
Wirtschaftsprüfung der Treuhand-Kammer herausgegebene Schweizer Handbuch
der Wirtschaftsprüfung (HWP) zum Standardwerk für Lehre und Praxis entwickelt:

> «Cet ouvrage constitue un guide de référence pour les professionnels de l'audit et
> est considéré, dans la jurisprudence, comme un ouvrage de doctrine.» (BGE 136
> II 88 E. 4.4.)

87   Börsenkotierte Gesellschaften sind nach der Neuordnung hingegen verpflichtet,
ihre Jahresrechnung bzw. Konzernrechnung nach einem anerkannten Standard zur
Rechnungslegung zu erstellen, sofern die Börse dies verlangt (Art. 962 Abs. 1
Ziff. 1 OR und Art. 963b Abs. 1 Ziff. 1 OR). Diese Pflicht gilt auch für Genossenschaften mit mindestens 2000 Genossenschaftern und Stiftungen, die von Gesetzes

wegen zu einer ordentlichen Revision verpflichtet sind (Art. 962 Abs. 1 Ziff. 2 und 3 OR sowie Art. 963*b* Abs. 1 Ziff. 2 und 3 OR).

aa. «Milchbüchlein-Rechnung»

Von der Pflicht zur Buchführung und Rechnungslegung ge- 88
mäss OR sind Einzelunternehmen und Personengesellschaften mit weniger als 500 000 Franken Umsatzerlös pro Jahr befreit. Sie müssen nach Art. 957 Abs. 2 OR lediglich über die Einnahmen und Ausgaben sowie über die Vermögenslage Buch führen, sog. «Milchbüchlein-Rechnung» (s. dazu HANDSCHIN, N 78 und 139), wobei die Grundsätze ordnungsmässiger Buchführung sinngemäss gelten (Art. 957 Abs. 3 OR). Das Gleiche gilt für Vereine und Stiftungen, die nicht verpflichtet sind, sich ins Handelsregister eintragen zu lassen, und für Stiftungen, die nach Art. 83*b* Abs. 2 ZGB von der Pflicht zur Bezeichnung einer Revisionsstelle befreit sind (Art. 957 Abs. 2 Ziff. 2 und 3 OR).

bb. Buchführung und Rechnungslegung für KMU

Für alle anderen Unternehmen, die von den obigen Ausnahmen 89
nicht erfasst werden und ihre Rechnungslegung nicht nach einem anerkannten Standard erstellen müssen (s. nachfolgend), besteht grundsätzlich die Pflicht zur Buchführung und Rechnungslegung gemäss Obligationenrecht (Art. 957–960*e* OR). Die Rechnungslegung erfolgt im Geschäftsbericht, der die Jahresrechnung enthält. Diese setzt sich aus der Bilanz (s. Art. 959 f. OR), der Erfolgsrechnung (s. Art. 959*b* OR) und dem Anhang (s. Art. 959*c* OR) zusammen. Solche Unternehmen sind verpflichtet, die Grundsätze ordnungsmässiger Buchführung (Art. 957*a* OR) und Rechnungslegung (Art. 958*c* OR) zu befolgen.

Qualifizierte Minderheiten (s. Art. 961*d* Abs. 2 Ziff. 1 und 2 OR) sowie Gesell- 90
schafter oder Mitglieder, die einer persönlichen Haftung oder Nachschusspflicht unterliegen (s. Art. 961*d* Abs. 2 Ziff. 3 OR), können jedoch die Rechnungslegung nach den Vorschriften für grössere Unternehmen verlangen (s. nächsten Absatz).

cc. Buchführung und Rechnungslegung für grössere Unternehmen

Grössere Unternehmen sind ebenfalls zur Buchführung und 91
Rechnungslegung nach dem Obligationenrecht verpflichtet; für sie statuiert das Gesetz aber zusätzliche Pflichten. So müssen sie im Anhang zur Jahresrechnung zusätzliche Angaben zu den langfristigen verzinslichen Verbindlichkeiten und zum Honorar der Revisionsstelle machen (Art. 961*a* OR). Des Weiteren haben sie als Teil der Jahresrechnung eine Geldflussrechnung zu erstellen (Art. 961*b* OR)

und einen Lagebericht zu verfassen, der namentlich über die Anzahl Vollzeitstellen im Jahresdurchschnitt, die Durchführung einer Risikobeurteilung, die Bestellungs- und Auftragslage, die Forschungs- und Entwicklungstätigkeit, aussergewöhnliche Ereignisse und die Zukunftsaussichten informiert (Art. 961c OR).

92   Von den zusätzlichen Pflichten sind Unternehmen ausgenommen, die in einer Konzernrechnung konsolidiert sind (Art. 961d Abs. 1 OR).

dd.   Rechnungslegung nach anerkannten Standards

93   Nach dem neuen Rechnungslegungsrecht müssen gemäss Art. 962 Abs. 1 OR börsenkotierte Gesellschaften, Genossenschaften mit mindestens 2000 Genossenschaftern und Stiftungen, die von Gesetzes wegen zu einer ordentlichen Revision verpflichtet sind, nebst der Jahresrechnung nach dem Obligationenrecht zusätzlich einen Abschluss nach einem anerkannten Standard zur Rechnungslegung erstellen. Während die Jahresrechnung nach dem OR (s. oben) u.a. weiterhin für die Erhebung direkter und indirekter Steuern, als Grundlage zur Abgabe von Sozialversicherungsbeiträgen sowie zur Beurteilung, ob ein Kapitalverlust oder eine Überschuldung des Unternehmens vorliegt, dient, stellt der Abschluss nach einem anerkannten Standard zur Rechnungslegung für die Kapitalgeber eines Unternehmens eine zusätzliche Informationsquelle dar (BSK OR II – NEUHAUS/KUNZ, Art. 962 N 1 f.). Die Pflicht zur Erstellung eines zusätzlichen Abschlusses nach einem anerkannten Standard entfällt, wenn eine Konzernrechnung nach einem anerkannten Standard erstellt wird (Art. 962 Abs. 3 OR).

94   Zeitgleich mit dem neuen Rechnungslegungsrecht trat auch die Verordnung über die anerkannten Standards zur Rechnungslegung (VASR, SR 221.432) in Kraft. Darin bezeichnet der Bundesrat diejenigen Regelwerke, die als anerkannte Standards zur Rechnungslegung i.S.v. Art. 962 f. OR gelten (vgl. dazu Kap. § 12, N 33 ff.). Welchen Standard ein Unternehmen anwendet, hat der Verwaltungsrat bzw. das oberste Leitungsorgan zu bestimmen, falls darüber nicht schon in den Statuten, dem Gesellschaftsvertrag oder in der Stiftungsurkunde befunden wurde (Art. 962 Abs. 4 OR).

95   Für Banken gemäss Bankengesetz und für Effektenhändler gemäss Börsengesetz sind die Rechnungslegungsvorschriften der FINMA für Banken und Effektenhändler (Art. 25-42 BankV[12]; für Effektenhändler verweist Art. 16 BEHG auf die Bestimmungen der BankV; zukünftig im FINIG, vgl. Art. 44 E-FINIG) einem anerkannten Standard zur Rechnungslegung gleichgestellt (Art. 2 Abs. 1 VASR). Ebenfalls einem anerkannten Standard zur Rechnungslegung gleichgestellt sind

---

[12]   Für Effektenhändler verweist der noch geltende Art. 16 BEHG auf die Bestimmungen der BankV. Zukünftig wird sich dieser Verweis im FINIG befinden (vgl. Art. 44 E-FINIG).

die Rechnungslegungsvorschriften der FINMA für kollektive Kapitalanlagen (Art. 2 Abs. 2 VASR).

ee. Konzernrechnungslegung

Konzerne sind nach Art. 963 Abs. 1 OR verpflichtet, eine konsolidierte Jahresrechnung (Konzernrechnung) zu erstellen. Diesbezüglich wird auf das Kapitel § 10 Konzernrecht verwiesen.

C. Das Revisionsrecht

1. Einleitung

Ziel der Rechnungsprüfung ist es im Allgemeinen, zu einer [96] verlässlichen Geschäftsführung und zum Schutz von Gläubigern und Anlegern, insbesondere Minderheitsgesellschaftern, beizutragen (vgl. DRUEY/DRUEY JUST/ GLANZMANN, 375; s.a. BERTSCHINGER, 91 ff.). Von der Rechnungsprüfung ausgenommen sind daher die Personengesellschaften, bei denen keine Beschränkung der Haftung auf deren Vermögen gegeben ist.

Für die Aktiengesellschaft (seit dem Erlass des OR 1881) und die Genossenschaft [97] (seit der Totalrevision 1936) sieht das OR schon lange zwingend ein Gesellschaftsorgan für die Rechnungsprüfung vor (Botschaft RAG, 3975; zum neuen Recht s. unten). Im Zuge der Reform des GmbH-Rechts erfuhr das Recht der Revisionsstelle eine gänzliche Neuordnung, die abgesehen von einigen wenigen rechtsformspezifischer Regeln nicht mehr nach der Gesellschaftsform, sondern rechtsformübergreifend nach der wirschaftlichen Bedeutung der unternehmerischen Tätigkeit unterscheidet. Zudem wurde das Prüfungsobligatorium auch auf andere juristische Personen, namentlich auf den Verein (Art. 69b ZGB) und die Stiftung (Art. 83b ZGB), ausgedehnt. Im Gegensatz zum Rechnungslegungsrecht wurde die Neuordnung der Revisionsstelle nicht im allgemeinen Teil des Gesellschaftsrechts verankert, sondern im Recht der Aktiengesellschaft belassen und lediglich durch Sonderbestimmungen bei den übrigen juristischen Personen ergänzt.

Die neuen Vorschriften zur Revisionspflicht und zur Revisionsstelle im OR bzw. [98] im ZGB werden durch das Bundesgesetz über die Zulassung und Beaufsichtigung der Revisorinnen und Revisoren (Revisionsaufsichtsgesetz, RAG) flankiert. Dieses seit dem 1. September 2007 geltende Gesetz unterstellt Revisoren und Revisorinnen der staatlichen Aufsicht durch die neu geschaffene Eidgenössische Revisionsaufsichtsbehörde (RAB), die insbesondere sicherstellen soll, dass Revisionsdienstleistungen nur von Fachpersonen erbracht werden, die genügend qualifiziert sind (dazu eingehend nachfolgend).

2.   Revisionspflicht

99   Die dem neuen Revisionskonzept zugrunde liegende Idee war, für alle Unternehmen des Privatrechts unabhängig von ihrer jeweiligen Rechtsform eine Revisionspflicht einzuführen, deren Anforderungen sich nach der Unternehmensgrösse richten. Das neue System sieht für grosse Unternehmen eine ordentliche Revision (Art. 727 OR) und für kleinere und mittlere Unternehmen eine eingeschränkte Revision (Art. 727a OR) vor. Für sehr kleine Unternehmen – Kleinbetriebe mit zehn oder weniger Vollzeitstellen im Jahresdurchschnitt – ist gemäss Art. 727a Abs. 2 OR sogar die Möglichkeit vorgesehen, ganz auf eine Revision zu verzichten, wenn alle Aktionäre zustimmen (*Opting-out;* m.w.H. BSK Revisionsrecht-WATTER/MAIZAR, Art. 727a OR N 16 ff.).

100   Zum einen beruhen die verschiedenen Abstufungen der Revision auf dem Gedanken, dass sich das Schutzbedürfnis der Aktionäre, Gläubiger und der Öffentlichkeit bei kleineren, mittleren und grösseren Unternehmen unterscheidet (Botschaft RAG 3989 f.; s. auch BSK Revisionsrecht-WATTER/MAIZAR, Vor Art. 727, 727a OR N 15 ff. und 22 f.). Zum andern wollte der Gesetzgeber mit der Neuordnung eine unverhältnismässige Belastung von KMU durch eine umfangreiche professionelle Rechnungsprüfung vermeiden (Botschaft RAG, 3989 f.).

a.   Ordentliche Revision

101   Publikumsgesellschaften – als solche gelten Gesellschaften, die Beteiligungspapiere an einer Börse kotiert oder Anleihensobligationen ausstehend haben – und wirtschaftlich bedeutende Gesellschaften (Bilanzsumme CHF 20 Mio., Umsatzerlös CHF 40 Mio. und 250 Vollzeitstellen im Jahresdurchschnitt) sowie Gesellschaften, die zur Erstellung einer Konzernrechnung verpflichtet sind, müssen ihre Jahresrechnung und ggf. ihre Konzernrechnung einer ordentlichen Revision unterziehen (Art. 727 OR; die Pflicht zur Erstellung einer Konzernrechnung richtet sich nach Art. 963 OR). Die Qualifikation als wirtschaftlich bedeutende Gesellschaft knüpft das Gesetz an verschiedene Unternehmenswerte. Ursprünglich erfasste die Bestimmung Gesellschaften, die zwei der drei genannten Grössen (Bilanzsumme CHF 10 Mio., Umsatzerlös CHF 20 Mio., 50 Vollzeitstellen im Jahresdurchschnitt) in zwei aufeinanderfolgenden Geschäftsjahren überschritten. Diese Schwellenwerte für die Pflicht zur Durchführung einer ordentlichen Revision für wirtschaftlich bedeutende Unternehmen wurden durch Parlamentsentschluss vom 17. Juni 2011 auf CHF 20 Mio. Bilanzsumme, CHF 40 Mio. Umsatz-

erlös und 250 Vollzeitstellen im Jahresdurchschnitt erhöht und am 1. Januar 2012 in Kraft gesetzt (vgl. Art. 727 Abs. 1 Ziff. 2 OR; s. ZIHLER, 670 ff.; noch zu den alten Schwellenwerten BSK OR II-WATTER/MAIZAR, Art. 727 N 20). Für die Aktionäre von Privatgesellschaften (nicht kotierte Unternehmen) sieht das Gesetz unabhängig von der Grösse der Gesellschaft die Möglichkeit vor, die Gesellschaft entweder einmalig oder dauernd der ordentlichen Revision zu unterstellen. Dies kann entweder auf Antrag von Minderheitsaktionären, die zusammen mindestens zehn Prozent des Aktienkapitals vertreten (Art. 727 Abs. 2 OR), durch einen Beschluss der Generalversammlung oder durch eine statutarische Bestimmung erfolgen (Art. 727 Abs. 3 OR).

b.   Eingeschränkte Revision (Review)

Unternehmen, insbesondere KMU, welche die Pflichtschwelle [102] für eine ordentliche Revision nicht erfüllen, unterstehen einer eingeschränkten Revisionspflicht (Art. 727a Abs. 1 OR). Diese mit der Reform eingeführte neue Art der Abschlussprüfung sieht zahlreiche Erleichterungen vor hinsichtlich des Prüfungsumfangs und der Prüfungsintensität sowie der Anforderungen an die fachlichen Voraussetzungen und die Unabhängigkeit der Revisionsstelle (ausführlich in Botschaft RAG, 3992 f. und 3994 f.). Während Publikumsgesellschaften und die übrigen Gesellschaften, welche der ordentlichen Revision unterstehen, ein staatlich beaufsichtigtes Revisionsunternehmen (Art. 727b Abs. 1 OR i.V.m. Art. 7 ff. RAG) bzw. einen zugelassenen Revisionsexperten (Art. 727b Abs. 2 OR i.V.m. Art. 4 RAG) als Revisionsstelle bezeichnen müssen, genügt es für KMU, einen zugelassenen Revisor – der betreffend Fachpraxis geringere Anforderungen zu erfüllen hat – als Revisionsstelle einzusetzen (Art. 727c OR i.V.m. Art. 5 RAG).

3.   Die Revisionsstelle

Die Revisionsstelle wird von der GV für ein bis drei Geschäfts- [103] jahre gewählt (Art. 730 Abs. 1 OR und Art. 730a Abs. 1 OR). Eine Wiederwahl ist möglich, wobei bei der ordentlichen Revision die Person, die die Revision leitet, das Mandat längstens während sieben Jahren ausführen darf (Art. 730a Abs. 1 und 2 OR). Diese Pflicht zur Rotation des Mandatsleiters wurde vom US-amerikanischen Sarbanes-Oxley Act übernommen, um eine gewisse Distanz zwischen dem Revisionsleiter und dem Unternehmen zu schaffen (vgl. BSK Revisionsrecht-WATTER/MAIZAR, Art. 730a OR N 6.). Dazu dient auch Art. 11 Abs. 1 RAG. Diese Bestimmung sieht für staatlich beaufsichtigte Revisionsunternehmen von Publikumsgesellschaften vor, dass die jährlichen Honorare aus Revisions- und anderen Dienstleistungen für eine einzelne Gesellschaft bzw. einen Konzern max. zehn Prozent ihrer gesamten Honorarsumme ausmachen dürfen (10%-Regel).

104   Hinsichtlich Unabhängigkeit der Revisionsstelle (Art. 728 OR und Art. 729 OR), Gegenstand und Umfang der Rechnungsprüfung (Art. 728a OR und Art. 729a OR), Revisionsbericht (Art. 728b OR und Art. 729b OR) und Anzeigepflicht der Revisionsstelle (Art. 728c OR und Art. 729c OR) sieht das Gesetz hingegen je nach Art der Revision unterschiedlich hohe Anforderungen vor. Darüber hinaus können die Statuten und die Generalversammlung die Organisation der Revisionsstelle detaillierter regeln und deren Aufgaben ausweiten (s. Art. 731a Abs. 1 OR).

104a   Als Kontrollorgan der Gesellschaft prüft die Revisionsstelle bei der ordentlichen Revision, ob die Jahresrechnung und ggf. die Konzernrechnung mit dem Gesetz, den Statuten und den gewählten Regelwerken übereinstimmt; der Antrag des VR an die GV über die Verwendung des Bilanzgewinnes den gesetzlichen Vorschriften und Statuten entspricht; und ein internes Kontrollsystem existiert (Art. 728a Abs. 1 OR). Nach der Prüfung hat die Revisionsstelle dem Verwaltungsrat einen umfassenden und der Generalversammlung einen zusammenfassenden Bericht über das Ergebnis der Revision zu erstatten (Art. 728b Abs. 1 und 2 OR). Die Anforderungen an die Berichterstattung sowohl an den VR als auch an die GV haben zugenommen, sodass die Berichte umfassender werden (vgl. RAB RS 1/2009 vom 19. Juni 2009 und RS 1/2015 vom 21. Dezember 2015), aber im Vergleich zu den Geschäftsberichten immer noch übersichtlich sind. Bei der eingeschränkten Revision ist der Prüfungsumfang erheblich geringer (s. Art. 729a OR), und die Rechenschaftsablage erfolgt nur gegenüber der Generalversammlung (Art. 729b OR).

4.   Revisionsaufsicht (RAG)

105   Das RAG regelt die Zulassung und Beaufsichtigung von Personen, die Revisionsdienstleistungen erbringen, und dient der ordnungsmässigen Erfüllung und der Sicherstellung der Qualität von Revisionsdienstleistungen (Art. 1 Abs. 1 und 2 RAG). Es sieht für natürliche Personen und Revisionsunternehmen, die Revisionsdienstleistungen erbringen wollen, eine Bewilligungspflicht vor (Art. 3 Abs. 1 RAG) und unterstellt sie gleichzeitig der staatlichen Aufsicht durch die neu geschaffene, an die US-amerikanische *Public Company Accounting Oversight Board (PCAOB)* angelehnte (vgl. dazu Kap. § 9, N 31 ff. u. § 14, N 52 ff.) Eidgenössische Revisionsaufsichtsbehörde (RAB). Die Verordnung über die Zulassung und Beaufsichtigung der Revisorinnen und Revisoren (RAV, AS 2007 3989; SR 221.302.3) regelt die Ausführungsbestimmungen zum RAG, insbesondere die Einzelheiten für die Zulassung zur Erbringung von Revisionsdienstleistungen (Art. 1 ff. RAV). Zudem sieht die RAV ein Revisorenregister für zugelassene Revisionsdienstleister vor (Art. 16 ff. RAV).

In den USA entschied sich der Gesetzgeber dazu, eine rein staatliche Regulierung   106
durch die *PCAOB Auditing Standards (PCAOB AS)* zu verfolgen. Der Schweizer
Gesetzgeber dagegen wählte die Form der überwachten Selbstregulierung nament-
lich anhand der Prüfungsstandards der EXPERTsuisse (PS) und der International
Standards on Auditing (ISA) (SCHNEIDER, 593). Bei Banken, Finanzgruppen und
Finanzkonglomeraten hingegen erfolgt die Prüfung nach Art. 24 FINMAG: Die
Prüfung orientiert sich insbesondere an den Risiken, die vom Beaufsichtigten für
die Gläubiger, Anleger, Versicherten und für die Funktionsfähigkeit der Finanzmärkte ausgehen können. Die Grundzüge für den Inhalt und die Durchführung der
Prüfung sowie die Form der Berichterstattung hat die FINMA im Rundschreiben
13/3 «Prüfwesen» festgehalten. Internationale und nationale Prüfungsstandards für
die Rechnungsprüfung nach den Grundsätzen der ordentlichen Revision des OR
sind für die Prüfung nicht massgebend (FINMA-RS 13/3 vom 6. Dezember 2012,
N 35). Ferner sind Banken der Kategorien 1–3 (FINMA-RS 2011/2 vom 30. März
2011, Anhang) verpflichtet, einen Prüfungsausschuss *(Audit Committee)* einzurichten (FINMA-RS 2017/01 «Corporate Governance – Banken», N 31 ff. [in
Kraft ab 1. Juli 2017]; vormals FINMA-RS 2008/24 vom 20. November 2008,
insb. N 32 ff.). Damit bewegen sich die Regulierungsansätze in der Schweiz auf
einer Linie mit den Empfehlungen der «Corporate governance principles for
banks» des Basler Ausschusses für Bankenaufsicht vom Juli 2015 und den
«G20/OECD Principles of Corporate Governance» vom November 2015.

Die RAB ist eine öffentlich-rechtliche Anstalt des Bundes mit eigener Rechtsper-   107
sönlichkeit, welche als unabhängige Einheit dem EJPD administrativ zugeordnet
ist (Art. 28 RAG).[13] Darüber hinaus untersteht die RAB der administrativen Aufsicht des Bundesrats (Art. 38 Abs. 2 RAG). Konkret ist die RAB zuständig für die
Zulassung, Registrierung und Aufsicht von Revisionsdienstleistern und soll insbesondere sicherstellen, dass Revisionsdienstleistungen nur von Fachpersonen erbracht werden, die hinsichtlich Ausbildung und Berufserfahrung genügend qualifiziert sind (Art. 4-6 RAG sowie Art. 15 ff. RAG; s. insb. auch Ausführungsbestimmungen der Revisionsaufsichtsverordnung). Revisionsunternehmen, die Revisionsdienstleistungen für Publikumsgesellschaften i.S.v. Art. 727 Abs. 1 Ziff. 1
OR erbringen wollen, sog. staatlich beaufsichtigte Revisionsunternehmen
(s. Art. 7 Abs. 1 RAG), unterliegen einem strengeren Regime. Sie müssen zusätzliche Zulassungsvoraussetzungen erfüllen (s. Art. 9 Abs. 1 RAG sowie Art. 11–13
RAG bzgl. Unabhängigkeit, Sicherung der Qualität und Zutrittsgewährung) und
zudem ihre Zulassung praktisch jedes Jahr erneuern (vgl. Art. 14 RAG; s. dazu
auch BSK Revisionsrecht-EHRAT/PFIFFNER, Art. 7 N 23). Seit dem 1. Januar 2015
zeichnet die RAB auch für die Zulassung und Aufsicht von Revisionsgesellschaften, die Finanzinstitute prüfen (s. Art. 24 Abs.1 lit. a FINMAG und Art. 2 lit. a

---

[13]   Die RAB in Kürze, 5, auffindbar unter: https://www.rab-asr.ch/docs/RAB_in_Kuerze.pdf
(Stand 19. Dezember 2016).

Ziff. 2 u. 9*a* RAG), verantwortlich (AS 2014; BBl 2013 6857). Das FINMA-Rundschreiben 2013/4 – «Prüfgesellschaften und leitende Prüfer» vom 6. Dezember 2012 wurde aufgehoben, und die darin festgelegten Zulassungsbestimmungen sind neu in der Revisionsaufsichtsverordnung geregelt. Damit übt die RAB die Aufsicht über Revisionsgesellschaften sowohl im Bereich der Rechnungsprüfung (Financial Audit) als auch in dem der Aufsichtsprüfung (Regulatory Audit) aus, die bis zur Reform der Aufsichtszuständigkeiten zum Aufgabenbereich der FINMA gehörte (s. BBl 2013 6857).

108   Die RAB führt keine flächendeckenden, sondern risikoorientierte Überprüfungen durch (Art. 8 ASV-RAB[14]). Die einzelnen Revisionsstellen müssen ausreichende und geeignete Prüfungsnachweise erlangen, um das Prüfungsrisiko (Audit Risk) – die Gefahr, dass Fehler auftreten, die weder durch das interne Kontrollsystem des Unternehmens noch durch die Rechnungsprüfer aufgedeckt werden – auf ein vertretbares Mass zu reduzieren (Art. 8 ff. ASV-RAB). Bei der ordentlichen Revision liegt der Grad der Zusicherung bei circa 90–95 Prozent, das verbleibende Prüfungsrisiko dementsprechend bei circa 5–10 Prozent; bei der eingeschränkten Revision liegt der Grad der Zusicherung bei circa 60–70 Prozent und das Prüfungsrisiko folglich bei 30–40 Prozent[15]. Die Qualität der Revision wurde somit seit der Reform deutlich verbessert.

109   Im Zuge der Reform des Handelsregisterrechts (s. nachfolgend N 145 ff.) wurde auch eine Neuausrichtung der Zuständigkeit der Schweizer Revisionsaufsicht im Ausland an die Hand genommen. Am 1. Juli 2015 hat der Bundesrat die Botschaft für eine Änderung des Revisionsaufsichtsgesetzes, im Besonderen zur extraterritorialen Zuständigkeit der Revisionsaufsicht, verabschiedet (BBl 2015 5717). Nach der geltenden Regelung müssen ausländische Revisionsunternehmen entweder von der Eidgenössischen Revisionsaufsichtsbehörde (RAB) oder einer vom Bundesrat anerkannten ausländischen Revisionsaufsichtsbehörde beaufsichtigt werden, wenn sie ausländische Gesellschaften prüfen, die den Schweizer Kapitalmarkt direkt oder indirekt in Anspruch nehmen (vgl. Art. 8 RAG). Aufgrund der Erfahrung der letzten Jahre zeigte sich jedoch, dass in gewissen Fällen im Heimatland des Revisionsunternehmens entweder gar keine Aufsicht besteht, oder dass die ausländische Aufsichtsbehörde vom Bundesrat mangels Gleichwertigkeit nicht anerkannt werden kann, was dazu führt, dass diese Revisionsunternehmen von der Schweiz beaufsichtigt werden müssen (BBl 2015 5722). Um die daraus entstehen-

---

[14]   Verordnung der Eidgenössischen Revisionsaufsichtsbehörde über die Beaufsichtigung von Revisionsunternehmen (Aufsichtsverordnung RAB, ASV-RAB), vom 17. März 2008, SR 221.302.33.

[15]   SCHNEIDER, FRANK, Risiko und Risikoorientierung in der Revision, Vortrag am Seminar Quo Vadis – Finanzplatz Schweiz Europainstitut, Universität Zürich, 25. August 2016 (Präsentation verfügbar auf: http//www.eiz.uzh.ch/uploads/media/04_Frank_Schneider_Praesentation.pdf, Stand 27. Januar 2017).

den nachteiligen Auswirkungen auf den Schweizer Kapitalmarkt zu mildern, beinhaltet der Entwurf eine massvolle Deregulierung der extraterritorialen Zuständigkeit der Schweizer Revisionsaufsicht bei ausländischen Emittenten von Anleihensobligationen und bei wesentlichen Tochtergesellschaften von ausländischen Emittenten (vgl. E-Art. 8 RAG, BBl 2015 5727 ff.).

D. Das Fusionsgesetz

1. Einleitung

Das Fusionsgesetz vom 3. Oktober 2003 (SR 221.301) trägt [110] den vollen Namen «Bundesgesetz über Fusion, Spaltung, Umwandlung und Vermögensübertragung (FusG)». Art. 1 Abs. 1 und 2 FusG halten fest:

> «[1] Dieses Gesetz regelt die Anpassung der rechtlichen Strukturen von Kapitalgesellschaften, Kollektiv- und Kommanditgesellschaften, Genossenschaften, Vereinen, Stiftungen und Einzelunternehmen im Zusammenhang mit Fusion, Spaltung, Umwandlung und Vermögensübertragung.
>
> [2] Es gewährleistet dabei die Rechtssicherheit und Transparenz und schützt Gläubigerinnen und Gläubiger, Arbeitnehmerinnen und Arbeitnehmer sowie Personen mit Minderheitsbeteiligungen.»

Vor dem Erlass dieses Gesetzes waren diese Operationen und Transaktionen nur [111] teilweise und/oder kautelarisch möglich. Bereits zur Zeit der Aktienrechtsrevision von 1991 war es augenfällig, dass das schweizerische Recht einen erheblichen Entwicklungsbedarf im Bereich der körperschaftlichen Umstrukturierungen aufwies. In Bezug auf die Aktiengesellschaft war lediglich, aber auf unbefriedigende und lückenhafte Art und Weise, die Fusion in Art. 748 aOR geregelt. Durch einen progressiven und kreativen Entscheid des Bundesgerichtes (BGE 115 II 415 zur Stiftungsfusion) und auch durch die anlaufende Gesetzgebung zum etwaigen Beitritt zum Regelwerk des EWR (Botschaft FusG, 4345) wandelte sich die Eintragungspraxis des Handelsregisteramtes auf eidgenössischer Ebene erheblich. Als Resultat dieser Entwicklung wurden auch Fusionen von Gesellschaften mit beschränkter Haftung und teilweise auch rechtsformübergreifende Fusionen ins Handelsregister eingetragen (BÖCKLI, Aktienrecht, § 3 N 2; sowie Botschaft FusG, 4340).

Das Gesetz von 1936 sah lediglich zwei Arten der Fusion vor. Diese sind die Kom- [112] binationsfusion und die Annexionsfusion (Übernahmefusion). Von den beiden vom Gesetz zur Verfügung gestellten Formen fand jedoch faktisch nur die Übernahmefusion Anwendung. War eine solche echte Fusion nicht möglich, so wurde auf kautelarischem Wege der Zusammenschluss durch einen Aktienkauf *(share deal)* oder Aktientausch vollzogen. Dieser Vorgang wird vor allem im Steuerrecht als «unechte Fusion» oder «Quasifusion» angesehen (Kreisschreiben Nr. 5, 28 ff.). Überdies verursachte die Schwerfälligkeit des Gesetzes zudem zusätzliche Kosten für die fusionierenden Unternehmen. Bald wurde erkannt, dass Lückenfüllung durch die liberale Haltung der Handelsregisterbehörden, welche vom Bundesgericht gestützt wurde (BGE 125 III 18), keine Dauerlösung darstellte, da sie zu viele Unsicherheiten und Kosten in sich barg (Botschaft FusG, 4344).

113   In einer Zeit, in der sich die Unternehmungen in einem globalen dynamischen Umfeld bewegen, bedarf es einer rechtlichen Regelung, die dem Bedürfnis nach Flexibilität und Einfachheit auch auf der strukturellen Ebene Rechnung trägt. Dabei ist festzuhalten, dass das Fusionsrecht nicht ein eigentliches Transaktionsrecht darstellt, welches primär Vermögenswerte und Verbindlichkeiten überträgt, wie beispielsweise das Kaufrecht (Art. 184 ff. OR). Evident wird diese Anmerkung vor allem im Hinblick auf die Umwandlung und die Fusion. Bei diesen Vorgängen steht die Transaktion hinter der Prozeduralisierung von Strukturprozessen zurück (AMSTUTZ/MABILLARD, N 10). Das heisst, im Vordergrund steht nicht in erster Linie die Übertragung von Vermögenswerten, für welche das Rechtsinstitut der Vermögensübertragung bereitsteht, sondern der Prozess der Strukturwandlung einer Unternehmung. So werden nicht nur Vermögenswerte von einem Rechtsträger zu einem anderen übertragen, sondern Unternehmensstrukturen in einem klaren Prozess verändert und angepasst.

114   In der Lehre wird auch die These vertreten, dass das Fusionsgesetz Unternehmensrecht sei. In diesem Zusammenhang spricht man dann von unternehmerischem Transaktionsrecht, unternehmerischem Umstrukturierungsrecht oder unternehmerischem Strukturanpassungsrecht. Das FusG führte im schweizerischen Gesellschaftsrecht zu einem bedeutenden Wandel – vielleicht sogar zu einem Paradigmenwechsel – im Hinblick auf den Einbezug der Arbeitnehmer (AMSTUTZ/MABILLARD, N 6; PETER, 335 ff.). Dies wird klar, wenn man sich in das System des Fusionsgesetzes hineindenkt. Das Gesetz sieht für die «Prozedur» der Fusion (und für alle anderen Institute) eine Vielfalt von unternehmerischen Schritten vor, welche erfüllt werden müssen, um die Transaktion abzuschliessen. Zu nennen sind bspw. der Einbezug der Mitarbeiter (Art. 27 f. FusG) oder das Erstellen eines Fusionsberichtes (Art. 14 FusG).

2.   Defizite der Rechtslage vor dem Erlass des FusG

115   Obschon die Fusion für die Aktiengesellschaft zulässig war – interessanterweise systematisch als Auflösungstatbestand geregelt (aArt. 748 ff. OR) –, genügte die Bestimmung den praktischen Bedürfnissen nur mässig. So fehlte beispielsweise die gesetzliche Möglichkeit der Fusion von Rechtsträgern unterschiedlicher Gesellschaftsformen. Neben der unvollständigen und lückenhaf-

ten Regelung der Fusion fehlte im schweizerischen Recht auch die Möglichkeit der Umwandlung von Gesellschaften gänzlich, oder sie war nur punktuell geregelt (aArt. 824 ff. OR und aArt. 14 BankG). So liess vor Inkrafttreten des Fusionsgesetzes das Bankengesetz gemäss aArt. 14 ff. eine direkte Umwandlung zu (s. aArt. 14 BankG [Stand 13. April 2004], der den Bundesrat zur Vermeidung einer Liquidation allgemein oder für einzelne Fälle ermächtigte, erleichternde Vorschriften über die Umwandlung einer Genossenschaftsbank in eine Aktiengesellschaft oder Kommanditaktiengesellschaft aufzustellen). Früher hatte schliesslich für die Umwandlung einer Genossenschaft in eine Handelsgesellschaft eine Verordnung des Bundesrats bestanden, welche jedoch auf den 1. April 1966 aufgehoben wurde.[16]

Regelungen zur Spaltung von Gesellschaften fehlten im schweizerischen Privatrecht ebenfalls (BESSENICH, 175). Die Übernahme des Vermögens einer Aktiengesellschaft oder Genossenschaft durch eine öffentlich-rechtliche Körperschaft (Bund, Kanton oder Gemeinde) war und ist hingegen immer noch im Gesetz vorgesehen (s. Art. 751 und 915 OR), nicht so die Überführung eines öffentlich-rechtlichen Instituts in eine Rechtsform des Privatrechts durch Umwandlung oder Fusion (Botschaft FusG, 4344).   116

In Bezug auf die Aktiengesellschaft war vor allem die Fusion mit Gesellschaften in unterschiedlichem Rechtsgewand sehr problematisch. So war die Fusion einer Genossenschaft mit einer Aktiengesellschaft (welche heute unter dem Gesichtspunkt des Art. 4 Abs. 1 lit. b FusG ohne Weiteres möglich ist) nur nach vorgängigen Umstrukturierungen möglich. Im vorgenannten Beispiel musste die Genossenschaft zuerst in eine Aktiengesellschaft umgewandelt werden, um anschliessend im Annexionsfusionstatbestand von aArt. 748 OR in die neue Gesellschaft aufzugehen. Das FusG hat den entscheidenden Vorteil, dass die Transaktionskosten gesenkt und die Rechtssicherheit erheblich gesteigert werden konnten, vor allem im Hinblick auf eine nicht absolut konsistente Praxis der Handelsregisterführer.   117

3. Ziele und Vorteile des FusG für die AG

a. Dynamische Weiterentwicklung der Strukturen

Das Fusionsgesetz schafft einen erweiterten flexiblen und liberalen Rahmen für die unternehmerische Umstrukturierung. Dabei kann die Unternehmensstruktur veränderten Bedürfnissen, wie sie das Wirtschaftsleben in einem immer stärker globalisierten Kontext stellt, angepasst werden (Botschaft FusG, 4354). Eine Umstrukturierung soll barrierefrei und ungeachtet der Steuerfolgen   118

---

[16] Verordnung vom 29. Dezember 1939 über die Umwandlung von Genossenschaften in Handelsgesellschaften, AS 1939 1579 ff., BS 2 681.

(vgl. BGE 108 I*b* 450 E. 3 ff.) und Landesgrenzen ermöglicht werden. Um diesen Zweck zu ermöglichen, waren Anpassungen von steuerrechtlichen Normen (Botschaft 2000 4367 ff.) und Normen des Bundesgesetzes über das Internationale Privatrecht (Art. 161–165 IPRG) nötig. Diese wurden mit dem Erlass des FusG vollzogen. Bei der Ausarbeitung des FusG war für den Gesetzgeber die Europarechtskompatibilität von hoher Wichtigkeit (vgl. Botschaft FusG, 4354). Für die Aktiengesellschaft stellt das FusG ein zeitgerechtes Instrument dar, um die Unternehmensstruktur den jeweiligen aktuellen und ökonomischen Gegebenheiten anzupassen. Die AG kann sich diversifizieren, indem sie Rechtsträger «erwirbt» und diese mit der Stammgesellschaft fusioniert. Im umgekehrten Fall kann von einer Aktiengesellschaft im Zuge eines Fokussierungsprozesses ein Teil (Sparte oder Zweig) einer grossen Gesellschaft abgespalten werden und in einer eigenständigen Struktur weiter bestehen.

> *b.   Beseitigung der Rechtsunsicherheit und Schaffung von Transparenz*

119   Die Rechtsunsicherheit unter dem alten Recht ging so weit, dass sich das Fusionsgesetz in Art. 2 FusG ausdrücklich dazu bekennt, Rechtssicherheit schaffen zu wollen. Die altrechtlichen Regelungen, wie sie vor dem Erlass des FusG geherrscht haben, waren nicht nur sehr lückenhaft und unvollständig, sondern auch in Bezug auf die Rechtssicherheit sehr fraglich (Botschaft FusG, 4343). So fehlten nach der altrechtlichen Regelung Bestimmungen zur Transparenz (vgl. nach geltendem Recht Art. 12 ff. FusG zum Fusionsvertrag und Art. 14 FusG zum Fusionsbericht und zu dessen Prüfung nach Art. 15 FusG sowie das Einsichtsrecht in diese beiden Instrumente nach Art. 16 FusG) fast gänzlich. Ein weiterer Aspekt, der im Zeichen der Rechtssicherheit Eingang ins FusG gefunden hat, ist der Themenkreis rund um den Gläubigerschutz. Das FusG äussert sich dazu eingehend in seinem 7. Abschnitt. Weiter wurden die Arbeitnehmerrechte verstärkt (vgl. dazu Art. 14 Abs. 3 lit. i, Art. 27 und 28 FusG) und Schutzmechanismen für Minderheitsbeteiligte implementiert (vgl. Art. 23 Abs. 2 FusG). Die Nichteinhaltung dieser Schutzmassnahmen stellt ein Eintragungshindernis dar.

120   Auch hier zeigt sich die *ratio legis*, welche darin besteht, Transaktionen relativ schnell und unkompliziert zu vollziehen. Obschon das Fusionsgesetz bemüht ist, Rechtssicherheit und Transparenz zu schaffen, hat sich der Gesetzgeber in einer rechtspolitischen Güterabwägung dafür entschieden, dass die geschützten Anspruchsgruppen die Transaktion nicht blockieren können (ZK FusG – WEIBEL/CRAMER, Art. 1 N 25). Konklusion dieser Bestrebung war es, eine Überprüfungsklage (Art. 105 FusG) einzuführen, mit der die Transaktion (Umtauschverhältnis, Abfindung) lediglich *ex post* überprüft werden kann.

4. Transaktionsformen im FusG

Das FusG ist rechtsformübergreifend konzipiert, und auch die [121] Gesellschaften einschliesslich der Kapitalgesellschaften erscheinen einheitlich unter dem Begriff «Rechtsträger» (Art. 2 FusG). Das Gesetz regelt die Transaktionen für das gesamte Gesellschaftsrecht umfassend. Der Geltungsbereich erstreckt sich dabei weit über das Aktienrecht hinaus und umfasst die allermeisten Gesellschaftsstatute des Obligationenrechts und des Zivilgesetzbuches (vgl. dazu die abschliessende Aufzählung der umfassten Gesellschaftsstatute in Art. 2 FusG, wobei die einfache Gesellschaft gemäss Art. 530 ff. OR keine Gesellschaft im Sinne des FusG darstellt). Ferner legt das Fusionsgesetz fest, unter welchen Bedingungen und Voraussetzungen Institute des öffentlichen Rechts mit privatrechtlichen Rechtsträgern fusionieren, sich in privatrechtliche Rechtsträger umwandeln oder sich an Vermögensübertragungen beteiligen können (Art. 1 Abs. 3 FusG). Im Ganzen sieht das Fusionsgesetz vier Transaktionsformen vor:

– die *Fusion,*

– die *Spaltung,*

– die *Umwandlung* und

– die *Vermögensübertragung.*

a. Die Fusion

Das Bundesgericht definiert die Fusion «als rechtliche Vereini- [122] gung (Verschmelzung) von zwei oder mehreren Gesellschaften durch Vermögensübernahme ohne Liquidation» (BGer 2C_976/2014 E. 3.3). Das Besondere dabei besteht darin, dass der Übergang der Aktiven und Passiven nach den Regeln der Universalsukzession erfolgt, d.h. kraft Gesetzes und ohne Beachtung der für die Übertragung einzelner Vermögenswerte notwendigen Formvorschriften (BGE 108 Ib 445 E. 3a; BGE 115 II 415 E. 2b).

Aus Sicht der Aussenstehenden, zum Beispiel der Gläubiger, kann die Fusion als [123] die Kontinuität der gesamten vermögensrechtlichen Beziehungen trotz eines Subjektwechsels (VON GREYERZ, 286) bezeichnet werden. Die Botschaft zum Bundesgesetz über die Fusion, Spaltung, Umwandlung und Vermögensübertragung definiert den Vorgang der Fusion als «rechtliche Vereinigung von zwei oder mehreren Gesellschaften durch Vermögensübernahme ohne Liquidation» (Botschaft FusG 4355). Der Ausgangspunkt der Fusion ist freilich der Fusionsvertrag gemäss Art. 12 ff. FusG. Beim Vorgang der Fusion gelten drei grundsätzliche Prinzipien unabhängig von der Fusionsart. Diese sind die Kontinuität der Mitgliedschaft

(Art. 7 FusG), die Universalsukzession (Art. 22 FusG) und mindestens eine Auflösung ohne Liquidation (Botschaft FusG, 4355).

aa.   Fusionsprinzipien

i.   Kontinuität der Mitgliedschaft

124   Mit der Kontinuität der Mitgliedschaft werden die Gesellschafter der übertragenden Einheit geschützt. Durch die Auflösung eines Rechtsträgers verlieren die Gesellschafter oder Mitglieder ihre Anteilsrechte am angestammten Rechtsträger. Gemäss Art. 7 Abs. 1 FusG haben die Gesellschafterinnen und Gesellschafter Anspruch auf Mitgliedschaftsrechte an der «neuen» resp. der übernehmenden Gesellschaft. Dabei folgt die Beteiligung am neuen Rechtsträger dem Umtauschverhältnis nach Art. 7 Abs. 2 FusG, welches anteilsmässig dem Wert der beiden zusammengeführten Rechtsträger entspricht (ausführlich dazu ZK FusG – BURCKHARD, Art. 7 N 1 ff.).

125   In zwei Fällen wird die Kontinuität der Mitgliedschaft jedoch durchbrochen. Das Fusionsgesetz sieht bei der erleichterten Fusion von Kapitalgesellschaften einen sogenannten «*Squeeze-out Merger*» vor. Art. 8 Abs. 2 FusG bestimmt i.V.m. Art. 18 Abs. 5 FusG, dass bei einer Zustimmung von mindestens 90 Prozent der stimmberechtigten Gesellschafter zum entsprechenden Fusionsbeschluss anstelle der Mitgliedschaft bei der übertragenden Gesellschaft eine blosse Abfindung ausgerichtet werden kann.

126   Nach dem Finanzmarktinfrastrukturgesetz (FinfraG) gibt es zudem die Möglichkeit der Kraftloserklärung von Anteilsrechten. Die Schwelle ist nach dem FinfraG jedoch noch höher. Wenn ein Anbieter am Ende der gesetzlichen Angebotsfrist über mehr als 98 Prozent (Art. 137 FinfraG, ehemals Art. 33 Abs. 1 Börsengesetz) der Anteile der Zielgesellschaft verfügt, so kann er innerhalb einer Frist von drei Monaten, durch Anrufung des Richters, verlangen, dass die restlichen Anteile – freilich gegen entsprechende Entschädigung – für «kraftlos» erklärt werden.

ii.   Universalsukzession

127   Zur Sicherstellung der vermögensrechtlichen Beziehungen wird mittels der Universalsukzession deren Kontinuität garantiert. Nach Art. 22 Abs. 1 FusG werden alle Rechte und Pflichten, d.h. alle Aktiven und Passiven, übertragen (s. BGE 115 II 415 E. 2b, m.w.H.).

iii. Liquidationslose Auflösung

Durch den Fusionsvorgang wird die Zahl der beteiligten Unter- 128
nehmen vermindert. Ein oder mehrere Rechtsträger werden von einem anderen absorbiert (Art. 3 Abs.1 lit. a FusG) oder zu einem neuen kombiniert (Art. 3 Abs.1 lit. b FusG). Im Zuge der Eintragung oder Modifikation der übernehmenden Einheit wird der übertragende Rechtsträger *ex officio* gelöscht.

bb. Fusionsarten

Gemäss Art. 3 Abs. 1 FusG statuiert das Gesetz zwei Fusions- 129
arten. Diese sind die Absorptionsfusion (Art. 3 Abs. 1 lit. a) und die Kombinationsfusion (Art. 3 Abs. 1 lit. b). Das Fusionsgesetz hat keine neuen Formen der Verschmelzung eingeführt, sondern die bestehenden in ein flexibles Unternehmensrecht überführt. Das Gesetz enthält sich einer expliziten Aussage über die Anzahl der Fusionspartner. Es ist anzunehmen, dass es sich hier um ein qualifiziertes Schweigen des Gesetzgebers handelt. Sind mehr als zwei Rechtsträger an einer Fusion beteiligt, spricht man von einer «Mehrfachfusion» (AMSTUTZ/ MABILLARD, N 3).

i. Die Absorptionsfusion

Das neue Fusionsgesetz hat den unter Herrschaft des alten 130
Rechts gebräuchlichen Terminus der Annexionsfusion gemäss Art. 748 OR (zur damaligen Rechtslage s. GANTENBEIN, 26 ff.) durch den weniger aggressiven Begriff der Absorptionsfusion (Art. 3 Abs. 1 lit. a FusG) ersetzt. Sie ist nach wie vor die zahlenmässig häufigste Art der Fusion (GLANZMANN, N 55). Die gesetzlichen Verhältnisse sind klar, jedoch muss die korrekte Bewertung der zu übernehmenden Gesellschaft gewährleistet sein. Bei der Absorptionsfusion geht der eine Rechtsträger mittels Universalsukzession in einem bestehenden Rechtsträger auf.

Ein prominentes Beispiel dafür, jedoch noch unter der Rechtslage vor der Entste- 131
hung des FusG, ist die Unternehmung Novartis AG. Ursprünglich war die Novartis AG ein Kunsthandelsbetrieb, welcher gegründet wurde, um kein «Aufsehen» zu erregen. Anschliessend hat die unscheinbare, mit CHF 100 000.– kapitalisierte Novartis (Kunsthandels AG) die beiden Pharmagiganten Ciba-Geigy AG und Sandoz AG absorbiert (doppelte Absorptionsfusion).

ii.   Die Kombinationsfusion

132   Die Kombinationsfusion nach Art. 3 Abs 1 lit. b FusG fristet ein wenig ein Schattendasein. Mit der Kombinationsfusion gehen mindestens zwei Rechtsträger durch Universalsukzession in einer neu zu gründenden Gesellschaft auf. Diese Fusionsart ist gegenüber der Absorptionsfusion aufwendiger und bedarf einer Neugründung (GNOS/VISCHER, 783). In der Praxis zieht man daher die doppelte Absorptionsfusion der Kombinationsfusion vor (z.B. Novartis oder UBS). Dies hat den entscheidenden Vorteil, dass den Beteiligten ermöglicht wird, den Handelsregistereintrag und den Firmennamen früh zu sichern (BÖCKLI, Aktienrecht, § 3 N 27). So hat sich in der Praxis die Absorptions- resp. die Annexionsfusion überwiegend etabliert. Die Kombinationsfusion ist in dem Fall sinnvoll, in welchem zwei Gesellschaften gleicher Rechtsform zu einer Gesellschaft mit neuer Rechtsform (im Normalfall einer AG) fusioniert werden (ZK FusG – ALBRECHT, Art. 3 N 5).

iii.   Die Sanierungsfusion

133   Für Gesellschaften, deren Aktien-, Stamm- oder Genossenschaftskapital und deren gesetzliche Reserven zur Hälfte nicht mehr gedeckt sind (Kapitalverlust, s. Art. 725 Abs. 1 OR) oder die eine Überschuldung aufweisen (s. Art. 725 Abs. 2 Satz 2 OR), ist eine Fusion mit einer anderen Gesellschaft nur möglich, wenn diese über frei verwendbares Eigenkapital im Umfang der Unterdeckung und gegebenenfalls der Überschuldung verfügt (Art. 6 Abs. 1 FusG) oder wenn Gläubiger der an der Fusion beteiligten Gesellschaften im Rang hinter alle anderen Gläubiger zurücktreten (Art. 6 Abs. 2 FusG). Im Fachjargon spricht man von einer Sanierungsfusion (ausführlich GLANZMANN, N 836 ff.).

cc.   Die Aktiengesellschaft als Fusionspartner

i.   Die AG als übernehmende Gesellschaft

134   Die Aktiengesellschaft kann gemäss Art. 4 Abs. 1 FusG mit Kapitalgesellschaften in allen Rechtsformen fusionieren. Dabei kommen andere Aktiengesellschaften, Gesellschaften mit beschränkter Haftung und die Kommanditaktiengesellschaft infrage. Weiter kann die AG mit Genossenschaften sowohl als übernehmende als auch in der Gestalt als übertragende Gesellschaft fusionieren. Als übernehmende Gesellschaft kann die Aktiengesellschaft weiter mit einer Kollektiv- und Kommanditgesellschaft sowie mit einem im Handelsregister eingetragenen Verein fusionieren oder mit einem Institut des öffentlichen Rechts, solange es als verselbstständigte Einheit gemäss Art. 2 lit. d FusG auftritt, wie bspw.

eine Anstalt (der Katalog ist als abschliessender Katalog zu verstehen, s. dazu Botschaft FusG, 4393). Keinen tauglichen Fusionspartner stellt die Stiftung gemäss Art. 80 ff. ZGB dar. Bei der Übernahme einer Stiftung durch eine Aktiengesellschaft würde das Stiftungskapital paradoxerweise den Aktionären zufallen. Dies ist mit der Struktur der Stiftung als mitgliederloses verselbstständigtes Zweckvermögen nicht vereinbar. Ebenfalls unzulässig ist gemäss Art. 2 lit. c und d sowie Art. 3 und 99 FusG die Übernahme einer privaten Gesellschaft durch eine spezialgesetzliche Aktiengesellschaft des öffentlichen Rechts. Dabei handelt es sich nicht um eine Lücke im Gesetz (vgl. BGE 132 III 470, in dem der SBB die Eintragung der Fusion mit den Kraftwerken Etzelwerk AG versagt wurde). Die übernehmende Gesellschaft muss zwingend eine privatrechtliche Aktiengesellschaft sein. Dabei ist die Intention des Gesetzgebers, nur die «Privatisierungsfusion» zuzulassen, nicht auch die «Verstaatlichungsfusion» (s. BGE 132 III 470 E. 5.2).

ii. Die AG als übetragende Gesellschaft

Nimmt die AG die Rolle der übertragenden Gesellschaft ein, [135] kann sie nur mit einer oder mehreren Kapitalgesellschaften vereint werden. Das heisst, infrage kommen eine andere Aktiengesellschaft, eine GmbH, eine Kommanditaktiengesellschaft oder eine Genossenschaft. Die Absorption durch eine Genossenschaft ist jedoch nur unter der Voraussetzung zulässig, dass alle Aktionäre einer solchen Übernahme zustimmen (Art. 18 Abs. 1 lit. b FusG). Diese Sonderbestimmung hat ihren Grund in den sich stark unterscheidenden Rechtsstrukturen der Genossenschaft und der AG (Botschaft FusG, 4395).

Die Übertragung ist nicht möglich auf einen Verein, eine Kollektivgesellschaft, [136] eine Kommanditgesellschaft und logischerweise auch nicht auf eine Stiftung. Der Grund für die Unzulässigkeit der Übertragung einer Aktiengesellschaft auf eine Personengesellschaft liegt einerseits im Gläubigerschutz (BÖCKLI, Aktienrecht, § 3 N 30; § 17 N 42) und andererseits darin, dass die Aktionäre in die unbeschränkte persönliche Haftung eintreten würden. Für den Fall der Unzulässigkeit der Übertragung einer ganzen Unternehmung mittels Fusion bietet das Gesetz (neu) zusätzlich das Institut der Vermögensübertragung an (Art. 69 ff. FusG; früher nur Art. 181 OR).

dd. Kurzbeschrieb der Fusion einer AG

Der Ausgangspunkt jeder Fusion ist der *Fusionsvertrag* gemäss [137] Art. 12 f. FusG. Der Fusionsvertrag muss von den obersten Leitungs- oder Verwaltungsorganen der an der Fusion beteiligten Gesellschaften abgeschlossen werden (Art. 12 Abs. 1 FusG). Der Vertrag bedarf zwingend der Schriftform (Art. 12

Abs. 2 FusG), denn er stellt einen Beleg dar für die spätere Eintragung ins Handelsregister. Der Fusionsvertrag bedarf der Zustimmung der Generalversammlung nach Massgabe von Art. 18 FusG.

138 Im Anschluss an den Fusionsvertrag muss die oberste Leitung des Unternehmens resp. der Verwaltungsrat aller beteiligten Gesellschaften einen *Fusionsbericht* gemäss Art. 14 f. FusG erstellen. Die Pflicht zum Erstellen eines Fusionsberichtes erfüllt im Vergleich zum altrechtlichen Fusionsvorgang die Ziele der Information und des Schutzes der Gesellschafter und Gläubiger.

139 Im Falle einer Absorptionsfusion bedarf es im Normalfall einer Kapitalerhöhung gemäss Art. 9 Abs. 1 f. FusG.

140 Im Anschluss an den Fusionsbeschluss gemäss Art. 18 FusG, welcher durch qualifizierte Quoren gemäss Art. 18 Abs. 1 FusG ergangen ist, steht der Weg frei für die öffentliche Beurkundung (Art. 20 FusG) und die Eintragung ins Handelsregister (Art. 21 FusG).

b.   Die Spaltung

141   Das Spaltungsrecht, wie es im 3. Kapitel unter Art. 29 ff. FusG geregelt ist, hat für die Aktiengesellschaft und auch für andere Gesellschaften keine herausragende Bedeutung erlangt. Nach wie vor werden andere (u.a. steuerlich neutrale) Wege für Ausgliederungen und Ausschüttungen gewählt (vgl. ZK FusG – VISCHER, Einleitung N 1 ff.). Grund für die zaghafte Annahme dieses Umstrukturierungsinstitutes ist die Haftungsnorm von Art. 47 FusG (unbeschränkte Solidarhaftung). Dies ist nicht selten ein Hinderungsgrund für die Abspaltung eines Betriebszweiges. Oft wird die altrechtliche Spaltung, welche mittels eines zweistufigen Verfahrens erreicht wird, angewandt (vgl. ZK FusG – VISCHER, Einleitung N 10 ff.). Im *ersten Schritt* wird von der sich spaltenden Gesellschaft ein Teil des Betriebes (normalerweise ein eigenständiger Betrieb) auf eine andere Gesellschaft (oft zu diesem Zweck gegründet) übertragen mittels des Instituts von Art. 181 OR (Übernahme eines Vermögens oder eines Geschäftes) oder der neuen Vermögensübertragung gemäss Art. 69 ff. FusG. Als Gegenleistung dafür werden von der übernehmenden Gesellschaft Anteilsrechte an die übertragende Gesellschaft ausgerichtet. In einem *zweiten Schritt* schüttet die Spaltungsgesellschaft die erhaltenen Anteilsrechte an ihre Mitglieder aus (s. ZK FusG – PFEIFER/OESCH, Vor Art. 29–52 N 4 u. 16 ff.). Seit der OR-Revision vom 17. Dezember 1993 wurden noch zusätzliche Arbeitnehmerschutzbestimmungen (Art. 333 Abs. 1 und 3 OR) eingeführt, wobei eine erweiterte Solidarhaftung für drei Jahre über das Transaktionsdatum hinaus greift. Bei der Transaktion nach Art. 29 ff. FusG sieht das Fusionsgesetz eine zeitlich unbeschränkte solidarische

Haftung vor. Bedient man sich jedoch der altrechtlichen zweistufigen Spaltung, so kommt nur eine dreijährige Solidarhaftung zum Tragen.

c.   Die Umwandlung

Die Umwandlung gemäss Art. 53 ff. FusG folgt grundsätzlich [142] denselben Prinzipien wie die Fusion. Sie erfolgt auch unter Wahrung sämtlicher Rechtsverhältnisse sowohl in vermögensrechtlicher als auch in mitgliedschaftlicher Hinsicht. Die rechtliche Existenz des sich umwandelnden Rechtsträgers bleibt gewahrt (ZK FusG – GUGGENBÜHL, Vor Art. 53–68, N 4 ff.). Im Gegensatz zur Fusion stellt die Umwandlung keine formale Übertragung dar, und daher findet rechtlich gesehen keine Universalsukzession statt. In der Praxis ist die Umwandlung kein unbedeutendes Rechtsinstitut. Vor allem in der Versicherungsbranche besteht ein gewisser Trend zum Rechtsformwechsel von der Genossenschaft zur AG. Vor der Einführung des FusG existierte nur ein gesetzlich geregelter Umwandlungstatbestand. Das aBankengesetz liess gemäss Art. 14 ff. eine direkte Umwandlung zu (Delegation an den Bundesrat zum Erlass einer Verordnung über die Umwandlung von Genossenschaftsbanken zu Aktiengesellschaften oder Kommanditgesellschaften zur Vermeidung einer Liquidation).

d.   Vermögensübertragung

Die Vermögensübertragung, ein neues Rechtsinstitut des FusG, [143] ermöglicht den Rechtsträgern, ihr ganzes Vermögen oder einen Teil davon mittels eines schriftlichen Vertrages *uno actu* mit Aktiven und Passiven zu übertragen. Die Vermögensübertragung steht sämtlichen Rechtsträgern zur Verfügung. Sie stellt eine partielle Universalsukzession dar. Praxisrelevant ist die Vermögensübertragung dort, wo eine Aktiengesellschaft mittels Vermögensübertragung als Sacheinlage eine Tochtergesellschaft gründet anstelle einer Abspaltung. Ansonsten hat sie in der Praxis die erhoffte Bedeutung nicht erlangt. Das mag unter anderem auch daran liegen, dass die Vermögensübertragung nach dem FusG zu einer von den Parteien oftmals unerwünschten Handelsregisterpublizität führt. Im Gegensatz zu einem gewöhnlichen *Asset Deal* müssen neben der Vermögensübertragung auch der Wert der übertragenen Aktiven und Passiven sowie die etwaigen Gegenleistungen im Handelsregister eingetragen werden (ausführlich dazu GLANZMANN, 70 N 196 ff.).

5.   Internationale Fusionen

In der Schweiz wurde mit der Einführung des FusG auch das [144] IPRG entsprechend angepasst (s. Art. 161 ff. IPRG) und ergänzt (s. Art. 163a u.

163*b* sowie Art. 164*a* u. 164*b* IPRG), um die Operationen auch grenzüberschreitend abwickeln zu können (NOBEL, 81 N 109). Bei Fusionen im internationalen Umfeld kollidieren zwei unterschiedliche Rechtssphären, was nicht unproblematisch ist. Im eurointernationalen Umfeld existiert zwar eine Richtlinie (78/855/EWG) mit dem Zweck der rechtlichen Harmonisierung. Die Richtlinien müssen jedoch in den EU-Einzelstaaten ins nationale Recht überführt werden und geben nur – aber immerhin – eine *Guideline* mit Eckparametern vor. Daher ist durch Konsultation der beiden (oder mehreren) Kollisionsrechte das anwendbare Recht zu ermitteln.

E. Das Handelsregisterrecht

1. Einleitung

145   Mit der grossen Aktienrechtsreform von 1936 wurde an den Bundesrat das Recht delegiert, eine Verordnung zum Handelsregister zu erlassen (Botschaft Aktienrecht 1936, 304; vgl. Art. 929 Abs. 1 OR). Von diesem Recht machte der Bundesrat Gebrauch und erliess im Jahr 1937 die Handelsregisterverordnung. Diese erforderte in der Folge zahlreiche Teilrevisionen, wodurch die «ursprüngliche Systematik und die Kohärenz des Erlasses allmählich verloren gingen» (Begleitbericht [2007], 1; vgl. auch KÜNG et al., 3 ff.). Die alte Handelsregisterverordnung, die in ihren Grundsätzen noch aus 1937 herrührte, war überholt, unübersichtlich und unvollständig. Insgesamt genügte sie den Anforderungen der Praxis nicht mehr (Begleitbericht [2007], 1). Im Zuge der Neuregelung des GmbH-Rechts und der Revisionspflicht im Gesellschaftsrecht wurden auch Anpassungen des Aktien- und Genossenschaftsrechts sowie des Firmen- und Handelsregisterrechts beschlossen. Die Umsetzung dieser fundamentalen Änderungen des Obligationenrechts machte aufgrund des grossen Anpassungsbedarfs in der Handelsregisterverordnung eine Totalrevision derselben nötig (HRegV vom 17. Oktober 2007, SR 221.411; vgl. Begleitbericht [2007], 1). Es erstaunt daher nicht, dass der Anstoss für eine Totalrevision von Seiten der Praktiker kam, aus deren Diskussionen – namentlich in der Eidgenössischen Fachkommission für das Handelsregister unter der Leitung von Dr. HANSPETER KLÄY – die neue Handelsregisterverordnung vom 17. Oktober 2007 entstanden ist (GWELESSIANI, Vorwort).

146   Daneben erfuhr die Handelsregisterverordnung inhaltliche Anpassungen und Aktualisierungen, wodurch das Obligationenrecht von technischen Vorschriften entlastet werden konnte (vgl. Botschaft GmbH, 3237). Die darauf folgenden Revisionen brachten für das Handelsregisterrecht mehrheitlich formelle Änderungen mit

sich, die zu einer besseren Konvergenz der Bestimmungen im OR und derjenigen in der HRegV führen sollten (vgl. BBl 2004 4046; BBl 2008 1728 ff.).

2. Funktion des Handelsregisters

Beim Handelsregister handelt es sich um eine staatlich geführte [147] Datenbank für gesellschaftsrechtliche Daten, deren Eintragung gesetzlich geregelt und mit gesetzlichen Rechtswirkungen ausgestaltet ist. Entsprechend hält Art. 1 HRegV fest:

> «Das Handelsregister dient der Konstituierung und der Identifikation von Rechtseinheiten. Es bezweckt die Erfassung und Offenlegung rechtlich relevanter Tatsachen und gewährleistet die Rechtssicherheit sowie den Schutz Dritter im Rahmen zwingender Vorschriften des Zivilrechts.»

Das Handelsregister dient der öffentlichen Klarstellung von Verhältnissen, deren [148] Kenntnis für die am Rechtsverkehr Beteiligten von eminenter Bedeutung ist (GAUCH, Ziff. II. 4). Folglich kommt dem Handelsregister eine Publizitätswirkung zu (BGE 108 II 122 E. 2). Die Publizitätswirkung geht so weit, dass die Einrede der Unkenntnis eines wirksamen Eintrags einem Dritten nicht entgegengehalten werden kann (Art. 933 Abs. 1 OR [positive Publizitätswirkung], Art. 933 Abs. 2 OR [negative Publizitätswirkung]). Um dieser Funktion gerecht zu werden, muss das Handelsregister der Öffentlichkeit zugänglich sein. Daher ist das Handelsregister mit allen Informationen, einschliesslich der Anmeldung und der Belege, öffentlich einsehbar (vgl. Art. 930 OR und dazu Art. 10–20 HRegV). Die Publizitätswirkung wird in einem zweiten Schritt noch dadurch verstärkt, dass die im Handelsregister eingetragenen Informationen bei Eintragung und Mutation aktiv publiziert werden (Art. 9 HRegV). Die im Register eingetragenen Informationen sind über das Internet kostenlos via den zentralen Firmenindex Zefix (www.zefix.ch [Art. 14 HRegV]) abrufbar.

3. Organisation der Handelsregisterbehörden

In der Schweiz wurde die einheitliche Führung des Handelsre- [149] gisters durch das von WALTHER MUNZIGER massgeblich geprägte und 1883 in Kraft gesetzte Obligationenrecht eingeführt (CARONI, 184 f.). Art. 927 Abs. 1 und 2 OR bestimmen noch heute, dass in jedem Kanton ein Handelsregister geführt werden muss und dass es den Kantonen freistehe, das Handelsregister bezirksweise zu führen. Die Kantone sind zudem verpflichtet, eine Aufsichtsbehörde zu bestimmen, die für die administrative Aufsicht über das Handelsregisteramt zuständig ist (Art. 927 Abs. 3 OR und Art. 4 Abs. 1 HRegV). Über Beschwerden in Handelsregistersachen entscheidet seit Inkrafttreten der neuen HRegV am

1. Januar 2008 auf kantonaler Ebene nur noch eine einzige gerichtliche Instanz (Art. 165 Abs. 2 HRegV; s. auch KRÄHENBÜHL, 39 ff.). Beschwerdeinstanz für Entscheide kantonaler Gerichte ist das Bundesgericht (Art. 72 Abs. 2 lit. b Ziff. 2 BGG). Dadurch ergaben sich auch Kompetenzverschiebungen, z.b. betreffend die kantonalen Aufsichtsbehörden, welche nach dem revidierten Recht bei Zwangseintragungen ins Handelsregister (Neueintragung, Änderungen und Löschungen) im Weigerungsfall nicht mehr entscheidbefugt sind (vgl. aArt. 3 Abs. 4 HRegV sowie REBSAMEN, 8 f.).

150 Des Weiteren steht es dem Bundesrat zu, Vorschriften über die Einrichtung, die Führung und die Beaufsichtigung zu erlassen (Art. 929 Abs. 1 OR). Insbesondere geht es auch darum, den gesetzgeberischen Auftrag der neuen Bestimmungen des OR zum Handelsregister zu erfüllen. Einen wesentlichen Punkt stellte die Umstellung auf eine rein elektronische Handelsregisterführung dar. Zwar hatten schon vor der Revision sämtliche Kantone das Handelsregister elektronisch geführt (Begleitbericht [2007], 2), mit der Revision jedoch wurde die elektronische Führung auf Gesetzesstufe verankert und in der Verordnung umfassend geregelt. Unter dem Stichwort *E-Government* hat der schweizerische Gesetzgeber mit dem Erlass des Bundesgesetzes über Zertifizierungsdienste im Bereich der elektronischen Signatur (ZertES, SR 943.03)[17] Art. 929a OR eingeführt. Dieser hält den Bundesrat an, Bestimmungen über die elektronische Führung des Handelsregisters und die Zulässigkeit der elektronischen Einreichung von Anmeldungen und Belegen beim Handelsregisteramt zu erlassen (BBl 2001 5709 f.). Sowohl die Konsultation des Handelsregisters als auch die Einreichung von Anmeldungen und Belegen können seither auf elektronischem Weg erfolgen (Begleitbericht [2007], 2 f.; ausführlich BÄRTSCHI, 63). Zudem erhielt der Bundesrat die Kompetenz, die im SHAB veröffentlichten Daten in elektronischer Form zu publizieren (vgl. Art. 931 Abs. 2bis OR). Mit dem Erlass der entsprechenden Bestimmungen in der Handelsregisterverordnung vom 17. Oktober 2007 sowie der Verordnung über das Schweizerische Handelsamtsblatt (Verordnung SHAB) vom 15. Februar 2006 nahm der Bundesrat seine Kompetenzen in dieser Hinsicht wahr (s. insb. Art. 6 Abs. 2 HRegV, Art. 9 Abs. 5 HRegV, Art. 12a–12e HRegV, Art. 16 Abs. 2 HRegV, Art. 20 Abs. 1 HRegV, Art. 31 ff. HRegV sowie Art. 8 Abs. 1 VSHAB und Art. 9 VSHAB).

151 Die Oberaufsicht über die kantonalen Handelsregisterämter wird durch das Eidgenössische Amt für das Handelsregister (EHRA), das innerhalb des Eidgenössischen Justiz- und Polizeidepartements angesiedelt ist, ausgeübt (Art. 5 HRegV). Dem EHRA obliegen die Führung des Zentralregisters (Art. 13 HRegV) und auch die Überprüfung und Genehmigung der ihm durch die kantonalen Behörden mit-

---

[17]   Per 1. Januar 2005 an die Stelle der Zertifizierungsverordnung (ZertDV, SR 784.103) getreten.

geteilten Eintragungen (Art. 32 HRegV). Dabei kommt dem EHRA eine weitreichende Kognition zu (vgl. Art. 33 HRegV). Die Behörde kann demnach Eintragungen verhindern, oder bereits getätigte Eintragungen können zur Rückabwicklung zurückgewiesen werden. Wenn die Eintragung genehmigt wird, werden die Daten zur Publikation an das Schweizerische Handelsamtsblatt überwiesen (Art. 35 HRegV).

4.   Eintragung und Löschung

Mit dem Inkrafttreten des revidierten GmbH-Rechts von 2008   152
wurden weitere Änderungen des Handelsregisterrechts rechtsverbindlich. Neben den zahlreichen redaktionellen Präzisierungen[18] wurden die bisher für die verschiedenen Rechtsformen vorgesehenen, teilweise uneinheitlichen Vorschriften zur Unterzeichnung der Anmeldung von Eintragungen ins Handelsregister sowie zur Löschung von Organmitgliedern und Vertretungsbefugnissen aus dem Handelsregister aufgehoben[19] und neu rechtsformunabhängig und einheitlich geregelt. Für die Praxis bedeutete dies eine wesentliche Vereinfachung (ausführlich dazu HK – VOGEL, OR 931a N 10 ff. und 938b N 1 ff., sowie BÄRTSCHI, 61 ff.).

Seit der Revision obliegt gemäss Art. 931a Abs. 1 OR die Anmeldung zur Eintra-   153
gung ins Handelsregister bei juristischen Personen dem obersten Leistungs- oder Verwaltungsorgan.[20] Die Anmeldung muss dabei entweder von zwei Mitgliedern des obersten Leitungs- oder Verwaltungsorgans oder von einem Mitglied mit Einzelzeichnungsberechtigung unterzeichnet und mit den gesetzlich geforderten Belegen eingereicht werden (Art. 931a Abs. 2 OR sowie Art. 15 ff. i.V.m. Art. 43 HRegV). Nach der Prüfung der gesetzlichen Voraussetzungen durch das kantonale Handelsregisteramt (Art. 28 HRegV) erfolgt die Eintragung ins Tagesregister, die auch für die Bestimmung des Zeitpunkts der Eintragung ins Handelsregister massgebend ist (s. Art. 932 Abs. 1 OR und Art. 34 HRegV). Daraufhin übermittelt das kantonale Handelsregisteramt seine Einträge elektronisch dem EHRA, welches die Einträge erneut prüft und, sofern die gesetzlichen Voraussetzungen erfüllt sind, die Genehmigung zur Eintragung erteilt (Art. 31 f. HRegV). Die Einträge im Tagesregister sind nach der Genehmigung ins Hauptregister zu übernehmen (Art. 9 HRegV). Abschliessend werden die Eintragungen innert zwei Werktagen im Schweizerischen Handelsamtsblatt publiziert (Art. 35 HRegV).

---

[18]   Siehe Art. 929 Abs. 1, Art. 932, Art. 933, Art. 934, Art. 937, Art. 938, Art. 939, Art. 940 und Art. 941 OR.

[19]   aArt. 640 Abs. 2, aArt. 642 Abs. 2, aArt. 647 Abs. 2, aArt. 711, aArt. 727e Abs. 4, aArt. 782 Abs. 2, aArt. 835 Abs. 3, aArt. 837 Abs. 2 OR, aArt. 711, aArt. 727e Abs. 4 OR.

[20]   Spezialgesetzliche Vorschriften betreffend öffentlich-rechtliche Körperschaften und Anstalten bleiben vorbehalten.

154   Die Löschung von Organmitgliedern und Vertretungsbefugnissen wurde ebenfalls
       rechtsformübergreifend konzipiert und trat an die Stelle der rechtsformspezifi-
       schen Vorschriften (Botschaft GmbH, 3239). Die revidierte Bestimmung statuiert
       seit 2008, dass auch die ausgeschiedenen Personen ihre Löschung aus dem Han-
       delsregister erwirken können und nicht wie früher ein Tätigwerden der Gesell-
       schaft abwarten müssen (Art. 938b Abs. 2 OR).

155   Auch die Verfahren zu Eintragungen von Amtes wegen aufgrund fehlender oder
       unrichtiger Handelsregistereintragung (Art. 152 ff. HRegV) und zu Eintragungen
       im Zusammenhang mit Konkursverfahren, Nachlassstundung und Nachlassvertrag
       (Art. 158 ff. HRegV) sowie das Verfahren zur Erlangung einer vorläufigen Han-
       delsregistersperre (Art. 162 ff. HRegV) wurden, wie die Verfahren zum Vorgehen
       bei Organisationsmängeln (Art. 154 HRegV) und bei der Löschung einer Gesell-
       schaft von Amtes wegen, einer Neuregelung unterzogen und in verschiedener
       Hinsicht präzisiert und vereinheitlicht (Begleitbericht [2007], 3 ff.).

156   Materiellrechtlich bedeutend waren die Neuerungen betreffend die Löschung aus
       dem Handelsregister von Amtes wegen bei fehlender Geschäftstätigkeit und man-
       gelnden Aktiven. Art. 938a OR legt nun wie Art. 155 HRegV (vorher Art. 89
       HRegV) fest, dass der Handelsregisterführer nach dreimaligem ergebnislosem
       Rechnungsruf eine Gesellschaft aus dem Handelsregister löschen kann, wenn die
       Gesellschaft keine Geschäftstätigkeit aufweist sowie keine verwertbaren Aktiven
       hat und kein Interesse an der Aufrechterhaltung der Eintragung geltend gemacht
       wird (weiterführend HK – VOGEL, OR 938a N 1 ff.). Ansonsten hat das Gericht zu
       entscheiden.

5.   Behebung und Sanktionierung von Organisationsmängeln

157   Mit den neuen Bestimmungen von Art. 941a OR und
       Art. 731b OR, der aufgrund der Verweisungen in Art. 819 und Art. 908 OR auch
       für die GmbH und die Genossenschaft gilt, hat der Gesetzgeber ein gänzlich
       revidiertes, einheitliches Verfahren für die Behebung und Sanktionierung von
       Organisationsmängeln in der Gesellschaft eingeführt (Botschaft GmbH, 3231).
       Bei Mängeln in der gesetzlich zwingend vorgeschriebenen Organisation hat der
       Handelsregisterführer dem Richter den Antrag zu stellen, die erforderlichen Mas-
       snahmen zu ergreifen (Art. 941a Abs. 1 OR; s. auch Art. 154 HRegV; illustrativ
       BGE 138 III 294). Dieselbe Kompetenz kommt den Anteilseignern oder Gläubi-
       gern einer Gesellschaft zu (vgl. Art. 731b Abs. 1 OR). Hierbei geht es nicht um
       die Durchsetzung rein statutarischer Vorschriften, sondern vor allem um Organi-
       sationsmängel wie das Fehlen oder die Handlungsunfähigkeit des obersten Lei-
       tungsorgans, fehlende Bestimmung des Vorsitzenden bei einem mehrköpfigen
       Leitungsorgan, die Verletzung von Wohnsitzerfordernissen, den Wegfall des

Rechtsdomizils, das Fehlen einer Revisionsstelle sowie mangelnde Befähigung und Unabhängigkeit der Letzteren (vgl. HK – VOGEL, OR 941 N 2, und BÖCKLI, Aktienrecht, § 1 N 596 ff.; s. auch BGer 4A_354/2013; BGer 4A_158/2013; BGer 4A_706/2012, BGer 4A_560/2012; BGer 4A_411/2012; BGer 4A_639/2011; BGer 4A_278/2010; BGer 4A_106/2010).

6. Kognition des Handelsregisterführers

Art. 940 Abs. 1 OR hält fest, dass der Registerführer zu prüfen [158] hat, ob die gesetzlichen Voraussetzungen für die Eintragung erfüllt sind. Wie weit die Kognitionsbefugnis des Handelsregisterführers reicht, legt das Gesetz nicht fest (KÜNG et al., 142 f.). Es hält in Art. 28 HRegV nur fest, dass das Handelsregisteramt prüfen muss, ob insbesondere die Anmeldung und die Belege den vom Gesetz und der Verordnung verlangten Inhalt aufweisen und keinen zwingenden Vorschriften widersprechen.

Nach der bundesgerichtlichen Rechtsprechung hat der Registerführer bei der Prü- [159] fung der formellen registerrechtlichen Voraussetzungen, mithin der Einhaltung der Normen, die unmittelbar die Führung des Handelsregisters betreffen, eine uneingeschränkte Prüfungsbefugnis, wohingegen in Fragen des materiellen Rechts die Prüfungsbefugnis des Registerführers beschränkt ist auf die Übereinstimmung mit zwingenden Gesetzesbestimmungen, die im öffentlichen Interesse oder zum Schutze Dritter aufgestellt worden sind (BGE 114 II 68; 117 II 188; 121 III 371; 125 III 18). Der Handelsregisterbeamte ist daher zum Einschreiten gezwungen, wenn entweder irgendeine formelle oder registerrechtliche Voraussetzung fehlt oder die beantragte Eintragung resp. Mutation in materiellrechtlicher Hinsicht unzweideutig rechtswidrig ist (MEIER-HAYOZ/FORSTMOSER, § 6 N 44 ff.). Ist das Erfordernis der Eindeutigkeit nicht gegeben, so hat der Handelsregisterbeamte die Eintragung oder Änderung zu veranlassen und die Angelegenheit einer gerichtlichen Entscheidung zuzuführen (s. BGE 114 II 68 E. 2). Die Abgrenzung ist im Einzelnen aber schwierig.

In Fällen, die jeweils fundamentale Fragen des Gesellschaftsrechts betreffen, neigt [160] das Bundesgericht jedoch dazu, von seiner «Kognitionsformel» abzuweichen und dem Registerführer eine freie Prüfungsbefugnis einzugestehen (s. GWELESSIANI, Art. 28 N 120; s. auch neueren Entscheid betreffend die Raiffeisen-Bankengruppe: BGer 4A_363/2013 vom 28. April 2014; Urteilsbesprechung in FORSTMOSER/TAISCH/TROXLER, 1 ff.). Das Bundesgericht hatte u.a. zu entscheiden, ob das EHRA bei der Eintragung der Statutenänderungen, die infolge der von der Raiffeisengruppe geplanten Emittierung von Beteiligungskapital, welches dem aktienrechtlichen Partizipationskapital nachempfunden war, nötig wurden, eine volle oder nur beschränkte Kognitionsbefugnis hatte. Während das Bundesverwaltungsgericht vorinstanzlich noch von einer beschränkten Kognition des EHRA ausging, sprach sich das Bundesgericht für eine volle Kognition aus, weil die Frage, ob bei der Genossenschaft eine besondere Art des Grundkapitals in Form eines Partizipationskapitals geschaffen werden könne, die Grundstruktur dieser Rechtsform und damit auch das öffentliche Interesse der Verkehrssicherheit betreffe (E. 2.3).

7. Ausblick

161   Nach zahlreichen Anpassungen der Bestimmungen über das Handelsregister im Obligationenrecht und der Totalrevision der Handelsregisterverordnung nahm der Bundesrat gestützt auf die Vorarbeiten der Eidgenössischen Expertenkommission für das Handelsregister die Totalrevision des 30. Titels des Obligationenrechts an die Hand. Die Expertenkommission kam zum Ergebnis, dass eine Modernisierung notwendig sei, da das geltende Recht den Bedürfnissen der Benutzerinnen und Benutzer des Handelsregisters nicht mehr gerecht werde (TURIN/ZIHLER, 1 ff.). Daraufhin schickte der Bundesrat einen Vorentwurf zur Änderung des Handelsregisterrechtes und zu punktuellen Anpassungen des Revisionsaufsichtsgesetzes in die Vernehmlassung, welche bis zum 5. April 2013 dauerte. In der Vernehmlassung stiessen die Änderungen auf Zustimmung und auf Ablehnung. Während die Schaffung einer zentralen Datenbank für eingetragene Personen im Handelsregister und die Verwendung der AHV-Versichertennummer für die Identifizierung natürlicher Personen im Handelsregister mehrheitlich begrüsst wurden, stiessen die Vorschläge zum Aufbau eines gesamtschweizerischen Handelsregisters, zur Aufhebung der Beurkundungspflicht bei einfach strukturierten Gesellschaften, zur vollständigen Abschaffung der Papieranmeldung sowie die Vorschläge zur Anpassung des Revisionsaufsichtsgesetzes überwiegend auf Ablehnung (s. Zusammenfassung der Vernehmlassungsergebnisse vom August 2013[21]). Am 15. April 2015 hat der Bundesrat schliesslich eine Botschaft zur Anpassung der Vorschriften über das Handelsregister verabschiedet (BBl 2015 3617 ff.). Die Neuerungen, die Eingang in die Botschaft fanden, sind entsprechend den Vernehmlassungsergebnissen überschaubar. Sie verfolgen folgende drei Ziele:

– Verwendung der AHV-Versichertennummer als Personenidentifikator und Schaffung der zentralen Datenbank für Personen

– Erleichterungen für Gesellschaften

– Stärkung der Gesetzmässigkeit, Rechtsgleichheit und Übersichtlichkeit

162   Mit dem ersten Punkt will die Vorlage die Grundlagen dafür schaffen, dass im Handelsregister eine einheitliche Erfassung der natürlichen Personen sichergestellt

---

21   https://www.bj.admin.ch/bj/de/home/wirtschaft/gesetzgebung/handelsregister.html.

ist, mit dem langfristigen Ziel, die Nutzung der AHV-Versichertennummer im Handelsregister zu ermöglichen (BBl 2015 3624 u. 3636 f.). Gleichzeitig sieht die Vorlage die Schaffung einer zentralen Datenbank für Personen vor, um gesamt-schweizerisch feststellen zu können, welche natürlichen Personen in welcher Funktion und mit welcher Zeichnungsberechtigung bei einer oder verschiedenen Rechtseinheiten im Handelsregister eingetragen sind (BBl 2015 3625 u. 3634 ff.). Bisher ist dies nicht möglich, weil aufgrund der dezentralen Organisation des Handelsregisters die Registrierung von handelsrechtlich relevanten Angaben über natürliche Personen ausschliesslich durch die kantonalen Handelsregisterämter am Sitz oder der Niederlassung der Rechtseinheit erfolgt (BBl 2015 3625; s. Art. 3 HRegV). Was mit dem Zentralregister und dem zentralen Firmenindex (Zefix) für Rechtseinheiten (vgl. Art. 13 f. HRegV) bereits verwirklicht wurde, soll also mit der Revision auch betreffend eingetragene natürliche Personen realisiert werden (vgl. Art. 928*b* E-OR).

Des Weiteren sieht das Revisionsvorhaben verschiedene Erleichterungen für Ge- [163] sellschaften vor (vgl. BBl 2015 3626). Namentlich soll die «Stampa-Erklärung» – die Erklärung der Gründer, dass keine anderen Sacheinlagen, Sachübernahmen, Verrechnungstatbestände oder besondere Vorteile bestehen, als die in den Belegen genannten (vgl. Art. 628 Abs. 2 OR i.V.m. Art. 43 Abs. 1 lit. h HRegV) – als se-parater Beleg abgeschafft und zum Inhalt des Errichtungs- bzw. Kapitalerhö-hungsakts werden. Zudem soll in Zukunft bei der Abtretung von Stammanteilen unter Gesellschafterinnen und Gesellschaftern keine Pflicht mehr bestehen, im Abtretungsvertrag auf die mit den Stammanteilen verbundenen statutarischen Rechte und Pflichten hinzuweisen (vgl. Art. 785 Abs. 2 OR).

Generell verfolgt die vollständige Überarbeitung des 30. Titels des OR zum Han- [164] delsregister die Stärkung der Gesetzmässigkeit, Rechtsgleichheit und Übersicht-lichkeit. Zum einen sollten Bestimmungen von der Handelsregisterverordnung ins OR überführt und zum andern Bestimmungen des OR präzisiert und übersichtli-cher strukturiert werden (s. zu den einzelnen Bestimmungen BBl 2015 3626 u. 3631 ff.). Entsprechend soll Art. 940 OR, der die Prüfungspflicht der Handelsre-gisterbehörden regelt, redaktionell präzisiert werden (s. BBl 2015 3648 f. u. 3665). Materiell würde die Bestimmung keine Änderungen erfahren. Die inhaltliche Konkretisierung der Prüfungspflicht (Art. 940 OR u. Art. 28 HRegV) soll auch in Zukunft weiterhin den Gerichten überlassen werden, obwohl in der Lehre seit jeher umstritten ist, wie weit die Kognitionsbefugnis des Handelsregisterführers geht, da weder das OR noch die Handelsregisterverordnung Bestimmungen ent-halten, welche die Kognition des Handelsregisterführers im Bereich des formellen und des materiellen Rechts beschränken (s. oben).

4. Teil Besondere Aspekte

§ 7 Die Aktiengesellschaft im Verfahrensrecht

Materialien: Botschaft zum Bundesgesetz über Fusion, Spaltung, Umwandlung und [1] Vermögensübertragung (Fusionsgesetz; FusG) vom 13. Juni 2000, BBl 2000 4337 ff. (zit. Botschaft FusG, S.); Botschaft zur Schweizerischen Zivilprozessordnung (ZPO) vom 28. Juni 2006, BBl 2006 7221 ff. (zit. Botschaft ZPO, S.); Botschaft zu einem Massnahmepaket zur Stärkung des schweizerischen Finanzsystems vom 5. November 2008, BBl 2008 8943 ff.; Botschaft zum Finanzdienstleistungsgesetz (FIDLEG) und zum Finanzinstitutsgesetz (FINIG) vom 4. November 2015, BBl 2015 8901 ff. (zit. Botschaft FIDLEG/FINIG, S.); Botschaft zur Änderung des Obligationenrechts (Aktienrecht) vom 23. November 2016, BBl 2017 399 ff. (zit. Botschaft Aktienrechtsentwurf 2016, S.); Erläuternder Bericht zur Änderung des Obligationenrechts (Aktienrecht), 2014 (zit. Bericht VE-OR 2014, S.); Erläuternder Bericht zur Vernehmlassungsvorlage zum Bundesgesetz über die Finanzdienstleistungen (FIDLEG) und dem Bundesgesetz über die Finanzinstitute (FINIG), vom 25. Juni 2014 (zit. Bericht FIDLEG/FINIG, S.).

2   Literatur: BÖCKLI, PETER, Garantenstellung des Vorgesetzten im Verwaltungsstraf-
                        recht, ZStrR 1980, 78 ff. (zit. BÖCKLI, Garantenstellung); BÖCKLI, PETER,
                        Schweizer Aktienrecht, 4. Aufl., Zürich 2009 (zit. BÖCKLI, Aktienrecht);
                        BÜRGI, PAUL/GLANZMANN, LUKAS, in: Backer & McKenzie (Hrsg.),
                        2. Aufl., Bern 2015, Art. 105; BRUNNER, ALEXANDER, in: Brunner, Alexan-
                        der/Gasser, Dominik/Schwander, Ivo, ZPO Kommentar, 2. Aufl., Zürich/
                        St. Gallen 2016; CRAMER, CONRADIN, Zweigniederlassungen in der
                        Schweiz, GesKR 2015, 243 ff.; DASSER, FELIX, Der Durchgriff im Interna-
                        tionalen Privatrecht, in: Breitschmied, Peter/Portmann, Wolfgang/Rey,
                        Heinz/Zobl, Dieter (Hrsg.), Grundfragen der juristischen Person, Festschrift
                        für Hans Michael Riemer zum 65. Geburtstag, Bern 2007, 35 ff.; DASSER,
                        FELIX/ROTH, DAVID, Ausgewählte prozessuale Aspekte bei gesellschafts-
                        rechtlichen Verantwortlichkeitsklagen, in: Sethe, Rolf/Isler, Peter R. (Hrsg.),
                        Verantwortlichkeit im Unternehmensrecht VII, Europa Institut Zürich, Band
                        150, 270 ff.; DRUEY, JEAN NICOLAS/DRUEY JUST, EVA/GLANZMANN,
                        LUKAS, Gesellschafts- und Handelsrecht, 11. Aufl., Zürich/Basel/Genf 2015;
                        FELLER, URS/BLOCH, JUERG, in: Sutter-Somm, Thomas/Hasenböhler,
                        Franz/Leuenberger, Christoph (Hrsg.), Kommentar zur Schweizerischen
                        Zivilprozessordnung (ZPO), 3. Aufl., Zürich/Basel/Genf 2016, Art. 12;
                        FLUBACHER, RITA, Flugjahre für Gaukler: die Karriere des Werner K. Rey,
                        Zürich 1992; FORSTMOSER, PETER, Grossgenossenschaften, ASR Heft 397,
                        Bern 1970, 59 ff. (zit. FORSTMOSER, Grossgenossenschaften); FORSTMO-
                        SER, PETER, Was bringt die Aktienrechtsreform im Verantwortlichkeits-
                        recht?, in: Isler, Peter R./Sethe, Rolf (Hrsg.), Sonderdruck Verantwortlich-
                        keit im Unternehmensrecht VIII, Band 171 (zit. FORSTMOSER Verantwort-
                        lichkeitsrecht); FORSTMOSER, PETER/KÜCHLER, MARCEL, Aktionärsbin-
                        dungsverträge, Zürich/Basel/Genf 2015 (zit. FORSTMOSER/KÜCHLER,
                        ABV); FORSTMOSER, PETER/KÜCHLER, MARCEL, Schweizer Aktienrecht
                        2020, Expert Focus 1-2/2016, 86 ff. (zit. FORSTMOSER/KÜCHLER, Aktien-
                        recht); GASSMANN, RICHARD, in: Baker McKenzie (Hrsg.), Fusionsgesetz
                        sowie die einschlägigen Bestimmungen des IPRG und des Steuerrechts,
                        2. Aufl., Bern 2015, Art. 164b; GLANZMANN, LUKAS, Umstrukturierungen,
                        Eine systematische Darstellung des schweizerischen Fusionsgesetzes,
                        3. Aufl., Bern 2014; HANDSCHIN, LUKAS, Die Verantwortlichkeit des Ver-
                        waltungsrates ausserhalb des Konkurses seiner Gesellschaft, in: Aargaui-
                        scher Anwaltverband (Hrsg.), Festschrift 100 Jahre Aargauischer Anwalts-
                        verband, Zürich 2005, 238 ff.; HASENBÖHLER, FRANZ, in: Sutter-Somm,
                        Thomas/Hasenböhler, Franz/Leuenberger, Christoph (Hrsg.), Kommentar
                        zur Schweizerischen Zivilprozessordnung (ZPO), 3. Aufl., Zürich/
                        Basel/Genf 2016, Art. 159; Honsell, Heinrich/Vogt, Nedim Peter/Watter,
                        Rolf (Hrsg.), Basler Kommentar zum OR II, 4. Aufl., Basel 2012 (zit. BSK
                        OR II – AUTOR, Art.); Honsell, Heinrich/Vogt, Nedim Peter/Schnyder, An-
                        ton K./Berti, Stephen V. (Hrsg.), Basler Kommentar zum IPRG, 3. Aufl.,
                        Basel 2013 (zit. BSK IPRG – AUTOR, Art.); HUBER, LUCIUS, in: Sutter-
                        Somm, Thomas/Hasenböhler, Franz/Leuenberger, Christoph (Hrsg.), Kom-
                        mentar zur Schweizerischen Zivilprozessordnung (ZPO), 3. Aufl., Zü-
                        rich/Basel/Genf 2016; KIRSCHLÄGER, CAROLINE/ROBERTO, VITO, Prozess-
                        kosten bei Verantwortlichkeitsklagen, ZSR I 2010; KLETT, BARBARA, Die
                        Legitimation bei der aktienrechtlichen Verantwortlichkeit, die neue Wende
                        in der Rechtsprechung, HAVE, Heft 1/2016, 57 ff.; KREN KOSTKIEWICZ,
                        JOLANTA, Kommentar Schuldbetreibungs- und Konkursgesetz mit weiteren

Erlassen, 19. Aufl., Zürich 2016 (zit. KREN KOSTKIEWICZ, OFK-SchKG); KUHN, MORITZ, Umwandlung der Rentenanstalt/Swiss Life-Genossenschaft in eine Aktiengesellschaft per 30. Juni 1997, SZW 1999, 275 ff.; MAUER-HOFER, MARC ANDRÉ, Gültigkeit statutarischer Schieds- und Gerichtsstandsklauseln, GesKR 1/2011, 27 ff.; MEIER-DIETERLE, FELIX C., in: Vischer, Frank (Hrsg.), Zürcher Kommentar zum Fusionsgesetz, 2. Aufl., Zürich/Basel/Genf 2012, Art. 106; MEIER-HAYOZ, ARTHUR/FORSTMOSER, PETER, Schweizerisches Gesellschaftsrecht, 11. Aufl., Bern 2012; MÜLLER-CHEN, MARKUS/EGGER, RAHEL, in: Sutter-Somm, Thomas/Hasenböhler, Franz/Leuenberger, Christoph (Hrsg.), Kommentar zur Schweizerischen Zivilprozessordnung (ZPO), 3. Aufl., Zürich/Basel/Genf 2016, Art. 358; Niggli, Marcel A./Wiprächtiger, Hans (Hrsg.), Basler Kommentar, Strafrecht I, Art. 1-110 StGB, 3. Aufl., Basel 2013 (zit. BSK StGB I – AUTOR, Art.); Oetiker, Christian/Weibel, Thomas (Hrsg.), Basler Kommentar zum LugÜ, 2. Aufl., Basel 2016, (zit. BSK LugÜ – AUTOR, Art.); RÜETSCHI, DAVID, in: Siffert, Rino/Turin, Nicholas (Hrsg.), Handelsregisterverordnung, Bern 2013, Art. 165 (zit. RÜETSCHI, HRegV, Art. 165); RÜETSCHI, DAVID, in: Sutter-Somm, Thomas/Hasenböhler, Franz/Leuenberger, Christoph, (Hrsg.), Kommentar zur Schweizerischen Zivilprozessordnung, 3. Aufl., Zürich 2016, (zit. RÜETSCHI, ZPO, Art. 40); SEIBT, CONSTANTIN, Der Swissair-Prozess, Basel 2007; Staehelin, Adrian/Bauer, Thomas/Staehelin, Daniel (Hrsg.), Basler Kommentar zum Bundesgesetz über Schuldbetreibung und Konkurs, Bd. I und II, 2. Aufl., Basel 2010 (zit. BSK SchKG I od. II – AUTOR, Art.); STAEHELIN, ADRIAN/STAEHLIN, DANIEL/GRONLIMUND, PASCAL, Zivilprozessrecht, 2. Aufl., Zürich/Basel/Genf 2013; SPÜHLER, KARL, Schuldbetreibungs- und Konkursrecht I, 7. Aufl., Zürich/Basel/Genf 2016; Spühler, Karl/Tenchio, Luca/Infanger, Dominik (Hrsg.), Basler Kommentar zur ZPO, 2. Aufl., Basel 2013 (zit. BSK ZPO – AUTOR, Art.); STACHER, MARCO, in: Brunner, Alexander/Gasser, Dominik/Schwander, Ivo (Hrsg.), Schweizerische Zivilprozessordnung, 2. Aufl., Zürich/Basel/St. Gallen 2016, Art. 358; VISCHER, MARKUS/HOFMANN, DIETER, SZW 5/16, 503 ff.; VOGEL, ALEXANDER/HEIZ, CHRISTOPH/BEHNISCH, URS/SIEBER, ANDREA, Kommentar FusG, 2. Aufl., Zürich 2012; Watter, Rolf/Vogt, Nedim Peter/Tschäni, Rudolf/Daeniker, Daniel (Hrsg.), Basler Kommentar zum FusG, 2. Aufl., Basel 2015 (zit. BSK FusG – AUTOR, Art.); WYSS, EVA, Kriminalität als Bestandteil der Wirtschaft: eine Studie zum Fall Werner K. Rey, Beiträge zur rechtssoziologischen Forschung, Band 12, Freiburg 1999.

Die folgenden Ausführungen stellen nur einen stichwortartigen Durchgang durch spezifische prozessuale Belange und Rechtsbehelfe bei der AG als juristische Person dar.

I.   AG im Verfahren

A.   *Unentgeltliche Rechtspflege bei jur. Personen*

3   Die unentgeltliche Rechtspflege wird auf Verfassungsebene in Art. 29 Abs. 3 BV kodifiziert:

> «Jede Person, die nicht über die erforderlichen Mittel verfügt, hat Anspruch auf unentgeltliche Rechtspflege, wenn ihr Rechtsbegehren nicht aussichtslos erscheint. Soweit es zur Wahrung ihrer Rechte notwendig ist, hat sie ausserdem Anspruch auf unentgeltlichen Rechtsbeistand.»

4   Das Grundrecht wird in Art. 117 ZPO konkretisiert:

> «Eine Person hat Anspruch auf unentgeltliche Rechtspflege, wenn:
>
> a.   sie nicht über die erforderlichen Mittel verfügt; und
>
> b.   ihr Rechtsbegehren nicht aussichtslos erscheint.»

5   Der Anspruch steht nach Lehre und Rechtsprechung allen natürlichen Personen zu, die als Partei in einem Zivilprozess vor einer staatlichen Instanz auftreten können (BSK ZPO-RÜEG, Art. 117 N 2 und N 6; BGer 4A_665/2014 vom 2. April 2015). Juristische Personen sind somit ausgeschlossen.

B.   *Organe im Beweisverfahren*

6   Art. 159 ZPO:

> «Ist eine juristische Person Partei, so werden ihre Organe im Beweisverfahren wie eine Partei behandelt.»

7   Art. 169 ZPO:

> «Wer nicht Partei ist, kann über Tatsachen Zeugnis ablegen, die er oder sie unmittelbar wahrgenommen hat.»

8   Art. 191 ZPO:

> «[1] Das Gericht kann eine oder beide Parteien zu den rechtserheblichen Tatsachen befragen.
>
> [2] Die Parteien werden vor der Befragung zur Wahrheit ermahnt und darauf hingewiesen, dass sie mit einer Ordnungsbusse bis zu 2000 Franken und im Wiederholungsfall bis zu 5000 Franken bestraft werden können, wenn sie mutwillig leugnen.»

Ist die juristische Person Partei, können die Organe nicht als Zeugen auftreten 9
(BSK ZPO-GUYAN, Art. 169 N 3). Hingegen können im Zeitpunkt der Rechtshängigkeit schon ausgeschiedene Organe als Zeugen einvernommen werden (BGer
5A_127/2013 vom 1. Juli 2013, E. 3.1). Dagegen können die Organe einer juristischen Person als Zeugen auftreten, wenn die juristische Person nicht selber am
Verfahren teilnimmt (HASENBÖHLER, Art. 159 N 21).

C.   Parteifähigkeit der jur. Person

Es stellt sich die Frage, ab wann die juristischen Personen das 10
Recht der Persönlichkeit erlangen.

Art. 643 Abs. 1 und 2 OR: 11

> «¹ Die Gesellschaft erlangt das Recht der Persönlichkeit erst durch die Eintragung
> in das Handelsregister.
>
> ² Das Recht der Persönlichkeit wird durch die Eintragung auch dann erworben,
> wenn die Voraussetzungen der Eintragung tatsächlich nicht vorhanden waren.»

Art. 53 ZGB: 12

> «Die juristischen Personen sind aller Rechte und Pflichten fähig, die nicht die na-
> türlichen Eigenschaften des Menschen, wie das Geschlecht, das Alter oder die
> Verwandtschaft zur notwendigen Voraussetzung haben.»

Art. 66 ZPO: 13

> «Parteifähig ist, wer rechtsfähig ist oder von Bundesrechts wegen als Partei auf-
> treten kann.»

Die juristische Person erlangt das Recht der Persönlichkeit mit Eintragung in das 14
Handelsregister. Ab diesem Zeitpunkt ist die juristische Person rechtsfähig und
somit auch parteifähig.

Ist die Gesellschaft mit einem Organisationsmangel behaftet (Art. 731*b* OR), hat 15
dies keine Auswirkung auf die Rechtsfähigkeit. Die Klage um Aufhebung der
Organisationsmängel richtet sich gegen die Gesellschaft selber, dabei ist jeder
Aktionär, Gläubiger oder der Handelsregisterführer dazu aktivlegitimiert (BSK
OR II-WATTER/PAMER-WIESER, Art. 731b N 11 und 14 f.). Beteiligt sich ein
Aktionär als Nebenpartei an einem Organisationsmängelverfahren, kann er sich
als streitgenössischer Nebenintervenient *(intervention accessoire indépendante)* in
Widerspruch zu den Prozesshandlungen der von ihm unterstützten Hauptpartei
setzen (vgl. BGE 142 III 629 E. 2.3.4 bis 2.3.6; s.a. § 4, N 285). Die Gesellschaft

ist somit passivlegitimiert und damit auch weiterhin parteifähig bzw. rechtsfähig, bis sie aus dem Handelsregister gelöscht wird.

D. Schiedsverfahren

1. Allgemeines

16 Einleitend ist zu erwähnen, dass das LugÜ auf die Schiedsgerichtsbarkeit nicht zur Anwendung gelangt (Art. 1 Abs. 1 lit. d LugÜ). Dagegen kommen allenfalls die ZPO oder das BZP, das Übereinkommen über die Anerkennung und Vollstreckung ausländischer Schiedssprüche (NYÜ, SR 0.277.12) und ferner das IPRG zur Anwendung.

2. Konkordat über die Schiedsgerichtsbarkeit vom 27. März 1969

17 Art. 6 Abs. 2 KSG zur Schiedsklausel sah Folgendes vor:

«Sie kann sich aus der schriftlichen Erklärung des Beitritts zu einer juristischen Person ergeben, sofern diese Erklärung ausdrücklich auf die in den Statuten oder in einem sich darauf stützenden Reglement enthaltene Schiedsklausel Bezug nimmt.»

18 Die Form der Schiedsvereinbarung richtet sich heute nach Art. 358 ZPO:

«Die Vereinbarung hat schriftlich oder in einer anderen Form zu erfolgen, die den Nachweis durch Text ermöglicht.»

3. Statutarische Schiedsklausel

19 In der ZPO fehlt eine solche explizite Bestimmung, wie es Art. 6 Abs. 2 KSG vorsah. In Art. 354 ZPO wird einzig die Schiedsfähigkeit erwähnt:

«Gegenstand eines Schiedsverfahrens kann jeder Anspruch sein, über den die Parteien frei verfügen können.»

20 Schiedsfähig sind insbesondere auch Ansprüche aus dem Gesellschaftsrecht wie «Klagen mit gesellschaftsrechtlicher Natur unter Mitgliedern einer Gesellschaft oder zwischen der Gesellschaft und einzelnen Mitgliedern, wie Ausschluss eines Mitglieds oder auch Gestaltungsklagen betreffend Anfechtung eines Generalversammlungsbeschlusses oder eine Auflösungsklage [...] sofern in den Statuten eine Schiedsklausel vorgesehen ist». (BSK ZPO-WEBER-STECHER, Art. 354 N 23).

Darüber hinaus muss die Vereinbarung schriftlich nachweisbar sein, eine Unter-   21
schrift ist dagegen nicht notwendig, es genügt, dass die Parteien vom notwendigen Inhalt Kenntnis erlangt haben (BSK ZPO-GIRSBERGER, Art. 358 N 5;
MÜLLER-CHEN/EGGER, Art. 358, N 8 ff.; STACHER, Art. 358 N 3 ff.). Gemäss
DASSER/ROTH sind diese Voraussetzungen bei Aktionären und Organen nicht
zwingend erfüllt (DASSER/ROTH, 270). Möglich ist dagegen, dass die Gründungs-
aktionäre die Statuten unterschrieben und die Aktien daraufhin mit den Neben-
rechten übertragen haben (DASSER/ROTH, 270). Verweist der vom Aktionär unter-
schriebene Zeichnungsschein auf die Statuten, wird dies als gültige Zustimmung
qualifiziert (DASSER/ROTH, 270). Organe können bei der Annahme der Organei-
genschaft auch an die Schiedsvereinbarung gebunden werden (DASSER/ROTH,
270).

Ein Teil der Lehre schliesst dagegen eine Schiedsklausel aus. Der Aktionär kann   22
auch durch die Statuten nicht verpflichtet werden, mehr zu leisten als den für den
Bezug einer Aktie bei ihrer Ausgabe festgesetzten Betrag (Art. 680 Abs. 1 OR
i.V.m Art. 620 Abs. 2 OR). Die h.L. legt dieses Verbot weit aus und subsumiert
jede Art von Pflichten darunter (MAUERHOFER, 27).

Das Bundesgericht äusserte sich 2001 über die Zulässigkeit einer Schiedsklausel   23
(BGer 4A_446/2009) und hielt fest, dass neue Aktionäre an die Schiedsklausel
nur dann gebunden seien, wenn sie diese in Textform akzeptieren (BGer
4A_492/2015 E. 3.4.1.). In einem neuen Entscheid (BGer 4A_492/2015 vom
25. Februar 2016 E. 3.4.3.) lässt das Bundesgericht bei Miteigentum dagegen eine
Schiedsklausel zu und erwähnt die bevorstehende Aktienrechtsrevision, wonach
eine statutarische Schiedsklausel zulässig sein sollte (BGer 4A_492/2015 vom
25. Februar 2016 E. 3.4.3).

Der Aktienrechtsentwurf von 2016 sieht eine statutarische Schiedsgerichtsklausel   24
vor (BBl 2017 710).

Art. 697*n* E-OR: 25

> «[1] Die Statuten können vorsehen, dass gesellschaftsrechtliche Streitigkeiten durch
> ein Schiedsgericht mit Sitz in der Schweiz beurteilt werden. Wenn die Statuten es
> nicht anders bestimmen, bindet die Schiedsklausel die Gesellschaft, die Organe
> der Gesellschaft, die Mitglieder der Organe und die Aktionäre.
>
> [2] Für das Verfahren vor dem Schiedsgericht gelten die Bestimmungen des 3. Teils
> der Zivilprozessordnung; das zwölfte Kapitel des Bundesgesetzes vom
> 18. Dezember 1987 über das Internationale Privatrecht ist nicht anwendbar.»

Der Bundesrat möchte mit der Bestimmung den Minderheitenschutz und die   26
Rechtsdurchsetzung verbessern (vgl. Bericht VE-OR 2014, 117). Somit unterliegen «die neu hinzukommenden Aktionäre mit dem Erwerb der Aktionärsstellung

ipso iure der Schiedsklausel» Bericht VE-OR 2014, 118; Botschaft Aktienrechts-entwurf 2016, 547). Zusätzliche Zustimmungs- und Formerfordernisse bestehen dagegen keine, weil die Schiedsklausel aus dem Handelsregisterauszug ersichtlich sein und damit die Publizitätswirkung gewahrt wird (vgl. Bericht VE-OR 2014, 118; Botschaft VE-OR 2014 Aktienrechtsentwurf 2016, 547).

27 Die statutarische Schiedsklausel bindet, soweit nichts anders festgelegt wird, die Gesellschaft, Organe und deren Mitglieder sowie die Aktionäre (Botschaft Aktien-rechtsentwurf 2016, 547). Nach dem Willen des Bundesrates unterstehen aber Streitigkeiten zwischen Aktionären (wie z.b. bei ABV) nicht der statutarischen Schiedsklausel (Botschaft Aktienrechtsentwurf 2016, 149).

28 Bezüglich der Klagen, die unter die Schiedsklausel fallen, erwähnt der Bundesrat folgende: Anfechtungs- und Nichtigkeitsklage; Auflösungsklage; Klage auf (Nach-)Liberierung des Aktienkapitals; Rückerstattungsklage und die Haftungs-und Verantwortlichkeitsklage (Botschaft Aktienrechtsentwurf 2016, 547). Die Schiedsklausel kann aber auch enger gefasst werden und sich damit nur auf be-stimmte Klagen beschränken (Botschaft Aktienrechtsentwurf 2016, 547). Bezüg-lich der subjektiven Reichweite der Klausel sollen nicht nur die Gesellschaft selbst, sondern auch deren Organe der Schiedsklausel unterstehen (Botschaft Ak-tienrechtsentwurf 2016, 547). Um die Verfahrenssicherheit zu gewährleisten, soll das *Opting-out* nach Bestimmungen des IPRG nicht möglich sein (Botschaft Ak-tienrechtsentwurf 2016, 547). Mit der voraussichtlich neuen Bestimmung will der Bundesrat die Unsicherheit in der Lehre und Rechtsprechung bezüglich der statu-tarischen Schiedsgerichtsklausel beenden (Botschaft zum Aktienrechtsentwurf 2016, 672).

E.   Eintragung der AG ins Handelsregister

29 Die Eintragungspflicht ergibt sich aus Art. 934 Abs. 1 OR:

> «Wer ein Handels-, Fabrikations- oder ein anderes nach kaufmännischer Art ge-führtes Gewerbe betreibt, ist verpflichtet, dieses am Ort der Hauptniederlassung ins Handelsregister eintragen zu lassen.»

30 Art. 643 OR regelt aber die konstitutive Wirkung des Handelsregistereintrags, die «heilende» Wirkung und die Rechtsbehelfe:

> Art. 643 OR
>
> «[1] Die Gesellschaft erlangt das Recht der Persönlichkeit erst durch die Eintragung in das Handelsregister.

² Das Recht der Persönlichkeit wird durch die Eintragung auch dann erworben, wenn die Voraussetzungen der Eintragung tatsächlich nicht vorhanden waren.

³ Sind jedoch bei der Gründung gesetzliche oder statutarische Vorschriften missachtet und dadurch die Interessen von Gläubigern oder Aktionären in erheblichem Masse gefährdet oder verletzt worden, so kann der Richter auf Begehren solcher Gläubiger oder Aktionäre die Auflösung der Gesellschaft verfügen.

⁴ Das Klagerecht erlischt, wenn die Klage nicht spätestens drei Monate nach der Veröffentlichung im Schweizerischen Handelsamtsblatt angehoben wird.»

Die Aktiengesellschaft ist ins Handelsregister des Ortes einzutragen, an dem sie ihren Sitz hat (Art. 640 OR). Gemäss Art. 931a OR i.V.m. Art. 17 Abs. 1 lit. c HRegV obliegt bei juristischen Personen die Anmeldung zur Eintragung ins Handelsregister dem obersten Leitungs- oder Verwaltungsorgan, d.h. bei der Aktiengesellschaft dem Verwaltungsrat (Art. 707 ff. OR). Weiter muss die Anmeldung gemäss Art. 18 i.V.m. 20 ff. HRegV vom Verwaltungsrat unterzeichnet sein. Zusätzlich müssen bei der Anmeldung die Belege gemäss Art. 43 HRegV eingereicht werden. Das Recht der Persönlichkeit durch die Eintragung kann auch dann erworben werden, wenn die Voraussetzungen der Eintragung tatsächlich nicht vorhanden sind (Art. 643 Abs. 2 OR). Ein solcher Sachverhalt kann vorliegen, wenn z.B. die Statuten nicht den gesetzlich notwendigen Inhalt aufweisen oder die Pflicht zur Mindestliberierung verletzt wurde (BSK OR II-SCHENKER, Art. 643 N 4). Daraufhin erfolgt die Eintragung aus Gründen des Verkehrsschutzes (BSK OR II-SCHENKER, Art. 643 N 4). Dies befreit aber nicht davon, die Mängel zu beheben. Aktionäre oder Gläubiger können bei Gefährdung oder Verletzung ihrer Interessen die Gesellschaft innerhalb von drei Monaten nach Veröffentlichung der Gesellschaft im Handelsregister durch den Richter auflösen lassen (Art. 643 Abs. 3 und 4 OR), was eine Liquidation *ex nunc* zur Folge hat. 31

Die Eintragung von Zweigniederlassungen erfolgt gemäss Art. 641 OR: 32

«Zweigniederlassungen sind ins Handelsregister des Ortes einzutragen, an dem sie sich befinden.»

Die Bestimmung wiederholt die in der Generalnorm von Art. 935 OR verankerten Prinzipien und wird durch Art. 109 ff. HRegV ergänzt (BSK OR II-SCHENKER, Art. 641 N 2 ff.). 33

Gemäss Art. 12 ZPO ergänzt sich der Gerichtsstand für Zweigniederlassungen wie folgt: 34

«Für Klagen aus dem Betrieb einer geschäftlichen oder beruflichen Niederlassung oder einer Zweigniederlassung ist das Gericht am Wohnsitz oder Sitz der beklagten Partei oder am Ort der Niederlassung zuständig.»

35   Der Gerichtsstand von Art. 12 ZPO ist weder zwingend noch teilzwingend und
     kann durch eine Gerichtsstandsvereinbarung wegbedungen werden (Art. 17 ZPO).
     Erfolgt kein Ausschluss, hat der Kläger ein Wahlrecht zwischen dem Wohnsitz,
     dem Sitz oder dem Ort der Niederlassung der beklagten Partei (Art. 12 ZPO)
     (FELLER/BLOCH, Art. 12 N 2). Der Gerichtsstand der Zweigniederlassung hat
     keinen Einfluss auf den Betreibungsort, da sich dieser gemäss Art. 46 Abs. 2
     SchKG am Sitz der Gesellschaft befindet (BSK SchKG I-SCHMID, Art. 46 N 71).
     Eine Ausnahme besteht für im Ausland wohnhafte Schuldner, die in der Schweiz
     eine Niederlassung besitzen (Art. 50 Abs. 1 SchKG). Darüber hinaus besitzt die
     Zweigniederlassung keine eigene Rechtspersönlichkeit (CRAMER, 244).

36   Unter «geschäftliche oder berufliche Niederlassung» fallen jene geschäftlichen
     Tätigkeiten, die auf Dauer angelegt und nicht von vorübergehender Natur sind
     (FELLER/BLOCH, Art. 12 N 6; BSK ZPO-INFANGER, Art. 12 N 15). Entscheidend
     ist, dass ständige körperliche Anlagen oder Einrichtungen bei der Niederlassung
     vorliegen (FELLER/BLOCH, Art. 12 N 7). Bei der «Zweigniederlassung» handelt es
     sich um einen kaufmännischen Betrieb, der vom Hauptunternehmen abhängt, aber
     eine gewisse Selbstständigkeit in wirtschaftlicher und geschäftlicher Hinsicht
     geniesst (BGE 117 II 85 E. 3; FELLER/BLOCH, Art. 12 N 20 ff.; BSK ZPO-
     INFANGER, Art. 12 N 10 ff.; CRAMER, 244 mit Hinweisen). Unter den Gerichtstand
     fallen ausschliesslich Klagen, die mit dem Betrieb ergehen, d.h. Klagen, die einen
     hinreichenden Zusammenhang mit der Zweigniederlassung aufweisen. Dies ist
     grundsätzlich immer dort gegeben, wo sich ein Anspruch aus einem Vertrag mit
     der Zweigniederlassung ergibt. Wird der Vertrag mit dem Hauptsitz geschlossen,
     kommt der Gerichtsstand von Art. 12 ZPO zur Anwendung, «wenn die vertragli-
     che Verpflichtung in unmittelbarer Beziehung zum Geschäftsbetrieb der Nieder-
     lassung» steht (FELLER/BLOCH, Art. 12 N 19 ff.; BSK ZPO-INFANGER, Art 12
     N 19 ff.).

1.   Rechtsmittel bei Verweigerung der Eintragung

37   Verfügungen der kantonalen Handelsregisterämter können gemäss Art. 165
     HRegV mittels Beschwerde angefochten werden:

     «[1] Verfügungen der kantonalen Handelsregisterämter können angefochten werden.

     [2] Jeder Kanton bezeichnet ein oberes Gericht als einzige Beschwerdeinstanz.

     [3] Beschwerdeberechtigt sind Personen und Rechtseinheiten:

     a.   deren Anmeldung abgewiesen wurde;

     b.   die von einer Eintragung von Amtes wegen unmittelbar berührt sind.

     [4] Beschwerden gegen Entscheide der kantonalen Handelsregisterämter sind innert
     30 Tagen nach der Eröffnung der Entscheide zu erheben.

[5] Die kantonalen Gerichte teilen ihre Entscheide unverzüglich dem kantonalen Handelsregisteramt sowie dem EHRA mit.»

Die meisten Kantone haben eine Rechtsmittelinstanz im Sinne von Art. 165 HRegV bezeichnet.[1] Der Kanton Zürich dagegen widersetzte sich, die Vorgaben gemäss Art. 165 HRegV umzusetzen. Der Kanton vertrat die Meinung, «dass die Vorgabe von Art. 165 HRegV über die dem Bundesrat in Art. 929 Abs. 1 OR eingeräumte Kompetenz hinausging». (RÜETSCHI HRegV, Art. 165 N 13). Das Bundesgericht kam zum Schluss, dass der Bundesrat seine Rechtsetzungsbefugnisse nicht überschritten habe (RÜETSCHI HRegV, Art. 165 N 14; BGE 137 III 217). Dies führte dazu, dass der Kanton Zürich die Beschwerden gemäss § 43 lit. c GOG ZH an das Obergericht des Kantons Zürichs erlaubte. Der Entscheid des Obergerichts kann, wie bei den anderen Kantonen, mit Beschwerde in Zivilsachen beim Bundesgericht gerügt werden (RÜETSCHI HRegV, Art. 165 N 33 ff.).

38

2. Handelsregistersperre

Die Handelsregistersperre wird in Art. 162 HRegV geregelt:

39

«[1] Auf schriftlichen Einspruch Dritter nimmt das Handelsregisteramt die Eintragung ins Tagesregister vorläufig nicht vor (Registersperre).

[2] Es informiert die Rechtseinheit über die Registersperre. Es gewährt der Einsprecherin oder dem Einsprecher Einsicht in die Anmeldung und in die Belege, sofern das Gericht dies anordnet.

[3] Das Handelsregisteramt nimmt die Eintragung vor, wenn:

a. die Einsprecherin oder der Einsprecher dem Handelsregisteramt nicht innert zehn Tagen nachweist, dass sie oder er dem Gericht ein Gesuch um Erlass einer vorsorglichen Massnahme gestellt hat; oder

b. das Gericht das Gesuch um Erlass einer vorsorglichen Massnahme rechtskräftig abgelehnt hat.

[4] Das Gericht entscheidet im summarischen Verfahren unverzüglich über die Registersperre. Es übermittelt dem Handelsregisteramt eine Kopie des Entscheids.

[5] Erheben Dritte Einsprache gegen eine Eintragung, die bereits ins Tagesregister aufgenommen wurde, so sind sie an das Gericht zu verweisen.»

Die Sperre ist ein wichtiges Instrument im Zusammenhang mit der Anfechtungsklage gemäss Art. 706 OR. Um zu bewirken, dass ein Beschluss ins Handelsregis-

40

---

[1]   Für eine Übersicht zu kantonalen Rechtsmittelinstanzen siehe Praxismitteilung EHRA 3/09 – 4. Dezember 2009, verfügbar auf: https://www.e-service.admin.ch/wiki/download/attachments/76289066/anhang_praxismitteilung_3-09_d.pdf?version=1&modification Date=1321446558000.

ter eingetragen wird, kann durch die schriftliche Einsprache beim Handelsregister die vorläufige Eintragung verhindert werden.

3. Löschung

41   Art. 938*b* OR:

> «[1] Scheiden im Handelsregister als Organ eingetragene Personen aus ihrem Amt aus, so muss die betroffene juristische Person unverzüglich deren Löschung verlangen.
>
> [2] Die ausgeschiedenen Personen können ihre Löschung auch selbst anmelden. Der Registerführer teilt der juristischen Person die Löschung unverzüglich mit.
>
> [3] Diese Vorschriften sind für die Löschung eingetragener Zeichnungsberechtigter ebenfalls anwendbar.»

42   Scheiden als Organ eingetragene Personen aus dem Amt aus, muss die juristische Person die Löschung im Handelsregister verlangen (Abs. 1). Kommt die juristische Person ihrer Pflicht nicht nach, kann dies bei einem Schaden Verantwortlichkeitsansprüche auslösen (BSK OR II-ECKERT, Art. 938b N 1). Die ausgeschiedene Person kann selber auch die Löschung beantragen, wobei der Registerführer dies der juristischen Person unverzüglich mitteilen muss (Abs. 2). Da dem Handelsregister als öffentlichem Register erhöhte Beweiskraft zukommt (Art. 9 ZGB), ist jede Löschung oder Eintragung von Bedeutung.

F.   Rückerstattung von Leistungen

43   Die Rückerstattung von Leistungen bei der Aktiengesellschaft wird in Art. 678 OR geregelt:

> «[1] Aktionäre und Mitglieder des Verwaltungsrates sowie diesen nahestehende Personen, die ungerechtfertigt und in bösem Glauben Dividenden, Tantiemen, andere Gewinnanteile oder Bauzinse bezogen haben, sind zur Rückerstattung verpflichtet.
>
> [2] Sie sind auch zur Rückerstattung anderer Leistungen der Gesellschaft verpflichtet, soweit diese in einem offensichtlichen Missverhältnis zur Gegenleistung und zur wirtschaftlichen Lage der Gesellschaft stehen.
>
> [3] Der Anspruch auf Rückerstattung steht der Gesellschaft und dem Aktionär zu; dieser klagt auf Leistung an die Gesellschaft.
>
> [4] Die Pflicht zur Rückerstattung verjährt fünf Jahre nach Empfang der Leistung.»

Der Aktienrechtsentwurf von 2016 formuliert den Artikel neu (BBl 2017 703). 44

Art. 678 E-OR: 45

> «[1] Aktionäre, Mitglieder des Verwaltungsrats, mit der Geschäftsführung befasste Personen und Mitglieder des Beirats sowie ihnen nahestehende Personen sind zur Rückerstattung von Dividenden, Tantiemen, anderen Gewinnanteilen, Vergütungen, Bauzinsen, gesetzlichen Kapital- und Gewinnreserven oder anderen Rückzahlungen verpflichtet, wenn sie diese ungerechtfertigt bezogen haben.
>
> [2] Übernimmt die Gesellschaft von solchen Personen Vermögenswerte oder schliesst sie mit diesen sonstige Rechtsgeschäfte ab, so werden diese Personen rückerstattungspflichtig, soweit ein offensichtliches Missverhältnis zwischen Leistung und Gegenleistung besteht.
>
> [3] Artikel 64 findet Anwendung.
>
> [4] Der Anspruch auf Rückerstattung steht der Gesellschaft und dem Aktionär sowie, falls die Leistung zugunsten einer Gesellschaft des gleichen Konzerns erfolgt, dem Gläubiger zu. Aktionär und Gläubiger klagen auf Leistung an die Gesellschaft.
>
> [5] Die Generalversammlung kann beschliessen, dass die Gesellschaft Klage auf Rückerstattung erhebt. Sie kann den Verwaltungsrat oder einen Vertreter mit der Prozessführung betrauen.»

Um die Umgehung der Pflicht der Rückerstattung zu verhindern, wird neu der 46 persönliche Geltungsbereich auf die mit der Geschäftsführung befassten Personen und die Mitglieder des Beirats erweitert (Bericht VE-OR 2014, 103; Botschaft Aktienrechtsentwurf 2016, 528). Gemäss dem Bundesrat würden auch die Aktionäre, Mitglieder des Verwaltungsrats, mit der Geschäftsführung befasste Personen und Mitgliedern des Beirats nahestehende Personen von der Bestimmung erfasst (Bericht VE-OR 2014, 103; Botschaft Aktienrechtsentwurf 2016, 528). Die Pflicht zur Rückerstattung erfasst ungerechtfertigte Rückzahlungen gesetzlicher Kapital- und Gewinnreserven und auch ungerechtfertigte Leistung unzulässiger Vergütungen (Botschaft Aktienrechtsentwurf 2016, 528).

In Abs. 2 wurde die Formulierung «[…] und zur wirtschaftlichen Lage der Gesell- 47 schaft stehen» gestrichen (Botschaft Aktienrechtsentwurf 2016, 529). Der Bundesrat ist der Meinung, dass auch bei einer guten wirtschaftlichen Situation ein offensichtliches Missverhältnis zwischen Leistung und Gegenleistung bestehen kann (Bericht VE-OR 2014, 104; Botschaft Aktienrechtsentwurf 2016, 529). Durch die Bestimmung soll festgehalten werden, «dass die Übernahme von Vermögenswerten […] zu offensichtlich nicht marktüblichen Bedingungen zulasten der Gesellschaft weiterhin unzulässig ist» (Botschaft Aktienrechtsentwurf 2016, 528). Dies ist im Zusammenhang mit der Abschaffung der beabsichtigten Sachübernahme zu sehen (Botschaft Aktienrechtsentwurf 2016, 528). Im Fall eines Rückerstattungsanspruches muss nur der Teil der Leistung zurückerstattet werden, welcher in einem offensichtlichen Missverhältnis steht (Botschaft Aktienrechtsentwurf 2016, 529).

48 Der Vorentwurf sah noch vor, dass in Abs. 3 der gutgläubige Empfänger die Leistung nur dann zurückerstatten muss, wenn er im Zeitpunkt der Geltendmachung noch bereichert ist (Bericht VE-OR 2014, 104). Diese Bestimmung wurde in der Vernehmlassung zurückgewiesen, damit wird auf die Beweislastumkehr verzichtet (Botschaft Aktienrechtsentwurf 2016, 529). Das Element des bösen Glaubens wird dagegen weiterhin aufgehoben, da es sich um ein subjektives Element handelt, welches meist kaum nachzuweisen ist (Bericht VE-OR 2014, 104; Botschaft Aktienrechtsentwurf 2016, 529). Über den Umfang der Rückerstattung wird dagegen wie im Entwurf vom 2007 auf Art. 64 OR verwiesen (Botschaft Aktienrechtsentwurf 2016, 530).

49 Nach Abs. 4 steht der Rückerstattungsanspruch den Aktionären ebenfalls zu. Der Bundesrat erweitert neu den Rückerstattungsanspruch der Gläubiger an die Gesellschaft (Botschaft Aktienrechtsentwurf 2016, 530). Die Aktivlegitimation der Gläubiger ist aber ausschliesslich gegeben, wenn die Leistung nach Abs. 1 und 2 innerhalb des Konzernes erfolgt ist (Botschaft Aktienrechtsentwurf 2016, 530).

50 Ausserdem kann neu in Abs. 5 die Generalversammlung entscheiden, ob sie eine Klage auf Rückerstattung erheben möchte (Botschaft Aktienrechtsentwurf 2016, 530).

51 Art. 678*a* E-OR:

> «[1] Der Rückerstattungsanspruch verjährt mit Ablauf von drei Jahren, nachdem die Gesellschaft oder der Aktionär davon Kenntnis erhalten hat, in jedem Fall aber zehn Jahre nach Entstehung des Anspruchs. Die Frist steht während des Verfahrens auf Anordnung einer Sonderuntersuchung und deren Durchführung still.
>
> [2] Hat der Empfänger durch sein Verhalten eine strafbare Handlung begangen, so verjährt der Rückerstattungsanspruch frühestens mit Eintritt der strafrechtlichen Verfolgungsverjährung. Tritt diese infolge eines erstinstanzlichen Strafurteils nicht mehr ein, so verjährt der Anspruch frühestens mit Ablauf von drei Jahren seit Eröffnung des Urteils.»

52 Zusätzlich wird die relative sowie absolute Verjährung in einem neuen Artikel geregelt. Der Vorschlag in Abs. 1 Ziff. 2, das Verfahren auf Kosten der Gesellschaft durchzuführen, wurde dagegen fallen gelassen (FORSTMOSER/KÜCHLER, Aktienrecht 87).

G. Anfechtung von GV-Beschlüssen

Art. 706 OR: 53

> «¹ Der Verwaltungsrat und jeder Aktionär können Beschlüsse der Generalver-
> sammlung, die gegen das Gesetz oder die Statuten verstossen, beim Richter mit
> Klage gegen die Gesellschaft anfechten.
>
> ² Anfechtbar sind insbesondere Beschlüsse, die
>
> 1. unter Verletzung von Gesetz oder Statuten Rechte von Aktionären entziehen
>   oder beschränken;
> 2. in unsachlicher Weise Rechte von Aktionären entziehen oder beschränken;
> 3. eine durch den Gesellschaftszweck nicht gerechtfertigte Ungleichbehandlung
>   oder Benachteiligung der Aktionäre bewirken;
> 4. die Gewinnstrebigkeit der Gesellschaft ohne Zustimmung sämtlicher Aktio-
>   näre aufheben.
>
> ³⁻⁴ ...
>
> ⁵ Das Urteil, das einen Beschluss der Generalversammlung aufhebt, wirkt für und
> gegen alle Aktionäre.»

Das Bundesgericht stuft die Anfechtungsklage als subsidiär zur Verantwortlich-   54
keitsklage ein (BSK OR II-TRUFFER/DUBS, Art. 706 N 1). Das heisst, dass keine
Anfechtungsklage erhoben werden kann, wenn gleichzeitig auch ein Tatbestand
der Verantwortlichkeitsklage erfüllt ist (BSK OR II-TRUFFER/DUBS, Art. 706
N 1). Das ist wenig befriedigend. Die Anfechtungsklage ist eine Gestaltungsklage,
und das Urteil ist ausschliesslich kassatorisch (DRUEY/DRUEY JUST/GLANZMANN,
§ 12 N 66). Auch wenn die Anfechtungsklage im Zweiparteienprozess stattfindet,
wirkt das Urteil gemäss Art. 706 Abs. 5 nicht nur *inter partes*, sondern «für und
gegen alle Aktionäre» (sog. Erga-Omnes-Wirkung, BSK OR II-TRUFFER/DUBS,
Art. 706 N 24). Das Gericht kann somit die Klage abweisen oder den Beschluss
aufheben, in diesem Fall spricht man von einem auflösenden Gestaltungsurteil
(BSK OR II-TRUFFER/DUBS, Art. 706 N 25). Bemerkenswert ist, dass aus dieser
Bestimmung kein Opting-out möglich ist und es sich somit um eine Art kollektive
Klage auf individueller Basis handelt.

H. Nichtigkeit von Beschlüssen

Die Nichtigkeitsgründe von GV-Beschlüssen ergeben sich aus der nicht abschlies-   55
senden Liste von Art. 706b OR:

«Nichtig sind insbesondere Beschlüsse der Generalversammlung, die:

1. das Recht auf Teilnahme an der Generalversammlung, das Mindeststimmrecht, die Klagerechte oder andere vom Gesetz zwingend gewährte Rechte des Aktionärs entziehen oder beschränken;

2. Kontrollrechte von Aktionären über das gesetzlich zulässige Mass hinaus beschränken oder

3. die Grundstrukturen der Aktiengesellschaft missachten oder die Bestimmungen zum Kapitalschutz verletzen.»

56 Art. 714 OR:

«Für die Beschlüsse des Verwaltungsrates gelten sinngemäss die gleichen Nichtigkeitsgründe wie für die Beschlüsse der Generalversammlung.»

57 VR-Beschlüsse können nicht angefochten werden. Sie unterliegen ausschliesslich den sinngemässen gleichen Nichtigkeitsgründen wie die GV-Beschlüsse (DRUEY/ DRUEY-JUST/GLANZMANN, § 13 N 68). Die Analogie bezweckt die Verstärkung des Aktionärsschutzes (BSK OR II-TRUFFER/DUBS, Art. 706 N 4). Eine Ausnahme sieht Art. 106 Abs. 2 FusG vor.

I.   Auskunftsrecht

58 Jeder Aktionär ist berechtigt, an der Generalversammlung vom Verwaltungsrat Auskunft über die Angelegenheiten der Gesellschaft zu verlangen (Art. 697 Abs. 1 OR). Wird die Auskunft oder die Einsicht ungerechtfertigterweise verweigert, kann der Aktionär Klage beim Gericht einreichen (Art. 697 Abs. 4 OR), wobei das Gericht sich auf eine Willkürprüfung beschränkt (BGE 132 III 71 E. 1.1). Die örtliche Zuständigkeit und das Verfahren richten sich nach Art. 10 Abs. 1 lit. b ZPO i.V.m Art. 250 lit. c Ziff. 7 ZPO.

59 Der Vorentwurf [2] sieht in Art. 697 Abs. 2 VE-OR vor, dass Aktionäre von nicht börsenkotierten Gesellschaften schriftliche Auskunft über Angelegenheiten der Gesellschaft beim VR verlangen können. Die Fragen würden dann zweimal jährlich beantwortet. Das Klagerecht dagegen bleibt weiter bestehen (Art. 697b VE-OR).

60 Nichtige GV-Beschlüsse sind von Anfang an unwirksam und kommen nicht zustande (BSK OR II-TRUFFER/DUBS, Art. 706 N 4). Aufgrund der Rechtssicherheit und der «Subsidiarität der Nichtigkeitsfolge» muss bei Annahme von Nichtigkeitsgründen Zurückhaltung angewendet werden (BSK OR II-TRUFFER/DUBS,

[2] Abrufbar unter: https://www.bj.admin.ch/dam/data/bj/wirtschaft/gesetzgebung/aktienrechtsrevision14/vorentw-d.pdf.

Art. 706 N 8). Konkret können nichtige Beschlüsse in einem bestehenden Verfahren berücksichtigt oder selbstständig durch eine Feststellungsklage festgestellt werden (BSK OR II-TRUFFER/DUBS, Art. 706 N 5).

Nichtigkeit eines GV-Beschlusses kann inzident, durch Einwendung in einem beliebigen Verfahren, oder selbstständig durch Feststellungsklage geltend gemacht werden und muss zudem von Amtes wegen beachtet werden. 61

J. Das summarische Verfahren

Das summarische Verfahren ist unter anderem in denen vom Gesetz bestimmten Fällen anwendbar (Art. 248 lit. a ZPO). Art. 250 ZPO beinhaltet die wichtigsten Klagen im summarischen Verfahren, wobei die Liste nicht abschliessend ist (BSK ZPO-MAZAN, Art. 250 N 1 und 5). Örtlich zuständig ist das Gericht am Sitz der Gesellschaft (Art. 10 Abs. 1 lit. b ZPO). Die sachliche Zuständigkeit ist dagegen Sache der Kantone (Art. 4 ZPO). Für Angelegenheiten und Streitigkeiten im summarischen Verfahren ist im Kanton Zürich das Einzelgericht zuständig (§ 24 lit. c GOG ZH). 62

Im Gesellschaftsrecht kommen insbesondere zwei Typen von Klagen in Frage: die Anordnung der Auskunftserteilung (Art. 250 lit. c Ziff. 7 ZPO) und die Einberufung der Generalversammlung sowie die Traktandierung eines Verhandlungsgegenstandes (Art. 250 lit. c Ziff. 9 ZPO). 63

Wird die Auskunft oder die Einsicht ungerechtfertigterweise verweigert, so ordnet das Gericht sie auf Antrag an (Art. 697 Abs. 4 OR). Das Rechtsbegehren muss konkret den Auskunftsanspruch umschreiben, da eine generelle abstrakte Auskunft nicht erlaubt ist (BSK OR II-WEBER, Art. 697 N 21). Dabei handelt es sich um eine Leistungsklage, die zur Durchsetzung des Informationsanspruches dient (BSK OR II-WEBER, Art. 697 N 20). Aufgrund der fehlenden Frist verwirkt die Klage nicht, eine zu späte Geltendmachung kann aber als rechtsmissbräuchlich qualifiziert werden (BSK OR II-WEBER, Art. 697 N 20). 64

Die zweite Klage dient der Einberufung der Generalversammlung sowie Traktandierung eines Verhandlungsgegenstandes (Art. 250 lit. c Ziff. 9 ZPO). Entspricht der Verwaltungsrat dem Begehren auf Einberufung und Traktandierung nicht binnen angemessener Frist, so hat der Richter auf Antrag der Gesuchsteller die Einberufung anzuordnen (Art. 699 Abs. 4 OR). Die Angemessenheit der Frist muss anhand der konkreten Umstände beurteilt werden (BSK OR II-DUBS/TRUFFER, Art. 699 N 16). Der Antragsteller muss seine Aktionärseigenschaft ausschliesslich glaubhaft machen, eine weitere materielle Prüfung ist ausgeschlossen (BSK OR II-DUBS/TRUFFER, Art. 699 N 17 ff.). 65

K. *Vorsorgliche Massnahmen und Aktionärsrechte*

1. Allgemeines

66   Vorsorgliche Massnahmen gewähren im summarischen Verfahren vorläufigen Rechtsschutz, und dabei wird unterschieden in vorsorgliche und superprovisorische Massnahmen (Art. 261 und 265 ZPO; STAEHELIN/STAEHELIN/GROLIMUND, § 22 N 1).

67   Art. 261 ZPO:

> «[1] Das Gericht trifft die notwendigen vorsorglichen Massnahmen, wenn die gesuchstellende Partei glaubhaft macht, dass:
>
> a. ein ihr zustehender Anspruch verletzt ist oder eine Verletzung zu befürchten ist; und
>
> b. ihr aus der Verletzung ein nicht leicht wieder gutzumachender Nachteil droht.
>
> [2] Leistet die Gegenpartei angemessene Sicherheit, so kann das Gericht von vorsorglichen Massnahmen absehen.»

68   Art. 265 ZPO:

> «[1] Bei besonderer Dringlichkeit, insbesondere bei Vereitelungsgefahr, kann das Gericht die vorsorgliche Massnahme sofort und ohne Anhörung der Gegenpartei anordnen.
>
> [2] Mit der Anordnung lädt das Gericht die Parteien zu einer Verhandlung vor, die unverzüglich stattzufinden hat, oder setzt der Gegenpartei eine Frist zur schriftlichen Stellungnahme. Nach Anhörung der Gegenpartei entscheidet das Gericht unverzüglich über das Gesuch.
>
> [3] Das Gericht kann die gesuchstellende Partei von Amtes wegen zu einer vorgängigen Sicherheitsleistung verpflichten.»

2. Voraussetzungen

69   Die vorsorglichen Massnahmen setzen eine Verletzung oder die Gefahr einer Verletzung voraus (sog. Verfügungsanspruch; STAEHELIN/STAEHELIN/GROLIMUND, § 22 N 9; HUBER, Art. 261 N 18 ff.; BSK ZPO-SPRECHER, Art. 261 N 10). Weiter benötigt der Antragsteller eine Drohung eines nicht wiedergutzumachenden Nachteils (sog. Verfügungsgrund; STAEHELIN/STAEHELIN/GROLIMUND, § 22 N 10; HUBER, Art. 261 N 20; BSK ZPO-SPRECHER, Art. 261 N 10). Dabei wird berücksichtigt, ob andere Rechtsbehelfe zur Verfügung stehen. Aus Sicht des Aktienrechts wird hier z.B. eine mögliche Verantwortlichkeitsklage oder Anfechtungsklage berücksichtigt (ZR 2016 24, 27. März 2015,

E. 7.7; KG ZG, ER, 20. März 2015, E. 5; vgl. VISCHER/HOFMANN, 506, m.w.H.).
Als dritte Voraussetzung werden die Dringlichkeit und die Verhältnismässigkeit
verlangt (HUBER, Art. 261 N 22 ff.). Die Dringlichkeit wird bei einer anstehenden
Generalversammlung wohl zu bejahen sein (VISCHER/HOFMANN, 506). In der
Praxis wird dagegen die Eignung und Erforderlichkeit bei der Verhältnismässigkeit verneint, wenn der von der GV beschlossene Aktienkauf oder eine Dividendenausschüttung längst vollzogen wurde (ZR 2016 24, 27. März 2015, E. 6.4 f,
7.4 ff.; vgl. VISCHER/HOFMANN, 506, m.w.H.). Die erwähnten Voraussetzungen
müssen ausserdem nicht bewiesen, sondern glaubhaft gemacht werden (HUBER,
Art. 261 N 25).

3. Inhalt der Massnahmen

Der Inhalt der vorsorglichen Massnahmen wird abschliessend 70
in Art. 262 ZPO geregelt und kann auf Leistung, Gestaltung oder Feststellung
gerichtet sein (STAEHELIN/STAEHELIN/GROLIMUND, § 22 N 8 u. 14). Ein solcher
Inhalt könnte z.B. das Gebot sein, in einer bestimmten Weise eine Stimme an
der GV abzugeben, um einen ABV vollstrecken zu können (ZR 1984 139, E. 3;
VISCHER/HOFMANN, 507). Ferner hängt der Inhalt davon ab, ob die Massnahme
vor oder nach der GV erlassen wurde. In Bezug auf das Aktienrecht kann eine solche Massnahme z.B. ein Verbot sein, die Stimmrechte zu beschränken (OG ZG II.
ZK, 10. Juni 2015; vgl. VISCHER/HOFMANN, 509). Nach der GV kann z.B. die Massnahme in einer Anweisung an das Handelsregisteramt bestehen, den eintragungs-
pflichtigen Beschluss nicht ins Handelsregister einzutragen (VISCHER/HOFMANN,
509).

4. Exkurs: vorsorgliche Massnahmen bei Schiedsgerichten

Die internationalen Schiedsgerichtsordnungen sehen ebenfalls 71
vorsorgliche Massnahmen vor, wie z.B. Art. 43 Swiss Rules of International Ar-
bitration (sog. Swiss Rules) vom 12. Juni 2012 oder Art. 29 der Schiedsgerichts-
ordnung der Internationalen Handelskammer (sog. ICC) vom Dezember 2015. Die
Besonderheit bei diesen vorsorglichen Massnahmen ist, dass die Anerkennung und
die Vollstreckung sich nicht nach dem NYÜ richten, sondern in der Praxis von
den Parteien freiwillig befolgt werden (VISCHER/HOFMANN, 505). In Weigerungs-
fällen sind die staatlichen Gerichte um Hilfe zu ersuchen.

L.   Kostenverteilung

72   Durch das Inkrafttreten der Eidgenössischen ZPO wurden einige Normen des Bundesrechts in die neue ZPO überführt, wie z.B. aArt. 706*a* Abs. 3 OR und aArt. 756 Abs. 2 OR.

73   aArt. 706*a* Abs. 3 OR:

> «Der Richter verteilt die Kosten bei Abweisung der Klage nach seinem Ermessen auf die Gesellschaft und den Kläger.»

74   aArt. 756 Abs. 2 OR:

> «Hatte der Aktionär aufgrund der Sach- und Rechtslage begründeten Anlass zur Klage, so verteilt der Richter die Kosten, soweit sie nicht vom Beklagten zu tragen sind, nach seinem Ermessen auf den Kläger und die Gesellschaft.»

75   Grundsätzlich verteilen sich die Kosten nach dem Verfahrensausgang, d.h. nach Massgabe des Obsiegens und Unterliegens; die Kosten trägt also die unterliegende Partei (Art. 106 Abs. 1 ZPO). Ausnahmen sind im Rahmen der Billigkeitsnorm von Art. 107 ZPO möglich (BBl 2006 7221, 7297). Gemäss Art. 107 Abs. 1 lit. b ZPO kann das Gericht von den Verteilungsgrundsätzen abweichen und die Prozesskosten nach Ermessen verteilen, wenn eine Partei in guten Treuen zur Prozessführung veranlasst war.

76   Die Gesetzesänderung ermöglicht es, die Situation einer Verantwortlichkeitsklage zu berücksichtigen, bei der die individuellen Interessen des Klägers kleiner sind als diejenigen der Gesellschaft (KIRSCHENLÄGER/ROBERTO, 612). Damit legte der Gesetzgeber ein besonderes Augenmerk auf die Kleinaktionäre (BBl 2006 7221, 7297).

77   Wenn andere besondere Umstände vorliegen, die eine Verteilung nach dem Ausgang des Verfahrens als unbillig erscheinen lassen, kann der Richter die Prozesskosten ebenfalls nach seinem Ermessen verteilen (Art. 107 Abs. 1 lit. f ZPO). Diese Norm wurde dagegen als Auffangtatbestand konzipiert (BBl 2006 7221, 7298).

78   Der Vorentwurf 2014 zum OR sah in Art. 107 Abs. 1bis Folgendes vor (Bericht VE-OR 2014, 182):

> «Das Gericht kann die Prozesskosten bei Abweisung gesellschaftsrechtlicher Klagen, die auf Leistung an die Gesellschaft lauten und nicht auf Kosten der Gesellschaft zugelassen wurden (Art. 697*k* OR), nach Ermessen auf die Gesellschaft und die klagende Partei verteilen.»

Der Aktienrechtsentwurf von 2016 zum OR übernahm die Bestimmung des oben   79
genannten Vorentwurfs in Art. 107 Abs. 1bis ZPO mit einer Änderung (BBl 2017
746:

> «Das Gericht kann die Prozesskosten bei Abweisung gesellschaftsrechtlicher Kla-
> gen, die auf Leistung an die Gesellschaft lauten, nach Ermessen auf die Gesell-
> schaft und die klagende Partei verteilen.»

Voraussichtlich wird durch die Aktienrechtsrevision der alte Art. 752 Abs. 2 OR   80
durch den neuen Art. 107 Abs. 1bis ZPO wieder eingeführt. Dadurch würde die
Klagemöglichkeit auf Leistung an die Gesellschaft des Aktionärs bekräftigt und
das Prozessrisiko sowie die Pflicht zur Leistung eines Kostenvorschusses bei
Rückerstattungs- und Verantwortlichkeitsklagen gelindert (Botschaft Aktienrechtsentwurf 2016, 631; Bericht VE-OR 2014, 182; FORSTMOSER, Verantwortlichkeitsrecht, 200). Diese Bestimmung wird dieselbe Wirkung entfalten wie die
bisherige im aktuellen Art. 107 Abs. 1 ZPO.

M. Prospekthaftung

Art. 752 OR: 81

> «Sind bei der Gründung einer Gesellschaft oder bei der Ausgabe von Aktien, Ob-
> ligationen oder anderen Titeln in Emissionsprospekten oder ähnlichen Mitteilun-
> gen unrichtige, irreführende oder den gesetzlichen Anforderungen nicht entspre-
> chende Angaben gemacht oder verbreitet worden, so haftet jeder, der absichtlich
> oder fahrlässig dabei mitgewirkt hat, den Erwerbern der Titel für den dadurch
> verursachten Schaden.»

Art. 752 OR ist eine kapitalmarktorientierte Bestimmung und statuiert die Haftung   82
für Personen, die bei der Ausgabe von Wertpapieren oder Wertrechten unrichtige,
irreführende oder unvollständige Angaben machen oder verbreiten (BSK OR II-
WATTER, Art. 752 N 1). Die Bestimmung möchte die Richtigkeit, Klarheit und
Vollständigkeit des Prospektes gewährleisten. Das Bundesgericht qualifiziert sie
als Deliktshaftung (BGE 129 III 71 E. 2.4). Art. 752 OR, Art. 652a OR und
Art. 1156 OR werden durch die neuen Bestimmungen des FIDLEG abgelöst und
im OR aufgehoben, was für sich genommen einer Aktienrechtsrevision gleichkommt. Die Prospekthaftung wird neu in Art. 72 E-FIDLEG festgehalten:

> «[1] Sind in Prospekten, im Basisinformationsblatt oder in ähnlichen Mitteilungen
> unrichtige, irreführende oder den gesetzlichen Anforderungen nicht entsprechende
> Angaben gemacht oder verbreitet worden, so haftet jeder, der dabei mitgewirkt
> hat, dem Erwerber eines Finanzinstruments für den dadurch verursachten Scha-
> den, soweit er nicht beweist, dass ihn kein Verschulden trifft.

² Für Angaben in der Zusammenfassung wird nur gehaftet, wenn sich erweist, dass diese irreführend, unrichtig oder widersprüchlich sind, wenn sie zusammen mit den anderen Teilen des Prospektes gelesen werden.

³ Für falsche oder irreführende Angaben über wesentliche Perspektiven wird nur gehaftet, wenn die Angaben wider besseres Wissen oder ohne Hinweis auf die Ungewissheit zukünftiger Entwicklungen gemacht oder verbreitet wurden.»

83   Materiell wird die gleiche zivilrechtliche Haftungsordnung beibehalten. Die Prospekthaftung nach Art. 72 E-FIDLEG bezieht sich auch auf alle Dokumente, auf welche der Prospekt verweist. Bezüglich der Kausalität wird gemäss der Botschaft weiter auf die ursächliche Vermutung zwischen unrichtigem Prospektinhalt und Kaufentscheid verzichtet (sog. fraud on the market) (Botschaft FIDLEG/FINIG, 8993). Das Bundesgericht dagegen lässt für die Kausalität die überwiegende Wahrscheinlichkeit zu (BGE 132 III 715 E. 3.2.2). Der Käufer darf von der Vermutung ausgehen, dass die Preisbildung am Markt unter Berücksichtigung der Informationen aus dem Emissionsprospekt zustande gekommen ist (Bericht FIDLEG/FINIG, 79). Mit dem FIDLEG sollen in naher Zukunft für sämtliche Effekten, die öffentlich angeboten oder an einem Handelsplatz gehandelt werden, einheitliche Prospektanforderungen eingeführt werden. Für nicht kotierte Gesellschaften sieht das E-FIDLEG allerdings zahlreiche Ausnahmen und Erleichterungen vor. Von der Prospektpflicht kann abgesehen werden, wenn das öffentliche Angebot sich nur an professionelle Kunden oder an weniger als 150 Privatkunden oder an Anleger richtet, die Effekten im Wert von mindestens CHF 100 000.– erwerben (vgl. Art. 38 Abs. 1 lit. a–c E-FIDLEG). Unternehmen können künftig ebenfalls auf die Veröffentlichung eines Prospekts verzichten, wenn die Mindeststückelung des öffentlich angebotenen Wertpapiers CHF 100 000.– beträgt oder das öffentliche Angebot über einen Zeitraum von zwölf Monaten einen Gesamtwert von CHF 100 000.– nicht übersteigt (vgl. Art. 38 Abs. 1 lit. d und e E-FIDLEG). Weiter räumt das FIDLEG dem Bundesrat die Ermächtigung ein, für KMU Erleichterungen von der Prospektpflicht festzulegen (vgl. Art. 49 E-FIDLEG).

N. Verantwortlichkeitshaftung

84   Die Verantwortlichkeitshaftung wird in Art. 754 OR geregelt:

«¹ Die Mitglieder des Verwaltungsrates und alle mit der Geschäftsführung oder mit der Liquidation befassten Personen sind sowohl der Gesellschaft als den einzelnen Aktionären und Gesellschaftsgläubigern für den Schaden verantwortlich, den sie durch absichtliche oder fahrlässige Verletzung ihrer Pflichten verursachen.

² Wer die Erfüllung einer Aufgabe befugterweise einem anderen Organ überträgt, haftet für den von diesem verursachten Schaden, sofern er nicht nachweist, dass er

bei der Auswahl, Unterrichtung und Überwachung die nach den Umständen gebotene Sorgfalt angewendet hat.»

1.   Direkter und indirekter Schaden

Die Verantwortlichkeitshaftung unterscheidet zwischen dem   85
direkten oder indirekten Aktionärs- und Gläubigerschaden (DRUEY/DRUEY JUST/
GLANZMANN, § 14 N 96). Ein indirekter Schaden ist, ein im Gesellschaftsvermögen eingetretener, aber auf den Aktienwert durchgeschlagener Schaden. In der Folge wird auf die Aktivlegitimation der Gesellschaft, Aktionäre und Gläubiger eingegangen.

a.   Gesellschaft

Bei einem indirekten Schaden, d.h. Schaden, den die Gesell-   86
schaft erleidet, ist ausserhalb des Konkurses primär die Gesellschaft aktivlegitimiert. Dies ergibt sich aus Art. 754 i.V.m. Art. 756 Abs. 1 Satz 1 OR. Im Konkurs ist die Konkursverwaltung gemäss Art. 757 Abs. 1 Satz 2 OR primär berechtigt, einen indirekten Schaden geltend zu machen.

b.   Aktionäre

Ausserhalb des Konkurses ergibt sich die Aktivlegitimation für   87
einen direkten Schaden der Aktionäre aus Art. 754 Abs. 1 OR oder aus Art. 41 OR; für einen indirekten Schaden dagegen aus Art. 756 Abs. 1 Satz 1 OR. Die Klage geht dann auf Leistung an die Gesellschaft. Im Konkurs dagegen ergibt sich die Aktivlegitimation für den direkten Schaden des Aktionärs aus Art. 754 Abs. 1 OR. Ein indirekter Schaden kann allerdings ausschliesslich geltend gemacht werden, wenn die Konkursverwaltung auf die Geltendmachung verzichtet hat (Art. 757 Abs. 1 Satz 1 i.V.m. Art. 757 Abs. 1 Satz 2 OR).

c.   Gläubiger

Den Gläubigern kommt bei widerrechtlichem Verhalten des   88
Verwaltungsrates ausserhalb des Konkurses der Gesellschaft für indirekte Schäden kein Klagerecht gemäss Art. 756 OR zu (HANDSCHIN, 238 ff.). Dies wird damit begründet, dass der Gläubiger in einer aufrechtstehenden Gesellschaft nicht geschädigt ist (HANDSCHIN, 239). Im Konkurs ergibt sich die Aktivlegitimation aus Art. 754 Abs. 1 Satz 2 OR. Für den indirekten Schaden ist die Konkursverwaltung aktivlegitimiert, soweit sie den Anspruch nicht abgetreten hat.

d.   *Abtretung bei indirekten Schäden*

89   Art. 757 Abs. 3 OR:

«Vorbehalten bleibt die Abtretung von Ansprüchen der Gesellschaft gemäss Artikel 260 des Schuldbetreibungs- und Konkursgesetzes vom 11. April 1889.»

90   Art. 260 SchKG:

«[1] Jeder Gläubiger ist berechtigt, die Abtretung derjenigen Rechtsansprüche der Masse zu verlangen, auf deren Geltendmachung die Gesamtheit der Gläubiger verzichtet.

[2] Das Ergebnis dient nach Abzug der Kosten zur Deckung der Forderungen derjenigen Gläubiger, an welche die Abtretung stattgefunden hat, nach dem unter ihnen bestehenden Range. Der Überschuss ist an die Masse abzuliefern.

[3] Verzichtet die Gesamtheit der Gläubiger auf die Geltendmachung und verlangt auch kein Gläubiger die Abtretung, so können solche Ansprüche nach Artikel 256 verwertet werden.»

91   Jeder einzelne Aktionär oder Gläubiger kann den Gesamtschaden einklagen, sobald die Konkursverwaltung auf die Geltendmachung der Ansprüche verzichtet hat (DRUEY/DRUEY JUST/GLANZMANN, § 14 N 106). Darüber hinaus besteht für die Gläubiger die Möglichkeit nach Art. 757 Abs. 3 OR i.V.m. Art. 260 SchKG die Verantwortlichkeitsansprüche abtreten zu lassen, welche die Konkursverwaltung nicht geltend gemacht hat. In diesem Zusammenhang wurde die Gläubigerklage als Klage der Gläubigergesamtheit qualifiziert (sog. «Raschein-Doktrin»; s. BGE 117 II 432 E. 1b ee–hh.). In einem neuen Entscheid (BGE 142 III 23) unterscheidet das Bundesgericht zwischen dem Schaden im Verantwortlichkeitsrecht (der bei der Gesellschaft eingetreten sein muss) und der Reduktion des Verwertungssubstrats, welche Gegenstand der Anfechtungsklage gemäss Art. 285 ff. SchKG ist (BGE 142 III 23 E. 4). Durch diesen Entscheid schränkte das Bundesgericht die Klagebefugnis der Nachlassmasse bei Verantwortlichkeitsklagen ein (KLETT, 57 ff.).

2.   Revisionshaftung

92   Art. 755 OR:

«[1] Alle mit der Prüfung der Jahres- und Konzernrechnung, der Gründung, der Kapitalerhöhung oder Kapitalherabsetzung befassten Personen sind sowohl der Gesellschaft als auch den einzelnen Aktionären und Gesellschaftsgläubigern für den Schaden verantwortlich, den sie durch absichtliche oder fahrlässige Verletzung ihrer Pflichten verursachen.

² Wurde die Prüfung von einer Finanzkontrolle der öffentlichen Hand oder von einem ihrer Mitarbeiter durchgeführt, so haftet das betreffende Gemeinwesen. Der Rückgriff auf die an der Prüfung beteiligten Personen richtet sich nach dem öffentlichen Recht.»

Der Revisionshaftung unterliegen alle Personen, die mit der Revision befasst sind, d.h. dass auch die faktische Revisionsstelle die Haftung auslösen kann (DRUEY/DRUEY JUST/GLANZMANN, § 14 N 78). Wichtig zu erwähnen ist, dass die Haftung sich ausschliesslich mit Tätigkeiten der Revisionsstelle als Gesellschaftsorgan befasst (BSK OR II-GERICKE/WALLER, Art. 755 N 3). Daraus folgt, dass Tätigkeiten ausserhalb des gesetzlichen Rahmens der Revisionsfunktion der Vertragshaftung aus Auftragsrecht unterliegen (BSK OR II-GERICKE/WALLER, Art. 755 N 3).   93

3. Örtliche Zuständigkeit im Handelsrecht

Zusätzlich im Zusammenhang mit der Verantwortlichkeit hält die ZPO bezüglich der örtlichen Zuständigkeit in Art. 40 Folgendes fest: 94

«Für Klagen aus gesellschaftsrechtlicher Verantwortlichkeit ist das Gericht am Wohnsitz oder Sitz der beklagten Partei oder am Sitz der Gesellschaft zuständig.»

Diese Bestimmung betrifft aber nicht ausschliesslich die Verantwortlichkeitshaftung nach Art. 754 OR, sondern ebenfalls Ansprüche aus weiteren Rechtsgrundlagen wie insbesondere aus der Prospekthaftung (Art. 752 OR), Gründungshaftung (Art. 753 OR) und Revisionshaftung (Art. 755 OR) (RÜETSCHI, ZPO, Art. 40 N 3). Der Sitz der Gesellschaft richtet sich konkret nach den Statuten. Stützt sich die Klage dagegen auf Pflichtwidrigkeiten, die sich aus der Geschäftstätigkeit einer Zweigniederlassung ergeben, ist der Ort der Zweigniederlassung für die örtliche Zuständigkeit massgeblich (RÜETSCHI, ZPO, Art. 40 N 10–12). Die Bestimmung ist gegenüber den allgemeinen Zuständigkeitsbestimmungen *lex specialis* (RÜETSCHI, ZPO, Art. 40 N 15).   95

Im internationalen Verhältnis ändert sich an der örtlichen Zuständigkeit grundsätzlich nichts (Art. 151 Abs. 1 und 2 IPRG). Eine Ausnahme besteht bei der Prospekthaftung (Art. 151 Abs. 3 IPRG); hier gilt der Ausgabeort der Beteiligungspapiere oder der Anleihen als massgebend (Art. 151 Abs. 3 IPRG).   96

4.   Solidarität und Rückgriff

97   Art. 759 OR:

> «[1] Sind für einen Schaden mehrere Personen ersatzpflichtig, so ist jede von ihnen insoweit mit den anderen solidarisch haftbar, als ihr der Schaden aufgrund ihres eigenen Verschuldens und der Umstände persönlich zurechenbar ist.
>
> [2] Der Kläger kann mehrere Beteiligte gemeinsam für den Gesamtschaden einklagen und verlangen, dass der Richter im gleichen Verfahren die Ersatzpflicht jedes einzelnen Beklagten festsetzt.
>
> [3] Der Rückgriff unter mehreren Beteiligten wird vom Richter in Würdigung aller Umstände bestimmt.»

98   In einem Verantwortlichkeitsprozess in erster Instanz sind für den Kläger oftmals die Verantwortlichkeiten der infrage kommenden Personen nicht auf Anhieb ersichtlich (DRUEY/DRUEY JUST/GLANZMANN, § 14 N 125). Klagt der Kläger Personen zu Unrecht ein, trägt er nach den allgemeinen Regeln gemäss Art. 95 ff. ZPO die Prozesskosten (DRUEY/DRUEY JUST/GLANZMANN, § 14 N 126). Durch die Bestimmung von Art. 759 Abs. 2 OR soll der Kläger nur das «Kosten- und Entschädigungsrisiko gegenüber einer Gegenpartei und nicht gegenüber jedem Beklagten, auch wenn er mehrere Verantwortliche für den Gesamtschaden gemeinsam einklagt», tragen müssen (BSK OR II-GERICKE/WALLER, Art. 759 N 8).

99   Das Bundesgericht hielt fest, dass der Kläger, der mehrere Verantwortliche für den Gesamtschaden gemeinsam einklagt, das Kosten- und Entschädigungsrisiko nur gegenüber einer Gegenpartei trägt und nicht gegenüber jedem Beklagten (BGE 122 III 324 E. 7b mit Hinweisen). In einem weiteren Urteil präzisierte das Bundesgericht aber, dass den einzelnen beklagten Streitgenossen eine Parteientschädigung zugesprochen werden kann, wenn mehrere Organe intern in einem Interessenkonflikt stünden und es einem Anwalt aus standesrechtlichen Gründen untersagt ist, alle Beklagten gemeinsam zu vertreten (BGE 122 III 324 E. d).

5.   Entlastungsbeschluss

100   Art. 698 Abs. 1 und 2 Ziff. 5 OR:

> «[1] Oberstes Organ der Aktiengesellschaft ist die Generalversammlung der Aktionäre.
>
> [2] Ihr stehen folgende unübertragbare Befugnisse zu:
>
> [...]
>
> 5.   die Entlastung der Mitglieder des Verwaltungsrates; [...]»

Art. 758 OR:

101

«[1] Der Entlastungsbeschluss der Generalversammlung wirkt nur für bekanntgegebene Tatsachen und nur gegenüber der Gesellschaft sowie gegenüber den Aktionären, die dem Beschluss zugestimmt oder die Aktien seither in Kenntnis des Beschlusses erworben haben.

[2] Das Klagerecht der übrigen Aktionäre erlischt sechs Monate nach dem Entlastungsbeschluss.»

Der Entlastungsbeschluss wird als negative Schuldanerkennung qualifiziert (BSK OR II-DUBS/TRUFFER, Art. 698 N 24). Damit werden die aktienrechtlich verantwortlichen Geschäftsführungsorgane von einer allfälligen Haftung befreit (BSK OR II-DUBS/TRUFFER, Art. 698 N 24). Die direkten Ansprüche von Aktionären und Gläubigern bleiben aber unberührt (BSK OR II-DUBS/TRUFFER, Art. 698 N 24). Der Entlastungsbeschluss entfaltet seine Wirkung ausschliesslich für bekannte oder erkennbare Tatsachen (Art. 758 Abs. 1 OR; s. dazu BSK OR II-DUBS/TRUFFER, Art. 698 N 24). Das Klagerecht bleibt bei Aktionären, die den Entlastungsbeschluss verweigern oder nicht an der Abstimmung teilnehmen, erhalten (DRUEY/DRUEY JUST/GLANZMANN, § 14 N 115). Sie müssen innerhalb von sechs Monaten klagen (Art. 758 Abs. 2 OR). Für die Gläubiger dagegen hat der Entlastungsbeschluss keine Wirkung (DRUEY/DRUEY JUST/GLANZMANN, § 14 N 115).

102

O. Zuständigkeit des Handelsgerichts

Es stellt sich die Frage, ob das Handelsgericht für Streitigkeiten aus den Aktionärbindungsverträgen (ABV) sachlich zuständig ist.

103

Art. 6 ZPO:

104

«[1] Die Kantone können ein Fachgericht bezeichnen, welches als einzige kantonale Instanz für handelsrechtliche Streitigkeiten zuständig ist (Handelsgericht).

[2] Eine Streitigkeit gilt als handelsrechtlich, wenn:

a. die geschäftliche Tätigkeit mindestens einer Partei betroffen ist;

b. gegen den Entscheid die Beschwerde in Zivilsachen an das Bundesgericht offen steht; und

c. die Parteien im schweizerischen Handelsregister oder in einem vergleichbaren ausländischen Register eingetragen sind.

[3] Ist nur die beklagte Partei im schweizerischen Handelsregister oder in einem vergleichbaren ausländischen Register eingetragen, sind aber die übrigen Voraussetzungen erfüllt, so hat die klagende Partei die Wahl zwischen dem Handelsgericht und dem ordentlichen Gericht.

^{4} Die Kantone können das Handelsgericht ausserdem zuständig erklären für:

a. Streitigkeiten nach Artikel 5 Absatz 1;

b. Streitigkeiten aus dem Recht der Handelsgesellschaften und Genossenschaften.

^{5} Das Handelsgericht ist auch für die Anordnung vorsorglicher Massnahmen vor Eintritt der Rechtshängigkeit einer Klage zuständig.»

105   Die Kantone Zürich, Bern, Aargau und St. Gallen haben von dieser Kompetenz gemäss Art. 6 Ziff. 1 ZPO Gebrauch gemacht und das Handelsgericht für handelsrechtliche Streitigkeiten bestimmt (§ 44 lit. b GOG ZH; Art. 7 EG ZSJ/BE; § 12 EG ZPO/AG; Art. 10 und 11 EG ZPO/SG). Die Streitigkeit ist nicht nur handelsrechtlicher Natur, wenn sich zwei Unternehmen gegenüberstehen, sondern es genügt, dass ein Zusammenhang mit der geschäftlichen Tätigkeit einer Partei vorliegt. Damit wird die Zuständigkeit des Handelsgerichts nicht nur auf Unternehmen beschränkt (lit. a) (BGE 142 III 96 E. 3.3.2). Zusätzlich müssen die Parteien in einem schweizerischen Handelsregister oder einem ausländischen vergleichbaren Register eingetragen sein (lit. b). Die Zuständigkeit des Handelsgerichts ist ebenfalls bei einem privaten Geschäft einer Partei gegeben, wenn der Inhaber eines Einzelunternehmens im Handelsregister eingetragen ist, soweit die Geschäftstätigkeit der anderen Partei tangiert ist (BGE 142 III 96 E. 3.3, 3.3.3).

106   Das Handelsgericht Zürich hat im Jahre 2011 die sachliche Zuständigkeit bei ABV verneint.^{3} Es hielt sich bei der Auslegung von Art. 6 Abs. 4 lit. b ZPO i.V.m. § 44 ff. GOG ZH strikt an den Wortlaut der Bestimmung und argumentierte, dass unter Streitigkeiten «aus dem Recht der Handelsgesellschaften» das Recht der Handelsgesellschaften gemäss Art. 552–827 OR gemeint sei.^{4} Damit sind ausschliesslich «sämtliche Ansprüche, die ihr Fundament in den besagten Bestimmungen haben», erfasst.^{5} Somit falle der ABV nicht in die sachliche Zuständigkeit des Handelsgerichts. Diese Meinung wird auch von der bisherigen Lehre geteilt (BSK ZPO-VOCK/NATER, Art. 6 N 16; a.M. BRUNNER, Art. 6 N 47). Die Verantwortlichkeitsklagen dagegen fallen in die sachliche Zuständigkeit des Handelsgerichts (BGE 140 III 409 E. 4.1; s. auch DASSER/ROTH, 274).

107   Der ABV ist ein Vertrag über die Ausübung von Aktionärsrechten, der zwischen mehreren Aktionären abgeschlossen werden kann (FORSTMOSER/KÜCHLER, ABV, 5) und in der Regel von überragender Bedeutung ist. Der ABV ist ein Vertrag, der schuld- oder vor allem gesellschaftsrechtliche Beziehungen unter den Parteien begründet (FORSTMOSER/KÜCHLER, ABV, 39 ff.). Obschon der ABV im Gesetz nicht

---

^{3} Einzelgericht des Handelsgerichtes, Verfügung vom 6. Oktober 2011, HE110745, in: ZR 111 (2012), S. 22 ff. (zit. Entscheid Handelsgericht).

^{4} Entscheid Handelsgericht, S. 23.

^{5} Entscheid Handelsgericht, S. 23.

explizit Eingang gefunden hat, ist er im Gesellschaftsrecht verbreitet und auch in der Gesetzgebung bekannt (z.b. Art. 663*c* Abs. 2 OR; Art. 120 Abs. 1 FinfraG und Art. 23 Abs. 1 lit. b FusG). Er ist oft auch Teil der Corporate Governance.

Die sachliche Zuständigkeit wurde bereits in der Botschaft zur ZPO weit gefasst und ganz allgemein auch auf Streitigkeiten aus Gesellschafts- sowie Anlagefonds- und Anleihensrecht ausgedehnt (Botschaft ZPO, 7261). Auch § 62 des aGVG/ZH hält fest, dass jedes Rechtsgeschäft einer im Handelsregister eingetragenen Person im Zweifel als Handelsgeschäft gelte. Alsdann hat das Handelsgericht in einem Urteil vom 18. Mai 1990 festgehalten, dass Fragen zur Organisation und des aktienrechtlichen Verhältnisses des Aktionärs zur Gesellschaft als «Handelsverhältnisse» im Sinne von § 62 aGVG/ZH zu betrachten seien und deren Beurteilung durch ein für spezifisch handelsrechtliche Fragen geschaffenes und mit Fachleuten besetztes Spezialgericht zweckmässig sei (ZR 88 Nr. 106 E. 2.2). 108

Natürlich kann sich die Einordnung und rechtliche Qualifikation von ABV durch den Umstand, dass die Vertragsparteien in der Ausgestaltung, der Form und dem Inhalt dieser Verträge frei sind, als schwierig erweisen. Insbesondere bei Stimmbindungsverträgen wird grundsätzlich das Vorliegen einer einfachen Gesellschaft angenommen, wenn ein gemeinsames, abgestimmtes Verhalten der Beteiligten bezweckt wird (DRUEY/DRUEY JUST/GLANZMANN, § 11 N 81). Sind jedoch alle Aktionäre zugleich auch Parteien, wird in der Regel von einer Doppelgesellschaft ausgegangen (FORSTMOSER/KÜCHLER, ABV, 39 ff.). Bei den ABV handelt es sich schliesslich um Verträge über die Ausübung von Aktionärsrechten, und diese vereinen in sich, dies liegt in der Natur der Sache, aktienrechtliche wie auch vertragliche Komponente. Das Gesellschaftsrecht wird ansonsten in zwei Teile gespalten, und dies würde ihm nicht gerecht. Der ABV gehört zum Recht der Handelsgesellschaften. 109

P. Fusionsrecht

1. Arbeitnehmerschutz

Art. 28 Abs. 3 und 4 FusG: 110

«[3] Werden die Vorschriften der Absätze 1 und 2 nicht eingehalten, so kann die Arbeitnehmervertretung vom Gericht verlangen, dass es die Eintragung der Fusion ins Handelsregister untersagt.

[4] Diese Bestimmung findet auch Anwendung auf übernehmende Gesellschaften mit Sitz im Ausland.»

111 Art. 77 Abs. 3 und 4 FusG:

> «² Werden die Vorschriften von Absatz 1 nicht eingehalten, so kann die Arbeit-
> nehmervertretung vom Gericht verlangen, dass es die Eintragung der Vermögens-
> übertragung im Handelsregister untersagt.
>
> ³ Diese Bestimmung findet auch Anwendung auf übernehmende Rechtsträger mit
> Sitz im Ausland.»

112 Das Recht, die Eintragung bei Verletzung des Informations- und Konsultations-
rechts in das Handelsregister zu untersagen, steht der Arbeitnehmervertretung zu
(BSK FusG-BAUMGARTNER/OERTLE, Vor Art. 2 N 33). Aktivlegitimiert sind die
Arbeitnehmervertretungen der übertragenden wie diejenigen der übernehmenden
Rechtsträger (BSK FusG-BAUMGARTNER/OERTLE, Vor Art. 2 N 35). Die Nichtbe-
rücksichtigung von Vorschlägen der Arbeitnehmervertretung werden nicht als
Verletzung von Art. 28 Abs. 3 FusG qualifiziert, weil die Konsultation lediglich
ein Anhörungsrecht, nicht aber ein Mitwirkungsrecht beinhaltet (BSK FusG-
BAUMGARTNER/OERTLE, Vor Art. 2 N 36). Der Kläger hat ein Wahlrecht zwi-
schen dem Gerichtstand gemäss Art. 42 ZPO und Art. 10 Abs. 1 lit. b ZPO. Die
Möglichkeit einer Prorogation oder Einlassung ist gemäss der nicht zwingenden
Natur von Art. 45 ZPO erlaubt (Art. 9 Abs. 1 ZPO). Darüber hinaus kommen
beide Bestimmungen zur Anwendung, wenn die übernehmende Gesellschaft ihren
Sitz im Ausland hat.

2. Überprüfung der Anteils- und Mitgliedschaftsrechte

113 Art. 105 FusG:

> «¹ Wenn bei einer Fusion, einer Spaltung oder einer Umwandlung die Anteils-
> oder Mitgliedschaftsrechte nicht angemessen gewahrt sind oder die Abfindung
> nicht angemessen ist, kann jede Gesellschafterin und jeder Gesellschafter inner-
> halb von zwei Monaten nach der Veröffentlichung des Fusions-, des Spaltungs-
> oder des Umwandlungsbeschlusses verlangen, dass das Gericht eine angemessene
> Ausgleichszahlung festsetzt. Für die Festsetzung der Ausgleichszahlung gilt Arti-
> kel 7 Absatz 2 nicht.
>
> ² Das Urteil hat Wirkung für alle Gesellschafterinnen und Gesellschafter des be-
> teiligten Rechtsträgers, sofern sie sich in der gleichen Rechtsstellung wie die Klä-
> gerin oder der Kläger befinden.
>
> ³ Die Kosten des Verfahrens trägt der übernehmende Rechtsträger. Wenn beson-
> dere Umstände es rechtfertigen, kann das Gericht die Kosten ganz oder teilweise
> den Klägerinnen und Klägern auferlegen.

⁴ Die Klage auf Überprüfung der Wahrung der Anteils- oder Mitgliedschaftsrechte hindert die Rechtswirksamkeit des Fusions-, des Spaltungs- oder des Umwandlungsbeschlusses nicht.»

Gegenstand ist die wertmässige Verletzung des Prinzips der mitgliedschaftlichen Kontinuität durch die Umstrukturierung (BSK FusG-DUBS/FREHNER, Art. 105 N 10). Es handelt sich um eine Anfechtung von Umstrukturierungsbeschlüssen, bei welchen die Anteils- und Mitwirkungsrechte verletzt oder nicht angemessen entschädigt wurden (BSK FusG-DUBS/FREHNER, Art. 105 N 10). Konkret geht es um die vermögensmässige Verletzung der mitgliedschaftlichen Kontinuität (BSK FusG-DUBS/FREHNER, Art. 105 N 10 f.). Ob eine angemessene Entschädigung vorliegt, bestimmt das Gericht nach freiem Ermessen und unter Berücksichtigung der konkreten Umstände (BÜRGI/GLANZMANN, Art. 105 N 6). Die Anfechtung hemmt die Rechtswirkung der Umstrukturierung nicht, und der Mängel wird vom Gericht durch eine abstrakte Ausgleichsleistung behoben (BSK FusG-DUBS/FREHNER, Art. 105 N 36). Aktivlegitimiert sind alle Gesellschafter, die von der Umstrukturierung betroffen sind, insbesondere bei einer Fusion oder Abspaltung auch die Gesellschafter der übertragenden und übernehmenden Gesellschaft (BSK FusG-DUBS/FREHNER, Art. 105 N 40). Klagen mehrere Gesellschafter zusammen, bilden sie eine einfache Streitgenossenschaft (BSK FusG-DUBS/FREHNER, Art. 105 N 40). Art. 105 Abs. 3 FusG bestimmt, dass die übernehmende Gesellschaft die Kosten des Verfahrens tragen muss. Wenn besondere Umstände es rechtfertigen, kann das Gericht die Kosten ganz oder teilweise den Klägerinnen und Klägern auferlegen (Art. 105 Abs. 3 FusG). Der Begriff «besondere Umstände» umfasst jene Klagen, die offensichtlich unbegründet oder von querulatorischer Natur sind (BSK FusG-DUBS/FREHNER, Art. 105 N 47). Die örtliche Zuständigkeit richtet sich nach Art. 42 ZPO und die sachliche Zuständigkeit nach Art. 4 ZPO (BSK FusG-DUBS/FREHNER, Art. 105 N 46).

3. Anfechtung

Art. 106 FusG:

«¹ Sind die Vorschriften dieses Gesetzes verletzt, so können Gesellschafterinnen und Gesellschafter der beteiligten Rechtsträger, die dem Beschluss über die Fusion, die Spaltung oder die Umwandlung nicht zugestimmt haben, den Beschluss innerhalb von zwei Monaten nach der Veröffentlichung im Schweizerischen Handelsamtsblatt anfechten. Wenn keine Veröffentlichung erforderlich ist, beginnt die Frist mit der Beschlussfassung.

² Gesellschafterinnen und Gesellschafter können den Beschluss auch anfechten, wenn er vom obersten Leitungs- oder Verwaltungsorgan gefasst wurde.»

116   Aktivlegitimiert sind Gesellschafter des beteiligten Rechtsträgers (VOGEL/HEIZ/
BEHNISCH/SIEBER, 612). Die Aktivlegitimation geht mit Zustimmung zur Umstrukturierung unter (VOGEL/HEIZ/BEHNISCH/SIEBER, 612). Passivlegitimiert ist derjenige
Rechtsträger, d.h. deren Organe, welche den Umstrukturierungsbeschluss gefasst
haben (VOGEL/HEIZ/BEHNISCH/SIEBER (2012), 612; BSK FusG-DUBS/FREHNER,
Art. 106 N 54). Verliert der Gesellschafter nach Klageeinreichung die Aktivlegitimation aufgrund der Übertragung der Mitgliedschaftsstelle, tritt der Erwerber in die
Aktivlegitimation ein (BSK FusG-DUBS/FREHNER, Art. 106 N 54). Bei einer Fusion
oder Abspaltung wird der betroffene Rechtsträger aufgelöst und dessen Handelsregistereintrag gelöscht (BSK FusG-DUBS/FREHNER, Art. 106 N 55). Das Anfech-
tungsrecht bleibt dadurch unberührt (BSK FusG-DUBS/FREHNER, Art. 106 N 55).

117   Die Frist beträgt zwei Monate und beginnt mit der Veröffentlichung der Umstruk-
turierung im SHAB (VOGEL/HEIZ/BEHNISCH/SIEBER, 612; BSK FusG-DUBS/
FREHNER, Art. 106 N 50). Die örtliche nicht zwingende Zuständigkeit im Binnenverhältnis richtet sich nach Art. 42 ZPO, und die sachliche Zuständigkeit bestimmt
sich nach anwendbarem kantonalen Recht (Art. 4 ZPO). Bezüglich der örtlichen
Zuständigkeit ist umstritten, ob Art. 42 ZPO die gesamten fusionsrechtlichen
Klagen erfasst (GLANZMANN, N 765). Diese Problematik ist angesichts des klaren
Wortlauts von Art. 42 ZPO irrelevant. Die Zuständigkeit kann durch eine abwei-
chende Gerichtsstands- oder Schiedsvereinbarung derogiert werden (bezüglich der
Problematik
s. Punkt 4.).

118   Im allgemeinen internationalen Verhältnis richtet sich die Zuständigkeit dagegen
nach Art. 151 IPRG. Im eurointernationalen Kontext kommt bei der Emigrations-
und Immigrationskonstellation Art. 22 Ziff. 2 LugÜ zur Anwendung. Angefochten
werden können insbesondere auch Beschlüsse der obersten Leitungs- oder Ver-
waltungsorgane (MEIER-DIETERLE, Art. 106 N 19 ff.), was eine Ausnahme zur
allgemeinen gesellschaftsrechtlichen Anfechtung darstellt.

119   Art. 107 FusG:

> «[1] Kann ein Mangel behoben werden, so räumt das Gericht den betroffenen
> Rechtsträgern dazu eine Frist ein.
>
> [2] Wird ein Mangel innerhalb der angesetzten Frist nicht behoben oder kann er
> nicht behoben werden, so hebt das Gericht den Beschluss auf und ordnet die er-
> forderlichen Massnahmen an.»

4.   Behebbare und nicht behebbare Mängel

120   Bei der fusionsrechtlichen Anfechtung kommen behebbare und
nicht behebbare Mängel in Betracht (Botschaft FusG, 4489). Als nicht behebbare

Mängel gelten solche, die zur Nichtigkeit des entsprechenden Beschlusses führen würden, wobei die Nichtigkeit aus Sicht der Rechtssicherheit mit Zurückhaltung angewendet werden muss (BSK FusG-DUBS/FREHNER, Art. 107 N 4). Behebbare Mängel sind meistens Verfahrensmängel, die keinen direkten Einfluss auf die Beschlussfassung aufweisen und gemäss der Botschaft somit keinen «zentralen Punkt» betreffen (Botschaft FusG, 4490). Wird der Mangel als behebbar qualifiziert, setzt das Gericht eine Frist fest, um dessen Behebung zu veranlassen (VOGEL/HEIZ/BEHNISCH/SIEBER, 617). Das FusG selber legt keine Frist fest. Die gerichtliche Frist muss daher vom Richter angesetzt werden und kann erstreckt werden (Art. 144 Abs. 2 ZPO). Die Frist wird gewährt, wenn die Mängelbehebung durch den betroffenen Rechtsträger möglich erscheint und die berechtigten Interessen der anfechtenden Gesellschafter berücksichtigt werden (VOGEL/HEIZ/BEHNISCH/SIEBER, 617).

5.   Aufhebung des Beschlusses

Stellt dagegen der Richter fest, dass der Mangel nicht behebbar [121] ist oder nicht behoben wurde, hebt er den Beschluss auf (VOGEL/HEIZ/BEHNISCH/SIEBER, 617). Das Gericht stellt durch das Urteil im Sinne der vertraglichen Umwandlungstheorie den ursprünglichen Zustand wieder her (BSK FusG-DUBS/FREHNER, Art. 107 N 26). Eine Abänderung des angefochtenen Beschlusses ist dagegen nicht zulässig (VOGEL/HEIZ/BEHNISCH/SIEBER, 618). Das Gericht kann aber Massnahmen anordnen, um den Zustand vor der Umstrukturierung wiederherzustellen (VOGEL/HEIZ/BEHNISCH/SIEBER, 618; BSK FusG-DUBS/FREHNER, Art. 107 N 26). Mögliche Massnahme könnte die Aufhebung der Eintragung im Handelsregister sein (BBl 200 4490).

6.   Verantwortlichkeit

Art. 108 FusG: [122]

> «[1] Alle mit der Fusion, der Spaltung, der Umwandlung oder der Vermögensübertragung befassten Personen sind sowohl den Rechtsträgern als auch den einzelnen Gesellschafterinnen und Gesellschaftern sowie den Gläubigerinnen und Gläubigern für den Schaden verantwortlich, den sie durch absichtliche oder fahrlässige Verletzung ihrer Pflichten verursachen. Die Verantwortung der Gründerinnen und Gründer bleibt vorbehalten.
>
> [2] Alle mit der Prüfung der Fusion, der Spaltung oder der Umwandlung befassten Personen sind sowohl den Rechtsträgern als auch den einzelnen Gesellschafterinnen und Gesellschaftern sowie Gläubigerinnen und Gläubigern für den Schaden verantwortlich, den sie durch absichtliche oder fahrlässige Verletzung ihrer Pflichten verursachen.

[3] Die Artikel 756, 759 und 760 des OR finden Anwendung. Im Fall des Konkurses einer Kapitalgesellschaft oder einer Genossenschaft gelten die Artikel 757, 764 Absatz 2, 827 und 920 des OR sinngemäss.

[4] Die Verantwortlichkeit der Personen, die für ein Institut des öffentlichen Rechts tätig sind, richtet sich nach dem öffentlichen Recht.»

123   Art. 108 FusG ist das Gegenstück von Art. 754 OR und begründet die Verantwortlichkeitsansprüche der Gesellschafter, der Gläubiger und des Rechtsträgers für absichtliche oder fahrlässige Pflichtverletzungen bei Strukturanpassungen und bei der Prüfung. Ausserdem beinhaltet Abs. 3 einige Verweise auf die aktienrechtliche Verantwortlichkeit und in Abs. 4 auf Rechtsträger des öffentlichen Rechts (z.B. spezialgesetzliche Aktiengesellschaften).

7. Prospekthaftung

124   Die Prospekthaftung ist im FusG nicht vorhanden. Abgrenzungsschwierigkeiten mit Art. 108 FusG können im Zusammenhang mit Umstrukturierungen anfallen, da diese häufig mit Gründungen oder Kapitalerhöhungen verbunden sind (BSK FusG-MAURENBRECHER/WALLEN, Art. 108 N 10). Der Begriff des Prospektes wird breit ausgelegt, und es werden alle Informationen darunter subsumiert, die bei einer Aktienemission die Anleger beeinflussen können (z.B. Fusionsberichte) (DRUEY/DRUEY JUST/GLANZMANN, § 14 N 29; BSK FusG-MAURENBRECHER/WALLEN, Art. 108 N 10). Weiteres zur Prospekthaftung vorne N 81 ff.

8. Geschäftsführungshaftung

125   Die Verantwortlichkeit nach Art. 108 FusG steht als besondere Bestimmung gegenüber der Geschäftsführungshaftung (Art. 754 OR; s. BSK FusG-MAURENBRECHER/WALLEN, Art. 108 N 11). Soweit die Verletzung der gesellschaftsrechtlichen Treue-, Sorgfalts- und Gleichbehandlungspflichten in einem engen Zusammenhang mit der Verletzung der Bestimmungen des FusG steht, kommt ausschliesslich Art. 108 zur Anwendung (BSK FusG-MAURENBRECHER/WALLEN, Art. 108 N 11).

9. Weiteres

126   Grundsätzlich ist die Revisionshaftung nach Art. 755 OR neben Art. 108 FusG anwendbar (BSK FusG-MAURENBRECHER/WALLEN, Art. 108 N 12). Weiter zu erwähnen ist, dass Art. 108 FusG ebenfalls auf Rechtsträger zur Anwendung kommt, die keine besondere Verantwortlichkeit kennen (z.B. Kollek-

tiv- und Kommanditgesellschaften, Vereine, Stiftungen und Einzelunternehmen) (BSK FusG-MAURENBRECHER/WALLEN, Art. 108 N 13). Dem Gläubiger, der durch die vorzeitige Erfüllung gemäss Art. 25 Abs. 4 und Art. 46 Abs. 3 FusG geschädigt wurde, stehen die paulianische Anfechtung (Art. 285 ff. SchKG) gegen den begünstigten Gläubiger oder eine Klage gegen die Entscheidungsträger der Gesellschaft nach Art. 108 FusG zur Verfügung (BSK FusG-MAURENBRECHER/ WALLEN, Art. 108 N 20).

10. Internationales Verhältnis

Art. 164a IPRG: 127

> «[1] Übernimmt eine ausländische Gesellschaft eine schweizerische, schliesst sie sich mit ihr zu einer neuen ausländischen Gesellschaft zusammen oder spaltet sich eine schweizerische Gesellschaft in ausländische Gesellschaften auf, so kann die Klage auf Überprüfung der Anteils- oder Mitgliedschaftsrechte gemäss Artikel 105 des Fusionsgesetzes vom 3. Oktober 2003 auch am schweizerischen Sitz des übertragenden Rechtsträgers erhoben werden.
>
> [2] Der bisherige Betreibungsort und Gerichtsstand in der Schweiz bleibt bestehen, bis die Forderungen der Gläubiger oder Anteilsinhaber sichergestellt oder befriedigt sind.»

Von Art. 164a IPRG werden die Tatbestände der Emigrationsfusion und -spaltung   128
erfasst (BSK IPRG-KUNZ/RODRIGUEZ, Art. 164a N 1). Die Bestimmung wahrt einen Gerichtsstand am bisherigen schweizerischen Sitz des übertragenden Rechtsträgers. Absatz 1 der Bestimmung befasst sich mit den Anteils- und Mitgliedschaftsrechten gemäss Art. 105 FusG.

Art. 164b IPRG: 129

> «Die Unterstellung einer ausländischen Gesellschaft unter eine andere ausländische Rechtsordnung und die Fusion, Spaltung und Vermögensübertragung zwischen ausländischen Gesellschaften werden in der Schweiz als gültig anerkannt, wenn sie nach den beteiligten Rechtsordnungen gültig sind.»

Die Bestimmung erfasst grenzüberschreitende Umstrukturierungen, die ohne Be-   130
teiligung einer schweizerischen Gesellschaft erfolgen und in der Schweiz anzuerkennen sind (BSK IPRG-KUNZ/RODRIGUEZ, Art. 164b N 1). Die Voraussetzungen der Anerkennung ergeben sich aus der ausländischen Rechtsordnung (BSK IPRG-KUNZ/RODRIGUEZ, Art. 164b N 5). Massgeblich ist somit die Rechtsordnung, welcher der Rechtsträger vor und nach der Umstrukturierung untersteht (BSK IPRG-KUNZ/RODRIGUEZ, Art. 164b N 6). Kommt eine inländische Behörde bei einer vorfrageweisen Überprüfung zum Schluss, dass die Umstrukturierung anzuerkennen sei, hält dies aber nicht im Urteil fest, bleibt die Anerkennung wirkungs-

los für die anderen inländischen Behörden (GASSMANN, Art. 164b N 7). Ist die Anerkennung für den ausländischen Rechtsträger relevant, muss er die Umstrukturierung durch eine Feststellungsklage anerkennen lassen (soweit ein Feststellungsinteresse vorliegt; s. GASSMANN, Art. 164b N 7 f.).

Q. *Verfahren der SIX Swiss Exchange*

131   Die Kotierung an der SIX Swiss Exchange führt zu einer besonderen Verfahrensart, in der Folge die Einzelheiten.

1. Das Regulatory Board

132   Das Regulatory Board ist im Rahmen der börsengesetzlichen Selbstregulierungspflichten das oberste Rechtssetzungsgremium der SIX Swiss Exchange. Der Erlass der Reglemente und deren Änderungen sind aber von der FINMA zu genehmigen (Art. 27 Abs. 3 FinfraG). Das Board setzt Recht für Emittenten, für Teilnehmer und für Händler (Art. 2.4 Abs. 1 OrgR) [6] und entscheidet über die Zulassung zum Handel (Art. 47 Kotierungsreglement) [7]. Das Regulatory Board setzt sich aus höchstens 17 Mitgliedern zusammen, wovon sechs von der economiesuisse und neun vom VR der SIX Group AG auf eine Amtsdauer von drei Jahren gewählt werden. Eine Wiederwahl ist möglich (Art. 2.1 Abs. 1 OrgR). Zusätzlich werden zwei einfache Mitglieder ernannt (Art. 2.1. Abs. 2 OrgR). Der Präsident des Regulatory Board wird vom Verwaltungsrat der SIX Group AG für eine Amtsdauer von drei Jahren gewählt (Art. 2.1 Abs. 3 OrgR).

2. Die SIX Exchange Regulation

133   Der Verwaltungsrat der SIX Group AG wählt in Absprache mit dem Präsidenten des Regulatory Board den Vorsitzenden und die übrigen zwei Mitglieder der Geschäftsleitung der SIX Exchange Regulation. Die Wahl der Mitglieder bedarf der Genehmigung durch die FINMA. Der Vorsitzende bestimmt in Absprache mit dem Verwaltungsratspräsidenten der SIX Group AG seine Stellvertretung (Art. 8.2 OrgR). Gemäss Art. 8.1 Abs. 1 OrgR verhängt die SIX Exchange Regulation Sanktionen, soweit ihr die Reglemente diese Kompetenz erteilen, und stellt Sanktionsanträge an die Sanktionskommission.

---

[6] Organisationsreglement der SIX Group AG hinsichtlich der Regulatorischen Organe für die Börsen der Gruppe vom 1. April 2016 (Organisationsreglement Regulatorische Organe, OrgR).

[7] Kotierungsreglement vom 1. April 2016 (Kotierungsreglement).

3. Die Sanktionskommission

Die Sanktionskommission besteht insgesamt aus nicht weniger 134
als fünf und maximal elf Mitgliedern. Die Sanktionskommission setzt sich aus
einem Präsidenten sowie zusätzlich einer geraden Anzahl von je hälftig vom Verwaltungsrat der SIX Group AG und dem Regulatory Board auf sechs Jahre gewählten, unabhängigen und sachkundigen Personen zusammen. Das Regulatory
Board wählt den Präsidenten (Art. 5.1 Abs. 1 OrgR). Die Sanktionskommission
kann gemäss den AGB und dem Kotierungsreglement der SIX Swiss Exchange
nach Massgabe der Verfahrensordnung[8] Sanktionen gegen ihr unterstellte natürliche und juristische Personen verhängen (Art. 5.2 OrgR). Die Sanktionskommission eröffnet ein Verfahren, wenn ein Sanktionsantrag der SIX Exchange Regulation vorliegt (Ziff. 4.1 VO). Entscheide über den Ausschluss von Mitgliedern,
über die Dekotierung oder Sistierung von Effekten können vor der Beschwerdeinstanz angefochten werden (Ziff. 5.3 Abs. 1 VO). Alle übrigen Sanktionen
können dagegen direkt bei einem Schiedsgericht angefochten werden (Ziff. 5.3
Abs. 2 VO).

4. Die unabhängige Beschwerdeinstanz

Gemäss Art. 37 FinfraG ist der Handelsplatz verpflichtet, eine 135
unabhängige Beschwerdeinstanz zu bestellen, die bei Beschwerden gegen Entscheide betreffend Zulassung eines Teilnehmers oder von Effekten und beim Ausschluss eines Teilnehmers oder beim Widerruf der Effektenzulassung angerufen
werden kann. Die Anforderungen wurden durch die SIX Swiss Exchange im Reglement für die Beschwerdeinstanz der SIX Swiss Exchange vom 1. Januar 2016
(Reglement Beschwerdeinstanz, RBI) konkretisiert. Die Mitglieder und Ersatz-
mitglieder werden vom Verwaltungsrat von der SIX Group AG für eine Amtsdauer von sechs Jahren gewählt (Art. 3 Abs. 1 RBI). Die Beschwerdeinstanz ist gemäss Art. 1 Abs. 2 RBI an keine Weisungen der SIX Group AG oder ihrer Konzerngesellschaften gebunden, damit ist eine genügende Unabhängigkeit im Sinne
von Art. 37 FinfraG gegeben.

5. Das Schiedsgericht

In Art. 37 Abs. 4 FinfraG ist festgehalten, dass nach Erledi- 136
gung des Beschwerdeverfahrens Klage beim Zivilgericht erhoben werden kann.
Für diese zivilrechtliche Beurteilung ist ein Schiedsgericht mit institutionellem
Charakter bestimmt worden.

---

[8] Verfahrensordnung vom 1. April 2016 (VO).

137   Art. 7 Abs. 1 OrgR und Ziff. 24 Abs. 2 Handelsreglement legen fest, dass der
Präsident und Vizepräsident des Schiedsgerichts vom Schweizerischen Bundesgericht für eine Amtsdauer von vier Jahren bestimmt werden und die Parteien nach
der anwendbaren Schiedsordnung je einen weiteren Schiedsrichter benennen können. Gemäss Ziff. 24 Abs. 2 des Handelsreglements der SIX Swiss Exchange vom
17. Oktober 2016 hat das Schiedsgericht seinen Sitz in Zürich.

138   Gegen diejenigen Entscheide der Sanktionskommission, die nicht direkt bei der
Beschwerdeinstanz angefochten werden können, und gegen Entscheide der Beschwerdeinstanz kann das Schiedsgericht angerufen werden. Der Beschwerdeführer kann innert 20 Börsentagen nach Zustellung des Entscheids das Schiedsgericht
gemäss dem Handels- bzw. Kotierungsreglement und der Verfahrensordnung der
SIX Swiss Exchange anrufen (Art. 6.9 Abs. 1 RBI).

139   Gemäss Ziff. 24 Abs. 2 des Handelsreglements der SIX Swiss Exchange findet auf
das Schiedsverfahren der dritte Teil der ZPO Anwendung, und Kapitel zwölf des
IPRG ist ausdrücklich ausgeschlossen. In jedem Fall geht eine allfällige vom Regulatory Board erlassene Schiedsordnung der ZPO vor. Diese Delegation wurde
vom Regulatory Board bis heute nicht beansprucht. Gesamthaft betrachtet ist das
Schiedsgericht keine Fortsetzung des Beschwerdeverfahrens, sondern ein neues
eigenständiges Verfahren.

140   Die Zuständigkeit des Schiedsgerichts kann nur durch eine gültige Schiedsvereinbarung zustande kommen. Die Gültigkeit der Schiedsklausel richtet sich nach der
gewählten Schiedsordnung. Konkret muss jeder Teilnehmer bei der erstmaligen
Kotierung von Effekten eine Zustimmungserklärung unterzeichnen. Damit anerkennt er die Regularien von SIX Swiss Exchange als verbindlich und stimmt der
Zuständigkeit des Schiedsgerichts von SIX Swiss Exchange für allfällige Streitigkeiten zu.[9] Durch den Beitritt der Teilnehmer an der Börse unterwerfen sie sich
somit freiwillig den Regeln der Börse einschliesslich der Schiedsklausel (SIEBEN-
ECK, 38). Schiedsvereinbarungen in einem Reglement sind also durchaus denkbar,
ihre Wirksamkeit entfaltet sich aber nur gegenüber denjenigen, die dem Reglement unterstehen (s. dazu: BGE 137 III 37).

a.   Rechtsmittel

141   Die Parteien können durch eine ausdrückliche Erklärung in der
Schiedsvereinbarung oder in einer späteren Übereinkunft vereinbaren, dass der
Schiedsspruch mit Beschwerde beim zuständigen kantonalen Gericht angefochten

---

[9]   SIX Swiss Exchange, Kotierung, Kotierungsgesuch, verfügbar auf: https://www.six-
exchange-regulation.com/de/home/issuer/admission/listing.html, Stand 15. Juli 2016.

werden kann (Art. 390 Abs. 1 ZPO).[10] Das kantonale Gericht entscheidet endgültig (Art. 390 Abs. 2 ZPO). Soweit die Parteien das kantonale Gericht nicht für zuständig erklärt haben, kann der Endschiedsspruch mit Beschwerde an das Bundesgericht angefochten werden (Art. 389 Abs. 1 ZPO).

b. Weiteres

Weiter kann die Frage aufgeworfen werden, ob das Schiedsgericht die notwendige Unabhängigkeit einer gerichtlichen Instanz aufweist (s. dazu SIEBENECK, 1 ff.). Unabhängigkeit bedeutet, dass die Mitglieder des Gerichts autonom gegenüber anderen Organen und den Parteien handeln können (SIEBENECK, 53). Das heisst, das Gericht muss frei von jeglichem Einfluss handeln können.   142

Wie bereits erwähnt, bestimmt das Bundesgericht den Präsidenten und Vizepräsidenten des Schiedsgerichts für eine Amtsdauer von vier Jahren. Die Parteien wählen daraufhin je einen Schiedsrichter. Damit kommt dem Schiedsgericht eine gerichtliche Funktion zu, und es weist somit die geforderte funktionelle sowie personelle Unabhängigkeit von der SIX Swiss Exchange auf.[11]   143

R.   Emittentenüberwachung

Gemäss Art. 31 FinfraG überwacht der Handelsplatz den Handel: 144

«[1] Der Handelsplatz überwacht die Kursbildung und die am Handelsplatz getätigten Abschlüsse so, dass das Ausnützen von Insiderinformationen, Kurs- und Marktmanipulationen sowie andere Gesetzes- und Reglementsverletzungen aufgedeckt werden können. Zu diesem Zweck untersucht er zudem die ihm gemeldeten oder anderweitig zur Kenntnis gebrachten, ausserhalb des Handelsplatzes getätigten Abschlüsse.

[2] Bei Verdacht auf Gesetzesverletzungen oder sonstige Missstände benachrichtigt die für die Überwachung des Handels zuständige Stelle (Handelsüberwachungsstelle) die FINMA. Betreffen die Gesetzesverletzungen Straftatbestände, so informiert sie zusätzlich unverzüglich die zuständige Strafverfolgungsbehörde.

[3] Die FINMA, die zuständige Strafverfolgungsbehörde, die Übernahmekommission und die Handelsüberwachungsstelle tauschen Informationen aus, die sie im Rahmen der Zusammenarbeit und zur Erfüllung ihrer Aufgaben benötigen. Sie

---

[10] In Zürich handelt es sich um das Obergericht (Art. 356 Abs. 1 ZPO i.V.m. § 46 GOG ZH).

[11] Anmerkung: Vor Inkrafttreten der eidgenössischen ZPO war im Kanton Zürich bei Schiedssachen eine Nichtigkeitsbeschwerde beim Obergericht möglich (Art. 3 lit. f KSG i.V.m § 284 Ziff. 3 ZPO ZH 2008).

verwenden die erhaltenen Informationen ausschliesslich zur Erfüllung ihrer jeweiligen Aufgaben.»

1. Einleitung

145   Die SIX Swiss Exchange überwacht die Einhaltung des Kotierungsreglements und der übrigen Reglemente (Art. 8 ff. FinfraG). Sie überwacht auch, ob die Emittenten das Publikum über kursrelevante Informationen durch die Ad-hoc-Publizität informieren, darunter fallen insbesondere qualifizierte Ereignisse wie namentlich Finanzzahlen, Übernahmen oder Änderungen im Geschäftsverlauf (Art. 53 f. Kotierungsreglement, Art. 3 ff. Richtlinie Ad-hoc-Publizität). Ebenfalls müssen Managementtransaktionen offengelegt werden (Art. 56 Kotierungsreglement, Richtlinie betreffend Offenlegung von Managementtransaktionen, Richtlinie betreffend elektronische Melde- und Veröffentlichungsplattformen). Weiter achtet die SIX Swiss Exchange darauf, dass die Emittenten Schlüsselinformationen über die Führung und Kontrolle auf oberster Unternehmensebene im Geschäftsbericht in geeigneter Form veröffentlichen (Richtlinie Corporate Governance) und Rechnungslegungsvorschriften unter Berücksichtigung von international anerkannten Standards (Art. 49–51 Kotierungsreglement, Richtlinie Rechnungslegung) einhalten.

146   Gemäss Art. 31 Abs. 2 FinfraG muss die Handelsüberwachungsstelle (d.h. die Surveillance & Enforcement der SIX Swiss Exchange) bei Verdacht auf Gesetzesverletzungen oder sonstige Missstände die FINMA benachrichtigen. Diese Bestimmung entspricht weitgehend dem bisherigen Art. 6 Abs. 2 BEHG (BBl 2014 7483, 7534). Unter «sonstige Missstände» fallen grobe Verstösse gegen Reglemente und Standesregeln, leichte Verstösse dagegen werden durch das Disziplinarverfahren der Börse geahndet (SIEBENECK, 13). Zusätzlich muss die Handelsüberwachungsstelle bei Verdacht auf Verletzung von Straftatbeständen unverzüglich die zuständige Strafverfolgungsbehörde informieren. Die FINMA, die zuständige Strafverfolgungsbehörde, die Übernahmekommission und die Handelsüberwachungsstelle tauschen gegenseitig Informationen aus, um ihre jeweiligen gesetzlichen Aufgaben zu erfüllen (Abs. 3). Unter den Begriff Informationen fallen insbesondere Auskünfte und Unterlagen (BBl 2014 7483, 7534). Diese Bestimmung ergänzt Art. 38 FINMAG und bekräftigt die Zusammenarbeit der Behörden (s. dazu: Bundesgerichtsurteil 1B_249/2015 vom 30. Mai 2016, E. 8.8 ff. über die Zusammenarbeit der FINMA und der Strafverfolgungsbehörde im Rahmen von Art. 38 FINMAG).

2. FINMA-Verfahren

147   Ergeben sich aufgrund der Anzeige der Surveillance & Enforcement der SIX Swiss Exchange Anhaltspunkte für Verletzungen aufsichts-

rechtlicher Bestimmungen, eröffnet die FINMA ein Verfahren und teilt dies den
Parteien mit (Art. 30 FINMAG). Das Verfahren der FINMA sowie der Rechts-
schutz gegen Verfügungen der FINMA richten sich nach den Bestimmungen des
VwVG (Art. 53 ff. FINMAG).

Verletzt ein Beaufsichtigter die Bestimmungen des FINMAG oder eines Finanz- 148
marktgesetzes oder bestehen sonstige Missstände, so sorgt die FINMA für die
Wiederherstellung des ordnungsgemässen Zustandes (Art. 31 FINMAG). Ergibt
das Verfahren, dass der Beaufsichtigte aufsichtsrechtliche Bestimmungen schwer
verletzt hat, und müssen keine Massnahmen zur Wiederherstellung des ordnungsgemässen Zustandes mehr angeordnet werden, so kann die FINMA Massnahmen nach Art. 32 ff. FINMAG ergreifen.

Für die Beurteilung der Beschwerden gegen FINMA-Verfügungen ist das Bun- 149
desverwaltungsgericht zuständig (Art. 47 Abs. 1 lit. b VwVG i.V.m Art. 31 ff.
VGG). Da keine Ausnahmetatbestände von Art. 83 BGG vorhanden sind, kann der
Beschwerdeentscheid des Bundesverwaltungsgerichts mit einer Beschwerde in
öffentlich-rechtlichen Angelegenheiten nach Art. 82 ff. BGG oder einer subsidiären Verfassungsbeschwerde nach Art. 113 ff. BGG beim Bundesgericht angefochten werden.

3.   Strafverfahren

Gemäss Art. 31 Abs. 2 FinfraG informiert die FINMA bei Verletzung von Straf- 150
tatbeständen unverzüglich die zuständige Strafverfolgungsbehörde. Dies wird
durch Art. 38 Abs. 3 FINMAG bekräftigt:

> «Erhält die FINMA Kenntnis von gemeinrechtlichen Verbrechen und Vergehen
> sowie Widerhandlungen gegen dieses Gesetz und die Finanzmarktgesetze, so be-
> nachrichtigt sie die zuständigen Strafverfolgungsbehörden.»

a.   Zuständigkeit des Bundes für Insiderhandel
und Kursmanipulation

Bei den Tatbeständen des Insiderhandels (Art. 154 FinfraG) 151
und der Kursmanipulation (Art. 155 FinfraG) untersteht die Strafverfolgung heute
der Zuständigkeit der Bundesanwaltschaft (Art. 156 Abs. 1 FinfraG i.V.m Art. 22
und Art. 23 Abs. 2 StPO). Dabei ist eine Übertragung der Zuständigkeit auf die
kantonalen Behörden ausgeschlossen, und das Verfahren richtet sich nach der
StPO (Art. 156 Abs. 1 FinfraG; Art. 1 Abs. 1 StPO i.V.m. Art. 7 ff. StBOG).

Die Strafkammer des Bundesstrafgerichts urteilt als erstinstanzliches Gericht 152
(Art. 35 Abs. 1 StBOG). Die Beschwerdekammer des Bundesstrafgerichts beur-

teilt insbesondere Beschwerden in Bundesstrafsachen gegen Verfahrenshandlungen der Polizei und der Bundesanwaltschaft sowie gegen Entscheide der Zwangsmassnahmengerichte. Das Verfahren der Beschwerdekammer richtet sich ebenfalls nach der StPO und zusätzlich nach dem StBOG (Art. 39 Abs. 1 StBOG).

153   Der Entscheid der Strafkammer kann gemäss Art. 78 Abs. 1 BGG mit einer Beschwerde in Strafsachen beim Bundesgericht angefochten werden. Entscheide der Beschwerdekammer des Bundesstrafgerichts können dagegen nicht mit Beschwerde beim Bundesgericht angefochten werden, soweit es sich nicht um Entscheide über Zwangsmassnahmen handelt (Art. 79 BGG). Der Entscheid der Strafkammer und der Beschwerdekammer kann zusätzlich mit einer subsidiären Verfassungsbeschwerde nach Art. 113 ff. BGG beim Bundesgericht angefochten werden.

b.   Zuständigkeit der Kantone

154   Für die gemeinrechtlichen Verbrechen und Vergehen sind die jeweiligen kantonalen Staatsanwaltschaften gemäss Art. 31 ff. StPO zuständig. Demnach können Verfügungen der Staatsanwaltschaft sowie Entscheide des Zwangsmassnahmengerichts gemäss Art. 393 ff. StPO mit Beschwerde[12] und erstinstanzliche Entscheide[13] gemäss Art. 398 StPO mit Berufung angefochten werden. Die letztinstanzlichen kantonalen Entscheidungen können mittels Beschwerde in Strafsachen gemäss Art. 80 BGG beim Bundesgericht gerügt werden.

c.   Zuständigkeit des Eidgenössischen Finanzdepartements

155   Gemäss Art. 50 Abs. 1 FINMAG ist bei Widerhandlungen gegen die Strafbestimmungen der Finanzmarktgesetze das Bundesgesetz vom 22. März 1974 über das Verwaltungsstrafrecht anwendbar und das Eidgenössische Finanzdepartement (EFD) zuständig. Die Bestimmungen von Art. 73–83 VStrR gelten für das Verfahren sinngemäss (Art. 50 Abs. 2 FINMAG).

156   Das EFD ist somit für folgende Tatbestände zuständig: Verletzung des Berufsgeheimnisses (Art. 147 FinfraG), Verletzung der Bestimmungen über den Schutz vor Verwechslung und Täuschung und der Meldepflichten (Art. 148 FinfraG), Verletzung von Aufzeichnungs- und Meldepflichten (Art. 149 FinfraG), Verletzung von Pflichten betreffend den Derivatehandel (Art. 150 FinfraG), Verletzung von Mel-

---

[12]   Im Kanton Zürich ist das Obergericht Berufungs- und Beschwerdeinstanz (§ 49 GOG ZH).
[13]   Im Kanton Zürich ist grundsätzlich das Kollegialgericht sachlich zuständig (§ 19 GOG ZH), soweit nicht das Einzelgericht zuständig ist (§ 27 GOG ZH).

depflichten (Art. 151 FinfraG), Verletzung der Angebotspflicht (Art. 152 FinfraG) und der Pflichtverletzungen durch die Zielgesellschaft (Art. 153 FinfraG).

Das Verfahren wird durch einen Strafbescheid abgeschlossen (Art. 62 ff. VStrR). 157 Gegen den Strafbescheid kann innert 30 Tagen Einsprache erhoben werden (Art. 67 f. VStrR), wobei das Einspracheverfahren übersprungen werden kann (Art. 71 VStrR). Das Einspracheverfahren wird durch eine Strafverfügung beendet (Art. 70 VStrR). Innert zehn Tagen kann die gerichtliche Überprüfung der Strafverfügung verlangt werden (Art. 72 VStrR). Wird die gerichtliche Beurteilung verlangt, so untersteht die strafbare Handlung der Bundesgerichtsbarkeit. In diesem Fall überweist das EFD die Akten der Bundesanwaltschaft zuhanden des Bundesstrafgerichts (Art. 50 Abs. 2 FINMAG). Ist in einer Strafsache sowohl das EFD als auch die Bundesgerichtsbarkeit oder die kantonale Gerichtsbarkeit gegeben, kann das EFD die Vereinigung der Strafverfolgung anordnen, sofern ein Sachzusammenhang besteht (Art. 51 Abs. 1 FINMAG).

Grundsätzlich werden die handelnden Individuen zur strafrechtlichen Verantwor- 158 tung gezogen. Dieses Prinzip wird aber durch Art. 102 StGB und Art. 7 VStrR i.V.m Art. 49 FINMAG durchbrochen.

d. Wiedergutmachung

Weiter wird das Instrument der Wiedergutmachung aufgezeigt, 159 welches in der Praxis auch bei Finanzmarktdelikten durchaus relevant ist.

Art. 53 StGB: 160

> «Hat der Täter den Schaden gedeckt oder alle zumutbaren Anstrengungen unternommen, um das von ihm bewirkte Unrecht auszugleichen, so sieht die zuständige Behörde von einer Strafverfolgung, einer Überweisung an das Gericht oder einer Bestrafung ab, wenn:
>
> a. die Voraussetzungen für die bedingte Strafe (Art. 42) erfüllt sind; und
>
> b. das Interesse der Öffentlichkeit und des Geschädigten an der Strafverfolgung gering sind.»

Die zuständige Strafbehörde kann in besonderen Fällen von einer Strafverfolgung, 161 einer Überweisung an das Gericht oder einer Bestrafung absehen. Der Täter kann den Schaden decken oder zumutbare Anstrengungen unternehmen, um das verursachte Unrecht auszugleichen. Unter den Begriff Schaden fallen Schadenersatzzahlungen sowie Naturalersatz (BSK StGB-RIKLIN, Art. 53 N 10). Diejenigen Täter, die nicht in der Lage sind, einen finanziellen Ausgleich zu leisten, können das Unrecht durch zumutbare Anstrengungen wiedergutmachen, wobei das Mass der Anstrengungen durch die zuständige Behörde anhand der konkreten Umstände bestimmt wird (BSK StGB-RIKLIN, Art. 53 N 10).

162   Darüber hinaus müssen kumulativ die Voraussetzungen von lit. a und b erfüllt sein, wobei Letztere den zuständigen Strafbehörden ein Ermessen einräumt. Somit kann im konkreten Fall die zuständige Strafbehörde von einer Strafverfolgung absehen, wenn die Voraussetzungen von Art. 53 lit. a–b StGB erfüllt sind und der Täter das Unrecht durch eine Schadenersatzleistung oder durch genügende Anstrengungen ausgeglichen hat.

163   Das Verfahren der Wiedergutmachung erfolgt nach Art. 316 f. StPO. Demnach lädt die Staatsanwaltschaft die Geschädigte und die beschuldigte Person zu einer Verhandlung ein mit dem Ziel, eine Wiedergutmachung zu erzielen. Bei Delikten, die keinen individuellen Geschädigten aufweisen, wie zum Beispiel bei Finanzmarktdelikten, obliegt es dem zuständigen Staatsanwalt, einen Vorschlag dem Täter zu unterbreiten, bei dessen Erbringung auf die Strafverfolgung verzichtet wird (BSK StGB-RIKLIN, Art. 53 N 37 ff.). Erzielen die Parteien keine Einigung oder blieb die beschuldigte Person der Verhandlung fern, nimmt die Staatsanwaltschaft die Untersuchung unverzüglich an die Hand. Wird dagegen eine Einigung erzielt, hält die Staatsanwaltschaft dies im Protokoll fest und stellt das Verfahren ein (Art. 316 Abs. 2 f. StPO).

S.   Die AG im SchKG-Verfahren

164   In der Folge werden einige Schwerpunkte des SchKG-Verfahrens aufgezeigt, die für die AG relevant sind.

1.   Die AG in der Zwangsvollstreckung

165   Um privatrechtliche Ansprüche durchzusetzen, stehen dem Gläubiger zwei Arten der Zwangsvollstreckung zur Verfügung: Zum einen die schuldebetreibungsrechtliche für Geldleistungen und Sicherheitsleistungen (Art. 38 Abs. 1 SchKG) und zum anderen die zivilprozessuale Zwangsvollstreckung nach Art. 335 ff. ZPO (SPÜHLER, 1).

2.   Zustellung des Zahlungsbefehls bei Sitzverlegung

166   Das Betreibungsamt stellt dem Schuldner nach Erhalt des Betreibungsbegehrens den Zahlungsbefehl zu (Art. 71 Abs. 1 SchKG). Die Zustellung erfolgt formell durch den Betreibungsbeamten, einen Angestellten des Amtes oder durch die Post (Art. 72 Abs. 1 SchKG).

167   In diesem Zusammenhang stellt sich die Frage, wie sich der Betreibungsort zu einer Sitzverlegung der AG verhält. Grundsätzlich ist bei der AG der Sitz Betrei-

bungsort (Art. 46 Abs. 2 SchKG). Bei einem Sitzwechsel bleibt der bisherige Sitz Betreibungsort, bis dieser im Handelsregister gelöscht wird (SPÜHLER, 55; BGE 121 III 16; BGE 116 III 1 E. 2). Massgeblicher Zeitpunkt gegenüber Dritten ist nicht die Eintragung im Tagebuch des Handelsregisters, sondern die Publikation im SHAB (Art. 932 Abs. 2 OR; KREN KOSTKIEWICZ, OFK-SchKG, Art. 53 N 4 a.M. BSK SchKG I-SCHMID, Art. 53 N 12).

Wird der Sitz während des Betreibungsverfahrens gewechselt, ändert ebenfalls der Betreibungsstand. Das Betreibungsverfahren muss somit beim neuen Betreibungsort fortgeführt werden, ausser im Fall von Art. 53 SchKG (SPÜHLER, 60). 168

3. Abwicklung des Konkurses

Die AG kann durch vorgängige oder ohne vorgängige Betreibung in Konkurs gesetzt werden (Art. 39 Ziff. 8 i.V.m. Art. 159 ff. und Art. 190 SchKG). Ist der Konkurs eröffnet, wird die Verfahrensart (summarisches oder ordentliches Verfahren) durch das Konkursamt entschieden und öffentlich bekannt gemacht (Art. 232 SchKG). 169

Beim ordentlichen Verfahren wird zunächst die Einladung zur ersten Gläubigerversammlung bekannt gemacht, die innert 20 Tagen nach der Bekanntmachung stattfinden muss (Art. 232 Abs. 1 Ziff. 5 i.V.m. Art. 235 ff. SchKG). Nach der Bekanntmachung haben die Gläubiger im ordentlichen und summarischen Konkursverfahren einen Monat Zeit, um ihre Ansprüche beim Konkursamt anzumelden (Art. 232 Abs. 2 Ziff. 2 SchKG). Diese Ansprüche werden durch das Konkursamt geprüft und nach Konkursklassen eingeordnet (sog. Kollokationsplan), zusätzlich stellt das Konkursamt ein Lastenverzeichnis her (Art. 244 ff. SchKG). 170

Nachdem der Kollokationsplan zur Einsicht aufgelegt wird, können die Gläubiger ihn anfechten (Kollokationsklage, Art. 250 SchKG) oder eine Beschwerde führen (Beschwerde, Art. 17 SchKG). Sind der Kollokationsplan, das Lastenverzeichnis und das Inventar rechtskräftig, folgt im ordentlichen Konkursverfahren die zweite Gläubigerversammlung (Art. 252 SchKG). Beim summarischen Verfahren sind dagegen keine weiteren Schritte nötig. 171

Anschliessend erfolgt sowohl beim ordentlichen als auch beim summarischen Konkursverfahren die Verwertung (Art. 256 ff. SchKG) und allenfalls die Erstellung der definitiven Verteilungsliste (Art. 261 und 263 SchKG, Art. 83 KOV). Gegen die definitive Verteilungsliste kann wiederum Beschwerde gemäss Art. 17 SchKG geführt werden. Darüber hinaus ist die Konkursverwaltung oder jeder einzelne Konkursgläubiger zur Anfechtung gemäss Art. 285 ff. SchKG legitimiert, damit können sie Vermögenswerte der Zwangsvollstreckung zuführen (Art. 285 Abs. 1 SchKG). 172

173 Zum Schluss erfolgt noch die Verteilung nach Art. 264 f., und das Konkursverfahren wird durch eine Schlussverfügung beendet (Art. 268 ff. SchKG).

174 In diesem Zusammenhang muss zusätzlich erwähnt werden, dass Zivilprozesse und Verwaltungsverfahren, mit Ausnahme von dringlichen Fälle, die den Bestand der Konkursmasse berühren, eingestellt werden (Art. 207 Abs. 1–2 SchKG). Die Dringlichkeit hängt von der Art des Streites und deren Streitgegenstand ab sowie von dem Schaden, der entstehen könnte. Anders formuliert, es hängt von der Auswirkung auf die Konkursmasse ab (KREN KOSTKIEWICZ, OFK-SchKG, Art. 207 N 11; BSK SchKG II-WOHLFART/MEYER, Art. 207 N 9). Der Zivilprozess und das Verwaltungsverfahren können im ordentlichen Konkursverfahren frühestens zehn Tage nach der zweiten Gläubigerversammlung, im summarischen Konkursverfahren frühestens 20 Tage nach der Auflegung des Kollokationsplanes wieder aufgenommen werden (Art. 207 Abs. 1 SchKG).

4.   Die Pauliana

175   Als eine der wichtigsten Klage im SchKG-Verfahren, insbesondere beim Nachlassverfahren der Swissair gegen die ZKB und KPMG (s. dazu: Paulianische Anfechtungen und der Fall ZKB nachfolgend N 248 ff.; Zirkular des Liquidators Nr. 6 vom August 2005, 6[14]) soll in der Folge die Anfechtungsklage nach Art. 285 ff. SchKG (sog. paulianische Anfechtungsklage) aufgezeigt werden.

176 Art. 285 SchKG:

> «[1] Mit der Anfechtung sollen Vermögenswerte der Zwangsvollstreckung zugeführt werden, die ihr durch eine Rechtshandlung nach den Artikeln 286–288 entzogen worden sind.
>
> [2] Zur Anfechtung sind berechtigt:
>
> 1. jeder Gläubiger, der einen provisorischen oder definitiven Pfändungsverlustschein erhalten hat;
>
> 2. die Konkursverwaltung oder, nach Massgabe der Artikel 260 und 269 Absatz 3, jeder einzelne Konkursgläubiger.
>
> [3] Nicht anfechtbar sind Rechtshandlungen, die während einer Nachlassstundung stattgefunden haben, sofern sie von einem Nachlassgericht oder von einem Gläubigerausschuss (Art. 295a) genehmigt worden sind.»

177 Mit der paulianischen Anfechtungsklage wird die Wiederherstellung des früheren Vermögensstands des Schuldners bezweckt, dabei handelt es sich um eine betreibungsrechtliche Klage mit Reflexwirkung auf das materielle Recht (BSK SchKG II-STAEHELIN, Art. 285 N 9).

---

[14]   Auffindbar unter: http://www.liquidator-swissair.ch/de/zirkulare-an-glaeubiger.htm.

Die Aktivlegitimation der Anfechtung richtet sich nach dem jeweiligen SchKG-   178
Verfahren. Bei der Spezialexekution nach Art. 285 Abs. 2 Ziff. 1 SchKG ist jeder
Gläubiger aktivlegitimiert (BSK SchKG II-STAEHELIN, Art. 285 N 29 ff.). Bei der
Generalexekution ist grundsätzlich die Konkursverwaltung (Art. 285 Abs. 2
Ziff. 2 SchKG) und nach Massgabe von Art. 260 Abs. 3 SchKG jeder Konkurs-
gläubiger berechtigt, die Anfechtungsklage zu erheben (BSK SchKG II-
STAEHELIN, Art. 285 N 33 ff.). Ferner ist beim Nachlassvertrag mit Vermögens-
übertragung die Nachlassmasse oder derjenige Nachlassgläubiger der im Kollokationsplan berücksichtigt wurde, legitimiert (Art. 331 Abs. 1 i.V.m. Art. 285 Abs. 2
SchKG). Im internationalen Verhältnis richtet sich die Aktivlegitimation nach
Art. 171 IPRG. Passivlegitimiert sind diejenige Personen, die mit dem Schuldner
die anfechtbaren Rechtsgeschäfte abgeschlossen haben oder von ihm in anfechtba-
rer Weise begünstigt worden sind, sowie ihre Erben oder andere Gesamtnachfol-
ger und bösgläubige Dritte (Art. 290 SchKG).

Die Anfechtungstatbestände unterscheiden sich nach der vermögensschädigenden   179
Rechtshandlung.

Bei der Schenkungsanfechtung nach Art. 286 SchKG fallen Schenkungen und alle   180
Rechtsgeschäfte, die einer Schenkung gleichgestellt sind, darunter. Weiter erfasst
die Überschuldungsanfechtung nach Art. 287 SchKG alle vermögensschädigenden
Rechtshandlungen, die der Schuldner im Bewusstsein der Überschuldung vollzogen hat. Als subsidiärer Tatbestand greift die Absichtsanfechtung gemäss Art. 288
SchKG (BSK SchKG II-STAEHELIN, Art. 285 N 10). Darunter fallen alle absicht-
lich veranlassten vermögensschädigenden Rechtshandlungen durch den Schuldner, die vom Begünstigten als solche erkennbar waren (Art. 288 Abs. 1 SchKG).

Die Fristen unterscheiden sich in Verdachtsfristen sowie Verwirkungsfristen und   181
richten sich nach dem jeweiligen Tatbestand. Bei der Schenkungs- und Überschuldungsanfechtung beträgt die Verdachtsfrist ein Jahr (Art. 286 Abs. 1 und
Art. 287 Abs. 1 SchKG) und bei der Absichtsanfechtung fünf Jahre (Art. 288
SchKG). Bei der Berechnung der Verdachtsfristen muss Art. 288a SchKG berücksichtigt werden. Die Verwirkungsfrist beträgt zwei Jahre (Art. 292 SchKG) und
beginnt mit der Zustellung des Pfändungsverlustscheins (Art. 292 Ziff. 1 SchKG),
der Konkurseröffnung (Art. 292 Ziff. 2 SchKG) oder der Bestätigung des Nachlassverfahrens mit Vermögensübertragung (Art. 292 Ziff. 3 SchKG).

Zusätzlich wird noch auf die verfahrensspezifischen Merkmale der Anfechtung   182
hingewiesen. Bei der örtlichen Zuständigkeit muss unterschieden werden, ob die
AG ihren Sitz in der Schweiz oder im Ausland hat. Hat die AG ihren Sitz in der
Schweiz, dann richtet sich der Gerichtsstand nach dem Sitz der AG (Art. 289
i.V.m. Art. 46 Abs. 2 SchKG). Hat die AG dagegen ihren Sitz im Ausland, muss
zwischen der General- und Spezialexekution unterschieden werden. Bei der Gene-

ralexekution kommt das LugÜ nicht zur Anwendung (Art. 1 Abs. 2 Ziff. 2 LugÜ), und der Gerichtsstand richtet sich damit nach dem Sitz der AG (Art. 289 i.V.m. Art. 46 Abs. 2 SchKG). Dagegen wird die Anfechtungsklage in der Spezialexekution beim Betreibungsort erhoben (Art. 22 Ziff. 5 LugÜ).

T.   Internationales Gesellschaftsrecht

1.   Ausschliesslicher Gerichtsstand für die Auflösung der Gesellschaft

183   Art. 22 Ziff. 2 LugÜ:

> «für Klagen, welche die Gültigkeit, die Nichtigkeit oder die Auflösung einer Gesellschaft oder juristischen Person oder die Gültigkeit der Beschlüsse ihrer Organe zum Gegenstand haben, die Gerichte des durch dieses Übereinkommen gebundenen Staates, in dessen Hoheitsgebiet die Gesellschaft oder juristische Person ihren Sitz hat. Bei der Entscheidung darüber, wo der Sitz sich befindet, wendet das Gericht die Vorschriften seines Internationalen Privatrechts an;»

184   Art. 22 Ziff. 2 LugÜ erfasst ausschliesslich Klagen, d.h. streitige Verfahren (BSK LugÜ-GÜNGERICH, Art. 22 N 42). Darüber hinaus beinhaltet Ziffer 2 einen abschliessenden Katalog. Darunter fallen insbesondere die Auflösung der Aktiengesellschaft (Art. 736 Ziff. 4 OR), Verfahren im Anschluss an den Auflösungsbeschluss und die Liquidationsphase (BSK LugÜ-GÜNGERICH, Art. 22 N 43). Eine Gesellschaft wird aufgelöst, unter anderem gemäss Art. 736 Ziff. 4 OR. Diese Bestimmung räumt dem Richter grosses Ermessen ein.

185   Art. 736 Ziff. 4 OR:

> «Die Gesellschaft wird aufgelöst:
>
> […]
>
> 4. durch Urteil des Richters, wenn Aktionäre, die zusammen mindestens zehn Prozent des Aktienkapitals vertreten, aus wichtigen Gründen die Auflösung verlangen. Statt derselben kann der Richter auf eine andere sachgemässe und den Beteiligten zumutbare Lösung erkennen.»

186   Es ist noch offen, was solche «anderen sachgemässen und zumutbaren Lösungen» sind. Den Richtern sollte weiteres Ermessen zugestanden werden, um im konkreten Fall angemessene Lösungen zu finden.

187   Die Auflösung der Gesellschaft kann auch aufgrund von Art. 731b Abs. 1 Ziff. 3 OR angedroht werden.

Art. 731*b* OR:

«[1] Fehlt der Gesellschaft eines der vorgeschriebenen Organe oder ist eines dieser Organe nicht rechtmässig zusammengesetzt, so kann ein Aktionär, ein Gläubiger oder der Handelsregisterführer dem Richter beantragen, die erforderlichen Massnahmen zu ergreifen. Der Richter kann insbesondere:

1. der Gesellschaft unter Androhung ihrer Auflösung eine Frist ansetzen, binnen derer der rechtmässige Zustand wiederherzustellen ist;

2. das fehlende Organ oder einen Sachwalter ernennen;

3. die Gesellschaft auflösen und ihre Liquidation nach den Vorschriften über den Konkurs anordnen.

[2] Ernennt der Richter das fehlende Organ oder einen Sachwalter, so bestimmt er die Dauer, für die die Ernennung gültig ist. Er verpflichtet die Gesellschaft, die Kosten zu tragen und den ernannten Personen einen Vorschuss zu leisten.

[3] Liegt ein wichtiger Grund vor, so kann die Gesellschaft vom Richter die Abberufung von Personen verlangen, die dieser eingesetzt hat.»

Die Botschaft zum Aktienrecht vom 2016 sieht vor, dass voraussichtlich in Art. 250 lit. c ZPO eine neuer Ziff. 14 eingeführt wird (Botschaft Aktienrechtsentwurf 2016, 632):

189

«Das summarische Verfahren gilt insbesondere für folgende Angelegenheiten:

14. Anordnung zur Auflösung der Gesellschaft und zu ihrer Liquidation nach den Vorschriften über den Konkurs (Art. 731b, 819 und 908 OR).»

Dadurch wird eine Lücke im Gesetz geschlossen und die Rechtsprechung des Bundesgerichts implementiert (Botschaft Aktienrechtsentwurf 2016, 632). Damit werden die Anordnungen der verschiedenen Massnahmen zur Aufhebung eines Organisationsmangels gleichgestellt (Botschaft Aktienrechtsentwurf 2016, 632).

190

Durch die Revision des Vormundschaftsrechts im Jahre 2006 wurde die Zuständigkeit nicht mehr der Vormundschaftsbehörde, sondern dem Richter zugewiesen (BSK OR II-WATTER/PAMER-WIESER, Art. 731*b*, N 4; s. dazu auch BGer 4A_717/2014 vom 29. Juni 2015 und § 4 N 289). In diesem Zusammenhang muss noch auf die Löschung von Amtes wegen gemäss Art. 938*a* OR verwiesen werden:

«[1] Weist eine Gesellschaft keine Geschäftstätigkeit mehr auf und hat sie keine verwertbaren Aktiven mehr, so kann sie der Handelsregisterführer nach dreimaligem ergebnislosem Rechnungsruf im Handelsregister löschen.

[2] Macht ein Gesellschafter beziehungsweise ein Aktionär oder Genossenschafter oder ein Gläubiger ein Interesse an der Aufrechterhaltung der Eintragung geltend, so entscheidet der Richter.

[3] Der Bundesrat regelt die Einzelheiten.»

2. Ausschliesslicher Gerichtsstand für die öffentlichen Register

192 Art. 22 Ziff. 3 LugÜ:

> «[3] für Klagen, welche die Gültigkeit von Eintragungen in öffentliche Register zum Gegenstand haben, die Gerichte des durch dieses Übereinkommen gebundenen Staates, in dessen Hoheitsgebiet die Register geführt werden;»

193 Unter Art. 22 Ziff. 3 LugÜ fällt jedes Verfahren, welches ausschliesslich die Gültigkeit der Eintragung in einem öffentlichen Register zum Gegenstand hat (BSK LugÜ-GÜNGERICH, Art. 22 N 46; s. auch BBl 2006 7017). Im Hinblick auf die Aktiengesellschaft kommt insbesondere die Eintragung ins Handelsregister (Art. 927 ff. OR i.V.m. HRegV) in Betracht (BSK LugÜ-GÜNGERICH, Art. 22 N 47).

II. Spektakuläre Fälle aus der Welt der Aktiengesellschaft

A. Der Fall Bührle

194   Im Jahr 1970 betrat das Bundesgericht juristisches Neuland, indem es den Industriellen DIETER BÜHRLE als beherrschenden Aktionär und einzigen Verwaltungsrat der Werkzeugmaschinenfabrik Oerlikon (WO) wegen Verstoss gegen den damaligen Bundesratsbeschluss über das Kriegsmaterial (KMB) zu einer Gefängnisstrafe von 8 Monaten und Busse von CHF 20 000.– verurteilte, wobei die Verurteilung als Mittäter wegen blosser Unterlassung erfolgte (BGE 96 IV 155). Dieses Urteil wurde als «eigentlicher Katalysator» für die Umstellung auf ein neues strafrechtliches «Garantenhaftungssystem» bezeichnet (BÖCKLI, Garantenstellung, 78).

195 Bei der WO handelte es sich um ein Familienunternehmen, das hauptsächlich Kriegswaffen herstellte und bis Ende 1967 rechtlich eine Kommanditgesellschaft und danach eine Aktiengesellschaft war. BÜHRLE besass zwar nur 49 Prozent und seine Schwester 51 Prozent der Aktien, jedoch war er bis 1969 einziges Verwaltungsratsmitglied. Leitende Angestellte hatten zwischen 1963 und 1968 an verschiedene Länder Waffen geliefert, die unter den Embargo- und Strafbestimmungen des KMB standen. Die Verantwortlichen benützten u.a. auch falsche Endverbrauchserklärungen von Tarnländern, über welche die Waffenlieferungen zunächst zum Schein erfolgten (z.B. nach Frankreich), um anschliessend dann an die wirklichen Bestimmungsstaaten weitergeleitet zu werden (insbesondere nach Südafrika). Dadurch wurde zusätzlich auch noch der Tatbestand der Falschbeurkundung

von Art. 251 StGB erfüllt. Die drei Angestellten wurden vom Bundesgericht zu Gefängnisstrafen zwischen 15 und 18 Monaten verurteilt (E. III.).

Zum unechten Unterlassungsdelikt, bei dem das Gesetz die Unterlassung nicht   196
explizit unter Strafe stellt, hielt das Bundesgericht zunächst fest (E. II.4.a):

> «Kann ein Begehungsdelikt nach seinem Sinn und Wortlaut sowohl durch Tun wie durch (unechte) Unterlassung verübt werden, so ist unter bestimmten Voraussetzungen auch die Unterlassung strafbar. Zu diesen Voraussetzungen gehört insbesondere, dass der Urheber der Unterlassung rechtlich verpflichtet war, die mit Strafe bedrohte Gefährdung oder Verletzung des geschützten Rechtsgutes zu verhindern. Die Rechtspflicht zum Handeln kann sich aus gesetzlicher Vorschrift, aus Vertrag oder auch aus den Umständen ergeben (vgl. BGE 81 IV 121 unten). Voraussetzung ist ferner, dass der Unterlassende die ihm obliegende Pflicht schuldhaft verletzt hat und dass er den Eintritt des verpönten Erfolges durch pflichtgemässes Verhalten hätte verhüten können. Die Strafbarkeit des unechten Unterlassungsdeliktes findet ihre Rechtfertigung darin, dass derjenige, der verpflichtet ist, durch Handeln einen bestimmten Erfolg abzuwenden, und dazu auch in der Lage ist, aber untätig bleibt, grundsätzlich ebenso strafwürdig ist wie derjenige, der den Erfolg durch Tun herbeiführt».

Zur spezifischen Rolle von DIETER BÜHRLE äusserte sich das Bundesgericht wie   197
folgt (E. II.4.a) f.):

> «Ob die Pflicht Bührles, gegen die verbotene Belieferung Südafrikas einzuschreiten und einer weiteren Missachtung des Embargo-Beschlusses durch Massnahmen vorzubeugen, sich bereits aus Art. 9 Abs. 4 und 21 KMB ergäbe, wie der Bundesanwalt geltend macht, kann offen bleiben. Sie ergibt sich jedenfalls aus der Stellung und Rolle, welche der Angeklagte während der kritischen Zeit im Familienunternehmen eingenommen hat. Er war einziger Komplementär der Kommanditgesellschaft und, als diese im Frühjahr 1967 in eine Aktiengesellschaft umgewandelt wurde, bis Ende 1968 einziger Verwaltungsrat. Tatsächlich war er der oberste Leiter der WO und der nach aussen in Erscheinung tretende Inhaber der Firma. Als Haupt der WO und nach der beherrschenden Rolle, die er innehatte, wäre er aber verpflichtet gewesen, sogleich durchzugreifen und für Abhilfe zu sorgen, als er erkennen konnte, dass die Leitung der Waffen-Verkaufsabteilung sich über den Embargo-Beschluss des Bundesrates hinwegsetzte. (...) Als Bührle am 1. oder 2. Juli 1965 mit Sicherheit den wahren Sachverhalt erfuhr, begnügte er sich nach seinen eigenen Aussagen mit der Bemerkung, man solle mit der Belieferung Südafrikas aus der Schweiz Schluss machen. (...) Es fehlte ihm indes offensichtlich am ernstlichen Willen, wirksam einzugreifen; nur so ist zu verstehen, dass die Waffen-Verkaufsabteilung bereits mit Ausfuhrgesuch vom 5. August 1965 eine weitere Lieferung nach Südafrika vorzubereiten und mit verbotenen Geschäften im bisherigen Umfange bis Ende März 1968 fortzufahren wagte. (...) Sein Verhalten kann nur so ausgelegt werden, dass er mit weiteren direkten Lieferungen der WO nicht bloss rechnete, sondern damit einverstanden war. Er erklärte in der Hauptverhandlung denn auch, dass er wegen der direkten Belieferung Südafrikas ‹nicht unglücklich› gewesen sei, weil er das Embargo als Gefährdung dieser Geschäftsmöglichkeit angesehen und es übrigens für politisch

unklug gehalten habe. Sein fortgesetztes und bewusst pflichtwidriges Verhalten nach dem 2. Juli 1965 erfüllt den Begriff des Eventualvorsatzes (vgl. *BGE 86 IV 15* Erw. 5 und 6). Bührle ist daher als Mittäter der Widerhandlungen gegen den KMB zu betrachten, welche Lebedinsky, Gelbert und Meili durch die Belieferung Südafrikas nach diesem Zeitpunkt begangen haben.»

198   Bei der Strafbemessung hob das Bundesgericht die zentrale Rolle von DIETER BÜHRLE wie folgt hervor (E. III. 5):

> «Der Angeklagte Bührle trug als oberster Chef der WO und Inhaber der Grundbewilligung (Art. 7 ff. KMB) eine besondere Verantwortung. Er hätte wirksam dafür sorgen müssen, dass verbotene Geschäfte mit Kriegsmaterial unterblieben. (...) Besonders erschwerend wirkt, dass er ein Wirtschaftsführer und Geschäftsmann von internationalem Ansehen, Vertrauensmann der schweizerischen Behörden für Rüstungsfragen, Oberst im Generalstab und Jurist ist. Von einem Manne in solchen Verhältnissen wäre zu erwarten gewesen, dass er pflichtgemäss eingriff. (...) Dazu kommt, dass er die verbotenen Lieferungen an Südafrika mit keinem Wort bedauerte; im Gegenteil: er machte vor dem Gericht kein Hehl daraus, über die weitere Belieferung Südafrikas durch die WO eine gewisse Genugtuung empfunden zu haben.»

199   Zusammenfassend kann festgehalten werden, dass ein Firmeninhaber eine ausserhalb des Aktienrechts liegende, strafrechtliche Garantenstellung treffen kann, die ihn zum Einschreiten verpflichtet, sobald er von illegalen Handlungen in seinem Unternehmen Kenntnis erhält.

B.   Der Fall Werner K. Rey

200   Der zuvor unbekannte Rey wurde erstmals 1977 wahrgenommen, als er mit einer für die Schweizer Wirtschaft damals unüblichen Strategie, einer Art des aus dem angelsächsischen Recht bekannten «unfriendly takeover», die Aktienmehrheit des traditionsreichen Schuhkonzerns Bally erwarb. Zuvor war Rey während vier Jahren beim Offshore-Spezialisten Bernie Cornfeld tätig, der verdächtigt wurde, gutgläubige Anleger in einem Schneeballsystem um ihr Vermögen zu erleichtern; dessen Investors Overseas Services krachte 1970 zusammen. An der von Rey einberufenen ausserordentlichen Bally-GV im Januar 1977 überraschte der 33-Jährige mit der heimlich erfolgten Übernahme die Aktionäre, erklärte den VR, in dem Wirtschaftsgrössen sassen, als entmachtet, wechselte ihn aus und setzte sich selbst an die Spitze der Geschäftsleitung. Damals gab es im Schweizer Recht noch keine Bestimmungen zu Meldepflichten oder Übernahmeangeboten. In einem Meisterstück des Wirtschaftsjournalismus deckte Hansjörg Abt, Journalist der traditionsreichen «Neuen Zürcher Zeitung», bereits am Tag der folgenden ordentlichen Bally-GV, dem 6.7.1977, schonungslos auf, wie Rey innerhalb von nur fünf Monaten Bally um mehr als CHF 40 Mio. erleichterte, indem

er erstklassige Vermögenswerte des Traditionsunternehmens gegen windige Aktiven von Drittfirmen tauschte, die er verdeckt ebenfalls beherrschte *(S. 13)*. Dies beendete die Ära Rey vorerst abrupt. Unter dem Druck der empörten Öffentlichkeit und der vielen gegen die Übernahme rebellierenden Kleinaktionäre verkaufte er im September 1977 die Kontrolle über Bally an die Oerlikon-Bührle Holding AG (heute: OC Oerlikon, s. dazu N 194 ff.) und erzielte damit einen Gewinn von rund CHF 30 Millionen. Dazu schrieb Abt, dass es *«systemimmanenten Kräften schliesslich gelungen ist, den freibeuterischen Korrumpierungsversuch zu vereiteln.»;* dies könne gemäss dem Journalisten denn auch kaum überschätzt werden und gelte nicht bloss als Episode, sondern als *Datum* schweizerischer Industriepolitik und -geschichte (ABT, HANSJÖRG: Systematische Aushöhlung des Bally-Konzerns, NZZ vom 6.7.1977, S. 13; derselbe: Eingliederung von Bally in den Bührle-Konzern, NZZ vom 6.9.1977, S. 13; s. zum Ganzen auch FLUBACHER, RITA, Flugjahre für Gaukler, Zürich 1992, S. 42 ff.; WYSS, EVA: Kriminalität als Bestandteil der Wirtschaft: eine Studie zum Fall Werner K. Rey, mit einem Vorwort von Professor Fritz Sack (Beiträge zur rechtssoziologischen Forschung Band 12), 1999, S. 53 ff.).

Mit dem Erlös zog sich Rey jedoch nicht zurück, sondern kehrte im April 1979 von London in die Schweiz zurück und legte erst richtig los. Von seinem Büro im Genfer World Trade Center aus steuerte er ein Firmenkonglomerat, dessen Dach später seine Omni Holding AG bildete. Gezielt kaufte sich der Finanzunternehmer in etliche Firmen ein, die ihm unter Wert gehandelt schienen. Es folgten unter anderem das Thuner Metallwerk Selve, später die Prüffirma Inspectorate, die Ateliers de Constructions Mécaniques de Vevey, der Jobvermittler Adia (heute: Teil von Adecco), der Industriekonzern Sulzer, die Fluggesellschaft Air Europe, die SIS Holding (Versicherungen), die Phibro-Bank (später: Omni-Bank bzw. Swiss Cantobank) und der Dortmunder Mischkonzern Harpener. Auch die Medientitel «Weltwoche», «Sport» und «Bilanz» (Jean Frey Gruppe), in welchen über Rey und seine Firmen keine Artikel mehr erschienen, bis der Verlag 1991 wieder verkauft wurde, hatte er sich zeitweise einverleibt. ABT, der Journalist der NZZ, blieb ihm jedoch auf den Fersen und analysierte in den folgenden Jahren laufend die Finanzierungspraktiken Reys. Im Zusammenhang mit Reys Übernahmetätigkeit vermutete er Unlauterkeit oder Wirtschaftsdelikte, weshalb seine Kritik immer wieder von anderen Medienschaffenden kritisiert wurde. Als Rey ganz oben stand, beeinflusste er über seine Holdinggesellschaft mit einer Börsenkapitalisierung von CHF 1,8 Mrd. rund drei Dutzend Unternehmen mit über CHF 12 Mrd. Umsatz. Innerhalb der Omni wurden Beteiligungen verändert, Darlehen gewährt, Kredite aufgenommen und Firmen transferiert, bis ein wohl nur für Rey überblickbares Geflecht von Tochtergesellschaften und Beteiligungen entstanden war, das sich in den folgenden Jahren ständig vergrösserte. Die Tochterfirmen waren dermassen ineinander verflochten, dass sie zum Teil ebenfalls zu

201

Gläubigern der Muttergesellschaft oder von Rey selbst wurden (s. zur Frage des Durchgriffs ZR 98/1999 Nr. 52, 225 ff.; s. dazu auch § 4, N 272 ff.). Parallel dazu baute sich Rey eine Fülle von privaten Firmen auf, die zum grossen Teil im Offshore-Bereich angesiedelt waren (SCHWARZ, GERHARD: Hansjörg Abt wird siebzig, NZZ vom 22.09.2005, S. 23; WALLRAFF, RUDOLF/KADEN, WOLFGANG: Ich kann das Geld nur einmal verlieren, «Der Spiegel», Nr. 37, 1988, S. 125 f.; BGer 6S.78/2001, 1 f.).

202   Den grössten Coup landete Rey, als er im Jahr 1988 ein Aktienpaket des Winterthurer Traditionskonzerns Sulzer von einer dem VR missliebigen Gruppe um den Tessiner Tito Tettamanti übernahm. Dieser Investorengruppe war aufgefallen, dass der Sulzer-Börsenwert die Barmittel ungenügend spiegelte. Nach einer Weile hatte sie als unwillkommener «Raider» eine Beteiligung von etwa 40 Prozent angehäuft – der (freiwillige) Schweizerische Übernahmekodex trat erst 1989 und die Bestimmungen zu den Meldepflichten und Übernahmeangeboten des BEHG 1998 in Kraft – und legte sich mit dem Sulzer-VR an. In Briefen an Pierre Borgeaud, den damaligen Sulzer-VRP, und in öffentlichen Erklärungen machte Tettamanti deutlich, was ihn vor allem interessierte: Für den Investor standen der rasche finanzielle Erfolg und ein Sitz im VR, welchen er auch bekommen hätte, im Vordergrund. Demgegenüber beabsichtigte die Konzernleitung, eigenständig zu bleiben und nicht Bereiche zu verkaufen, nur um liquide Mittel zu generieren. Diese gegensätzlichen Positionen waren unvereinbar. Daher beschloss der Sulzer-VR gestützt auf die altrechtliche statutarische Vinkulierung per Zirkularbeschluss, dass kein Aktionär und keine Gruppe verbundener Aktionäre (Identifikation des wirtschaftlich Berechtigten) mehr als 1,5 Prozent des Aktienkapitals bzw. der Stimmrechte kontrollieren dürfe, und verweigerte die volle Eintragung der neuen Anteilseigner ins Aktienregister. Denn nach Art. 686 Abs. 2 aOR von 1936 konnte eine AG statutarisch bestimmen, dass die Anerkennung eines Erwerbers als Aktionär vom VR «ohne Angabe von Gründen verweigert werden» konnte, sofern ein sachlich vertretbarer, im Gesellschaftsinteresse liegender Grund (Willkürverbot) vorlag. Auch Sulzer verfügte über solch eine statutarische Klausel, um nicht im Unternehmensinteresse stehende Eintragungen zu verhindern. Schon bald stand fest, dass einige der neuen Mitbesitzer kein eigenes Geld zum Aktienkauf eingesetzt hatten. Dem Sulzer-VR waren diese Transaktionen nicht genehm, sodass er nach einem wohlgesinnten Investor suchte, der die Aktien von der Investorengruppe übernehmen könnte. Da kam Rey ins Spiel, welcher den Hauptteil von Tettamantis Sulzer-Aktienpaket für rund CHF 5500.– pro Stück, insgesamt CHF 220 Mio., übernahm und so vom aggressiven Übernahmespekulanten («Raider») zum «weissen Ritter» mutierte. «Wenn die englische Königin in der Schweiz jemanden zum Ritter schlagen dürfte, so wäre es Werner K. Rey», feierte das Monatsmagazin «Schweizer Bank» den nunmehr grössten Sulzer-Einzelaktionär («Der Finanzstratege», Schweizer Bank 1988/9, S. 8). Rey durfte

sogar zehn Prozent des Aktienkapitals bzw. der Stimmrechte auf seinen Namen ins Aktienregister eintragen lassen und bekam einen Sitz im VR, musste aber laut ABV grundsätzlich den Anträgen des VR folgen. Auch durfte er keine eigenen Statutenänderungsanträge einbringen. Durch die Wahl in den VR wurde der einstige Aussenseiter geachtet (BURCKHARDT, PETER, «Der letzte Akt von Milliardenpleitier Werner K. Rey», «Schweiz am Sonntag Online» vom 19.5.2013).

Als die von Rey beherrschten Firmen in der Goldgräberstimmung der 1980er-Jahre scheinbar immer bessere Zahlen auswiesen, stieg seine Akzeptanz beim Schweizer Wirtschaftsestablishment. Sowohl Banken als auch Anleger liessen sich von den immer positiver ausfallenden Medienberichten blenden. Auch dank dieser Berichterstattung konnte Rey so lange weitgehend unhinterfragt agieren und sich am Kapitalmarkt Geld beschaffen. Banken gaben ihm daher zu jener Zeit grosszügig Kredite in fast beliebiger Höhe. Alles geschah unter dem Motto, «Schlecht laufende Unternehmen zu sanieren und Synergien wirken zu lassen». Es blieben nur einzelne Skeptiker, insbesondere bei wenigen Banken wie der Schweizerischen Bankgesellschaft (heute: UBS Group AG). Denn SBG-Chef Alfred Schaefer war einst von Rey aus dem Bally-VR geworfen worden und fühlte sich dadurch zutiefst verletzt. Seinem Nachfolger Robert Holzach soll er das Versprechen abgenommen haben, die SBG würde nie ein Geschäft mit Rey tätigen, und dieser hielt sich daran. Auch in den meisten etablierten Schweizer Industriekonzernen und bei zwei Zeitungen, der NZZ und der «Weltwoche», gab es scharfe Kritiker. Zum Going-Public der Omni Holding AG schrieb ABT in der NZZ vom 29. Juni 1988 über «Reys eher begrenzte Omni-Potenz» (S. 33). Offenbleibt, weshalb (mit Ausnahme von RITA FLUBACHER von der «Weltwoche» und HANSJÖRG ABT) Medienschaffende und Finanzanalysten sich während Jahren von den Ereignissen auf der Vorderbühne blenden liessen und ihr ökonomisches Wissen nicht anwendeten, um die Bonität von Reys aufgeblähten Firmen zu ermitteln oder über den ökonomischen Sinn von Reys Transaktionen nachzudenken (WYSS, a.a.O., 54 f. u. 136 f.).

Als gegen Ende der 1980er-Jahre die Zinsen stiegen, die Börse nicht mehr boomte und Anleger zurückhaltender wurden, funktionierte das «Rey-Modell» nur noch bedingt. Anfang 1991 wurde der Zusammenbruch ausgelöst durch den Versuch des Finanzakrobaten, mit einer komplizierten Transaktion (Adia-Asko-Comco-Handel) bei den Banken nochmals CHF 400 Mio. zu erhalten. Die Hausbanken der Omni, die Berner Kantonalbank und der damalige Schweizerische Bankverein (heute: UBS Group AG) wollten den notwendigen finanziellen Rückhalt bieten, bis ihnen ABT die Leviten las. Der Journalist begleitete Reys Transaktionen seit 15 Jahren mit beissender Kritik. In seinem Artikel «Durchsichtige Motive des Adia-Comco-Handels. Die Banken im Refinanzierungsdilemma» vom 7. Februar 1991 bezeichnete er dieses Geschäft als «bühnenreifen Gauklertrick», zu dessen Finanzierung sich die Banken nicht hergeben sollten (S. 33). Reys erfolglose Klage gegen die NZZ wegen Ehrverletzung und Kreditschädigung war nur noch ein Rückzugsgefecht. In der Folge wollten die Banken nicht mehr mitmachen, und das Geschäft platzte. Der Finanzjongleur konnte seinen zahlreichen Verbindlichkeiten von rund CHF 4 Mrd. nicht mehr nachkommen. Übrig blieben Schulden in einem für schweizerische Verhältnisse nicht gekanntes Ausmass: Rund CHF 1,48 Mrd., auf welche Banken, Pensionskassen und gutgläubige Obligationäre grösstenteils verzichten mussten, nachdem das verschachtelte Firmenimperium in Konkurs ging. Dieser dauerte über 20 Jahre, weil der Komplex von weltweit über 100 Unternehmen und Beteiligungen schrittweise aufgelöst und zuerst der Privatkonkurs abgewartet werden musste, bevor die Liquidation der an der Spitze stehenden Gesellschaften abgeschlossen werden konnte (BROUZOS, JORGOS/MÖCKLI, ANDREAS/FLUBACHER, RITA «Die grössten Betrugsfälle der Schweiz», «Tagesanzeiger Online» vom 31.5.2016)

205   Rey tauchte unter, um sich einem Strafverfahren wegen Betrugs, Urkundenfälschung und betrügerischen Konkurses zu entziehen. 1992 wurde er von «Blick»-Reportern auf den Bahamas aufgespürt. Dort war er in einem Spielkasino gesehen worden, wie er «Black Jack» spielte. Der flüchtige Financier wurde 1996 auf der Basis eines für Common-Law-Staaten notwendigen detaillierten und «aussichtsreiche» Beweise enthaltenden Auslieferungsgesuchs verhaftet. Er nutzte alle ihm zur Verfügung stehenden Rechtsmittel bis in die letzte Instanz, den Privy Council in London, aus. Nach zwei Jahren Auslieferungshaft wurde er schliesslich in einem eigens dafür gecharterten Flugzeug in Begleitung des Berner Staatsanwaltes Beat Schnell in die Schweiz zurückgeführt. Der Strafprozess gegen ihn fand 1999 in erster Instanz am Sitz der Omni Holding AG in Nachlassliquidation vor dem Wirtschaftsstrafgericht des Kantons Bern statt. Im April 2002 wurde er vom Berner Kassationshof in zweiter Instanz wegen vollendeten Betruges, Urkundenfälschung und mehrfachen, betrügerischen Konkurses zu vier Jahren und drei Monaten Zuchthaus verurteilt und schuldet dem Kanton Bern immer noch Verfahrenskosten von rund CHF 4,3 Millionen. Nach seiner Haftentlassung im Jahr 2000 ging Rey auf Tauchstation und soll seither in London leben. Die Rey-Affäre ist im Jahr 2006 verjährt, das Dossier wurde *ad acta* gelegt und juristisch kaum aufgearbeitet («Akte im Fall Werner K. Rey geschlossen», NZZ Online vom 28.7.2006).

206   Dennoch kam es im Fall Rey zu einer Reihe von weiteren Gerichtsentscheiden. Im Entscheid des Zürcher Bezirksgerichtes vom 1.2.1994 (Urteil A des Einzelrichters im beschleunigten Verfahren am Bezirksgericht Zürich vom 1. Februar 1994, ZR 98/1999 Nr. 52, S. 225 ff.) führte eine Bank Kollokationsklage gegen die Konkursmasse von Rey. Die Beklagte hatte die Aufnahme der klägerischen Forderung mit der Begründung verweigert, die Klägerin sei mit Rey als Gemeinschuldner und damit mit der Konkursmasse wirtschaftlich identisch. Im Prozess ergab sich, dass Rey indirekt, über mehrere dazwischen geschaltete Gesellschaften bzw. Trusts, die teilweise nach ausländischem Recht inkorporiert worden waren, in der

Tat die Klägerin beherrschte. Damit stellte sich die Frage, welchem Recht der sog. *Durchgriff* untersteht: Dieser sei nach Ansicht des Richters ein Anwendungsfall von Art. 2 ZGB und damit der Grundsätze des Rechtsmissbrauchsverbotes und des Prinzips von Treu und Glauben; diese gehörten *«zweifellos zum positiven ordre public»* i.S.v. 18 IPRG (E. 3.1.1), und folglich sei die Frage des Durchgriffs nach schweizerischem Recht zu beurteilen. Das Gericht kam dann nach eingehender Prüfung allerdings zum Schluss, dass die Voraussetzungen für einen Durchgriff nach Schweizer Recht nicht erfüllt seien (E. 3.2). Im Ergebnis erschien dies dem Gericht aber als stossend. Es prüfte daher das Vorliegen eines Rechtsmissbrauches nach Art. 2 Abs. 2 ZGB noch einmal, diesmal ohne die Lehre und Rechtsprechung zum Durchgriff, dafür mit Erfolg: *«Die rechtliche Möglichkeit internationaler Konzernstrukturen darf nicht zur Verschleierung der Tatsache führen, dass der Schuldner zum Nachteil der Gläubiger gegen sich selbst Forderungen geltend machen könnte.»* (E. 5). Die hier offenbar getroffene dogmatische Unterscheidung innerhalb von Art. 2 ZGB zwischen klassischem Durchgriff einerseits und Nichtbeachtung einer missbräuchlichen Verschleierung wirtschaftlicher Identität andererseits ist bemerkenswert. Für die Anknüpfung jedenfalls gilt: Rechtsmissbrauch, sei es als solcher oder in seiner Konkretisierung als Durchgriff, ist ein Fall des positiven Ordre public nach Art. 18 IPRG (DASSER, 35 ff.; BGer 6S.78/2001, vom 6. Dezember 2001 1 f.).

In einem weiteren Entscheid vom 9.7.1996 (Pra 86 [1997] Nr. 55) verneinte das Bundesgericht einen Anspruch der Omni Holding AG in Nachlassliquidation auf Zahlung von CHF 27 500 000.– gegen die Berner Kantonalbank, weil diese gemäss der Klägerin gegen vertragliche Sorgfaltspflichten und aktienrechtliche Vorschriften verstossen habe in Bezug auf die Weitergabe von Vorrats- bzw. Reserveaktien nach deutschem Muster, obschon die Omni so stark überschuldet war, dass sie den Nennwert der Vorratsaktien nicht aus freien Eigenmitteln hätte aufbringen können. Diese Art von Aktien (auch Verwaltungs- oder Verwertungsaktien genannt) werden in der Schweiz von der Rechtsprechung trotz des für die Gesellschaft geltenden Verbots, eigene Aktien zu erwerben oder zu zeichnen, als grundsätzlich zulässig erachtet. Sie weisen als gemeinsames Merkmal auf, dass sie von einem Treuhänder auf Rechnung der Gesellschaft gezeichnet sowie liberiert und dann zur Verfügung des Verwaltungsrats gehalten werden. Im Entscheid hielt das Bundesgericht insbesondere fest, dass auch weitere Nachforschungen es der Beklagten nicht erlaubt hätten, *«hinter das, ein Scheinbild einer erfolgreichen Unternehmung vorgebende, ausgeklügelte System von Falschdarstellungen der Omni-Organe zu kommen»* (Pra 86 [1997] Nr. 55 E. 6). [207]

C. Der Fall Swiss Life

208 Die Schweizerische Lebensversicherungs- und Rentenanstalt (kurz «Rentenanstalt») wurde 1857 als erste Lebensversicherung der Schweiz gegründet. Bis in die 1990er-Jahre des letzten Jahrhunderts bestand die Gesellschaft als Genossenschaft. Die Versicherungsnehmer der in der Schweiz abgeschlossenen Versicherungen und ihre Rechtsnachfolger waren, soweit der Versicherungsvertrag nichts anderes bestimmte, auch Genossenschafter (Art. 4 Abs. 1 der damaligen Statuten). Die Genossenschaft hatte von der den konzessionierten Versicherungsgenossenschaften mit über 1000 Mitgliedern zustehenden Möglichkeit Gebrauch gemacht und durch die Statuten die Befugnisse der Generalversammlung – soweit gesetzlich zulässig – an die Verwaltung bzw. an den Aufsichtsrat übertragen. Der Aufsichtsrat hatte somit über die ihm gemäss Art. 902 ff. OR von Gesetzes wegen zustehenden Verwaltungsfunktionen auch alle statutarischen Befugnisse der Generalversammlung inne (s. zur Organisation auch FORSTMOSER, Grossgenossenschaften, 59/60). Der Mitgliedergesamtheit stand nur noch die gemäss Art. 893 Abs. 2 OR (u. Art. 11 Abs. 1 der damaligen Statuten) nicht übertragbare Beschlussfassung über die Auflösung der Genossenschaft durch Liquidation oder Fusion zu (s. zum Ganzen KUHN, 275 ff.).

209 Im Zuge der rasanten Entwicklungen an den Finanzmärkten in den 1990er-Jahren entstand die Idee, das volle Potenzial auszunützen, indem eine «Allfinanz»-Strategie verfolgt werden sollte. Die Idee bestand darin, Versicherungs- und Bankgeschäfte in einer Hand zusammenzuführen; fortan sollte ein Bankangestellter auch Versicherungspolicen verkaufen und ein Versicherungsberater auch Anlagefonds. Im September 1995 beschloss der Aufsichtsrat daher – zwecks grösserer organisatorischer Annäherung –, die Genossenschaft per 30.06.1997 auf dem Wege des Rechtskleidwechsels in eine AG umzuwandeln. An der Urabstimmung von Mai bis Juni 1997 wurde diesem Antrag mit einem überwältigenden Mehr von 97,1 Prozent zugestimmt. In einem mit der Schweizerischen Bankgesellschaft (SBG; s. dazu auch Fall UBS in N 213 ff.) betriebenen Joint Venture, das ab Januar 1996 unter dem Namen UBS Swiss Life operierte, wollte man im europäischen Allfinanzbereich eine führende Stellung erobern. Der Rentenanstalt, welcher zwei externe Gutachter einen inneren Wert von CHF 2,5 Mrd. attestierten, sollten über eine öffentliche Wandelanleihe sowie über ein Wandeldarlehen der SBG netto insgesamt CHF 1,5 Mrd. zufliessen. Zum neuen Gesellschaftskapital von rund CHF 4 Mrd. schoss die SBG nach der Umwandlung des Wandeldarlehens CHF 1,1 Mrd. ein und hielt danach eine Beteiligung von 25 Prozent. Dabei wurde eine Statutenklausel kritisiert («Unzulässige Stimmrechtsprivilegierung der Grossbank»), die das SBG-Paket von 25 Prozent als voll stimmberechtigt deklarierte, obschon eine statutarische Höchststimmenklausel nach Art. 692 Abs. 2 OR ausdrücklich vorsah, dass «kein Aktionär für eigene und vertretene Aktien zu-

sammen mehr als zehn Prozent des gesamten Aktienkapitals auf sich vereinigen» konnte (NZZ vom 26./27.4.1997, S. 29). Per 30.6.1997 wandelte sich die Rentenanstalt dann von einer Genossenschaft in eine Aktiengesellschaft (immer noch unter der alten Firma «Rentenanstalt», erst 2004 erfolgte ein Neuanfang unter der Firma «Swiss Life»). Dabei wurden aus den rund 600 000 ehemaligen Genossenschaftern Aktionäre einer börsenkotierten Publikumsgesellschaft *(NZZ vom 1.7.1997, S. 28).* Dies war insofern bemerkenswert, als eine solche Umwandlung im Gesetz nicht ausdrücklich vorgesehen war, da das Fusionsgesetz erst 2004 in Kraft trat und das Bundesgericht die rechtsformändernde Umwandlung ausserhalb von gesetzlichen Spezialnormen erst in einem späteren Urteil vom November 1998 ausdrücklich zuliess (BGE 125 III 18 ff.; *in casu* Umwandlung einer GmbH in eine AG).

Schon weniger als zwei Jahre nachdem die UBS mit 25 Prozent die grösste Aktionärin der Rentenanstalt geworden war, teilte Letztere im Februar 1999 die Auflösung der Kooperation mit der UBS mit, sodass die bisherige UBS-Beteiligung bei rund einem Dutzend institutionellen Investoren im In- und Ausland in Anteilen von unter fünf Prozent platziert wurden (NZZ vom 27./28.3.1999, S. 25); nach damaligem Art. 20 aBEHG lag der Schwellenwert für börsenrechtliche Meldepflichten noch bei fünf Prozent, so dass die Offenlegung dieser Beteiligungen dem Ermessen der einzelnen Investoren überlassen war). Das bisherige Joint Venture UBS – Swiss Life ging ganz in den Versicherungskonzern ein. Parallel dazu teilte die Rentenanstalt im Februar 1999 mit, die Aktienmehrheit an der Banca del Gottardo zum Kaufpreis von rund CHF 1,4 Mrd. zu übernehmen, wobei den Gottardo-Publikumsaktionären ein Übernahmeangebot unterbreitet wurde. Die Rentenanstalt erlangte dadurch mehr als 99 Prozent aller Aktien, sodass die wenigen sich noch im Publikum befindenden Aktien gestützt auf die «Squeeze-out»-Norm von Art. 33 aBEHG (heute Art. 137 FinfraG) kraftlos erklärt werden konnten. Der gesamte Kaufpreis belief sich auf rund CHF 2,4 Milliarden. Die Gotthard-Bank war 1957 als Universalbank gegründet worden; bereits 1963 ging aber die Aktienmehrheit an die Mailänder Banco Ambrosiano über. Nachdem das italienische Mutterhaus zusammengebrochen war, kam sie 1984 zur japanischen Sumitomo Bank (NZZ Online vom 30.3.2004, «Bewegte Geschichte mit mehreren Übernahmen: Gotthard-Bank seit 1999 bei der Rentenanstalt»). So wurde die Rentenanstalt innert weniger Jahre vom Lebensversicherer zum Finanzkonglomerat umstrukturiert, welches aber nach Ansicht von Kritikern dadurch zu gross und unübersichtlich geworden war.

Auch die Allfinanz-Strategie war nicht erfolgreich, und es mussten hohe Verluste verbucht werden (2002: 1,7 Mrd.). Einerseits resultierte ein operativer Verlust; andererseits verloren Beteiligungen, darunter u.a. jene an der Banca del Gottardo, an Wert. Gleichzeitig konnten diese Beteiligungen nicht sofort verkauft werden, da es an solventen Käufern fehlte. Im Jahr 2002 sanken die Aktienkurse insgesamt, sodass die Liquidität allgemein tiefer war. Nach diesen Turbulenzen, *«einer geballten Ladung unvorsichtiger Manager und entsprechendem Imageschaden [...] liess die Rentenanstalt 2003 den Namen fallen»* (TA vom 9.1.2007, S. 23) und wagte 2004 als Swiss Life mit einer vereinfachten Markenstruktur und neuem Erscheinungsbild einen Neuanfang. Nach verschiedenen erfolglosen Veräusserungsversuchen verkaufte die Swiss Life im November 2007 schliesslich die Banca del Gottardo für rund CHF 1,9 Mrd. an die Generali-Tochter BSI, welche die Gottardo dann im Mai 2008 via Fusion vollständig absorbierte (NZZ vom 8.11.2007, S. 23; s. dazu im Einzelnen Fall BSI in N 230 ff.).

212   Im Dezember 2007 gab die Swiss Life ein öffentliches Übernahmeangebot bekannt bezüglich des umstrittenen deutschen Finanzberaters AWD Holding AG, eine der damals bekanntesten Marken in der deutschen Finanzszene, dessen zahlreiche Mitarbeiter gegen Provision Lebens- und Krankenversicherungen sowie Finanzprodukte für Versicherer, Banken und Fondsanbieter verkauften. Gemäss Pressebericht soll AWD-Gründer Carsten Maschmeyer das Begehren von Swiss Life, eine vertiefte Buchprüfung («due diligence») durchzuführen, mit der Drohung vom Tisch gewischt haben, das Unternehmen sonst einem anderen zu verkaufen («Schweiz am Sonntag Online» vom 1.12.2012, «Rolf Dörig war treibende Kraft hinter AWD-Übernahme»). Die Übernahme wurde am Markt aus verschiedenen Gründen mit grosser Skepsis aufgenommen. Im März 2008 hatte Swiss Life das Angebot an die Aktionäre der AWD Holding AG erfolgreich abgeschlossen, womit ihr Anteil an AWD auf zunächst rund 86,2 Prozent stieg. Später gab Swiss Life bekannt, auch noch die bei Maschmeyer verbliebene Beteiligung von 10,46 Prozent übernommen zu haben und somit neu 96,71 Prozent der AWD-Aktien zu halten. Im Mai 2009 wählten rund 1200 Aktionäre an der GV den ehemaligen Co-CEO der Swiss Life-Tochter AWD Maschmeyer als neues VR-Mitglied («St. Galler Tagblatt» vom 7.5.2009). Bereits im Dezember 2011 gab Maschmeyer aber den sofortigen Rücktritt aus dem Swiss-Life-VR bekannt. Der deutsche Finanzunternehmer begründete seinen abrupten Abgang damit, dass er *«unberechtigten Angriffen auf seine Person und die AWD»* (NZZ vom 8.12.2011, S. 29) den Boden entziehen möchte, und reduzierte seinen rund fünfprozentigen Aktienanteil auf unter drei Prozent. Es sei sein Wunsch, die Debatte über AWD zu versachlichen und den Fokus wieder ungetrübt auf die AWD-Stärken zu lenken. Offensichtlich hatten die wiederholten Attacken und Klagen etwa in Österreich – die Wiener Staatsanwaltschaft ermittelte wegen Verdachts auf schweren gewerbsmässigen Betrug – Maschmeyer stark zugesetzt. Im November 2012 gab Swiss Life dann bekannt, den bilanzierten Firmenwert des AWD um rund CHF 600 Mio. abzuschreiben. Im April 2013 wurde die Marke AWD dann aufgegeben und durch den Namen Swiss Life Select ersetzt (NZZ vom 29.11.2012, S. 37).

D. Der Fall UBS

1. Die SBG, SBV und die UBS

Im Dezember 1997 kündigten mit der Schweizerischen Bank-   213
gesellschaft (SBG) und dem Schweizerischen Bankverein (SBV) die zwei grössten der damals drei Schweizer Grossbanken ihre Fusion an, die bis Ende Juni 1998
vollzogen wurde (UBS, 150 Jahre im Bankgeschäft, Zürich/Basel 2012, 32–33).
Was nach aussen den Anschein einer Kombinationsfusion nach Art. 749 aOR
machte, war in Tat und Wahrheit eine gestaffelte Absorptionsfusion (Art. 748
aOR): Eine Tochtergesellschaft des SBV, die SBC AG, wurde in UBS AG umbenannt und übernahm durch entsprechende Kapitalerhöhungen mittels Sacheinlagen zuerst die Aktiven und Passiven ihrer Muttergesellschaft, d.h. des SBV, und
anschliessend diejenigen der SBG. Die Fusion erfolgte noch vor Inkrafttreten des
FusG; heute würde es sich dabei um eine Absorptionsfusion i.S.v. Art. 3 Abs. 1
lit. a FusG handeln. Aus der Fusion ging die damals nach Bilanzsumme zweitgrösste Bank der Welt hervor, und als VR-Präsident wurde mit Mathis Cabiallavetta der vormalige CEO der SBG eingesetzt, während mit Marcel Ospel der bisherige CEO des SBV auch in der neuen UBS als CEO amtete (NZZ vom 9.12.97,
S. 19).

Die UBS hatte fortan zwei Sitze in Basel und Zürich, dies obwohl Rechtsprechung   214
und überwiegende Lehre einen Doppelsitz grundsätzlich ablehnten (BGE 53 I 124;
MEYER-HAYOZ/FORSTMOSER, § 16 N 134). Das Bundesamt für Justiz (BJ) äusserte sich im Zuge der UBS-Fusion dahin gehend, an der Einheit des Sitzes sei festzuhalten, wobei Ausnahmen unter besonderen und ausserordentlichen Umständen
möglich seien (Medienmitteilung des BJ vom 19.1.98 i.S. Doppelsitz der UBS).
Neben der UBS verfügte als zweite Ausnahme auch die Nestlé bereits damals
schon über zwei Sitze (in Cham und Vevey). BÖCKLI, der VR-Mitglied beider
Gesellschaften war, sieht für ein Verbot des Doppelsitzes keine zwingenden
Gründe, da die Nachteile vorwiegend bei der Gesellschaft einträten und Dritte
kaum benachteiligt würden (BÖCKLI, Aktienrecht, § 1 N 472).

Im September 1998 und damit praktisch unmittelbar nach Abschluss der Fusion   215
brach der zuvor sehr erfolgreiche Hedgefonds Long Term Capital Management
(LTCM) im Zuge der Asien- und Russlandkrise zusammen. Die SBG hatte zuvor
grosse Investitionen in diesen Hedgefonds getätigt, weshalb nun die UBS für die
LTCM-Beteiligung einen Verlust vor Steuern von CHF 793 Mio. bekannt geben
musste (UBS, 150 Jahre im Bankgeschäft, a.a.O., 33). Daraus resultierte ein mas-
siver Vertrauensverlust, und der Kurs der UBS-Aktien brach zeitweise ein. VR-
Präsident Cabiallavetta trat in der Folge zurück und wurde interimistisch durch
Alex Krauer ersetzt (NZZ vom 3.10.98, S. 21).

216 2006 akquirierte die UBS die damals grösste brasilianische Investmentbank Banco Pactual von deren Mehrheitsinhaber und CEO André Esteves, der dadurch zum jüngsten Milliardär Brasiliens wurde. Der Kaufpreis betrug je nach Medienbericht zwischen USD 2,5 Mrd. (NZZ vom 10.5.06, S. 21) und USD 3,1 Mrd. (NZZ vom 3.12.12, S. 19). Esteves wechselte daraufhin zur UBS und leitete deren weltweites Anleihegeschäft; bereits nach einem Jahr verliess er die UBS jedoch wieder (NZZ vom 3.12.12, S. 19) und baute in Brasilien seine neue Investmentgesellschaft BTG Investments auf.

217 Anfang 2009 einigte sich die UBS mit dem US-Justizministerium (DOJ) auf einen Vergleich zur Beilegung des Streits um Bankdaten von US-Kunden mit nicht deklariertem Vermögen bei der UBS. Neben einem Schuldeingeständnis der UBS umfasste dieser eine Busse von USD 780 Mio. und die Verpflichtung zur unverzüglichen Lieferung der Daten von 255 Offshore-Bankkunden an die amerikanischen Behörden; im Gegenzug wurde das Strafverfahren der US-Behörden gegen die UBS sistiert (Medienmitteilung des DOJ i.S. UBS vom 18.2.09; NZZ vom 20.2.09, S. 19; NZZ vom 16.7.11, S. 29). Der Vergleich erfolgte, nachdem die FINMA in Abstimmung mit dem Bundesrat die Herausgabe der Daten gestützt auf Art. 25 und 26 BankG angeordnet hatte (Medienmitteilung der FINMA i.S. UBS vom 18.2.09); diese Normen erlauben der FINMA, bei Insolvenzgefahr einer Bank Schutzmassnahmen zu verfügen. Das umstrittene Vorgehen der FINMA wurde vom Bundesgericht in BGE 137 II 431 für rechtmässig befunden; allerdings könne die Datenherausgabe nicht auf Art. 25 und 26 BankG, sondern auf die polizeiliche Generalklausel von Art. 184 Abs. 3 bzw. Art. 185 Abs. 3 BV gestützt werden (E. 3.2.1. ff.). Weitere Kundendaten wurden im Rahmen eines Amtshilfeverfahrens an die US-Behörden übermittelt, nachdem die US-Steuerbehörde im August 2009 in einem Amtshilfegesuch die Offenlegung von weiteren 4 450 Konten verlangt hatte (Medienmitteilung des eidgenössischen Finanzdepartements i.S. Amtshilfe UBS vom 26.8.10). Man kann diese Datenherausgaben als Anfang vom Ende des Bankgeheimnisses in seiner früheren Ausprägung betrachten.

218 Im Zuge der weltweiten Finanzkrise und der daraus resultierenden grossen Probleme der UBS beschloss diese im April 2009 unter dem neuen CEO Oswald Grübel zur Stärkung der Kapitalbasis den Verkauf von UBS Pactual. Käufer war wiederum André Esteves bzw. seine BTG Investments (NZZ vom 21.4.09, S. 17), die später in BTG Pactual umfirmiert wurde. Die UBS gab einen Verkaufspreis von CHF 2,8 Mrd. an und sprach von einem voraussichtlich kleinen Verlust aus dem Verkauf (UBS, Medienmitteilung vom 20.4.09). Der «Tages-Anzeiger» hingegen sprach ein Jahr später von einem von der UBS-Pressestelle bestätigten Abschreiber von CHF 1,4 Mrd. («Tages-Anzeiger» vom 10.9.10, S. 46). Esteves seinerseits wurde im November 2015 im Rahmen des brasilianischen Korruptionsskandals betreffend Petrobras unter Korruptionsverdacht in Brasilien vorübergehend festgenommen (NZZ v. 26.11.15, S. 28; s. dazu Fall BSI, N 230 ff.).

Zu den Problemen der UBS in der Finanzkrise von 2008 und ihrer Rettung so-   219
gleich nachfolgend.

2. Der Fall SNB StabFund

Der Kollaps der Bank Lehmann Brothers hatte die Situation   220
der weltweiten Finanzmärkte verschärft und deren Akteure verunsichert. Die vom
amerikanischen Immobilienmarkt ausgehende Finanzkrise weitete sich auch auf
die globalen Finanzmärkte aus. Die Kapital- und Geldmärkte trockneten aus. Die
Lage der UBS wurde fragil. Sie hatte ein hohes Exposure aufgrund illiquider Ver-
briefungen und Krediten in den USA und in Europa, was zu massiven Verlusten
infolge des Preisverfalls und zu hohen Bewertungsunsicherheiten führte; das Vertrauen in die UBS war angeschlagen, was wiederum zu einem stark erhöhten Ab-
fluss von Kundengeldern führte, und die Solvenz der Bank war wegen der geringen Kapitalausstattung bedroht.[15]

Am 16. Oktober 2008 kündigten Bund, Eidgenössische Bankenkommission   221
(EBK) und Schweizerische Nationalbank (SNB) an, Massnahmen zur Stabilisierung der UBS und zur Stärkung des Schweizer Finanzsystems ergreifen zu wollen:
Die UBS sollte max. USD 60 Mrd. illiquider Aktiven an eine Zweckgesellschaft
übertragen; die SNB sollte ein gedecktes Darlehen von max. USD 54 Mrd. der
Zweckgesellschaft gewähren, und der Bund sollte die Eigenmittelbasis der UBS
mit CHF 6 Mrd. stärken.

Es wurde erkannt, dass die UBS too big to fail (TBTF) war. Zu diesem Thema   222
sind die Ausführungen des Bundesrates in der Botschaft zu einem Massnahmenpaket zur Stärkung des schweizerischen Finanzsystems lesenswert:

> «Die Grossbanken sind für die Schweizer Volkswirtschaft von systemischer Be-
> deutung. Im inländischen Kreditmarkt halten sie zusammen einen Marktanteil von
> 35 %. Bei den Einlagen ist der Marktanteil ähnlich. Zudem entfällt ein Drittel der
> Verbindlichkeiten auf dem inländischen Interbankenmarkt allein auf die UBS AG.
> Bei einem Ausfall einer Grossbank wären Haushalte und Unternehmen infolge
> der Blockierung ihrer Konten und der Unterbrechung ihrer Kreditbeziehungen
> nicht mehr in der Lage, laufende Ausgaben und Investitionen zu tätigen. Die Ein-
> lagenversicherung könnte die negativen Folgen nur bedingt auffangen, da die
> durch das Gesetz vorgesehene Obergrenze von 4 Milliarden lediglich einen klei-
> nen Teil der bei der UBS AG gehaltenen privilegierten Einlagen deckt. Der Aus-
> fall einer Grossbank würde daher zumindest kurzfristig die Liquiditätsversorgung
> gefährden und das Zahlungssystem der Schweiz destabilisieren. Über den Inter-
> bankenmarkt würden auch die anderen Schweizer Banken erhebliche Verluste auf
> ihren Forderungen gegenüber der UBS AG erleiden. Die volkswirtschaftlichen
> Konsequenzen wären insgesamt gravierend. Aufgrund von internationalen Stu-

---

[15] Schweizerische Nationalbank, Medienorientierung vom 8. November 2013.

dien muss davon ausgegangen werden, dass der Ausfall einer Bank von der Grösse der UBS AG kurzfristig Kosten für die Volkswirtschaft in der Höhe von 15–30% des BIP (75–150 Mrd. Fr.) verursachen könnte. Der langfristige Wachstumsverlust wird gar auf 60%–300% des BIP geschätzt (300–1500 Mrd. Fr.).» (BBl 2008 8944 f.)

223   Vor diesem Hintergrund wurde die «Rettung» der UBS beschlossen und umgesetzt. Die Transaktion enthielt im Wesentlichen die folgenden Elemente:

1. eine Zweckgesellschaft der SNB zur Verwaltung der zu übernehmenden Aktiven (SNB StabFund);

2. eine Pflichtwandelanleihe über CHF 6 Mrd. des Bundes zur Rekapitalisierung der UBS (mit fester Verzinsung bis Ende der Laufzeit von 12,5%);

3. Finanzierung des Eigenkapitals des SNB StabFund (USD 3,9 Mrd., was einem Finanzierungsbeitrag von 10% entspricht);

4. Darlehen der SNB an den SNB StabFund über USD 39 Mrd. (einmonatiges Darlehen zuzüglich LIBOR zuzüglich 250 Basispunkte; entspricht einem Finanzierungsbeitrag von 90%);

5. Verkauf von Vermögenswerten der UBS an den StabFund für USD 38,7 Mrd. gegen USD 25,8 Mrd. Cash (Übertragung des Portfolios);

6. Kaufrecht der UBS für CHF 1 Mrd. am SNB StabFund zuzüglich die Hälfte des Eigenkapitals des SNB StabFund.[16]

224   Die notenbankrechtliche Zulässigkeit der Transaktion bejahte die SNB anhand eines von ihrem Rechtsdienst verfassten Gutachtens, welches *in nuce* die Transaktion angesichts der in Art. 5 Abs. 2 lit. e NBG statuierten Aufgabe der SNB, zur Stabilität des Finanzsystems beizutragen, als zulässig qualifizierte, auch wenn es sich dabei nicht um die «klassische» Liquiditätshilfe *(Lender of Last Resort)* gegen Sicherheiten handelt, da die EBK die Solvenz der UBS festgestellt hatte und ausreichende Sicherheiten vorhanden waren[17] (vgl. die Richtlinien der SNB über das geldpolitische Instrumentarium vom 25. März 2004).

225   Ursprünglich war geplant, die Zweckgesellschaft auf den Cayman Islands zu inkorporieren, was jedoch zu politischem Widerstand führte. Als Schweizer Alternative wurde dann die Rechtsform der Kommanditgesellschaft für kollektive Kapitalanlagen gemäss Art. 98 ff. KAG gewählt. Die Kommanditgesellschaft für kollektive Kapitalanlagen ist eine Gesellschaft, deren ausschliesslicher Zweck die

---

[16]   Schweizerische Nationalbank, Medienorientierung vom 8. November 2013.
[17]   Schweizerische Nationalbank, Gutachten zur notenbankrechtlichen Zulässigkeit der Beteiligung der Schweizerischen Nationalbank am Massnahmenpaket zur Stärkung des Finanzsystems («UBS-Transaktion») vom 13. Oktober 2008.

kollektive Kapitalanlage ist. Wenigstens ein Mitglied haftet unbeschränkt (Komplementär), die anderen Mitglieder (Kommanditärinnen und Kommanditäre) haften nur bis zu einer bestimmten Vermögenseinlage (der Kommanditsumme). Gemäss Art. 98 Abs. 2 KAG müssen Komplementäre Aktiengesellschaften mit Sitz in der Schweiz sein. So gründete die SNB zwei «Zwischengesellschaften» zur Haltung des Fonds, die SFD (GP) AG (Komplementärin) und die LiPro (LP) AG (Kommanditärin). Diese gründeten sodann die SFD KGkK, die ihrerseits zwei Untergesellschaften gründete, in denen das Portfolio anschliessend eingebracht wurde (die StabFund Sub CA AG und die StabFund Sub NCA AG). Sämtliche Gesellschaften wurden in Bern inkorporiert.[18]

Der Verwaltung und Abwicklung des Portfolios widmeten sich die SNB und die UBS gemeinsam. Drei Mitglieder der SNB und zwei Mitglieder der UBS besetzten den Verwaltungsrat. Das Präsidium und die Geschäftsleitung (sieben Personen) oblagen der SNB. Bei der UBS setzte eine Gruppe von rund 70 Mitarbeitern die Betreuung und den Verkauf um.[19] 226

Der Bund wandelte die Pflichtwandelanleihe bereits nach acht Monaten in Aktien und veräusserte diese an institutionelle Investoren. Zusammen mit den Coupons erzielte der Bund CHF 1,2 Mrd. Gewinn.[20] 227

Das Darlehen der SNB konnte im August 2013 vollständig getilgt werden. Anschliessend übte die UBS ihre Kaufoption aus und zahlte der SNB USD 3,762 Mrd. Zudem betrugen die Darlehenszinsen bis zum Ablauf der Laufzeit USD 1,6 Mrd.[21] 228

Zu den gesetzgeberischen Massnahmen, die in der Folge zur Eindämmung der TBTF-Problematik ergangen sind, siehe Kap. § 5, N 80 ff. 229

E. Der Fall BSI

Die «BSI – Banca della Svizzera Italiana» (BSI) wurde 1873 in Lugano gegründet und ist damit die älteste Tessiner Bank. Im 20. Jahrhundert erfolgte mit Niederlassungen in Zürich, St. Moritz, Lausanne und Genf eine nationale und mit Vertretungen in Caracas, Hongkong und Monaco eine internationale Expansion. Die Geschichte der BSI ist durch mehrere Eignerwechsel geprägt. In 230

---

[18] Vgl. die Handelsregistereinträge.

[19] Schweizerische Nationalbank, Medienmitteilung vom 8. November 2013, UBS kauft den StabFund von der SNB, Gewinn von USD 3,762 Mrd. für die Nationalbank, S. 2.

[20] NZZ Online, Mehrfache Überzeichnung – Bund erzielt Rendite von über 30 Prozent, Marco Metzler/20.8.2009, 09:22 Uhr.

[21] Schweizerische Nationalbank, Medienorientierung vom 8. November 2013.

der ersten Hälfte des 20. Jahrhunderts wurde die BSI von der italienischen Comit gekauft. Diese verkaufte 1983 ihre Beteiligung an die Irving Trust Co. in New York, die ihrerseits ihre Beteiligung fünf Jahre später an die Genfer Unigestion weiterverkaufte (RSI, Il lungo cammino della BSI, 22.09.2016). Ab 1991 war der Schweizerische Bankverein (SBV) Mehrheitseigner, die Beteiligung musste aber 1998 im Zuge der Fusion der Schweizerischen Bankgesellschaft (SBG) und des SBV auf Geheiss der Wettbewerbskommission veräussert werden (UBS/SBV, RPW 1998/2, S. 315; zum Fall UBS s. N 213 ff.).

231   Anfang Juli 1998 wurde die BSI vom italienischen Versicherungskonzern Generali als Alleinaktionär übernommen und firmierte ab dem Jahr 2000 aus firmenrechtlichen Gründen neu nur noch unter dem Kürzel BSI AG, da sie infolge ihrer ausländischen Beherrschung das Element «Svizzera» nicht mehr verwenden durfte (Art. 3bis Abs. 1 lit. b BankG). Im Jahr 2005 wurde die BSI Bank Ltd in Singapur gegründet, welche später zum Dreh- und Angelpunkt der Verstrickungen der BSI in den Skandal um den malaysischen Staatsfonds 1MDB werden sollte, der 2016 sehr bekannt wurde (s. dazu unten N 233). In den Jahren 2006 bzw. 2008 übernahm die BSI zwei Tessiner Privatbanken: Die Banca Unione di Credito wurde 2006 von Fiat übernommen, während die Banca del Gottardo 2008 für CHF 1,875 Mrd. der Swiss Life abgekauft (NZZ vom 8.11.07, S. 23) und von der BSI per Absorptionsfusion übernommen wurde (zum Fall Swiss Life s. N 208 ff.). Auch die Banca del Gottardo blickte auf eine bewegte Geschichte zurück. Diese wurde 1957 in Lugano gegründet. Bereits sechs Jahre später wurde sie an die Mailänder Banco Ambrosiano verkauft. Nach dem Zusammenbruch der Banco Ambrosiano gehörte die Banca del Gottardo 1984 zur japanischen Sumitomo Bank und kehrte erst 1999 mit ihrem Kauf durch die Rentenanstalt (heute Swiss Life) in Schweizer Besitz zurück (NZZ Online, Gotthard-Bank seit 1999 bei der Rentenanstalt, 30.03.2004).

232   Bei der späteren Aufarbeitung des US-Steuerstreits zeigte sich, dass die BSI im August 2008 deklariertes und undeklariertes Vermögen von Amerikanern in der Höhe von USD 2,78 Mrd. verwaltete. 2 164 von 3500 der betreffenden Konti stammten dabei aus den Akquisitionen der Banca Unione di Credito und der Banca del Gottardo (TA vom 1.4.15, S. 37). In der Folge wurde der BSI im Jahr 2015 durch das US-Justizdepartement (DOJ) als erste der sogenannten Kategorie-2-Banken eine Busse von USD 211 Mio. auferlegt (Medienmitteilung des DOJ i.S. BSI vom 30.3.15), die gleichzeitig auch die höchste der ausgesprochenen Bussen in der Kategorie 2 darstellte (NZZ vom 30.1.16, S. 37).

233   Die Expansion in Asien wurde mit Erhalt einer Banklizenz für die Eröffnung einer Niederlassung in Hongkong 2011 fortgesetzt. Nachdem Generali die BSI zunächst während längerer Zeit erfolglos zum Verkauf gestellt hatte, wurde über diese 2014 mit der brasilianischen Finanzgruppe BTG Pactual ein Kaufvertrag mit einem

Kaufpreis von rund CHF 1,5 Mrd. abgeschlossen (NZZ vom 15.7.14, S. 19), der erst Mitte September 2015 vollzogen wurde. BTG Pactual beabsichtigte, mit der BSI im europäischen Vermögensverwaltungsgeschäft zu wachsen. Nur rund zwei Monate nach Vollzug des Kaufvertrags wurden die Verwicklungen der BSI in den bisher grössten brasilianischen Korruptionsskandal betreffend den staatlichen Ölkonzern Petrobras bekannt, für welche sie später von der FINMA gerügt wurde (Medienmitteilung der FINMA i.S. BSI AG vom 24.5.16, S. 1). Im Zusammenhang mit diesem Skandal wurde der Chef und kontrollierende Aktionär der BTG Pactual, André Esteves, im November 2015 unter Korruptionsverdacht in Brasilien vorübergehend verhaftet (NZZ vom 26.11.15, S. 28; s. dazu auch Fall UBS, N 216 ff.). In der Folge geriet die BTG Pactual in eine Krise, in deren Verlauf sie im Februar 2016 notfallmässig mit der EFG International AG mit Sitz in Zürich einen Verkaufsvertrag über die BSI abschloss (NZZ vom 23.2.16, S. 23).

Schliesslich wurde Ende 2015 der Skandal um den malaysischen Staatsfonds 234 1MDB publik. Bis zu CHF 4 Mrd. sollen dabei veruntreut und dem malaysischen Staat entzogen worden sein (Medienmitteilung der Bundesanwaltschaft vom 29.1.16 i.S. Fall 1MDB). Dabei spielte die BSI, insbesondere ihre Tochtergesellschaft in Singapur, eine zentrale Rolle als Drehscheibe für zweifelhafte Transaktionen. Die FINMA hielt zur Rolle der BSI fest (Medienmitteilung der FINMA i.S. BSI AG vom 24.5.16, S. 1):

> «Die BSI AG hat mit Geschäftsbeziehungen und Transaktionen im Umfeld der Korruptionsaffäre des malaysischen Staatsfonds 1MDB schwer gegen die Geldwäschereibestimmungen und das Gewährserfordernis verstossen. (…) Im Fall von 1MDB hatte die Bank über mehrere Jahre zahlreiche grosse Transaktionen mit undurchsichtigen Zwecken ausgeführt und trotz offensichtlichen Verdachtsmomenten die Hintergründe nicht abgeklärt.»

Als Folge dessen zog die FINMA einen unrechtmässig erzielten Gewinn in Höhe 235 von CHF 95 Mio. ein und eröffnete weitere Enforcementverfahren gegen ehemalige Bankfunktionäre. Des Weiteren ordnete die FINMA als äusserst drastische Massnahme die Auflösung der BSI an; deren bereits im Februar 2016 vereinbarte und angekündigte Übernahme durch die EFG International wurde nämlich nur wie folgt zugelassen (Medienmitteilung der FINMA i.S. BSI AG vom 24.5.16, S. 1):

> «Neben anderen Massnahmen zieht die FINMA einen Gewinn von 95 Millionen Schweizer Franken ein. Gegen zwei verantwortliche ehemalige Funktionsträger der Bank eröffnet die FINMA Enforcementverfahren. Gleichzeitig gibt die FINMA bekannt, dass sie die vollständige Übernahme der BSI durch die EFG International genehmigt, unter der Auflage, dass die BSI völlig integriert und in der Folge aufgelöst wird.»

Gegen den Entscheid der FINMA erhob die BSI Beschwerde vor Bundesverwal- 236 tungsgericht (Medienmitteilung der BSI vom 23.6.16) [noch pendent]. Gleichzeitig mit dem Entscheid der FINMA hat die Bundesanwaltschaft gestützt auf Art. 102 Abs. 2 StGB ein Strafverfahren gegen die BSI eröffnet (Medienmitteilung der Bundesanwaltschaft vom 24.5.16 i.S. Fall 1MDB), und in Singapur wurde der lokalen BSI von der dortigen Monetary Authority of Singapore die Bankenlizenz entzogen (NZZ vom 25.5.16, S. 25).

F. Der Fall Swissair

237   Das Grounding und der Untergang der Swissair[22] war nicht nur ein nationales Drama (und eine Schmach für die Schweiz), sondern auch Auslöser mannigfacher Verfahren, deren Fülle und Spanne wohl einzigartig ist.[23]

1.   Die letzten Jahre der Swissair

a.   Swissair im Wandel

238   Nach dem Nein zum EWR-Beitritt 1992 wurden Wege gesucht, um im liberalisierten Luftverkehr der EU bestehen zu können. Ende 1992 wurde «Alcazar» (eine enge Zusammenarbeit mit KLM, SAS, AUA) lanciert. Im März 1993 wurde die Idee auf Verlangen des Bundesrates eingestellt. Der Versuch als eigenständige Airline vierte Kraft in Europa zu werden («Hunterstrategie») führte zum Erwerb von 49 Prozent-Beteiligungen an Sabena, Air Littoral, Air Europe, LTU, AOM und Air Liberté sowie kleinere Beteiligungen[24]. Sobald dies die EU-Gesetzgebung erlaubt hätte, wollte man Mehrheitseigner werden.

239   Im Jahr 1997 wurde die Stammhausstruktur in eine eigentliche Konzernstruktur übergeführt und die vier wichtigsten Konzernbereiche verselbstständigt. Parallel verringerte sich von 1995 bis 1999 der Anteil der öffentlichen Hand an der vormals gemischtwirtschaftlichen AG, und der Verwaltungsrat wurde erheblich verkleinert. Wolken am Himmel der vormals «fliegenden Bank» zeigten sich etwa ab 2000. Ende Jahr musste wegen Rückstellungen ein Rekordverlust von knapp CHF 3 Mrd. ausgewiesen werden. Im Januar 2001 kündigte die SAirGroup offiziell einen Strategiewechsel an (was Auswirkungen auf die Bilanz des Jahres 2000 hatte) und wechselte den damaligen CEO aus.

---

[22]   Swissair ist an sich nur die Airline; die Muttergesellschaft des Konzerns hiess damals «SAirGroup».

[23]   Diese Verfahren dauern heute, mehr als 15 Jahre nach dem Grounding und der Nachlassstundung, immer noch an.

[24]   Vgl. Untersuchungsbericht von Ernst & Young in Sachen Swissair, II. Executive Summary, 54 f.

Trotzdem einigte man sich im Januar 2001 mit Belgien noch auf eine Kapitalerhö-   240
hung bei der Sabena um EUR 250 Mio., wovon die SAirGoup EUR 150 Mio.
übernahm, um einen drohenden Kollaps der Sabena abzuwenden.

Parallel suchte die SAirGroup einen Milliardenkredit (dritte Kreditlinie) bei einem   241
Bankenkonsortium. Im Spätsommer 2001 und namentlich nach 9-11 warb die
SAirGroup dann um Unterstützung bei Industrie und auch beim Bund.

b. Grounding, Nachlassstundung und der Weg zur Lufthansa

Nach 9-11 brachen der SAirGroup nicht nur die Einnahmen   242
weg, sondern viele Aktiva, auch solche, die devestiert werden sollten, wurden
über Nacht unverkäuflich und erlitten enorme Werteinbussen (Nuance, Gate
Gourmet). Die Situation wurde kritisch.

Nachdem der Bund finanzielle Hilfe aus ordnungspolitischen Gründen verweiger-   243
te, wurde am 1. Oktober 2001 angekündigt, dass Nachlassstundungen beantragt
werden müssten. Am 2. Oktober 2001 kam es wegen fehlender Liquidität zum
«Grounding». Weltweit strandeten mindestens 15 000 Passagiere.

Am 3. Oktober sprach der Bund CHF 450 Mio. zur Wiederaufnahme des Flugver-   244
kehrs, tags darauf wurden die Gesuche um Nachlassstundung eingereicht. Ab dem
5. Oktober konnte der Flugbetrieb langsam wieder aufgenommen werden. Im
November stimmte das Parlament einem Kredit von CHF 2 Mrd. für die Bildung
einer neuen nationalen Airline zu.

Der Flugbetrieb der Swissair musste noch bis März 2002 weitergeführt werden;   245
erst danach konnte die Crossair unter dem neuen Namen Swiss den Flugbetrieb
übernehmen. Am 22. März 2005 wurde die Swiss an die Lufthansa verkauft.

2. Rechtsfälle rund um die Swissair bzw. die SAirGroup

a. Das Strafverfahren

Am 28. Mai 2002 begannen die Strafuntersuchungen mit   246
Hausdurchsuchungen bei den späteren Angeklagten. Dabei wurden Akten und PC
beschlagnahmt; gleichzeitig wurden auch im Swissair Hauptquartier rund
20 Kubikmeter Akten blockiert (SEIBT, 7). Bis 2005 fanden Hunderte von Ein-
vernahmen statt. 2006 wurde mit fast 4200 Ordnern gegen alle 19 Angeschuldig-
ten Anklage erhoben wegen Gläubigerschädigung, Misswirtschaft, unwahrer Angaben über kaufmännische Gewerbe, Urkundenfälschung und ungetreuer Geschäftsbesorgung. Angeklagt waren vorwiegend (vormalige) Verwaltungsräte und

Geschäftsleitungsmitglieder der SAirGroup; daneben aber auch interne und externe Berater. Die Staatsanwaltschaft forderte Freiheitsstrafen von bis zu 28 Monaten, zum Teil unbedingt vollziehbar, bedingte Geldstrafen bis in Millionenhöhe und Bussen bis zu CHF 10 000.–. Geurteilt wurde schliesslich namentlich über die Zahlung an die Sabena Anfang 2001 und die Verschiebung von Beteiligungen in Tochtergesellschaften vom März 2001 sowie die Ankündigungen über den Milliardenkredit.

247   Im Januar und Februar 2007 fanden die öffentlichen Verhandlungen statt, am 7. Juni 2007 war Urteilseröffnung: Alle Beklagten wurden vollumfänglich freigesprochen, zum einen, weil sie bis zuletzt auf die Rettung des Konzerns hinarbeiteten. Solange aber führen interne Vermögensverschiebungen bei Restrukturierungen nicht zu einem Schaden. Weiter durften sie davon ausgehen, bei Sabena zur Rekapitalisierung verpflichtet zu sein, und überdies annehmen, dass diese auch der SAirGroup Vorteile bringen würde.

248   Berufungen der Zivilparteien gegen das Urteil Corti wurden abgewiesen. Die sogenannte «Zweite Welle» der Strafuntersuchungen betreffend Buchführungs- und Urkundendelikten sowie Betrugs wurde Ende 2008/Anfang 2009 eingestellt.

b.   Paulianische Anfechtungen und der Fall ZKB

249   Die ZKB hatte der SAir Group 1999 einen Blankokredit von CHF 100 Mio. gewährt, welcher voll in Anspruch genommen und mehrfach verlängert wurde. Anlässlich einer solchen im Juli 2001 wurden neu *pari passu* Bestimmungen aufgenommen. Gestützt darauf forderte die ZKB später Rückzahlungen, worauf am 21. August, 5. September und 27. September 2001 insgesamt CHF 80 Mio. zurückbezahlt wurden. In der Folge klagte die SAirGroup namens der Gläubigergesamtheit auf Rückerstattung dieser Beträge (Absichtsanfechtung gem. Art. 288 SchKG). Das Handelsgericht wies die Klage am 10. Januar 2007 ab, weil der Bank keine Schädigungsabsicht vorgeworfen werden könne. Dagegen gelangte die Beschwerdeführerin an das Bundesgericht (Urteil 5A_29/2007 des Bundesgerichtes vom 29. Mai 2008).

250   Das Gericht hielt fest, dass neben der Schädigungsabsicht und deren Erkennbarkeit weitere Voraussetzung für eine Absichtsanfechtung nach Art. 288 SchKG ist, dass die angefochtene Handlung des Schuldners die Gläubiger oder einzelne von ihnen *tatsächlich schädige* (E. 2).

251   Den angefochtenen Rückzahlungen lag ein ungesicherter Kredit zugrunde. Die Teilrückzahlungen haben die Beschwerdegegnerin begünstigt und andere Drittklassgläubiger geschädigt (E. 3.3). Eine Schädigungsabsicht lag ebenfalls vor, da die SAirGroup bereits vor der ersten Rückzahlung vom 21. August 2001 über ihre

finanzielle Lage im Bilde war. Somit habe die SAirGroup zumindest in Kauf genommen, durch die drei Zahlungen andere Gläubiger zu schädigen (E. 7.4).

Das BGer verneinte ein *Sanierungsdarlehen*. Die ZKB habe weder Sonderleistun-   252
gen versprochen, noch besonderes Entgegenkommen gezeigt, resp. die Sanierung
unterstützt. Zudem seien die Rückzahlungen in keinem Zusammenhang zur Sanierung gestanden (E. 6.2). Somit bestand eine Schädigungsabsicht, und alle Voraussetzungen von Art. 288 SchKG lagen vor (E. 9).

Der Liquidator der SAirGroup sprach im März 2008 davon, dass insgesamt   253
22 Klagen mit einer Klagesumme von CHF 1,3 Mrd. eingeleitet worden wären. Im
Jahre 2012 hätten dann die letzten verbliebenen Anfechtungsklagen durch Vergleich erledigt werden können. Daraus resultierte, nach Abzug der Kosten, ein
Nettoergebnis von CHF 460 Mio. (Liquidator SAirGroup Zirkular 8 und 22).
Tatsächlich wurden in den Jahren ab 2005 vom Sachwalter auch gegen fünf Bera-
tungs- bzw. Revisionsunternehmen (z.T. erfolgreich) Rückforderungsklagen erhoben (s. u.a. Zirkular Nr. 6 des Liquidators vom August 2005 an die Gläubiger der
SAirGroup, S. 6[25]).

c. Nichtanerkennung ausländischer Urteile in Kollokation

Am 27. Januar 2011 erging in Belgien ein Urteil, wonach die   254
SAirGroup und SAirLines für den Konkurs der Sabena verantwortlich seien. Für
den daraus kausal resultierenden Diskontinuitätsschaden wurden die SAirGroup
und SAirLines unter solidarischer Haftbarkeit zur Zahlung von einstweilen EUR
18 290 800,60 an die Konkursmasse der Sabena verpflichtet (BGE 140 III 320,
Sachverhalt).

Gestützt auf diesen Entscheid verlangten zum einen die «Masse en faillite ancillaire   255
de SABENA SA»[26] sowie deren Aktionäre, der Belgische Staat und zwei weitere
Gesellschaften in allen kantonalen Instanzen vergeblich die Sistierung des Kollokationsprozesses bis zum Abschluss der Zivilverfahren in Belgien sowie nachfolgend
die Kollokation der von den belgischen Gerichten zugesprochenen Forderung (KOV
63). Dagegen gelangten beide Klägergruppen ans Bundesgericht, welches die Beschwerden in BGE 140 III 320 resp. 141 III 382 abwies.

Das BGer hielt fest, dass die schweizerischen Konkurs- und Nachlassverfahren   256
und damit auch die Kollokationsklage (Art. 250 SchKG) nicht unter das LugÜ

---

[25]   Verfügbar auf: http://www.liquidator-swissair.ch/de/zirkulare-an-glaeubiger.htm (Stand
5. Dezember 2016).

[26]   Die schweizerische IPRG-Konkursmasse im Sinne von Art. 170 IPRG der belgischen
Sabena.

fallen (E. 3.4). Dies gelte auch für Urteile aus Zivilprozessen, die bereits *vor Eröffnung des Gesamtverfahrens* eingeleitet worden seien.

257   Das BGer lehnte weiter die Auffassung der Beschwerdeführer ab, wonach für den Forderungsbestand und die Gläubigereigenschaft das belgische Verfahren massgeblich sei. Die ausländische Rechtshängigkeit sei darum irrelevant, der Kollokationsprozess nehme davon unbewusst seinen Lauf (E. 5.3). Für den Kollokationsstreit und alle mit ihm in Zusammenhang stehenden Rechtsfragen seien ausschliesslich die schweizerischen Behörden und Gerichte zuständig (E. 5.4). Die *Konzentrierung* sämtlicher sich unmittelbar aus der Insolvenz ergebenden Klagen vor den Gerichten des Staates, welcher für die Eröffnung des Insolvenzverfahrens zuständig sei, bezwecke, die Effizienz des Insolvenzverfahrens zu verbessern und es zu beschleunigen. Dieses Prinzip *(vis attractiva)* sei durch den EuGH anerkannt (E. 5.5.1). Damit habe die Vorinstanz das LugÜ nicht verletzt, wenn es das belgische Urteil für nicht verbindlich gehalten habe (E. 5.7). Dementsprechend wurde die Beschwerde abgewiesen.

d.   Intersigna (aktienrechtliche Verantwortlichkeit)

258   Zwischen April und Ende August 2001 erwarben verschiedene Privatpersonen SAir-Obligationen jeweils zu Kursen unter dem Nominalwert. In Folge der Nachlassstundung büssten diese erheblich an Wert ein. Die Käufer traten ihre Ansprüche an die Intersigna AG ab. Diese erhob Klage (Streitwert rund 2,3 Mio.) gegen die vier letzten VR der SAirGroup und die CSFB auf Ersatz des Wertverlustes. Zur Begründung wurde namentlich ausgeführt, die Öffentlichkeit und auch sie wären durch falsche Informationen über die wahre Situation der SAirGroup und den Milliardenkredit getäuscht worden. Ohne diese Täuschung hätten sie die Wertpapiere nicht gekauft (E. 2.1). Sie boten den Beklagten die Überlassung der Titel gegen Erstattung der Kaufpreise an. Die Klägerin stützte sich zur Begründung des Anspruches auf StGB 151 und 152.

259   Das Zürcher Handelsgericht hat die Klage abgewiesen, da die Klägerin nicht dargetan habe, dass die Mitteilung über den Milliardenkredit wesentlich für den Kaufentscheid gewesen sei; vielmehr wären auch diverse andere Gründe für eine Investition in die SAirGroup angeführt worden. Somit könne der Schaden auch nicht Folge des den Beklagten vorgeworfenen Verhaltens sein; sowohl die natürliche als auch die adäquate Kausalität wäre zu verneinen (E 3.2).

260   Das Bundesgericht (BGE 4C.70/2005) wies die Beschwerde, soweit darauf einzutreten war, vollumfänglich ab (E. 4).

e. Flightlease (aktienrechtliche Verantwortlichkeit)

Die Nachlassmasse der Flightlease AG leitete am 11. Novem- 261
ber 2005 vor dem Bezirksgericht Bülach gegen ehemalige Organe der Flightlease sowie der SAirGroup eine Verantwortlichkeitsklage ein (ausführlich § 4, N 364 ff.; zur Verantwortlichkeit s.a. § 4, N 357 ff., Swisscargo AG).

f. Swissair-Verfahren

Ähnlich wie bereits 2004 die Nachlassmasse der Flightlease 262
leitete auch die Nachlassmasse der Swissair Verantwortlichkeitsklage gegen zwei eigene vormalige Organe und 13[27] gegen Organe der Mutter SAirGroup AG ein. Diese Klage wurde vor dem Handelsgericht Zürich am 26. April 2013 anhängig gemacht. Bei Drucklegung war dieser Fall noch nicht entschieden.

g. Homburger-AG-Verfahren

Der Nachlassliquidator der SAirGroup AG reichte beim Han- 263
delsgericht Zürich (HG100356-O vom 27. März 2014) Klage gegen die Anwaltsfirma Homburger AG auf Schadenersatz ein. Die Klägerin machte geltend, dass ihr ein Schaden durch die mangelhafte Beratung der Homburger AG im Rahmen der Neustrukturierung des Konzerns (SAirGroup AG) entstanden sei. Das Handelsgericht hielt dagegen fest, dass keine Pflichtverletzung der Beklagten im Rahmen ihres anwaltlichen Mandates vorliege. Die Klage wurde abgewiesen.

G. Der Fall Bank Wegelin & Co

Die Bank Wegelin & Co war die älteste Privatbank der 264
Schweiz. Im Nachgang zum US-Steuerstreit der UBS nahmen die US-Justizbehörden weitere Schweizer Banken ins Visier, darunter auch Wegelin. Aufgrund ihrer Rechtsform als Kommanditgesellschaft, deren geschäftsführende Teilhaber unbeschränkt persönlich hafteten (Art. 594 ff. OR) – Kommanditärin war eine AG –, und auch ihrer «verdaubaren» Grösse war sie besonders verwundbar. Unter Einsatz eines Vermögensverwalters, welcher der Bank US-Kunden zugeführt hatte, und der, weil er selbst mit dem Gesetz in Konflikt geraten war, als Lockvogel agierte, gelang es den US-Behörden, im Oktober 2010 einen Mitarbeiter der

---

[27] Aufgrund der Doppelmandandatschaft des Konzern CEO, welcher auch VR der Tochter Swissair war, sind es insgesamt trotzdem nur 14 eingeklagte Personen.

Bank in den USA festzusetzen und Hintergrundinformationen zur Bank zu sammeln.

265 Am 3. Januar 2012 wurden sodann drei ihrer Mitarbeiter in den USA angeklagt unter dem Vorwurf, Bankkunden in den USA geholfen zu haben, mehr als USD 1,2 Mrd. vor den US-Steuerbehörden zu verstecken. Es zeichnete sich ab, dass auch eine Anklage *(Indictment)* gegen die Bank in den USA bevorstand (obwohl sie keine US-Niederlassungen hatte). Da eine solche Anklage die Fortführung einer geregelten Banktätigkeit unmittelbar in Frage stellt, entschieden sich ihre Teilhaber umgehend, denjenigen Teil der Bank, der das Nicht-US-Geschäft und praktisch sämtliche Mitarbeiter enthielt, möglichst rasch auf eine Schwestergesellschaft (Netto Bank AG) zu übertragen und diese dann nach ihrer Umfirmierung in «Notenstein Privatbank AG» sofort an die Raiffeisen-Gruppe zu verkaufen. Auf diese Weise konnten der Grossteil des Bankgeschäfts weitergeführt und die Arbeitsplätze gesichert werden. Die Transaktion wurde innert kurzer Zeit am 27. Januar 2012 in enger Abstimmung mit der FINMA vollzogen. Die Übertragung des Nicht-US-Geschäfts erfolgte dabei auf dem Weg der Vermögensübertragung nach Art. 69 ff. FusG, indem die zu übertragenden Aktiven und Passiven des Nicht-US-Geschäfts (einschliesslich Kundenbeziehungen und Arbeitnehmer) mittels Vermögensübertragungsvertrag (mit ausführlicher Inventarliste der zu übertragenden Gegenstände des Aktiv- und Passivvermögens) auf die Schwesterbank transferiert wurden, wobei der Übergang der Aktiven und Passiven auf dem Weg der partiellen Universalsukzession mit dem Eintrag im Handelsregister unmittelbar wirksam wurde (Art. 73 Abs. 2 FusG). Die rechtlichen Risiken verblieben so bei der Rumpfbank, die nun nur noch das US-Geschäft umfasste.

266 Nur wenige Tage später wurde die Rumpfbank am 3. Februar 2012 von den USA dann auch direkt selber angeklagt unter dem Vorwurf, sie habe sich zusammen mit amerikanischen Klienten «verschworen», indem sie diesen in den Jahren 2002 bis 2011 geholfen habe, Geld vor der US-Steuerbehörde IRS zu verstecken (sog. «conspiracy»-Tatbestand, den das Schweizer Recht nicht kennt[28]).

267 Es gelang der Bank, Ende 2012 ein *Plea Agreement* mit der US-Anklagebehörde abzuschliessen. Teil der Vereinbarung war ein durch einen Teilhaber vor dem US-Richter persönlich zu verlesendes Schuldeingeständnis, wonach die Bank durch Eröffnung und Betreuung von Konti und Depots für amerikanische Steuerpflichtige US-Recht verletzt habe. Zudem musste die Bank eine Busse von USD 22 Mio. zahlen, eine Wiedergutmachung für mutmasslich entgangene Steuereinnahmen von USD 20 Mio. leisten und die mutmasslich erzielten Gewinne in Höhe von USD 15,8 Mio. abliefern. In einem separaten Verfahren wurden dann noch ihre

---

[28] Am 24. März 2016 entschied auch das deutsche Bundesverfassungsgericht, dass «conspiracy» kein Tatbestand des deutschen Strafrechts sei und das Reziprozitätsprinzip einzuhalten sei (Bundesverfassungsgericht 2 BvR 175/16).

Vermögenswerte bei ihrer US-Korrespondenzbank in Höhe von USD 16,2 Mio. durch die US-Justizbehörden eingezogen. Insgesamt machte die Belastung USD 74 Mio. aus. Das Plea Agreement wurde am 3. Januar 2013 durch Richter Jed S. Rakoff genehmigt und am 3. März 2013 als Urteil verkündet. Wegelin reihte sich damit in die Liste prominenter Fälle ein, welche durch den für seine unerbittliche Behandlung von Wallstreet-Fällen bekannten Richter beurteilt wurden.

Am 9. Juli 2013, nach Beendigung und Abwicklung aller Kundenbeziehungen, wurde die Wegelin & Co aus der Aufsicht durch die FINMA entlassen. Sie wandelte sich sodann gestützt auf Art. 53 FusG im August 2013 von einer Personengesellschaft in eine Aktiengesellschaft um und betreut seither als Verwaltungsgesellschaft die Restverpflichtungen aus ihrer früheren Geschäftstätigkeit. [268]

Im August 2016 sprach ein erstinstanzliches US-Steuergericht dem externen Vermögensverwalter eine Whistleblowing-Belohnung im Umfang von 24 Prozent des Totals der durch die US-Regierung von Wegelin erhältlich gemachten Gelder zu, also den Betrag von USD 17.8 Mio. Wie der Fall UBS, wo der Whistleblower Bradley Birkenfeld USD 104 Mio. erhielt, gründet auch der Fall Wegelin auf einem Whistleblower, welcher sich durch die Kooperation vor dem Gesetz schützen wollte. [269]

H. Der Fall Sika

Kein aktienrechtlicher Fall hat in den vergangenen Jahren für mehr Schlagzeilen gesorgt als die Auseinandersetzung zwischen den Geschwistern Burkard, den Nachkommen der Gründerfamilie der Sika, ihrer Familienholding SWH und dem Verwaltungsrat der Sika. [270]

Am 5. Dezember 2014 hat die Familie überraschend angekündigt, sie habe ihre Beteiligung an der Sika dem französischen Industriekonzern Saint-Gobain verkauft. Seit Ankündigung der beabsichtigten Transaktion haben sich der Verwaltungsrat der Sika und ein grosser Teil des Topmanagements konsequent gegen die Übernahme durch Saint-Gobain gewehrt, es hat sich – in den Worten der New York Times – ein veritabler «Swiss shareholder fight» entwickelt.[29] Die Auseinandersetzung ist Gegenstand verschiedener rechtlicher Verfahren. [271]

Das Aktienkapital der Sika ist in kotierte Inhaberaktien und in nichtkotierte Namenaktien aufgeteilt. Die Namenaktien sind als Stimmrechtsaktien ausgestaltet und vermitteln so pro Franken Kapitaleinsatz ein sechsfaches Stimmrecht gegen- [272]

---

[29] «New York Times» vom 10. Mai 2016: How Bill Gates became embroiled in a Swiss shareholder fight: http://www.nytimes.com/2016/05/11/business/dealbook/how-bill-gates-became-embroiled-in-a-swiss-shareholder-fight.html?_r=0 (zuletzt abgerufen am 20. Juli 2016).

über den Inhaberaktien. Aufgrund dieser Kapitalstruktur ist es möglich, dass die Geschwister mit 16 Prozent des Kapitals über die stimmenmässige Mehrheit (53%) der Sika verfügen. Die Geschwister halten ihre Beteiligung an der Sika nicht direkt. Die Sika-Aktien sind in der Schenker-Winkler Holding (SWH) gebündelt. Die SWH ist eine reine Finanzholding, deren einziges massgebliches Asset die Sika-Aktien der Geschwister ist.

273   Zwei statutarische Bestimmungen sind für den Übernahmekampf zentral:

> «Art. 4 Vinkulierung
>
> Der Verwaltungsrat kann einen Erwerber von Namenaktien als Aktionär ablehnen, soweit die Anzahl der von ihm gehaltenen Namenaktien 5% der Gesamtzahl der im Handelsregister eingetragenen Namenaktien überschreitet. (…)
>
> Art. 5 Opting-out
>
> Ein Erwerber von Aktien der Gesellschaft ist nicht zu einem öffentlichen Kaufangebot nach den Artikeln 32 und 52 des Bundesgesetzes über die Börsen und den Effektenhandel verpflichtet.»

274   Das Bundesverwaltungsgericht hat in seinem Urteil vom 27. August 2015 als letzte Instanz die Gültigkeit der Opting-out-Klausel bestätigt (vgl. Urteil B 3119/2015 vom 27. August 2015).

275   Der Kern des aktienrechtlichen Streites liegt bei der Frage, ob auf die von der Familie beabsichtigte Transaktion die Vinkulierung gemäss Art. 4 der Sika-Statuten Anwendung findet.

276   Die SWH verneint dies und macht geltend, formell würden keine Aktien der Sika transferiert, und im Aktienbuch sei vor und nach dem Übergang der SWH an Saint-Gobain die SWH als Aktionärin der Sika eingetragen. Es liege somit gar kein Anwendungsfall der Vinkulierung vor.

277   Der Verwaltungsrat der Sika hingegen wendet ein, nach der massgeblichen wirtschaftlichen Betrachtungsweise müsse die Vinkulierung auf die beabsichtigte Transaktion Anwendung finden, da sie als Zielverbot aufzufassen sei. Die statutarische Vinkulierung verankere ein Mitspracherecht des Verwaltungsrates bei einem beabsichtigten Kontrollübergang. Genau dies sei hier der Fall, es müsse darum durch die SWH «durchgegriffen» werden. Im Übrigen sei eine Transaktion und damit die Konzernierung der Sika zu Saint-Gobain, einem Konkurrenten der Sika, nicht im Gesellschaftsinteresse der Sika.

278   Unmittelbar nachdem der Verwaltungsrat seine ablehnende Haltung gegenüber der Transaktion mitgeteilt hatte, stellte die SWH ein Begehren um eine Berufung einer ausserordentlichen Generalversammlung, an welcher sie beabsichtigte, die unab-

hängigen Mitglieder des Verwaltungsrates abzuwählen und zusätzliche Vertreter der SWH in den Verwaltungsrat der Sika zu wählen.

Der Verwaltungsrat der Sika erklärte darauf, er werde keine ausserordentliche GV   279
einberufen und anlässlich der ordentlichen GV der Sika am 14. April 2015 die Stimmrechte der SWH in Anwendung der statutarischen Vinkulierung bei allen Traktanden, welche im Resultat den vorzeitigen Übergang der Sika zu Saint-Gobain zur Folge hätten, auf fünf Prozent begrenzen. Dies gelte insbesondere für die Wahlen der Verwaltungsräte. Der Umstand, dass die SWH versuche, den Verwaltungsrat der Sika mit einer Mehrheit seiner eigenen Vertreter so umzubesetzen, dass dieser die Transaktion «durchwinke», stelle eine rechtsmissbräuchliche Umgehung der Vinkulierung dar.

Die Gründerfamilie gelangte danach erstmalig an das Kantonsgericht Zug und   280
verlangte die gerichtliche Einberufung einer ausserordentlichen GV im Sinne von Art. 699 Abs. 4 OR. Das Kantonsgericht Zug wies dieses Begehren mit der Begründung ab, es sei keine zeitliche Dringlichkeit gegeben, und die ordentliche GV stehe unmittelbar bevor.[30]

Die SWH gelangte an das gleiche Gericht und beantragte den Erlass vorsorglicher   281
Massnahmen. Das Gericht solle im Hinblick auf die GV der Sika einstweilen verbieten, die Stimmrechte der SWH auf fünf Prozent zu begrenzen.

Der Einzelrichter am Kantonsgericht Zug wies das Massnahmengesuch kurz vor   282
der GV ab. Die SWH erhob gegen diesen Entscheid Berufung an das kantonale Obergericht. Das Obergericht wies die Berufung ab und hielt in seinem – heute rechtskräftigen – Urteil vom 10. Juni 2015 fest, dass die SWH nicht genügend darlegen konnte, dass ihr durch die punktuelle Stimmrechtsbeschränkung ein nicht wiedergutzumachender Nachteil entstehe. Zudem verneinte das Obergericht auch die Verhältnismässigkeit der beantragten Massnahme, soweit ein Nachteil drohen sollte. Das Gericht erachtete den voraussichtlichen Nachteil, welcher der Sika drohe, wenn das Verbot der Stimmrechtsbeschränkung ausgesprochen würde, als gravierend. Würde der Sika antragsgemäss vorsorglich verboten, die Stimmrechte der SWH zu beschränken so würde – die Zustimmung der zuständigen Wettbewerbsbehörden vorausgesetzt – die Einverleibung in den Saint-Gobain-Konzern stattfinden, bevor über die Rechtmässigkeit der Stimmrechtsbeschränkung in einem ordentlichen Verfahren entschieden worden sei. Dieser Nachteil wiegt nach Auffassung des Obergerichts wesentlich schwerer als der Nachteil, den die SWH durch die vorläufige Unmöglichkeit erleidet, den Kaufvertrag mit Saint-Gobain zu

---

[30]   Vgl. «Handelszeitung» vom 17. März 2015: Sika-Erbenfamilie blitzt vor Gericht ab http://www.handelszeitung.ch/unternehmen/sika-erbenfamilie-blitzt-vor-gericht-ab-755603 (zuletzt abgerufen am 19. Juni 2016).

vollziehen (vgl. Medienmitteilung des Obergerichts des Kantons Zug vom 11. Juni 2015).

283 An der ordentlichen GV vom 14. April 2015 beschränkte der Verwaltungsrat der Sika die Stimmrechte der SWH bei all denjenigen Traktanden, welche im Resultat die Konzernierung der Sika zu Folge hätten, und dadurch auch bei den Wahlen der Verwaltungsräte.[31] In Anwendung der Stimmrechtsbeschränkung wurden sämtliche Verwaltungsräte wiedergewählt, und die durch die SWH vorgeschlagenen Vertreter wurden nicht gewählt. Gegen diese Beschlüsse der GV hat die SWH Anfechtungsklagen im Sinne von Art. 706 OR eingereicht.

284 In seinem Urteil vom 27. Oktober 2016 hat das Kantonsgericht die Klage der SWH vollumfänglich abgewiesen (vgl. Kantonsgericht Zug Entscheid A3 2015 27). Das Kantonsgericht hat die Vinkulierung (Art. 4 der Sika-Statuten) ausgelegt und festgehalten, dass gestützt auf die systematische und teleologische Auslegung eine *wirtschaftliche Betrachtungsweise* anzuwenden sei. Gestützt darauf kam es zum Schluss, die Vinkulierungsbestimmung der Sika-Statuten sei auf den Verkauf der SWH-Aktien anwendbar (E. 4.7.15). Im Weiteren befand das Gericht – unter Bezugnahme auf Rechtsprechung des Bundesgerichts (BGE 81 II 534 E. 3; 90 II 235 E. 4d; 109 II 43 E. 3b) und des Handelsgerichts Zürich (ZR 1990 Nr. 49) –, dass der Versuch der SWH, den Verwaltungsrat der Sika umzubesetzen, eine Umgehung der Vinkulierungsbestimmung darstelle (E. 6). Darum sei die Stimmrechtsbeschränkung an der GV 2015 zu Recht erfolgt (E. 8). Die SWH kündigte unmittelbar nach Eröffnung des Urteils an, sie werde Berufung an das Obergericht des Kantons Zug führen.

---

[31] Weil das Traktandum Vergütung der Verwaltungsräte nicht direkt die Transaktion betraf, hat der Verwaltungsrat der Sika die Stimmrechte der SWH bei der Abstimmung über die Vergütung nicht begrenzt. An der ordentlichen GV 2015 und 2016 wurde die Vergütung des Verwaltungsrates daher abgelehnt, obwohl die Sika-Statuten eine Vergütung für die Tätigkeiten der Verwaltungsräte explizit vorsieht (Art. 11 Abs. 1). Vgl. NZZ Online vom 12. April 2016: Fall Sika – völlig verhärtete Fronten. http://www.nzz.ch/wirtschaft/ unternehmen/fall-sika-jetzt-haben-wieder-die-aktionaere-das-wort-ld.13274 (zuletzt abgerufen am 20. Juli 2016).

§ 8   Das Börsengesellschaftsrecht

1 Materialien: Erläuternder Bericht zur Vernehmlassungsvorlage zum Bundesgesetz über
                    die Finanzmarktinfrastruktur (FinfraG) vom 29. November 2013 (zit. Be-
                    richt FinfraG, S.); Botschaft des Bundesrates an die Bundesversammlung
                    zu einem Gesetzesentwurf über die Revision der Titel XXIV bis XXXIII
                    des schweizerischen Obligationenrechts vom 21. Februar 1928, BBl 1928
                    I 205 ff.; Botschaft über die Revision des Aktienrechts vom 23. Februar
                    1983, BBl 1983 II 745 ff.; Botschaft zu einem Bundesgesetz über die Bör-
                    sen und den Effektenhandel vom 24. Februar 1993, BBl 1993 1369 ff.
                    (Botschaft Börsengesetz, S.); Botschaft zum Bucheffektengesetz sowie
                    zum Haager Wertpapierübereinkommen vom 15. November 2006, BBl
                    2006 9315 ff. (zit. Botschaft BEG, S.); Botschaft zur Änderung des Bör-
                    sengesetzes (Börsendelikte und Marktmissbrauch) vom 31. August 2011,
                    BBl 2011 6873 ff. (Botschaft Börsendelikte, S.); Botschaft zum Finanz-
                    marktinfrastrukturgesetz (FinfraG) vom 3. September 2014, BBl 2014

7483 ff. (Botschaft FinfraG, S.); Botschaft zur Änderung des Obligationenrechts (Aktienrecht) vom 23. November 2016, BBl 2017 399 ff. (zit.
Botschaft Aktienrechtsentwurf 2016, S.); Bundesamt für Justiz, Groupe de
réflexion «Gesellschaftsrecht», Schlussbericht, Bern am 24. September
1993 (Groupe de réflexion, S.); Eidgenössisches Volkswirtschaftsdepartement, Kleinaktien und nennwertlose Aktien – Bericht der vom Eidg.
Volkswirtschaftsdepartement eingesetzten Studiengruppe, erschienen als
Sonderheft 69 der «Volkswirtschaft», Bern 1961 (Bericht JÄGGI, S.); Entwurf eines Bundesgesetzes betreffend die Effektenbörse und den Verkehr
in Wertpapieren nebst Motivenbericht von Hermann Kurz, Juni 1936;
GAUTSCHI, GEORG, (unveröffentlichter) Bericht und Vorschläge zu einer
Revision des schweizerischen Aktienrechts von 1936, Zürich 1966 (Vorliegend nur die Seiten 169 bis 180) (Bericht GAUTSCHI, S.); Zwischenbericht des Präsidenten und des Sekretärs der Arbeitsgruppe für die Überprüfung des Aktienrechts zum Vorschlag für eine Teilrevision des Aktienrechts; Arbeitsgruppe unter dem Vorsitz von Hans Tschopp, Bern 1972
(Zwischenbericht TSCHOPP, S.).

Literatur:
BÄR, ROLF, Grundprobleme des Minderheitenschutzes in der Aktienge-   2
sellschaft, ZBJV 1959, 369 ff.; BAUM, OLIVER/VON DER CRONE, HANS
CASPAR, Selektives Opting Out und Transaktionsvereinbarung, SZW 87
(2015), 417 ff.; BÖCKLI, PETER, Schweizer Aktienrecht, 4. Aufl., Zü-
rich/Basel/Genf 2009; BODMER, DANIEL/KLEINER, BEAT/LUTZ, BENNO,
Kommentar zum BankG, 5. Nachlieferung 1990; DAENIKER, DANIEL, Der
Geheimbericht Gautschi zum Aktienrecht, SJZ 2015, 593 ff.; ESSEBIER,
JANA/WYSS, DOMINIC, Neuerungen im Recht zur Offenlegung von Beteiligungen, EF 3/2016, 156 ff.; FORSTMOSER, PETER, Grossgenossenschaften, ASR Heft 397, Bern 1970, 59 ff. (zit. FORSTMOSER, Grossgenossenschaften); FORSTMOSER, PETER, Vom alten zum neuen Aktienrecht, SJZ
88 (1992), 137 ff., 157 ff. (zit. FORSTMOSER, Aktienrecht); FORSTMOSER,
PETER/LÖRTSCHER, THOMAS, Namenaktien mit aufgeschobenem Titeldruck, SAG 2/87, 50 ff.; Hertig, Gérard/Hertig-Pelli, Marina (Hrsg.), Kolloquium: Vorentwurf eines Bundesgesetzes über die Börse und den Effektenhandel, Zürich 1992; HOBY, JEAN-PIERRE, Vom Gesellschaftsrecht
zum Kapitalmarktrecht, WuR 1980, 47 ff.; KUHN, HANS, Kommentierung
Vor Art. 22, Art. 22-25, 49-53 FinfraG, in: Sethe, Rolf et al. (Hrsg.),
Kommentar zum Finanzmarktinfrastrukturgesetz FinfraG, Zürich 2017;
KUNZ, PETER V., Der Minderheitenschutz im schweizerischen Aktienrecht, Bern 2001; MÜLLER, ROLAND/LIPP, LORENZ/PLÜSS, ADRIAN, Minderheitenschutz im schweizerischen Aktienrecht AJP 2011, 587 ff.; NO-
BEL, PETER, Börsengesellschaftsrecht?, Festschrift zum 70. Geburtstag
von Rolf Bär, Zürich 1997, 300 ff., (zit. NOBEL, Börsengesellschafts-
recht); NOBEL, PETER, Entwicklungen im Bank- und Kapitalmarktrecht,
SJZ 98/2002, 12 ff. (zit. NOBEL, Bank- und Kapitalmarktrecht); NOBEL,
PETER, Zur Dekotierung von der Börse, SZW 2003, 113 ff. (zit, NOBEL,
Dekotierung); NOBEL, PETER, Schweizerisches Finanzmarktrecht, Bern
1997, (zit. Nobel, Finanzmarktrecht); NOBEL, PETER, Internationales und
transnationales Aktienrecht, 2 Bd., Bern 2012 (zit. NOBEL, Aktienrecht);
OLGIATI, LORENZO/SCHWIBS, NADIN, Parteistellung und Urteilswirkung
im übernahmerechtlichen Beschwerdeverfahren, GesKR 2/2011, 252 ff.;
STIRNIMANN, FRANZ, Börsen- und Effektenhandelsgesetz samt Ausfüh-

rungsbestimmungen soweit vorliegend, in: Nobel, Peter (Hrsg.), Aktuelle
Rechtsprobleme des Finanz- und Börsenplatzes Schweiz, Bd. 3, Bern
1995; Tschäni, Rudolf/Diem, Hans-Jakob/Iffland, Jacques/
Gaberthüel, Tino, Öffentliche Kaufangebote, 3. Aufl., Zürich 2014;
Von der Crone, Hans Caspar, Aktienrecht, Bern 2014; Zobl, Dieter/
Kramer, Stefan, Schweizerisches Kapitalmarktrecht, Zürich 2004.

I.   Das Börsengesellschaftsrecht

A.   *Einleitung*

3   Dieses Kapitel beschäftigt sich mit einer Schnittstelle des Ak-
tienrechts. Diese Schnittstelle ist immer noch auf dem Wege, und dies seit der
Einführung des neuen Teils des BEHG (Bundesgesetz über die Börsen und den
Effektenhandel vom 24. März 1995, BEHG) am 1. Januar 1998 und nun dem
FinfraG vom 19. Juni 2015, zu einem eigenen Gebiet des Gesellschaftsrechtes zu
werden: das Börsengesellschaftsrecht.

4   Die Entstehung des Begriffs ist ganz schlicht. Immer waren die Einheit des Aktienrechts und die Beschränkung der Beitragspflichten des Aktionärs (Art. 620
Abs. 2 und Art. 680 OR) vor dem Hintergrund einer vielfältigen Wirklichkeit
beteuert worden. Daran änderte auch nichts, dass auch wesentliche aktienrechtliche Normen an die Börsenkotierung Folgen knüpften. Als das Börsengesetz aber
Meldepflichten für die Aktionäre kotierter Gesellschaften sowie Übernahmeregeln
und eine dazugehörende Aufsichtsbehörde schuf sowie Regeln zur Verhinderung
von Marktmissbräuchen (Insiderhandel, Kursmanipulation) erliess, ferner auch die
Börsen mit ihrer Emittentenaufsicht bundesrechtlich erfasste, lag es nahe, die
besonderen Regeln für börsenkotierte Aktiengesellschaften unter den Titel des
Börsengesellschaftsrechts zusammenzufassen (erstmals: Nobel, Börsengesellschaftsrecht, 301 ff.). Der Begriff ist heute allgemeingebräuchlich, selbst in
Deutschland. Die Tragweite der Sonderregeln ist aber umstritten.

5   Das Abgrenzungskriterium vom gewöhnlichen Gesellschaftsrecht zum Börsengesellschaftsrecht ist die hauptsächliche Finanzierung über einen öffentlichen Markt.
Es ist das Recht der an der Börse gehandelten Gesellschaften (Nobel, Finanzmarktrecht, § 10 N 2). Dabei sollte nicht vergessen werden, dass die Finanzierung
an den Kapitalmärkten bei Weitem nicht die wichtigste Finanzierungsmöglichkeit
der privaten Aktiengesellschaften ist, sondern erst an dritter Stelle, nach der Finanzierung durch einbehaltene Gewinne und durch Kredite, kommt (vgl. dazu
Nobel, Finanzmarktrecht, § 10 N 6).

6   Die Aktiengesellschaft schafft durch die Finanzierung an den Kapitalmärkten
Berührungspunkte mit dem öffentlichen Interesse. Wichtiger dürfte aber auch die

Eigentümerstruktur sein, die bei öffentlich gehandelten Aktiengesellschaften um einiges komplexer ist als bei einer privaten Familiengesellschaft. Just dieses Element ist nicht neu, die Unterscheidung zwischen kotierten und nicht kotierten Gesellschaften war im Aktienrecht schon immer fundamental. Um nur einige Beispiele zu nennen: die Vinkulierung von Namenaktien (Art. 685*b*, Art. 685*c* und Art. 685*d* ff. OR) oder die besonderen Voraussetzungen für die Revision (Art. 727*b* OR).

Mit der Kotierung der Aktiengesellschaft ändern sich die Dynamiken, neue Kenn- 7
zahlen kommen ins Spiel, die Interessen an der Gesellschaft und an ihren Wirtschaften werden öffentlich. In den letzten zehn Jahren hat diese Veröffentlichung eine neue Dimension erreicht: *«Shareholder Activism»* führt sogar dazu, dass sich aufsässige Aktionäre mit grosser Publikumswirkung gegen die Geschäftsleitung und den Verwaltungsrat stellen können. Dieser «aktive Aktionär» ist eine neue Figur, mit der sich die Rechtswissenschaft bislang kaum auseinandergesetzt hat, wenn dann, mehrheitlich in den Vereinigten Staaten (vgl. dazu NOBEL, PETER, The squeaky wheel gets [all] the grease: Wie weit soll und darf der Verwaltungsrat auf aktive Aktionäre eingehen?, SZW 2015, 281 ff.). Shareholder-Services-Unternehmen verfügen über eine nie zuvor gesehene Macht, die aufgrund der breiten Öffentlichkeitswirkung auch schon politische Dimensionen annehmen kann. Kurz: Die Verhältnisse in einem börsenkotierten Unternehmen haben nichts mehr gemeinsam mit der Familienaktiengesellschaft. Dies trifft auch für kotierte Unternehmen zu, die von einer Familie beherrscht werden (Roche, Sika). Diese tritt aber rein faktisch nach wie vor im selben Rechtsgewand daher. Die Bezeichnung Börsengesellschaftsrecht verdeutlicht damit auch die Dichotomie zwischen öffentlichem und privatem Recht und zeugt davon, wie weit das Spektrum der Aktiengesellschaft reicht.

Das Verständnis über das Wesen des Börsengesellschaftsrechts gibt diesem Kapi- 8
tel seine Grundstruktur vor. In einem ersten Schritt wird gezeigt, wie die börsenkotierte Aktiengesellschaft sich von der Familienaktiengesellschaft unterscheidet; diese Vergleiche sind mit einigen Zahlen zu untermauern.

In einem weiteren Schritt lohnt sich ein internationaler Vergleich, da das Schwei- 9
zer Recht mit seinem «One-Size-Fits-All»-Ansatz, oder der Einheit des Aktienrechts» (vgl. auch Groupe de réflexion, 25), der Rechtslage in anderen Ländern, dabei insbesondere der angloamerikanischen Rechtstradition, gegenübersteht. Das hängt aber nicht zuletzt mit der Entwicklung und Rolle der Aktiengesellschaft im Vergleich zur Gesellschaft mit beschränkter Haftung im Schweizer Recht und auch im wirtschaftlichen Denken in der Schweiz zusammen. Dies eröffnet eine historische Perspektive, die für das volle Verständnis der Entstehung des Börsengesellschaftsrechts wertvoll ist.

10 Schliesslich sind es die Berührungspunkte der Interaktion des Aktienrechts mit den Kapitalmarktgesetzen, die ultimativ das Börsengesellschaftsrecht ausmachen. Aus dieser Interaktion ergeben sich drei wichtige Berührungspunkte im Aktienrecht:

1) das Kotierungs- und Emissionsrecht (mit Vorwärts- und Rückwärtstransaktionen);

2) das Informationsrecht für den Kapitalmarkt (dies schliesst die Publizität, die Meldepflicht bei Überschreitung der Grenzwerte, die Offenlegung von bestimmten Transaktionen, die Berichterstattung und die Publizität zur Corporate Governance ein);

3) das Offenlegungs- und das Übernahmerecht, das heisst, das Aktienrecht des Unternehmenskontrollmarktes (BÖCKLI, § 1 N 1 und 2);

4) die Erfassung von Marktmissbräuchen (Insider, Kursmanipulation).

11 Die Börsengesellschaften teilen aber auch einige Merkmale mit den gewöhnlichen Aktiengesellschaften. Denn die zugrunde liegenden Gedanken von Aktiengesellschaft und dem Börsengesellschaftsrecht sind soziologisch betrachtet durchaus vergleichbar. Eine der tragenden Ideen der Aktiengesellschaft sind die Risikoverteilung und die öffentliche Sammlung grosser Kapitalien: ultimativ ein sozialer Nutzen (vgl. NOBEL, Finanzmarktrecht, § 10 N 30). Um der Verwirklichung dieses selben Nutzens in einer grösseren Dimension Rechnung zu tragen, braucht es gesonderte Regeln für die kotierte Aktiengesellschaft.

B.   Ein Vergleich

12   Bevor genauer auf die Börsengesellschaften eingegangen wird, soll gezeigt werden, wie sich die Börsengesellschaften von den gewöhnlichen Aktiengesellschaften zahlenmässig unterscheiden. Dazu muss aber auch zählen, wie die Verhältnisse zwischen den beiden Kategorien sind.

13 Wenn von Börsengesellschaftsrecht gesprochen wird, so wird damit in einem gewissen Sinne eine Randerscheinung in der Existenzsphäre der gewöhnlichen Aktiengesellschaften behandelt: Per 1. Januar 2015 waren 206 040 Aktiengesellschaften im Schweizerischen Handelsregister eingetragen (Daten zu finden unter www.zefix.ch, Rubrik Statistiken, zuletzt besucht am 7. Juni 2016). Demgegenüber stehen 264 Unternehmen, die an der Schweizer Börse SIX Swiss Exchange gehandelt werden (alle Angaben zu finden unter http://www.six-swiss-exchange.com/shares/companies/).

Im wichtigsten Index, dem SMI, stehen nur 20 Unternehmen. Wenn also von   14
Börsengesellschaftsrecht gesprochen wird, muss dazu beachtet werden, dass es
nur 0,00128 Prozent aller Schweizer Aktiengesellschaften betrifft. Ihre Kapitalisierung beträgt per 31. Dezember 2015 CHF 1128 Mrd., *free float* bereinigt noch
CHF 1073 Mrd. (gemäss Factsheet zum SMI, zu finden unter www.six-swiss-
exchange.com).

Gleichzeitig verfügen alleine die 20 SMI-Gesellschaften per 30. Dezember 2013   15
insgesamt über eine Marktkapitalisierung in Höhe von CHF 1040 Mrd. (gemäss
Factsheet SMI vom März 2015, http://www.six-swiss-exchange.com/indices/data_
centre/shares/smi_de.html). Derweil ist das für 2015 prognostizierte BIP der
Schweiz bei CHF 639,73 Milliarden. So gesehen, also vor einem wirtschaftlichen
Hintergrund, betrifft das Börsengesellschaftsrecht einen wirtschaftlichen Hauptteil
der Aktiengesellschaften der Schweiz.

Diese Dichotomie, die sich in diesem Zahlengefälle manifestiert, ist typisch für   16
das Börsengesellschaftsrecht und verdeutlicht, dass sich gewöhnliche Aktiengesellschaften und börsenkotierte Aktiengesellschaften nicht in denselben Sphären
bewegen. M.a.W. wird auch die Notwendigkeit eines gesonderten Rechts betont.

C. Internationale Verortung des Schweizer Rechts

Das Credo der Einheit des Aktienrechts galt im Schweizer   17
Recht als durchaus beachtlich und wichtig, sogar noch in der Revision von 1991:

> «Beibehalten worden ist trotz vielfacher Kritik die *Einheit des Aktienrechts,* wo
> bei das gesetzgeberische Leitbild das der kapitalbezogenen *Publikumsgesellschaft*
> blieb.» (Hervorhebungen im Original, FORSTMOSER, Aktienrecht, 139)

Das wird zwar gerne so geschrieben, aber angesichts der bisherigen Ausführungen   18
zum Börsengesellschaftsrecht darf bezweifelt werden, ob dem wirklich so sei.
Denn wenn das Leitbild des Gesetzgebers die Publikumsgesellschaft gewesen
wäre, müsste man das Börsengesellschaftsrecht als obsolet betrachten. Es bräuchte
dann nicht überall im Obligationenrecht verstreut und in anderen Gesetzen eingefügt Zusätze für die kotierte Gesellschaft, sondern mehr Vereinfachungen für die
Aktiengesellschaft mit weniger als drei Mitarbeitern und einem Umsatz von weniger als CHF 1 Million. Es bräuchte mit anderen Worten mehr *«opting out»* für
kleine Gesellschaften, was aber insbesondere erst mit der letzten Revision des
Rechnungslegungsrechts eingeführt worden ist.

Dennoch: Das Schweizerische Aktienrecht ist relativ einheitlich, betrachtet man   19
diverse ausländische Rechtsordnungen. Das ist vermutlich aber auch zunehmender

Sachzwang, ist doch die GmbH niemals zu der Popularität gewachsen, wie es in Deutschland oder Österreich der Fall war.

20   Im Gegensatz hierzu steht beispielsweise Frankreich, deren *Société Anonyme* (SA) über zwei Formen verfügt: Eine *SA Ordinaire* und eine *SA faisant une offre de titres financiers,* die sich bis zu einer Gesetzesänderung 2009 bereits im Minimalkapital unterschieden haben. Heute ist das Minimalkapital bei beiden SA lediglich EUR 37 000,– (L.224-2 Code Commerce France).

21   Die *SA faisant une offre de titres financiers* entspricht im Recht des Vereinigten Königreichs in etwa der *Limited Public Company* (PLC). Die Aktienteile können privat gehalten werden, die Aktien grundsätzlich frei gehandelt und öffentlich verkauft werden. Im amerikanischen Recht entspricht diese Rechtsform in etwa der *Publicly Traded Company*.

22   Mit anderen Worten kann die PLC an der Börse gehandelt werden. Im Gegensatz dazu steht die Private Limited Company (Ltd), die bis 1974 dieselbe Abkürzung hatte wie die PLC, die nie an der Börse gehandelt werden konnte und in etwa der deutschen Vorstellung einer GmbH entspricht. Die Dichotomie ist also, ungeachtet des Namens der verschiedenen Gesellschaften, dieselbe.

D. Geschichtliche Entwicklung des Börsengesellschaftsrechts

1.   Entstehung der Börsen und erste Regulierungsansätze[1]

23   Die gesonderte Behandlung der Publikumsgesellschaften wird durch den Handel ihrer Aktien an der Börse bestimmt. Die ältesten Spuren eines Finanzplatzes in der Schweiz reichen zurück ins 13. Jahrhundert. Damals wurde der Alpenraum durch Handelswege erschlossen, und es entstanden Umschlagplätze, Märkte und Messen, so etwa in Genf und später in Basel. Entsprechend entwickelte sich ein Geldverkehr, was die Medici und andere Bankiers nach Genf und Basel lockte.

24   Im Brennpunkt des Wirtschaftsgeschehens des 17. und 18. Jahrhunderts stand die Textilindustrie. Daneben entwickelten die europäischen Fürsten für ihre Handelsflotten und Kriegszüge einen beträchtlichen Finanzbedarf, was die Kapitalmärkte vor veränderte Herausforderungen stellte. Erste Börsengründungen waren die Folge, so etwa in Amsterdam im Jahr 1602. Das Wort «Börse» stammt vom mit-

---

[1]   Die nachfolgenden Ausführungen folgen im Wesentlichen der Darstellung der SWX Swiss Exchange, Der helvetische Big Bang, Kurzfassung vom 2. Juni 2006, www.six.group.com.

tellateinischen Begriff *«bursa»*, Geldbeutel. In der Bedeutung als Treffpunkt für Händler kommt der Begriff von einem Familiennamen, «van der Beurse», einer in Brügge ansässigen Familie, die in ihrem Haus regelmässig stattfindende Handelstreffen unterhielt. *«Bourse»* schaffte so den Weg in die übrigen europäischen Sprachen (PFEIFFER, Etymologisches Wörterbuch, Börsianer).

Das 19. Jahrhundert wurde zunehmend durch die fortschreitende Industrialisierung geprägt. Im Jahr 1847 entstand zwischen Baden und Zürich die erste Eisenbahnlinie (Spanisch-Brötli-Bahn). Zur Finanzierung wurden Banken erforderlich, was auch der Entstehung von Börsen in der Schweiz den Boden ebnete. So wurde 1850 in Genf die erste Börse gegründet *(Société des agents de change réunis)*, 1855 folgte der Zürcher Börsenverein, danach die Börsenplätze von Basel (1866), Lausanne (1873), Bern (1884), St. Gallen (1888) und Neuenburg sowie Fribourg (1905). 25

Erste Ansätze für ein eidgenössisches Börsengesetz reichen zurück ins Jahr 1892 mit einer Motion von NR SCHMID (Uri) mit folgendem Wortlaut: 26

> «Der Bundesrat wird eingeladen, die Frage zu prüfen, ob und eventuell in welcher Weise den volkswirtschaftlich schädlichen und das Rechtsbewusstsein des Volkes verletzenden Missbräuchen im Börsenwesen wirksam entgegengetreten werden könne und hierüber der Bundesversammlung mit thunlichster Beförderung Bericht und Antrag zu bringen.»[2]

Zuvor, 1886 bis 1891, hatte die Schweiz eine Periode der Überspekulation durchgemacht. Ein breites Publikum wurde durch unseriöse Handelsbanken dazu verlockt, auf die Verstaatlichung der Eisenbahn zu spekulieren. Kursrückgänge, eine Bankenschliessung und der Ruf nach mehr Regulierung waren die Folge. Im Anschluss an die nationalrätliche Motion SCHMID erstattete der Zürcher Ökonomieprofessor JULIUS WOLF 1895 ein Gutachten an das EJPD zur Frage einer Börsenreform in der Schweiz. Darin kam er zum Schluss, dass es eine nationale Lösung brauche: 27

> «Wenn also Bestimmungen auf nationalem Boden sich durchaus nicht als von vornherein zwecklos erweisen, so wird doch darüber Einverständnis herrschen, dass dieselben sich unbedingt auf das Gesamtgebiet der Schweiz erstrecken müssen. Die Regelung muss eine eidgenössische sein.» (WOLF, Gutachten Börsenreform, 43)

Bei diesen Schlüssen blieb es dann aber, und der Bundesrat verzichtete ohne Angabe von Gründen auf weitere Schritte. 28

---

[2] Zit. bei JULIUS WOLF, Börsenreform in der Schweiz, Gutachten an das Justiz- und Polizeidepartement der Schweiz. Eidgenossenschaft, Zürich 1895, III.

29 Der Erste Weltkrieg (1914–1918) führte zu einer weitgehenden Abschottung der
Börsenmärkte. Auf die Nachkriegsdepression folgten zwar die «*Golden Twen-
ties*», doch spätestens mit dem New Yorker Börsencrash von 1929 schlitterte die
Weltwirtschaft in eine nächste tiefe Krise. In den trüben 1930er-Jahren wurde das
Bankengesetz vom 8. November 1934 erlassen, und mit dem Entwurf zu einem
Bundesgesetz und dem Motivenbericht betreffend die Effektenbörsen und den
Verkehr in Wertpapieren von HERMANN KURZ vom Juni 1936 wurde die Diskus-
sion um ein eidgenössisches Börsengesetz abermals lanciert. KURZ plädierte ve-
hement für ein eidgenössisches Börsengesetz:

> «Alle diese […] betrübenden Erscheinungen sind ein schlagender Beweis für die
> Notwendigkeit, die Börsengesetzgebung den Kantonen zu entwinden und auf eid-
> genössischen Boden überzuführen. Wenn wir uns zu dieser Ansicht bekennen, so
> soll darin keine Kritik der Behörden, welche mit der Ausführung und der Über-
> wachung der kantonalen Börsengesetze betraut sind, liegen, aber es wird nicht be-
> stritten werden können, dass die Bestimmungen, die im eidgenössischen Gesetz-
> zesentwurf über die Konzessionserteilung niedergelegt sind, eine grössere Ge-
> währ […] bieten […].» (KURZ, Entwurf und Motivenbericht, 38a)

30 Börsen und Banken selbst gelang es aber, ein eidgenössisches Gesetz letztlich zu
verhindern. Um den Börsenverkehr neu zu beleben, gründeten die schweizerischen Börsen 1938 jedoch die Vereinigung Schweizerischer Effektenhändler und
errichteten damit die Schweizerische Zulassungsstelle für ausländische Wertpapiere.

31 Während des Zweiten Weltkriegs (1939–1945) wurde der Effektenhandel aber
wiederum stark beeinträchtigt, und die Börsen wurden in Absprache mit der
Schweizerischen Nationalbank zeitweise geschlossen. Auch nach dem Krieg kam
es immer wieder zu Kurseinbrüchen zufolge Spekulationen. Gleichwohl war ein
zunehmend professionellerer Umgang mit dem Kapital und dem Effektenhandel
feststellbar. Hinzu kam eine fortschreitende Automatisierung des Börsenhandels
seit den 1970er-Jahren und damit einhergehend allmählich rasant wachsende Han-
delsumsätze an den Börsenringen. Daraus entstand die Notwendigkeit, den
schweizerischen Kapitalmarkt international zu koordinieren und zu harmonisieren,
um dessen Konkurrenzfähigkeit zu erhalten. So kam es zur Gründung der *Commission Tripartite Bourses (CTB)* der Börsen von Zürich, Basel und Genf, welche
sich der Umsetzung grosser organisatorischer und technischer Projekte widmete,
wie des Ringinformationssystems, der elektronischen Verknüpfung von Ringhan-
del und Back-Office, der Einführung einer Options- und Futures-Börse sowie des
computergestützten Handelssystems.

32 Immer mehr entwickelte sich die CTB aber vom Projektentwickler zu einem Sys-
tembetreiber, wofür der Status einer formlosen Kommission nicht mehr genügte.
Infolgedessen wurde sie in einen Verein *Association Tripartite Bourses (ATB)* mit

Sitz in Genf und einer Geschäftsstelle in Zürich umgewandelt. Mit hoher Motivation wurden die einzelnen Projekte vorangetrieben.

Das Projekt für eine Options- und Futures-Börse mündete 1986 in die Gründung [33] der SOFFEX. Im September 1996 erfolgte die Zusammenlegung mit der Deutschen Terminbörse (DTB) zur Eurex, welche am 28. September 1998 offiziell ihren Betrieb aufnahm. Dank ihrem überlegenen elektronischen Handelssystem entwickelte sich Eurex zur weltweit grössten Options- und Futures-Börse.

Ein weiterer Durchbruch gelang mit der Elektronischen Börse Schweiz (EBS), [34] welche 1992 startete und den *À-la-criée*-Handel an den Börsenringen bis 1996 sukzessive ablöste. Zeitgleich, nämlich 1993, wurde die Schweizer Börse gegründet, womit die kantonalen Handelsplätze der Vergangenheit angehörten. Bereits 1991 wurde die Kotierungsautonomie bei der Schweizerischen Zulassungsstelle konzentriert.

Vor dem Hintergrund der EBS als gesamtschweizerische, standortunabhängige [35] voll elektronisierte Börse ebnete sich der Weg hin zu einem eidgenössischen Börsengesetz endgültig. Eine vom EFD am 5. September 1988 eingesetzte Studiengruppe zur Prüfung der Struktur und der Regulierung des schweizerischen Effektenmarkts legte am 21. Dezember 1989 ihren Bericht vor (Bericht der Studiengruppe über das Börsenwesen). Die Gruppe kam zum Schluss, dass «ein eidgenössisches, gewerbepolizeiliches Gesetz über den Effektenhandel eine angemessene Antwort auf die internationalen Entwicklungen der letzten Jahre und die globalen Verflechtungen der Finanzmärkte wäre. Der Regelungsbedarf eines solchen neuen Gesetzes erstreckt sich auf Aspekte des Anlegerschutzes, des Systemschutzes, der Aufsicht und der internationalen Zusammenarbeit.» (7 f.)

Gestützt auf diese Empfehlungen der Studiengruppe beauftragte der Bundesrat im [36] Juni 1990 eine Expertengruppe unter dem Vorsitz von Professor ALAIN HIRSCH mit der Ausarbeitung eines Vorentwurfs zu einem Bundesgesetz über die Börsen und den Effektenhandel. Diese legte ihren Gesetzesvorschlag im März 1991 vor (vgl. dazu Gérard Hertig/Martina Hertig-Pelli [Hrsg.], Kolloquium Vorentwurf eines Bundesgesetzes über die Börsen und den Effektenhandel, Zürich 1992, insb. 291 ff.).

Die Expertengruppe bestätigte das Erfordernis eines eidgenössischen Börsenge- [37] setzes und einer Bundesaufsicht. Im Vordergrund standen gewerbepolizeiliche und funktionsorientierte Schutzanliegen (Vermögens- bzw. Anlegerschutz und Funktionsschutz, vgl. Art. 1 VE-BEHG). Der Vorentwurf war als Rahmengesetz konzipiert; auf die Regelung des Primärmarktes wurde verzichtet. Jedoch wurden für die Emittenten Mindestanforderungen bezüglich der Publizität im Falle einer Kotierung aufgestellt, welche über jene des Aktienrechts hinausgingen (Art. 9 VE-BEHG). Der Vorentwurf wurde in der anschliessenden Vernehmlassung weitgehend positiv aufgenommen, womit der Grundstein für das Börsengesetz vom 24. März 1995 definitiv gelegt war (s. dazu ausführlich hinten N 54 ff.).

2. Zunehmende gegenseitige Überlagerung von Aktienrecht und Kapitalmarktrecht

a. Botschaft zum Obligationenrecht (Aktienrecht) von 1928

38 In der Botschaft von 1928 werden zwar Unterscheidungen getroffen, und einige besondere Bereiche des Börsengesellschaftsrechts werden angesprochen, sie werden aber nicht immer auf die Kotierung zurückgeführt.

39 Im Fall des Prospekts und der Prospekthaftung gehen Botschaft und Gesetz aber explizit auf kotierte Unternehmen ein. Die Botschaft spricht von einer «öffentlichen Aktienzeichnung» (Botschaft 1928, 227). Es handelt sich konkret um die Bestimmungen in Art. 629 und Art. 639 aOR. Selbiges gilt für Art. 746 aOR zur Prospekthaftung (auch Botschaft 1928, 265).

40 Schliesslich stellte sich 1928 ein Problem, das aus heutiger Sicht nicht mehr so richtig einleuchten mag: die Bewertung des Preises einer Aktie. Immerhin trifft die Botschaft eine verständliche, heute aber befremdlich anmutende Unterscheidung in Bezug auf die Bilanzierung von Wertpapieren in Form von Aktien:

> «In der Frage der Bilanzierung der Wertpapiere wird zwischen kurshabenden und nicht kurshabenden Papieren unterschieden; es dürfen nicht öffentlich kotierte Wertpapiere und solche gegenübergestellt werden, die keinen Kurs haben, denn es gibt kotierte Wertpapiere, die keinen Kurs haben und nicht kotierte, die einen solchen haben.» (Botschaft 1928, 238 f.)

41 Der Börsenkurs wird noch bei der Vinkulierung erwähnt (Botschaft 1928, 245):

> «Dieser Befugnis, die Eintragung zu verweigern, müssen nun aber Schranken gezogen werden für die Fälle, wo die Aktien infolge Erbgangs, ehelichen Güterrechts oder Zwangsvollstreckung erworben worden sind. Eine billige Abwägung der Interessen von Gesellschaft und Erwerber der Aktien lässt eine Lösung gerechtfertigt erscheinen, laut welchen in diesen Fällen keine Sicherheit verlangt, und die Eintragung nur dann verweigert werden kann, wenn die Verwaltung oder einzelne Aktionäre die Aktie übernehmen, bei kotierten Aktien zum Börsenkurse, bei nicht kotierten zum wirklichen Wert im Zeitpunkte, in dem die Eintragung im Aktienbuch verlangt worden ist.»

42 Was die Publikation von Bilanz sowie Gewinn- und Verlustrechnung angeht, wird in der Botschaft von 1928 deutlich Abstand vom Unterscheidungskriterium «Gesellschaften, die ein Grundkapital von einer Million Franken und darüber besitzen» (Botschaft 1928, 248) genommen. Eine wirkliche Unterscheidung zwischen

kotierten und nicht kotierten Gesellschaften wird hier aber gerade nicht getroffen. Selbiges gilt für die Abschnitte zur Bilanzierung und der Bildung der Kontrollstelle (Botschaft 1928, 256 ff.). Hier wird auch nicht auf das heute übliche Kriterium der Kotierung eingegangen. Da kein Kriterium richtig zu befriedigen vermochte, wurde letztlich in der Expertenkommission etwas gänzlich anderes bestimmt: «In der Expertenkommission ist dann schliesslich der Ausweg eingeschlagen worden, alle Aktiengesellschaften zu verpflichten, ihre Bilanzen und Gewinn- und Verlustrechnungen beim Handelsregister des Sitzes zu hinterlegen.» (Botschaft 1928, 249)

b.   Entwicklungen seit dem Ende des Zweiten Weltkrieges

Der allmählich einsetzende Aufschwung der Börsen und der florierende Handel mit Aktien in den Nachkriegsjahren (vgl. vorne N 29) rief geradezu nach einer Reform auch des Rechts der Aktiengesellschaft an die Entwicklungen der Zeit. [43]

1961 wurde der Bericht der Studiengruppe unter dem Vorsitz von Professor PETER JÄGGI veröffentlicht, mitunter ein Jahr vor der Einführung des Börsenfernsehens an den Handelsplätzen von Basel und Zürich. Die Studiengruppe erkannte aber – obwohl noch keine «Computerisierung» der Börse stattgefunden hat – deren künftige Bedürfnisse, wenn sie von der «Beteiligung weiter Volkskreise an wirtschaftlichen Unternehmungen» spricht. (Bericht JÄGGI, 21) [44]

Im Bericht von GEORG GAUTSCHI wurde dann konkreter auf eine besondere Regelung über den Inhalt des Geschäftsberichts von Publikumsgesellschaften eingegangen, aber auch dezidiert die Einführung von sachlichen Qualifikationen der Kontrollstelle bei Publikumsgesellschaften gefordert. Bemängelt wurde namentlich auch das Fehlen eines schweizerischen Börsengesetzes (vgl. dazu DAENIKER, 597). [45]

Auf eine massive Deregulierung, die Kündigung der Bretton-Woods-Abkommen durch die USA und damit die Aufhebung fixer Devisenkurse und die Schaffung der Chicago Board Options Exchange[3] folgte die Erdölkrise von 1974. Die Grundlage für ein Börsengesellschaftsrecht entstand aufgrund der Marktbedürfnisse insbesondere in diesen Jahren. Vor diesem Hintergrund ist der Zwischenbericht der Studiengruppe unter Bundesrichter HANS TSCHOPP zu sehen: Zu prüfen war, ob das Aktienrecht in Anbetracht der gewachsenen volkswirtschaftlichen Bedeutung einer Revision zu unterziehen sei (vgl. Zwischenbericht TSCHOPP, Vorwort). [46]

---

[3]   Die Chicago Board Options Exchange ist, nach eigenen Angaben, bis heute die grösste Börse für Optionen in den Vereinigten Staaten (vgl. hierzu: http://ir.cboe.com/, zuletzt besucht am 11. Oktober 2015).

[47] In besagtem Bericht wird an diversen Stellen auf die Aktiengesellschaft in ihrer kotierten, also börsenrelevanten, Form eingegangen und so die ersten relevanten Bestimmungen vorgeschlagen, die nur börsenkotierte Aktiengesellschaften betreffen. Der Bericht stellt auch zu Beginn klar: Der erleichterte Handel mit Aktien, insbesondere durch die Verkleinerung des Nennwerts, ist ein Bedürfnis der Wirtschaft (Zwischenbericht TSCHOPP, 20).

c. Botschaft zum Aktienrecht von 1991

[48]   In Bezug auf die Publikumsgesellschaften hält die Botschaft von 1983 klar fest:

> «Die meisten Grossgesellschaften sind *Publikumsgesellschaften*. Ihre Anteile sind also breit gestreut oder an der Börse kotiert. Ihrer besonderen Stellung in der Öffentlichkeit trägt das geltende Recht nicht Rechnung.» (Botschaft 1983, 749)

[49] Das ist in dieser Deutlichkeit als Plädoyer für die Schaffung eines Börsengesellschaftsrechts zu werten. Auch wird direkt angesprochen, worin das Problem mit dem Börsengesellschaftsrecht im schweizerischen Aktienrecht liegt: Es harmoniert nicht mit dem hochgehaltenen Grundsatz der Einheit des Aktienrechts, welcher nicht hinterfragt wird (Botschaft 1983, 776). Dennoch sind hier die Grundlagen für eine andere Behandlung der börsenkotierten Unternehmen gelegt worden, die mit der Aktienrechtsreform von 1991 auch ins Recht aufgenommen worden sind.

[50] Der bundesrätliche Entwurf von 1983 enthält bereits verschiedentlich Regeln für Aktiengesellschaften, die an der Börse kotiert sind. Allerdings musste sich das Kriterium der Börsenkotierung erst noch etablieren, es galt nicht immer einfach als gesetzt (vgl. dazu etwa Botschaft 1983, 777, 786 und 820).

[51] Der Entwurf von 1983 ist aber nicht zwingend moderner als noch der Vorentwurf TSCHOPP. So wird in der Botschaft von 1983 ausdrücklich auf den im Vorentwurf TSCHOPP diskutierten Vorschlag eingegangen, den Mindestnennwert von börsenkotierten Aktien auf CHF 1.– herabzusetzen. Die Botschaft von 1983 lehnt dies jedoch ab (S. 768). Die Begründung stellt sich heute selbstverständlich als unzutreffend heraus: Zum einen sind die Aktionäre daran interessiert, auch kleine Pakete mit geringem Nennwert zu erwerben, und zum anderen verkennt die Botschaft von 1983, dass sich die Aktie als Kapitalanlage weiterentwickeln und sich der Nennwert beinahe vollständig vom Marktwert lösen könnte. Wie dem auch sei, aus diesen Gründen wurde die Verringerung des Mindestnennwerts nicht aufgenommen, obwohl bereits im Bericht JÄGGI (S. 7) sogar nennwertlose Aktien gefordert worden sind.

Während der ständerätlichen Debatte im September 1988 brachte allerdings Ständerat VILLIGER einen Antrag für eine zumindest rudimentäre Regelung öffentlicher Übernahmeangebote ein. Unter der Marginalie «D. Öffentliches Übernahmeangebot» sollten in drei Gesetzesbestimmungen (Art. 751*a–c* E-OR; zum Wortlaut s. AmtlBull SR, 26. September 1988, S. 519) einige Modalitäten des Angebots (etwa die Identifikation des Anbieters und seiner Auftraggeber und die Gleichbehandlung der Aktionäre), Haftungsfragen sowie die Wahrung von Landesinteressen geregelt werden (vgl. dazu KUNZ, § 3 N 164 ff.) Trotz anfänglichem Wohlwollen verwarf der Ständerat diesen Antrag aber letztlich, vornehmlich mit der – heute freilich etwas fragwürdig anmutenden – Begründung, das Übernahmerecht hätte mit dem Aktienrecht nichts zu tun:

> «Der Haupteinwand, den ich gegenüber diesem Antrag Villiger aber habe, ist der: Er betrifft gar nicht das Aktienrecht. Hier geht es keineswegs um das Aktienrecht, sondern um eine Frage der allgemeinen Vertragsabschlusslehre, die in den Artikeln 3 bis 9 des Obligationenrechts geregelt ist [...] Es besteht die Gefahr, dass wir wegen des Einzelproblems der unfriendly take-over beginnen, das System der Kodifikation des OR aus den Angeln zu heben.» (AmtlBull SR, 26. September 1988, S. 521 [SCHMID])

Die damalige Bundesrätin ELISABETH KOPP doppelte nach, indem sie diese übernahmerechtlichen Aspekte im Rahmen einer eidgenössischen Börsenaufsicht regeln will:

> «[Ich habe gleichzeitig] aber auch meinen Bedenken Ausdruck gegeben, dass wir mit der Aufnahme dieser Vorschläge das Fuder der Aktienrechtsreform überladen würden [...] Es stellt sich beispielsweise die Frage, inwieweit börsenrechtliche Aspekte zu berücksichtigen sind. Es stellt sich die Frage, inwieweit ein Koordinationsbedürfnis mit einer allenfalls zu schaffenden bundesrechtlichen Regelung einer Börsenaufsicht besteht.» (AmtlBull SR, 26. September 1988, S. 524)

d. Botschaft zum Börsengesetz von 1993

Der nächste grosse Schritt, nach dem aktienrechtlichen Entwurf von 1983 und der darauf folgenden Reform von 1991, ist das Bundesgesetz über die Börsen und den Effektenhandel vom 24. März 1995 (SR 954.1; vgl. zu dessen Vorgeschichte vorne N 33–35). Die Botschaft datiert vom 24. Februar 1993. Die Gründe für ein gesamtschweizerisches Börsengesetz und für die Diskussionen um die Erneuerung des Finanzplatzes Schweiz sind klar:

> «Der Wandel auf den internationalen Finanzmärkten und insbesondere der spektakuläre Liberalisierungsschritt des ‹Big Bang› in London im Jahre 1986 haben eine vertiefte Auseinandersetzung über die Konkurrenzfähigkeit des Finanzplatzes Schweiz und insbesondere der Schweizer Börsen ausgelöst.» (Botschaft Börsengesetz, 1373)

55 Nebst der Furcht vor fehlender Wettbewerbsfähigkeit des Schweizer Finanzplatzes mit Handelsplätzen in Zürich, Genf und Basel und unterschiedlichen kantonalen Regelungen war auch der zunehmende Einsatz von Computern und elektronischen Hilfsmitteln ein Grund, die Börsen gesamtschweizerisch zu regulieren. Hinzu tritt noch ein Gefühl der Rechtsunsicherheit, das auch durch die zunehmende Internationalisierung der Börsen- und Effektengeschäfte entstanden ist:

> «Der internationale Trend zur Entmaterialisierung der Beteiligungsrechte und die Abkehr von eigentlichen Schuldurkunden hat im Verkehr mit blossen Wertrechten eine gewisse Rechtsunsicherheit mit einem entsprechenden Handlungsbedarf für das schweizerische Recht geschaffen.» (Botschaft Börsengesetz, 1734; s. auch Botschaft BEG, 9396)

56 Die eidgenössischen Räte berieten die Börsengesetzvorlage von 1993 bis im Frühjahr 1995. Dabei beschlossen sie teilweise wesentliche Änderungen im Vergleich zur bundesrätlichen Vorlage, wie zum Beispiel die verstärkte Gewichtung der Selbstregulierung, die Neukonzeption der Vorschriften über öffentliche Kaufangebote, die Bestellung einer Übernahmekommission oder der Auftrag an die Börse zur Bestellung einer unabhängigen Beschwerdeinstanz, welche über die Verweigerung der Zulassung eines Effektenhändlers oder einer Effektenzulassung befinden soll (vgl. im Einzelnen STIRNIMANN, 52).

57 Das Börsengesetz wurde am 1. Februar 1997 bzw. am 1. Januar 1998 (Offenlegungs- und Übernahmerecht) gestaffelt in Kraft gesetzt. Es ist der Auslöser eines eigentlichen Börsengesellschaftsrechts, einer gesetzlichen Ordnung, die nur die an der Börse kotierten Gesellschaften zum Gegenstand hat. Die Schaffung des Börsengesellschaftsrechts war folglich nichts anderes als die logische Konsequenz der eingetretenen Veränderungen im Wirtschaftsleben und im Besonderen im Kapitalbeschaffungssektor (HOBY, 47). Sämtliche Schritte bis hierhin waren nur Erkenntnisse der unterschiedlichen Rechtswirklichkeit für kotierte Gesellschaften.

e.   Effiziente Wertpapierverwahrung (SEGA)

58 Durch den Aufschwung des Wertpapierhandels nach dem Zweiten Weltkrieg wurde das Bedürfnis nach einer rationellen Wertpapierverwaltung immer deutlicher. 1970 wurde deswegen die «Schweizerische Effekten Giro AG» (SEGA) mit Sitz in Basel als Gemeinschaftsunternehmung der Schweizer Banken gegründet. Zweck der SEGA war gemäss ihren Statuten die «Sammelverwahrung von Effekten und die Schaffung eines Effekten-Giro-Systems» (Art. 2 Abs. 2 Satz 1 der Statuten). Damit erfüllte die SEGA ausschliesslich die Aufgaben einer Wertpapiersammelbank. Für die Sammelverwahrung hatte PETER LIVER unter Bezugnahme auf Art. 727 ZGB (vgl. BGE 112 II 415) bereits in den 1960er-Jahren das Konzept des labilen (Herausgabepflicht an jeden Hinterleger) und

modifizierten Miteigentums entwickelt (Gutachten für die Schweizerische Bankiervereinigung über das Effekten-Giro-Sammeldepot-System vom 19. Juli 1963 sowie Ergänzungsgutachten vom 15. Juli 1969, beide unveröffentlicht). Dank dieser Immobilisierung der Wertpapiere erforderte eine Titellieferung nur mehr eine Umbuchung bei der SEGA, wodurch nicht nur die Effizienz erhöht, sondern auch die Risiken der Titellieferung vermindert wurden. Weitere effizienzsteigernde Massnahmen folgten in den kommenden Jahren. So begann die SEGA ab 1984 mit der Entwicklung von SECOM, einem revolutionären Computersystem zur Verarbeitung und Abwicklung nationaler und internationaler Wertpapiertransaktionen. 1995 erstellte die SEGA zudem Onlineschnittstellen von SECOM zum Interbanken-Zahlungssystem SIC der Swiss Interbank Clearing AG sowie zum schweizerischen Börsensystem. Auf diese Weise entstanden direkte Verknüpfungen zwischen dem Börsenhandelssystem SECOM (Lieferung gegen Zahlung) und SIC (Geldbuchung), und die Schweizer Börse konnte im gleichen Jahr den elektronischen Börsenhandel mit integrierter Abwicklung und Verwahrung einführen. SECOM gehört heute zu einem der wenigen Online-Realtime-Abwicklungssysteme der Welt, das den Marktteilnehmern die Transaktionsabwicklung über eine einzige technische Schnittstelle ermöglicht.

Die SEGA stand jedoch nur den angeschlossenen Schweizer Mitgliedsbanken offen und gewährleistete keine grenzüberschreitende Abwicklung internationaler Wertschriftentransaktionen. Zu diesem Zweck wurde 1988 die *«Intersettle Swiss Corporation for International Securities Settlements»* (Intersettle) als AG gegründet, die die Verwahrung, Verwaltung (inkl. Abwicklung) von handelbaren in- und ausländischen Effekten betrieb. 1999 fusionierten SEGA und Intersettle zur *SIS SegaIntersettle AG (SIS)*, welche seither für den Schweizer Finanzmarkt sowohl als nationaler als auch internationaler Wertschriften-Sammelverwahrer *(Central Securities Depository, CSD*, und *International Central Securities Depository, ICSD)* fungiert. Die seither unter der Bezeichnung *SIX SIS* auftretende Institution zeichnet sich durch das Angebot qualitativ hochstehender Dienstleistungen aus, die dank der aussergewöhnlichen Abwicklungstechnologie nicht nur schneller, sondern auch bedeutend wirtschaftlicher sind als die der Konkurrenz. 59

Der Begriff *Effekte* hat in den letzten 20 Jahren eine Erweiterung erfahren. Wurde er in Art. 2 lit. a BEHG (von 1995) noch definiert als *«Effekten: vereinheitlichte und zum massenweisen Handel geeignete Wertpapiere, nicht verurkundete Rechte mit gleicher Funktion (Wertrechte) und Derivate»*, so umschreibt ihn Art. 2 lit. b FinfraG (von 2016) als: *«Effekten: vereinheitlichte und zum massenweisen Handel geeignete Wertpapiere, Wertrechte, Derivate und Bucheffekten».* Neu hinzugekommen sind dementsprechend die Bucheffekten. Diese umfassen gemäss Art. 3 Abs. 1 BEG *«vertretbare Forderungs- oder Mitgliedschaftsrechte gegenüber dem Emittenten: a) die einem Effektenkonto gutgeschrieben sind; und b) über welche* 59a *die Kontoinhaberinnen und Kontoinhaber nach den Vorschriften dieses Gesetzes verfügen können.»*

60   Im Zusammenhang mit der Einführung des Bucheffektengesetzes (BEG) wurde der SIX SIS AG eine zentrale Rolle verliehen (zum BEG s.a. § 4, N 175 ff.). Gemäss Art. 6 Abs. 2 BEG ist bei jeder Emission von Wertrechten eine einzige Verwahrungsstelle für die Führung des Hauptregisters zuständig. Dieses ist öffentlich und enthält Angaben über die Emission und die Anzahl sowie die Stückelung der ausgegebenen Wertrechte. Die SIX SIS AG führt das Hauptregister als einzige Verwahrungsstelle für alle im Register erfassten Wertrechteemissionen, d.h. alle zur Sammelverwahrung in einem oder mehreren Teilnehmerdepots hinterlegten Wertpapiere, alle in einem oder mehreren Teilnehmerdepots hinterlegte Globalurkunden sowie alle in einem von SIX SIS geführten Hauptregister eingetragenen Wertrechte. Gemäss Art. 24a der Allgemeinen Geschäftsbedingungen der SIX SIS AG[4] erfolgt die Verfügung über die Bucheffekten durch SIX SIS auf Weisung des Teilnehmers durch Übertragung und Gutschrift im Depot des erwerbenden Teilnehmers. Mit Abschluss der erforderlichen Gutschrift ist die Verfügung vollzogen, und der verfügende Teilnehmer verliert zugleich sein Recht an der betreffenden Bucheffekte. Die SIX SIS AG agiert hier nur als verfügende Institution, sie hat weder das Recht noch irgendeine Pflicht, den Rechtsgrund von Buchungs- oder Umbuchungsanweisungen zu überprüfen. Der Teilnehmer kann Bucheffekten jederzeit aus dem SIX-SIS-System ausbuchen lassen. Wenn es sich bei der Unterlage der auszubuchenden Bucheffekten um Wertrechte handelt, so entfällt zugleich im Umfang der auszubuchenden Bucheffekte gleichzeitig die Pflicht von SIX SIS zur Weiterführung des Hauptregisters oder des Wertrechtebuchs, sofern diese geführt wurden.

61   Die SIX SIS hat als zentrale Verwahrungsstelle mittlerweile eine solche Bedeutung erlangt, dass sie zusammen mit der Swiss Interbank Clearing (Zahlungsstelle) und der SIX x-clear (zentrale Gegenpartei) als systemisch bedeutsame Finanzmarktinfrastruktur i.S.v. Art. 22 FinfraG anerkannt wurde.[5] Dies bedeutet im Klartext, dass ihr Ausfall zu schwerwiegenden Grundproblemen im Finanzbereich führen[6] oder dadurch sozusagen ein «Flächenbrand» resultieren könnte.[7] Darüber

4   Allgemeine Geschäftsbedingungen von SIX SIS AG, Ausgabe Juni 2015.

5   KUNZ, PETER V., Too Big to Fail (TBTF): Konzept der Gefahrenabwehr sowie der Rettung von systemrelevanten Finanzinstituten, in: Jusletter 21. November 2016.

6   Art. 22 Abs. 1 lit. a FinfraG: Finanzmarktinfrastrukturen sind systemisch bedeutsam, wenn «Zahlungs- oder Lieferschwierigkeiten einzelner Teilnehmer über sie auf andere Teilnehmer oder verbundene Finanzmarktinfrastrukturen übertragen werden können und bei diesen zu schwerwiegenden Verlusten, Liquiditätsengpässen oder operationellen Problemen führen oder schwerwiegende Störungen an den Finanzmärkten zur Folge haben können».

7   Art. 22 Abs. 1 lit. b FinfraG: Finanzmarktinfrastrukturen sind systemisch bedeutsam, wenn «Zahlungs- oder Lieferschwierigkeiten einzelner Teilnehmer über sie auf andere Teilnehmer oder verbundene Finanzmarktinfrastrukturen übertragen werden können und bei diesen

hinaus kann nicht nur die SIX SIS an sich, sondern auch ein von ihr ausgeführter Geschäftsprozess relevant i.S.v. Art. 22 Abs. 2 FinfraG sein, nämlich dann, wenn «a. seine Nichtverfügbarkeit zu schwerwiegenden Verlusten, Liquiditätsengpässen oder operationellen Problemen (...) führen oder schwerwiegende Störungen an den Finanzmärkten zur Folge haben kann; und b. die Teilnehmer den Geschäftsprozess kurzfristig nicht substituieren können» (Art. 22 Abs. 2 FinfraG).

Genauso wie die systemrelevanten Banken müssen auch die systemisch bedeutsamen Finanzmarktinfrastrukturen besondere Anforderungen erfüllen (Art. 6 FinfraG i.V.m. Art. 23 FinfraG).[8] Wie sich aus Art. 23 Abs. 1 FinfraG ergibt, soll auf diese Weise in erster Linie die Stabilität des Finanzsystems sichergestellt werden. Die Zielsetzungen des neuen TBTF-Regimes betreffend Finanzmarktinfrastrukturen gehen jedoch noch darüber hinaus und nähern sich damit den Bestimmungen betreffend die systemrelevanten Banken an. Wie die Botschaft in diesem Zusammenhang festhält, «bezwecken [die besonderen Anforderungen] die von systemisch bedeutsamen Finanzmarktinfrastrukturen ausgehenden Risiken für die Stabilität des Finanzsystems zu vermindern, die Fortführung systemisch bedeutsamer Geschäftsprozesse zu gewährleisten und staatliche Interventionen zu vermeiden».[9] Die rechtsetzende Behörde bzw. der Regulator in diesem Bereich ist nicht die FINMA, sondern die SNB (Art. 24 Abs. 3 FinfraG)[10]. 62

Art. 24 FinfraG i.V.m. Art. 20 FinfraV sehen für systemisch bedeutsame Finanzmarktinfrastrukturen eine Notfallplanung durch Stabilisierungspläne sowie durch Abwicklungspläne vor. Demgemäss ist die SIX SIS als systemrelevante Finanzmarktinfrastruktur verpflichtet, einen Stabilisierungsplan zu erstellen, in dem sie festlegt, «mit welchen Massnahmen sie sich im Fall einer Krise nachhaltig so stabilisieren will, dass sie ihre systemisch bedeutsamen Geschäftsprozesse fortführen kann» (Art. 24 Abs. 1 FinfraG)[11]. Zusätzlich erstellt die FINMA einen Abwicklungsplan, in dem die Behörde festlegt, «wie eine von ihr angeordnete Sanierung oder Liquidation der systemisch bedeutsamen Finanzmarktinfrastruktur durchgeführt werden kann» (Art. 24 Abs. 2 Satz 1 FinfraG). 63

---

zu schwerwiegenden Verlusten, Liquiditätsengpässen oder operationellen Problemen führen oder schwerwiegende Störungen an den Finanzmärkten zur Folge haben können.»

[8] Vgl. auch: KUHN, N 1 zu Art. 23 FinfraG.

[9] Botschaft FinfraG, 7525: die «eigenständige Fortführung der Geschäftstätigkeit, namentlich durch die ununterbrochene Fortführung der systemisch bedeutsamen Geschäftsprozesse» wird durch den Stabilisierungsplan angestrebt.

[10] Die Regulierung erfolgt in der Nationalbankverordnung, Art. 1 lit. c NBV i.V.m. Art. 18 ff. NBV; vgl. auch: KUHN, N 13 ff. zu Art. 23 FinfraG.

[11] Vgl. auch: KUHN, N 11 ff. zu Art. 24 FinfraG.

f.   Mediatisierte Wertpapierverwahrung und Bucheffektengesetz

64   Objekte des Börsenhandels sind traditionellerweise Wertpapiere *(«securities»)* oder eben Effekten. Der «Abschied vom Wertpapier» (s. MEIER-
HAYOZ ARTHUR, Abschied vom Wertpapier?, ZBJV 1986, 385 ff.) als Papier hatte
aber längst begonnen. Dem tragen heute auch das OR mit den Bestimmungen zu
Sammelverwahrung, Globalurkunden und Wertrechten (Art. 973*a*–973*c*), das
Bucheffektengesetz und das FinfraG (Art. 2 lit. b) Rechnung. Schon das BEHG
sprach unter der Überschrift «Effekten» von zum massenweisen Handel geeigne-
ten Wertpapieren und von «nicht verurkundeten Rechten mit gleicher Funktion
(Wertrechte)» (Art. 2 lit. a aBEHG). Heute lautet die Bestimmung von Art. 2 lit. b
FinfraG:

> «In diesem Gesetz gelten als:
>
> a.   …
>
> b.   Effekten: vereinheitlichte und zum massenweisen Handel geeignete Wertpa-
>   piere, Wertrechte, Derivate und Bucheffekten;
>
> …»

65   Doch zuvor hinkte das Recht der Praxis der sog. mediatisierten Wertpapierverwahrung durch Banken und andere Finanzintermediäre hinterher. Die Immobilisierung und Entmaterialisierung der Wertpapiere vollzog sich im Wesentlichen in
drei Stufen (vgl. dazu Botschaft BEG, 9324):

66   Zunächst schritten die Banken zur *Sammelverwahrung* von Einzelurkunden der-
selben Gattung von mehreren Hinterlegern bzw. Bankkunden im eigenen Tresor
(Haussammelverwahrung) oder bei der SEGA Schweizerische Effekten-Giro AG
(Drittsammelverwahrung). Die SEGA entwickelte ein Konzept zur effizienten
Übertragung von Rechten aus Namenaktien, die gar nicht mehr physisch ausgege-
ben wurden.

67   In einem weiteren Rationalisierungsschritt wurden die Einzelurkunden einer
Emission in einer *Globalurkunde* zusammengefasst. Man unterscheidet technische
Globalurkunden, bei denen der Anleger sein Recht auf Druck und Auslieferung
von Einzeltiteln geltend machen kann, und Globalurkunden auf Dauer, wo einzig
die Emittentin die Auslieferung physischer Titel zu veranlassen ermächtigt ist.

68   Sowohl bei der Sammelverwahrung als auch beim Globalurkundensystem sind
physische Papiere vorhanden. Nicht hingegen bei den *Wertrechten,* welche von
der physischen Urkunde völlig losgelöst sind. Obwohl die Verbriefung entfällt,
haben die Wertrechte die gleiche Funktion wie Wertpapiere, d.h. die Forderungs-

und Miteigentumsrechte bleiben erhalten (Botschaft BEG, 9324; s.a. NOBEL, Finanzmarktrecht, § 11 N 24, m.w.H.).

Mittlerweile verzichten die meisten Publikumsgesellschaften auf die Ausgabe von   69
Aktientiteln. Dafür stehen zwei Modelle zur Verfügung: Nach dem Namenaktienmodell mit *aufgeschobenem Titeldruck* werden physische Titel auf Verlangen des Aktionärs ausgegeben (vgl. FORSTMOSER/LÖRTSCHER, 50 ff.); beim Modell mit *aufgehobenem Titeldruck* hingegen entfällt der Anspruch auf Druck und Auslieferung von Aktien vollends (Botschaft BEG, 9324).

Das Bucheffektengesetz vom 3. Oktober 2008 (BEG, SR 957.1), welches zum   70
1. Januar 2010 in Kraft getreten ist, hat diese Praxisentwicklungen gesetzlich untermauert und das Institut der Bucheffekten eingeführt. Art. 3 Abs. 1 BEG bestimmt:

> «Bucheffekten im Sinne dieses Gesetzes sind vertretbare Forderungs- oder Mitgliedschaftsrechte gegenüber dem Emittenten:
>
> a. die einem Effektenkonto gutgeschrieben sind; und
>
> b. über welche die Kontoinhaberinnen und Kontoinhaber nach den Vorschriften dieses Gesetzes verfügen können.»

Die Entstehung der Bucheffekten belässt die Rechte der Anleger gegenüber der   71
Emittentin unberührt (vgl. Art. 13 BEG). Einerseits verfügt der Anleger über direkte Ansprüche gegenüber der Gesellschaft als deren Gesellschafter bzw. Gläubiger, andererseits auch über einen Anspruch gegenüber der kontoführenden Bank, dessen Inhalt sich aus dem vertraglichen Grundverhältnis zwischen Bank und Anleger und dem BEG ergibt (vgl. DALLA TORRE/GERMANN, 574). Die gesamte Abwicklung erfolgt ohne direkte Übertragung der Urkunde selber, sondern durch Umbuchung (Art. 24 ff. BEG). Mit dem BEG gingen auch Änderungen im Wertpapierrecht einher. So wurden die Rechtsinstitute der Sammelverwahrung (Art. 973*a* OR), Globalurkunde (Art. 973*b* OR) und Wertrechte (Art. 973*c* OR) im OR kodifiziert und damit rechtlich legitimiert (vgl. KUKO OR-FURTER, Vor Art. 973*a–c* N 1 ff.; HESS/FRIEDRICH, 100 ff.).

Die mediatisierte Wertpapierverwahrung hatte auch im internationalen Privatrecht   72
einschneidende Folgen, da die traditionelle *Lex-rei-sitae*-Regel, welche dingliche Rechte an Sachen dem Recht des Staates unterstellt, in dem die Sache belegen ist, nicht mehr funktionierte (Botschaft BEG, 9316 f.). Vor diesem Hintergrund wurde die Ratifikation des Haager Wertpapierübereinkommens vom 5. Juli 2006 (HWpÜ) vorgeschlagen, welche beim anwendbaren Recht an den Ort des massge-

benden Intermediärs anknüpft und somit für Rechtssicherheit sorgt.[12] Das HWpÜ
wurde von der Schweiz als erster Staat am 14. September 2009 ratifiziert. Mittlerweile sind Mauritius (15. Oktober 2009) und die USA (15. Dezember 2016)
nachgefolgt, womit das Übereinkommen per 1. April 2017 in Kraft treten wird.[13]
Bis zum völkerrechtlichen Inkrafttreten des Übereinkommens gilt dieses als auto-
nomes Landesrecht (vgl. Art. 108c IPRG[14]; AS 2011 1771). Das IPRG wurde
zudem mit Bestimmungen bezüglich Begriff (Art. 108a IPRG), Gerichtsstand
(Art. 108b IPRG) und Anerkennung (Art. 108d IPRG) ergänzt (AS 2009 6579;
Botschaft BEG, 9315). Indem das HWpÜ das Kollisionsrecht regelt und das BEG
das materielle Recht bestimmt, sind die beiden Gesetzgebungen komplementär
zueinander.

g.   Trias der neuen Finanzmarktarchitektur

73   Der nächste grosse Schritt ist die Neukonzeption der Finanzmarktarchitektur mit den folgenden drei neuen Gesetzen:

a. Bundesgesetz über die Finanzmarktinfrastrukturen und das Marktverhalten im
    Effekten- und Derivatehandel (Finanzmarktinfrastrukturgesetz, FinfraG) vom
    19. Juni 2015 (SR 958.1);

b. Finanzinstitutsgesetz (FINIG);

c. Finanzdienstleistungsgesetz (FIDLEG).

74 Das FinfraG wird ergänzt durch je eine Verordnung des Bundesrates bzw. der
    FINMA:

a. Verordnung über die Finanzmarktinfrastrukturen und das Marktverhalten im
    Effekten- und Derivatehandel (Finanzmarktstrukturverordnung, FinfraV) vom
    25. November 2015 (SR 958.11);

b. Verordnung der Eidgenössischen Finanzmarktaufsicht über die Finanzmarkt-
    infrastrukturen und das Marktverhalten im Effekten- und Derivatehandel (Fi-
    nanzmarktinfrastrukturverordnung-FINMA, FinfraV-FINMA) vom 3. Dezem-
    ber 2015 (SR 958.111).

---

[12]   Convention sur la loi applicable a certains droits sur des titres detenus aupres d'un in-
        termediaire, conclue le 5 juillet 2006 (im Originaltext verfügbar auf: https://www.hcch.net/
        fr/instruments/conventions/full-text/?cid=72, Stand 3. Januar 2017).
[13]   Siehe https://www.hcch.net/en/instruments/conventions/status-table/?cid=72, Stand 11. Ja-
        nuar 2016.
[14]   In Kraft getreten am 1. Januar 2010 (AS 2009 6579; Botschaft BEG, 9315).

Das FinfraG ist bereits am 1. Januar 2016 in Kraft getreten und ersetzt das BEHG 75
in weiten Teilen. Bemerkenswert ist die bleibende Verfügungskompetenz der
UEK (Art. 138 Abs. 1 FinfraG). Mit dem FinfraG wird:

> «eine einheitliche, an die Entwicklungen des Marktes und an internationale Vor-
> gaben angepasste Regulierung der Finanzmarktinfrastrukturen sowie der Pflichten
> der Finanzmarktteilnehmerinnen und -teilnehmer beim Effekten- und Derivaten-
> handel vorgenommen». (Botschaft FinfraG, 7484)

Die Finanzmarktkrise hat nicht zuletzt gezeigt, dass im Bereich des OTC- 76
Derivatehandels Defizite in der Regulierung bestehen. «Neben den aufsichtsrechtlichen Vorgaben für Finanzmarktinfrastrukturen enthält das FinfraG sämtliche
Regeln, welche im Zusammenhang mit dem Handel von Effekten und Derivaten
für alle Finanzmarktteilnehmerinnen und -teilnehmer gelten (sog. Marktverhaltensregeln).» (Botschaft FinfraG, 7485)

Am auffälligsten ist die wiederholte Verweisung auf internationale Standards, 77
allein im FinfraG 16-mal, womit eine Harmonisierung des schweizerischen Finanzmarktrechts mit den internationalen Regulierungsstandards beabsichtigt ist
und die internationale Wettbewerbsfähigkeit der Schweiz sichergestellt werden
soll. Für die kotierten Gesellschaften zeitigt dies nicht nur extern im internationalen Verkehr, sondern auch intern spürbare Auswirkungen.

Für den Bereich der Rechnungslegung manifestiert sich diese internationale Har- 78
monisierung bereits in der Verordnung des Bundesrates über die anerkannten
Standards zur Rechnungslegung (VASR) vom 21. November 2012 (SR 221.432),
worin zahlreiche internationale Standards sozusagen auf Gesetzesstufe gehoben
werden (vgl. dazu hinten, Abschnitt zur Rolle von Standards für das Börsengesellschaftsrecht, N 150 ff.).

Zum FIDLEG und FINIG hat der Ständerat als Erstrat am 20. Dezember 2016 die 79
parlamentarischen Beratungen aufgenommen. Mit dem Erlass dieser beiden Gesetze wird das BEHG ganz verschwinden, und das KAG mutiert zu einem reinen
Finanzproduktegesetz.

h.   Wertpapiere, Effekten und Derivate

Börsenhandelsgeschäfte sind Käufe und Verkäufe, die abge- 80
schlossen *(Trading),* dann bereinigt und zugeteilt *(Clearing)* und schliesslich vollzogen *(Settlement)* werden. Früher fanden diese Geschäfte direkt zwischen den
beteiligten Börsenhandelsfirmen statt. Heute schreiben Gesetz und Börsenregula-
rien vor, dass die Börse als zentrale Gegenpartei *(CCP Central Counter Party)*
dazwischentritt und auf der Verkaufsseite als Käuferin und auf der Kaufseite als
Verkäuferin handelt (vgl. dazu Art. 48 FinfraG). Das Geschäft wird damit prak-

tisch zweigeteilt, die beiden Teile über die Börse aber wirtschaftlich zusammengehalten (zu den dogmatischen Fragen vgl. SCHÖNHOLZER, THOMAS, Zentrale Gegenparteien im elektronischen Börsenhandel – Begriff, Funktionen und rechtliche Rahmenbedingungen, Diss. Bern 2007).

[81] Art. 2 lit. a aBEHG führte unter Effekten auch die Derivate auf, die heute im FinfraG in Art. 2 lit. c umschrieben werden «als Finanzkontrakte, deren Wert von einem oder mehreren Basiswerten abhängt und die kein Kassageschäft darstellen». Damit wird auch der Bereich des Rechts der Aktie ausgeweitet. Solche Basiswerte können auch Aktienrechte sein, für die dann Kaufs- und Verkaufsrechte (Call- und Put-Rechte) eingeräumt werden. Diese können «geschrieben» (Einräumung der Rechte) oder erworben werden. Für die Ausübung wird ein «Strike-Preis» festgelegt. Wird dieser überschritten, kann z.b. ein «call» (mit Gewinn) ausgeübt werden; wird er unterschritten, so sichert ein «put» die Schwelle. Der Börsenwert der Derivate bestimmt sich nach dem Marktgeschehen, wobei für die Bestimmung der Derivatepreise eine Formel (Black-Scholes) üblich ist, die stark auf die Volatilität (Kursschwankungen) abstellt.

[82] «Warrants», zu Deutsch häufig mit Optionsschein übersetzt, sind verbriefte Optionen mit einem Recht (keine Verpflichtung) auf Einlösung; sie werden am Kassamarkt gehandelt. Die amerikanischen und europäischen Warrants unterscheiden sich insbesondere betreffend Zeitpunkt der Optionseinlösung (europäisch: Verfalltag; amerikanisch: jederzeit). Sie sind im Gegensatz zu Optionen auch dilutiv, für Warrants werden gewöhnlich neue Aktien geschaffen, und somit verwässern sie das Aktionariat.

[83] Mit den Kauf- und Verkaufsrechten (Call- und Put-Rechten), die geschrieben oder erworben werden können, werden das Börsengeschehen und die damit übers Ganze verbundenen Strategien wesentlich komplexer (vgl. auch NOBEL, Finanzmarktrecht, § 10 N 449 ff.). Dies zeigt sich bereits bei der Meldepflicht von Finanzinstrumenten, die es aufgrund ihrer Struktur ermöglichen, Beteiligungspapiere zu erwerben.

[84] Bei den Derivaten wird zudem zwischen standardisierten Derivaten, die über die Derivatebörsen (wie Eurex) gehandelt und abgerechnet werden, und den nicht standardisierten, over the counter (OTC-)gehandelten Werten unterschieden; die Letzteren unterstehen nach FinfraG neu einer Abrechnungspflicht über eine zentrale Gegenpartei (Art. 97 FinfraG); die Plattformhandelspflicht hat der Bundesrat noch aufgeschoben (Art. 112–115, 164 Abs. 2 FinfraG). «Standardisiert» heisst insbesondere, dass sie in einer bestimmten Form überall gehandelt werden können und nicht auf die Bedürfnisse einzelner Kunden zugeschnitten worden sind (vgl. dazu Bericht FinfraG, 7).

E. Das Rechtskleid der Publikumsaktiengesellschaft oder Börsengesellschaft

1. Gesetzliche Grundlagen

Rechtlich ist das Börsengesellschaftsrecht die Interaktionsflä- 85
che zwischen dem institutionell geprägten Aktienrecht und dem transaktionell geprägten Kapitalmarktrecht BÖCKLI, § 7 N 1). Das Börsengesellschaftsrecht besteht strukturell aus einer Stammregelung im Aktienrecht und einer Differenzierung für die börsenkotierten Unternehmen. Die Verhältnisse zwischen dem gewöhnlichen Aktienrecht und dem Recht der kotierten Aktiengesellschaft sollten allerdings nicht vergessen werden: Den ca. 40 Regelungen für Publikumsgesellschaften stehen rund 200 Regelungen des allgemeinen Aktienrechts gegenüber (vgl. auch BÖCKLI, § 7 N 3). Die Abstimmung ist nicht immer einfach.

Mit dem Gang an die Börse eröffnet sich der Unternehmung eine neue Form der 86
Beschaffung von Eigenkapital, und sie kommt damit auch in Berührung mit neuen Regeln. Diese sind nicht mehr nur im Aktienrecht angesiedelt und nicht alle auf Gesetzes- oder Verordnungsebene. Darunter sind primär die Regularien der Börse zu subsumieren, der sich die Börsengesellschaft zu unterwerfen hat. Eine nicht abschliessende Aufzählung umfasst also neben den Vorschriften des «gewöhnlichen» Aktienrechts folgende Rechtsgrundlagen:

a. aktienrechtliche Sondernormen, die für ihre Anwendbarkeit eine Börsenkotierung voraussetzen (im Einzelnen hinten N 88 ff.);

b. FinfraG, FinfraV, FinfraV-FINMA sowie die Verordnung der Übernahmekommission (UEK) über öffentliche Kaufangebote (Übernahmeverordnung, UEV) vom 21. August 2008 (SR 954.195.1). Die UEK selbst ist nach bescheidenen Anfängen zu einer bedeutenden Behörde geworden, die seit 2012 auch selbst verfügen kann (Art. 138 Abs. 1 FinfraG);

c. im FinfraG insbesondere die Straftatbestände des Insiderhandels und der Kursmanipulation (Art. 154 und 155 FinfraG) und die Aufsichtstatbestände des Insiderhandels und der Marktmanipulation (Art. 142 und 143 FinfraG);

d. das Bucheffektengesetz;

e. die Regularien der SIX Swiss Exchange, namentlich das Kotierungsreglement, aber auch die Regeln zur Ad-hoc-Publizität und zur Bekanntgabe von Managementtransaktionen, ferner Richtlinie zur Corporate-Governance-Offenlegung (dazu hinten N 92 ff.);

f. nationale und internationale Standards insbesondere gemäss VASR (Rechnungslegung) und FinfraG;

g. das Fusionsgesetz (FusG, Bundesgesetz über Fusion, Spaltung, Umwandlung und Vermögensübertragung) vom 3. Oktober 2003 (SR 221.301).

87   Das Börsengesellschaftsrecht gilt folglich punktuell. Die einzelnen Anknüpfungspunkte bringen aber teilweise tief greifende Veränderungen für die Gesellschaft. Dabei darf man nicht davon ausgehen, dass das Börsengesellschaftsrecht nur die Aktiengesellschaft nach aussen betrifft. Die Qualifikation als Börsengesellschaft bzw. als Publikumsgesellschaft bringt auch für das Innenleben der Aktiengesellschaft eine ganze Reihe von Besonderheiten.

88   Daneben muss aber auch die temporale Gültigkeit des Börsengesellschaftsrechts geklärt werden. Denn eine Gesellschaft kann sich nicht nur kotieren, sondern auch dekotieren lassen. Mit beiden Rechtsakten, deren Natur noch durchaus bestritten ist (vgl. BÖCKLI, § 7 N 15), geht der Regelungswechsel einher. Die Geltung des Börsengesellschaftsrechts hat damit eine zeitlich begrenzte Gültigkeit. Bevor nun auf die Details eingegangen wird, müssen gewisse Begriffe erläutert werden.

2. Begriff und Wesen der Publikums- bzw. Börsengesellschaft

89   Bei der Publikumsgesellschaft handelt es sich um eine Aktiengesellschaft, deren Beteiligungspapiere zumindest teilweise an einer Börse kotiert sind und damit auch gehandelt werden können (vgl. Art. 663c Abs. 1 OR). Als eine unter vielen Formen der Aktiengesellschaft ist die an der Börse gehandelte Aktiengesellschaft typischerweise eine reine Kapitalgesellschaft ohne personalistische Elemente. Im Vordergrund steht die Funktion der Mittelbeschaffung am Kapitalmarkt; die Person des einzelnen Aktionärs tritt dabei in den Hintergrund (ZOBL/KRAMER, 69). Börsenkotierte Aktiengesellschaften sind regelmässig gewinnstrebig. Ziel ist, den Investoren eine Rendite zu bringen. Das ist zwar nicht zwingend so festgelegt, trifft aber faktisch meistens zu. Oder in den Worten von ROLF BÄR: «Die AG war nie eine Kapitaldemokratie, sondern sie war seit je ein raffinierter Kapitalvereinigungs- und Remunerationsapparat, eine Kapitalpumpe.» (BÄR, 403)

90   Während das Aktienrecht (Art. 620 ff. OR) nur vereinzelt spezielle Vorschriften für kotierte Gesellschaften aufstellt, schaffen Erlasse, Nebenerlasse und Reglemente in der Börsengesetzgebung eine Sonderordnung für Publikumsgesellschaften (Börsengesellschaftsrecht), die erhöhte Anforderungen an die Transparenz (Rechnungslegungsvorschriften, Publizitätspflichten) stellt und spezielle Marktverhaltensregeln für die Gesellschaften und deren Aktionäre (Meldepflicht, Pflichten bei öffentlichen Kaufangeboten, Angebotspflicht) statuiert, welche in erhebli-

chem Masse von der «normalen» aktienrechtlichen Ordnung (vgl. Art. 680 Abs. 1
OR) abweichen. Die Börsenaktiengesellschaft mutiert so von einer Gesellschaft zu
einem Finanzierungsinstrument.

Ausgangspunkt für die Klassifizierung einer Gesellschaft als Börsengesellschaft   91
ist die Börsenkotierung. Gemäss Art. 2 lit. f FinfraG ist die Kotierung die «Zulassung einer Effekte zum Handel an einer Börse nach einem standardisierten Verfahren, in dem von der Börse festgelegte Anforderungen an den Emittenten und an
die Effekte geprüft werden». Diese Umschreibung lässt sich auf das Aktienrecht
übertragen, welches verschiedentlich von «Gesellschaften, deren Aktien an einer
Börse kotiert sind», spricht.

Freilich musste sich das Kriterium der Kotierung erst noch etablieren. Hinweise   92
hierauf finden sich insbesondere in der Botschaft zum OR von 1983 (vgl. auch
N 48 ff.).

3.   Emittentenregulierung und Organisation
des Marktgeschehens

a.   Kotierung und Dekotierung

Das Börsengesetz stellt besondere Anforderungen an die Kotie-   93
rung der Aktiengesellschaft. Zwar gibt bereits Art. 652a OR Aufschluss über den
Inhalt eines Kotierungsprospekts, die Anforderungen an einen Emittenten sind
aber deutlich umfassender und werden insbesondere durch das Kotierungsreglement (KR) der SIX Swiss Exchange ergänzt[15]. Dort wird eine ganze Reihe von
Bestimmungen aufgeführt, welche kotierte Gesellschaften zum Zeitpunkt der
Erstkotierung, aber auch periodisch erfüllen müssen.

Art. 31 Abs. 1 FinfraG schreibt denn auch vor, dass der Handelsplatz den Handel   94
überwachen solle. Dies wird gemeinhin als Emittentenüberwachung bezeichnet
(vgl. § 7, N 144 ff.). Zuständig ist die Handelsüberwachungsstelle, bei der SIX
genannt Surveillance & Enforcement (SVE).

Der Kotierungsprospekt wird in KR Art. 27 ff. geregelt. Er lehnt sich an die EU-   95
Richtlinien an und geht somit viel weiter als der Emissionsprospekt nach Obligationenrecht (Art. 652a OR). Die jeweils neueste Fassung ist immer wieder Gegenstand der Überprüfung.

Die Dekotierung auf der anderen Seite beendet die Geltung der besonderen Regeln   96
für börsenkotierte Gesellschaften. Kompetenzregeln für die Kotierung und na-

---

[15]   Verfügbar auf: https://www.six-exchange-regulation.com/de/home/issuer/admission/listing.
       html (Stand 19. Dezember 2016).

mentlich für die Dekotierung suchte man im Börsengesellschaftsrecht bisher vergeblich. Aufgrund der «Rest-Kompetenzregelung» von Art. 716 Abs. 1 OR entscheidet der Verwaltungsrat grundsätzlich über die Dekotierung (NOBEL, Dekotierung, 115). Ein Dekotierungsentscheid gehörte dementsprechend zu den Geschäften der Gesellschaft, die keinen Generalversammlungsbeschluss erfordern (BÖCKLI, § 7 N 22a). Im Zuge der Aktienrechtsrevision soll diese Regelung abgeändert werden. Neu sieht Art. 698 Abs. 2 Ziff. 8 E-OR vor, dass die Dekotierung der Beteiligungspapiere einer Gesellschaft zu den unübertragbaren Befugnissen der Generalversammlung gehört und überdies einen qualifizierten Mehrheitsbeschluss i.S.v. Art. 704 Abs. 1 Ziff. 10 E-OR erfordert. Diese geänderte Kompetenzzuweisung stellt eine Neuerung gegenüber dem Vorentwurf von 2014 dar, in dem der Bundesrat die Befugnis zur Dekotierung noch beim Verwaltungsrat belassen wollte. In der Botschaft widmete er der Änderung auch kein gesondertes Kapitel, sondern erklärt nur in Punkt 2.1.24 im Rahmen der Erläuterungen zu einzelnen Artikeln, dass die Dekotierung der Zustimmung der Aktionäre bedürfe, denn «[m]it der Dekotierung liegt ein schwerer Eingriff in deren Rechtsposition vor, da die Aktien nicht mehr börsenmässig veräusserbar sind, eine strengere Vinkulierung droht, Mitwirkungsrechte verloren gehen (s. Art 732 ff.), die Vorgaben an die Transparenz abnehmen (z.B. keine *Ad-hoc*-Publizität und geringere Anforderungen an die Rechnungslegung) und nicht mehr zwingend eine ordentliche Revision der Jahresrechnung durchzuführen ist. Aufgrund dieser grossen wirtschaftlichen und juristischen Folgen muss die Beschlussfassung über die Dekotierung explizit eine unübertragbare Befugnis der GV sein und dem qualifizierten Mehr unterliegen (s. Art. 704 Abs. 1 Ziff. 10).» (Botschaft Aktienrechtsentwurf 2016, 548 f.)

97 Die Neuausrichtung in der Kompetenzzuweisung ist grundsätzlich zu begrüssen, denn in der Lehre wurde schon seit Langem darauf hingewiesen, dass eine Dekotierung nur schwer mit dem Aktionärsschutz vereinbar ist, da sie für einen Aktionär mit schwerwiegenden Nachteilen, insbesondere dem Verlust der freien Zirkulierbarkeit der Anteile, verbunden ist. Auch die Börse hat die besondere Schutzbedürftigkeit der Aktionäre erkannt und sieht daher in der Richtlinie Dekotierung (RLD) gewisse Kautelen im Falle einer Dekotierung vor. So bestimmt der Emittent gemäss Art. 3 RLD zwar grundsätzlich selbst über die Dekotierung der von ihm begebenen Effekten; er ist aber verpflichtet, die Dekotierung in einem schriftlichen Gesuch zu begründen, das 20 Börsentage vor der Ankündigung der Dekotierung vom Emittenten zusammen mit der rechtsgültig unterzeichneten Erklärung des Emittenten, dass seine dafür verantwortlichen Organe der Dekotierung zustimmen, und allfälligen weiteren Unterlagen (z.B. Angebotsprospekte, Bestätigungen von Gerichtsurteilen) eingereicht werden muss (Art. 3 Abs. 2 + 3 RLD). Darüber hinaus ermächtigt Art. 4 RLD das Regulatory Board, den Zeitpunkt der Ankündigung der Dekotierung und des letzten Handelstags festzulegen. In seinem Entscheid berücksichtigt es den Schutz des Anlegers, den ordnungsgemässen

Handel, das rechtliche Umfeld und die Interessen des Gesuchstellers. Der Zeitraum zwischen Ankündigung und letztem Handelstag beträgt grundsätzlich mindestens drei und längstens zwölf Monate, wobei das Regulatory Board bei der Festlegung der Frist verschiedene Kriterien, wie z.b. den Zeitpunkt, die Streuung pro Titelkategorie, die Liquidität, das Handelsvolumen, eine allfällige Zustimmung der Generalversammlung (inkl. der nötigen Quoren und Ergebnisse der Abstimmung) und weitere Umstände, berücksichtigt (Art. 4 Abs. 2 RLD). Somit zieht die Börse schon seit Längerem einen allfälligen Entscheid der Generalversammlung in Betracht, wenn sie die Dauer der Aufrechterhaltungsfrist der Kotierung festlegt.

Die Diskussion in der Schweiz über die Dekotierung wurde auch massgeblich geprägt durch die Diskussion zum gleichen Thema in Deutschland. Hier ist es 2012/13 zu einer kompletten Richtungsänderung in der Rechtsprechung gekommen. Bis dahin hatte der Bundesgerichtshof gestützt auf die sog. Macrotron-Entscheidung aus dem Jahr 2002 (BGHZ 153, 47) für den Rückzug der Börse vom regulierten Markt auf der gesellschaftsrechtlichen Ebene einen Hauptversammlungsbeschluss sowie ein Pflichtangebot des Mehrheitsaktionärs oder der Gesellschaft an die Minderheitsaktionäre verlangt. Verwiesen wurde dabei insbesondere auf die Beeinträchtigung des Aktieneigentums aufgrund der erheblichen Beeinträchtigung der Verkehrsfähigkeit der Aktien (Urteil des BGH 2. Zivilsenat vom 25. November 2001, Az: II ZR 133/01, 2. Leitsatz). Dieser Praxis wurde aber 2012 durch eine Entscheidung des Bundesverfassungsgerichts (BVerfG, ZIP 2012, 1402) die Grundlage entzogen. In dem Entscheid betreffend den Widerruf der Börsenzulassung von Aktien zum regulierten Markt auf Antrag des Emittenten (sogenanntes freiwilliges oder reguläres Delisting) hielt der Bundesgerichtshof fest, dass ein solcher Widerruf den Schutzbereich des Eigentumsgrundrechts des Aktionärs nicht berührt. Er nimmt dem Aktionär keine Rechtspositionen, die ihm von der Rechtsordnung als privatnützig und für ihn verfügbar zugeordnet sind; er lasse die Substanz des Anteilseigentums in seinem mitgliedschaftlichen und seinem vermögensrechtlichen Element unbeeinträchtigt. Wie das BVerfG weiter ausführt, ist durch Art. 14 Abs. 1 GG nur das Eigentum an sich gewährleistet, d.h. das in der Aktie verkörperte Anteilseigentum, das im Rahmen seiner gesellschaftsrechtlichen Ausgestaltung durch Privatnützigkeit und Verfügungsbefugnis gekennzeichnet ist (so auch: BVerfGE 100, 289, 301, m.w.N.). Erfasst wird die Substanz dieses Anteilseigentums in seiner mitgliedschaftsrechtlichen und vermögensrechtlichen Ausgestaltung (vgl. BVerfGE 100, 289, 301 f.). Der Schutzbereich des Eigentumsrechts ist beispielsweise betroffen durch die Eingliederung der Aktiengesellschaft in einen Konzern (vgl. BVerfGE 14, 263), durch den Abschluss eines Beherrschungs- und Gewinnabführungsvertrages (vgl. BVerfGE 100, 289), aber auch durch den Ausschluss des Aktionärs («Squeeze-out», vgl. BVerfGK 11, 253). Entscheidend ist in diesen Fällen, dass der Aktionär seine in

98

der Aktie verkörperte Rechtsposition verliert oder diese in der Substanz verändert wird. Nicht geschützt sind hingegen – gemäss Ausführungen des BVerfG – der blosse Vermögenswert des Aktieneigentums und der Bestand einzelner wertbildender Faktoren, insbesondere solcher, die die tatsächliche Verkehrsfähigkeit einer Aktie steigern. Unter diesen Voraussetzungen berührt der Widerruf der Börsenzulassung für den regulierten Markt nicht den Schutzbereich des Art. 14 GG, da die Substanz des Aktieneigentums durch den Widerruf weder in seinem mitgliedschaftsrechtlichen noch in seinem vermögensrechtlichen Element berührt wird. Die durch den Handel im regulierten Markt möglicherweise gesteigerte Verkehrsfähigkeit der Aktie ist kein Bestandteil des verfassungsrechtlich geschützten Anteilseigentums (BVerfG, ZIP 2012, 1402). Ein gutes Jahr später hat der Bundesgerichtshof in seinem Beschluss vom 8. Januar 2013 (BGH, Beschluss vom 8. Oktober 2013 – II ZB 26/12) diese neue Auslegung bestätigt und festgehalten: «Bei einem Widerruf der Zulassung der Aktie zum Handel im regulierten Markt auf Veranlassung der Gesellschaft haben die Aktionäre keinen Anspruch auf eine Barabfindung. Es bedarf weder eines Beschlusses der Hauptversammlung noch eines Pflichtangebots.» In Anlehnung an den erwähnten Entscheid des Bundesverfassungsgerichts wiederholte und präzisierte der BGH seine Auffassung: «Der Widerruf der Börsenzulassung nimmt danach dem Aktionär keine Rechtspositionen, die ihm von der Rechtsordnung als privatnützig und für ihn verfügbar zugeordnet sind; er lässt die Substanz des Anteilseigentums in seinem mitgliedschaftsrechtlichen und seinem vermögensrechtlichen Element unbeeinträchtigt. Zu dem von Art. 14 Abs. 1 GG geschützten Bestand zählt nur die rechtliche Verkehrsfähigkeit, während die tatsächliche Verkehrsfähigkeit eine schlichte Ertrags- und Handelschance ist.»

b.   Erweiterte Publizität und Marktinformation

99   Sehr weitreichend sind die Regelungen betreffend die Informierung des Marktes. «Das Auftreten an einem anonymen Markt bringt den ‹Promoters› überwiegend Vorteile, den Anlegern jedoch erhebliche Gefahren, da sie die Verwaltung und ihr Vorhaben nur schwer einschätzen können. Dieses Ungleichgewicht bedarf deshalb eines Ausgleichs durch Inpflichtnahme der das Geschäft betreibenden Kräfte.»[16] Deswegen hat derjenige, der ein Wertpapier in Umlauf setzt, auch dafür zu sorgen, dass der Erwerber keinen Schaden nimmt. Auf diese Weise wächst sich die Publizität schnell zu einer Verpflichtung gegenüber dem Publikum aus. «Publizität und Rechnungslegung dienen dann zwar gewiss dem Individualschutz der Anleger, aber auch und nicht weniger dem Funktionsschutz von Kapitalmarkt und Wirtschaft in dem Sinne, dass die rationalere

---

[16]   WIEDEMANN HERBERT, Der Kapitalanlegerschutz im deutschen Gesellschaftsrecht, in: Der Betriebsberater, Nr. 35/36, 1591 ff.

Marktentscheidungen ermöglichen und über diese unter Wettbewerbsbedingungen für die wirtschaftlich richtige Allokation knapper Ressourcen sorgen sollen.»[17] Im Zwischenbericht TSCHOPP (S. 40) bereits angedacht, geht es darum, einen sinnvollen Ausgleich zu finden zwischen Information der Aktionäre und Geheimbehaltung der wichtigsten Informationen für die Unternehmung selbst. Die Publizitätsvorschriften können sehr stark variieren. Entscheidend ist jeweils, ob nur eine Emissionspublizität oder eine kontinuierliche Rechnungslegungspublizität gefordert ist und ob sich die Publizität an die Allgemeinheit (Veröffentlichung in der Wirtschaftspresse) oder an den einzelnen richtet (Aushändigung eines Prospektes). Die Vorschriften werden ebenfalls im Kotierungsreglement geregelt, insb. in Art. 37 ff. und Art. 41 KR. Das Regulatory Board beispielsweise kann gesonderte Mitteilungen, welche die Stellung der Anleger betreffen, anordnen, auch wenn es nur eine Expertise betrifft (vgl. Art. 41 KR).

Nicht nur wurden die Vorschriften für die Rechnungslegung für kotierte Gesellschaften erweitert, neu eingeführt wurde auch die Ad-hoc-Publizität: Die kotierte Gesellschaft muss über kursrelevante Informationen die Öffentlichkeit bzw. den interessierten Kapitalmarkt orientieren. Denn Publizität dient der Markttransparenz und der Verwirklichung des Konkurrenzprinzips nur dann, wenn sie den Marktparteien gleichzeitig zur Verfügung stehen. Jeder Informationsvorsprung führt zu Ungleichgewichten und Marktverzerrungen, weswegen die Ausschaltung von Insiderinformationen zu den vorrangigen Problemen bei der Regulierung des Kapitalmarktes gehört. Art. 53 Abs. 1 KR lautet deshalb: [100]

> «Der Emittent informiert den Markt über kursrelevante Tatsachen, welche in seinem Tätigkeitsbereich eingetreten sind. Als kursrelevant gelten Tatsachen, die geeignet sind, zu einer erheblichen Änderung der Kurse zu führen.»

Art. 53 Abs. 2 KR ergänzt dies um eine zeitliche Dimension: Die Information hat zu erfolgen, sobald der Emittent von der (kursrelevanten) Tatsache «in ihren wesentlichen Punkten Kenntnis hat». [101]

Die Richtlinie Ad-hoc-Publizität (RLAhP) der SIX vom 29. Oktober 2008 ergänzt die Vorschriften von Art. 53 und 54 KR. [102]

Darüber hinaus wird von kotierten Gesellschaften nach Art. 50 Abs. 1 Kotierungsreglement eine halbjährliche Berichterstattung verlangt. Die Erstellung von Vierteljahresberichten ist nach Abs. 2 von Art. 50 KR aber weiterhin freiwillig. Ob eine Pflicht zu einer vierteljährlichen Berichterstattung eingeführt werden soll oder nicht, wird in der Lehre aber diskutiert (vgl. hierzu BÖCKLI, § 7 N 45 f.). [103]

---

[17] HOPT KLAUS, Vom Aktien- und Börsenrecht zum Kapitalmarktrecht?, ZHR 140, 201–235, und ZHR 141, 389–441.

104   Die SVE überwacht aber auch grobe Verletzungen der Corporate Governance und grobe Verstösse gegen Standesregeln und Reglemente. Insbesondere enthalten die Art. 49 ff. KR die Voraussetzungen für die Aufrechterhaltung der Kotierung, und die SVE wacht auch über die Einhaltung dieser Regeln (für weitere Ausführungen vgl. etwa SIEBENECK, CLAUDIA, Sanktionsordnung der SIX und Schiedsgericht, Diss. Bern 2013, 13; vgl. auch Kap. § 7, N 133 ff. und zu Corporate Governance, allgemein s. Kap. § 9.)

105   Schliesslich sind noch weitere Pflichten zu erwähnen, die eine börsenkotierte Aktiengesellschaft ständig wahrnehmen muss (vgl. auch die Übersicht bei BÖCKLI, 7 N 26):

   a. ergänzende jährliche Offenlegung zur Corporate Governance gemäss Richtlinie Corporate Governance (RLCG) der SIX vom 1. Januar 2016;

   b. Offenlegung der Vergütungen und Kredite an Mitglieder des Verwaltungsrats und der Geschäftsleitung sowie ihrer Beteiligung am kotierten Unternehmen gemäss Anhang Ziff. 5 der RLCG;

   c. darüber hinaus müssen Managementtransaktionen gemeldet werden (vgl. Richtlinie Managementtransaktionen [RLMT] der SIX vom 27. November 2012);

   d. und intern Massnahmen gegen Insiderdelikte, gegen Ungleichbehandlung in der Information über kursrelevante Tatsachen und gegen heimlich durchgeführte Managementtransaktionen.

4.   Rolle von Standards für das Börsengesellschaftsrecht

106   Standards spielen im Recht der kotierten Aktiengesellschaft seit Inkrafttreten des BEHG und des ersten Kotierungsreglements eine grosse Rolle. Diese Standards haben ihre Existenz als sogenanntes *soft law* begonnen, wurden aber durch das Gesetz immer öfters zum Minimalstandard erhoben. Vor allem sind hier die Standards zur Rechnungslegung für börsenkotierte Unternehmen gemäss VASR zu erwähnen, dann aber auch die Verweise im Finfrag (vgl. auch vorne N 76).

107   Mit Inkrafttreten des Kotierungsreglements am 1. Oktober 1996 wuchs die Bedeutung der Swiss GAAP FER; sie wurden zum Mindeststandard erhoben. Daran hat sich bis heute nichts geändert (s. Art. 6 Ziff. 2 Richtlinie Rechnungslegung SIX Exchange): Für das Börsengesellschaftsrecht sind die Rechnungslegungsstandards insofern von grösster Relevanz, als Aktiengesellschaften auch nach dem heutigen Art. 51 KR einen anerkannten Rechnungslegungsstandard anzuwenden haben.

Dieser Prozess, wonach eigentliches *soft law* auf die Ebene von Gesetzen und   108
verbindlichen regulatorischen Erlassen erhoben wird, erhielt seinen vorläufigen
Höhepunkt in der VASR. Die VASR wurde unter anderem gestützt auf Art. 962*a*
Abs. 5 OR erlassen. In Art. 1 VASR wird bestimmt:

> «Für Unternehmen, die der Pflicht zur Buchführung und Rechnungslegung ge-
> mäss Artikel 957 OR unterliegen, werden die folgenden Regelwerke als aner-
> kannte Standards zur Rechnungslegung bezeichnet (…)»

Für nähere Ausführungen zu den Standards in der Rechnungslegung vgl. die Aus-   109
führungen in Kap. § 12 N 38 ff. und Kap. § 6, N 68 ff.

5. Börsenrechtliche Pflichten für Aktionäre

a. Meldepflichten

Art. 680 Abs. 1 OR statuiert sehr klar, dass den Aktionär nur   110
eine Pflicht trifft, nämlich die Liberierung des Aktienkapitals. Statutarisch kann er
in keinem Fall zu mehr verpflichtet werden.

Im Börsengesellschaftsrecht ist dies anders; dem Aktionär werden einige zusätzli-   111
che Pflichten auferlegt. Primär ist er meldepflichtig in Bezug auf die gehaltene
Beteiligung. Allen voran sind der Aktionär, aber auch der lediglich wirtschaftlich
Berechtigte zur Meldung bzw. zur Offenlegung von Beteiligungen verpflichtet
(Art. 120 FinfraG). Das gilt auch im Falle eines indirekten Erwerbs (vgl. etwa
BÖCKLI, § 7 N 67 ff.), ebenso bei einer gemeinsamen Absprache. Die Meldepflicht entsteht mit der Begründung des Anspruchs auf Erwerb oder Veräusserung
der Aktien, sofern dadurch Meldeschwellen über- oder unterschritten werden. Sie
entsteht also nicht erst mit dem Erwerb selbst (vgl. NOBEL, Finanzmarktrecht, § 10
N 423). Noch weiter gehen die Regeln für Gruppen, die als meldepflichtige Einheit angesehen werden (Art. 121 FinfraG).

Der Grenzbegriff ist die «gemeinsame Absprache». Erfasst werden auch Aktio-   112
närbindungsverträge. Wie weit der Begriff aber reicht, zeigt die Bestimmung in
Art. 12 Abs. 1 FinfraV-FINMA: «In gemeinsamer Absprache oder als organisierte
Gruppe handelt, wer seine Verhaltensweise im Hinblick auf den Erwerb oder die
Veräusserung von Beteiligungspapieren oder die Ausübung von Stimmrechten mit
Dritten durch Vertrag oder andere organisierte Vorkehren oder von Gesetzes we-
gen abstimmt.» (S. zum Aktionärbindungsvertrag auch Kap. § 9, N 159 ff.)

b. Vinkulierung

113   Unterschieden wird auch bei der Vinkulierung. Bei kotierten Gesellschaften ist die Vinkulierung reduziert auf eine prozentmässige Beschränkung des Erwerbs (Art. 685d–g OR), wobei damit eher die Ausübung der Aktionärsrechte gemeint wird. Faktisch ist es ein Minderheitenschutz. Hingegen können, bei nicht kotierten Gesellschaften, auch persönliche Gründe geltend gemacht werden (Art. 685b OR). Es kann ein regelrechtes Vinkulierungsregime eingeführt werden (vgl. MÜLLER/LIPP/PLÜSS, 593), wonach beispielsweise die Gründerfamilie in ihrer Führungsfunktion unangefochten bleiben kann. Das ist nicht zwingend negativ für den Schutz des Minderheitsaktionärs, sie ist aber deutlich unterschiedlich von den Vinkulierungsmöglichkeiten kotierter Gesellschaften.

6. Informations- und Meldepflichten gemäss Offenlegungs- und Übernahmerecht

114   Die Offenlegung von Beteiligungen, die Meldepflichten und die öffentlichen Kaufangebote werden heute direkt durch das FinfraG erfasst, zeitigen indessen bedeutende Auswirkungen auf das Aktienrecht (VON DER CRONE, § 16 N 66).

a. Offenlegung von Beteiligungen

115   Seit der vollständigen Inkraftsetzung der Börsengesetzgebung am 1. Januar 1998, welche per 1. Januar 2016 ihre Fortsetzung im FinfraG samt Ausführungsverordnungen gefunden hat, unterstehen die börsenkotierten Aktiengesellschaften einem engmaschigen Netz von Melde- und Informationspflichten, welche weit über das Aktienrecht gemäss OR hinausgehen, wonach der Aktionär gegenüber der Gesellschaft einzig zur Liberierung der gezeichneten Aktien verpflichtet ist (Art. 680 OR). Ziel ist einerseits die Verbesserung der Transparenz und des Anlegerschutzes; andererseits bildet die Meldepflicht eine Vorbedingung für die Durchsetzbarkeit der Vorschriften über öffentliche Kaufangebote (NOBEL, Aktienrecht, 347 N 247 u. 253). Denn bei Börsengesellschaften besteht ein lebhaftes Interesse der Gesellschaft, der Aktionäre und des Marktes an genauen und aktuellen Informationen über die Zusammensetzung des Aktionariats, wirkt sich doch dessen Struktur unmittelbar auf die Governance der Gesellschaft aus. Denn in einer AG mit einem breit gestreuten Aktionärskreis besteht unweigerlich ein gewisses Kontrolldefizit (VON DER CRONE, § 16 N 68).

Mit Art. 20 aBEHG (Art. 120 FinfraG) bzw. Art. 21 aBEHG (Art. 124 FinfraG)   116
wurde dabei erstmals eine Meldepflicht des Aktionärs und darauf basierend eine
Veröffentlichungspflicht der Gesellschaft statuiert.

b. Meldepflicht

Die Meldepflicht nach Art. 120 FinfraG basiert auf dem Kon-   117
zept der *wirtschaftlichen Berechtigung*. Meldepflichtig sind die wirtschaftlich
Berechtigten (Art. 9 Abs. 1 FinfraV-FINMA). Die wirtschaftliche Berechtigung
wird in Art. 10 Abs. 1 FinfraV-FINMA wie folgt definiert:

> «Als wirtschaftlich berechtigt gilt, wer die aus einer Beteiligung fliessenden
> Stimmrechte kontrolliert und das wirtschaftliche Risiko aus der Beteiligung
> trägt.»

Im Gegensatz dazu stellt die klassisch-wertpapierrechtliche Sichtweise auf die   118
formelle Eigentümerschaft ab. Meldepflichtig wird nach Art. 120 Abs. 1 FinfraG,
wer «direkt, indirekt oder in gemeinsamer Absprache mit Dritten» Rechte erwirbt
oder veräussert (vgl. auch VON DER CRONE, § 16 N 71). Angesprochen ist demnach diejenige Person, in deren Vermögen sich das Erwerbs- bzw. Veräusserungs-
geschäft letztlich auswirkt.

Beim *direkten Erwerb* fallen formelle Rechtszuständigkeit und wirtschaftliche   119
Berechtigung bei ein und demselben Meldepflichtigen zusammen. Der *indirekte
Erwerb* umfasst sodann jene Fälle, bei denen die wirtschaftlichen Auswirkungen
eines Geschäfts nicht bei demjenigen Rechtsträger eintreten, bei dem es formell
abgewickelt wird. Gemeint sind etwa Handänderungen über Treuhandverhältnisse
oder Tochtergesellschaften sowie allgemein innerhalb eines Konzerns (vgl. VON
DER CRONE, § 16 N 71 und 72; ferner Art. 11 FinfraV-FINMA).

Es ist nicht zu verkennen, dass über das schlichte Wort «indirekt» auch wesentli-   120
che Durchgriffe erfolgen können, die nicht, wie im ordentlichen Gesellschaftsrecht, an die Voraussetzung eines Rechtsmissbrauchs geknüpft werden. Die juristische Person wird so rein instrumentell betrachtet.

Personen, die sich im Hinblick auf den Erwerb oder die Veräusserung von Aktien   121
abgesprochen haben, unterstehen schliesslich als Ganzes der *Meldepflicht als
Gruppe* (Art. 121 FinfraG, Art. 12 FinfraV). Ausschlaggebend für den Begriff der
Absprache ist nicht ihre rechtliche Ausgestaltung oder Qualifikation, sondern die
Frage, ob die einzelnen beteiligten Aktionäre in der Ausübung ihrer Aktionärs-
rechte frei bleiben oder ob in irgendeiner Weise Kosten anfallen, wenn sie ihre
Rechte entgegen der Absprache ausüben. Im Vorfeld einer GV unter Aktionären
geführte Gespräche begründen solange keine Meldepflicht wegen Handelns in

gemeinsamer Absprache, als die einzelnen Aktionäre am Tag der GV ihre Stimme frei abgeben können (VON DER CRONE, § 16 N 77 und 76).

122 Parallel zur Meldepflicht des wirtschaftlich Berechtigten (s. N 104 und 105) gibt es gemäss Art. 120 Abs. 3 FinfraG neu eine nunmehr gesetzlich verankerte, *separate Meldepflicht für Dritte, welche zur Ausübung der Stimmrechte an Beteiligungspapieren nach freiem Ermessen berechtigt sind.* Anvisiert werden hier in erster Linie Vermögensverwalter, die für ihre Kunden Beteiligungen halten und die daraus fliessenden Stimmrechte frei ausüben können. Vor der Inkraftsetzung des FinfraG existierte bereits in Art. 9 Abs. 2 aBEHV-FINMA eine entsprechende Meldepflicht für Dritte. Mit Urteil 2C_98/2013 vom 29. Juli 2013 (Pra 103/2014 Nr. 78, E. 6.8) hat das Bundesgericht dann aber festgestellt, dass die fragliche Verordnungsbestimmung über keine genügende gesetzliche Grundlage verfügte; in der Folge war sie nicht mehr anwendbar (vgl. Botschaft FinfraG, 7582; ESSEBIER/WYSS, 156 ff.)

c. Veröffentlichungspflicht

123 Unter der Veröffentlichungspflicht, in Art. 124 FinfraG auch Informationspflicht genannt, wird die Pflicht der Gesellschaft verstanden, die ihr gemäss Art. 120 und 121 FinfraG vom Aktionär übermittelten Informationen zu veröffentlichen. Sie wurde unverändert von Art. 21 aBEHG übernommen (Botschaft FinfraG, 7584; NOBEL, Aktienrecht, 348 N 250).

d. Meldung von Beteiligungsderivaten

124 Beteiligungsderivate werden in Art. 15 Abs. 1 FinfraV-FINMA folgendermassen definiert:

> «Instrumente, deren Wert sich zumindest teilweise vom Wert oder der Wertentwicklung von Beteiligungspapieren von Gesellschaften gemäss Artikel 120 Abs. 1 FinfraG ableitet.»

125 Grundsätzlich unterliegen sämtliche Beteiligungsderivate der Meldepflicht, also einerseits solche, welche die Lieferung oder den Erwerb von Beteiligungspapieren vorsehen bzw. zulassen oder ermöglichen (bspw. Call- und Put-Optionen, Optionsstrategien, strukturierte Produkte), anderseits Instrumente, deren Wert direkt oder indirekt, ganz oder teilweise von Beteiligungspapieren abhängt (etwa Contracts for Difference, Equity Swaps oder Futures und Forwards mit Barausgleich), vgl. Art. 15 FinfraV-FINMA und ESSEBIER/WYSS, 160.

7. Öffentliche Kaufangebote

Mit den Übernahmevorschriften sollen in Übernahmesituatio- 126
nen Transparenz und Gleichbehandlung der Aktionäre der Zielgesellschaft gewährleistet werden, um die Funktionsfähigkeit des Marktes bei Übernahmeangeboten zu schützen (NOBEL, Aktienrecht, 336 N 219). Die entsprechenden gesetzlichen Bestimmungen wurden materiell grundsätzlich unverändert vom BEHG ins
FinfraG transferiert (Art. 125 ff. FinfraG; Botschaft FinfraG, 7584).

Die Übernahmevorschriften sollen vor allem sicherstellen, dass die Aktionäre der 127
Zielgesellschaft ihren Entscheid über die Annahme bzw. Ablehnung des Angebots
aufgrund von möglichst vollständigen Informationen fällen können (Art. 127
FinfraG). Zu diesem Zweck werden verschiedene Informationspflichten vorgeschrieben, welche über die aktienrechtlichen Vorschriften des OR hinausgehen,
namentlich die Publikation eines Angebotsprospekts durch den Anbieter (Art. 127
Abs. 1 FinfraG, Art. 17 ff. UEV) sowie einen Bericht zum Angebot vom Verwaltungsrat der Zielgesellschaft (Art. 132 Abs. 1 FinfraG, Art. 30 ff. UEV; vgl. zum
Ganzen NOBEL, 337 N 220 f.).

Darüber hinaus führt ein öffentliches Kaufangebot in der Regel auch zu einem 128
Kontrollwechsel, und es kommt zumindest zu einer Ablösung des Verwaltungsrats
der Zielgesellschaft. Folglich können Verwaltungsrat und Geschäftsleitung einem
öffentlichen Kaufangebot nicht neutral gegenüberstehen, sodass ihre Rolle geklärt
werden muss (VON DER CRONE, § 16 N 91 und 92).

a. Angebotsprospekt

Der Angebotsprospekt wird in Art. 17 ff. UEV eingehend ge- 129
regelt. Er ist das einschlägige Kerndokument des gesamten Übernahmeverfahrens
und definiert das öffentliche Kaufangebot des Anbieters in rechtlich verbindlicher
Weise. Vertragsrechtlich betrachtet ist der Prospekt die Offerte des Anbieters an
die Aktionäre der Zielgesellschaft, deren Aktien zu kaufen bzw. – falls ein
Tauschangebot vorliegt – gegen andere Wertpapiere zu tauschen (NOBEL, Finanzmarktrecht, § 10 N 499; VON DER CRONE, § 16 N 104). Der Angebotsprospekt ist
zu publizieren und auf dem Internet frei verfügbar zu machen (Art. 18 i.V.m.
Art. 6 und 7 UEV).

Freilich ist zu beachten, dass der Angebotsprospekt lediglich die dem Anbieter 130
selber vorliegenden Informationen wiedergibt. Handelt es sich um einen *unfriendly takeover*, wo ein Einverständnis von Verwaltungsrat und Geschäftsleitung
der Zielgesellschaft fehlt und folglich kein Austausch zwischen ihr und dem Anbieter stattfindet, kann der Angebotsprospekt nur wenig über die Zielgesellschaft
aussagen. Um gleichwohl die nötige Transparenz im Sinne von Art. 1 Abs. 2

FinfraG zu gewährleisten, bedarf es zusätzlich einer Stellungnahme der Zielgesellschaft selbst (Art. 132 Abs. 1 FinfraG, Art. 30 ff. UEV; NOBEL, Finanzmarktrecht, § 10 N 500).

b.   Rechtsstellung und Pflichten der Zielgesellschaft

131   Den Aktionär trifft nach bisheriger Rechtsprechung weder eine Treue- noch eine Geheimhaltungspflicht. Dafür hat er aber auch keinen direkten Zugang zu gesellschaftsinternen Informationen (Art. 680 und 697 OR); er hat sich in aller Regel mit der periodischen Berichterstattung sowie mit der Ad-hoc-Publizität zu begnügen. Ein Übernahmeangebot schafft allerdings ein zusätzliches Informationsbedürfnis, weil es die kontinuierliche Sichtweise infrage stellt (VON DER CRONE, § 16 N 117).

132   Deshalb ist der *Verwaltungsrat der Zielgesellschaft verpflichtet, den Inhabern von Beteiligungspapieren einen Bericht vorzulegen,* worin er zum Angebot Stellung bezieht (Art. 132 Abs. 1 FinfraG); Art. 30 ff. UEV konkretisieren diese Berichterstattungspflicht. Im Falle eines *unfriendly takeover* befindet er sich natürlich in einem erheblichen Interessenkonflikt; hierauf ist besonders hinzuweisen (Art. 32 UEV; NOBEL, Finanzmarktrecht, § 10 N 506).

133   Grundsätzlich muss der Bericht alle Informationen enthalten, die notwendig sind, damit die Empfänger des Angebotes ihre Entscheidung in Kenntnis der Sachlage treffen können (Art. 30 Abs. 1 UEV). Die abgegebenen Informationen müssen wahr und vollständig sein (Art. 30 Abs. 2 UEV). Insbesondere ist der Verwaltungsrat der Zielgesellschaft verpflichtet, die ihm bekannten und nicht veröffentlichten Angaben über den Gang der laufenden Geschäfte offenzulegen. Ausserdem hat der Verwaltungsrat der Zielgesellschaft in analoger Anwendung von Art. 24 Abs. 4 UEV in seinem Bericht Angaben über wesentliche Änderungen der Vermögens-, Finanz- und Ertragslage sowie der Geschäftsaussichten zu machen, die seit der letzten Veröffentlichung des Jahres- oder Zwischenberichts eingetreten sind (NOBEL, Finanzmarktrecht, § 10 N 507). Wenn keine solchen Änderungen eingetreten sind, so hat der Verwaltungsrat dies explizit in seinem Bericht zu bestätigen (Empfehlung der UEK i.S. von Roll Holding AG vom 12. Dezember 2007, E. 7.2.1).

134   In Art. 132 Abs. 3 lit. b FinfraG wird die UEK ausdrücklich angewiesen, Massnahmen des Verwaltungsrates der Zielgesellschaft zu verhindern, die darauf abzielen, einem Angebot zuvorzukommen oder dessen Erfolg zu verhindern. Auch dies führt die UEV in Art. 36 Abs. 2 lit. a–f näher aus. Darüber hinaus werden auch Massnahmen, welche offensichtlich das Gesellschaftsrecht verletzen, als unzulässige Abwehrmassnahmen qualifiziert (Art. 37 UEV).

Verschiedentlich findet folglich eine *Einschränkung des Handlungsspielraums*   135
von Verwaltungsrat und Geschäftsleitung der Zielgesellschaft und damit eine
Kompetenzverlagerung zugunsten der Generalversammlung statt. Dies hängt
zusammen mit der Neutralitätspflicht des Verwaltungsrates der Zielgesellschaft,
welche ihm untersagt, «Rechtsgeschäfte zu beschliessen, mit denen der Aktiv-
oder Passivbestand der Gesellschaft in bedeutender Weise verändert würde»
(Art. 132 Abs. 2 FinfraG). Die Generalversammlung wird in ihrer Handlungsfreiheit nicht eingeschränkt; im Gegenteil erfährt sie sogar eine Kompetenzerweite-
rung: Mit Zustimmung der Generalversammlung können die in Art. 36 UEV erwähnten Geschäfte auch während des Übernahmeverfahrens getätigt werden
(Abs. 2 Ingress).

Gedenkt der *Verwaltungsrat der Zielgesellschaft, Abwehrmassnahmen zu ergrei-*   136
fen, hat er dies der UEK vorgängig mitzuteilen. In der Praxis von Bedeutung wä-
ren aber lediglich Massnahmen, welche nicht in den Verbotskatalog von Art. 36
Abs. 2 UEV fallen und für welche der Verwaltungsrat eine Genehmigung der
Generalversammlung der Zielgesellschaft einzuholen gedenkt. Denn im Übrigen
hat der Verwaltungsrat auch während eines laufenden Angebotsverfahrens die
Geschäfte der AG getreu und sorgfältig im Sinne von Art. 717 OR zu führen (VON
DER CRONE, § 16 N 127).

c.   Umgang mit eigenen Aktien

Der Erwerb eigener Aktien ist gemäss Art. 659 Abs. 1 OR zu-   137
lässig, sofern der gesamte Nennwert dieser Aktien zehn Prozent des Aktienkapitals nicht übersteigt und frei werdendes Eigenkapital im Umfang der dafür nötigen
Mittel vorhanden ist.

Öffentliche Kaufangebote eines Emittenten auf eigene, an der Börse kotierte Be-   138
teiligungspapiere sind als öffentliche Kaufangebote gemäss Art. 2 lit. i FinfraG zu
qualifizieren.

Gemäss Art. 4 UEV kann die Übernahmekommission von Amtes wegen oder auf   139
Gesuch hin Ausnahmen von einzelnen Bestimmungen dieser Verordnung gewähren, sofern diese durch überwiegende Interessen gerechtfertigt sind. Sie kann
namentlich den Anbieter von der Beachtung einzelner Bestimmungen über öffentliche Kaufangebote befreien, wenn sich sein Angebot auf eigene Beteiligungspapiere bezieht und Gleichbehandlung, Transparenz, Lauterkeit sowie Treu und
Glauben gewährleistet sind und keine Hinweise auf eine Umgehung des BEHG
oder anderer Gesetzesbestimmungen vorliegen.

Gestützt auf Art. 4 Abs. 2 UEV hat die Übernahmekommission im Rundschreiben   140
Nr. 1: Rückkaufprogramme vom 27. Juni 2013 die Voraussetzungen und Auflagen

bestimmt, denen Rückkaufprogramme auf eigene Aktien entsprechen müssen, um von der Anwendung der ordentlichen Bestimmungen des Übernahmerechts freigestellt zu werden.

d. Pflichtangebot

141   Sofern ein Anbieter die Kontrolle über eine Gesellschaft erwirbt, so erwirbt er damit, wirtschaftlich gesehen, die Unternehmung als Ganzes. In der Folge muss sich eine Kontrolltransaktion denn auch auf sämtliche Aktien der Gesellschaft erstrecken. Zwar können die Aktionäre nicht allgemein dazu verpflichtet werden, ihre Aktien dem Kontrollerwerber mitzuverkaufen, doch müssen sie das Recht zu einem solchen Mitverkauf haben. Zu diesem Zweck sieht Art. 135 FinfraG immer dann eine Pflicht des Erwerbers vor, sämtlichen Aktionären der Gesellschaft ein Kaufangebot und damit ökonomisch betrachtet eine Put-Option einzuräumen, wenn die Kontrolle an der Gesellschaft erworben wird (VON DER CRONE, § 16 N 129).

142   Beim Pflichtangebot reicht auch die Meldepflicht am weitesten. Ab einer Beteiligung von einem Drittel sind die Aktionäre oder die Aktionärsgruppe verpflichtet, ein Übernahmeangebot zu unterbreiten. Auch die Angebotspflicht geht über die gewöhnliche Stellung einer Person oder Personengruppe hinaus, indem auch jene betroffen sind, die nicht direkt Aktionäre sind (vgl. NOBEL, Börsengesellschaftsrecht, 310), sondern nur als wirtschaftlich Berechtigte im Hintergrund bleiben. Art. 135 Abs. 1 FinfraG lautet dementsprechend wie folgt:

> «Wer direkt, indirekt oder in gemeinsamer Absprache mit Dritten Beteiligungspapiere erwirbt und damit zusammen mit den Papieren, die er bereits besitzt, den Grenzwert von 33⅓ Prozent der Stimmrechte einer Zielgesellschaft, ob ausübbar oder nicht, überschreitet, muss ein Angebot unterbreiten für alle kotierten Beteiligungspapiere der Gesellschaft. Die Zielgesellschaften können in ihren Statuten den Grenzwert bis auf 49 Prozent der Stimmrechte anheben.»

143   Art. 137 Abs. 1 FinfraG gestattet auch ein Angebot mit anschliessendem *Squeeze-out:*

> «Verfügt der Anbieter nach Ablauf der Angebotsfrist über mehr als 98 Prozent der Stimmrechte der Zielgesellschaft, so kann er binnen einer Frist von drei Monaten vom Gericht verlangen, die restlichen Beteiligungspapiere für kraftlos zu erklären. Der Anbieter muss zu diesem Zweck gegen die Gesellschaft Klage erheben. Die restlichen Aktionärinnen und Aktionäre können dem Verfahren beitreten.»

144   Zwar muss ein Angebot unterbreitet werden, und die Aktionäre werden entschädigt; aber der Entscheid zu einem *Squeeze-out* muss nicht vor die Generalver-

sammlung (BÖCKLI, § 7 N 22*c*), was den Minderheiten die Plattform für Gegenvoten entzieht.

8. Abwehrmassnahmen

Das Übernahmerecht beschränkt die Abwehrmöglichkeiten, die [145] dem Verwaltungsrat einer Zielgesellschaft nach der Publikation eines feindlichen Übernahmeangebots zur Verfügung stehen (Art. 132 Abs. 2 FinfraG i.V.m. Art. 35–37 UEV; s. auch den früheren Art. 29 Abs. 2 aBEHG und UEK-Empfehlung V vom 23.8.2005 i.S. Saia-Burgess, E. 1.1.1. ff). Einerseits sind alle Abwehrmassnahmen unzulässig, die das Gesellschaftsrecht offensichtlich verletzen (Art. 37 UEV). Anderseits darf der VR keine Rechtsgeschäfte beschliessen, mit denen der Aktiv- oder Passivbestand der Zielgesellschaft in bedeutender Weise verändert würde (Art. 132 Abs. 2 FinfraG). Die Übernahmekommission hat in Art. 36 UEV einen Katalog solcher Abwehrmassnahmen aufgestellt (z.B. Veräusserung der «Kronjuwelen»); sie setzt auch die Schwelle für die Veränderung des Aktiv- oder Passivbestandes auf zehn Prozent der Bilanzsumme oder der Ertragskraft fest (Art. 36 Abs. 2 lit. a UEV).

Wenn die Generalversammlung solchen Massnahmen aber zugestimmt hat, sind [146] sie zulässig (Art. 132 Abs. 2 FinfraG), wobei in der Lehre umstritten ist, ob eine Zustimmung schon vor einem spezifischen Angebot im Rahmen eines allgemeinen Defensiv-Vorratsbeschlusses ausreicht (der Gesetzestest spricht von «vor oder nach der Veröffentlichung des Angebots»). Es erscheint als zweifelhaft, ob solche ganz abstrakten Vorratsentscheide unabhängig von einem konkreten Angebot zulässig sind (NOBEL, Börsengesellschaftsrecht, 163; a.A. BÖCKLI, § 7 N 216 f. m.w.H.). Soweit ersichtlich, liegen zu dieser umstrittenen Frage noch keine Entscheide vor. Wird die Frage aber bejaht, so bieten sich interessante Möglichkeiten für eine Abwehr, wenn die Aktionäre damit einverstanden sind.

Die statutarische Vinkulierung mittels Prozentklausel nach Art. 685*d* Abs. 1 OR [147] hilft der Zielgesellschaft im Kontext eines feindlichen Angebots in der Regel nur beschränkt, da ein solches Angebot die Bedingung enthalten darf, dass die Angebotsempfänger die entsprechende Statutenbestimmung vor dem Angebotsvollzug mittels GV-Beschluss aufheben (UEK-Empfehlung I v. 19.3.2001 sowie UEK-Empfehlung IV v. 11.4.2001 i.S. InCentive Capital; s. dazu N 179 ff.). Ein erhöhtes statutarisches Zustimmungsquorum für einen solchen Beschluss kann der Zielgesellschaft aber dennoch helfen (zum erhöhten Quorum s. BGE 121 III 219 E. 1.b i.S. SBG c. BK Vision).

Gleiches gilt auch für eine Statutenbestimmung, welche eine nach Art. 705 Abs. 1 [148] OR jederzeit mögliche GV-Abwahl von Verwaltungsräten zahlenmässig beschränkt (z.B. Abwahl von nicht mehr als einem Drittel). Zu beachten ist jedoch, dass das Ziel einer Auswechslung einer bestehenden VR-Mehrheit bei börsenkotierten Gesellschaften nach Ablauf der einjährigen Amtsdauer von Art. 8 Abs. 4 VegüV durch schlichte Nichtwiederwahl erreicht werden kann.

9.   Börsendelikte und Regeln zum Marktmissbrauch

149   Marktmissbräuchliches Verhalten wird vom Gesetz sowohl strafrechtlich wie auch aufsichtsrechtlich erfasst. Am 29. Januar 2009 hat eine Expertengruppe des EFD einen Bericht zum Marktmissbrauch vorgelegt (Bericht der Expertenkommission Börsendelikte und Marktmissbrauch vom 29. Januar 2009). Am 31. August 2011 hatte der Bundesrat die Botschaft zur Änderung des Börsengesetzes betreffend Börsendelikte und Marktmissbrauch aufgelegt (Botschaft Börsendelikte, 6873 ff.).

150   Die Regelungen waren zuerst, wenn auch in abgeschwächter Form, im Strafgesetzbuch zu finden, bevor sie zunächst ins Börsengesetz und dann ins FinfraG überführt worden sind, wo sie nun in doppelter Ausprägung auch als verwaltungsrechtliche Tatbestände konzipiert sind (vgl. Art. 142 und 143 FinfraG). Bei den Straftatbeständen handelt es sich um folgende:

a.   Ausnützen von Insiderinformationen (vgl. Art. 154 FinfraG);

b.   Kursmanipulation (vgl. Art. 155 FinfraG);

c.   Verletzung von Melde- und Angebotspflichten (vgl. Art. 151 und 152 FinfraG).

151   Wegen ihrer hohen Schädlichkeit für den Finanzmarkt und um eine Lücke im Vergleich zum europäischen Recht zu schliessen, werden diese Tatbestände auch auf der Ebene des Aufsichtsrechts für sämtliche Marktteilnehmer untersagt. Dies vor dem Hintergrund des Gläubiger- und des Anlegerschutzes sowie des Schutzes der Funktionsfähigkeit des Finanzmarkts (Botschaft Börsendelikte, 6888). Da das Aufsichtsrecht, anders als das Strafrecht, nicht auf Vergeltung eines Fehlverhaltens abzielt, setzt die verwaltungsrechtliche Ahndung weder einen Vermögensvorteil noch eine Bereicherungsabsicht oder ein subjektives Verschulden voraus. Die Verletzung der aufsichtsrechtlichen Verbote wird von der FINMA im Aufsichtsverfahren geahndet (Botschaft Börsendelikte, 6888 f.).

152   Ausgangspunkt für die Regulierung war die Bundesverfassung und darin insbesondere die Ausrichtung auf eine marktorientierte Wirtschaft, geregelt in Art. 27 i.V.m. Art. 94 ff. BV (vgl. auch § 1, N 93 ff.). Daraus werden auch die Grenzen ersichtlich: Eingriffe sollten vorab dort nicht stattfinden, wo der Markt an sich gar nicht gefährdet ist. Die Abgrenzung fällt insbesondere schwer bei asymmetrischer

Informationsverteilung, welche implizit mit der Strafnorm betreffend den Insiderhandel bekämpft werden sollen.

II. Leading Cases im Börsengesellschaftsrecht

A. *Kammgarnspinnerei Interlaken (1990)*

Die Kammgarnspinnerei Interlaken AG wurde ab dem Jahr [153] 1980 je zur Hälfte von der EMS-Chemie Holding AG und der Pent Holding Ltd., die zur COOP-Gruppe gehörte, gehalten. Während gut zweier Jahre wurde das defizitäre Unternehmen gemeinsam geführt; u.a. verpflichteten sich die Teilhaberinnen als Bürgen und kamen für die zur Weiterführung nötigen Mittel auf. Bereits im Jahr 1982 hatten die Aktionärinnen den Verkauf der Gesellschaft in Erwägung gezogen. Gemeinsame Übernahmeverhandlungen mit der Schmid AG Gattikon scheiterten jedoch früh. Die COOP-Gruppe führte ohne Wissen der EMS-Chemie Holding AG eigene Verhandlungen mit der Schmid AG Gattikon. Diese führten im April 1983 zu einer Vereinbarung zur Übernahme des 50-Prozent-Anteils der Pent Holding AG durch die Schmid AG Gattikon.

In der Folge weigerten sich die Vertreter der EMS-Chemie Holding AG im Ver- [154] waltungsrat der Gesellschaft, die Schmid AG Gattikon als neue Aktionärin anzuerkennen, und die EMS-Chemie Holding verweigerte die Herausgabe der bei ihr deponierten Aktien. Diese wurden bei der Schweizerischen Bankgesellschaft in Zürich mit der Weisung deponiert, die Aktien nur auf gemeinsames Verlangen der Pent Holding Ltd. und der EMS-Chemie Holding AG herauszugeben.

Die Pent Holding Ltd. reichte in der Folge beim Handelsgericht Zürich Klage [155] wegen Grundlagenirrtums bezüglich des Vertrags mit der Schmid AG Gattikon ein. Die Schmid AG Gattikon an ihrer Stelle forderte klageweise die Herausgabe der von ihr gekauften Aktien von der EMS-Chemie Holding AG.

Die finanzielle Situation der Gesellschaft wurde währenddessen immer ange- [156] spannter, und die Kontrollstelle bezeichnete den Fortbestand des Unternehmens als in höchstem Masse gefährdet. Aufgrund der daraufhin erstellten Zwischenbilanz schätzte der Verwaltungsrat der Gesellschaft die Bilanzdeponierung als unausweichlich ein. Mitte August 1983 beschloss er in einer mehrtägigen Sitzung, sämtliche Aktiven und einen Teil der Passiven auf die Inkami AG, eine eigens dafür gegründete Auffanggesellschaft, zu übertragen. Zwei Tage danach nahm die ausserordentliche Generalversammlung von der Notwendigkeit der Bilanzdeponierung Kenntnis und genehmigte die hierfür errichteten Verträge. Zu dieser Generalversammlung wurden jedoch keine Vertreter der Schmid AG Gattikon eingeladen.

157   Die Inkami AG wurde im Herbst 1983 veräussert und änderte den Firmennamen in WSI Wollspinnerei Interlaken AG. Über die Kammgarnspinnerei Interlaken AG wurde der Konkurs eröffnet. Im Dezember desselben Jahres erhob dann die Schmid AG Gattikon Klage gegen die WSI Wollspinnerei Interlaken AG und die Kammgarnspinnerei Interlaken AG in Konkurs. Unter anderem ersuchte die Schmid AG Gattikon das Gericht, alle Beschlüsse der ausserordentlichen Generalversammlung der Kammgarnspinnerei Interlaken AG aufzuheben und die Verträge mit der Inkami AG infolge Überschreitung der Vertretungsmacht als nichtig zu qualifizieren. In erster Instanz bekam die Schmid AG Gattikon bezüglich der Beschlüsse der ausserordentlichen Generalversammlung Recht, die Verträge mit der Inkami AG wurden hingegen nicht für nichtig erklärt.

158   Das Bundesgericht stützte im Jahr 1990 diesen Entscheid (BGE 116 II 320) Der damalige Art. 718 Abs. 1 aOR (entspricht dem heutigen Art. 718a Abs. 1 OR) ermächtigte die vertretungsberechtigten Personen, alle Rechtshandlungen vorzunehmen, die der Gesellschaftszweck mit sich bringen kann. Diese Norm wird in Lehre und Rechtsprechung weit ausgelegt und ist dahin zu verstehen, dass nicht bloss dem Gesellschaftszweck nützliche Rechtshandlungen umfasst sind, sondern vielmehr auch «ungewöhnliche Geschäfte, sofern sie auch nur möglicherweise im Gesellschaftszweck liegen» (a.a.O. E. 3a.). Was hingegen im Normalfall nicht mehr vom Gesellschaftszweck umfasst wird, ist die Veräusserung des gesamten Betriebes; der Verwaltungsrat ist folglich grundsätzlich nicht befugt, in Eigenregie das gesamte Unternehmen zu veräussern. Jedoch hielt das Bundesgericht fest, dass es in Krisenfällen unter bestimmten Voraussetzungen möglich ist, von diesem Grundsatz abzuweichen und die Kompetenzen des Verwaltungsrates zu erweitern. Die Beschränkung auf den Gesellschaftszweck dienliche Rechtshandlungen soll dann nicht mehr massgebend sein, wenn dieser infolge Insolvenz der Gesellschaft ohnehin nicht mehr zu erreichen ist. In einer solchen Situation soll die Vertretungsmacht an anderen Kriterien gemessen werden, insbesondere an den Interessen der Arbeitnehmer und Gläubiger der konkursiten Gesellschaft. Wenn das Dahinfallen des eigentlichen Gesellschaftszwecks nicht mehr zu verhindern ist, haben die Organe das Recht, weiter drohenden Schaden zu verhindern oder zumindest zu begrenzen. Es sei durch die Organe «zu retten, was noch zu retten ist» (BGE 116 II 320 E. 3a). Eine derartige Ausweitung der Vertretungsmacht über den Wortlaut von Art. 718 Abs. 1 aOR hinaus ist somit dann gerechtfertigt, wenn zum einen unverzügliches Handeln gefordert ist und zum andern «besondere Umstände eine rechtzeitige Beschlussfassung durch die Generalversammlung als grundsätzlich zuständiges Organ verunmöglichen» (a.a.O. E. 3a).

159   Im Börsenrecht sind die Gewichte dann anders verteilt; in erster Linie ist nach erfolgtem Übernahmeangebot die GV zuständig, und die Befugnisse des VR sind beschränkt (Art. 132 Abs. 2 FinfraG und Art. 36 Abs. 2 UEV).

B.   Holvis (1995)

Kurz vor dem Inkrafttreten des Börsengesetzes spielte sich im   160
Jahr 1995 unter dem damaligen «Schweizerischen Übernahmekodex» der Verei-
nigung der Schweizer Börsen ein Bieterwettbewerb ab über die Basler Vliesstoff-
produzentin und Papiergrosshändlerin Holvis AG, deren Verwaltungsrat eine
Auktion über das Unternehmen initiiert hatte (zum Ganzen s. Entscheid der Regu-
lierungskommission vom 7. Juni 1995 und MEIER-SCHATZ, Besprechung des
Entscheides der Regulierungskommission, SZW 1995, 186 ff.). Die Erstbieterin
International Paper («IP») unterbreitete Ende April ein Angebot zum Preis von
CHF 435.– pro Aktien, das vom Holvis-VR als zu tief abgelehnt wurde. Ende Mai
publizierte die BBA-Group PLC («BBA») eine Zweitofferte in der Höhe von
CHF 500.– pro Aktie, die aber mit der Bedingung verknüpft war, dass das «Kron-
juwel» von Holvis (die Vliessparte) unabhängig sowohl vom Erfolg des Angebots
als auch von einer höheren Konkurrenzofferte an BBA verkauft werde. Obschon
diese «Lock-up-Bedingung» faktisch eine höhere Konkurrenzofferte verhinderte,
empfahl der Holvis-VR die Annahme dieser Offerte und schloss zugleich mit IP
bereits einen bedingten Verkaufsvertrag bezüglich des Kronjuwels, der insbesondere dann wirksam werden sollte, falls das Angebot von BBA von weniger als
50,1 Prozent der Holvis-Aktionäre angenommen würde. Gemäss Regulierungskommission war es klar, dass diese «Poison Pill» eine Erhöhung des Angebots
von IP verhindern sollte. In der Folge offerierte IP dann aber trotzdem einen um
CHF 50.– höheren Angebotspreis von CHF 550.– unter der Bedingung, dass der
vom VR bereits abgeschlossene bedingte Verkaufsvertrag wieder rückgängig
gemacht werde. Gleichzeitig beantragte IP bei der Regulierungskommission die
Feststellung, dass der Abschluss des Verkaufsvertrags den Übernahmekodex ver-
letzte und dass damit auch das Angebot von BBA kodexwidrig sei.

Die Regulierungskommission war aber anderer Ansicht. Sie stützte sich dabei   161
einerseits auf Art. 6.1 des Übernahmekodex, der wie folgt lautete: *«Die zuständi-*
gen Organe der Gesellschaft sind im Rahmen des Gesetzes und der Statuten in der
Wahl von Gegenmassnahmen frei; insbesondere dürfen sie die Eintragung des
Anbieters ins Aktienregister gemäss Statuten verweigern. (…).» Die Kommission
wies zwar darauf hin, dass dies unter dem bald in Kraft tretenden Börsengesetz
dann anders sein werde, jedoch sei dieses noch nicht in Kraft. Anderseits argumentierte die Regulierungskommission, die Anwendung des Aktienrechts liege
nicht in ihrer Kompetenz, sondern in derjenigen der Zivilgerichte, und der bedingte Verkauf des Kronjuwels durch den Verwaltungsrat verletze das Aktienrecht
auch nicht in offensichtlicher Weise. Unter Verweis auf BGE 116 II 320 (Kammgarnspinnerei Interlaken; s. dazu oben 152 ff.) hielt sie fest, der Verwaltungsrat
dürfe in Ausnahmesituationen Kompetenzen der GV ausüben, wenn eine GV nicht
rechtzeitig einberufen werden könne, sodass die von IP gerügte faktische Zweck-

änderung bzw. Liquidation der Holvis von den Zivilgerichten möglicherweise als zulässig betrachtet werden könnte.

162 Unter den bereits wenig später und bis heute geltenden übernahmerechtlichen Regeln wäre der Fall Holvis anders entschieden worden. Einerseits benötigt die Veräusserung von Kronjuwelen im Kontext eines laufenden Übernahmeangebots die Zustimmung der GV (Art. 132 Abs. 2 FinfraG und Art. 36 Abs. 2 UEV). Anderseits soll das Übernahmerecht nach der Praxis der UEK den unverfälschten Ablauf des Steigerungsverfahrens durch unmittelbaren Wettbewerb verschiedener Bieter zugunsten aller Aktionäre im öffentlichen Interesse sicherstellen, weshalb die UEK Vereinbarungen zwischen am Verfahren Beteiligten als unzulässig erklärt, soweit diese auf den Steigerungserfolg einwirken (s. UEK-Empfehlung 161/02 vom 11. Juni 2003 i.S. InCentive Capital AG/Centerpulse, E. 5.4.3; s. dazu unten 183 ff.). Dementsprechend würde die UEK den bedingten Verkauf der Holvis-Kronjuwelen durch den Holvis-VR heute nicht zulassen.

C.   Die Schweizerische Volksbank (1992)

163   1869 wurde die Schweizerische Volksbank («SVB») in der Rechtsform einer Genossenschaft gegründet. Sie war eine atypische Genossenschaft, da sie über ein festes Genossenschaftskapital mit börsenkotierten Stammanteilen sowie PS verfügte (s. FORSTMOSER, Grossgenossenschaften, 49 ff.). Die SVB entwickelte sich bis 1992 zur viertgrössten Bank der Schweiz, während die Schweizerische Bankgesellschaft («SBG») und der Schweizerische Bankverein («SBV») die Positionen eins bzw. zwei innehatten und die Schweizerische Kreditanstalt unter dem Dach der CS Holding die Nummer drei war.

164 Ende Oktober 1992 teilte der SVB-Verwaltungsrat mit, dass die Bank ihr bisheriges Rechtskleid einer Genossenschaft ablegen und sich – unter Wahrung ihrer Rechtspersönlichkeit und ohne Liquidation – in eine Aktiengesellschaft umwandeln wolle; Hintergrund war ein per Ende 1992 anfallender hoher Wertberichtigungsbedarf (NZZ v. 27.10.1992, S. 31). Die Hauptfolge der Umwandlung betraf die erheblich veränderten Mitwirkungsrechte der Gesellschafter: Die Delegiertenversammlung mit dem bisher geltenden Kopfstimmprinzip sollte durch die Generalversammlung der Aktionäre ersetzt werden, und die Gesellschafter sollten auch alle übrigen mit dem Stimmrecht zusammenhängenden Mitwirkungsrechte erhalten (vgl. Art. 656c Abs. 2 OR). Dabei ist zu beachten, dass der Delegiertenkreis im Verhältnis zum Aktionärskreis sehr beschränkt war.

165 Nach herrschender Lehre setzte zu jener Zeit die Umwandlung einer Genossenschaft in eine Aktiengesellschaft grundsätzlich deren Liquidation und dann eine Neugründung voraus (BODMER/KLEINER/LUTZ, N 1 zu Art. 14 BankG). Das Fusi-

onsgesetz mit seinen detaillierten Bestimmungen zur Umwandlung (Art. 53 ff. FusG) trat erst mehr als zehn Jahre später am 1. Juli 2004 in Kraft. Für die Umwandlung von Bankgenossenschaften in eine AG – im Gegensatz zur Umwandlung «normaler» Genossenschaften – galt damals aber zur Vermeidung einer Liquidation eine bankengesetzliche Spezialnorm mit folgendem Wortlaut (Art. 14 Abs. 1 aBankG):

> «[1] Der Bundesrat wird ermächtigt, zur Vermeidung einer Liquidation allgemein oder für einzelne Fälle erleichternde Vorschriften über die Umwandlung einer Genossenschaftsbank in eine Aktiengesellschaft oder Kommanditaktiengesellschaft aufzustellen. Er darf dabei, unter angemessener Berücksichtigung der Interessen der Gesellschafter und der Gläubiger, vom Obligationenrecht und vom Bundesgesetz über Schuldbetreibung und Konkurs abweichen.»

Gestützt auf diese *«carte blanche»* beschloss der Bundesrat am 18. Dezember 1992 dann in massgeschneiderter Weise folgende Elemente für eine erleichterte Umwandlung der SVB in eine AG unter Wahrung ihrer Rechtspersönlichkeit:

166

> «1. Der Genossenschaft ‹Schweizerische Volksbank›, Bern, wird gestützt auf Art. 14 BankG bewilligt, durch ihre Delegiertenversammlung auf dem Wege der Statutenänderung die Umwandlung in eine identische Aktiengesellschaft zu beschliessen und ihre Geschäftstätigkeit mit unveränderter Firmenbezeichnung weiterzuführen.
>
> 2. Diese Bewilligung erlischt, falls die Delegiertenversammlung der Schweizerischen Volksbank den Umwandlungsbeschluss nicht innerhalb von zwei Jahren seit Eröffnung dieses Entscheides fällt.
>
> 3. Mit dem Eintrag der Aktiengesellschaft ins Handelsregister wird das gesamte Kapital und das Vermögen der Genossenschafter zum Kapital bzw. Vermögen der Aktiengesellschaft.
>
> 4. Die Beteiligungsrechte an der Schweizerischen Volksbank werden mit dem Handelsregistereintrag ohne Zeichnungs- und Prospektverfahren zu Beteiligungsrechten an der Aktiengesellschaft. Auf den gleichen Zeitpunkt werden die Ansprüche auf Erwerb von Beteiligungsrechten an der bisherigen Genossenschaft zu Ansprüchen auf Erwerb von Beteiligungsrechten an der Aktiengesellschaft.
>
> 5. Der Verwaltungsrat und die Revisionsstelle werden kraft der Umwandlung ohne Neubestellung zu den entsprechenden Organen der Aktiengesellschaft. Auch die Zeichnungsberechtigten bleiben unverändert.
>
> 6. Die Gläubiger der Schweizerischen Volksbank werden unabhängig von allfälligen abweichenden Vereinbarungen verpflichtet, die Aktiengesellschaft als Schuldnerin anzuerkennen, ohne dass sie Befreiung oder Sicherstellung ihrer Ansprüche oder eine Änderung der Vertragsbedingungen verlangen können. (…)»

167   Rund drei Wochen nach diesem Bundesratsbeschluss teilte die SVB am 6. Januar 1993 dann mit, dass sie sich mit der CS Holding zusammenschliessen wolle und ihren Genossenschaftern bzw. PS-Inhabern empfehle, nach erfolgter Umwandlung in eine AG ein entsprechendes Umtauschangebot der CS Holding anzunehmen. Bei diesem Zusammenschluss der Nummern drei und vier handelte es sich um die bis dahin grösste Bankenübernahme in der Schweiz (NZZ vom 7.1.1993, S. 25). Im Jahr 1998 fusionierten dann auch SBG und SBV zur heutigen UBS (s. dazu Fall UBS in Kap.§ 7, N 213 ff.).

168   Die Volksbank-Umwandlung wurde dann zur Mustervorlage für die Umwandlung verschiedener Kantonalbanken von Anstalten zu (gemischtwirtschaftlichen) Aktiengesellschaften (vgl. dazu Kap. § 5, N 29 ff.).

D.   Baumgartner Papiers (2001)

169   Im Fall «Baumgartner Papiers» (BGer 2A.394/2000 vom 2. Juli 2001) stellte sich im Jahr 2001 die Frage, ob bei vinkulierten Namenaktien die (willkürliche) Eintragungspraxis des Verwaltungsrates einen Einfluss auf die Angebotspflicht haben kann. Mit diesem Urteil widersetzte sich das Bundesgericht einer Verfügung der UEK der EBK, wonach die US-amerikanische Investorengruppe Edelman («Groupe Edelman») kein Übernahmeangebot hätte unterbreiten müssen, solange deren Stimmrechte von der Baumgartner Papiers nicht voll anerkannt werden. Die US-Investorengruppe, die über 27 Prozent der Aktien der Baumgartner Papiers verfügte, musste den übrigen Aktionären gemäss Bundesgericht ein Übernahmeangebot unterbreiten, sobald sie mehr als ein Drittel des Aktienkapitals hielt. Die EBK hatte geltend gemacht, das Pflichtangebot könne an die Bedingung geknüpft werden, dass der Grossaktionär auch tatsächlich über das Stimmrecht verfügte; ferner verwies sie auf den Umstand, die Aktien der Baumgartner SA verteilten sich auf drei dominierende Gruppen. Das Bundesgericht liess diese Argumentation jedoch nicht zu und stellte sich auf den Standpunkt, die gesetzliche Pflicht zum Übernahmeangebot bestehe unabhängig davon, ob der zu mehr als einem Drittel beteiligte Aktionär sein Stimmrecht voll ausüben könne oder nicht. Somit handelt es sich bei diesem ersten Bundesgerichtsentscheid in Übernahmesachen um einen «Leading Case» und ein Urteil von grundsätzlicher Bedeutung zur Anwendung des Übernahmerechts (NOBEL, Bank- und Kapitalmarktrecht, 16).

170   Der Versuch der «Groupe Edelman», die in der Verpackungs- und Papierindustrie tätige Schweizer Unternehmensgruppe Baumgartner Papiers Holding SA («Baumgartner SA») mit Sitz in Crissier zu übernehmen, ging wohl in die Rechtsgeschichte ein; denn einerseits gehörte er zu den variantenreichsten Übernahmemanövern (vgl. dazu auch NZZ vom 8.6.2001, 16.11.2001, 20.12.2001 sowie

zu einem der letzten Angebote NZZ vom 22.5.2002), andererseits war ebendieses Urteil das erste, in dem das Bundesgericht sich zu der in Art. 32 aBEHG (heute Art. 135 FinfraG) statuierten «Pflicht zur Unterbreitung eines Angebots» und deren Konkretisierung in der dazu ergangenen Verordnung der EBK äusserte.

Die Groupe Edelman hatte 27 Prozent der Aktien der Baumgartner SA erworben, ihr war jedoch die Eintragung ins Aktienbuch verweigert worden. Deshalb beantragte die vom US-amerikanischen Financier ASHER EDELMAN angeführte Aktionärsgruppe, die im Begriff war, die 33⅓-Quote der (theoretischen) Stimmrechte zu überschreiten, eine Befreiung von der Angebotspflicht nach Art. 32 aBEHG (heute Art. 135 FinfraG). [171]

Die UEK sowie – nach Beschwerde der Baumgartner SA – die EBK hatten dem Antrag entsprochen und der Groupe Edelman in einer Verfügung eine Ausnahme von der Pflicht gewährt, den Aktionären der Baumgartner SA ein öffentliches Kaufangebot zu unterbreiten. Dies jedenfalls so lange, als der Investorengruppe die Stimmausübung nicht möglich sei, weil ihr Eintrag ins Aktienbuch, gestützt auf Art. 9 der Statuten der Baumgartner SA, für Beteiligungen über drei Prozent verweigert werde. [172]

Art. 9 der Baumgartner SA-Statuten sah vor: [173]

> «Le Conseil d'administration peut refuser d'inscrire un acquéreur d'actions nominatives en tant qu'actionnaire à part entière pour autant que le nombre d'actions qu'il détient dépasse trois pour cent du total des actions nominatives inscrites au registre des actions.
>
> Les personnes morales et les sociétés de personnes ayant la capacité juridique qui sont regroupées entre elles par des liens en capital, en voix, par le biais d'une direction unique ou sous toute forme analogue, ainsi que des personnes physiques ou morales ou des sociétés de personnes qui agissent de façon coordonnée en vue d'éluder les restrictions en matière d'inscription, sont considérées comme un seul acquéreur du point de vue de cette disposition.»

Das Bundesgericht war der Auffassung, dass die Voraussetzungen für eine solche von der UEK und EBK bewilligte Ausnahme von der Angebotspflicht nicht gegeben waren, und hob deshalb die Entscheide der Vorinstanzen auf. [174]

Zunächst legte das Bundesgericht eingehend die Entstehungsgeschichte und den Zweck der in Art. 32 aBEHG (heute Art. 135 FinfraG) statuierten Angebotspflicht dar und setzte sich dann sowohl mit dem Text der von der EBK selbst erlassenen, die Bestimmung des aBEHG konkretisierenden Verordnung als auch mit deren Anwendung im zu beurteilenden Fall auseinander. Dabei waren folgende Argumente wesentlich: [175]

176   Art. 32 Abs. 2 lit. b aBEHV-EBK (heute Art. 38 Abs. 2 lit. b FinfraV-FINMA)
      bildete keine Rechtsgrundlage für Ausnahmen von der Angebotspflicht. Die Vor-
      schrift enthielt nur Vorgaben für die Ausgestaltung eines bedingten öffentlichen
      Pflichtangebotes (Art. 32 Abs. 2 lit. b Satz 1 aBEHV-EBK). Infolgedessen konnte
      das Bundesgericht, wie schon die Vorinstanz, die Frage offenlassen, ob Art. 32
      Abs. 2 lit. b aBEHV-EBK mit Art. 32 Abs. 1 aBEHG oder Art. 685*d* OR vereinbar
      wäre (E. 4a/b).

177   Weiter wurde der Ausnahmetatbestand von Art. 34 Abs. 2 lit. a aBEHV-EBK als
      nicht hinreichend nachgewiesen angesehen. Zwar hatten sich die Vorinstanzen
      nicht direkt auf diese Bestimmung gestützt, sondern eine Situation «analog» jener
      in Art. 34 Abs. 2 lit. a aBEHV-EBK (heute Art. 41 Abs. 2 lit. a FinfraV-FINMA)
      angenommen. Diese Norm liess eine Ausnahme von der Angebotspflicht zu, wenn
      der Erwerber die Zielgesellschaft nicht kontrollieren konnte, weil eine andere
      Person oder eine Gruppe über einen höheren Stimmenanteil verfügte. In casu
      konnte aber nicht dargelegt werden, dass eine effektive Kontrolle der Unterneh-
      mung trotz Überschreitung der 33⅓-Quote nicht möglich sei, weil eine weitere
      Partei eine noch höhere Beteiligung besessen hätte. Wie sich die effektiven Bezie-
      hungen unter den einzelnen Aktionären gestalteten bzw. inwiefern zwei von drei
      angeblich vorherrschenden Gruppen tatsächlich der Baumgartner SA nahestehen-
      de Aktionäre vereinigten und damit eine Kontrolle durch die Investorengruppe
      hätten verhindern können, blieb offen. Infolgedessen konnte auch offenbleiben, ob
      eine analoge Anwendung von Art. 34 Abs. 2 lit. a aBEHV-EBK überhaupt mög-
      lich gewesen wäre (E. 4c).

178   Schliesslich wurde auch die weitere Begründung der Vorinstanz abgelehnt, wo-
      nach eine Ausnahme gerechtfertigt sei, solange nicht die Gesamtheit der Stimm-
      rechte ausgeübt werden könne: Das solle sich generell aus dem gesamten Regel-
      werk der Art. 32 Abs. 2 und 34 aBEHV-EBK ergeben. Nach Auffassung des Bun-
      desgerichts widersprach eine solche Ausnahme nicht nur dem Sinn und Zweck
      von Art. 32 Abs. 1 aBEHG, welcher berücksichtigte, dass trotz Vinkulierung ge-
      wisse Quoren nicht mehr erreicht werden konnten, wenn ein wesentlicher Teil der
      Stimmrechte nicht ausgeübt wurde, sondern verletzte insbesondere auch den aus-
      drücklichen Wortlaut dieser Norm (E. 5 a/b).

179   Von grundsätzlicher Bedeutung war auch die vom Bundesgericht in einem (offen-
      bar gezielt zu diesem Zweck angelegten) Exkurs enthaltene Feststellung zur Ab-
      grenzung des Aktienrechts vom Börsenrecht, dass der EBK, auch wenn sie in
      Übernahmefragen eine Entscheidungskompetenz habe, keine Kompetenz zur
      Einberufung einer ausserordentlichen Generalversammlung zukomme (E. 5 c/d).

E. *InCentive Capital/Sulzer AG (2001)*

Die Investmentgesellschaft InCentive Capital lancierte im Jahr 180
2001 ein unfreundliches Übernahmeangebot auf die Industriegesellschaft Sulzer
AG. Das Angebot enthielt zahlreiche Bedingungen, unter denen folgende hier hervorgehoben werden (s. zum Ganzen UEK-Empfehlung I v. 19.3.2001 sowie -Emp-
fehlung IV v. 11.4.2001 i.S. InCentive Capital):

– Die Generalversammlung von Sulzer sollte vor dem Vollzug des Angebots
   ihre Tochtergesellschaft Sulzer Medica abspalten und deren Aktien auf die
   Sulzer-Aktionäre *pro rata* übertragen.

– Sodann sollte die Sulzer-Generalversammlung die Statuten dahin gehend ändern, dass die Vinkulierung gestrichen und die Anzahl Verwaltungsräte auf
   mindestens drei und höchstens fünf Mitglieder limitiert werde.

– Schliesslich sollte die Sulzer-Generalversammlung den amtierenden Verwaltungsrat abwählen und mindestens drei von InCentive vorgeschlagene Verwaltungsräte neu hinzuwählen.

Die UEK kam in der Folge zum Schluss, dass die erwähnten Bedingungen unter 181
dem Übernahmerecht gültig seien. Sie führte dabei u.a. Folgendes aus (UEK-
Empfehlung I v. 19.3.2001, E. 2.1):

> «Es ist die Aufgabe der Übernahmekommission, das ‹level playing field› für öf-
> fentliche Kaufangebote zu definieren, nicht jedoch neue Formen solcher Transak-
> tionen zu verbieten. Neue Strukturen sind für zulässig zu erachten, wenn sie den
> dem Übernahmerecht zugrunde liegenden Grundsätzen von Lauterkeit, Transpa-
> renz und Gleichbehandlung der Anleger gerecht werden. Das Angebot der InCen-
> tive entspricht einer solch neuen Form, da ihr Angebot durch die vorgängige Ab-
> spaltung der Medica-Beteiligung der Sulzer im Endergebnis nur auf den Industrie-
> teil der Zielgesellschaft ausgerichtet ist. (…) Allein im Umstand, dass diese Titel
> vor der Abwicklung des öffentlichen Kaufangebotes an die Sulzer-Aktionäre aus-
> geschüttet werden sollen, kann keine Verletzung der Grundstrukturen eines Über-
> nahmeangebotes erblickt werden.»

Zur Angebotsbedingung der Streichung der Vinkulierung in den Statuten hielt die 182
UEK fest, dass InCentive mit dem Einreichen des entsprechenden Traktandie-
rungsgesuchs alles Zumutbare zum Eintritt dieser aufschiebenden Bedingung
vorgenommen habe, sodass diese Bedingung dem Übernahmerecht entspreche
(UEK-Empfehlung IV v. 11.4.2001, E. 8.3).

Auch die Angebotsbedingung der Auswechslung des Verwaltungsrats durch die 183
Sulzer-GV erklärte die UEK mit folgenden Erwägungen für zulässig (Empfehlung
IV v. 19.3.2001, E. 6.2):

«Personelle Veränderungen im Verwaltungsrat der Zielgesellschaft sind sowohl bei freundlichen wie feindlichen Übernahmen keine Seltenheit. Die Generalversammlung kann sich in alter Zusammensetzung frei entscheiden, ob sie diese Veränderungen auf der Leitungsebene wünscht. Stimmt die Mehrheit der Aktionäre einer Auswechslung des Verwaltungsrats zu, so reflektiert dies den Willen der Gesellschaft. Die Zulässigkeit einer entsprechenden Bedingung in öffentlichen Kaufangeboten ist folglich aus börsenrechtlicher wie auch aus aktienrechtlicher Sicht zu bejahen.»

F.   InCentive Capital/Centerpulse (2003)

184   Um den Medizinaltechnikhersteller Centerpulse (vormals Sulzer Medica AG) fand im Jahr 2003 ein Bieterwettbewerb statt. Grösste Aktionärin von Centerpulse war die Investmentgesellschaft InCentive Capital AG mit einem Anteil von 19 Prozent. Die Erstanbieterin Smith&Nephew hatte sich vor der Publikation ihres Angebots vom 20. März 2003 mit InCentive und deren Hauptaktionären bereits über die Modalitäten eines parallelen Übernahmeangebots der Erstanbieterin auf InCentive vertraglich geeinigt, wobei die InCentive-Hauptaktionäre auf die Widerrufsmöglichkeit von Art. 30 Abs. 1 aBEHG im Fall einer Konkurrenzofferte formell verzichteten; die genannte Bestimmung schrieb vor, dass bei konkurrierenden Angeboten die Inhaber von Beteiligungspapieren das Angebot frei wählen können (diese Regelung entspricht dem heutigen Art. 133 Abs. 1 FinfraG; s. dazu auch Art. 51 Abs. 2 UEV). Der Verzicht auf die Widerrufsmöglichkeit hatte die Wirkung einer «Poison Pill», die für einen potenziellen Drittbieter abschreckende Wirkung hatte, weil dieser den von InCentive gehaltenen bedeutenden Anteil von 19 Prozent an Centerpulse nicht erlangen konnte.

185   Dennoch publizierte Zimmer Holdings dann am 20. Mai 2003 ein Konkurrenzangebot. Die UEK erachtete den Verzicht der InCentive-Aktionäre auf ihr Widerrufsrecht als unzulässig, wobei sich die UEK insbesondere von folgenden Erwägungen leiten liess (UEK-Empfehlung 161/02 v. 11.6.2003 i.S. InCentive Capital AG E. 5.4.3):

«Somit kann festgehalten werden, dass Art. 30 Abs. 1 BEHG i.V.m. mit Art. 49, 50 und 51 UEV-UEK für den Fall einer Konkurrenzofferte ein Steigerungsverfahren vorsehen. In diesem sollen sich die Vorzüge des unmittelbaren Wettbewerbs verschiedener Bieter zugunsten aller Aktionäre auswirken können, was im öffentlichen Interesse liegt. Dieses öffentliche Interesse schränkt den Raum von Vereinbarungen unter Privaten insoweit ein, als damit der unverfälschte Ablauf des Steigerungsverfahrens tangiert wird. Folglich sind Vereinbarungen zwischen am Verfahren Beteiligten unzulässig, die auf den Steigerungserfolg einwirken (…).»

186   Die EBK hat den Entscheid der UEK u.a. mit folgenden Erwägungen bestätigt (Verfügung v. 23.7.2003, E. 3.3.2f):

«Übernahmeverfahren müssen gemäss den Prinzipien der Gleichbehandlung, der Transparenz und der Lauterkeit ablaufen. Dies hat zur Folge, dass Anbieter von konkurrierenden Angeboten im Wettbewerb stehen müssen (…): Jeder Anbieter muss die gleichen Chancen haben, die Zielgesellschaft zu erwerben und die entsprechenden Angebote zu unterbreiten. Die Aktionäre der Zielgesellschaft müssen ihrerseits die Chance haben, ihre Aktien zu den besten Bedingungen veräussern und sich für ein Angebot frei entscheiden zu können. Zudem darf das Einsteigen von zusätzlichen Anbietern in das Übernahmeverfahren nicht erschwert werden, so dass ein ausreichender, potentieller Wettbewerb das Verhalten der Anbieter diszipliniert (…). Sobald irgendeine Person bzw. Gesellschaft dieses Gleichgewicht zu ihren eigenen Gunsten beeinflussen kann, entspricht das Übernahmeverfahren den gesetzlichen Anforderungen nicht mehr. (…)

Das oben erwähnte Gleichgewicht wird durch den Abschluss eines ‹Lock-up Agreements› beeinträchtigt, indem sich der Erstanbieter die Andienung einer Prozentzahl der Aktien der Zielgesellschaft sichert. Damit schützt er sich gegen konkurrierende Angebote, indem er den Eintritt weiterer Anbieter im Übernahmekampf erschwert (Marktzutrittsschranke). Sollte ein Zweitanbieter nun ungeachtet der Marktzutrittsschranke dennoch ein konkurrierendes Angebot unterbreiten, so wird dieses unter Umständen nicht zustande kommen können, da die Grossaktionäre aufgrund des Lock-up Agreements an das erste Angebot gebunden sind. Die Interessen der Minderheitsaktionäre der Zielgesellschaft sind somit verletzt, da sie von einem zweiten, besseren Angebot aller Voraussicht nach nicht oder nur beschränkt profitieren können. Der Erstanbieter kann mit einem Lock-up Agreement das Gleichgewicht zu seinen Gunsten beeinflussen, wobei die Prinzipien der Gleichbehandlung und der Lauterkeit verletzt werden. Um diese negativen Konsequenzen zu vermeiden, sieht Art. 30 Abs. 1 BEHG daher vor, dass die Aktionäre der Zielgesellschaft zwischen konkurrierenden Angeboten frei wählen können müssen, was ein Widerrufsrecht der Aktionäre im Sinne von Art. 50 Abs. 2 UEV-UEK zur Folge haben muss. Das Widerrufsrecht bringt somit die Interessen der verschiedenen Marktteilnehmer wieder ins Gleichgewicht. Ein Verzicht auf das Widerrufsrecht ist mit dem Gesetz folglich nicht zu vereinbaren.»

Diese bis heute geltende Praxis zu den sog. «Irrevocables» wird in der Literatur als «Auktionsregel» bezeichnet, gemäss der Verpflichtungen von Beteiligten grundsätzlich gültig, nach der Publikation einer Konkurrenzofferte jedoch nicht mehr bindend sind (s. TSCHÄNI/DIEM/IFFLAND/GABERTHÜEL, N 197 ff.). Im Fall Kuoni hat die UEK nun auch bereits eine eingeschränkte Exklusivitätszusicherung der wichtigsten Aktionärin mit 25 Prozent der Stimmrechte zugunsten der Anbieterin im Falle eines Konkurrenzangebots als unzulässig erklärt, weil sie ein potenzielles Konkurrenzangebot behindern könnte (Verfügung 623/01 Kuoni Reisen Holding AG v. 25.2.2016, N 46; s. dazu auch unten N 227 ff.). 187

G.   Saia-Burgess (2005)

188   Der – infolge eines Konkurrenzangebots erfolglose – feindliche
Übernahmeversuch der japanischen Sumida Corporation bezüglich Saia-Burgess
Electronics Holding AG («Saia») im Jahr 2005 gab der UEK Gelegenheit, sich zur
Zulässigkeit von Abwehrmassnahmen zu äussern. Am 30. Juni 2005 kündigte
Sumida in den elektronischen Medien an, dass sie ein öffentliches Übernahmean-
gebot für alle Saia-Aktien unterbreiten werde (am 5. Juli 2005 erfolgte dann auch
die formelle Voranmeldung). Nur gerade zehn Tage vor der ersten Ankündigung
hatte Saia die Arbeitsverträge ihrer Gruppenleitungsmitglieder einseitig zu deren
Gunsten erheblich verbessert, indem diesen neben der Verlängerung der Kündigungsfristen von zwölf auf 24 Monate ein Recht eingeräumt wurde, nach erfolgter
Kündigung – durch den Arbeitgeber oder -nehmer – während der Kündigungsfrist
die Freistellung zu verlangen, sofern dem Arbeitnehmer im Zusammenhang mit
einer Übernahme/Beteiligung eine Position zugewiesen wird, die mit der bisherigen Stellung nicht vergleichbar ist; in diesem Fall galt auch ein allfälliges Konkurrenzverbot als aufgehoben (UEK-Empfehlung V vom 23.8.2005, Abschnitt J). Der
theoretisch höchstmögliche Gesamtbetrag, welcher den Managern während der
Kündigungsfrist von 24 Monaten im Falle eines Kontrollwechsels und einer Freistellung zu bezahlen war, betrug CHF 4 150 800.– für ein Jahr; bezogen auf den
vorangegangenen Jahresabschluss per 31.12.2004 entsprach dies ca. 5,7 Prozent
des EBITDA, rund 16 Prozent des Reingewinns, ca. 13 Prozent des für die Forschung und Entwicklung ausgegebenen Betrages und rund zwei Drittel der Dividenden. Die Übernehmerin wäre verpflichtet gewesen, die Geschäftsleitung tel
quel für 24 Monate zu übernehmen oder auszuzahlen mit dem Risiko, dass die
entsprechenden Manager zu einem Konkurrenten wechseln (a.a.O., E. 1.1.2.).

189   Zu diesen Vertragsergänzungen stellte die UEK fest, dass sie geeignet waren, eine
Übernahme zu erschweren, weshalb sie eine Abwehrmassnahme darstellten
(a.a.O.). Zur Zulässigkeit solcher Massnahmen führte sie aus (a.a.O. E. 1.1.1 f.):

> «Gemäss Art. 29 Abs. 2 BEHG darf der Verwaltungsrat der Zielgesellschaft von
> der Veröffentlichung des Angebots bis zur Veröffentlichung des Ergebnisses keine
> Rechtsgeschäfte beschliessen, mit denen der Aktiv- oder Passivbestand der Ge-
> sellschaft in bedeutender Weise verändert würde. Art. 35 UEV-UEK konkretisiert
> die Abwehrmassnahmen des Verwaltungsrats, die ausserhalb eines Beschlusses
> der Generalversammlung gesetzwidrig sind. Abwehrmassnahmen, die offensicht-
> lich das Gesellschaftsrecht verletzen, stellen unzulässige Massnahmen im Sinne
> von Art. 29 Abs. 3 BEHG dar (Art. 36 UEV-UEK). (...) Abwehrmassnahmen
> sind demnach alle Handlungen der zuständigen Organe, die bei objektiver Be-
> trachtungsweise geeignet sind, eine unerwünschte Übernahme zu erschweren oder
> zu verhindern».

Da die Vertragsergänzungen bereits vor der Voranmeldung unterzeichnet wurden, 190
lag keine gesetzwidrige Abwehrmassnahme gemäss Art. 29 Abs. 2 aBEHG bzw.
Art. 35 aUEV-UEK vor (a.a.O. E. 1.2.4). Die UEK konnte deshalb nur prüfen, ob
die Ergänzungen unzulässige Massnahmen gemäss Absatz 3 von Art. 29 aBEHG
bzw. Art. 36 aUEV-UEK darstellten, die offensichtlich das Gesellschaftsrecht
verletzten. Sie führte dazu in allgemeiner Weise Folgendes aus (a.a.O. E. 1.3.2 f.):

> «Die Übernahmekommission ist der Ansicht, dass für die Qualifizierung einer of-
> fensichtlichen Verletzung des Gesellschaftsrechts nicht zwingend auf die Unter-
> scheidung Nichtigkeits-/Anfechtungsgrund abgestellt werden muss. Vielmehr
> muss die Verletzung des formellen oder materiellen Gesellschaftsrechts qualifi-
> zierter Art und aufgrund einer summarischen Prüfung relativ leicht erkennbar
> sein. Dabei ist auch das Gesellschaftsinteresse zu berücksichtigen, da Abwehr-
> massnahmen ohne Effizienzsteigerung für die Gesellschaft nicht sachlich begrün-
> det sind und dadurch das Gesellschaftsrecht verletzt wird (...). Die ratio legis von
> Art. 717 OR entspricht den Grundprinzipien des Übernahmerechts (Art. 1 BEHG;
> Art. 1 UEV-UEK) und ist somit als einer der möglichen Anknüpfungspunkte für
> die Beurteilung der (Un-)Zulässigkeit von Abwehrmassnahmen zu betrachten.

> (...) Verletzt eine Abwehrmassnahme offensichtlich das Gesellschaftsrecht, spielt
> es – im Unterschied zu den gesetzwidrigen Abwehrmassnahmen – keine Rolle, ob
> der Verwaltungsrat diese vor oder nach der Voranmeldung bzw. Veröffentlichung
> des Angebots getroffen hat. Sie können zu keiner Zeit Gültigkeit erlangen (...).
> Selbst wenn die Zielgesellschaft Abwehrmassnahmen im Voraus beschliesst,
> schreitet die Übernahmekommission allerdings erst bei Veröffentlichung eines öf-
> fentlichen Kaufangebots ein.»

In der Folge gelangte die UEK zum Schluss, dass die Vertragsergänzungen, wel- 191
che im Kontext der Übernahme beschlossen wurden, nicht im Gesellschaftsinteresse erfolgten, sondern eindeutig im Sonderinteresse der Gruppenleitungsmitglieder lagen, sodass sie offensichtlich das Gesellschaftsinteresse verletzten und gemäss Art. 36 aUEV-UEK unzulässig waren (E. 1.3.3 f.).

Die heute geltenden Regelungen zur Zulässigkeit von Abwehrmassnahmen ent- 192
sprechen im Wesentlichen den früheren Normen und finden sich in Art. 132
Abs. 2 und 3 lit. b FinfraG i.V.m. Art. 36 UEV. Indem Art. 132 Abs. 2 FinfraG die
Kompetenzen des VR für die Dauer eines Übernahmeverfahrens zugunsten derjenigen der GV stark einengt, überlagert das Übernahmerecht in solchen Phasen die
aktienrechtliche VR-Kompetenznorm von Art. 716 OR.

H.   OC Oerlikon (2010)

Ab 2005 versetzten die Österreicher RONNY PECIK und GEORG 193
STUMPF die Schweiz in helle Aufregung. Über Optionsstrategien bauten sie eine

Kontrollbeteiligung an OC Oerlikon auf, die damals noch Unaxis hiess (ganz früher Oerlikon-Bührle). Der OC-Aktienkurs stieg dabei von rund CHF 200.– (Ende 2005) bis auf ein Höchst von knapp CHF 800.- (im Frühsommer 2007) und fiel dann bis auf rund CHF 20.– (im Frühjahr 2009).

194   Im Jahr 2006 stiegen die beiden Investoren zusätzlich auch bei Saurer ein, und zwar jeweils zusammen mit dem russischen Magnaten VIKTOR VEKSELBERG (bzw. dessen Renova Holding). Nachdem dieses ausländische Trio im April 2007 plötzlich bekannt gegeben hatte, dass es nun auch noch ein Kontrollpaket von 31,9 Prozent an der schweizerischen Traditionsfirma Sulzer über die gemeinsame Beteiligungsgesellschaft Everest hielt, war definitiv Feuer im Dach. Die Finanzmarktaufsichtsbehörde (EBK) führte umgehend die bis dahin umfangreichste Administrativuntersuchung durch über die Umstände des gemeinsamen Kontrollerwerbs an OC Oerlikon und Sulzer. In der Folge reichte sie dann Strafanzeigen ein beim Eidgenössischen Finanzdepartement («EFD») wegen Verdachts auf Verletzung der börsenrechtlichen Offenlegungspflichten.

195   Nach umfangreichen Administrativstrafverfahren erliess das EFD im Fall OC Oerlikon im Dezember 2009 einen Strafbescheid, in welchem eine eventualvorsätzliche Verletzung der Meldepflicht bejaht und jedem der drei Investoren wegen dieser Übertretung eine Busse in der aufsehenerregenden Höhe von je CHF 40 Mio. auferlegt wurde (total CHF 120 Mio.). Die damalige Fassung des Straftatbestands der Verletzung der börsenrechtlichen Meldepflicht sah bei vorsätzlicher Verletzung nämlich noch Bussen vor, die an keine Obergrenze gebunden waren und bis zum Doppelten des Wertes der nicht offengelegten Beteiligung reichen konnten (Art. 41 aBEHG). Heute ist die maximale Bussenhöhe bei vorsätzlicher Verletzung auf CHF 10 Mio. limitiert (Art. 151 Abs. 1 FinfraG). Zum Ganzen ist noch anzumerken, dass sowohl die österreichischen Investoren als auch VIKTOR VEKSELBERG die Verkaufs- bzw. Kauftransaktion in zwei separaten Offenlegungsmeldungen korrekt gemeldet hatten. Der Vorwurf des EFD ging dahin, dass diese Einzelmeldungen eine Gruppenmeldung nicht ersetzt hätten.

196   Das EFD erblickte im Fall OC Oerlikon insbesondere in folgenden Umständen Indizien für eine nicht offengelegte Gruppenbildung: Die österreichischen Investoren hatten VIKTOR VEKSELBERG bei ihrem Verkauf von OC-Aktien einen Preisnachlass gegenüber dem jeweiligen Tagesschlusskurs gewährt. Zudem wurde der enge zeitliche Zusammenhang der Verkaufstransaktion zu einem Investorentreffen als Indiz für eine Verhaltensabstimmung angesehen. Schliesslich war auch die Zuwahl eines Renova-Vertreters in den VR von OC Oerlikon als Indiz für eine Gruppenabsprache betrachtet worden.

197   Das Bundesstrafgericht hat im Herbst 2010 alle drei Beschuldigten vollumfänglich freigesprochen (Entscheid SK.2010.4 vom 21.9./20.10.2010). Es kam zum

Schluss, dass die von der Anklage erhobene Behauptung einer verpönten Gruppenbildung beweislos geblieben sei. Die vom EFD als Indizien angeführten Umstände seien grösstenteils ohne Bezug auf eine geheime Absprache zwischen den Aktionären als geschäftsübliche Vorgänge ohne Weiteres erklärbar. Die These der Anklage sei aber nicht nur ohne Beweis geblieben, sondern es fehle ihr mangels eines Zwecks, dem die Absprache hätte dienen sollen, darüber hinaus auch an materieller Plausibilität. Dies war eine schallende Ohrfeige für das EFD.

Wenig später stellte das EFD die parallele Administrativstrafuntersuchung in Sachen Sulzer ein, nachdem die drei Personen den Gesamtbetrag von CHF 10 Mio. als Wiedergutmachung im Sinne von Art. 53 StGB, der hier erstmals als auch im Verwaltungsstrafverfahren für anwendbar erklärt wurde, bezahlt hatten (s. auch N 35 ff.). [198]

I. Die Offenlegungsfälle Implenia und Sulzer (2010)

Die Laxey-Gruppe begann ab Ende 2006 mit dem Aufbau einer [199] Beteiligung an der Implenia AG. Jeweils vor Erreichen der ersten gesetzlichen Meldegrenze von damals fünf Prozent wurden die Aktienpakete auf Banken übertragen. Der Laxey-Gruppe wurden im Gegenzug sogenannte «contracts for difference» (CFD) ausgestellt (derivative Finanzverträge ohne Erwerb der Basiswerte, die folglich kein Stimmrecht vermitteln). Bis Anfang April 2007 entstand auf diesem Wege eine Gesamtbeteiligung von knapp unter 20 Prozent. Nach einer Verdachtsmeldung durch die Implenia Anfang April 2007 stellte die eidgenössische Bankenkommission (EBK) einen Verstoss gegen die Offenlegungspflicht nach Art. 20 aBEHG durch die Laxey-Gruppe fest. Das Bundesverwaltungsgericht wies die dagegen gerichtete Beschwerde ab.

Das Bundesgericht stützte in BGE 136 II 304 den Entscheid des Bundesverwal- [200] tungsgerichts. Entscheidend für den indirekten Erwerb sei nicht, ob der Laxey-Gruppe ein eigentlicher Rechtsanspruch auf Rückübertragung der Aktien zustehe, sondern ob die jeweilige Bank die Aktien als Sicherung für das CFD-Verhältnis verwende. In einem solchen Fall scheine es logisch, dass nach Auflösung des CFD-Verhältnisses und Wegfall der Sicherungsfunktion die Aktien an die Laxey-Gruppe zurückübertragen würden (E. 5.4). Der Begriff des indirekten Erwerbs nach Art. 20 Abs. 1 aBEHG schliesse alles geschäftliche Handeln ein, das trotz Auseinanderfallens der wirtschaftlichen und formalen Berechtigung im Ergebnis das Stimmrecht über die Beteiligungspapiere vermitteln kann (E. 7.7). Diese Auslegung sei auch auf Verordnungsstufe verankert (E. 7.8). Nach Art. 9 Abs. 1 aBEHV-EBK bewirkte bereits die «wirtschaftliche Berechtigung» die Meldepflicht. Art. 9 Abs. 3 lit. d aBEHV-EBK erfasste sämtliche Vorgänge, die im Ergebnis das Stimmrecht über die Beteiligung vermitteln können. Das Verhalten der

Laxey-Gruppe sei insbesondere aus folgendem Grund von Art. 20 Abs. 1 aBEHG erfasst (E. 7.9):

> «Der Frage, ob die Beschwerdeführerinnen förmlich Eigentümerin der fraglichen Aktien waren, einen zivilrechtlichen Anspruch auf deren Übertragung hatten oder bereits über die Aktien selbst oder allenfalls über die entsprechenden Stimmrechte zu verfügen vermochten, kommt keine entscheidende Bedeutung zu. Wesentlich ist vielmehr, dass sie jederzeit die Aktien mit den entsprechenden Stimmrechten an sich ziehen konnten, um damit auf einen Schlag eine erhebliche oder sogar beherrschende Beteiligung an der Beschwerdegegnerin zu erreichen.»

201 Das gegen vier Beteiligte der Laxey-Gruppe eingeleitete Strafverfahren wurde vom EFD Ende 2010 gestützt auf Art. 53 StGB eingestellt, nachdem eine Wiedergutmachungszahlung von insgesamt CHF 1 Mio. geleistet worden war.[18]

202 Zwischen November 2006 und April 2007 bauten auch die Herren VEKSELBERG, PECIK und STUMPF über ein Konstrukt von Stiftungen und Holdinggesellschaften eine Beteiligung an der Sulzer AG auf. Dazu wurden Optionen mit Barausgleich (Cash-Settlement-Optionen) erworben, die keinen Rechtsanspruch auf Leistung einer Sulzer-Aktie gewährten. Per 12. Januar 2007 entsprachen die so gehaltenen Optionen einem Anteil von 13,5 Prozent an Sulzer. Am 20. April 2007 wurden zudem Aktien im Umfang von 16,5 Prozent erworben und die Cash Settlement Optionen in solche mit Realerfüllung umgewandelt. Die nun erfolgte erste Offenlegungsmeldung durch die gemeinsam kontrollierte Holdinggesellschaft wies so schlagartig einen Anteil von 31,9 Prozent an Sulzer aus (17,5 Prozent in Aktien sowie 14,4 Prozent Optionen, nun aber mit Realerfüllung).

203 Die FINMA stellte im Januar 2009 fest, die drei Beteiligten hätten gegen die Meldepflicht nach Art. 20 aBEHG verstossen, da das Überschreiten des 10-Prozent-Schwellenwerts am 12. Januar 2007 nicht offengelegt wurde; die FINMA erstattete auch Strafanzeige an das EFD. Mit Beschwerde vor Bundesverwaltungsgericht machten die Beteiligten u.a. geltend, der Erwerb von Optionen mit Barausgleich sei von Art. 9 Abs. 3 lit. d aBEHV-EBK nicht erfasst gewesen.

204 Das Bundesverwaltungsgericht wies die Beschwerde in seinem Urteil vom 9. November 2010 (B-1215/2009) ab. Es führte aus, massgebend für die Bejahung des faktischen Aufbaus einer Beteiligung sei die Möglichkeit der Abnahme der Aktien, welche von den Banken als Sicherheit für das Erfüllungsrisiko gehalten werden. Im konkreten Fall hätte zudem die ungewöhnlich hohe Absicherung einer der Banken darauf hingedeutet, dass diese davon ausging, die Aktien unabhängig von der Ausgestaltung der Optionen (als Barerfüllungsoptionen) physisch an die Beteiligten liefern zu können (E. 11.3). Im Ergebnis stellte das Bundesverwal-

---

[18] Siehe https://www.efd.admin.ch/efd/de/home/dokumentation/nsb-news_list.msg-id-36895.html (Stand 22. Dezember 2016).

tungsgericht in E. 11.4 unter Verweis auf BGE 136 II 304 E. 7.9 (Implenia-Fall) einen Verstoss gegen die Meldepflicht wie folgt fest:

> «(…) die Investoren konnten trotz der ursprünglich vereinbarten Barabgeltung die physische Lieferung von Aktien erreichen, indem sie kurzfristig die Settlement-Methode änderten. Dies ist bei OTC Optionen (…) einfach durch Änderung der Vereinbarung unter den Parteien möglich. Demgemäss konnten die Beschwerde-führer die als Sicherheit gehaltenen Sulzer-Aktien der Banken mittels ihren Ge-sellschaften an sich ziehen, innert kurzer Zeit eine erhebliche Beteiligung an Sul-zer aufbauen und die damit verbundenen Stimmrechte kontrollieren. Genau auf solche Ereignisse ist die Meldepflicht ausgerichtet. (…) Diese Transaktionen stel-len somit einen indirekten Erwerb von Aktien im Sinne von Art. 9 Abs. 3 Bst. d BEHV-EKB i.V.m. Art. 20 Abs. 1 BEHG dar (BGE 136 II 304 E. 7.9).»

Das gegen die Beteiligten eingeleitete Strafverfahren war vom EFD jedoch bereits im Oktober 2010, d.h. rund drei Wochen vor dem Urteil des Bundesverwaltungs-gerichts, gestützt auf Art. 53 StGB eingestellt worden, nachdem eine Wiedergut-machungszahlung von insgesamt CHF 10 Mio. geleistet worden war. Die betref-fende Einstellungsverfügung wurde gestützt auf das BGÖ von einem Medium öffentlich gemacht[19]. Die theoretische Strafdrohung lag damals in mehrfacher Milliardenhöhe, da Art. 41 Abs. 2 aBEHG eine Busse in der Höhe von bis zum doppelten Marktwert der nicht offengelegten Beteiligungen erlaubte. Heute ist die Busse bei vorsätzlicher Meldepflichtverletzung auf CHF 10 Mio. limitiert (Art. 151 Abs. 1 FinfraG). [205]

J. Quadrant (Gruppe und gruppeninterne Verschiebungen; 2004)

In BGE 130 II 530, der das Spezialkunststoffunternehmen Quadrant AG (Quadrant) betraf, äusserte sich das Bundesgericht zum börsenrecht-lichen Begriff der Gruppe und zur Angebotspflicht bei gruppeninternen Verschie-bungen. Es handelt sich um einen Leading Case im Börsenrecht. [206]

Unter den Aktionären der Quadrant bestand eine Poolvereinbarung. Wichtigste Poolaktionäre waren per Ende 1999 die Triventus AG (Triventus) sowie die Bank Coop. Die Triventus war eine Managementgesellschaft, deren Aktien je zu einem Drittel RENÉ PIERRE-MÜLLER, ADRIAN NIGGLI und ARNO SCHENK gehörten, wel-che zusammen sowohl die Geschäftsführung der Triventus als auch der Quadrant besorgten. Am 17. Oktober 2000 meldete die Triventus, der Aktienanteil der Bank Coop sei unter fünf Prozent der Stimmrechte gefallen, und die Aktionärsgruppe [207]

---

[19] Siehe: http://www.beobachter.ch/fileadmin/dateien/pdf/artikel/Einstellungungsverfügung_Vekselberg.pdf (Stand 16. August 2016).

bestehend aus der Triventus und der Bank Coop sei aufgelöst worden. Am 19. Juni 2001 schlossen die Triventus und Quadrant rückwirkend auf den 1. Januar 2001 einen Fusionsvertrag; die Quadrant übernahm alle Aktiven und Passiven der Triventus. Die von der Triventus gehaltenen Quadrant-Aktien gingen auf die bisherigen Triventus-Aktionäre über.

208   Die UEK und die Übernahmekammer der EBK befanden, dass MÜLLER, NIGGLI und SCHENK eine Gruppe im Sinne des Börsenrechts bildeten und seit dem Rückzug der Bank Coop zur Unterbreitung eines Pflichtangebots i.S.V Art. 32 Abs. 1 BEHG [Art. 135 Abs. 1 FinfraG] verpflichtet waren. Dagegen gelangten MÜLLER, NIGGLI und SCHENK an das Bundesgericht.

209   Das Gericht hielt fest, eine *gemeinsame Absprache* sei im Übernahmerecht wegen der gravierenderen Rechtsfolgen zurückhaltender anzunehmen als im Offenlegungsrecht (E. 6.3). Ein blosses Parallelverhalten stelle keine gemeinsame Absprache dar, sondern es bedürfe dazu einer *qualifizierten Intensität* und einer *minimalen Organisation des Zusammenwirkens* (E. 6.4.1). Eine gemeinsame Absprache könne auch auf konkludentem Verhalten beruhen; ein schriftlicher Vertrag sei nicht notwendig (E. 6.4.4). Der Umstand, dass die Beschwerdeführer von der nämlichen Anwaltskanzlei vertreten seien, lasse nicht per se auf eine gemeinsame Absprache schliessen. Dass die drei die Meldung nach Art. 20 BEHG [Art. 120 FinfraG] gemeinsam gemacht hatten, belege für sich allein noch keine gemeinsame Absprache, zeige aber, dass die drei sich selbst bei der Erstattung der Meldung als Gruppe betrachteten. Hingegen könne ein *koordiniertes Gleichverhalten* auf eine gemeinsame Absprache hindeuten. Eine solche sei hier anzunehmen: Die Beschwerdeführer bildeten ab 1990 die Geschäftsleitung der Rothschild Corporate Finance, die sie im Jahre 1995 im Rahmen eines Management-Buyouts je zu einem Drittel übernahmen, in Triventus umfirmierten und im Juni 2001 mit der Quadrant, zu deren Geschäftsleitung sie diente, fusionierten. In der Folge präsentierten sie sich als dynamische, partnerschaftlich organisierte Equipe, bei der die Verantwortung bei allen Partnern gleichzeitig lag. Daher erscheine die Aktienübernahme im Oktober 2000 objektiv betrachtet als abgestimmte Verhaltensweise, wäre doch sonst nicht erkennbar, warum wiederum zu dritt je Anteile in annähernd gleicher Grösse übernommen wurden. Insgesamt war die Transaktion vom Oktober 2000 nicht bloss eine Vereinbarung zwischen den Mitgliedern der vorbestehenden Aktionärsgruppe, es handelte sich um eine auf den gemeinsamen Erwerb von Stimmrechten gerichtete Vereinbarung zwischen der Bank Coop einerseits und der ihrerseits gemeinsam auftretenden «Triventus-Gruppe» andererseits. Entscheidend für das Entstehen der Angebotspflicht sei nicht die Transaktion innerhalb des bisherigen Aktionärspools, sondern die Tatsache, dass die Beschwerdeführer als Untergruppe durch diese interne Verschiebung in gemeinsamer Absprache ihren Stimmrechtsanteil auf mehr als 33,33 Prozent erhöhten (E. 6.4.5).

Die Beschwerdeführer beantragten eventualiter, es sei ihnen eine Ausnahme von   210
der Angebotspflicht nach Art. 32 Abs. 2 lit. a BEHG (Art. 136 Abs. 1 Bst. a FinfraG) zu gewähren. Das Börsengesetz unterwirft zur Verhinderung von Umgehungsgeschäften auch Sachverhalte der Angebotspflicht, bei denen diese nicht
unbedingt erforderlich wäre, weil die Verschiebung innerhalb der Gruppe nicht zu
einer (zusätzlichen) Benachteiligung der Minderheitsaktionäre führt. Als Korrelat
hierzu sei der Ausnahmetatbestand von Art. 32 Abs. 2 lit. a BEHG *grosszügig
auszulegen* und die Ausnahme zu gewähren, wenn keine Indizien auf ein Umge-
hungsgeschäft deuten oder andere Gründe dagegen sprechen würden (E. 7.4.4).
Aufgrund des gemeinsamen geschäftlichen Werdegangs der Beschwerdeführer
muss angenommen werden, dass sie bereits eine Untergruppe innerhalb des ursprünglichen Aktionärspools gebildet hatten. Mit der Transaktion vom Oktober
2000 sei deshalb keine neue, bisher nicht existierende Gruppe, entstanden. Aus
dem bisherigen Pool sei ein Mitglied ausgeschieden mit der Folge, dass nur noch
die vorher bereits bestehende Untergruppe übrig geblieben war. Diese hat die
bisher von der Bank Coop gehaltenen Stimmrechte erworben und dadurch ihren
Anteil erhöht. Genau auf diesen Fall, in dem die Gruppe ihren gesamten Anteil
nicht steigert, aber durch eine interne Transaktion ein Mitglied (bzw. eine Untergruppe) einzeln neu den Grenzwert überschreite, sei die Ausnahme von Art. 32
Abs. 2 lit. a BEHG zugeschnitten (E. 7.5.2). Mit «Gruppe» sei die Gruppe im
Ursprungszustand gemeint. Würden unter den Mitgliedern dieser vorbestehenden
Gruppe Aktien verschoben, so bleibe die Bestimmung grundsätzlich auch anwendbar, selbst wenn im Endzustand einzelne Mitglieder ganz ausscheiden würden (E. 7.5.3). Das BGer wies den Fall an die EBK zurück mit der Auflage, diese
habe die Ausnahme zu gewähren, sofern sie keine Gründe darlege, welche aus
Sicht der Minderheitsaktionäre einer Ausnahme entgegenstünden, was dann aber
nicht der Fall war (E. 7.6.3).

K. Quadrant (Nebenleistungen) (2012)

Die Übernahme der Quadrant AG (Quadrant) durch die nieder-   211
ländische Aquamit B.V (Aquamit) war in den Jahren 2009 bis 2012 Gegenstand
von fünf Verfügungen der UEK, drei Verfügungen der FINMA sowie zwei Urteilen des Bundesverwaltungsgerichts (letzte Instanz für Verfahren betreffend öffentliche Kaufangebote; vgl. Art. 83 lit. u BGG). Der Fall ist zweifellos ein «Leading
Case» des schweizerischen Übernahmerechts. Ein zentraler Aspekt des Falles war
die Frage nach den im Rahmen der Best Price Rule aufzurechnenden Nebenleistungen.

Vier Verwaltungsräte der Quadrant (Management) schlossen am 1. Mai 2009   212
diverse Verträge untereinander sowie mit der Übernehmerin Mitsubishi Plastics,

Inc. (Mitsubishi) ab. Es wurde ein Joint-Venture-Vertrag unterzeichnet, der ein geplantes öffentliches Kaufangebot für die Aktien der Quadrant regelte. Am gleichen Tag gründete das Management die Aquamit. In diese Gesellschaft brachte das Management seine Aktien und Optionen an der Quadrant als Sacheinlage ein. In einem nächsten Schritt verkaufte das Management die Hälfte der Aktien an der Aquamit an Mitsubishi. Am 4. Mai 2009 kündigte Aquamit an, dass sie ein öffentliches Kaufangebot für die Aktien der Quadrant unterbreiten werde. Sarasin Investmentfonds AG (Sarasin), eine Minderheitsaktionärin der Quadrant, erhob gegen die Verfügung der UEK betreffend Genehmigung des Angebots Einsprache und beantragte eine Erhöhung des Angebotspreises.

213   Nachdem die UEK und die FINMA Anträge von Sarasin abwiesen, äusserte sich das Bundesverwaltungsgericht in seinem Entscheid B-5272/2009 vom 30. November 2010 zu wichtigen Grundsatzfragen im Zusammenhang mit der Ermittlung von Nebenleistungen. Die Beschwerdeführerin machte geltend, bei der Berechnung des Mindestpreises seien neben dem Preis für die Aquamit-Aktien die weiteren Leistungen der Mitsubishi als Zusatzleistungen zu qualifizieren. Das Gericht wies die Auffassung der Prüfstelle ab, wonach in einer Gesamtsicht über alle Verträge zu beurteilen sei, ob die Leistungen der Parteien per saldo ausgeglichen seien. Ebenfalls durch das Gericht verneint wurde eine Vermutung, dass sich die Leistungen und Nebenleistungen aufwiegen, weil sie von zwei unabhängigen Parteien ausgehandelt wurden. Jede Leistung und Gegenleistung sei einzeln zu bewerten. Erst dann sei zu entscheiden, ob die einzelnen Leistungen und Gegenleistungen ausgeglichen seien oder aber von einer versteckten Zahlung an den Verkäufer eines Aktienpakets ausgegangen werden müsse (E. 7.2). Je unsicherer die quantitative Bewertung einer Leistung sei, umso grösser sei das von der UEK und den Gerichten zu respektierende *Ermessen der Prüfstelle* bei der Beurteilung (E. 7.3). Die Behörden und das Gericht müssten aber zwingend überprüfen können, ob die Bewertungen der Prüfstelle *transparent, nachvollziehbar, schlüssig und plausibel* seien. Dies sei im vorliegenden Fall hinsichtlich der Finanzierungsmodalitäten der Aquamit, des Wertes des Know-how und der Leistungen des Managements sowie betreffend Gewährleistungen und Garantien des Managements nicht der Fall. Dementsprechend wurde der Fall an die UEK zurücküberwiesen (E. 8-11).

214   Die UEK analysierte in ihrer Verfügung 410/05 vom 13. Dezember 2012, die unangefochten in Rechtskraft erwuchs, den Bericht der Prüfstelle, welche die einzelnen Leistungen des Managements sowie von Mitsubishi berechnete und gegenüberstellte.

215   Für die Durchführung der Transaktion war ein von Mitsubishi an das Management gewährtes Finanzierungsdarlehen entscheidend. Da der Zinssatz dieses Darlehens sich im Rahmen der konzerninternen Finanzierung von Mitsubishi bewegte und

darum wesentlich tiefer als der marktübliche Zins war, ergab sich daraus ein anzu-
rechnender Wertvorteil zugunsten des Managements (vgl. N 23).

Die Ausgestaltung der Verträge, z.B. die fünfjährige Lock-Up-Periode, belegten,   216
dass das Know-how des Managements für Mitsubishi von Bedeutung war. Der
Prüfbericht wählte zur Quantifizierung dieses Wertes die sog. Marktwertmethode.
Bei diesem Ansatz wird davon ausgegangen, dass der Betrag, welcher eine Unternehmung für Know-how und Erfahrungen zu zahlen bereit sei, das Minimum
darstelle, welches das betreffende Know-how und die Erfahrung für die Unternehmung wert sei. In Anwendung dieses Ansatzes kam die Prüfstelle zum Ergebnis, dass das Management durch die Einbringung von Know-how und die Erfahrung, welche nicht durch die Honorierung als Verwaltungsräte von Aquamit kompensiert wurde, eine Nebenleistung zugunsten von Mitsubishi erbracht hatte (vgl.
N 36).

Die vom Management abgegebenen Gewährleistungen waren bezüglich Umfang   217
(max. CHF 1,65 Mio.) und Dauer (18 Monate) begrenzt. Die UEK hielt fest, dass
für Mitsubishi nicht die mögliche Haftungssumme, sondern die durch die Gewährleistungen ausgesendeten Signale (*«comforting signals»*) für die Transaktion aufgrund der abschreckenden Wirkung der Haftungssumme für das Management und
der dadurch bewirkten Risikominderung für Mitsubishi (*«risk mitigation benefit»*)
im Vordergrund gestanden hätten (N 54). Die Gewährleistungen hätten zu einem
ganzen Geflecht von Massnahmen gehört, mit welchen das Management Mitsubishi ein Minimum an Agency-Kosten und ein Maximum an Managementeffektivi-
tät ermöglicht habe. Dies habe Mitsubishi ermöglicht, vorzugehen, als wäre
Aquamit eine Einheit von Mitsubishi gewesen mit entsprechenden Vorteilen (*«limited due diligence, light covenants and tight spreads»*) (N 57).

Bei der Gegenüberstellung der Finanzierungsleistungen von Mitsubishi mit den   218
Nebenleistungen des Managements kam die Prüfstelle zum Resultat, dass der
Wertvorteil zugunsten von Mitsubishi denjenigen zugunsten des Managements
deutlich übersteige. Deswegen stellten die zwischen Mitsubishi und dem Ma-
nagement ausgetauschten Leistungen keine versteckte Prämie zugunsten des Ma-
nagements dar. Dementsprechend seien die Mindestpreisvorschriften i.S.v. Art. 32
Abs. 4 BEHG (neu Art. 135 Abs. 2 FinfraG) i.V.m Art. 41 BEHV-FINMA (neu
Art. 30 FinfraG-FINMA) eingehalten worden, und darum war keine Erhöhung des
Angebotspreises vorzunehmen (vgl. N 95 der Verfügung).

Ein weiterer Aspekt des Falles war die Frage nach der Rechtskraftwirkung von   219
Urteilen. Diese Frage stellte sich, weil nur Sarasin sich als Partei konstituierte,
aber eine Erhöhung des Angebots für alle Aktionäre forderte. Das BVGer hielt in
seinem Urteil in einem *obiter dictum* fest, die Rechtskraftwirkung von Gerichtsurteilen erstrecke sich grundsätzlich nur auf die Parteien (sog. *inter partes*-Wirkung)

(a.a.O, E. 1.3.4). In der Lehre wird diese Auffassung des Gerichts kritisiert. Sie sei stossend, weil sie zu einer Ungleichbehandlung der Aktionäre führe und daher einer zentralen Zielsetzung des Übernahmerechts widerspreche. Deswegen wird gefordert, dass Verfügungen und Gerichtsentscheide in Übernahmeangelegenheiten *erga omnes*-Wirkung für sämtliche Aktionäre haben sollen (vgl. TSCHÄNI/ DIEM/IFFLAND/GABERTHÜEL, N 265; OLGIATI/SCHWIBS, 261) Ein definitives gerichtliches Verdikt zu dieser Frage ist noch nicht ergangen.

L.   Kaba Holding AG (2015)

[220]   Bei der international tätigen Kaba Holding AG mit Sitz in Rümlang handelt es sich um eine Anbieterin von diversen Produkten der Sicherheitsindustrie. Ihre Aktien waren zu 20 Prozent in Familienbesitz, während sich der Rest in Publikumsbesitz befand. Die Familie MANKEL verfügte über ein komplexes Konstrukt von Gesellschaften, die DORMA Holding GmbH + Co. KGaA (die «DORMA Holding»). Die Familie MANKEL und die Kaba Holding AG planten im Jahr 2015, ihre operativen Gesellschaften zusammenzuschliessen. Der Zusammenschluss sollte erfolgen, indem die operativen Gesellschaften der Kaba Holding AG in die DORMA Holding eingebracht wurden. Die daraus entstehende Gesellschaft sollte in dorma + kaba Holding GmbH + Co. KGaA umfirmiert werden. Nach dem Vollzug der Transaktion wollte die Familie MANKEL mit voraussichtlich 21 Familienaktionären der Kaba Holding AG einen Aktionärsbindungsvertrag abschliessen, der gewisse Vetorechte, Vorkaufsrechte und Stimmpflichten vorsah. Diese Aktionäre bildeten gestützt auf den Vertrag zusammen die Poolaktionäre.

[221]   Eine Pflicht zu einem öffentlichen Kaufangebot gemäss Art. 32 Abs. 1 aBEHG bestand bei einem Überschreiten des Grenzwertes von 33⅓ Prozent der Stimmrechte an einer Gesellschaft. Dieser Grenzwert wurde hier von den Poolaktionären zwar nicht überschritten, aber durch die Komplexität der Transaktion und die diversen Einflussmöglichkeiten und Vetorechte der Familie-MANKEL-Gruppe sei gemäss der UEK nicht auszuschliessen gewesen, dass diese Transaktion als «Implementierung eines Kontrollwechsels bei gleichzeitiger Umgehung der Angebotspflicht» qualifiziert werden konnte (s. UEK-Verfügung 600/01 vom 22.4.2015 i.S. Kaba Holding AG, E. 1). Um dies zu vermeiden, schlug die Kaba Holding AG der Generalversammlung eine Opting-out-Klausel zugunsten der namentlich genannten Poolaktionäre vor. Die Klausel sollte folglich nur selektiv gelten. Die Generalversammlung stimmte den Anträgen der Kaba Holding AG in der Folge zu.

[222]   Die Voraussetzungen eines nachträglichen Opting-out, also die Zustimmung der Mehrheit der Minderheit nach erfolgter transparenter Information (s. UEK-

Verfügung 600/01, E. 1), sind eingehalten worden. Unklar war jedoch, unter welchen Voraussetzungen ein selektives Opting-out zulässig sei. Die UEK hatte sich bereits in zahlreichen Fällen mit der Einführung von selektiven Opting-out-Klauseln befasst. Die ältere Praxis war noch von der EBK begründet worden. Diese hatte ein nachträglich eingeführtes Opting-out in der Regel als unzulässig beurteilt, wenn damit die Angebotspflicht für einen bestimmten, in den Statuten genannten Erwerber aufgehoben wurde (sog. «formell selektives» Opting-out; s. EBK-Entscheid vom 23.06.2000 i.S. Esec Holding AG, E. 3). Die UEK hat diese Praxis anschliessend auf Fälle ausgeweitet, in denen in den Stauten eine allgemeine Formulierung gewählt wurde, die aber materiell auf die Bevorteilung eines bestimmten Aktionärs oder einer bestimmten Transaktion abzielte (sog. «materiell selektives» Opting-out; UEK-Verfügung 437/01 vom 4.3.2010 i.S. CI Com SA, E. 2.1). Diese Praxis wurde aber sogleich relativiert: Sowohl ein formell wie auch ein materiell selektives Opting-out sei zulässig, sofern es sich für die Aktionäre nicht nachteilig i.S.v. Art. 706 OR auswirkt (UEK-Verfügung 437/01, E. 2.1).

In der neueren Praxis liess die UEK die Frage nach der Gültigkeit eines selektiven Opting-out in einem *obiter dictum* zunächst offen (UEK-Verfügung 518/01 vom 11.10.2012 i.S. Advanced Digital Braodcast Holdings SA, E. 4.1). Im Fall Kaba Holding AG konkretisierte sie ihre Ansicht dann wie folgt: Voraussetzung für ein gültiges Opting-out sei jeweils die genügende Aufklärung der Minderheitsaktionäre. Der Grundgedanke sei, dass die Aktionäre selbst entscheiden sollen. Diese sollen über geplante Transaktionen ausreichend informiert werden, damit sie ihre «Interessenabwägung in Kenntnis und unter Berücksichtigung dieser Transaktion vornehmen können» (UEK-Verfügung 600/01, E. 1.4.2). Die UEK führte weiter aus, dass es sich anbietet, ein Opting-Out aus sachdienlichen Gründen zuzulassen, wenn es sich auf eine bestimmte Transaktion bezieht. Die Aktionäre würden in so einem Fall nämlich nicht generell auf ihr gesetzliches Ausstiegsrecht verzichten, sondern nur bezüglich der geplanten Transaktion und der in Zusammenhang dazu stehenden Mutationen (UEK-Verfügung 600/01, E. 1.4.2). 223

In der Kaba-Verfügung erwog die UEK, dass die namentliche Nennung der Begünstigten in der Opting-out-Klausel zu einer nicht erwünschten Ungleichbehandlung führte. Das Gesellschaftsinteresse an der Transaktion, aufgrund dessen die Klausel eingefügt wird, müsse deshalb zu einem erheblichen Wertsteigerungspotenzial führen und im langfristigen Interesse der Gesellschaft liegen. Die UEK folgte diesbezüglich den Ausführungen des Verwaltungsrates und der Geschäftsführung der Kaba Holding AG und kam zum Schluss, dass die Ungleichbehandlung durch das Gesellschaftsinteresse gerechtfertigt werden könne und stellte damit die Zulässigkeit der Klausel fest (UEK-Verfügung 600/01, E. 1.6). 224

M. Schindler Holding AG (2015)

225   Im Zusammenhang mit der Frage der Flexibilität bei der Schaffung von Opting-out-Klauseln sei kurz auch der Fall Schindler Holding AG erwähnt. Diese beabsichtigte, quasi in umgekehrter Weise, eine Opting-in-Klausel einzuführen. Beabsichtigt war, das statutarisch bereits vorhandene Opting-out durch eine massgeschneiderte Opting-in-Klausel zu ergänzen, gemäss welcher ein Erwerber, der mindestens 50 Prozent der Aktien erwerben würde, den Aktionären ein freiwilliges Angebot unterbreiten müsse, ansonsten er nicht vom Verwaltungsrat ins Aktienbuch eingetragen werde. Materiell wäre die bereits in den Statuten enthaltene (generelle) Opting-out-Klausel dabei erheblich eingeschränkt worden (Angebotspflicht ab 50 Prozent anstatt gar keine Angebotspflicht), was sich ohne Weiteres zugunsten der Publikumsaktionäre ausgewirkt hätte. Die UEK hat die Klausel jedoch als unzulässig erklärt mit dem Argument, dass das Börsengesetz aufgrund seines «numerus clausus» keine Möglichkeit vorsehe, eine solche Opting-in-Klausel in die Statuten einzufügen. Zudem sei eine solche Klausel möglicherweise auslegungsbedürftig und konfliktträchtig, da sie zu Intransparenz und Rechtsunsicherheit führe (UEK-Verfügung 610/01 vom 21.7.2015 i.S. Schindler Holding A, E. 4.1). Die UEK hielt fest:

> «Als Auslegungsergebnis ist festzuhalten, dass der Gesetzgeber mit dem Grundsatz der Angebotspflicht in Art. 32 Abs. 1 BEHG und den beiden Ausnahmebestimmungen über das Opting out (Art. 22 Abs. 2 und 3 BEHG) und über das Opting up (Art. 32 Abs. 1 in fine BEHG) ein ausschliessliches, in sich geschlossenes gesetzliches System des Übernahmerechts geschaffen hat. Mit der Vorgabe dieses erschöpfenden Rechtsrahmens hat der Gesetzgeber den Zielgesellschaften keinen Spielraum für eine weitergehende, individuelle Gestaltung der Übernahmeregeln eröffnet.» (N 28)

226   Es erscheint aber wenig zweckmässig, bei der Situation der Schindler Holding AG einen strengeren Massstab an die Transparenz anzulegen als bei der für die Minderheitsaktionäre nachteiligeren Einführung einer nachträglichen Opting-out-Klausel wie bei der Kaba Holding AG (s. auch BAUM/VON DER CRONE, 427). Auch bei der Einschränkung von Opting-out-Klauseln ist eine gewisse Flexibilität wünschbar.

N. Kuoni (2016)

227   Die Übernahme der Kuoni Reisen Holding AG (Kuoni) durch die zur EQT-Gruppe gehörende Kiwi Holding IV S.a. r.l. (Kiwi) war im Frühjahr 2016 Gegenstand von drei Verfügungen der UEK (Verfügungen 623/01 vom 25. Februar 2016; 623/02 vom 30. März 2016 sowie 623/03 vom 2. Mai 2016).

Die zentrale Rechtsfrage war, ob bei der Übernahme von verschiedenen Aktienkategorien in Anwendung der Best Price Rule der Umstand, dass eine Aktienkategorie mit erhöhtem Stimmrecht ausgestattet ist und darum in der Zielgesellschaft
wesentliche Einflussmöglichkeiten (insbes. faktische Vetorechte bei wichtigen
GV-Entscheidungen) verschafft, mit einer entsprechenden Abgeltung gegenüber
der anderen Aktienkategorie entschädigt werden darf.

Das Aktienkapital der Kuoni war in zwei Aktienkategorien aufgeteilt: 1 249 500   228
nicht kotierte Namenaktien mit einem Nennwert von CHF 0.20, entsprechend
25 Prozent der Stimmrechte und 6,25 Prozent des Kapitals (Kuoni A Aktien),
sowie 3 748 500 kotierte Namenaktien mit einem Nennwert von CHF 1.–, entsprechend 75 Prozent der Stimmrechte und 93,75 Prozent des Aktienkapitals von
Kuoni (Kuoni B Aktien). Die Kuoni-A-Aktien wurden vollständig von der Kuoni
und Hugentobler-Stiftung (Stiftung) gehalten, während die Kuoni-B-Aktien im
Publikum gestreut waren.

In der ersten Verfügung stellte die UEK fest, dass das öffentliche Kaufangebot   229
von Kiwi für die sich im Publikum befindenden Kuoni-B-Aktien den gesetzlichen
Bestimmungen entspreche sowie, dass die Einbringung der Kuoni A Aktien durch
die Stiftung in Kiwi der Best Price Rule unterstehe.

Die Parteien hatten den Einlagepreis, den die Stiftung im Tausch gegen die Aktien   230
an der Muttergesellschaft von Kiwi für ihre Kuoni-A-Aktien erhalten sollte, nicht
fix festgesetzt, sondern einen Preisfestlegungsmechanismus vereinbart. Demnach
sollte der Einlagepreis nennwertadjustiert dem Angebotspreis für die Kuoni-B-
Aktien entsprechen. Zudem war beabsichtigt, dass die Stiftung für den Abschluss
einer Aktionärsvereinbarung auf Grundlage eines Bewertungsberichtes sowie mit
der Zustimmung der Prüfstelle mit maximal 20 Prozent im Vergleich zum nennwertadjustierten Preis für die Kuoni-A-Aktien entschädigt würde. Nach Auffassung der Parteien war eine solche Abgeltung gerechtfertigt, da die Stimmrechtsaktien der Stiftung ein erhöhtes Stimmrecht vermittelten und somit in der neuen
Gesellschaft auf Stufe GV eine gezielte Einflussnahme und die Ausübung von
Vetorechten ermöglichen würden. Dies sei auf die erhöhte Stimmkraft der Kuoni-
A-Aktien in Kombination mit dem *«Grandfathering»* und der Prozentvinkulierung
zurückzuführen. In ihrer ersten Verfügung lehnte die UEK diese Argumente jedoch ab.

Die Stiftung erhob Einsprache und machte geltend, die UEK habe die Best Price   231
Rule undifferenziert ausgelegt und den Grundsatz der relativen Gleichbehandlung
von Art. 127 Abs. 2 FinfraG verletzt, wobei das Angebot nur die Inhaber der «Beteiligungspapiere derselben Art» gleich behandeln müsse, nicht aber die Inhaber
von Beteiligungspapieren verschiedener Art. Damit verkenne die UEK die vom
Gesetzgeber gewollten Eigenheiten von Stimmrechtsaktien und missachte die

Einheit der Rechtsordnung. Denn zwingend seien auch die Finanzierungsvorteile zu berücksichtigen: Kiwi erhalte beim Erwerb der Kuoni-A-Aktien mehr Stimmrechte für weniger Kapitaleinsatz als beim Erwerb von Kuoni-B-Aktien.

232 Im Einspracheentscheid (Verfügung 623/02 vom 30. März 2016) hielt die UEK fest, beim Erwerb von verschiedenen Aktienkategorien müssten die Preise für die Aktienkategorien in einem angemessenen Verhältnis zueinander stehen. Um das angemessene Verhältnis der Preise verschiedener Kategorien zu bestimmen, könne (aber müsse nicht) auf deren Nennwert abgestellt werden. Damit sei der Grundsatz der relativen Gleichbehandlung weder übersehen noch verkannt. Hingegen spiele der Grundsatz bei der Ermittlung und Bewertung von zusätzlichen geldwerten Leistungen keine Rolle. Er könne nicht herangezogen werden, um solche Leistungen zugunsten der Stiftung zu rechtfertigen. Die Ermittlung und Bewertung solcher Leistungen erfolge in einem zweiten Schritt, unabhängig davon, ob verschiedene Aktienkategorien bestehen und nach welchen Kriterien das angemessene Preisverhältnis für diese festgelegt würde. Würden in diesem zweiten Schritt zusätzliche geldwerte Leistungen festgestellt, so hätte dies eine entsprechende Erhöhung des Angebotspreises zur Folge. Die UEK verneinte damit in diesem Entscheid die Möglichkeit der Bezahlung einer Abgeltung für das Aktienpaket der Stiftung, welches aufgrund der erhöhten Stimmkraft entscheidenden Einfluss in der neuen Gesellschaft vermittelte.

233 In der Folge unterbreitete Kiwi der UEK eine angepasste Aktionärsvereinbarung mit der Stiftung zur Prüfung und beantragte die Feststellung, dass diese angepasste Vereinbarung den börsengesetzlichen Vorschriften entspreche und die Best Price Rule nicht verletze. Neu beabsichtigte Kiwi, die Stimmrechtsaktien der Stiftung nennwertadjustiert mit einem Mehrwert von acht Prozent abzugelten. Ein von Kiwi eingeholtes Bewertungsgutachten kam gestützt auf eine empirische Beobachtung des nennwertadjustierten Preisunterschieds zwischen Aktienkategorien mit unterschiedlichem Nennwert beim Verhältnis von 5:1 von rund 7,6 Prozent bis 9,6 Prozent. Ergänzend führte Kiwi aus, der beabsichtigte Mehrwert von acht Prozent entspreche modellhaft berechnet auch dem Finanzierungsvorteil beim Erwerb der Kuoni-A-Aktie auf der Grundlage einer Opportunitätskostenbetrachtung bei dem Angebotspreis von CHF 370.– je Kuoni-B-Aktie. Der Finanzierungsvorteil beim Erwerb einer Stimme betrage CHF 296.– (CHF 370.– minus CHF 74.–) nennwertadjustiert. Die «Finanzersparnis» von CHF 296.– bei einem Zinssatz von zwei Prozent ergebe CHF 5.92, und dies seien 8% von CHF 74.–.[20]

234 Die UEK folgerte, der vorgesehene auf nennwertadjustierter Basis um acht Prozent höhere Einlagepreis für die Kuoni-A-Aktien gegenüber den Kuoni-B-Aktien

---

20 Merkwürdig ist, dass der Finanzierungsvorteil nur für ein Jahr und nicht für die Laufzeit eines Finanzierungsvertrages berechnet wurde.

sei plausibel dargelegt worden und das ermittelte Preisverhältnis angemessen (Verfügung 623/03 vom 2. Mai 2016, N 11).

Es ist nicht ohne Weiteres erkennbar, welche Konsequenzen der Fall für die Praxis genau haben wird. Unklar ist insbesondere, wie die UEK zukünftig entscheiden wird, wenn Parteien in einer vergleichbaren Situation gestützt auf ein seriöses Bewertungsgutachten eine Abgeltung von mehr als acht Prozent vereinbaren würden. Denkbar wäre aber auch, dass sich bei ähnlichen Stimmverhältnissen bei acht Prozent ein Marktstandard entwickelt. 235

Daneben finden sich in den Verfügungen Erwägungen zur Best Price Rule. Die UEK beurteilte verschiedene Leistungen der Anbieterin und Gegenleistungen der Veräusserin und kam zum Schluss, dass diese für die Zwecke der Best Price Rule nicht zu berücksichtigen waren. Da die Einräumung von *Drag-along*-Rechten und Vetorechten sowie Abgeltungen für Exitrechte heute als *«vertrags- bzw. transaktionstypische Nebenrechte»* Standard seien und in der Regel auch nicht separat vergütet würden, seien diese auch nicht anzurechnen als Nebenleistungen im Sinne der Best Price Rule (Verfügung 623/03 vom 2. Mai 2016, N 24). Zur Methodik der Bestimmungen von Nebenleistungen vgl. insbes. Fall Quadrant N 205 ff. 236

Schliesslich ist der Fall Kuoni auch unter dem Aspekt der sog. «Auktionsregel» interessant (s. dazu Fall InCentive Capital/Centerpulse, N 183). Der wichtigste Kuoni-Aktionär hatte sich gegenüber der Anbieterin im Rahmen einer sog. «eingeschränkten Exklusivität» verpflichtet, nicht auf ein allfälliges Konkurrenzangebot eines Dritten einzugehen, sofern dieses für sein 25-Prozent-Paket mit nicht kotierten Stimmrechtsaktien preislich nicht mindestens zehn Prozent über dem letzten Angebot der Anbieterin lag (Verfügung 623/01 vom 25. Februar 2016, N 40). Obschon diese Regelung eine Konkurrenzofferte eines Dritten und einen Kontrollerwerb nicht verunmöglichte, sondern lediglich den Erwerb des 25-Prozent-Stimmpakets in geringfügigem Umfang erschwerte (der Erwerb der übrigen 75 Prozent Stimmen mit qualifizierter Stimmenmehrheit war nicht eingeschränkt), hat die UEK diese vertragliche Regelung unter Hinweis auf die «Auktionsregel» dennoch für integral unwirksam erklärt; sie hat zu diesem Zweck die «Auktionsregel» aufgrund der gegebenen Sachverhaltskonstellation ausgedehnt auf die nicht kotierten Stimmrechtsaktien des Hauptaktionärs, die vom öffentlichen Angebot gar nicht erfasst waren (a.a.O. N 41 ff.). Dies zeigt die grosse Bedeutung, welche die UEK der Möglichkeit eines freien und unverfälschten Bieterwettbewerbs zumisst. 237

§ 9   Corporate Governance

Materialien: Analyse d'impact de la réglementation relative à la modernisation du droit   1
de la société anonyme, Rapport final, Haute école de gestion Arc, Neuchâ-
tel, 30 septembre 2015 (Regulierungsfolgenabschätzungen); Botschaft zur
Änderung des Obligationenrechts (Transparenz betreffend Vergütungen an
Mitglieder des Verwaltungsrates und der Geschäftsleitung) vom 23. Juni
2004, BBl 2004 4471 ff.; Botschaft zur Änderung des Obligationenrechts
(Revisionspflicht im Gesellschaftsrecht) sowie zum Bundesgesetz über die
Zulassung und Beaufsichtigung der Revisorinnen und Revisoren vom
23. Juni 2004, BBl 2004 3969 (zit. Botschaft RAG, S.); Botschaft zur Änderung des Obligationenrechts (Aktienrecht und Rechnungslegungsrecht
sowie Anpassung im Recht der Kollektiv- und der Kommanditgesellschaft, im GmbH-Recht, Genossenschafts-, Handelsregister- sowie Firmenrecht) vom 21. Dezember 2007, BBl 2008 1589 ff.; Botschaft zur
Volksinitiative «gegen die Abzockerei» und zur Änderung des Obligationenrechts (Aktienrecht) vom 5. Dezember 2008, BBl 2009 299 ff. (Botschaft Minder-Initiative, S.); Botschaft zur Änderung des Bankengesetzes
(Stärkung der Stabilität im Finanzsektor; too big to fail) vom 20. April
2011, BBl 2011 4717 (zit. Botschaft Too Big to Fail, S.); Botschaft zur
Änderung des Obligationenrechts (Aktienrecht) vom 23. November 2016,

BBl 2017 399 ff. (zit. Botschaft Aktienrechtsentwurf 2016, S.); BÖCKLI, PETER/HUGUENIN, CLAIRE/DESSEMONTET, FRANÇOIS/TURIN, NICHOLAS/ DUC, NICOLAS, Expertenbericht der Arbeitsgruppe «Corporate Governance» zur Teilrevision des Aktienrechts, Mit einem ausgearbeiteten Gesetzesentwurf für eine Revision des 26. Artikels des Obligationenrechts «Die Aktiengesellschaft» und Erläuterungen, Zürich 2004; Eidgenössisches Justiz- und Polizeidepartement EJPD, Vorentwurf zur Verordnung gegen die Abzockerei (VgdA), Erläuternder Bericht vom 14. Juni 2013; HOFSTETTER, KARL, Corporate Governance in der Schweiz, Bericht im Zusammenhang mit den Arbeiten der Expertengruppe «Corporate Governance», economiesuisse 2002; Swissholdings, Zahlen und Fakten zum Konzernstandort Schweiz, Bern, Januar 2016 (zit. Swissholdings, Konzernstandort); SWX Swiss Exchange, Kommentar zur Corporate Governance Richtlinie, 2007; Europäische Kommission, Begleitdokument zum Vorschlag für eine Verordnung über Aufsichtsanforderungen an Kreditinstitute und Wertpapierfirmen vom 20. Juli 2011; Zusatzbericht des Bundesamts für Justiz zum Entwurf zur Verordnung gegen übermässige Vergütungen bei börsenkotierten Aktiengesellschaften (VegüV) vom 8. Oktober 2013 (zit. Zusatzbericht VegüV); McKinsey Global Institute, Urban World: The shifting global business landscape, October 2013 (zit. MGI, business landscape).

2   Literatur: Amstutz, Marc et al. (Hrsg.), Handkommentar zum schweizerischen Privatrecht, 2. Aufl., Zürich 2012 (zit. CHK-AUTOR); AMSTUTZ, MARC/ MABILLARD, RAMON, Fusionsgesetz – Kommentar, Basel 2008; BARMETTLER, PETER, Transparenz Schweizer Managementvergütungen, Eine empirische Untersuchung zum Einfluss der Corporate Governance auf die CEO-Entschädigung Schweizer Publikumsgesellschaften, Diss. Zürich 2013; BAUDENBACHER, CARL/SCHWARZ, LISA, Rechtsvergleichende Überlegungen zur Business Judgment Rule, SZW 1/2016, 55 ff.; BAUEN, MARC/VENTURI, SILVIO, Swiss Board of Directors, Zürich/Basel/Genf 2009; BERLE, ADOLF/MEANS, GARDINER, The Modern Corporation and Privat Property, New York 1932; BERTSCHINGER, URS, Revisionsstelle und «Corporate Governance», in: Weber, Rolf H./Stoffel, Walter A./ Chenaux, Jean-Luc/Sethe, Rolf (Hrsg.), Aktuelle Herausforderungen des Gesellschafts- und Finanzmarktrechts, Festschrift für Hans Caspar Von der Crone zum 60. Geburtstag, Zürich/Basel/Genf 2017, 91 ff.; BINDER, ANDREAS/GUTZWILLER, ROMAN S., Soft Law für institutionelle Investoren, Vorstellung und Würdigung der «Richtlinien für Institutionelle Investoren zur Ausübung ihrer Mitwirkungsrechte bei Aktiengesellschaften», GesKR 1/2013, 84 ff.; BLOCH, OLIVIER, Les conventions d'actionnaires et le droit de la societé anonyme et droit suisse, 2. Aufl., Genf 2011; BÖCKLI, PETER, Stimmenmehrheit unter Verdacht: Wege und Irrwege im aktienrechtlichen Minderheitenschutz, SZW 5/2016, 444 ff. (zit. BÖCKLI, Stimmenmehrheit unter Verdacht; BÖCKLI, PETER, Corporate Boards in Switzerland, in: Davies/Hopt/Nowak/Van Solinge (Edit.), Corporate Boards in: Law and Practice, A Comparative Analysis in Europe, Oxford 2013 (zit. BÖCKLI, Corporate Boards); BÖCKLI, PETER, Schweizer Aktienrecht, 4. Aufl., Zürich/Basel/Genf 2009 (zit. BÖCKLI, Aktienrecht); BÖCKLI, PETER, Die unentziehbaren Kernkompetenzen des Verwaltungsrates, Schriften zum neuen Aktienrecht, Bd. 7, Zürich 1994 (zit. BÖCKLI,

Kernkompetenzen); BÖCKLI, PETER, Corporate Governance: The «Cadbury Report» and the Swiss Board Concept of 1991, SZW 1996, 149 ff. (zit. BÖCKLI, Cadburn Report); BÖCKLI, PETER, Corporate Governance: Der Stand der Dinge nach den Berichten «Hampel», «Viénot» und «OECD» sowie dem deutschen «KonTrag», SZW 1999, 1 ff. (zit. BÖCKLI, Corporate Governance); BÖCKLI, PETER, Das Aktienstimmrecht und seine Ausübung durch Stellvertreter, Diss. Basel 1960 (zit. BÖCKLI, Aktienstimmrecht); BRÜGGEMEIER, GERT, Unternehmenshaftung – Enterprise Liability, Eine Europäische Perspektive?, HAVE 2004, 162 ff.; BÜHLER, CHRISTOPH B., Regulierung im Bereich der Corporate Governance, Zürich/St. Gallen 2009 (zit. BÜHLER, Corporate Governance); BÜHLER, CHRISTOPH B., Corporate Governance und ihre Regelung in der Schweiz, ZGR 2012, 228 ff. (zit. BÜHLER, ZGR); BÜHLMANN, LILIAN, Gläubiger als Stakeholder im Gesellschaftsrecht, Diss. Zürich 2014, (= SSHW 332); BÜRGI, WOLFHART F., Das Problem des Minderheitenschutzes im schweizerischen Aktienrecht, SAG 1956, 81 ff.; COASE, RONALD HARRY, The Firm, the Market and the Law, Chicago/London 1988; DRUEY, JEAN NICOLAS, Interessenskonflikte, in: Baer (Hrsg.), Verwaltungsrat und Geschäftsleitung, St. Galler Studien zum Privat-, Handels- und Wirtschaftsrecht, Bd. 76, Bern 2006; DRUEY, JEAN NICOLAS/DRUEY JUST, EVA/GLANZMANN, LUKAS, Gesellschafts- und Handelsrecht, 11. Aufl., Zürich/Basel/Genf 2015; DUNLAVY, COLLEEN A., From Citizens to Plutocrats: Nineteenth-Century Shareholder Voting Rights and Theories, in; Lipartito, Kenneth/Sicilia, David B. (edit.), Constructing Corporate America: History, Politics, Culture, Oxford: OUP 2004, 66 ff.; ETTER, MICHAEL, Corporate Social Responsibility – die Management-Perspektive, Diss. St. Gallen 2011; FISCHER, DAMIAN, Änderungen im Vertragsparteienbestand von Aktionärbindungsverträgen, Vertrags-, gesellschafts- und börsenrechtliche Aspekte, Diss. Zürich 2009, (= SSHW 281); FORSTMOSER, PETER, Welchen Spielraum lässt die neue Vinkulierungsordnung?, Separatdruck, Der Schweizer Treuhänder 11/91, 592 ff. (zit. FORSTMOSER, Vinkulierung); FORSTMOSER, PETER, Corporate Governance, Regeln guter Unternehmensführung in der Schweiz, NKF Publikation 10, Zürich 2002 (zit. FORSTMOSER, Corporate Governance); FORSTMOSER, PETER, Der Aktionärbindungsvertrag an der Schnittstelle zwischen Vertragsrecht und Körperschaftsrecht, in: Honsell et al. (Hrsg.), Aktuelle Aspekte des Schuld- und Sachenrechts, Festschrift für Heinz Rey zum 60. Geburtstag, Zürich 2003, 375 ff. (zit. FORSTMOSER, Schnittstelle); FORSTMOSER, PETER, Monistische oder dualistische Unternehmensverfassung? Das Schweizer Konzept, ZGR 2003, 688 ff. (zit. FORSTMOSER, Unternehmensverfassung); FORSTMOSER, PETER, Gewinnmaximierung oder soziale Verantwortung? Zum Auftrag börsennotierter Unternehmen, in: Kiesow et al. (Hrsg.), Summa, Dieter Simon zum 70. Geburtstag, Frankfurt am Main 2005, 207 ff. (zit. FORSTMOSER, Gewinnmaximierung); FORSTMOSER, PETER, Profit – das Mass aller Dinge?, in: Zäch et al. (Hrsg.), Individuum und Verband, Festgabe zum Schweizerischen Juristentag 2006, Zürich 2006, 55 ff. (zit. FORSTMOSER, Profit); FORSTMOSER, PETER, Corporate Responsibility und Reputation – zwei Schlüsselbegriffe an der Schnittstelle von Recht, Wirtschaft und Gesellschaft, in: Vogt et al. (Hrsg.), Unternehmen – Transaktionen – Recht, Liber Amicorum für Rolf Watter zum 50. Geburtstag, Zürich 2008, 197 ff. (zit. FORSTMOSER, Corporate

Responsibility); FORSTMOSER, PETER, Schutz der Menschenrechte – eine Pflicht für multinationale Unternehmen?, in: Cavallo et al. (Hrsg.), Liber amicorum für Andreas Donatsch, Zürch/Basel/Genf 2012, 703 ff. (zit. FORSTMOSER, Multinationale Unternehmen); FORSTMOSER, PETER, Die Schweiz auf dem Weg zum striktesten Aktienrecht der Welt?, Board 2/2013, 51 ff. (zit. FORSTMOSER, Aktienrecht); FORSTMOSER, PETER, Was bringt die Aktienrechtsreform im Verantwortlichkeitsrecht?, Europa Institut Zürich, Bd. 171, 185 ff. (zit. FORSTMOSER, Verantwortlichkeitsrecht); FORSTMOSER, PETER/KÜCHLER, MARCEL, Aktionärsbindungsverträge, Zürich 2015 (zit. FORSTMOSER/KÜCHLER, Aktionärsbindungsverträge); FORSTMOSER, PETER/KÜCHLER, MARCEL, Schweizer Aktienrecht 2020, Expert Focus 1–2/16, 86 ff. (zit. FORSTMOSER/KÜCHLER, Aktienrecht); FORSTMOSER, PETER/MEIER-HAYOZ, ARTHUR/NOBEL, PETER, Schweizerisches Aktienrecht, Bern 1996; FRICK, DAVID, Der neue Swiss Code of Best Practice for Corporate Governance 2014, GesKR 2014, 432 ff.; GAUCH, PETER/SCHLUEP, WALTER R./SCHMID, JÖRG, Schweizerisches Obligationenrecht, Allgemeiner Teil, Band II, 10. Aufl., Zürich 2014; GEISSER, GREGOR, Ausservertragliche Haftung privat tätiger Unternehmen für «Menschenrechtsverletzungen» bei internationalen Sachverhalten: Möglichkeiten und Grenzen der schweizerischen Zivilgerichtsbarkeit im Verhältnis von Völkerrecht und Internationalem Privatrecht, SStiR Bd. 141, Zürich 2013; GLATTFELDER, HANS, Die Aktionärbindungs-Verträge, ZSR 1959 II, 141a ff. (einschliesslich der Diskussion des Themas durch die Referenten GLATTFELDER und PATRY am Schweizerischen Juristentag 1959, ZSR 1959 II, 699a ff.); GUHL, THEO et al., Das schweizerische Obligationenrecht, mit Einschluss des Handels- und Wertpapierrechts, 9. Aufl., Zürich 2000 (zit. GUHL/[BEARBEITER]); HART, OLIVER, Firms, Contracts, and Financial Structure, New York 1995; HÄUSERMANN, DANIEL, Minderheitenschutz in der «Aktienrechtsdemokratie», GesKR 2/2014 (zit. HÄUSERMANN, Minderheitenschutz); HÄUSERMANN, DANIEL, Stimmrechtsaktien zwischen Gestaltungsfreiheit und Minderheitenschutz, SZW 2015, 239 ff. (zit. HÄUSERMANN, Stimmrechtsaktien); HAUSMANN, YANNICK/BECHTOLD-ORTH, ELISABETH, Corporate Governance: Überholt die Schweiz Europa? Eine rechtsvergleichende Analyse der aktuellen Entwicklungen, GesKR 2/2013, 234 ff.; HAYDEN, GRANT M./BODIE, MATTHEW T., One Share, One Vote and the False Promise of Shareholder Homogeneity, 30 Cardozo Law Review 2008, 445 ff.; HINTZ-BÜHLER, MONIKA, Aktionärbindungsverträge, Diss. Bern 2001, aufgenommen in ASR 659; HIRSINGER, CAROLINE, Der Schutz der Gesellschafter, Gläubiger und Arbeitnehmer bei der Fusion von Kapitalgesellschaften nach schweizerischem und europäischem Fusionsrecht, Diss. Basel 2005 (= SSHW 246); Honsell, Heinrich/Vogt, Nedim P./Wiegand, Wolfgang (Hrsg.), Obligationenrecht I (Art. 1–529 OR), Basler Kommentar, 5. Aufl., Basel 2011 (zit. BSK OR I-AUTOR, Art.); Honsell, Heinrich/Vogt, Nedim P./Watter, Rolf (Hrsg.), Basler Kommentar zum OR II, 4. Aufl., Basel 2012 (zit. BSK OR II-AUTOR, Art.; Honsell, Heinrich/Vogt, Nedim P./ Geiser, Thomas (Hrsg.), Zivilgesetzbuch I, (Art. 1–456 ZGB), Basler Kommentar, 5. Aufl., Basel 2014 (zit. BSK ZGB I-AUTOR, Art.); HUBER, ADRIANO R., Vergütungsfestsetzung nach Art. 95 Abs. 3 BV, Diss. Zürich 2014, aufgenommen in Zürcher Studien zum Privatrecht, Bd. 263, Zürich/ Basel/Genf 2015; JAUN, MANUEL, Zur gegenwärtigen und künftigen «ratio legis» der Geschäftsherrenhaftung, in; Geiser et al. (Hrsg.), Privatrecht im Spannungsfeld zwischen gesellschaftlichem Wandel und ethischer Verantwortung, Festschrift für Heinz Hausheer zum 65. Geburtstag, Bern 2002, 581 ff.; JENSEN, MICHAEL C., Eclipse of the Public Corporation, Harvard Business Review 1989, 1 ff.; JENSEN, MICHAEL C./MURPHY, KEVIN J., Performance Pay and Top-Management Incentives, Journal of Political Economy, vol. 98, Nr. 2 (1990), 225 ff.; JUTZI, THOMAS, Verwaltungsratsausschüsse im schweizerischen Aktienrecht, Diss. Bern 2008; KÄLIN, OLIVER, Die Sanierung der Aktiengesellschaft, Zürich/Basel/Genf 2016; KAUFMANN, CHRISTINE, Konzernverantwortungsinitiative: Grenzenlose Verantwortlichkeit?, SZW 1/2016, 45 ff. (zit. KAUFMANN, Konzernverantwortungsinitiative); KAUFMANN, CHRISTINE, From Profit to People and Planet: Rethinking the Purpose of the Corporation, in: Weber, Rolf H./Stoffel, Walter A./Chenaux, Jean-Luc/Sethe, Rolf (Hrsg.), Aktuelle Herausforderungen des Gesellschafts- und Finanzmarktrechts, Festschrift für Hans Caspar Von der Crone zum 60. Geburtstag, Zürich/Basel/Genf 2017, 3 ff. (zit. KAUFMANN, Corporate Social Responsibility); KONOPATSCH, CATHRINE, Verspätete Überschuldungsanzeige als Misswirtschaft gemäss Art. 165 Ziff. 1 StGB, ZStrR 134/2016, 196 ff.; KRAAKMAN, REINIER/ARMOUR, JOHN/DAVIS, PAUL/ENRIQUES, LUCA/HANSMANN, HENRY/HERTIG, GERARD/HOPT, KLAUS/KANDA, HIDEKI/ROCK, EDWARD, The Anatomy of the Corporate Law – A Comparative and Functional Approach, 2nd edition, New York 2009 (zit. KRAAKMAN et al.); KRAMER, ERNST A., Inhalt des Vertrages, Art. 19–22, Berner Kommentar, Bd. VI, Das Obligationenrecht, Abt. 1: Allgemeine Bestimmungen, Teilbd. 2, Bern 1991 (zit. BK-KRAMER); KUHN, HANS, Schweizerisches Kreditsicherungsgeschäft, Bern 2011; KUNZ, PETER V., Der Minderheitenschutz im schweizerischen Aktienrecht: eine gesellschaftsrechtliche Studie zum aktuellen Rechtszustand verbunden mit Rückblick und mit Vorausschau sowie mit rechtsvergleichenden Hinweisen, Habil. Bern 2001; LANG, THEODOR, Die Durchsetzung des Aktionärbindungsvertrags, Diss. Basel 2002 = (SSHW 221); MANDEL, ROLAND, Die richterliche Interessenabwägung in der Frage des aktienrechtlichen Minderheitenschutzes, Diss. St. Gallen 1974; MEIER-HAYOZ, ARTHUR/FORSTMOSER, PETER, Schweizerisches Gesellschaftsrecht, 11. Aufl., Zürich 2012; MÜLLER, LUKAS/MÜLLER PASCAL, Organisationsmängel in der Praxis, Ausgewählte Aspekte zu Art. 731b OR aus Sicht des Handelsregisters und der Rechtsprechung, AJP 1/2016, 42 ff.; MÜLLER, KARIN/KÄCH, ALICE, Ausgewählte Entscheide im Gesellschaftsrecht des Jahres 2015 in Kürze, Jusletter 11. April 2016; MÜLLER, ROLAND/LIPP, LORENZ/PLÜSS, ADRIAN, Minderheitenschutz im schweizerischen Aktienrecht, AJP 5/2011, 587 ff.: NAEGELI, EDUARD, Die Doppelgesellschaft als rechtliche Organisationsform der Kartelle, Konzerne und andere Unternehmenszusammenschlüsse nach deutschem und schweizerischem Recht, Zürich 1936–1941 (2 Bde.) (= Diss. Zürich 1935 und Habil. St. Gallen); NIKITINE, ALEXANDER, Die aktienrechtliche Organverantwortlichkeit nach Art. 754 Abs. 1 OR als Folge unternehmerischer Fehlentscheide, SSHW, Bd. 266, Zürich/St. Gallen 2007; NOBEL, PETER, Vom Minderheitenschutz bis zur Machtkontrolle aus öffentlichem Interesse im Aktienrecht, SJZ (70) 1974, 33 ff. (zit. NOBEL, Minderheitenschutz); NOBEL, PETER, Le rôle du président du conseil, SZW 2004/1, 19 ff. (zit. NOBEL, VRP); NOBEL, PETER, Transnationales und Europäisches Aktienrecht, Bern 2006 (zit. NOBEL, Internationales Aktienrecht); NOBEL, PETER, Monismus oder Dualismus: ein corporatologisches Scheinproblem?, in: Charlotte M. Baer (Hrsg.), Verwaltungsrat und Geschäftsleitung. Ihre Tätigkeit und ihr Verhältnis zueinander, St. Galler Studien zum Privat-, Handels- und Wirtschaftsrecht, Band 76, Bern/Stuttgart/Wien 2006 (ZIT. NOBEL, Monismus oder Dualismus); NOBEL, PETER, Board and Management Compensation. Ein Inventar rechtlicher Art, Schriften zum Aktienrecht, Nr. 23, Zürich/Basel/Genf 2007 (zit. NOBEL, Compensation); NOBEL, PETER, Schweizerisches Finanzmarktrecht und internationale Standards, 3. Aufl., Bern 2010 (zit. NOBEL, Finanzmarktrecht); NOBEL, PETER, Der Stand des Aktienrechts – Ein Überblick, SZW 2013, 115 ff. (zit. NOBEL, Stand Aktienrecht); NOBEL, PETER, Notwendigkeit einer Bonusregelung?, SZW 2009, 448 ff. (zit. NOBEL, Bonusregelung); NOBEL, PETER, Der Arme Bankaktionär, in: Weber, Rolf H./Stoffel, Walter A./Chenaux, Jean-Luc/Sethe, Rolf (Hrsg.), Aktuelle Herausforderungen des Gesellschafts- und Finanzmarktrechts, Festschrift für Hans Caspar Von der Crone zum 60. Geburtstag, Zürich 2017, 637 ff. (zit. NOBEL, Der arme Bankaktionär); NOBEL, PETER/ KAEMPF, MARKUS, Aktuelle Entwicklungen im Europäischen Gesellschaftsrecht, in: Astrid Epiney/Stefan Diezig (Hrsg.), Schweizerisches Jahrbuch für Europarecht 2013/2014, Bern/Zürich 2014, 135 ff.; PATRY, ROBERT, Les accords sur l'exercice des droits de l'actionnaire, ZSR 1959 II, 1a ff. (einschliesslich der Diskussion des Themas durch die Referenten GLATTFELDER und PATRY am Schweizerischen Juristentag 1959, ZSR 1959 II, 699a ff.); PEYER, MARTIN, Das interne Kontrollsystem als Aufgabe des Verwaltungsrats und der Revisionsstelle, SSHW, Bd. 283, Zürich/St. Gallen 2009; PORTMANN, DOMINIQUE, Mitarbeiterbeteiligung, Mitarbeiteraktien und Mitarbeiteroptionen im schweizerischen Recht, Diss. St. Gallen 2005, aufgenommen in Schriften zum schweizerischen Arbeitsrecht, Heft 62, Bern 2005; RAPPAPORT, ALFRED, Shareholder Value, Wertsteigerung als Massstab für die Unternehmensführung, Stuttgart 1995; RHEIN, MIRJAM S., Die Nichtigkeit von VR-Beschlüssen, Schweizer Schriften zum Handels- und Wirtschaftsrecht, Bd. 203, Zürich 2001; ROST, KATJA/EHRMANN, THOMAS, Reporting Biases in Empirical Management Research: The Example of Win-Win Corporate Social Responsibility, Business & Society, 25. Februar 2015, 1 ff.; SANWALD, RETO, Austritt und Ausschluss aus AG und GmbH, Diss. Zürich 2009 (= SSHW 280); SCHÄFER, HANS-BERND/OTT, CLAUS, Lehrbuch der ökonomischen Analyse des Zivilrechts, 3. Aufl., Berlin/Heidelberg/New York 2000; SCHENKER, URS, Corporate Governance in Sanierungsfällen – Der Einfluss der Gläubiger: Chancen und Risiken, in: Weber, Rolf H., Stoffel, Walter A./Chenaux, Jean-Luc, Sethe, Rolf (Hrsg.), Aktuelle Herausforderungen des Gesellschafts- und Finanzmarktrechts, Festschrift für Hans Caspar Von der Crone zum 60. Geburtstag, Zürich/Basel/Genf 2017, 65 ff.; SCHLUEP, WALTER R., Die wohlerworbenen Rechte des Aktionärs, Diss. St. Gallen 1955 (zit. SCHLUEP, wohlerworbene Rechte); SCHLUEP, WALTER R., Mitbestimmung?, Bemerkungen zum Verhältnis von Aktiengesellschaft, Unternehmen und öffentlichen Interessen, in: Boemle, Max/ Geiger, Willi/Pedrazzini, Mario/Schluep, Walter R. (Hrsg.), Lebendiges Aktienrecht, Festgabe zum 70. Geburtstag von Wolfhart Friedrich Bürgi, Zürich 1971 (zit. SCHLUEP, Mitbestimmung); SCHOTT, BERTRAND G.,

Aktienrechtliche Anfechtbarkeit und Nichtigkeit von Generalversammlungsbeschlüssen wegen Verfahrensmängeln, Diss. Zürich 2009 (= SSHW 285); STAEHLIN, ADRIAN/STAEHLIN, DANIEL/GROLIMUND, PASCAL, Zivilprozessrecht, 2. Aufl., Zürich 2013; STEININGER, THOMAS ALEXANDER, Interessenskonflikte des Verwaltungsrates, Zürcher Studien zum Privatrecht, Bd. 238, Zürich/Basel/Genf 2011; TANEDA, KENJI, Sarbanes-Oxley, Foreign Issuers and United States Securities Regulation, 2003 Columbia Law Review 715; VISCHER, FRANK, Beteiligung der Betriebsangehörigen am Aktienkapital der Gesellschaft, SAG 1965, 1 ff.; VOGT, HANS-UELI, Aktionärsdemokratie, Über die Möglichkeiten und Grenzen der Verwirklichung eines politischen Leitbildes im Aktienrecht, Zürich/St. Gallen 2012; VOGT, HANS-UELI/BÄNZIGER, MICHAEL, Das Bundesgericht anerkennt die Business Judgment Rule als Grundsatz des schweizerischen Aktienrechts, GesKR 4/2012, 607 ff.; VON DER CRONE, HANS CASPAR, Aktienrecht, Bern 2014; VON DER CRONE/BRUGGER, DANIEL, Salärgovernance, SZW 3/2014, 241 ff.; VON DER CRONE, HANS CASPAR/ROTH, KATJA, Der Sarbanes-Oxley Act und seine extraterritoriale Bedeutung, AJP/PJA 2/2003, 131 ff.; WALSER, RUDOLF/BISCHOFBERGER, ALOIS, Multis: Zerrbild und Wirklichkeit, Diskussionspapier avenir Suisse, Zürich 2013.

I. Einleitung

Wo genau die materiellen Anfänge des Corporate-Governance- **3** Gedankens liegen, kann wohl nicht genau bestimmt werden, haben doch schon Autoren wie CATO der Ältere (MARKUS PORCIUS CATO CENSORIUS, 234 v. Chr. bis 149 v. Chr.), ADAM SMITH, RUDOLPH VON JHERING oder entscheidend BERLE und MEANS das Problem von Interessenkollisionen zwischen den Eigentümern und von diesen eingesetzten Direktoren zur Verwaltung von Unternehmen erkannt. Was ursprünglich als Diskussion über das Principle-Agent-Problem, mit anderen Worten gesagt über die Trennung von Eigentum und Kontrolle, anfing, geht heute weit darüber hinaus und umfasst praktisch jegliche Aspekte der Unternehmensführung und deren Auswirkungen nach aussen. Man kann feststellen, dass Aussagen gegenüber sozialen Anliegen wie FRIEDMANS: «The business of business is business»[1] doch so sehr reizten, dass es zu einer Grundsatzdiskussion kam. Die «shareholder value»-Idee (dazu ausführlich RAPPAPORT, 1 ff.) zeigte aber von Anfang an, dass die Auseinandersetzung doch börsen- und kapitalmarktorientiert war.

Ursprünglich lag das Hauptanliegen der Corporate-Governance-Bewegung darin, **4** dem Verwaltungsrat Richtlinien vorzugeben, an die er sich zu halten hatte, um die Interessen der Aktionäre bestmöglich zu wahren. Diese Fokussierung auf die Lei-

---

[1] Milton Friedman, Capitalism and Freedom, Chicago 1962, 112; Milton Friedman, The Social Responsibility of Business is to Increase its Profits, The New York Times Magazine, 13. September 1970, 17.

tungsrolle des Verwaltungsrats findet sich beispielsweise im Cadbury Report on the Financial Aspects of Corporate Governance[2], der mit seiner Strahlkraft in ganz Europa die Corporate-Governance-Diskussion ins Rollen brachte.

> «Corporate Governance is the system by which companies are directed and controlled.» (Cadbury Report, Ziff. 2.5)

5   Bereits hier zeigte sich aber auch, dass der Kern der Diskussion finanz-, kapital-, markt- und investorenorientiert ist. Die Essenz wurde im Cadbury Report (Ziff. 1.1) folgendermassen zusammengefasst:

> «They [the boards of companies] must be free to drive their companies forward, but exercise that freedom within a framework of effective accountability. This is the essence of any system of good corporate governance.» (Klammern eingefügt)

6   Mittlerweile haben die Ansprüche politischer, wirtschaftlicher und ökologischer Kreise an die Unternehmen, vor allem aber an Publikumsgesellschaften, zugenommen. Es geht nicht mehr nur um die Lösung bzw. die Regulierung des Spannungsverhältnisses zwischen Aktionären und Verwaltungsräten. Intern wird erheblich mehr Gewicht auf Compliance und Risikokontrolle gelegt; extern spielen vor allem bei grösseren Unternehmen auch Ethik und Reputation eine «bewusst bewirtschaftete» Rolle, da schliesslich auch das Ansehen eines Unternehmens sein Kapital ist (NOBEL, Stand Aktienrecht, 134). Folgerichtig hat auch der Ausdruck der Stakeholder immer mehr Einzug in die Diskussion um Corporate Governance erhalten. Zeitgemäss wäre es daher von einer «triple agency» zu sprechen, welche die Interessenskonflikte zwischen Aktionären und Management (hier verstanden als Verwaltungsrat und Geschäftsleitung), Mehrheitsaktionären und Minderheitsaktionären und diejenigen zwischen der Gesellschaft und den Stakeholdern umfasst (KRAAKMAN et al., insb. 35 ff.).

7   Aufgrund fortschreitender Internationalisierungs- und Globalisierungstendenzen sowie zunehmender Durchsetzung marktwirtschaftlicher Strukturen (s. BÜHLER, Corporate Governance, 1), hat sich die Corporate-Governance-Idee auch zu einer Vereinheitlichungsbewegung im internationalen Gesellschaftsrecht entwickelt. In der Schweiz wird dabei leider oft übersehen, dass viele Aspekte der Corporate Governance bereits mit der Aktienrechtsrevision 1991 Niederschlag in der schweizerischen Gesetzgebung gefunden haben. Herausragend war bzw. ist Art. 716a OR, der dem Verwaltungsrat wesentliche Aufgaben, unter anderem die Oberleitung der Gesellschaft, die Festlegung der Organisation, die Ausgestaltung des Rechnungswesens, der Finanzkontrolle sowie der Finanzplanung, die Ernennung und Abberufung der Geschäftsführung sowie die Erstellung des Geschäfts-

---

[2]   Report of the Committee on the Financial Aspects of Corporate Governance, 1 December 1992 (verfügbar auf: http://www.ecgi.org/codes/documents/cadbury.pdf, Stand 4. August 2016).

berichts, die Compliance-Überwachung und die Vorbereitung der Generalversammlung, unübertragbar und unentziehbar zuweist. Auch wenn nicht unter dem Schlagwort *Corporate Governance,* so wurden im Zuge der Aktienrechtsreform doch der Aktionärsschutz, insbesondere der Schutz der Publikumsaktionäre, und die Transparenz stark verbessert (ausführlich FORSTMOSER, Corporate Governance, 19). Zur Verbesserung der Corporate Governance bei Publikumsgesellschaften trugen auch das Börsengesetz (BEHG, jetzt FinfraG) und die darauf basierenden Verordnungen bei, denn elektrisierend wirkte auch die börsengetriebene Shareholder-Value-Idee (ursprünglich RAPPAPORT, s. nachfolgend).

Auch mit der im Jahre 2001 durch parlamentarische Vorstösse gefärbten Revision   8
des Aktien- und Rechnungslegungsrechts verfolgte man eine Verbesserung der Corporate Governance – unüblicherweise nicht auf dem Weg der Selbstregulierung sondern, durch gesetzgeberische Massnahmen. Die Vorlage zur Aktienrechtsreform stärkt insbesondere die Stellung der Aktionäre als Eigentümer der Gesellschaft und regelt die Informationsrechte (Botschaft Aktienrechtsentwurf 2007, 1591 f.). Die Rechnungslegung wurde umfassend revidiert und ist bereits seit dem 1. Januar 2013 in Kraft. Neu wurde für alle Gesellschaften des Privatrechts eine einheitliche Ordnung angestrebt, die nach der wirtschaftlichen Bedeutung des Unternehmens und nicht nach deren Rechtsform differenziert (Botschaft Aktienrechtsentwurf 2007, 1592; s. § 6, N 67 ff.).

Ein wesentlicher Bereich der Corporate Governance, nämlich die Offenlegungs-   9
pflicht betreffend die Entlöhnung der Mitglieder des Verwaltungsrates und der Geschäftsleitung, war vor allem in den letzten Jahren in aller Munde. Die Thematik wurde bereits durch die Motion GYSIN vom 22. Januar 1998 (98.3023, «Veröffentlichung von Abgangsentschädigungen an Verwaltungsrats- und Kadermitglieder») aufgegriffen und im Parlament sowie in der Öffentlichkeit rege diskutiert. Die Folge war eine strenge Offenlegungsnorm (Art. 663b^{bis} OR 2007). Mit der Annahme der Volksinitiative «gegen die Abzockerei» (Minder-Initiative) vom 26. Februar 2008 wurde für eine Verschärfung der Offenlegungspflichten betreffend Verwaltungsrats- und Managemententschädigungen gestimmt (s. Art. 13 u. insb. 14–16 VegüV) und auch ein spezielles, zwingendes Mitspracherecht der Aktionäre gesichert (vgl. Art. 2 Ziff. 4 VegüV).

Wie man unweigerlich erkennen kann, handelt es sich bei Corporate Governance   10
um einen sehr dehnbaren Begriff, dem in jüngerer Zeit eine inflationäre Verwendung zuteil wurde. Die schillernde, aber gefällige Wortwendung entwickelte sich zu einer Art von «juristischem Omnibus». Anhand der Fülle an Themen, die inzwischen unter dem Gesichtspunkt von Corporate Governance abgehandelt werden, wäre es daher nicht übertrieben Corporate Governance als «Schmelztiegel» oder «Tummelplatz» vieler gesellschaftsrechtsrelevanter, aber zum Teil auch politischer Diskussionen zu sehen, die vorzugsweise das Verhältnis zwischen

Aktionären und Verwaltungsrat aber auch das Verhältnis zu anderen Anspruchsgruppen (Stakeholder) thematisieren. Corporate Governance sollte man gleichwohl nicht bloss als dankbaren Schwamm für die Neudiskussion aller gesellschaftsrechtlichen Leitungsprobleme verstehen, sondern als das, was sie eigentlich
ist, nämlich eine Neuauflage der Lehre von der juristischen Person (NOBEL, Monismus oder Dualismus, 9, mit Verweis auf PAUL FRENTROP, A History of Corporate Governance, 1602–2002, Amsterdam 2003, 2).

II.   Definition

11   Aus der heute kaum noch überschaubaren Literatur zum Thema
lässt sich keine allgemeingültige Definition des Begriffes «herausschälen». Man
muss annehmen, dass die Entwicklung der Corporate Governance (noch lange)
nicht abgeschlossen ist. Vielmehr ist davon auszugehen, dass durch Finanzskandale
oder Wirtschaftskrisen immer wieder Schwächen im System ans Tageslicht treten
werden und der ganzen Diskussion neue Impulse geben. Die Krise in den Jahren
2007 bis 2009 hat uns deutlich vor Augen geführt, dass es entscheidend sein wird,
dass die Regulierung, in welcher Form sie auch stattfinden mag, mit dem Fortschritt in der Wirtschaftswelt mithält, zumindest nicht zu stark hinterherhinkt.

12   Der Begriff *Corporate Governance* (frz. gouvernement des entreprises) lässt seine
Bedeutung im Groben erahnen. Ein Blick in die Vergangenheit lohnt sich für das
bessere Verständnis dennoch. Demnach lässt sich der Begriff *Corporate* von den
Begriffen «corpus» für Körper und «corporatio» für Körperschaft ableiten (BÖCKLI,
Aktienrecht, § 14 N 22; NOBEL, Finanzmarktrecht, 787 N 58). *Governance* hingegen hat seinen Ursprung im lateinischen Wort «gubernare», welches sich wiederum vom griechischen Wort «kybernetes», dem Steuermann eines Schiffes, ableiten lässt (NOBEL, Internationales Aktienrecht, 747). Wörtlich übersetzen lässt sich
Corporate Governance daher mit «körperschaftliche Steuerung» (BÖCKLI, Aktienrecht, § 14 N 22).

13   Der Begriff *Corporate Governance* wird in der Folge im Cadbury Report wie folgt
umschrieben:

> «Corporate Governance is the system by which companies are directed and con-
> trolled. Boards of directors are responsible for the governance of their companies.
> The shareholders' role in governance is to appoint the directors and the auditors
> and to satisfy themselves that an appropriate governance structure is in place.»
> (Cadbury Report, 2.5)

14   Diese Begriffsumschreibung hat sich in Grossbritannien auch 20 Jahre nach dem
Cadbury Report und zahlreichen weiteren Erlassen und Richtlinien nicht geändert.

Der aktuelle UK Corporate Governance Code von 2012 basiert immer noch auf der Grundlange der oben aufgeführten, zurückhaltenden Definition (vgl. Ziff. 2, Governance and The Code, UK Corporate Governance Code 2012).

Auch wenn die Umschreibung in den englischen Codes die Begrifflichkeit von Corporate Governance kaum wirklich klärt, erscheint eine derart weitläufige Definition dem Konzept von Corporate Governance am ehesten gerecht zu werden. Dies lässt sich auch an den OECD-Grundsätzen der Corporate Governance von 2004 erkennen. Demnach handelt es sich bei Corporate Governance weniger um einen eigenständig zu definierenden Begriff, sondern vielmehr um ein Modell, welches je nach dem rechtlichen, regulatorischen und institutionellen Umfeld, der Geschäftsethik sowie der Aufgeschlossenheit der Unternehmen für die ökologischen und gesellschaftlichen Interessen der Gastländer unterschiedlich ausgestaltet sein kann (vgl. Einleitung OECD-Grundsätze der Corporate Governance, S. 12). Die Grundsätze sollen den Regierungen der OECD- und Nicht-OECD-Länder als Richtschnur dabei helfen, den rechtlichen, institutionellen und ordnungsrechtlichen Corporate-Governance-Rahmen in ihren Ländern zu evaluieren und zu verbessern. Des Weiteren sollen sie den Börsen, Kapitalgebern, Unternehmen sowie anderen Parteien, die bei der Entwicklung guter Praktiken der Unternehmensführung eine Rolle spielen, Orientierungshilfe bieten (Einleitung OECD-Grundsätze der Corporate Governance, S. 11). Es erstaunt daher nicht, dass beruhend auf einem Grundkonzept von Corporate Governance – dieses ist in der Folge noch genauer herauszuarbeiten – in jedem Land ein mehr oder weniger differenziertes Verständnis von Corporate Governance herrscht. [15]

So zielt der «Swiss Code of Best Practice» (Swiss Code) von 2002 des Dachverbandes *economiesuisse* ausdrücklich auf die Situation in der Schweiz, mit der sie kennzeichnenden Vielfalt von grossen, mittleren und kleineren Aktiengesellschaften, mit den seit der Aktienrechtsrevision von 1992 allmählich spürbar verbesserten Usanzen, mit ihrem von den Gestaltungsprinzipien etwa des deutschen Rechts oder des angelsächsischen Rechts abweichenden Aktienrecht (Präambel, Ziff. 2 Swiss Code of Best Practice). Als Leitidee wird Corporate Governance im Swiss Code wie folgt konkretisiert: [16]

> «Corporate Governance ist die Gesamtheit der auf das Aktionärsinteresse ausgerichteten Grundsätze, die unter Wahrung von Entscheidungsfähigkeit und Effizienz auf der obersten Unternehmensebene Transparenz und ein ausgewogenes Verhältnis von Führung und Kontrolle anstreben.» (Präambel Ziff. 2.2, Swiss Code of Best Practice)

Im Bericht von Prof. Dr. KARL HOFSTETTER betreffend Corporate Governance in der Schweiz (vgl. § 4 N 93), der in enger Zusammenarbeit mit der Expertengruppe «Corporate Governance» um Prof. Dr. PETER BÖCKLI im Hinblick auf die Ausarbeitung des «Swiss Code of Best Practice» (2002) von *economiesuisse* und der [17]

«Corporate-Governance-Richtlinie» (2002) der SIX Swiss Exchange entstand, umfasst Corporate Governance in einem weiteren Sinne alle Organisations- und Strukturfragen der Unternehmen, welche die Aktionärsstellung direkt oder indirekt schützen, daher die Gesamtheit der Grundsätze und Regeln, welche die Funktionstüchtigkeit der Unternehmen im Hinblick auf die Optimierung der Aktionärsinteressen (*«shareholder value»*) gewährleisten sollen (HOFSTETTER, Ziff. 2.1). In einem engeren Sinn verstanden, umfasst Corporate Governance primär Fragen zweckmässiger «checks and balances» und der Transparenz auf der Stufe der Unternehmensleitung (HOFSTETTER, Ziff. 2.1). Auf den Begriff der «checks and balances» stützt auch die Botschaft zur Änderung des Obligationenrechts (Aktienrecht und Rechnungslegungsrecht sowie Anpassungen im Recht der Kollektiv- und der Kommanditgesellschaft, im GmbH-Recht, Genossenschafts-, Handelsregister- sowie Firmenrecht) vom 21. Dezember 2007 ihre Umschreibung von Corporate Governance und hält fest:

> «Der Ausdruck Corporate Governance stammt aus dem angelsächsischen Raum. Die Corporate Governance bezweckt ein funktionales Gleichgewicht zwischen den verschiedenen Organen der Gesellschaft *(checks and balances),* eine ausreichende Transparenz der gesellschaftsinternen Vorgänge und die Sicherung der Rechtsstellung der Aktionärinnen und Aktionäre.»

18   Der Versuch, den Begriff *Corporate Governance* prägnant und umfassend zu definieren, scheitert daher zwangsläufig an den verschiedenen Teilaspekten, die er beinhaltet und an den unterschiedlichen regulatorischen Gegebenheiten in den einzelnen Staaten. Vielmehr hat das «ermahnende Schlagwort» der Corporate Governance in den vergangenen Jahren die gesamte gesellschaftsrechtliche Diskussion erfasst (NOBEL, Stand Aktienrecht, 134). Der Begriff wird, wie es BÖCKLI zutreffend ausdrückt, heutzutage «ruchlos als Modewort für alles verwendet, was zufällig gerade mit einer Modernisierung des Gesellschaftsrechts oder der Qualität einer Unternehmensleitung zu tun hat» (BÖCKLI, Aktienrecht, § 14 N 27). Die Begriffsklärung tritt aber ohnehin in den Hintergrund, wenn man Corporate Governance als Idee oder als Konzept zur guten Unternehmensführung versteht (vgl. dazu JAAP-WINTER Report, Kap. III, Ziff. 1).

III.   Entstehungsgeschichte

A.   *Securities Act und Securities Exchange Act*

19   Als Geburtsstunde der modernen Corporate-Governance-Theorie können wohl die Jahre nach dem Wall Street Crash an der New Yorker Börse im Jahre 1929 gesehen werden. Als Antwort auf die Missstände und Fehlentwicklungen, die aufgrund des Börsenzusammenbruchs aufgedeckt wurden, erliess man in

den Vereinigten Staaten den Securities Act von 1933 und den Securities Exchange Act von 1934 (vgl. BÖCKLI/HUGUENIN/DESSEMONTET/TURIN/DUC, 17; BÜHLER, Corporate Governance, 510 N 1397; NOBEL, Internationales Aktienrecht, 647).

Der Securities Act von 1933 soll grundsätzlich Investoren dazu dienen, ihnen 20 wesentliche Informationen über die öffentlich angebotenen Wertpapiere zugänglich zu machen und Täuschungen, Fehlinformationen oder andere Formen betrügerischen Handelns im Zusammenhang mit Aktienkäufen zu verhindern (vgl. NOBEL, Internationales Aktienrecht, 650). Der Securities Act von 1933 ist anwendbar auf Wertschriften, welche erstmalig zum Verkauf angeboten werden (Primärmarkt), und enthält insbesondere Bestimmungen über die Registrierung solcher Wertschriften, die Offenlegung von Informationen über die angebotenen Aktien und die Geschäfts-, Führungs- und Finanzsituation und die öffentlichen Zeichnungsangebote und Verkäufe der Wertpapiere (ausführlich NOBEL, Internationales Aktienrecht, 647 ff.). Der Securities Exchange Act von 1934 bezieht sich auf den Sekundärmarkt, daher auf bereits emittierte Wertschriften. Wie der Securities Act von 1933 schreibt auch der Erlass von 1934 die Registrierung von Wertschriften und die Offenlegung bestimmter Angaben über das Unternehmen vor (NOBEL, Internationales Aktienrecht, 650).

B. Cadbury Report[3]

In Europa setzte der *Report of the Committee on the Financial* 21 *Aspects of Corporate Governance* (Cadbury Report[4]) von 1992 einen Meilenstein in der Corporate-Governance-Diskussion. Der darin enthaltene, rechtlich unverbindliche Verhaltenskodex *(Code of Best Practice)* zielt ganz in der Tradition der Principle-Agent-Theorie im Wesentlichen darauf, die Position der Aktionäre *(shareholders)* gegenüber dem Verwaltungsrat *(board of directors)* zu stärken (Cadbury Report, 16 ff.). Insbesondere für den Verwaltungsrat enthält der *Code of Best Practice* Bestimmungen betreffend dessen Pflichten und Zusammensetzung. Zur Entflechtung von Interessenskonflikten empfiehlt der *Code of Best Practice* den Gesellschaften, innerhalb des Verwaltungsrates drei Ausschüsse zu bilden: nämlich ein *Nomination Committee* (Ziff. 4.15), ein *Remuneration Committee* (Ziff. 4.42) und ein *Audit Committee* (Ziff. 4.33). Angesichts der Trennung von Eigentum und Kontrolle innerhalb der Aktiengesellschaft misst der *Code* dem *Auditing* (Revision) ebenfalls eine wesentliche Rolle bei, wie aus nachstehendem Zitat deutlich wird:

---

[3] Siehe Fn 2.
[4] Der Cadbury Report wurde von einer Expertenkommission unter dem Vorsitz von Sir Adrian Cadbury ausgearbeitet.

«Given the separation of ownership from management, the directors are required
to report on their stewardship by means of the annual report and financial statements sent to the shareholders. The audit provides an external and objective
check on the way in which the financial statements have been prepared and pre-
sented, and it is an essential part of the checks and balances required. The question is not whether there should be an audit, but how to ensure its **objectivity** and
effectiveness.» (Ziff. 5.1)

22 So wird weiter ausgeführt, dass die Revision, neben ihrem Wert für den Verwal-
tungsrat, eine Art Rückversicherung für all diejenigen darstellt, die ein finanzielles
Interesse an der Gesellschaft haben (Ziff. 5.2). Dementsprechend statuiert der
Code of Best Practice Bestimmungen zur Wahrung der Unabhängigkeit und Professionalität der Wirtschaftprüfungsgesellschaften (vgl. Ziff. 5.7 ff.). Schon vor
dem Sarbanes-Oxley Act propagierte der *Code of Best Practice* des «Cadbury
Report» eine Rotation der Wirtschaftsprüfer und sprach sich dafür aus, dass es
Wirtschaftsprüfern nicht erlaubt sein sollte, für die von ihnen geprüften Gesell-
schaften weitere Dienstleistungen zu erbringen (Ziff. 5.10 und 5.12).

23 In Grossbritannien wurde praktisch zeitgleich der «Greenbury Report» (1995)
ausgearbeitet. Der «Greenbury Report», dem in Europa nur eine geringe Beachtung geschenkt wurde (BÖCKLI, Aktienrecht, § 14 N 108; BÜHLER, Corporate
Governance, 566 N 1555), beinhaltet Empfehlungen betreffend die Entschädigungen von Verwaltungsräten und Personen in leitenden Positionen.

«To avoid potential conflicts of interest, Boards of Directors should set up remuneration committees of Non-Executive Directors to determine on their behalf, and
on behalf of the shareholders, within agreed terms of reference the company's
policy on executive remuneration and specific remuneration packages for each of
the Executive Directors, including pension rights and any compensation pay-
ments.» (Greenbury Report, Ziff. A1)

24 In der Stossrichtung des «Cadbury Report» und «Greenbury Report» wurde die
Entwicklung bzw. die Weiterentwicklung, von Corporate Governance in Grossbritannien durch den «Hampel Report» (1998), «Turnbull Report» (1999), «Combined Code» (2000), «Higgs Report» (2003), «Smith Report» (2003), «Tyson
Report» (2003) und den «Revised Combined Code» (2003) fortgeführt (vgl. ausführlich BÖCKLI, Aktienrecht, § 14 N 102 ff.; BÜHLER, Corporate Governance,
566 N 1552 ff.). Ein vorläufiges Ende fand die Entwicklung mit dem «UK Corporate Governance Code» (2010)[5] und dem «UK Stewardship Code» (2010)[6], der die

---

[5] Revidiert 2012, 2014 und 2016. Abrufbar auf: https://www.frc.org.uk/Our-Work/Corporate-
Governance-Reporting/Corporate-governance/UK-Corporate-Governance-Code.aspx (Stand
5. August 2016).

[6] Revidiert 2012. Abrufbar auf: https://www.frc.org.uk/Our-Work/Corporate-Governance-
Reporting/Corporate-governance/UK-Stewardship-Code.aspx (Stand 5. August 2016).

Diskussion um «Stewardship», also um den stärkeren Einbezug der institutionellen Investoren in die Corporate Governance, in den Fokus rückt.

In grossem Masse durch den «Cadbury Report» beeinflusst, entfachte sich die   25
Diskussion um Coporate Governance auch in anderen europäischen Staaten, die mit eigenen Berichten und Richtlinien ihren Beitrag zur Thematik leisteten. In Frankreich entstanden beispielsweise die «Viénot-Rapporte» (1995 und 1999), der «Bouton-Rapport» (2002) und die «Recommandations sur le gouvernement d'entreprise» (2008). In Deutschland wurde die Diskussion erstmals im Jahre 1998 durch das «Gesetz zur Kontrolle und Transparenz im Unternehmensbereich» (KonTrag) aufgegriffen und später durch den «German Code of Corporate Governance» (2000), dem «Baums-Bericht» (2001) und dem deutschen «Corporate Governance Kodex» (2002/2008) fortgeführt. In der Schweiz griff das Thema zuerst vor allem PETER BÖCKLI auf (Corporate Governance: The «Cadbury Report» and the Swiss Board Concept of 1991, SZW 1996, 149 ff.), die Diskussion mündete dann in den «Swiss Code of Best Practice for Corporate Governance» (2002) samt dem separaten Bericht «Corporate Governance in der Schweiz» von Prof. KARL HOFSTETTER (s. zur Entwicklung in der Schweiz nachfolgend, N 39 ff.).

C. OECD-Grundsätze der Corporate Governance

Wesentlich für den Durchbruch der Corporate-Governance-   26
Idee in Europa waren vor allem auch die *OECD-Grundsätze der Corporate Governance,* die 1999 vom Rat der OECD auf Ministerebene gebilligt und seitdem zu einem internationalen Leitfaden für Politik und Wirtschaft wurden. Nach einer umfassenden Überarbeitung 2004 wurden die OECD-Grundsätze unter der Aufsicht des OECD-Corporate-Governance-Ausschusses und der Mitarbeit zahlreicher internationaler Institutionen, wie dem BCBS, dem FSB, der WB und den G20 Staaten erneut revidiert und am 8. Juli 2015 vom Rat der OECD verabschiedet.[7]

Der Zweck der OECD-Grundsätze ist es,   27

> «zur Schaffung eines Umfelds von Vertrauen, Transparenz und Rechenschaftspflicht beizutragen, wie es nötig ist, um langfristige Investitionen, Finanzstabilität sowie Geschäftsintegrität zu fördern und so ein stärkeres Wachstum und eine inklusivere Gesellschaft möglich zu machen» (OECD-Grundsätze der Corporate Governance [2015], Geleitwort, 7).

---

[7]   G20/OECD-Grundsätze der Corporate Governance (2015) (verfügbar auf: http://www.oecd.org/corporate/principles-corporate-gouvernance.html, Stand 23. Februar 2016).

28   Sie sollen den Mitglied- und Nichtmitgliedländern bei der Evaluierung und Ver-
     besserung des gesetzlichen, institutionellen und ordnungsrechtlichen Rahmens der
     Corporate Governance helfen, um wirtschaftliche Effizienz, nachhaltiges Wachs-
     tum und finanzielle Stabilität zu fördern (OECD-Grundsätze der Corporate
     Governance [2015], Einführung, 9). Die *G20/OECD Principles of Corporate
     Governance (2015)* werden in sechs Kapitel gegliedert und beinhalten Empfeh-
     lungen und Anmerkungen, die die gemeinsame Grundlage für die Entwicklung
     guter Regeln der Unternehmensführung in den OECD-Mitgliedsländern bilden:

i.   Das erste Kapitel legt die Voraussetzungen für einen effektiven Corporate-
     Governance-Rahmen fest. Dieser sollte insbesondere mit dem Prinzip der
     Rechtsstaatlichkeit im Einklang stehen und eine wirksame Aufsicht und
     Durchsetzung ermöglichen. Das erste Kapitel betont zudem die Wichtigkeit
     der Corporate-Governance-Regeln für einen transparenten und fairen Markt
     sowie die effiziente Verwendung von Ressourcen.

ii. Das zweite Kapitel beinhaltet Empfehlungen im Bereich der Aktionärsrechte
     (Informations-, Mitwirkungs-, Vermögens- und Schutzrechte) und die
     Gleichbehandlung der Aktionäre (inkl. Minderheitsaktionäre und ausländi-
     sche Aktionäre). Überdies wird die Offenlegung der Kontrollstrukturen –
     mithin verschiedene Stimmrechtsaktien – sowie die Mitentscheidungsbefug-
     nis der Aktionäre über die Vergütung der Geschäftsleitung thematisiert.

iii. Die Empfehlungen im dritten Kapitel richten sich an institutionelle Inves-
     toren und andere Intermediäre in Bezug auf ihr Abstimmungsverhalten. So
     sollen institutionelle Investoren, welche treuhänderisch Aktien halten, die
     Anzahl Stimmen und den Grund für die an der Abstimmung getroffene
     Stimmabgabe offenlegen. Ferner sind sie auch gehalten, allfällige Interessen-
     konflikte anzuzeigen.

iv. Des Weiteren zielen die G20/OECD-Grundsätze darauf ab, die Zusammenar-
     beit zwischen den Unternehmen und ihren Stakeholdern (z.B. Arbeitneh-
     mern, Gläubigern, Lieferanten etc.) zu stärken, um Wohlstand und Arbeits-
     stellen zu schaffen und die Unternehmen nachhaltig zu prägen.

v.   Das vorletzte Kapitel umreisst die essenziellen Bereiche der Offenlegung und
     der Transparenz. Alle wesentlichen Angelegenheiten, die das Unternehmen
     betreffen, namentlich Vermögens-, Ertrags- und Finanzlage, Eigentumsver-
     hältnisse und Strukturen der Unternehmensführung, sollten zeitnah und prä-
     zise offengelegt werden. Darüber hinaus sollen die Unternehmen auch hin-
     sichtlich der Entlöhnung der Verwaltungsrats- und der Geschäftsleitungsmit-
     glieder transparent sein.

vi. Das abschliessende Kapitel enthält Empfehlungen zum Kern von Corporate
Governance, nämlich der Gewährleistung der Überwachung der Geschäftsführung durch das Board als Aufsichtsorgan sowie dessen Rechenschaftspflicht gegenüber dem Unternehmen und seinen Aktionären.

Die OECD und ihre Corporate-Governance-Grundsätze hatten eine grosse Aus-   29
wirkung auf die Schweiz. Gemäss einer OECD-Studie galt die Schweiz in Sachen
Corporate Governance lange Zeit als rückständig, was Anlass gab, einen eigenen
Swiss Code of Best Practice for Corporate Governance zu entwerfen, welcher
durch Publizitätsvorschriften der Börse zusätzlich unterstützt wurde (FORST-
MOSER, Corporate Governance, 27).

D.   Sarbanes-Oxley Act

Beinahe 70 Jahre nach den Erlassen des Securities Act 1933   30
und des Securities Exchange Act 1934 ging durch die USA eine neue Corporate-
Governance-Welle. Der Senat und das Repräsentantenhaus der Vereinigten Staaten erliessen als gesetzgeberische Antwort auf den ENRON-Skandal den Sarbanes-Oxley Act von 2002, mit dem Ziel, das Vertrauen der Investoren in den Kapitalmarkt wieder herzustellen (BÖCKLI, Aktienrechz, § 14 N 53; BÜHLER, Corporate Governance, 511 N 1400).

> «An Act to protect investors by improving the accuracy and reliability of corpo-
> rate disclosures made pursuant to the securities laws, and for other purposes.»
> (Präambel des Sarbanex-Oxley Act)

Der Sarbanes-Oxley Act (SOX) führt das Anliegen des Securities Act von 1933   31
und des Securities Exchange Act von 1934 für mehr Transparenz bei börsenkotierten Unternehmen konsequent fort und statuiert weitere Offenlegungspflichten für
Börsengesellschaften. Er brachte aber in der Form eines Rahmengesetzes auch
viele Neuerungen (vgl. VON DER CRONE/ROTH, 131). Mit dem Sarbanes-Oxley
Act wurde das *Public Company Accounting Oversight Board (PCAOB)* ins Leben
gerufen, um eine informative, korrekte und unabhängige Wirtschaftsprüfung von
börsenkotierten Gesellschaften zu garantieren (Sec. 101 [a] SOX). Zu den wichtigsten Aufgaben des *PCAOB* gehört die Registrierung, Überwachung, Überprüfung und wenn nötig die Sanktionierung von Wirtschaftsprüfungsgesellschaften,
die das *Auditing* von börsenkotierten Gesellschaften durchführen (Sec. 101 [c]
SOX). Zudem hat das *PCAOB* für die registrierten Wirtschaftsprüfungsgesellschaften Regeln und Standards betreffend Qualitätskontrolle, Berufsethik und
Unabhängigkeit zu erlassen und durchzusetzen (Sec. 101 [c] SOX und Sec. 103
SOX). Mit dem Sarbanes-Oxley Act werden die registrierten Wirtschaftsprüfungsgesellschaften einem strengen Regime unterstellt. So ist es ihnen insbeson-

dere verboten, für die von ihnen geprüften Börsengesellschaften weitere Dienstleistungen wie Buchhaltung, interne Revisionen, Rechtsberatung, Risikomanagement oder andere Finanzdienstleistungen zu erbringen oder Managementfunktionen zu übernehmen (Sec. 201 SOX).

32   In der Schweiz gab es bis zum Erlass des Bundesgesetzes über die Zulassung und Beaufsichtigung der Revisorinnen und Revisoren (Revisionsaufsichtsgesetz, RAG) vom 16. Dezember 2005 keine der *PCAOB* gleichende Behörde, welche für die Sicherstellung beruflicher und ethischer Standards für Wirtschaftsprüfer zuständig war; es galt das Prinzip der Selbstregulierung. Mit dem RAG und der dazugehörenden Verordnung, welche am 1. September 2007 in Kraft getreten sind, wurde in der Schweiz eine mit der *PCAOB* vergleichbare und anerkennungsfähige Aufsichtsbehörde geschaffen (vgl. Kap. § 6, N 105 ff.). Gestützt auf das RAG ist die Eidgenössische Revisionsaufsichtsbehörde (RAB) zuständig für die Zulassung und Beaufsichtigung von Personen, die Revisionsdienstleistungen erbringen (vgl. Art. 1 RAG). Sie soll insbesondere der ordnungsgemässen Erfüllung und der Sicherstellung der Qualität von Revisionsdienstleistung dienen (Art. 1 RAG).

33   Zur Wahrung der Unabhängigkeit zwischen den Wirtschaftsprüfungsgesellschaften und den von ihnen geprüften Unternehmen schreibt der Sarbanes-Oxley Act den Unternehmen zusätzlich vor, ein *Audit Committee* zu errichten, welches für die Ernennung, Entschädigung und Überwachung der Wirtschaftsprüfer verantwortlich ist (Sec. 301 [2] SOX). Das *Audit Committee* ist auch für die Entgegennahme von Beschwerden oder Hinweisen betreffend Angelegenheiten der Buchhaltung und Rechnungsprüfung zuständig und hat hierfür ein entsprechendes Verfahren vorzusehen (Sec. 301 [4] SOX). Neu war auch die Verantwortlichkeit von CEO und CFO für den Jahresabschluss. Diese müssen für die Richtigkeit der Finanzausweise, die der SEC (Securities and Exchange Commission) eingereicht werden müssen, mit einer eidesstattlich beglaubigten Unterschrift einstehen (Sec. 302 SOX). Auch für den Bereich des Principle-Agent-Problems finden sich im Sarbanes-Oxley Act Bestimmungen. So ist es den Gesellschaften unter anderem verboten, Personen in Führungspositionen persönliche Kredite zu gewähren (Sec. 402 [a] SOX).

34   In Sec. 404 SOX statuiert der Sarbanes-Oxley Act für die Gesellschaften die Pflicht, dass die gemäss Sec. 13(a) und bzw. oder Sec. 15(d) vom Securities Exchange Act an die SEC (Securities and Exchange Act) einzureichenden Jahresberichte im Anhang einen «internal control report» beinhalten. Damit verbunden ist die Organisationspflicht des Managements, ein internes Kontrollsystem (IKS) einzurichten (vgl. BÜHLER, Corporate Governance, 528 N 1440 ff.). Der «internal control report» hat insbesondere die Beurteilung der Wirksamkeit der internen Kontrolle im Bereich der Rechnungslegung zu beschreiben, ein Urteil über die

Wirksamkeit der internen Kontrolle abzugeben und jede dort festgehaltene, wesentliche Schwachstelle zu beschreiben (vgl. BÜHLER, Corporate Governance, 529 N 1444). Nach BÜHLER geht es in Sec. 404 SOX «um einen mehrfachen prozeduralen Ablauf: um eine Strukturierung der Melde- und Überwachungslinien, eine konsequente Aufzeichnung der Informationsabläufe und eine Beschreibung der gefundenen Unstimmigkeiten oder wesentlichen Schwachstellen» (BÜHLER, Corporate Governance, 529 N 1444). Eine ähnliche, aber weniger weit gehende Bestimmung lässt sich auch im schweizerischen Obligationenrecht finden. Gemäss Art. 728a Abs. 1 Ziff. 3 und Abs. 2 OR prüft die Revisionsstelle, ob ein internes Kontrollsystem existiert und berücksichtigt dieses bei der Durchführung und bei der Festlegung des Umfangs der Prüfung. Eine eigentliche Funktionsprüfung des internen Kontrollsystems, wie sie in Sec. 404 SOX vorgeschrieben wird, findet aber nicht statt.

Nicht nur im Hinblick auf die verstärkten Transparenz- und Offenlegungspflichten ist der Sarbanes-Oxley Act ein entscheidender Erlass, sondern auch in Bezug auf die Internationalität der Thematik. Betrachtet man den Geltungsbereich des SOX, so wird klar, dass die Diskussion um Corporate Governance keine nationale sein kann. Wie der Securities Act 1933 und der Securities Exchange Act 1934 unterscheidet der Sarbanes-Oxley Act grundsätzlich nicht zwischen in- und ausländischen Emittenten (NOBEL, Internationales Aktienrecht, 690; TANEDA, 728). Anknüpfungspunkt des SOX ist folglich der Kotierungsort und nicht der Gesellschaftssitz (BÜHLER, Corporate Governance, 515 N 1412). Dem SOX sind ausdrücklich alle in den USA börsenkotierten (auch zweitkotierte) in- und ausländischen Gesellschaften sowie alle für diese tätigen Wirtschaftsprüfungsgesellschaften unterstellt (vgl. Sec. 106 [a] und 302 [a] SOX; vgl. ausführlich dazu NOBEL, Internationales Aktienrecht, 690 ff.; BÜHLER, Corporate Governance, 514 N 1412; VON DER CRONE/ROTH, 132 u. 136 ff.). Selbst nicht amerikanische Wirtschaftprüfungsgesellschaften, die ausserhalb der Vereinigten Staaten Tochtergesellschaften von in den USA börsenkotierten amerikanischen Unternehmen prüfen, sind vom Anwendungsbereich des SOX erfasst (VON DER CRONE/ROTH, 132). Eine Lockerung sehen die USA für Drittstaaten vor, die dem SOX gleichwertige Regeln und eine staatliche Aufsicht über die Revisoren einführen (NOBEL, Internationales Aktienrecht, 764). In der Schweiz kam es darauf hin zu Änderungen im materiellen Revisionsrecht im OR und dem Erlass des RAG (NOBEL, Internationales Aktienrecht, 764 f.).

E.   Corporate Governance in der EU

Die Anfänge in der EU lassen sich auf den Bericht der hochrangigen Gruppe von Experten auf dem Gebiet des Gesellschaftsrechts über moderne gesellschaftsrechtliche Rahmenbedingungen in Europa (JAAP-WINTER-

Report) vom 4. November 2002[8] zurückführen. Die Expertengruppe um den Vorsitzenden Prof. JAAP WINTER wurde von der Europäischen Kommission eingesetzt, um Empfehlungen für moderne gesellschaftsrechtliche Rahmenbedingungen in der EU auszuarbeiten. Zu der ursprünglichen Aufgabenstellung der Expertengruppe gehörte es, zu untersuchen, ob und – wenn ja – wie die EU die Bemühungen zur Verbesserung der Corporate Governance in Europa, die von den Mitgliedstaaten selbst oder in diesen Ländern unternommen werden, aktiv koordinieren und stärken sollte (JAAP-WINTER-Report, Kap. III, Ziff. 1). Mit zahlreichen Richtlinien und Empfehlungen wurden einzelne Bereiche der Corporate Governance zum Teil verbindlich und zum Teil unverbindlich geregelt (s. Kap. § 13 Europäisches Gesellschaftsrecht).

37   Im Rahmen der Strategie «Europa 2020»[9] forderte die Europäische Kommission eine Verbesserung des Unternehmensumfelds in Europa. Das EU-Gesellschaftsrecht und die Corporate-Governance-Regeln sollten für Unternehmen, Anleger und Beschäftigte auf die Bedürfnisse der heutigen Gesellschaft und das sich verändernde wirtschaftliche Umfeld abgestimmt werden (Pressemitteilung der Europäischen Kommission vom 12. Dezember 2012, IP/12/1340). Die Kommission erarbeitete dementsprechend das Grünbuch zu einem Europäischen Corporate-Governance-Rahmen[10] aus, mit dem Ziel, die Wirksamkeit der geltenden Corporate-Governance-Regeln für europäische Unternehmen zu bewerten. Am 12. Dezember 2012 hat die Europäische Kommission den Aktionsplan «Europäisches Gesellschaftsrecht und Corporate Governance – ein moderner Rechtsrahmen für engagiertere Aktionäre und besser überlebensfähige Unternehmen»[11] angenommen, in dem künftige Initiativen im Bereich des Gesellschaftsrechts und der Corporate Governance umrissen werden. Gemäss dem Aktionsplan 2012 ist die Kommission bestrebt, legislative und nicht legislative Massnahmen zu ergreifen, die zu einer verstärkten Transparenz zwischen Gesellschaften und Investoren, zur Förderung

---

[8]   Abrufbar auf: http://ec.europa.eu/internal_market/company/docs/modern/report_en.pdf (Stand 28. März 2017).

[9]   «Europa 2020» (vgl. Pressemitteilung der Europäischen Kommission vom 3. März 2010, IP/10/225): Strategie der Europäischen Kommission, in deren Zentrum die Überwindung der Krise und die Vorbereitung der EU-Wirtschaft auf das nächste Jahrzehnt steht. Die Kommission stellt drei Schlüsselelemente für das Wachstum heraus, die durch konkrete Massnahmen auf Ebene der Union und der Mitgliedstaaten umgesetzt werden sollen: intelligentes Wachstum (Förderung von Wissen, Innovation und Bildung sowie der digitalen Gesellschaft), nachhaltiges Wachstum (ressourceneffizientere Produktion bei gleichzeitiger Steigerung unserer Wettbewerbsfähigkeit) und integratives Wachstum (Erhöhung der Beschäftigungsquote, Qualifizierung und Bekämpfung der Armut).

[10]   Abrufbar auf: http://ec.europa.eu/internal_market/company/docs/modern/com2011-164_de.pdf (Stand 28. März 2017).

[11]   Abrufbar auf: http://eur-lex.europa.eu/legal-content/de/TXT/?uri=CELEX:52012DC0740 (Stand 28. März 2017).

des langfristigen Engagements der Aktionäre und zur Verbesserung des Rechtsrahmens für grenzüberschreitende Tätigkeiten von Unternehmen beitragen (vgl. Kap. § 13 Europäisches Gesellschaftsrecht). Neuere Bestrebungen der Kommission zielen auf die Verbesserung der Corporate-Governance-Berichterstattung von börsennotierten Gesellschaften sowie auf die Erleichterung von Gesellschaftsgründungen mit einem Gesellschafter innerhalb der EU (Pressemitteilung der Europäischen Kommission vom 9. April 2014, IP/14/396; s.a. NOBEL/KAEMPF, 152 ff.).

In der Europäischen Corporate Governance wurde aber auch mit der Forderung   38
nach Mitbestimmung gerungen, die die deutsche Nachkriegsentwicklung nachhaltig geprägt hat (vgl. bspw. das deutsche Betriebsverfassungsgesetz [BetrVG] von 1952 und 1972, das Mitbestimmungsgesetz [1976] und das Drittbeteiligungsgesetz [2004]) und nach diesen Vorstellungen auch auf der Europäischen Ebene verwirklicht werden sollte. Die Projekte zu einer fünften Angleichungsrichtlinie im Bereich des Gesellschaftsrechts (Strukturrichtlinie) scheiterten aber, wohl hauptsächlich wegen dieses Begehrens. Erst mit der Schaffung der SE (Societas Europea) auf dem Verordnungswege kam es zu einer begleitenden Richtlinie, die für die Mitbestimmungen ein Verhandlungsmodell vorsieht (vgl. Kap. § 13, N 33 ff.). Im Endeffekt hat diese Ordnung zu einer (teilweisen) Flucht aus der Mitbestimmung durch deutsche Unternehmen geführt.

F.   Corporate Governance in der Schweiz

In der Schweiz wurde im Jahre 1971 eine Mitbestimmungsini   39
tiative eingereicht, die wie folgt lautete:

«Artikel 32ter

Der Bund ist befugt, Vorschriften aufzustellen:

…

b^{bis} über die Mitbestimmung der Arbeitnehmer und ihrer Organisationen in Betrieb, Unternehmung und Verwaltung.»

Am 21. März 1976 wurde die Initiative von allen Ständen und mit 66,3 Prozent   40
der Volksstimmen abgelehnt (BBl 1976 II 662). In der Folge kam es zur Schaffung des Gesetzes über die betriebliche Mitwirkung (Mitwirkungsgesetz, s. dazu Kap. § 4, N 88 ff.).

Eine in der Diskussion über die Mitbestimmung häufig vernachlässigte Alterna   41
tive bietet die Möglichkeit der «Mitbestimmung durch Kapitalbeteiligung der Arbeitnehmer» (s. SCHLUEP, Mitbestimmung, 343). In der Schweiz ist die Mitar-

beiterbeteiligung insbesondere durch die Ausgabe von Mitarbeiteraktien seit der
Mitte des 20. Jhd. bekannt (PORTMANN, 45). Berühmtheit erlangte speziell das
von der J. R. Geigy AG 1967 eingeführte «Aktienbeteiligungssystem» mit perio-
dischem Bezugsanspruch (vgl. VISCHER, 1 ff.). Mitarbeiterbeteiligungen werden
vorwiegend bei grösseren Unternehmen und *Start-ups* ausgegeben; darüber hinaus
können keine spezifischen Angaben gemacht werden, da es an verlässlichen empirischen Erhebungen zur Entwicklung der Mitarbeiterbeteiligungen in der Schweiz
fehlt (vgl. PORTMANN, 46 f.). Wesentliche Beteiligungsquoren ergeben sich aus
den Bonusplänen grosser Unternehmen (s. NOBEL, Bonusregelung, 448 ff., insb.
461). Auf der kollektiven Ebene kontrollieren die Pensionskassen heute auch
wesentliche Aktienbeteiligungen (die VegüV griff dies mit Stimm- und Rechen-
schaftspflichten auf).

42   Den Anstoss in der Schweiz erhielt die Diskussion um Corporate Governance –
unter diesem Begriff – durch den 1992 erschienenen «Cadbury Report» (BÖCKLI,
Cadbury Report, 149 ff.; s. auch BÖCKLI, Corporate Governance, 1 ff.). Die fünf
Ziele der Aktienrechtsreform 1991 (s. Kap. § 4, N 56 ff.) hatten hier aber Vorar-
beit geleistet und besonders auch Art. 716*a* OR (VR Kompetenzen: Organisations-,
Finanz- und Direktionsverantwortung sowie Compliance). Anfang 2001 wurde
vom Verband der Schweizer Unternehmen *(economiesuisse)* eine Expertengruppe
damit beauftragt, «einen gemeinsamen Kern der verschiedenen Bemühungen um
eine Verbesserung von Corporate-Governance-Aspekten in der Schweiz herauszu-
arbeiten» (Präambel, Swiss Code of Best Practice for Corporate Governance).
Unter dem Einfluss des «Cadbury Report», des «Hampel Report», des «Combined
Code» sowie des «Rapport Viénot» und des «Deutschen Corporate-Governance-
Kodex» erarbeitete die Expertengruppe den *Swiss Code of Best Practice for Corporate Governance (Swiss Code, 2002),* welcher dann durch die *Corporate-
Governance-Richtlinie der Schweizer Börse SWX* (RLCG, 2002) verstärkt wurde
(NOBEL, Internationales Aktienrecht, 752). Aufgrund der zum Teil hitzigen Dis-
kussionen um Managerlöhne erliess der Vorstand von *economiesuisse* im Jahr
2007 einen Anhang mit zehn Empfehlungen zu Entschädigungen von Verwaltungsräten und oberstem Management, um die Selbstregulierung weiter zu stärken
(vgl. § 4 N 92 ff.). Auch die RLCG musste aufgrund des am 1. Januar 2007 in
Kraft getretenen Art. 663*b*^bis OR, der Gesellschaften mit kotierten Aktien verpflichtet, in ihrem Geschäftsbericht zusätzliche Angaben über Vergütungen des
Verwaltungsrates und der vom Verwaltungsrat mit der Geschäftsführung betrauten
Personen zu machen, angepasst werden (Mitteilung der Zulassungsstelle NR.

9/2007 vom 26. Oktober 2007[12]; vgl. Kommentar zur Corporate-Governance-Richtlinie der SIX Swiss Exchange von 2007[13]).

Zurückblickend bleibt festzuhalten, dass die Selbstregulierung in diesem Bereich die Anleger nicht zufriedenstellen konnte. Die Volksinitiative «gegen die Abzockerei» (Minder-Initiative) vom 26. Februar 2008 wurde am 3. März 2013 mit einem deutlichen Ja des Volks (68%[14]) und aller Stände angenommen. Als Folge des neuen Art. 95 Abs. 3 BV sowie der darauf gestützten und per 1. Januar 2014 in Kraft gesetzten Verordnung gegen übermässige Vergütungen bei börsenkotierten Aktiengesellschaften (VegüV, SR 221.331), die so lange gilt, bis die Übernahme ins Aktienrecht gelingt, mussten sowohl der Swiss Code als auch die RLCG angepasst werden[15]. Nach dem Abschluss der Aktienrechtsrevision wird man wohl um eine weitere Überarbeitung der Texte zur Selbstregulierung nicht herumkommen (vgl. HOFSTETTER [2014], 30[16]).   43

IV. Grundlagen der Corporate-Governance-Idee

A. Gewaltenteilung nach Montesquieu

In der wissenschaftlichen Literatur ist man sich einig, dass   44
sich die Diskussion um Corporate Governance um die Problematik von Macht und Kontrolle in komplexen Organisationen dreht (vgl. BÖCKLI, Aktienrecht, § 14 N 16 f.; BÜHLER, Corporate Governance, 138 N 377 ff.; NOBEL, Internationales Aktienrecht, 747 ff.). Der Grundgedanke reicht weit zurück. Im 18. Jahrhundert hat CHARLES LOUIS SECONDAT, BARON DE LA BRÈDE ET DE MONTESQUIEU die Idee der Gewaltenteilung ausformuliert (BÖCKLI, Aktienrecht, § 14 N 16; BÜHLER, Corporate Governance, 138 N 377 f.). Dabei geht es nicht nur um die spezielle Frage der Staatsorganisation, daher die Trennung von Exekutive, Legislative und Judikative, sondern allgemein um die Grundidee der «checks and balances» und

---

[12]   Abrufbar auf: http://www.six-exchange-regulation.com/de/home/issuer/obligations/corporate-govenance.html (Stand 28. März 2017).
[13]   Abrufbar auf: http://www.six-exchange-regulation.com/de/home/issuer/obligations/corporate-govenance.html (Stand 28. März 2017).
[14]   http://www.admin.ch/ch/d/pore/va/20130303/index.html (Stand 2. Juli 2013).
[15]   Siehe Medienmitteilung von economiesuisse vom 29. September 2014 sowie Mitteilung des Regulatory Board SIX Nr. 2/2014 vom 1. September 2014.
[16]   Prof. KARL HOFSTETTER, Grundlagenbericht zur Revision des Swiss Code of Best Practice for Corporate Governance, im Auftrag von economiesuisse 2014 (abrufbar auf: http://www.economiesuisse.ch/sites/default/files/publications/economiesuisse_swisscode_d_web.pdf, Stand 28. März 2017).

deren Anwendung auf komplexe Organisationen[17] (BÖCKLI, Aktienrecht, § 14 N 17). Der Ausdruck «checks and balances», der in der Verfassung der USA durch ALEXANDER HAMILTON, einem der Gründerväter der USA, unter ausdrücklicher Berufung auf MONTESQUIEU verwendet wurde, meint, dass auf Dauer Machtmissbrauch nur verhindert werden kann, wenn einerseits die Macht selbst institutionell eingeschränkt und andererseits zu ihr eine Art «Gegenmacht» aufgebaut werde (BÖCKLI, Aktienrecht, § 14 N 17; vgl. auch BÜHLER, Corporate Governance, 139 N 377 ff.).

B. Law & Economics

45   Die Wurzeln der Corporate-Governance-Idee lassen sich wohl auch im Gedankengut von Law & Economics, der ökonomischen Analyse des Rechts, finden (vgl. NOBEL, Internationales Aktienrecht, 747 ff.; BÜHLER, Corporate Governance, 7 N1 f.). Vertreter der ökonomischen Analyse des Rechts betrachten es als «legitime und notwendige Aufgabe der Rechtswissenschaft, rechtliche Regelungen danach zu beurteilen, in welchem Masse sie die Verschwendung von Ressourcen verhindern und damit die Effizienz erhöhen», und wenden dementsprechend auf Rechtsnormen ökonomische Theorien und Modelle an (vgl. SCHÄFER/OTT, 1). M.a.W. geht es um die Anwendung der Ökonomie auf das Recht. Einer der berühmtesten Vertreter von Law & Economics, RONALD H. COASE, kam zum Schluss, dass ein Unternehmen ein Organisationsvehikel der Wirtschaft ist, welches zwar Verhandlungen und Verträge zwischen sich auf dem Markt befindenden Parteien nicht eliminiert, aber diese in hohem Masse reduziert und dadurch (Transaktions-)Kosten einspart (COASE, The Nature of the Firm [1937] und The Problem of Social Cost [1960], in: COASE, The Firm, The Market, and the Law [1988], 95 ff.). Ähnlich argumentiert auch HART mit der Theorie der *unvollständigen Verträge,* wonach Gesellschaften *(firms)* dann entstehen, wenn die Vertragsparteien keine guten bzw. vollständigen Verträge ausarbeiten können (HART, 1 ff.).

46   Gleichzeitig erkannte man aber auch, dass innerhalb der Aktiengesellschaft die Trennung von Eigentum und Kontrolle und damit die Verschiebung der Macht von den Eigentümern (Aktionären) zum Management vonstatten ging (vgl. BERLE/MEANS [1932], 1 ff.). Diese Machtverschiebung, welche unter dem Begriff «Prinzipal-Agent-Problem» bekannt wurde, gilt es, von jeher mit Mitteln der Corporate Governance auszugleichen (ausführlich dazu Kap. § 1, N 183 ff.)

[17] Vgl. CHARLES PERROW, Complex Organizations – A Critical Essay, 3. Ed., Vermont 2014, (erstmals erschienen New York 1972).

C.   Shareholder- und Stakeholder-Value

1.   Shareholder-Value

Enge Parallelen weist die Diskussion um Corporate Gover-   47
nance auch mit derjenigen über *Shareholder-Value* auf. Dem *Shareholder-Value*-
Gedanken liegt das Prinzip zugrunde, dass die Steigerung des Wertes des von den
Eigentümern, folglich den Aktionären, investierten Kapitals die fundamentale
Zielsetzung eines Unternehmens sei (RAPPAPORT, 1). In Fachtermini ausgedrückt,
schätzt der *Shareholder-Value-Ansatz* den ökonomischen Wert einer Investition
dadurch, dass die prognostizierten Cashflows, welche wiederum der Eigentümer-
rendite aus Dividenden und Kurswertsteigerungen zugrunde liegen, mittels des
Kapitalkostensatzes diskontiert werden (RAPPAPORT, 53). Vereinfacht gesagt,
bedeutet es, dass ein Unternehmen eine die ordentlichen Kapitalbeschaffungskos-
ten übersteigende Rendite erzielen und folglich die Maximierung der Eigentümer-
rendite anstreben sollte (vgl. NOBEL, Finanzmarktrecht, 785 N 47). Während ursprünglich nur interne Investitionen wie z.B. Kapazitätserweiterungen mit dem
Shareholder-Value-Ansatz bewertet wurden, verfolgt man mittlerweile auch bei
externen Wachstumschancen, die sich z.B. bei Mergers & Acquisitions bieten
können, den *Shareholder-Value-Ansatz,* um zu überprüfen, ob die einzelnen Investitionen einen genügend grossen Mehrwert für die Aktionäre schaffen (RAPPA-
PORT, 2). Demnach ergibt sich folgendes Verständnis:

> «Geschäftsstrategien sollten nach Massgabe der ökonomischen Renditen beurteilt
> werden, die sie für die Anteilseigner schaffen und die im Falle einer börsenge-
> handelten Kapitalgesellschaft mittels Dividendenzahlungen und Kurswertsteige-
> rungen der Aktie gemessen werden.» (RAPPAPORT, 12)

Stellt man diesem Verständnis vom *Shareholder-Value-Ansatz* die noch im alten   48
Swiss Code (2007) festgehaltene Leitidee der Corporate Governance gegenüber,
wird der Zusammenhang offensichtlich:

> «Corporate Governance ist die Gesamtheit der auf das Aktionärsinteresse ausge-
> richteten Grundsätze, die unter Wahrung von Entscheidungsfähigkeit und Effi-
> zienz auf der obersten Unternehmensebene Transparenz und ein ausgewogenes
> Verhältnis von Führung und Kontrolle anstreben.» (Präambel Ziff. 2.2, Swiss
> Code of Best Practice)

2.   Stakeholder-Value

Dem *Shareholder-Value*-Ansatz wird in der öffentlichen Dis-   49
kussion oft der *Stakeholder-Value*-Ansatz, welcher eine breitere Betrachtung der
mit dem Unternehmen verbundenen Interessen verlangt und an die Unternehmens-
rechtsdiskussion in den 70er-Jahren rund um die Mitbestimmungsforderung erin-

nert, gegenübergestellt (NOBEL, Finanzmarktrecht, 786 N 50). Erstaunlicherweise haben schon in den 1980er-Jahren zahlreiche Bundesstaaten in den USA – dem Mutterland des Shareholder-Value – Gesetze erlassen, die es der Unternehmensführung erlaubten, neben den Aktionärsinteressen auch die Interessen der Stakeholder zu berücksichtigen (s. MICKLETHWAIT/WOOLDRIDGE, 150).

50   Der Begriff der *Stakeholder* ist juristisch noch unbestimmt, soll aber Dritte, von den Arbeitnehmern über die Gläubiger bis hin zu den Kunden und die weitere Öffentlichkeit, umfassen (NOBEL, Stand Aktienrecht, 132). Auch diese Thematik ist Teil der Diskussion rund um Corporate Governance:

> «Der Corporate-Governance-Rahmen sollte die gesetzlich verankerten oder einvernehmlich festgelegten Rechte der Unternehmensbeteiligten anerkennen und eine aktive Zusammenarbeit zwischen Unternehmen und Stakeholdern mit dem Ziel der Schaffung von Wohlstand und Arbeitsplätzen sowie der Erhaltung finanziell gesunder Unternehmen fördern.» (OECD-Grundsätze der Corporate Governance, Grundsatz IV)

51   Der neue Swiss Code (2014 und 2016) hält entsprechend fest:

> «Corporate Governance ist die Gesamtheit der auf das nachhaltige Unternehmensinteresse ausgerichteten Grundsätze, die unter Wahrung von Entscheidungsfähigkeit und Effizienz auf der obersten Unternehmensebene Transparenz und ein ausgewogenes Verhältnis von Führung und Kontrolle anstreben.» (Präambel Ziff. 2.2, Swiss Code of Best Practice)

52   Es ist deutlich erkennbar, dass ein Paradigmenwechsel stattfindet oder bereits stattgefunden hat (vgl. NOBEL, Stand Aktienrecht, 133 u. 139; s.a. KAUFMANN, Corporate Social Responsability, 6 u. 8). Warf man den Verwaltungsräten und Managern *(Agents)* früher (und zum Teil auch heute noch) vor, nicht im Interesse der Eigentümer (Aktionäre) zu handeln, so lautet der Vorwurf heute, die Manager würden nicht perspektivisch, sondern nur kurzfristig im Interesse der Aktionäre handeln, deren Anliegen eine möglichst hohe Eigenkapitalrendite ist. In der wissenschaftlichen Diskussion ist man sich weitgehend einig, dass Strategien zur Verfolgung kurzfristiger Ziele zur Steigerung der Aktionärsrediten schädlich für die Gesellschaft sind und zu schlechteren Geschäftsergebnissen führen.[18] Die Schaffung von Mehrwert für die Aktionäre schliesst die Berücksichtigung der Stakeholder-Interessen nicht notwendigerweise aus, vor allem nicht in langfristiger Perspektive:

> «Finanzieller Erfolg geht auf Dauer mit Verantwortungsbewusstsein gegenüber allen Stakeholdern Hand in Hand. Anders gewendet: *Social* und *environmental responsibility* und langfristiger *finanzieller Erfolg* basieren auf der gleichen Grundlage: auf einer nachhaltigen Strategie und ihrer Umsetzung.» (FORSTMOSER, Corporate Responsibility, 200 f.)

---

[18]   Financial Times, Short-term tone in traditional MBA teaching begins to fade, 8. Juli 2013, 12.

Das eigentliche Problem ist demnach nicht die Ausrichtung auf die Aktionärsinteressen, sondern kurzfristiges Denken und Handeln seitens des Verwaltungsrates, oft auch aus eigenen Interessen. Berücksichtigt man die durchschnittliche Haltedauer für Aktien, könnte man zum Schluss kommen, dass die Aktionäre selbst ein gewichtiges Interesse an kurzfristigen Kurssteigerungen haben. Statistische Erhebungen der World Federation of Exchanges (WEF) haben für das Jahr 2011 ergeben, dass die durchschnittliche Haltedauer von Aktien global etwa sieben Monate betrug, wohingegen die Aktien im Jahr 1980 durchschnittlich noch 9,7 Jahre gehalten wurden (vgl. NOBEL, Stand Aktienrecht, 119). Man kann von einer eigentlichen «Eigentümerfluktuation» sprechen (NOBEL, Stand Aktienrecht, 119). 53

Demzufolge könnte sich auch der Verwaltungsrat dazu verpflichtet fühlen, die Unternehmensziele an die Interessen der Aktionäre anzupassen, wodurch kurzfristige Erfolge langfristige Ziele verdrängen würden. Diese Problematik wird zudem durch das unübertragbare Recht der Generalversammlung, den Verwaltungsrat zu wählen, pointiert (Art. 698 Abs. 2 Ziff. 2 OR). Seit dem per 1. Januar 2014 in Kraft getretenen Recht sind Verwaltungsräte von börsenkotierten Gesellschaften jährlich von der Generalversammlung zu wählen (vgl. Art. 3 Abs. 2 VegüV i.V.m. Art. 95 Abs. 3 lit. a BV), während sie hingegen nach früherem Recht jeweils für eine Amtsdauer von drei Jahren mandatiert wurden, sofern die Statuten nichts anderes bestimmten (vgl. Art. 710 Abs. 1 OR). Folglich nimmt der Druck auf den Verwaltungsrat, kurzfristige Kurssteigerungen zu erzielen, im Hinblick auf eine Wiederwahl zusätzlich zu. 54

3. Das Gesellschaftsinteresse

Das Schweizer Aktienrecht enthält keine explizite Stellungnahme zu den unternehmerischen Zielen. Es setzt weder den Shareholder-Value- noch den Stakeholder-Value-Ansatz in den Mittelpunkt. Vielmehr spricht sich das Schweizer Aktienrecht für eine Ausrichtung auf die Unternehmensinteressen aus (vgl. FORSTMOSER, Profit, 76; s. auch BÖCKLI, Corporate Boards, 657). So bestimmt beispielsweise Art. 717 Abs. 1 OR, dass der Verwaltungsrat und die Geschäftsleitung ihre Aufgaben mit aller Sorgfalt erfüllen und die Interessen der Gesellschaft in guten Treuen wahren müssen. 55

In diese Richtung ist wohl auch die im Aktienrecht vorgesehene Möglichkeit einer Auflösungsklage aus wichtigen Gründen, die als Minderheitenrecht ausgestaltet ist (Art. 736 Ziff. 4 OR), zu verstehen. Art. 736 Ziff. 4 OR räumt dem Richter die Möglichkeit ein, anstatt der Auflösung der Gesellschaft auf eine andere sachgemässe und den Beteiligten zumutbare Lösung zu erkennen. In seinen Entscheiden hat das Bundesgericht stets darauf hingewiesen, dass bei der Interessenabwägung auch die wirtschaftlichen und sozialen Folgen einer solchen Auflösung, also auch 56

die Interessen Dritter zu berücksichtigen seien und damit auch der Arbeitnehmer
(vgl. BGE 105 II 114 E. 7c).

> «Savoir si (…) il convient de dissoudre la société ou s'il est possible de prendre
> des mesures moins drastiques est une question qui s'oit être résolue en fonction
> des circonstances du cas concret et sur la base d'une pesée d'intérêts. A cet égard,
> il importe de prendre également en considération les incidences d'une dissolution
> sur la situation des tiers, en particulier les actionnaires qui n'ont pas procédé et les
> employés de la société.» (BGE 126 III 266 E. 1c)

57   Der schweizerische Ansatz strebt folglich den Ausgleich zwischen der Ausrichtung auf den Aktionärsnutzen (Shareholder-Value-Konzept) und der Berücksichtigung aller an einem Unternehmen interessierten Gruppen (Stakeholder-Value-
Konzept) an, wobei je nach Fall die einen oder die anderen Interessen höher gewichtet werden (vgl. BGE 51 II 427 E. 3 [von 1925]; BGE 59 II 48 E. 2 [von
1933]; BGE 99 II 62 E. 4; BGE 105 II 128 E. 7; BGE 100 II 384 E. 4; BGE 104 II
35 E. 1; BGE 95 II 164 E. 9; BGE 126 III 266).

4.   One share, one vote

58   Auszugehen ist in der Schweiz vom Kapitalprinzip, wonach die
Aktionäre ihr Stimmrecht in der Generalversammlung nach Verhältnis des gesamten Nennwerts der ihnen gehörenden Aktien ausüben (Art. 692 Abs. 1 OR).

59   Von diesem Grundsatz kennt das schweizerische Recht Abweichungen. Eine AG
kann statutarisch Stimmrechtsaktien vorsehen. Diese werden geschaffen, indem
die Gesellschaft Namenaktien mit unterschiedlichem Nennwert ausgibt und die
Statuten bestimmen, dass jede Aktie eine Stimme hat (Art. 693 Abs. 1 OR). Damit
ergibt sich für die Aktien mit dem tieferen Nennwert eine Stimmrechtsprivilegierung, wobei der Nennwert der übrigen Aktien das Zehnfache des Nennwerts der
Stimmrechtsaktien nicht übersteigen darf (Art. 693 Abs. 2 OR).[19] Die Stimmrechtsprivilegierung gilt bei den in Art. 693 Abs. 3 genannten Beschlüssen nicht.[20]

60   Daraus folgt, dass im schweizerischen Aktienrecht als Grundsatz jede Aktie eine
Stimme in der GV vermittelt. Auf den ersten Blick könnte man dies als «one
share, one vote» schweizerischer Ausprägung bezeichnen. Dies entspricht aber

---

[19] Stimmrechtsprivilegien ergeben sich auch, wenn eine Publikumsgesellschaft neben stimmberechtigten Aktien stimmrechtslose Partizipationsscheine i.S.v. Art. 656a ff. OR ausgibt.
Einschränkungen des Stimmrechts sind darüber hinaus bei Publikumsgesellschaften im
Rahmen der Prozentvinkulierung von Namenaktien gemäss Art. 685d–685g OR gestattet
(vgl. DAENIKER, DANIEL, Wer kontrolliert die Aktiengesellschaft? SZW 5/2016, 434 ff.).
[20] Wahl der Revisionsstelle, Ernennung von Sachverständigen, Einleitung der Sonderprüfung
und Anhebung einer Verantwortlichkeitsklage.

nicht dem Leitgedanken des Prinzips, das aus dem Common Law stammt. Aber auch dort wird auf die Entwicklung hingewiesen:

> «Shareholder power was not always ‹plutocratic›, that is, directly proportional to the amount of investment. Through the early decades of the nineteenth century, corporate governance was much more democratic than it came to be by the end of the century. Early norms put relatively little weight on the amount a shareholder had invested, and instead they tended to treat shareholders more like citizens in a relatively egalitarian polity.» (DUNLAVY, 67)

Im ersten Teil des 19. Jahrhunderts bestand im Gesellschaftsrecht des Common   61
Law eine Standardregel, wonach jedem Partner – unabhängig von seinem Kapitaleinsatz – eine Stimme zukam. Im Verlaufe des 19. Jahrhunderts haben sich Gesellschaften allerdings mehr und mehr von den Partnership-Arrangements zu Kapitalgesellschaften entwickelt. Im frühen 20. Jahrhundert war dann das Gleichauf zwischen Kapitaleinsatz und Stimmrecht, d.h. «one share, one vote» der Normalfall. Der Slogan «shareholder democracy» hat seinen Ursprung in den damaligen Bestrebungen, Aktionären eine angemessene Mitbestimmung einerseits über das Stimmrecht und andererseits durch das von den Aktionären gewählte Management in der Gesellschaft zu gewährleisten (s. HAYDEN/BODIE, 448 und 475 ff.).

Das theoretische Fundament von «one share, one vote» ist die Überlegung, dass   62
jedem Aktionär ein Stimmrecht pro investierte Kapitaleinheit zukommen soll. Dies führt dazu, dass alle Aktionäre den proportional gleichen Anreiz haben, das Management zu beaufsichtigen, eine vorgeschlagene Fusion zu akzeptieren oder abzulehnen u.Ä. und so in der Konsequenz den Gewinn der Gesellschaft zu maximieren (HAYDEN/BODIE, 475). Die theoretische Prämisse ist aber eine Homogenität der Aktionärsschaft, die es in Wirklichkeit nicht gibt.

Ihren Höhepunkt erlebte die «one share-one vote»-Bewegung 1988, als die Securi-   63
ties and Exchange Commission (SEC) eine Regel (Rule 19c-4) erliess, die börsenkotierten Unternehmen verbot, Aktien mit unterschiedlichen Stimmrechten zu emittieren. Diese Norm wurde aber 1990 in einem Urteil durch den D.C Circuit Court aufgehoben[21]. Trotz der Kassation der Regel blieb «one share, one vote» ein «touchstone» der Corporate-Governance-Debatte seither (HAYDEN/BODIE, 471). Er hat aber stark an ideologischem Gehalt gewonnen und wird von Shareholder-Aktivisten verwendet.

Auch in der EU stand die Devise lange als Ziel am Horizont des Gesellschafts-/   64
Kapitalmarktrechts, wurde dann aber angesichts geringer Verwirklichungschancen

---

[21]   The Business Roundtable v. SEC, 905 F.2d 406, No. 88-1652 (D.C. Cir., 1990).

aufgegeben.[22] Die neueste Entwicklung ist die Gewährung von Doppelstimmrechten bei einer längeren (2 Jahre) Haltedauer *(Loi Florange[23])*.

V.   Kernpunkte der Corporate Governance

65   Im Kern geht es bei Corporate Governance um das ausgewogene Verhältnis von Führung und Kontrolle *(checks and balances)*, eine angemessene Transparenz der gesellschaftsinternen Prozesse und die Sicherung der Rechtsstellung der Aktionäre. Es geht letzten Endes darum, dass Unternehmen besser geführt werden. Wie das gemacht werden soll, und was dafür im Einzelnen notwendig ist, scheint in der heutigen Zeit mehr hinterfragt zu werden als je zuvor.[24] Hinzu kommt, dass neue, innovative Unternehmen (sog. *Start-ups*), die von ebenso innovativen Managern geführt werden, etablierte Anschauungen herausfordern und den Weg für neue Organisationsformen für Unternehmen bereiten.[25]

66   Ausgangspunkt der nachstehenden Schilderungen, die zugleich den Rahmen der Corporate Governance in der Schweiz zeichnen, soll dabei das Gesetz sein. Der dritte Abschnitt der Regelung der AG im OR ist der «Organisation der Aktiengesellschaft» gewidmet und umfasst die Generalversammlung (A.: Art. 698–706), den Verwaltungsrat (B.: Art. 707–726), die Revisionsstelle (C.: Art. 727–731*a*) und die Folgen der «Mängel in der Organisation der Gesellschaft» (D.: Art. 731*b*). Für die Aktiengesellschaft sind die drei Organe (GV, VR und Revisionsstelle) zwingend vorgeschrieben.

---

[22]   S. *Report on the Proportionality Principle in the European Union*, external Study Commissioned by the European Commission (verfügbar auf: http://ec.europa.eu/internal_market/company/docs/shareholders/study/final_report_en.pdf, Stand 12. Dezember 2016), und *Speech by Charlie McCreevy, European Commissioner for Internal Market and Services, at the European Parliament's Legal Affairs Committee (JURI Ctee)*, Brüssel 3. Oktober 2007 (Speech/07/592: verfügbar auf: http://europa.eu/rapid/press-release_SPEECH-07-592_en.htm?locale=en, Stand 12. Dezember 2016).

[23]   Gesetz Nr. 2014-384 vom 29. März 2014, Journal Officiel de la République Française (JORF) Nr. 77 vom 1. April 2014, 6227 Text Nr. 3.

[24]   Siehe STEVEN DAVIDOFF SOLOMON, Going too far on corporate governance?, International New York Times vom 1. Oktober 2015, 17; auch JOHN AUTHERS, Vote of no-confidence in shareholder capitalism, Financial Times Weekend, 24. Oktober 2015, 22.

[25]   The Economist, Reinventing the company, 24. Oktober 2015, 9 f.; The Economist, Reinventing the deal, 24. Oktober 2015, 21 ff.; The Economist, Schumpeter: Death and transfiguration, 19. September 2015, 61.

A. Die Generalversammlung

1. Befugnisse

Das Gesetz bezeichnet die Generalversammlung der Aktionäre   67
als oberstes Organ der Aktiengesellschaft (vgl. Art. 698 Abs. 1 OR). Die Aktionäre führen aber nicht die Geschäfte. In der Generalversammlung wählen sie den
Verwaltungsrat und betrauen ihn mit der Leitung der Gesellschaft (Art. 698 Abs. 2
Ziff. 2 OR). Daneben schreibt das Gesetz der GV weitere grundlegende, unübertragbare Kompetenzen zu (s. Art. 698 Abs. 2 Ziff. 1–6 OR), die im Wesentlichen
weder beschnitten noch erweitert werden dürfen (DRUEY/DRUEY JUST/GLANZ-
MANN, § 12 N 14).

Aktionäre von Publikumsgesellschaften haben teilweise weiter gehende Aufgaben.   68
Mit dem Inkrafttreten der VegüV wurden der GV von Publikumsgesellschaften
zusätzliche Befugnisse übertragen. Art. 2 Ziff. 1–4 VegüV sehen vor, dass die GV
den Präsidenten des VR, die Mitglieder des Vergütungsausschusses und die unabhängigen Stimmrechtsvertreter wählt sowie über die Vergütungen des Verwaltungsrates, der Geschäftsleitung und des Beirats abstimmt.

Zum Schutz ihrer Stellung, und im Endeffekt ihres Eigentums, sieht das Aktien-   69
recht ein Geflecht aus verschiedenen Mitwirkungs-[26], Informations-[27] und Schutzrechten[28] vor, die man aus dem Blickwickel der Corporate Governance durchaus
als Kontrollinstrumente der Aktionäre gegenüber dem Verwaltungsrat und der
Geschäftsleitung verstehen darf (so BÜHLER, Corporate Governance, 176 N 471 f.).
Den Aktionären sind die Geschäfte klar und transparent vorzulegen, über die sie
zu bestimmen haben. Sie sind gleich zu behandeln; auch informationsmässige
Privilegierung ist an sich unzulässig (Art. 717 Abs. 2 OR).

Das Verhältnis zwischen der Generalversammlung, als Vereinigung der Aktio-   70
näre, und dem Verwaltungsrat ist durch eine latente Ambivalenz gekennzeichnet,
die nicht selten bei Übernahmen und Fusionen unmittelbar sichtbar wird. Entsprechend sieht auch das Fusionsgesetz bei Umstrukturierungen einen korporativen
Sicherheitsmechanismus vor, indem es verlangt, dass der Verwaltungsrat den
Fusions- bzw. Spaltungsvertrag oder den Umwandlungsplan der Generalversamm-

---

[26] Einberufungs-, Traktandierungs- und Antragsrecht (Art. 699 f. OR); Stimm- und Wahlrecht in der GV (Art. 692 und 703 OR); Abberufungsrecht des VR und der Revisionsstelle
(Art. 705 OR).

[27] Bekanntgabe des Geschäfts- und Revisionsberichts (Art. 696 OR); Auskunfts- und Einsichtsrecht (Art. 697 OR); Recht auf Einleitung einer Sonderprüfung (Art. 697a ff. OR).

[28] Rückerstattungsklage (Art. 678 OR); Nichtigkeitsklage (Art. 714 i.V.m. Art. 706b OR);
Klagerecht bei Mängeln in der Organisation der Gesellschaft (Art. 731b OR); als Ultima
Ratio die Auflösungsklage (Art. 736 OR); Verantwortlichkeitsklagen (Art. 752 ff. OR).

lung zur Beschlussfassung unterbreitet (Art. 18 Abs. 1, Art. 43 Abs. 2 und Art. 64 Abs. 1 FusG). Diese entscheidet mit einer ⅔-Mehrheit der vertretenen Stimmen und einer absoluten Mehrheit des von ihnen vertretenen Aktiennennwerts (vgl. Art. 704 OR).

71   Es wird oft diskutiert, ob der Verwaltungsrat sich durch eine Vorlage an die GV von Materien aus dem Kompetenzbereich des VR entlasten kann. Er darf Konsultativabstimmungen durchführen, die ihn aber von seinem Verantwortungsbereich rechtlich nicht befreien. Eine solche Vorlage wird aber nicht ohne faktische Wirkungen bleiben.

2.   Minderheitenschutz

a.   Allgemeines

72   Zur Corporate Governance gehört auch, dass weder die Verwaltung noch die Aktionärsmehrheit die Interessen der Minderheit missachten können. Auf der anderen Seite hat die Minderheit in einem unternehmerischen Zusammenhang investiert, wo klare Entscheide innert nützlicher Frist notwendig sind. Es kann also auch nicht darum gehen, die Gesellschaft als Trägergesellschaft eines Unternehmens den Interessen und Beliebigkeiten einer Minderheit auszusetzen. Es bedarf daher stets einer Interessenabwägung (vgl. MANDEL, 1 ff.) im Lichte des Unternehmenszweckes und der jeweiligen wirtschaftlichen Lage.

73   PETER V. KUNZ hat die Geschichte der prekären Lage des Minderheitenschutzes im schweizerischen Aktienrecht kenntnisreich in den Einzelheiten dargestellt (KUNZ, § 3, vgl. auch NOBEL, Minderheitenschutz, 33 ff.). Bemerkenswert ist, wie die sog. «wohlerworbenen» als durch die Mitgliedschaft gekennzeichneten und unentziehbaren Rechte des Aktionärs (vgl. Art. 646 aOR) mit der Frage des Minderheitenschutzes verwoben wurden (KUNZ, § 3 N 72, dazu v.a. SCHLUEP, wohlerworbene Rechte, 1 ff.).

74   WOLFHART BÜRGI schrieb 1956: «Wer heute über den aktienrechtlichen Minderheitsschutz in der Schweiz berichten soll, ist (…) versucht, seine Ausführungen auf die Feststellung: Es gibt keinen wirksamen Rechtsschutz der Minderheit im schweizerischen Aktienrecht zu beschränken.» (BÜRGI, 81.) Dabei spielte auch die Rechtsprechung, die sehr auf die Entscheidungseffizienz schaute, eine Rolle. (Das Bundesgericht sah die Zurückhaltung auch selbst; vgl., BGE 105 II 179 E. 7c). Noch 1969 (und 1972) erschreckte es die Fachwelt mit der Aussage: «Mit dem Eintritt in die Gesellschaft unterwirft der Aktionär sich bewusst dem Willen der Mehrheit und anerkennt, dass diese auch dann bindend entscheidet, wenn sie nicht die bestmögliche Lösung trifft und ihre eigenen Interessen unter Umständen denjenigen der Gesellschaft und einer Minderheit vorgehen lässt.» (BGE 99 II 62

E. 4 b.; auch 102 II 269 E. 3.) In casu ging es um eine Kapitalerhöhung, die (unter Wahrung des Bezugsrechtes) zu *pari* ausgegeben wurde und nach dem Sachverhalt der Mehrheit, die auch Konkurrentin war, zur Errichtung eines Parkhauses diente. Das Bundesgericht ging damals auch auf die Forderung nach Anwendung des (dem Sachenrecht entnommenen, vgl. Art. 737 Abs. 2 ZGB) Grundsatzes der schonenden Rechtsausübung nicht ein. Dies geschah erst mit BGE 117 II 290 E. 4e «Canes/Nestlé» (bestätigt in BGE 121 III 219 E. 3 «SBG/BK Vision AG»).

Der Minderheitenschutz im Aktienrecht war zwar immer ein erklärtes Ziel, letztlich aber ein dornenreiches Unterfangen (s.a. BÖCKLI, Stimmenmehrheit unter Verdacht, 444 ff.)[29], das wie die blaue Blume der Romantik die Anstrengungen stets befeuerte. Die prekäre Lage des Minderheitenschutzes verbesserte sich jedoch spätestens mit dem Aktienrecht 1991 (FORSTMOSER/MEIER-HAYOZ/NOBEL, § 3 N 57). Der überwiegende Teil der Lehre ist der Ansicht, dass das Aktienrecht eine Reihe von Rechtsbehelfen für Minderheitsaktionäre vorsieht, die heute einen differenzierten Minderheitenschutz gewährleisten (vgl. dazu MÜLLER/LIPP/PLÜSS, 587 ff.; FORSTMOSER/MEIER-HAYOZ/NOBEL, § 3 N 57 f. und DRUEY/DRUEY JUST/ GLANZMANN, § 11 N 43 ff.). 75

Zu den Rechtsinstituten, die im Zusammenhang mit dem Schutz von Minderheitsaktionären in Publikumsgesellschaften stehen, s. Kapitel § 8, N 110 ff. 76

b. Gleichbehandlungsgebot

Das aktienrechtliche Gleichbehandlungsgebot stellt ein grundlegendes Prinzip des Gesellschaftsrechts dar und bildet auch eine «immanente Grenze legitimer Mehrheitsherrschaft» (KUNZ, § 8 N 56, m.w.H.). Jeder Aktionär hat Anspruch darauf, vom Verwaltungsrat und Dritten, die mit der Geschäftsführung befasst sind, unter gleichen Umständen gleich behandelt zu werden (s. Art. 717 Abs. 2 OR). Das Gleichbehandlungsgebot gilt auch für Beschlüsse der Generalversammlung (s. Art. 706 Abs. 2 Ziff. 3 OR). Nach Lehre und Rechtsprechung kommt dem Gleichbehandlungsgebot keine absolute, sondern nur eine relative Geltung zu; m.a.W. ist eine unterschiedliche Behandlung der Aktionäre zulässig, wenn sie nicht unsachlich ist und ein angemessenes Mittel zur Erreichung eines gerechtfertigten Zwecks darstellt (s. BGE 69 II 248; 91 II 300; 93 II 406; 95 II 162; s.a. FORSTMOSER/MEIER-HAYOZ/NOBEL, § 39 N 11 f.; KUNZ, § 8 N 56 ff.; BÖCKLI, Aktienrecht, § 13 N 679 ff.). 77

---

[29] Nach BÖCKLI ein «Paradoxon der heutigen Aktienrechtsdiskussionen». «Einerseits Ruf nach mehr Aktionärsdemokratie, andererseits aber Stimmenmehrheit unter Verdacht» (BÖCKLI [SZW 2016], 453).

c.   Wichtige Beschlüsse

78   Minderheitsaktionäre werden insbesondere dadurch geschützt, dass Art. 704 OR für wichtige Beschlüsse ein qualifiziertes Beschlussfassungsquorum vorsieht (auch das Fusionsgesetz sieht für bestimmte Beschlüsse qualifizierte Quoren vor, s. Art. 18 Abs. 1, Art. 43 Abs. 2 u. Art. 64 Abs. 1). Es setzt zwei Drittel der vertretenen Stimmen und die Hälfte des vertretenen Kapitals voraus. Dadurch ist immerhin eine genügend starke Minderheit geschützt, indem sie Beschlüsse der Mehrheit zu blockieren vermag (MÜLLER/LIPP/PLÜSS, 593). Eine statutarische Herabsetzung der Beschlussfassungsquoren ist nicht möglich (vgl. auch MEIER-HAYOZ/FORSTMOSER, § 16 N 225), eine Heraufsetzung hingegen schon, wenn sie mit dem vorgesehenen Mehr beschlossen wird (Art. 704 Abs. 2 OR). Bei der Heraufsetzung eines Quorums ist jedoch zu beachten, dass dadurch *de facto* unabänderliche statutarische Bestimmungen (Petrifizierungsklauseln) entstehen können (vgl. dazu BGE 117 II 290 E. 7; s.a. FORSTMOSER, Vinkulierung, 595; BSK OR II-DUBS/TRUFFER, Art. 704 N 15).

79   Zusätzlich hält Art. 704 Abs. 3 fest, dass «Namenaktionäre, die einem Beschluss über die Zweckänderung oder die Einführung von Stimmrechtsaktien nicht zugestimmt haben, […] während sechs Monaten nach dessen Veröffentlichung im Schweizerischen Handelsamtsblatt an statutarische Beschränkungen der Übertragbarkeit der Aktien nicht gebunden [sind]».

d.   Anfechtung von GV-Beschlüssen

80   Gleichwohl ist es nicht ausgeschlossen, dass sich in der Generalversammlung eine Mehrheit der Aktionäre über die Rechte von Minderheitsaktionären hinwegsetzt. Die Beschlüsse, die die Rechte von Aktionären einschränken, haben darum in sachlicher Weise zu erfolgen, und Ungleichbehandlungen müssen durch den Gesellschaftszweck gerechtfertigt werden können, ansonsten sie von jedem Aktionäre anfechtbar sind (Art. 706 Abs. 1 und 2 OR sowie Kap. § 4, N 344 f.). Beschlüsse der Generalversammlung, die das Recht auf Teilnahme an der Generalversammlung, das Mindeststimmrecht, die Klagerechte oder andere vom Gesetz zwingend gewährte Rechte des Aktionärs entziehen oder beschränken, Kontrollrechte von Aktionären über das gesetzliche zulässige Mass hinaus beschneiden oder die Grundstrukturen der Aktiengesellschaft missachten oder die Bestimmungen zum Kapitalschutz verletzen, sind sogar nichtig (Art. 706*b* OR).

e. Informations- und Kontrollrechte

Zu den Schutzrechten der Aktionäre gehören auch die Informa- 81
tions- und Kontrollrechte. Das Gesetz sieht ein dreistufiges Informationskonzept
vor (BGE 133 III 453 E. 7.2; s. dazu auch MÜLLER/LIPP/PLÜSS, 589; MEIER-
HAYOZ/FORSTMOSER, § 16 N 189 ff.; KUNZ, § 12 N 7 ff.).

Auf der ersten Stufe steht die Versorgung der Aktionäre mit Grundinformationen. 82
Art. 696 OR verlangt im Wesentlichen, dass der Geschäftsbericht (Erfolgsrech-
nung, Bilanz, Anhang und Jahresbericht und ggf. die Konzernrechnung) und der
Revisionsbericht den Aktionären spätestens 20 Tage vor der ordentlichen Gene-
ralversammlung bekannt gegeben und noch während eines Jahres nach der GV auf
Verlangen hin herausgegeben werden.

Auf der zweiten Stufe steht das Recht der Aktionäre zur Beschaffung weiterfüh- 83
render Informationen. Jeder Aktionär ist berechtigt, an der GV vom VR Auskunft
über die Angelegenheiten der Gesellschaft und von der Revisionsstelle über die
Durchführung und die Ergebnisse ihrer Prüfung zu verlangen (Art. 697 Abs. 1
OR). Zusätzlich können sie verlangen, Einsicht in die Geschäftsbücher und Korrespondenzen zu nehmen (Art. 697 Abs. 3 OR). Das Auskunfts- und Einsichtsrecht soll dem Aktionär ermöglichen, seine Aktionärsrechte wahrnehmen zu können, jedoch nur sofern es für die Ausübung der Aktionärsrechte erforderlich ist
und die Geschäftsgeheimnisse oder andere schutzwürdige Interessen der Gesellschaft nicht gefährdet werden (Art. 697 Abs. 2 und 3 OR). Wird die Auskunft oder
die Einsicht ungerechtfertigterweise verweigert, so hat der Aktionär die Möglichkeit, seine Ansprüche gerichtlich durchzusetzen (Art. 697 Abs. 4 OR). Das neue
Recht will bei nicht kotierten Gesellschaften ein permanentes (schriftliches) Aus-
kunftsverfahren einführen (Art. 697 Abs. 2 E-OR).

Auf der dritten Stufe ist das Institut der Sonderprüfung vorgesehen. Das subsidiär 84
geltend zu machende Recht auf Einleitung einer Sonderprüfung (Art. 697*a*–697*g*
OR) versucht, den Konflikt zwischen Offenlegungs- und Geheimhaltungsinteressen
durch Zwischenschaltung eines Dritten zu überbrücken (BGE 133 III 453 E. 7.2).

Zu den Schutzrechten der Minderheitsaktionäre ist auch das Recht auf Einberu- 85
fung der Generalversammlung und das Traktandierungsrecht zu zählen. Die GV
wird normalerweise durch den Verwaltungsrat, nötigenfalls durch die Revisionsstelle und in Ausnahmefällen durch Liquidatoren oder den Vertreter der Anleihensobligationen einberufen (s. Art. 699 Abs. 1 OR). Die Einberufung kann aber
auch von einem oder mehreren Aktionären, die zusammen mindestens zehn Prozent des Aktienkapitals vertreten, verlangt werden (Art. 699 Abs. 3 Satz 1 OR).
Anders als die anderen berechtigten Personen, können die Minderheitsaktionäre
die GV nicht selbst einberufen, sondern lediglich die Einberufung durch den Ver-

waltungsrat verlangen (BSK OR II-DUBS/TRUFFEN, Art. 699 N 15). Es handelt sich somit nur um ein mittelbares Einberufungsrecht. Das Recht der Minderheitsaktionäre auf Einberufung der GV kann allerdings richterlich durchgesetzt werden, wenn der Verwaltungsrat dem Einberufungsgesuch nicht innerhalb einer angemessenen Frist entspricht (Art. 699 Abs. 4 OR). Das Traktandierungsrecht steht nach dem Wortlaut des Gesetzes Aktionären zu, die Aktien im Nennwert von CHF 1 Mio. vertreten (Art. 699 Abs. 3 Satz 2 OR). Richtig gelesen steht ein Traktandierungsrecht mithin jenen Aktionären zu, die über zehn Prozent des Aktienkapitals oder über Aktien im Nennwert von CHF 1 Mio. verfügen (BGE 142 III 16, E. 2.3). Umgekehrt gilt, dass auch Aktionäre, die Aktien im Nennwert von CHF 1 Mio. vertreten, vom VR verlangen können, eine GV einzuberufen (BÖCKLI, Aktienrecht, § 16 N 362; DRUEY/DRUEY JUST/GLANZMANN, § 11 N 45; BSK OR II-DUBS/TRUFFEN, Art. 699 N 12; a.A. KUNZ, § 11 N 105). Art. 699 Abs. 4 OR gilt auch für das Traktandierungsrecht.

86   Zu den Minderheitsrechten gehört auch das Recht, eine ordentliche Revision zu verlangen, obwohl das Gesetz eine solche nicht vorschreibt (BERTSCHINGER, 95). Erfüllt eine Gesellschaft die Voraussetzungen für eine ordentliche Revision nicht (s. Art. 727 Abs. 1 OR), untersteht sie einer eingeschränkten Revisionspflicht (Art. 727a Abs. 1 OR). Aktionäre, die zehn Prozent des Aktienkapitals vertreten, können jedoch verlangen, dass trotzdem eine ordentliche Revision vorgenommen wird (Art. 727 Abs. 2 OR). Untersteht eine Gesellschaft auch keiner eingeschränkten Revisionspflicht, weil sämtliche Aktionäre darauf verzichtet haben (vgl. Art. 727a Abs. 2 OR), kann jeder Aktionär trotzdem spätestens zehn Tage vor der GV eine eingeschränkte Revision verlangen (Art. 727a Abs. 3 Satz 2 OR). Dies sind wesentlich Schutzkonzepte.

f.   Weitere Schutzrechte

87   Für bestimmte Geschäfte sieht das Gesetz den Ausschluss von Stimmkraftprivilegien (Art. 693 Abs. 3 OR) und die Ausschliessung vom Stimmrecht für beherrschende Aktionäre vor (Art. 695 Abs. 1 OR). Nach Art. 693 Abs. 3 OR kommt für die Wahl der Revisionsstelle, die Ernennung von Sachverständigen zur Prüfung der Geschäftsführung, die Beschlussfassung über die Einleitung einer Sonderprüfung oder über die Anhebung einer Verantwortlichkeitsklage die verstärkte Stimmkraft von Stimmrechtsaktien nicht zum Tragen, was auch dem Minderheitenschutz in der AG dient (kritisch HÄUSERMANN, Minderheitenschutz, 210 ff. u. 218, der zum Schutz der Minderheit die Einführung einer «Mehrheit-der-Minderheit»-Regel[30] befürwortet). Das Bundesgericht hielt dazu Folgendes fest:

---

30   Eine «Mehrheit-der-Minderheit»-Regel bestimmt, dass die GV bei Vorhandensein eines beherrschenden Aktionärs ihre Beschlüsse zusätzlich mit der Stimmenmehrheit der Min-

«Mit dieser zwingenden Gesetzesbestimmung soll eine wirksame Kontrolle der Verwaltung im Interesse der nicht privilegierten Aktionäre sichergestellt und die Position der Stammaktionäre bei Beschlüssen, die unter dem Gesichtspunkt des Minderheitenschutzes besonders empfindlich sind, gestärkt werden. Es soll verhindert werden, dass die Stimmrechtsaktionäre durch den Einsatz ihrer erhöhten Stimmkraft die Kontrolle und Verantwortlichkeit vereiteln können» (BGE 132 III 707 E. 3, m.w.H.).

Zum Schutz der Vermögensrechte der (Minderheits-)Aktionäre, aber auch derer Mitwirkungs- und Schutzrechte (s. BÖCKLI, Aktienrecht, § 2 N 272), räumt das Gesetz den Aktionären das Recht ein, ihre Beteiligungsquote zu wahren. Bei der ordentlichen und genehmigten Kapitalerhöhung erfolgt dies mit dem Bezugsrecht (Art. 652*b* Abs. 1 OR), bei der bedingten Kapitalerhöhung mit dem analogen Vorwegzeichnungsrecht (Art. 653*c* Abs. 1 OR). Die Beschlussfassung über eine genehmigte oder eine bedingte Kapitalerhöhung hat zudem mit dem qualifiziertem Mehr zu erfolgen (Art. 704 Abs. 1 Ziff. 4 OR). Das Bezugsrecht und das Vorwegzeichnungsrecht können zudem nur aufgehoben werden, wenn ein wichtiger (sachlich zwingender) Grund vorliegt und «niemand in unsachlicher Weise begünstigt oder benachteiligt» wird (Art. 652*b* Abs. 2 u. 653*c* Abs. 2 u. 3 OR). Das gleiche soll zukünftig ausdrücklich auch für die Festsetzung des Ausgabepreises gelten (s. Art. 652*b* Abs. 4 E-OR 2016; Botschaft Aktienrechtsentwurf 2016, 4998 f.). 88

Zu den Minderheitsrechten ist auch die Verantwortlichkeitsklage nach Art. 754 OR zu zählen (s. MÜLLER/LIPP/PLÜSS, 595; vgl. dazu Kap. § 4, N 313 ff.). Die Verantwortlichkeitsklage ist als Einzelklage ausgestaltet und steht daher jedem Aktionär unabhängig der Höhe seiner Beteiligung zu (s. KUNZ, § 11 N 65). 89

Daneben finden sich auch im Rechnungslegungsrecht noch verschiedene Minderheitsrechte (s. Art. 961*d* Abs. 2 Ziff. 2, 962 Abs. 2 Ziff. 2, 963*a* Abs. 2 Ziff. 2, 963*b* Abs. 4 Ziff. 1 OR, s. dazu Kap. § 6, N 79 ff. und Kap. § 10, N 40 ff.). 90

g. *Die Auflösungsklage*

Nützt alles nichts, steht dem Minderheitenaktionär als Ultima Ratio die Klage auf Auflösung der AG aus wichtigem Grund zur Verfügung (Art. 736 Ziff. 4 OR; s.a. vorne Kap. § 4, N 370 ff.). Die Klage wegen Organisationsmängeln (Art. 731*b* OR) ist ein Rechtsbehelf der v.a. im Vorfeld schon wirksam sein kann und eine erweiterte Legitimation kennt (s. dazu auch Kap. § 4, N 280 ff.). 91

---

derheitsaktionäre fassen muss, womit die Minderheitsaktionäre so ein Veto gegen GV-Entscheide erhalten würden, die für sie potenziell nachteilig sind (HÄUSERMANN, Minderheitenschutz, 210, s.a. derselbe, 246 f., in Bezug auf Stimmrechtsaktien; dazu ablehnend auch BÖCKLI, Stimmenmehrheit unter Verdacht, 449 ff.).

3. Kontrolle des stimmberechtigten Aktionärkreises

92   Vom Aktienrecht war die Seite der Ausgestaltung der Beteiligungspapiere immer auch von der Vermögensverwaltung und der Anlage ausländischer Gelder geprägt. Dies führte auch zu einem deutlichen Diskretionsbedürfnis. Auf der anderen Seite spielte die Absicht, den Einfluss ausländischer Anleger auf schweizerische Unternehmen zu kontrollieren, eine bedeutende Rolle.

93   Kontrollmittel war über lange Zeit die Vinkulierung, d.h. das Erfordernis der Zustimmung des Verwaltungsrates zum Eintrag von Namenaktien. Art. 686 Abs. 2 OR 1936 erlaubte die Ablehnung eines Aktionärs ohne Angabe von Gründen. Da die Vermögensrechte auch ohne Zustimmung übertragen werden konnten, eine Streichung des bisherigen Aktionärs aber erst beim Eintrag eines neuen erfolgte, resultierten die schwierigen Fragen einer Spaltung der aus den Aktien resultierenden Rechte (Spaltungstheorie; s. BGE 114 II 57). Diese Spaltung, die etwa zur Stimmabgabe ohne Berechtigung an den Vermögensrechten führte, wurde zum Problem der Aktienrechtsreform 1991, die ein vollkommen neues Regime schuf. Dieses unterscheidet zwischen kotierten (Art. 685 ff. OR) und nicht kotierten (Art. 685d ff. OR) Namenaktien. Bei kotierten Papieren ist nur eine sog. Prozentklausel zulässig (statutarische Höchstgrenze in Prozenten), während bei nicht kotierten Namenaktien für eine Ablehnung statutarische wichtige Gründe oder eine Übernahme zum wirklichen Wert notwendig sind (Art. 685b OR). Bei einem börsenmässigen Verkauf börsenkotierter Namenaktien meldet die Veräussererbank den Verkauf der Gesellschaft, und der Verkäufer wird im Aktienbuch gestrichen (Art. 685e OR); dies verhindert eine Spaltung.

94   Ein Veräusserer wird im Aktienbuch zwar gestrichen, doch besteht für den Erwerber kein Zwang, sich eintragen zu lassen. So entstehen die sog. Dispoaktien, nämlich Aktien, die im Aktienbuch nicht eingetragen sind und die Gesellschaft folglich die Berechtigten auch nicht kennt (dazu § 2, N 81 ff.). Diese Dispoaktien können bedeutende Anteile am Aktienkapital ausmachen (30–50%). Trotzdem werden die Vermögensrechte diesen Berechtigten über das Bankensystem aber kapillarisch zugeleitet. Es wurde abgelehnt, sich auf den Grundsatz zu stützen, dass im Verhältnis zur Gesellschaft als Aktionär gilt, wer im Aktienbuch eingetragen ist (Art. 686 Abs. 4 OR), obwohl dies ein einfaches und wirksames Mittel wäre.

95   Die Vinkulierung hat an Bedeutung verloren, abgesehen von einzelnen Fällen (Sika, s. dazu § 7, N 269 ff.). Viele Gesellschaften haben denn auch Einheitsaktien geschaffen.

96   Es ist auch möglich, die Stimmenzahl der Besitzer mehrerer Aktien zu beschränken (Art. 627 Ziff. 10, 692 Abs. 2 OR). Dies gilt sowohl für Namen- wie auch Inhaberaktien. Die Statuten der Gesellschaften ergänzen ein solches Regime in der

Regel durch eine sog. Gruppenklausel, wo erklärt wird, dass zusammenwirkende Personen in Bezug auf die Limite als ein Aktionär betrachtet werden.

Kontrollmittel sind auch die Stimmrechtsaktien, nämlich Namenaktien, die einen kleineren Nennwert als die übrigen Aktien aufweisen, aber pro Aktie eine Stimme vermitteln (Art. 693 OR). Eine solche nennwertorientierte Stimmrechtsvariation darf aber den Faktor 10 nicht überschreiten (Art. 693 Abs. 2 OR). Der Einsatz dieses Instrumentes ist zudem für einen Katalog von Beschlüssen als nicht anwendbar erklärt (Art. 693 Abs. 3 OR). 97

Vorerst von der Praxis wurde aus dem Instrument des Genussscheines das Instrument des Partizipationsscheines (PS) als stimmrechtsloses Kapital geschaffen, das mit der Aktienrechtsreform 1991 im Gesetze ausführlich verankert wurde (Art. 656a ff. OR). Genussscheine sind nur noch beschränkt zur besonderen Vermittlung von Vermögensrechten zulässig (Art. 657 OR). Kotierte, altrechtliche Genussscheine kennt nur noch die Firma Roche (s. § 2, N 47). 98

Heute ist, allerdings aus Gründen der internationalen Anforderungen zur Verhinderung der Geldwäscherei, unter Androhung des Verlustes von Stimm- und Dividendenrecht im Säumnisfall der Erwerb von nicht kotierten Inhaberaktien zu melden, und bei Überschreiten des Grenzwertes von 25 Prozent sind auch die wirtschaftlich berechtigten Personen zu melden (Art. 697i und 697j OR). 99

Der Unternehmenskontrolle dienen auch Aktionärbindungsverträge; dazu nachfolgend N 159 ff. 100

Für den Bankensektor ist darauf hinzuweisen, dass ausländisch beherrschte Banken einer Zusatzbewilligung der FINMA bedürfen (Art. 3bis BankG). Eine Bank gilt als ausländisch beherrscht, wenn Ausländer mit qualifizierten Beteiligungen direkt oder indirekt mit mehr als der Hälfte der Stimmen beteiligt sind oder auf sie in anderer Weise einen beherrschenden Einfluss ausüben (Art. 3bis Abs. 3 BankG). Bei diesen Banken darf die Firma nicht auf einen schweizerischen Charakter der Bank hinweisen, und der SNB sind die notwendigen Auskünfte zu erteilen. Als qualifizierte Beteiligungen gelten Beteiligungen von mindestens zehn Prozent des Kapitals oder der Stimmen (Art. 3 Abs. 2 lit. c.^{bis} BankG). Diese qualifizierten Beteiligten unterstehen auch der bankrechtlichen Gewährspflicht. 101

B. Der Verwaltungsrat

1. Zusammensetzung

Das Schweizer Aktienrecht regelt die Zusammensetzung des Verwaltungsrates nur rudimentär. Es hält fest, dass der Verwaltungsrat der Gesellschaft aus einem oder mehreren Mitgliedern besteht (Art. 707 Abs. 1 OR). 102

103   Die gesetzliche Ordnung zeichnet sich in dieser Hinsicht durch eine grosse Flexibilität aus, die es jeder Aktiengesellschaft erlaubt, sich entsprechend ihres Betriebs zu organisieren. Bei gegebenen Voraussetzungen kann und muss sich der Verwaltungsrat in Komitees gliedern (Nomination, Compensation, Audit; Empfehlung des Swiss Code of Best Practice for Corporate Governance [2014], Ziff. 22 ff.), was ihn aber weder vor einem verständigen Nachvollzug der Traktanden noch vor einer Teilnahme an den wesentlichen Entscheiden schützt (s. Art. 716a Abs. 2 OR; zur Rolle von Ausschüssen allgemein s. JUTZI, 1 ff.; BAUEN/VENTURI, 84 ff.; BÖCKLI, Corporate Boards, 675 ff.).

104   Die Besetzung des Verwaltungsrates kann als Instrument des Minderheitenschutzes eingesetzt werden.

> «Bestehen in Bezug auf das Stimmrecht oder die vermögensrechtlichen Ansprüche mehrere Kategorien von Aktien, so ist durch die Statuten den Aktionären jeder Kategorie die Wahl wenigstens eines Vertreters im Verwaltungsrat zu sichern.» (Art. 709 Abs. 1 OR)

105   Die Statuten können zudem besondere Bestimmungen zum Schutz von Minderheiten oder einzelnen Gruppen von Aktionären vorsehen (Art. 709 Abs. 2 OR). Die Amtsdauer kann aufgrund der VegüV, die jetzt ins ordentliche Recht überführt wird, nur noch ein Jahr betragen (Art. 3 Abs. 2 VegüV; s.a. Art. 710 Abs. 1 E-OR).

106   Zur Corporate Governance gehört mittlerweile auch das Streben nach einer ausgewogenen Zusammensetzung des Verwaltungsrates. Die anstehende Aktienrechtsreform sieht für Publikumsgesellschaften die Einführung von *Geschlechterrichtwerten* vor. Der Verwaltungsrat einer grossen börsenkotierten Gesellschaft soll mindestens je zu 30 Prozent aus beiden Geschlechtern bestehen (vgl. Art. 734f E-OR).[31] Erfüllt eine Gesellschaft diese *Geschlechterrichtwerte* nicht, muss sie die Gründe sowie die bereits umgesetzten und geplanten Massnahmen offenlegen *(comply-or-explain)*. Trotz starkem Gegenwind in der Vernehmlassung, in der vor allem die Wirtschaftsverbände, aber auch einzelne Unternehmen die ersatzlose Streichung der Geschlechterrichtwerte forderten, hat der Bundesrat am Vorschlag festgehalten (s. Eckwerte für ein neues Aktienrecht vom 4. Dezember 2015 und Botschaftsentwurf Aktienrecht 2016, 399).

107   Für regulierte Institute des Finanzmarktes (Banken, Wertpapierhändler, Fonds) gelten die weiter gehenden dortigen Bestimmungen hinsichtlich Zusammensetzung, Gewähr *(fit and proper)* und Funktion der Organe.

---

[31]   Gemäss dem Bericht zur Regulierungsfolgenabschätzung vom 30. September 2015 stellten zu diesem Zeitpunkt Frauen 13% der Mitglieder der Verwaltungsräte und 6% der Geschäftsleitungsmitglieder von börsenkotierten Gesellschaften.

2. Unabhängigkeit

Verwaltungsräte agieren grundsätzlich unabhängig. Als unab- 108
hängig gelten nach dem *Swiss Code of Best Practice for Corporate Governance
(2014)* nicht exekutive Mitglieder des VR, welche der Geschäftsleitung nie oder
vor mehr als drei Jahren angehört haben und die mit der Gesellschaft in keinen
oder nur verhältnismässig geringfügigen geschäftlichen Beziehungen stehen
(Ziff. 14).

Sind sie weisungsgebunden, so legen sie dies offen. Bei Interessenskonflikten 109
legen sie dies ebenfalls offen und treten nötigenfalls in den Ausstand (vorgesehen
in Art. 717a E-OR). Steht eine Person in einem dauernden Interessenskonflikt,
kann sie dem Verwaltungsrat nicht angehören (Swiss Code of Best Practice for
Corporate Governance, Ziff. 17). Geschäfte zwischen der Gesellschaft und VR-
Mitgliedern oder ihnen nahestehenden Personen unterstehen dem Grundsatz des
Abschlusses zu Drittbedingungen *(arm's length);* sie werden unter Ausstand der
Betroffenen genehmigt und, wenn angezeigt, zuerst einer neutralen Begutachtung
unterzogen (Swiss Code of Best Practice for Corporate Governance, Ziff. 17; zum
Ganzen s. STEININGER, insb. 49 ff. und DRUEY, 59 ff.).

3. Aufgaben des Verwaltungsrates

Hier sind nur einige Aspekte zu erwähnen, die den Verwal- 110
tungsrat betreffen. Gemeinhin wird aber von einer Theorie der Parität der Befugnisse der Hauptorgane, Generalversammlung und Verwaltungsrat, ausgegangen.
Der Verwaltungsrat kann aber in allen Angelegenheiten Beschluss fassen, die
nicht durch Gesetz oder Statuten der Generalversammlung zugeteilt sind (Art. 716
Abs. 1 OR). Er hat selbstständig die im Katalog von Art. 716a Abs. 1 Ziff. 1–7 OR
aufgeführten unübertragbaren und unentziehbaren Aufgaben zu erfüllen (*Delega-
tionsverbot,* Terminologie verwendet bei DRUEY/DRUEY JUST/GLANZMANN, § 13
N 18 ff.), die formell und auch materiell von entscheidender Bedeutung sind. An
die GV könnte er sich lediglich auf dem Wege von Konsultativabstimmungen
wenden. Konsultative Abstimmungen sind von zweifelhaftem rechtlichem Wert
und nicht bindend, können aber allenfalls vor Verantwortlichkeit schützen.

Nach der gesetzlichen Auffassung führt der Verwaltungsrat (mit Ausnahme der 111
Banken) die Geschäfte, soweit er die Geschäftsführung nicht übertragen hat
(Art. 716 Abs. 2 OR). Sie steht grundsätzlich allen Mitgliedern des VR gesamthaft
zu (Art. 716b Abs. 3 OR). Auf statutarischer Basis kann die Geschäftsführung
nach Massgabe eines Organisationsreglementes ganz oder zum Teil an einzelne
Mitglieder oder Dritte übertragen werden (Art. 716b Abs. 1 OR). Bei allen grösseren Gesellschaften findet sich denn auch das Organ der Geschäftsführung. Man

darf daher von einem flexiblen, quasi-dualistischen System sprechen. (vgl. dazu FORSTMOSER, Unternehmensverfassung, 688 ff.). Die Aufgaben des Verwaltungsrates sind mit aller Sorgfalt zu erfüllen, und die Interessen der Gesellschaft sind in guten Treuen zu wahren (Art. 717 Abs. 1 OR). «Geschäftsführung» ist der Innenaspekt; der Aussenbereich wird mit «Vertretung» erfasst (vgl. Art. 718 Abs. 1; s. auch 718b OR). Die Regelungen führen in der schweizerischen Wirklichkeit zu einem reichhaltigen und flexiblen Mischsystem. Alle grösseren Gesellschaften kennen heute eine «Direktion» und weniger den oder die «Delegierten» des Verwaltungsrates (vgl. Art. 718 Abs. 2 OR). Die Mitwirkungsmöglichkeiten des Verwaltungsrates sind aber vielfältig, und dies unterscheidet die Schweiz deutlich vom deutschen (und z.t. europäischen) System der dualen Organisation in Vorstand und Aufsichtsrat. Der schweizerische Verwaltungsrat ist wesentlich mehr als ein Aufsichtsrat.

112   Der Verwaltungsrat bezeichnet seinen Präsidenten (Art. 712 Abs. 1 OR). Bei börsenkotierten Gesellschaften hat zwingend die Generalversammlung den Verwaltungsratspräsidenten zu wählen (Art. 2 Ziff. 1 u. Art. 4 Abs. 1 VegüV), Gleiches kann statutarisch auch für die anderen Aktiengesellschaften festgelegt werden (Art. 712 Abs. 2 OR). Letzteres ist bereits Ausdruck der gesteigerten Bedeutung, die heute diesem Amte zu Recht beigemessen wird. Die Rolle und Pflichten des Verwaltungsratspräsidenten (VRP) werden im OR (vgl. Art. 712 ff. OR) sowie im Swiss Code of Best Practice for Corporate Governance 2016 kaum erwähnt, sind aber gerade im Bereich der unübertragbaren und unentziehbaren Kompetenzen des VR (vgl. Art. 716a OR) von letztlich ausschlaggebender Bedeutung. Obschon der VRP «primus inter pares» im Kollektiv ist, braucht es Führung (im besten Sinn des Wortes). Ihm kommt auch der Stichentscheid zu, wenn die Statuten nichts anderes vorgeben (vgl. Art. 713 Abs. 1 OR). Die Verantwortung für die Ergreifung von Initiativen, die Antragsverantwortung für die Vorlage der Alternativen und die Begründung der bevorzugten Lösung, das Ausloten der Voraussetzungen und Auswirkungen der bevorstehenden Entscheide, das Aufspüren möglicher Problemherde, die Verantwortung vor allem aber im Nachfassen *(follow-up)* nach gefällter Entscheidung, all dies liegt eindeutig beim VRP. Als Wächter einer guten Corporate Governance sollte es dem VRP zudem nicht erlaubt sein, an Sitzungen von Ausschüssen teilzunehmen. Die Rolle des VRP gewinnt insbesondere in Krisenzeiten enorm an Bedeutung und ist nicht mehr nur repräsentativ (vgl. NOBEL, VRP, 19 ff.). Dazu treffend BÖCKLI:

> «Nicht mehr das Sitzleder dessen, der vorne sitzt, ist heute wichtig, sondern das kräftige Schuhleder dessen, der vorangeht.» (BÖCKLI, Kernkompetenzen, 20)

113   Mit dem Inkrafttreten der VegüV wurde der Katalog von Art. 716a Abs. 1 OR um einen weiteren Punkt erweitert. Zu den unübertragbaren und unentziehbaren Aufgaben des Verwaltungsrats gehört neu auch die Erstellung eines Vergütungsberichts (Art. 5 VegüV). Der Vergütungsbericht ersetzt die zusätzlichen Angaben zu

den Vergütungen im Anhang (vgl. noch Art. 663b^{bis} OR). Über den Vergütungsbericht ist allerdings nicht abzustimmen, was merkwürdig ist. Die Gesellschaften behalten für ihre ausländischen Investoren die konsultative Abstimmung bei.

Corporate Governance beinhaltet ebenfalls den angemessenen Umgang mit Risiken. Der Verwaltungsrat hat daher insbesondere auch ein funktionsfähiges internes Kontrollsystem (IKS) einzurichten (implizit Art. 716a Abs. 1, 728a Abs. 1 Ziff. 3 und 728b Abs. 1 OR). Er hat sich dabei an anerkannten Best Practice-Regeln zu orientieren, insbesondere den von economiesuisse und Swissholdings verfassten «Grundzügen eines wirksamen Compliance-Managements» vom September 2014[32] und den Internationalen Standards für die berufliche Praxis der internen Revision vom 24. August 2015.[33] Dieses bezweckt die Sicherstellung einer zuverlässigen und vollständigen Buchführung sowie einer zeitgerechten und verlässlichen finanziellen Berichterstattung (PEYER, 16). Darüber hinaus soll es ermöglichen, Risiken und Schwachstellen bei der unternehmerischen Tätigkeit frühzeitig zu erkennen, und gewährleisten, dass die anwendbaren Normen eingehalten und Fehler sowie deliktische Handlungen verhindert werden können, um dadurch wirtschaftlichen Schaden zu vermeiden (ausführlich PEYER, 15 f.). Das IKS ist der Grösse, der Komplexität und dem Risikoprofil der Aktiengesellschaft anzupassen, und je nach den Besonderheiten der AG hat es auch das Risikomanagement abzudecken (Swiss Code of Best Practice for Corporate Governance [2014], Ziff. 20).   114

Der Verwaltungsrat hat auch darüber zu wachen, dass keine Mängel in der rechtlichen Organisation der Gesellschaft bestehen (Art. 731b OR). Konkret geht es darum, dass die vorgeschriebenen Organe bestellt und rechtmässig zusammengesetzt sind (s. ausführlich MÜLLER/MÜLLER, 42 ff.). Organisationsmängel, die trotz Beanstandung durch das Handelsregisteramt nicht behoben werden, können zur Auflösung der Gesellschaft führen (Art. 731b Abs. 1 Ziff. 3 OR; s. auch BGE 136 III 369 u. 126 III 283).   115

Bei börsenkotierten Gesellschaften kommen besondere kapitalmarktrechtliche Pflichten hinzu, die von der Börse, der Offenlegungsstelle (evtl. der FINMA) und der Übernahmekommission auch überwacht werden. Besonderes Augenmerk ist hier auf die verwaltungs- und strafrechtlich verpönten Tatbestände des Marktmissbrauchs (Insiderverbot, und Verbot der Kursmanipulation) zu legen (vgl. auch Kap. § 4, N 75 ff.).   116

---

[32]   Verfügbar auf: http://www.economiesuisse.ch/sites/default/files/publications/compliance_d_20140926.pdf, Stand 9. März 2017.

[33]   Im Original herausgegeben vom Institute of Internal Auditors (IIA) 2015; deutschsprachige Version u.a. herausgegeben vom Schweizerischen Verband für Interne Revision (SVIR); erhältlich auf: www.svir.ch, Stand 9. März 2017.

117   Entscheide des Verwaltungsrates sind (mit einer fusionsrechtlichen Ausnahme, Art. 106 Abs. 2 FusG) nicht anfechtbar, doch gelten für diese Beschlüsse sinngemäss die gleichen Nichtigkeitsgründe wie für die Beschlüsse der Generalversammlung (Art. 714 OR). Es dürfen keine zwingend gewährte Rechte eingeschränkt werden, und die Grundstrukturen der Aktiengesellschaft dürfen nicht missachtet werden (Art. 706b OR). Dies führt zu einem ganz engen Feld und zu einem Ausschluss der Anfechtbarkeit von Verwaltungsratsbeschlüssen. Die Mitglieder des Verwaltungsrates haben die Aktionäre unter gleichen Voraussetzungen gleich zu behandeln (Art. 717 Abs. 2 OR). Mit dieser Norm besteht aber kaum Erfahrung (vgl. zum Ganzen RHEIN, 114 ff.).

4.   Legal Risk and Compliance

118   Dem Verwaltungsrat ist auch das Management von Recht und rechtlichen Risiken anheimgestellt. Zu seinen unübertragbaren und unentziehbaren Kompetenzen (Art. 716a OR) gehören nicht nur die Organisation der Gesellschaft, ja des Unternehmens, und Finanzplanung und -kontrolle sowie die Bestellung des Managements (ob durch den VR oder Dritte ausgeübt; vgl. Art. 716b OR), sondern auch die Oberaufsicht über die mit der Geschäftsführung betrauten Personen, namentlich im Hinblick auf die Befolgung der Gesetze, Statuten, Reglemente und Weisungen (Art. 716a Abs. 1 Ziff. 5 OR). Damit ist auch die Pflicht angesprochen, für eine genügende Compliance zu sorgen. Darunter versteht man die Überwachung der störungsanfälligen Routineabläufe in einem Unternehmen. Compliance ist im weiten Umfange die Überprüfung der Einhaltung von Regeln, also rechtlicher Natur. So definiert beispielsweise das FINMA RS 08/24 «Überwachung und interne Kontrolle Banken» in N 97 Compliance als «das Einhalten von gesetzlichen, regulatorischen und internen Vorschriften sowie die Beachtung von marktüblichen Standards und Standesregeln».

119   Recht gehört heute, wie Menschen, Apparate und Systeme, zu den operativen Risiken (vgl. Art. 89 ERV). Recht wird heute sogar als überaus wichtiges Risiko perzipiert. Dies erfordert einen sorgfältigen Umgang mit Rechtsfragen, der Bestellung von Juristen und ihrer organisatorischen Einordnung. Die Rechtsrisiken haben in den letzten 30 Jahren für globale Konzerne exponentiell zugenommen. Dies gilt aber nicht nur für Banken, sondern auch für Industriefirmen, KMU etc. (vgl. KURER, PETER, Legal and Compliance Risk, Oxford 2015). Zwar wächst das Bewusstsein für Compliance, die Regelkonformität wird jedoch immer noch oft als kostspielige administrative Pflicht ohne wirklichen Mehrwert verstanden. Auch Korruption im internationalen Geschäftsverkehr wurde über lange Zeit als notwendiges Übel hingenommen. Mit dem Strafbefehl der Schweizerischen Bundesanwaltschaft vom 22. November 2011 gegen die ALSTOM Network Schweiz AG als Unternehmen änderte sich dies: Demzufolge hatte die ALSTOM-Gruppe nicht

alle erforderlichen und zumutbaren organisatorischen Vorkehrungen getroffen, um die Bestechung fremder Amtsträger i.S.v. Art. 322^{septies} StGB zu verhindern, weshalb sie eine Busse von CHF 2,5 Mio., einen Imageverlust sowie die Einziehung des mit den Bestechungshandlungen im Ausland erzielten Gewinns von CHF 36,4 Mio. erlitt (STAMM, EUGEN, Compliance – Fallstricke bei internationaler Tätigkeit, NZZ vom 9. Februar 2012). Ein gut eingerichtetes Compliance-Management-System (CMS) unter Einbezug der individuellen Risiken (Risikoanalyse/-management) kann daher ein bedeutender Wettbewerbsvorteil sein. So sind beispielsweise von der International Organization for Standardization (ISO) internationale Standards entwickelt worden, welche die unabhängige Beurteilung des CMS erlauben. Zu erwähnen ist beispielsweise der im Oktober 2016 publizierte und somit auch in der Schweiz anwendbare ISO-Standard 37001 für die Zertifizierung der Qualität im spezifischen Bereich Korruption. Oder der in Deutschland geltende Prüfungsstandard IDW 980, welcher die Prüfung des CMS als eines Ganzen mit Fokus auf bestimmte Aspekte wie Korruption, Wettbewerbsrecht oder Datenschutz erlaubt (vgl. KILCHMANN, JÖRG/NEININGER, ROGER, Compliance als Wettbewerbsvorteil, NZZ vom 1. Dezember 2016, 10).

5.   Sorgfaltspflicht und Verantwortlichkeit

Der Verwaltungsrat hat seine Aufgaben mit aller Sorgfalt zu erfüllen und die Interessen der Gesellschaft in guten Treuen zu wahren (Art. 717 OR). Die Organe haften für schadenstiftende, rechtswidrige und verschuldete Verletzungen ihrer Sorgfalt persönlich (Art. 754 OR; ausführlich dazu NIKITINE, 8 ff.; s. auch Verantwortlichkeit in Kap. § 4, N 313 ff. und in Kap. § 10 N 75; s.a. Art. 52 AHVG[34]). Damit sind aber nicht einfach verlustbringende Handlungen anvisiert. Verwaltungsrat und Geschäftsleitung können insbesondere auch geltend machen, dass sie sich mit einem Geschäft allseitig, dokumentiert und sorgfältig auseinandergesetzt und es für gut befunden haben *(Business Judgement Rule)*: Die Rechtsprechung wird unter diesen Umständen in Bezug auf eine Einmischung in wirtschaftliche Fragen dann grosse Zurückhaltung üben (vgl. BGE 139 III 24 E. 3.2; BGer 4A_626/2013, insb. E. 6 und 7; BGer 4A_74/2012 E. 5.1, dazu VOGT/BÄNZIGER, 607 ff.; BGer 4A_219/2015 E. 4.2.2, dazu MÜLLER/KÄCH, 8 f., mit Bemerkungen und w.H.; sowie BAUDENBACHER/SCHWARZ, 55 ff., mit rechtsvergleichenden Überlegungen zur Business Judgment Rule). Zurzeit wird darüber diskutiert, ob es noch eine zusätzliche «Legal Judgement Rule» braucht

120

---

[34]   Art. 52 Abs. 2 AHVG: «Handelt es sich beim Arbeitgeber um eine juristische Person, so haften subsidiär die Mitglieder der Verwaltung und alle mit der Geschäftsführung oder Liquidation befassten Personen. Sind mehrere Personen für den gleichen Schaden verantwortlich, so haften sie für den ganzen Schaden solidarisch.»

(s. GERHARD, 254 ff.). Die gewissenhafte Überprüfung der Rechtslage kann auch einer strafrechlichen Haftungsbegrenzung helfen (s. Art. 21 StGB).

121 Als Schaden kommt grundsätzlich nur eine Schädigung des Gesellschaftsvermögens infrage (BGE 117 II 438), ansonsten es um direkte Schädigung geht (s.a. Kap. § 4, N 320 f.).

122 Bei zulässiger Delegation wird die Haftung auf die drei curae (Auswahl, Instruktion, Überwachung) gemildert (Art. 754 Abs. 2 OR). Auch die Handhabung der Solidarität ist, wenn auch in wenig klarer Weise, gemildert (Art. 759 Abs. 1 OR).

C. Die Revisionsstelle

1. Das Kontrollorgan der Gesellschaft

123   Die Revisionsstelle bildet im Gefüge der Aktiengesellschaft das Kontrollorgan (vgl. Kap. § 6, N 103 ff.). Entsprechend wurde sie bis zur Aktienrechtsreform 1991 auch als «Kontrollstelle» bezeichnet. Mit der Reform 1991 wurden neben der Terminologie insbesondere die fachlichen Voraussetzungen und die Unabhängigkeit der Revisionsstelle neu geordnet (vgl. Botschaft Aktienrecht 1991, 844 ff.). Die Revision von 2005 ging noch wesentlich weiter (vgl. Botschaft RAG, 3997 ff.). Die Voraussetzungen an die Revisionsstelle werden nach der Art der Revision und der Bedeutung der zu prüfenden Gesellschaft differenziert (Art. 727b und 727c OR). Das Revisionsaufsichtsgesetz (RAG, SR 221.302) legt im Einzelnen detailliert die fachlichen Anforderungen an zugelassene Revisionsdienstleister fest (Art. 4 ff. RAG). Die Anforderungen an die Unabhängigkeit der Revisionsstelle sind heute ebenfalls detailliert normiert (vgl. Art. 728 OR). Für Revisionsstellen, die nur eine eingeschränkte Revision vornehmen, sind die Unabhängigkeitsanforderungen jedoch geringer (vgl. Art. 729 OR). Revisionsunternehmen, die Revisionsdienstleistungen für börsenkotierte Gesellschaften erbringen, haben hingegen höhere bzw. zusätzliche Anforderungen an die Unabhängigkeit zu erfüllen (vgl. Art. 11 RAG).

124 Die Kontrollfunktion der Revisionsstelle umfasst hauptsächlich die Prüfung der Jahresrechnung und des Antrags des Verwaltungsrats an die Generalversammlung über die Verwendung des Bilanzgewinns auf die Übereinstimmung mit den gesetzlichen Vorschriften und den Statuten (vgl. Art. 728a Abs. 1 OR bzw. Art. 729a Abs. 1 OR). Bei der ordentlichen Revision hat die Revisionsstelle ggf. auch die Konzernrechnung in die Revision miteinzubeziehen und zudem zu prüfen, ob ein internes Kontrollsystem (IKS) existiert (Art. 728a Abs. 1 Ziff. 1 und 3 OR). Nicht Prüfungsgegenstand ist die Geschäftsführung des Verwaltungsrats (Art. 728a Abs. 3 OR und Art. 729a Abs. 3 OR). Die Revisionsstelle soll schliess-

lich nur Abschlussprüferin und nicht auch Aufsichtsstelle über die Verwaltung sein (vgl. schon Botschaft Aktienrecht 1991, 843). Ein Aufsichtsrat, wie er beispielsweise im deutschen Aktienrecht vorgesehen ist, existiert im Schweizer Aktienrecht generell nicht. Der Gesetzgeber entschied sich bezüglich der Organisation der Unternehmensführung für das angloamerikanische monistische System *(one-tier-board)* und nicht für das deutsche dualistische System *(two-tier-board)* mit Aufsichtsrat und Vorstand (ausführlich dazu BÜHLER, Corporate Governance, 164 N 446 ff.; Ausnahme die Banken).

Aus dieser vom Gesetz zugedachten, eher passiven Rolle, hat die Revisionsstelle nur ausnahmsweise auszubrechen. Sie ist verpflichtet, das Konkursgericht zu benachrichtigen, wenn die Gesellschaft offensichtlich überschuldet ist und der Verwaltungsrat die Anzeige i.S.v. Art. 725 Abs. 2 OR unterlässt (Art. 728*c* Abs. 3 OR und Art. 729*c* OR). 125

2. Verantwortlichkeit

Den Revisoren der Gesellschaft kommt (heute) ein grosses Gewicht zu. Sie sind im Schweizer Recht Organe der Gesellschaft, auch wenn ihre Verantwortlichkeit gesondert geordnet ist. Art. 755 Abs. 1 OR hält fest, dass die Revisoren sowohl der Gesellschaft als auch den einzelnen Aktionären und Gesellschaftsgläubigern gegenüber für den Schaden verantwortlich sind, den sie durch absichtliche oder fahrlässige Verletzung ihrer Pflichten verursachen. Eine vergleichbare Verantwortlichkeit trifft die Revisoren bei der Prüfung von Umstrukturierungen wie Fusionen, Spaltungen oder Umwandlungen (s. Art. 108 Abs. 2 FusG). 126

Aufgrund der solidarischen Haftung mit anderen ersatzpflichtigen Personen (Art. 759 OR) wurde die Revisionsstelle zum Hauptadressat von Verantwortlichkeitsklagen, was im Ergebnis zu einer Verschiebung der Verantwortlichkeit von den Geschäftsführungsorganen auf die Revisoren führte (s.a. FORSTMOSER, Verantwortlichkeitsrecht, 189 ff.). Zumindest in der Lehre wird diese Entwicklung kritisiert (stellvertretend BSK Revisionsrecht – BERTSCHINGER, Art. 755 N 8 ff., m.w.H.). Unter Corporate-Governance-Aspekten muss auch im Bereich der Verantwortlichkeit ein ausgewogenes Verhältnis zwischen den verschiedenen Organen der Gesellschaft bestehen. Mit der grossen Aktienrechtsreform wurde auch die Revision von Art. 759 OR in Aussicht gestellt. Der sistierte Entwurf von 2007 (vgl. Art. 759 Abs. 1bis E-OR) wie auch der Entwurf von 2016 (vgl. Art. 759 Abs. 2–4 E-OR) sehen für die Revisionsstelle eine beschränkte Haftung vor, wenn sie einen Schaden lediglich fahrlässig mitverursacht hat. Angesichts der Vernehmlassungsergebnisse darf davon ausgegangen werden, dass eine mil- 127 dere Form der Revisorenhaftung bei Fahrlässigkeit Eingang ins neue Aktienrecht finden wird.[35]

VI. «Krisen-Governance»

A. Sanierung der AG

1. Begriff

128   Der Begriff der Sanierung hat ihren Ursprung bei den Artikeln 725 und 725*a* OR (KÄLIN, 20). Darunter werden alle Massnahmen verstanden, die eine «gesunde Ertragslage» der Gesellschaft herbeiführen und damit die weitere Existenz des Unternehmens garantieren (KÄLIN, 20). Das Ziel ist es, stets die Rentabilität der Gesellschaft wieder aufzubauen und weiterzuführen (KÄLIN, 20 m.w.H.). Das Bundesgericht definiert in BGE 138 III 204 E. 3.3.1 die Sanierungsmassnahmen wie folgt:

> «Unter Sanierung werden sämtliche Massnahmen verstanden, die auf die finanzielle Gesundung der Gesellschaft, d.h. auf den Fortbestand der Gesellschaft und die Verhinderung der Liquidation abzielen. Im Falle einer Überschuldung ist das kurzfristige Ziel von Sanierungsmassnahmen, die Gesellschaft mindestens in einen Zustand zu versetzen, dass die Anrufung des Richters nach Art. 725 Abs. 2 OR unabhängig von allfälligen Rangrücktrittserklärungen vermieden werden kann [...].»

2. Arten

129   Es wird zwischen der privatrechtlichen und öffentlich-rechtlichen Sanierung unterschieden (KÄLIN, 29). Bei der privaten Sanierung erfolgen die Massnahmen gestützt auf die Privatautonomie, d.h., die Gesellschaft verhandelt selbstständig zusammen mit dem Gläubiger über mögliche Sanierungsmassnahmen. Öffentlich-rechtliche Sanierungen richten sich dagegen unter Mitwirkung des Gerichts nach Art. 725 f. OR oder Art. 293 ff. und Art. 305 ff. SchKG (KÄLIN, 29, 30).

3. Kapitalverlust und Überschuldung nach Art. 725 OR

130   Art. 725 OR hält die Pflichten des VRs bei Kapitalverlust und Überschuldung der Gesellschaft fest:

---

[35]   Vgl. Bericht über die Ergebnisse des Vernehmlassungsverfahrens vom 17. September 2015, 29.

«[1] Zeigt die letzte Jahresbilanz, dass die Hälfte des Aktienkapitals und der gesetzlichen Reserven nicht mehr gedeckt ist, so beruft der Verwaltungsrat unverzüglich eine Generalversammlung ein und beantragt ihr Sanierungsmassnahmen.

[2] Wenn begründete Besorgnis einer Überschuldung besteht, muss eine Zwischenbilanz erstellt und diese einem zugelassenen Revisor zur Prüfung vorgelegt werden. Ergibt sich aus der Zwischenbilanz, dass die Forderungen der Gesellschaftsgläubiger weder zu Fortführungs- noch zu Veräusserungswerten gedeckt sind, so hat der Verwaltungsrat den Richter zu benachrichtigen, sofern nicht Gesellschaftsgläubiger im Ausmass dieser Unterdeckung im Rang hinter alle anderen Gesellschaftsgläubiger zurücktreten.

[3] Verfügt die Gesellschaft über keine Revisionsstelle, so obliegen dem zugelassenen Revisor die Anzeigepflichten der eingeschränkt prüfenden Revisionsstelle.»

Die Bestimmung hält eine Art Kaskadenordnung fest, die zu befolgen ist. Ergibt sich aus der letzten Jahresbilanz, dass die Hälfte des Aktienkapitals und der gesetzlichen Reserven nicht mehr gedeckt ist, so beruft der Verwaltungsrat unverzüglich eine Generalversammlung ein und beantragt ihr Sanierungsmassnahmen (sog. Kapitalverlust, Art. 725 Abs. 1 OR). Besteht dagegen eine begründete Besorgnis einer Überschuldung, dann muss eine Zwischenbilanz erstellt und einem zugelassenen Revisor zur Prüfung vorgelegt werden (sog. begründete Besorgnis einer Überschuldung, Art. 725 Abs. 2 Satz 1 OR). Das Bundesgericht hielt bezüglich der Erstellung einer Zwischenbilanz die rechtspolitische Zielsetzung dieser Pflicht in BGE 121 III 420 E. 3 fest: **131**

> «Diese Bestimmung dient dem Gläubigerschutz und bildet die Voraussetzung für die Benachrichtigung des Richters, welche – auch im Interesse der Allgemeinheit und künftiger Kreditgeber – gesetzlich für den Fall der Überschuldung vorgeschrieben wird.»

Geht ferner aus der Zwischenbilanz hervor, dass die Forderungen der Gesellschaftsgläubiger weder zu Fortführungs- noch zu Veräusserungswerten gedeckt sind, so muss der VR den Richter benachrichtigen, sofern die Gesellschaftsgläubiger nicht im Ausmass dieser Unterdeckung im Rang hinter alle anderen Gesellschaftsgläubiger zurücktreten (sog. Überschuldung, Art. 725 Abs. 2 Satz 2 OR). Beim Rangrücktritt der Gesellschaftsgläubiger handelt es sich nicht um eine Stundung, sondern um ein Tilgungsverbot der Gesellschaft gegenüber den Gläubigern während der Dauer der Überschuldung (sog. Zinszahlungsverbot, BÖCKLI, Aktienrecht, § 13 N 794). Dabei handelt es sich nicht wirklich um ein Sanierungsmittel, welches der Gesellschaft hilft, die Überschuldung zu beheben, sondern vielmehr um einen Weg, der Gesellschaft Zeit zu verschaffen, um die richtigen Sanierungsmassnahmen einzuleiten (zu den Gefahren im Zusammenhang mit dem Rangrücktritt s.: BÖCKLI, Aktienrecht, § 13 N 807 ff.). Mit der anstehenden Aktienrechtsrevision soll diese Massnahme erleichtert werden, indem das Haftungsrisiko des VR **132** bezüglich der Rangrücktritte reduziert werden soll (s. Art. 757 Abs. 4 E-OR; Botschaft Aktienrechtsentwurf 2016, 578 u. 600 f.).

133 An dieser Stelle fragt sich, wie lange der VR die richterliche Benachrichtigung aufschieben darf. Dies geht nicht aus der Bestimmung hervor. Die Lehre und die Rechtsprechung haben in diesem Zusammenhang einige Grundsätze festgelegt. Das Bundesgericht hielt in 6B_492/2009 vom 18. Januar 2010, E. 2.2 fest:

> «Nach der bundesgerichtlichen Rechtsprechung kann der Verwaltungsrat bei Überschuldung die Benachrichtigung des Richters für eine kurze Zeitspanne aufschieben, wenn eine vernünftige Aussicht auf eine kurzfristige Lösung des Problems besteht. Angemessen erscheint eine auf wenige Wochen bemessene Frist. Es muss die dauerhafte finanzielle Gesundung der Gesellschaft erwartet und deren Ertragskraft wiederhergestellt werden. Sind erhebliche Zweifel an den Erfolgsaussichten der Sanierung angebracht oder ist diese für die Gläubiger mit einem erhöhten Risiko verbunden, hat der Verwaltungsrat den Richter zu benachrichtigen. Übertriebene Erwartungen oder vage Hoffnungen reichen nicht aus.»

134 Ob eine vernünftige Lösung in absehbarer Zeit möglich ist, hängt vom konkreten Sachverhalt ab. Die herrschende Lehre und Rechtsprechung umschreiben dagegen die Benachrichtigungsfrist konkreter und gehen von einer Frist von vier bis sechs Wochen aus (BÖCKLI, Aktienrecht, § 13 N 816 f. und 818; MEIER-HAYOZ/FORSTMOSER, § 16 N 85; BGer 4C.117/1999 vom 16. November 1999 E. 1b/aa). Darüber hinaus hielt die Rechtsprechung fest, dass eine Frist von 94 Tagen oder von acht Monaten unzulässig sei (KONOPATSCH, 202).

135 In diesem Zusammenhang ist zu beachten, dass eine Unterlassung der Überschuldungsanzeige nach Art. 725 OR oder deren ungerechtfertigter Aufschub durch den VR eine Verantwortlichkeitsklage nach Art. 754 OR auslösen kann (KONOPATSCH, 203).

4.   Konkursaufschub nach Art. 725a OR

136   Art. 725a OR

> «[1] Der Richter eröffnet auf die Benachrichtigung hin den Konkurs. Er kann ihn auf Antrag des Verwaltungsrates oder eines Gläubigers aufschieben, falls Aussicht auf Sanierung besteht; in diesem Falle trifft er Massnahmen zur Erhaltung des Vermögens.
>
> [2] Der Richter kann einen Sachwalter bestellen und entweder dem Verwaltungsrat die Verfügungsbefugnis entziehen oder dessen Beschlüsse von der Zustimmung des Sachwalters abhängig machen. Er umschreibt die Aufgaben des Sachwalters.
>
> [3] Der Konkursaufschub muss nur veröffentlicht werden, wenn dies zum Schutze Dritter erforderlich ist.»

Ist eine Anzeige der Überschuldung nach Art. 725 OR beim Gericht erfolgt, kann 137
es den Konkurs gemäss Art. 725a OR aufschieben, wenn der Verwaltungsrat oder
Gläubiger dies beantragen und eine Aussicht auf Sanierung besteht (Art. 725a
Abs. 1 OR; BÖCKLI, Aktienrecht, § 13 N 830). Liegt kein Antrag auf Konkursauf-
schub vor und ist tatsächlich eine Überschuldung vorhanden, eröffnet das Gericht
den Konkurs über die Gesellschaft (BSK OR II-WÜSTINGER, Art. 725a N 4). Der
Entscheid des Konkursgerichts kann innert zehn Tagen mit Beschwerde gemäss
Art. 174 SchKG i.V.m. Art. 319 ZPO weitergezogen werden.

Der Gesetzgeber bezweckt mit dem Konkursaufschub, dass die Interessen der 138
Gesellschaft sowie der Gläubiger geschützt werden, um allfällige Nachteile durch
eine Konkurseröffnung zu verhindern und eine bestmögliche Sanierung der Gesellschaft zu erzielen (BSK OR II-WÜSTINER, Art. 725a N 4). Durch den Konkursaufschub wird ein Rechtsstillstand, aber keine Stundung gewährt (BSK OR II-
WÜSTINER, Art. 725a N 9). Die konkreten Sanierungsmassnahmen werden dagegen dem Unternehmen überlassen (KÄLIN, 34). Wie lange der Konkursaufschub
dauert, kann das Gericht selber anhand der konkreten Umstände bestimmen und
auch (mehrfach) erstrecken (BSK OR II-WÜSTINER, Art. 725a N 8). Ferner kann
das Gericht einen Sachwalter bestellen oder andere geeignete Massnahmen anordnen (BSK OR II-WÜSTINER, Art. 725a N 11 ff.). Wählt das Gericht die erste Möglichkeit, dann kann es dem Verwaltungsrat die Verfügungsbefugnis entziehen oder
dessen Beschlüsse von der Zustimmung des Sachwalters abhängig machen
(Art. 725a OR).

Art. 725 Abs. 2 eröffnet noch einen *escape,* nämlich, wenn Gesellschaftsgläubiger 139
im Ausmass der Unterdeckung hinter all anderen Gesellschaftsgläubigern zurücktreten. Das ist der Rangrücktritt, der faktisch auf eine ganz einfache Weise – nämlich durch eine blosse Erklärung – eine Art von hybridem Eigenkapital schafft.
Die Rangrücktrittsgläubiger werden nach allen anderen Gläubigern, aber vor den
Aktionären befriedigt. Der Rangrücktritt ist keine Sanierung aber eine praktische
Notmassnahme.

5. Nachlassverfahren nach Art. 293 ff. und Art. 305 ff. SchKG

Ziel des Nachlassverfahrens ist es, den Schuldner zu sanieren 140
oder zumindest das bestehende Vermögen zu erhalten (KÄLIN, 34). Das Nachlassverfahren wird durch die provisorische Nachlassstundung eingeleitet (Art. 293a
SchKG). Das Nachlassverfahren wird auf Gesuch des Schuldners oder des Gläubigers angehoben (Art. 293 SchKG).

Danach ernennt das Gericht den Sachwalter (Art. 295 SchKG), welcher wiederum 141
sämtliche Vermögensbestandteile des Schuldners im Inventar aufnimmt (Art. 299
SchKG). Anschliessend nimmt der Sachwalter den Schuldenruf vor (Art. 300

SchKG) und beruft die Gläubigerversammlung (Art. 301 f. SchKG) ein, die in Krisenzeiten die Governance bestimmt.

142 Wenn die Gläubiger dem Nachlassvertrag zustimmen (Art. 305 SchKG), erfolgt dessen gerichtliche Überprüfung (Art. 306 SchKG). Lehnt das Nachlassgericht den Nachlassvertrag ab, eröffnet es unverzüglich von Amtes wegen den Konkurs (Art. 309 SchKG). Wird dagegen der vorgeschlagene Nachlassvertrag gutgeheissen, wird das ordentliche Nachlassverfahren eingeleitet (Art. 314 SchKG) oder ein Nachlassvertrag mit Vermögensabtretung geschlossen (Art. 317 ff. SchKG). Gelingt die Sanierung vor Ablauf der Stundung, hebt das Nachlassgericht die Nachlassstundung von Amtes wegen auf (Art. 296a SchKG).

143 Beim ordentlichen Nachlassvertrag (Art. 314 f. SchKG) wird eine Frist von 20 Tagen angesetzt, damit die Gläubiger bestrittene Forderungen geltend machen können (Art. 315 SchKG). Unter Umständen kann der Sachwalter oder ein Dritter mit der Durchführung und Erfüllung des Nachlassverfahrens betraut werden (Art. 314 SchKG).

144 Der Nachlassvertrag mit Vermögensübertragung (Art. 317 ff. SchKG) ermöglicht zunächst die Einleitung eines Kollokationsverfahrens (Art. 321 SchKG). In der Folge erfolgen eine Aussonderung (Art. 319 Abs. 4 i.V.m. Art. 242 SchKG) und die Verwertung (Art. 322 SchKG). Das Verfahren wird durch die Verteilung abgeschlossen (Art. 326 SchKG).

145 Es besteht ebenfalls die Möglichkeit, den Nachlassvertrag im Konkurs gemäss Art. 332 SchKG zu vollziehen. In diesem Fall begutachtet die Konkursverwaltung den Vorschlag zuhanden der zweiten Gläubigerversammlung (Art. 332 Abs. 1 SchKG). Anstelle des Sachwalters tritt die Konkursverwaltung ein, und die Verwertung wird bis zum Entscheid des Konkursgerichts über den Nachlassvertrag eingestellt (Art. 332 Abs. 2 SchKG). Bestätigt das Konkursgericht den Nachlassvertrag, so beantragt die Konkursverwaltung beim Konkursgericht den Widerruf des Konkurses (Art. 332 Abs. 3 SchKG).

146 Auch Handlungen des Schuldners im Nachlassverfahren, welche er vor Beschluss des Nachlassvertrages vorgenommen hat, unterstehen der Anfechtungsklage nach Art. 285 ff. SchKG (Art. 331 SchKG).

B. Die Gesellschaftsgläubiger

147   Eine bedeutende, in der Corporate-Governance-Diskussion oft aber materiell vernachlässigte Rolle nehmen die Gesellschaftsgläubiger ein. Nach der Finanzierung durch einbehaltene Gewinne stellt die Finanzierung durch Kredite die zweitwichtigste Finanzierungsform der privaten Aktiengesellschaften dar,

erst danach folgt die Finanzierung an Kapitalmärkten (NOBEL, Finanzmarktrecht, 771 N 6). Aber nicht nur in wirtschaftlicher Hinsicht, sondern auch in rechtlicher Hinsicht kann der Einfluss der Gesellschaftsgläubiger als Fremdkapitalgeber je nach Lebensphase der Gesellschaft und Form der Fremdfinanzierung (Anleihen, Kredite oder Kreditderivate etc.) beträchtlich sein (ausführlich dazu BÜHLMANN, Gläubiger als Stakeholder im Gesellschaftsrecht, Diss. Zürich 2014).

Gerät eine Gesellschaft in Schieflage, hängt es oft von den Gläubigern ab, ob eine Sanierung der Gesellschaft gelingt (s. Art. 725a Abs. 1 Satz 2 OR u. Art. 293 lit. b SchKG); ist bereits der Konkursfall eingetreten, übernehmen die Gläubiger gänzlich das «Ruder» (s. BÜHLMANN, 228; vgl. auch SCHENKER, 76). Im Konkurs der Gesellschaft sind die Gläubiger sogar berechtigt, die Mitglieder der Gesellschaftsorgane für pflichtwidriges Verhalten persönlich in die Haftung zu nehmen, wenn die Konkursverwaltung auf die Geltendmachung dieser Ansprüche verzichtet (Art. 757 OR). Für Banken sieht das Bankenrecht besondere insolvenzrechtliche Bestimmungen vor (Art. 25 ff. BankG, BIV-FINMA[36]), die für systemisch relevante Institute zusätzlich verstärkt werden (Art. 60 ff. BankV). Bei der Sanierung von Banken räumt das Gesetz den Gläubigerinteressen ausdrücklich einen Vorrang gegenüber den Aktionärsinteressen ein (Art. 31 Abs. 1 lit. c BankG). Im Konkursfall gilt die übliche «Gläubigerbestimmungsmacht» (NOBEL, Der arme Bankaktionär, 649). 148

Aber auch ausserhalb eines Konkurses darf die Einflussnahme der Gläubiger nicht unterschätzt werden. Sofern die Gesellschaftsgläubiger ein schutzwürdiges Interesse glaubhaft machen, können sie vom Verwaltungsrat der AG Auskunft über die Organisation der Geschäftsführung verlangen (Art. 716b Abs. 2 Satz 2 OR). Unter den gleichen Voraussetzungen können Gläubiger Einsicht in den Geschäftsbericht und in die Revisionsberichte verlangen (Art. 958e Abs. 2 OR). Bei Publikumsgesellschaften kann sogar jede Person innerhalb eines Jahres nach der Genehmigung der Jahresrechnung und Konzernrechnung deren Zustellung begehren (Art. 958e Abs. 1 OR). Nebst diesen Informationsrechten stehen den Gläubigern keine weiteren gesellschaftsrechtlichen Mitwirkungs- und Informationsrechte zu, und auch das Grundkapital, welches zumindest in der Theorie als Haftungssubstrat und Sperrziffer dient (MEIER-HAYOZ/FORSTMOSER, § 16 N 111 f.; s.a. ZÜRCHER, 42 ff.), ist ein schwacher Trost. 149

In der Praxis können zumindest Grossgläubiger, insbesondere Banken, dennoch ihre Gläubigerinteresssen regelmässig durchsetzen, indem sie sich vertraglich weiter gehende Informationsrechte ausbedingen, Einzahlungen und Sanierungsmassnahmen einfordern oder durch Zusatzvereinbarungen bestimmte Kontroll- 150

---

[36] Verordnung der Eidgenössischen Finanzmarktaufsicht über die Insolvenz von Banken und Effektenhändlern (Bankeninsolvenzverordnung-FINMA, BIV-FINMA), vom 30. August 2012, SR 952.05.

und Einwirkungsmechanismen (sog. *covenants*) einbeziehen (BÜHLMANN, 221 ff.). Bei den sogenannten *covenants* handelt es sich um Handlungs- und Unterlassungspflichten, die dem Kreditnehmer auferlegt werden, um die typischen *ex post*-Informationsasymmetrien zu überwinden (ausführlich s. KUHN, 47 N 31 ff.). Unter Umständen erhalten Banken dadurch im Vergleich zu Aktionären weit mehr Informationen und Einflussmöglichkeiten als Aktionäre (BÜHLMANN, 228). Beschränken sich die Gläubiger nicht darauf, ihre vertraglichen Rechte gegenüber der Gesellschaft durchzusetzen, sondern nehmen sie auch direkt Einfluss auf operative Entscheide bzw. beinflussen sie durch ihre Mitsprache den Verwaltungsrat und die Geschäftsleitung, können sie faktische Organe der Gesellschaft werden und sich einem Haftungsrisiko (Art. 754 OR) aussetzen (illustrativ BGE 107 II 349 E. 5; s.a. SCHENKER, 69 u.80 ff.).

151 Im Umstrukturierungsrecht kommt den Gläubigern eine klar definierte Rolle zu. Das FusG räumt ihnen konkrete Mitwirkungsrechte ein. Bei Unternehmensfusionen haben die Gläubiger beider Gesellschaften das Recht, von der übernehmenden Gesellschaft die Sicherstellung ihrer Forderungen zu verlangen (Art. 25 Abs. 1 OR). Dieses Recht räumt das FusG unter anderen Voraussetzungen auch den Gläubigern der an einer Unternehmensspaltung beteiligten Gesellschaften ein (s. Art. 46 Abs. 1 FusG). Die Pflicht zur Sicherstellung entfällt jedoch, wenn die Gesellschaft nachweist, dass die Erfüllung der Forderungen durch die Fusion bzw. die Spaltung nicht gefährdet wird (Art. 25 Abs. 3 und Art. 46 Abs. 2 FusG). Auch bei der Vermögensübertragung nach FusG ist eine Sicherstellung der Gläubigerforderungen vorgesehen, aber nur, wenn die Gläubiger glaubhaft machen können, dass die solidarische Haftung der bisherigen Schuldner keinen ausreichenden Schutz bietet (Art. 75 Abs. 3 FusG). Während es sich bei der Fusion und der Vermögensübertragung um einen nachträglichen Gläubigerschutz handelt, können sich die Gläubiger bei einer Spaltung auf einen dem Transaktionsverfahren vorgelagerten Gläubigerschutz berufen, da mit der Spaltung eine Verringerung des Haftungssubstrats einhergeht (AMSTUTZ/MABILLARD, Systematischer Teil N 130 ff. und 212 ff. sowie Art. 25 N 1 ff., Art. 45/46 N 1 f. und Art. 75 N 7; zum nachträglichen Gläubigerschutz s. auch HIRSINGER, 215 ff.).

152   «Equity is soft, debt hard. Equity is forgiving, debt insistent. Equity is a pillow, debt a sword.» (BENNETT STEWART und DAVID GLASSMAN zitiert in: Jensen, 12)

C.   Der Entwurf von 2016 zur Sanierung im OR

153   Im Zuge der Reform des Sanierungsrechts des SchKG, welches am 1. Januar 2014 in Kraft getreten ist (AS 2013 4111), wurde der Bundesrat damit beauftragt, auch das Sanierungsverfahren im OR zu revidieren, um die Sanierung von Unternehmen vor der Einleitung eines formellen öffentlichen Nach-

lassverfahrens zu ermöglichen bzw. zu erleichtern (vgl. Motion RK-NR 10.077: Sanierungsverfahren vor Nachlassstundung und Konkurseröffnung).

Den Kern der sanierungsrechtlichen Neuerungen im OR bilden die Artikel 725 bis   154
725c E-OR. Sie sehen für Unternehmen in finanzieller Bedrängnis ein flexibles System mit klaren Handlungspflichten und graduell ansteigendem Einbezug der Revisionsstelle, der GV und des Nachlass- oder Konkursgerichts vor (s. Botschaft Aktienrechtsentwurf 2016, 462 ff. u. 573 ff.).

Den Regeln zum Kapitalschutz sollen neu und richtigerweise Regeln zum Schutz   155
der Zahlungsfähigkeit vorangestellt werden. Solvenz ohne Liquidität gibt es kaum. Der Verwaltungsrat ist verpflichtet, einen Liquiditätsplan zu erstellen und eine Beurteilung der wirtschaftlichen Lage der Gesellschaft vorzunehmen, wenn begründete Besorgnis besteht, dass die Gesellschaft in den nächsten sechs Monaten zahlungsunfähig wird (Art. 725 Abs. 1 E-OR). Für Gesellschaften, die einer ordentlichen Revision unterstellt sind, beträgt der massgebliche Zeitraum zwölf Monate. Ergibt sich aus dem Liquiditätsplan, dass die Zahlungsunfähigkeit der Gesellschaft droht, so muss der Verwaltungsrat weitere Massnahmen zur Sicherstellung der Zahlungsfähigkeit ergreifen, z.B. Veräusserungen, einen Kapitalschnitt oder eine Kapitalerhöhung und nötigenfalls ein Gesuch um Nachlassstundung einreichen (Art. 725 Abs. 3 E-OR). Die zwingende Einberufung der GV ist hingegen nicht vorgesehen, wobei faktisch gewisse Massnahmen eine solche voraussetzen (vgl. Botschaft Aktienrechtsentwurf 2016, 575).

Beim Kapitalverlust und bei der Überschuldung wird grundsätzlich an das geltende Recht angeknüpft. Neu soll hingegen bereits ein Kapitalverlust von einem   156
Drittel des nominellen Aktienkapitals und der gesetzlichen Reserven, und nicht wie bisher der hälftige Kapitalverlust, die Pflichten des VR auslösen (s. Art. 725a Abs. 1 E-OR). Der VR soll im Falle eines Kapitalverlusts eine Beurteilung der wirtschaftlichen Lage der Gesellschaft vornehmen und darauf gestützt die nötigen Massnahmen zur Beseitigung des Kapitalverlusts ergreifen (Art. 725a Abs. 1 E-OR). Wie bei der drohenden Zahlungsunfähigkeit ist auch beim Kapitalverlust die Einberufung der GV nicht zwingend vorgeschrieben, u.U. aber dennoch geboten. Mit der Überschuldungsanzeige ans Gericht soll der VR bzw. die Revisionsstelle zukünftig nicht nur bei Rangrücktritt von Gläubigern, der präzise gefasst wird (Art. 725b Abs. 4 Ziffer 1 E-OR), im Aussmass der Überschuldung zuwarten können, sondern auch wenn begründete Aussicht besteht, dass die Überschuldung innert 90 Tagen nach Vorliegen der geprüften Zwischenbilanz behoben werden kann (s. Art. 725b Abs. 4 Ziff. 2 E-OR). Nach geltendem Recht ist unklar, wie lange der VR die richterliche Benachrichtigung aufschieben darf. Mit dem neuen Gesetzesentwurf wird eine klare zeitliche Grenze statuiert und somit Rechtssicherheit geschaffen (s. Botschaft Aktienrechtsentwurf 2016, 579).

157 Aufgrund des engen Bezugs zu den Sanierungsbestimmungen des OR wird im Entwurf die Aufwertung von Beteiligungen oder Grundstücken zur Beseitigung eines Bilanzverlustes neu in Art. 725c E-OR geregelt und Art. 670 OR aufgehoben.

158 In engem Zusammenhang mit der Sanierung im OR steht auch die umstrittene Frage der Zulässigkeit der Verrechnungsliberierung mit nicht werthaltigen Forderungen (für die Zulässigkeit bereits CAMPONOVO, 885 ff., ebenso FORSTMOSER/ VOGT, 531 ff. u. ISLER/SCHILTER-HEUBERGER, 875 ff.; a.M. BÖCKLI, Aktienrecht, § 2 N 123 ff., insb. 131 ff.). Der Entwurf sieht neu diese Möglichkeit ausdrücklich in Art. 634a Abs. 2 E-OR vor, da trotz der fehlenden Werthaltigkeit die Verrechnung zur Verminderung der Verbindlichkeiten der Gesellschaft und dadurch zur Verbesserung der wirtschaftlichen Lage führt, was auch BÖCKLI nicht bestreitet (vgl. Botschaft Aktienrechtsentwurf 2016, 493; s. BÖCKLI, Aktienrecht, § 2 N 138).

VII. Der Aktionärsbindungsvertrag

A. Bedeutung der Aktionärsbindungsverträge im schweizerischen Recht

159 Der Gesetzgeber ging bei der Schaffung der Aktiengesellschaft vom Leitbild einer Kapitalgesellschaft aus, bei welchem die Persönlichkeit der Beteiligten von untergeordneter Bedeutung ist, die Beteiligten anonym sind (Botschaft Aktienrechtsentwurf 2007, 1606; Botschaft Aktienrecht 1991, 747). Die Rechtswirklichkeit zeigt jedoch ein anderes Bild: Die weit überwiegende Zahl der 209 225 per 1. Januar 2016 im schweizerischen Handelsregister eingetragenen Aktiengesellschaften sind nicht als kapitalbezogene Grossunternehmen ausgestaltet, sondern als kleinere und mittlere Unternehmen, welche stark personalistische Züge aufweisen. In solchen Gesellschaften mit einem kleinen Aktionärskreis spielt die Person der Aktionäre eine bedeutende Rolle, und es besteht daher oft das Bedürfnis nach einer engeren, personalisierten und verbindlicheren Beziehung unter den Aktionären (Botschaft Aktienrechtsentwurf 2007, 1606; Botschaft Aktienrecht 1991, 747; FORSTMOSER/KÜCHLER, Aktionärbindungsverträge, N 18 f; BÖCKLI, Aktienrecht, § 1 N 32 ff.). Der sog. Aktionärbindungsvertrag (ABV) bildet dabei eine weit verbreitete Ergänzung der aktienrechtlichen Ordnung durch Vertrag und erlangte in der Schweiz eine grosse Verbreitung und eine eminente praktische Bedeutung (FORSTMOSER/KÜCHLER, Aktionärbindungsverträge, N 34). In der älteren Lehre haben sich insbesondere NAEGELI und GLATTFELDER intensiv mit dem Aktionärbindungsvertrag beschäftigt. Kürzlich erschien ein äusserst umfassendes Werk von FORSTMOSER/KÜCHLER zu dieser Thematik.

Der ABV wird von FORSTMOSER/KÜCHLER definiert als: 160

> «ein Vertrag über die Ausübung von Rechten und Pflichten, die im Zusammen-
> hang stehen mit der aktuellen oder künftigen Aktionärsstellung einer oder mehre-
> rer der Vertragsparteien bei einer oder mehreren Aktiengesellschaften (FORST-
> MOSER/KÜCHLER, Aktionärbindungsverträge, N 3; vgl. auch BLOCH, 14; LANG,
> 6, HINTZ-BÜHLER, 5 f.).

Aktionärbindungsverträge sollen somit die aktienrechtliche Ordnung – im Rahmen   161
des Gesetzes – durch personalistische und durch weiter gehend verpflichtende
Elemente ergänzen oder korrigieren (FORSTMOSER/KÜCHLER, Aktionärbindungsverträge, N 35).

Dem Aktienrecht ist eine gesetzliche Bestimmung über den ABV trotz diesbezüg-   162
lichen Anstrengungen fremd. Im Rahmen der Beratung zur Revisionsvorlage von
1983 wurde im Nationalrat zwar eine entsprechende Regelung in einem neuen
Art. 695a OR vorgeschlagen, nach eingehender Diskussion aus Gründen der
übermässigen Einschränkung und vieler offener Fragen schliesslich jedoch abgelehnt (AmtlBull NR 1985, 1764 f.; BLOCH, 5 f., BÖCKLI, Aktienrecht, § 12
N 574 ff.). Dennoch enthält das Gesetz verschiedene Bestimmungen, welche Verträge unter Aktionären explizit oder implizit voraussetzen: Art. 663c Abs. 2 OR
(Offenlegung stimmrechtsverbundener Aktionärsgruppen), oder verschiedene
Gruppentatbestände im Aktienrecht, welche ein Zusammenwirken von Aktionären
erfordern. Dies ist beispielsweise im Bereich des Einberufungs- und Traktandie-
rungsrechts (Art. 699 OR), der Umgehung von Vinkulierungs- oder Höchststimm-
klauseln (Art. 685b, 685d und 692 Abs. 2 OR), der Rückerstattung von Leistungen
(Art. 678 Abs. 1 OR) oder eines *Opting-up* bei der Revision und der Rechnungslegung (Art. 727 Abs. 2, 961d Abs. 2 und 962 Abs. 2 OR) der Fall (FORSTMOSER/
KÜCHLER, Aktionärbindungsverträge, N 79 ff.).

Es ist auch zu erwähnen, dass das Bundesgericht trotz der weitreichenden Bedeu-   163
tung des Aktionärbindungsvertrages vergleichsweise selten Streitigkeiten in diesbezüglicher Hinsicht zu entscheiden hatte. Der Grund liegt in den oftmals vereinbarten Schiedsklauseln in den Aktionärbindungsverträgen. Ein Vorteil einer solchen Schiedsklausel ist beispielsweise, dass es bei einer Auseinandersetzung vor
Schiedsgericht eher zu einer Einigung kommt und daher ein dauerhaftes Zerwürf-
nis eher vermieden werden kann. Des Weiteren erhoffen sich die Vertragsparteien
von den sachkundigen Richtern positive Inputs. Im Gegensatz zu den Verfahren
vor staatlichen Gerichten sind die Schiedsgerichtsverfahren auch vertraulich,
was wiederum für ein Verfahren vor einem Schiedsgericht spricht (STAEHELIN/
STAEHELIN/GROLIMUND, § 29 N 1; FORSTMOSER/KÜCHLER, Aktionärbindungsverträge, N 2159).

164   Nicht abschliessend geklärt, ist, ob sich eine Aktiengesellschaft an einem sie betreffenden Aktionärbindungsvertrag beteiligen kann. Die überwiegende Lehrmeinung erachtet die Beteiligung der AG als unzulässig (teilweise mit unterschiedlicher Begründung: BLOCH, 224 ff.; FISCHER, 13 f.; HINTZ-BÜHLER, 9; BÖCKLI,
Aktienstimmrecht, 480; ders., Aktienrecht, § 12 N 578; GLATTFELDER, 265a ff.;
a.M. LANG, 13 ff.). FORSTMOSER/KÜCHLER nehmen eine differenzierte Haltung
ein und unterscheiden dabei zwischen Stimmbindungsvereinbarungen, Vereinbarungen hinsichtlich weiterer aktienrechtlicher Mitgliedschaftsrechte und Vereinbarungen nicht aktienrechtlicher Art. Für zulässig erachten sie Stimmbindungen bei
kurzfristigen Aktionärbindungsverträgen, wie sie etwa in der Form von Stillhalte-
abkommen im Hinblick auf eine bald folgende GV vorkommen. Stimmbindungen
unter Beteiligung der AG, die längerfristig angelegt sind, sollen hingegen nicht
zulässig sein. Bei Verpflichtungen der AG gegenüber ihren Aktionären bezüglich
weiterer aktienrechtlicher Mitgliedschaftsrechte sowie schuldrechtliche Vereinbarungen zwischen der AG und ihren Aktionären schliessen sie die Zulässigkeit
nicht aus, propagieren aber eine Einzelfallbetrachtung (zum Ganzen FORSTMOSER/
KÜCHLER, N 431–448).

B.   Rechtsnatur

165   Der Aktionärbindungsvertrag ist rein (schuld- oder gesell-
schafts-)vertraglicher Natur. Es ist also strikt zwischen der vertrags- und der kör-
perschaftsrechtlichen Ebene zu unterscheiden. Die Trennung ist aber eine recht-
lich-strategische, denn es besteht kein Zweifel, dass faktisch ein ABV einen grossen Einfluss auf die Stimmergebnisse in der AG nehmen kann. Diese Trennung
hat verschiedene Konsequenzen zur Folge (FORSTMOSER/KÜCHLER, Aktionärbindungsverträge, N 113 ff.):

– fehlende Bindung der AG an die unter den Aktionären getroffenen Vereinbarungen;

– fehlende Möglichkeit der Einflussnahme der AG oder vom VR bei Verstoss
   gegen den ABV;

– Gültigkeit der in Verletzung des Vereinbarten abgegebenen Stimmen in der
   Generalversammlung (vgl. N 167 ff.);

– grundsätzlich keine Auswirkung der Auflösung eines ABV auf die AG. Dies
   gilt allerdings nicht absolut, denn die Beendigung eines Aktionärbindungsvertrages kann ausnahmsweise auch die Auflösung zur Folge haben (vgl. dazu
   ausführlich Kap. N 195 ff.).

Der Aktionärbindungsvertrag wird durch seine Vielfalt der Erscheinungsformen   166
und Vertragsinhalte gekennzeichnet, weshalb die rechtliche Qualifikation nicht
einfach ist. Nach Lehre und Rechtsprechung kann es sich namentlich um ein- oder
zweiseitige Schuldverträge oder aber – und vor allem – um Gesellschaftsverträge,
insbesondere solche über einfache Gesellschaften im Sinne von Art. 530 ff. OR
handeln (VON DER CRONE, § 11 N 27 f.; FORSTMOSER/MEIER-HAYOZ/NOBEL,
§ 39 N 156). Voraussetzung hierfür ist, dass zwei oder mehr beteiligte Personen
eine vertragsmässige Verbindung eingehen, bei welcher ein gemeinsamer Zweck
mittels gemeinsamer Kräfte oder Mittel verfolgt wird. Jeder ABV ist anhand seines konkreten Inhalts und unter Berücksichtigung des erkennbaren Parteiwillens
rechtlich einzuordnen, um die darin enthaltenen Rechte und Pflichten festzustellen
(FORSTMOSER/KÜCHLER, Aktionärbindungsverträge, N 140). Fehlt beispielsweise
der vertraglichen Vereinbarung die gemeinsame Zweckverfolgung, der sog. *ani-*
mus societatis, liegt kein gesellschaftliches, sondern ein schuldrechtliches Verhältnis vor. Dabei strebt jede Vertragspartei eigene Ziele an, und die vertraglichen
Verpflichtungen entstehen direkt zwischen den einzelnen Vertragsparteien, nicht
gegenüber allen Vertragsparteien gemeinsam (FORSTMOSER/KÜCHLER, Aktionärbindungsverträge, N 174).

C. Funktion der ABV

1. Stimmbindung

Der ABV dient mehreren Zwecken. Die häufigste Funktion be-   167
steht aber in der Koordination des Stimmverhaltens (Stimmbindung) der beteiligten Aktionäre in der Generalversammlung der Aktiengesellschaft. Mit dem ABV
soll auf die Willensbildung der AG Einfluss genommen werden, beispielsweise
hinsichtlich der Beherrschung durch Mehrheitsbildung, Durchsetzung von Min-
derheitenrechten, Bildung von Sperrminoritäten, Bestellung vom Verwaltungsrat
oder der Abwehr feindlicher Übernahmen (FORSTMOSER/KÜCHLER, Aktionärbindungsverträge, N 36 ff.).

Eine Vereinbarung über eine rechtswidrige Stimmbindung oder eine Umgehung   168
einer Gesetzesnorm ist dagegen nichtig. Die Ungültigkeit einer Stimmbindungsvereinbarung aufgrund nicht aktienrechtlicher Tatbestände hat aber keine Auswirkungen auf die Beschlussfassung in der Generalversammlung. Dies ergibt sich aus
dem Prinzip der strikten Trennung zwischen vertrags- und körperschaftsrechtlicher Ebene. Ob die Stimmabgabe gültig ist, beurteilt sich demzufolge allein nach
aktienrechtlichen Voraussetzungen. Für die Aktiengesellschaft ist unerheblich, ob
beispielsweise Stimmen in Befolgung einer Stimmbindungsvereinbarung abgegeben wurden, die wegen Willensmangels oder übermässiger Bindung ungültig sind

(FORSTMOSER/KÜCHLER, Aktionärbindungsverträge, N 848, vgl. auch SCHOTT, § 13 N 67 ff.). Hingegen besteht in der Lehre Uneinigkeit in Bezug auf die (Un-)Gültigkeit der Stimmen, welche sich aus einer Verletzung einer aktienrechtlichen Norm ergeben (vgl. zum Lehrstreit FORSTMOSER/KÜCHLER, Aktionärbindungsverträge, N 850 ff.). Das Bundesgericht hat sich bisher in zwei Urteilen mit dieser Problematik beschäftigt. Die Entscheide betrafen Stimmbindungsvereinbarungen, welche gegen die Vinkulierungsordnung der Gesellschaft verstiessen. Nach Ansicht des Bundesgerichts sind diejenigen Stimmen, die unter Beachtung einer ungültigen Stimmbindungsvereinbarung abgegeben wurden, für das Beschlussergebnis unbeachtlich (BGE 109 II 43 E. 3a–b; 81 II 534 E. 3). Ein Generalversammlungsbeschluss, welcher unter Berücksichtigung nichtiger Stimmen zustande kam, kann aber nach Art. 706 i.V.m. Art. 691 Abs. 3 OR angefochten werden, wenn der Beschluss ohne die fehlerhaften Stimmen anders ausgefallen wäre (Kausalitätsprinzip) (FORSTMOSER/KÜCHLER, Aktionärbindungsverträge, N 863; FORSTMOSER/MEIER-HAYOZ/NOBEL, § 25 N 18).

169   Die in Verletzung einer gültigen Stimmbindungsvereinbarung abgegebene Stimme ist aufgrund der strikten rechtlichen Trennung von vertrags- und körperschaftsrechtlicher Ebene daher gültig, ebenso der erwirkte Beschluss der Generalversammlung (BLOCH, 85 und 170; GLATTFELDER, 306a.; HINTZ-BÜHLER, 67 ff.; BÖCKLI, Aktienstimmrecht, 51 f.). In solchen Fällen besteht aber die Möglichkeit, dass die Vertragspartner der Stimmbindungsvereinbarung von demjenigen, der vorsätzlich gegen die gültige Vereinbarung stimmte und dadurch schuldhaft einen Schaden verursachte, Schadenersatz verlangen. Auch ohne Schadensnachweis durchsetzbar sind für den Verletzungsfall vorgesehene Konventionalstrafen (FORSTMOSER/KÜCHLER, Aktionärbindungsverträge, N 867 ff.).

2.   Vereinbarungen über die Organe und die Organisation der Aktiengesellschaft

170   Da die Steuerung der Aktiengesellschaft oftmals nicht nur durch die Geltendmachung von Mitwirkungsrechten in der Generalversammlung bewirkt werden kann, steht den Vertragsparteien eines ABV die Möglichkeit offen, die Mitglieder des Verwaltungsrates oder der Geschäftsleitung in den ABV einzubinden. Vertragliche Vereinbarungen betreffend Wahl von Mitgliedern des Verwaltungsrates ermöglichen den verbundenen Aktionären eine Bestimmung oder Mitbestimmung betreffend Zusammensetzung des Verwaltungsrates. Solche Vereinbarungen können auch dem Zweck dienen, verschiedenen am Vertrag beteiligten Aktionärsgruppen, insbesondere Minderheitsgruppen, eine Beteiligung im Verwaltungsrat zu garantieren (FORSTMOSER/KÜCHLER, Aktionärbindungsverträge, N 873 ff.; HINTZ-BÜHLER, 9 f.).

3. Einfluss auf die Zusammensetzungen des beteiligten Aktionärskreises

Mittels Erwerbsrechten (Vorkaufsrechte, Vorhandrechte, Kaufs- 171
rechte, Rückkaufs- und Wiederkaufsrechte, Verkaufsrechte sowie Mitverkaufs-
rechte) und Erwerbspflichten sowie Verfügungs- und Übertragungsbeschränkungen soll auf die Zusammensetzung des Aktionariats Einfluss genommen werden
(BLOCH, 9; VON DER CRONE, § 11 N 21 ff.; FORSTMOSER/KÜCHLER, Aktionärbindungsverträge, N 1170). Mithin kann es u.a. das Ziel sein, dass die Aktien trotz
Eigentümerwechsel innerhalb eines bestimmten Personenkreises verbleiben. Zudem können Erwerbsrechte und -pflichten in Aktionärbindungsverträgen Vereinbarungen beinhalten, welche einen geregelten Generationenwechsel oder den
Übergang in der Führung eines Unternehmens sicherstellen (FORSTMOSER/
KÜCHLER, Aktionärbindungsverträge, N 1171).

4. Weitere Funktionen

Des Weiteren können mit dem ABV Konkurrenzverbote und 172
Treuepflichten oder Mitwirkungs- und Leistungspflichten ausbedungen werden.
Da die Pflicht des Aktionärs auf die Liberierung der Aktien beschränkt und damit
rein finanzieller Natur ist, können solche Pflichten nur mittels ABV eingegangen
werden. Einer anderslautenden statutarischen Verpflichtung steht das zwingende
Aktienrecht entgegen (vgl. dazu ausführlich FORSTMOSER/KÜCHLER, Aktionärbindungsverträge, § 32 ff.).

D. Regeln zur Sicherung und Durchsetzung der Vertragspflichten

Die Absicherung vertraglicher Pflichten aus einem ABV ist vor 173
dem Hintergrund von zwei bedeutenden Prinzipien zu betrachten. Zunächst gilt
die bereits erwähnte Trennung zwischen vertrags- und körperschaftsrechtlicher
Ebene. Auf der anderen Seite ist auch die von einem ABV ausgehende rein obligatorische Rechtsbeziehung mit Wirkung *inter partes* von Bedeutung. Dies bedeutet
zum einen, dass die Aktiengesellschaft oder deren Organe keinen Einfluss auf die
Durchsetzung vertraglicher Pflichten aus einem ABV haben. Zum anderen setzen
rein obligatorische Rechtsbeziehungen den Vertragsparteien nur Schranken des
Dürfens, nicht aber solche des Könnens. M.a.W. sind die Vertragsparteien trotz
vertraglicher Übertragungsbeschränkungen weiterhin in der Lage, ihre Aktien zu
veräussern. An anderer Stelle wurde bereits erwähnt, dass die Stimmen einer Ver-

tragspartei auch bei einer Verletzung eines Stimmbindungsvertrags zu beachten sind (FORSTMOSER/KÜCHLER, Aktionärbindungsverträge, N 1534 f.).).

174 In der Praxis wurden einige Massnahmen zur Absicherung vertraglicher Pflichten entwickelt, mit mehr oder weniger Erfolg. Es ist aber festzuhalten, dass rein obligatorische Massnahmen zur Absicherung ungeeignet sind. Um die Möglichkeit eines vertragswidrigen Verhaltens unterbinden zu können, sind dingliche Vorkehrungen notwendig, die jedoch einschneidende Auswirkungen auf die Aktionärsstellung haben können. Einige Vorkehrungen werden im Folgenden angeschnitten (vgl. dazu ausführlich FORSTMOSER/KÜCHLER, Aktionärbindungsverträge, 7. Kap.).

175 In der Regel sind die einem ABV unterstehenden Aktien zu hinterlegen.

176 Einfachstes und häufig auch wirksamstes Sicherungsmittel in Aktionärbindungsverträgen ist die Konventionalstrafe (VON DER CRONE, § 11 N 48; HINTZ-BÜHLER, 227, FORSTMOSER, Schnittstelle, 388). Als Konventionalstrafe wird gemäss Art. 160 Abs. 1 OR eine vertragliche Leistung bezeichnet, die unter der aufschiebenden Bedingung versprochen ist, dass eine bestimmte andere vertragliche Verpflichtung oder der Vertrag als Ganzes nicht oder nicht richtig erfüllt wird (vgl. BSK OR I-EHRAT, Art. 160 N 1 ff.). Die Konventionalstrafe bezweckt damit einerseits die Absicherung der Vertragseinhaltung, aber auch die Schadloshaltung des Vertragsgläubigers mittels einer im Voraus bestimmten Leistung für den Fall einer Vertragsverletzung. Mit der Konventionalstrafe wird zwar die tatsächliche Vertragserfüllung nicht sichergestellt, jedoch dient sie der Abschreckung (FORSTMOSER/KÜCHLER, Aktionärbindungsverträge, N 1541; BLOCH, 110 ff.; HINTZ-BÜHLER, 227).

177 Als weitere Möglichkeit zur Absicherung der vertraglichen Pflichten (vor allem in Bezug auf die Stimmrechtsausübung) steht es den Vertragspartnern eines ABV offen, eine der Vertragsparteien oder einen Dritten zu bevollmächtigen, die gebundenen Aktien in der Generalversammlung der AG zu vertreten und das Stimmrecht i.S. der vertraglichen Verpflichtung bzw. eines Beschlusses der Vertragsparteien auszuüben. Die Tauglichkeit dieser Massnahme zur Absicherung von Stimmbindungen muss allerdings vor dem Hintergrund verschiedener Beschränkungen durch zwingendes Recht (z.B. jederzeitige Widerrufbarkeit) infrage gestellt werden (FORSTMOSER/KÜCHLER, Aktionärbindungsverträge, N 1570 ff.).

178 In der Praxis nicht häufig anzutreffen – in der Literatur aber immer wieder erwähnt – ist die Schaffung gemeinschaftlichen Eigentums (mittels Miteigentum [Art. 646 ff. ZGB] oder Gesamteigentum [Art. 652 ff. ZGB]) zur Absicherung von Stimmbindungen und Veräusserungsbeschränkungen eines ABV. Das Einbringen der Aktien in eine gemeinsame einfache Gesellschaft wird aufgrund des Verlustes des individuellen Eigentums und der daraus folgenden notwendigen detaillierten

Regelung im ABV aber oft abgelehnt. Die Aktionäre sind nur selten bereit, ihre Rechte an den Aktien in solch weitreichender Weise preiszugeben (FORSTMOSER/ KÜCHLER, Aktionärbindungsverträge, N 1594 ff., FISCHER, 222; SANWALD, 214).

Des Weiteren kommt als dingliche Massnahme die Begründung einer gemeinsa- 179
men Nutzniessung infrage. Die Nutzniessung ist eine persönliche Dienstbarkeit, die den Berechtigten den vollen Genuss an einer Sache oder an einem Recht verschafft. Dem Eigentümer verbleibt sodann nur das «nackte» Eigentum bzw. Recht. Art. 690 Abs. 2 OR sieht sodann auch vor, dass die Nutzniessung an Aktien den Genuss der persönlichen Mitgliedschaftsrechte umfasst, d.h. insbesondere auch das Recht auf Teilnahme an der Generalversammlung oder zur Ausübung der Stimmrechte (FORSTMOSER/KÜCHLER, Aktionärbindungsverträge, N 1623 f.; BÖCKLI, Aktienrecht, § 12 N 137; LANG, 196 f.). An dieser Sicherungsvariante problematisch ist jedoch, dass die Nutzniessung an gebundenen Aktien für sich allein zwar eine Stimmbindungsvereinbarung zu sichern vermag, aber keine Veräusserung der betreffenden Aktien durch den Eigentümeraktionär verhindern kann (FORSTMOSER/ KÜCHLER, Aktionärbindungsverträge, N 1627 ff.; VON DER CRONE, § 11 N 52; HINTZ-BÜHLER, 135 f.).

E. Dauer und Beendigung von ABV

1. Dauer

Meist werden ABV auf längere Zeit abgeschlossen. Nur aus- 180
nahmsweise werden Vereinbarungen auf ein bestimmtes, zeitlich und sachlich begrenztes Ziel getroffen (z.B. Gelegenheitskonsortien, die kurzfristig vor einer Generalversammlung oder in einem Übernahmekampf gebildet werden) (FORST-MOSER/KÜCHLER, Aktionärbindungsverträge, N 1777; BLOCH, 57 und 79, GLATT-FELDER, 335a ff. und 337a).

2. Ordentliche Beendigung

Handelt es sich um einen befristeten ABV, stellen sich bezüg- 181
lich der Beendigung auch keine weitreichenden Fragen. Eine Möglichkeit zur ordentlichen Vertragsbeendigung besteht – nebst dem Zeitablauf und dem Eintritt eines bestimmten Ereignisses – auch in der gegenseitigen Übereinkunft der Parteien (Aufhebungsvertrag) (FORSTMOSER/KÜCHLER, Aktionärbindungsverträge, 1835 ff.; HINTZ-BÜHLER, 166 f.).

Eine der wichtigsten Arten der Beendigung von Dauerschuldverhältnissen ist die 182
ordentliche, einseitige Kündigung durch eine Vertragspartei. Wenn der Aktionär-

bindungsvertrag als (einfache) Gesellschaft zu qualifizieren ist und es der Vereinbarung an der Laufzeit fehlt bzw. die Vertragsparteien sich über eine unbefristete Dauer verständigten, steht es den Vertragsparteien gemäss Art. 546 Abs. 1 OR offen, den Vertrag unter Einhaltung einer Frist von sechs Monaten zu kündigen. Die Kündigung soll jedoch in guten Treuen und nicht zur Unzeit geschehen und darf, wenn jährliche Rechnungsabschlüsse vorgesehen sind, nur auf das Ende eines Geschäftsjahres erfolgen (Art. 546 Abs. 2 OR) (FORSTMOSER/KÜCHLER, Aktionärbindungsverträge, 1846; FISCHER, 40; HINTZ-BÜHLER, 146).

183 Ist der ABV schuldrechtlicher Natur, handelt es sich in der Regel um einen gemischten Vertrag, sicherlich aber um einen Innominatkontrakt, weil keine ausdrückliche gesetzliche Ordnung in Bezug auf die ordentliche Kündigung existiert. Es ist jedoch als allgemeines Prinzip des schweizerischen Vertragsrechts anerkannt, dass unbefristete Dauerschuldverhältnisse ordentlich gekündigt werden müssen. Das Recht zur ordentlichen Kündigung ist allerdings dispositiv und kann von den Vertragsparteien ausdrücklich ausgeschlossen werden (BGE 97 II 53 E. 3; vgl. auch BSK OR I-BUCHER, Art. 40 N 30; FORSTMOSER/KÜCHLER, Aktionärbindungsvertrag, N 1849).

3. Ausserordentliche Beendigung

184   Eine weitere Art, welche zum vorzeitigen Ende des Vertrages führt, stellt die ausserordentliche Beendigung dar. Dabei spielt vor allem die Vertragskündigung aus wichtigem Grund eine relevante Rolle. Dieser Grundsatz wird im schweizerischen Vertragsrecht auch für Innominatkontrakte – im Sinne eines Auffangtatbestandes – anerkannt. Die Möglichkeit der Kündigung aus wichtigem Grund erlaubt einer Vertragspartei bei auf Dauer angelegten Vertragsverhältnissen die fristlose Vertragsauflösung, wenn ihr die Weiterführung des Vertrages vernünftigerweise nicht mehr zugemutet werden kann (BGE 135 III 1 E. 2.4; 128 III 428 E. 3; BGer Urteil 4A_598/2012 vom 19. März 2013; FORSTMOSER/KÜCHLER, Aktionärbindungsvertrag, N 1878). Damit die Kündigung der Qualifikation des «wichtigen Grundes» standhält, muss der kündigenden Partei die Fortsetzung bzw. die Erfüllung des Vertrages unerträglich oder unzumutbar sein. Die Unzumutbarkeit bestimmt sich dabei objektiv nach Treu und Glauben, d.h. nach dem Verständnis vernünftiger und redlicher Vertragsparteien. Ob Unzumutbarkeit vorliegt, ist unter Einbezug sämtlicher Umstände des konkreten Falles nach Recht und Billigkeit zu beurteilen (Art. 4 ZGB; vgl. BGE 128 III 428 E. 4; FORSTMOSER/ KÜCHLER, Aktionärbindungsvertrag, N 1886 f.).[37]

---

[37] Folgende Umstände sind bei der Beurteilung der Unzumutbarkeit zu berücksichtigen: andere mögliche ausserordentliche Beendigungsgründe; Zeitdauer, für welche die kündigende Partei noch an den Vertrag gebunden ist; Möglichkeit, den Vertrag in absehbarer

Im Recht der einfachen Gesellschaft ist die Vertragsbeendigung aus wichtigem 185
Grund ausgestaltet (Art. 545 Abs. 1 Ziff. 7 OR). Diejenige Partei, welche den
Vertrag aus wichtigem Grund auflösen möchte, ist verpflichtet, eine Klage beim
Gericht einzureichen (STAEHELIN/STAEHELIN/GROLIMUND, § 14 N 16 f.). Die
beklagten Vertragsparteien, welche mit der Auflösung der einfachen Gesellschaft
nicht einverstanden sind, bilden dabei eine passive notwendige Streitgenossenschaft. Die einfache Gesellschaft wird sodann mit dem Eintritt der Rechtskraft
des Urteils *ex nunc* aufgelöst (FORSTMOSER/KÜCHLER, Aktionärbindungsvertrag,
N 1893). Bei den schuldrechtlichen Aktionärbindungsverträgen erfolgt die Kündigung aus wichtigem Grund – wie die ordentliche Kündigung – durch einseitige,
empfangsbedürftige Willenserklärung des Kündigenden (BGE 92 II 299 E. 3b;
HINTZ-BÜHLER, 165; FORSTMOSER/KÜCHLER, Aktionärbindungsvertrag, N 1897).

4.   Übermässige Bindung

a.   Allgemeines

Rechtsprechung und Lehre sind sich einig, dass Verträge nicht 186
auf ewige oder über lange Zeit abgeschlossen und aufrechterhalten werden können. Die zeitliche Grenze dürfte bei maximal 25–30 Jahren liegen. Vereinbaren
die Vertragsparteien eines ABV dessen Gültigkeit für eine lange Dauer oder gar
für zeitlich unbegrenzt oder unauflöslich, ist der ABV in Bezug auf die Frage der
Gültigkeit und der Tragweite zu prüfen (GLATTFELDER, 338a; BLOCH, 79; HINTZ-
BÜHLER, 57 und 150; FORSTMOSER/KÜCHLER, Aktionärbindungsvertrag, N 1913).[38]
Allgemein anerkannt ist, dass Verträge mit ewiger Laufzeit eine übermässige
Bindung der Parteien darstellen und damit gegen die Regel von Art. 27 Abs. 2
ZGB (übermässige Einschränkung der persönlichen und wirtschaftlichen Hand-
lungsfreiheit) bzw. Art. 2 Abs. 2 ZGB (Beharren einer Partei auf einer übermäss-
sige Bindung als zweckwidrige Rechtsausübung) verstossen (BGE 127 II E. 5b;
114 II 159 E. 2a m.w.H.; BLOCH, 80; HINTZ-BÜHLER, 57 und 150; FORSTMOSER/

---

[38] Zeit ordentlich aufzulösen; Intensität der Bindung der Parteien; Interesse der Gegenpartei
an der Aufrechterhaltung des Vertrages; Zweck des Vertrages oder der Gesellschaft; Verschulden der Parteien, Zeitdauer seit dem Eintritt der geltend gemachten Umstände bis zur
Kündigungserklärung.
Soweit ersichtlich hat sich das BGer erst in zwei Fallgruppen zur (Höchst-)Dauer von
Verträgen geäussert. Zunächst liess das Bundesgericht bei dienstbarkeits- bzw. konzes-
sionsähnlichen Wasser- und Energielieferungsverträgen nach einer relativ langen Dauer
von 50 Jahren und mehr die Auflösung des Vertrags zu (BGE 127 II 69 E. 6; BGE 113 II
209 E. 4; BGE 97 II 390 E. 7 f.). Zweitens erachtete das Bundesgericht verschiedene Verträge über Bezugs-, Liefer- und ähnliche Pflichten, bei denen je nach Intensität der vertraglichen Pflichten eine Vertragsdauer zwischen 15 und 20 Jahren vorgesehen war, als noch
zulässig (BGE 114 II 159 E. 2c/aa; BGE 62 II 32 E. 5).

KÜCHLER, Aktionärbindungsvertrag, N 1915). Ein Vertrag «auf die Dauer einer Gesellschaft», die ihrerseits zeitlich nicht begrenzt ist (was kaum vorkommt), ginge daher nicht.

187   Die Intensität und die Übermässigkeit der Bindung sind unter Einbezug sämtlicher Umstände des konkreten Falles nach Recht und Billigkeit zu beurteilen. Es sind insbesondere folgende Umstände zu berücksichtigen: Zeitdauer der vertraglichen Gebundenheit, Art der vertraglichen Pflichten, Auswirkungen des Vertrags auf die wirtschaftliche Betätigungsfreiheit, Verhältnis zwischen Leistung und Gegenleistung, mögliche Sanktionen bei einer Vertragsverletzung (FORSTMOSER/KÜCHLER, Aktionärbindungsverträge, N 1919).

b.   Geltung obgenannter Kriterien bei den Aktionärbindungsverträgen

188   Bei Aktionärbindungsverträgen ist die Vertragsbindung oft auf die Dauer der Aktionärseigenschaft beschränkt. Sofern die Möglichkeit besteht, die Aktien zu veräussern, kann nicht von einer übermässigen Bindung ausgegangen werden. Allenfalls kann es aber für einen Aktionär unzumutbar sein, seine Aktien veräussern zu müssen, um der Vertragsbindung zu entgehen, beispielsweise bei Anteilen an einem Familienunternehmen (FORSTMOSER/KÜCHLER, Aktionärbindungsverträge, N 1930).

189   Bei den Stimmbindungsvereinbarungen kommt eine übermässige Bindung in solchen Fällen infrage, bei welchen sich eine Vertragspartei dauerhaft den Weisungen der anderen Vertragspartei unterwirft oder in der die Vertragspartei sich dauerhaft in einer Minderheitsposition befindet (FORSTMOSER/KÜCHLER, Aktionärbindungsverträge, N 1935).

190   Nicht selten beinhalten ABV Veräusserungs- und Übertragungsbeschränkungen in Bezug auf die gebundenen Aktien. Eine übermässige Bindung ist nicht anzunehmen, wenn diese Beschränkungen und der damit einhergehende Verzicht nur Auswirkungen auf einen Teil des Vermögens der gebundenen Vertragspartei haben. Eine übermässige Bindung i.S.v. Art. 27 Abs. 2 ZGB könnte aber allenfalls vorliegen, wenn sie im Rahmen einer Nachfolgeregelung oder im Zusammenhang mit der Zusammensetzung des Aktionariats die gesamte wirtschaftliche Betätigungsfreiheit einer Vertragspartei betrifft und damit zugleich auch in deren persönliches Betätigungsfeld eingreift (BGE 123 III 337 E. 5; FORSTMOSER/KÜCHLER, Aktionärbindungsverträge, N 1936).

191   Bei einer Vereinbarung über eine Nachschusspflicht handelt es sich um eine Belastung. Es handelt sich jedoch bloss um eine Einschränkung der finanziellen und wirtschaftlichen Freiheit: Das schweizerische Privatrecht steht einer über die

Grenzen der finanziellen Leistungsfähigkeit hinaus gehenden Verpflichtung nicht entgegen. So wird beispielsweise für die GmbH in Art. 795 ff. OR die Möglichkeit vorgesehen, für die Gesellschafter eine zeitlich unbeschränkte Nachschusspflicht statutarisch festzusetzen (FORSTMOSER/KÜCHLER, Aktionärbindungsverträge, N 1941).

Vereinbarungen in Aktionärbindungsverträgen über Konkurrenzverbote, sei es das Verbot der Konkurrenzierung der Aktiengesellschaft oder der gegenseitigen Konkurrenzierung der Vertragsparteien, können für die betroffene Partei einschneidende Beschränkungen der wirtschaftlichen Bewegungsfreiheit auslösen (FORSTMOSER/KÜCHLER, Aktionärbindungsverträge, N 1942). Bei der Frage nach der Übermässigkeit sind alle Umstände des Einzelfalles zu berücksichtigen, wie die Elemente des Konkurrenzverbotes selbst, insbesondere seine Dauer, sein örtlicher und sachlicher Umfang, Gegenleistungen, das Interesse der Vertragsparteien am Konkurrenzverbot und die möglichen Sanktionen (Konventionalstrafe, Schadenersatz, Gewinnherausgabe oder auch eine Verpflichtung zum Verkauf der Aktien im Falle der Verletzung des Konkurrenzverbotes). Als übermässige Bindung wäre beispielsweise ein Fall zu qualifizieren, bei welchem die gesamte wirtschaftliche Betätigung einer Vertragspartei für mehr als nur kurze Zeit unterbunden wird (BGE 93 II 300; FORSTMOSER/KÜCHLER, Aktionärbindungsvertrag, N 1943; HINTZ-BÜHLER, 154). 192

c. Geltendmachung einer übermässigen Bindung

Bis vor Kurzem wendete das Bundesgericht – in Übereinstimmung mit der herrschenden Lehre – bei übermässigen Vertragsbindungen Art. 20 Abs. 1 OR an und ging von der Nichtigkeit bzw. Teilnichtigkeit des betreffenden Vertrags aus (BGE 120 II 35 E. 4; 114 II 159 E. 2c; GAUCH/SCHLUEP/SCHMID, N 658 ff. und 685; BK-KRAMER, OR 19–20 N 208 und 370 f.) Das Bundesgericht änderte seine Rechtsprechung jedoch dahin gehend, dass eine übermässige Bindung für ein Rechtsgeschäft nur dann Nichtigkeit i.S.v. Art. 20 Abs. 1 OR bedeute, wenn dieses den höchstpersönlichen, jeder vertraglichen Bindung entzogenen Kernbereich einer Person betreffe (BGE 129 II 209 E. 2.2; BSK ZGB-HUGUENIN/REITZE, Art. 27 N 19). Handle es sich um eine an sich zulässige Bindung, welche jedoch als übermässig zu qualifizieren sei, liege kein Verstoss gegen die guten Sitten vor. Es solle die übermässige Bindung nur zur Unverbindlichkeit des Vertrages führen, wenn die betroffene Person den Schutz in Anspruch nehmen und sich von der Bindung lösen möchte (BSK ZGB-HUGUENIN/REITZE, Art. 27 N 19; FORSTMOSER/KÜCHLER, Aktionärbindungsverträge, N 1956 f.). Soweit somit nicht in den höchstpersönlichen Kernbereich des Persönlichkeitsschutzes eingegriffen wird, erfordert die einseitige Vertragsbeendigung eine an die Gegenpartei gerichtete einseitige Willenserklärung. 193

194 Obgenannte Konsequenzen ergeben sich für Aktionärbindungsverträge, welche als schuldrechtlich zu qualifizieren sind. Über die Beendigungsmöglichkeiten eines Vertrages bei einer einfachen Gesellschaft ist sich die Lehre uneins. FORST-MOSER/KÜCHLER sind der Ansicht, dass eine Vertragsbeendigung bei einer einfachen Gesellschaft wegen übermässiger Bindung, welche als Unterfall der Kündigung aus wichtigem Grund zu qualifizieren ist, stets auf dem Klageweg, nämlich durch eine Gestaltungsklage gemäss Art. 545 Abs. 1 Ziff. 7 OR, geltend gemacht werden muss (FORSTMOSER/KÜCHLER, Akionärbindungsverträge, N 1962). In der Lehre wird aber auch die Meinung vertreten, dass eine einfache Gesellschaft bei Vorliegen eines wichtigen Grundes auch gestützt auf Art. 27 Abs. 2 ZGB fristlos durch eine einseitige Willenserklärung beendigt werden kann (GUHL/DRUEY, § 62 N 57; HINTZ-BÜHLER, 164; CHK-JUNG, OR 545–546 N 11; BSK OR II-STAEHELIN, Art. 545/546 N 34). Die mit der neueren Rechtsprechung einhergehenden einschneidenden Einschränkungen lassen jedoch eher die Vermutung zu, dass die Möglichkeit, gestützt auf Art. 27 Abs. 2 ZGB fristlos zu kündigen, nicht als gegeben zu betrachten ist (vgl. FORSTMOSER/KÜCHLER, Aktionärbindungsverträge, N 1963).

F.   Folgen der Beendigung für die Aktiengesellschaft

195 Grundlegend für den ABV ist, dass sich die Beendigung des ABV grundsätzlich nicht auf die Aktiengesellschaft auswirkt (BÖCKLI, Aktienrecht, § 12 N 578, FORSTMOSER/MEIER-HAYOZ/NOBEL, § 2 N 46, GLATTFELDER, 299a f.; FORSTMOSER/KÜCHLER, Aktionärbindungsverträge, N 2015). Nur in seltenen Fällen führt die Beendigung des ABV auch zur Auflösung der Aktiengesellschaft (FORSTMOSER, Schnittstelle, 399).

196 Die Verknüpfung der Existenz von Aktiengesellschaft und Aktionärbindungsvertrag kann aber über entsprechende statutarische Bestimmungen erreicht werden. So kann beispielsweise eine Bestimmung in den Statuten aufgenommen werden, dass die AG bei Beendigung eines genau bezeichneten Aktionärbindungsvertrags aufgelöst wird (Art. 736 Ziff. 1 OR), die Dauer der Aktiengesellschaft (Art. 627 Ziff. 4 OR) auf die Dauer des Aktionärbindungsvertrags begrenzt ist, die AG und der ABV mit Einritt eines bestimmten Ereignisses beendet werden oder bei Erreichung oder Unmöglichwerden der Zweckbestimmung des Aktionärbindungsvertrags auch die Aktiengesellschaft endet (Art. 627 Ziff. 4 OR i.V.m. Art. 736 Ziff. 1 OR) (FORSTMOSER/KÜCHLER, Aktionärbindungsverträge, N 2016; BLOCH, 344; FORSTMOSER, Schnittstelle, 399).

197 Es ist zudem in der Praxis eher selten, aber zumindest denkbar, dass die Beendigung des Aktionärbindungsvertrags als «wichtiger Grund» zu qualifizieren ist und daher die Auflösungklage angehoben werden kann (Art. 736 Ziff. 4 OR) (FORST-

MOSER, Schnittstelle, 398 f.; FORSTMOSER/MEIER-HAYOZ/NOBEL, § 55 N 57 ff.; BSK OR II-STÄUBLI, Art. 736 N 23 f.). Dies ist im Bereich des Möglichen, wenn die Weiterführung der Aktiengesellschaft nach der Beendigung der gemeinsamen Einflussnahme nicht mehr zumutbar ist wie beispielsweise bei Familiengesellschaften mit Nachfolgeplanung oder in Joint-Venture-Verhältnissen. Das Bundesgericht stellte denn auch fest, dass persönliche Aspekte bei der Aktiengesellschaft zwar in den Hintergrund treten, jedoch vor allem in Familiengesellschaften nicht völlig ignoriert werden dürfen (BGE 136 III 278 E. 2.2.2; BGE 126 III 266 E. 1).

Die Doppelgesellschaft wird auch hin und wieder mit den ABV in Zusammenhang erwähnt. Von einer Doppelgesellschaft wird dann gesprochen, wenn der ABV gesellschaftsrechtlich konzipiert ist und diese (einfache) Gesellschaft derart im Vordergrund steht, dass die Aktiengesellschaft als deren abhängiges geschäftsführendes Organ erscheint. Regelmässig sind hierbei alle Aktionäre in den ABV eingebunden (NAEGELI, 1 ff., insb. 9). Bei solchen Doppelgesellschaften ist ein Auflösungsgrund somit dann zu bejahen, wenn der gesellschaftsrechtlich konzipierte ABV mit der Aktiengesellschaft eine organisatorische Einheit bildet (FORSTMOSER/KÜCHLER, Aktionärbindungsverträge, N 2019). [198]

G. Recht auf Realerfüllung der Stimmbindungsvereinbarung

Zwar wird die Zulässigkeit von Stimmbindungsvereinbarungen in der Lehre und Rechtsprechung anerkannt, die reale Durchsetzbarkeit dieser war allerdings lange umstritten. Die ältere Lehre verneinte überwiegend das Recht auf Realerfüllung bei Stimmbindungsvereinbarungen (behandelt von GLATTFELDER, 703a; HINTZ-BÜHLER, 195 f., die beide aber anders lautender Auffassung sind). Die neuere Lehre (BSK OR II-BAUDENBACHER, Art. 620 N 37; VON DER CRONE, § 11 N 43 f.; FORSTMOSER/KÜCHLER, Aktionärbindungsverträge, N 2039 ff.; FORSTMOSER/MEIER-HAYOZ/NOBEL, § 39 N 191; HINTZ-BÜHLER, 198 ff.; LANG, 88 ff.; aber auch schon GLATTFELDER, 310a f. und ZIHLMANN, 237 ff.) ist jedoch der Ansicht, dass die Realvollstreckung von Stimmbindungsvereinbarungen möglich und zulässig ist. Soweit ersichtlich hat sich bisher erst das Zürcher Kassationsgericht zu dieser Thematik geäussert und ebenfalls den Anspruch auf Realerfüllung bejaht (ZR 1984, Nr. 53, 139 ff.; implizit setzen auch das Urteil bzw. die Verfügungen des Handelsgerichts Zürich betreffend vorsorgliche Massnahmen vom 18. Oktober 2011 [ZR 2014, Nr. 25] bzw. 24. Juni 2013 [Gesch.-Nr. HE130188] das Recht auf Realerfüllung voraus). [199]

Da das Nichteinhalten einer Stimmbindungsvereinbarung die Gültigkeit des GV-Beschlusses nicht tangiert (vgl. oben N 167 ff.), ist dieser nicht mittels einer nach- [200]

träglichen Leistungsklage auf Erfüllung (Art. 84 Abs. 1 ZPO) gegen den vertragsverletzenden Aktionär korrigierbar. Mit anderen Worten ist die Realerfüllung der vertraglichen Pflicht zu einer bestimmten Stimmabgabe unmöglich geworden. Allenfalls entsteht ein Anspruch auf Schadenersatz und/oder auf eine Konventionalstrafe (FORSTMOSER/KÜCHLER, Aktionärbindungsverträge, N 2074). Eine Ausnahme von diesem Grundsatz kann sich aber dann ergeben, wenn der ABV auf Dauer abgeschlossen wurde und eine Vertragspartei schon einmal oder gar mehrfach gegen ihre Stimmbindungspflichten verstossen hat. In einem solchen Fall sollte eine Leistungsklage auf künftige Erfüllung möglich sein (GLATTFELDER, 314a f.; LANG, 89, FORSTMOSER/KÜCHLER, Aktionärbindungsverträge, N 2075).

201 Anders sieht die Situation aus, wenn eine Vertragspartei schon vor der Generalversammlung zu erkennen gibt, sich nicht an die Stimmpflichten zu halten. Dasselbe gilt, wenn eine Verletzung der Stimmbindungspflicht zu befürchten ist, weil eine Partei schon in früheren Generalversammlungen gegen die Vereinbarung verstossen hat. Da eine ordentliche Leistungsklage meistens aus zeitlichen Gründen nicht infrage kommt, stellt sich in solchen Fällen die Frage gerichtlicher vorsorglicher Massnahmen zur Sicherstellung der Erfüllung der Stimmbindungspflichten (FORSTMOSER/KÜCHLER, Aktionärbindungsverträge, N 2045 ff.; BLOCH, 102 ff.; HINTZ-BÜHLER, 218 ff.). Für die Anordnung einer vorsorglichen Massnahme wird gemäss Art. 261 ZPO vorausgesetzt, dass der einer Partei zustehende Anspruch verletzt wird oder eine Verletzung zu befürchten ist und dass dieser Partei aus der Verletzung ein nicht leicht wiedergutzumachender Nachteil droht.

202 Gemäss Art. 262 ZPO kann eine vorsorgliche Massnahme jede gerichtliche Anordnung sein, die geeignet ist, den drohenden Nachteil abzuwenden. Als Möglichkeiten kommen insbesondere ein Verbot, eine Anordnung zur Beseitigung eines rechtswidrigen Zustandes, eine Anweisung an eine (Register-)Behörde oder eine dritte Person oder auch eine Sachleistung in Betracht. Zu erwähnen ist jedoch, dass diese Liste der enthaltenen Massnahmen nicht abschliessend ist (STAEHELIN/STAEHELIN/GROLIMUND, § 22 N 14 ff.; BSK ZPO-SPRECHER, Art. 262 N 13). So hat das Zürcher Kassationsgericht beispielsweise einen Massnahmeentscheid des Zürcher Obergerichts bestätigt, worin dieses dem Beklagten befahl, den Kläger einstweilen für eine weitere Amtsdauer als Verwaltungsratsmitglied zu wählen (ZR 1984, Nr. 53, 139 ff.). In einem anderen Fall ordnete das Zürcher Handelsgericht eine superprovisorische Massnahme an, mittels welcher «der Beklagten untersagt [wurde], an einer während der Dauer [des] Verfahrens stattfindenden Generalversammlung [bestimmte Personen] abzuwählen» (Entscheid des HGer ZH vom 18. Oktober 2011 [ZR 2014, Nr. 25, E. 1]).

203 Lautet der Entscheid zugunsten des Antragstellers, stellt sich zudem die Frage nach der Durchsetzung dieser Stimmpflichten. Die Durchsetzung mittels direkten Zwangs ist ausgeschlossen. Es erscheint absurd, dass ein Beamter einen Aktionär

zwecks korrekter Stimmabgabe an die GV begleitet und im Notfall physischen oder psychischen Zwang auf diesen ausübt (BLOCH, 93; LANG, 93; HINTZ-BÜHLER, 213). Dagegen ist der indirekte Zwang, d.h. die Anweisung zur vertragskonformen Stimmabgabe an den Betreffenden unter Strafandrohung nach Art. 292 StGB oder Art. 343 Abs. 1 ZPO, in der Lehre anerkannt (BLOCH, 93 f.; VON DER CRONE, § 11 N 43; FORSTMOSER/KÜCHLER, Aktionärbindungsverträge, N 2061; GLATTFELDER, 319a; HINTZ-BÜHLER, 205 f. u. 213).

Falls eine Vertragspartei zu einem Tun verpflichtet wird, das auch von einem Dritten vorgenommen werden kann, ist zur Durchsetzung allenfalls auch eine Ersatzvornahme durch Dritte möglich (Art. 343 Abs. 1 lit. e ZPO). Die Ersatzvornahme als mögliche vorsorgliche Massnahme zur Durchsetzung von Stimmbindungsvereinbarungen ist in der Lehre weitgehend anerkannt (GLATTFELDER, 320a; HINTZ-BÜHLER, 214 f.; LANG 92 f.; a.M. PATRY, 116a ff.). FORSTMOSER/KÜCHLER betrachten die Ersatzvornahme ebenfalls als mögliche vorsorgliche Massnahme, setzen jedoch voraus, dass der Entscheid als Vollstreckungsmittel die Ermächtigung der gesuchstellenden Parteien zur (gemeinsamen) Stellvertretung des vertragsuntreuen Aktionärs und zur vertragskonformen Stimmabgabe in der Generalversammlung oder die entsprechende Ermächtigung eines Dritten ausdrücklich enthält (FORSTMOSER/KÜCHLER, Aktionärbindungsverträge, N 2064). Enthält der ABV eine Schiedsklausel, so stellen sich auch Zuständigkeitsfragen in Bezug auf die Vollstreckung. [204]

H. Sachliche Zuständigkeit

Es stellt sich die Frage, ob Streitigkeiten aus einem ABV in die Zuständigkeit der Handelsgerichte fallen. Das Handelsgericht Zürich und die herrschende Lehre lehnen dies ab (vgl. dazu § 7, N 103 ff.). Sie orientieren sich strikt am Wortlaut von Art. 6 Abs. 4 lit. b ZPO und kommen zum Schluss, bei Streitigkeiten aus ABV handle es sich nicht um *Streitigkeiten aus dem Recht der Handelsgesellschafte»* (vgl. Einzelgericht des Handelsgerichts Zürich, Verfügung vom 6. Oktober 2011, HE110745, in: ZR 111 [2012] Nr. 9, 22 ff.; BSK ZPO-VOCK/NATER, Art. 6 N 16; a.M. BRUNNER, Kommentar ZPO, Art. 6 N 47). Diese wortgetreue Auslegung ist abzulehnen, obwohl es zutrifft, dass die einfache Gesellschaft selbst keine Handelsgesellschaft ist. Sie spielt aber eine grosse Rolle bei der Kontrolle über Handelsgesellschaften. [205]

Die Botschaft zum neuen Aktienrecht hält bezüglich statutarischer Schiedsklauseln fest, dass diese die Gesellschaft, die Organe und deren Mitglieder sowie die Aktionäre bindet und Streitigkeiten zwischen Aktionären (wie z.B. aus ABV) nicht der statutarischen Schiedsklausel unterstehen (Botschaft zum Aktienrechtsentwurf 2016, 547; s.a. § 7, N 19 ff.). [206]

207   Obwohl der ABV nicht explizit im Gesetz geregelt ist, wird er in verschiedenen Normen genannt oder seine Existenz vorausgesetzt:

208   Börsenkotierte Aktiengesellschaften haben im Anhang zur Bilanz bedeutende Aktionäre und deren Beteiligungen anzugeben, sofern ihnen diese bekannt sind oder bekannt sein müssen (Art. 663c Abs. 1 OR). Als bedeutende Aktionäre gelten Aktionäre und stimmrechtsverbundene Aktionärsgruppen, deren Beteiligung fünf Prozent aller Stimmrechte übersteigt (Art. 663c Abs. 2 OR). Vorausgesetzt wird dabei, dass die Stimmrechtsbindung von einer gewissen Dauer ist und auf einer rechtlichen Bindung beruht (BÖCKLI, Aktienrecht, § 8 N 383). Art. 663c OR bezweckt die Offenlegung der Beherrschungsverhältnisse einer Gesellschaft. Die übrigen Aktionäre sollen wissen, welche Aktionäre erheblichen Einfluss auf die GV (und damit indirekt auf die Geschäftsführung) ausüben können, weil bei ihnen die Gefahr besteht, dass sie zulasten der Gesellschaft bzw. der übrigen Aktionäre ihre eigenen partikularen Interessen verfolgen. Die Norm bezweckt, eine durch Transparenz herbeigeführte Entschärfung des potenziellen Interessenkonfliktes zwischen den bedeutenden Aktionären und den Minderheitsaktionären (BSK OR II-WATTER/MAIZAR, Art. 663c N 6). Diese Norm verbildlicht die gesetzgeberische Haltung, dass durch ABV verbundene Aktionäre die Geschicke der Gesellschaft derart stark steuern und beeinflussen können, dass das Publikum über ihre Existenz und Identität informiert werden muss.

209   Aktiengesellschaften haben die Möglichkeit, statutarisch die Übertragbarkeit von Namenaktien einzuschränken (Art. 685a Abs. 1 OR). Es gelten zu unterscheidende Voraussetzungen zur Vinkulierung bei nicht kotierten Namenaktien (Art. 685b OR) im Vergleich zu kotierten Namenaktien (Art. Art. 685d OR). Bei der Vinkulierung stellt sich regelmässig die Frage, ob eine Umgehung vorliegt, wenn zwar jeder Aktionär einzeln die statutarische Limite einhält, aber durch einen ABV verbundene Aktionäre zusammen die Limite überschreiten. Im Gesetz selber ist der Tatbestand des Erwerbs durch Strohleute festgehalten (Art. 685b Abs. 3 OR und Art. 685d Abs. 2 OR). Nach der Rechtsprechung liegt eine Umgehung der Vinkulierung aber auch vor, wenn ein mit Stimmrecht zugelassener Aktionär seine Namenaktien verkauft und bereits vor Übertragung der Namenaktien, resp. vor der Zustimmung zur Übertragung des Verwaltungsrates der Gesellschaft, das Stimmrecht nach den Weisungen des Käufers ausübt, um die Vinkulierungsbestimmung zu umgehen (BGE 81 II 534 E. 3; 90 II 235 E. 4d; 109 II 43 E. 3b).

210   In den Statuten vieler Aktiengesellschaften befindet sich in der Vinkulierungsbestimmung eine sogenannte Gruppenklausel. Eine solche wurde von einer Expertengruppe bereits bei Inkrafttreten des Aktienrechts 1991 empfohlen (vgl. Musterklauseln für vinkulierte Namenaktien bei börsenkotierten Gesellschaften. SZW 65

[1993] 81, 83). Heute erscheint die vorgeschlagene Formulierung[39] bei mehreren grossen Publikumsgesellschaften, die vinkulierte Namenaktien kennen.[40] In der Lehre wird dementsprechend die Zulässigkeit der Gruppenklauseln auch bei kotierten vinkulierten Namenaktien befürwortet (BÖCKLI, Aktienrecht, § 12 N 474) und darauf hingewiesen, angesichts der *funktionalen Äquivalenz der Tatbestände der Einzelbeteiligung und der Beteiligung im Rahmen einer stimmrechtsverbundenen Aktionärsgruppe* sei eine Gruppenklausel nicht als eine über das gesetzlich zulässige Mass hinausgehende Erschwerung der Vinkulierung zu qualifizieren (VON DER CRONE, § 3 N 104).

Nicht nur im Aktienrecht, sondern auch im Börsenrecht ist der Zusammenschluss von Aktionären in einem ABV von Relevanz. Schon das Gesetz unterstellt relevante Beteiligungen, die «in gemeinsamer Absprache mit Dritten» gehalten werden, der börsenrechtlichen Meldepflicht (Art. 120 FinfraG)[41], und erfasst wird dabei unter anderem, wer «die Ausübung von Stimmrechten mit Dritten durch Vertrag abstimmt» (Art. 120 Abs. 1 FinfraG i.V.m. Art. 12 Abs. 1 FinfraV-FINMA). Dem regelmässig bestehenden Wunsch der Parteien eines ABV nach Vertraulichkeit sind damit wesentliche Schranken gesetzt (FORSTMOSER/KÜCHLER, N 707). 211

Auf Dauer abgeschlossene ABV können in der Regel auch in den Anwendungsbereich der Angebotspflicht (Art. 135 FinfraG)[42] fallen (BSK BEHG-HOFSTETTER/ 212

---

[39] «Juristische Personen und rechtsfähige Personengesellschaften, die untereinander kapital- oder stimmenmässig, durch einheitliche Leitung oder auf ähnliche Weise zusammengefasst sind, sowie natürliche oder juristische Personen oder Personengesellschaften, die im Hinblick auf eine Umgehung der Eintragungsbeschränkung koordiniert vorgehen, gelten in Bezug auf diese Bestimmung als ein Erwerber.»

[40] Vgl. § 4 Abs. 1 Ziff. 3 SIKA AG; Art. 9 Abs. 3 Bst. b The Swatch Group AG. Die Formulierung der Schindler Holding AG spricht durch ABV verbundene Aktionäre in ihrer Gruppenklausel noch deutlicher an: «Als verbundene Personen gelten natürliche und juristische Personen [...] mit denen der Erwerber bezüglich der Ausübung von Rechten aus Aktien der Gesellschaft vertraglich organisatorisch, durch einheitliche Leitung oder auf ähnliche Art verbunden ist» (Art. 13 Bst. B Abs. 2b Statuten der Schindler Holding AG).

[41] **Art. 120** Meldepflicht
«[1] Wer direkt, indirekt oder in gemeinsamer Absprache mit Dritten Aktien oder Erwerbs- oder Veräusserungsrechte bezüglich Aktien einer Gesellschaft mit Sitz in der Schweiz, deren Beteiligungspapiere ganz oder teilweise in der Schweiz kotiert sind, oder einer Gesellschaft mit Sitz im Ausland, deren Beteiligungspapiere ganz oder teilweise in der Schweiz hauptkotiert sind, erwirbt oder veräussert und dadurch den Grenzwert von 3, 5, 10, 15, 20, 25, 33⅓, 50 oder 66⅔ Prozent der Stimmrechte, ob ausübbar oder nicht, erreicht, unter- oder überschreitet, muss dies der Gesellschaft und den Börsen, an denen die Beteiligungspapiere kotiert sind, melden.»

[42] **Art. 135** Pflicht zur Unterbreitung des Angebots
«[1] Wer direkt, indirekt oder in gemeinsamer Absprache mit Dritten Beteiligungspapiere erwirbt und damit zusammen mit den Papieren, die er bereits besitzt, den Grenzwert von 33⅓ Prozent der Stimmrechte einer Zielgesellschaft, ob ausübbar oder nicht, überschreitet,

SCHILTER-HEUBERGER, Art. 22 N 45). Auch hier wird der Sachverhalt des Haltens des relevanten Schwellenwerts, der «in gemeinsamer Absprache mit Dritten» erreicht wird, erfasst (Art. 135 FinfraG i.V.m. Art. 33 FinfraV-FINMA und Art. 12 Abs. 1 FinfraV-FINMA) Für das Entstehen der Angebotspflicht ist eine gemeinsame Beherrschungsabsicht gefordert, wobei eine lange Dauer und Regeln über die Ausübung der Stimmrechte starke Indizien für eine gemeinsame Beherrschungsabsicht sind, weil dadurch eine nachhaltige und wesentliche Einflussnahme auf die Gesellschaft in zentralen Fragen resultiert (FORSTMOSER/KÜCHLER, N 718).

213   Nicht nur die Erfassung in verschiedenen Normen des Aktien- und Börsenrechts, sondern auch die tatsächliche Einflussnahme von durch einen ABV verbundenen Aktionärsgruppen auf das Schicksal einer Gesellschaft sprechen dafür, Streitigkeiten aus einem ABV als Streitigkeiten aus dem Recht der Handelsgesellschaften zu werten. Neben der Stimmrechtsbindung enthalten ABV häufig auch Vereinbarungen betreffend Wahl von Mitgliedern des Verwaltungsrates und ermöglichen dadurch den verbundenen Aktionären eine Bestimmung oder Mitbestimmung der Zusammensetzung des Verwaltungsrates (FORSTMOSER/KÜCHLER, N 873 ff.). In der Praxis werden zudem häufig Mitglieder des Verwaltungsrates in den ABV eingebunden, oder es wird vereinbart, einzelne Bestimmungen des Vertrages würden die Parteien nicht nur in ihrer Eigenschaft als Aktionäre verpflichten, sondern auch bei der Ausübung der Organfunktion. Dies ermöglicht es, neben der Besetzung auch auf die Entscheidungen im Verwaltungsrat Einfluss zu nehmen (FORSTMOSER/KÜCHLER, N 894 ff.).

214   Die praktische Bedeutung der ABV auf die Geschehnisse einer Gesellschaft und die rechtliche Erfassung in verschiedenen Normen sprechen dafür, Streitigkeiten über ABV als Streitigkeiten aus dem Recht der Handelsgesellschaften zu werten. Aufgrund der aufgezeigten engen Konnexität zur Gesellschaft sind deshalb Streitigkeiten über ABV, unabhängig davon, ob diese rein vertraglich oder als einfache Gesellschaft ausgestaltet sind, der gleichen Zuständigkeit zu unterwerfen wie die Gesellschaft selbst.

VIII. Compensation

215   Die Problematik der Managementvergütungen beschäftigt die Öffentlichkeit wie auch den Gesetzgeber seit Jahren. Kaum eine öffentliche De-

---

muss ein Angebot unterbreiten für alle kotierten Beteiligungspapiere der Gesellschaft. Die Zielgesellschaften können in ihren Statuten den Grenzwert bis auf 49 Prozent der Stimmrechte anheben.»

batte wurde so emotional geführt wie diejenige über die Vergütungen für Verwaltungsräte und Management (Direktion) in Publikumsgesellschaften. Die Corporate-Governance-Diskussion hatte dazu geführt, dass die Boards (Verwaltungsräte) sich zu organisieren hatten und verschiedene Komitees einrichten sollten. Neben Audit und Nomination rückte vor allem das *Compensation Committee* in den Fokus der öffentlichen Aufmerksamkeit. Während sich die Diskussion in den Anfängen grundsätzlich um die Offenlegung *(Transparenz)* der Vergütungen drehte, sollte mit der Volksinitiative «gegen die Abzockerei» der Blick anscheinend auf die Höhe der Vergütungen bzw. auf deren Beschränkung gerichtet und die Prozesse der Festlegung thematisiert werden (s.a. HUBER, 7 f. u. 33 ff.). Die Diskussion um all diese Aspekte nahm weltweit ein kaum überblickbares Ausmass an.

A. Die Transparenzdebatte

Die Debatte rund um die Offenlegung von Managergehältern   216
kann man als ein klassisches Beispiel eines *Principle-Agent-Problems* (vgl. BAR-METTLER, 29, mit Verweisen auf JENSEN/MURPHY, 225) auffassen. Theoretisch ging es stets um die Frage, wie es denn möglich sei, dass die «Agents», d.h. das berufene und beauftragte Management, eine solche Macht im Verhältnis zu Principals, also Eigentümern, d.h. Aktionären, entwickeln konnten. Durch die Trennung von Eigentum und Kontrolle können die Interessen der Aktionäre und des Managements auseinanderfallen, auch wenn die Mitglieder der Unternehmensleitung verpflichtet sind, ausschliesslich im Sinne eines «Beauftragten» die Interessen der Eigentümer, der «Auftraggeber», zu wahren. Um diesem Interessenskonflikt zu begegnen, sind die Aktionäre bestrebt, klare Vorgaben an die Unternehmensleitung, effiziente Kontrollen und geeignete Anreizstrukturen zu schaffen (vgl. BARMETTLER, 29; KRAAKMAN et al., 75; JENSEN/MURPHY, 225). Dies beinhaltet auch Angaben über die Vergütungen der Mitglieder des Verwaltungsrates und der Geschäftsleitung, liegt es doch im Interesse der Aktionäre, zu wissen, was sie die Firmenleitung kostet.

In den Jahren nach der Jahrtausendwende wurde die Diskussion über die Offenle-   217
gung von Managementvergütungen *(Transparenz)* intensiviert und durch Vergütungsexzesse an Spitzenkräfte, wie im Fall ABB[43], zusätzlich angeheizt. Verschiedene Motionen und parlamentarische Initiativen wiesen auf diese Missstände hin. Am 22. März 2001 wurde im Nationalrat die Motion *Transparenz der Kaderlöhne und Verwaltungsratsentschädigungen* (01.3153) und kurze Zeit später, am 20. Juni

---

[43]   Die ehemaligen ABB-Konzernchefs Percy Barnevik und Göran Lindahl hatten sich für ihren Abgang Altersbezüge in Höhe von CHF 148 Mio. respektive CHF 85 Mio. ausgehandelt. Gut die Hälfte davon mussten sie jedoch später zurückzahlen (NZZ online vom 6. Oktober 2005, Managerlöhne als Privatsache).

2001, die Motion *Corporate Governance in der Aktiengesellschaft* (01.3329) eingereicht. Auch zwei parlamentarische Initiativen regten die Diskussion an. Die am 9. Mai 2001 eingereichte parlamentarische Initiative *Transparenz bei börsenkotierten Firmen* (01.424) verlangte vom Gesetzgeber, börsenkotierte Aktiengesellschaften dazu zu verpflichten, in einem Anhang zur Bilanz alle Beträge aufzuführen, die Verwaltungsräten aufgrund ihrer Funktion ausbezahlt werden. Für eine verstärkte Offenlegung hinsichtlich der Vergütungspraxis von börsenkotierten Aktiengesellschaften setzte sich auch der damalige Nationalrat CHRISTOPH BLOCHER mit seiner parlamentarischen Initiative *Offenlegung der Entschädigungen und der Beteiligungen der Mitglieder des Verwaltungsrates und der Geschäftsleitung* (02.406) ein. Die Initiative verlangte, dass Art. 8 BEHG dahin gehend zu ergänzen sei, dass nur Effekten solcher Firmen an die Börse zugelassen werden, bei denen die Höhe, die Art und Weise sämtlicher konsolidierter Entschädigungen und Beteiligungen der Mitglieder des Verwaltungsrates, der Beiräte und der Geschäftsleitung der letzten fünf Jahren jeweils einzeln offengelegt werden.

218   Betreffend der an der SWX kotierten Unternehmen erliess die SIX Swiss Exchange im Jahr 2002 mit den *Corporate Governance-Richtlinien (RLCG)* Bestimmungen über die Offenlegung von Entschädigungen, Beteiligungen und Darlehen an Verwaltungsräte und Geschäftsleitungsmitglieder. Per 1. Januar 2007 trat dann Art. 663b^{bis} OR in Kraft, der den Transparenzgedanken der *RLCG* betreffend die Vergütungspolitik von Gesellschaften mit kotierten Aktien auch auf Gesetzesstufe verankerte (vgl. BBl 2004 4471 ff.) und zur Offenlegung aller Entschädigungen verpflichtete. Das Ziel des Gesetzgebers war, Transparenz betreffend die Vergütungen an Verwaltungsräte und Geschäftsleitungsmitglieder zu schaffen, wobei die Mitglieder des VR je einzeln und die GL insgesamt, aber unter Angabe des Bestverdienendsten, auszuweisen war. Einerseits wird so Interessenkonflikten begegnet, die sich daraus ergeben können, dass der Verwaltungsrat seine Vergütungen selbst bestimmt, und andererseits sollte den berechtigten Interessen der Aktionäre Rechnung getragen werden, Rechenschaft über die bezogenen Entschädigungen zu erhalten, damit sie ihre Kontrollrechte besser ausüben können (BBl 2004 4472; vgl. NOBEL, Stand Aktienrecht, 127). In der Gesamtheit fördert dies aus ökonomischer Sicht die Effizienz der Unternehmensführung, indem die Transparenz aus Eigentümersicht für ein möglichst optimales Verhältnis zwischen Managementleistung und Entlohnung sorgt (BARMETTLER, 39).

219   Mit dem Inkrafttreten der VegüV per 1. Januar 2014 wurde die Offenlegungspflicht bezüglich Vergütungen an das Management (VR und GL) neu umfassend geregelt (s. anschliessend).

B. Die Volksinitiative «gegen die Abzockerei»

Für Thomas Minder ging die durch die neue Transparenzvor- 220
schrift im Bereich der Managementvergütungen verstärkte *Kontroll- und Diszipli-*
nierungsfunktion der Aktionäre nicht weit genug. Am 26. Februar 2008 reichte er
die Volksinitiative «gegen die Abzockerei» ein, welche am 3. März 2013 von
allen Ständen und vom Volk mit 68 Prozent der Stimmen angenommen wurde.
Das Ziel der Initiative ist in den einleitenden Worten der Botschaft des Bundesrates vom 5. Dezember 2008 festgehalten:

> «Die Volksinitiative ‹gegen die Abzockerei› will von den Initiatinnen und Initiaten
> als überhöht empfundene Vergütungen des obersten Managements von börsenkotier-
> ten Aktiengesellschaften Einhalt bieten. Dieses Ziel wird primär durch die Verbesse-
> rung der Corporate Governance angestrebt. Die Aktionärinnen und Aktionäre sollen
> vermehrt auf die Vergütungspolitik des obersten Kaders Einfluss nehmen können.»
> (Botschaft Minder-Initiative, 300)

Der Vorwurf von «Abzockerei» ist grundsätzlich persönlichkeitsverletzend. Im 221
Folgenden wird darum die Rede von der «Minder-Initiative» sein.

1. Der Initiativtext

Die Initiative stärkt die Aktionärsinteressen in zweierlei Hin- 222
sicht. Einerseits soll durch das Verbot einzelner Vergütungen und die zwingende
Abstimmung der Generalversammlung über die Vergütungen verhindert werden,
dass es zu Vergütungsexzessen kommt(ausführlich zu Art. 95 Abs. 3 BV, HUBER,
85 ff.). Dadurch gewinnt die ganze Vergütungspraxis der Unternehmen automatisch an Transparenz. Nach Art. 95 Abs. 3 lit. b BV ist es neu nicht mehr erlaubt,
mit Organmitgliedern Abgangs- oder andere Entschädigungen, Vergütungen im
Voraus, Prämien für Firmenkäufe und -verkäufe oder zusätzliche Berater- oder
Arbeitsverträge mit einer anderen Gesellschaft der Gruppe auszuhandeln (Ausschluss von Umgehungsgeschäften). Mit der neuen Verfassungsbestimmung geht
auch eine Änderung von Art. 716 OR einher. Der gesetzlich vorgeschriebene
Inhalt der Statuten von Aktiengesellschaften wird erweitert. Die Unternehmen
werden verpflichtet, in den Statuten die Höhe der Kredite, Darlehen und Renten an
die Organmitglieder, deren Erfolgs- und Beteiligungspläne und deren Anzahl
Mandate ausserhalb des Konzerns sowie die Dauer der Arbeitsverträge der Geschäftsleitungsmitglieder zu regeln (Art. 95 Abs. 3 lit. c BV). Andererseits erhalten die Aktionäre zusätzliche Kompetenzen bzw. Pflichten. Die Generalversammlung hat jährlich über die Gesamtsumme aller Vergütungen (Geld und Wert der
Sachleistungen) des Verwaltungsrates, der Geschäftsleitung und des Beirates
abzustimmen (Art. 95 Abs. 3 lit. a BV). Zudem hat sie jährlich den Verwaltungs-

ratspräsidenten und einzeln die Mitglieder des Verwaltungsrates und des Vergütungsausschusses zu wählen. Neu gibt es weder eine Organvertretung der Unternehmung selbst noch eine Depotstimmrechtsvertretung der Banken (Art. 95 Abs. 3 lit. a BV). Stattdessen ist nur noch eine unabhängige Stimmrechtsvertretung, die jährlich durch die Generalversammlung gewählt wird, vorgesehen (Botschaft Minder-Initiative, 309). Diese aktienrechtlichen Bestimmungen werden schliesslich durch strafrechtliche Normen abgesichert. Widerhandlungen gegen die neuen Bestimmungen sollen mit Freiheitsstrafe bis zu drei Jahren und Geldstrafe bis zu sechs Jahresvergütungen bestraft werden können (Art. 95 Abs. 3 lit. d BV).

2. Die Verordnung des Bundesrates

223   Die *Verordnung gegen übermässige Vergütungen bei börsenkotierten Aktiengesellschaften (VegüV)* wurde am 20. November 2013 verabschiedet und trat wie geplant am 1. Januar 2014 in Kraft (vgl. Art. 33 VegüV). Sie wird mit dem Abschluss der Aktienrechtsrevision ins ordentliche Recht überführt. Die Änderung der Überschrift der Verordnung, die korrekterweise neu nicht mehr *Verordnung gegen die Abzockerei (VgdA)*, sondern wie oben schon erwähnt, *Verordnung gegen übermässige Vergütungen bei börsenkotierten Aktiengesellschaften (VegüV)* heisst, begründete das EJPD nicht mit dem ehrverletzenden Charakter von «Abzockerei» sondern damit, dass in der französischen Sprache der Begriff «Abzockerei» nicht existiere, weshalb in der deutschen Fassung der Verordnung der französische Titel übernommen wurde. Das EJPD bezweckte, alle Vorgaben der Initiative in einer einzigen Verordnung umzusetzen (Erläuternder Bericht zum Vorentwurf zur Verordnung, 6). Die Verordnung enthält neben dem Aktienrecht auch Regelungen zu den Vorsorgeeinrichtungen und strafrechtliche Bestimmungen. Im Sinne der Rechtsklarheit und -sicherheit soll dadurch der Umgang mit den Neuerungen und deren Umsetzung wesentlich erleichtert werden (Erläuternder Bericht zum Vorentwurf zur Verordnung, 6).

224   In den Geltungsbereich der Verordnung fallen nur Aktiengesellschaften nach Art. 620–762 OR, deren Sitz in der Schweiz ist und deren Aktien an einer in- oder ausländischen Börse kotiert sind (Art. 1 Abs. 1 VegüV). Sie enthält aber auch zwingende Bestimmungen (v.a. die Abstimmungspflicht) zu den Vorsorgeeinrichtungen, die börsenkotierte Aktien halten (Art. 22 f. VegüV). Die Bestimmungen zum Aktienrecht gliedern sich in die Bereiche Wahlen und Aufgaben der Organe und Personen, die von Art. 95 Abs. 3 BV in die Pflicht genommen werden (Art. 2–11 VegüV), Regelung und Transparenz von vergütungsrelevanten Bereichen (Art. 12–17 VegüV) und Zulässigkeit der Vergütung der Organe (Art. 18–21 VegüV). Hinsichtlich der Vorsorgeeinrichtungen bestimmt die Verordnung, dass diese ihre Stimmrechte aus börsenkotierten Aktien im Interesse der Versicherten ausüben müssen (Art. 22 VegüV). Ergänzend zu Art. 86*b* Abs. 1 BVG werden die

Vorsorgeeinrichtungen zusätzlich verpflichtet, mindestens einmal jährlich in einem zusammenfassenden Bericht ihren Versicherten gegenüber Rechenschaft darüber abzulegen, wie sie ihrer Stimmpflicht nachgekommen sind (Art. 23 VegüV). In Art. 24 ff. legt die Verordnung die Strafbarkeit der Mitglieder des Verwaltungsrates, der Geschäftsleitung, des Beirates und der mit der Geschäftsführung betrauten Personen oder Mitglieder des obersten Organs einer Vorsorgeeinrichtung fest, die gegen die zwingenden Bestimmungen der Verordnung verstossen. Die Strafbestimmungen verlangen direkten Vorsatz. Im Gegensatz zum Vorentwurf, der nur von «Vorsatz» sprach und somit auch eventualvorsätzliches Handeln umfasste, wurden die Bestimmungen in der definitiven Verordnung gelockert, und die Straftaten können neu nur «wider besseres Wissen» begangen werden.

Im Juni 2013 hat der Bundesrat im erläuternden Bericht zum Vorentwurf zur Verordnung gegen die Abzockerei (S. 20) vorgeschlagen, dass die Generalversammlung grundsätzlich prospektiv über die fixen und retrospektiv über die variablen Vergütungen abzustimmen hätte (default rule), die Statuten aber eine prospektive GV-Abstimmung sowohl für fixe als auch für variable Vergütungen vorsehen könnten (zu den Abstimmungsmodellen s. HUBER, 324 ff.). Im Oktober 2013 hat sich der Bundesrat im Zusatzbericht zum Entwurf zur VegüV (S. 10) von dieser Sichtweise verabschiedet und stattdessen beschlossen, den Entscheid über die Referenzperiode der Vergütung den Gesellschaften zu überlassen. Im November 2014 hat der Bundesrat die Vernehmlassung zur Aktienrechtsrevision eröffnet, und er schien auf seinen früheren Entscheid betreffend Abstimmung über die variable Vergütung zurückzukommen: Gemäss Art. 735 Abs. 3 Ziff. 4 VE-OR E-OR sollten vorerst prospektive Abstimmungen über variable Vergütungen unzulässig werden, womit gerade dasjenige Konzept verboten werden sollte, das bei den betroffenen Gesellschaften überwiegend gewählt worden war (vgl. FORSTMOSER/ KÜCHLER, Aktienrecht, 94). Dieser Meinungsumschwung des Bundesrates sorgte für grosse Unsicherheit bei börsenkotierten Gesellschaften, die in der Vernehmlassung das Verbot der prospektiven Abstimmung über die variablen Vergütungen auch deutlich ablehnten (Bericht zur Vernehmlassung zum Vorentwurf vom 28. November 2014 zur Änderung des Obligationenrechts [Aktienrecht], Bern, 17. September 2015, Ziff. 4.4.2). Aufgrund der Vernehmlassungsergebnisse änderte der Bundesrat erneut seine Meinung und verzichtete in den Eckwerten zur Botschaft für das neue Aktienrecht sowie im Entwurf 2016 doch auf das Verbot der vorgängigen Abstimmung über die variablen Vergütungen (s. Medienmitteilung des Bundesrats vom 4. Dezember 2015; Botschaft Aktienrechtsentwurf 2016, 593). Prospektive Abstimmungen über die variablen Vergütungen sollen demnach zulässig sein, mit der Einschränkung, dass zwingend eine Konsultativabstimmung über den Vergütungsbericht durchzuführen ist (s. Medienmitteilung des Bundesrats vom 4. Dezember 2015).

225

226 Die VegüV verbietet Vorauszahlungen von Lohn (Art. 20 Ziff. 2 VegüV); dies verhindert aber nicht, dass bei einem Stellenantritt das entschädigt wird, was der Arbeitnehmer bei seinem Austritt beim bisherigen Arbeitgeber an ausgeschobenen Kompensationsteilen verliert.

227 Mit dem Abschluss der Aktienrechtsrevision soll die VegüV aufgehoben und die Bestimmungen der VegüV, welche eigentlich ins OR, ins Bundesgesetz über die berufliche Alters-, Hinterlassenen- und Invalidenvorsorge und ins Strafgesetzbuch gehören, in die entsprechenden Gesetze überführt, also auf die formell-gesetzliche Stufe angehoben werden. Die bundesrätliche Botschaft zur grossen Aktienrechtsrevision wurde am 23. November 2016 publiziert.

3. Arbeitsrechtliche Aspekte

228 Den Begriff des «Bonus» kennt das OR nicht. Oft ist aber nicht das kontrovers, was die Bonuspläne der Arbeitgeberfirma in Aussicht stellen, sondern, besonders nach Beendigung des Arbeitsverhältnisses, was der Arbeitnehmer fordern kann. Damit begibt man sich ins dornenreiche Feld der Abgrenzung zwischen Lohn, dem notwendigen Entgelt für Arbeitsleistung (Art. 322 OR), und Gratifikation, der «Sondervergütung» bei bestimmten Anlässen (Art. 322d OR). Für die Lösungen kommt es hier jeweils stark auch auf die Umstände des Einzelfalles an.

229 Die Rechtsprechung misst dem Umstand der Regelmässigkeit bei einer Qualifikation als Lohnbestandteil grosse Bedeutung zu. Die Qualifikation als Lohnbestandteil führt dann auch zur Bedingungsfeindlichkeit. Ein im Voraus festgesetzter und fest vereinbarter Betrag stellt Lohn dar (BGE 129 III 276 E. 2).

230 Für die Gratifikation können der Vorbehalt der Ausrichtung und das Ermessen des Arbeitgebers entscheidend sein. Der Gratifikation wurde stets ein akzessorischer Charakter beigemessen (BGE 129 III 276 E. 2.1), doch geriet man damit bei im Verhältnis zum Fixlohn grossen Entschädigungen in Schwierigkeiten.

231 In neuster Zeit wurde das Element der Akzessorietät bei Situationen eingeschränkt, wo aufgrund eines hohen Einkommens die Schutzbedürftigkeit nicht mehr gegeben schien. Neu stellt das Bundesgericht bei sehr hohen Entschädigungen auf die Schwelle des Fünffachen des schweizerischen Medianlohnes[44] ab (in den letzten Jahren rund CHF 350 000–370 000); was darüber liegt ist freie Zuwendung durch den Arbeitgeber (BGE 139 III 155; 141 III 407).

---

[44] Der Medianlohn ist der mittlere Lohn in einer untersuchten Gruppe, dabei verdienen genau gleich viele Personen mehr bzw. weniger (s. NZZ online vom 30. November 2015: «Die Lohnunterschiede nehmen ab»).

4.   Good Compensation Governance

An der Notwendigkeit, das Handeln von Verwaltungsräten zu   232
regulieren, zweifelt heutzutage kaum jemand, wurden doch die Schwierigkeiten,
die sich durch die Trennung von Eigentum und Kontrolle ergaben, früh erkannt
(vgl. BERLE/MEANS, 1 ff.). Insbesondere die Probleme im Bereich der Vergütungspolitik sind offensichtlich. Da die Verwaltungsräte ihre Vergütungen selber
bestimmen können, besteht die Gefahr, dass sie sich unberechtigterweise berei-
chern (Insichgeschäfte). Um die durch das Principal-Agent-Problem rund um die
Managementvergütungen entstandenen Fragen zu entschärfen, wird eine erhöhte
Transparenz betreffend Vergütungen und die Erweiterung der Aktionärsrechte
propagiert. Man spricht *von Good Compensation Governance,* eine in Sachen
Vergütung von Verwaltungsrat und Management angemessene Organisation und
Verfahrensordnung (VOGT, 48 f.; vgl. auch BARMETTLER, 123 f.). Die individuelle
Offenlegung der Vergütungen für das Management (VR und GL) ist trotz der
Bedenken hinsichtlich des Persönlichkeitsschutzes wohl angezeigt, um Missbräu-
che zu verhindern (vgl. BBl 2004 4483).

a.   Vergütungspolitik

Ob die Probleme im Bereich der Vergütungspolitik, die ja   233
ohnehin nur in Publikumsgesellschaften zu bestehen scheinen, mit den neuen
Bestimmungen, sprich mit der Verbesserung der Vergütungstransparenz und der
Erweiterung der Kontrollrechte der Aktionäre, auf einen Schlag aus der Welt
geschaffen werden, bleibt abzuwarten. Nach Meinung von Prof. Dr. THORSTEN
HENS[45] werden die neuen Bestimmungen der Minder-Initiative auf lange Sicht die
Corporate Governance in den Grossunternehmen verbessern; kurzfristig seien die
Bestimmungen hingegen eher kontraproduktiv, weil durch sie das Neidargument
pointiert wird, selbst wenn keine Gehaltsobergrenzen vorgesehen sind (Finanz und
Wirtschaft, Nr. 33, Zürich 2010). HENS sieht die «Abzockerinitiative» vor allem
als Chance, das Vertrauen der Bevölkerung wiederzugewinnen und auch die Ak-
tionäre an ihre Pflichten als Eigentümer zu erinnern (Finanz und Wirtschaft,
Nr. 33, Zürich 2010).

Ähnlich wie HENS sehen auch andere Autoren eher in der Lethargie des Aktiona-   234
riats das Hauptproblem und weniger in der Ausgestaltung der Corporate Governance. So stellt NOBEL berechtigterweise die Frage, ob die Aktionäre grundsätzlich nicht eben einigermassen zufrieden seien und sich nur in kritischen Situa-

---

[45]   Professor für Finanzmarktökonomie an der Universität Zürich und Direktor des Instituts
für Schweizerisches Bankwesen (ISB).

tionen überhaupt intensiver um die Belange ihrer Gesellschaft kümmern (NOBEL, Stand Aktienrecht, 138 f.).

235   Es war für den Aktionär schon vor der Verfassungsrevision möglich, die Vergütungen für den Verwaltungsrat mitzubestimmen, da die Generalversammlung das Wahlorgan für den Verwaltungsrat ist. Folgerichtig ist es, dass sie auch die «Vertragsbedingungen» der Mandatierung der Verwaltungsräte festlegen; nur wurde das in keiner einzigen Schweizer Publikumsgesellschaft entsprechend gemacht (FORSTMOSER, Aktienrecht, 52). Eine andere Möglichkeit der Einflussnahme in die Vergütungspolitik sieht NOBEL gestützt auf Art. 698 Abs. 2 Ziff. 4 OR, wonach die Genehmigung der Jahresrechnung sowie die Beschlussfassung über die Verwendung des Bilanzgewinns, insbesondere die Festsetzung der Dividenden und Tantiemen, zu den unübertragbaren Befugnissen der Generalversammlung gehören (NOBEL, Compensation, 89).

236   Der Anhang 1 zum Swiss Code of Best Practice der economiesuisse, welcher erstmals im Jahre 2007 verabschiedet und im Jahr 2014 revidiert und an die VegüV angepasst wurde, gibt Empfehlungen und Erläuterungen zu den Corporate-Governance-Aspekten der Entschädigung von Verwaltungsrat und Geschäftsleitung ab. «Aufgabe der Corporate-Governance-Regeln soll es sein, Leitlinien aufzuzeigen und transparente, von Interessenkonflikten freie, an gesetzlichen Vorgaben, Unternehmensinteresse und Marktgegebenheiten orientierte Verfahren zu gewährleisten.» (Swiss Code [2016] 16.) Hinsichtlich des Entschädigungssystems wurde bereits im Jahr 2007 empfohlen, unüblich lange Kündigungsfristen sowie Vertragsdauern zu vermeiden (Ziff. 5). Ebenfalls wurde empfohlen, grundsätzlich keine goldenen Fallschirme oder Abgangsentschädigungen zu gewähren (Ziff. 6). Die Gegenstände einstiger Empfehlungen zum Entschädigungssystem sind heute Entschädigungskomponenten, die in der VegüV verboten sind (vgl. Art. 12 Abs. 1 Ziff. 2 VegüV; Art. 20 Ziff. 1 VegüV). Empfehlungen zur Salärarchitektur wie Pay for Performance, ausschliesslich fixe Vergütung für nicht exekutiv tätige Personen (N 35) sowie die Vereinbarung von Claw-back-Klauseln (N 36) sind im Anhang 1 des Swiss Code erläutert.

237   Ein weiterer Kritikpunkt bei der Minder-Initiative ist deren Praktikabilität. Das Problem von Lohnexzessen stelle sich nach Meinung von FORSTMOSER nur bei den grossen schweizerischen Publikumsgesellschaften, bei welchen die Vergütungen für Verwaltungsrat und Geschäftsleitung in einem normalen Geschäftsjahr insgesamt aber auch bloss ein bis zwei Prozent des Jahresgewinns ausmachen (FORSTMOSER, Aktienrecht, 53). Der den Aktionären zur Verfügung stehende Gewinn werde durch die Vergütungen daher nur wenig beeinflusst, weshalb nicht davon auszugehen sei, dass insbesondere Grossaktionäre – bei den Schweizer Multis halten vor allem ausländische Investoren die Mehrheit – das Risiko eingehen werden, aufgrund von Salärrestriktionen auf hoch qualifizierte Kaderleute zu

verzichten (FORSTMOSER, Aktienrecht, 53). Auch hinsichtlich der neu eingeführten einjährigen Amtszeit von Verwaltungsräten werden keine wesentlichen praktischen Änderungen erwartet. Vielmehr dürfte es in der Praxis zu routinemässigen Wiederwahlen kommen (FORSTMOSER, Aktienrecht, 54). Tatsächliche Auswirkungen werden die neuen Bestimmungen auf die Ausgestaltung der Arbeitsverträge mit Unternehmensleitungsmitgliedern haben. Soll diesbezüglich Klarheit herrschen, insbesondere in Fällen, in denen die GV nachträglich die vom VR vorgeschlagenen Lohnsummen nicht bestätigt, müssen die Geschäftsleitungsarbeitsverträge überarbeitet werden (s. VON DER CRONE/BRUGGER, 244 f.). Es wird daher zu einer Verschiebung der Gewichtung der Lohnbestandteile hin zu einer grösseren Bedeutung des Fixlohns kommen (VON DER CRONE/BRUGGER, 245). Auf der anderen Seite nimmt die prospektive Festlegung der variablen Saläranteile, die zulässig ist, einiges an aktuellem Interesse weg.

Für systemrelevante Banken *(too big to fail)* wurden im Nachzug der Finanzkrise 238 von 2007 bis 2009 besondere Bestimmungen im Bereich der Vergütungen erlassen (AS 2012 811; Botschaft Too Big to Fail, 4717). Unter anderem müssen diese in ihren Vergütungssystemen einen Vorbehalt vorsehen, wonach im Fall staatlicher Unterstützung der Rechtsanspruch auf variable Vergütungen beschränkt werden kann (Art. 10*a* Abs. 3 BankG).

b. «Stewardship»

In jüngerer Zeit konzentriert sich die Diskussion immer mehr 239 auch auf «Stewardship». Damit meint man den stärkeren Einbezug der institutionellen Investoren in die Corporate Governance insbesondere durch die Ausübung ihrer Mitwirkungsrechte (vgl. FRICK, 432; BINDER/GUTZWILLER, 84 ff.; BÜHLER, ZGR, 242). Der Gedanke, die Ausübung der Mitwirkungsrechte von Institutionellen Investoren zu regeln, lässt sich bereits seit dem 1. Januar 2009 im Bereich der beruflichen Alters-, Hinterlassenen- und Invalidenvorsorge in Art. 49*a* Abs. 2 lit. b BVV finden. Demnach hat das oberste Organ der Vorsorgeeinrichtung Regeln aufzustellen, die bei der Ausübung der Aktionärsrechte der Vorsorgeeinrichtung zur Anwendung gelangen.

Am 21. Januar 2013 wurden die auf Initiative von Vertretern der Wirtschaft, ins- 240 titutionellen Investoren und Stimmrechtsberatern erarbeiteten «Richtlinien für Institutionelle Investoren zur Ausübung ihrer Mitwirkungsrechte bei Aktiengesellschaften» zusammen von ASIP (Association Suisse des Institutions de Prévoyance), Ethos, SwissBanking, SwissHoldings und economiesuisse herausgegeben (Medienmitteilung vom 21. Januar 2013[46]). Die Herausgeber halten fest, dass

---

[46] www.asip.ch.

die Richtlinien neben dem «Swiss Code of Best Practice for Corporate Governance», der sich an börsenkotierte Gesellschaften richtet, die auf dem Markt verfügbaren Selbstregulierungsinstrumente der «Good Corporate Governance» im Bereich der Mitwirkungsrechte ergänzen sollen (Richtlinie, Kontext, S. 2), sozusagen als «Swiss Stewardship Code» für institutionelle Anleger (FRICK, 432). Die neuen Richtlinien ähneln vor allem dem in Grossbritannien im Juli 2010 erlassenen und 2012 revidierten «UK Stewardship Code», wobei dessen Regelungsbereich breiter ausgelegt ist (ausführlich dazu BINDER/GUTZWILLER, 90 f.; HAUSMANN/BECHTOLD-ORTH, 239). Die Richtlinien legen die folgenden fünf Grundsätze fest, denen sich institutionelle Investoren – Investoren, die berufsmässig Beteiligungspapiere treuhänderisch für Anleger halten – und Stimmrechtsvertreter freiwillig unterstellen können:

a) Institutionelle Investoren üben ihre Mitwirkungsrechte aus, soweit dies im Interesse ihrer Anleger als geboten und als praktikabel erscheint.

b) Institutionelle Investoren nehmen bei der Ausübung ihrer Mitwirkungsrechte die Interessen ihrer Anleger wahr.

c) Institutionelle Investoren tragen die Verantwortung für die Ausübung der ihnen zustehenden Mitwirkungsrechte.

d) Institutionelle Investoren machen die Grundsätze und Verfahren der Ausübung ihrer Mitwirkungsrechte den Anlegern zugänglich.

e) Institutionelle Investoren legen einmal jährlich offen, wie sie ihre Mitwirkungsrechte ausgeübt haben.

241 Mit Inkrafttreten der VegüV per 1. Januar 2014 wurden für Vorsorgeeinrichtungen Regelungen betreffend Stimmpflicht und Offenlegung der Stimmrechtsausübung verbindlich. Diese sind verpflichtet in der GV der Gesellschaften das Stimmrecht der von ihnen gehaltenen Aktien auszuüben (Art. 22 VegüV). Im Vergleich zur EU gehen die Regelungen in der VegüV deutlich weiter. Während die EU-Kommission nur die Offenlegung von Abstimmungspolitik und -strategie empfiehlt, werden die Vorsorgeeinrichtungen in der Schweiz dazu verpflichtet, ihren Versicherten Rechenschaft darüber abzulegen, wie sie ihrer Stimmpflicht nachgekommen sind (Art. 23 VegüV; vgl. dazu HAUSMANN/BECHTOLD-ORTH, 240). Aufgrund selbstregulierender Tendenzen von institutionellen Investoren sind auch die zwingenden Bestimmungen bezüglich der Verpflichtung der Vorsorgeeinrichtungen, ihren Versicherten Rechenschaft darüber abzulegen, wie sie ihrer Stimmpflicht nachgekommen sind (Art. 23 VegüV), kritisch zu hinterfragen.

c. Zwischenfazit

Blickt man auf die zustande gekommene Volksinitiative «1:12   242
– für gerechte Löhne» (eingereicht am 21. März 2011) und die Volksinitiative
«Für den Schutz fairer Löhne (Mindestlohn-Initiative)» (eingereicht am 23. Januar
2012), die am 24. November 2013 bzw. 18. Mai 2014 abgelehnt wurden, mag sich
die Vermutung bestätigen, dass es sich schon bei der Minder-Initiative weniger
um eine aktienrechtliche, sondern eher um eine gesellschaftspolitische Auseinandersetzung handelte, die man je nach Standpunkt als *Gerechtigkeits-* oder als
Neiddebatte bezeichnen kann (vgl. FORSTMOSER, Aktienrecht, 55). Ob es im Zuge
dieser Trends auch zu einer Verbesserung der *Compensation Governance* und
insgesamt der *Corporate Governance* kommt, bleibt abzuwarten. Eine Abwägung
der Vor- und Nachteile strengerer Regulierung sollte insbesondere angesichts
fortschreitender Globalisierung mit Bedacht vorgenommen werden.

Speziell aufgrund der eingeführten Strafbestimmungen sind Standortnachteile zu   243
befürchten, auch wenn diese in der definitiven Fassung der Verordnung, im Gegensatz zum Vorentwurf, milder sind. Vor allem Entscheidungsträger ausländischer Unternehmen dürften es sich aber dennoch zweimal überlegen, ob eine Sitzverlegung in die Schweiz vorgenommen und die damit verbundenen Risiken eingegangen werden sollen (FORSTMOSER, Aktienrecht, 54).

C. Internationale Entwicklung

1. FSF Principles for Sound Compensation Practices

Die *FSF Principles for Sound Compensation Practices* für den   244
Finanzbereich wurden noch unter den Auswirkungen der Finanzkrise vom *Financial Stability Forum (FSF)* unter der Leitung von Philipp Hildebrand, (damals
noch) Vizedirektor der Schweizer Nationalbank (SNB), erarbeitet und am 2. April
2009 als Leitlinien erlassen. Das FSF, welches seit 2009 als *Financial Stability
Board (FSB)* geführt wird, ist eine internationale Organisation, die zur Stabilität
der Finanzmärkte beitragen soll (s. auch Kap. § 12, N 85 f.). Es vereint Vertreter
der Finanzministerien, der Notenbanken und der Finanzaufsichtsbehörden sowie
Repräsentanten internationaler Regierungsgremien und Vertreter des Internationalen Währungsfonds (IWF), der Weltbank (WB), der Bank für Internationalen
Zahlungsausgleich (BIZ) und der OECD. Die Schweiz nimmt am FSB durch Vertreter der SNB und des Eidgenössischen Finanzdepartements (EFD) teil.

Einleitend halten die *FSF Principles for Sound Compensation Practices* fest, dass   245
Vergütungspraktiken grosser Finanzinstitute unter anderem Mitschuld an der
Finanzkrise, die im Jahre 2007 begann, tragen. Das Streben nach kurzfristigen

Gewinnen und damit verbundene Bonuszahlungen hätten zu einer erhöhten Risikobereitschaft in den Führungsetagen grosser Finanzdienstleister geführt, welche das globale Finanzsystem ernsthaft bedrohte und Unternehmen an den Rand des Ruins trieb. Entsprechend dem Credo der globalen Finanzstabilität richten sich die vom FSF ausgearbeiteten Prinzipien primär an bedeutende Finanzinstitute und grosse, systemisch relevante Unternehmen, ohne jedoch bestimmte Schemen für die Entlöhnung von Führungskräften vorzuschreiben. Das Ziel der Prinzipien wird wie folgt umschrieben:

> «The FSF Principles for Sound Compensation Practices aim to ensure effective governance of compensation, alignment of compensation with prudent risk taking and effective supervisory oversight and stakeholder engagement in compensation. The benefits of sound compensation practices will be achieved only if there is determined and coordinated action by national regulators, facilitated if necessary by suitable legislative powers and supported by national governments.» (Präambel, FSF Principles for Sound Compensation Practices; ausführlich zu den einzelnen Prizipien vgl. NOBEL, Finanzmarktrecht, 808 N 123 ff.).

246   Zu einer schnellen Umsetzung *der FSF Principles for Sound Compensation Practices* und zur weiteren Stärkung der Finanzstabilität erliess das FSB am 25. September 2009 die *FSB Principles for Sound Compensation Practices – Implementation Standards* (weiterführend s. NOBEL, Finanzmarktrecht, 812 N 134 ff.).

2.   Entwicklungen in der EU

247   Betrachtet man die aktuellen Entwicklungen in der EU und in den Nachbarländern, so könnten sich die Bedenken, dass die Schweiz durch die neuen Bestimmungen der «Abzockerinitiative» auf dem Markt der besten Talente ihre Konkurrenzfähigkeit verliert, von alleine in Luft auflösen. Bereits am 14. Dezember 2004 veröffentlichte die Europäische Kommission eine Empfehlung *zur Einführung einer angemessenen Regelung für die Vergütung von Mitgliedern der Unternehmensleitung börsennotierter Gesellschaften* (Empfehlung 2004/913/EG). Gemäss der Empfehlung sollen die börsennotierten Gesellschaften eine Erklärung zu ihrer Vergütungspolitik («Vergütungserklärung») veröffentlichen, entweder eigenständig oder im Jahresbericht, und der Jahreshauptversammlung zur Abstimmung vorlegen (ausführlich dazu NOBEL, Compensation, 69 ff.).

248   Stark von der Finanzkrise angetrieben veröffentlichte die Europäische Kommission am 30. April 2009 eine Empfehlung zur Vergütungspolitik im Finanzdienstleistungssektor, welche die allgemeinen Grundsätze für die Vergütungsstrategie im Finanzdienstleistungssektor festlegte (Empfehlung 2009/384/EG). Gleichzeitig gab die Europäische Kommission eine Empfehlung zur Ergänzung der Empfehlungen 2004/913/EG und 2005/162/EG zur Regelung der Vergütung von Mitgliedern der Unternehmensleitung börsennotierter Gesellschaften (Empfehlung 2009/

385/EG) heraus. Die Kommission empfahl insbesondere, dass die Struktur der Vergütung von Mitgliedern der Unternehmensleitung der langfristigen Unternehmensentwicklung dienen sollte und dass variable Vergütungsbestandteile im Voraus bestimmt werden und festgelegte Höchstgrenzen nicht übersteigen sollten (Empfehlung 2009/385/EG, Erwägung 6). Kurze Zeit später, am 13. Juli 2009, veröffentlichte die Europäische Kommission einen Vorschlag für eine Richtlinie des Europäischen Parlamentes und des Rates zur Änderung der Richtlinien 2006/48/EG (Bankenrichtlinie) und 2006/49/EG (Kapitaladäquanzrichtlinie) im Hinblick auf die Eigenkapitalanforderungen für Handelsbuch und Weiterverbriefung und im Hinblick auf die aufsichtsrechtliche Überprüfung der Vergütungspolitik. Nach der Beratung im Rat der Europäischen Union und dem Europäischen Parlament ist die neue Richtlinie (2010/76/EU) am 15. Dezember 2010 in Kraft getreten. Ähnlich wie die *FSF Principles for Sound Compensation Practices* hält auch die Richtlinie fest, dass eine Vergütungspolitik, die Anreize zur Übernahme von Risiken gibt, die über das allgemeine von dem Institut tolerierte Mass hinausgehen, ein solides und wirksames Risikomanagement untergraben und ein übermässiges Risikoverhalten verstärken kann (Richtlinie 2010/76/EU, Ziff. 1). Deshalb legt die Richtlinie im Grundsatz fest, dass die Anforderungen der Richtlinie 2006/48/EG ergänzt und Kreditinstitute und Wertpapierfirmen ausdrücklich dazu verpflichtet werden sollten, für diejenigen Kategorien von Mitarbeitern, deren berufliche Tätigkeit sich wesentlich auf ihr Risikoprofil auswirkt, Vergütungsgrundsätze und -praktiken festzulegen, die mit einem wirksamen Risikomanagement vereinbar sind, um den potenziell schädlichen Auswirkungen schlecht gestalteter Vergütungsstrukturen auf ein solides Risikomanagement und auf die Kontrolle des Risikoverhaltens von Einzelpersonen entgegenzuwirken (Richtlinie 2010/76/EU, Ziff. 3).

Ein weiterer Schritt in Richtung eines solideren und sichereren europäischen Finanzsystems, aber auch in Richtung strengerer Regulierung im Bereich der Vergütungspolitik im europäischen Gesellschaftsrecht wurde mit dem CRD[47]-IV-Paket gemacht, das – mittels einer Verordnung und einer Richtlinie – die neuen weltweiten Bankkapitalstandards (weithin als Basel III bekannt) in EU-Recht umsetzt. Das CRD-IV-Paket ist am 17. Juli 2013 in Kraft getreten. Mit der neuen Richtlinie 2013/36/EG[48] wurden die Richtlinien 2006/48/EG (Bankenrichtlinie) und 2006/49/EG (Kapitaladäquanzrichtlinie) mit Wirkung per 1. Januar 2014 aufgehoben (Art. 163, Schlussbestimmungen). Die zum CRD-IV-Paket gehörende Verordnung

249

---

[47] *Capital Requirements Directive.*
[48] Richtlinie 2013/36/EU des Europäischen Parlaments und des Rates vom 26. Juni 2013 über den Zugang zur Tätigkeit von Kreditinstituten und die Beaufsichtigung von Kreditinstituten und Wertpapierfirmen, zur Änderung der Richtlinie 2002/87/EG und zur Aufhebung der Richtlinie 2006/48/EG und 2006/49/EG, Amtsblatt Nr. L 176 vom 27/06/2013, S. 338–436).

(EU) Nr. 575/2013[49] ist, abgesehen von ein paar Ausnahmen, ab dem 1. Januar 2014 in allen ihren Teilen verbindlich und unmittelbar in jedem Mitgliedstaat gültig (Art. 521, Schlussbestimmungen).

a. Richtlinie 2013/36/EU

250   Im Bereich der Vergütungspolitik enthält die Richtlinie 2013/36/EU Grundsätze, die verhindern wollen, dass die Vergütungspolitik das Eingehen von Risiken fördert (vgl. Art. 92). Dann sollen auch Interessenskonflikte vermieden werden.

251   Zu den genannten Grundsätzen hält die Richtlinie in Bezug auf die variablen Vergütungsbestandteile in Art. 94 zusätzliche Prinzipien fest. So hat die Leistungsbewertung in einem mehrjährigen Rahmen zu erfolgen, um zu gewährleisten, dass die Bewertung auf die längerfristige Leistung abstellt (Art. 94 Abs. 1 lit. b). Zu den wesentlichen Neuerungen zählt auch die Bestimmung, dass die festen und variablen Bestandteile der Gesamtvergütung in einem angemessenen Verhältnis zueinander stehen, wobei der variable Bestandteil i.d.R. 100 Prozent des festen Bestandteils der Gesamtvergütung für jede einzelne Person nicht überschreiten darf (1:1) (Art. 94 Abs. 1 lit. g [i]) und zu mindestens 50 Prozent aus Anteilen oder gleichwertigen Beteiligungen bestehen muss (Art. 94 Abs. 1 lit. f und l). Die Bestimmung eröffnet den Mitgliedstaaten jedoch eine Ausnahme. Diese können den Anteilseignern, Eigentümern oder Gesellschaftern gestatten, eine höhere Quote für das Verhältnis zwischen fester und variabler Vergütung zu billigen. Der variable Bestandteil darf jedoch 200 Prozent des festen Bestandteils der Gesamtvergütung für jede einzelne Person nicht überschreiten (1:2) (Art. 94 Abs. 1 lit. g [ii]). Betreffend Ausgleichs- oder Abfindungszahlungen statuiert die Richtlinie, dass damit im Zusammenhang stehende Vergütungspakete mit den langfristigen Interessen des Instituts einschliesslich Einbehaltungs-, Zurückhaltungs-, Leistungs- und Rückforderungsvereinbarungen im Einklang stehen müssen (Art. 94 Abs. 1 lit. i). Entsprechend ist ein erheblicher Teil, mindestens aber 40 Prozent, der variablen Vergütung für mindestens drei bis fünf Jahre zurückzubehalten und wird nur ausbezahlt, wenn dies angesichts der Finanzlage des Unternehmens als gerechtfertigt erscheint (Art. 94 Abs. 1 lit. m und n). Auch die Altersvorsorgepolitik muss mit der Geschäftsstrategie, den Zielen, Werten und langfristigen Interessen des Unternehmens im Einklang stehen (Art. 94 Abs. 1 lit. o). Für Unternehmen, die aufgrund ihrer Grösse und ihrer Tätigkeit von erheblicher Bedeutung

---

[49]   Verordnung (EU) Nr. 575/2013 des Europäischen Parlaments und des Rates vom 26. Juni 2013 über Aufsichtsanforderungen an Kreditinstitute und Wertpapierfirmen und zur Änderung der Verordnung (EU) Nr. 646/2012, Amtsblatt Nr. 176 vom 27/06/2013, S. 1–337).

sind, haben die Behörden der Mitgliedstaaten sicherzustellen, dass diese einen Vergütungsausschuss einrichten (Art. 95).

Die CRD IV hat die Europäische Aufsichtsbehörde («EBA») beauftragt, Entwürfe   252
zu technischen Regulierungs- und Durchführungsstandards, Leitlinien und Empfehlungen auszuarbeiten, um die aufsichtsrechtliche Konvergenz in der EU sicherzustellen.

b.   EU-Verordnung Nr. 575/2013

Als Antwort auf die Finanzkrise erlassen, besteht das überge-   253
ordnete Ziel dieser Verordnung darin, «die Wirksamkeit der Eigenkapital- und Liquiditätsvorschriften für Banken in der EU zu erhöhen, ihre nachteiligen Auswirkungen, d.h. abnehmendes Vertrauen in den Bankensektor, und die Prozyklik des Finanzsystems in Grenzen zu halten und gleichzeitig die Wettbewerbsposition des EU-Bankensektors zu erhalten» (Europäische Kommission [2011], 4). Hinsichtlich der Vergütungspolitik und -praxis für Mitarbeiterkategorien, deren Tätigkeiten sich wesentlich auf das Risikoprofil auswirken, verpflichtet die Verordnung die Gesellschaften, bestimmte Angaben offenzulegen. Insbesondere folgende Angaben sind offenzulegen (Art. 450):

a) Angaben zum Entscheidungsprozess, der zur Festlegung der Vergütungspolitik führt;

b) Angaben zur Verknüpfung von Vergütung und Erfolg;

c) Angaben zu den wichtigsten Gestaltungsmerkmalen des Vergütungssystems, einschliesslich der Informationen über die Kriterien für die Erfolgsmessung und Risikoausrichtung, der Strategie zur Rückstellung der Vergütungszahlung und Erdienungskriterien;

d) Angaben zu den gemäss Art. 94 Abs. 1 lit. g der Richtlinie 2013/36/EU festgelegten Werten für das Verhältnis zwischen dem festen und dem variablen Vergütungsbestandteil;

e) Angaben zu den Erfolgskriterien, anhand deren über den Anspruch auf Aktien, Optionen oder variable Vergütungskomponenten entschieden wird;

f) Angaben zu den wichtigsten Parametern und Begründungen für Systeme mit variablen Komponenten und sonstigen Sachleistungen;

g) zusammengefasste Angaben zu den Vergütungen, aufgeschlüsselt nach Geschäftsbereichen;

h) zusammengefasste Angaben zu den Vergütungen, aufgeschlüsselt nach Geschäftsleitung und Mitarbeitern, deren Tätigkeit einen wesentlichen Einfluss auf das Risikoprofil der Gesellschaft hat;

i) Angaben zur Zahl der Personen, deren Vergütung sich im Geschäftsjahr auf EUR 1 Mio. oder mehr beläuft, aufgeschlüsselt nach Vergütungsstufen von EUR 500 000 bei Vergütungen zwischen EUR 1 Mio. und EUR 5 Mio. sowie aufgeschlüsselt nach Vergütungsstufen von EUR 1 Mio. bei Vergütungen von EUR 5 Mio. und mehr.

3.   Entwicklungen in den USA

254   Der Dodd-Frank Wall Street Reform and Consumer Act («Dodd-Frank Act»), welcher am 21. Juli 2010 verabschiedet wurde, sieht in Paragraph 951 ff. Bestimmungen zur Compensation vor, welche von der U.S. Securities and Exchange Commission («SEC») umzusetzen sind. Anders als in der EU oder in der Schweiz, wo die Vergütung begrenzt (1:1 bzw. 1:2) oder von der Genehmigung der Generalversammlung abhängig ist, spielt die Offenlegung in den USA weiterhin eine entscheidende Rolle, und allfällige Abstimmungen der Generalversammlung haben grundsätzlich nur konsultative Wirkung.

255   Seit April 2011 haben Gesellschaften die Vergütungen, welche sie an die Geschäftsleitung ausrichten, ihren Aktionären zur konsultativen Abstimmung vorzulegen (Say on Pay). Diese konsultative Abstimmung hat mindestens alle drei Jahre stattzufinden, wobei die Aktionäre die Häufigkeit der Abstimmung bestimmen. Eine Offenlegungspflicht der Gesellschaft besteht hinsichtlich der an die Geschäftsleitungsmitglieder im Rahmen einer Übernahme oder Fusion bezahlten bzw. vereinbarten goldenen Fallschirme («Say on Golden Parachutes»). Diese Abgangsentschädigungen unterliegen teilweise auch der konsultativen Abstimmung (nämlich wo die Zustimmung der Aktionäre bei Fusionen und Übertragungen erforderlich ist; vgl. hierzu Section 14A der Securities Exchange Act 1934).

256   Publikumsgesellschaften sind gemäss der *Pay Ratio Disclosure* verpflichtet, das Lohnverhältnis zwischen dem CEO und einem durchschnittlichen Arbeitnehmer offenzulegen (Offenlegung gilt ab dem Geschäftsjahr 2017). Durch die Offenlegung soll den Unternehmen eine moralische Pflicht auferlegt werden, die Löhne zwischen den Bestverdienendsten und den am schlechtesten Verdienenden in einem vernünftigen Verhältnis zu halten (Bloomberg online, 18. Juli 2013). Überdies sind Bestimmungen in Kraft, welche vorsehen, dass der Vergütungsausschuss einer Publikumsgesellschaft sowie die Berater eines Vergütungsausschusses unabhängig sein müssen.

Es sind auch weitere Bestrebungen zur Umsetzung des Dodd-Frank Act im Gange: 257
Die SEC hat eine *clawback*-Bestimmung in Rule 10D-1 des Securities Exchange
Acts von 1934 vorgeschlagen. Demnach haben die US Börsen (u.a. die NYSE und
Nasdaq) Kotierungsstandards auszuarbeiten, welche die Publikumsgesellschaften
verpflichten, schriftliche Clawback Policies einzuführen, einzuhalten sowie offenzulegen. Falls ein Emittent eine Bilanzanpassung aufgrund eines materiellen Fehlers in einem veröffentlichten Finanzbericht vorzunehmen hat, sind variable Vergütungen, welche einem ehemaligen und gegenwärtigen Geschäftsleitungsmitglied innerhalb von drei Jahren vor der Pflicht zur Bilanzanpassung ausbezahlt
wurden, zurückzubezahlen. Falls eine Gesellschaft aufgrund eines substanziellen
Fehlers eine Bilanzanpassung *(accounting restatement)* vorzunehmen hat, steht
der Gesellschaft ein Rückforderungsrecht auf die überschüssig ausbezahlte variable Vergütung zu. Eine *Pay for Performance*-Regelung ist ebenfalls gestützt auf
dem Dodd-Frank Act vorgesehen, wonach das Verhältnis zwischen den tatsächlich
ausgerichteten Vergütungen an die Geschäftsleitungsmitglieder und der Ge-
schäftsergebnisse der Gesellschaft (sprich TSR) offenzulegen ist. Mit der vorgeschlagenen Hedging Policy Disclosure haben die Gesellschaften offenzulegen, ob
es den Mitarbeitern und Direktoren gestattet ist, gewisse Absicherungsgeschäfte
zu betreiben.

4. Weitere Tendenzen

Durch den Ausgang der «Abzockerinitiative» inspiriert und 258
motiviert, sind in der EU betreffend Managementvergütungen bereits neue legislative Bestrebungen im Gange. Am 9. April 2014 veröffentlichte die Kommission
einen Vorschlag für eine Richtlinie zur Förderung der langfristigen Einbeziehung
der Aktionäre sowie zur Verbesserung der Corporate Governance[50]. Im Speziellen
verfolgt der Vorschlag folgende Ziele:

a) Stärkung und Verbesserung der Einbeziehung von Eigentümern und Verwal-
tern von Vermögenswerten in die Unternehmen, in die sie investieren;

b) Schaffung einer besseren Verknüpfung von Vergütungen und Leistung der
Mitglieder der Unternehmensleitung, unter anderem durch die Einführung des
Rechts der Aktionäre auf Abstimmung über die Vergütungspolitik und den
Vergütungsbericht;

---

[50] Vorschlag für eine Richtlinie des Europäischen Parlaments und des Rates zur Änderung
der Richtlinie 2007/36/EG im Hinblick auf die Förderung der langfristigen Einbeziehung
der Aktionäre sowie der Richtlinie 2013/34/EU in Bezug auf bestimmte Elemente der Erklärung zur Unternehmensführung, COM(2014) 21 final.

c) Verbesserung der Transparenz und der Überwachung von Transaktionen mit nahestehenden Unternehmen und Personen durch die Aktionäre;

d) Gewährleistung von Zuverlässigkeit und Qualität der Beratungsdienste der Berater für die Stimmrechtsvertretung;

e) Erleichterung der Übermittlung grenzüberschreitender Informationen entlang der Investitionskette, vor allem durch Identifizierung der Aktionäre.

259   Ähnliche Tendenzen lassen sich auch in Frankreich, Deutschland und Grossbritannien erkennen. Selbst im Mutterland hoher Managergehälter könnte ein Umdenken stattfinden. Die SEC (U.S. Securities and Exchange Commission) hat vorgeschlagen, dass börsenkotierte Unternehmen das Lohnverhältnis zwischen den bestverdienendsten Führungskräften und den «normalen» Arbeitnehmern offenlegen (Bloomberg online, 18. Juli 2013).

5. Internationaler Anwendungsbereich

260   Heute sind internationale Konzerne sehr verbreitet, sodass sich die Gesellschaften mit der Frage des anwendbaren Rechts auch im Zusammenhang mit der Compensation auseinanderzusetzen haben. Die Frage der Vergütung betrifft nicht nur eine privatrechtliche Regelung zwischen der Gesellschaft und einem Kadermitglied, sondern es sind u.a. aufsichtsrechtliche (z.B. bei Banken) gesellschaftsrechtliche, öffentlich-rechtliche und privatrechtliche Bestimmungen zu berücksichtigen.

261   Gesellschaften, die nach schweizerischem Recht organisiert sind und Schweizer Publizitäts- oder Registrierungsvorschriften erfüllen, unterstehen schweizerischem Recht (vgl. Art. 154 IPRG). Schweizer Mutter- oder Tochtergesellschaften unterliegen demnach schweizerischem Recht. Regulatorisch wird bei Banken zusätzlich gefordert, dass diese tatsächlich auch von der Schweiz aus geleitet werden (Art. 10 BankV). Schweizer Aktiengesellschaften, deren Aktien an einer Börse im In- oder Ausland kotiert sind, unterliegen zwingend den Bestimmungen der VegüV. Die VegüV hat somit auch extraterritoriale Anwendung, sofern ein Verwaltungsrat oder Geschäftsleitungsmitglied zusätzlich bei einer Tochtergesellschaft im Ausland tätig bzw. angestellt ist. Die VegüV anerkennt, dass (sowohl inländische als auch ausländische) gesetzliche Abgangsentschädigungen (wie Art. 339b OR; vgl. Zusatzbericht VegüV, 12) zulässig sind. Überdies sind Zahlungen zulässig, die auf einem (inländischen oder ausländischen) hoheitlichen Akt (wie einem Gerichtsurteil) beruhen (Praxiskommentar VegüV-OSER/MÜLLER, Art. 20 N 40).

262   Gemäss aufsichtsrechtlichen Vergütungsvorschriften der UK Prudential Regulation Authority unterliegt die variable Vergütung eines «UK Material Risk Takers»

(«MRT») einer Rückforderungsregelung, die für einen Zeitraum bis zu sieben Jahren gilt. Als MRT gelten das Senior Management (z.B. britische Managing Directors), Mitarbeiter in Kontrollfunktionen sowie alle Mitarbeiter, die einen wesentlichen Einfluss auf das Risikoprofil des Unternehmens haben. Ein Geschäftsleitungsmitglied eines schweizerischen Konzerns, welches zugleich bei einer britischen Tochtergesellschaft angestellt ist, unterliegt sowohl der siebenjährigen Clawback-Bestimmung als auch den Bestimmungen der VegüV (aufgrund des extraterritorialen Anwendungsbereiches der VegüV).

Eine Gesellschaft mit Sitz im Ausland kann in der Schweiz eine Zweigniederlassung haben. Diese untersteht schweizerischem Recht (Art. 160 IPRG). Unselbstständige Niederlassungen (wie Zweigniederlassungen) von Auslandbanken unterliegen den Bestimmungen des BankG und der BankV (mit Ausnahme der Bestimmungen über die eigenen Mittel und die Risikoverteilung).   263

D. Corporate Governance und Vergütung bei Banken

Bei den Banken waren die Vergütungssysteme im wesentlichen   264
Umfang eine Ursache, übermässige Risiken einzugehen und so Boni zu verdienen. Diese falschen Anreize wurden auch als Teilursache der grossen Finanzkrise ausgemacht. Entsprechend greift die Regulierung auf internationaler ebenso wie auf nationaler Ebene schliesslich auch wesentlich in die Organisation der Banken ein.

Die FINMA hat in zwei Rundschreiben zu wichtigen Themen Stellung genommen   265
und ein drittes Rundschreiben tritt per 1. Juli 2017 in Kraft und wird das Rundschreiben FINMA-RS 08/24 «Überwachung und interne Kontrollen Banken» ersetzen:

(i)   Rundscheiben 2010/1 Vergütungssysteme, Mindeststandards für Vergütungssysteme bei Finanzinstituten, FINMA RS 10/1 «Vergütungssysteme»,

(ii)   Rundschreiben 2008/21 Operationelle Risiken Banken, Eigenmittelanforderungen und qualitative Anforderungen für operationelle Risiken bei Banken, FINMA-RS 08/21 «Operationelle Risiken Banken»,

(iii) Rundschreiben 2016/1 Offenlegung Banken, Offenlegungspflichten im Zusammenhang mit den Eigenmitteln und der Liquidität, FINMA-RS 16/1 «Offenlegung-Banken», und

(iv) Rundschreiben 2017/1 Corporate Governance – Banken, Corporate Governance, Risikomanagement und interne Kontrollen bei Banken, FINMA-RS 17/1 «Corporate Governance – Banken».[51]

266   Im Zuge der Überarbeitung der Anforderungen an die Corporate Governance von Banken (s. unten N 267) wurden die Rundschreiben «Operationelle Risiken» und «Vergütungssysteme» revidiert. Beim Rundschreiben «Operationelle Risiken» wurden neue Grundsätze zum Management von IT- und Cyberrisiken eingeführt und die Prinzipien aus dem FINMA-Positionspapier «Rechts- und Reputationsrisiken im grenzüberschreitenden Finanzdienstleistungsverkehr» integriert. Das Rundschreiben «Vergütungssysteme» muss neu nur noch von den grössten Banken und Versicherungsunternehmen vollständig angewendet werden und verbietet explizit sogenannte Absicherungsgeschäfte. Es dient aber weiterhin allen Banken und Versicherern als Leitlinie. Sowohl das Rundschreiben «Corporate Governance als auch die Änderungen in den anderen Rundschreiben treten per 1. Juli 2017 in Kraft.

1.   FINMA-RS 10/1 «Vergütungssysteme»

267   Die FINMA erliess am 21. Oktober 2009 das Rundschreiben 2010/1 über Mindeststandards für Vergütungssysteme bei Finanzinstituten, welches am 1. Januar 2010 in Kraft trat (FINMA-RS 10/1 «Vergütungssysteme»). Das Rundschreiben definiert Mindeststandards für die Ausgestaltung, Umsetzung und Offenlegung von Vergütungssystemen bei Finanzinstituten. Die festgelegten Grundsätze verpflichten die Finanzinstitute, insbesondere unter Beizug von unabhängigen Spezialisten ein transparentes Vergütungssystem zu implementieren, das sowohl hinsichtlich fixen als auch variablen und aufgeschobenen Vergütungsbestandteilen mit der Risikopolitik des Finanzinstituts übereinstimmt und auf einen nachhaltigen und langfristigen wirtschaftlichen Erfolg des Finanzinstituts ausgerichtet ist (s. FINMA-RS 10/1, Grundsätze 2–7). Für Personen, die Kontrollfunktionen ausüben, darf das Vergütungssystem keine Anreize setzen, die zu Interessenskonflikten mit ihrem Aufgabenbereich führen (Grundsatz 8). Für die Ausgestaltung und Umsetzung der Vergütungspolitik ist der Verwaltungsrat verantwortlich, der dazu ein Vergütungsreglement zu erlassen hat und jährlich über die Umsetzung der Vergütungspolitik Bericht erstattet (Grundsatz 1 und 9). Eine Abweichung von den Grundsätzen ist nur in begründeten Ausnahmefällen möglich und muss offengelegt werden (Grundsatz 10).

---

[51]   Verfügbar auf: https://www.finma.ch/de/news/2016/11/20161101-mm-rs-corporate-governance-bei-banken/ (Stand 8. Dezember 2016).

2. FINMA-RS 17/1 «Corporate Governance – Banken»

In dem verabschiedeten FINMA-RS 17/1 «Corporate Gover- 268
nance – Banken» legt die FINMA Prinzipien für die Corporate Governance, das
interne Kontrollsystem und das Risikomanagement von Banken, Effektenhändlern, Finanzgruppen und bank- oder effektenhandelsdominierten Finanzkonglomeraten fest und nimmt damit eine Anpassung an die «Corporate governance principles for banks» vom Juli 2015 des Basler Ausschusses für Bankenaufsicht und
somit an internationale Standards vor. Im Zentrum stehen Minimalanforderungen
zur Ausgestaltung des bankinternen Kontrollsystems und zur Zusammensetzung
und zum Hintergrund von Bankverwaltungsräten.

3. Vom *principal agent*-Modell zu einem *profit sharing*-Modell

Während die gesetzlichen Regelungen und die bestehenden 269
Richtlinien, z.B. OR, VegüV, CRD IV, FINMA Rundschreiben, FSB (vormals
FSF)-Richtlinien, an sich nur die Vergütung von Geschäftsleitung und Verwaltungsrat betreffen, gelten die Vergütungssystems, bei Banken praktisch für das
gesamte Personal. Es fragt sich stets, ob die legislatorischen Grundlagen implizit
auch auf die Vergütung aller Bankmitarbeiter Anwendung finden. Dies ist eine
Besonderheit der Vergütungssysteme in Banken.

Daraus ergab sich dann in den letzten Jahren, namentlich in der Schweiz, eine 270
Entwicklung, die als eigentlicher Wechsel von einem *principal agent*-Modell zu
einem *profit sharing*-Modell gesehen werden muss.

Noch in den Jahren 2010 bis 2012 war der Tenor in den Vergütungsberichten der 271
Schweizer Grossbanken, dass die Interessen der Mitarbeiter mit denen der Investoren in Einklang zu bringen bzw. ein ausgewogenes Verhältnis zu finden wäre.
Heute nun ist von einer Aufteilung der Gewinne auf die beiden Gruppen oder
sogar ganz offen die Rede davon, dass ein gewisser Prozentsatz des Gewinns für
die (variable) Vergütung der Mitarbeiter bestimmt ist:

Konkret war «früher» die Rede davon, dass attraktive Renditen sowohl für die 272
Aktionäre als auch für die Mitarbeiter erwirtschaftet werden sollten (UBS-Geschäftsbericht 2013, 4) oder dass die Gruppe einer fairen, ausgewogenen und
leistungsorientierten Vergütungspraxis verpflichtet wäre, welche die langfristigen
Interessen von Mitarbeitenden und Aktionären in Einklang bringt (Credit Suisse,
Geschäftsbericht 2011, 193), oder dass ein besonderes Augenmerk auf der Verteilung des erzielten wirtschaftlichen Erfolges zwischen Aktionären und Mitarbeitenden liege, mit dem erklärten Ziel, zukünftig ein ausgewogenes Verhältnis zu
erreichen (Credit Suisse, Geschäftsbericht 2012, 204).

273 Heute nun finden sich in den Geschäftsberichten klare Aussagen über eine Verteilung des Gewinns zwischen Mitarbeitern und Aktionären.

274 So heisst es etwa bei der Credit Suisse: «Bei der Festlegung der Pools strebt der
Vergütungsausschuss eine ausgewogene Verteilung des Gewinns zwischen Aktionären und Mitarbeitenden an und verwendet als primäres Leistungskriterium den
ökonomischen Gewinn.» (CS-Geschäftsbericht 2015, 252; ebenso schon 2014,
224)

275 Bei der UBS heisst es: «Die Festlegung des Pools für leistungsabhängige Zuteilungen soll eine ausgewogene Gewinnverteilung zwischen Aktionären und Mitarbeitern gewährleisten.» (UBS-Geschäftsbericht 2015, 6.) Und 2014 findet man
sogar ganz unverblümt den Hinweis auf eine prozentmässige Aufteilung: «Der
Pool für leistungsabhängige Zuteilungen jedes Unternehmensbereichs entspricht
einem Prozentsatz des Gewinns vor Berücksichtigung der leistungsabhängigen
Zuteilungen.» (UBS Geschäftsbericht 2014, 6.)

IX. Corporate Social Responsibility

276   Unter dem Begriff *Corporate Social Responsibility (CSR)* versteht man die freiwillige Selbstverpflichtung von Unternehmen zur Leistung eines
Beitrags an eine nachhaltige ökonomische, ökologische und gesellschaftliche
Entwicklung unter Berücksichtigung der Interessen der Stakeholder (vgl. SECO,
CSR-Konzept vom 11. Dezember 2009[52]). Gemäss BÖCKLI kann CSR rechtlich so
verstanden werden, «dass die Unternehmensspitze aufgefordert wird, die ihr an-
vertrauten Ressourcen innerhalb des ihr verbleibenden Ermessensspielraums nicht
mit einer kurzfristigen, sondern einer mittel- und langfristigen Optik einzusetzen
und die sozialen Belange in ihre Entscheidungen als einen der relevanten Faktoren
stets einzubeziehen hat» (BÖCKLI, Aktienrecht, § 14 N 377). CSR thematisiert also
die Frage, ob privatwirtschaftlich geführte Unternehmen – insbesondere Publikumsgesellschaften – eine soziale Verantwortung tragen.

277 Hochkonjunktur haben auch Konzepte wie «corporate sustainability» oder «corporate citizenship», die oftmals gleiche oder ähnliche Ideen propagieren und daher
oftmals als Teilaspekte der CSR behandelt werden. Die Bedeutung von nachhaltiger Unternehmensführung und gesellschaftlichem Engagement von Unternehmen
haben auch Investoren erkannt, weshalb sie CSR zunehmend bei ihren Investi-
tionsentscheiden berücksichtigen.[53] Der *Dow Jones Sustainability Indices* bei-

---

[52]   Abrufbar auf http://www.seco.admin.ch/themen/00645/04008/index.html?lang=de (Stand
18. Juli 2013).
[53]   economiesuisse, Corporate Social Responsibility aus Sicht der Unternehmen, Juni 2015.

spielsweise, ein Referenzindizes, der die Performance von Unternehmen im Bereich der CSR misst, hält fest:

> «Corporate Sustainability is a business approach that creates long-term shareholder value by embracing opportunities and managing risks deriving from economic, environmental and social developments.»[54]

Während lange Zeit das Prinzip des Shareholder-Value, die Steigerung der Aktionärsrendite, das einzige oder vorherrschende Unternehmensziel war, änderte sich diese Ansicht in der wirtschaftlichen Debatte Mitte der 80er-Jahre mit der Einführung der Stakeholder-Theorie, durch deren Begründung das Thema der gesellschaftlichen Verantwortung von Unternehmen zunehmend Einzug ins strategische Management erhielt (ETTER, 29). Die Frage, ob die Maximierung des Gewinns die einzige legitime Zielsetzung einer Gesellschaft ist oder ob sie auch weitere Ziele verfolgen sollte, die die Interessen anderer Stakeholder und der Gesellschaft *(Society)* im weiten Sinne berücksichtigen, ist aktueller denn je. 278

Die Diskussion um CSR wird auch politisch geführt. UN-Generalsekretär Ban Kimoon hielt in seiner Rede im Rahmen des *Hong Kong-U.S. Business Council Dialog* vom 12. Juni 2013 fest: 279

> «I am convinced that principles and profits can go hand-in-hand. Business success requires delivering long-term value – not just financially, but also socially, environmentally and ethically.»

Nach dem sogenannten *Triple-Bottom-Line-Ansatz* wird vermehrt die Berücksichtigung aller Stakeholder und der Ausgleich zwischen finanziellem Erfolg (Gewinnmaximierung), sozial verantwortungsvollem Handeln (Social Responsibility) und umweltschonendem und nachhaltigem Wirtschaften (Environmental Responsibility) gefordert (FORSTMOSER, Gewinnmaximierung, 212; FORSTMOSER, Corporate Responsibility, 200). Letztlich dienen Massnahmen im Bereich der CSR dem Ansehen der Unternehmung auf dem Markt. Man spricht in diesem Zusammenhang häufig von *Reputationsmanagement* (vgl. FORSTMOSER, Corporate Responsibility, 204 ff.; BÜHLER, Corporate Governance, 161 N 439). Insbesondere für global tätige Unternehmen oder Unternehmensgruppen, die im Fokus der Medien und einer breiteren Öffentlichkeit stehen, ist die Bekennung zu ethischen Grundsätzen von essenzieller Bedeutung, da Verstösse gegen rechtliche und moralische Grundprinzipien nicht toleriert werden (FORSTMOSER, Corporate Responsibility, 203). In der EU sind Unternehmen, die im Jahresdurchschnitt mehr als 500 Mitarbeiter beschäftigen, dazu verpflichtet, Angaben zu Umwelt-, Sozial- und Arbeitnehmerbelangen, zur Achtung der Menschenrechte und zur Bekämpfung von Korruption und Bestechung zu machen (CSR-Richtlinie 2014/95/EU vom 22. Ok- 280

---

[54] http://www.sustainability-indices.com/sustainability-assessment/corporate-sustainability. jsp (Stand 6. August 2015).

tober 2014[55]; ausführlich dazu NOBEL/KAEMPF, 142 ff.). Auch schweizerische global tätige Unternehmen wie ABB, Holcim, Glencore und Schindler versuchen dieser Entwicklung Rechnung zu tragen, indem sie separate *Sustainability Reports* neben den finanziellen Jahresberichten publizieren.

281   Ob sich soziales Engagement für Unternehmen tatsächlich finanziell lohnt, wird in einer neueren Studie von ROST/EHRMANN infrage gestellt. Die Autoren kommen zum Schluss, dass ein direkter Zusammenhang zwischen CSR und finanziellem Unternehmenserfolg nicht gegeben ist und dass Corporate-Social-Responsibility-Massnahmen nicht nur Gewinn bringen oder die Reputation verbessern, sondern vor allem auch Kosten für das Unternehmen erzeugen (ROST/EHRMANN, 1 ff.).[56]

X.   Multinationale Unternehmen

282   Die Diskussion um Corporate Social Responsibility ist eng mit derjenigen über multinationale Unternehmen verbunden. Multinationale oder transnationale Unternehmen sind Unternehmen, in denen verschiedene Produktions-, Handels- und Dienstleistungsstufen – vertikal und horizontal – über die Staatsgrenzen hinweg innerhalb desselben Unternehmens verbunden sind (WALSER/BISCHOFBERGER, 6). In den OECD-Leitsätzen für multinationale Unternehmen wird der Begriff wie folgt definiert:

> «Es handelt sich gewöhnlich um Unternehmen oder andere in mehreren Ländern niedergelassene Unternehmensteile, die so miteinander verbunden sind, dass sie ihre Geschäftstätigkeit auf unterschiedliche Art und Weise koordinieren können … Das Gesellschaftskapital kann privat, öffentlich oder gemischt sein.» (OECD-Leitsätze, 19 f.)

283   Diese Unternehmen waren in den 80er-Jahren des letzten Jahrhunderts Gegenstand politisierender Kontroversen. Umstritten war vor allem ihr Beitrag an die Entwicklung armer Länder mit Rohstoffen, die von internationalen Firmen abgebaut werden. Heute dreht sich die Diskussion in gewichtigem Masse auch um deren Steuerstrategien zur Vermeidung von Körperschaftsteuern (s. § 15, N 92 ff.).

284   Durch die Gründungen von Nestlé (1866), Brown, Bovery & Cie. (1891)[57] und Roche (1896) sind multinationale Unternehmungen schon seit dem späten

---

[55]   Richtlinie 2014/95/EU des Europäischen Parlaments und des Rates vom 22. Oktober 2014 zur Änderung der Richtlinie 2013/34/EU im Hinblick auf die Angabe nicht finanzieller und die Diversität betreffende Informationen durch bestimmte grosse Unternehmen und Gruppen, ABl. L 330/1.

[56]   Auch kritisch zu CSR: THOMAS BECKER, Moral ist Privatsache, NZZ, 6. Januar 2016.

[57]   Brown, Boveri & Cie. fusionierte 1988 mit der schwedischen Allmänna Svenska Elektriska Aktiebolaget (ASEA) zur Asea Brown Boveri (ABB).

19. Jahrhundert auch in der Schweiz bekannt. Die volkswirtschaftliche Bedeutung dieser Unternehmen für die Schweiz ist nicht einfach zu erfassen, dennoch lässt sich anhand weniger Zahlen deren Wichtigkeit erkennen. Gemäss den Auswertungen von WALSER/BISCHOFBERGER beträgt der Anteil der multinationalen Unternehmen an der volkswirtschaftlichen Bruttowertschöpfung in Prozent des BIP 16–36 Prozent, an der Beschäftigung 11–29% Prozent und an den Unternehmenssteuern (direkte Steuern) 35–42 Prozent (WALSER/BISCHOFBERGER, 7). Gemäss dem McKinsey Global Institute Headquarters Density Index, der die globalen konsolidierten Erlöse von Unternehmen mit jeweils mehr als USD 1 Mrd. Umsatz in Relation zum BIP des entsprechenden Landes setzt, belegte die Schweiz im Jahr 2010 den ersten Platz (MGI, business landscape, 6). Demnach beheimatete die Schweiz 131 Unternehmen, die weltweit mehr als USD 1 Mrd. Umsatz generierten. Zürich stand als Standort von 79 Konzernen mit einem Gesamtumsatz von USD 770 Mrd. (USD 9,7 Mrd. pro Unternehmen) weltweit an 14. Stelle, noch vor bedeutenden Wirtschaftsmetropolen wie Sydney (15.), Stockholm (16.), Singapur (20.) oder München (24.). Gemäss dem Wirtschaftsverband Swissholdings sind in der Schweiz rund 10 000 meist international tätige Konzerne ansässig, welche rund ein Drittel zum BIP beitragen, für jeden dritten Arbeitsplatz in der Schweiz stehen sowie substanzielle Steuern entrichten (Swissholdings, Konzernstandort, 3). Hinzu kommen positive, indirekte Effekte. Die Schweiz ist folglich aus gutem Grund daran interessiert, den Konzernen auch künftig ein vorteilhaftes Umfeld zu bieten (vgl. NZZ vom 23. November 2016, 30).

Aufgrund der zunehmenden Internationalisierung und Globalisierung haben sich die grossen Konzerne immer mehr dem Einflussbereich nationaler Grenzen und damit auch nationaler Regulierung entzogen und sich damit als zentrale Akteure der Weltpolitik etabliert (NOBEL, Internationales Aktienrecht, 732 f.). Gleichzeitig hat das Bewusstsein für Menschenrechts- und Umweltfragen international und national zugenommen, worüber nicht einfach hinweggesehen werden kann. Eine Diskussion über Stakeholder respektive über Corporate Social Responsibility drängt sich daher umso mehr auf (vgl. Kaufmann, Corporate Social Responsibility, 3 ff.). 285

A. OECD-Leitsätze für multinationale Unternehmen

Während der erste Versuch, internationale Standards aufzustellen, welche die Staaten bei der Regelung grenzüberschreitender wirtschaftlicher Tätigkeit zugrunde legen sollten, in der Havanna-Charta von 1948 scheiterte, konnten die OECD-Regierungen 1976 die Leitsätze für multinationale Unternehmen *(Guidelines für multinational Enterprises)* verabschieden (NOBEL, Internationales Aktienrecht, 743 f.). Bei den *OECD-Leitsätzen für multinationale Unter-* 286 *nehmen,* die 2000 und letztmals 2011 aktualisiert wurden, handelt es sich um nicht rechtsverbindliche Grundsätze und Massstäbe (Prinzip der Freiwilligkeit) für verantwortungsvolles unternehmerisches Handeln im globalen Kontext, das dem geltenden Recht und international anerkannten Normen entspricht (OECD-Leitsätze für multinationale Unternehmen, Vorwort). Das Ziel der Leitsätze ist, die multinationalen Unternehmen dabei zu unterstützen, einen Beitrag zum ökonomischen, ökologischen und sozialen Fortschritt weltweit zu leisten.

287 Bei den Leitsätzen handelt es sich um gemeinsame Empfehlungen der Regierungen an multinationale Unternehmen, die Grundsätze und Massstäbe für gute Praktiken im Einklang mit dem geltenden Recht und international anerkannten Standards enthalten. Folgende Prinzipien und Grundsätze stehen dabei im Vordergrund:

a) Die Unternehmen sollen einen Beitrag zum wirtschaftlichen, ökologischen und sozialen Fortschritt im Hinblick auf die angestrebte nachhaltige Entwicklung leisten.

b) Die Unternehmen sollen international anerkannte Menschenrechte der von ihrer Tätigkeit betroffenen Personen respektieren.

c) Die Unternehmen sollen die Humankapitalbildung fördern, namentlich durch Schaffung von Beschäftigungsmöglichkeiten und Erleichterung von Aus- und Weiterbildung ihrer Arbeitnehmer. Sie sollen insbesondere von diskriminierenden oder disziplinarischen Massnahmen gegenüber Arbeitnehmern absehen und die geltenden Gesetze sowie die anerkannten internationalen Arbeitsstandards beachten.

d) Die Unternehmen sollen gute Corporate-Governance-Grundsätze unterstützen und für deren Beachtung sorgen. Sie sollten insbesondere sicherstellen, dass aktuelle und exakte Informationen über alle wesentlichen Angelegenheiten veröffentlicht werden, die ihre Geschäftstätigkeit, Struktur, Finanzlage, Betriebsergebnisse, Eigentumsverhältnisse und Corporate-Governance-Struktur betreffen.

e) Die Unternehmen sollen wirksame Selbstregulierungspraktiken und Managementsysteme konzipieren und anwenden, die ein Klima des gegenseitigen Vertrauens zwischen den Unternehmen und der Gesellschaft der Gastländer begünstigen.

f) Die Unternehmen sollen risikoabhängige Due-Diligence-Prüfungen durchführen.

g) Die Unternehmen sollen sich jeder ungebührlichen Einmischung in die Politik des Gastlandes enthalten.

h) Die Unternehmen sollen an Privat- oder Multi-Stakeholder-Initiativen und gesellschaftlichen Dialogen über ein verantwortungsvolles Management der Zulieferkette teilnehmen oder diese unterstützen.

i) Die Unternehmen sollen sich für die Bekämpfung von Bestechung, Bestechungsgeldforderungen und Schmiergelderpressung einsetzen.

j) Die Unternehmen sollen bei ihren Beziehungen zu den Verbrauchern faire Geschäfts-, Marketing- und Werbepraktiken anwenden und alle zumutbaren Massnahmen treffen, um die Qualität und Zuverlässigkeit der von ihnen angebotenen Waren und Dienstleistungen zu gewährleisten.

k) Die Unternehmen sollten bestrebt sein, sicherzustellen, dass ihre Aktivitäten mit der Wissenschafts- und Technologiepolitik und den diesbezüglichen Plänen der Länder, in denen sie tätig sind, im Einklang stehen und gegebenenfalls zum Ausbau der Innovationskapazitäten auf lokaler und nationaler Ebene beitragen.

l) Die Unternehmen sollten ihre Geschäftstätigkeit unter Beachtung aller geltenden wettbewerbsrechtlichen Bestimmungen und Regelungen ausüben und dabei auch die wettbewerblichen Bestimmungen all jener Länder berücksichtigen, in denen die Aktivitäten möglicherweise wettbewerbshemmende Effekte haben.

m) Zudem werden die Unternehmen aufgefordert, durch die pünktliche Entrichtung ihrer Steuerschuld einen Beitrag zu den öffentlichen Finanzen der Gastländer zu leisten.

Auch wenn es sich bei den OECD-Leitsätzen für multinationale Unternehmen nicht um rechtsverbindliche und direkt durchsetzbare Standards handelt (vgl. § 12, Kap. Internationale Standards), laufen Unternehmen, die sich den genannten Prinzipien entziehen, Gefahr, von Investoren und Konsumenten «bestraft» zu werden (NOBEL, Internationales Aktienrecht, 738). Beispielsweise wurde im Zusammenhang mit der von Firestone angekündigten Schliessung 1978 des Pneuwerks in Pratteln dem US-amerikanischen Reifenkonzern vorgeworfen, er habe u.a. diese Guidelines missachtet. Die Baselbieter Regierung liess offen, ob die schweizerischen Behörden ein Verfahren gemäss dem oft als «Multi-Kodex» betitelten Instrument anhängig machen würden. Mit Bezug auf den Fall Firestone stellte sich insbesondere die Frage, ob Firestone nicht den Abschnitt «Beschäftigung und Beziehungen zwischen den Sozialpartnern» des OECD-Kodex verletzt habe. Glücklicherweise gehörte die Firestone-Praxis zu den Ausnahmen in der Schweiz (vgl. NZZ vom 13./14. Mai 1978, 17). Bis heute gibt es weltweit über 360 Be-

288

schwerdefälle, die von Gewerkschaften und NGOs vorgebracht wurden.[58] Nationale Kontaktstelle hierfür ist in der Schweiz das SECO.

289 Die Reputation ist ein Gut, das angesichts drohender Boykotte und erhöhter Kritikfähigkeit der Öffentlichkeit nicht unterschätzt werden darf, dies gilt umso mehr für Unternehmen, die international tätig sind und auf ihr Ansehen angewiesen sind (Nobel, Internationales Aktienrecht, 738; s. auch FORSTMOSER, Corporate Responsibility, 197 ff.; derselbe, Multinationale Unternehmen, 709 ff.): Reputation ist ein prekäres Gut, schon bei Shakespeare (Othello II, 3):

> «CASSIO: Reputation, reputation, reputation! Oh, I have lost my reputation! I have lost the immortal part of myself, and what remains is bestial. My reputation, Iago, my reputation!
>
> IAGO: As I am an honest man, I thought you had received some bodily wound. There is more sense in that than in reputation. Reputation is an idle and most false imposition, oft got without merit and lost without deserving […]»

290 Im Finanzbereich gehört «Reputation», anders als rechtliche Risiken, nicht zu den operativen Risiken, da sie kaum bewertbar ist (vgl. Art. 89 ERV u. FINMA RS 08/21, N 7).

B.   Der Global Compact

291   Beim *Global Compact* der Vereinten Nationen handelt es sich um eine strategische Initiative für Unternehmen, die sich verpflichten, ihre Geschäftstätigkeit und Strategien an zehn universell anerkannten Prinzipien aus den Bereichen Menschenrechte, Arbeitsnormen, Umweltschutz und Korruptionsbekämpfung auszurichten.[59] Der *Global Compact* wurde im Zuge der zunehmenden Globalisierung und des Rufes nach neuen Formen der Entwicklungszusammenarbeit als visionäre Idee des damaligen UNO-Generalsekretärs Kofi Annan anlässlich des WEF 1999 in Davos vorgestellt. Am 26. Juli 2000 erfolgte dann die offizielle Lancierung der Initiative.

> «We have to choose between a global market driven only by calculations of short-term profit, and one which has a human face. Between a world which condemns a quarter of the human race to starvation and squalor, and one which offers everyone at least a chance of prosperity, in a healthy environment. Between a selfish free-for-all in which we ignore the fate of the losers, and a future in which the strong and successful accept their responsibilities, showing global vision and

[58] S. https://mneguidelines.oecd.org/database (Stand 29. November 2016).
[59] Siehe http://www.unglobalcompact.org (Stand 29. November 2016).

leadership.» (Aus der Rede des ehemaligen UNO-Generalsekretärs Kofi Annan am WEF 1999 in Davos[60])

Mit mehr als 8700 Teilnehmern aus über 140 Ländern ist der *Global Compact* die weltweit grösste Initiative gesellschaftlich engagierter Unternehmen und anderer Stakeholder. Der Global Compact bietet den Beteiligten einen praxisorientierten Rahmen zur Entwicklung, Umsetzung und Offenlegung von Nachhaltigkeitsstrategien und -praktiken sowie ein breites Spektrum an Arbeitsfeldern und Managementwerkzeugen, die alle dem Zweck der Förderung nachhaltiger Geschäftsmodelle und Märkte dienen.[61] Die Unternehmen sollen in einer globalisierten Welt dazu beitragen, dass Märkte, Handel, Technologie und Finanzwirtschaft so gestaltet werden, dass sie allen Ökonomien und Gesellschaften zugutekommen.[62] Dem Global Compact sind auch rund 20 Schweizer Multis beigetreten (s. WALSER/ BISCHOFBERGER, 26) 292

Die Unternehmen sollen internationale Menschenrechte achten und sicherstellen, dass sie sich nicht an Menschenrechtsverletzungen mitschuldig machen (Prinzipien 1 und 2). Betreffend die Arbeitnehmer haben die Unternehmen die Vereinigungsfreiheit und die wirksame Anerkennung des Rechts auf Kollektivverhandlungen zu wahren sowie sich für die Beseitigung aller Formen der Zwangsarbeit, Kinderarbeit und Diskriminierung einzusetzen (Prinzipien 3–6). Die Unternehmen sollen sich auch für den Umweltschutz einsetzen. Insbesondere sollen sie im Umgang mit Umweltproblemen dem Vorsorgeprinzip folgen, Initiativen ergreifen, um grösseres Umweltbewusstsein zu fördern, und die Entwicklung und Verbreitung umweltfreundlicher Technologien beschleunigen (Prinzipien 7–9). Auf dem Global-Compact-Gipfel im Juni 2005 kam ein zehntes Prinzip zur Bekämpfung der Korruption hinzu. 293

Die Entwicklung vom Shareholder-Prinzip zum Stakeholder-Prinzip bis zum noch weitergehenden *Corporate Social Responsibility*-Gedanken darf insbesondere im Bezug auf multinationale Unternehmen, die nicht selten als Träger der Globalisierung angesehen werden, positiv betrachtet werden. Multinationale Unternehmen können und dürfen jedoch nicht als Ersatz für den Staat als oberste Rechtsinstanz und als unmittelbarer Hüter der Menschenrechte dienen, weil ansonsten das staatliche Rechtssystem aus den Angeln gehoben würde (WALSER/BISCHOFBERGER, 27). In Regionen, in denen der Staat seinen Schutzpflichten nicht nachkommen kann oder will, kann sich dennoch vor allem aufgrund der Selbstverpflichtung, Menschenrechte schützen zu wollen, eine Schutzpflicht des Unternehmens erge- 294

---

[60] Abgedruckt auf: http://www.un.org/press/en/1999/19990201.sgsm6881.html (Stand 29. November 2016).

[61] http://www.unglobalcompact.org (Stand 29. November 2016).

[62] https://www.eda.admin.ch/deza/de/home/partnerschaften_auftraege/public-private-partnership.html (Stand 29. November 2016).

ben, sei es auch nur, um der Unternehmensreputation Sorge zu tragen (s. FORST-MOSER, Multinationale Unternehmen, 712 f.).

C. UNO-Leitprinzipien für Wirtschaft und Menschenrechte

295   Die *UNO-Leitprinzipien für Wirtschaft und Menschenrechte (Ruggie-Prinzipien)* wurden 2011 vom UNO-Menschenrechtsrat gutgeheissen und verabschiedet.[63] Die Leitprinzipien stellen «soft law» dar, welches rechtlich nicht verbindlich ist (vgl. eigenständiges Kap. § 12 N 14 ff.). Als global anerkannte Standards haben sich die Leitprinzipien trotzdem zu einer wichtigen Referenz im Themenbereich Wirtschaft und Menschenrechte entwickelt. Sie zeigen im Besonderen auf, wie Staaten ihrer völkerrechtlichen Pflicht, Menschenrechte vor Einwirkungen Dritter, inkl. Unternehmen, zu schützen, nachkommen können *(The State Duty to Protect Human Rights)* und wie Unternehmen ihrer Verantwortung, Menschenrechte zu respektieren, gerecht werden können *(The Corporate Responsibility to Respect Human Rights)*. Als weitere Maxime betonen sie die zentrale Bedeutung der Bereitstellung von gerichtlichen und aussergerichtlichen Massnahmen zur Abhilfe und Wiedergutmachung von Menschenrechtsverletzungen *(Access to Remedy)*. Vier Jahre nach der Verabschiedung der Leitprinzipien hat die Schweiz am 9. Dezember 2016 ihren nationalen Aktionsplan zur Umsetzung der UNO-Leitprinzipien erarbeitet.[64] Mittels 50 Politikinstrumenten stellt der Aktionsplan dar, wie die Schweiz die Leitprinzipien für Wirtschaft und Menschenrechte umsetzen will, ohne dabei verbindliche Massnahmen zu implementieren.

D. Die Konzernverantwortungsinitiative in der Schweiz

296   Die am 1. November 2016 zustande gekommene Konzernverantwortungsinitiative[65] knüpft an die *UN-Ruggie-Prinzipien* (vgl. den vorangehenden Abschnitt C) an und fordert eine Umsetzung der Leitprinzipien durch einen sog. *smart mix* aus verbindlichen und freiwilligen Massnahmen.

---

[63]   «Guiding Principles on Business and Human Rights» (verfügbar auf: https://www.unglobalcompact.org/library/2, Stand 18. Februar 2016).

[64]   Bericht über die Schweizer Strategie zur Umsetzung der UNO-Leitprinzipien für Wirtschaft und Menschenrechte vom 9. Dezember 2016 (verfügbar auf: https://www.newsd.admin.ch/newsd/message/attachments/46597.pdf, Stand 26. Januar 2017).

[65]   Eidgenössische Volksinitiative «Für verantwortungsvolle Unternehmen – zum Schutz von Mensch und Umwelt» (BBl 2016 8107).

In der Werbepropaganda zur Initiative heisst es: 297

> «Kinderarbeit auf Kakaoplantagen, unmenschliche Arbeitsbedingungen in Textilfabriken, Umweltverschmutzung beim Rohstoffabbau – solchen unethischen Geschäftspraktiken muss endlich ein Riegel vorgeschoben werden. [...]»[66]

Dem Verein gehören über 60 Organisationen an, über Entwicklungs- und Menschenrechtsorganisationen, Gewerkschaften und kirchliche Gruppierungen, Umwelt- und Frauenverbände bis hin zu Organisationen für verantwortungsbewusste Wirtschaft und weiteren NGOs.[67] Die Initianten kritisieren namentlich, das bisher von Parlament und Bundesrat eingeschlagene Tempo bei der Umsetzung der *Ruggie-Prinzipien* sei zu langsam; darüber hinaus seien die vorgeschlagenen freiwilligen Massnahmen zu wenig wirkungsvoll, um den Schutz von Mensch und Umwelt vor Beeinträchtigungen durch Unternehmen sicherzustellen.[68] 298

Die Konzernverantwortungsinitiative beabsichtigt die Einführung von rechtsverbindlichen Sorgfaltspflichten für Unternehmen. Da ein Initiativrecht auf Gesetzesstufe fehlt, sodass z.B. keine ausformulierten Änderungsvorschläge fürs OR eingereicht werden können, zielt die Initiative trotz ihres Detaillierungsgrades auf eine Änderung der Bundesverfassung ab. 299

Der Initiativtext sieht die Einführung eines neuen Artikels 101*a* vor: 300

> «Art. 101*a* Verantwortung von Unternehmen
>
> [1] Der Bund trifft Massnahmen zur Stärkung der Respektierung der Menschenrechte und der Umwelt durch die Wirtschaft.
>
> [2] Das Gesetz regelt die Pflichten der Unternehmen mit satzungsmässigem Sitz, Hauptverwaltung oder Hauptniederlassung in der Schweiz nach folgenden Grundsätzen:
>
> a. Die Unternehmen haben auch im Ausland die international anerkannten Menschenrechte sowie die internationalen Umweltstandards zu respektieren; sie haben dafür zu sorgen, dass die international anerkannten Menschenrechte und die internationalen Umweltstandards auch von den durch sie kontrollierten Unternehmen respektiert werden; ob ein Unternehmen ein anderes kontrolliert, bestimmt sich nach den tatsächlichen Verhältnissen; eine Kontrolle kann faktisch auch durch wirtschaftliche Machtausübung erfolgen.

---

[66] Vgl. http://konzern-initiative.ch/ (Stand 21. Januar 2016).
[67] Vgl. FAQ zur Konzernverantwortungsinitiative, abrufbar unter https://www.evb.ch/fileadmin/files/documents/Unternehmensregulierung/KVI_FAQ_D_V3.pdf (Stand 21. Januar 2016)
[68] Siehe Initiativkomitee der Konzernverantwortungsinitiative, Fragen und Antworten zur Konzernverantwortungsinitiative.

b. Die Unternehmen sind zu einer angemessenen Sorgfaltsprüfung verpflichtet; sie sind namentlich verpflichtet, die tatsächlichen und potenziellen Auswirkungen auf die international anerkannten Menschenrechte und die Umwelt zu ermitteln, geeignete Massnahmen zur Verhütung von Verletzungen international anerkannter Menschenrechte und internationaler Umweltstandards zu ergreifen, bestehende Verletzungen zu beenden und Rechenschaft über ergriffene Massnahmen abzulegen; diese Pflichten gelten in Bezug auf kontrollierte Unternehmen sowie auf sämtliche Geschäftsbeziehungen; der Umfang dieser Sorgfaltsprüfung ist abhängig von den Risiken in den Bereichen Menschenrechte und Umwelt; bei der Regelung der Sorgfaltsprüfungspflicht nimmt der Gesetzgeber Rücksicht auf die Bedürfnisse kleiner und mittlerer Unternehmen, die geringe derartige Risiken aufweisen.

c. Die Unternehmen haften auch für den Schaden, den durch sie kontrollierte Unternehmen aufgrund der Verletzung von international anerkannten Menschenrechten oder internationalen Umweltstandards in Ausübung ihrer geschäftlichen Verrichtung verursacht haben; sie haften dann nicht nach dieser Bestimmung, wenn sie beweisen, dass sie alle gebotene Sorgfalt gemäss Buchstabe b angewendet haben, um den Schaden zu verhüten, oder dass der Schaden auch bei Anwendung dieser Sorgfalt eingetreten wäre.

d. Die gestützt auf die Grundsätze nach den Buchstaben a–c erlassenen Bestimmungen gelten unabhängig vom durch das internationale Privatrecht bezeichneten Recht.»

301 Im Gegensatz zu den UNO-Leitlinien, welche internationales «*soft law*» darstellen, soll mit der Konzernverantwortungsinitiative die Sorgfaltsprüfungspflicht in Abs. 1 des neuen Art. 101*a* verbindlich vorgeschrieben werden. Demgemäss soll der Bund die Kompetenz zum Erlass von Massnahmen erhalten, die die Respektierung der Menschenrechte und der Umwelt durch die Wirtschaft stärken. Erfasst werden sowohl verbindliche, unmittelbar anwendbare Vorschriften wie beispielsweise eine obligatorische Berichterstattungspflicht über nicht finanzielle Informationen als auch freiwillig zu befolgende Normen wie etwa das Positionspapier des Bundesrates zur unternehmerischen Verantwortung[69] (KAUFMANN, Konzernverantwortungsinitiative, 48).

302 Art. 101*a* Abs. 2 des Initiativtexts sieht vor, dass das Gesetz die Pflichten der Unternehmen regeln soll, die gemäss Statuten ihren Sitz, ihre Hauptverwaltung oder Hauptniederlassung in der Schweiz haben. Der vorgesehene persönliche Geltungsbereich (*ratione personae)* der vom Gesetzgeber zu erlassenden Normen steht somit im Einklang mit den völkerrechtlichen Vorgaben: In *Barcelona Trac-*

---

[69] Positionspapier und Aktionsplan des Bundesrates zur Verantwortung der Unternehmen für Gesellschaft und Umwelt vom 1. April 2015 (verfügbar auf: http://www.admin.ch/gov/de/start/dokumentation/medienmitteilungen.msg-id-56760.html#downloads, Stand 26. Januar 2017).

tion[70] hat der Internationale Gerichtshof festgehalten, dass gemäss einer allgemeinen internationalen Regel bei einem widerrechtlichen Akt gegen ein international agierendes Unternehmen nur sein Heimatstaat rechtliche Schritte ergreifen kann. Dieses Zuständigkeitsprinzip hat dann auch Eingang in die internationale Gesetzgebung gefunden: So sieht Art. 60 LugÜ – in Anlehnung an Art. 54 Abs. 1 AEUV[71] – vor, dass Gesellschaften und juristische Personen ihren «Wohnsitz» an dem Ort haben, an dem sich ihr satzungsmässiger Sitz, ihre Hauptverwaltung oder ihre Hauptniederlassung befindet. Daraus ergibt sich dann gemäss Art. 2 LugÜ, dass die Gesellschaften dann auch vor schweizerischen Gerichten verklagt werden können, wenn sie hier ihren satzungsmässigen Sitz, ihre Hauptverwaltung oder ihre Hauptniederlassung haben.

Darüber hinaus beabsichtigen die Initianten gemäss ihren Erläuterungen[72] dem Gesetzgeber in Art. 101*a* Abs. 2 lit. d des Initiativtextes einen Auftrag zu erteilen, die neuen unternehmerischen Pflichten als Eingriffsnormen und damit als zwingende Bestimmungen auszugestalten. Dies würde konkret bedeuten, dass die gemäss Initiative formulierten Pflichten auch dann zur Anwendung kommen, wenn die Unternehmen im Ausland tätig sind und folglich gemäss Art. 133 IPRG eigentlich ausländischem Recht unterstehen würden. Auf diese Weise soll verhindert werden, dass das üblicherweise bei ausländischer Geschäftstätigkeit anwendbare Recht des Erfolgsorts zum Tragen kommt, da dieses unter Umständen keine

303

---

[70] Internationaler Gerichtshof, *Barcelona Traction, Light and Power Company Limited,* Judgement I.C.J, Reports 1970, 3 ff.: Die *Barcelona Traction, Light and Power Company* (BTLP) war ein 1911 in Kanada gegründetes Unternehmen mit mehrheitlich belgischen Eignern. Der Grossteil der wirtschaftlichen Aktivitäten wurde hingegen in Spanien durchgeführt. Während des spanischen Bürgerkriegs (1936–1939) verbot die spanische Regierung BTLP den Transfer von Devisen, die das Unternehmen benötigte, um seinen Anleihensgläubigern die Rendite zu zahlen. 1948 verklagte eine Gruppe von Anleihensgläubigern BTLP in Spanien wegen Nichteinhaltung ihrer Renditezahlungspflichten. Spanien anerkannte die Klage, die Firma wurde für bankrott erklärt und liquidiert. Der resultierende Überschuss wurde zu einem grossen Teil an die Anleihensgläubiger und nur zu einem geringen Anteil an die Aktionäre verteilt. Daraufhin forderten die Aktionäre Kanada und andere Staaten auf, Beschwerde gegen Spanien wegen Rechtsverweigerung und Verletzung mehrerer Vertragspflichten einzureichen. Während Kanada letztendlich das Recht Spaniens anerkannte, den Devisentransfer zu verbieten und BTLP für bankrott zu erklären, reichte Belgien, als Heimatland von 88% der Aktionäre, Klage beim Internationalen Gerichtshof ein. Dieser verneinte in seinem wegweisenden Urteil vom 5. Februar 1970, das *ius standi,* also das Klagerecht Belgiens. Da die BTLP in Kanada als juristische Person weiterhin Bestand hätte, könne auch nur Kanada um Rechtsschutz ersuchen.

[71] «Für die Anwendung dieses Kapitels stehen die nach den Rechtsvorschriften eines Mitgliedstaats gegründeten Gesellschaften, die ihren satzungsmässigen Sitz, ihre Hauptverwaltung oder ihre Hauptniederlassung innerhalb der Union haben, den natürlichen Personen gleich, die Angehörige der Mitgliedstaaten sind.»

[72] Initiativkomitee der Konzernverantwortungsinitiative, Factsheet V, Der Initiativtext mit Erklärungen.

unternehmerischen Sorgfaltspflichten und Haftungsbestimmungen enthält. Die
Initianten haben sich hier für die stärkere Massnahme entschieden, durch die eine
generell zwingend anwendbare Norm geschaffen wird, unabhängig davon, was
das ausländische Recht vorsieht.[73] Eine mildere Variante, die wohl unter dem
Aspekt der Verhältnismässigkeit und im Hinblick auf internationale Entwicklungen zu bevorzugen gewesen wäre (s. KAUFMANN, Konzernverantwortungsinitiative, 49 f.), sähe vor, einen Auffangtatbestand im Sinne eines *ordre public*-Vor-
behalts gemäss Art. 17 IPRG zu schaffen. Die Rechtsprechung des Bundesgerichts
zu Art. 17 IRPG ist zwar hinsichtlich der hier diskutierten Thematik bislang noch
wenig ergiebig (s. GEISSER, 365 ff.); es wäre jedoch realistisch anzunehmen, dass
nach Umsetzung der Initiative, die aufgeführten Sorgfaltspflichten zum schweizerischen *ordre public* gehören und entgegenstehendes ausländisches Recht nicht
anwendbar ist.

304   Die in Art. 101*a* Abs. 2 verankerte unternehmerische Verantwortung nimmt im
Wesentlichen Bezug auf die in den UNO-Leitprinzipien und den OECD-
Leitsätzen enthaltene Verantwortung zur Achtung von international anerkannten
Menschenrechten und Umweltstandards. Auch der Begriff «respektieren» entspricht der Terminologie der UNO-Leitprinzipien. Unternehmen sind demnach
gehalten, negative Auswirkungen ihrer Tätigkeit auf die Menschenrechte mit
geeigneten Massnahmen zu verhindern *(prevent),* zu mildern *(mitigate)* und –
soweit angemessen – wiedergutzumachen *(remediate).* Insgesamt ist somit festzustellen, dass sich – zumindest im menschenrechtlichen Bereich – keine über die
UNO-Leitprinzipien hinausgehenden Anforderungen ergeben.

305   Darüber hinaus beabsichtigen die Initianten die unternehmerische Verantwortung
über das Unternehmen selbst hinaus, auch auf von diesem kontrollierte Unternehmen zu erstrecken. Indem eine faktische Kontrolle «durch wirtschaftliche Macht-
ausübung» genügen soll, soll die unternehmerische Verantwortung für die gesamte
Liefer- und Produktionskette auch institutionell widerspiegelt werden.[74] Der
Initiativtext geht hier über die UNO-Leitprinzipien bzw. die OECD-Leitsätze
hinaus, indem kein Zusammenhang mit einer Geschäftsbeziehung verlangt wird.
So könnte ein Schweizer Unternehmen, das aus welchen Gründen auch immer
einen substanziellen Einfluss auf ein ausländisches Unternehmen ausübt, (mit)-
verantwortlich für durch dieses Unternehmen begangene Menschenrechts- und
Umweltbeeinträchtigungen gemacht werden, selbst wenn es an dem die Vergehen
auslösenden Projekt gar nicht beteiligt ist (für eine ausführliche Beschreibung
eines solchen Szenarios vgl. KAUFMANN, Konzernverantwortungsinitiative, 50).

---

[73]   Initiativkomitee der Konzernverantwortungsinitiative, Factsheet V, Der Initiativtext mit
Erklärungen.

[74]   Initiativkomitee der Konzernverantwortungsinitiative, Factsheet V, Der Initiativtext mit
Erklärungen.

Aus einer so weit gehenden Verantwortung ergeben sich Folgefragen, die wohl im Vorfeld einer Abstimmung zu klären sind: Insbesondere ist zu untersuchen, ob die Initiative durch die Verknüpfung von faktischer Kontrolle und der Verantwortung für Menschenrechts- und Umweltbeeinträchtigungen eine faktische Organstellung der involvierten Geschäftsleitungs- oder Verwaltungsratsmitglieder des Schweizer Unternehmens impliziert. Zudem ist fraglich, welche Auswirkungen eine – soweit ersichtlich – bislang allein von der Schweiz eingeführte breite Verantwortlichkeit auf die Tätigkeit von Schweizer Unternehmen im Ausland hat (vgl. auch KAUF-MANN, Konzernverantwortungsinitiative, 52). Aus den genannten Gründen und mit Verweis auf die erst kürzlich beschlossenen Aktionspläne sowohl im Bereich Wirtschaft und Menschenrechte[75] als auch im Bereich Wirtschaft und Umwelt[76] lehnt der Bundesrat die Konzernverantwortungsinitiative ab.[77]

Schliesslich geht die Konzernverantwortungsinitiative auch insoweit über die 306 *Ruggie-Prinzipien* hinaus, als die Umsetzung der Sorgfaltsprüfungspflicht durch einen Haftungsmechanismus gesichert werden soll. Opfern von Menschenrechtsverletzungen und/oder Umweltzerstörungen durch Schweizer Unternehmen oder deren Untergesellschaften soll dadurch ermöglicht werden, in der Schweiz auf Schadenersatz zu klagen. Exkulpieren kann sich das Schweizer Unternehmen, wenn es nachweist, die notwendige Sorgfalt gemäss Art. 101*a* Abs. 2 lit. b OR angewandt zu haben. Auch in Bezug auf diese Norm ergeben sich rechtliche Fragen, die einer vorgängigen Klärung bedürfen. So wird zum einen die völker- und kollisionsrechtliche Grundlage für die dem Schweizer Rechtsstaat zugedachte pauschale Rolle beim Schutz von Personen im Ausland als eher dünn betrachtet. Indem die Initiative über die allgemein anerkannte menschenrechtliche Schutzpflicht von Staaten im eigenen Territorium und für Handlungen der eigenen Unternehmen im Ausland hinausgeht und auch rein faktische Verhältnisse in die Schutzpflicht und damit in die Haftung einbezieht, nimmt sie weder auf anerkannte Grundsätze, wie sie etwa für die Sorgfaltspflicht nach Art. 717 OR oder die Etablierung eines Notgerichtsstands nach Art. 3 IPRG gelten, Bezug noch auf die von den UNO-Leitprinzipien und den OECD-Leitsätzen verlangte Geschäftsbeziehung. Darüber hinaus wirft auch die Ausgestaltung der Haftung als Kausalhaftung mit Exkulpationsmöglichkeit des Unternehmens i.S.v. Art. 55 OR Fragen auf; insbesondere wird kritisch angemerkt, dass unklar ist, worin der Nachweis der aufgebrachten Sorgfalt i.S.v. Art. 101*a* Abs. 2 lit. b bestehen soll (vgl. KAUFMANN, Konzernverantwortungsinitiative, 52 f.). Eine 100-prozentige Übertragung der Geschäftsherrenhaftung auf Konzern- und Unternehmenssachverhalte erscheint nicht sinnvoll: Zwar gibt es in der Lehre Stimmen, die eine objektivierte Betrach-

---

[75] A.a.O. Fn. 67.

[76] S. a.a.O, Fn. 73.

[77] Medienmitteilung des Bundesrates vom 11. Januar 2017; kritisch Micheline Calmy-Rey, Gastkommentar «Verantwortung ernst nehmen», NZZ vom 8. Februar 2017, 9.

tungsweise im Sinn einer Unternehmens- resp. Organisationshaftung statt einer Hilfspersonenhaftung fordern (BRÜGGEMEIER, 162 ff.; JAUN, 581 ff.); diese Überlegungen beziehen sich aber auf juristische Personen resp. Konzernstrukturen, nicht auf rein faktische Machtverhältnisse. Bestrebungen in diese Richtung, u.a. im Rahmen des Projekts zur Revision des Haftpflichtrechts, sind jedoch bislang gescheitert.[78]

E. Auslandsinvestitionen in der Schweiz

307   Die Schweiz kennt nicht nur ein hohes Ausmass an Auslandsinvestitionen, sondern war auch erfolgreich, ausländische Unternehmen anzuziehen (zu den Zahlen s. Kap. § 2, 13 ff.). Dies hat einerseits zu Druck (vor allem seitens der EU) auf die schweizerischen Steuerregimes für international tätige Unternehmen geführt vgl. Kap. § 15, 118 ff.). Vor allem die chinesische Expansion und die Übernahme schweizerischer Unternehmen durch Staatsunternehmen hat in der Schweiz andererseits zudem, wie auch in anderen Ländern, die Frage akut werden lassen, ob es nicht aus nationalem Interesse gewisse Schranken brauche, ohne das bewährte Prinzip der Kapitalverkehrs- und Investitionsfreiheit zu gefährden. Solche Richtlinien fehlen in der Schweiz noch gänzlich.

308   Syngenta, Gate Gourmet, Swissport und Eterna sind die bekanntesten Fälle chinesischer Zukäufe in der Schweiz. Es ist eine signifikante Zunahme sowohl betreffend Anzahl als auch Volumina der Transaktionen mit chinesischer Beteiligung festzustellen (vgl. dazu die Studie von Ernst & Young: Chinesische Unternehmenskäufe in Europa – Eine Analyse von M&A Deals 2005–2016). Der grösste Teil der Unternehmenszukäufe erfolgt durch chinesische Staatsunternehmen – wie im Falle Syngentas, die vom staatlichen Chemieunternehmen ChemChina für rekordhohe CHF 44 Mrd. gekauft wurde. Dies ist wettbewerbsverzerrend, weil die Käufe unter Staatsgarantie erfolgen und die chinesischen Behörden Investments in China durch ausländische Unternehmen stark erschweren. Die Reziprozität ist also nicht gewährleistet. Eine «Blacklist» der chinesischen Regierung verbietet beispielsweise kategorisch die Übernahme eines chinesischen Medienunternehmens.

309   Die schweizerische Regierung ortet hier noch keinen Handlungsbedarf.[79] Dies im Gegensatz zu anderen Staaten, die mit der gleichen Problematik betroffen sind. Diese haben entweder eine entsprechende Policy formuliert, oder es bestehen gesetzliche Korrektive:

---

[78]   Vgl. EJPD, Medienmitteilung vom 21. Januar 2009.
[79]   Vgl. Bilanz online vom 8. September 2016, Chinesen kaufen die Schweiz auf – Kritik wächst (verfügbar auf: http://www.bilanz.ch/unternehmen/chinesen-kaufen-die-schweiz-auf-die-kritik-waechst-717277, Stand 10. November 2016).

In Deutschland kann nach dem geltenden Aussenwirtschaftsgesetz[80] eine Investi-   310
tion untersagt werden, wenn diese die innere oder äussere Sicherheit gefährdet
(vgl. § 4 Aussenwirtschaftsgesetz). Derzeit wird eine Verschärfung des Gesetzes,
resp. eine Ausweitung der Verbotsgründe, diskutiert. Anlass dazu waren verschiedene Übernahmen im Technologiebereich. Die Verschärfung würde dahin gehend
lauten, dass neu ausländischen Investoren die Beteiligung an Unternehmen von
«strategischer wirtschaftlicher Bedeutung» untersagt werden kann.[81]

In den USA besteht mit dem «Committee on Investment in the US» (CFIUS) ein   311
departementsübergreifender Ausschuss der amerikanischen Regierung, der Aus-
landinvestitionen in den USA kontrolliert. Das CFIUS wurde 1975 unter dem
damaligen Präsidenten Gerald Ford als Antwort auf eine Reihe von Investitionen
von OPEC-Staaten in amerikanische Firmen ins Leben gerufen.[82] Nach der gesetzlichen Regelung soll das CFIUS nur bei Gefahren für die nationale Sicherheit
eingreifen. Dieser Begriff wird aber sehr weit ausgelegt. So intervenieren die
Behörden auch, wenn ausländische Behörden mit direkter oder indirekter staatlicher Unterstützung amerikanische Firmen kaufen möchten, die über kritische
Technologien oder Infrastruktur verfügen. Allein im Jahre 2014 wurden 147 Fälle
geprüft, davon 24 mit chinesischer Beteiligung. Gescheitert ist deswegen z.B. der
Übernahmeversuch des Festplattenherstellers Western Digital durch die Tsinghua
Unigroup. In vielen Fällen kommt es gar nicht zu einem behördlichen Verbot, weil
sich die ausländischen Investoren aus Angst vor einem langwierigen Verfahren
von selbst zurückziehen.[83] Das CFIUS gab – trotz heftiger Kritik seitens US-
Landwirtschaftsvertretern, die sich um die Versorgungssicherheit sorgten, weil
Syngenta ein bedeutender Anbieter im Bereich Saatgut und Pflanzenschutz ist –
im August 2016 das Clearing zum Syngenta-Deal.[84]

In Frankreich besteht ein 2005 in Bezug auf den Verteidigungssektor erlassenes   312
Gesetz, welches dazu genutzt wird, ausländische Übernahmen in verschiedenen

---

[80] Aussenwirtschaftsgesetz vom 6. Juni 2013 (BGBl. I S. 1482), das zuletzt durch Art. 6 des
      Gesetzes vom 3. Dezember 2015 (BGBl. I S. 2178) geändert worden ist.
[81] Die Zeit online vom 19. Oktober 2016, Die Chinesen zum Frass? China von der EU nicht
      als Marktwirtschaft anerkannt, (verfügbar auf: http://www.zeit.de/2016/25/investition-
      china-deutsche-technologiefirmen/seite-2, Stand 10. November 2016).
[82] JAMES K. JACKSON, The Committee on Foreign Investment in the United States (CFIUS),
      Congressional Research Service, CRS Report, 7-5700 (2016), 1.
[83] Bilanz online vom 8. September 2016: Chinesen kaufen die Schweiz auf – Kritik wächst
      (verfügbar auf: http://www.bilanz.ch/unternehmen/chinesen-kaufen-die-schweiz-auf-die-
      kritik-waechst-717277 (Stand 10. November 2016).
[84] Vgl. Reuters online vom 22. August 2016: U.S. clearance of Chem China's Syngenta Deal
      removes key hurdle (verfügbar auf: http://www.reuters.com/article/us-syngenta-ag-m-a-
      chemchina-approval-idUSKCN10X0DS, Stand 10. November 2016).

Branchen zu blockieren. Das Gesetz beinhaltet eine Genehmigungspflicht durch den Wirtschaftsminister.[85]

313   Es ist anzunehmen, dass aufgrund dieser Entwicklungen und einer zu erwartenden Zunahme chinesischer Investitionen auch in der Schweiz der Gesetzgeber in dieser Thematik aktiv werden wird.

---

[85]   Vgl. Chinesische Direktinvestitionen in Deutschland und Europa: Eine Studie des Mercator Institute for China Studies und der Rhodium Group, Juni 2015, S. 35.

§ 10   Das Konzernrecht

1 Materialien: Botschaft über die Revision des Aktienrechts vom 23. Februar 1983, BBl 1983 II 745 ff.; Botschaft über die Revision des Nationalbankgesetzes vom 26. Juni 2002, BBl 2002 6097 ff.; Botschaft zum Bundesgesetz zur Bekämpfung der Geldwäscherei im Finanzsektor (Geldwäscherei, GwG) vom 17. Juni 1996, BBl 1996 III 1101 ff.; Botschaft zum Bundesgesetz über Fusion, Spaltung, Umwandlung und Vermögensübertragung (Fusionsgesetz, FusG) vom 13. Juni 2000, BBl 2000 4337 ff.; Botschaft zum Bundesgesetz über die Eidgenössische Finanzmarktaufsicht (Finanzmarktaufsichtsgesetz, FINMAG) vom 1. Februar 2006, BBl 2006 2829 ff.; Botschaft zur Änderung des Obligationenrechts (Aktienrecht und Rechnungslegungsrecht sowie Anpassung im Recht der Kollektiv- und der Kommanditgesellschaft, im GmbH-Recht, Genossenschafts-, Handelsregister- sowie Firmenrecht) vom 21. Dezember 2007, BBl 2008 1589 ff.; Europäische Kommission, Report of the Reflection Group On the Future of EU Company Law, 5. April 2011, Brüssel; Groupe de réflexion «Gesellschaftsrecht», Schlussbericht, Bundesamt für Justiz, Bern 1993 (zit. Groupe de réflexion, S.); Kreisschreiben Nr. 27 der Eidgenössischen Steuerverwaltung EStV vom 17. Dezember 2009 betreffend Steuerermässigungen auf Beteiligungserträgen von Kapitalgesellschaften und Genossenschaften; Rundschreiben 2008/30 der FINMA, Solvabilität I Versicherungskonzerne, Berichterstattung zur Solvabilität I von Versicherungsgruppen und Versicherungskonglomeraten, vom 20. November 2008 (zit. FINMA RS 2008/30); Rundschreiben 2008/31 der FINMA, Versicherungskonzernbericht, Berichterstattung zum Konzernbericht von Versicherungsgruppen und Versicherungskonglomeraten, vom 20. November 2008 (zit. FINMA RS 2008/31); Rundschreiben 13/3 der FINMA, Prüfwesen, vom 6. Dezember 2012 (zit. FINMA RS 13/3); Rundschreiben 13/4 der FINMA, Prüfgesellschaften und leitende Prüfer, vom 6. Dezember 2012 (zit. FINMA RS 13/4); Rundschreiben 2015/1 der FINMA, Rechnungslegung Banken, Rechnungslegungsvorschriften für Banken, Effektenhändler, Finanzgruppen und -konglomerate (RVB), vom 27. März 2014 (zit. FINMA RS 2015/1);

2 Literatur: ALBERS-SCHÖNBERG, MAX, Haftungsverhältnisse im Konzern, Schweizer Schriften zum Handels- und Wirtschaftsrecht, Bd. 44, Zürich 1980; AMSTUTZ, MARC, Konzernorganisationsrecht: Ordnungsfunktion, Norm-

struktur, Rechtssystematik, Bern 1993 (zit. AMSTUTZ, Konzernorganisationsrecht); AMSTUTZ, MARC, Konzernorganisationsrecht 2.0, SZW 1/2016, 2 f. (zit. AMSTUTZ, SZW); AMSTUTZ, MARC, Unionsrecht als lex parsimoniae, in: Weber, Rolf H./Stoffel, Walter A./Chenaux, Jean-Luc/Sethe, Rolf (Hrsg.), Aktuelle Herausforderungen des Gesellschafts- und Finanzmarktrechts, Festschrift für Hans Caspar Von der Crone zum 60. Geburtstag, Zürich/Basel/Genf 2017, 197 ff. (zit. AMSTUTZ, Unionsrecht); AMSTUTZ, MARC, Globale Unternehmensgruppen, Geschichte und Zukunft des europäischen Konzernrechtes, Tübingen 2017 (zit. AMSTUTZ, Unternehmensgruppen); BÖCKLI, PETER, Schweizer Aktienrecht, 4. Aufl., Zürich/Basel/Genf 2009 (zit. BÖCKLI, Aktienrecht); BÖCKLI, PETER, Neue OR-Rechnungslegung, Zürich/Basel/Genf 2014 (zit. BÖCKLI, Rechnungslegung); BÖCKLI, PETER, «Anerkennung des Gruppeninteresses»: Initiative der EU aus Schweizer Sicht, in: Weber, Rolf H./Stoffel, Walter A./Chenaux, Jean-Luc/Sethe, Rolf (Hrsg.), Aktuelle Herausforderungen des Gesellschafts- und Finanzmarktrechts, Festschrift für Hans Caspar Von der Crone zum 60. Geburtstag, Zürich/Basel/Genf 2017, 177 ff. (zit. BÖCKLI, Gruppeninteresse); BORER, JÜRG, Wettbewerbsrecht I, Kommentar, 3. Aufl., Zürich 2011; BÜHLER, CHRISTOPH B., Regulierung im Bereich der Corporate Governance, Zürich/St. Gallen 2009; BÜREN, ROLAND VON/HUBER, MICHAEL, Warum der Konzern keine einfache Gesellschaft ist – eine Replik, SZW 1998, 213 ff.; BÜREN, ROLAND VON, Haftungsgrundlage im Konzern, SZW 1999, 54 ff. (zit. VON BÜREN, Konzernhaftung); BÜREN, ROLAND VON, Der Konzern: rechtliche Aspekte eines wirtschaftlichen Phänomens, SPR Bd. VIII/6, 2. Aufl., Basel 2005 (zit. VON BÜREN, Konzern); CANDREIA, PHILIPP, Konzerne als marktbeherrschende Unternehmen nach Art. 7 KG, Europa Institut Zürich, Bd. 83, Zürich/Basel/Genf 2007; DETTLING, HEINZ-UWE, Die Entstehung des Konzernrechts im Aktiengesetz von 1965, Tübingen 1997; DRUEY, JEAN NICOLAS, Aufgaben eines Konzernrechts, ZSR 1980, 272 ff. (zit. DRUEY, ZSR); DRUEY, JEAN NICOLAS, Die drei Paradoxe des Konzernrechts, in: Büren, Roland Von (Hrsg.), Aktienrecht 1992–1997: Versuch einer Bilanz, Zum 70. Geburtstag von Rolf Bär, Bern 1998 (zit. DRUEY, FS Bär); DRUEY, JEAN NICOLAS, Leitungsrecht und -pflicht im Konzern, in: Baer, Charlotte M. (Hrsg.), Vom Gesellschafts- zum Konzernrecht, St. Galler Studien zum Privat-, Handels- und Wirtschaftsrecht, Bd. 59, Bern/Stuttgart/Wien 2000 (zit. DRUEY, Konzernrecht); DRUEY, JEAN NICOLAS, Die «antiglobalisierende» Tendenz des Wirtschaftsrechts, Überlegungen anhand der Entwicklung des Konzernrechts, in: Meier-Schatz, Christian J./Schweizer, Rainer J. (Hrsg.), Recht und Internationalisierung, Festgabe der Juristischen Abteilung der Universität St. Gallen zum Juristentag 2000, Zürich 2000, 229 ff. (zit. DRUEY, Wirtschaftsrecht); DRUEY, JEAN NICOLAS, Franz Klein weiterdenken – Sein allgemeines Recht der privaten Organisation aus hundertjähriger Distanz, in: Doralt, Peter/Kalss, Susanne (Hrsg.), Franz Klein – Vorreiter des modernen Aktien- und GmbH-Rechts, Wien 2004 (zit. DRUEY, zu Franz Klein); DRUEY, JEAN NICOLAS, Gesellschafts- und Handelsrecht, Systematische Darstellung mit Einschluss des Rechts für börsenkotierte Gesellschaften und des Wertpapierrechts, 10. Aufl., Zürich/Basel/Genf 2010 (zit. DRUEY, Gesellschaftsrecht); DRUEY, JEAN NICOLAS, Corporate Governance im Konzern – Ein Vorschlag, SZW 2012, 414 ff. (zit. DRUEY, Corporate Governance); DRUEY, JEAN NICOLAS/DRUEY JUST, EVA/GLANZMANN, LUKAS, Gesellschafts-

und Handelsrecht, 11. Aufl., Zürich/Basel/Genf 2015; DRUEY, JEAN NICOLAS/VOGEL, ALEXANDER, Das schweizerische Konzernrecht in der Praxis der Gerichte, Zürich 1999; FORSTMOSER, PETER, Die aktienrechtliche Verantwortlichkeit, 2. Aufl., Zürich 1987 (zit. FORSTMOSER, Verantwortlichkeit); FORSTMOSER, PETER, Haftung im Konzern, in: Baer, Charlotte M. (Hrsg.), Vom Gesellschafts- zum Konzernrecht, St. Galler Studien zum Privat-, Handels- und Wirtschaftsrecht, Bd. 59, Bern/Stuttgart/Wien 2000 (zit. FORSTMOSER, Konzern); FORSTMOSER, PETER/MEIER-HAYOZ, ARTHUR/NOBEL, PETER, Schweizerisches Aktienrecht, Bern 1996; Forum Europaeum Konzernrecht, Konzernrecht für Europa, ZGR 1998, 672 ff.; Forum Europaeum on Company Groups, Eckpunkte für einen Rechtsrahmen zur erleichterten Führung von grenzüberschreitenden Unternehmensgruppen in Europa, ZGR 2015, 507 ff.; GESSLER, ERNST, Das Konzernrecht der S.E.; in: Lutter (Hrsg.), Die Europäische Aktiengesellschaft. Berlin 1978, 275 ff.; GRUNDMANN, STEFAN, Europäisches Gesellschaftsrecht, Eine systematische Darstellung unter Einbeziehung des Europäischen Kapitalmarktrechts, Heidelberg 2004; HANDSCHIN, LUKAS, Der Konzern im geltenden schweizerischen Privatrecht, Habil. Basel/Zürich 1994; HARMS, WOLFGANG, Konzerne im Recht der Wettbewerbsbeschränkungen: Eine wirtschafts- und gesellschaftsrechtliche Untersuchung, Köln/Berlin/Bonn/München 1968; HOFSTETTER, KARL, Corporate Governance im Konzern, in: Von der Crone, Hans Caspar/Weber, Rolf H./Zäch, Roger/Zobl, Dieter (Hrsg.), Festschrift für Peter Forstmoser zum 60. Geburtstag, Neuere Tendenzen im Gesellschaftsrecht, Zürich 2003, 301 ff.; HOMMELHOFF, PETER, Konzernrecht für Europa – zu den Vorschlägen und Thesen des Forum Europaeum, in: Baer, Charlotte M. (Hrsg.), Vom Gesellschafts- zum Konzernrecht, St. Galler Studien zum Privat-, Handels- und Wirtschaftsrecht, Bd. 59, Bern/Stuttgart/Wien 2000; Honsell, Heinrich/Vogt, Nedim Peter/Watter, Rolf (Hrsg.), Basler Kommentar, Obligationenrecht II, Art. 530–964 OR, 4. Aufl., Basel 2012 (zit. BSK OR II-AUTOR); HOPT, KLAUS J., Europäisches Gesellschaftsrecht im Lichte des Aktionsplan der Europäischen Kommission vom Dezember 2012, ZGR 2013, 165 ff. (Sonderdruck); Hsu, Peter Ch./Stupp, Eric (Hrsg.), Basler Kommentar zum Versicherungsaufsichtsgesetz, Basel 2013 (zit. BSK VAG-AUTOR); ISAY, RUDOLF, Das Recht am Unternehmen, Berlin 1910; KEASBEY, EDWARD Q., New Jersey and the Great Corporations, Harvard Law Review, Vol. 13, No. 3, 1899, 198 ff.; KELLER, PHILIPP/LEUKERT, RENATE, Solvenz, in: Waldmeier, Jürg (Hrsg.), Versicherungsaufsicht, Zürich/Basel/Genf 2007, 135 ff.; KUNZ, PETER V., Konzernhaftungen, in: Kalss, Susanne/Fleischer, Holger/Vogt, Hans-Ueli (Hrsg.), Gesellschafts- und Kapitalmarktrecht in Deutschland, Österreich und der Schweiz 2013, Tübingen 2014, 49 ff. (zit. KUNZ, Konzernhaftung); KUNZ, PETER V., Grundlagen zum Konzernrecht der Schweiz, Bern 2016 (zit. KUNZ, Konzernrecht); LANG, CHRISTOPH/JENNY RETO M., Keine Wettbewerbsabreden im Konzern; Zum Konzernprivileg im schweizerischen Kartellrecht, sic! 2007, 299 ff.; LARCOM, RUSSEL, C., The Delaware Corporations, Baltimore 1937; LUTTER, MARCUS, Europäisches Unternehmensrecht, 3. Aufl., Zeitschrift für Unternehmens- und Gesellschaftsrecht, Sonderheft 1, Berlin/New York 1991; Mathis, Klaus/Meyer, Conrad (Hrsg.), Basiswissen Recht. Ein praxisorientierter Leitfaden, 9. Aufl., Zürich/Basel/Genf 2013; MEIER-HAYOZ, ARTHUR/FORSTMOSER, PETER, Schweizerisches Gesellschaftsrecht, mit Einbezug des künftigen Rechnungslegungsrechts und der Aktienrechtsreform, 11. Aufl., Bern 2012; MICKLETHWAIT, JOHN/WOOLDRIDGE, ADRIAN, The Company, A Short History of a Revolutionary Idea, New York 2005; NÄNNI, MATTHIAS/VON DER CRONE, HANS CASPAR, Auskunft und Einsicht im Konzern, Entscheid des Schweizerischen Bundesgerichts vom 2. November 2005 (4C.81/2005), BGE 132 II 71, i.S. A. Beteiligungen AG (Beklagte und Berufungsklägerin) gegen B. AG (Klägerin und Berufungsbeklagte), SZW 2006, 150 ff.; NOBEL, PETER, Europäisierung des Aktienrechts, Materialien für die schweizerische Totalrevision, Diessenhofen 1974 (zit. NOBEL, Europäisierung); NOBEL, PETER, Patronatserklärungen und ähnliche Erscheinungen im nationalen und internationalen Recht, in: Wiegand, Wolfgang (Hrsg.), Personalsicherheiten, Berner Bankrechtstag, Bd. 4, Bern 1997, 55 ff. (zit. NOBEL, Patronatserklärung); NOBEL, PETER, Bank- und Finanzkonglomerate – eine konzernbezogene aufsichtsrechtliche Auslegeordnung, in: Baer, Charlotte M. (Hrsg.), Vom Gesellschafts- zum Konzernrecht, St. Galler Studien zum Privat-, Handels- und Wirtschaftsrecht, Bd. 59, Bern/Stuttgart/Wien 2000 (zit. NOBEL, Bank- und Finanzkonglomerate); NOBEL, PETER, Europäisierung des Rechts der Aktiengesellschaft, in: Schweizer, Rainer J./Burkert, Herbert/Gasser, Urs (Hrsg.), Festschrift für Jean Nicolas Druey zum 65. Geburtstag, Zürich/Basel/Genf 2002, 503 ff. (zit. NOBEL, FS Druey); NOBEL, PETER, Schweizerisches Finanzmarktrecht und internationale Standards, 3. Aufl., Bern 2010 (zit. NOBEL, Finanzmarktrecht); NOBEL, PETER, Aktiengesellschaft, Konzern und Unternehmen, in: Sethe, Rolf/Heinemann, Andreas/Hilty, Reto M./Nobel, Peter/Zäch, Roger (Hrsg.), Kommunikation, Festschrift für Rolf H. Weber zum 60. Geburtstag, Bern 2011, 153 ff. (zit. NOBEL, AG und Konzern); NOBEL, PETER, Zur Frage des Konzerns als einfache Gesellschaft, in: Amstutz, Marc/Chabloz, Isabelle/Heinzmann, Michel/Hochreutener, Inge (Hrsg.), Festschrift für Walter A. Stoffel, Bern 2014, 105 ff. (zit. NOBEL, Konzern); NOBEL, PETER/WALDBURGER, ROBERT, Der Unternehmensstandort Schweiz aus steuer- und aktienrechtlicher Sicht, in: Kramer, Ernst A./Nobel, Peter/Waldburger, Robert (Hrsg.), Festschrift für Peter Böckli zum 70. Geburtstag, Zürich 2006; PETER, HENRY, «Spaghetti-Konzernrecht», Die neue und neuartige Regelung des italienischen Konzernrechts, in: Waldburger, Robert/Baer, Charlotte M./Nobel, Ursula/Bernet, Benno (Hrsg.), Wirtschaftsrecht zu Beginn des 21. Jahrhunderts, Festschrift für Peter Nobel zum 60. Geburtstag, Bern 2005; PETER, HENRY/BIRCHLER, FRANCESCA, Les groupes des sociétés sont des sociétés simples, SZW 1998, 113 ff.; PETER, HENRY/CAVADINI-BIRCHLER, FRANCESCA, Les groupes des sociétés sont (parfois) des sociétés simples – une duplique, in: Kunz, Peter V./Herren, Dorothea/Cottier, Thomas/Matteoti, René (Hrsg.), Wirtschaftsrecht in Theorie und Praxis, Festschrift für Roland von Büren, Basel 2009; PURDY, HARRY L./LINDAHL, MARTIN L./CARTER, WILLIAM A., Corporate Concentration and Public Policy, 2nd Edit., New York 1950; SCHLUEP, WALTER, Die Bemühungen um ein europäisches Gesellschaftsrecht und der Vorschlag für eine Teilrevision des schweizerischen Aktienrechts, SAG 1973, 57 ff.; SEAGER, HENRY R./GULICK, CHARLES A., Trust and Corporation Problems, New York/London 1929; SPINDLER, GERALD, Recht und Konzern, Tübingen 1993; STEIN, URSULA, Das italienische Konzernrecht: Ein Leerstück der Gesetzgebung, in: Erle, Bernd et al. (Hrsg.), Festschrift für Peter Hommelhoff zum 70. Geburtstag, Köln 2012, 1149 ff.; Stockar, Conrad/Hochreutener, Hans Peter (Hrsg.): Die Praxis der Bundessteuern II. Teil: Stempelabgaben und Verrechnungssteuer (Basel, Loseblattausgabe, Nachtrag 47, N 21 zu VStG 4 I lit. a, Basel 1993; VISCHER, FRANK (Hrsg.), Zürcher Kommentar zum Fusionsgesetz, Basel/Zürich 2012 (zit. ZK FusG – AUTOR); VOGEL, ALEXANDER, Neuere Tendenzen im Konzern(haftungs)-recht, in: Schweizer, Rainer J./Burkert, Herbert/Gasser, Urs (Hrsg.), Festschrift für Jean Nicolas Druey zum 65. Geburtstag, Zürich 2002, 607 ff.; WALTER, HANS PETER, Vertrauenshaftung im Umfeld des Vertrages, ZBJV 132 (1996), 273 ff.; Watter, Rolf/Vogt, Nedim Peter (Hrsg.), Basler Kommentar zum Börsengesetz und Finanzmarktaufsichtsgesetz, 2. Aufl., Basel 2011 (zit. BSK BEHG-AUTOR); Watter, Rolf/Vogt, Nedim Peter/Tschäni, Rudolf/Daeniker, DANIEL (Hrsg.), Basler Kommentar zum Fusionsgesetz, Basel 2005 (zit. BSK FusG-AUTOR); Watter, Rolf/Vogt, Hans-Ueli (Hrsg.), Basler Kommentar zur Verordnung gegen übermässige Vergütungen bei börsenkotierten Aktiengesellschaften (VegüV), Basel 2015 (zit. BSK VegüV-AUTOR); WEBER, ROLF H., Systemstabilitätsfördernde Neukonzeption der Konglomeratsaufsicht?, SZW 2012, 535 ff.; ZÄCH, ROGER, Schweizerisches Kartellrecht, 2. Aufl., Bern 2005; ZWEIFEL, MARTIN, Holdinggesellschaft und Konzern, Diss. Zürich 1973 (zit. ZWEIFEL, Holdinggesellschaft); ZWEIFEL, MARTIN, Für ein schweizerisches Konzernrecht, SAG 1973, 24 ff. (zit. ZWEIFEL, Konzernrecht).

3   Rechtsvergleichung: Decreto Legislativo 17 gennaio 2003, n. 6, «Riforma organica della disciplina delle societa' di capitali e societa' cooperative, in attuazione della legge 3 ottobre 2001, n. 366» (veröffentlicht in Gazzetta Ufficiale n. 17 des 22 gennaio 2003 – Supplemento Ordinario n. 8); Gesetz über Aktiengesellschaften und Kommanditgesellschaften auf Aktien (Aktiengesetz) vom 30. Januar 1937, RGBl. 1937, Teil 1, S. 107; Verordnung des Reichspräsidenten über Aktienrecht, Bankenaufsicht und über eine Steueramnestie vom 19. September 1931, RGBl. 1931, Teil 1, S. 493.

I.   Einleitung

4   Immer wieder wird eine gesetzgeberische Lösung für das Konzernrecht gefordert; die anvisierten Inhalte bleiben aber unscharf.[1] Das Bundesgericht ging mit seiner Feststellung «Das schweizerische Recht kennt kein eigentli-

---

[1]   KUNZ, Konzernrecht, N 38, erwähnt, dass «am naheliegendsten und dringlichsten» für das Konzernrecht erscheinen würden: Schutz freier Aktionäre, Wählbarkeit juristischer Personen im VR sowie Interessenskonflikte von fiduziarischen VR. Die Groupe de réflexion (1993) sah in den folgenden Bereichen Handlungsbedarf: Konzerneingang, insbesondere zum Schutz von Minderheitsaktionären in Untergesellschaften; Konzernpublizität; Konzernleitung und die damit verbundenen Unklarheiten für die Organe der Untergesellschaften; Konzernverantwortlichkeit und Konzerninsolvenz sowie das Konzernsteuerrecht (73 ff.). DRUEY/DRUEY JUST/GLANZMANN zählen zu den zentralen Regelungsbereichen Folgendes: das Konzernorganisationsrecht (Konzernleitung), das Konzerninteresse bzw. dessen Handhabung und die Haftung aus Konzerntätigkeit (§ 1 N 12 ff., s.a. DRUEY, Corporate Governance, 414 ff.).

ches Konzernrecht» (BGE 138 II 61 E. 4.1) wohl etwas weit, denn es bestehen Regeln und Maximen zur Bewältigung dieser Problematik.

Am intensivsten diskutiert wird die deutsche Lösung, die im AktG 1965 ein Recht der verbundenen Unternehmen kennt. Dabei wird unterschieden zwischen Vertragskonzern (der seinen Ursprung im deutschen Steuerrecht zu haben scheint) und dem faktischen Konzern. Der faktische Konzern ist dabei praktisch die Negation konzernrechtlicher Verhältnisse, während der Vertragskonzern mit Abhängigkeitsbericht und Ausgleichspflichten die aussenstehenden Aktionäre schützen will (s. § 291 ff. des deutschen Aktiengesetzes; dazu auch Böckli, Aktienrecht, § 11 N 44 ff.). 5

Das Ganze hat sich aber in der Praxis anscheinend wenig bewährt. 6

Die Unternehmensgruppe bleibt «ein weisser Fleck auf der weltweiten Karte des Rechts» (Markus Lutter zitiert in Kunz, Konzernrecht, N 40). 7

Brasilien hat 1976 ein von Deutschland inspiriertes Konzernrecht erlassen, Portugal 1986, Italien 2004 (dazu Peter, 25 ff.), die Türkei 2013. In der Türkei wurde gar ein Gerichtsstand für Vertrauenshaftung der (ausländischen) Muttergesellschaft geschaffen. 8

II. Geschichtlicher Hintergrund

A. USA

Mit seiner über 100-jährigen Geschichte hat sich der *Konzern* als Untersuchungsobjekt der Rechtswissenschaften etabliert, an seiner Aktualität aber in keiner Weise eingebüsst, weder unter praktischen noch unter theoretischen Gesichtspunkten. Die heutige Realität wird national wie auch international von Konzernen beherrscht (Nobel, Finanzmarktrecht, 43), der «erfolgreichsten Organisationsform des 20. Jahrhunderts [...]» (Druey, zu Franz Klein, 145). Die Rechtswissenschaft ist trotz zahlreicher Versuche mit diesen Strukturen aber noch nicht fertig geworden. 9

Die Anfänge des *Konzernrechts* können wohl in den Bestrebungen amerikanischer Gesellschaften, den Wettbewerb ausschalten bzw. das zu dessen Schutz erlassene Recht umgehen zu wollen, gesehen werden (Keasbey, 198; s. auch Zweifel, Holdinggesellschaft, 33; Druey, FS Bär, 75; Nobel, AG und Konzern, 158). Anfänglich in der Eisenbahn- und Ölindustrie, später auch in der Stahlindustrie und der Elektrizitätswirtschaft formten sich riesige Trusts, Kartelle oder Monopole, die sich den Markt aufteilten respektive für sich alleine beanspruchten. Die Trustform 10 wurde teilweise bewahrt, weil es einer *Corporation* nicht erlaubt war, Anteile an einer anderen *Corporation* zu halten.

11 Als Antwort auf die wettbewerbsbeschränkenden Auswirkungen wurde in den USA 1890 auf Bundesebene der *Sherman Act* erlassen, der einerseits das Verbot der Handelsbeschränkung durch Verträge, Abmachungen und Trusts und andererseits ein Monopolverbot vorsah. Dieses *Antitrust*-Recht löste bei den Trusts eine Reorganisations- und Umwandlungswelle aus, von der insbesondere der Staat New Jersey zu profitieren versuchte. 1888 erliess New Jersey ein Gesetz, welches die Beteiligung einer juristischen Person an einer anderen juristischen Person explizit erlaubte, was wiederum die Möglichkeit für Trusts schuf, sich eine Holdingstruktur zu geben, um das Trustverbot des *Sherman Act* zu umgehen (LARCOM, 5 f.; PURDY/LINDAHL/ CARTER, 47; SPINDLER, 235 ff.; MICKLETHWAIT/WOOLDRIDGE, 68 f.). Die Liberalisierung des Gesellschaftsrechts in New Jersey führte dazu, dass sich bis 1904 über 50 Prozent der Grossunternehmen in New Jersey niederliessen, mit dem Ergebnis, dass andere Staaten, allen voran Delaware, ihr Gesellschaftsrecht ebenfalls liberalisierten und die Konzernbildung zusätzlich durch freiheitliche Regelungen betreffend die Kapital- und Stimmrechtsstrukturen, die innere Organisation und die Publizität begünstigten (KEASBEY, 201; SEAGER/GULICK, 36 ff.; LARCOM, 13; PURDY/LINDAHL/CARTER, 48 f.; SPINDLER, 237 f. und 240 ff.).

B. Europa

12 Ebenso alt ist die Geschichte des Konzerns in Europa, wo sich gegen Ende des 19. Jahrhunderts die ersten grossen Unternehmenskonzentrationen als Kartelle, kartellähnliche Zusammenschlüsse, Syndikate oder Interessengemeinschaften organisierten (vgl. ZWEIFEL, Holdinggesellschaft, 33 f.; HANDSCHIN, 6 ff.). Im Gegensatz zum amerikanischen Recht kam es in Europa aber nicht zu einer rechtlichen Geburtsstunde des Konzerns. Vielmehr waren es reale, wirtschaftliche Entwicklungen, die zu einem «faktischen Einschleichen» des Konzerns in die jeweiligen Länder führten, ohne dass diese kartellrechtlich oder gesellschaftsrechtlich in irgendeiner Weise erfasst wurden (DRUEY, Wirtschaftsrecht, 231). Auch hier spielten wettbewerbliche Überlegungen eine Rolle, was sich in der angloamerikanischen Begrifflichkeit des «concern» widerspiegelt (zum Begriff nachfolgend, N 17 ff). Eine absichtliche Konstituierung des Konzerns als Instrument des Rechts erfolgte durch den Gesetzgeber vorerst nicht, vor allem auch, weil die im *common law* bedeutsame «ultra vires»-Doktrin im Gegensatz zu den USA und GB keine Relevanz erlangte (SPINDLER, 76; HANDSCHIN, 8). In Deutschland wurde die zunehmende Unternehmenskonzentration erst während der Weimarer Republik als Rechtsproblem des Steuerrechts wahrgenommen, und nach Ausbruch der Wirtschaftskrise zeigte sich insbesondere auch die Haftungsproblematik der verschie-

denen Formen der Unternehmenszusammenschlüsse (SPINDLER, 53). Als Reaktion erliess der deutsche Gesetzgeber die NotVO[2] vom 19. September 1931, welche neue Publizitätsvorschriften und erstmals den Begriff der Konzerngesellschaft enthielt (SPINDLER, 53). Diese Reformansätze mündeten schliesslich 1937 in ein neues Aktiengesetz (AktG)[3], das die erste gesetzgeberische Regelung des Konzerns für das deutsche Recht und im Besonderen eine Legaldefinition des Kozerns beinhaltete (SPINDLER, 53 f.; HANDSCHIN, 10; DETTLING, 76). Nach § 15 AktG bildeten rechtlich selbständige Unternehmen einen Konzern, wenn sie zu wirtschaftlichen Zwecken unter einheitlicher Leitung zusammengefasst waren (ausführlich ZWEIFEL, Holdinggesellschaft, 61 ff.). Die mit den Konzernen einhergehenden Probleme wurden dadurch aber noch nicht gelöst, was letztendlich zur Kodifikation des Konzernrechts im Aktiengesetz (AktG) im Jahr 1965 führte (HANDSCHIN, 10). Diese Kodifikation wird heute aber als wenig erfolgreich betrachtet.

Einen ähnlichen Weg hat nun auch der italienische Gesetzgeber eingeschlagen. 13 Seit dem 1. Januar 2004 enthält die italienische Rechtsordnung ein einheitliches und vollständiges Regelwerk[4], das sich ausdrücklich dem Konstrukt des Konzerns widmet (vgl. ausführlich dazu PETER, 251 ff. und STEIN, 1149 ff.).

Auf europäischer Ebene hingegen scheiterte der Versuch einer an das deutsche 14 Recht angelehnten Konzernrichtlinie (neunte Richtlinie) schon relativ früh (zu den Gründen für das Scheitern s. DRUEY, Wirtschaftsrecht, 234 ff.). Immerhin fand die Konzernrealität durch den Erlass der Konzernrechnungsrichtlinie (Siebente Richtlinie 83/349/EWG vom 13. Juni 1983[5]) Berücksichtigung, aber auch durch die Nutzung internationaler Rechnungslegungsstandards.

C. Schweiz

      Auch in der Schweiz begann man sich früh mit dem Konzern- 15 phänomen und der Frage der Notwendigkeit eines formellen, in sich geschlossenen Konzernrechts zu beschäftigen (vgl. ZWEIFEL, Konzern, 24 ff.; SCHLUEP, 74 u. NOBEL, Europäisierung, 204 ff.; Groupe de réflexion, 69 ff.). Die Forderungen

---

[2]   Verordnung des Reichspräsidenten über Aktienrecht, Bankenaufsicht und über eine Steueramnestie vom 19. September 1931, RGBl. 1931, Teil 1, S. 493.

[3]   Gesetz über Aktiengesellschaften und Kommanditgesellschaften auf Aktien (Aktiengesetz) vom 30. Januar 1937, RGBl. 1937, Teil 1, S. 107.

[4]   *Decreto Legislativo 17 gennaio 2003, n. 6, «Riforma organica della disciplina delle societa' di capitali e societa' cooperative, in attuazione della legge 3 ottobre 2001, n. 366»* (veröffentlicht in *Gazzetta Ufficiale n. 17 de 22 gennaio 2003 – Supplemento Ordinario n. 8*).

[5]   Aufgehoben durch Richtlinie 2013/34/EU vom 26. Juni 2013.

nach einem Konzernrecht wurden in den 1970er-Jahren lauter. Am 26. Juni 1973 reichte Nationalrat Arnold Koller eine Motion ein, in welcher er den Bundesrat ersuchte, einen Entwurf eines Konzerngesetzes vorzulegen (Motion Arnold Koller vom 26. Juni 1973, StenBull Nationalrat 1973, 889 f.; abgedruckt in Groupe de réflexion, 69). Der Motion Koller war wie auch anderen, in diese Richtung zielenden parlamentarischen Vorstössen, kein Erfolg beschieden (vgl. Postulat Oehler vom 25. Juni 1973 (zu konzernrechtlichen Mitteilungspflichten und die Offenlegung von Beteiligungen) sowie das Postulat Muhaim vom 11. Dezember 1978; s. auch DRUEY, ZSR, 290 f.). Die Aktienrechtsreform führte als Kern eines Konzernrechts aber die Pflicht zur konsolidierten Rechnungslegung ein (Art. 663e aOR).

16   Zu einer systematischen Kodifizierung, kam es in der Schweiz bis heute nicht. Zudem hat auch das Bundesgericht in seiner Rechtsprechung schon längst festgehalten, dass der Konzern von der Rechtsordnung nur punktuell erfasst und geregelt werde (BGE 138 III 755 E. 8.3; vgl. Kap. VII). Folglich gilt seit je der *Grundsatz der ausschliesslichen Anwendung des allgemeinen Gesellschafts- bzw. Aktienrechts auf Konzerntatbestände* (vgl. ZWEIFEL, Holdinggesellschaft, 78), was sich jedoch kaum negativ ausgewirkt hat (NOBEL/WALDBURGER, 41; a.M. s. DRUEY, Konzernrecht, 30; derselbe, Corporate Governance, 414 ff.).

III.   Definition des Begriffes «Konzern»

17   Das Wort «Konzern» lässt sich vom englischen Begriff «concern» (u.a. Firma, Business Organization, Unternehmen) herleiten und wurde vom Wiener Anwalt Julius Landesberger in seinem Gutachten für den Deutschen Juristentag 1902 als Ausdruck für einheitlich beherrschte Unternehmen vorgeschlagen, um das diesen Unternehmen zugrunde liegende, gemeinsame Interesse zu bezeichnen (DRUEY/VOGEL, 5, Fn. 5). In neuerer Zeit spricht man indessen immer häufiger von einer «Gruppe» oder «Unternehmensgruppe» bzw. «groupe de sociétés», «group of companies» oder «gruppo di società» (s. bei DRUEY/DRUEY JUST/GLANZMANN, § 1 N 82).

18   Eine erste gesetzliche Definition erhielt der Begriff in der Schweiz mit dem im Zuge der Aktienrechtsrevision von 1991 erlassenen Art. 663e aOR, welcher die Pflicht zur Erstellung einer Konzernrechnung für Aktiengesellschaften einführte und damit zugleich den Begriff des *Konzerns* gesetzlich umschrieb (BBl 1983 II 761). Ein Konzern ist eine Gesellschaft, die durch Stimmenmehrheit oder auf andere Weise eine oder mehrere Gesellschaften unter einheitlicher Leitung zusammenfasst (aArt. 663e OR; ausführlich BBl 1983 II 818).

Per 1. Januar 2013 wurde die konsolidierte Rechnungslegungspflicht auf alle juris-   19
tischen Personen (auch Stiftungen und Vereine), die andere Unternehmen kontrollieren, ausgeweitet (BBl 2008 1722 f.) und das Leitungskriterium durch dasjenige
der «Kontrolle» ersetzt, was den Konsolidierungskreis potenziell vergrössert (s.a.
KUNZ, Konzernrecht, N 385). Gemäss dem neuen Art. 963 Abs. 2 OR kontrolliert
eine juristische Person ein anderes Unternehmen, wenn sie:

1. direkt oder indirekt über die Mehrheit der Stimmen im obersten Organ verfügt;

2. direkt oder indirekt über das Recht verfügt, die Mehrheit der Mitglieder des
   obersten Leitungs- oder Verwaltungsorgans zu bestellen oder abzuberufen; oder

3. aufgrund der Statuten, der Stiftungsurkunde, eines Vertrages oder vergleichbarer Instrumente einen beherrschenden Einfluss ausüben kann.

Während das Obligationenrecht vor der Revision des Aktienrechts und des Rech-   20
nungslegungsrechts die einheitliche Leitung (sog. Leitungsprinzip) als entscheidendes Merkmal für die Konsolidierung betrachtete (BBl 1983 II 818; vgl. dazu
auch HANDSCHIN, 31 ff.; VON BÜREN, Konzern, 52 ff.; AMSTUTZ, Konzernorganisationsrecht, N 295), lehnt sich der seit dem 1. Januar 2013 geltende Art. 963 OR
an das sogenannte Kontrollprinzip (vgl. BÖCKLI, Rechnungslegungsrecht, 270 ff.;
MATHIS/MEYER, 528; DRUEY, Corporate Governance, 417 u. 419; im Bankenrecht
schon mit Art. 23*a* BankV verwirklicht), welches auf die Beherrschung (Kontrolle) der Untergesellschaften abstellt. Die Abkehr vom Leitungsprinzip ist vordergründig auf die Schwierigkeit der Erbringung des Beweises der *tatsächlichen
Einflussnahme* der Muttergesellschaft auf die Tochtergesellschaft zurückzuführen
(BBl 2008 1723). Die Unterscheidung zwischen Leitungs- und Kontrollprinzip ist
aber zu relativieren, da zum einen die beiden Lehrmeinungen keine gegensätzlichen Ideen predigen und zum andern der Konzernbegriff im schweizerischen
Recht praktisch nur für die Frage der konsolidierten Rechnungslegung von Bedeutung ist (DRUEY, Konzernrecht, 3 f.).

IV. Der Konzern als einfache Gesellschaft nach Art. 530 ff. OR?

Einen eher aussergewöhnlichen, aber frappanten Ansatz propa-   21
gierten PETER und BIRCHLER in ihrem Aufsatz «Les groupes de sociétés sont des
sociétés simples» (SZW 1998, 113 ff.; teilweise wiederholt in PETER/CAVADINI-
BIRCHLER, 131 ff.). Sie erachten es für notwendig, die juristische Betrachtung
des Konzerns der wirtschaftlichen Realität, in der sich diese polykorporativen

Gebilde bewegen, anzugleichen und Konzerne als einfache Gesellschaften zu behandeln[6]:

> «Nous croyons que le groupe de sociétés réalise toutes les conditions d'existence d'une *einfache Gesellschaft* au sens des articles 530ss CO […] Cette qualification permet de donner des conséquences en droit à cet état de fait désormais omniprésent qu'est le groupe, auquel on n'a jusqu'ici jamais réussi à conférer des effets juridiques satisfaisants, à l'exception des cas d'abus plus ou moins manifestes.» (PETER/BIRCHLER, 124).

22   Diese Ansicht fand in der Lehre wie auch in der Rechtsprechung wenig Anklang, denn es drohte ja eine solidarische Haftung. VON BÜREN/HUBER lehnen eine solche Betrachtungsweise des Konzerns entschieden ab. Zum einen seien die Begriffsmerkmale der einfachen Gesellschaft gemäss Art. 530 OR beim Konzern nicht gegeben (VON BÜREN/HUBER, 213 ff.). So fehle es insbesondere an einem gemeinsamen Zweck der Gesellschafter und einem Gesellschaftsvertrag – sie räumen jedoch ein, dass *bei Vertragskonzernen* ein Gesellschaftsvertrag vorliegen könne, Vertragskonzerne aber in der Schweiz praktisch nicht vorkommen würden (VON BÜREN/HUBER, 214 ff.). Zum andern argumentieren VON BÜREN/HUBER, dass die Betrachtung des Konzerns als einfache Gesellschaft unerwünschte und unpraktikable Folgen nach sich ziehen würde (VON BÜREN/HUBER, 216 ff.). Eine mildere Meinung vertritt KUNZ, der die Qualifikation des Konzerns nicht von den Rechtsfolgen abhängig macht, weshalb seiner Ansicht nach der Konzern im Ausnahmefall eine einfache Gesellschaft darstellen kann, ohne dass dies zu unhaltbaren Haftungen bei Unternehmensgruppen führt (KUNZ, Konzernrecht, N 815). Man sollte hier dogmatisch offen sein und alle dogmatischen Notwendigkeiten, die sich aus einer allfälligen Anpassung der Regeln der einfachen Gesellschaft ergeben, diskutieren. Das Vorliegen des Grundsachverhaltes von Art. 530 OR lässt sich nämlich nicht übersehen (weiterführend s. NOBEL, Konzern, 105 ff.).

23   Auch das Bundesgericht stellte in seinem wegweisenden Entscheid *Musikvertrieb AG gegen Motor-Columbus AG* (BGE 124 III 297) an das Merkmal des gemeinsamen Zweckes der Gesellschafter hohe Ansprüche und entschied, dass sogar ein «gemeinsamer Marktauftritt» der Konzernunternehmen für sich alleine nicht genügt, um eine einfache Gesellschaft i.S.v. Art. 530 OR zu begründen und verneinte im vorliegenden Fall eine vertragliche Haftung des Konzerns aus einfacher Gesellschaft (vgl. auch Entscheidbesprechung, VON BÜREN, Konzernhaftung, 54 ff.).

---

6   Den Gedanken, dass Konzerne auch in rechtlicher und nicht nur in wirtschaftlicher Hinsicht als einheitliche Unternehmen anzusehen seien, hielt RUDOLF ISAY bereits 1910 in seinem Werk «Das Recht am Unternehmen» fest. Bei «zusammengesetzten» oder «komplexen» Unternehmen käme es nicht auf die juristische Gestaltung, sondern auf die wirkliche Sachlage, auf das Vorhandensein einer einheitlichen Geschäftsorganisation an, damit mehrere Rechtssubjekte ein einheitliches Unternehmen bilden (ISAY, 96 f. und 103 ff.).

V. «Einheit und Vielheit»

Aus den vorangehenden Ausführungen lässt sich erahnen, dass 24
der Konzern rechtlich nur schwierig zu erfassen ist. Eindeutige Aussagen zum
Wesen des Konzerns finden sich weder in der Lehre noch in der Rechtsprechung.
DRUEY kommt zum Ergebnis:

> «Das Einzige, was wir mit Sicherheit über den Konzern aussagen können, ist,
> dass er weder als Ganzes eine Einheit darstellt noch eine blosse Vielheit von iso-
> liert zu betrachtenden Einzelgesellschaften ist.» (DRUEY, Konzernrecht, 5)

Bestes Anschauungsbeispiel liefern auch die zahlreichen Swissair-Prozesse, die 25
im Nachklang des Konkurses geführt wurden und in denen sich die Richter ge-
zwungenermassen auch mit den konzernrechtlichen Strukturen der Swissair Gruppe beschäftigen mussten. Im Ergebnis kann festgehalten werden, dass aus juristischer Sicht von der rechtlichen Eigenständigkeit von Tochtergesellschaften auszugehen ist, selbst wenn Tochtergesellschaften wirtschaftlich nicht selbstständig sind
(so auch FORSTMOSER, Konzern, 93). Träger von Rechten und Pflichten sind stets
die einzelnen Konzerngesellschaften, denn der Konzern als solcher ist nicht
rechtsfähig (s. auch bei DRUEY, Konzernrecht, 7). Die Swissair-Prozesse haben
aber auch aufgezeigt, dass in Konzernen, bei welchen die formelle und die faktische Macht der Muttergesellschaft dazu verwendet wird, eine einheitliche Leitung
aller Konzerngesellschaften durchzusetzen, eine Gesamtbetrachtung unausweichlich ist. Ob dabei dem Konzerninteresse gegenüber den Einzelinteressen der Tochtergesellschaft Vorrang eingeräumt werden darf, wird in der Schweiz ebenso wie
in der EU lebhaft diskutiert (s. AMSTUTZ, SZW, 9 ff.; DRUEY/DRUEY JUST/
GLANZMANN, § 1 N 127 ff.; MEIER-HAYOZ/FORSTMOSER, § 24 N 45 ff.; BÖCKLI,
Aktienrecht, § 11 N 31 ff.; vgl. auch nachfolgend «Der Konzern in der EU»,
N 81 ff.). Es gibt ein Konzerninteresse und dieses haben die Organe der Konzerngesellschaften zu beachten. Es kann kaum aufrechterhalten bleiben, wie das Bundesgericht meinte, dass Arbeitnehmer das Konzerninteresse beachten dürfen, aber
nicht die Organe (vgl. BGE 130 III 213 E. 2.2).

VI. Die Rolle des Verwaltungsrats in abhängigen Tochtergesellschaften

Das Dilemma zwischen wirtschaftlicher Einheit (bzw. einheit- 26
licher Leitung) und juristischer Selbstständigkeit ruft zwangsweise auch Fragen
für die mit der Leitung der Tochtergesellschaften befassten Personen auf. In einer
voll beherrschten Tochtergesellschaft kann der Verwaltungsrat neben der Konzernleitung kaum mehr eine entscheidende Rolle spielen. Fraglich ist, ob sich

damit sein rechtlicher Pflichtenkatalog ebenfalls reduziert und er seine Tätigkeit praktisch auf die Sicherung des finanziellen Überlebens der Tochter konzentrieren kann. Im Mittelpunkt steht dabei Art. 716a OR, der für den Verwaltungsrat einer Gesellschaft die unübertragbaren und unentziehbaren Aufgaben auflistet.

27   Ein Teil der Lehre hält dafür, dass Art. 716a OR auf den Tatbestand einer in einen Konzern eingeordneten und damit der Oberleitung einer anderen Gesellschaft unterstellten Untergesellschaft nicht direkt Anwendung findet (BÖCKLI, Aktienrecht, § 11 N 290; s.a. BÜHLER, N 394 u. VOGEL, 618 ff.). Ein anderer Teil der Lehre nimmt eine konträre Haltung ein und will Art. 716a OR auch auf Konzerne anwenden (FORSTMOSER, Konzern, 95 ff.; VON BÜREN, Konzern, 58 ff.; grundsätzlich auch DRUEY, Konzernrecht, 12), sogar auf 100%-Tochtergesellschaften (s. HOFSTETTER, 317).

28   Es ist hier wohl die pragmatische Ansicht BÖCKLIS vorzuziehen. Es kann festgehalten werden, und darin sind sich alle Autoren einig, dass nach schweizerischem Recht sich das unternehmerisch Gebotene mit dem rechtlich zwingend Vorgeschriebenen nicht vereinbaren lässt, genauso wie sich auch der Interessenskonflikt abhängiger Verwaltungsräte von Tochtergesellschaften, die einerseits deren Interessen zu schützen haben, gleichzeitig aber auch die Interessen den Konzerns wahrnehmen müssen, nicht lösen lässt. Zwischen (Konzern-)Realität und Recht liegt eine Diskrepanz.

VII. Rechtliche Erfassung des Konzerns in der Schweiz

29   Bei weiten Teilen der schweizerischen Gesellschaftsrechtler ist man sich weitgehend einig, dass es keiner Kodifikation des Konzernrechts bedarf, aber auch dass sich das Recht der Konzernrealität nicht verschliessen kann. Bisher begnügt man sich vornehmlich mit Einzelregelungen, die den Konzern in den verschiedensten Rechtsgebieten immer wieder thematisch aufgreifen, und mit der Rechtsprechung, die insbesondere betreffend die haftungsrechtlichen Fragen innerhalb von Konzernstrukturen massgeblich war (s. nachfolgend, N 68 ff.).

A.   Gesellschaftsrecht

1.   Bedingte Kapitalerhöhung (Art. 653 Abs. 1 OR)

30   Berücksichtigung finden Konzernsachverhalte ebenfalls bei der bedingten Kapitalerhöhung (Art. 653 Abs. 1 OR):

«Die Generalversammlung kann eine bedingte Kapitalerhöhung beschliessen, indem sie in den Statuten den Gläubigern von neuen Anleihens- oder ähnlichen Obligationen gegenüber der Gesellschaft oder ihren Konzerngesellschaften sowie den Arbeitnehmern Rechte auf den Bezug neuer Aktien (Wandel- oder Optionsrechte) einräumt.»

Die Bestimmung erlaubt etwa, dass eine nicht in der Schweiz domizilierte Konzernuntergesellschaft die Anleihen begibt, wobei sich das Wandel- oder Optionsrecht auf den Bezug von Aktien der schweizerischen Konzernobergesellschaft richtet (FORSTMOSER/MEIER-HAYOZ/NOBEL, § 52 N 325). Damit verbunden sind insbesondere Steuererleichterungen. Werden die Mittel von einer ausländischen Tochtergesellschaft aufgenommen und nur im Ausland verwendet, dann entfallen die schweizerische Verrechnungssteuer und die Emissionsabgabe auf Obligationen (STOCKAR/HOCHREUTENER, Art. 4 I lit. a VStG N 21). 31

2. Eigene Aktien (Art. 659b OR)

Das OR bestimmt, dass die AG eigene Aktien nur erwerben darf, wenn frei verwendbares Eigenkapital in der Höhe der dafür nötigen Mittel vorhanden ist und der gesamte Nennwert dieser Aktien zehn Prozent des Aktienkapitals nicht übersteigt (Art. 659 Abs. 1 OR). Die Höchstgrenze beträgt 20 Prozent, wenn Namenaktien im Zusammenhang mit einer Übertragbarkeitsbeschränkung erworben werden, wobei das Gesetz limitativ festhält, dass die über zehn Prozent des Aktienkapitals hinaus erworbenen eigenen Aktien innert zweier Jahre zu veräussern oder durch Kapitalherabsetzung zu vernichten sind (Art. 659 Abs. 2 OR). 32

Dem Erwerb eigener Aktien hat der Gesetzgeber den Erwerb von Aktien durch Tochtergesellschaften und den Erwerb einer Mehrheitsbeteiligung an einer anderen Gesellschaft, die ihrerseits Aktien der Erwerberin hält, gleichgestellt (Art. 659b Abs. 1 und 2 OR). Die Bestimmungen über den Erwerb von eigenen Aktien finden demnach auf Konzernsachverhalte, die auf Beherrschungsverhältnissen aufgrund von Verträgen oder vergleichbarer Instrumente beruhen (vgl. Art. 963 Abs. 2 Ziff. 3 OR), keine Anwendung. Die Einheitsbetrachtung des Konzerns geht in diesem Fall weniger weit als bei der Pflicht zur Erstellung einer Konzernrechnung. Beim Erwerb eigener Aktien nimmt das Gesetz nur dann eine wirtschaftliche Einheitsbetrachtung vor, wenn eine Gesellschaft an einer anderen Gesellschaft mehrheitlich beteiligt ist bzw. wenn sie eine Mehrheitsbeteiligung erwirbt. 33

Konzerne sind dazu verpflichtet, die Anzahl eigener Anteile, die das Unternehmen selbst und die Unternehmen, an denen es beteiligt ist, halten (s. N 44 ff.), im Anhang der Konzernrechnung offenzulegen (Art. 959c Abs. 2 Ziff. 4 OR). Dasselbe 34 gilt für den Erwerb und die Veräusserung der eigenen Anteile und die Bedingungen, zu denen sie erworben oder veräussert wurden (Art. 959c Abs. 2 Ziff. 5 OR).

3.   Auskunfts- und Einsichtsrecht im Konzern (Art. 697 OR)

35   Gemäss Art. 697 Abs. 1 und 2 OR ist jeder Aktionär berechtigt, an der Generalversammlung vom Verwaltungsrat Auskunft über die Angelegenheiten der Gesellschaft und von der Revisionsstelle über Durchführung und Ergebnis ihrer Prüfung zu verlangen, sofern die Auskunft für die Ausübung der Aktionärsrechte erforderlich ist und keine Geschäftsgeheimnisse oder andere schutzwürdige Interessen der Gesellschaft gefährdet sind. Darüber hinaus räumt das Gesetz den Aktionären das Recht ein, mit ausdrücklicher Ermächtigung der GV oder durch Beschluss des VR und unter Wahrung der Geschäftsgeheimnisse Geschäftsbücher und Korrespondenzen einzusehen. Mithin hat das Auskunfts- und Einsichtsrecht zum Zweck, dem einzelnen Aktionär jene Informationen zu verschaffen, die zur sinnvollen Ausübung seiner Rechte notwendig sind (BBl 1983 II 833).

36   Das Recht auf Auskunft und Einsicht besteht ausschliesslich gegenüber der Gesellschaft, deren Aktien gehalten werden (s. auch NÄNNI/VON DER CRONE, 152). Innerhalb von Konzernverhältnissen geht es folglich nicht darum, ob ein Aktionär der Muttergesellschaft das Auskunfts- und Einsichtsrecht gegenüber einer Tochtergesellschaft geltend machen kann, sondern darum, ob er von der Muttergesellschaft, deren Aktien er hält, Informationen über Vorgänge in Tochtergesellschaften verlangen kann.

37   In einem älteren Entscheid von 1967 räumte das Obergericht des Kantons Zürich den Aktionären der Muttergesellschaft aufgrund des allgemeinen Auskunftsrechts auch das Recht auf Mitteilung der Gewinn- und Verlustrechnung, der Bilanz und des Geschäfts- und Kontrollberichtes beherrschter Tochtergesellschaften ein (teilweise abgedruckt in: Schweizerische Aktiengesellschaft [SAG] 1973, 49 ff.). Es hielt fest, dass «nicht auf die formelle Rechtslage, sondern auf die wirtschaftlichen Verhältnisse abzustellen und davon auszugehen [sei], dass die herrschende und die abhängige Gesellschaft eine wirtschaftliche Einheiten bilden».

38   In BGE 132 III 71 befasste sich das Bundesgericht erstmals ausführlich mit dem Auskunfts- und Einsichtsrecht in Konzernen. Es statuierte, dass auch Unterlagen einer Tochtergesellschaft unter das Auskunfts- und Einsichtsrecht fallen können, sofern sie sich bei der Muttergesellschaft befinden und – als wesentliche Einschränkung – für die Ausübung der Aktionärsrechte erforderlich sind (BGE 132 III 71 E. 1.2; s. ausführlich zum Urteil NÄNNI/VON DER CRONE, 150 ff.; s. BSK OR II-WEBER, Art. 697 N 15). Unter den Voraussetzungen von Art. 697 Abs. 2 und 3 OR anerkannte das Bundesgericht ein Auskunfts- und Einsichtsrecht im Konzern. Darauf gestützt, wollte der Gesetzgeber das Einsichtsrecht innerhalb von

Konzernverhältnissen ausdrücklich im Gesetz verankern (s. Art. 697bis E-OR 2007). Im Vorentwurf 2014 und im Entwurf 2016 finden sich keine entsprechenden Vorschläge.

4.   Ordentliche Revision (Art. 728 OR)

Gemäss Art. 728 Abs. 1 Satz 1 OR muss die Revisionsstelle [39] unabhängig sein und sich ihr Prüfungsurteil objektiv bilden. Art. 728 Abs. 6 OR legt fest, dass die Unabhängigkeitserfordernisse an die Revisionsstelle auch innerhalb eines Konzerns zu beachten sind. Die Revisionsstelle muss sowohl gegenüber der zu prüfenden Gesellschaft unabhängig sein als auch gegenüber den mit der zu prüfenden Gesellschaft unter einheitlicher Leitung stehenden Gesellschaften (vgl. BSK OR II-WATTER/RAMPINI, Art. 728 N 63). Umgekehrt gelten die Bestimmungen über die Unabhängigkeit nicht nur für die Revisionsstelle, sondern ebenfalls für die mit der Revisionsstelle unter einheitlicher Leitung stehenden Gesellschaften (BSK OR II-WATTER/RAMPINI, Art. 728 N 64).

5.   Konzernrechnungslegung (Art. 963 OR)

a.   Konsolidierungspflicht

Die Konsolidierungspflicht für Konzerne wurde mit der Ak- [40] tienrechtsrevision von 1991 eingeführt (vgl. BBl 1983 II 761 ff.). Während die Pflicht zur Erstellung einer Konzernrechnung vorerst nur für Aktiengesellschaften galt (s. aArt. 663e ff. OR), wurde sie mit der Revision 2013 auf alle rechnungslegungspflichtigen juristischen Personen (auch Vereine und Stiftungen) erweitert (BBl 2008 1723). Bei der Frage, welche Unternehmen in die konsolidierte Jahresrechnung einbezogen werden müssen, stellt das neue Recht auf die Beherrschungsverhältnisse und nicht mehr auf das Leitungsprinzip ab (Art. 963 Abs. 2 OR, dazu oben N 17 ff.).

Kleinkonzerne sind von der Konzernrechnungspflicht befreit. Die Ausnahme für [41] Kleinkonzerne wurde entgegen den Vorschlägen im Vorentwurf ins neue Recht übernommen (vgl. BBl 2008 1627 u.1723 f.). Die Schwellenwerte wurden jedoch erhöht (vgl. Art. 963a OR und aArt. 663e OR). Nach Art. 963a Abs. 1 Ziff. 1 OR ist eine juristische Person von der Pflicht zur Erstellung einer Konzernrechnung befreit, wenn sie zusammen mit den beherrschten Unternehmen zwei der nachstehenden Grössen in zwei aufeinanderfolgenden Geschäftsjahren nicht überschreitet: eine Bilanzsumme von CHF 20 Mio., einen Umsatzerlös von CHF 40 Mio. und 250 Vollzeitstellen im Jahresdurchschnitt. Zudem ist eine juristische Person von der Erstellung einer Konzernrechnung befreit, wenn sie von einem Unternehmen kontrolliert wird, dessen Konzernrechnung nach schweizerischen oder gleichwertigen ausländischen Vorschriften erstellt und ordentlich geprüft worden ist (Art. 963a Abs. 1 Ziff. 2 OR). Insgesamt sind die Neuerungen gegenüber dem alten Recht aber eher bescheiden (ausführlich BÖCKLI, Rechnungslegung, 265 ff.).

b. Rechnungslegung

42   Konzerne sind grundsätzlich zur Rechnungslegung nach dem Obligationenrecht verpflichtet; es gelten die für den Einzelabschluss massgeblichen allgemeinen Bestimmungen zur Rechnungslegung (Art. 957 ff. OR) sinngemäss auch für den Konzern, da der Gesetzgeber darauf verzichtete, konkrete Konsolidierungs- und Bewertungsregeln für Konzerne zu erlassen, die nicht nach einem anerkannten Standard Rechnung legen müssen (s.a. BSK OR II-NEUHAUS/BAUR, Art. 963b N 15). Die Konzernrechnung, aber auch die Jahresrechnung von Gesellschaften, die mindestens 20 Prozent der Aktiven oder des Umsatzes zur Konzernrechnung beitragen, müssen durch eine Revisionsstelle ordentlich geprüft werden (Art. 727 Abs. 1 Ziff. 1 lit. c und Art. 727 Abs. 1 Ziff. 3 OR; zur Revisionspflicht s.a. Kap. § 6 N 101).

43   Minderheitsgesellschafter bzw. -genossenschafter sowie Gesellschafter oder Vereinsmitglieder, die einer persönlichen Haftung oder einer Nachschusspflicht unterliegen, können jedoch verlangen, dass die Konzernrechnung nach einem anerkannten Standard der Rechnungslegung zu erstellen ist (Art. 963b Abs. 4 OR). Ansonsten müssen nur börsenkotierte Gesellschaften, Genossenschaften mit mindestens 2000 Genossenschaftern sowie Stiftungen, die von Gesetzes wegen zu einer ordentlichen Revision verpflichtet sind, ihre Konzernrechnung nach einem anerkannten Standard zur Rechnungslegung erstellen (Art. 963b Abs. 1 Ziff. 1–3 OR; vgl.auch Kap. § 6 N 93 ff).

c. Beteiligungstransparenz

44   Der Gesetzgeber versucht, Konzerntransparenz zu schaffen (s. DRUEY/DRUEY JUST/GLANZMANN, § 25 N 200 ff., m.w.H.). Die zur konsolidierten Konzernrechnungslegung verpflichtete Gesellschaft muss Firma, Rechtsform und Sitz der Unternehmen, an denen direkte oder wesentliche indirekte Beteiligungen bestehen, unter Angabe des Kapital- und des Stimmenanteils im Anhang offenlegen (Art. 959c Abs. 2 Ziff. 3 OR). Als Beteiligungen in diesem Sinne gelten Anteile am Kapital eines anderen Unternehmens, die langfristig gehalten werden sollen (>12 Monate) und einen massgeblichen Einfluss vermitteln, was vermutungsweise bei Anteilen, die mindestens 20 Prozent der Stimmrechte gewäh-

ren, anzunehmen ist (Art. 960*d* Abs. 3 OR; s. dazu BSK OR II-NEUHAUS/HAAG, Art. 960d N 9).

Börsengesellschaften haben schon Aktionäre bzw. stimmrechtsverbundene Aktionärsgruppen deren Beteiligung schon fünf Prozent aller Stimmrechte übersteigt (bedeutende Aktionäre), im Anhang anzugeben (s. Art. 663*c* Abs. 1 und 2 OR). Statutarisch kann für Namenaktien eine tiefere prozentmässige Schwelle festgelegt werden (Art. 663*c* Abs. 2 Satz 2 OR). Für Börsengesellschaften statuiert das FinfraG überdies Meldepflichten, wenn ein Investor bestimmte Schwellenwerte erreicht bzw. überschreitet (Art. 120 FinfraG, s. dazu Kap. § 8 N 114 ff.). 45

Neben der Offenlegung der Beteiligungen sind Konzerne auch verpflichtet, Forderungen und Verbindlichkeiten gegenüber Tochtergesellschaften separat im Anhang oder in der Bilanz zu deklarieren (Art. 959*a* Abs. 4 OR). Forderungen und Schulden in diagonalen und horizontalen Konzernbeziehungen werden vom Wortlaut der genannten Bestimmung zwar nicht erfasst, dürften aber aufgrund von Art. 959*c* Abs. 3 OR ebenfalls der Offenlegung unterliegen, da sie für die Beurteilung der Vermögens- und Finanzierungslage durch Dritte wesentlich sind (DRUEY/DRUEY JUST/GLANZMANN, § 25 N 2015). 46

B.   Fusionsgesetz

Eine wirtschaftliche Einheitsbetrachtung des Konzerns fand auch ins Fusionsgesetz Eingang. Art. 23 und 24 FusG regeln die «erleichterte Fusion» von Kapitalgesellschaften bzw. die «Konzernfusion», wie die vereinfachte Fusion auch genannt wird (vgl. ZK FusG-BURCKHARDT, Art. 23 N 1). Die Bestimmungen sollen Fusionen bei bestimmten Konstellationen, bei denen der Schutz der Gesellschafter aufgrund von Beherrschungsverhältnissen verzichtbar oder weniger akut ist, vereinfachen (BSK FusG-WOLF, Art. 23 N 1). So sieht das Gesetz für Mutter-Tochter-Fusionen, bei denen die übernehmende Muttergesellschaft alle stimmrechtsgewährenden Anteile der übertragenden Tochtergesellschaft bereits besitzt, und bei «Schwesterfusionen», bei denen ein Rechtsträger, eine natürliche Person oder eine gesetzlich oder vertraglich verbundene Personengruppe alle stimmrechtsgewährenden Anteile an den an der Fusion beteiligten Tochtergesellschaften besitzt, erleichterte Voraussetzungen für die Fusion vor (Art. 23 Abs. 1 FusG). Gemäss Art. 24 Abs. 1 FusG müssen die an der Fusion beteiligten Kapitalgesellschaften weder einen Fusionsbericht erstellen (Art. 14 FusG) noch den Fusionsvertrag prüfen lassen (Art. 15 FusG) noch das Einsichtsrecht gewähren (Art. 16 FusG) noch den Vertrag der Generalversammlung zur Beschlussfassung unterbreiten (Art. 18 FusG). Zudem muss der Fusionsvertrag lediglich die Angaben nach Art. 13 Abs. 1 lit. a und f–i FusG beinhalten (Art. 24 Abs. 1 FusG). Nicht ganz so weit gehen die Erleichterungen bei Mutter-Tochter- 47

Fusionen, bei denen die übernehmende Muttergesellschaft nicht 100 Prozent, aber mindestens 90 Prozent der stimmrechtsgewährenden Anteile an der übertragenden Tochtergesellschaft besitzt (Art. 23 Abs. 2 FusG). Im letztgenannten Fall können die beteiligten Gesellschaften ebenfalls darauf verzichten, einen Fusionsbericht zu erstellen und den Fusionsvertrag der Generalversammlung zu unterbreiten; im Gegensatz zu den Fusionen gemäss Art. 23 Abs. 1 FusG müssen die Gesellschaften den Fusionsvertrag jedoch prüfen lassen und ihren Gesellschaftern mindestens 30 Tage vor der Anmeldung der Fusion zur Eintragung ins Handelsregister das Einsichtsrecht gemäss Art. 16 FusG gewähren (Art. 24 Abs. 2 FusG). Für die erleichterte Fusion gemäss Art. 23 Abs. 2 FusG schreibt das Gesetz zusätzlich vor, dass den Inhabern/Inhaberinnen der Minderheitsanteile neben den Anteilsrechten an der übernehmenden Gesellschaft eine Abfindung nach Art. 8 FusG, die dem wirklichen Wert der Anteile entspricht, angeboten werden kann und dass aus der Fusion weder eine Nachschusspflicht, eine andere persönliche Leistungspflicht noch eine persönliche Haftung erwachsen darf (Art. 23 Abs. 2 lit. b FusG). Hervorzuheben gilt es den Umstand, dass es für eine «Konzernfusion» nicht genügt, wenn ein Konzern im definitorischen Sinn, d.h. nach Art. 963 OR, vorliegt. Tatsächlich muss eine qualifizierte Beteiligung von mindestens 90 Prozent gegeben sein, und zwar mindestens vom Zeitpunkt des Fusionsvertrages bis zur Eintragung ins Handelsregister (BSK FusG-WOLF, Art. 23 N 15), damit Kapitalgesellschaften unter vereinfachten Voraussetzungen, entweder nach Art. 23 Abs. 1 i.V.m. Art. 24 Abs. 1 FusG oder nach Art. 23 Abs. 2 i.V.m. Art. 24 Abs. 2 FusG, fusionieren können.

C. Finanzmarktrecht

1.   Bank-, Finanz- und Versicherungskonzerne

48   Zusammen mit dem Bankengesetz (BankG) und dem Finanzmarktinfrastrukturgesetz (FinfraG) bildet das Finanzmarktaufsichtsgesetz (FINMAG) die zentralen Pfeiler des schweizerischen Kapitalmarktrechts. Flankiert werden diese Gesetze durch das Geldwäschereigesetz (GwG) und die ebenfalls durch die FINMA administrierten Gesetze (Versicherungsaufsichtsgesetz [VAG], Kollektivanlagegesetz [KAG] und das Pfandbriefgesetz [PfG]). Darüber hinaus bestehen auch Verhaltensregeln, worunter Rules of Conduct, verwaltungsrechtliche Sanktionen und das Strafrecht zu zählen sind (NOBEL, Finanzmarktrecht, Vorwort). Das FINMAG hat in gewisser Weise die Funktion eines Dachgesetzes über die übrigen finanzmarktrechtlichen Gesetze (BBl 2006 2830). Gemeinsam mit den einzelnen Finanzmarktgesetzen regelt es die Aufsicht über die ihnen unterstellten Personen, kollektiven Kapitalanlagen und Prüfgesellschaften (Art. 3 und 6 FINMAG). Auch Finanzgruppen und Versicherungskonglomerate fallen

unter die Aufsicht der FINMA (konsolidierte Aufsicht), wenn es das FINMAG oder die einzelnen Gesetze vorsehen (siehe Art. 4 und 23 BankG). Dabei gehen abweichende Bestimmungen der einzelnen Finanzmarktgesetze (*lex specialis*) den Bestimmungen des FINMAG (*lex generalis*) vor (BBl 2006 2858).

Der Konzern, als Verbindung mehrerer rechtlich selbstständiger, aber wirtschaft- lich verbundener Gesellschaften zu einer funktionalen unternehmerischen Einheit, ist schon lange Wirklichkeit, auch bzw. vor allem im Finanzsektor. In diesem Bereich wirft die Konzernwirklichkeit eher aufsichtsrechtliche und weniger ge- sellschaftsrechtliche Fragen auf und tritt daher viel ausgeprägter und umfassender neben das Recht der Einzelgesellschaft (NOBEL, Bank und Finanzkonglomerate, 147). Auch die konsolidierte Aufsicht von Bankkonzernen ist kein allzu neues Phänomen. Im Finanzbereich haben sich Standards konsolidierter Überwachung durchgesetzt (NOBEL, Bank und Finanzkonglomerate, 147; ausführlich derselbe, Finanzmarktrecht, 525 ff.). Die Finanzkrise von 2007 bis 2009 hat jedoch gezeigt, dass die bisherige Konglomeratsaufsicht nicht ausreichend ausgestaltet gewesen war und dass aufgrund der grenzüberschreitenden Tätigkeiten von Finanzkonglo- meraten eine Harmonisierung der Bankenaufsicht nur auf globaler Ebene zu einem Erfolg führt (WEBER, 535 ff.).

a. Unterlegungspflicht

In der Schweiz war der bundesgerichtliche Entscheid zur Um- strukturierung der Credit Suisse grundlegend, in dem das Bundesgericht die Frage zu klären hatte, ob neben den Tochtergesellschaften auch Schwestergesellschaften eigenmittelmässig konsolidiert werden mussten. Das Bundesgericht erachtet den Bankkonzern als ein «empfindlich reagierendes Verbundsystem», «in welchem die Insolvenz eines Gliedes zum Vertrauensentzug gegenüber den andern Gliedern führt» (BGE 116 Ib 332 E. 2a). Es führte fort, dass sich eine Bank daher nicht isoliert beaufsichtigen lasse, sondern ihr ganzes Konzernumfeld einschliesslich der übergeordneten Holdinggesellschaften und der Schwestergesellschaften in die Risikobeurteilung miteinbezogen werden müssten, denn es könne auch ein wirt- schaftlicher Beistandszwang aus Konzern- oder Mutterinteresse bestehen (BGE 116 Ib 331 E. 2b; ausführlich in Kap. § 4 N 387 ff.).

Seit 1. Januar 2005 ist die Konsolidierungs- und Unterlegungspflicht ausdrücklich in Art. 4 Abs. 1 BankG i.V.m. Art. 7 ERV (Eigenmittelverordnung) festgehalten. Banken müssen einzeln und auf konsolidierter Basis über angemessene Eigenmit- tel und Liquidität verfügen (BBl 2002 6278 ff.). Daneben können Bankkonzerne von der Nationalbank verpflichtet werden, die Mindestreserven gemäss Art. 17 ff. NBG auf konsolidierter Basis zu halten (Art. 18 Abs. 3 NBG). Auch Effekten- händler im Sinne des Börsengesetzes müssen über ausreichend Eigenmittel verfügen, sowohl auf Stufe des Einzelinstituts als auch auf Stufe der Finanzgruppe (Art. 12 BEHG i.V.m. Art. 7 ERV; Art. 12 BEHG wird ins FINIG überführt, s. Art. 42 E-FINIG). Für Versicherungsgruppen und -konglomerate bestimmen sich die Eigenmittelanforderungen – bei Versicherungen spricht man von Solvenz – gemäss Art. 69 VAG i.V.m. Art. 198–200 AVO (Aufsichtsverordnung) und Art. 77 VAG i.V.m. Art. 204 und 206 AVO. Das FINMA Rundschreiben Nr. 2008/30 legt die Mindestvorschriften für die Berechnung und Berichterstattung der geforderten wie auch der verfügbaren Solvabilität von Versicherungsgruppen und -konglomeraten fest (ausführlich dazu BSK VAG-BESSON/FRIGO, Art. 69 ff. und 77 ff.; KELLER/LEUKERT, 136 ff.).

52   Bezüglich des faktischen Beistandszwanges wurde die gesetzliche Regelung ebenfalls prinzipiell der Rechtsprechung entnommen. Im oben genannten Entscheid hielt das Bundesgericht fest, dass *ein faktischer Beistandszwang einer Bank gegenüber einem anderen Unternehmen des Bank- und Finanzbereiches grundsätzlich dann [besteht], wenn aufgrund öffentlich zugänglicher Informationen eine derart enge Verbindung zwischen beiden Gesellschaften hergestellt wird, dass sie als Bestandteil derselben wirtschaftlichen Einheit bzw. Unternehmung erscheinen* (BGE 116 Ib 331 E. 3; vgl. auch Art. 3c Abs. 1 lit. c BankG). Der seit dem 1. Januar 2007 geltende Art. 12 Abs. 2 BankV konkretisiert, dass sich ein Beistandszwang auch aufgrund besonderer Umstände ergeben kann, namentlich bei personeller oder finanzieller Verflechtungen (lit. a), der Verwendung einer gemeinsamen Firma (lit. b), eines einheitlichen Marktauftrittes (lit. c) oder von Patronatserklärungen (lit. d).

b.   Aufsicht

53   Die konsolidierte Aufsicht von Finanzgruppen oder von bank- oder effektenhandelsdominierten Finanzkonglomeraten erfolgt primär durch die FINMA, die zudem ermächtigt ist, Vorschriften über Eigenmittel, Liquidität, Risikoverteilung, gruppeninterne Risikopositionen und Rechnungslegung für Bankengruppen zu erlassen (Art. 3e ff. BankG i.V.m. Art. 13 ff. BankV; Art. 14 BEHG [vorgesehen in Art. 45 E-FINIG] verweist diesbezüglich auf die Bestimmungen des BankG). Die konsolidierte Aufsicht hat gemäss Art. 14a BankV namentlich zum Gegenstand, ob der Bankkonzern respektive eine Finanzgruppe:

a) angemessen organisiert ist;

b) über ein angemessenes internes Kontrollsystem verfügt;

c) die mit ihrer Geschäftstätigkeit verbundenen Risiken angemessen erfasst, begrenzt und überwacht;

d) von Personen geleitet wird, welche Gewähr für eine einwandfreie Geschäftstätigkeit bieten;

e) die personelle Trennung zwischen Geschäftsführung und dem Organ für Oberleitung, Aufsicht und Kontrolle nach Art. 8 einhält;

f) über eine angemessene Liquidität verfügt;

g) die Rechnungslegungsvorschriften korrekt anwendet; und

h) über eine anerkannte, unabhängige und sachkundige Prüfgesellschaft verfügt.

Versicherungskonzerne, denen ein Unternehmen in der Schweiz angehört, unterstehen ebenfalls der konsolidierten Aufsicht der FINMA, und zwar, wenn die Versicherungskonzerne entweder tatsächlich von der Schweiz aus geleitet werden oder wenn sie tatsächlich vom Ausland aus geleitet werden, dort aber keiner gleichwertigen Gruppenaufsicht unterstellt sind (Art. 65 und 73 VAG und Art. 191 ff. AVO). 54

c. Rechnungslegung

Das Bankengesetz sieht auch eine konsolidierte Rechnungslegungspflicht für Banken vor (Art. 6 Abs. 1 lit. c BankG i.V.m. Art. 23a BankV). Art. 6 BankG erlaubt ein Abweichen von den OR-Vorschriften, und in der VASR hat der Bundesrat festgelegt, dass die Regeln zur Rechnungslegung von Banken einen eigenen «Standard» darstellen (Art. 2 Abs. 1 VASR). Für Effektenhändler verweist Art. 16 BEHG (vgl. Art. 44 E-FINIG) auf die Bestimmungen des Bankengesetzes. Die Rechnungslegung für Finanzkonzerne orientiert sich im Grundsatz systematisch und seit dem per 1. Januar 2013 geltenden, neuen Rechnungslegungsrecht auch materiell am gesellschaftsrechtlichen Konzept nach Art. 957 ff. OR. Dementsprechend gelten für die Rechnungslegung von Banken kumulativ die spezialgesetzlichen Bestimmungen und die obligationenrechtlichen Rechnungslegungsvorschriften als Mindeststandard (vgl. BSK BankG-BERNET/PORTMANN, Art. 6/6a/6b/aArt. 6 N 6). Ergänzt werden die Bestimmungen über die Buchführung und Rechnungslegung des OR und des BankG durch das FINMA Rundschreiben 2015/1, welches am 1. Januar 2015 in Kraft getreten ist und sowohl für Banken (Art. 1 BankG) und Effektenhändler (Art. 2 lit. d und Art. 10 BEHG; in Zukunft Wertpapierhäuser genannt, Art. 2 Abs. 1 lit. e und Art. 37 E-FINIG) als auch für Finanzgruppen und -konglomerate (Art. 3c Abs. 1 und 2 BankG) gilt. Während die Konsolidierungspflicht vor der Revision des Rechnungslegungsrechts für Banken früher einsetzte, weil das Kriterium der einheitlichen Leitung (Leitungsprinzip) keine Voraussetzung war, stellt die Pflicht zur Erstellung einer Konzernrechnung mittlerweile auch im Gesellschaftsrecht auf das im Bankenrecht 55 bereits vorher bekannte Kontrollprinzip ab (vgl. dazu vgl. BSK BankG-BERNET/ PORTMANN, Art. 6/6a/6b/aArt. 6 N 35, die den Unterschied noch hervorheben). Zur Erstellung einer jährlichen Konzernrechnung sind Banken verpflichtet, wenn sie mit mehr als der Hälfte der Stimmen direkt oder indirekt an einer oder mehreren Gesellschaften beteiligt sind oder wenn sie auf diese Gesellschaften in anderer Weise einen beherrschenden Einfluss ausüben (Art. 6 Abs. 1 BankG i.V.m. Art. 23a Abs. 1 BankV). Unter bestimmten Voraussetzungen sind auch Bankkonzerne von der Erstellung einer Konzernrechnung befreit (Art. 23a Abs. 3–5 BankV). Die Voraussetzungen für die Befreiung decken sich jedoch nicht mit denen nach Art. 963a OR und gehen diesen als *lex specialis* vor. Gemäss Art. 25 Abs. 1 VAG haben auch Versicherungsunternehmen, die Teil einer Versicherungsgruppe oder eines Versicherungskonglomerats sind, eine Konzernrechnung einzureichen. Die Mindestanforderungen an die Berichterstattung sind im FINMA Rundschreiben Nr. 2008/31 festgelegt.

d. Prüfung

56   Neben der Aufsicht und der Rechnungslegung geschieht auch die Prüfung der Bank-, Finanz- und Versicherungskonzerne auf konsolidierter Basis. Für Banken und Effektenhändler (mittels Verweis in Art. 17 BEHG, zukünftig s. Art. 59 Abs. 1 lit. a E-FINIG) sind insb. Art. 18 und 23 BankG massgeblich. Für Versicherungskonzerne sehen Art. 70 und 78 VAG eine konsolidierte Prüfung vor. Die FINMA führt nach Massgabe der Finanzmarktgesetze die Prüfung selbst durch von ihr beigezogene Dritte oder durch von den Beaufsichtigten beauftragte Prüfgesellschaften durch (Art. 24 Abs. 1 FINMAG). Folglich bestimmen die Finanzmarktgesetze, wer die Prüfung im Einzelnen vornimmt (weiterführend BSK BEHG-WATTER/PFIFFNER, Art. 24 FINMAG; BSK VAG-KLAUER/ HIRSBRUNNER, Art. 70; BSK BankG-PFIFFNER/WATTER, Art. 18). Im Finanzmarktbereich ist wesentlich, dass die Prüfgesellschaften sowohl einen «financial» wie auch einen *regulatory audit* durchführen. Insofern sind die Prüfgesellschaften auch der «verlängerte Arm» der Aufsichtsbehörden mit allen Interessenskonflikten, die diese Position mit sich bringt. Die RAB führt heute aber eine integrale Aufsicht.

57   Die spezialgesetzlichen Zulassungsvoraussetzungen, die die Prüfgesellschaften sowie leitende Prüferinnen und Prüfer erfüllen müssen, legen die Finanzmarktprüfverordnung (FINMA-PV) und die FINMA-Rundschreiben 13/4 und 13/3 fest. Erwähnenswert ist Art. 43 FINMAG, welcher der FINMA zur Durchsetzung der Finanzmarktgesetze die Kompetenz einräumt, direkte Prüfungen bei ausländischen Niederlassungen von Beaufsichtigten, für deren konsolidierte Aufsicht sie im Rahmen der Herkunftskontrolle verantwortlich ist, selber vorzunehmen oder durch Prüfgesellschaften oder beigezogene Dritte vornehmen zu lassen.

2. Geldwäschereigesetz

Die Schweiz arbeitet seit je auf nationaler und internationaler 58
Ebene bei der Bekämpfung der Geldwäscherei mit. Neben den im Strafgesetzbuch
eingeführten Straftatbeständen der Geldwäscherei (Art. 305bis StGB) und mangelnden Sorgfalt bei Finanzgeschäften (Art. 305ter StGB) hat die Schweiz das
Bundesgesetz über die Bekämpfung der Geldwäscherei und der Terrorismusfinanzierung im Finanzsektor (Geldwäschereigesetz, GwG) erlassen. Dieses trat per
1. April 1998 in Kraft. Das Ziel des Gesetzgebers war es, für den Finanzsektor
einheitliche Standards der Sorgfaltspflichten zu schaffen, die zur Bekämpfung der
Geldwäscherei eingehalten werden müssen, und die Konkretisierung und Durchsetzung dieser Sorgfaltspflichten der Selbstregulierung zu überlassen (BBl 1996
III 1112 f.). Abschliessend sieht das GwG vor, dass die Um- und Durchsetzung
der GwG-Bestimmungen durch spezialgesetzliche Aufsichtsbehörden und die
Kontrollstelle für Geldwäscherei kontrolliert wird (Art. 12 GwG). Der Geltungsbereich des GwG wird in Art. 2 definiert. Es gilt für Finanzintermediäre (Banken,
Versicherungseinrichtungen, Effektenhändler, Spielbanken etc.);[7] diesen gleichgestellt sind Personen, die berufsmässig fremde Vermögenswerte annehmen oder
aufbewahren oder helfen, sie anzulegen oder zu übertragen.[8] Die Kriterien, bei
deren Erfüllung eine Person als Finanzintermediär nach Art. 2 Abs. 3 GwG gilt,
und die Anforderungen an die berufsmässige Ausübung der Finanzintermediation
legt die Verordnung über die berufsmässige Ausübung der Finanzintermediation
(VBF) fest (vgl. Art. 1 Abs. 1 VBF). Im Kontext des Konzerns stellt sich auch
hinsichtlich des Geldwäschereigesetzes die Frage, ob sich eine wirtschaftliche
Betrachtungsweise aufdrängt. Auch hier gilt, dass Konzerngesellschaften grundsätzlich selbstständige Rechtssubjekte sind; in Bezug auf den persönlichen Geltungsbereich des GwG im Nichtbankensektor ist der Konzern als Einheit zu betrachten (Kontrollstelle GwG [2008], 59 f.). Dementsprechend wird auch die Tätigkeit unter Konzerngesellschaften nicht als Finanzintermediation betrachtet
(Art. 1 Abs. 2 lit. e VBF). Eine Konzerngesellschaft, welche das Cash Management oder das Treasuring eines Industrie- oder Handelskonzerns vornimmt, oder
eine Konzerngesellschaft, die sämtliche Finanzintermediationsgeschäfte für andere Gesellschaften desselben Konzerns erbringt, ist daher nicht als Finanzinter-
mediärin im Sinne des GwG zu qualifizieren und ist von deren Anwendungsbereich befreit.

---

[7] Art. 2 Abs. 2 GwG.
[8] Art. 2 Abs. 3 GwG.

3.   VegüV

59   Die Konzernrealität wurde auch in der Minder-Initiative zur Verhinderung übermässiger Vergütungen bei Börsengesellschaften berücksichtigt, und zwar in Art. 95 Abs. 3 lit. b und c der Bundesverfassung. Art. 95 Abs. 3 lit. b hält u.a. fest, dass Organmitglieder keine zusätzlichen Berater- oder Arbeitsverträge mit anderen Gesellschaften der Unternehmensgruppe schliessen dürfen. Diese Regelung wollte für Organmitglieder jedoch nicht generell Verträge mit anderen Konzerngesellschaften verbieten, sondern nur Umgehungen der Vorschriften über die Vergütungen verhindern (BSK VegüV-PÖSCHEL, Art. 21 N 2). Der unglücklich formulierte Wortlaut wurde daher bei der Umsetzung der Bestimmung in der VegüV entsprechend seines Zweckes korrigiert:

> «Art. 21 Unzulässige Vergütungen im Konzern
>
> Unzulässig sind Vergütungen an Mitglieder des Verwaltungsrates, der Geschäftsleitung und des Beirates für Tätigkeiten in Unternehmen, die durch die Gesellschaft direkt oder indirekt kontrolliert werden, sofern diese Vergütungen:
>
> 1.   unzulässig wären, wenn sie direkt von der Gesellschaft ausgerichtet würden;
>
> 2.   in den Statuten der Gesellschaft nicht vorgesehen sind; oder
>
> 3.   von der Generalversammlung der Gesellschaft nicht gutgeheissen worden sind.»

60   Die Bestimmungen der VegüV sind folglich auf alle Vergütungen für VR-, GL- und Beiratsmitglieder innerhalb eines Konzerns anwendbar (BSK VegüV-PÖSCHEL, Art. 21 N 2). Die Bestimmung geht sodann weiter als Art. 95 Abs. 3 lit. b BV und schreibt vor, dass für die Ausrichtung von Vergütungen durch Konzerngesellschaften eine Statutengrundlage notwendig ist (s. Art. 21 Ziff. 2 VegüV, vgl. dazu BSK VegüV-PÖSCHEL, Art. 21 N 3).

61   Konzerne sind zudem verpflichtet, in den Statuten die zulässige Anzahl Mandate ausserhalb des Konzerns für Organmitglieder zu regeln (Art. 95 Abs. 3 lit. c BV). Beschränkt ist nur die Anzahl der VR-Mandate respektive der Mandate in den obersten Leitungsorganen von Rechtseinheiten und nicht in der Geschäftsleitung (vgl. Art. 12 Abs. 1 Ziff. 1 VegüV, dazu BSK VegüV-KÄGI, Art. 12 N 23 ff.).

D.   Kartell- und Wettbewerbsrecht

62   Historisch gesehen ist der Konzern ein Kind des Kartellrechts – zumindest in den USA. Indem man gegen Ende des 19. Jahrhunderts den *Sherman Act* erliess, um die Marktmacht der zu diesem Zeitpunkt vorherrschenden Trusts

und Kartelle im Bereich der Eisenbahnen und der Öl-, Stahl- und Elektrizitätsindustrie zu brechen, legte man zugleich die Grundlage für den Konzern, der mit seiner Holdingstruktur nicht vom Gesetz erfasst wurde. Auch aus Schweizer Sicht stellt sich die Frage, ob das Kartellgesetz auf Konzernsachverhalte anwendbar ist.

Dem schweizerischen Kartellgesetz unterstellt sind Unternehmen – dazu gehören sämtliche Nachfrager oder Anbieter von Gütern und Dienstleistungen im Wirtschaftsprozess, und zwar unabhängig ihrer Rechts- oder Organisationsform - des privaten und des öffentlichen Rechts, die Kartell- oder andere Wettbewerbsabreden treffen, Marktmacht ausüben oder sich an Unternehmenszusammenschlüssen beteiligen, sofern sich der Sachverhalt auf die Schweiz auswirkt (Art. 2 KG). Absprachen zwischen Unternehmen, die dem gleichen Konzern angehören, werden nicht von Art. 2 Abs. 1 KG erfasst; ebenso gelten auch Umstrukturierungen innerhalb eines Konzerns nicht als Unternehmenszusammenschlüsse im Sinne von Art. 2 Abs. 1 KG (BORER, Art. 2 N 11). Auf konzerninterne Verhältnisse ist das Kartellgesetz daher nicht anwendbar; bekannte Kartelle haben sich deswegen auf Konzentration und Konzernbildung verlegt (z.B. Zementindustrie). Man spricht auch vom «Konzernprivileg» (LANG/JENNY, 299 ff.). Hinsichtlich der Qualifikation der Marktstellung für die Verhaltenskontrolle marktbeherrschender Unternehmen wird der Konzern als Gesamtheit von den materiellrechtlichen Bestimmungen des Kartellsetzes erfasst (BORER, Art. 2 N 11; ausführlich CANDREIA, 35 ff.). Beherrscht eine juristische Person ein oder mehrere andere Konzerngesellschaften,[9] dann ist der Konzern als Ganzes als wirtschaftlich selbstständige Wirtschaftseinheit anzusehen, wohingegen die Tochtergesellschaften in diesem Fall aufgrund ihrer wirtschaftlichen Unselbstständigkeit keine Unternehmen im Sinne von Art. 2 Abs. 1 KG darstellen (ZÄCH, 120). 63

E. Steuerrecht

Die rechtliche Selbstständigkeit juristischer Personen wird auch in steuerrechtlicher Hinsicht anerkannt, entsprechend werden sie als selbstständige Steuersubjekte behandelt (s. dazu §15 N 4 ff.). Eine konzernrechtliche Betrachtungsweise fand nur vereinzelt Eingang in das schweizerische Steuerrecht, z.B. beim sog. Beteiligungsabzug (s. § 15 N 10 ff.). 64

Beim Verrechnungssteuergesetz und beim Mehrwertsteuergesetz finden sich einzelne Vorschriften, die sich auf Konzerne oder Holdings beziehen. Für Verrechnungssteuern, die innerhalb eines Konzerns anfallen, sieht das Gesetz eine verfahrensrechtliche Vereinfachung für die Steuerentrichtung vor (s. § 15 N 56). Eine 65

---

[9] Vgl. dazu Art. 963 Abs. 1 und 2 OR.

Konzernbetrachtung kennt auch das Mehrwertsteuergesetz. Für Konzerne sieht Art. 13 MWSTG eine Gruppenbesteuerung vor (s. dazu § 15 N 75).

66   Mit Art. 61 Abs. 3 DBG hat man im Zuge der Fusionsgesetzgebung zudem die Steuerneutralität bei Konzernübertragungen eingeführt (BBl 2000 4374).

67   Ein eigentliches «Konzernsteuerrecht» existiert jedoch nicht.

VIII. Konzernhaftungstatbestände

A. *Allgemeines*

68   Wesentliche konzernrechtliche Fragen sind der Aktionärs- und der Gläubigerschutz. Ein einflussreicher Zusatzaspekt ist dann auch der Pflichten-katalog des abhängigen Verwaltungsrates (s. dazu Kap. § 9 N 110 ff.). Grundsätzlich streben Konzerne 100%-Beteiligungen an, wobei es aber historisch (Unternehmensgeschichte), politisch (zwingende Inländerbeteiligung) und strategische Ausnahmen gibt; zu den Letzteren gehört etwa die Absicht der CS Gruppe, die Schweizer Bank zusätzlich und separat zu kotieren.

69   Das «Spiel des Konzernrechtes» ändert sich entscheidend, wenn aussenstehende Aktionäre vorhanden sind, denn diese Aktionäre haben grundsätzlich Anspruch darauf, dass die Gesellschaft so geführt wird, wie wenn sie unabhängig wäre. Auf der anderen Seite ergeben sich aber auch Vorteile aus dem Konzernverbund. Aus den Swissair-Entscheiden kann man auch die Erkenntnis ziehen, dass stets das Konzernganze im Auge zu behalten ist und nicht blind auf die Einzelgesellschaft gestarrt werden kann (s. dazu § 4 N 392 ff.). Es ist nicht einfach, hier die Balance zu finden.

70   Was den Gläubigerschutz betrifft, so ist in erster Linie einmal an den wirtschaftlichen und auch reputationswahrenden Beistandszwang im Konzern zu denken (BGE 116 I*b* 331 E. 2b). Dieser muss aber doch von der Gesellschaft ausgehen und besteht naturgemäss auch nur im Rahmen der in einer Krise verbleibenden Mittel. Die Möglichkeiten der Gläubiger konzentrieren sich auf die bekannten Instrumente der Vertragshaftung (Patronatserklärungen, Garantien), Vertrauenshaftung, Organhaftung, Durchgriff, Verantwortlichkeit und allenfalls auf eine deliktische Haftung der Muttergesellschaft (dazu sogleich, N 72 ff.).

71   Der Konzern als solcher kann mangels Rechtspersönlichkeit grundsätzlich nicht haften (BSK OR II-BAUDENBACHER, Vor Art. 620 N 19). Es geht daher meistens um die Haftung von den einzelnen Konzerngesellschaften oder den für sie handelnden Organen. Der Begriff «Konzernhaftung» erfasst folglich verschiedene

Haftungsvarianten.[10] Zentral und praxisrelevant scheint jedoch die Frage zu sein, ob eine Obergesellschaft für den Ausfall einer Tochtergesellschaft oder für einen von dieser verursachten Schaden haftet. Einig ist man sich, dass eine Haftung der Obergesellschaft für Untergesellschaften nicht automatisch, d.h. ohne eine *spezifische Haftungsgrundlage,* anzunehmen ist (statt vieler KUNZ, Konzernhaftung, 55). Andere haftungsrechtliche Fragestellungen, beispielsweise die Haftung der beherrschten Gesellschaft für Verbindlichkeiten der herrschenden Gesellschaft oder die Haftung der Organe der beherrschten Gesellschaft für Schäden, die sie in Ausübung von Weisungen der herrschenden Gesellschaft verursachen (vgl. dazu FORSTMOSER, Konzern, 101 ff.), sollen an dieser Stelle nicht behandelt werden. Darüber hinaus beschränkt sich der Blick auf die AG, da ihr bei der Bildung von Konzernen massgebende Bedeutung zukommt (vgl. BSK OR II-BAUDENBACHER, Art. 620 N 20).

B. Vertragliche Haftung

Eine Muttergesellschaft kann für den Ausfall einer Tochtergesellschaft und/oder für einen von dieser verursachten Schaden haftbar gemacht werden, wenn sie sich dazu vertraglich verpflichtet hat. Zu denken ist dabei vor allem an einen Garantievertrag, der im Gesetz irreführend als *Vertrag zu Lasten eines Dritten* bezeichnet wird (Art. 111 OR), oder einen Bürgschaftsvertrag (Art. 492 OR). Beim Garantievertrag verpflichtet sich der Garant – innerhalb eines Konzerns ist das üblicherweise die Muttergesellschaft, deren Haftung an dieser Stelle im Vordergrund steht –, Schadenersatz zu leisten, falls die Leistung eines Dritten – folglich einer Tochtergesellschaft – ausbleibt. Beim Bürgschaftsvertrag handelt es sich um einen einseitig verpflichtenden Vertrag, bei dem sich der Bürge (Muttergesellschaft) gegenüber dem Gläubiger des Hauptschuldners (Tochtergesellschaft) verpflichtet, für dessen Schuld einzustehen. Das Hauptunterscheidungsmerkmal zwischen Garantie und Bürgschaft liegt in der Akzessorietät (vgl. BGer 4A_279/2009 E. 3 vom 14. September 2009). Während die Garantie eine selbstständige, vom Hauptschuldverhältnis unabhängige Verpflichtung darstellt, ist die Bürgschaft von einem bestehenden Hauptschuldverhältnis abhängig. 72

Eine spezielle Bedeutung haben Patronatserklärungen von Konzernobergesellschaften. Auch Patronatserklärungen dienen wie die Bürgschaft und die Garantie häufig als Kreditsicherungsmittel, bei dem sich die Muttergesellschaft dem Kreditgeber der Tochtergesellschaft gegenüber verpflichtet, Vorkehrungen zu treffen, die die Rückzahlung des Kredites fördern (ALBERS-SCHÖNBERG, 181). Die Formulierungen in den Patronatserklärungen sind oft (bewusst) sehr wage gehalten 73

---

[10] Übersicht in ALBERS-SCHÖNBERG, 16 ff.; HANDSCHIN, 293 ff.; MEIER-HAYOZ/FORSTMOSER, § 24 N 55 ff.

(«Anerkennung der Konzernbeziehung», «Erklärung, die Beteiligung beibehalten zu wollen», «Erklärung der Einflussnahme auf die Kreditnehmerin im Sinne der Bonitätserhaltung», «Erklärung einer kreditadäquaten Finanzierung» etc.), um eine Haftung aus Partronatserklärungen zu vermeiden (DRUEY/VOGEL, 116). Dabei ist zwischen «weichen» und «harten» Patronatserklärungen zu unterscheiden. HANDSCHIN spricht von einer moralischen, aber juristisch nicht bindenden Verpflichtung der Muttergesellschaft bei weichen Patronatserklärungen (HANDSCHIN, 291). Ausnahmsweise können solche Erklärungen dennoch zur Haftung der erklärenden Muttergesellschaft führen, wenn aufgrund des Wortlauts und der Umstände wie Korrespondenz, weitere Erklärungen, Verhalten vor und nach der Patronatserklärung, Stellungnahmen etc. ein berechtigtes Vertrauen beim Dritten erweckt wird, welches dann treuwidrig enttäuscht wird (vgl. dazu NOBEL, Patronatserklärungen 69 ff. und 73 ff.). Die Vertrauenshaftung im Vertragsumfeld gründet daher auf einer unmittelbaren oder mittelbaren Sonderverbindung, welche zwar nicht direkt von einem vertraglichen Konsens beherrscht wird, aber dennoch entweder darauf hinzielt oder sich daraus ableitet (WALTER, 294).

C. Haftung aus Konzernvertrauen

74   Für das schon bei der Patronatserklärung genannte Vertrauensprinzip hat das Bundesgericht mit dem Swissair-Entscheid eine Anleitung für dessen Handhabung gegeben (BGE 120 II 331 E. 5; s. Kap. § 4 N 392 ff.). Eine Gesellschaft klagte gegen die Swissair Beteiligungen AG eine Forderung ein, die sie gegen eine ehemalige Tochtergesellschaft der Swissair Beteiligungen AG hatte. Im vorliegenden Fall ging es nicht um Patronatserklärungen der Muttergesellschaft, sondern um werbemässige Aussagen, die sich allgemein an potenzielle Kunden der Tochtergesellschaft richteten. Das Bundesgericht verneinte eine vertragliche und eine deliktische Haftung der Muttergesellschaft, hielt aber fest, dass erwecktes Vertrauen in das Konzernverhalten der Muttergesellschaft unter Umständen eben auch bei Fehlen einer solchen vertraglichen oder deliktischen Haftungsgrundlage haftungsbegründend sein kann; dies ergebe sich aus einer Verallgemeinerung der Grundsätze über die Haftung aus *culpa in contrahendo* (BGE 120 II 331 E. 5). Im Entscheid *Musikvertrieb AG c. Motor-Columbus AG* präzisierte das Bundesgericht, dass das blosse Bestehen einer Konzernverbindung keine Grundlage für eine Vertrauenshaftung bilden könne, ebenso wenig würden Werbeaussagen genügen, in denen bloss in allgemeiner Form auf eine bestehende Konzernverbindung hingewiesen werde (BGE 124 III 297 E. 6a). Vielmehr brauche es eine «Sonderbeziehung», was das Bundesgericht in einem neueren Entscheid betreffend den UBS-Konzern bestätigte und noch weiter konkretisierte

(BGer 4A_306/2009 vom 8. Februar 2010[11]). Aus der Rechtsprechung des Bundesgerichts lässt sich schlussfolgern, dass nur «wer berechtigtes Vertrauen frustriert, zahlt» (NOBEL, Patronatserklärung 71).

D. Haftung als faktisches Organ nach Art. 754 OR

Seit der Aktienrechtsrevision von 1991 sind neben den formellen auch die materiellen und faktischen Organe einer Aktiengesellschaft nach Art. 754 Abs. 1 OR haftbar (BBl 1983 II 935). Während die formelle Organschaft in einer AG auf natürliche Personen beschränkt ist (Art. 707 Abs. 3 OR), entschied das Bundesgericht in einem *obiter dictum,* dass dies für eine materielle oder faktische Organstellung nicht gelte (vgl. BGE 117 II 570 E. 4a). Eine Haftung der Muttergesellschaft gegenüber einer Tochtergesellschaft, ihren Minderheitsaktionären und allenfalls Gesellschaftsgläubigern kann sich infolgedessen auch aus Art. 754 Abs. 1 OR ergeben, wenn sich Organpersonen oder Hilfspersonen der Muttergesellschaft direkt oder indirekt in Verwaltung und Geschäftsführung der Tochtergesellschaft einmischen (FORSTMOSER, Konzern, 128 f.). M.a.W., nimmt eine Muttergesellschaft im Sinne eines faktischen Organs Einfluss auf eine Tochtergesellschaft, so kann sie sich nach Art. 754 Abs. 1 OR haftbar machen. Im Sinne eines faktischen Organs handeln Personen, «die tatsächlich Organen vorbehaltene Entscheide treffen oder die eigentliche Geschäftsführung besorgen und so die Willensbildung der Gesellschaft massgebend mitbestimmen» (BGE 128 III 93 E. 3a, mit Verweisen). Im Bezug auf Konzerne konkretisierte das Bundesgericht, dass «eine blosse Einflussnahme von Organen einer Muttergesellschaft auf diejenigen der Tochtergesellschaft regelmässig keine Organverantwortung gegenüber der Tochtergesellschaft begründet», es sei denn, es bilden sich «übertragene oder usurpierte» Zuständigkeiten (BGer 4A_306/2009 E. 7.1.1). Kann die faktische Organstellung der Muttergesellschaft, damit auch die Passivlegitimation, bejaht werden, muss zudem noch ein Schaden vorliegen, der als Folge (adäquater Kausalzusammenhang) einer aktienrechtlichen Pflichtverletzung (Pflichtwidrigkeit) entstanden und den Gesellschaftsorganen der Konzernmutter zuzurechnen (Verschulden) ist (BSK OR II-GERICKE/WALLER, Art. 754 N 13 ff.).

E. Durchgriffshaftung

Die juristische Person als Trägerin von Rechten und Pflichten mit eigener Rechtspersönlichkeit wird vom Gesellschaftsrecht anerkannt. Daraus

[11] Vgl. KUNZ, PETER V., Klarstellung zur Konzernhaftung, Recht, Zeitschrift für juristische Weiterbildung und Praxis, 2011, 41 ff.

folgt auch der Grundsatz der Trennung von Aktionär und Aktiengesellschaft. Für die AG statuiert Art. 620 Abs. 2 OR, dass die Aktionäre nur zu den statutarischen Leistungen verpflichtet sind und für Verbindlichkeiten der Gesellschaft nicht persönlich haften. Die rechtliche Selbstständigkeit juristischer Personen ist daher grundsätzlich zu beachten, selbst wenn der Schaffung getrennter Einheiten das Motiv der Haftungsbegrenzung zugrunde liegt (DRUEY/VOGEL, 75). Auch der Konzern selbst muss die körperschaftlichen Formalitäten respektieren. Er darf für seine Zwecke nicht rechtlich selbstständige Tochtergesellschaften errichten, aber deren separate körperschaftliche Existenz ausser Acht lassen, wenn es ihm zum eigenen Vorteil gegenüber Dritten gereicht. *Distinct in uno, distinct in omnibus.*[12]

77   Nur ausnahmsweise ist die Eigenschaft der AG als eigenes Rechtssubjekt nicht zu beachten, wenn die Berufung auf das Trennungsprinzip und die Eigenständigkeit der juristischen Person als missbräuchlich erscheint, m.a.W. *l'indépendance juridique entre l'actionnaire unique et la société anonyme ne peut pas être invoquée dans un but qui ne mérite pas la protection de la loi, comme par exemple pour éluder un contrat, une prohibition de concurrence ou encore pour contourner une interdiction* (BGer 4A_417/2011 E. 2.3). Die Rechtsprechung entwickelte folgende Voraussetzungen:

1. Wirtschaftliche Identität der juristischen Person und ihrem Mitglied: Sie beinhaltet insbesondere die Möglichkeit der Beherrschung und bedingt ein Abhängigkeitsverhältnis (BGE 121 III 319 E. 5a; BGE 106 II 369 E. 4; BGer 5A_498/2007 E. 2.2).

2. Rechtsmissbräuchliche Berufung auf die rechtliche Selbstständigkeit der juristischen Person: Es bedarf nicht der Gründung einer juristischer Person zu missbräuchlichen Zwecken, sondern es genügt die missbräuchliche Verwendung bzw. die missbräuchliche Berufung auf die Trennung zwischen juristischer Person und beherrschender Person. Zur Annahme des Rechtsmissbrauchs müssen geradezu eine Massierung unterschiedlicher und ausserordentlicher Verhaltensweisen im Sinne eigentlicher Machenschaften vorliegen (BGE 108 II 213 E. 6; BGer 5A_498/2007 E. 2.2).

3. Schädigung Dritter: Es muss eine qualifizierte Schädigung Dritter vorliegen (BGE 81 II 455 E. 2b; BGer 5A_498/2007 E. 2.2).

78   Die Durchgriffshaftung ist nicht eine konzernspezifische Haftungsform (s. Zusammenfassung der Judikatur in DRUEY, Gesellschaftsrecht 84 ff.). In der Recht-

---

12   Vgl. Motorola Mobility LLC v. AU Optronics Corp. 773 F.3d.826 (7th Cir. 2014), withdrawn from bound volume, order amended and superseded, 775 F.3d. 816 (7th Cir. 2015), cert. denied, 135 S. Ct. 2837, 192 L. Ed. 2d 875 (2015); dazu SMITH, JEFFREY H., Call me, maybe? The Seventh Circuit's Call in Motorola Mobility, Notre Dame Law Review, May, 2015, Vol. 90. Iss. 5, Article 11.

sprechung scheinen die Gerichte eher auf die konzernrechtliche Vertrauenshaftung zurückzugreifen (vgl. FORSTMOSER, Konzern, 131 f.). Nichtsdestotrotz sind die Grundsätze der Durchgriffshaftung auch auf den Konzern anwendbar, insbesondere in Fällen rechtsmissbräuchlicher Unterkapitalisierung von Tochtergesellschaften (vgl. ALBERS-SCHÖNBERG, 127 ff.; HANDSCHIN, 315 f.; zum Begriff der missbräuchlichen Unterkapitalisierung BGer 5C.246/2000).

F. Haftung aufgrund von Art. 707 Abs. 3 OR

Da die juristische Person gemäss Art. 707 Abs. 3 OR als solche [79] nicht als Mitglied des VR wählbar ist, war die Frage, ob die juristische Person für Handlungen des Vertreters haftet, lange Zeit umstritten, da aus dem persönlichen Charakter des VR-Mandats die unmittelbare persönliche aktienrechtliche Verantwortlichkeit des Vertreters folgt (BSK OR II-WERNLI/RIZZI, Art. 707 N 40). Es scheint sich aber die Meinung durchgesetzt zu haben, dass eine Haftung der juristischen Person nur dann besteht, wenn sie aufgrund ihres tatsächlichen Einflusses auf die Geschäftsleitung der Tochtergesellschaft als faktisches Organ angesehen werden kann (statt vieler FORSTMOSER, Verantwortlichkeit 226). Diesbezüglich ist auf die Ausführung zur Haftung als faktisches Organ nach Art. 754 OR zu verweisen (Kap. D).

G. Deliktische Haftung

Eine Haftung der Muttergesellschaft kann sich auch aus Delikt [80] ergeben. Gemäss Art. 722 OR haftet die AG für den Schaden aus unerlaubten Handlungen (Art. 41 OR), die eine zur Geschäftsführung oder zur Vertretung befugte Person in Ausübung ihrer geschäftlichen Verrichtung begeht. Unter Umständen hat die Konzernmuttergesellschaft gestützt auf Art. 722 OR i.V.m. Art. 41 OR für Eingriffe ihrer Organe in die Geschäftsführung der Tochtergesellschaft einzustehen (BGE 124 III 297 E. 5a). Das Bundesgericht verdeutlichte aber auch, dass eine derartige Organhaftung voraussetzt, dass die fraglichen Handlungen widerrechtlich oder zumindest sittenwidrig sein müssen und zudem von Personen begangen werden, die sowohl als Organe der Muttergesellschaft als auch als Organe der Tochtergesellschaft gehandelt haben (BGE 124 III 297 E. 5a). Die Haftung der Muttergesellschaft für Doppelorgane lässt sich auch aus Art. 55 Abs. 2 OR herleiten (vgl. dazu BSK OR II-WERNLI/RIZZI, Art. 707 N 41).

IX. Der Konzern in der EU

81   Konzernrecht wurde hier die «Baustelle des Gesellschaftsrechtes» genannt. Die Literatur zur Behandlung von Problemen in Gesellschaftsgruppen ist zwar reich (VON BÜREN, DRUEY), und auch die Rechtsprechung bietet anschauliche Beispiele (s. vor allem auch die Swissair Entscheide), doch wurde immer wieder gezögert, trotz Aufforderungen (Groupe de réflexion, DRUEY), legislatorisch ein «Konzernrecht» zu schaffen. Auch dogmatisch war kaum eine Fortentwicklung zu verzeichnen, mit Ausnahme der noch folgenlos gebliebenen Idee, den Konzern dem Recht der einfachen Gesellschaft anzunähern (s. vorne N 21 ff.; in Deutschland HARMS schon 1968, 147 ff.).

82   Als Organisationsmittel hat sich der Konzern auch in der Europäischen Union etabliert. Aber auch als Objekt gesellschaftsrechtlicher Diskussionen ist das Konzernrecht seit Mitte des letzten Jahrhunderts nicht mehr aus den Agenden der EU und der Mitgliedstaaten wegzudenken. In den 70er- und 80er-Jahren bemühte sich die Europäische Kommission um eine weitreichende Harmonisierung des Konzernrechts innerhalb der Europäischen Gemeinschaft und der Kodifikation konzernrechtlicher Bestimmungen für die Europäische Aktiengesellschaft (SE), scheiterte aber.[13] Entscheidend dürfte wohl die Abkehr von der organischen Konzernrechtslehre, welche den Konzerntatbestand ausschliesslich der wirtschaftlichen Realität entnimmt, und die Hinwendung zur «deutschen» Konzernrechtslehre, wonach sich der Konzern durch eigenes Rechtsgeschäft dem Einheitsregime unterwirft, gewesen sein (DRUEY, Wirtschaftsrecht, 234 f.; GRUNDMANN, 462 f.). Damit verbunden waren Befürchtungen, dass den EU-Mitgliedstaaten das deutsche Konzernrecht aufgezwungen werde, welches in vielen Augen als zu schwerfällig und unflexibel erschien (HOMMELHOFF, 186; DRUEY, Wirtschaftsrecht, 235 f.). Immerhin fand die Konzernrealität durch den Erlass der Konzernrechnungsrichtlinie (Siebente Richtlinie 83/349/EWG vom 13. Juni 1983) und vielen anderen sektorspezifischen Rechtsvorschriften im Bank- und Versicherungswesen sowie im Wettbewerbs- und Steuerrecht Berücksichtigung. Der Ansatz der EU geht dahin, einheitliche Regeln für einzelne, besonders wichtige und grenzüberschreitend relevante Gruppenprobleme zu erlassen (HOMMELHOFF, 189; vgl. AMSTUTZ, Unionsrecht, 197 ff.).

83   Im Europäischen Recht ist die Diskussion aber wieder neu angelaufen und es werden Projekte erwogen, die ein Europäisches Kernbereichskonzernrecht verwirklichen wollen, das ein Gruppeninteresse *(doctrine of the group interest)* anerkennt, als Konzernorganisationsrecht die Konzernleitung legitimiert und verpflich-

---

[13]   Siehe Entwurf einer neunten Richtlinie von 1984 (Konzernrechtsrichtlinie), abgebildet in LUTTER, 279 ff., sowie die in den Jahren 1970 und 1975 vorgelegten Entwürfe zum SE-Statut mit konzernrechtlichen Bestimmungen (vgl. dazu GESSLER, 275 ff.).

tet sowie an Ausgleichskonzepte denkt, die sich am famosen französischen, allerdings strafrechtlichen *(Abus de biens sociaux)* Fall Rozenblum[14] orientieren wollen (s. Forum Europaeum Konzernrecht[15] [1998], in ZGR 1998, 672 ff.; Europäische Kommission, Report of the Reflection Group on the Future of EU Company Law, vom 5. April 2011[16]). Die danach benannte Rozenblum-Doktrin erlaubt es der Geschäftsleitung einer Tochtergesellschaft unter bestimmten Vorbehalten das Konzerninteresse dem Interesse der Tochtergesellschaft voranzustellen, wenn die Nachteile für die Tochter innerhalb einer überschaubaren Zeit durch konkrete Vorteile aus dem Konzernverbund ausgeglichen werden (Forum Europaeum Konzernrecht [1998], in ZGR 1998, 705; s.a. HOPT, 211 u. BÖCKLI, Gruppeninteresse, 177 ff.). Beim Nachteilsausgleich geht es jedoch nicht nur um einen bilanziellen Ausgleich; es dürfen auch «schwer wägbare Elemente» einbezogen werden, weil die «Sorgfaltspflicht alle in Erscheinung tretenden Gesichtspunkte, unabhängig von der Schwierigkeit ihrer Quantifizierbarkeit», berücksichtigen muss (DRUEY, Konzernrecht, 19). Parallel dazu hat das Forum Europaeum on Company Groups[17] Eckpunkte für einen Rechtsrahmen zur erleichterten Führung von grenzüberschreitenden Unternehmensgruppen in Europa veröffentlicht, um eine einheitliche Konzernpolitik in allen Tochtergesellschaften unabhängig von ihrem jeweiligen Sitzstaat gewährleisten zu können (Forum Europaeum on Company Groups [2015], 509 ff.). Für deren Umsetzung empfiehlt das Forum Europaeum on Company Groups das Mittel der europäischen Richtlinie, da eine blosse Empfehlung der EU-Kommission nicht ausreichen würde (Forum Europaeum on Company Groups [2015], 515).

An diesen Arbeiten des «Forum Europaeum» sind auch Schweizer beteiligt (DRUEY, FORSTMOSER), sozusagen von Rosenberg (DRUEY, HSG) zu Rosenblum (s. NOBEL, FS Druey, 503 ff.). Allerdings sind die Konzepte noch derart unbestimmt, dass von einem operativ möglichen Konzernrecht noch nicht die Rede sein kann. Zu diesen ganzen Anstrengungen bietet MARC AMSTUTZ eine luzide [84]

---

[14] Cour de Cassation, Chambre criminelle, du 4 février 1985, 84–91.581, verfügbar auf: http://legifrance.gouv.fr (Stand 26. August 2016).

[15] Das Forum Europaeum Konzernrecht bestand aus einem *steering committee* aus folgenden Personen: Peter Hommelhoff, Universität Heidelberg; Klaus J. Hopt, Max-Planck-Institut für ausländisches und internationales Privatrecht, Hamburg; Marcus Lutter, Universität Bonn, sowie Peter Doralt, Wirtschaftsuniversität Wien; Jean-Nicolas Druey, Universität St. Gallen, und Eddy Wymeersch, Universität Gent.

[16] http://ec.europa.eu/internal_market/company/docs/modern/reflectiongroup_report_en.pdf (Stand 29. August 2016).

[17] Dem Forum gehören an: PIERRE-HENRI CONAC (Luxemburg/Paris), JEAN-NICOLAS DRUEY (St. Gallen/Basel), PETER FORSTMOSER (Zürich), MATHIAS HABERSACK (München), SÖREN FRIIS HANSEN (Kopenhagen), PETER HOMMELHOFF (Heidelberg), SUSANNE KALSS (Wien), GERD KRIEGER (Düsseldorf), LOES LENNARTS (Groningen), MARCUS LUTTER (Bonn), CHRISTOPH TEICHMANN (Würzburg), AXEL VON WERDER (Berlin), EDDY WYMEERSCH (Gent).

dogmatische Durchdringung des Konzerns als Kind der Globalisierung (mit allen Quellen- und Literaturnachweisen) mit Hilfe von Überlegungen zu sog. Hypertextorganisationen und den juristischen Instrumenten des Konzerngesamtinteresses, der Societas unius personae (SUP) und den Related party transactions (RPT). Er sieht den Konzern nicht als Ausprägung einer Zweckgemeinschaft, sondern plädiert für einen strikten funktionellen Doppelansatz im Zuge der «Verschleifung» der Governance-Anforderungen bei Mutter und Tochtergesellschaft.

5. Teil Internationalisierung

Vorbemerkungen

Der folgende Teil handelt von der Internationalisierung des Aktienrechtes in einem mehrfachen Sinne.

[1]

Das IPR, oder Kollisionsrecht gehört zum klassischen Bestand, wo das Gesellschaftsrecht einen bedeutenden Teil ausmacht, und die Schweiz klar für die Inkorporation als Kriterium zur Bestimmung des anwendbaren Rechts optiert hat. Gerade auch für die AG hat das FusG noch die internationale Umstrukturierung in das IPRG eingefügt.

[2]

Der Teil über die internationalen Standards zeigt eine neue Art von Normentstehung, die sich weitgehend von der Politik gelöst hat, aber für das Gesellschaftsrecht vor allem für Corporate Governance sowie Rechnungslegung und Revision von grosser Bedeutung ist. Dann wird aber auch der Bereich der multinationalen Unternehmen berührt. Hier zeigt sich auch, was Globalisierung im Bereiche des Gesellschaftsrechts bedeutet.

[3]

Das dann folgende Kapitel über die wettbewerbs- und wirtschaftsrechtlich motivierte Harmonisierung des Gesellschaftsrechts in der EU, die in der Praxis leider nicht zu dem erhofften Erfolgsprodukt geworden ist (anders als in der Wissenschaft), zeigt aber doch die sich heute auf europäischer Gemeinschaftsebene abzeichnenden und möglichen Konvergenzlinien. Das Unterfangen scheint erst jetzt etwas mehr Fahrt zu gewinnen, nachdem einerseits der Kapitalmarkt mehr in den Fokus geraten ist und andererseits auch die Probleme der KMU angegangen werden sollen (Aktionärsrichtlinie). Vorher waren verschiedene Blockaden zu verzeichnen, die in Kernbereichen u.a. auf die deutschen Exportversuche von Mitbestimmung und Konzernrecht zurückzuführen sind (Projekte der fünften und neunten Richtlinie zur Angleichung des Gesellschaftsrechts).

[4]

Prominent und faszinierend ist das lange erdauerte Statut der Societas Europaea (SE) mit der begleitenden Richtlinie zur Mitbestimmung auf dem Verhandlungsweg.

[5]

Es folgen noch ein Überblick über die Struktur des amerikanischen Rechts der Corporation (und einige Ausführungen über die steuerlichen Verhältnisse).

[6]

7   Auch hier geht es natürlich um die Globalisierung. Gesellschaftsrechtlich ist Amerika uns zu einem schönen Teil zum direkten oder impliziten Vorbild geworden. Die steuerlichen Ereignisse der letzten Jahre haben uns sogar gezeigt, dass Steuerpolitik ein gemeinsames Anliegen der Staaten geworden ist.

8   Es darf im Anschluss an das Buch von HANS-UELI VOGT wirklich von einer Konvergenz von Gesellschaftsrechten gesprochen werden, die sich heute grossenteils die USA zum Vorbild nehmen (HANS-UELI VOGT, Konvergenz von Gesellschaftsrechten. Ein rechtsvergleichender Befund und seine rechtssoziologische und rechtstheoretische Erklärung im Lichte der Globalisierung, Zürich/St. Gallen 2012, Zürcher Habilitationsschrift. Zur Amerikanisierung vgl. «Theorie des Rechtswandels unter den Bedingungen der Globalisierung als eine Theorie der Amerikanisierung des Rechts», 454 ff.).

9   Der Autor nimmt sich die Themen der Mitwirkungsrechte der Aktionäre, die Verantwortlichkeit und die Unternehmenstransparenz als Untersuchungsobjekt vor und zeigt die Angleichungstendenzen, die aus vielfältigen Quellen entstehen, so der Rechtsvergleichung, Kollisionen von Normen und Konzepten, Erschütterungen im Rechtssystem, Innovationen, Wettbewerb und bewusster Koordinationsanstrengungen. Von grosser Bedeutung ist auch der viel intensivere wissenschaftliche Diskurs:

> «In der Wissenschaft im besonderen hat die Globalisierung eine ‹new wave› in ‹comparative company law› ausgelöst. Dabei hat gerade im Gesellschaftsrecht die Oekonomisierung des wissenschaftlichen Diskurses und insbesondere die Etablierung von ‹Law and Economics› als lingua franca der globalen Gemeinschaft der Wirtschaftsrechtswissenschaft die Zirkulationsfähigkeit gesellschaftsrechtlicher Strukturen noch zusätzlich begünstigt.» (401)

§ 11 Internationales Gesellschaftsrecht

1 Materialien: Botschaft zum Bundesgesetz über das internationale Privatrecht (IPR-Gesetz) vom 10. November 1982, BBl 1983 I 263; Botschaft zum Bundesgesetz über Fusion, Spaltung, Umwandlung und Vermögensübertragung (Fusionsgesetz, FusG) vom 13. Juni 2000, BBl 2000 4337; Botschaft zur Änderung des Obligationenrechts (Aktienrecht und Rechnungslegungsrecht sowie Anpassungen im Recht der Kollektiv- und der Kommanditgesellschaft, im GmbH-Recht, Genossenschafts-, Handelsregister- sowie Firmenrecht) vom 21. Dezember 2007, BBl 2008 1589; Botschaft zum Bundesbeschluss über die Genehmigung und die Umsetzung des revidierten Übereinkommens von Lugano über die gerichtliche Zuständigkeit, die Anerkennung und die Vollstreckung gerichtlicher Entscheidungen in Zivil- und Handelssachen vom 18. Februar 2009, BBl 2009 1777; Botschaft zur Änderung des Börsengesetzes (Börsendelikte und Marktmissbrauch) vom 31. August 2011, BBl 2011 6873.

2 Literatur: BEHRENS, PETER, Konzernsachverhalte im internationalen Recht, SZIER 2002; 79 ff.; BÖCKLI, PETER, Schweizer Aktienrecht, 4. Aufl., Zürich/Basel/Genf 2009; Furrer, Andreas/Girsberger, Daniel/Müller-Chen, Markus (Hrsg.), Internationales Privatrecht (Art. 1-200 IPRG), Handkommentar zum Schweizer Privatrecht, 2. Aufl., Zürich 2012 (zit. HK IPRG-AUTOR); Girsberger, Daniel/Heini, Anton/Keller, Max/Kren Kostkiewicz Jolanta/Siehr, Kurt/Vischer, Frank/Volken, Paul (Hrsg.), Zürcher Kommentar zum IPRG, Kommentar zum Bundesgesetz über das internationale Privatrecht (IPRG) vom 18. Dezember 1987, 2. Aufl., Zürich 2004 (zit. ZK IPRG-AUTOR); HÖHN, ERNST/WALDBURGER, ROBERT, Steuerrecht Band I, 9. A., Bern/Stuttgart/Wien 2001; Honsell, Heinrich/Vogt, Nedim Peter/Schnyder, Anton K./Berti, Stephen V. (Hrsg.), Basler Kommentar, Internationales

Privatrecht, 3. Aufl., Basel 2013 (zit. BSK IPRG-AUTOR); IMMENGA, ULRICH/KLOCKE, DETLEF, Konzernkollisionsrecht, ZSR 1973, 27 ff.; NOBEL, PETER, Zum Gesellschaftsrecht im IPR-Gesetz, in: Schwander, Ivo (Hrsg.), Festschrift für Prof. Rudolf Moser, Beiträge zum neuen IPR des Sachen-, Schuld- und Gesellschaftsrechts, Bd. 51, Zürich 1987 (zit. NOBEL, IPR-Gesetz); NOBEL, PETER, Schweizerisches Finanzmarktrecht und internationale Standards, 3. Aufl., Bern 2010 (zit. NOBEL, Finanzmarktrecht und internationale Standards); NOBEL, PETER, Internationales und Transnationales Aktienrecht, Band 1: IPR und Grundlagen, Bern 2012 (zit. NOBEL, Internationales Aktienrecht); REICH, MARKUS, Steuerrecht, 2. Aufl., Zürich/Basel/Genf 2012; SCHNYDER, ANTON K./LIATOWITSCH, Internationales Privat- und Zivilverfahrensrecht, 3. Aufl., Zürich 2011; SCHWANDER, IVO, Einführung in das internationale Privatrecht, Erster Band: Allgemeiner Teil, 3. Aufl., St. Gallen 2000; SIEHR, KURT, Das Internationale Privatrecht der Schweiz, Zürich 2002; SPÜHLER, KARL/RODRIGUEZ, RODRIGO, Internationales Zivilprozessrecht, 2. Aufl., Zürich/Bern 2012.

I.   Geschichte des IPRG

Das schweizerische Privatrecht war vor dem Inkrafttreten des 3
Bundesgesetzes über das internationale Privatrecht lange Zeit, von den Staatsverträgen und den vereinzelten Bestimmungen in verschiedenen Bundesgesetzen abgesehen, zur Hauptsache im Bundesgesetz vom 25. Juni 1891 betreffend die zivilrechtlichen Verhältnisse der Niedergelassenen und Aufenthalter (NAG) geregelt (s. BBl 1983 I 265). Das NAG wurde in einer Zeit geschaffen, als die schweizerische Privatrechtsgesetzgebung zum grössten Teil noch in den Händen der Kantone lag, weshalb es zwischen den kantonalen Zivilgesetzen auch zu zahlreichen Kollisionen kam (BBl 1983 I 265). Das NAG bezweckte sodann auch in erster Linie nur die Regelung der interkantonalen Privatrechtskonflikte und nicht die Regelung mit internationalem Bezug. Überdies war der Inhalt des NAG nur auf einzelne Tatbestände des Personen-, Familien- und Erbrechts beschränkt, wobei auch diese sich lückenhaft gestalteten (BBl 1983 I 266).

Nachdem der Bundesrat in den Jahren 1862, 1876 und 1887 Gesetzesentwürfe zur 4
Kodifikation des schweizerischen IPR vorlegte und diese Bestrebungen «bloss» zum Erlass des NAG führten, wurde bei der Schaffung des ZGB ein weiterer Anlauf unternommen, als im Vorentwurf von EUGEN HUBER der Einbezug von Kollisionsregeln in das ZGB vorgesehen war (BBl 1983 I 271). Das Parlament wollte es jedoch grundsätzlich beim NAG bewenden lassen, sodass man sich auf die unumgänglichen Anpassungen und Ergänzungen des NAG beschränkte (BBl 1983 I 271; SCHWANDER N 106).

5   Den Anstoss zum Erlass des IPRG ging vom schweizerischen Juristenverein aus, der an seinem Juristentag 1971 die Kodifikation des schweizerischen IPR abermals zur Diskussion stellte (BBl 1983 I 272). Gestützt auf die Ausführungen der Hauptreferenten F. VISCHER und G. BROGGINI forderten sodann VON ARX/EGLI 1971/1972 eine umfassende Revision des NAG (BBl 1983 I 273, SCHWANDER, N 108). Mit Bundesratsbeschluss wurde sodann 1973 eine ausserparlamentarische Expertenkommission unter Vorsitz von Prof. FRANK VISCHER eingesetzt, die ihren Gesetzesentwurf zu einem schweizerischen IPRG samt Schlussbericht 1978 dem EJPD einreichte (SCHWANDER, N 108; BBl 1983 I 273 u. 275). Es zeigte sich, dass die IPR-Gesetzgebung auch das IPR des Sachen-, Schuld- und Gesellschaftsrechts sowie zusätzliche Bereiche des internationalen Zwangsvollstreckungs- und Zivilprozessrechts umfasste (SCHWANDER, N 108), besonders auch das internationale Schiedsgerichtsrecht.

6   Nach einem breit angelegten Vernehmlassungsverfahren mit Stellungnahmen aus dem In- und Ausland und mehreren wissenschaftlichen Tagungen erschien die Botschaft des Bundesrates zum Bundesgesetz über das internationale Privatrecht vom 10. November 1982 im Bundesblatt vom 1. Februar 1983. Nach dem Diffenzbereinigungsverfahren verabschiedeten die eidgenössischen Räte das IPRG am 18. Dezember 1987. Es wurde sodann vom Bundesrat am 1. Januar 1989 in Kraft gesetzt.[1]

II.   Vorbemerkungen zum internationalen Gesellschaftsrecht

7   In internationalen Verhältnissen werden, vorbehaltlich völkerrechtlicher Verträge, die Zuständigkeiten schweizerischer Gerichte oder Behörden, das anzuwendende Recht, die Voraussetzungen der Anerkennung und Vollstreckung ausländischer Entscheide, der Konkurs und der Nachlassvertrag sowie die Schiedsgerichtsbarkeit durch das IPRG geregelt (Art. 1 IPRG). Im 10. Kapitel finden sich die besonderen Bestimmungen zum Gesellschaftsrecht (Art. 150–165 IPRG). Dem Grundaufbau des Gesetzes folgend, regelt das IPRG in Art. 151–153 die Zuständigkeit schweizerischer Gerichte, in Art. 154–159 das Gesellschaftsstatut, seinen Regelungsumfang sowie bestimmte Sonderanknüpfungen, die sich als Korrektiv zur Inkorporationstheorie aufdrängen, und in Art. 165 die Grundsätze der Anerkennung ausländischer Entscheidungen. Später wurde sodann das Kapitel 9a über die Trusts und deren Anerkennung eingefügt. Wichtig ist, dass völkerrechtliche Verträge vorbehalten bleiben (Art. 1 Abs. 2 IPRG). Dies führt auch zu einer direkten Anwendung des LugÜ.

---

[1]   Bundesratsbeschluss vom 2. November 1988, AS 1988, 1831.

III. Gesellschaftsbegriff

A. *Organisierte Personenzusammenschlüsse*

Gesellschaften im Sinne des IPRG sind «organisierte Perso-   8
nenzusammenschlüsse und organisierte Vermögenseinheiten» (Art. 150 Abs. 1
IPRG; der Anklang an die «Körperschaften und Anstalten» in Art. 52 ZGB ist
hörbar). Zu den Personenzusammenschlüssen, die sich eine Organisation gegeben
haben, gehören zum einen die klassischen Gesellschaftsformen wie die Aktiengesellschaft, Genossenschaft, GmbH und der Verein, aber auch die Kollektiv-,
Kommanditgesellschaft und die einfache Gesellschaft, sofern sie sich eine «Organisation» gegeben hat, sowie die entsprechenden ausländischen Rechtsformen
(vgl. NOBEL, Internationales Aktienrecht, 34 N 3; BSK IPRG-EBERHARD/VON
PLANTA, Art. 150 N 2). Sofern kraft Gesetz entstandene Gemeinschaften (z.B.
Gläubigergemeinschaften, gesetzlich begründete Bruchteilsgemeinschaften, nicht
jedoch eheliche Gütergemeinschaften oder fortgesetzte Erbengemeinschaften)
über eine Organisation verfügen, gelten sie ebenfalls als Gesellschaften im Sinne
des IPRG (ZK IPRG-VISCHER, Art. 150 N 9). Einzige Voraussetzung ist, dass der
Personenzusammenschluss über eine Form von Organisation – einer nach aussen
erkennbaren Organisationsstruktur – verfügt (HK IPRG-GASSMANN, Art. 150
N 1 ff.).

B. *Organisierte Vermögenseinheiten*

Mit organisierten Vermögenseinheiten meint das IPRG ver-   9
selbstständigte Vermögensmassen des in- und ausländischen Rechts, mit denen die
Erreichung eines bestimmten Zwecks verbunden ist (BSK IPRG-EBERHARD/VON
PLANTA, Art. 150 N 10). Als Prototyp wird in der Literatur die Stiftung erwähnt,
aber auch sämtliche Formen der Anstalt des privaten und des öffentlichen Rechts
sowie vertragliche Anlagefonds, sofern sie als kollektive Anlagen ausgestaltet
sind, fallen unter den Begriff der organisierten Vermögenseinheiten (NOBEL, Internationales Aktienrecht, 34 N 3; BSK IPRG-EBERHARD/VON PLANTA, Art. 150
N 10). Wie bei den organisierten Personenzusammenschlüssen ist auch bei den
Vermögenseinheiten eine gewisse Organisation vorausgesetzt (vgl. Art. 150 Abs. 1
IPRG). Nicht wesentlich ist, ob den organisierten Personenzusammenschlüssen
bzw. organisierten Vermögenseinheiten die juristische Persönlichkeit zukommt
oder ob diese einen wirtschaftlichen Zweck verfolgen (BSK IPRG-EBERHARD/
VON PLANTA, Vor Art. 150–165 N 6). Trusts wurden separat geregelt (Art. 149*a*
IPRG).

C. Einfache Gesellschaften

10 Gemäss Wortlaut des Gesetzes fallen auch einfache Gesellschaften im Sinne von Art. 530 ff. OR, die sich eine Organisation gegeben haben, unter den Begriff der Gesellschaft (Art. 150 Abs. 2 IPRG *e contrario*). Sofern sich die einfache Gesellschaft keine Organisation gegeben hat, ist die Verweisungsnorm auf die Verträge (Art. 116 ff. IPRG) anwendbar (Art. 150 Abs. 2 IPRG). Wie bei den organisierten Personenzusammenschlüssen und den organisierten Vermögenseinheiten ist gemäss Gesetz auch bei der einfachen Gesellschaft das Vorhandensein der Organisation das wesentliche Merkmal. Dadurch ergibt sich aber eine Abgrenzungsschwierigkeit, die der Gesetzgeber bewusst in Kauf genommen hat (s. dazu ZK IPRG-VISCHER, Art. 150 N 23 ff.). Der Begriff der Organisation bezieht sich primär auf das Innenverhältnis der Gesellschafter, welches nach aussen wirken muss (BSK IPRG-EBERHARD/VON PLANTA, Art. 150 N 16). Indizien für eine bestehende Organisation sind z.B. eine institutionalisierte Geschäftsführung mit entsprechenden administrativen Einrichtungen, der Ersatz des Prinzips der einstimmigen Beschlussfassung durch ein Mehrheitsprinzip, die Perpetuierung der einfachen Gesellschaft beim Ausscheiden eines Gesellschafters oder die Ausstattung des vertraglich bestimmten «Geschäftsführers» mit organisatorischen Kompetenzen (NOBEL, Internationales Aktienrecht, 35 N 6).

IV. Zuständigkeit

A. Grundsatzzuständigkeit

11 Für Klagen gegen die Gesellschaft, die Gesellschafter oder die aus gesellschaftsrechtlicher Verantwortlichkeit haftenden Personen sind in gesellschaftsrechtlichen Streitigkeiten die schweizerischen Gerichte am Sitz der Gesellschaft zuständig (Art. 151 Abs. 1 IPRG). Daraus ergibt sich somit eine direkte Zuständigkeit für gesellschaftsrechtliche Klagen. Was als «gesellschaftsrechtliche Klage» auszulegen ist, bestimmt sich nach der *lex fori,* d.h. dem am angerufenen Gericht geltenden Recht (BSK IPRG-EBERHARD/VON PLANTA, Art. 151 N 7; NOBEL, Internationales Aktienrecht, 37 N 9). Der Begriff umfasst alle Ansprüche gesellschaftsrechtlicher Natur, wie z.B. Klagen auf Anfechtung von GV-Beschlüssen, Klagen auf Feststellung der Nichtigkeit von VR- oder GV-Beschlüssen, Klagen auf Verantwortlichkeit der Organe, Klagen auf Haftung aus der Ausgabe eines Prospektes sowie Klagen, die den Bestand der Gesellschaft zum Gegenstand haben (NOBEL, Internationales Aktienrecht, 37 N 9). Bezüglich des Gesellschaftssitzes ist Art. 21 Abs. 2 IPRG heranzuziehen, der den in den Statuten oder im Gesellschaftsvertrag bezeichneten Ort als Sitz einer Gesellschaft bestimmt. Fehlt eine

solche Bezeichnung in den Statuten oder im Gesellschaftsvertrag, so gilt als Sitz der Ort der tatsächlichen Verwaltung (Art. 21 Abs. 2 IPRG). Für dessen Bestimmung kann auf Art. 56 ZGB zurückgegriffen werden (BSK IPRG-EBERHARD/VON PLANTA, Art. 151 N 5). Nach Ansicht des Bundesgerichts werden am Ort der tatsächlichen Verwaltung die für die Erreichung des Gesellschaftszwecks massgebenden Tätigkeiten ausgeübt und die wichtigen Entschlüsse zur laufenden Leitung der juristischen Person getroffen. Sind diese Leitungshandlungen nicht an einem einzigen Ort konzentriert, ist entscheidend, wo sich der Schwerpunkt dieser Handlungen befindet (BGer vom 4. Dezember 2003, 2A.321/2003 E. 3.).

Für Verantwortlichkeitsklagen eröffnet Art. 151 Abs. 2 IPRG alternativ die Zuständigkeit der schweizerischen Gerichte am Wohnsitz oder, wenn ein solcher fehlt, am gewöhnlichen Aufenthalt des Beklagten. Abs. 2 begründet insbesondere für Verantwortlichkeitsklagen im Zusammenhang mit ausländischen Gesellschaften eine weitere Zuständigkeit schweizerischer Gerichte, da sich für schweizerische Gesellschaften die Zuständigkeit in der Schweiz schon aus Abs. 1 ergibt (BSK IPRG-EBERHARD/VON PLANTA, Art. 151 N 8). 12

Damit akzeptiert die Schweiz die Gerichtsbarkeit für Vorfälle in ausländischen Gesellschaften, die unter Vorbehalt von Art. 159 IPRG dem ausländischen Recht des Inkorporationsstaates unterstehen (BSK IPRG-EBERHARD/VON PLANTA, Art. 151 N 1). Durch diese grosszügige Beanspruchung der gerichtlichen Zuständigkeit und der im Gegensatz dazu wesentlich engeren Regelung der Anerkennung ausländischer Entscheide nach Art. 165 Abs. 1 lit. a IPRG räumt sich die Schweiz mehr Kompetenzen ein, als sie anderen Staaten gewährt (vgl. NOBEL, IPR-Gesetz, 190). 13

Im dritten Absatz der Bestimmung wird für Klagen aus Verantwortlichkeit infolge öffentlicher Ausgaben von Beteiligungspapieren und Anleihen zusätzlich die Zuständigkeit schweizerischer Gerichte am Ausgabeort eröffnet. Mit «Ausgabeort» ist nach Lehre und Rechtsprechung der Sitz jener Bank in der Schweiz gemeint, die den Emissionsprospekt auflegt und Zeichnungen entgegennimmt, sofern für die Platzierung öffentliche Werbung in der Schweiz betrieben wurde (BSK IPRG-EBERHARD/VON PLANTA, Art. 151 N 11). Diese Zuständigkeit ist zwingend und kann daher durch eine Gerichtsstandsvereinbarung nicht ausgeschlossen werden (BSK IPRG-EBERHARD/VON PLANTA, Art. 151 N 13). Anleger erhalten dadurch einen besonderen Schutz. 14

Im Bereich der gesellschaftsrechtlichen Klagen ist auch das Lugano-Übereinkommen zu beachten, welches als völkerrechtlicher Vertrag in seinem Anwendungsbereich den Bestimmungen des IPRG vorgeht (Art. 1 Abs. 2 IPRG). Während das alte LugÜ für die Bestimmung des Wohnsitzes auf das internationale Privatrecht des Forumstaates verwies (vgl. Art. 53 aLugÜ), wird neu bei den Gesellschaften 15 und anderen juristischen Personen das Konzept der Verweisung auf das IPRG durch eine staatsvertragsautonome Definition ersetzt (Art. 60 LugÜ). Die Kompetenzkonflikte, die sich aufgrund der unterschiedlichen Anschauungen in den Vertragsstaaten bezüglich der Sitzbestimmung (Sitztheorie v. Inkorporationstheorie) ergaben, werden durch den neuen Art. 60 Abs. 1 LugÜ grösstenteils beseitigt, indem der Klägerin oder dem Kläger alternativ die Gerichtsstände der Hauptverwaltung, der Hauptniederlassung oder des satzungsmässigen Sitzes eröffnet werden, vorausgesetzt, diese liegen in verschiedenen Vertragsstaaten (vgl. BBl 2009 1804). Der satzungsmässige Sitz (Art. 60 Abs. 1 lit. a LugÜ) ergibt sich aus den Gesellschaftsstatuten (BBl 2009 1804). Die Hauptverwaltung (Art. 60 Abs. 1 lit. b LugÜ) liegt am Ort, an dem die Willensbildung und die unternehmerische Leitung der Gesellschaft oder anderer juristischer Personen erfolgt, daher normalerweise am Sitz ihrer Organe (BBl 2009 1804). Die Hauptniederlassung (Art. 60 Abs. 1 lit. c LugÜ) befindet sich am Ort, wo der tatsächliche Geschäftsschwerpunkt liegt (BBl 2009 1804). In Verbindung mit Art. 2 LugÜ führt Art. 60 LugÜ zu einem erweiterten räumlich-persönlichen Anwendungsbereich des Lugano-Übereinkommens, da es neu denkbar ist, dass Gesellschaften, die ihren statutarischen Sitz zwar nicht in einem Vertragsstaat haben, tatsächlich aber in einem Vertragsstaat verwaltet werden, vom Übereinkommen erfasst werden (vgl. BBl 2009 1804).

16   Eine ausschliessliche Zuständigkeit am Gesellschaftssitz sieht Art. 22 Ziff. 2 LugÜ für Klagen vor, welche die Gültigkeit, die Nichtigkeit oder die Auflösung einer Gesellschaft oder juristischen Person oder die Gültigkeit der Beschlüsse ihrer Organe zum Gegenstand haben. Zu erwähnen bleibt, dass in Fällen der ausschliesslichen Zuständigkeit Art. 60 LugÜ nicht greift und es folglich bei der bisherigen Verweisungslösung bleibt (BBl 2009 1804).

B.   Ausländische Gesellschaften (Art. 152 f. IPRG)

1.   Haftung für ausländische Gesellschaften

17   In Art. 152 f. IPRG statuiert das Gesetz im Falle fehlender staatsvertraglicher Zuständigkeiten Sonderzuständigkeitsnormen für die Haftung ausländischer Gesellschaften (vgl. SIEHR, 406). So sieht Art. 152 IPRG vor, dass für Klagen gegen die nach Art. 159 IPRG haftenden Personen oder gegen die ausländische Gesellschaft, für die sie handeln, die schweizerischen Gerichte am Wohnsitz oder, wenn ein solcher fehlt, diejenigen am gewöhnlichen Aufenthalt des Beklagten, oder die schweizerischen Gerichte am Ort, an dem die Gesellschaft tatsächlich verwaltet wird, zuständig sind. Art. 152 IPRG dient somit der direkten Durchsetzung der Haftung von ausländischen Gesellschaften, deren Geschäfte in oder von der Schweiz aus geführt werden (vgl. Art. 159 IPRG).

Während Art. 159 IPRG aber auf die persönliche Haftung von Personen be- 18
schränkt ist, die für eine ausländische Gesellschaft handeln, zieht Art. 152 IPRG
den Kreis der möglichen Beklagten weiter, indem er für die Haftung der ausländischen Gesellschaft ein zusätzliches Forum begründet. Diese sich daraus ergebende
Divergenz ist schwer verständlich und wird in der Lehre zu Recht kritisiert, da
nicht klar ist, welche Klagen gegen die Gesellschaft in Art. 152 IPRG gemeint
sind (vgl. BSK IPRG-EBERHARD/VON PLANTA, Art. 152 N 7 f.; NOBEL, Internationales Aktienrecht, 43 N 21). NOBEL erachtet eine Zuständigkeit für Klagen gegen
eine ausländische Gesellschaft nur für sinnvoll, wenn sie mit den in Art. 159 IPRG
geregelten Haftungsfragen im Zusammenhang stehen (NOBEL, Internationales
Aktienrecht, 44 N 22 f.). Demzufolge kann es sich einzig um die Frage handeln,
ob eine ausländische Gesellschaft für die Handlungen der in oder aus der Schweiz
handelnden Personen haftbar sein soll (BSK IPRG-EBERHARD/VON PLANTA,
Art. 152 N 8). Im Anwendungsbereich des Lugano-Übereinkommens gelten primär die Zuständigkeitsnormen von Art. 2, 5 und 22 LugÜ.

2. Zuständigkeit für Schutzmassnahmen

Art. 153 IPRG enthält eine Zuständigkeitsnorm, die die Zu- 19
ständigkeit von vorsorglichen Massnahmen gemäss Art. 10 IPRG konkretisiert.
Nach Art. 10 IPRG sind die schweizerischen Gerichte oder Behörden, die in der
Hauptsache zuständig sind, oder die schweizerischen Gerichte und Behörden am
Ort, an dem die Massnahmen vollstreckt werden sollen, für die Anordnung vor-
sorglicher Massnahmen zuständig. Übereinstimmend legt Art. 153 IPRG fest, dass
im Bereich von Massnahmen zum Schutze des in der Schweiz gelegenen Vermö-
gens von Gesellschaften mit Sitz im Ausland die schweizerischen Gerichte oder
Behörden am Ort des zu schützenden Vermögenswertes zuständig sind. Art. 153
IPRG ist demnach als *lex specialis* gegenüber Art. 10 IPRG zu verstehen (NOBEL,
Internationales Aktienrecht, 45 N 25).

Im Anwendungsbereich des Lugano-Übereinkommens geht Art. 31 LugÜ Art. 153 20
IPRG vor (Art. 1 Abs. 2 IPRG). Die im Recht eines durch das Lugano-Übereinkommen gebundenen Staates vorgesehenen einstweiligen Massnahmen, einschliesslich solcher, die auf eine Sicherung gerichtet sind, können bei den Gerichten dieses Staates auch dann beantragt werden, wenn für die Entscheidung in der
Hauptsache das Gericht eines anderen durch das LugÜ gebundenen Staates aufgrund dieses Übereinkommens zuständig ist (Art. 31 LugÜ).

V.   Anwendbares Recht

A.   *Inkorporationsprinzip*

21   Das internationale Gesellschaftsrecht wird von jeher durch die Diskussion um die Anknüpfung für das anwendbare Recht nach der Sitz- oder Inkorporations- bzw. Gründungstheorie dominiert. Während die Inkorporationstheorie die Gesellschaft dem Recht desjenigen Staates unterstellt, in welchem und nach dessen Regeln sie gegründet und organisiert wurde, knüpft die Sitztheorie gesellschaftliche Sachverhalte an den Sitz der Gesellschaft an, wobei der effektive Sitz, daher der Ort der tatsächlichen Verwaltung, massgebend ist (NOBEL, Internationales Aktienrecht, 46 N 28 ff.). Der wesentliche Unterschied zwischen den Theorien ist, dass nach der Inkorporationstheorie keine besonderen Bestimmungen über die Anerkennung ausländischer Gesellschaften benötigt werden, da diese automatisch gemäss den Bestimmungen des Personalstatuts anerkannt werden, wohingegen nach der Sitztheorie die Gesellschaft die Rechtsfähigkeit nur erlangt, wenn kumulativ die Gründungsvorschriften erfüllt sind und der Verwaltungssitz sich im Gründungsstaat befindet (NOBEL, Internationales Aktienrecht, 48 N 33 ff.). Diese theoretischen Differenzen können aber die dahinterliegende Politik nicht verbergen. Die Inkorporationstheorie ist eine einfache, formale Theorie, während die Sitztheorie versucht, die juristische Person am Orte ihrer tätigen Wirksamkeit zu verankern. Sie ist insofern Ausdruck einer sozialstrategischen Auffassung. Sie ist aber sowohl in Deutschland wie damit auch in der EU aktuell (s. Kap. § 13, N 11 f.).

22   Bereits vor Inkrafttreten des IPRG tendierte das Bundesgericht dazu, der Inkorporationstheorie den Vorrang zu geben, wobei es eine klare Stellungnahme vermieden hatte (BBl 1982 I 438). Dieser Theorienstreit wurde mit Art. 154 Abs. 1 IPRG in der Schweiz beendet, als man sich für die Inkorporationstheorie ausgesprochen hat. Gemäss Art. 154 Abs. 1 IPRG unterstehen Gesellschaften dem Recht des Staates, nach dessen Vorschriften sie organisiert sind, wenn sie die darin vorgeschriebenen Publizitäts- oder Registrierungsvorschriften dieses Rechts erfüllen, oder falls solche Vorschriften nicht bestehen, wenn sie sich nach dem Recht dieses Staates organisiert haben. Subsidiär kommt aber die Sitztheorie zur Anwendung, wenn eine Gesellschaft die Voraussetzungen nach Abs. 1 nicht erfüllt (Art. 154 Abs. 2 IPRG). Nach VISCHER liegt der entscheidende Vorteil der Inkorporationstheorie darin, dass nur sie zu garantieren vermag, «dass die einmal erlangte Rechtspersönlichkeit nicht nachträglich in Zweifel gezogen wird, während die Sitztheorie zu einer Häufung der Nichtigkeitsfälle führt und damit den Gläubigerinteressen weniger gerecht wird» (ZK IPRG-VISCHER, Art. 154 N 12).

Der Umfang des auf die Gesellschaft anwendbaren Rechts (Personalstatut oder   23
Gesellschaftsstatut) bemisst sich unter Vorbehalt von Art. 156–161 IPRG nach
Art. 155 IPRG. Dieses umfasst insbesondere Fragen betreffend:

a. die Rechtsnatur;

b. die Entstehung und den Untergang;

c. die Rechts- und Handlungsfähigkeit;

d. den Namen oder die Firma;

e. die Organisation;

f. die internen Beziehungen, namentlich diejenigen zwischen der Gesellschaft
und ihren Mitgliedern;

g. die Haftung aus Verletzung gesellschaftsrechtlicher Vorschriften;

h. die Haftung für ihre Schulden;

i. die Vertretung der aufgrund ihrer Organisation handelnden Personen.

Für intermediärverwahrte Wertpapiere gelten Art. 108a–d IPRG (dazu s. § 8,   24
N 71 f.).

1.   Anknüpfung im Finanzbereich

Im Bankenaufsichtsrecht gehen die Anforderungen zur Be-   25
stimmung, ob die Bank schweizerischem Recht untersteht, weiter als nach der
Inkorporationstheorie. Art. 10 BankV statuiert – vorbehaltlich allgemeiner Weisungen und Entscheide im Rahmen der Konzernüberwachung, sofern die Bank
Teil einer im Finanzbereich tätigen Gruppe bildet, welche einer angemessenen
konsolidierten Aufsicht durch ausländische Aufsichtsbehörden untersteht –, dass
die Bank tatsächlich von der Schweiz aus geleitet werden muss (Gründungs- und
Sitztheorie kombiniert). Für ausländische Banken und deren Zweigniederlassungen in der Schweiz sowie für schweizerische Banken, die ausländisch beherrscht
sind, stellt die Bankenverordnung weitere Bewilligungsvoraussetzungen auf (ausführlich dazu NOBEL, Internationales Aktienrecht, 52 N 45 ff.; NOBEL, Finanzmarktrecht und internationale Standards, 543 N 74 ff.). Für Effektenhändler gelten
hinsichtlich des Orts der Leitung die gleichen Regelungen wie für Banken (Art. 15
Abs. 3 FinfraG i.V.m. Art. 3d Abs. 2 lit. d BankG und Art. 10 BankV). Ferner
bestimmt Art. 34 Abs. 2 lit. c FinfraG die Zulassung bzw. Art. 40 FinfraG die
Bewilligungspflicht ausländischer Effektenhändler. Das FinfraG enthält des Wei-

teren Bestimmungen über das auf ausländische Effektenhändler anwendbare Recht (Art. 95 FinfraG).

26 Auch im Bereich des Börsenrechts hatte sich die aufsichtsrechtliche Praxis gegen eine strikte Anwendung des Inkorporationsprinzips entschieden (vgl. u.a. Verfügung der Übernahmekammer der EBK vom 30. September 1999 i.S. LVMH Moët Hennessy Louis Vuitton/TAG Heuer International SA, EBK-Bulletin 39/2000, S. 25; Empfehlung der UEK vom 10. Februar 2003 i.S. Martin Hilti Familien-Treuhänderschaft und Hilti AG, Schaan; Empfehlung der UEK vom 31. August 2000 i.S. BRI; Empfehlung der UEK vom 20. März 2001 i.S. De Beers; Empfehlung der UEK vom 28. März 2003 i.S. Perutil; Empfehlung der UEK vom 29. Juli 2008 i.S. Richemont). Die Ausdehnung des Anwendungsbereichs der Bestimmungen über öffentliche Kaufangebote wurde auch ins BEHG aufgenommen (AS 2013 1103; BBl 2011 6873) und hielt auch im FinfraG Einzug (Art. 125 ff.). Gemäss Art. 125 Abs. 1 lit. b FinfraG (Art. 22 Abs. 1 lit. b BEHG) sind die Bestimmungen über öffentliche Kaufangebote auch für Beteiligungen an Gesellschaften mit Sitz im Ausland, deren Beteiligungen ganz oder teilweise in der Schweiz hauptkotiert sind, anwendbar. Dadurch sollten negative Regelungskonflikte vermieden und die Interessen der Publikumsaktionäre besser geschützt werden (BBl 2011 6900).

2. Anknüpfung im Steuerrecht

27 Im schweizerischen Steuerrecht wird die persönliche Zugehörigkeit juristischer Personen am Sitz der Gesellschaft oder am Ort der tatsächlichen Verwaltung begründet (REICH, 448). Art. 50 DBG hält fest, dass juristische Personen aufgrund persönlicher Zugehörigkeit steuerpflichtig sind, wenn sich ihr Sitz oder ihre tatsächliche Verwaltung in der Schweiz befindet. Auch das Steuerharmonisierungsgesetz (StHG) knüpft bei Kapitalgesellschaften, Genossenschaften, Vereinen, Stiftungen und den übrigen juristischen Personen an den Sitz der Gesellschaft oder an den Ort der tatsächlichen Verwaltung an (Art. 20 Abs. 1 StHG). Mit «Sitz» meint der Gesetzgeber den statutarischen Sitz, der auch im Handelsregister eingetragen ist (HÖHN/WALDBURGER, § 30 N 37). Der Ort der tatsächlichen Verwaltung entspricht dem Ort der Geschäftsleitung (REICH, 448) bzw. dem Ort, wo die Gesellschaft den «wirtschaftlichen und tatsächlichen Mittelpunkt ihrer Existenz hat», wo «die normalerweise am Sitz sich abspielende Geschäftsführung besorgt wird» oder wo die Handlungen ausgeführt werden, «welche in ihrer Gesamtheit der Erreichung des statutarischen Zwecks dienen» (BGE 54 I 308 E. 2; BGE 50 I 103 f.; BGer 2A.321/2003 vom 4. Dezember 2003 E. 3.1).

B. Sonderanknüpfungen

1. Ansprüche aus öffentlicher Ausgabe von Beteiligungspapieren und Anleihen

Neben der Hauptanknüpfung in Art. 154 und 155 IPRG enthält 28 das Gesetz bestimmte Sonderanknüpfungen. Ansprüche aus öffentlichen Ausgaben von Beteiligungspapieren und Anleihen aufgrund von Prospekten, Zirkularen und ähnlichen Bekanntmachungen können entweder nach dem Gesellschaftsstatut oder nach dem Recht des Staates geltend gemacht werden, in dem die Ausgabe erfolgt ist (Art. 156 IPRG). Demnach räumt Art. 156 IPRG dem klagenden Investor die Möglichkeit ein, sich vor Gericht entweder auf das Recht zu berufen, welches nach der Inkorporationstheorie auf die Gesellschaft anwendbar ist (Art. 154 Abs. 1 IPRG), oder als Sonderanknüpfung das Recht, am Ausgabeort zu wählen. Für die Praxis bedeutet das, dass Emittenten gezwungen sind, auf international begebenen Wertpapieren das für Investoren günstigere Recht anzuwenden, folglich die schärferen Offenlegungsvorschriften entweder des Begebungslandes oder des Sitzlandes des Emittenten zu beachten (BSK IPRG-WATTER/PELLANDA, Art. 156 N 6).

2. Namens- und Firmenschutz

Eine weitere Sonderanknüpfung statuiert das Gesetz in Bezug 29 auf den Namens- und Firmenschutz. Der Schutz einer im schweizerischen Handelsregister eingetragenen Gesellschaft richtet sich nach schweizerischem Recht, wenn deren Name oder die Firma in der Schweiz verletzt wird (Art. 157 Abs. 1 IPRG). Für Gesellschaften, die nicht im schweizerischen Handelsregister eingetragen sind, richtet sich gemäss Art. 157 Abs. 2 IPRG der Namens- oder Firmenschutz nach dem UWG (Art. 136 IPRG i.V.m. insb. Art. 2 oder 3 lit. b oder d UWG) oder nach dem auf Persönlichkeitsverletzungen anwendbaren Recht (vgl. Art. 132, 133 und 139 IPRG). Betreffend ausländische Gesellschaften ist Artikel 2 der Pariser Verbandsübereinkunft zum Schutz des gewerblichen Eigentums (PVÜ, SR 0.232.04) zu berücksichtigen. Art. 2 PVÜ gewährt den Angehörigen eines Vertragsstaates in allen anderen Vertragsstaaten in Bezug auf den Schutz des gewerblichen Eigentums die Vorteile, welche die betreffenden Gesetze den eigenen Staatsangehörigen zubilligen (Inländerbehandlung), ohne dass vorausgesetzt wird, dass sie einen Wohnsitz oder eine Niederlassung in dem Vertragsstaat haben, in dem der Schutz beansprucht wird. Das Bundesgericht konkretisierte und schränkte die Anwendung der Bestimmungen des PVÜ mit seiner Rechtsprechung – wohl nicht ganz vertragskonform (NOBEL, Internationales Aktienrecht, 72 N 86) – ein (BGE 90 II 315 E. 2):

«Nach der neueren Rechtsprechung des Bundesgerichtes (BGE 79 II 307 ff.) verschaffen jedoch die angerufenen Bestimmungen des PVUe [Art. 2 und 8] der Klägerin als in der Schweiz nicht eingetragene ausländische Firma nicht den besonderen Firmenschutz des Art. 956 OR; sie kann vielmehr auf Grund der PVUe lediglich den Schutz beanspruchen, der auch dem nicht eingetragenen inländischen Handelsnamen zukommt, d.h. den gemäss Art. 29 ZGB bestehenden besonderen Schutz des Namens einer physischen oder juristischen Person. Ausserdem sind der Klägerin noch der Schutz ihrer persönlichen Verhältnisse im Allgemeinen (sog. genereller Persönlichkeitsschutz gemäss Art. 28 ZGB) und der Schutz gegen unlauteren Wettbewerb gewährleistet (Art. 10bis PVUe)» (eckige Klammer eingefügt).

3.   Beschränkung der Vertretungsbefugnis (Art. 158 IPRG)

30   Die Sonderanknüpfung in Art. 158 IPRG betrifft die Beschränkung der Vertretungsbefugnis eines Organs oder eines Vertreters. Demnach kann sich eine Gesellschaft nicht auf die Beschränkung der Vertretungsbefugnis eines Organs oder eines Vertreters berufen, die dem Recht des Staates des gewöhnlichen Aufenthalts oder der Niederlassung der anderen Partei unbekannt ist, es sei denn, die andere Partei habe diese Beschränkung gekannt oder hätte sie kennen müssen. Art. 158 IPRG stellt daher eine Abweichung vom Grundsatz von Art. 155 lit. i IPRG dar, die insbesondere aus Gründen des Verkehrsschutzes gerechtfertigt ist (NOBEL, Internationales Aktienrecht, 73 N 87).

4.   Haftung für ausländische Gesellschaften (Art. 159 IPRG)

31   Art. 159 IPRG enthält schliesslich noch eine Sonderanknüpfung für die Haftung von Personen, die für ausländische Gesellschaften, deren Geschäfte in der Schweiz oder von der Schweiz aus geführt werden, handeln. Indem Art. 159 IPRG die Verantwortlichkeit der für die Gesellschaften handelnden Personen schweizerischem Recht unterstellt, schränkt sie die Grundsatzanknüpfung nach der Inkorporationstheorie hinsichtlich der kollisionsrechtlichen Haftungsproblematik zugunsten der Sitztheorie ein (vgl. BSK IPRG-EBERHARD/VON PLANTA, Art. 159 N 6; NOBEL, Internationales Aktienrecht, 73 N 88). Das Ziel dieser Bestimmung ist es, im Sinne einer einseitigen Kollisionsnorm den Schutz schweizerischer Gläubiger gegenüber Gesellschaften sicherzustellen, deren Sitz nur pro forma im Ausland liegt, die aber tatsächlich ihre Geschäfte in der Schweiz oder von der Schweiz aus führen (BSK IPRG-EBERHARD/VON PLANTA, Art. 159 N 3).

C. Zweigniederlassungen

In Bezug auf Zweigniederlassungen beinhaltet das IPRG auch   32
gewisse materiellrechtliche Bestimmungen. Was eine «Zweigniederlassung» ist,
wird im IPRG jedoch nicht definiert. Das Bundesgericht hat in seiner Rechtsprechung folgendes festgehalten:

> «La notion juridique de la succursale est identique dans tous ces textes légaux. Selon la jurisprudence du Tribunal fédéral, elle vise tout établissement commercial qui, dans la dépendance d'une entreprise principale dont il fait juridiquement partie, exerce d'une façon durable, dans des locaux séparés, une activité similaire, en jouissant d'une certaine autonomie dans le monde économique et celui des affaires. L'établissement est autonome lorsqu'il pourrait, sans modifications profondes, être exploité de manière indépendante. Il n'est pas nécessaire que la succursale puisse accomplir toutes les activités de l'établissement principal. Il suffit que l'entreprise locale, grâce à son personnel spécialisé et à son organisation propre, soit à même, sans grande modification, d'exercer d'une façon indépendante son activité d'agence locale. Il s'agit d'une autonomie dans les relations externes, qui s'apprécie de cas en cas d'après l'ensemble des circonstances, quelle que soit la subordination ou la centralisation interne.» (BGE 103 II 199 E. 3; vgl. auch BGE 117 II 85 E. 3; BGE 108 II 122 E. 1)

Art. 160 Abs. 1 und 2 IPRG halten fest, dass Gesellschaften mit Sitz im Ausland   33
Zweigniederlassungen in der Schweiz unterhalten können, diese aber schweizerischem Recht unterstehen, auch hinsichtlich der Vertretungsmacht der Zweigniederlassung. Deshalb muss eine zur Vertretung befugte Person in der Schweiz Wohnsitz haben und im Handelsregister eingetragen sein (Art. 160 Abs. 2 Satz 2 IPRG). Als Zweigniederlassungsstatut i.S. von Art. 160 IPRG können Art. 935 und 952 OR sowie die Bestimmungen der Handelsregisterverordnung (HRegV) bezeichnet werden (NOBEL, Internationales Aktienrecht, 75 N 91). Auch in Haftungsfragen im Zusammenhang mit einer Zweigniederlassung einer Gesellschaft mit Sitz im Ausland kann ausnahmsweise schweizerisches Recht zur Anwendung kommen (NOBEL, Internationales Aktienrecht, 77 N 96). Auf Fragen betreffend die Verantwortlichkeit von Personen, die für die Zweigniederlassung tätig sind, kommt jedoch das ausländische Gesellschaftsstatut zur Anwendung, vorausgesetzt es wird nicht der Anschein einer schweizerischen Gesellschaft erweckt (ausführlich dazu NOBEL, Internationales Aktienrecht, 77 N 96).

Ob eine Gesellschaft, die in der Schweiz eine Zweigniederlassung führt, ihren Sitz   34
im Ausland hat, bestimmt sich nach Art. 21 Abs. 2 i.V.m. Art. 154 IPRG. Ausländische Zweigniederlassungen einer schweizerischen oder ausländischen Gesellschaft werden vom IPRG hingegen nicht erfasst, so wie Art. 160 IPRG auch auf sogenannte «Geschäftsstellen», welche nicht die notwendige Selbstständigkeit oder Dauer aufweisen, die für eine Zweigniederlassung notwendig ist, nicht anwendbar ist (BSK IPRG-RODRIGUEZ, Art. 160 N 2 ff.).

D. Verlegung, Fusion, Spaltung und Vermögensübertragung

35   Vor Inkrafttreten des Fusionsgesetzes (FusG, SR 221.301) regelte das Obligationenrecht lediglich die Fusion zwischen Aktiengesellschaften, zwischen Kommanditaktiengesellschaften und zwischen Genossenschaften. Eine gesetzliche Grundlage für die Fusion von GmbH, Kollektivgesellschaften, Kommanditgesellschaften, Vereinen und Stiftungen enthielt das OR ebenso wenig wie Regeln über die grenzüberschreitende Fusion. Auch die Möglichkeiten der Umwandlungen waren sehr beschränkt. Lediglich die Überführung einer AG in eine GmbH war vorgesehen. Das Rechtsinstitut der Spaltung war dem schweizerischen Privatrecht sogar völlig unbekannt.

36   Mit dem Fusionsgesetz vom 3. Oktober 2003, das am 1. Juli 2004 in Kraft getreten ist, verfolgte der Gesetzgeber das Ziel, Lücken des damals geltenden Rechts zu schliessen und umfassende Regeln für die Umstrukturierung von Gesellschaften aufzustellen (vgl. BBl 2000 4354). Insbesondere regelt das FusG «die Anpassung der rechtlichen Strukturen von Kapitalgesellschaften, Kollektiv- und Kommanditgesellschaften, Genossenschaften, Vereinen, Stiftungen und Einzelunternehmen im Zusammenhang mit Fusion, Spaltung, Umwandlung und Vermögensübertragung» (Art. 1 Abs. 1 FusG). Mit dem Erlass des Fusionsgesetzes ging auch eine Teilrevision des IPRG einher, welche Bestimmungen über grenzüberschreitende Umstrukturierungen einführte und diejenigen über die grenzüberschreitende Sitzverlegung anpasste. Die Sitzverlegung einer Gesellschaft vom Ausland in die Schweiz oder von der Schweiz ins Ausland ist seit der Teilrevision in Art. 161– 163 IPRG geregelt. Die Bestimmungen über die grenzüberschreitende Fusion finden sich in Art. 163a–163c IPRG und diejenigen über die grenzüberschreitende Spaltung und Vermögensübertragung in Art. 163d IPRG.

1. Verlegung der Gesellschaft

37   Die grenzüberschreitende Verlegung einer Gesellschaft ohne Liquidation und Neugründung war schon vor dem Inkrafttreten des FusG möglich. Mit dem Erlass des FusG erfuhr dieser grenzüberschreitende Umstrukturierungstatbestand nur geringe Anpassungen. Mit «Verlegung» meint das Gesetz die Sitzverlegung und den damit verbundenen Wechsel des Personalstatuts, d.h. des auf die Gesellschaft anwendbaren Rechts (NOBEL, Internationales Aktienrecht, 81 N 107; SCHNYDER/LIATOWITSCH, 228). Umfasst werden sowohl die Immigration (Art. 161 und 162 IPRG) als auch die Emigration (Art. 163 IPRG).

a. Sitzverlegung vom Ausland in die Schweiz

Art. 161 IPRG regelt die Sitzverlegung einer Gesellschaft ohne 38
Liquidation und Neugründung vom Ausland in die Schweiz und bestimmt die
dafür notwendigen Voraussetzungen. Gemäss Art. 161 Abs. 1 IPRG kann sich
eine ausländische Gesellschaft, die im Ursprungsstaat rechtsgültig besteht, ohne
Liquidation und Neugründung dem schweizerischen Recht unterstellen, wenn:

1. das ausländische Recht die Sitzverlegung gestattet;

2. die Gesellschaft die Voraussetzungen des ausländischen Rechts erfüllt;

3. die Anpassung an eine schweizerische Rechtsform möglich ist.

Aus der dritten Voraussetzung ergibt sich, dass Gesellschaftsformen wie der an- 39
gelsächsische Trust oder die liechtensteinische Anstalt, die dem schweizerischen
Recht nicht bekannt sind bzw. nicht einer äquivalenten schweizerischen Gesellschaftsform entsprechen, ihren Sitz nicht in die Schweiz verlegen können (NOBEL,
Internationales Aktienrecht, 87 N 123).

Die Änderung des Gesellschaftsstatuts unter Aufrechterhaltung der Gesellschaft 40
ist folglich nur möglich, wenn sowohl das alte als auch das neue Statut einer solchen zustimmen (vgl. BBl 1983 I 446). Ausnahmsweise kann der Bundesrat die
Unterstellung unter das schweizerische Recht auch ohne Berücksichtigung des
ausländischen Rechts zulassen, insbesondere wenn erhebliche schweizerische
Interessen es erfordern (Art. 162 Abs. 2 IPRG). Die Botschaft zum IPRG nennt
beispielsweise die Sitzverlegung, die vorgenommen wird, um einer drohenden
Nationalisierung im Ausland zu entgehen (BBl 1983 I 446). Für Kapitalgesellschaften statuiert das Gesetz eine zusätzliche Voraussetzung. Diese haben vor Eintragung ins Handelsregister durch den Bericht eines zugelassenen Revisionsexperten (vgl. Art. 4 RAG) nachzuweisen, dass ihr Grundkapital nach schweizerischem
Recht gedeckt ist (Art. 162 Abs. 3 IPRG).

Zu beachten ist, dass die Unterstellung einer nach schweizerischem Recht eintra- 41
gungspflichtigen Gesellschaft unter das schweizerische Recht nicht auf den Handelsregistereintrag abstellt. Die Gesellschaft untersteht schweizerischem Recht,
sobald sie nachweist, dass sie den Mittelpunkt ihrer Geschäftstätigkeit in die
Schweiz verlegt hat und sie sich dem schweizerischen Recht angepasst hat
(Art. 162 Abs. 2 IPRG; kritisch dazu NOBEL, Internationales Aktienrecht, 88
N 125). Für die Eintragung ins Handelsregister gelten nach Art. 126 Abs. 1
HRegV grundsätzlich die Bestimmungen über die Eintragung einer neu gegründe-
ten Rechtseinheit.

42   Gesellschaften, die nach schweizerischem Recht nicht eintragungspflichtig sind, unterstehen dem schweizerischen Recht, sobald der Wille, dem schweizerischen Recht zu unterstehen, deutlich erkennbar ist, eine genügende Beziehung zur Schweiz besteht und die Anpassung an das schweizerische Recht erfolgt ist (Art. 162 Abs. 2 IPRG). Wann der Wille, dem schweizerischen Recht zu unterstehen, vorliegt, ist nicht ganz einfach zu beurteilen. Grundsätzlich ergibt er sich jedoch aus einem Verbandsbeschluss oder aus dem Gesellschaftsvertrag (NOBEL, Internationales Aktienrecht, 89 N 126; BSK IPRG-KUNZ/RODRIGUEZ, Art. 162 N 23). Die zweite Voraussetzung, die genügende Beziehung zur Schweiz, beurteilt sich nach den gesamten Umständen des Einzelfalls (BSK IPRG-KUNZ/RODRIGUEZ, Art. 162 N 24). Eine genügende Beziehung zur Schweiz ist gegeben, wenn die Geschäfte der Gesellschaft von der Schweiz aus geführt werden oder eine geschäftsführende Person in der Schweiz ihren Wohnsitz hat (NOBEL, Internationales Aktienrecht, 89 N 126).

b.   Sitzverlegung von der Schweiz ins Ausland

43   Art. 163 IPRG regelt die Verlegung der Gesellschaft von der Schweiz ins Ausland. Die Sitzverlegung ist unter den Voraussetzungen von Art. 163 Abs. 1 und 2 IPRG bei allen Gesellschaften ohne Liquidation und Neugründung möglich, wenn:

1. die zu verlegende Gesellschaft die Voraussetzungen nach schweizerischem Recht erfüllt (Abs. 1);

2. der Fortbestand der Gesellschaft nach dem ausländischen Recht gesichert ist (Abs. 1);

3. die Gesellschaft einen öffentlichen Schuldenruf durchgeführt hat, in dem sie auf die bevorstehende Änderung des Gesellschaftsstatuts hingewiesen hat (Abs. 2).

44   Bezüglich des öffentlichen Schuldenrufs verweist das Gesetz auf Art. 46 FusG. Demnach muss die emigrierende Gesellschaft die Forderungen der Gläubigerinnen und Gläubiger sicherstellen, erfüllen oder den Nachweis erbringen, dass die Forderungen durch die Sitzverlegung nicht gefährdet sind, wenn Gläubigerinnen und Gläubiger dies innerhalb von zwei Monaten nach dem Schuldenruf verlangen (Art. 46 Abs. 1 und 2 FusG). Die Erfüllung der Forderungen ist jedoch nur möglich, wenn dadurch keine Gläubiger bevorzugt werden (NOBEL, Internationales Aktienrecht, 91 N 131). Zu beachten ist auch Art. 164 IPRG, der das Verfahren zur Löschung der Gesellschaft aus dem Handelsregister – was aus schweizerischer Sicht den Schlusspunkt der Sitzverlegung bildet – regelt. Damit eine im schweizerischen Handelsregister eingetragene Gesellschaft gelöscht werden kann, muss

jedoch durch einen Bericht eines zugelassenen Revisionsexperten (Art. 4 RAG) bestätigt werden, dass die Forderungen der Gläubiger im Sinne von Art. 46 FusG sichergestellt, erfüllt oder die Gläubiger mit der Löschung einverstanden sind (Art. 164 Abs. 1 IPRG). Obwohl im Gesetz nicht ausdrücklich erwähnt, kann die Löschung auch dann vorgenommen werden, wenn die Gesellschaft nachweisen kann, dass die Erfüllung der Forderungen durch die Emigration nicht gefährdet wird (vgl. NOBEL, Internationales Aktienrecht, 91 N 132; BSK IPRG-KUNZ/ RODRIGUEZ, Art. 163 N 13 und Art. 164 N 9 ff.).

Mit der Verlegung des Sitzes oder der tatsächlichen Verwaltung ins Ausland unterliegt das Unternehmen nicht mehr der schweizerischen Steuerpflicht (Art. 54 Abs. 2 DBG).   45

2. Fusion

a. Fusion vom Ausland in die Schweiz

Nach Art. 163a Abs. 1 IPRG kann eine schweizerische Gesellschaft eine ausländische Gesellschaft übernehmen (Immigrationsabsorption) oder sich mit ihr zu einer neuen schweizerischen Gesellschaft zusammenschliessen (Immigrationskombination), wenn das auf die ausländische Gesellschaft anwendbare Recht dies erlaubt und dessen Voraussetzungen erfüllt sind. Art. 163a Abs. 1 IPRG erfasst auch den Fall, «in dem zwei oder mehrere in verschiedenen ausländischen Staaten inkorporierte Gesellschaften sich zu einer neuen Gesellschaft schweizerischen Rechts auf dem Wege der Kombinationsfusion zusammenschliessen» (BBl 2000 4499).   46

Die Immigrationsfusion setzt einerseits voraus, dass das ausländische Recht sowie das schweizerische Recht die Immigrationsfusion in der Schweiz zulassen. Das ausländische Recht muss insbesondere den Übergang des Vermögens der ihm unterstehenden Gesellschaft ohne Liquidation *uno actu* in die schweizerische Gesellschaft zulassen (BBl 2000 4499). Andererseits muss bei europäischen Gesellschaften ein Fusionsvertrag nach Art. 12 bzw. 13 FusG bestehen, der inhaltlich vergleichbare Regeln enthält wie die dritte[2] und sechste Richtlinie[3] sie vorschreiben (vgl. NOBEL, Internationales Aktienrecht, 92 N 135). Das auf den Fusionsvertrag anwendbare Recht wird von Art. 163c IPRG geregelt. Demzufolge hat der Fusionsvertrag den zwingenden gesellschaftsrechtlichen Bestimmungen, inklusive   47

---

[2]   Die Dritte Richtlinie 78/855/EWG des Rates vom 9. Oktober 1978 wurde ersetzt durch die Richtlinie 2011/35/EU des Europäischen Parlaments und des Rates vom 5. April 2011 über die Verschmelzung von Aktiengesellschaften, ABl. L 110/1 vom 29. April 2011.

[3]   Sechste Richtlinie 82/891/EWG des Rates vom 17. Dezember 1982 betreffend die Spaltung von Aktiengesellschaften, ABl. L 378/47 vom 31. Dezember 1982.

der Formvorschriften, aller beteiligten Rechtsordnungen zu entsprechen, m.a.W. finden bei Immigrationsfusionen mehrere Rechtsordnungen auf den Fusionsvertrag kumulativ Anwendung (vgl. BBl 2000 4499; NOBEL, Internationales Aktienrecht, 93 N 139; BSK IPRG-KUNZ/RODRIGUEZ, Art. 163a N 20). Darüber hinaus untersteht der Fusionsvertrag dem von den Parteien gewählten Recht, oder, wenn keine Rechtswahl existiert, dem Recht des Staates, mit dem der Fusionsvertrag am engsten zusammenhängt (Art. 163c Abs. 2 Satz 1 IPRG). Das Gesetz vermutet, der engste Zusammenhang bestehe mit dem Staat, dessen Rechtsordnung die übernehmende Gesellschaft untersteht (Art. 163c Abs. 2 Satz 2 IPRG). Somit wird Kongruenz zwischen Art. 163c und Art. 163a Abs. 2 geschaffen, wonach die Fusion im Übrigen dem schweizerischen Recht untersteht.

b. Fusion von der Schweiz ins Ausland

48   Die Emigrationsfusion, d.h. die Fusion von der Schweiz ins Ausland, ist in Art. 163b IPRG geregelt, und zwar viel detaillierter als die Immigrationsfusion, weil durch eine Fusion ins Ausland den Gläubigerinnen und Gläubigern der emigrierenden Gesellschaft in der Schweiz Haftungssubstrat entzogen wird. Das Gesetz kennt sowohl die Emigrationsabsorption, d.h. die Übernahme einer schweizerischen Gesellschaft durch eine ausländische Gesellschaft, als auch die Emigrationskombination, d.h. den Zusammenschluss einer schweizerischen mit einer ausländischen Gesellschaft zu einer neuen ausländischen Gesellschaft. Für die Emigrationsfusion setzt Art. 163b IPRG Folgendes voraus:

1. Mit der Fusion müssen sämtliche Aktiven und Passiven der schweizerischen Gesellschaft auf die übernehmende ausländische Gesellschaft übergehen (Abs. 1 lit. a)

2. Die Anteils- oder Mitgliedschaftsrechte müssen in der ausländischen Gesellschaft angemessen gewahrt sein (Abs. 1 lit. b). Miteingeschlossen sind auch Ansprüche auf Ausgleichszahlungen zum Erreichen des Umtauschverhältnisses nach Art. 7 Abs. 2 FusG (BBl 2000 4500). Zudem ist auch die Möglichkeit einer Abfindung (Art. 8, 18 Abs. 5, 23 Abs. 2 lit. a FusG) gegeben (NOBEL, Internationales Aktienrecht, 94 N 142);

3. Die schweizerische Gesellschaft muss alle Vorschriften des schweizerischen Rechts erfüllen, die für die übertragende Gesellschaft gelten (Abs. 2).

4. Die Gesellschaftsgläubiger sind unter Hinweis auf die bevorstehende Fusion in der Schweiz öffentlich zur Anmeldung ihrer Ansprüche aufzufordern, wobei Art. 46 FusG wie bei der Sitzverlegung von der Schweiz ins Ausland (vgl. oben N 43 ff.) sinngemässe Anwendung findet (Abs. 3).

Nach Art. 163*b* Abs. 4 IPRG untersteht die Emigrationsfusion grundsätzlich dem   49
Recht der übernehmenden ausländischen Gesellschaft als Fusionsstatut. Vorbehaltlich der in Art. 163*b* Abs. 1–3 IPRG enthaltenen Abweichungen umfasst das
ausländische Fusionsstatut sämtliche mit der Fusion zusammenhängenden gesellschaftsrechtlichen Fragen, im Besonderen die Voraussetzungen, die Wirkungen
und das Verfahren der Emigrationsfusion (BSK IPRG-KUNZ/RODRIGUEZ,
Art. 163*b* N 5). Zur Wahrung berechtigter schweizerischer Interessen kommen
wie erwähnt schweizerische Rechtsnormen zur Anwendung; insbesondere Bestimmungen des Fusionsgesetzes (Art. 14, 15, 16 f., 18 ff. und 27 f. FusG), des
Steuerrechts, des Kartellrechts oder des Bewilligungsgesetzes (BBl 2000 4500;
NOBEL, Internationales Aktienrecht, 94 N 143 f.). Folglich sind wie bei der Im-
migrationsfusion auch bei der Emigrationsfusion kumulativ mehrere nationale
Rechtsordnungen anwendbar (NOBEL, Internationales Aktienrecht, 94 N 144; BSK
IPRG-KUNZ/RODRIGUEZ, Art. 163*b* N 6 ff.). Schliesslich gilt es auch Art. 164 und
164*a* IPRG zu berücksichtigen. Sie regeln für alle Emigrationstatbestände die
Löschung im Handelsregister, den Betreibungsort und den Gerichtsstand. Zur
Bestimmung des auf den Fusionsvertrag anwendbaren Rechts gelten wie bei der
Immigrationsfusion die Grundsätze von Art. 163*c* IPRG (vgl. oben).

3.   Spaltung und Vermögensübertragung

a.   Spaltung

Die Botschaft des Bundesrates zum Fusionsgesetz spricht von   50
einer grenzüberschreitenden Spaltung, wenn eine schweizerische Gesellschaft
Vermögen *uno actu* auf eine ausländische Gesellschaft (Emigrationsspaltung) oder
eine ausländische Gesellschaft Vermögen *uno actu* auf eine schweizerische Gesellschaft (Immigrationsspaltung) überträgt und den Gesellschaftern und Gesellschafterinnen dabei Anteils- oder Mitgliedschaftsrechte an der übernehmenden
Gesellschaft gewährt (BBl 2000 4502). Die Spaltung kann in zwei Varianten erfolgen. Einerseits als Aufspaltung, bei der die aufspaltende Gesellschaft ihr ganzes
Vermögen aufteilt und auf andere Gesellschaften überträgt und selbst untergeht
(vgl. Art. 29 lit. a FusG). Andererseits ist auch eine Abspaltung möglich, bei der
ein Teil des Gesellschaftsvermögens auf eine andere Gesellschaft übertragen wird,
die übertragende Gesellschaft aber weiterhin bestehen bleibt (vgl. Art. 29 lit. b
FusG).

Art. 163*d* Abs. 1 IPRG legt grundsätzlich fest, dass auf die Spaltung, an der eine   51
schweizerische und eine ausländische Gesellschaft beteiligt sind, die Vorschriften
über die Fusion (Art. 163*b* und 163*c* IPRG) sinngemäss Anwendung finden. Eine
Immigrationsspaltung ist demnach nur zulässig, wenn das Gesellschaftsstatut der
ausländischen Gesellschaft die grenzüberschreitende Spaltung ausdrücklich oder

stillschweigend zulässt und die diesbezüglichen Bedingungen erfüllt sind (vgl. NOBEL, Internationales Aktienrecht, 98 N 150 ff.). Art. 163*d* Abs. 2 IPRG unterstellt die Spaltung grundsätzlich dem Recht der sich spaltenden Gesellschaft. Für die Immigration ist folglich das ausländische Recht massgebend. Da das Gesetz aber auf die Vorschriften zur grenzüberschreitenden Fusion verweist, sind die zwingenden Vorschriften aller beteiligten Gesellschaftsstatuten, also auch des schweizerischen Rechts, zu beachten (vgl. NOBEL, Internationales Aktienrecht, 98 N 152; BSK IPRG-KUNZ/RODRIGUEZ, Art. 163*d* N 6 ff.). Auch hinsichtlich des Spaltungsvertrages sind aufgrund des Verweises in Art. 163*d* Abs. 1 IPRG die Bestimmungen über die Fusion resp. den Fusionsvertrag (Art. 163*c* IPRG) anwendbar (vgl. oben N 46 f.).

52   Die Emigrationsspaltung entspricht im Grossen und Ganzen der Emigrationsfusion (vgl. oben N 48 f.). Wegen der Verweisung in Art. 163*d* Abs. 1 IPRG kommen die Kollisionsnormen der Emigrationsfusion und damit grundsätzlich schweizerisches Recht – insbesondere Vorschriften betreffend den Schutz der übertragenden Gesellschaft, ihrer Gesellschafter und ihrer Gläubiger – zur Anwendung (Art. 163*d* Abs. 1 i.V.m. Art. 163*b* Abs. 1 und Art. 163*d* Abs. 2 IPRG; vgl. NOBEL, Internationales Aktienrecht, 99 N 155; BSK IPRG-KUNZ/RODRIGUEZ, Art. 163d N 17 ff.). Die Emigrationsspaltung ist demnach nur möglich, wenn:

1. die inventarisierten Aktiven und Passiven der schweizerischen Gesellschaft (Art. 37 lit. b FusG) auf die ausländische Gesellschaft übergehen;

2. die Anteils- oder Mitgliedschaftsrecht der Gesellschafter der schweizerischen Gesellschaft angemessen gewahrt bleiben;

3. die schweizerische Gesellschaft alle Vorschriften des schweizerischen Rechts erfüllt, die für die übertragene Gesellschaft gelten; und

4. die Gläubiger unter Hinweis auf die bevorstehende Spaltung in der Schweiz öffentlich zur Anmeldung ihrer Ansprüche aufgefordert worden sind.

53   Neben dem schweizerischen Recht kommen aber auch die zwingenden Vorschriften der an der Spaltung beteiligten ausländischen Gesellschaft zur Anwendung (Art. 163*d* Abs. 1 i.V.m. Art. 163*b* Abs. 4 IPRG; vgl. BBl 2000 4502). Eine kumulative Anwendung von zwingendem ausländischem und schweizerischem Recht ergibt sich auch bezüglich des Spaltungsvertrages (NOBEL, Internationales Aktienrecht, 100 N 157; BSK IPRG-KUNZ/RODRIGUEZ, Art. 163*d* N 27). Für die von den beteiligten Rechtsordnungen nicht zwingend vorgeschriebenen Teile des Spaltungsvertrages können die Parteien gemäss Art. 163*d* Abs. 3 i.V.m. Art. 163*c* Abs. 2 IPRG das anwendbare Recht wählen, ansonsten findet das Recht der sich spaltenden Gesellschaft Anwendung (BBl 2000 4502). Für die Emigrationsspal-

tung sind auch die Bestimmungen von Art. 164 IPRG (Löschung im Handelsregister) und Art. 164a IPRG (Betreibungsort und Gerichtsstand) zu beachten.

Die Spaltung ins Ausland kann auch mittels inländischer Spaltung und anschliessender Sitzverlegung ins Ausland bewerkstelligt werden. Wegen Art. 47 FusG (Haftungsnorm) würde wohl eine altrechtliche Spaltung (Einbringung der relevanten Aktiven und Passiven in eine neue Gesellschaft und Ausschüttung der Anteile) gewählt.   54

b. Vermögensübertragung

Das IPRG regelt die grenzüberschreitende Vermögensübertragung gleich wie die grenzüberschreitende Spaltung, weshalb die Vorschriften zur grenzüberschreitenden Fusion analog anwendbar sind (Art. 163d IPRG). Mit «Vermögensübertragung» meint der Gesetzgeber wie bei der Vermögensübertragung im Binnenverhältnis die Übertragung eines Vermögens mit Aktiven und Passiven durch Universalsukzession (BBl 2000 4503). Wesentlich ist zudem, dass die Vermögensübertragung nur gegen «Abfindung» an die übertragende Gesellschaft selbst erfolgt. Erhalten die Gesellschafter die «Abfindung» oder Anteilsbzw. Mitgliedschaftsrecht der übertragenden Gesellschaft, so kommen *ex lege* die Vorschriften des Spaltungsrechts zur Anwendung (BSK IPRG-KUNZ/RODRIGUEZ, Art. 163d N 29). Man unterscheidet wie bei der Fusion und der Spaltung auch bei der Vermögenübertragung zwischen der Vermögensübertragung von der Schweiz ins Ausland und der Vermögensübertragung vom Ausland in die Schweiz.   55

Nach Art. 163d Abs. 1 IPRG sind die Vorschriften zur grenzüberschreitenden Fusion analog anwendbar, was dazu führt, dass alle zwingenden Vorschriften der beteiligten Gesellschaftsstatute im Sinne von Art. 163a und Art. 163b IPRG zur Anwendung kommen (vgl. BBl 2000 4503). Die Vermögensübertragung vom Ausland in die Schweiz ist kollisionsrechtlich wie die Immigrationsspaltung bzw. Immigrationsfusion zu behandeln. Besonders ist, dass sowohl das schweizerische wie auch das ausländische Recht die grenzüberschreitende Vermögensübertragung kennen und zulassen müssen (BSK IPRG-KUNZ/RODRIGUEZ, Art. 163d N 29 ff.). Die umgekehrte Vermögensübertragung, nämlich diejenige von der Schweiz ins Ausland, wird kollisionsrechtlich gleich wie die Emigrationsspaltung bzw. Emigrationsfusion behandelt. Neben dem grundsätzlich anwendbaren schweizerischen Gesellschaftsstatut kommen Bestimmungen des ausländischen Rechts kumulativ zur Anwendung, wenn diese zwingende Voraussetzungen für die Gültigkeit der Vermögensübertragung aufstellen (BSK IPRG-KUNZ/RODRIGUEZ, Art. 163d N 29 ff.). Bezüglich des Vermögensübertragungsvertrags kann auf das zum Spaltungsvertrag Ausgeführte verwiesen werden (vgl. oben N 50 ff.)   56

4.   Gemeinsame Bestimmungen

a.   Löschung im Handelsregister

57   In Art. 164 IPRG legt das Gesetz die Voraussetzungen fest, wann eine im schweizerischen Handelsregister eingetragene Gesellschaft, die ins Ausland verlegt wird, ins Ausland fusioniert oder gespalten wird, gelöscht werden kann. Grundsätzlich muss ein zugelassener Revisionsexperte durch einen Bericht bestätigen, dass die Forderungen der Gläubiger der zu löschenden Gesellschaft im Sinne von Art. 46 FusG sichergestellt oder erfüllt worden sind oder dass die Gläubiger mit der Löschung einverstanden sind (Art. 164 Abs. 1 IPRG). Dem Nachweis der Erfüllung bzw. Sicherstellung der Forderungen der Gläubiger ist der Beleg, dass keine Gefahr einer Schädigung der Gläubiger i.S.v. Art. 164 Abs. 1 IPRG i.V.m. Art. 46 Abs. 2 FusG besteht, gleichgestellt (NOBEL, Internationales Aktienrecht, 105 N 172). Für die Emigrationsfusion und Emigrationsspaltung müssen nach Art. 164 Abs. 2 IPRG zusätzliche Voraussetzungen erfüllt werden. Einerseits muss nachgewiesen werden, dass die Fusion oder die Spaltung gemäss dem auf die ausländische Gesellschaft anwendbaren Recht rechtsgültig geworden ist (lit. a). Andererseits muss ein zugelassener Revisionsexperte bestätigen, dass die ausländische Gesellschaft den anspruchsberechtigten Gesellschaftern der schweizerischen Gesellschaft die Anteils- oder Mitgliedschaftsrechte eingeräumt oder eine allfällige Ausgleichszahlung oder Abfindung ausgerichtet oder sichergestellt hat (lit. b).

b.   Betreibungs- und Gerichtsstand

58   Art. 164a IPRG regelt den Gerichtsstand für die Überprüfungsklage nach Art. 105 FusG bei grenzüberschreitenden Tatbeständen. Nach Art. 105 Abs. 1 FusG können Gesellschafterinnen und Gesellschafter bei einer Fusion oder Spaltung im Binnenverhältnis innerhalb von zwei Monaten nach der Veröffentlichung des Gesellschaftsbeschlusses verlangen, dass die Wahrung der Anteils- und Mitgliedschaftsrechte gerichtlich überprüft und eine angemessene Ausgleichszahlung festgesetzt wird. Für die Überprüfungsklage bei einer grenzüberschreitenden Fusion bzw. Spaltung eröffnet Art. 164a Abs. 1 IPRG einen Gerichtsstand am schweizerischen Sitz der übertragenden Gesellschaft. Zu beachten ist, dass in eurointernationalen Fällen das IPRG durch das LugÜ verdrängt wird (Art. 1 Abs. 2 IPRG i.V.m. Art. 1 LugÜ). Während die Botschaft zum Fusionsgesetz grundsätzlich noch offenliess, ob zusätzlich zum Gerichtsstand am Sitz der übernehmenden ausländischen Gesellschaft auch ein Gerichtsstand gestützt auf Art. 22 Ziff. 2 LugÜ am Sitz der übertragenden Gesellschaft gegeben ist, spricht sich die Lehre für die Anwendbarkeit von Art. 22 Ziff. 2 LugÜ aus (s. BSK IPRG-KUNZ/RODRIGUEZ, Art. 164a N 14). Für Klagen, welche die Gültigkeit, die

Nichtigkeit oder die Auflösung einer Gesellschaft oder die Gültigkeit der Beschlüsse ihrer Organe zum Gegenstand haben, sind die Gerichte des durch das LugÜ gebundenen Staates, in dessen Hoheitsgebiet die Gesellschaft ihren Sitz hat, zuständig (Art. 22 Ziff. 2 LugÜ). Für die Überprüfungsklage nach Art. 105 FusG sind in grenzüberschreitenden Tatbeständen die schweizerischen Gerichte zwingend zuständig (vgl. BSK IPRG-KUNZ/RODRIGUEZ, Art. 164a N 14).

In Abs. 2 legt Art. 164*a* fest, dass bei der Verlegung einer Gesellschaft sowie bei einer Fusion oder Spaltung von der Schweiz ins Ausland der bisherige Betreibungsort und Gerichtsstand in der Schweiz bestehen bleiben, bis die Forderungen der Gläubiger oder Anteilsinhaber sichergestellt oder befriedigt sind. Damit eröffnet Art. 164*a* Abs. 2 IPRG einen neuen Betreibungsort und einen Gerichtsstand in der Schweiz gegen die übernehmende ausländische Gesellschaft (vgl. BBl 2000 4505). 59

c. *Anerkennung ausländischer gesellschaftsrechtlicher Umstrukturierungen*

Die Anerkennung ausländischer gesellschaftlicher Umstrukturierungen in der Schweiz wird in Art. 164*b* IPRG geregelt. Es bestimmt insbesondere, unter welchen Voraussetzungen eine Verlegung, Fusion, Spaltung oder Vermögensübertragung ohne Beteiligung einer schweizerischen Gesellschaft in der Schweiz anzuerkennen ist. Das schweizerische Recht kann von solchen Transaktionen auch ohne schweizerische Beteiligung berührt sein, wenn die Berechtigung an in der Schweiz liegenden Vermögenswerten zur Diskussion steht (vgl. BBl 2000 4506). Gemäss Art. 164*b* IPRG werden die Unterstellung einer ausländischen Gesellschaft unter eine andere ausländische Rechtsordnung und die Fusion, Spaltung und Vermögensübertragung zwischen ausländischen Gesellschaften in der Schweiz nur anerkannt, wenn die Unterstellung bzw. die Umstrukturierung nach den beteiligten Rechtsordnungen gültig ist. 60

VI.   Anerkennung von Urteilen

Vorbehaltlich völkerrechtlicher Verträge regelt das IPRG neben der Zuständigkeit schweizerischer Gerichte oder Behörden und dem anzuwendenden Recht auch die Voraussetzungen der Anerkennung und Vollstreckung ausländischer Entscheidungen (Art. 1 IPRG). Im eurointernationalen Verhältnis ist insbesondere das Lugano-Übereinkommen zu berücksichtigen, welches die Anerkennung (Art. 32 ff. LugÜ) und die Vollstreckung (Art. 38 ff. LugÜ) ausländischer Entscheide regelt. Dem Grundsatz von Art. 33 LugÜ nach werden Entscheidungen, die in einem LugÜ-Vertragsstaat ergangen sind, in den anderen LugÜ- 61

Vertragsstaaten anerkannt, ohne dass es dafür eines besonderen Verfahrens bedarf. Vorausgesetzt wird jedoch, dass kein Ausschliessungsgrund nach Art. 34 und 35 LugÜ vorliegt. Im Bereich des Gesellschaftsrechts ist vor allem Art. 22 Ziff. 2 i.V.m. Art. 33 Ziff. 1 LugÜ von Bedeutung, der für Klagen, welche die Gültigkeit, die Nichtigkeit oder die Auflösung einer Gesellschaft oder juristischen Person oder die Gültigkeit der Beschlüsse ihrer Organe zum Gegenstand haben, die ausschliessliche Zuständigkeit der Gerichte des Vertragsstaates vorsieht, in dessen Hoheitsgebiet die Gesellschaft oder juristische Person ihren Sitz hat. Entscheide, die Klagen über die Gültigkeit, Nichtigkeit oder die Auflösung einer Gesellschaft oder juristischen Person oder die Gültigkeit der Beschlüsse ihrer Organe zum Gegenstand haben, können demnach nach Art. 33 ff. LugÜ anerkannt werden, wenn sie im Staat ergangen sind, in dem die Gesellschaft ihren Sitz hat und dieser Staat dem Lugano-Übereinkommen beigetreten ist (vgl. BGer 4A_167/2010).

62   Ausserhalb des Anwendungsbereichs des Lugano-Übereinkommens richtet sich die Anerkennung und Vollstreckung ausländischer Entscheide grundsätzlich nach den allgemeinen Bestimmungen in Art. 25–32 IPRG. Im Bereich des Gesellschaftsrechts werden diese durch Art. 165 IPRG ergänzt. Art. 165 Abs. 1 lit. a IPRG schreibt vor, dass ausländische Entscheidungen über gesellschaftsrechtliche Ansprüche in der Schweiz anzuerkennen sind, wenn sie in dem Staat ergangen sind, in dem die Gesellschaft ihren Sitz hat, oder wenn sie dort anerkannt werden und der Beklagte seinen Wohnsitz nicht in der Schweiz hatte. Ausländische Entscheide werden auch anerkannt, wenn sie in dem Staat ergangen sind, in dem der Beklagte seinen Wohnsitz oder seinen gewöhnlichen Aufenthalt hat (Art. 165 Abs. 1 lit. b IPRG). Von dieser gesellschaftsrechtlichen Grundsatzanerkennung abweichend geregelt ist die Anerkennung ausländischer Entscheide über Ansprüche aus öffentlichen Ausgaben von Beteiligungspapieren und Anleihen aufgrund von Prospekten, Zirkularen und ähnlichen Bekanntmachungen. Diese werden in der Schweiz anerkannt, wenn sie im Staat ergangen sind, in dem der Ausgabeort der Beteiligungspapiere oder Anleihen liegt und der Beklagte keinen Wohnsitz in der Schweiz hatte (Art. 165 Abs. 2 IPRG).

63   Der Regelungsgegenstand von Art. 165 IPRG stimmt mit dem über die direkte Zuständigkeit im Gesellschaftsrecht (Art. 151–153 IPRG) überein. Somit werden Ansprüche gegen die Gesellschaft selbst (Art. 151 Abs. 1 IPRG) als auch Ansprüche gegen einen Gesellschafter, einen aus Gesellschaftsrecht Verantwortlichen oder einen aus öffentlicher Ausgabe von Beteiligungspapieren und Anleihen Haftenden umfasst (Art. 151 Abs. 2 und Abs. 3 IPRG). Es handelt sich insbesondere um Klagen auf Anfechtung von GV-Beschlüssen, Klagen auf Feststellung der Nichtigkeit von VR-Beschlüssen und GV-Beschlüssen, Klagen auf Verantwortlichkeit der Organe, Klagen auf Haftung aus der Gründung der Gesellschaft oder aus der Ausgabe eines Prospektes sowie Klagen auf Feststellung der Nichtigkeit der Gesellschaft oder Auflösungsklagen (vgl. NOBEL, Internationales Aktienrecht,

79 N 102). Handelt es sich nicht um gesellschaftsrechtliche Ansprüche, dann sind die allgemeinen Bestimmungen gem. Art. 25 ff. IPRG anzuwenden.

VII. Konzernkollisionsrecht

Eine Begriffsumschreibung, was ein «Konzern» ist, findet sich   64 im Rechnungslegungsrecht. Während mit der Aktienrechtsrevision von 1991 die Pflicht zur Erstellung einer Konzernrechnung nur für die Aktiengesellschaft eingeführt wurde (Art. 663e aOR), ist diese per 1. Januar 2013 auf alle rechnungslegungspflichtigen juristischen Personen, die andere Unternehmen beherrschen (auch Vereine und Stiftungen), erweitert worden (BBl 2008 1722). Art. 963 OR hält neu fest, dass eine rechnungslegungspflichtige juristische Person zur Erstellung einer Konzernrechnung verpflichtet ist, wenn sie ein oder mehrere rechnungslegungspflichtige Unternehmen kontrolliert. Eine juristische Person kontrolliert ein anderes Unternehmen, wenn sie direkt oder indirekt über die Mehrheit der Stimmen im obersten Organ verfügt; direkt oder indirekt über das Recht verfügt, die Mehrheit der Mitglieder des obersten Leitungs- oder Verwaltungsorgans zu bestellen oder abzuberufen; oder aufgrund der Statuten, der Stiftungsurkunde, eines Vertrages oder vergleichbarer Instrumente einen beherrschenden Einfluss ausüben kann (Art. 963 Abs. 2 OR) (vgl. zum Konzernrecht s. Kap. § 10; zur Konzernverantwortungsinitiative insb. Kap. § 9, N 296 ff.). BÖCKLI umschreibt den Konzernbegriff wie folgt:

> «Der ‹Konzern› kennzeichnet sich durch die effektiv durchgesetzte Unterordnung von mehreren juristisch selbständigen Kapitalgesellschaften (‹Untergesellschaften›) unter eine leitende Gesellschaft (‹Obergesellschaft›) zum Zweck der Bildung einer unternehmerisch tätigen wirtschaftlichen Einheit.» (BÖCKLI, § 11 N 3)

Es ist zu beachten, dass «Kontrolle» aber weniger als «Leitung» bedeutet. Art. 963   65 Abs. 4 OR unterscheidet die beiden Tatbestände denn auch deutlich.

Im Konzernkollisionsrecht geht es grundsätzlich um die Frage, welcher nationalen   66 Rechtsordnung internationale Konzernsachverhalte zuzuordnen sind (NOBEL, Internationales Aktienrecht, 115 N 199 ff.). Das schweizerische IPRG beinhaltet jedoch keine Kollisionsnormen zu internationalen Konzernsachverhalten, da das schweizerische materielle Recht kein Konzernrecht kennt (NOBEL, Internationales Aktienrecht, 124 N 215). In der Literatur hat sich als «kollisionsrechtliche Grundregel» die Meinung etabliert, dass für alle Konzernhaftungstatbestände primär auf das Recht der beherrschten Gesellschaft abzustellen ist (BEHRENS, 93; IMMENGA/ KLOCKE, 27 ff.). Dieser Ansatz wurde auch in der Rechtsprechung, jedoch nur auf kantonaler Ebene, bestätigt (vgl. Urteil vom 24. April 1996 des Obergerichts des Kantons Zürich, I. Zivilkammer, HA-AG c. Konkursmasse WKR betr. Kollokation und Beschluss vom 20. August 1999 des Kassationsgerichts des Kantons Zürich, zusammengefasst in: SZIER 2000, 367 ff., 372).

VIII. Internationales Konkursrecht

A. *Allgemeines*

67 Nicht nur für natürliche, sondern vor allem auch für juristische Personen spielt das internationale Konkursrecht (Art. 166–175 IPRG) aufgrund der heutzutage oftmals transnationalen Verflechtungen eine bedeutende Rolle. Das internationale Konkursrecht findet in folgenden Konstellationen Anwendung (SPÜHLER/RODRIGUEZ, N 485):

– Schweizer Konkursit ist Eigentümer von Vermögen im Ausland.

– Ausländischer Konkursit hat Vermögen in der Schweiz.

– Schweizer Gläubiger hat Forderungen gegen ausländische Konkursmasse.

68 Vorauszuschieben ist, dass es kein Konzernkonkursrecht gibt. Die einzelnen Gesellschaften sind insofern selbstständig nach dem Recht des Sitzstaates zu behandeln. In allgemeiner Hinsicht bestehen im internationalen Konkursrecht zwischen den einzelnen Staaten verschiedene Auffassungen über die Wirkungen eines ausländischen Konkurserkenntnisses. Es wird dabei zwischen dem Universalitäts- und dem Territorialitätsprinzip unterschieden. Dabei wird auf die Frage Bezug genommen, ob die Auswirkungen eines Konkursbeschlags auf Vermögenswerte des Gemeinschuldners universal, d.h. territorial, uneingeschränkt sind oder nicht. Erst bei einer einzigen weltweit, einheitlichen Insolvenzrechtsordnung wäre die Universalität gegeben. In Ermangelung einer solchen ist man jedoch bestrebt, das Territorialitätsprinzip aufzulockern (BSK IPRG-BERTI/MABILLARD, Vor Art. 166 ff. N 1; BGE 137 III 570 E. 2), indem unter bestimmten Bedingungen ausländische Konkursdekrete gewisse Wirkungen im Inland zeitigen können. Vgl. diesbezüglich auch die Botschaft (BBl 1983 I 450):

> «Der Entwurf hält am Prinzip der Territorialität des Konkurses fest, schlägt aber in wichtigen Punkten eine Auflockerung vor. Die Durchführung des Konkurses und die Abwicklung des Liquidationsverfahrens bleiben grundsätzlich Sache des schweizerischen Rechts, doch werden mit der Anerkennung des ausländischen Konkursdekrets die Voraussetzungen für eine zwischenstaatliche Kooperation geschaffen. Diese Lösung deckt sich mit den Anregungen und Vorschlägen in der neueren schweizerischen Rechtsprechung und Doktrin. Für die vollständige Hinwendung zur Universalität des Konkurses erscheint die Zeit noch nicht reif. Sie

würde eine gewisse Äquivalenz zwischen den nationalen Konkursprivilegien und Sicherungsrechten voraussetzen. Beides ist bei weitem noch nicht der Fall [...].»

B. Ausländisches Konkursdekret

Im Falle eines ausländischen Konkursdekrets hat der insolvente 69 Schuldner seinen (Wohn-)Sitz im Ausland, weshalb dort ein Hauptinsolvenzverfahren eröffnet und ein Konkursdekret erlassen wurde. Folgende Voraussetzungen müssen gemäss Art. 166 IPRG für die Anerkennung des ausländischen Konkursdekrets erfüllt sein (vgl. SPÜHLER/RODRIGUEZ, N 501):

– Zuständigkeit der ausländischen (Haupt-)Konkursbehörde (Wohnsitz oder Sitz des Gemeinschuldners);

– Legitimation des Gesuchstellers (ausländische Konkursverwaltung, jeder Konkursgläubiger);

– vollstreckbares, endgültiges ausländisches Konkursdekret, wobei die formelle Rechtskraft nicht erforderlich ist (BGE 126 III 101);

– Fehlen eines Verweigerungsgrundes i.S.v. Art. 27 IPRG, d.h. kein Verstoss gegen den formellen oder materiellen *ordre public;*

– der Staat, in dem das Dekret ergangen ist, muss Gegenrecht halten. Dies ist der Fall, wenn das ausländische Recht in einem ähnlichen Fall nicht spürbar ungünstiger für das schweizerische Anerkennungsgesuch wäre (BGE 126 III 101, 103; BGE 137 III 517, 519, wobei dieses Erfordernis nicht mit extensiver Strenge ausgelegt werden darf).

Das Anerkennungsverfahren wird durch Gesuch der ausländischen Konkursver- 70 waltung oder eines Konkursgläubigers eingeleitet (Art. 166 Abs. 1 IPRG). Sofern weder das IPRG noch ein Staatsvertrag etwas anderes bestimmen, richtet sich das Verfahren nach Art. 335 ff. ZPO (Art. 335 Abs. 3 ZPO). Die örtliche Zuständigkeit ergibt sich aus Art. 167 Abs. 1 und 2 IPRG. Demnach ist das schweizerische Gericht am Lageort von Vermögenswerten des Schuldners bzw. bei mehreren Lageorten das zuerst angerufene Gericht örtlich zuständig. Die sachliche Zuständigkeit wird durch das kantonale Recht geregelt.

Die wesentliche Wirkung der Anerkennung ist die Eröffnung des Anschlusskon- 71 kurses, wobei mit dem Anschlusskonkurs dem zuständigen schweizerischen Konkursamt die Befugnis eingeräumt wird, die der ausländischen Konkursmasse gehörenden Rechte auszuüben, soweit es um die in der Schweiz liegende Vermögen handelt (BGE 135 III 40, 44). Der Entscheid über die Anerkennung eines ausländischen Konkurserkenntnisses kann mittels Beschwerde gemäss Art. 319 ff. ZPO bei der oberen kantonalen Instanz angefochten werden. Das Urteil des Obergerichts unterliegt sodann der Zivilbeschwerde an das Bundesgericht (BGE 135 III 566). Sofern das ausländische Konkursdekret in der Schweiz nicht anerkannt wird, wird auch kein Hilfskonkurs nach IPRG eröffnet. Die Handlungsmöglichkeiten einer ausländischen Konkursverwaltung sind durch die Anerkennungsordnung beschränkt (BGer 4A_231/2007 E. 9.2.1).

72   Bezüglich des in der Schweiz gelegenen Vermögens des ausländischen Konkursiten finden für das Anschlusskonkursverfahren die Bestimmungen des SchKG Anwendung (Art. 170 Abs. 1 IPRG). Gemäss Art. 171 IPRG steht es der ausländischen Konkursverwaltung oder einem dazu berechtigten Konkursgläubiger nach der Anerkennung eines ausländischen Konkurserkenntnisses offen, eine Anfechtungsklage (Art. 285 ff. SchKG) zu erheben. Art. 172 IPRG bezeichnet den Kreis der Gläubiger, die im IPRG-Konkursverfahren einen Anspruch auf Befriedigung ihrer Forderungen haben. Zur Befriedigung ihrer Forderungen aus der IPRG-Konkursmasse werden nur Gläubiger pfandversicherter Forderungen, dies aber ohne Rücksicht auf ihren Wohnsitz, sowie die privilegierten Gläubiger gemäss Art. 219 Abs. 4 SchKG (1.–2. Klasse) mit Wohnsitz in der Schweiz zugelassen (Art. 172 Abs. 1 SchKG; vgl. BSK IPRG-BÜRGI, Art. 172 N 4). Nach der öffentlichen Auflage des Kollokationsplans kann jeder Gläubiger, welcher diesen materiell anfechten will, innert 20 Tagen Klage einreichen.[4] Zur Klage legitimiert sind dabei nur die Gläubiger gemäss Art. 172 Abs. 1 IPRG (vgl. Art. 172 Abs. 2 IPRG).

73   Art. 173 ist in einem IPRG-Konkurs anwendbar, sofern nach der Befriedigung der Gläubiger nach Art. 172 Abs. 1 IPRG ein Überschuss verbleibt. Die Aushändigung eines Überschusses setzt voraus, dass der ausländische Kollokationsplan vom Anerkennungsgericht akzeptiert wird (Art. 173 Abs. 2 IPRG). Der ausländische Kollokationsplan wird anerkannt, wenn

– die Anerkennung des ausländischen Verfahrens nicht gegen den schweizerischen (vollstreckungsrechtlichen) *ordre public* verstösst (Art. 166 Abs. 1 lit. b i.V.m. Art. 27 Abs. 1) und

– alle schweizerischen Gläubiger, insb. die Kurrentgläubiger, im ausländischen Hauptverfahren zugelassen und dort gleich behandelt worden sind wie einheimische Gläubiger oder Gläubiger anderer Staaten, die einen gleichen oder ähnlichen Forderungstitel besitzen (Art. 173 Abs. 3 Satz 2; vgl. BSK IPRG-BÜRGI, Art. 173 N 7).

---

[4]   Formelle Fehler des Kollokationsplans sind hingegen nicht mit der Kollokationsklage, sondern mit Beschwerde nach Art. 17 SchKG anzufechten (BGE 138 III 437, 439).

Wird das ausländische Konkursdekret zwar anerkannt, nicht aber der ausländische   74
Kollokationsplan, so wird der allfällige Überschuss – anstelle der ausländischen
Konkursmasse – den Gläubigern mit Wohnsitz in der Schweiz, die in der dritten
Klasse kolloziert werden, gutgeschrieben (Art. 174 Abs. 1 IPRG).

C.   Hauptkonkurs in der Schweiz

Der Fall, in welchem ein Konkurs in der Schweiz eröffnet   75
wurde und sich im Ausland Vermögen befindet, wird nicht durch das IPRG geregelt, sondern es wird an den Wohnsitz bzw. Sitz gemäss Art. 46 SchKG angeknüpft. Das im Ausland liegende Vermögen ist gemäss Art. 197 SchKG so zu
behandeln, dass sämtliches Vermögen des Konkursiten, d.h. auch das im Ausland
gelegene, in die schweizerische Konkursmasse miteinbezogen wird. Das ausländische Vermögen findet deshalb gemäss Art. 27 Abs. 1 KOV auch Aufnahme in das
schweizerische Konkursinventar. Es ist aber vom ausländischen Recht abhängig,
ob ein Einbezug des im Ausland gelegenen Vermögens in die schweizerische
Konkursmasse tatsächlich gelingt (SPÜHLER/RODRIGUEZ, N 514).

D.   Sanierungsverfahren (Art. 175 IPRG)

Als Folge eines Insolvenzverfahrens ist nicht nur der Konkurs   76
möglich, sondern auch ein Sanierungsverfahren in Form einer Nachlassstundung
(vgl. Art. 293 ff. SchKG). Für die Nachlassstundung sieht das IPRG in Art. 175
eine Bestimmung vor, wonach Art. 166–170 IPRG für ausländische Nachlassverfahren sinngemäss anwendbar sind. Demgemäss sind ausländische Sanierungsverfahren (z.B. «Chapter 11»-Verfahren nach US Bankruptcy Code) in der Schweiz
anerkennungsfähig und entfalten somit auch deren Wirkungen (etwa auf bestimmte Vertragsverhältnisse) (SPÜHLER/RODRIGUEZ, N 526).

Die Eröffnungszuständigkeit für ein in der Schweiz zu eröffnendes Sanierungs-   77
bzw. Nachlassverfahren ergibt sich aus Art. 46 SchKG i.V.m. Art. 20 bzw. 21
IPRG. Es kommen die Verfahrensvorschriften gemäss Art. 293 ff. SchKG zur
Anwendung. Ferner kann sich eine Notzuständigkeit in der Schweiz nach Art. 3
IPRG ergeben, wenn die Durchführung des Sanierungsverfahrens am ausländischen Sitz unmöglich oder unzumutbar ist und etwa das Unternehmen seinen
faktischen Sitz in der Schweiz hat (SPÜHLER/RODRIGUEZ, N 527).

Bei der Sanierung von Banken gelten dagegen die Sonderbestimmungen der   78
Art. 25 ff. BankG (vgl. nachfolgend N 88 ff.).

E.   Wichtige Urteile

1.   Urteil über die Prozessführungsbefugnis eines ausländischen Konkursverwalters

79   Ein erster Fall (BGer 4A_231/2007 vom 6. März 2008)[5] handelte von einer italienischen Handelsgesellschaft mit Sitz in Neapel, über welche im Jahr 1999 von der zuständigen italienischen Behörde der Konkurs ausgesprochen wurde. Der italienische Konkursverwalter erhielt beim zuständigen italienischen Gericht die Bewilligung, eine Gesellschaft mit Sitz in Genf aus verschiedenen Rechtsgründen auf die Bezahlung von Geldforderungen einzuklagen. Die erste Genfer Instanz hiess die Klage grösstenteils gut und bejahte die Prozessführungsbefugnis der ausländischen Konkursverwaltung aufgrund dessen, dass die Klage in der Schweiz keine öffentliche Zwangsgewalt erforderte und der ausländische Konkursverwalter vom ausländischen Gericht zur Einreichung der Klage ermächtigt wurde. Die obere kantonale Gerichtsinstanz trat jedoch nicht auf die Klage ein und begründete dies damit, dass die ausländische Konkursmasse nicht gegen einen Schuldner der Konkursitin in der Schweiz vorgehen könne, ohne dass vorher das ausländische Konkursdekret gemäss Art. 166 ff. IPRG in der Schweiz anerkennt worden wäre. Eine weitere Streitigkeit vor erster Instanz bezog sich darauf, dass eine nach italienischem Sanierungsrecht begründete Auffanggesellschaft nicht als Rechtsnachfolgerin der Klägerin zugelassen wurde (vgl. SCHWANDER, 252).

80   Das Bundesgericht wies die Beschwerde ab. Es stellte fest, dass die Anerkennung des ausländischen Nachlassvertrags nach Art. 175 IPRG ebenso wenig wie die Anerkennung eines ausländischen Konkursdekrets auf dem Weg der vorfrageweisen Beurteilung – dies wurde vor zweiter Instanz geltend gemacht – möglich sei. Notwendig sei, dass das Gesuch um Anerkennung eines ausländischen Konkursdekrets oder eines ausländischen Nachlassvertrags als Hauptfrage in einem speziellen Verfahren erstinstanzlich an das zuständige Gericht am Ort der Vermögenslage zu richten sei (Art. 166 und 167 IPRG). Aus Gründen des Gläubigerschutzes lehnte das Bundesgericht in Übereinstimmung mit der herrschenden Lehre eine vorfrageweise Anerkennung ab (E. 5.1.2).

81   Ferner hielt das Bundesgericht an seiner bisherigen Praxis fest, wonach ausländische Konkursverwaltungen in der Schweiz nur legitimiert sind, die Anerkennung des ausländischen Konkursdekrets zu beantragen (Art. 166 Abs. 1 IPRG), sichernde Massnahmen zu verlangen (Art. 168 IPRG) und Anfechtungsklagen i.S. der Art 285 ff. SchKG einzureichen (171 IPRG). Zu anderen Rechtshandlungen, wie insbesondere Betreibungshandlungen, sind sie in der Schweiz nicht befugt (E. 9.2.1).

---

5   Vgl. Pra 97 (2008) Nr. 144 die deutsche Übersetzung.

2. AOM Air Liberté vs. Swisscargo

Bei diesem Fall ging es um die Vormerkung von Forderungen [82] im Kollokationsplan, deren Bestand bereits in einem ausländischen Prozess im Streit lag (BGE 130 III 769). Die AOM Air Liberté verlangte gegenüber der Swisscargo AG, einer Tochtergesellschaft der zusammengebrochenen SAirGroup, dass ihre Forderung von knapp CHF 700 Mio. im Kollokationsplan vorzumerken sei. Dabei hatte sie bereits in Paris über diese Forderung Klage erhoben. Die Gläubigerin stützte ihr Begehren einerseits auf Art. 207 SchKG als auch auf die entsprechende Vollzugsnorm von Art. 63 KOV. Demnach sind streitige Forderungen, welche im Zeitpunkt der Konkurseröffnung bereits Gegenstand eines Prozesses bilden, im Kollokationsplan zunächst ohne Verfügung der Konkursverwaltung lediglich *pro memoria* vorzumerken. Der Grund liegt darin, dass nach Art. 207 SchKG sämtliche Prozesse mit dem Gemeinschuldner als Partei einzustellen sind und die Gläubigerversammlung über deren Wiederaufnahme zu befinden hat. Da nach dem Territorialitätsprinzip nur schweizerische Instanzen zur Einstellung der Prozesse verpflichtet sind, ausländische Gerichte aber nur bei Vorliegen eines Staatsvertrages den schweizerischen Konkurs berücksichtigen müssen, ist Art. 63 KOV nach Ansicht des Bundesgerichts nicht anwendbar (E. 3.2.3), und die Forderung der AOM Air Liberté wurde im Kollokationsplan nicht vorgemerkt.

3. Sabena-Entscheide

Bei den Sabena-Entscheiden handelte es sich um folgenden [83] Grundsachverhalt: Am 5. Oktober 2001 gingen die SAir Group AG und die SAirLines AG in die (provisorische, dann definitive) Nachlassstundung, und am 20. Juni 2003 bestätigte das Bezirksgericht Zürich (als Nachlassgericht) die Nachlassverträge mit Vermögensabtretung (Art. 317 ff. SchKG). Zur Feststellung der am Liquidationsergebnis teilnehmenden Gläubiger erstellten die Liquidatoren die Kollokationspläne (Art. 321 SchKG). In beiden Nachlassverfahren hatten der Staat Belgien, die Société Fédérale de Participations et d'Investissement (S.F.P.I.) SA (bzw. deren Rechtsvorgänger) sowie die SA Zephyr-Fin, alle drei Sabena-Aktionäre, Forderungen im Umfang von mehreren CHF Mrd. angemeldet. Die Forderungen dieser Gläubiger wurden von den Liquidatoren der SAirGroup AG und der SAirLines AG in Nachlassliquidation im Kollokationsplan (Auflage vom 19. Juli 2006) nicht zugelassen. Gegen die abweisende Kollokationsverfügung erhoben die Gläubiger der SAirLines AG Klage und machten geltend, bereits im Juli 2001, vor Gewährung der (provisorischen) Nachlassstundung, in Belgien einen Prozess gegen die SAirLines AG anhängig gemacht zu haben, dessen Gegenstand die angemeldeten Forderungen seien. Sie verlangten, dass die die angemeldeten Forderungen im Kollokationsplan *pro memoria* mit CHF 1.– bis zur rechtskräftigen Erledigung der von ihnen in Belgien anhängig gemachten Klage vorzumerken seien.

84   Das Bundesgericht bestätigte mit Urteil vom 23. April 2007 jedoch die Kompetenz der Liquidatoren zum Entscheid über die Kollokation (BGE 133 III 386). Das Bundesgericht äusserte sich dahin gehend, dass der Kollokationsprozess ausschliesslich der Bereinigung des Kollokationsplanes diene und nicht der materiellrechtliche Umfang der Schuldverhältnisse festgestellt würde. Die Kollokationsklage (Art. 250 SchKG) gelte als konkursrechtliche Klage mit Reflexwirkung auf das materielle Recht. Aufgrund dieser verfahrensrechtlichen Natur der Auseinandersetzung ergebe sich, dass die Klage zu den konkursrechtlichen Verfahren gemäss Art. 1 Abs. 2 lit. b LugÜ zu zählen und daher vom Anwendungsbereich des LugÜ ausgeschlossen sei. Daher sei die Schweiz international zwingend zuständig (ausführlich in BGE 133 III 386 E. 4.3.3).

85   Sodann stellten die Kläger mit der Kollokationsklage vom 8. August 2006 u.a. den Antrag, die Kollokationsklage sei bis zum Vorliegen eines rechtskräftigen Urteils der Cour d'Appel de Bruxelles zu sistieren. Zwar sistierte der Einzelrichter den Kollokationsprozess mit Verfügung vom 29. September 2006, das Bundesgericht hob die Sistierung mit Urteil vom 30. September 2008 auf (BGE 135 III 127). Es wies einerseits darauf hin, dass Art. 207 Abs. 1 SchKG sowie Art. 63 KOV für das Binnenverhältnis anordnen, dass ein bei Konkurseröffnung bereits hängiger Zivilprozess grundsätzlich eingestellt werde, später aber von der Masse oder von einzelnen Gläubigern nach Art. 260 SchKG fortgeführt werden könne und der Zivilprozess deshalb *(ex lege)* zum Kollokationsprozess werde (BGE 135 III 127 E. 3.3.1). Zudem hielt es fest, dass die Teilnahme der belgischen Forderungen im schweizerischen Konkurs einzig vom Ausgang eines allfälligen Kollokationsprozesses und nicht vom denjenigen des pendenten Auslandprozesses abhängig sei, da die Hängigkeit des ausländischen Prozesses weder die hoheitliche Kompetenz der schweizerischen Konkursverwaltung (Art. 245 SchKG) zu beschneiden noch deren Kollokationsverfügung der Anfechtung vor dem schweizerischen Kollokationsrichter zu entziehen vermöge (BGE 135 III 127 E. 3.3.2). Dementsprechend lehnte das Bundesgericht ab, den Kollokationsprozess zugunsten eines hängigen ausländischen Verfahrens zu sistieren (BGE 135 III 127 E. 3.4.2 und 4.). Schliesslich lehnte das Bundesgericht die «Anerkennbarkeit eines ausländischen Urteils als Kollokationsurteil» ab mit der Begründung, dass für eine Kollokationsklage – wegen der verfahrens- bzw. vollstreckungsrechtlichen Natur der Auseinandersetzung – die Schweiz international zwingend zuständig sei (BGE 135 III 127 E. 3.3.3).

86   Am 8. Mai 2014 urteilte das Bundesgericht über ein Begehren der Sabena SA um Anerkennung und Vollstreckbarerklärung des belgischen Vorentscheids der Cour d'Appel de Bruxelles, mit welchem sie über die Klage der Sabena SA gegen die

zwei Gesellschaften des ehemaligen SAir-Konzerns entschied (BGE 140 III 320). Das Bundesgericht stellte fest, dass der belgische Vorentscheid keine Kollokationsklage, sondern eine zivilrechtliche Forderungsklage zum Gegenstand habe (BGE 140 III 320 E. 8.1). Das Bundesgericht konstatierte, dass die Konkursverwaltung und das Kollokationsgericht an die Feststellungen über Bestand und Höhe einer Forderung gebunden seien, wenn ein diesbezügliches Urteil *vor* der Konkurseröffnung in Rechtskraft erwachsen sei (BGE 140 III 320 E. 8.3.1). Liege hingegen noch kein rechtskräftiges Urteil über die Forderung gegen den Schuldner bei Eröffnung des Konkursverfahrens vor, verhindere Art. 207 SchKG und Art. 63 KOV im Binnenverhältnis, dass während des Konkursverfahrens parallel zum Kollokationsstreit ein Zivilprozess über die zu kollozierende Forderung stattfinde und darin ein Urteil ergehe (BGE 140 III 320 E. 8.3.2). Das Bundesgericht ging davon aus, dass die Sabena SA ihre Klage in Belgien in der Absicht eingeleitet hatte, mit dem Zivilurteil ihre Kollokation im schweizerischen Nachlassverfahren erwirken zu können und daher die insolvenzrechtliche Wirkung des Entscheids das eigentliche Klageziel war. Insofern stelle die in Belgien nach der Eröffnung des schweizerischen Nachlassverfahrens erhobene Klage ein insolvenzrechtliches Verfahren dar, das gemäss Art. 1 Abs. 2 LügÜ in den Ausnahmekatalog des sachlichen Anwendungsbereichs falle (BGE 140 III 320 E. 9.4) Deshalb konnte der Vorentscheid nicht nach den Bestimmungen des LugÜ-Übereinkommens anerkannt werden (BGE 140 III 320 E. 10.).

Im Prozess des Bundesgerichts, welcher die Beschwerde der Beschwerdeführer 87 gegen die Kollokationsverfügungen der SAirGroup AG und der SAirLines AG zum Gegenstand hatte, wurden die genannten Urteile nochmals zusammengefasst (s. BGE 141 III 382). Dem Einwand der Beschwerdeführer, dass das LugÜ der Schweiz verbiete, die Zuständigkeit für die Kollokationsklage an sich zu ziehen, entgegnete das Bundesgericht, dass die Konzentrierung sämtlicher sich unmittelbar aus der Insolvenz ergebenden Klagen von den Gerichten des Staates, welche für die Eröffnung des Insolvenzverfahrens zuständig sei, dem Zweck entspreche, die Effizienz des Insolvenzverfahrens zu verbessern und dieses zu beschleunigen. Dieses Prinzip sei in verschiedenen Rechtsordnungen sowie in der Rechtsprechung des EuGH anerkannt (BGE 141 III 382 E. 5.5.1). Ferner wies es darauf hin, dass es in BGE 140 III 320 E. 9.4 festgehalten habe, dass die Konzentration nicht so weit gehe, dass «jedem hängigen Zivilprozesses mit Eröffnung des Gesamtverfahrens die zuständigkeitsrechtliche Grundlage entzogen» oder «ausländische Entscheidungen generell nicht mehr unter dem LugÜ anerkannt und vollstreckt werden könnten, wenn ein Schuldner der Generalexekution unterliegt». Das *obiter dictum* wurde vom Bundesgericht in BGE 141 III 382 E. 5.6.1 dahin gehend beantwortet, dass es denkbar sei, dass ein ausländisches Gericht den gegen den Schuldner laufenden Forderungsprozess bei Ausbruch eines Insolvenzverfahrens sistiere und die Koordination von hängigem Verfahren und Kollokation gemäss

Art. 207 SchKG und dem darauf beruhenden Art. 63 KOV vornehme. Im vorliegenden Fall habe der belgische Richter jedoch gerade keine Rücksicht auf das
schweizerische Konkursrecht genommen (BGE 133 III 386), weshalb es keine
Rechtfertigung gegeben habe, eine blosse Vormerkung gemäss Art. 63 KOV vorzunehmen (BGE 141 III 382 E. 5.6.2).

F.   Bankenkonkurs

88   Bei der Sanierung von Banken gelten grundsätzlich die Sonderbestimmungen der Art. 25 ff. des Bankengesetzes, wobei das Bankeninsolvenz-
recht die Anwendung des SchKG nicht ausschliesst, sondern vielmehr ergänzt.
Das Bankengesetz beinhaltet einige Kollisionsnormen, die zur Klärung der offensichtlichen Gesetzeskonkurrenzen dient. Zu nennen ist beispielsweise Art. 34
Abs. 1 und 2 BankG, wonach der Anordnung einer Liquidation die Wirkungen
einer Konkurseröffnung nach den Art. 197 bis 220 SchKG zukommen und die
Liquidation vorbehaltlich der bankengesetzlichen Bestimmungen gemäss SchKG
durchzuführen ist.

89   Im internationalen Rahmen des Bankenkonkurses regelt Art. 37f BankG die Koordination mit ausländischen Verfahren. Die FINMA hat gemäss Abs. 1 bei einer
ausländischen Bank, die Gegenstand eines Zwangsvollstreckungsverfahrens bildet, den Bankenkonkurs so weit wie möglich mit den zuständigen Organen abzustimmen. Diese Bestimmung ist vor dem Hintergrund zu sehen, dass grundsätzlich
die Zwangsmassnahmen staatlicher Behörden lediglich territoriale Wirkungen
entfalten. Mittels Zusammenarbeit mit ausländischen Behörden sowie der gegenseitigen Anerkennung von Massnahmen soll die Durchführung eines Hauptinsol-
venzverfahrens ermöglicht und allenfalls parallel hängige Verfahren koordiniert
werden können. Dies bezweckt eine möglichst effiziente Verwertung der Liquida-
tionsmasse und die Verteilung nach Rang und Höhe der Forderungen an inländische und ausländische Gläubiger (vgl. BBl 2002 8098).

90   Im Zusammenhang mit der Anerkennung ausländischer Konkursdekrete und Massnahmen ist die spezialgesetzliche Bestimmung von Art. 37g BankG zu beachten.
Entgegen der ordentlichen Anerkennungsgerichte nach Art. 166 IPRG entscheidet
gemäss Art. 37g Abs. 1 BankG die FINMA über die Anerkennung von Konkurs-
dekreten und Insolvenzmassnahmen (Liquidation, Sanierung, Schutzmassnahmen), die im Ausland gegenüber den Banken ausgesprochen werden. Der Gesetzgeber rechtfertigte diese Kompetenzverschiebung zugunsten der Bankenaufsicht
mit dem Argument, dass auch das bankenrechtliche Liquidationsverfahren von der
FINMA durchzuführen ist (Art. 33 BankG, BBl 2002 8099).

§ 12   Internationale Standards

1   Literatur: ABBOTT, KENNETH W./SNIDAL, DUNCAN, The International Standards
                      Process: Setting and Applying Global Business Norms, in: Nobel, Peter
                      (edit.), International Standards and the Law, Berne 2005, 105 ff.; ACH-
                      LEITNER, ANN-KRISTIN/BEHR, GIORGIO/SCHÄFER, DIRK, Internationale
                      Rechnungslegung, 4. Aufl., München 2009; BÖCKLI, PETER, Einführung
                      in die IAS, International Accounting Standards – knapp und deutsch, Zü-
                      rich/Basel/Genf 2000 (zi. BÖCKLI, IAS); BÖCKLI, PETER, Einführung in
                      die IFRS/IAS, International Financial Reporting Standards – knapp und
                      deutsch, 2. Aufl., Zürich/Basel/Genf 2005 (zit. BÖCKLI, IAS/IFRS);
                      BÖCKLI, PETER, Neue OR-Rechnungslegung, Zürich/Basel/Genf 2014
                      (zit. BÖCKLI, Rechnungslegung); BOEMLE, MAX/GSELL, MAX/JETZER,
                      JEAN-PIERRE/NYFFELER, PAUL/THALMAN, CHRISTIAN, Geld-, Bank- und
                      Finanzmarkt-Lexikon der Schweiz, Zürich 2002 (zit. BOEMLE et al.);
                      DAVIES, HOWARD/GREEN, DAVID, Global Financial Regulation, Cambridge
                      2008; DIETL, CLARA-ERIKA/LORENZ, EGON, Wörterbuch für Recht, Wirt-
                      schaft und Politik, Teil 1, München 2000; FORSTMOSER, PETER/VOGT,
                      HANS-UELI, Einführung in das Recht, 5. Aufl., Bern 2012; Garner, Bryan
                      A. (edit.), Black's Law Dictionary, 9th edition, St. Paul 2009 (zit. Black's
                      Law Dictionary); FORSTMOSER, PETER/KLEIBOLD, THORSTEN, Berichter-
                      stattung des Abschlussprüfers über wichtige Prüfungssacherhalte, EF 9/
                      2016, 614 ff.; GIOVANOLI, MARIO, A new Architecture for the global
                      Financial Market: Legal Aspects of International Financial Standard Set-
                      ting, in: Giovanoli, Mario (edit.), International Monetary Law, Issues for

the New Millennium, New York 2000, 3 ff.; GSCHWEND, LUKAS, Miszellen, Wirtschafts-Rechts-Geschichte? Reflexionen zu einem «St. Galler Programm», Zeitschrift der Savigny-Stiftung für Rechtsgeschichte, Bd. 121/ 2004, 471 ff.; HAUENREITER, DIEGO, Die Krisenabwehr im Bankengesetz, Unter besonderer Berücksichtigung der bankenrechtlichen Schutzfunktionen, der internationalen Finanzmarktarchitektur und der TBTF-Problematik, Bd. 16, Berner Bankrechtliche Abhandlungen, Bern 2011; JAEGGI, MICHAEL, Operationelle Standards als Instrument des Risikomanagements, in: Strebel-Aerni, Brigitte (Hrsg.), Standards für nachhaltige Finanzmärkte, Zürich/Basel/Genf 2008, 243 ff.; KIRCHNER, CHRISTIAN/SCHMIDT, MATTHIAS, Private Law-Making: IFRS – Problems of Hybrid Standard Setting, in: Nobel, Peter (edit.), International Standards and the Law, Berne 2005, 67 ff.; KOKOTT, JULIANE, Soft Law Standards under Public International Law, in: Nobel, Peter (edit.), International Standards and the Law, Berne 2005, 15 ff.; LEIBFRIED, PETER, Rechnungslegung: Mitverursacher der Krise?, in: Strebel-Aerni, Brigitte (Hrsg.), Standards für nachhaltige Finanzmärkte, Zürich/Basel/Genf 2008, 75 ff.; MERTENS, HANS-JOACHIM/ KIRCHNER, CHRISTIAN/SCHANZE, ERICH, Wirtschaftsrecht, Eine Problemorientierung, 2. Aufl., Opladen 1982; MERZ, HANS-RUDOLF, Die Rolle der Finanzmarktpolitik als Transformator für Standard Setting, in: Strebel-Aerni, Brigitte (Hrsg.), Standards für nachhaltige Finanzmärkte, Zürich/ Basel/Genf 2008, 50 ff.; MEYER, CONRAD/EBERLE, RETO, IFRS für kleine und mittlere Unternehmen in der Schweiz?, Eignung von Rechnungslegungsstandards für KMU, Der Schweizer Treuhänder 2007/8, 536 ff.; NOBEL, PETER, De Lege Ferenda, in: Lachat, Anne Héritier/Hirsch, Laurent (Hrsg.), De Lege Ferenda, Études pour le Professeur Alain Hirsch, Genève 2004, 17 ff. (zit. NOBEL, De lege ferenda); NOBEL, PETER, Globalization and International Standards with an emphasis on Finance Law, in: Nobel, Peter (edit.), International Standards and the Law, Berne 2005 (zit. NOBEL, Globalization); NOBEL, PETER, Internationale Standards im Finanzmarktrecht: Im Allgemeinen und im Besonderen, in: Bucher, Eugen/Canaris, Claus-Wilhelm/Honsell, Heinrich/Koller, Thomas, Norm und Wirkung, Beiträge zum Privat- und Wirtschaftsrecht aus heutiger und historischer Perspektive, Festschrift für Wolfgang Wiegand zum 65. Geburtstag, Bern 2005, 869 ff. (zit. NOBEL, Internationale Standards); NOBEL, PETER, Wieviel Regulierung – wieviel globale Standards? Globale Finanzmärkte versus nationale Gesetzgebung und Aufsichtsbehörden, in: Strebel-Aerni, Brigitte (Hrsg.), Standards für nachhaltige Finanzmärkte, Zürich/Basel/ Genf 2008, 59 ff. (zit. NOBEL, Regulierung); NOBEL, PETER, Schweizerisches Finanzmarktrecht und internationale Standards, 3. Aufl., Bern 2010 (zit. NOBEL, Finanzmarktrecht und internationale Standards); NOBEL, PETER, Internationales und Transnationales Aktienrecht, Bd. 1: Teil IPR und Grundlagen, 2. Aufl., Bern 2012 (zit. NOBEL, Internationales Aktienrecht); NOBEL, PETER, Internationales und Transnationales Aktienrecht, Band 2: Teil Europarecht, 2. Aufl., Bern 2012 (zit. NOBEL, Europarecht); PIETH, MARK, Wirtschaftsstrafrecht der Schweiz, in: Ackermann/Günter (Hrsg.), Bern 2013; PITSCHEN, GILLES, Börse und Unternehmen, Unternehmensverfassung von der Kotierung zur Dekotierung, Diss. Zürich 2014; SCHANZE, ERICH, International Standards: Functions and Links to Law, in: Nobel, Peter (edit.), International Standards and the Law, Berne 2005, 83 ff.; SCHILDBACH, THOMAS, US GAAP, Amerikanische Rechnungslegung und ihre Grundlagen, 2. Aufl., München 2002; SCHREIBER, VERA, International Standards, Neues Recht für die Weltmärkte, St. Galler Studien zum Privat-, Handels- und Wirtschaftsrecht, Bd. 75, Bern/Stuttgart/ Wien 2005 (zit. SCHREIBER [2005 A]); SCHREIBER, VERA, Introduction: What are International Standards?, in: Nobel, Peter (edit.), International Standards and the Law, Bern 2005, 1 ff. (zit. SCHREIBER [2005 B]); TEITLER-FEINBERG, EVELYN, IFRS-SME versus Swiss GAAP FER, Analyse, Praktikabilität, Kosten und Nutzen, Der Schweizer Treuhänder 2009/11, 810 ff.; THÜRER, DANIEL, Res publica – Von Menschenrechten, Bürgertugenden und neuen Feudalismen, Zürich/St. Gallen 2011; WANDEL, STEFAN A., International Regulatory Cooperation: An Analysis of Standard Setting in Financial Law, Zürich 2014; WATTER, ROLF/VOGT, NEDIM PETER (Hrsg.), Basler Kommentar zum Börsengesetz und Finanzmarktaufsichtsgesetz, 2. Aufl., Basel 2011 (zit. BSK BEHG-AUTOR); ZIMMERMANN, HEINZ, Risiko und Repräsentation: Über Krisen des Finanzsystems, in: Strebel-Aerni, Brigitte (Hrsg.), Standards für Nachhaltige Finanzmärkte, Zürich/Basel/Genf 2008, 19 ff.

I.   Einleitung

2   Globalisierung ist schon lange kein blosses Schlagwort mehr, sondern Realität, wie die erste grosse Finanzkrise dieses Jahrtausends eindrücklich aufgezeigt hat. In praktisch allen gesellschaftlichen Bereichen herrscht heute ein hoher Grad internationaler Verflechtung. Die Lösung der daraus entstehenden Probleme mit rein einzelstaatlicher Gesetzgebung erscheint daher oft nicht sachgerecht. Die Tendenz zur internationalen Rechtsvereinheitlichung ist offenkundig. Diese geschieht auf informellem Wege, weil sich in verschiedenen Ländern ähnliche Probleme ergeben und sich dafür ähnliche Lösungen präsentieren, oder auf formellem Wege, indem Staaten gemeinsam Lösungen erarbeiten (FORSTMOSER/ VOGT, 343 ff.). Die Instrumente der Rechtsharmonisierung sind jedoch je nach Problemstellung unterschiedlich. Eine immer wichtigere Rolle spielen dabei internationale bzw. globale Standards, die in verschiedenen Bereichen oftmals die Richtung für zukünftige gesetzgeberische Trends andeuten. Auf dieses rechtliche Phänomen soll im Folgenden näher eingegangen werden.

II.   Definition

3   Der Begriff «standard» bzw. «international standard» ist kein dem Recht entsprungener Terminus. Zurückzuführen ist der Begriff auf das Wort «Standarte», welches wiederum den Begriffen «stanthart» (mittelhochdeutsch) und «estandart» (altfranzösisch) entlehnt ist, die früher das militärische Feldzeichen einer Truppe bezeichneten (DUDEN online, Standarte). In der Schweiz hat

sich der Ausdruck «Standard» im allgemeinen Sprachgebrauch, aber auch in anderen Gebieten wie z.B. der Rechtslehre, etabliert.

In gängigen (Rechts-)Wörterbüchern wird der Begriff «standard» als «etwas, was als mustergültig, modellhaft angesehen wird und wonach sich anderes richtet», beschrieben und Begriffen wie «Norm», «Regel», «Richtlinie», «Richtschnur», «Massstab» gleichgestellt (Duden online, Standard; DIETL/LORENZ, standard 1; BOEMLE et al., Standardisierung). Ein ähnliches Verständnis erfährt der Begriff «standard» auch im englischsprachigen Raum und im *common law,* wo der Begriff einen Massstab oder eine Regel für Verhaltensweisen darstellt: $\quad$ 4

> «1. A model accepted as correct by custom, consent, or authority what is the standard in the ant-farm industry?
>
> 2. A criterion of measuring acceptability, quality, or accuracy the attorney was making a nice living – even by New York standards». (Black's Law Dictionary, standard)

Standardisierung als Begriff wie auch als Tätigkeit und als Ergebnis ist eher bekannt aus der Technik, wo es sich die ISO (International Organization for Standardization) zur Aufgabe gemacht hat, die internationale Koordination und Vereinheitlichung industrieller Standards zu vereinfachen (ausführlich JAEGGI, 244). Die ISO definiert den Begriff «Standard» wie folgt: $\quad$ 5

> «A standard is a document that provides requirements, specifications, guidelines or characteristics that can be used consistently to ensure that materials, products, processes and services are fit for their purpose.»[1]

Weiter umschreibt die ISO «Standards» wie folgt: $\quad$ 6

> «International Standards make things work. They give world-class specifications for products, services and systems, to ensure quality, safety and efficiency.»[2]

Auch im Finanzbereich spielen internationale Standards eine grosse Rolle (NOBEL, Internationale Standards, 871; SCHREIBER [2005 B], 131). Das Financial Stability Board (FSB) definiert den Begriff dergestalt: $\quad$ 7

> «Standards set out what are widely accepted as good principles, practices, or guidelines in a given area.»[3]

Der Begriff «international standards» wird im Finanzbereich als Oberbegriff für Grundsätze *(principles),* Praktiken *(practices)* und Richtlinien *(guidelines)*[4], aber $\quad$ 8

---

[1] http://www.iso.org/iso/home/standards.htm (Stand 27. März 2017).
[2] http://www.iso.org/iso/home/about.htm (Stand 27. März 2017).
[3] http://www.financialstabilityboard.org/what-we-do/about-the-compendium-of-standards/ (Stand 27. März 2017).

auch für Empfehlungen *(recommendations)* und Verhaltensregeln *(rules of conduct)*, die für die Gestaltung und die Entwicklung der nationalen Finanzsysteme im Rahmen verschiedener Finanzinstitutionen ausgearbeitet werden, verwendet (NOBEL, Finanzmarktrecht und internationale Standards, 128 N 84 ff. u. 131 N 95 ff.; SCHREIBER [2005 A], 59 ff.). Im Sinne von Art. 8 Abs. 3 aBEHG (jetzt Art. 35 Abs. 2 FinfraG) sind «Standards» jedenfalls auch Referenz- und Orientierungsgrösse (NOBEL, Internationale Standards, 886). Oftmals sollen mit der unterschiedlichen Terminologie unterschiedliche Funktionen der «Standards» hervorgehoben werden (vgl. SCHREIBER [2005 A], 59 ff.), dennoch haben sie gemeinsame charakteristische Merkmale, die sie auszeichnen.

III. Merkmale und Besonderheiten

A. *Ziele und Inhalt*

9   Internationale Standards treten in allen Lebensbereichen auf und unterliegen keiner thematischen Beschränkung. Das allgemeine Ziel von den meisten internationalen Standards ist es, in ihrem Regelungsbereich Richtlinien oder Massstäbe für eine *«good practice»* festzulegen, um in diesem Bereich eine gewisse Harmonisierung zu erreichen (SCHREIBER [2005 A], 47; NOBEL, Internationales Aktienrecht, 497 N 5). Während die Harmonisierung durch technische Standards oftmals vordergründig Privaten zur Gewinnsteigerung dient (Effizienzsteigerung), werden mit regulatorischen Standards Interessen verfolgt, deren Sicherstellung üblicherweise Aufgabe des Staates ist (SCHREIBER [2005 A], 47; JAEGGI, 245). Das können beispielsweise die Verminderung operationeller oder systemischer Risiken bei Banken sein (Basel III), die Förderung des verantwortungsvollen unternehmerischen Handelns in wirtschaftlicher, ökologischer und sozialer Hinsicht (OECD-Leitsätze für multinationale Unternehmen), die Verbesserung der Arbeits- und Sozialbedingungen von Arbeitnehmern (Internationale Standards für Arbeitsbedingungen der ILO) oder der Schutz der Aktionärsrechte (OECD-Grundsätze der Corporate Governance) sein. Der inhaltliche Detaillierungsgrad kann von Standard zu Standard unterschiedlich sein. Einige internationale Standards sind eher allgemein gehalten (z.B. OECD-Leitsätze für multinationale Unternehmen), andere wiederum legen sehr detaillierte Regeln fest (z.B. Basel III). Die oft im Vordergrund stehenden Rechnungslegungsstandards fördern vor allem die erwünschte internationale Vergleichbarkeit.

---

4   http://www.financialstabilityboard.org/what-we-do/about-the-compendium-of-standards/ (Stand 27. März 2017).

Die Verbreitung internationaler Standards erfolgte aufgrund der Finanzkrise und 10
konzentrierte sich auf die Finanzwelt, wobei der Finanzbereich die Grundlage der
Volkswirtschaft bildet. Dabei wurden die internationalen Standards in den Finanz-
sektoren im Wesentlichen für die Aktiengesellschaften konzipiert. Es gibt jedoch
verschiedene Standards, welche für die ganze Wirtschaft Geltung haben (vgl.
OECD-Grundsätze der Corporate Governance).

B. Verbindlichkeit

Im Gegensatz zu Rechtsnormen sind internationale Standards 11
primär rechtlich unverbindlich (statt vieler SCHREIBER [2005 A), 50]. Diesem
Wesensmerkmal entspricht auch die gängige Bezeichnung als *«soft law»* (vgl.
zum Begriff *«soft law»*, KOKOTT, 17). Internationale Standards können aber für
die jeweiligen Adressaten rechtlich verbindlich werden, wenn Staaten diese entweder ins eigene Recht übernehmen oder durch Verweis für zwingend anwendbar
erklären (vgl. nachfolgend N 99 ff.).

C. Institutionen und Verfahren

Ein weiteres Charakteristikum von internationalen Standards 12
ist, dass sie üblicherweise nicht von Staaten oder Staaten zurechenbaren Akteuren
erlassen werden, sondern von privaten und gemischten Organisationen, zu denen
auch internationale Organisationen mit Völkerrechtssubjektivität (z.B. OECD und
ILO) zu zählen sind (vgl. SCHREIBER [2005 A], 46). Innerhalb der privaten Organisationen werden die internationalen Standards von Experten ausgearbeitet, was
aufgrund der «Marktnähe» dieser Personen üblicherweise zu einer hohen Akzeptanz führt (NOBEL, Internationales Aktienrecht, 497 N 6). Überdies weisen internationale Standards ein hohes Mass an Flexibilität auf, da sie weitgehend losgelöst
von politischen Verfahrensvorschriften stets an neue Verhältnisse angepasst werden können (NOBEL, Internationales Aktienrecht, 497 N 6; ZIMMERMANN, 32).
Einige Kritiker sehen darin zugleich den Schwachpunkt und bemängeln die fehlende demokratische Legitimation von internationalen Standards (ausführlich
SCHREIBER [2005 A], 137 ff.). Der Geltungsgrund von Standards ist materiell aber
durchaus demokratisch, da es ein Konsens über die *«best practice»* derjenigen ist,
die am Geschäftsverkehr, besonders dem transnationalen, teilnehmen wollen
(NOBEL, De lege ferenda, 31).

D.   Adressaten

13   Der Adressatenkreis ist von Standard zu Standard unterschiedlich. Internationale Standards können an Private oder an Staaten oder an Private und Staaten gleichzeitig gerichtet sein (SCHREIBER [2005 A], 49).

E.   Verhältnis zum positiven Recht

14   Die Gründe für das Aufkommen von internationalen Standards sind mannigfaltig. In einem Bereich entsteht immer dann das Bedürfnis nach einem Standard, wenn im jeweiligen Bereich keine verbindlichen Normen existieren oder wenn bestehende Normen nur allgemein formuliert sind und der Konkretisierung bedürfen (SCHANZE, 95 ff.). Internationale Standards stellen daher oftmals eine Form vorstaatlichen Rechts dar (KOKOTT, 17 f. und 24 f.), welches durch die Transformierung in eine völkerrechtliche Norm oder ins nationale Recht einen rechtlich zwingenden Charakter erhält (NOBEL, Finanzmarktrecht und internationale Standards, 129 N 86).

> «International soft law standards can serve to channel political agitation for change into lawmaking and as a bridge between lex lata and lex ferenda.» (KOKOTT, 40, mit Verweisen)

15   NOBEL spricht sogar von einer neuen Form der «Gesetzgebung», da es sich bei den internationalen Standards um *«soft law»* handelt, welches in den einzelnen Ländern oftmals in verbindliche, technische Normen überführt wird und dadurch wesentliche Teile der Gesetzgebung aus den Parlamentssälen abwandern (NOBEL, Regulierung, 68). Diese «De-Parlamentarisierung» führe zu einer Veränderung des Gesetzgebungsprozesses (NOBEL, De lege ferenda, 31 f.), weshalb sich in diesem Zusammenhang die durchaus berechtigte Frage nach einem möglichen Demokratieverlust stellt:

> «Somit bedeuten Internationale Standards aus verfassungsmässiger und demokratischer Sicht eine grundsätzliche Schlechterstellung des Bürgers, weil seine Mitspracherechte – die gewährleisten, dass er mindestens über die repräsentative Demokratie (d.h. über die Wahl der Parlamentsmitglieder) an der Gesetzgebung teilnehmen kann – eingeschränkt werden.» (SCHREIBER [2005 A], 170)

16   Im Gegensatz zu staatlichem oder zwischenstaatlichem Recht beruht die Befolgung internationaler Standards nicht auf rechtlichem Zwang, sondern auf Marktdruck – die Nichtbeachtung von internationalen Standards im Finanzmarktbereich kann beispielsweise zu Risikoaufschlägen führen oder zur Verweigerung des Zugangs zu einem Markt –, Reputationsüberlegungen, Zweckmässigkeit oder moralischen Überzeugungen (KOKOTT, 19 u. 34; SCHREIBER [2005 A], 128 ff.). Das liegt

unter anderem auch daran, dass es im internationalen Recht, im Gegensatz zum nationalen Recht, an einer zentralisierten, übernationalen Instanz fehlt, die für die Durchsetzung der Standards zuständig ist (KOKOTT, 41; so auch SCHREIBER [2005 A], 87 und 128). Darin liegt auch der wesentliche Unterschied zum positiven Recht, welches über einen umfassenden (staatlichen) Durchsetzungsmechanismus verfügt. Dies soll aber nicht darüber hinwegtäuschen, dass auch internationalen Standards Mechanismen zur Durchsetzung inhärent sein können (vgl. N 99 ff.).

Weiter unterscheiden sich internationale Standards vom staatlichen Recht 17 dadurch, dass sie eher die Beteiligung von Nichtregierungsorganisationen oder Experten bei deren Ausarbeitung erlauben (KOKOTT, 21, mit Verweisen). Durch die Beteiligung von privaten Organisationen, die auf die Expertise ihrer Mitglieder zurückgreifen können, gewinnen internationale Standards innerhalb der jeweiligen Gebiete an Akzeptanz, ohne dass staatlicher Zwang vonnöten wäre (KIRCHNER/ SCHMIDT, 67). Insbesondere in Bereichen wie Corporate Governance oder bei der Regulierung von Kapitalmärkten hat die Selbstregulierung durch internationale Standards einen erheblichen Einfluss erlangt (KIRCHNER/SCHMIDT, 68). Vielmehr noch, Standards werden sogar als Teil des Wirtschaftsrechts gesehen (vgl. MERTENS/KIRCHNER/SCHANZE, 140). Aber ist doch zu konstatieren, dass die Verklammerung der Rechtsordnung mit dem Staat sich entschieden wandelt.

IV. Ursprünge und Entwicklungen

A. Handelsrecht

Seit den Vereinheitlichungsbestrebungen im Geld- und Münz- 18 wesen – in den USA vor allem bekannt durch den Kampf um den Goldstandard («Battle of Standards») während der Präsidentschaftswahl von 1896 – erhielt der Begriff Standardisierung auch in der Finanzsphäre Einzug (NOBEL, Internationale Standards, 871, mit Verweisen). Ursprünglich dürfte der Gedanke eines über die Staatsgrenzen einheitlichen Rechts bzw. einheitlicher Praktiken aber dem Handelsrecht entstammen (NOBEL, Internationale Standards, 872). Ausgehend von Italien verfestigten sich bereits im Spätmittelalter in der Form von Statuten der Kaufmannsgilde erlassene Handelsbräuche, Usancen und spezifisch kaufmännische Rechtsformen über Art, Inhalt und Folgen von Verträgen mit ihren jeweiligen Erfüllungs- und Haftungsbedingungen, die dann als spezifisches Klassenrecht weiträumig über Geltungskraft verfügten (NOBEL, Internationale Standards, 872).

> «Aus welchen Ländern und Kulturen die Händler auch immer stammen mochten, auf den Messen in Troyes, Lyon, Brügge oder Antwerpen war ihnen dieses autonome Handelsrecht bekannt.» (GSCHWEND, 484)

19 Eine formelle Vereinheitlichung erhielt das internationale Handelsrecht durch mehrere Übereinkommen, darunter das Abkommen über das Einheitliche Wechselgesetz (in Kraft seit 1. Juli 1937), das Abkommen über das Einheitliche Checkgesetz (in Kraft seit 1. Juli 1937) und das Übereinkommen der Vereinten Nationen über Verträge über den internationalen Warenkauf (UN-Kaufrechtsabkommen), welches in der Schweiz am 1. März 1991 in Kraft getreten ist (vgl. NOBEL, Internationale Standards, 872 f.)

B.   New Financial Architecture

20 Im Zuge der zunehmenden Globalisierung auf den Finanzmärkten erfolgte auch eine internationale Rechtsharmonisierung (SCHREIBER [2005 A], 189 ff.). Diese Entwicklung legte 1973 nach dem Zusammenbruch des Währungssystems von Bretton Woods[5] und den dadurch begünstigten Finanzkrisen in den 1990ern[6] nochmals an Fahrt zu. Immer noch unter den Folgen der teilweise noch andauernden Finanzkrisen leidend, machten sich immer mehr Stimmen breit, die Reformen auf den Finanzplätzen verlangten. Gefordert wurde ein neues, ganzheitliches, in sich konsistentes Konzept zur Stärkung und Stabilisierung des internationalen Finanzsystems, welches Finanzkrisen vorzubeugen und deren negativen Folgen zu reduzieren vermag (GIOVANOLI, 9 f.). Im Rahmen von verschiedenen internationalen Gremien, wie die G20, IMF, WB, IFF, G30 wurden daraufhin zahlreiche Reformen und Massnahmen unter der Überschrift «New International Financial Architecture»[7] besprochen (GIOVANOLI, 11 f.). Das Hauptaugenmerk lag dabei insbesondere auf folgenden Aspekten (s. NOBEL, Globalization, 49 f.; ausführlich NOBEL, Finanzmarktrecht und internationale Standards 101 N 10 ff.):

a) Förderung der Transparenz

b) Stärkung der nationalen Finanzsysteme durch bessere Aufsicht

---

[5] Bretton-Woods-System: Im Zentrum der Verhandlungen vom Juli 1944 in Bretton Woods (USA) stand eine neue Währungsordnung, die auf der Konvertibilität des Dollars in Gold basierte und zur Förderung stabiler Währungsverhältnisse und des Welthandels führen sollte. Aus den Verhandlungen gingen auch der Internationale Währungsfonds (IWF) und die Weltbank hervor (BOEMLE et al., Internationaler Währungsfonds).

[6] 1994/1995 Finanzkrise in Mexiko; 1997 Asienkrise; 1998 Russlandkrise, siehe weiterführend NOBEL, Globalization, 48.

[7] Bezeichnet die Regelung des Zusammenspiels der verschiedenen Finanzmärkte und ihrer Teilnehmer, der nationalen und internationalen Institutionen, staatlichen und nicht staatlichen Organisationen und Unternehmen sowie Einzelpersonen bei der Durchführung von Wirtschafts- und Finanztätigkeiten (NOBEL, Finanzmarktrecht und internationale Standards, 99 N 6 f., mit Verweisen; ähnlich GIOVANOLI, 9).

c) Fokussierung der IWF-Tätigkeit auf Krisenprävention

d) Einbindung des Finanzsektors

e) Geordnete Liberalisierung der Kapitalmärkte

f) Überprüfung der «Offshore-Finanzzentren»

Eine Institution, die aus dieser Phase des Wandels hervorging, war das Financial [21] Stability Forum (FSF), welches im Jahr 2009 zum Financial Stability Board umbenannt wurde (vgl. N 85 ff.). Das Ziel des FSF war es, auf internationaler Ebene die Arbeit von nationalen Finanzmarktaufsichtsbehörden zu koordinieren und die Entwicklung und Umsetzung von internationalen Standards zur Stärkung der Finanzstabilität zu fördern.[8] Dessen Tätigkeit führte zu neuen oder überarbeiteten Standards im Finanzbereich (vgl. HAUENREITER, 195 ff.). Die globale Finanzkrise von 2007 bis 2009 liess gleichwohl erkennen, dass weitere Anstrengungen unternommen werden müssen und die «Reform der «Architektur des internationalen Finanzsystems» ein ständiger Prozess der internationalen Zusammenarbeit im Finanzbereich [ist]» (NOBEL, Finanzmarktrecht und internationale Standards, 99 N 6; s. auch HAUENREITER, 195 ff.).

C. Wichtige Harmonisierungsbestrebungen in der Neuzeit

1. Rechnungslegungsstandards

Von grosser Bedeutung sind die Rechnungslegungsstandards. [22] Aus globaler Betrachtungsweise existieren zwei relevante Rechnungslegungssysteme, welche die übrigen zum grossen Teil verdrängen: Zum einen sind dies die *IFRS (International Financial Reporting Standards),* welche für Gesellschaften, die in einem Mitgliedstaat der EU für den Handel mit Wertpapieren zugelassen sind, Geltung haben. Demgegenüber stehen die US-Rechnungslegungsvorschriften, die *US GAAP (Generally Accepted Accounting Principles)* (vgl. dazu ausführlich N 48 ff.) Auf nationaler Ebene sind es häufig Fachverbände, welche Rechnungslegungsstandards herausgeben. In der Schweiz erliess die Fachkommission für Empfehlungen zur Rechnungslegung (FER) die sog. Swiss GAAP FER. Zudem besteht seit geraumer Zeit für kotierte Gesellschaften der SIX Swiss Exchange die Verpflichtung, die Rechnungslegung nach IFRS oder US GAAP vorzunehmen (Art. 51 KR[9] i.V.m. Art. 6 RLR[10]). Auf nationaler Ebene wird im OR erst seit dem

---

[8] www.financialstabilityboard.org (Stand 27. März 2017).
[9] Kotierungsreglement der SIX Swiss Exchange vom 1. Januar 2016.
[10] Richtlinie betreffend Rechnungslegung vom 2. März 2016.

1. Januar 2013 auf die internationalen Standards verwiesen (Art. 962–963*b* OR; s. dazu auch Kap. § 6, N 93 ff.). Dabei definiert die Verordnung des Bundesrates vom 21. November 2012 (VASR)[11] die Regelwerke, welche als Rechnungslegungsstandards anerkannt werden.

23 Im Folgenden soll ein kurzer Überblick über einige ausgewählte Schweizer Unternehmen und ihre jeweiligen Rechnungslegungsstandards dargestellt werden. Vorab kann jedoch angemerkt werden, dass in letzter Zeit – vor allem bei KMU – eine Tendenz Richtung Swiss GAAP FER festgestellt werden kann.[12]

IFRS	US GAAP	Swiss GAAP FER
Givaudan, Geberit, Julius Bär, LafargeHolcim, Nestlé, Novartis, Richemont, Roche, SGS, Swisscom, Swiss Life, Syngenta, UBS, Zurich	ABB; Actelion, Adecco, Credit Suisse, Swiss Re	Swatch, Bossard, Orell Füssli, Mobilezone, Georg Fischer, Charles Vögele, Bobst

2. Internationale Standards und EU

24 Auch die EU kann als Antreiberin der internationalen Rechtsharmonisierung gesehen werden. Durch die europäische Integration hat sie in vielen Bereichen zu vereinheitlichtem Recht in den Mitgliedstaaten geführt. Internationale Standards nehmen dabei schon lange eine wichtige Rolle ein. Entweder indem sie die Rechtserlasse der EU massgeblich beeinflussen oder indem die EU auf internationale Standards verweist (vgl. NOBEL, Globalization, 63). Von zentraler Bedeutung ist die Verordnung betreffend die Anwendung internationaler Rechnungslegungsstandards (IAS-Verordnung), welche bestimmt, dass die internationalen Rechnungslegungsstandards auf die konsolidierten Abschlüsse von Gesellschaften angewandt werden müssen, deren Wertpapiere auf einem geregelten Markt in der EU gehandelt werden (EG Nr.1606/2002). Das Ziel ist, die von den Gesellschaften vorgelegten Finanzinformationen zu harmonisieren, um einen hohen Grad an Vergleichbarkeit und Transparenz der Abschlüsse und damit eine effiziente Funktionsweise des Kapitalmarktes in der Gemeinschaft und im Binnenmarkt sicherzustellen.

25 Ferner wurde im Anschluss an die Finanzkrise von der EU zur Stabilisierung der Finanzmärkte und zur Stärkung des «Anleger- und Einlegerschutzes» das CRD IV-Massnahmepaket[13] erlassen, welches im Wesentlichen ein Ausfluss der neuen

---

[11] Verordnung über die anerkannten Standards zur Rechnungslegung, SR 221.432.
[12] Vgl. dazu KLEEB, CHRISTIAN: «Sie würden es wieder tun», NZZ-Artikel vom 14. Juli 2016, 27.
[13] Bestehend aus der Verordnung (EU) Nr. 575/2013 des europäischen Parlaments und des Rates vom 26. Juni 2013 über Aufsichtsanforderungen an Kreditinstitute und Wertpapier-

Standards des Basler Ausschusses der Bank für Internationalen Zahlungsausgleich (Basel III) darstellt. Das CRD-IV-Regelwerk umfasst allerdings auch Regelungen zur Corporate Governance und den Managerboni, welche als Mitursache der Finanzkrise von 2007 genannt werden. Die Managerboni sind vor allem in Art. 94 der Richtlinie über den Zugang zur Tätigkeit von Kreditinstituten und die Beaufsichtigung von Kreditinstituten und Wertpapierfirmen geregelt. Sofern die Hauptversammlung nicht mit qualifiziertem Mehr zustimmt, dürfen die Boni die fixen Lohnbestandteile nicht überschreiten. Bei einem entsprechenden qualifizierten Mehr darf die variable Entschädigung dennoch nur maximal doppelt so hoch sein wie das feste Salär. In der allgemeinen Regelung des Verhältnisses zwischen fixem Salär und Boni liegt hier die gesellschaftsrechtliche Relevanz.

Auch andernorts haben internationale Standards Eingang in die Gesetzgebung der EU gefunden. Die Richtlinie über Abschlussprüfungen von Jahresabschlüssen und konsolidierten Abschlüssen[14] schreibt beispielsweise vor, dass die Mitgliedstaaten die Abschlussprüfer und Prüfungsgesellschaften zu verpflichten haben, Abschlussprüfungen unter Beachtung der von der Kommission nach dem in Art. 48 Abs. 2 genannten Verfahren angenommenen internationalen Prüfungsstandards durchzuführen, und verweist dabei auf die *International Standards on Auditing (ISA)*, den *International Standard on Quality Control 1* und andere damit zusammenhängende Standards, die vom Internationalen Wirtschaftsprüferverband (IFAC) über das International Auditing and Assurance Standards Board (IAASB) herausgegeben werden (Art. 26 Abs. 1 und 2). 26

Eine wichtige, kürzlich von der Europäischen Union verabschiedete Richtlinie betraf eine Reform des Rechts der Märkte für Finanzinstrumente. Die aus dem Jahre 2004 stammende Richtlinie (MiFID I)[15] wurde am 15. Mai 2014 durch eine 27

---

firmen und zur Änderung der Verordnung (EU) Nr. 646/2012, ABl. L 176, S. 1 sowie der Richtlinie 2013/36/EU des europäischen Parlaments und des Rates vom 26. Juni 2013 über den Zugang zur Tätigkeit von Kreditinstituten und die Beaufsichtigung von Kreditinstituten und Wertpapierfirmen, zur Änderung der Richtlinie 2002/87/EG und zur Aufhebung der Richtlinien 2006/48/EG und 2006/49/EG, ABl. L 176, S. 338.

[14] Richtlinie 2006/43/EG des Europäischen Parlaments und des Rates vom 17. Mai 2006 über Abschlussprüfungen von Jahresabschlüssen und konsolidierten Abschlüssen, zur Änderung der Richtlinie 78/660/EWG und 83/349/EWG des Rates und zur Aufhebung der Richtlinie 84/253/EWG des Rates, ABl. L 157, S. 87; geändert durch Richtlinie 2014/56/EU des Europäischen Parlaments und des Rates vom 16. April 2014 zur Änderung der Richtlinie 2006/43/EG über Abschlussprüfungen von Jahresabschlüssen und konsolidierten Abschlüssen, ABl. L 158, S. 196.

[15] Richtlinie 2004/39/EG des Europäischen Parlaments und des Rates vom 21. April 2004 über Märkte für Finanzinstrumente, zur Änderung der Richtlinien 85/611/EWG und 93/6/EWG des Rates und der Richtlinie 2000/12/EG des Europäischen Parlaments und des Rates und zur Aufhebung der Richtlinie 93/22/EWG des Rates, ABl. L 145, 30. April 2004, 1 ff.

Kombination aus einer grundlegend überarbeiteten Richtlinie (MiFID II)[16] und eine Verordnung (MiFIR)[17] ersetzt. Die Reform sollte mehr Transparenz im Finanzmarkt schaffen sowie die Widerstandsfähigkeit des Finanzsystems verbessern und den Anlegerschutz sowie die Aufsichtskontrolle verstärken. Ferner sollen den Regulatoren in Zusammenarbeit mit der ESMA erweiterte Kompetenzen eingeräumt werden, welche ihnen unter festgelegten Voraussetzungen erlauben, bestimmte Produkte, Dienstleistungen oder Handelsbräuche zu verbieten, wenn sie den Anlegerschutz, die Finanzstabilität, Finanzintegrität oder das ordnungsgemässe Funktionieren der Märkte gefährden (NOBEL, Europarecht, 90). Für die Schweiz sind weder die Richtlinie noch die Verordnung direkt anwendbar, eine Anpassung des schweizerischen Rechts an die Regelungen der MiFID II ist aber wegen der zentralen Bedeutung des EU-Finanzmarktes für die schweizerischen Finanzintermediäre unerlässlich.

28 Kurz zu erwähnen ist in diesem Zusammenhang auch die seit 2012 in Kraft getretene EMIR-Verordnung (European Market Infrastructure Regulation)[18]. Nach der Finanzmarktkrise von 2008 beschlossen die Staats- und Regierungschefs der führenden Industrienationen im Rahmen des G20-Gipfels im Jahr 2009 in Pittsburgh, den ausserbörslichen *(over the counter)* Derivatehandel transparenter und sicherer zu machen. So einigte man sich am G20-Gipfel darauf, dass künftig standardisierte OTC-Derivate über zentrale Gegenparteien abgewickelt und OTC-Derivate an Transaktionsregister gemeldet werden müssen. In Umsetzung dieser Ziele und zur Schaffung eines einheitlichen Rahmens bezüglich der Aufsicht über Zentrale Gegenparteien (Central Counter Parties, CCPs) ist seit August 2012 die Verordnung in Kraft.

29 Ebenfalls im Sinne des Anlegerschutzes und ferner zur Verhinderung der Verzerrung der Realwirtschaft nahm die Kommission am 18. September 2013 einen Vorschlag für eine *Benchmark-Verordnung* an, um das Funktionieren und die Verwaltung der in der EU ermittelten und verwendeten Benchmarks zu verbessern und sicherzustellen, dass sie nicht manipuliert werden. Ein Benchmark ist ein Index oder Indikator, der auf der Grundlage repräsentativer Daten oder Informationen berechnet und zur Bepreisung von Finanzinstrumenten oder Finanzkontrakten bzw. zur Messung der Wertentwicklung von Investmentfonds herangezogen

---

[16] Richtlinie 2014/65/EU vom 15. Mai 2014 über Märkte für Finanzinstrumente sowie zur Änderung der Richtlinien 2002/92/EG und 2011/61/EU (Neufassung), ABl. EU L 173 vom 12. Juni 2014, 349 ff.

[17] Verordnung (EU) Nr. 600/2014 vom 15. Mai 2014 über Märkte für Finanzinstrumente und zur Änderung der Verordnung (EU) Nr. 648/2012, ABl. EU L 173 vom 12. Juni 2014, 84 ff.

[18] Verordnung (EU) Nr. 648/2012 des Europäischen Parlaments und des Rates vom 4. Juli 2012 über OTC-Derivate, zentrale Gegenparteien und Transaktionsregister, ABl. L 201 vom 27. Juli 2012, 1.

wird. Beispiele sind der LIBOR (London Interbank Offered Rate) und der EURI-
BOR (Euro Interbank Offered Rate) – beides Referenzzinssätze im Interbankenge-
schäft – sowie Referenzölpreise und Aktienmarktindizes. In der Finanzwirtschaft
bestimmen Benchmarks die Preise vieler Derivatkontrakte. Im täglichen Leben der
Verbraucher legen sie für Millionen von Haushalten in der EU die Höhe ihrer
Hypothekenzinsen fest.[19] Die vorgeschlagene Verordnung stellt dabei auf die auf
internationaler Ebene von der Internationalen Organisation der Wertpapierauf-
sichtsbehörden (IOSCO) in den Jahren 2012 und 2013 vereinbarten Grundsätze ab
und hatte ihren Ursprung im September 2013, nachdem sich herausgestellt hatte,
dass mehrere Benchmarks manipuliert worden waren, was für mehrere Banken in
Europa und den USA zu Geldstrafen in Höhe von mehreren Millionen Euro führte.[20] Der letzte Stand der Dinge ist, dass sich das Europäische Parlament und der
Rat über diese Verordnung über finanzielle Benchmarks einigten.[21]

Die Richtlinien der EU sind zwar grundsätzlich nur für die Mitgliedstaaten, an die   30
sie gerichtet werden, hinsichtlich des zu erreichenden Ziels, nicht aber die Wahl
der Form und Mittel, zur Umsetzung verbindlich (s. Art. 288 Abs. 3 AEUV). Ihre
Wirkung geht aber oftmals über die EU-Aussengrenze hinaus. Gegenüber Drittstaaten können EU-Richtlinien wie internationale Standards wirken, indem deren
Berücksichtigung als Voraussetzung für einen (vereinfachten) Eintritt in den Europäischen Markt statuiert wird. Die Richtlinie zur Harmonisierung der Transparenzanforderungen in Bezug auf Informationen über Emittenten, deren Wertpapiere zum Handel auf einem geregelten Markt zugelassen sind,[22] befreit beispielsweise Emittenten mit Sitz in Drittländern von gewissen Informationspflichten, wenn
das Recht des betreffenden Drittlandes zumindest gleichwertige Anforderungen
vorsieht (Art. 23 Ziff. 1). Ähnliche Bestimmungen, die auch auf Drittstaaten einen
«Harmonisierungsdruck» ausüben, finden sich auch in anderen Richtlinien.[23] Da-

---

[19]   Vgl. Europäische Kommission, Pressemitteilung vom 13. Februar 2015: «EU-Rat unter-
       stützt Vorschlag der Europäischen Kommission zur Bekämpfung von Manipulationen fi-
       nanzieller Benchmarks», abrufbar unter: http://europa.eu/rapid/press-release_IP-15-4422_
       de.htm (Stand 27. März 2017).
[20]   Vgl. Europäische Kommission, Pressemitteilung vom 13. Februar 2015, a.a.O.
[21]   Vgl. Europäische Kommission, Erklärung vom 25. November 2015, «Finanzielle Bench-
       marks: Kommission begrüsst Einigung über neue Vorschriften zur Verhinderung von
       Manipulationen», abrufbar unter: http://europa.eu/rapid/press-release_STATEMENT-15-
       6169_de.htm?locale=en (Stand 27. März 2017).
[22]   Richtlinie 2004/109/EG des Europäischen Parlaments und des Rates vom 15. Dezember
       2004 zur Harmonisierung der Transparenzanforderungen in Bezug auf Informationen über
       Emittenten, deren Wertpapiere zum Handel auf einem geregelten Markt zugelassen sind,
       und zur Änderung der Richtlinie 2001/34/EG, ABl. L 390, 38 ff.
[23]   Vgl. z.B. Art. 20 Ziff. 1 der Richtlinie 2003/71/EG des Europäischen Parlaments und des
       Rates vom 4. November 2003 betreffend den Prospekt, der beim öffentlichen Angebot von
       Wertpapieren oder bei deren Zulassung zum Handel zu veröffentlichen ist, und zur Ände-
       rung der Richtlinie 2001/34/EG, ABl. L 345, 64 ff.

mit hat sich das EU-Recht teilweise selbst zu einem *«Standard-Setter»* entwickelt (NOBEL, Globalization, 63).

D. Art. 8 Abs. 3 aBEHG bzw. 35 Abs. 2 FINFRAG

31   Internationale Standards haben auch im schweizerischen Gesellschaftsrecht schon längst Einzug gehalten. Stellvertretend dafür stand Art. 8 Abs. 3 BEHG; schon beim Erlass des Börsengesetzes 1993 statuierte dieser, dass das Kotierungsreglement internationalen Standards Rechnung tragen soll. Dabei standen anfangs vor allem kapitalmarktbezogene Publizitätsvorschriften für Emittenten der Europäischen Gemeinschaft im Vordergrund (BBl 1993 I 1403; vgl. auch SCHREIBER [2005 B], 132, mit Verweis auf die Einleitung des Kotierungsreglements des SWX von 1996). Mittlerweile sind auch andere kapitalmarktrelevante international anerkannte Standards ausserhalb Europas in Betracht zu ziehen (NOBEL, Internationales Aktienrecht, 521 N 76 ff.); dabei sollen die ausländischen Vorschriften nicht direkt übernommen werden, sondern vielmehr als Referenz bei der Anpassung an die schweizerischen Verhältnisse dienen (BSK BEHG-BAUMGARTEN/LANZ, Art. 8 N 7). Mit Inkrafttreten des FinfraG (Finanzmarktinfrastrukturgesetz) wird Art. 8 Abs. 3 BEHG obsolet. Dennoch ist auch im neuen Gesetz statuiert, dass bei der Zulassung von Effekten einer Börse internationalen Standards Rechnung zu tragen ist (Art. 35 Abs. 2 FINFRAG).

32 Der Gesetzgeber verzichtete darauf, den schweizerischen Börsen die Europakompatibilität ihrer Reglemente vorzuschreiben. Dadurch ermöglichte er diesen, eine eigenständige Regulierung unter Berücksichtigung unterschiedlicher internationaler Standards zu erlassen (BSK BEHG-BAUMGARTEN/LANZ, Art. 8 N 8). Veranschaulicht wird diese Praxis insbesondere im Bereich der Rechnungslegung, wo neben den International Financial Reporting Standards (IFRS), der u.a. für Unternehmen in der EU vorgeschrieben ist, auch die United States Generally Accepted Accounting Principles (US GAAP) und die schweizerischen Fachempfehlungen zur Rechnungslegung (Swiss GAAP FER) anwendbar sind (nachfolgend in Kap. V.).

V. Rechnungslegung

33   «Ihre prominenteste Aufgabe liegt nach allen gängigen Regelwerken nämlich darin, entscheidungsrelevante Informationen zur Verfügung zu stellen; mithin ein möglichst exakter Spiegel der Realität zu sein.» (LEIBFRIED, 75)

34 Die Rechnungslegung soll die wirtschaftliche Lage des Unternehmens so darstellen, dass sich Dritte ein zuverlässiges Urteil bilden können (vgl. Art. 958 Abs. 1

OR). Sie dient u.a. dem Eigenkapitalschutz, der Rechenschaftsablegung, dem Systemschutz, der Transparenz für Anleger sowie als Führungsinstrument des Managements und als Bemessungsgrundlage für die Gewinnsteuer (s. BÖCKLI, Rechnungslegung, 2 ff.). Trotz der rasanten technologischen Entwicklung und der stetig voranschreitenden Globalisierung sind die eigentlichen Aufgaben der Rechnungslegung dieselben geblieben. Die Anforderungen an sie haben sich jedoch auch wegen der zunehmenden Internationalisierung der Kapitalmärkte geändert. Das schweizerische Obligationenrecht schreibt für börsenkotierte Gesellschaften, Genossenschaften mit mindestens 2000 Genossenschaftern und für Stiftungen, die von Gesetzes wegen zu einer ordentlichen Revision verpflichtet sind, vor, dass sie zusätzlich zur Jahresrechnung einen Abschluss nach einem anerkannten Standard zur Rechnungslegung erstellen müssen (Art. 962 Abs. 1 OR). Als anerkannte Standards bezeichnet der Bundesrat die folgenden Regelwerke (Art. 1 Abs. 1 VASR):

a. die «International Financial Reporting Standards» (IFRS) des International Accounting Standards Boards (IASB);

b. der «International Financial Reporting Standard for Small and Medium-sized Entities» (IFRS for SMEs) des IASB;

c. die «Fachempfehlungen zur Rechnungslegung» (Swiss GAAP FER) der Stiftung für Fachempfehlungen zur Rechnungslegung (diese sind allerdings ein nationaler Standard);

d. die «United States Generally Accepted Accounting Principles» (US GAAP) des Financial Accounting Standards Board;

e. die «International Public Sector Accounting Standards» (IPSAS) des International Public Sector Accounting Standards Board.

Das Ziel des IASC (International Accounting Standards Committee) bzw. der Nachfolgeorganisation IASB (International Accounting Standards Board) ist es, im öffentlichen Interesse Standards für die Rechnungslegung zu formulieren und zu publizieren, deren weltweite Akzeptanz und Einhaltung zu fördern sowie im Allgemeinen für die Verbesserung der Harmonisierung der Regulierung, der Rechnungslegungsstandards und Verfahren in Bezug auf die Rechnungslegung zu sorgen (BÖCKLI, IAS, 4). Die IAS/IFRS-Rechnungslegung soll dabei in zwei Entscheidungsprozessen Hilfestellung leisten: Einerseits beim Entscheid der Aktionäre als Investoren über die Beibehaltung oder Beendigung ihrer Vermögenslage und andererseits beim Entscheid der Aktionäre als Stimmberechtigte über die Weiterführung oder die Ersetzung der Unternehmensleitung (BÖCKLI, IAS, 17). 35

Bei den Swiss GAAP FER handelt es sich um Rechnungslegungsstandards, die von der Stiftung für Fachempfehlungen zur Rechnungslegung für kleine und mittelgrosse Organisationen und Unternehmensgruppen mit nationaler Ausstrahlung erlassen wurden.[24] Die Swiss GAAP FER werden vor allem von kleineren Unternehmen verwendet, weil diese eine geringere Regelungsdichte aufweisen und weniger Ansprüche an die Offenlegung stellen und insgesamt damit einfacher anzuwenden sind (NOBEL, Internationales Aktienrecht, 502 N 23 f.). Während es sich bei den Swiss GAAP FER um ein rein schweizerisches Rechnungslegungskonzept handelt, haben die anderen Standards eine internationale Wirkung.

37   Bei den schweizerischen Grossbanken erfolgt die Rechnungslegung anhand unterschiedlicher Standards. Während der Abschluss bei der UBS nach dem IFRS-Standard erstellt wird, führt die Credit Suisse die Rechnungslegung nach den Regeln der US GAAP.[25] Unter den grösseren Versicherern der Schweiz wenden die Zurich und die Swiss Life die Regeln der IFRS, die Swiss Re die US-GAAP an.[26] Es lässt sich aber insgesamt – dies gilt vor allem für KMU – ein Trend in Richtung Swiss GAAP FER feststellen. So haben seit 2008 auch rund 40 börsenkotierte Unternehmen entschieden, ihre Bücher nicht mehr nach international anerkannten Standards, sondern gemäss Schweizer Regeln zu führen (darunter Swatch, Georg Fischer etc.).[27] Mit ein Grund für diese Rückkehr ist die Flucht vor der wachsenden Regulierungsflut durch IFRS. Die Rechnungslegung sollte nicht noch komplexer werden. Ferner gestaltet sich der Swiss GAAP FER um einiges kompakter im Vergleich mit den IFRS-Bänden mit mehreren Tausend Seiten. Mit der einfacheren Rechnungslegung nach dem lokalen Standard lassen sich je nach Grösse des Unternehmens Kosten im fünf- oder sechsstelligen Bereich einsparen.

A.   IFRS/IAS

38   Die IFRS (International Financial Reporting Standards) und die IAS (International Accounting Standards) stellen detaillierte Regelwerke für die Rechnungslegung von Unternehmen dar, welche losgelöst von nationalen Rechtsvorschriften die internationale Vergleichbarkeit von Jahres- und Konzernabschlüssen fördern wollen.[28] Die IFRS wurden vom International Accounting Standards

---

[24]   Abrufbar unter: www.fer.ch (Stand 4. November 2016).
[25]   Vgl. UBS Group AG, Geschäftsbericht 2014, 21; Credit Suisse Group AG, Geschäftsbericht 2014, 266.
[26]   Vgl. Zürich Insurance Group, Geschäftsbericht 2014, 166; Swiss Life, Geschäftsbericht 2014, 86; Swiss Re, Financial Report 2014, 154.
[27]   Vgl. dazu KLEEB, CHRISTIAN, Sie würden es wieder tun, NZZ vom 14. Juli 2016, 27.
[28]   Abrufbar unter: http://www.ifrs.org/About-us/Pages/IFRS-Foundation-and-IASB.aspx (Stand 27. März 2017).

Committee (IASC) entwickelt und seit 2001 von der Nachfolgeorganisation, dem International Accounting Standards Board (IASB), kontinuierlich aktualisiert und weiterentwickelt (BÖCKLI, IAS/IFRS, 2). Die bis zu dieser Umstrukturierung erlassenen Standards werden weiterhin IAS genannt, die danach erlassenen Regelungen IFRS (s. ACHLEITNER/BEHR/SCHÄFER, 5 f.). Mittlerweile werden die IFRS in 137 Staaten verwendet, von diesen wiederum verlangen 122 von börsenkotierten Unternehmen eine Rechnungslegung nach IFRS.[29] Die Europäische Union hat bereits im Jahr 2005 die IFRS zum Standard für alle börsenkotierten Gesellschaften erhoben (Verordnung [EG] NR. 1606/2002 des Europäischen Parlaments und des Rates vom 19. Juli 2002, ABl L 243, 11. September 2002, S. 1).

1. Merkmale des IAS-Rahmenkonzepts

Das sog. Rahmenkonzept für die Aufstellung und Darstellung 39 von Abschlüssen *(Framework for the Preparation and Presentation of Financial Statements)* bildet die konzeptionelle Grundlage für die nach IAS/IFRS präsentierten Informationen. Es soll u.a. der Unterstützung der mit der Aufstellung von Abschlüssen betrauten Personen dienen; allerdings handelt es sich dabei nicht um einen internationalen Standard (NOBEL, Internationales Aktienrecht, 503 N 28).

Zunächst ist zu erwähnen, dass die IAS/IFRS auf zwei methodischen Grundan- 40 nahmen basieren: Die *Periodenabgrenzung* gemäss § 22 statuiert, dass die Auswirkungen von rechnungswirksamen Vorfällen dann zu verbuchen sind, wenn sie auftreten (und nicht, wenn ein Zahlungsmittel oder ein Zahlungsmitteläquivalent eingeht oder bezahlt wird). Ferner wird gemäss § 23 die *Unternehmensfortführung* (vgl. Art. 958*a* Abs. 1 OR) angenommen, d.h., dass das Unternehmen weder die Absicht hat noch gezwungen ist, seine Tätigkeiten einzustellen oder deren Umfang wesentlich einzuschränken. Das alles prägende Prinzip der *fair presentation* oder *true and fair view,* wonach Abschlüsse die Vermögens-, Finanz- und Ertragslage sowie die Cashflows eines Unternehmens den tatsächlichen Verhältnissen entsprechend darzustellen sind, ist nicht im Rahmenkonzept, sondern in IAS 1.13 ff. enthalten.

Verständlichkeit, Relevanz, Verlässlichkeit und Vergleichbarkeit sind die vier 41 wichtigsten qualitativen Anforderungen des Rahmenkonzepts. Zunächst ist erforderlich, dass die im Abschluss erteilten Informationen für die Adressaten leicht verständlich sind (§ 25). Dabei wird einerseits vorausgesetzt, dass die Adressaten angemessene Kenntnisse geschäftlicher und wirtschaftlicher Tätigkeit besitzen, und anderseits sie die Bereitschaft aufwenden, die Informationen mit entsprechen-

---

[29] IASB, Financial Reporting Standards for the World Economy, June 2015 (verfügbar auf: http://www.ifrs.org/Use-around-the-world/Pages/Analysis-of-the-IFRS-jurisdictional-profiles.aspx, Stand 27. März 2017).

der Sorgfalt zu lesen. Ferner müssen die Informationen für die wirtschaftlichen Entscheidungen der Adressaten insofern relevant sein, als sie die wirtschaftlichen Entscheidungen der Adressaten beeinflussen, indem sie ihnen bei der Beurteilung vergangener, derzeitiger oder zukünftiger Ereignisse helfen oder ihre Beurteilungen aus der Vergangenheit bestätigen oder korrigieren. Des Weiteren sollen die Informationen verlässlich sein (§ 31), mithin keine wesentliche Fehler oder verzerrenden Angaben enthalten, sodass sich die Adressaten darauf verlassen können, dass die Angaben glaubwürdig darstellen, was sie vorgeben darzustellen, oder was vernünftigerweise inhaltlich zu verstehen ist. Schliesslich sollen die Abschlüsse vergleichbar sein (§ 39), was sowohl ermöglicht, Abschlüsse eines Unternehmens über eine gewisse Zeit in ihren Trends hinsichtlich der Vermögens-, Finanz- und Ertragslage als auch die Abschlüsse verschiedener Unternehmen zu analysieren.

42 Ein weiterer Grundsatz betrifft die Vorsicht (§ 37). Diesem Grundsatz gebührt nach IAS/IFRS nicht der gleiche Stellenrang wie in der kontinentalen Rechnungslegung. Das Prinzip der Vorsicht statuiert, «dass ein gewisses Mass an Sorgfalt bei der Ermessensausübung, die für die erforderlichen Schätzungen unter gewissen Umständen erforderlich ist, einbezogen wird, sodass Vermögenswerte oder Erträge nicht zu hoch und Schulden oder Aufwendungen nicht zu niedrig angesetzt werden. Allerdings gestattet eine vorsichtige Vorgehensweise beispielsweise nicht, stille Reserven zu legen oder Rückstellungen überzubewerten, den bewusst zu niedrigen Ansatz von Vermögenswerten oder Erträgen oder den bewusst zu hohen Ansatz von Schulden oder Aufwendungen, da der Abschluss dann nicht neutral wäre und deshalb das Kriterium der Verlässlichkeit nicht erfüllen würde.» Insofern besteht bei der Rechnungslegung nach den IAS/IFRS-Vorschriften ein deutlicher Unterschied zum schweizerischen Rechnungslegungsrecht, als die Bildung von stillen Reserven untersagt wird (NOBEL, Internationales Aktienrecht, 503 N 27 ff.)[30]

2. IAS/IFRS – die wichtigsten Standards in Kürze

43 Wie das schweizerische Rechnungslegungsrecht (Art. 959a OR) wird gemäss IAS 1 (Darstellung des Jahresabschlusses) in der Bilanz zwischen Umlauf- und Anlagevermögen und Fremd- und Eigenkapital differenziert. Zusätzlich werden eine detaillierte Mindestgliederung von Bilanz und Erfolgsrechnung sowie eine genaue Aufstellung der Veränderung des Eigenkapitals verlangt. Die Vorschrift beinhaltet auch Anforderungen an den Anhang, welche weit über die Erfordernisse gemäss Art. 959c OR hinausgehen.

---

[30] Vgl. Art. 960e Abs. 3 und Abs. 4 OR.

In IAS 27 wird eine Konsolidierungspflicht für Unternehmen festgehalten, welche   44
von einem anderen Unternehmen beherrscht werden («control»). Ein Unternehmen hat die Kontrolle, sofern es auf die finanzielle und betriebliche Politik Einfluss nehmen kann. Dies wird vermutet, wenn die Muttergesellschaft die Hälfte
der Stimmrechte eines Unternehmens in ihrem Besitz hat. Nebst dem «control»-
Begriff unterstehen auch vom Unternehmen beherrschte *Special Purpose Vehicle
(SPV)* einer Konsolidierungspflicht, da diese in die Willensbildung eingreifen
können.

IAS 39 regelt den Ansatz und die Bewertung von finanziellen Vermögenswerten,   45
finanziellen Verbindlichkeiten und von bestimmten Verträgen über den Kauf oder
Verkauf nicht finanzieller Posten. Gemäss IFRS und US-GAAP sind Finanzinstrumente je nach Vorhandensein bestimmter Kriterien in verschiedene Kategorien
einzuteilen. Essenziell ist nun, dass in der Folgebewertung jede Werteänderung
des beizulegenden Zeitwertes *(fair value)* erfolgswirksam zu verbuchen ist. Als
der Markt im Jahr 2008 für «toxische Papiere» (Wertpapiere mit hohem Risiko)
zusammenbrach, brach auch ihr *fair value* (verlässlicher Marktwert) zusammen.
Zu dieser Zeit war man in der Politik und dem Finanzbereich bestrebt, eine Regelung zur Umgliederung der kritischen Papiere zu erwirken, damit die Papiere nicht
nach dem *fair value* bewertet werden mussten. Das Dilemma des IFRS bestand
darin, dass Finanzinstrumente nach der Kategorisierung nicht mehr umgegliedert
werden konnten. Dies im Gegensatz zum US-GAAP, welcher *«reclassification»* in
«rare circumstances» zuliess. Als Gegenmassnahme zu den Wertverlusten auf den
internationalen Finanzmärkten änderte das IASB IAS 39 und erlaubt nun ebenfalls
eine Umgliederung in *«rare circumstances»* (NOBEL, Internationales Aktienrecht,
507 N 37).

3.   IFRS und die Schweiz

Auch in der Schweiz haben die IFRS enorme Geltung erlangt.   46
Einerseits schreibt die Schweizer Börse zumindest für das Hauptsegment vor, dass
Emittenten IFRS als Rechnungslegungsstandard anwenden müssen (vgl. Art. 6
RLR SIX), andererseits hat das neue Rechnungslegungsrecht im OR mehrere Be-
griffe und methodische Ansätze vom IFRS-Konzept übernommen (s. BÖCKLI,
Rechnungslegung, 13 f.). Trotz der Annäherung bestehen weiterhin bedeutsame
Unterschiede. Während die IFRS den Grundsatz der *«fair presentation»* bzw.
«true and fair view» verfolgen, welcher ein den tatsächlichen Verhältnissen ent-
sprechendes Bild der Vermögens-, Finanz- und Ertragslage des Unternehmens
vermitteln soll, hält das schweizerische OR-Rechnungslegungsrecht auch nach der
Revision weiterhin an dem am Gläubigerschutz orientierten Ansatz fest.

B.   IFRS for SMEs

47   Neben den IFRS erliess der IASB den auf circa 300 Seiten reduzierten *IFRS for SMEs,* der als eigenständiger Standard auf die Bedürfnisse von kleinen und mittleren Unternehmen, die nicht öffentlich Rechenschaft ablegen müssen, massgeschneidert ist.[31] Obwohl er in reduzierter Form daherkommt und verschiedene Erleichterungen für KMU vorsieht, ist er beileibe nicht so leicht verständlich wie das vom IASB propagiert wird. Ohne fundierte Kenntnisse über die IFRS ist die Anwendung der IFRS für KMU schwer zu meistern, weshalb unter anderem schweizerische KMU auf die Swiss GAAP FER zurückgreifen (MEYER/EBERLE, 536 ff.; TEITLER-FEINBERG, 810 ff.; BÖCKLI, Rechnungslegung, 12 f.).

C.   US GAAP

1.   Allgemeines

48   Die United States Generally Accepted Accounting Principles (US GAAP) legen die Grundsätze für ordnungsmässige Buchführung in den USA fest. Diese Rechnungslegungsbestimmungen bezwecken die Bereitstellung von Informationen, die geeignet sind, auf das finanzielle Engagement in Unternehmen abzielende Entscheidungen zu unterstützen. Mittels dieser Informationen soll es möglich sein, künftige Zahlungen zwischen Unternehmen und Investor nach Umfang, zeitlicher Struktur und Sicherheit abschätzen zu können. Damit verbessert die Rechnungslegung die Möglichkeit, auf Basis voraussichtlicher Risiken und Renditen die für den jeweiligen Nutzer nach seiner subjektiven Präferenz vorteilhaften Geldanlagen zu finden. Die Rechnungslegung stärkt aber zugleich auch die Fähigkeit des Kapitalmarkts, das Kapital in die vorteilhaftesten Verwendungen zu lenken (SFAC 1; vgl. SCHILDBACH, 40).

49   Grundlage der US GAAP ist das *«Case Law»,* nach dem nicht detaillierte Gesetze, sondern einzelfallbezogene Gerichtsurteile den Kern des Rechtssystems bilden (SCHILDBACH, 25). Aufgrund der geringen Bedeutung allgemeiner Grundsätze lassen sich US GAAP relativ leicht an die aktuellen Erfordernisse anpassen, indem bisherige Standards neugefasst oder neue Standards ergänzt werden. Diese Möglichkeiten führen zu einem Image eines modernen, flexiblen und dynamischen Regelungswerks, welches geeignet erscheint, der sich immer rascher und einschneidender verändernden Realität gerecht zu werden (SCHILDBACH, 25).

---

[31]   www.ifrs.org (Stand 27. März 2017).

Die SEC fordert die Prüfung und Offenlegung der Jahresabschlüsse von denjeni-   50
gen Unternehmen, deren Wertpapiere an einer von ihr beaufsichtigten Börse (z.B.
NYSE oder NASDAQ) emittiert und/oder gehandelt werden. Diese Unternehmen
sind verpflichtet, die US-GAAP anzuwenden.

2. US GAAP-Institutionen

Die US GAAP als Rechnungslegungsstandards geniessen ins-   51
besondere wegen der Art und Weise ihres Entstehens ein hohes Ansehen. Da ihr
Ursprung von privaten Expertengruppen und nicht von fachfremden Beamten
ausgeht, unterliegen sie weniger den Einflüssen von Lobbyismus und politischen
Zwecken und dienen daher einzig einer informativen Rechnungslegung.

Die US-amerikanische Börsenaufsichtsbehörde Securities and Exchange Com-   52
mission (SEC), welche 1934 gegründet wurde, ist die massgebliche Institution,
die rechtlich verbindliche Regeln und Verordnungen erlassen kann (u.a. Securities Act von 1933 und Securities Exchange Act von 1934) und deren Einhaltung
kontrolliert. Die Befugnis, die US GAAP zu entwickeln, obliegt daher grundsätzlich der SEC, sie delegierte diese Aufgabe aber zunächst an das Committee on
Accounting Procedure (CAP) des American Institute of Certified Public Accountants (AICPA), welches von 1939 bis 1959 für den Erlass von Regelungen des
US GAAP zuständig war und die Accounting Research Bulletins (ARB) erliess.
Zwischen 1959 und 1973 zeigte sich sodann das Accounting Principles Board
(APB) des AICPA für die Rechnungslegungsvorschriften verantwortlich. Das
APB veröffentlichte die Accounting Principles Board Opinions (APBO). Seit
1973 nimmt das Financial Accounting Standards Board (FASB) die Aufgabe zur
Schaffung von US GAAP wahr. Es besteht dabei nur noch aus hauptberuflich in
dieser Funktion tätigen und daher von ihren bisherigen und eventuell auch künf-
tigen Arbeitgebern finanziell vollkommen unabhängigen Mitgliedern (vgl.
SCHILDBACH, 21 f.).[32]

Vor dem Jahre 2009 waren eine Vielzahl der Standards, Interpretationen und Ver-   53
lautbarungen, die von verschiedenen autorisierten Rechnungslegungsgremien
entwickelt wurden, unter anderem vom FASB, als US GAAP anerkannt. Im Jahre
2009 hat das FASB die von ihm für relevant gehaltenen Einzelfallregelungen
ausgewählt, systematisiert und in der Accounting Standards Codification (FASB

---

[32]   Vgl. für weitere Informationen zum FASB: Siehe http://www.fasb.org/jsp/FASB/Page/
SectionPage&cid=1176154526495 (Stand 8. August 2016).

ASC) zusammengefasst. Sie ist nunmehr die alleinige Quelle der von FASB autorisierten US GAAP.[33]

3. US GAAP und die Schweiz

54   In der Schweiz nehmen die US GAAP eine eher bescheidene Rolle ein, obwohl sie von der SIX als Main Standard, Standard für Investmentgesellschaften, Domestic Standard und als Standard für Emittenten von ausschliesslich Forderungsrechten akzeptiert werden (Anhang 1 RLR SIX; vgl. auch PITSCHEN, 168).

D. Unterschiede und Verhältnis zwischen IFRS/IAS und US GAAP

55   Wenngleich die IFRS und die US GAAP das gleiche Ziel verfolgen, nämlich die Bereitstellung von entscheidungsrelevanten Informationen für das Management, die Investoren und andere Stakeholder, sind die inhaltlichen Unterschiede zwischen den beiden Rechnungslegungsstandards beachtlich. Eine Aufzählung der Unterschiede würde diese Arbeit bei Weitem sprengen.[34]

56 Ein grober Vergleich zeigt jedoch, dass die US GAAP im Gegensatz zu den IFRS ein stark formalisiertes Regelwerk darstellen, welches eher einzelfallorientiert und viel detaillierter (ca. 25 000 Seiten zu ca. 3000 Seiten IFRS) daherkommt (MEIER-HAYOZ/FORSTMOSER, 239; NOBEL, Internationales Aktienrecht, 508 N 38 ff.). Bei den IFRS handelt es sich hingegen mehr um ein prinzipienbasiertes Regelwerk, dem eine stärker wirtschaftliche Betrachtungsweise zugrunde liegt (MEIER-HAYOZ/FORSTMOSER, 239). Zudem legen die IFRS ihren Schwerpunkt stärker auf die Richtigkeit der Bilanz, US GAAP dagegen auf die der Erfolgsrechnung (MEIER-HAYOZ/FORSTMOSER, 239).

57 Durch verschiedene Initiativen wurde die gegenseitige Angleichung und Akzeptanz laufend erhöht (NOBEL, Internationales Aktienrecht, 509 N 42 f.; ACHLEITNER/BEHR/SCHÄFER, 5 f.). Im Oktober 2002 sind das International Accounting Stan-

---

[33]   Vgl. FASB Accounting Standards Codification, About the Codification (v. 4.9), abrufbar unter: https://asc.fasb.org/imageRoot/47/49128947.pdf (Stand 8. August 2016).

[34]   Vgl. für eine detaillierte Betrachtung: KPMG, IFRS compared to US GAAP: An overview, November 2014 (verfügbar auf: www.kpmg.com/ifrs, Stand 2. Juli 2015); PWC, IFRS and US GAAP: similarities and differences, September 2015 (verfügbar auf: **Fehler! Hyperlink-Referenz ungültig.**, Stand 27. März 2017); EY, US GAAP versus IFRS, The basics, November 2013 (verfügbar auf: www.ey.com/US/en/Issues/IFRS, Stand 2. Juli 2015); ACHLEITNER/BEHR/SCHÄFER, Internationale Rechnungslegung, 4. Aufl., München 2009.

dards Board (IASB) und das US Financial Accounting Standards Board (FASB) im sog. Norwalk Agreement übereingekommen, die gemeinsame Zusammenarbeit zu verbessern und die Differenzen, die zwischen den US GAAP und den IAS/ IFRS noch bestehen, zu beseitigen.

Im Februar 2006 wurde sodann ein Memorandum of Understanding (MoU) her-   58
ausgegeben, welches spezifische Meilensteine definierte, die bis 2008 erreicht werden sollten, um die beiden Rechnungslegungsstandards weiter zu harmonisieren. Ende 2008 wurde dann ein aktualisiertes Memorandum of Understanding veröffentlicht, in dem die Prioritäten und Ziele für die gemeinsamen Projekte bis 2011 definiert wurden. Im Februar 2013 publizierten die IAS und das FASB ein Update über den Status und den Zeitplan der verbleibenden Projekte einer stärkeren Konvergenz.[35]

Seit 2007 erlaubt die U.S. Securities and Commission (SEC) beispielsweise den   59
ausländisch registrierten Firmen in den USA die Rechnungslegung nach IFRS. Eine Umwandlung *(reconciliation)* in die US GAAP ist daher seit diesem Zeitpunkt nicht mehr vorzunehmen (NOBEL, Internationales Aktienrecht, 510 N 43 f.). Für kotierte amerikanische Firmen ist die Buchführung nach den Regeln des IFRS aber weiterhin unzulässig.[36]

E.   IPSAS

Auch zu den international anerkannten, aber weniger promi-   60
nenten Standards gehören die *International Public Sector Accounting Standards (IPSAS),* welche vom *International Public Sector Accounting Standards Board (IPSASB)* entwickelt werden.[37] Die Standards sind vor allem an Unternehmen und Organisationen des öffentlichen Sektors gerichtet und zielen auf die Verbesserung der Finanzberichterstattung ab.

---

[35]   Vgl. «Convergence between IFRS and US GAAP», abrufbar unter: http://www.ifrs.org/ use-around-the-world/global-convergence/convergence-with-us-gaap/pages/convergence-with-us-gaap.aspx (Stand 8. August 2016).

[36]   Abrufbar unter: http://www.ifrs.org/Use-around-the-world/Documents/Jurisdiction-profiles/ United-States-IFRS-Profile.pdf (Stand 4. November 2015).

[37]   www.ipsasb.org (Stand 27. März 2017).

VI. Überblick über weitere massgebliche Institutionen und Standards

A. *International Assurance and Auditing Board (IAASB)*

61   Der *«International Auditing and Assurance Standards Board»* *(IAASB)* wurde im März 1978 gegründet und war zuvor bekannt als «International Auditing Practices Committee» (IAPC). Die ersten Arbeiten des IAPC konzentrierten sich auf drei Bereiche: Gegenstand und Umfang der Abschlussprüfungen, Prüfungsmandate und allgemeine Wirtschaftsprüfungsrichtlinien. Im Jahr 1991 wurden die IAPC-Richtlinien durch die *«International Standards on Auditing»* *(ISA)* abgelöst.[38]

62   Der *IAASB* ist ein unabhängiges Normierungsgremium, welches dem öffentlichen Interesse dient, indem es qualitativ hochwertige internationale Standards für die Abschlussprüfung, Sicherheit und andere ähnliche Bereiche entwickelt sowie die Umsetzung und Anpassung dieser Standards erleichtert. Auf diese Weise soll der IAASB die Qualität und Konsistenz der praktischen Anwendung sicherstellen und global das Vertrauen in die Wirtschaftsprüfung und Assurance stärken.[39]

63   Die *«International Standards on Auditing»* *(ISA)* sind international anerkannte Grundsätze zur Abschlussprüfung. Die der «International Federation of Accountants» (IFAC) angeschlossenen Berufsorganisationen der Wirtschaftsprüfung verpflichten sich, die Vorgaben der ISA, unter Berücksichtigung lokaler Begebenheiten, bei der Erarbeitung von eigenen Bestimmungen zu befolgen. Die IFAC bestellt den IAASB, welche unter anderem für die Erarbeitung, den Unterhalt und die Weiterentwicklung der ISA zuständig ist. Im Rahmen von immer globaleren Märkten kommt den ISA eine grosse Bedeutung zu. Im Zusammenhang mit der Prüfung von Jahresrechnungen, die nach den Regeln des international bedeutendsten Regelwerks «International Financial Reporting Standards» (IFRS) erstellt wurden, ist die Berücksichtigung der ISA von besonderer Relevanz. Die ISA werden im jährlich erscheinenden *IFAC Handbook* publiziert.[40] Das IFAC hat die ISA einer grundlegenden Überarbeitung unterzogen, mit dem Ziel, das Vertrauen in die Prüfung und den geprüften Jahresabschluss zu steigern. Die Neuerungen gelten für die Prüfung von Abschlüssen kotierter Unternehmen für Geschäftsjahre, die am oder nach dem 15. Dezember 2016 geendet haben, wobei sie für die Schweiz keine unmittelbare Gesetzeskraft entfalten (vgl. ausführlich FORSTMOSER/KLEIBOLD, 614 ff.).

---

[38]   Vgl. www.iaasb.org/ (Stand 15. September 2016).
[39]   Vgl. www.iaasb.org/ (Stand 15. September 2016).
[40]   Vgl. www.iaasb.org/ (Stand 15. September 2016).

B. Internationale Vereinigung der Wertpapieraufseher (IOSCO)

Die IOSCO besteht seit 1983 und bringt Vertreter der Wertpa-   64
pieraufsichtsbehörden der jeweiligen Mitgliedstaaten zusammen. Sie ist ein globaler Standardsetzer im Bereich des Wertpapiersektors. In enger Zusammenarbeit mit dem Financial Stability Board und der G20 hilft die IOSCO ihren Mitgliedern bei der Entwicklung, Implementierung und Einhaltung international anerkannter Regulierungs- und Aufsichtsstandards für Wertpapiermärkte.[41] Zu den Kernstandards zählen die *Objectives and Principles of Securities Regulation,* die erstmals 1998 veröffentlicht und seitdem mehrmals aktualisiert wurden. Das neuste Dokument vom Juni 2010 beinhaltet mittlerweile 38 Prinzipien *(principles of securities regulation),* die auf den Grundsätzen des Investorenschutzes, der Sicherstellung fairer, effizienter und transparenter Märkte und der Verminderung systemischer Risiken basieren (vgl. IOSCO, Objectives and Principles of Securities Regulation, Vorwort, Juni 2010[42]). Seit der Finanzkrise konzentriert sich die IOSCO ebenfalls auf Fragen im Zusammenhang mit der Stärkung der Finanzsysteme. Zusammen mit dem FSB und der BIZ erliess sie im April 2012 die *Principles for Financial Market Infrastructures,* welche die bis dahin existierenden Standards in den *Core Principles for Systematically important Payment Systems,* den *Recommendations for Securities Settlement* und den *Recommendations for Central Counterparties* ersetzten.[43] Die neuen Standards sollen sicherstellen, dass die weltumspannende Finanzmarktinfrastruktur gut positioniert und robust genug ist, um Stresssituationen oder Schocks auf den Finanzmärkten standzuhalten. Daneben erlässt und überarbeitet die IOSCO auch in anderen Bereichen internationale Standards (dazu NOBEL, Finanzmarktrecht und internationale Standards, 211 N 350 f.).

C. Financial Action Task Force on Money Laundering (FATF)

Die Financial Action Task Force (on Money Laundering)   65
(FATF, «Arbeitsgruppe für finanzielle Maßnahmen [gegen Geldwäsche]», französisch Groupe d'Action financière, GAFI) wurde im Juni 1989 in Paris von den G7-Staaten und dem Präsidenten der Europäischen Kommission bei ihrem Gipfeltreffen innerhalb der Organisation für wirtschaftliche Zusammenarbeit und Entwicklung (OECD) als eine Expertengruppe ins Leben gerufen und mit dem Auf-

---

[41]   Verfügbar auf: www.iosco.org (Stand 27. März 2017).
[42]   Verfügbar auf: www.iosco.org/about/?subsection=about_iosco (Stand, 27. März 2017).
[43]   Verfügbar auf: https://www.iosco.org/library/pubdocs/pdf/IOSCOPD396.pdf (Stand 27. März 2017).

trag eingesetzt, die Methoden der Geldwäsche zu analysieren und die Aufdeckung von Vermögenswerten aus illegaler Herkunft zu ermöglichen.[44] Hauptziel der FATF ist die Entwicklung und Förderung von Grundsätzen zur Bekämpfung der Geldwäsche und der Terrorismusfinanzierung. Hierzu hat die FATF 40 Empfehlungen als Mindeststandards sowie neun Sonderempfehlungen zur Bekämpfung der Terrorismusfinanzierung verabschiedet *(International Standards on Combating Money Laundering and the Financing of Terrorism and Proliferation* [February 2012], 7). Die Massnahmen zur Bekämpfung der Geldwäscherei betreffen die Strafgesetzgebung und Strafverfolgung, das Finanzsystem und die Finanzaufsicht sowie die internationale Zusammenarbeit auf diesem Gebiet. In der Schweiz führte die letzte Revision zu einer Revision des GwG und zur Pflicht, die Berechtigung an Inhaberaktien offenzulegen (vgl. Art. 697*i* OR).

D. UNO

1. Institution

66   Die Organisation der Vereinten Nationen (engl.: United Nations Organization, UNO) wurde 1945 gegründet und beschäftigt sich vorwiegend mit den Fragen des internationalen Friedens und der internationalen Sicherheit, der Wohlfahrtsförderung und der Bewältigung globaler Probleme. Dabei widmet sie sich auch dem Schutz der Menschenrechte, der humanitären Hilfe und dem Abbau sozialer Grundsätze. Die UNO befasste sich bisher zwar nur am Rande mit Themen des internationalen Finanzbereichs, sie entwickelte jedoch Initiativen im Kampf gegen den internationalen Terrorismus und die Geldwäscherei.

2. Kampf der UNO gegen den internationalen Terrorismus

67   Nach den Anschlägen vom 11. September 2001 verabschiedete der UNO-Sicherheitsrat am 28. September 2001 die *Resolution 1373 (concerning Counterterrorism)*[45]. Die Mitgliedstaaten wurden durch die Resolution 1373 aufgefordert, auf internationaler Ebene im Kampf gegen den Terrorismus und dessen Finanzierung zusammenzuarbeiten und einen detaillierten Massnahmenbericht vorzulegen. Ferner steht jeder Staat in der Pflicht, sich sowohl von der Anstiftung, Mitwirkung und Beteiligung an terroristischen Akten in anderen Staaten als auch der Duldung von organisatorischen Aktivitäten zur Durchführung von solchen Akten auf seinem Territorium zu enthalten.

---

[44]   Vgl. FATF, History of the FATF, abrufbar unter: http://www.fatf-gafi.org/about/historyofthefatf/ (Stand 27. März 2017).

[45]   S/RES/1269 (1999).

Am 9. Dezember 1999 wurde bereits die Konvention zur Unterbindung der Finan-   68
zierung des Terrorismus von der UNO-Generalversammlung verabschiedet (engl.
International Convention for the Suppression of the Financing of Terrorism).[46]
Die Vertragsstaaten der UNO wurden durch die Konvention verpflichtet, sich im
Kampf gegen die Finanzierung von terroristischen Gruppen einzusetzen. Durch
die Konvention wurden die rechtlichen Grundlagen zur internationalen Zusammenarbeit bei der Ermittlung und strafrechtlichen Verfolgung sowie der Auslieferung von Personen oder Organisationen, die den Terrorismus finanziell unterstützen, wesentlich ausgedehnt. Die Konvention verlangt von den Mitgliedstaaten
eine enge Zusammenarbeit zwischen den staatlichen Behörden und Finanzinstitutionen und fordert die Beschlagnahme bzw. das Einfrieren von Mitteln, welche zur
Finanzierung von terroristischen Aktivitäten verwendet wurden.

Im September 2006 verabschiedete die Generalversammlung der UNO sodann   69
eine globale Strategie zur Bekämpfung des Terrorismus.[47] Bei dieser Resolution
handelte es sich um das erste Übereinkommen, auf das sich sämtliche UNO-
Mitglieder einigen konnten. Es wurde damit ein klares Zeichen gesetzt, den Terrorismus zu bekämpfen und die Rechtsstaatlichkeit sowie die Menschenrechte zu
beachten, wobei auch die Unterbindung der Finanzierung des Terrorismus einen
wichtigen Aspekt darstellt.

3.   Bekämpfung der Geldwäscherei und der Korruption

Die UN definierte den Begriff Geldwäsche erstmals in der   70
Konvention gegen den illegalen Handel mit Suchtstoffen und psychotropen Stof-
fen (vom 20. Dezember 1988) und forderte dessen Bekämpfung sowohl gegen die
Drogenhändler selbst als auch gegen ihre Zwischenhändler und Banken. 1997
wurde das «Global Programme against Money Laundering» (GPML) ins Leben
gerufen, um die Aktivitäten der Vereinten Nationen zur internationalen Bekämpfung zu koordinieren und umzusetzen. Heutzutage anerkennt die UNO die Empfehlungen der Financial Action Task Force Against Money Laundering (FATF)
als internationale Standards in diesem Bereich. Des Weiteren enthält auch die am
15. November 2000 verabschiedete Konvention gegen die transnationale organisierte Kriminalität (engl.: *The United Nations Convention against Transnational
Organized Crime)* Regelungen zur Bekämpfung der Geldwäscherei. Die Konvention fordert die Vertragsstaaten im Bereich der Feststellung, Untersuchung und
Strafverfolgung der Geldwäscherei zur Zusammenarbeit auf.

Die *UN-Konvention gegen Korruption (UNCAC),* welche von der UNO-General-   71
versammlung am 31. Oktober 2003 verabschiedet wurde, ergänzte die bisherige

---

[46]   Abrufbar unter: https://treaties.un.org/doc/db/Terrorism/english-18-11.pdf.
[47]   United Nations General Assembly, global Strategy to counter.terrorism (A/RES/825).

Konvention gegen die transnationale organisierte Kriminalität und stellt ein wesentliches Mittel zur globalen Korruptionsbekämpfung dar. Die UN-Konvention verpflichtet die Vertragsstaaten, Bestechung und Bestechlichkeit in Politik und Wirtschaft unter Strafe zu stellen. Die Konvention enthält Bestimmungen über öffentliches Beschaffungswesen, Bestechung, ungerechtfertigte Bereicherung, Veruntreuung, widerrechtliche Aneignung, Geldwäscherei, Schutz der Whistleblower und Einfrieren von Vermögen. Gefordert wird vor allem auch eine verbesserte internationale Zusammenarbeit bei der Ermittlung in Korruptionsfällen. Den entscheidenden Schritt zur Bekämpfung der Korruption mit weltweiter Geltung bildete jedoch bereits das am Ende 1997 von den Mitgliedstaaten der OECD unterzeichnete *«Übereinkommen über die Bekämpfung der Bestechung ausländischer Amtsträger im internationalen Geschäftsverkehr»*. Der Unterschied zum OECD-Übereinkommen besteht darin, dass die OECD-Instrumente einen «kollektiv-unilateralen» Ansatz der Bekämpfung der aktiven Bestechung von fremden Amtsträgern im Geschäftsverkehr verfolgen, der zwar weltweit anwendbar ist, aber nur unter Konkurrenten (Industriestaaten) durchgesetzt wird, d.h., der Fokus liegt auf der *«supply side»* der Korruption. Demgegenüber thematisiert die UN-Konvention auch die Verantwortung von Staaten gegenüber der Empfängerseite und allen Zwischenstationen, insbesondere der Geldwäsche durch Finanzinstitute (PIETH, 686).

4.   Verhaltensstandards für die Wirtschaftsunternehmen («Global Compact»)

72   Beim Global Compact handelt es sich um einen weltweiten Pakt, der eine soziale und ökologische Globalisierung bezweckt. Dieser Vertrag, welcher zwischen der UNO und den interessierten Unternehmen abgeschlossen wird, wurde am 31. Januar 1999 offiziell von UN-Generalsekretär Kofi Annan in einer Rede am Weltwirtschaftsforum in Davos vorgestellt. Lange Zeit war die Internationale Handelskammer (ICC) der einzige Ansprechpartner aus der Wirtschaft, welcher diese Initiative aufgriff (NOBEL, Internationales Aktienrecht, 390 N 26 ff.). Bis Juni 2015 unterzeichneten über 8000 Unternehmen aus 160 Staaten[48] den Global Compact und verpflichteten sich zur Einhaltung von insgesamt zehn Prinzipien, die soziale und ökologische Mindeststandards beinhalten[49]:

– Respektierung der international verkündeten Menschenrechte und die Förderung der Einhaltung ihrer Einflusssphäre;

– Sicherstellung, dass sie nicht bei Menschenrechtsverletzungen mitwirken;

[48]   Vgl. United Nations Global Compact Activity Report 2014.
[49]   Abrufbar unter: http://www.globalcompact.de/de/ueber-uns/Dokumente-Ueber-uns/DIE-ZEHN-PRINZIPIEN-1.pdf (Stand 27. März 2017).

- Respektierung der Rechte ihrer Beschäftigten, welche sich gewerkschaftlich betätigen, sowie die Anerkennung von deren Recht zu Kollektivverhandlungen;

- Ausschluss aller Formen von Zwangsarbeit bzw. erzwungener Arbeit;

- Mitwirkung an der Abschaffung von Kinderarbeit;

- Ausschluss jeder Diskriminierung in Bezug auf Beschäftigung und Beruf;

- Einnahme einer vorsorgenden Haltung gegenüber Umweltgefährdung;

- Ergreifung von Initiativen zur Förderung eines grösseren Umweltbewusstseins;

- Anregung zur Entwicklung und Verbreitung umweltfreundlicher Technologien;

- Eintreten gegen alle Arten der Korruption, einschliesslich Erpressung und Bestechung.

Der Global Compact stösst jedoch auch auf Kritik. Es wird dabei argumentiert, [73] dass der Global Compact nicht geeignet sei, die negativen sozialen und ökologischen Einflüsse der Unternehmen einzudämmen. Im Gegenteil lenke er die UNO und die Staaten davon ab, ein verbindliches zwischenstaatliches Regelwerk aufzusetzen.[50] Es wird ausserdem befürchtet, dass die Unternehmen die sozialen und ökologischen Mindeststandards gar nicht einhalten, sondern den Global Compact als Werbeinstrument missbrauchen und dabei vom seriösen Ruf der UNO profitieren.

E. Organisation für wirtschaftliche Zusammenarbeit und Entwicklung (OECD)

Die OECD bietet ein internationales Forum, wo die Regierun- [74] gen der Mitgliedsländer zusammenarbeiten können, um Lösungen für jegliche Art von transnationalen Problemen und Strategien zur Verbesserung des ökonomischen und sozialen Wohlergehens der Menschen zu erarbeiten.[51] Entsprechend ihrem sehr weit gefassten Auftrag sind auch die Tätigkeitsfelder sehr vielfältig, in denen die OECD mit ihren rund 250 Komitees und Arbeits- und Expertengruppen je nach Gegebenheiten internationale Standards erlässt. Diesbezüglich sind unter den zahlreichen internationalen Standards die OECD-Grundsätze der Corporate Governance zu erwähnen.

---

[50] Global Company Counter-Summit, Joint Civil Society Statement on the Global Compact and Corporate Accountability, 2003, New York, 23.6.2004.

[51] Verfügbar auf: www.oecd.org/about/ (Stand 27. März 2017).

75   Die G20/OECD-Grundsätze der Corporate Governance helfen bei der Evaluierung
      und Verbesserung des gesetzlichen, regulatorischen und institutionellen Rahmens
      der Corporate Governance mit dem Ziel, wirtschaftliche Effizienz, nachhaltiges
      Wachstum und finanzielle Stabilität zu fördern. 1999 wurden die Grundsätze
      erstmals veröffentlicht und bilden inzwischen einen internationalen Massstab für
      politische Entscheidungsträger, Investoren, Unternehmen und sonstige Akteure in
      aller Welt. Die Principles of Corporate Governance gehören zudem zu den «key
      standards» des FSB (vgl. N 102 f.) und bilden Grundlage für das Corporate-
      Governance-Modul der Weltbank-Berichte über die Einhaltung von Standards und
      Kodizes (Reports on the Observance of Standards and Codes – ROSC). Bei der
      momentanen Fassung handelt es sich um die zweite Überarbeitung, welche auf der
      Fassung von 2004 basiert, in welcher die gemeinsame Erkenntnis zum Ausdruck
      kam, dass ein hohes Niveau an Transparenz, Rechenschaftspflicht, Aufsicht durch
      das Board und Achtung der Aktionärsrechte sowie der Rolle wichtiger Stakehol-
      der zu den Grundlagen eines gut funktionierenden Corporate-Governance-Systems
      gehören. Mit der neuen Fassung werden die Grundsätze zusätzlich gestärkt, um
      den seit 2004 gewonnenen Erfahrungen Rechnung zu tragen und sicherzustellen,
      dass die hohe Qualität, Relevanz und Nützlichkeit der Grundsätze weiterhin ge-
      wahrt bleiben.

76   Eine Entwurfsfassung der Grundsätze wurde auf dem Corporate-Governance-
      Forum von der G20 und der OECD im April 2015 erörtert. Am 8. Juli 2015 folgte
      die Verabschiedung der Grundsätze vom Rat der OECD. Am 15. und 16. Novem-
      ber 2015 wurden die Grundsätze sodann den Staats- und Regierungschefs der G20
      bei ihrem Treffen in Antalya vorgelegt, wo sie unter dem Titel *G20/OECD Prin-
      ciples of Corporate Governance* gebilligt wurden.

77   Zwischen den Fassungen von 2004 und 2015 bestehen keine bahnbrechenden
      Unterschiede. Namentlich wurde das Kapitel III hinzugefügt, «Institutional inves-
      tors, stock markets, and other intermediaries», welches der erhöhten Komplexität
      der Beteiligungsverhältnisse, der veränderten Rolle der Aktienmärkte und dem
      Erscheinen neuer Investoren und Intermediären Rechnung trägt. Die *G20/OECD
      Principles of Corporate Governance 2015* werden in sechs Kapital gegliedert und
      beinhalten kurz zusammengefasst folgende Empfehlungen und Anmerkungen:

      – Das erste Kapitel dreht sich um die Gewährleistung einer effizienten Anwen-
         dung der Corporate-Governance-Grundsätze. Es wird die Wichtigkeit der Cor-
         porate-Governance Regeln für einen transparenten und fairen Markt sowie die
         effiziente Verwendung von Ressourcen betont.

      – Das zweite Kapitel hat Grundsätze im Bereich der Aktionärsrechte (Recht auf
         Information und Abstimmung an der Generalversammlung) und die Gleichbe-
         handlung der Aktionäre (inkl. Minderheitsaktionäre und ausländische Aktio-

näre) zum Thema. Überdies werden die Offenlegung der Kontrollstrukturen – mithin verschiedene Stimmrechtsaktien – sowie die Mitentscheidungsbefugnis der Aktionäre über die Vergütung der Geschäftsleitung thematisiert.

- Das dritte Kapitel richtet sich an institutionelle Investoren und andere Intermediäre in Bezug auf ihr Abstimmungsverhalten. So sollen institutionelle Investoren, welche treuhänderisch Aktien halten, die Anzahl Stimmen und den Grund für die an der Abstimmung getroffene Stimmabgabe offenlegen. Ferner sind sie auch gehalten, allfällige Interessenkonflikte anzuzeigen. Die bisherige Fassung aus dem Jahr 2004 verlangte diesbezüglich eine weniger weitgehende Transparenz.

- Des Weiteren zielen die *G20/OECD Principles of Corporate Governance* darauf ab, die Zusammenarbeit zwischen den Unternehmen und ihren Arbeitnehmern zu stärken, um Wohlstand und Arbeitsstellen zu schaffen und die Unternehmen nachhaltig zu prägen.

- Das vorletzte Kapitel umreisst die essenziellen Bereiche der Offenlegung und der Transparenz. Die *G20/OECD Principles of Corporate Governance* empfehlen insbesondere, dass die finanzielle Situation, die Leistung und die Beteiligungsverhältnisse der Unternehmen öffentlich gemacht werden müssen. Darüber hinaus soll das Unternehmen über die Löhne der Verwaltungsrats- und der Geschäftsleitungsmitglieder informieren.

- Das abschliessende Kapitel betrifft die effiziente Beaufsichtigung der Geschäftsleitung durch den Verwaltungsrat und die Rechenschaftspflicht der Verwaltungsratsmitglieder gegenüber der Gesellschaft und ihren Aktionären.

Erst kürzlich nahm die OECD die Problematik rund um internationale Steuerfragen an die Hand. Dabei wurden bei den gegenwärtigen Regeln Schwächen offengelegt, welche Möglichkeiten für Gewinnkürzung und Gewinnverlagerung (englisch: Base Erosion and Profit Shifting *[BEPS]*) schafften. Die Gründe sind mannigfaltig: Die Kombination aus grenzüberschreitend nicht koordinierten nationalen Gesetzen und Regeln, internationalen Steuerstandards, die nicht immer mit dem sich ändernden globalen Geschäftsumfeld Schritt gehalten haben, und einem weit verbreiteten Mangel an sachdienlichen Informationen auf der Ebene der Steuerverwaltungen und der politischen Entscheidungsträger eröffnet Steuerpflichtigen die Möglichkeit, BEPS-Strategien zu verfolgen.[52] Schätzungen zufolge gehen durch die BEPS-Vorgehensweise globale Mindereinnahmen bei der Körperschafts-

[78]

---

[52] OECD/G20-Projekt Gewinnverkürzung und Gewinnverlagerung, Erläuterung, Abschlussberichte 2015, S. 5, abrufbar unter: https://www.oecd.org/ctp/beps-erlaeuterung-2015.pdf (Stand 27. März 2017).

steuer zwischen 4 Prozent und 10 Prozent der globalen Körperschaftssteuerein-
nahmen einher.[53]

79   Im September 2013 billigten die Staats- und Regierungschefs der G20 den BEPS-
Aktionsplan. Die Umsetzung des BEPS-Massnahmepakets soll dafür sorgen, dass
der Ort, an dem die steuerpflichtigen Gewinne ausgewiesen werden, besser mit
dem Ort übereinstimmt, an dem die Wirtschaftstätigkeit stattfindet und die Wertschöpfung erfolgt.[54] Eine Massnahme stellt insbesondere die standardisierte län-
derbezogene Berichterstattung dar. So sind die multinationalen Unternehmen verpflichtet, ihre Einkünfte, Vorsteuergewinne, bereits gezahlte und noch zu zahlende
Ertragsteuern, die Zahl der Beschäftigten, das ausgewiesene Kapital, die einbehaltenen Gewinne und ihre materiellen Vermögenswerte in allen Staaten und Gebieten, in denen sie einer Geschäftstätigkeit nachgehen, auszuweisen.[55]

F. Internationaler Währungsfonds (IWF) und Weltbank (WB)

80   Der IWF und die Weltbank gehören zu den Institutionen von
Bretton Woods, die anlässlich der Internationalen Währungs- und Finanzkonfe-
renz 1944 als Reaktion auf die Auswirkungen der Wirtschaftskrisen der 1930er-
Jahre gegründet wurden. Der Zweck des IWF ist es, ein stabiles Währungssystem
zu gewährleisten, indem die internationale Zusammenarbeit auf dem Gebiet der
Währungspolitik durch eine ständige Einrichtung gefördert wird. Das Mandat des
IWF wurde 2012 ausgeweitet und umfasst neu alle makroökonomischen und fi-
nanzmarktrechtlichen Probleme, welche die globale Systemstabilität gefährden.[56]
Anzumerken ist, dass der IWF 2010 eine Quotenreform beschloss, welche aber
erst per 27. Januar 2016 nach langen Verzögerungen effektiv in Kraft trat. Diese
tief greifende Reform in der Geschichte des IWF sorgt dafür, dass Schwellenlän-
der wie China und Brasilien durch veränderte Quoten und Stimmrechte mehr
Einfluss beim IWF erhalten – entsprechend ihrer gewachsenen wirtschaftlichen
Bedeutung. Lange scheiterte die Umsetzung der Quotenreform allein an den USA,
die beim IWF einen Stimmenanteil von knapp 17 Prozent haben. Die Verzögerung
ergab sich dadurch, dass für wichtige Entscheidungen des Fonds eine Mehrheit
von 85 Prozent erforderlich ist, und die USA quasi immer ein Veto-Recht hatte.

[53] A.a.O., S. 4.
[54] A.a.O., S. 5.
[55] A.a.O., S. 7.
[56] www.imf.org/external/about.htm (Stand 27. März 2017).

Mit der Quotenreform verschieben sich nun sechs Prozent der Stimmanteile an diese «dynamic emerging markt and developing countries».[57]

Das Hauptanliegen der Weltbank sind die Förderung des ökonomischen und sozialen Fortschritts sowie die Unterstützung der Entwicklungsländer.[58] Der IWF und die Weltbank haben in ihren Tätigkeitsbereichen verschiedene international anerkannte Standards erlassen, die grundsätzlich zur Stärkung der internationalen Finanzmarktarchitektur beigetragen haben. Zu erwähnen sind insbesondere die Standards im Bereich der Datentransparenz und -verbreitung, der Geschäftstransparenz und der Insolvenzverfahren: 81

– *IMF Standards for Data Dissemination,* den *Special Data Dissemination Standard (SDDS)* von 1996 umfassend, der 2008 revidiert und 2012 nach der Finanzkrise mit dem *Special Data Dissemination Standard Plus (SDDS Plus)* ergänzt wurde, um die durch die Finanzkrise aufgedeckten Lücken in der Datenverarbeitung anzugehen, sowie dem *Enhanced General Data Dissemination System (e-GDDS)* vom 1. Mai 2015, welches Synergien zwischen der Datenverbreitung und der Überwachung schaffen soll.

– *Code of Good Practices on Transparency in Monetary and Financial Policies* (1999): Der Code statuiert Prinzipien zur Verbesserung der Transparenz der Geld- und Finanzpolitik der Zentralbanken und Finanzinstitutionen, die zur Stärkung des Geld- und Finanzmarktes dienen sollen.

– *Code of Good Practices on Fiscal Transparency* (1998, rev. 2007): Aufgrund der Finanzkrise von 2007 überprüfte der IWF in einem weiten Rahmen die herrschenden Standards betreffend die fiskalische Transparenz und regte verschiedene neue Verbesserungen an.[59] Darauf basierend nahm der IMF die Überarbeitung des seit 2007 geltenden *Code of Good Practice on Fiscal Transparency* an die Hand und legte die Grundlagen für einen neuen *Fiscal Transparency Code (FTC)*. Der FTC ist der internationale Standard für die Offenlegung von Informationen über Staatsfinanzen. Der Code umfasst Grundsätze, die auf vier Säulen basieren: (i), Finanzberichterstattung, (ii) Geschäftsprognosen und Budgetierung, (iii) Geschäftsrisiko und -management, (iv) Eigenmitteleinnahmen-Management.

---

[57] International Monetary Fund, Historic Quota and Governance Reforms Become Effective, Press Release No. 16/25 vom 27. Januar 2016, abrufbar unter: http://www.imf.org/ external/np/sec/pr/2016/pr1625a.htm (Stand 27. März 2017).

[58] www.worldbank.org/en/about/what-we-do (Stand 27. März 2017).

[59] International Monetary Fund, Fiscal Transparency, Accountability, and Risk, August 7, 2012 (verfügbar auf: http://www.imf.org/external/np/pp/eng/2012/080712.pdf, Stand 27. März 2017).

– *Insolvency and Creditor Rights Standard (ICR Standard):* Der ICR-Standard ist der Schlüsselstandard im Bereich wirksamer Insolvenzverfahren. Er besteht aus den *Principles for Effective Insolvency and Creditor/Debtor Rights System* der Weltbank und *dem UNCITRAL Legislative Guide on Insolvency Law* und wurde zuletzt 2015 revidiert.[60]

82 Erwähnenswert ist, dass die asiatische Infrastrukturinvestmentbank (englisch Asian Infrastructure Investment Bank, abgekürzt AIIB), welche im Jahr 2014 von China gegründet wurde, im Wettbewerb zur Weltbank und dem IWF steht. Die Initiative zur Gründung erfolgte 2013, nachdem China mit seinem Anliegen um fairere Verteilung der Stimmverhältnisse im IWF bei den USA auf taube Ohren stiess. Die AIIB bezweckt die Förderung einer nachhaltigen wirtschaftlichen Entwicklung in Asien mit Fokus auf die ärmeren Länder der Region. Dabei steht die Finanzierung von Infrastruktur in Energie, Transport und Telekommunikation, städtische und ländliche Entwicklung sowie Umwelt im Mittelpunkt. Mit einem Grundkapital von USD 100 Mrd. ausgerüstet, gewährt sie Kredite und leistet Garantien.

G. Group of 20 (G20)

83   Die G20 wurde 1999 als ein Forum für die führenden Industrienationen und neuen Industrieländer (sog. *«emerging market companies»*) ins Leben gerufen, um Kompromisse zwischen diesen beiden Staatengruppen in Währungs- und Finanzfragen auszuarbeiten, was wiederum zu einer Stärkung des internationalen Finanzsystems führen soll. Zu den Mitgliedern der G20 zählen Argentinien, Australien, China, Deutschland, England, Frankreich, Indien, Italien, Japan, Kanada, Südkorea, Mexiko, Russland, Saudi-Arabien, Südafrika, die Türkei, die USA und die Europäische Union. Die in der G20 direkt oder indirekt vertretenen Staaten erwirtschaften zwei Drittel der Weltbevölkerung, rund 90 Prozent des weltweiten Bruttoinlandsprodukts (BIP) und bestreiten 80 Prozent des Welthandels. An den jährlichen G20-Treffen nehmen dabei auch die Bretton-Woods-Institutionen teil.

84 Zwar ist die Schweiz nicht Mitglied der G20, was angesichts der zentralen Bedeutung dieser Gruppierung zu bedauern ist, sie ist aber indirekt über das FSB (vgl. nachfolgend) in den Bestrebungen zur Verbesserung des Wirtschaftsbereichs involviert, denn die G20 arbeitet eng mit internationalen Organisationen zusammen und delegiert oftmals auch Aufgaben an das FSB (NOBEL, Finanzmarktrecht und internationale Standards, 166 N 200).

---

[60]   Vgl. http://siteresources.worldbank.org/EXTGILD/Resources/5807554-1357753926066/2015_Revised_ICR_Principles(3).pdf.

H. Financial Stability Board (FSB)

Die Vorgängerorganisation des FSB, das Financial Stability 85
Forum (FSF), wurde 1999 anlässlich eines G7-Treffens auf Vorschlag vom ehemaligen Bundesbankpräsidenten HANS TIETMEYER zur internationalen Kooperation und Koordination im Bereich der Finanzmarktaufsicht und Überwachung hin gegründet (TIETMEYER-Bericht)[61]. Im April 2009 wurde das FSF im Zuge der Finanzmarktkrise zum Financial Stability Board umbenannt und deren Aufgaben- und Mitgliederkreis erweitert. Zurzeit umfasst das FSB Vertreter nationaler Behörden und der EU, welche für die Finanzstabilität verantwortlich sind, Vertreter internationaler Finanzinstitutionen (BIS, IMF, OECD, Weltbank) sowie Vertreter internationaler Organisationen (BCBS, CGFS, CPMI, IAIS, IASB, IOSCO).[62] Damit steht das FSB im Zentrum der gegenwärtigen und zukünftigen Finanzmarktarchitektur (vgl. NOBEL, Finanzmarktrecht und internationale Standards, 118 N 59; HAUENREITER, 214 ff.; s. auch die Darstellung von DAVIES/GREEN, 33) und arbeitet heute in enger Koordination mit den Projekten der G20.

Zu den Hauptaufgaben des FSB gehören die Überwachung und Bewertung der 86
Entwicklungen des globalen Finanzsystems und die Förderung der globalen Finanzstabilität durch die Koordinierung der Entwicklung von Regulierungs-, Aufsichts- und anderen Finanzsektormassnahmen.[63] Dazu führt das FSB unter anderem ein *Compendium of Standards,* welches die wichtigsten wirtschaftlichen und finanziellen Standards enthält, die internationale Anerkennung im Bereich der Finanzstabilität und Finanzmarktsysteme geniessen. Neben den Schlüsselstandards *(key standards)* in den Bereichen Transparenz, Finanzmarktregulierung und -aufsicht sowie Infrastruktur der Institute und Märkte enthält das Kompendium weitere Standards, die für ein gesundes und stabiles Finanzsystem förderlich sind (vgl. N 102 f.). Durch das *Standing Committe on Standards Implementation (SCSI)* trägt es zudem massgeblich zur Umsetzung und Überwachung vereinbarter Reformen und der internationalen Standards auf den Finanzmärkten bei.[64]

I. Basler Ausschuss für Bankenaufsicht (BCBS)

Der Basler Ausschuss dient als Forum für die Zusammenarbeit 87
in Fragen der Bankenaufsicht und ist die wichtigste globale normgebende Instanz für Bankenregulierung (Ziff. I Nr. 1. BCBS Charta 2013).[65] Der BCBS ist an die

---

[61]   www.financialstabilityboard.org/about/history/ (Stand 27. März 2017).
[62]   www.financialstabilityboard.org/about/fsb-members/ (Stand 27. März 2017).
[63]   www.financialstabilityboard.org/what-we-do/ (Stand 27. März 2017).
[64]   www.financialstabilityboard.org/what-we-do/ (Stand 27. März 2017).
[65]   Verfügbar auf: www.bis.org (Stand 27. März 2017).

Bank für Internationalen Zahlungsausgleich (BIZ) angegliedert und bezweckt die Förderung der Finanzstabilität und die weltweite Stärkung der Regelungen, Verfahren und Bankpraktiken (Ziff. I Nr. 1 BCBS Charta 2013). Dazu erarbeitet der Ausschuss globale Standards, Richtlinien und Praxisempfehlungen für die Regulierung und Beaufsichtigung von Banken und überwacht und fördert deren Umsetzung sowohl in Mitgliedsländern als auch in Nichtmitgliedsländern, um für ein *level-playing-field* für alle international tätigen Banken zu sorgen (ausführlich zum Tätigkeitsbeschrieb des Basler Ausschusses s. NOBEL, Finanzmarktrecht und internationale Standards, 190 N 284 ff. sowie HAUENREITER, 268 ff.).

88   Hervorzuheben sind auch aufgrund der vergangenen Finanzkrise die Grundsätze für eine wirksame Bankenaufsicht *(Core Principles for Effective Banking Supervision*[66]*)* und die Eigenkapitalvereinbarung (Basel III)[67]. Die Grundsätze wurden vom Basler Ausschuss erstmals 1997 veröffentlicht. In den Jahren 2006 und 2012 wurden sie einer Überprüfung unterzogen und revidiert. Sie «bilden den faktischen Mindeststandard für eine solide Aufsicht und Regulierung von Banken und Bankensystemen» (BCBS, Grundsätze für eine wirksame Bankenaufsicht [2012], 1). Zusammen mit den *Core Principles Methodology*[68] hat der Basler Ausschuss einen Rahmen geschaffen, der den Mitgliedstaaten bei der Beurteilung ihrer Aufsichtssysteme und bei der Identifizierung von verbesserungsbedürftigen Bereichen hilft, zugleich aber auch die Einhaltung der Grundsätze überprüft und dadurch deren Umsetzung sicherstellt.

89   Basel III bezeichnet ein umfassendes Reformpaket verschiedener Massnahmen, welches im Nachgang der Finanzkrise vom Basler Ausschuss als Ergänzung und Erweiterung zu Basel I (1988) und Basel II (2004) erlassen wurde (vgl. HAUEN-REITER, 270, mit Verweisen). Im Wesentlichen legt Basel III strengere globale Regeln zur Eigenkapitalunterlegung und Liquidität der Banken fest, um die Widerstandsfähigkeit des Bankensektors zu stärken. Entsprechend hält der Basler Ausschuss einleitend fest:[69]

> «Ziel der Reformen ist, die Resistenz des Bankensektors gegenüber Schocks aus Stresssituationen im Finanzsektor und in der Wirtschaft, unabhängig von ihrem Ursprung, zu verbessern und so die Gefahr zu verringern, dass sich Probleme im Finanzsektor auf die Realwirtschaft auswirken.»

---

[66]   Verfügbar auf: www.bis.org/publ/bcbs230.htm (Stand 27. März 2017).
[67]   Verfügbar auf: www.bis.org/bcbs/basel3.htm (Stand 27. März 2017).
[68]   Verfügbar auf: www.bis.org/publ/bcbs130.htm (Stand 27. März 2017).
[69]   Basler Ausschuss für Bankenaufsicht, Basel III: Ein globaler Regulierungsrahmen für widerstandsfähigere Banken und Bankensysteme, Dezember 2010, rev. Juni 2011 (verfügbar auf: www.bis.org/publ/bcbs189_de.pdf, Stand 27. März 2017).

J. Bank für Internationalen Zahlungsausgleich (BIZ)

Die in Basel niedergelassene Bank für den internationalen Zah- 90
lungsausgleich wurde 1930 gegründet und bezweckt heute die Förderung der internationalen Zusammenarbeit der Zentralbanken im Währungs- und Finanzbereich.[70] Obwohl die BIZ selbst nicht primär eigene Standards erlässt, fördert sie mittels des angegliederten Instituts für Finanzstabilität (FSI) aktiv die Verbreitung und Umsetzung von internationalen Standards und bildet somit eine zentrale Organisation in der internationalen Finanzmarktarchitektur.

K. Internationaler Verband der Versicherungsaufsichtsbehörden (IAIS)

Der IAIS ist eine internationale Organisation, die im Bereich 91
der Versicherungsaufsicht verantwortlich ist für die Entwicklung und Hilfe bei der Implementierung internationaler Standards (s. NOBEL, Finanzmarktrecht und internationale Standards, 217 N 368 ff.). Ihre grundlegende Mission beschreibt der IAIS wie folgt:

> «The mission of the IAIS is to promote effective and globally consistent supervision of the insurance industry in order to develop and maintain fair, safe and stable insurance markets for the benefit and protection of policyholders and to contribute to global financial stability.»[71]

Von besonderer Bedeutung sind die *Insurance Core Principles (ICPs)*. Zusammen 92
mit den dazugehörenden *Standards* und *Guidance,* welche ausführende Bestimmungen zu den *ICPs* enthalten, bilden sie einen weltweit akzeptierten Rahmen für die Beaufsichtigung der Versicherungsbranche.[72] Dazu hat der IAIS in vielen weiteren Einzelbereichen Standards und Richtlinien erlassen (s. Auflistung in NOBEL, Finanzmarktrecht und internationale Standards, 219 N 374 ff.).

---

[70] Die BIZ, Förderung der weltweiten Währungs- und Finanzstabilität, vom Januar 2015 (verfügbar auf: www.bis.org/about/profile_de.pdf, Stand 27. März 2017).

[71] Verfügbar auf: iaisweb.org/index.cfm?event=getPage&nodeId=25181 (Stand 27. März 2017).

[72] IAIS, Insurance Core Principles, Standards, Guidance and Assessment Methodology, vom 1. Oktober 2011 (verfügbar auf: http://iaisweb.org/index.cfm?event=getPage&nodeId= 25224, Stand 27. März 2017).

L. WTO

93   Bei der Welthandelsorganisation (World Trade Organization; WTO) handelt es sich um eine internationale Organisation, welche am 15. April 1994 in Marrakesch zur Förderung des freien Welthandels gegründet wurde. Die WTO ist dabei die Nachfolgerin des GATT (General Agreement on Tariffs and Trade), welches ein Abkommen ohne einen soliden institutionellen Rahmen aus dem Jahr 1948 darstellte und mit dem Ziel gegründet wurde, durch völkerrechtlich verbindliche Regeln eine freiheitliche und stabil organisierte Neuordnung des Welthandels zu schaffen. Diesen Zielen lag die Idee der Marktöffnung und des internationalen Freihandels zugrunde (NOBEL, Finanzmarktrecht und internationale Standards, 230 N 404).

94   Die WTO gibt den internationalen Handelsbeziehungen ihrer Mitglieder (momentan 162) einen institutionellen Rahmen. Es soll der freie Werthandel mit dem Ziel gefördert werden, die verfügbaren wirtschaftlichen Ressourcen optimal zu nutzen, die Beschäftigungslage sowie die Realeinkommen zu verbessern und den weltweiten Lebensstandard zu erhöhen (NOBEL, Finanzmarktrecht und internationale Standards, 231 N 406).

95   Die rechtliche Grundlage der WTO bildet das Marrakesch-Abkommen vom 15. April 1994 zur Errichtung der Welthandelsorganisation mit seinen Anhängen (WTO-Übereinkommen, in Kraft getreten am 1. Juli 1995; SR 0.632.20). Von Bedeutung ist vor allem der erste Anhang, welcher drei Hauptabkommen, die Bestandteile des WTO-Rahmenabkommens sind, beinhaltet: das allgemeine Zoll- und Handelsabkommen 1994 (GATT-1994) als Nachfolgeabkommen zum GATT 1947, das Allgemeine Abkommen über den Handel mit Dienstleistungen (General Agreement on Trade in Services, GATS) und das Abkommen über handelsbezogene Aspekte des geistigen Eigentums (Trade Related Aspects of Intellectual Property Rights, TRIPs) (vgl. ausführlich zum WTO-Recht NOBEL, Finanzmarktrecht und internationale Standards, 230 N 404 ff.)

M. IADI

96   Die Internationale Vereinigung der Einlagensicherungen (engl. *International Association of Deposit Insurers,* IADI), welche 2002 gegründet wurde und Sitz in Basel hat, bezweckt die Förderung einer länderübergreifenden Kooperation in Bezug auf die Einlagensicherung. Mit den vom IADI in Zusammenarbeit mit dem BCBS erlassenen *Core Principles for Effective Deposit Insurance Systems* im Jahre 2009 wurde ein internationaler Standard gesetzt, welcher der Beurteilung der Qualität der Einlagensicherung und der Identifizierung von

Lücken der Einlagensicherungspraktiken dient. Zudem beinhaltet der Standard auch Massnahmen zur Ausmerzung solcher Lücken bei der Einlagensicherung. Die *Core Principles for Effective Deposit Insurance Systems* wurden zuletzt im November 2014 revidiert.[73]

VII. Ausarbeitung und Umsetzung internationaler Standards

Die Ausarbeitung von internationalen Standards erfolgt in drei   97
Bereichen, wobei von einem *«top-down process»* gesprochen werden kann (WANDEL, 72). Auf der obersten Stufe der Finanzarchitektur befindet sich die G20, welche die Prioritäten der internationalen Reformagenda definiert. Auf demselben Level steht das FSB, welches verantwortlich ist für die Koordination der nationalen und internationalen Standardsetter. Diese beiden Institutionen wurden bereits als *«soft decision-making bodies»* für finanzielle Regulierungsreformen bezeichnet, wobei die G20 *«without question the new game in town in respect of global governance»* sei (WANDEL, 70 u. 74).

Die Ausarbeitung internationaler Standards auf der zweiten Ebene ist sodann   98
grossenteils technokratischer Natur und obliegt den transnationalen Standardsetters (IWF, WB, BCBS etc.). Auf dieser Ebene werden die von der G20 nur in allgemeiner Weise formulierten Ziele konkretisiert und als internationale Standards ausgearbeitet (WANDEL, 72).

Auf der dritten Ebene erfolgt die Implementierung der internationalen Standards   99
in das nationale Recht. Die Art der Implementierung kann dabei sehr variieren. Standards werden teilweise mit gewissen Änderungen analog, zum Teil aber auch nur sinngemäss, von Staaten ins nationale Recht übernommen oder durch Verweisung gesamthaft für verbindlich erklärt (SCHREIBER [2005 A], 50 f.). Oftmals werden sie von den Marktteilnehmern selbst übernommen (MERZ, 55). Konformität mit den unter Gleichgesinnten vereinbarten Standards wird normalerweise durch Gruppendruck und durch die Kräfte des Marktes erreicht und nicht durch formelle (Sanktions-)Instrumente (MERZ, 55). Weitere Massnahmen können zudem eine einheitliche Umsetzung und Anwendung der Standards gewährleisten. Zur Umsetzung von Basel II, dem internationalen Standard des Basler Ausschusses für Bankenaufsicht zur Unterlegung von Kredit-, Markt- und operationellen Risiken mit Eigenmitteln, wurde beispielsweise eine «Supervision and Implemen-

---

[73]   IADI, Core Principles for Effective Deposit Insurance Systems, abrufbar unter: http://www.iadi.org/en/assets/File/Core%20Principles/cprevised2014nov.pdf (Stand 5. Februar 2016).

tation Group (SIG)», vormals «Accord Implementation Group», eingerichtet[74], die
den einzelnen Ländern bei der Umsetzung behilflich war.[75] Für Basel III wurden
zudem durch den Basler Ausschuss fortlaufend sogenannte FAQ-Listen mit Antworten auf Auslegungsfragen von Basel III publiziert.[76]

100   Ein weiterer für eine effektive Umsetzung von internationalen Standards wesentlicher Schritt ist die Bewertung und Überprüfung der Einhaltung der Standards
(Monitoring). Viele Gremien setzen deswegen bei der Ausarbeitung der Standards
bereits zu Beginn klar definierte Kriterien und Verfahren fest, um die Bewertung
und Überprüfung der Einhaltung von Standards zu erleichtern (NOBEL, Finanzmarktrecht und internationale Standards, 138 N 103). Einen solchen Bewertungs-
und Überprüfungsmechanismus stellt beispielsweise das *Financial Sector Assessment Program (FSAP)* dar,[77] welches die Übereinstimmung der rechtlichen und
institutionellen Rahmenbedingungen des Schweizer Finanzplatzes mit den internationalen Standards in den fünf Kernbereichen Banken, Versicherungen, Wertschriften, Zahlungssysteme und Transparenz der Geld- und Finanzpolitik überprüft (ausführlich dazu NOBEL, Finanzmarktrecht und internationale Standards,
138 N 103 ff. und 142 N 114 ff.; SCHREIBER [2005 B], 140 ff.). In den OECD-
Mitgliedstaaten wurden zudem Nationale Kontaktpunkte *(National Contact Point)*
eingerichtet, deren Aufgabe die Förderung und Überprüfung der Umsetzung der
OECD-Leitsätze für multinationale Unternehmen ist (Art. 1 NKPV-OECD[78], vgl.
auch Kap. § 9, N 286 ff.). Solche Bewertungs- und Überprüfungsmechanismus
tragen zusätzlich zur Einhaltung der Standards durch die Betroffenen bei, da ansonsten aufgrund der Nichtbeachtung Reputationsschäden oder Risikoaufschläge,
wie es im Finanzbereich der Fall ist, zu befürchten sind (SCHREIBER [2005 B],
142). Dieser Umstand kann noch verstärkt werden, wenn den Betroffenen positive
oder negative Sanktionen angedroht werden (vgl. ABBOTT/SNIDAL, 128 f.).

101   *Standard setting* ist mittlerweile ein allseitig akzeptiertes Instrumentarium der
Regulierungskoordination. Rechtlich sind die internationalen Standards in ihrer
Ausprägung als «*soft law*» jedoch nicht unproblematisch. Aufgrund der starken
Stellung der G20 spricht THÜRER sogar von neuen Feudalismen (THÜRER, 32).
Sachlich hingegen sind die internationalen Standards ohne Weiteres begrüssens-
wert, wobei ein Alleingang nationaler Regulatoren in der Welt der zunehmenden
Globalisierung in Zukunft ausgeschlossen werden muss.

---

[74]   Basler Ausschuss für Bankenaufsicht, Press release vom 8. Januar 2009 (verfügbar auf,
       www.bis.org/press/p090108.htm, Stand 27. März 2017).
[75]   www.bis.org/bcbs/groups.htm#Standards_Implementation_Group (Stand 27. März 2017).
[76]   www.finma.ch/d/faq/beaufsichtigte/Seiten/basel-III.aspx (Stand 27. März 2017).
[77]   www.imf.org/external/np/exr/facts/fsap.htm (Stand 27. März 2017).
[78]   Verordnung über die Organisation des Nationalen Kontaktpunktes für die OECD-Leitsätze
       für multinationale Unternehmen und über seinen Beirat vom 1. Mai 2013 (SR 946.15).

VIII. Tabelle der «Key Standards for Sound Financial Systems»

Die bereits an verschiedenen Stellen angesprochenen und nach- [102] folgend in der Tabelle zusammengefasst aufgeführten Key Standards spielen nach der Auffassung des FSB eine zentrale Rolle bei der Verbesserung und Erhaltung der Finanzstabilität und sollten in den einzelnen Ländern – je nach den Umständen – vorrangig umgesetzt werden. Der FSB entwickelte dabei folgende Kriterien, um als «key standard» aufgenommen zu werden: (1) Relevanz für die Stabilität des Finanzsystems; (2) universelle Bedeutung; (3) breite Unterstützung und (4) überprüfbare Umsetzung.[79] In die Augen springen auch die heutigen, materiellen Zusammenhänge der verschiedenen Gebiete.

Die nachfolgende Tabelle stellt die aktuellen 12 Key Standards des FSB dar,[80] [103] welche aber laufend aufgrund internationaler Entwicklungen erneuert und angepasst werden:

Subject Area	Key Standard	Issuing Body
Macroeconomic policy and data transparency		
Monetary and financial policy transparency	Code of Good Practices on Transparency in Monetary and Financial Policies	IMF
Fiscal policy transparency	Code of Good Practices in Fiscal Transparency	IMF
Data dissemination	Special Data Dissemination Standard (SDDS)/ Enhanced General Data Dissemination System (e-GDDS)	IMF
Financial regulation and supervision		
Banking supervision	Core Principles for Effective Banking Supervision	BCBS
Securities regulation	Objectives and Principles of Securities Regulation	IOSCO
Insurance supervision	Insurance Supervisory Principles	IAIS
Institutional and market infrastructure		
Crisis resolution and deposit insurance	Core Principles for Effective Deposit Insurance Systems	IADI
Insolvency	Insolvency and Creditor Rights	World Bank
Corporate governance	Principles of Corporate Governance	OECD
Accounting and auditing	International Financial Reporting Standards (IFRS); International Standards on Auditing (ISA)	IASB/IAASB
Payment, clearing and settlement	Principles for Financial Market Infrastructures	CPSS/IOSCO

---

[79] Vgl. http://www.fsb.org/what-we-do/about-the-compendium-of-standards/key_standards/ (Stand 27. März 2017).

[80] Vgl. http://www.fsb.org/what-we-do/about-the-compendium-of-standards/key_standards/ table-of-key-standards-for-sound-financial-systems/ (Stand 27. März 2017).

Subject Area	Key Standard	Issuing Body
Market integrity	FATF Recommendations on Combating Money Laundering and the Financing of Terrorism & Proliferation	FATF

§ 13   Europäisches Gesellschaftsrecht

Materialien: Commission of the European Communities, Special rights in privatised [1] companies in the enlarged Union – a decade full of developments, Working Document from the 22nd of July 2005 (zit. EU-Kommission, Privatised Companies); Mitteilung der Kommission über bestimmte rechtliche Aspekte von Investitionen innerhalb der EU, Amtsblatt Nr. C 220 vom 19. Juli 1997, S. 15 ff. (zit. EU-Kommission, Investitionen); Der «Small Business Act» für Europa, Mitteilung der Kommission an das Europäische

Parlament, den Rat, den Europäischen Wirtschafts- und Sozialausschuss und den Ausschuss der Regionen vom 25. Juni 2008 Vorfahrt für KMU in Europa, KOM(2008) 394 endg. (zit. Small Business Act); Vorschlag für eine Verordnung des Rates über das Statut der Europäischen Privatgesellschaft vom 25. Juni 2008, KOM(2008) 396 (zit. Vorschlag SPE-Verordnung); Mitteilung der Kommission vom 2. Oktober 2013 über die Effizienz und Leistungsfähigkeit der Rechtsetzung (REFIT): Ergebnisse und Ausblick, KOM(2013) 685 final (zit. EU-Kommission, REFIT); Europäische Kommission, Vorschlag für eine Verordnung des Rates über das Statut der Europäischen Stiftung (FE) vom 8. Februar 2012, COM(2012) 35 final (zit. Vorschlag FE-Verordnung); Mitteilung der Kommission an das Europäische Parlament, den Rat, den Europäischen Wirtschafts- und Sozialausschuss und den Ausschuss der Regionen, Aktionsplan: Europäisches Gesellschaftsrecht und Corporate Governance – ein moderner Rechtsrahmen für engagierte Aktionäre und besser überlebensfähige Unternehmen vom 12. Dezember 2012, COM(2012) 740 final (zit. Aktionsplan 2012); Europäische Kommission, Vorschlag für eine Richtlinie des Europäischen Parlaments und des Rates über Gesellschaften mit beschränkter Haftung mit einem einzigen Gesellschafter vom 9. April 2014, KOM(2014) 212 final (zit. Vorschlag SUP-Richtlinie).

2 Literatur:

BEHRENS, PETER, Europäisches Gesellschaftsrecht, in: Kellerhals, Andreas (Hrsg.), Einführung ins europäische Wirtschaftsrecht, Zürich/Basel/Genf 2003, 119 ff. (zit. BEHRENS, Europäisches Gesellschaftsrecht); BEHRENS, PETER, Verhinderbare Gesellschaftssitzverlegung in einen anderen Mitgliedstaat als den Gründungsmitgliedstaat, EuZW 2009, Heft 3, 75 ff. (zit. BEHRENS, Gesellschaftssitzverlegung); BÖCKLI, PETER, Schweizer Aktienrecht, 4. Aufl., Zürich, 2009; Grabitz, Eberhard/Hilf, Meinhard/Nettesheim, Martin (Hrsg.), Das Recht der Europäischen Union, Kommentar I, München 2013 (zit. EU-Kommentar); GRUNDMANN, STEFAN, Europäisches Gesellschaftsrecht, Eine systematische Darstellung unter Einbezug des Europäischen Kapitalmarktrechts, Heidelberg 2004; HOPT, KLAUS J., Europäisches Gesellschaftsrecht im Lichte des Aktionsplans der Europäischen Kommission vom Dezember 2012, Zeitschrift für Unternehmens- und Gesellschaftsrecht, ZGR 2/2013, 165 ff.; KORTE, OTTO, Die Europäische Genossenschaft (SCE), in: Baudenbacher, Carl/Kokott, Juliane (Hrsg.), Aktuelle Entwicklungen des Europäischen und Internationalen Wirtschaftsrechts, Band 14, Basel 2012; LUTTER, MARCUS, Societas Europaea, in: Nobel, Peter (Hrsg.), Internationales Gesellschaftsrecht einschliesslich internationales Kapitalmarktrecht, Heft 5/2002, Schriften zum internationalen Gesellschaftsrecht, Bern 2004, 19 ff.; Lutter, Marcus/Hommelhoff, Peter (Hrsg.), Die Europäische Gesellschaft, Prinzipien, Gestaltungsmöglichkeiten und Grundfragen aus der Praxis, Köln 2005; LUTTER, MARCUS/BAYER, WALTER/SCHMIDT, JESSICA, Europäisches Unternehmens- und Kapitalmarktrecht, 5. Aufl., Berlin/New York, 2012; NOBEL, PETER, Internationales und Transnationales Aktienrecht, Band 2: Teil Europarecht, 2. Aufl., Bern 2012; NOBEL, PETER/KAEMPF, MARKUS, Aktuelle Entwicklungen im Europäischen Gesellschaftsrecht, in: Epiney, Astrid/Diezig, Stefan (Hrsg.), Schweizerisches Jahrbuch für Europarecht 2012/2013, Bern/Zürich 2013, 113 ff. (zit. NOBEL/KAEMPF, Entwicklungen 2013); NOBEL, PETER/KAEMPF, MARKUS, Aktuelle Entwicklungen im Europäischen Gesellschaftsrecht, in: Epiney, Astrid/Diezig, Stefan (Hrsg.),

Schweizerisches Jahrbuch für Europarecht 2013/2014, Zürich/Basel/Genf 2014, 135 ff. (zit. NOBEL/KAEMPF, Entwicklungen 2014); SCHEIBE, ANDREA, Die Mitbestimmung der Arbeitnehmer in der SE unter besonderer Berücksichtigung des monistischen Systems, Zivilrechtliche Schriften, Beiträge zum Wirtschafts-, Banken- und Arbeitsrecht, Band 44, Frankfurt am Main 2007; STREINZ, RUDOLF, Europarecht, 10. Aufl., Heidelberg 2016; TRÜTEN, DIRK, Die Mobilität von Gesellschaften in der Europäischen Gemeinschaft, Zürcher Studien zum Privatrecht 194, Zürich/Basel/Genf 2005; VAN HULLE, KAREL, Aktuelle Entwicklungen im europäischen Gesellschaftsrecht, in: Scheuing, Dieter H./ Schwarz, Günter C./Wollenschläger, Michael (Hrsg.), Europäisches Unternehmensrecht, IUS Europaeum 15, Baden-Baden 2001; VEIL, RÜDIGER, Europäisches Kapitalmarktrecht, 2011.

I. Einleitung

Dem Gesellschaftsrecht der EU kommt sowohl bei der Rechts-   3
setzung, als auch bei der Rechtsanwendung in der Schweiz eine wichtige Rolle zu. So bildet das EU-Gesellschaftsrechts nicht nur einen geeigneten Bezugspunkt für die Rechtsvergleichung, hat nicht nur Bedeutung als Inspirationsquelle für eigenständige Schweizer Erlasse, sondern dient vielfach als Regelungsmodell, welches im Rahmen des «autonomen Nachvollzugs» in innerstaatliches Recht umgesetzt wird.[1] Gerade weil der Nachvollzug autonomer Natur ist und nicht aus einer Pflicht heraus geboren wurde, ist die Kenntnis der Hintergründe der Rechtssetzung in der EU von Interesse. Abweichende schweizerische Rechtstraditionen können so bei der Rechtssetzung und Gesetzesauslegung berücksichtigt werden. Besteht ein Gleichlauf der Interessen im Inland und würde abweichendes Legiferieren oder bewusst abweichende Gesetzesauslegung in der Schweiz dem inländischen Unternehmensstandort Nachteile zufügen, sind Querverweise auf das EU-Recht oder dessen Adaption angezeigt, ohne dass damit ein Verzicht auf die Autonomie einherginge.

Die Bedeutung des EU-Rechts bei der Rechtssetzung lässt sich auch an der Pflicht   4
des Bundesrates ablesen, in seine Botschaften stets ein Kapitel zum Verhältnis zum europäischen Recht aufzunehmen.[2] Bestandteil dieses Europakapitels ist eine sog. «Europaverträglichkeitsprüfung», die faktisch zu einem Begründungszwang

---

[1]   Vgl. dazu KUNZ, PETER V., Instrumente der Rechtsvergleichung in der Schweiz bei der Rechtssetzung und bei der Rechtsanwendung, ZVglRWiss 2009, 31 ff.

[2]   Art. 141 Abs. 1 lit. a des Bundesgesetzes über die Bundesversammlung vom 13. Dezember 2002 (Parlamentsgesetz, ParlG): SR 171.10; der Bundesrat beschloss bereits am 3. Februar 1988 sowie am 18. Mai 1988, in sämtlichen Botschaften die Europaverträglichkeit zu prüfen, BBl 1988 III 249, 380. Vgl. weiter Botschaft vom 24. Feb. 1993 über das Folgeprogramm nach der Ablehnung des EWR-Abkommens, BBl 1993 I 805, 821 f.

führt, wenn von den Regelungen der EU abgewichen wird.[3] Bei der Gesetzesauslegung schliesslich verlangt die Rechtsprechung des Bundesgerichts, dass insbesondere autonom nachvollzogenes EU-Recht europarechtskonform auszulegen ist, da es dem Gesetzgeber diesfalls darum ging, eine parallele Regelung zu schaffen.[4]

5 Mit dem Vertrag über die Europäische Union (EUV) und dem Vertrag über die Arbeitsweise der Europäischen Union (AEUV) haben sich die Mitgliedstaaten zusammengeschlossen, um gemeinsame Ziele zu verwirklichen. Zentrales Ziel ist die Errichtung eines Binnenmarktes auf dem Gebiet der Mitgliedstaaten (vgl. Art. 3 Abs. 3 EUV). Der Vertrag über die Europäische Union hält diesbezüglich fest, dass der Binnenmarkt «einen Raum ohne Binnengrenzen, in dem der freie Verkehr von Waren, Personen, Dienstleistungen und Kapital gemäss den Bestimmungen der Verträge gewährleistet ist», umfasst (Art. 26 Abs. 2 AEUV). M.a.W. strebt die EU an, für die Mitgliedstaaten in rechtlicher und wirtschaftlicher Hinsicht Verhältnisse eines einzigen Marktes zu schaffen (LUTTER/BAYER/SCHMIDT, 7). Zur Herausbildung eines «europäischen Gesellschaftsrechts» haben dabei vor allem der Abbau der Schranken der Niederlassungs- und Kapitalverkehrsfreiheit und die dazugehörende Rechtsprechung des EuGH sowie verschiedene Instrumente der Rechtsangleichung beigetragen. Demnach sollte nicht nur nationales Recht abgebaut (Deregulierung), sondern auch harmonisiert und fortentwickelt werden (Regulierung) (GRUNDMANN, N 31).

II. Instrumente der Harmonisierung

6   Zur Herausbildung eines «europäischen Gesellschaftsrechts» hat neben dem primären Gemeinschaftsrecht auch das sekundäre Gemeinschaftsrecht beigetragen. Die Instrumente, denen sich die Organe der Europäischen Union bedienen, sind Verordnungen, Richtlinien, Beschlüsse, Empfehlungen und Stellungnahmen (vgl. Art. 288 AEUV). Im Bereich des Gesellschaftsrechts wurde

---

[3] Ähnlich KUNZ, PETER V., Europa als ein Massstab für das schweizerische Wirtschaftsrecht? Rechtsvergleichende Fragestellungen zu einem «Weg nach Europa» anhand des neuen Kollektivanlagenrechts, in: Tradition mit Weitsicht, Festschrift für Eugen Bucher, Bern 2009, 455, 495 und SPINNER, BRUNO/MARITZ, DANIEL, EG-Kompatibilität des schweizerischen Wirtschaftsrechts: Vom autonomen zum systematischen Nachvollzug, in: Forstmoser, Peter et al. (Hrsg.), Der Einfluss des europäischen Rechts auf die Schweiz, Festschrift für Roger Zäch zum 60. Geburtstag, Zürich 1999, 127, 129, die aber betonen, dass die Eidgenössischen Räte indes völlig frei sind, abzuweichen und die Kompatibilitätsprüfung lediglich sicher stellen will, dass Abweichungen vom Recht der EU nur bewusst und in voller Kenntnis der Auswirkungen auf das Aussenverhältnis der Schweiz erfolgen. Ausführlich: WYSS, MARTIN P., Europakompatibilität und Gesetzgebungsverfahren im Bund, AJP/PJA 2007, 717 ff.

[4] BGE 137 II 199 E. 4.3.1.; 130 III 182 E. 5.5.1; 133 III 180 E. 3.5.; 129 III 335 E. 6.

die Rechtsangleichung der materiellen nationalen Gesellschaftsrechte vor allem durch den Erlass von Richtlinien und Verordnungen vorangetrieben. Gemäss Art. 288 Abs. 3 AEUV ist eine Richtlinie für jeden Mitgliedstaat hinsichtlich des zu erreichenden Ziels verbindlich. Im Gegensatz zur Verordnung, die unmittelbare Geltung in den Mitgliedstaaten beansprucht, bedarf die Richtlinie der innerstaatlichen Umsetzung, wobei nach Art. 288 Abs. 3 AEUV die Wahl der Form und der Mittel der Umsetzung dem Mitgliedstaat überlassen wird (STREINZ, N 477 ff.). Neben den Richtlinien und den Verordnungen dienen auch Empfehlungen der EU-Kommission dem Harmonisierungszweck. Obwohl Empfehlungen nicht verbindlich sind (Art. 288 Abs. 5 AEUV), kann die EU-Kommission durch Androhung von weiteren Massnahmen wegen Nichtbefolgung einer Empfehlung einen gewissen Druck erzeugen und dieser zur Umsetzung in den Mitgliedstaaten verhelfen (NOBEL, 19).

Der Gerichtshof der Europäischen Union entscheidet auf dem Wege des Vorabentscheidungsverfahrens über die Auslegung der Verträge und über die Gültigkeit und die Auslegung der Handlungen der Organe, Einrichtungen oder sonstigen Stellen der Union (Art. 267 AEUV). Somit hat der EuGH eine massgebende Funktion bei der Konkretisierung der Grundfreiheiten inne. 7

III. Niederlassungsfreiheit

A. Gesetzliche Grundlagen

Das europäische Gesellschaftsrecht wird zum einen massgeblich 8 durch die primärrechtlichen Grundfreiheiten, insbesondere die Niederlassungs- und Kapitalverkehrsfreiheit, geprägt. Zum andern wurden gesellschaftsrechtliche Regeln in Form von Sekundärrecht erlassen. Gemäss Art. 49 Abs. 1 Satz 1 AEUV ist die «Beschränkung der freien Niederlassung von Staatsangehörigen eines Mitgliedstaates im Hoheitsgebiet eines anderen Mitgliedstaates nach Massgabe der Bestimmungen in Art. 49–55 AEUV verboten». Geschützt ist nach Art. 49 Abs. 1 Satz 2 AEUV auch die «Gründung von Agenturen, Zweigniederlassungen oder Tochtergesellschaften durch Angehörige eines Mitgliedstaates, die im Hoheitsgebiet eines solchen ansässig sind». Art. 49 Abs. 1 AEUV ermöglicht folglich die Gründung einer Gesellschaft in einem anderen Mitgliedstaat («primäre Niederlassungsfreiheit»), wie auch die Gründung von Agenturen, Zweigniederlassungen oder Tochtergesellschaften («sekundäre Niederlassungsfreiheit»). Während der EuGH Art. 49 AEUV anfänglich als ein reines Diskriminierungsverbot auslegte, ist mittlerweile anerkannt, dass die Vorschrift auch ein Beschränkungsverbot enthält, dessen Reichweite indessen nicht abschliessend geklärt ist (vgl. GRUNDMANN, N 186; NOBEL, 8 f.; TRÜTEN, 19; erstmals ausdrücklich in EuGH, Urteil vom 31. März 1993, Rs. C-19/92, Dieter

Kraus/Land Baden-Württemberg, Slg. 1993, I-1663, N 32). In der Streitsache *Gebhard gegen Consiglio dell'Ordine degli Avvocati e Procuratori di Milano* (EuGH, Urteil vom 30. November 1995, Rs. C-55/94, Slg. 1995, I-4165, N 37) entschied der Europäische Gerichtshof, dass nationale Massnahmen, welche die Niederlassungsfreiheit behindern oder weniger attraktiv machen könnten, nur unter folgenden Voraussetzungen gerechtfertigt sind:

1. Die Massnahme darf nicht in diskriminierender Weise angewendet werden.

2. Sie muss aus zwingenden Gründen des Allgemeininteresses gerechtfertigt sein.

3. Sie muss geeignet sein, die Verwirklichung des mit ihr verfolgten Zieles zu gewährleisten.

4. Sie darf nicht über das hinausgehen, was zur Erreichung dieses Zieles erforderlich ist.

9   Auf die Niederlassungsfreiheit kann sich jede natürliche Person berufen, welche Staatsangehörige eines EU-Staats ist und gedenkt in einem anderen Mitgliedstaat eine Gesellschaft zu gründen oder in eine schon bestehende Gesellschaft zu investieren (GRUNDMANN, N 176; vgl. dazu nachfolgend die Rechtsprechung des EuGH). Den natürlichen Personen werden nach Art. 54 AEUV Gesellschaften gleichgestellt:

> «Für die Anwendung dieses Kapitels stehen die nach den Rechtsvorschriften eines Mitgliedstaats gegründeten Gesellschaften, die ihren satzungsmäßigen Sitz, ihre Hauptverwaltung oder ihre Hauptniederlassung innerhalb der Union haben, den natürlichen Personen gleich, die Angehörige der Mitgliedstaaten sind.
>
> Als Gesellschaften gelten die Gesellschaften des bürgerlichen Rechts und des Handelsrechts einschließlich der Genossenschaften und die sonstigen juristischen Personen des öffentlichen und privaten Rechts mit Ausnahme derjenigen, die keinen Erwerbszweck verfolgen.»

10   Die Gesetzesbestimmung nennt ausdrücklich Gesellschaften des bürgerlichen Rechts und des Handelsrechts sowie Genossenschaften und sonstige juristische Personen, die unter die Bestimmung und somit auch unter die Niederlassungsfreiheit fallen. Gemeint sind aber alle Gesellschaftsformen, auch nicht rechtsfähige Gesellschaften, welche einen wirtschaftlichen Zweck verfolgen (GRUNDMANN, N 179; NOBEL, 11; TRÜTEN, 31). Vereine, die sich kulturellen, politischen, religiösen, wissenschaftlichen, künstlerischen, wohltätigen, geselligen oder anderen nicht wirtschaftlichen Aufgaben widmen und somit keinen Erwerbszweck verfolgen (vgl. Art. 60 ZGB), fallen dementsprechend nicht in den Anwendungsbereich der Niederlassungsfreiheit.

B.   Grenzüberschreitende Mobilität

Der EuGH spricht sich in seiner Rechtsprechung zur Niederlas- 11
sungsfreiheit für eine möglichst weitgehend ungehinderte, grenzüberschreitende
Mobilität der Gesellschaften aus und anerkennt Rechtfertigungsgründe für Beschränkungen der Niederlassungsfreiheit nur im begrenzten Masse (vgl. NOBEL,
33). In dem wegweisenden Urteil *Segers* legte der EuGH fest, dass «eine Gesellschaft, die nach den Rechtsvorschriften eines anderen Mitgliedstaates errichtet
worden ist und die ihre Tätigkeit durch eine Agentur, Zweigniederlassung oder
Tochtergesellschaft im Mitgliedstaat der Niederlassung ausübt», nicht von der
Anwendung der Niederlassungsfreiheit nach Art. 49 ff. AEUV ausgenommen
werden darf (EuGH, Urteil vom 10. Juli 1986, Rs. 79/85, Slg. 1986, S. 2375 ff.,
N 14). M.a.W. wurde die Ungleichbehandlung von Gesellschaften, nur weil sich
deren Sitz in einem anderen Mitgliedstaat befindet, verboten. Das Gemeinschaftsrecht hat es aber unterlassen, klipp und klar zu sagen, dass internationale Sitzver-
legungen zulässig seien.

Eine weitere entscheidende Konkretisierung erfuhr die Niederlassungsfreiheit für 12
jur. Personen durch den Entscheid *Daily Mail,* eine britische Holding- und
Investmentgesellschaft (EuGH, Urteil vom 27. September 1988, Rs. 81/87,
Slg. 1988, S. 5483 ff.). Gemäss britischem Gesellschaftsrecht war es einer Gesellschaft, die nach britischem Recht gegründet wurde und im Vereinigten Königreich
ihren satzungsmässigen Sitz (registered office) hatte, möglich, ihre Geschäftsleitung ins Ausland zu verlegen, ohne ihre Rechtspersönlichkeit oder ihre Eigenschaft als Gesellschaft britischen Rechts zu verlieren (N 3). Der EuGH hatte im
genannten Fall zu entscheiden, ob eine Bestimmung des britischen Einkommens-
und Körperschaftssteuergesetzes, die den Gesellschaften mit steuerlichem Sitz im
Vereinigten Königreich verbot, ihre Geschäftsleitung ohne Zustimmung des Fi-
nanzministeriums ausserhalb des Vereinigten Königreichs einzurichten, gegen die
Niederlassungsfreiheit verstiess. Der EuGH entschied, dass die Niederlassungsfreiheit «den Gesellschaften nationalen Rechts kein Recht gewährt, den Sitz ihrer
Geschäftsleitung unter Bewahrung ihrer Eigenschaft als Gesellschaft des Mitgliedstaats ihrer Gründung in einen andern Mitgliedstaat zu verlegen» (N 24).
Dies war vor dem Hintergrund zu sehen, dass sich beim damaligen Stand des
Gemeinschaftsrechts die Voraussetzungen, dass eine Gesellschaft ihren Sitz von
einem Mitgliedstaat in einen anderen verlegen konnte, nach dem nationalen Recht
des Gründungsstaats und des Gaststaats richteten (N 14).

Diese Rechtsprechung fand im Entscheid *Cartesio* (EuGH, Urteil vom 16. Dezem- 13
ber 2008, Rs. C-210/06, Slg. 2008, I-09641 ff.) ihre Bestätigung, aber zugleich auch
eine Korrektur (BEHRENS, Gesellschaftssitzverlegung, 76). Die Korrektur bestand
darin, «dass der EuGH den Analyserahmen des Daily-Mail-Urteils revidiert hatte»,
was dazu führt, dass der EuGH das «dort relevante steuerrechtliche Mobilitätshin-

dernis» heute nicht mehr als solches betrachten würde, «das seinen Grund in der für englische Gesellschaften massgeblichen Inlandsverknüpfung hatte», sondern als rechtfertigungsbedürftige Beschränkung der Niederlassungsfreiheit, weil nach englischem Recht die Trennung von rechtlichem und operativem Sitz zulässig ist (BEHRENS, Gesellschaftssitzverlegung, 76). Somit überliess es der EuGH den Mitgliedstaaten, sich für die Sitztheorie oder die Inkorporationstheorie zu entscheiden und somit über die Zulässigkeit einer Aufteilung des rechtlichen und des operativen Gesellschaftssitzes für die nach ihrem Recht gegründeten Gesellschaften auf verschiedene Staaten zu bestimmen (NOBEL/KAEMPF, Entwicklungen 2013, 134). Der EuGH begründete den Entscheid auf dem bereits im *Daily Mail* aufgestellten bemerkenswerten Grundsatz, wonach eine «aufgrund einer nationalen Rechtsordnung gegründete Gesellschaft jenseits der nationalen Rechtsordnung, die ihre Gründung und Existenz regelt, keine Realität hat» (N 104).

14   Zwischen dem Daily-Mail-Urteil und dem Cartesio-Entscheid legte der EuGH hinsichtlich Zuzugsbeschränkungen in mehreren Entscheiden im Kern fest, dass, solange die Aufteilung von rechtlichem und operativem Gesellschaftssitz im Gründungsstaat zulässig ist, die anderen Mitgliedstaaten, die gemäss der Sitztheorie eine solche Aufteilung nicht erlauben, eine Gesellschaft, die von der Trennungsmöglichkeit Gebrauch macht, als wirksam gegründete Gesellschaft anerkennen müssen (vgl. *Centros*, EuGH, Urteil vom 9. März 1999, Rs. 12/97, Slg. 1999, I-01459 ff.; *Überseering*, EuGH, Urteil vom 5. November 2002, Rs. C-208/00, Slg. 2002, I-09919 ff.; *Inspire Art*, EuGH, Urteil vom 30. September 2003, Rs. C-167/01, Slg. 1999, I-10155 ff.). Im Ergebnis kann gesagt werden, dass sowohl Zuzugsbeschränkungen als auch Wegzugsbeschränkungen auf die Vereinbarkeit mit der Niederlassungsfreiheit zu überprüfen sind. Wegzugsbeschränkungen des Staates, in dem die Gesellschaft gegründet (inkorporiert) wurde, jedoch nur, sofern der Gründungsstaat die Trennung des rechtlichen und des operativen Gesellschaftssitzes auf verschiedene Staaten erlaubt und die Wegzugsbeschränkung ihren Grund nicht in der gesellschaftsrechtlichen Inlandsverknüpfung hat.

15   In einem weiteren Entscheid hat der EuGH in konsequenter Linie mit den Entscheiden *SEVIC,* bei dem es um eine grenzüberschreitende Verschmelzung ging (EuGH, Urteil vom 13. Dezember 2005, Rs. C-411/03, Slg. 2005, I-10805 ff.), und *Cartesio* (s. oben) bestätigt, dass nationale Regelungen, die zwar für inländische Gesellschaften die Möglichkeit einer Umwandlung vorsehen, aber die Umwandlung einer dem Recht eines anderen Mitgliedstaates unterliegenden Gesellschaft nicht erlauben, in den Anwendungsbereich der Niederlassungsfreiheit gemäss Art. 49 AEUV und Art. 54 AEUV fallen (VALE Építési kft, EuGH, Urteil vom 12. Juli 2012, Rs. C-378/10, Slg. 2012, N 33). Aufgrund fehlender einschlägiger Unionsregelungen bezüglich grenzüberschreitender Umwandlungen hielt es der EuGH für angebracht bzw. für zulässig, die innerstaatlichen Bestimmungen über innerstaatliche Umwandlungen anzuwenden (N 48 ff.). Gleichzeitig wies der

Gerichtshof darauf hin, dass die nationalen Bestimmungen für grenzüberschreitende Sachverhalte nicht ungünstiger sein dürfen als für gleichartige innerstaatliche Sachverhalte (Äquivalenzgrundsatz) und dass die Ausübung der durch die Unionsrechtsordnung verliehenen Rechte dadurch nicht praktisch unmöglich gemacht oder übermässig erschwert werden darf (Effektivitätsgrundsatz).

Der EGV enthielt in Art. 293 eine Regelung, nach der die Mitgliedstaaten angehalten waren, untereinander Verhandlungen einzuleiten, um «die gegenseitige Anerkennung der Gesellschaften (…), die Beibehaltung der Rechtspersönlichkeit bei Verlegung des Sitzes von einem Staat in einen anderen und die Möglichkeit der Verschmelzung von Gesellschaften, die den Rechtsvorschriften verschiedener Mitgliedstaaten unterstehen», sicherzustellen. Diese Regelung wurde in den Lissabonner Vertrag nicht übernommen und findet sich entsprechend heutzutage nicht mehr im geltenden Vertragstext des AEUV. Die Streichung erscheint nicht nachvollziehbar, da der EuGH bei der Sitzverlegung zwar die Pflicht des aufnehmenden Mitgliedstaates herausgearbeitet hat, die Rechtspersönlichkeit der zuziehenden Gesellschaft zu respektieren, nicht aber die Wegzugsstaaten verpflichtet hat, den unter ihrem Recht gegründeten Gesellschaften den Wegzug zu ermöglichen, ohne dass sie ihre Rechtspersönlichkeit einbüssen. 16

IV. Kapitalverkehrsfreiheit

A. *Gesetzliche Grundlagen*

Das europäische Gesellschaftsrecht wurde (bei einem weiten Begriffsverständnis) auch von der Kapitalverkehrsfreiheit massgeblich geformt. Zudem ist die Kapitalverkehrsfreiheit Voraussetzung für die Ausübung der anderen drei Freiheiten und bezweckt unter anderem eine grenzüberschreitend optimale Kapitalallokation (EU-Kommentar-RESS/UKROW, Art. 63 AEUV N 7). Der Vertrag verbietet alle Beschränkungen des Kapital- und Zahlungsverkehrs zwischen den Mitgliedstaaten sowie zwischen den Mitgliedstaaten und dritten Ländern (Art. 63 Abs. 1 und 2 AEUV). Die Kapital- und Zahlungsverkehrsfreiheit hat demnach *erga omnes*-Wirkung. Umso wichtiger ist daher die Unterscheidung zu den anderen Freiheiten, weil sie für Gesellschaften mit Sitz in Drittstaaten von entscheidender Bedeutung sein kann (vgl. NOBEL, 32). Beschränkt eine innerstaatliche Massnahme den freien Dienstleistungsverkehr und den freien Kapitalverkehr, ist nach der Rechtsprechung des Europäischen Gerichtshofes in einem ersten Schritt zu untersuchen, inwieweit diese Massnahme die Ausübung dieser Grundfreiheiten berührt und ob unter den im Ausgangsverfahren gegebenen Umständen die eine Freiheit gegenüber der anderen an Bedeutung verliert (vgl. Urteile vom 17

25. März 2004 in der Rechtssache C-71/02, Karner, Slg. 2004, I-3025, N 47, und vom 14. Oktober 2004 in der Rechtssache C-36/02, Omega, Slg. 2004, I-9609, N 27, sowie Urteil des EFTA-Gerichtshofes vom 14. Juli 2000 in der Sache State Management Debt Agency/Islandsbanki-FBA, E-1/00, EFTA Court Report 2000–2001, S. 8, N 32). Ergibt die Prüfung, dass im Einzelfall eine der beiden Freiheiten der anderen gegenüber völlig untergeordnet ist, prüft der Gerichtshof die betroffene Massnahme nur im Lichte der vorherrschenden Freiheit (vgl. entsprechend Urteile vom 24. März 1994 in der Rechtssache C-275/92, Schindler, Slg. 1994, I-1039, N 22, vom 22. Januar 2002 in der Rechtssache C-390/99, Canal Satélite Digital, Slg. 2002, I-607, N 31, Karner, N 46, Omega, N 26, vom 26. Mai 2005 in der Rechtssache C-20/03, Burmanjer u.a., Slg. 2005, I-4133, N 35, und vom 3. Oktober 2006 in der Rechtssache C-452/04, Fidium Finanz AG [schweizerische Gesellschaft], Slg. 2006, I-9521, N 28 ff.). Im Verhältnis zur Niederlassungsfreiheit hielt der Gerichtshof fest, dass es für die Abgrenzung darauf ankommt, ob sich die streitgegenständliche Regelung auf Beteiligungen bezieht, die ermöglichen, einen *sicheren Einfluss* auf die Gesellschaft auszuüben und deren Tätigkeit zu bestimmen (EuGH, Rs. C-196/04, Cadbury Schweppes, Slg. 2006, I-7995 N 31 bis 33 so auch Urteile vom 13. April 2000 in der Rechtssache C-251/98, Baars, Slg. 2000, I-2787, N 22, und vom 21. November 2002 in der Rechtssache C-436/00, X und Y, Slg. 2002, I-10829, N 37). Ist ein sicherer Einfluss auf eine Gesellschaft möglich, so ist die Regelung auf die Vereinbarkeit mit der Niederlassungsfreiheit zu überprüfen.

18   Die Kapitalverkehrsfreiheit muss sodann von der Dienstleistungsfreiheit (Art. 56 ff. AEUV) unterschieden werden, was vor allem bei Gesellschaften mit Sitz in Drittstaaten von entscheidender Bedeutung ist. Im Entscheid C-452/04 hielt der EuGH fest, dass das Kapitel des Vertrags über den freien Dienstleistungsverkehr – im Gegensatz zu demjenigen über den freien Kapitalverkehr – keine Bestimmung enthält, wonach die Vorschriften für Dienstleistungserbringer, die nicht in der Europäischen Union ansässige Drittstaatsangehörige sind, anwendbar sind. Demzufolge kann sich ein Unternehmen mit Sitz in einem Drittstaat nicht auf die Artikel 49 ff. berufen. Ein diese Problematik betreffender Fall handelte von der Fidium Finanz AG mit Sitz in St. Gallen, die gegen einen Bescheid der Bundesanstalt für Finanzdienstleistungsaufsicht (BaFin) klagte. Der Fidium Finanz AG wurde untersagt, in Deutschland ansässigen Kunden gewerbsmässig Kredite zu gewähren, da diese nicht über eine nach deutschem Recht erforderliche Erlaubnis verfügte. Bei der Beurteilung dieses Falles musste sich der EuGH mit der Abgrenzung und dem Verhältnis zwischen den Vertragsbestimmungen über den freien Dienstleistungsverkehr einerseits und dem freien Kapitalverkehr andererseits auseinandersetzen. Obwohl die Bestimmungen in einem engen Zusammenhang zueinander stehen, regeln sie einen unterschiedlichen Anwendungsbereich. Art. 58 Abs. 2 AEUV bestimmt, dass die Liberalisierung der mit dem Kapitalverkehr verbunde-

nen Dienstleistungen der Banken und Versicherungen «in Einklang mit der Liberalisierung des Kapitalverkehrs durchgeführt» wird. Somit ist bei einer innerstaatlichen Massnahme, welche die beide Grundfreiheiten (freier Dienstleistungs- und Kapitalverkehr) betrifft, zu prüfen, ob die Massnahme die Ausübung der Grundfreiheiten tangiert und ob eine hinter die andere zurücktritt.[5] Ist unter Berücksichtigung der Umstände des Einzelfalles eine der beiden Grundfreiheiten total zweitrangig, prüft der EuGH die umstrittene Massnahme nur im Lichte der dominanten Grundfreiheit.[6]

Nach ständiger Rechtsprechung stellt die Tätigkeit der Kreditvergabe durch ein Kreditinstitut eine Dienstleistung im Sinne des Artikels 49 EG dar.[7] Die Fidium Finanz AG ist zwar kein Kreditinstitut im Sinne des Gemeinschaftsrechts, da ihre Tätigkeit nicht darin besteht, Einlagen oder andere rückzahlbare Gelder vom Publikum entgegenzunehmen, gleichwohl handelt es sich bei ihrer Tätigkeit der gewerbsmässigen Kreditvergabe um eine Dienstleistung.[8] Trotzdem fallen die Konsumkredite auch unter den geschützten Kapitalverkehr nach Art. 56 ff. AEUV. Die Tätigkeit der gewerbsmässigen Kreditvergabe steht demzufolge grundsätzlich in einer Beziehung sowohl zum freien Dienstleistungsverkehr im Sinne der Art. 56 ff. AEUV als auch zum freien Kapitalverkehr im Sinne der Art. 63 ff. AEUV.[9] Die Massnahme hat zur Folge, dass der Zugang zum deutschen Finanzmarkt für in Drittstaaten ansässige Unternehmen erschwert wird, und betrifft vorwiegend den freien Dienstleistungsverkehr. Der Kapitalverkehr ist insofern beeinträchtigt, als die Finanzdienstleistungen, die von nicht im Europäischen Wirtschaftsraum ansässigen Unternehmen angeboten werden, für die in Deutschland ansässigen Kunden weniger leicht zugänglich gemacht werden. Dies hat möglicherweise zur Folge, dass diese Kunden die betreffenden Dienstleistungen weniger häufig in Anspruch nehmen und dass sich somit die mit diesen Dienstleistungen zusammenhängenden grenzüberschreitenden Geldströme vermindern. Dabei han-

19

---

[5]   Vgl. entsprechend Urteile vom 25. März 2004 in der Rechtssache C-71/02, Karner Slg. 2004, I-3025, N 47 und vom 14. Oktober 2004 in der Rechtssache C-36/02, Omega, Slg. 004, I-9609, N 27, sowie Urteil des EFTA-Gerichtshofes vom 14. Juli 2000 in der Sache State Management Debt Agency/Islandsbanki-FBA, E-1/00, EFTA Court Report 2000–2001, S. 8, N 3.

[6]   Vgl. entsprechend Urteile vom 24. März 1994 in der Rechtssache C-275/92, Schindler, Slg. 1994, I-1039, N 22, vom 22. Januar 2002 in der Rechtssache C-390/99, Canal Satélite Digital, Slg. 2002, I-607, N 31, Karner, Rz. 46, Omega, N 26 und vom 26. Mai 2005 in der Rechtssache C-20/03, Burmanjer u.a., Slg. 2005, I-4133, N 35.

[7]   Vgl. in diesem Sinne Urteile vom 14. November 1995 in der Rechtssache C-484/93, Svensson und Gustavsson, Slg. 1995, I-3955, N 11 und vom 9. Juli 1997 in der Rechtssache C-222/95, Parodi, Slg. 1997, I-3899, N 17.

[8]   EuGH, C-452/04, N 41.

[9]   EuGH, C-452/04, N 43.

delt es sich aber nur um eine zwangsläufige Folge der Beschränkung des freien Dienstleistungsverkehrs[10] (NOBEL, 15 f.).

B.   Kapitalverkehrsfreiheit und Golden Shares

20   Im Zuge der (Teil-)Privatisierung von staatlichen Unternehmen in verschiedenen Mitgliedstaaten hatte der EuGH über die Vereinbarkeit von Sonderaktien *(Golden Shares)* mit der Kapitalverkehrsfreiheit zu entscheiden. Bei diesen Sonderaktien handelte es sich ursprünglich um Anteile mit Vorzugsrechten, welche es den Staaten ermöglichten, die Kontrolle trotz der Abgabe der Mehrheitsrechte beizubehalten (EU-Kommission, Privatised Companies, 5). Im Laufe der Zeit weitete sich das Verständnis von «Golden Shares» aus und umfasste alle Sonderrechte der Staaten an privatisierten Unternehmen, unabhängig davon, in welcher Form diese Rechte gewährt wurden (vgl. LUTTER/BAYER/SCHMIDT, 175). Bereits 1997 prüfte die Europäische Kommission eine Reihe von Rechts- und Verwaltungsvorschriften bestimmter Mitgliedstaaten auf ihre Vereinbarkeit mit den Grundsätzen des freien Kapitalverkehrs und der Niederlassungsfreiheit. Sie kam zum Ergebnis, dass diskriminierende Massnahmen mit den Grundfreiheiten nicht vereinbar sind, sofern sie nicht unter eine der im Vertrag genannten Ausnahmen fallen und beschränkende, aber nicht diskriminierende Massnahmen nur zulässig sind, wenn sie nicht auf «einer Reihe von objektiven, dauerhaft gegebenen und veröffentlichten Kriterien beruhen, die aus zwingenden Gründen des allgemeinen Interesses gerechtfertigt und verhältnismässig sind» (EU-Kommission, Investitionen, 15 ff.).

21   Anfang des neuen Jahrtausends bezog auch der EuGH Stellung zu der *Golden-Share-Problematik* in einigen Mitgliedstaaten. In seinem ersten Urteil betreffend *Golden Shares* hatte der EuGH darüber zu befinden, ob «Sondervollmachten», die dem italienischen Staat bzw. dessen Behörden hinsichtlich Gesellschaften aus den Bereichen der Verteidigung, des Transportwesens, der Telekommunikation, der Energiegewinnung und der sonstigen öffentlichen Dienstleistungen gewährt wurden, gegen die Kapitalverkehrsfreiheit verstossen. Die «Sondervollmachten» gewährten den staatlichen Behörden ein Vetorecht gegen bestimmte Entscheidungen sowie das Recht, Verwaltungsratsmitglieder und Abschlussprüfer zu wählen. Der EuGH entschied, dass die «Sondervollmachten» der italienischen Behörden die Ausübung der Kapitalverkehrsfreiheit behindern oder weniger attraktiv machen könnten und auch nicht gerechtfertigt sind. Zulässig wären solche beschränkenden Massnahmen nur, wenn sie «in nicht diskriminierender Weise angewandt werden, aus zwingenden Gründen des Allgemeininteresses gerechtfertigt sind und die

---

[10]   EuGH, C-452/04, N 48.

Verwirklichung des mit ihnen verfolgten Zweckes gewährleisten» und sie «nicht über das hinausgehen, was zur Erreichung dieses Zweckes erforderlich» ist (Kommission gegen Italienische Republik, EuGH, Urteil vom 23. Mai 2000, Rs. C-58/99, Slg. 2000, S. I-3811 ff.). Diese Rechtsprechung des EuGH wurde in der Folge in zahlreichen Fällen angewandt und bestätigt (Kommission gegen Portugiesische Republik, EuGH, Urteil vom 4. Juni 2002, Rs. C-367/98, Slg. 2002, I-4731 ff.; Kommission gegen Französische Republik, EuGH, Urteil vom 4. Juni 2002, Rs. C-483/99, Slg. 2002, I-4781 ff.; Kommission gegen Königreich Belgien, EuGH, Urteil vom 4. Juni 2002, Rs. C-503/99, Slg. 2002, I-4809 ff.; Kommission gegen Königreich Spanien, EuGH, Urteil vom 13. Mai 2003, Rs. C-463/00, Slg. 2003, I-4581 ff.; Kommission gegen Vereinigtes Königreich Grossbritannien und Nordirland, EuGH, Urteil vom 13. Mai 2003, Rs. C-98/01, Slg. 2003, I-4641 ff.; Kommission gegen Italienische Republik, EuGH, Urteil vom 2. Juni 2005, Rs. C-174/04, Slg. 2005, I-4933 ff.; Kommission gegen Königreich Niederlande, EuGH, Urteil vom 28. September 2006, Rs. C-282/04 und C-283/04, Slg. 2006, I-9155 ff.; Showa Denke KK gegen Kommission, EuGH, Urteil vom 29. Juni 2006, Rs. C-289/04 P, Slg. 2006, I-5884 ff.; Adiconsum u.a. gegen Comune di Milano, EuGH, Urteil vom 6. Dezember 2007, Rs. C-463/04 und C-464/04, Slg. 2007, I-10433 ff.; Kommission gegen Bundesrepublik Deutschland, EuGH, Urteil vom 23. Oktober 2007, Rs. C-112/05, Slg. 2007, I-8995 ff.; Kommission gegen Italienische Republik, EuGH, Urteil vom 26. März 2009, Rs. C-326/07, Slg. 2009, I-2291 ff.; Kommission gegen Königreich Spanien, EuGH, Urteil vom 14. Februar 2008, Rs. C-274/06, Slg. 2008, I-26 ff. [abgekürzte Veröffentlichung]; Kommission gegen Königreich Spanien, EuGH, Urteil vom 17. Juli 2008, Rs. C-207/07, Slg. 2008, I-111 ff. [abgekürzte Veröffentlichung]; Kommission gegen Portugiesische Republik, EuGH, Urteil vom 8. Juli 2010, Rs. C-171/08, Slg. 2010, I-6817 ff.).

C. Die Tragweite der Kapitalsverkehrsfreiheit

Der Inhalt der Kapitalverkehrsfreiheit ist in Anhang 1 der Ka-   22
pitalverkehrsrichtlinie (88/361/EWG) umschrieben. Mit Bezug zum Gesellschaftsrecht erscheinen da die folgenden Themen:

– Direktinvestitionen (Gründung und Erweiterung von Zweigniederlassungen oder neuen Unternehmen, die ausschliesslich dem Geldgeber gehören, und vollständige Übernahme bestehender Unternehmen; Beteiligung an neuen oder bereits bestehenden Unternehmen zur Schaffung oder Aufrechterhaltung dauerhafter Wirtschaftsbeziehungen);

– Immobilieninvestitionen;

– Geschäfte mit Wertpapieren, die normalerweise am Kapitalmarkt gehandelt werden (Transaktionen mit Kapitalmarktpapieren wie beispielsweise Aktien oder anderen Wertpapieren, die Beteiligungscharakter haben; Zulassung von Wertpapieren am Kapitalmarkt, d.h. Emission und Unterbringung an einem Kapitalmarkt);

– Kontokorrent- und Termingeschäfte mit Finanzinstitutionen;

– Kredite im Zusammenhang mit Handelsgeschäften oder Dienstleistungen, an denen ein Gebietsansässiger beteiligt ist.

V.   Stand der gesellschaftsrechtlichen Harmonisierung

23   In der EU besteht kein einheitliches Gesellschaftsrecht. Vielmehr ist gerade gewollt, dass die Gesellschaftsrechte der einzelnen Mitgliedstaaten und deren Gesellschaftsformen in Wettbewerb zueinander stehen. Sieht man mit dem EuGH und der ganzen herrschenden Meinung in der Rechtsliteratur die Grundfreiheiten nicht als blosse Diskriminierungs-, sondern auch als Beschränkungsverbote, so wird daran anknüpfend verschiedentlich die Gefahr gesehen, dass es zu einer völligen Deregulierung kommt, die letztlich schädlichen Charakter haben könnte. Für diese befürchtete Entwicklung wird regelmässig der Terminus des *«race to the bottom»* verwendet, welcher dem US-amerikanischen Gesellschaftsrecht entnommen ist. Dort wird dieser Begriff vor allem verbunden mit dem Staat Delaware thematisiert, der mit seinem liberalen Gesellschaftsrecht eine hohe Anzahl von Unternehmen dazu brachte, ihren Sitz dort zu begründen oder dorthin zu verlegen. Nach der gegenteiligen Sicht führt der Wettbewerb der Gesellschaftsrechte dazu, dass die Qualität der Rechtssetzung steigt und es zu einer sinnvollen, vernünftigen Regulierung kommt *(«race to the top»)*. Die EU sucht, diese Entwicklung *«to the top»* auf nationaler Ebene in den mitgliedstaatlichen Gesellschaftsrechten durch Massnahmen der Rechtsangleichung zu unterstützen.

24   Die zentrale Bestimmung zur Rechtsangleichung im europäischen Gesellschaftsrecht findet sich in Art. 50 AEUV (vgl. NOBEL, 11). Demnach haben das Europäische Parlament und der Europäische Rat gemäss dem ordentlichen Gesetzgebungsverfahren und nach Anhörung des Wirtschafts- und Sozialausschusses Richtlinien zur Verwirklichung der Niederlassungsfreiheit für eine bestimmte Tätigkeit zu erlassen (Art. 50 Abs. 1 AEUV). Im Bereich des Gesellschaftsrechts haben das Europäische Parlament, der Rat und die Kommission, soweit erforderlich, die Schutzbestimmungen, die in den Mitgliedstaaten den Gesellschaften im Interesse der Gesellschafter sowie Dritter vorgeschrieben sind, zu koordinieren, um eine gleichwertige Umsetzung zu gewährleisten (Art. 50 Abs. 2 AEUV). Die genannte Bestimmung erteilt die Kompetenz zur Angleichung des gesamten Ge-

sellschaftsrechts und zum Erlass von Schutzbestimmungen, nicht nur bezüglich der Gläubiger der Gesellschaften, sondern auch anderer Dritter, insbesondere der Arbeitnehmer (vgl. ausführlich NOBEL, 12). So stützen sich abgesehen von der Mitbestimmungsrichtlinie zur Ergänzung des SE-Statuts, welche auf der Grundlage von Art. 352 AEUV beruht, alle bislang verabschiedeten «gesellschaftsrechtlichen» Richtlinien auf Art. 50 Abs. 2 lit. g AEUV. Diese Bestimmung bildet jedoch nur die Rechtsgrundlage für Richtlinien. Den Erlass von Verordnungen ermöglichen andere Rechtsgrundlagen (Art. 114 und 352 AEUV).

A. EU-Richtlinien im Bereich des Gesellschaftsrechts

Die Harmonisierung auf dem Gebiet des Gesellschaftsrechts ist 25 ein wichtiger Schritt zur Realisierung des Binnenmarktes innerhalb der europäischen Union. Die EU ist bestrebt, durch die Harmonisierung einen gleichwertigen Schutz für Aktionäre und andere Interessengruppen innerhalb der Unternehmen zu gewährleisten, für Unternehmen die Niederlassungsfreiheit auf dem ganzen Gebiet des Binnenmarktes durchzusetzen, die Wettbewerbs- und Leistungsfähigkeit der Unternehmen zu verbessern sowie die grenzüberschreitende Kooperation und den grenzüberschreitenden Austausch zwischen Unternehmen in unterschiedlichen Mitgliedstaaten zu fördern und Diskussionen zwischen den Mitgliedstaaten über die Reform des Gesellschaftsrechts und der Corporate Governance anzuregen. Die erlassenen, zum Teil aber abgeänderten oder ersetzten Richtlinien zielen insbesondere auf die Koordinierung der einzelstaatlichen Vorschriften in den folgenden Bereichen[11]:

– 1. Richtlinie: Publizitätsrichtlinie 2009/101/EG vom 16. September 2009: Die Richtlinie harmonisiert die handelsrechtliche Publizität bezüglich der Publizitätsinstrumente (v.a. durch Einrichtung von Registern oder Bekanntmachungen im Amtsblatt). Zudem wird die Wirksamkeit von Geschäftshandlungen von Gesellschaftsorganen gegenüber Dritten geregelt. Namentlich sind Bestimmungen über die Haftung für das Handeln in Namen der Gesellschaft in Gründung, die Rechtslage bei Bestellungsmängeln und die Vertretungsmacht der Organe enthalten. Ferner sind die Nichtigkeitsvoraussetzungen (abschliessende Aufzählung i.S. der Rechtssicherheit) und die Nichtigkeitsfolgen (ex nunc) aufgeführt. Die Richtlinie 2009/101/EG vom 16. September 2009 ersetzte die erste Richtlinie 68/151/EWG des Rates vom 9. März 1968;

– 2. Richtlinie: Kapitalrichtlinie (2012/30/EU vom 25. Oktober 2012): Inhaltlich bezweckt die Richtlinie den Schutz von Aktionären einerseits und den Schutz

---

[11] Ausführlich dazu insb. BEHRENS, Europäisches Gesellschaftsrecht, 120 ff.; GRUNDMANN, N 106 ff.; NOBEL, 54 ff.

des Rechtsverkehrs andererseits. Instrumente sind Regelungen zum Mindest-kapital, zu der Kapitalaufbringung und Kapitalerhaltung sowie zu der Kapital-erhöhung und Kapitalherabsetzung. Die Richtlinie ersetzte die Kapitalrichtlinie 77/91/EWG vom 13. Dezember 1976;

– 3. Richtlinie: Verschmelzungsrichtlinie (2011/35/EU vom 5. April 2011): Durch die Richtlinie wurde das Rechtsinstitut der Verschmelzung auf EU-Ebene eingeführt. Zudem werden einheitliche Regelungen über das Ver-schmelzungsverfahren aufgestellt, wie namentlich die Aufstellung und Offen-legung eines Verschmelzungsplans, die Erstellung eines Verschmelzungsbe-richts, die Verschmelzungsprüfung (Prüfung des Verschmelzungsplans durch unabhängige Sachverständige), den Verschmelzungsbeschluss und die Recht-mässigkeitskontrolle. Die Verschmelzungsrichtlinie 2011/35/EU vom 5. April 2011 ersetzte die Richtlinie 78/855/EWG vom 9. Dezember 1978;

– 4. und 7. Richtlinie: Bilanzrichtlinie (2013/34/EU vom 26. Juni 2013; sie er-setzte die Richtlinie 78/660/EWG vom 25. Juli 1978 und die Konzernbilanz-richtlinie 83/349/EWG vom 13. Juni 1983): Regelungsziele der Richtlinie sind eine erhöhte Klarheit und EU-weite Vergleichbarkeit von Abschlüssen. In diesbezüglicher Hinsicht ist noch die «IAS-Verordnung» vom 19. Juli 2002 (EG Nr. 1606/2002) zu nennen, welche die Vergleichbarkeit und Transparenz europäischer Abschlüsse ermöglichte und zur Steigerung der Wettbewerbsfä-higkeit europäischer Kapitalmärkte beitrug. Die Verordnung regelt die An-wendung internationaler Rechnungslegungsstandards in der Europäischen Union und verpflichtet alle börsennotierten Gesellschaften, ihre Konzernab-schlüsse nach den International Accounting Standards (IAS)/International Fi-nancial Reporting Standards (IFRS) aufzustellen. Die Richtlinie enthält zudem Bestimmungen zum konsolidierten Abschluss. Dieser muss ein den tatsächli-chen Verhältnissen entsprechendes Bild der Vermögens-, Finanz- und Ertrags-lage der insgesamt in die Konsolidierung einbezogenen Unternehmen geben. Zu diesem Zweck muss die Konsolidierung grundsätzlich alle Unternehmen des Zusammenschlusses einbeziehen. Im Rahmen dieser Konsolidierung müs-sen die betreffenden Gegenstände des Aktiv- und Passivvermögens, die Erträ-ge und Aufwendungen dieser Unternehmen voll in den konsolidierten Ab-schluss übernommen werden.

– 6. Richtlinie: Spaltungsrichtlinie (82/891/EWG vom 17. Dezember 1982): Die Richtlinie soll Aktionäre und Dritte (insbesondere Gläubiger) bei Spaltungen schützen. Dazu regelt sie verschiedene Verfahrensregeln zur Spaltung (Spal-tungsplan, Spaltungsbericht und Offenlegung), die einen umfassenden Schutz durch Informationen gewährleisten sollen. Zudem ist zum Schutz der Aktionä-re eine Spaltungsprüfung durch einen unabhängigen Sachverständigen vorge-schrieben. Schliesslich ist grundsätzlich die Zustimmung der Hauptversammlung der beteiligten Gesellschaften erforderlich, um den Schutz der Aktionäre sicherzustellen;

– 8. Richtlinie: Prüferbefähigungsrichtlinie (2006/43/EG vom 17. Mai 2006, sie ersetzte die Richtlinie 84/253/EWG vom 10. April 1984): Die Richtlinie regelt die Pflichten, die Unabhängigkeit und die Berufsgrundsätze des Abschlussprüfers, verpflichtet zur externen Qualitätssicherung, gewährleistet eine solide Beaufsichtigung des Prüferberufes und soll die Zusammenarbeit zwischen den Berufsaufsichten in der EU verbessern;

– 10. Richtlinie: Internationale Fusionsrichtlinie (2005/56/EG vom 26. Oktober 2005): Ziel der Richtlinie ist es, grenzüberschreitende Verschmelzungen von Kapitalgesellschaften aus verschiedenen Mitgliedstaaten zu erleichtern. Grundelemente zum Schutz von Aktionären und Dritten (insbesondere Gläubigern) sind der Verschmelzungsplan und seine Offenlegung, der Verschmelzungsbericht, die Verschmelzungsbeschlüsse sowie eine umfassende Kontrolle, die Voraussetzung für die Wirksamkeit der Verschmelzung ist;

– 11. Richtlinie: Zweigniederlassungsrichtlinie (89/666/EWG vom 21. Dezember 1989): Mit der Richtlinie sollen Personen, die über eine Zweigniederlassung mit einer Gesellschaft in Beziehung treten, geschützt werden. Zudem müssen in dem Mitgliedstaat, in dem sich die Zweigniederlassung befindet, Massnahmen der Offenlegung getroffen werden;

– 12. Richtlinie: Einpersonen-GmbH-Richtlinie (2009/102/EG vom 16. September 2009; ersetzte 89/667/EWG vom 21. Dezember 1989); Diese Richtlinie regelt die Gründung von Gesellschaften mit beschränkter Haftung durch eine Person bzw. das Halten aller Anteile durch eine Person nach der Gründung;

– Übernahmerichtlinie (2004/25/EG vom 21. April 2004): Die Richtlinie soll die Rechtssicherheit bei transnationalen Übernahmevorgängen erhöhen und den Schutz der Minderheitsaktionäre sichern. Regelungsgegenstand sind insbesondere die Pflichtangebote, zulässige Abwehrmassnahmen, Verfahrens- und Transparenzvorschriften und Bestimmungen zum *Sell-out* und *Squeeze-out*;

– Aktionärsrechterichtlinie (2007/36/EG vom 11. Juli 2007): Die Richtlinie beseitigt wesentliche Hemmnisse für die Stimmrechtsausübung von Aktionären börsennotierter Gesellschaften im Ausland. Um die Gleichbehandlung aller Aktionäre zu gewährleisten, regelt die Richtlinie Mindeststandards für die Hauptversammlung (Einberufung, Informationen, …), Minderheitenrechte, ein Verbot der Aktiensperrung, die Teilnahme an der Hauptversammlung mit elektronischen Mitteln, ein Fragerecht, die Stimmrechtsvertretung sowie die Bekanntmachung der Abstimmungsergebnisse.

26 Es ist beabsichtigt, eine Reihe wichtiger gesellschaftsrechtlicher Richtlinien in einer einzigen Richtlinie zusammenzufassen, um eine bessere Lesbarkeit herzustellen (Aktionsplan 2012, 17).

27 Neben den genannten Richtlinien gibt es noch eine grosse Anzahl weiterer Richtlinien aus dem Kapitalmarktrecht, Steuerrecht, Bankenrecht und Arbeitsrecht, die Auswirkungen auf das Gesellschaftsrecht haben (vgl. BEHRENS, Europäisches Gesellschaftsrecht, 132 f.; GRUNDMANN, N 108 ff. und NOBEL, 58 ff.; LUTTER/BAYER/SCHMIDT, 145 ff. und insb. 417 ff.). Anzumerken ist, dass die sog. Strukturrichtlinie (Corporate Governance) wegen Differenzen über die Mitbestimmung der Arbeitnehmer nie zustande kam (vgl. NOBEL, 54; BÖCKLI, § 11 N 125).

B.   Exkurs zur europäischen Kapitalmarktunion

28   Den Beginn für die Entwicklung des europäischen Kapitalmarktrechtes läutete der von der seinerzeitigen EWG-Kommission in Auftrag gegebene Bericht unabhängiger Sachverständiger zum Aufbau eines europäischen Kapitalmarkts aus dem Jahr 1966 ein, wobei CLAUDIO SEGRÉ als Vorsitzender der Gruppe amtete (Segré-Bericht). Ziel des Berichts war es, die Gesamtheit der Fragen zu untersuchen, die sich aus der Verwirklichung des Vertrags von Rom für die Funktionsfähigkeit der europäischen Kapitalmärkte ergeben (VEIL, 2). Dabei war bereits zu dieser Zeit die Idee, Voraussetzungen für ein zielführendes Wachstum zu schaffen:

> «Market mechanisms contribute best to economic growth and the equilibrium of the economy when they operate within the framework of policies reflecting the long-term goals set for the economic and social systems. (…) In all Member States the financing of economic growth is coming to depend more and more on the capital market, and the establishment of wider markets and close co-ordination of economic policies would facilitate this growth (…).»[12]

29 Der Segré-Bericht hob hervor, dass mittels vereinheitlichter Kapitalmarkinformation und Kontrolle solcher Informationen ein einheitlicher Kapitalbinnenmarkt verwirklicht und darüber hinaus der Europäische Binnenmarkt gestärkt werden kann. Das europäische Gesellschaftsrecht war indes einen anderen Weg gegangen, indem es versucht hat, durch ein Angleichen der Organisationsformen von Gesellschaften den Binnenmarkt voranzubringen. Statt der Entwicklung eines europäischen Kapitalmarktrechts, wie im Segré-Bericht vorgeschlagen, setzte sich so die vor allem von Deutschland geförderte Entwicklung der Harmonisierung organisatorischer Normen durch, die mit den Richtlinien zur Publizität (1. Richtlinie),

[12]   Segré-Bericht, 15.

zum Gesellschaftskapital (2. Richtlinie) und dann zur Rechnungslegung (4. und 7. Richtlinie) begann (NOBEL, 32).

Bemerkenswert ist, dass Jahrzehnte später nun wieder die Schaffung einer Kapitalmarktunion auf der Agenda steht.[13]   30

Mit der Kapitalmarktunion soll ein echter Kapitalbinnenmarkt geschaffen werden und sollen folgende Ziele erreicht werden:[14]   31

– Beseitigung von Hindernissen;

– Verbesserung des Zugangs zu Finanzmitteln;

– Diversifikation der Finanzierungsmöglichkeiten;

– erleichterte Kapitalaufnahme für KMU;

– Attraktivitätssteigerung der EU für Investitionen aus der ganzen Welt;

– dadurch Erhöhung des wirtschaftlichen Wachstums und Schaffung von Arbeitsplätzen in der EU.

Am 30. September 2015 veröffentlichte die Kommission einen Aktionsplan mit konkreten Massnahmen zur Schaffung der Kapitalmarktunion, wobei die Massnahmen darin aufgelistet sind, die in den kommenden Jahren ergriffen werden sollen, um bis 2019 die Grundlagen für die Kapitalmarktunion zu legen.   32

C. Supranationale Rechtsformen

1. Societas Europaea

Am 8. Oktober 2001 erliess die EU die Verordnung Nr. 2157/ 2001 über das Statut der Europäischen Gesellschaft (SE), welche genau drei Jahre später am 8. Oktober 2004 in Kraft getreten ist. Die Geschichte zur Europäischen Aktiengesellschaft begann jedoch viel früher. Bereits 1959 kamen Stimmen auf, welche sich für die Schaffung einer Gesellschaft für Grossunternehmen aussprachen (vgl. GRUNDMANN, N 1006 ff.). 1970 legte die Europäische Kommission   33

---

[13] JEAN-CLAUDE JUNCKER, Rede zur Eröffnung der Plenartagung des Europäischen Parlaments «Ein neuer Start für Europa: Meine Agenda für Jobs, Wachstum, Fairness und demokratischen Wandel – Politische Leitlinien für die nächste Europäische Kommission» abrufbar unter: http://europa.eu/rapid/press-release_SPEECH-14-567_de.htm (Stand 28. März 2017).

[14] Vgl. Ziele der Kapitalmarktunion, abrufbar unter: http://ec.europa.eu/finance/capital-markets-union/docs/goals-of-capital-markets-union_de.pdf (Stand 26. Januar 2016).

einen ersten Vorschlag für eine Verordnung über das Statut der Europäischen Aktiengesellschaft vor, welcher 1975 hinsichtlich der Angleichung der nationalen Gesellschaftsrechte gewisse Änderungen erfuhr (SE-Verordnung N 9; s. auch LUTTER/HOMMELHOF, 1; TRÜTEN, 159)[15]. Nach einem erneuten Vorschlag einer Verordnung 1989[16], der 1991 mehrmals abgeändert wurde,[17] und einem weiteren Vorschlag 1998 kam es am 20. Dezember 2000 auf dem Gipfel von Nizza zum politischen Konsens, der schliesslich zur Verabschiedung der Verordnung am 8. Oktober 2001 führte (GRUNDMANN, N 1009). Das Hauptproblem bei den Verhandlungen über die *Societas Europaea* lag bei der Regelung der Mitbestimmung, m.a.W. ob Arbeitnehmervertreter Sitze im Aufsichts- oder Verwaltungsrat erhalten sollen. Während die Mitbestimmung den einen Staaten zu weit ging, ging sie Staaten wie Deutschland, die die Mitbestimmung in ihrem Aktienrecht fest verankert haben, nicht weit genug (LUTTER, 21). Angesichts der Komplexität und der vor allem politischen Brisanz der Frage (s. VAN HULLE, 84) wurde die Stellung der Arbeitnehmer in der SE in der Richtlinie 2001/86/EG vom 8. Oktober 2001 separat und ergänzend zur Verordnung geregelt.

34   Mit der Richtlinie wollte man das Mitbestimmungsrecht der Arbeitnehmer betreffend Themen in Bezug auf den Geschäftsverlauf der SE gewährleisten, ohne ein auf die SE anwendbares einheitliches europäisches Modell der Arbeitnehmerbeteiligung vorzusehen. Auf Grundlage des Davignon-Berichts von 1997[18] einigten sich die Staaten auf eine Regelung, welche von den grundlegenden Prinzipien der Gestaltungsfreiheit einerseits und dem Bestandesschutz andererseits getragen wird (SCHEIBE, 25 f.). Die Mitbestimmungsrichtlinie (2001/86/EG) schreibt vorgängig eine Verhandlung über das künftige Mass der Mitbestimmung zwischen Vertretern der Arbeitnehmer (SE-Betriebsrat) und den jeweiligen Leitungs- oder Verwaltungsorganen der beteiligten Gesellschaften vor (Prinzip der Gestaltungsfreiheit), und sekundär eine Auffanglösung, die entsprechend Art. 7 SE-Richtlinie und deren Anhang in den nationalen gesellschaftsrechtlichen Gesetzgebungen vorgesehen sein muss. Mit der Auffanglösung soll gewährleistet werden, dass für den Fall der fehlenden Einigung über die Mitbestimmung die bereits erworbenen Rechte in den beteiligten Gesellschaften erhalten bleiben (Prinzip des Bestandesschutzes). Dadurch soll eine «Flucht aus der Mitbestimmung» verhindert werden

---

[15]   Vorschlag einer Verordnung des Rates für das Statut für Europäische Aktiengesellschaften, ABl. 1970 C 124/1 vom 10. Oktober 1970 und geänderter Vorschlag einer Verordnung des Rates für das Statut für Europäische Aktiengesellschaften vom 30. April 1975.

[16]   Vorschlag für eine Verordnung (EWG) des Rates für das Statut der Europäischen Aktiengesellschaft, ABl. 1989 C 263 vom 16. Oktober 1989.

[17]   Geänderter Vorschlag für eine Verordnung (EWG) des Rates über das Statut der Europäischen Aktiengesellschaft, ABl. 1991 C 176/1 vom 6. Mai 1991.

[18]   Group of Experts, «European Systems of Worker Involvement» (with regard to the European Company Statute and the other pending proposals), Final Report, May 1997, C4-9455/97; Stellungnahmen des Europäischen Parlaments ABl. 1997 C 371/83.

(vgl. NOBEL, 329; GRUNDMANN, 499). Dieses Ziel wurde nur teilweise erfüllt. Ob die Auffangregelung in einem bestimmten Fall tatsächlich anwendbar ist, hängt von der Gründungsart der SE und der Mitbestimmung in den beteiligten Gesellschaften ab. Nach Art. 7 Abs. 2 SE-RL findet die Auffangregelung nur dann Anwendung, wenn:

– im Fall einer durch Umwandlung gegründeten SE die Bestimmungen eines Mitgliedstaats über die Mitbestimmung der Arbeitnehmer für eine in eine SE umgewandelte Aktiengesellschaft galten;

– im Falle einer durch Verschmelzung gegründeten SE in einer oder mehreren der beteiligten Gesellschaften eine Mitbestimmung bestand und diese 25 Prozent der Gesamtzahl der Arbeitnehmer aller beteiligten Gesellschaften umfasste;

– im Falle einer durch Errichtung einer Holdinggesellschaft oder einer Tochtergesellschaft gegründeten SE in einer oder mehreren der beteiligten Gesellschaften eine Mitbestimmung bestand und sich diese auf mindestens 50 Prozent der Gesamtzahl der Arbeitnehmer aller beteiligten Gesellschaften erstreckte.

Die SE-Richtlinie und die SE-Verordnung bilden ein rechtliches Grundgerüst, welches insbesondere Bestimmungen bezüglich der Haftung der Aktionäre, des Grundkapitals, des Sitzes und dessen Verlegung, des anwendbaren Rechts, der Eintragung und Publizität, der Gründung, Organisation und Auflösung der SE, des Jahresabschlusses bzw. des konsolidierten Jahresabschlusses, der Firma und wie bereits erwähnt der Mitbestimmung der Arbeitnehmer enthält. In den genannten, aber auch in anderen Rechtsbereichen wie dem Wettbewerbsrecht, Steuerrecht, gewerblichen Rechtsschutz und dem Konkursrecht, welche von der Verordnung nicht erfasst werden, kommt das nationale Recht des jeweiligen Mitgliedstaates, in dem die SE gegründet wird, ergänzend zur Anwendung (s. Art. 9 SE-VO). ^{35}

Für die Gründung einer SE schreibt die Verordnung zwingend eine der vorgesehenen Formen vor. Eine SE kann als Zusammenschluss (Fusion) von bestehenden Gesellschaften (Art. 17–31 SE-Verordnung), als Holding-Gesellschaft (Art. 32–34 SE-Verordnung), als gemeinsame Tochtergesellschaft durch mehrere Gesellschaften oder durch eine bereits bestehende SE (Art. 35 u. 36 SE-Verordnung) oder durch Umwandlung einer nationalen Aktiengesellschaft (Art. 37 SE-Verordnung) gegründet werden. Das Gründungskapital der SE muss EUR 120 000,– betragen (Art. 4 SE-Verordnung). Die SE ist eine Gesellschaft mit Rechtspersönlichkeit, deren Kapital in Aktien zerlegt ist (Art. 1 SE-Verordnung). Für die Schulden der SE haften die Aktionäre nur bis zur Höhe des von ihnen gezeichneten Kapitals. Für den Sitz der SE schreibt die Verordnung vor, dass sich dieser in dem Mitgliedstaat befinden muss, in dem sich auch die Hauptverwaltung der SE befindet ^{36}

(Art. 8 SE-Verordnung). Eine Sitzverlegung in einen anderen Mitgliedstaat ohne Verlust der Rechtspersönlichkeit und Neugründung einer Gesellschaft ist gemäss eines vorgängig zu erstellenden Verlegungsplans möglich (Art. 8 SE-Verordnung). Die europäische Aktiengesellschaft hat des Weiteren den Zusatz «SE» in ihrer Firma zu tragen und sich in ein vom Sitzstaat bestimmtes Register eintragen zu lassen (Art. 12 SE-Verordnung).

37   Organisiert werden kann die SE nach dem monistischen System (Art. 43 ff. SE-Verordnung) oder nach dem zum Beispiel in Deutschland vorgeschriebenen dualistischen System (Art. 39 ff. SE-Verordnung). Entsprechend sieht die Verordnung vor, dass die SE über eine Hauptversammlung der Aktionäre und entweder ein Aufsichtsorgan und ein Leitungsorgan (dualistisches System) oder ein Verwaltungsorgan (monistisches System) verfügt (Art. 38 SE-Verordnung). Die Entscheidung, welches Organisationsmodell gewählt wird, hat insbesondere auf die Einflussnahme der Arbeitnehmer bzw. dessen Vertreter wesentliche Auswirkungen (vgl. insbesondere SCHEIBE, 23 ff. zur Mitbestimmung im monistischen System). Während die Arbeitnehmervertreter im dualistischen Modell in den Aufsichtsrat gewählt werden, welcher die Führung der Geschäfte durch die Geschäftsleitung überwacht, nehmen sie im monistischen Modell als Verwaltungsräte direkt an der Leitung des Unternehmens teil. Zur Generalversammlung enthält die Verordnung nur wenige Vorschriften, die grundsätzlich nur Anwendung finden, wenn das nationale Recht, in dem die SE ihren Sitz hat, keine abweichenden Bestimmungen aufstellt. Für die Organisation und den Ablauf der Generalversammlung sowie für das Abstimmungsverfahren wird ausschliesslich auf die im Sitzstaat der SE für Aktiengesellschaften geltenden Rechtsvorschriften verwiesen (Art. 53 SE-Verordnung). Auch betreffend des Jahresabschlusses und dessen Prüfung und Offenlegung unterliegt die SE den Vorschriften, die das Recht des Sitzstaates der SE für Aktiengesellschaften vorsieht.

38   Abschliessend enthält die Verordnung Vorschriften hinsichtlich der Auflösung, Liquidation, Zahlungsunfähigkeit, Zahlungseinstellung und ähnlicher Verfahren. Diesbezüglich sind wiederum die im Sitzstaat der SE für Aktiengesellschaften geltenden Rechtsvorschriften anwendbar (Art. 63 SE-Verordnung). Die Verordnung selbst schreibt die Auflösung lediglich vor, wenn der Sitz der SE nicht mehr innerhalb der Gemeinschaft liegt oder wenn sich Sitz und Hauptverwaltung nicht in demselben Mitgliedstaat befinden, ansonsten sind die einzelstaatlichen Vorschriften anwendbar (Art. 64 SE-Verordnung).

39   Da nach einem langwierigen Prozess keine Einigung in Bezug auf ein umfassendes europäisches Statut erzielt werden konnte, blieb es beim europäischen Gerüst (SE-Verordnung und die ergänzende Richtlinie betreffend die Beteiligung der Arbeitnehmer), welches durch das nationale Recht des jeweiligen Mitgliedstaates, in dem die SE gegründet wird, auszufüllen ist. Demzufolge bestehen für die SE verschiede-

ne Rechtsgrundlagen aus europäischem und nationalem Recht. Genau genommen existieren 31[19] verschiedene mitgliedschaftliche Ausprägungen der europäischen Aktiengesellschaft, wobei untereinander ein Wettbewerb der Rechtssysteme herrscht, denn Unternehmen, die sich für die Rechtsform der SE entscheiden, werden ihren Heimatstaat nach bestimmten, für sie vorteilhaften Kriterien auswählen (NOBEL, 317; LUTTER/HOMMELHOFF, 2; HOMMELHOFF/TEICHMANN, 6). Die Normenhierarchie zwischen gemeinschaftlichen und mitgliedschaftlichen Regelungen wird in Art. 9 Abs. 1 der SE-Verordnung klargestellt.

2. Europäische wirtschaftliche Interessenvereinigung

Ein weiterer Schritt zur vertieften grenzüberschreitenden Zusammenarbeit und zur Stärkung des Binnenmarktes in der EU wurde mit dem Erlass der Verordnung Nr. 2137/85 vom 25. Juli 1985 gemacht. Mit der Verordnung wurde die gesetzliche Grundlage für die Errichtung einer Europäischen wirtschaftlichen Interessenvereinigung (EWIV) geschaffen. Mit ihr sollen Unternehmen, die nach dem Recht eines Mitgliedstaats gegründet worden sind und ihren Gesellschaftssitz in der Gemeinschaft haben, und sonstigen gewerbetreibenden Personen eine Gesellschaftsform zur Verfügung gestellt werden, welche die grenzüberschreitende Kooperation erleichtert und fördert (BEHRENS, Europäisches Gesellschaftsrecht, 134). Sie eignet sich vor allem für *Joint Ventures* (BEHRENS, Europäisches Gesellschaftsrecht, 134). Der erlaubte Zweck der EWIV wird in Art. 3 der Verordnung wie folgt umschrieben:

> «Die Vereinigung hat den Zweck, die wirtschaftliche Tätigkeit ihrer Mitglieder zu erleichtern oder zu entwickeln sowie die Ergebnisse dieser Tätigkeit zu verbessern oder zu steigern; sie hat nicht den Zweck, Gewinn für sich selbst zu erzielen. Ihre Tätigkeit muss im Zusammenhang mit der wirtschaftlichen Tätigkeit ihrer Mitglieder stehen und darf nur eine Hilfstätigkeit hierzu bilden.»

Der EWIV ist es daher nicht erlaubt, eine Leitungs- oder Kontrollmacht unmittelbar oder mittelbar über die eigenen Tätigkeiten ihrer Mitglieder auszuüben oder Anteile oder Aktien an einem Mitgliedsunternehmen zu halten oder selbst Mitglied an einer anderen EWIV zu sein (Art. 2 EWIV-Verordnung). Das Halten von Anteilen oder Aktien an anderen Unternehmen ist hingegen zulässig, sofern es zur Zielerreichung der Vereinigung und auf Rechnung der Mitglieder geschieht (Art. 2 lit. b EWIV-Verordnung).

Hinsichtlich der Organisation der EWIV haben die Mitglieder eine weitgehende Freiheit. Neben dem Namen, der Firma, der Rechtsform, dem Wohnsitz resp. Sitz und dem Registereintrag der einzelnen Mitglieder der Vereinigung muss der

---

[19] 28 EU-Mitgliedstaaten und 3 EWR-Staaten: Island, Norwegen und Liechtenstein.

Gründungsvertrag lediglich Angaben zum Namen, Sitz und dem Unternehmens-gegenstand der Vereinigung sowie zur Dauer der Vereinigung, falls diese nicht bestimmt ist, enthalten (Art. 5 EWIV-Verordnung). Auch in finanzieller Hinsicht besteht für die EWIV eine grosse Flexibilität, was sogar eine Gründung ohne jegliches Grundkapital ermöglicht (NOBEL, 355). Umso strenger sind die Haf-tungsfolgen geregelt. Für die Verbindlichkeiten haften die Mitglieder der EWIV unbeschränkt und solidarisch, jedoch subsidiär, daher erst, wenn die Gesellschaft zur Zahlung aufgefordert wurde und sie der Aufforderung nicht innerhalb einer angemessenen Frist nachkommt (Art. 24 EWIV-Verordnung). Der Sitz der EWIV muss innerhalb des Europäischen Wirtschaftsraums (EU-28 sowie Norwegen, Island und Liechtenstein) liegen und kann innerhalb dessen Grenzen verlegt wer-den (Art. 12 und 13 EWIV-Verordnung). Die obligatorisch vorgesehenen Organe der EWIV sind die gemeinschaftlich handelnden Mitglieder (Mitgliederversamm-lung) und die Geschäftsführung (Art. 16 EWIV-Verordnung), wobei die Mitglie-derversammlung durch ihre Beschlüsse die Leitlinien für die Tätigkeit der EWIV festlegt und die Geschäftsführung diese Zielvorgaben umzusetzen versucht (NOBEL, 358). Die Existenz der EWIV endet entweder durch Beschluss der Mit-gliederversammlung oder durch gerichtlichen Entscheid (vgl. Art. 31 ff. EWIV-Verordnung).

3.   Societas Cooperativa Europaea

43   Mit dem Erlass der Verordnung Nr. 1435/2003 vom 22. Juli 2003 über das Statut der Europäischen Genossenschaft *(Societas Cooperativa Euro-paea, SCE)* erschuf die EU die Möglichkeit, eine grenzüberschreitende Zusammen-arbeit in der Form einer Genossenschaft zu regeln. Ergänzend zu den Bestimmungen der Verordnung sind die Satzung der SCE, die Ausführungserlasse der Mitgliedstaa-ten zur SCE-Verordnung und die einzelstaatlichen Bestimmungen zu den nationalen Genossenschaften massgeblich (vgl. Art. 8 SCE-Verordnung). Auch wenn diese für die SCE «kunstvoll aufgeschichtete Rechtsquellenpyramide» Schwierigkeiten berei-tet, bringen diese Rechtsquellen «die Verschiedenheit der genossenschaftlichen Idee» in den einzelnen Mitgliedstaaten zum Ausdruck (KORTE, 345). Auf die Grün-dung einer SCE findet das für Genossenschaften geltende Recht des Mitgliedstaates Anwendung, in dem die SCE ihren Sitz nimmt (Art. 17 SCE-Verordnung). Der Sitz der SCE muss innerhalb der Union liegen (Art. 6 SCE-Verordnung). Dieser kann aber nach den Vorschriften der Verordnung in einen anderen Mitgliedstaat verlegt werden (vgl. Art. 7 SCE-Verordnung). Der Zwecksetzung der SCE sind nach der Verordnung enge Grenzen gesetzt. Ihr Ziel muss es sein, «den Bedarf ihrer Mitglie-der zu decken und/oder deren wirtschaftliche und/oder soziale Tätigkeiten zu för-dern», weshalb ihre Mitglieder gleichzeitig Kunden, Angestellte, Lieferanten oder auf eine andere Art und Weise in die Geschäftstätigkeit der SCE eingebunden sein müssen (Art. 1 SCE-Verordnung). Wie die Genossenschaft nach schweizerischem

Obligationenrecht besitzt die SCE Rechtspersönlichkeit. Ihre Mitgliederzahl und das Grundkapital sind veränderlich. Im Unterschied zur schweizerischen Genossenschaft, welche nicht zwingend über ein Grundkapital verfügen muss und dementsprechend auch keine gesetzlichen Vorschriften über die Mindesthöhe des Grundkapitals zu befolgen hat, müssen die Einzahlungen auf die Geschäftsanteile der SCE mindestens EUR 30 000,– betragen (vgl. Art. 3 SCE-Verordnung). Bezüglich Auflösung, Liquidation und Zahlungsunfähigkeit verweist die Verordnung auf die einzelstaatlichen Regelungen des Mitgliedstaates, in dem die SCE ihren Sitz hat. Die kontrovers diskutierte Frage der Arbeitnehmermitbestimmung wurde wie bei der SE in eine eigene Richtlinie gepackt, um der Verordnung zum Durchbruch zu verhelfen (KORTE, 323 f.). Art. 1 Nr. 6 SCE-Verordnung verweist hinsichtlich der Beteiligung der Arbeitnehmer auf die Richtlinie 2003/72/EG des Rates vom 22. Juli 2003 zur Ergänzung des Statuts der Europäischen Genossenschaft[20].

4. SPE und SUP

Im Juni 2008 hat die Europäische Kommission einen Vorschlag für ein Statut einer Europäischen Privatgesellschaft vorgestellt (Vorschlag SPE-Verordnung). Mit der SPE sollte den KMU neben den nationalen Gesellschaftsformen eine alternative, steuerlich neutrale Form zur Verfügung gestellt werden, die es ihnen erleichtert, ihre Tätigkeit auf andere Mitgliedstaaten auszuweiten, mit dem Ziel, Kosten zu sparen und das Wachstum in diesem Bereich zu fördern (Vorschlag SPE-Verordnung, Begründung, Ziff. 2 ff.). Die Verhandlungen über das Statut der Europäischen Privatgesellschaft führten jedoch zu keinem Ergebnis, weshalb die Europäische Kommission den Vorschlag im Oktober 2013 zurückzog (EU-Kommission, REFIT, 9). |44

Stattdessen erarbeitete die Kommission einen alternativen Vorschlag zur Gesellschaftsform der SPE, welcher insbesondere den KMU die Gründung von Gesellschaften im Ausland erleichtern und Gründungskosten senken soll. Vorgesehen ist, dass die Mitgliedstaaten in ihren Rechtsordnungen eine nationale Gesellschaftsform mit beschränkter Haftung mit einem einzigen Gesellschafter schaffen, für die in allen Mitgliedstaaten harmonisierte Vorschriften insbesondere bezüglich des Eintragungsvorgangs und des Mindestkapitals und für welche die unionsweite Abkürzung SUP gelten sollen (Vorschlag SUP-Richtlinie, 3 ff.). Folglich ist die SUP nicht als eine supranationale Rechtsform konzipiert (vgl. NOBEL/KAEMPF, Entwicklungen 2014, 138). Der Vorschlag der Richtlinie sieht ein Onlineeintragungsverfahren mit einer einheitlichen Vorlage für die Satzung vor, das gänzlich auf elektronischem Wege abgewickelt werden kann, ohne dass der Gründer persönlich vor den Behörden des Eintragungsstaates erscheinen muss (Vorschlag |45

---

[20] Amtsblatt Nr. L 207 vom 18/08/2003 S. 25–36.

SUP-Richtlinie, Art. 14). Betreffend das Stammkapital der SUP sieht der Richtlinienvorschlag ein Mindestkapital von EUR 1,– resp. in Mitgliedstaaten, in denen der Euro nicht die Landeswährung ist, mindestens eine Einheit der jeweiligen Landeswährung vor (Vorschlag SUP-Richtlinie, Art. 16). Den geringen Mindestkapitalerfordernissen stehen Gläubigerschutzbestimmungen (Bilanztest und Solvenzbescheinigung) über Gewinnausschüttungen an den einzigen Gesellschafter der SUP gegenüber (vgl. Vorschlag SUP-Richtlinie, Art. 18).

5. Europäische Stiftung

46   Die Bemühungen der EU-Kommission, eine Europäische Stiftung als weitere supranationale Rechtsform zu etablieren, scheiterten (vgl. NOBEL/ KAEMPF, Entwicklungen 2014, 140).

VI. Arbeitnehmerbeteiligung

A. Beteiligung auf nationaler Ebene

47   Formen und Mass der Arbeitnehmerbeteiligung in der EU unterscheiden sich je nach Mitgliedstaat. Die Einbeziehung der Beschäftigten in die Belange der Unternehmen reicht von blossen Informations-, Anhörungs- und Vorschlagsrechten bis hin zu Mitentscheidungsrechten im Verwaltungs- bzw. Aufsichtsrat. Immerhin zwölf Länder der EU-28 sehen ab einer bestimmten Grösse der Gesellschaft eine Unternehmensmitbestimmung im Sinne einer Einsitznahme von Arbeitnehmervertretern in den Entscheidungs- bzw. Aufsichtsorganen ihrer Gesellschaften vor.[21]

48   Während die Mitarbeiterbeteiligung auf EU-Ebene in der Vergangenheit vornehmlich als Mittel der Beschäftigungs- und Sozialpolitik verstanden wurde,[22] wird in jüngeren Initiativen auch ihre Bedeutung für das Gesellschaftsrecht betont. Insbesondere der Aktionsplan 2012[23] hat den Blickwinkel dahin gehend erweitert. Die erwünschten ökonomischen Wirkungen der Mitbestimmung sind allerdings bisher

---

[21]   Dies sind: DK, SE, DE, LU, NL, AT, SK, SL, CZ, HU, FI, HR; vgl. die Onlinedatenbank der gewerkschaftsnahen Hans-Böckler-Stiftung, abrufbar unter http://www.boeckler.de/ 75.htm.

[22]   Mitteilung der Kommission vom 5. Juli 2002 an den Rat, das Europäische Parlament, den Wirtschafts- und Sozialausschuss und den Ausschuss der Regionen - Rahmenbedingungen für die Förderung der finanziellen Beteiligung der Arbeitnehmer, KOM (2002) 364 endg.

[23]   Mitteilung der Kommission vom 12. Dezember 2012, Aktionsplan: Europäisches Gesellschaftsrecht und Corporate Governance – ein moderner Rechtsrahmen für engagiertere Aktionäre und besser überlebensfähige Unternehmen (COM[2012]0740), Ziff. 3.5.

nur unzureichend belegt. Die EU-Kommission stellt ausweislich des genannten Aktionsplans die Förderung der finanziellen Beteiligung von Mitarbeitern in den Vordergrund und plant dabei Initiativen zur Förderung grenzübergreifender Systeme der Kapitalbeteiligung von Arbeitnehmern.[24]

In jüngster Zeit sind verstärkt Zweifel aufgekommen, ob bestimmte Ausprägungen von Systemen der Mitbestimmung unionsrechtskompatibel sind. Ein im Jahr 2011 erstellter Bericht der von der Kommission eingesetzten *Reflection Group on the Future of EU Company Law* stellt die Mitbestimmung zwar nicht als solche infrage, nennt aber zwei Bereiche, in denen die Gesellschaftsrechtsexperten Korrekturbedarf sehen. So sollte bei der Schaffung neuer supranationaler EU-Gesellschaftsformen den Mitgliedstaaten nicht ein bestimmtes System der Mitbestimmung aufoktroyiert werden können. Auch fordern die Experten die Kommission explizit auf, gegen nationale Mitbestimmungsregeln, welche Arbeitnehmer aus anderen Mitgliedstaaten diskriminieren, rechtliche Massnahmen zu ergreifen. 49

Als Ausweg bietet sich an, für nationale Gesellschaften das System zu übernehmen, welches in der Richtlinie zur Arbeitnehmerbeteiligung in der SE enthalten ist.[25] 50

B. Beteiligung in grenzüberschreitend tätigen Unternehmen

Die Arbeitnehmervertretung in grenzüberschreitend tätigen Unternehmen findet in der EU (und im EWR) in sogenannten Europäischen Betriebsräten (EBR) statt. Die entsprechenden Regelungen finden sich in der Europäischen Betriebsratsrichtlinie (Richtlinie 94/45/EG des Rates vom 22. September 1994, neu gefasst in der Richtlinie 2009/38/EG des Europäischen Parlaments und des Rates vom 6. Mai 2009, die im Juni 2009 in Kraft trat). Nach den Regelungen der Richtlinie konstituiert sich ein EBR in einem «besonderen Verhandlungsgremium» der Arbeitnehmer. Die Richtlinie legt den Wahlmodus nicht fest, sondern überlässt dies den nationalen Rechten. Gebildet werden muss ein EBR gemäss der Richtlinie in Unternehmen, die im europäischen Wirtschaftsraum mehr als 1000 Beschäftigte zählen, wobei mindestens jeweils 150 von diesen in zwei 51

---

[24] Mitteilung der Kommission an das Europäische Parlament, den Rat, die Europäische Zentralbank, den Europäischen Wirtschafts- und Sozialausschuss und den Ausschuss der Regionen, Aktionsplan: Europäisches Gesellschaftsrecht und Corporate Governance – ein moderner Rechtsrahmen für engagiertere Aktionäre und besser überlebensfähige Unternehmen, vom 12. Dezember 2012, COM(2012) 740 final Ziff. 3.5; siehe auch die Studie «The Promotion of Employee Ownership and Participation» (EXME 14 vom 29. Oktober 2014).

[25] Report of the Reflection Group on the Future of EU Company Law, 2011, 53.

verschiedenen Ländern beschäftigt sein müssen. Die Sozialpartner können im Verhandlungsgremium (mit Zweidrittelmehrheit) allerdings auf die Bildung eines EBR verzichten. Hat ein Unternehmen seine zentrale Leitung in einem Drittstaat, ist für dessen Niederlassungen in der EU ebenfalls ein Europäischer Betriebsrat zu bilden, wenn die Schwellenwerte erreicht werden und kein Verzicht beschlossen wird.

52   Dem EBR kommen keine Mitbestimmungsrechte zu, sondern er erlangt lediglich das Recht auf Information und Anhörung durch die Unternehmensleitung. Zudem beschränkt sich seine Zuständigkeit auf Entscheidungen, die grenzüberschreitende Auswirkungen haben.

VII. Der Aktionsplan 2012

53   Nach der Umsetzung des wegweisenden Aktionsplans der Europäischen Kommission zur Modernisierung des Gesellschaftsrechts und Verbesserung der Corporate Governance vom 21. Mai 2003 (Aktionsplan 2003), aufgrund dessen zahlreiche Richtlinien und Empfehlungen erlassen wurden (vgl. NOBEL, 74 ff.), hat die Europäische Kommission im Jahr 2012 einen neuen Aktionsplan angenommen, der den Titel «Europäisches Gesellschaftsrecht und Corporate Governance – ein moderner Rechtsrahmen für engagiertere Aktionäre und besser überlebensfähige Unternehmen» trägt (Aktionsplan 2012). Der Aktionsplan 2012 umreisst einerseits die geplanten legislativen und auch nichtlegislativen Initiativen der Europäischen Kommission, andererseits sieht er auch vor, einen Grossteil der bestehenden Gesellschaftsrechtsrichtlinien in einer Richtlinie zusammenzufassen, um so eine bessere Übersichtlichkeit zu schaffen.

A.   Verbesserung des Corporate-Governance-Rahmens

54   Einen wesentlichen Punkt im Aktionsplan 2012 bildet die Verbesserung der Corporate Governance börsennotierter Gesellschaften (ca. 8000 in der EU), welche von einem ausgewogenen Machtverhältnis zwischen den verschiedenen Interessengruppen abhängt. Insbesondere unter dem Stichwort *Transparenz* hat die Europäische Kommission verschiedene Initiativen lanciert, die zur Stärkung der Corporate Governance und zum Erfolg eines Unternehmens im Allgemeinen beitragen sollen.

55   Eines der Hauptanliegen ist die verstärkte Einbeziehung der Aktionäre in die Unternehmensführung. Aufbauend auf ihrem Aktionsplan hat die Europäische Kommission im Jahr 2014 eine Initiative in den Gesetzgebungsprozess eingebracht, die

auf die Verbesserung der Transparenz über Vergütungspolitiken und die individuelle Vergütung von Mitgliedern der Geschäftsführung zielt und den Aktionären ein Recht auf Abstimmung über die Vergütungspolitik und den Vergütungsbericht gewährt (Vorschlag für eine Richtlinie des Europäischen Parlaments und des Rates zur Änderung der Richtlinie 2007/36/EG im Hinblick auf die Förderung der langfristigen Einbeziehung der Aktionäre sowie der Richtlinie 2013/34/EU in Bezug auf bestimmte Elemente der Erklärung zur Unternehmensführung vom 9. April 2014, COM/2014/0213). Für den Finanzsektor wurden in die sog. CRD IV (Kapitaladäquanz-RL) bereits im Jahr 2013 Regeln aufgenommen, die das maximale Verhältnis zwischen fixer und variabler Entschädigung, nämlich grundsätzlich 1:1 und mit Zustimmung der Aktionäre 1:2 festlegten. Durch eine grundlegende Harmonisierung der Berichterstattungspflichten erhofft sich die Kommission, dass in allen Mitgliedstaaten vergleichbare Informationen über die Vergütungspolitiken und die individuellen Vergütungen von Mitgliedern der Geschäftsführung erstellt werden und dadurch eine erhöhte Transparenz über die Vergütungspolitiken geschaffen werden kann (Aktionsplan 2012, 10). Ein weiterer Punkt betrifft die Berater für Stimmrechtsvertretung (Proxi-Advisors), auf die vor allem institutionelle Anleger mit hochdiversifizierten Aktienportfolios zurückgreifen. Bedenken äussert die Europäische Kommission insbesondere bezüglich der mangelnden Transparenz der von den Beratern für die Stimmrechtsvertretung bei der Vorbereitung ihrer Beratung verwendeten Methoden und der Tatsache, dass Berater für die Stimmrechtsvertretung Interessenkonflikten unterliegen, wenn sie zum Beispiel auch als Corporate-Governance-Berater für Unternehmen, in die investiert werden soll, tätig sind (Aktionsplan 2012, 12 f.; ausführlich ESMA, Diskussionspapier, 1 ff.).

Mit ihrem Vorschlag zur Änderung der Aktionärsrechterichtlinie (2007/36/EG) hat die Europäische Kommission die genannten Probleme adressiert. Die auf diesen Kommissionsvorschlag zurückgehenden, künftigen Änderungen der Aktionärsrechtsrichtlinie zielen insbesondere darauf, den Aktionären die Ausübung ihrer Rechte zu erleichtern, eine bessere Verknüpfung von Vergütung und Leistung der Mitglieder der Unternehmensleitung zu erreichen sowie erhöhte Transparenz bei institutionellen Anlegern, Vermögensverwaltern und Beratern für die Stimmrechtsvertretung zu schaffen. Ebenfalls Bestandteil der revidierten Aktionärsrechterichtlinie werden Vorgaben betreffend Transaktionen mit nahestehenden Unternehmen und Personen, wobei in Abkehr vom ursprünglichen Kommissionsvorschlag auf bestehende mitgliedstaatliche Regelungen Rücksicht genommen wird, die in weitem Umfang fortbestehen können. Betreffend die Vergütung in börsenkotierten Unternehmen schreibt die Richtlinie künftig alle vier Jahre ein Votum der Aktionäre über die Vergütungspolitik vor. Diesem Votum können die Mitgliedstaaten, ebenfalls im Unterschied zum ursprünglichen Vorschlag der Kommission, im Rahmen der Umsetzung der Richtlinie in ihr nationales Recht

56

lediglich konsultative Wirkung zukommen lassen. Dies ermöglicht Mitgliedstaaten mit dualer Unternehmensverfassung, bei denen die Kompetenz zur Festsetzung der Vergütung bspw. beim Aufsichtsrat liegt, diese gesellschaftsrechtliche Kompetenzverteilung beizubehalten. Für KMU können die Mitgliedstaaten sogar vorsehen, dass solche Unternehmen ganz auf Abstimmungen über Vergütungsfragen verzichten. Nach den Vorgaben der Richtlinie muss die Vergütungspolitik zur Strategie des Unternehmens, zu den langfristigen Interessen und zu der Nachhaltigkeit beitragen. Soweit Unternehmen eine variable Vergütung vorsehen, müssen sie klare, umfassende und differenzierte Kriterien für die Vergabe dieser variablen Vergütung festlegen. Die Vergütungspolitik muss in diesem Fall finanzielle und nicht finanzielle Leistungskriterien aufstellen, die, wo das angemessen erscheint, auch berücksichtigen, wie das Unternehmen seiner sozialen Verantwortung gerecht wird. Angesichts der Tatsache, dass die Haltedauer an Aktien immer kürzer wird und Investoren häufig auf diversifizierten Portfolios sitzen, was es ihnen praktisch unmöglich macht, sich im Rahmen der Corporate Governance bei allen Unternehmen zu engagieren, sollten die Erwartungen an eine tatsächliche und schnelle Verbesserung des Aktionärsengagements gedämpft werden (vgl. auch HOPT, 208 f.).

B.   Verbesserung des Rahmens für grenzüberschreitende Geschäfte Europäischer Unternehmen

57   Zur Integration des Binnenmarktes und zur Erleichterung der Niederlassungsfreiheit von Unternehmen hat neben dem Recht der europäischen Unternehmensformen auch die Harmonisierung von Gesellschaftsrecht, insbesondere im Bereich der grenzüberschreitenden Organisationsmöglichkeiten *(cross-border mobility)*, in erheblichem Masse beigetragen. Betreffend die grenzüberschreitende Sitzverlegung von Unternehmen bestehen keine EU-weiten Vorschriften, welche den Unternehmen die Sitzverlegung über die Grenzen hinweg gestatten würden, ohne dass sie dabei ihre Rechtspersönlichkeit verlieren. So hat die Konsultation 2012[26] gezeigt, dass erhebliches Interesse an EU-Vorschriften für die grenzüberschreitende Sitzverlegung besteht. Dementsprechend hat sich die Kommission im Aktionsplan 2012 dazu verpflichtet, die Zweckmässigkeit einer Legislativinitiative auf dem Gebiet der grenzübergreifenden Sitzverlegung zu prüfen (Aktionsplan 2012, 14). Das Projekt einer Richtlinie zur Regelung der grenzüberschreitenden Verlegung des Gesellschaftssitzes (Sitzverlegungsrichtlinie, «14. Richtlinie») schreitet jedoch schleppend voran (vgl. NOBEL/KAEMPF, Entwicklungen 2014, 149 f.).

---

[26]   Abrufbar auf http://ec.europa.eu/internal_market/company/docs/mergers/131007_study-cross-border-merger-directive_en.pdf (Stand 3. November 2015).

Für grenzüberschreitende Verschmelzungen von Aktiengesellschaften wurde mit   58
der Richtlinie 2005/56/EG vom 26. Oktober 2005 ein Rahmen geschaffen, der nun
verbessert und an die neuen Bedürfnisse des Binnenmarktes angepasst werden
soll. In der von der Europäischen Kommission in Auftrag gegebenen Studie «Study
on the Application of the Cross-Border Mergers Directive» vom September 2013[27]
wurden zaleiche Schwächen und Hindernisse im System von grenzüberschreitenden Verschmelzungen von Aktiengesellschaften aufgedeckt, welche durch
gezielte Massnahmen ausgemerzt werden sollen. Zusammenfassend wird vorgeschlagen, dass in gewissen Bereichen, beispielsweise beim Gläubigerschutz, die
Harmonisierung erweitert wird und in anderen Bereichen unnötige formelle Vorschriften aufgehoben werden sollen, um die grenzüberschreitende Verschmelzung
in materieller und formeller Hinsicht zu vereinfachen und kosteneffizient zu gestalten (Study on the Application of the Cross-Border Mergers Directive, 4 f.).

[27]   Abrufbar auf http://ec.europa.eu/internal_market/company/docs/mergers/131007_study-
cross-border-merger-directive_en.pdf (Stand 3. November 2015).

§ 14 Vergleich mit den USA

1   Literatur: BAINBRIDGE, STEPHEN M., An Overview of US Insider Trading Law: Lessons for the EU? University of California, Los Angeles School of Law and Research Paper Series, Research Paper No. 05-5, 2004; BENOV, MATTHEW M., The Equivalence Test and Sarbanes-Oxley: Accommodating Foreign Private Issuers and Maintaining the Vitality of US Markets, 16 Transnational Lawyer 439, 2003; CARDILLI, MARIA CAMILLA, «Regulation Without Boarders: The Impact of Sarbanes-Oxley On European Companies», Fordham International Law Journal, 785 (2004); CARNELL, RICHARD SCOTT/MACEY, JONATHAN R./MILLER, GEOFFREY P., The Law of Banking and Financial Institutions, 4. Aufl., 2009; CARY, WILLIAM L., Federalism and Corporate Law: Reflections upon Delaware, Yale Journal of Law, 1974, 663 ff.; FALENCKI, CORINNE A., Sarbanes-Oxley: Ignoring the Presumption against Extraterritoriality, 36 George Washington International Law Review 1211, 2004; FLEISCHER, Federal Corporation Law: An Assessment, Harv.L.Rev. 78 (1965), 1146–1179; FRIEDLAND, JOHN A., Understanding International Business and Financial Transactions, 4. Aufl., 2014; GREENE EDWARD F./ROSEN EDWARD J./SILVERMAN LESLIE N./ BRAVERAMAN DANIEL A./SPERBER SEBASTIAN R., US Regulation of the International Securities and Derivatives Markets, volume one, Aspen Publishers, NY, 2004 (zit. GREENE et al.); GUINNANE, TIMOTHY/HARRIS, RON/LAMOREAUX, NAOMI R./ROSENTHAL, JEAN-LAURENT, Putting the Corporation in its Place, NBER Working Paper No. 13109, May 2007 (zit. GUINNANE et al.); HILKE, HENNING, Risiko und Bankenaufsicht, Eine rechtsvergleichende Analyse der präventiven Begrenzung bankbetrieblicher und systemischer Risiken, Frankfurt am Main, 2013; HUFMAN, TOSHA, Section 404 of the Sarbanes-Oxley Act: Where the Knee Jerk Bruises Shareholders and Lifts the External Auditor, 43 Brandeis L.J. 239; HUNG NIE WOO, CHRISTOPHER, United States Securities Regulations and Foreign Private Issuers, «Lessons from the Sarbanes-Oxley Act», American Business Law Journal 119, 2011, 121 ff.; KOKKALENIOS, VICKIE, Increasing United States Investment in Foreign Securities: An Evaluation of SEC Rule 144A, 60 Fordham Law Review 179, 1992; KÖNIG, ELISABETH

ANNEMARIE, Corporate-Governance-Reformen in den USA und deren extraterritoriale Effekte, München 2013; LUCCHESI, WILLIAM J., The Adoption of Rule 144A: an alternative for companies entering US capital markets (Securities and Exchange Commission rules) (SEC Practice), 1991; MERKT, HANNO, US-amerikanisches Gesellschaftsrecht, 3. Aufl., Freiburg 2013; NOBEL, PETER, Praxis zum öffentlichen und privaten Bankenrecht der Schweiz, Ergänzungsband, Bern 1984 (zit. NOBEL, Bankenrecht); NOBEL, PETER, Europäisierung des Rechts der Aktiengesellschaft, in: Festschrift für Jean Nicolas Druey, 2002, (zit. NOBEL, Europäisierung); NOBEL, PETER, Transnationales und Europäisches Aktienrecht, Band I: IPR und Grundlagen, 2. Aufl., 2012 (zit. NOBEL, Internationales Aktienrecht); PALMITER, ALAN R., Corporations, 4. Aufl., Aspen Publishers (N.Y., 1999); PURCELL, AARON D., The New Deal and the Great Depression, Ohio 2014; PFLOCK, THOMAS MARTIN, Europäische Bankenregulierung und das «too big to fail-Dilemma», 2014; ROE, MARK J., Delaware's Competition, Harvard L. Rev. 2003, 588 ff.; ROMANO, ROBERTA, The Genius of American Corporate Law, Washington 1993; STADELMANN, SAMUEL/BIERI, NOËL, Die Offenlegung von Finanzinstrumenten nach Art. 20 Börsengesetz, in: GesKR 2010, 310 ff.; STEINBERG, MARC I., Understanding Securities Law, 6. Aufl., 2014; STONE, Debra, in Dombret/Kenadjian (Hrsg.), Too Big to Fail III: Structural Reform Proposals, Frankfurt 2014, 95 ff.; VON DER CRONE, HANS CASPAR/ROTH, KATJA, Der Sarbanes-Oxley Act und seine extraterritoriale Bedeutung, in AJP/PJA 2/2003, 131 ff.; SAUNDERS, MARK A., American Depositary Receipts: An Introduction to US Capital Markets for Foreign Companies, 17 Forham International L.J. 48, 1993; TANEDA, KENJI, Sarbanes-Oxley, Foreign Issuers and United States Securities Regulations, 2003 Columbia Business Law Review 715; Winter, Ralph K., State Law, Shareholder Protection and the Theory of the Corporation, Journal of the Legal Studies 1977, 251 ff.

I. Einleitung

Die Wertschriftenregulierung in den USA hat ihren Ursprung im Börsencrash im Jahre 1929, mit welchem massive Investitionsverluste einhergingen und die das Land in eine wirtschaftliche Krise stürzten. Vom Börsencrash waren auch die Marktwirtschaften der westlichen Industrienationen wesentlich beeinflusst. Geleitet vom New Deal[1], entgegnete der US-Kongress dem Dilemma durch den Erlass von zwei Gesetzen: dem Securities Act von 1933 und dem Securities Exchange Act von 1934[2]. Die Schwerpunkte der Securities Acts liegen

[1] Der New Deal stellte eine Serie von Wirtschafts- und Sozialreformen dar, die in den Jahren 1933 bis 1938 unter US-Präsident FRANK ROOSEVELT als Antwort auf die Weltwirtschaftskrise durchgesetzt wurden. Vgl. ausführlich PURCELL, AARON D., The New Deal and the Great Depression, Ohio 2014.

[2] Securities Act von 1933, 48 Stat. 74, USC Sections 77a-77mm; Securities Exchange Act von 1934, 48 Stat. 881, 15 USC Sections 78a–78kk. Der vollständige Text vom 1933 Act ist abrufbar unter: https://www.sec.gov/about/laws/sa33.pdf (Stand 9. November 2015);

in der Wertschriftenregistrierung und der umfassenden allgemeinen Offenlegungspflicht. Der US-Gesetzgeber bezweckte u.a. den Schutz der Investoren und die Erhaltung der Marktintegrität, was anhand eines erleichterten Zugangs zu den für Investitionsentscheide relevanten Informationen erreicht werden soll. Die Securities Acts verschaffen den Investoren durch die Festlegung einer extensiven Offenlegungspflicht die Möglichkeit, sich über die finanzielle Situation eines Unternehmens zu informieren (BENOV, 443).

3   In den 70er-Jahren wurden erstmals Bundesregelungen für ausländische Emittenten erlassen. Der Grund lag in der steigenden Anzahl ausländischer Emittenten in den USA und dem Wettbewerb zwischen internationalen Börsenplätzen um ausländische Kotierungen. Insbesondere London übte durch eine praktikable Alternative zur Kapitalbeschaffung in den USA einen Wettbewerbsdruck aus, welcher zu einem «das Ausland integrierenden Offenlegungssystem» in den USA führte. Dieses bildet ein eigenes (integriertes) System für ausländische Emittenten, das die *Securities and Exchange Commission* (nachfolgend «SEC» oder «Kommission») einführte, um die Zahl der ausländischen Unternehmen, die Zugang zum US-Kapitalmarkt wünschten, zu steigern (TANEDA, 721 ff.). Aufgrund des Ziels, Angebote von Ausländern in den USA zu fördern, wurden die Berichts- und Offenlegungspflichten ausländischer Emittenten inhaltlich weniger streng gestaltet oder sie konnten Ausnahmebestimmungen nutzen. 1973 wurde dann das «Office of International Finance» gegründet, um die Bedrohung des US-Marktes durch London zu analysieren. Die SEC erkannte, dass ihre regulatorischen Tätigkeiten aus einer internationalen Perspektive betrachtet werden mussten und so das Erfordernis entstand, attraktivere Regelungen zu erlassen (TANEDA, 723).

4   Auch die zunehmende Globalisierung des US-Kapitalmarktes prägte die US-Wertschriftenregulierung. Die SEC musste sich auf die veränderten Umstände einstellen und liess Ausnahmen und Abweichungen zu, um ausländischen Unternehmen die Registrierung an US-Börsen zu erleichtern (TANEDA, 717). Den legislativen Bemühungen zur Rücksichtnahme auf ausländische Emittenten stand auf der Gegenseite trotzdem von jeher das Interesse gegenüber, einen ausgeprägten Investorenschutz durch umfassende Offenlegungsvorschriften zu gewährleisten (BENOV, 444).

5   Am 30. Juli 2002 wurde – infolge einer Reihe von Missbräuchen im Bereich der Corporate Governance – der Sarbanes-Oxley Act (nachfolgend «SOX») unterzeichnet. Mit diesem Gesetz wurde der ursprünglich eingeschlagene Weg, die Wertschriftenregulierung für ausländische Emittenten zu vereinfachen, verlassen. Der SOX sieht einen verstärkten Schutz der Investoren durch strengere Anforde-

---

der vollständige Text vom 1934 Act ist abrufbar unter: https://www.sec.gov/about/laws/sea34.pdf (Stand 9. November 2015).

rungen an die Unternehmen hinsichtlich der Genauigkeit und Verlässlichkeit bei der Offenlegung von Informationen vor. Ferner stellt der SOX neue Pflichten für Publikumsgesellschaften und deren Exekutivorgane, Direktoren, Revisoren, Bevollmächtigte und Wertschriftenanalysten auf und enthält Strafbestimmungen im Falle von Pflichtverletzungen. Der SOX zeichnet sich dadurch aus, dass seine Bestimmungen sowohl auf inländische als auch ausländische Emittenten Anwendung finden. Section 404 zum internen Kontrollsystem stellte hier besondere Anforderungen (s. auch Art. 728a Abs. 1 Ziff. 3 OR; vgl. Näheres in N 60 ff.).

Nach der Finanzkrise im Jahre 2008 erreichte die Gesetzgebung, welche die Stärkung des Investorenschutzes mittels erhöhter Kontrolle bezweckte, eine neue Intensität. Eine der wichtigsten gesetzlichen Bestimmungen ist der Dodd-Frank Act, welcher von Präsident OBAMA am 21. Juli 2010 verabschiedet wurde. Gemäss der Präambel bezweckt das Gesetz die Förderung der Stabilität des Finanzmarkts der USA mittels Verbesserung der Verantwortlichkeit und der Transparenz im Finanzsystem. Durch den Jumpstart Our Business Startups Act (nachfolgend «JOBS Act») im Jahr 2012 wurden die zuvor strengen Anforderungen der Securities Exchange Act von 1934 für Unternehmen jedoch wieder leicht gelockert, um den Zugang zum öffentlichen Kapitalmarkt zu verbessern. 6

Die nachfolgenden Ausführungen über das Gesellschaftsorganisationsrecht in den USA sollen zunächst einen kurzen Überblick über das Verhältnis zwischen bundesrechtlicher und einzelstaatlicher Gesetzgebung vermitteln und dadurch auch dem Verständnis für spätere Darstellungen dienen. 7

II. Gesellschaftsorganisationsrecht in den USA

A. Vorbemerkungen zur Entwicklung des Gesellschaftsrechts in den USA

Als Nachweis für die Auffassung der corporation als Rechtsprodukt wird oft der berühmte Entscheid Trustees of Darmouth College v. Woodward von 1817 beigezogen (17 U.S. 518), wo die entsprechende Passage lautete: 8

> «A corporation is an *artificial being*, invisible, intangible, and existing only in the contemplation of law. Being a mere creature of law, it possesses only those properties which the charter of its creation confers upon it, either expressly, or as incidental to its very existence.»

In den USA nahm das Konzept der Gesellschaft ihren Beginn mit der Kolonialisierung der Engländer. Die East India Company bildete im frühen 17. Jahrhundert den Start für die Aktiengesellschaft, da es sich um ein Gebilde «im gemeinsamen 9

Eigentum von passiven Investoren» handelte (NOBEL, Internationales Aktienrecht, 409 N 67 ff.). Im frühen 18. Jahrhundert entstanden nicht rechtsfähige Gesellschaften, welche sich durch Kontinuität, ein zentrales Management, finanzielle Interessen auf Gewinn, Handelbarkeit von Aktien und eine beschränkten Haftbarkeit auszeichneten (PALMITER, 7). Die ersten amerikanischen Privatunternehmen mussten noch spezielle Urkunden von den Parlamenten der Bundesstaaten erhalten. Meist wurde eine Bewilligung Gesellschaften, welche nicht wirtschaftliche Zwecke (Kirchen, Wohltätigkeitsorganisationen), oder Gesellschaften, welche wirtschaftliche Zwecke verfolgten, einen spezielle Aufgabe erfüllten und viel Kapital benötigten (z.B. Banken), gewährt. Mitte des 19. Jahrhunderts wurden die Gesellschaften auch der breiteren Öffentlichkeit zugestanden, allerdings mussten immer noch strenge gesetzliche Beschränkungen eingehalten werden (PALMITER, 7 f.).

10   Das Gesellschaftsrecht orientierte sich am sog. *shareholder value,* also der Steigerung des Wertes des von den Aktionären investierten Kapitals (s. Kap. § 9, N 47 f.). Der Supreme Court of Michigan hielt schon 1919 fest: «*A business corporation is organized and carried on primarly for the profit of the stockholders.*» (Dodge et al. v. Ford Motor CO. et al., 204 Mich. 459, 170 N.W. 668, 1919). Heute ist man sich einig, dass *shareholder value* auf verschiedene Art und Weise interpretiert wird (s. dazu The Economist, Shumpeter: Six sects of shareholder value, 21. Januar 2017, 53 ff.). Ganz allgemein ist man in den USA der Ansicht, dass das angloamerikanische *Common Law* der wirtschaftlichen Entwicklung zuträglicher ist als das regelbasierte kontinentaleuropäische Recht (s. dazu GUINNANE et al., 687 ff.).

B.   *Corporate law und federal law*

11   Das heutige amerikanische Gesellschaftsrecht behandelt die Regelungen rund um die Struktur und die Verfahren hinsichtlich der verschiedenen Arten von Gesellschaften im amerikanischen Gesellschaftsrecht. Die Gesellschaft *(corporation)* wird heutzutage in den USA definiert als:

«[...] artificial person or legal entity created by or under the authority of the laws of a state or nation, composed, in some rare instances, of a single person and his successors, [...] ordinarily consisting of an association of numerous individuals, who subsist as a body politic under a special denomination, which is regarded in law as having a personality and existence distinct from that of its several members, and which is, by the same authority, vested with the capacity of continuous succession, irrespective of changes in its membership, either in perpetuity or for a limited term of years, and of acting as a unit or single individual in matters relating to the common purpose of the association, within the scope of the powers and authorities conferred upon such bodies by law.»[3]

Die Besonderheit des US-amerikanischen Gesellschaftsrechts besteht darin, dass 12
sich die Gesellschaften 50 unterschiedlichen bundesstaatlichen Gesetzen *(corporate law)* und demjenigen des District of Columbia unterstellen können, je nachdem in welchem Bundesstaat sie gegründet werden. Daneben existieren die bundesrechtlichen Regelungen (federal law; der Securities Act von 1933 oder der Securities Exchange Act von 1934).

Dies führte zu einem Standortwettbewerb zwischen den einzelstaatlichen Gesell- 13
schaftsrechten, wobei bereits früh Bedenken hinsichtlich einer Negativspirale zum Nachteile von Gläubigern und Gesellschaftern geäussert wurden. Berühmt ist die Dissenting Opinion von Justice BRANDEIS im Urteil Louis K. Liggett Co. v. Lee:

> «Lesser states, eager for the revenue derived from the traffic in charters, had removed safeguards from their own incorporation laws. [...] Companies were early formed to provide charters for corporations in states where the cost was lowest and the laws the least restrictive. The states joined in advertising their wares. The race was not of diligence but of laxity. Incorporation under such laws was possible; and the great industrial States yielded in order not to lose wholly the prospect of the revenue and the control incident to domestic incorporation.»[4]

Erst 40 Jahre später wurde diese Thematik in der juristischen Lehre diskutiert, 14
wobei der Anstoss aus einem Beitrag von WILLIAM CARY rührte. CARY argumentierte, dass Delaware, zu dieser Zeit (auch heute noch) führender Inkorporationsstandort für Börsengesellschaften, durch Erlasse von Gesetzen zugunsten von Managern und zum Nachteil anderer Anspruchsgruppen das sog. *«race to the bottom»* provozierte (CARY, 663 ff.). Andere Autoren waren dagegen anderer Ansicht und vertraten die These eines *race to the top* (WINTER, 251 ff.). WINTER begründete seine Ansicht damit, dass Delawares Gesetze eben gerade keine Ineffizienzen aufwiesen, ansonsten Delaware nicht seine führende Rolle hätte verteidigen können. Denn andernfalls wären die Aktienkurse gesunken, was die Gefahr für eine feindliche Übernahme erhöht hätte. Um aber das Risiko einer feindlichen Übernahme zu verhindern und als Manager ersetzt zu werden, würden die Führungskräfte daher ein *«legal system that optimizes the shareholder corporation relationship»* suchen (WINTER, 257). Auch ROBERTA ROMANO sprach sich in ihrem Werk «The Genius of American Corporate Charters» Anfang der 90er-Jahre für das *«race to the top»* aus. Die Genialität sieht sie darin, dass die föderalistische Organisation der USA eine *«Competition for Corporate Charters»* schaffe *(«fifty laboratories of states competing for citizens and firms»)* (ROMANO, 5):

---

[3]   Vgl. http://thelawdictionary.org/corporation/ (Stand 13. Januar 2016).
[4]   Dissenting Opinion von Justice BRANDEIS in: Louis K. Liggett Co. v. Lee, 288 U.S. 517 (1933), 557 ff.

«Corporation codes can be viewed as products, whose producers are states and whose consumers are corporations. A key question is whether there is any reason to suppose that the code provisions produced by state competition benefit investors.»

15   Schliesslich setzte sich – wie bereits erwähnt – Delaware unter den sich bekämpfenden Bundesstaaten durch, da es die für die Gesellschaften vorteilhaftesten Regelungen erliess, und gewann das oft und wohl zu Unrecht geschmähte *«race to the bottom»*.[5]

16   Mit dem explosionsartigen Anstieg der Zahl grosser Unternehmen vervielfachte sich aber auch die Anzahl Aktionäre in den ersten Jahrzehnten des 20. Jahrhunderts. Dies führte zu einem Phänomen, welches erstmals durch BERLE und MEANS 1932 aufgezeigt wurde, und die für die Aktiengesellschaft typische Trennung von Inhaberschaft von Anteilen einerseits und Kontrolle über die Gesellschaft anderseits zum Inhalt hatte.[6] Der Theorie zufolge sei bei grösseren Gesellschaften mit vielen Aktionären dementsprechend die Kontrolle der Eigentümer über die Unternehmenspolitik eingeschränkt. Die Kontrolle obliege ausschliesslich dem Management. Die Depression der 30er-Jahre und vor allem die immer bedenklicheren Methoden des Börsenhandels einerseits und die zunehmende Liberalisierung des einzelstaatlichen Gesellschaftsrechts anderseits erforderten bundesgesetzliche Massnahmen, um die breite Masse von Aktionären zu schützen, weshalb der Securities Act (1933) und der Securities Exchange Act (1934) erlassen wurden (MERKT, N 31).

«[c]orporations are creatures of state law, and investors commit their funds to corporate directors on the understanding that, except where federal law expressly requires certain responsibilities of directors with respect to stockholders, state law will govern the internal affairs of the corporation.» (Cort v. Ash, 422 U.S. 66, 84, 95 S.Ct 2080, 2090–91, 45 L.Ed.2d 26 [1975])

17   Diese Vorgehensweise des Bundes mit dem Erlass von kapitalmarktrechtlichen Massnahmen stiess jedoch nicht überall auf Begeisterung. So wurde argumentiert, dass das neu geschaffene Bundesrecht das bestehende Verhältnis von Bundes- und Einzelstaatenrecht verändere und in Rechtsgebiete vordringe, die traditioneller-

---

[5]   Mehr als die Hälfte der an US-Börsen gelisteten Aktiengesellschaften (inkl. 64 Prozent der Fortune 500 Gesellschaften) wurden in Delaware gegründet; vgl. BULLOCK, JEFFREY W., Delaware Division of Corporations, 2012 Annual Report, abrufbar unter https://corp.delaware. gov/pdfs/2012CorpAR.pdf (Stand 18. Januar 2016). Das einzelstaatliche Gesetz von Delaware bietet den Aktiengesellschaften nach wie vor das beste Paket aus flexiblen Regelungen. Zudem befindet sich in Delaware auch ein hoch angesehener oberster Gerichtshof, welcher für das moderne Gesellschaftsrecht und die Fortbildung des Rechts federführend ist (vgl. NOBEL, Internationales Aktienrecht 411 N 71 ff.).

[6]   BERLE/MEANS, The Modern Corporation and Private Property (1932).

weise Gegenstand einzelstaatlicher Regelung gewesen seien (FLEISCHER, 1146–1179).

ROE spricht denn auch davon, dass Delawares Wettbewerbsdruck nicht von den übrigen Bundesstaaten ausgehe, sondern vielmehr von der Bundesregierung in Washington herrühre: 18

> «When we put this heavy vertical federal-state competition structure atop the horizontal state-to-state competition theory in corporate law, the state race debate as currently constructed – one that stretched across the twentieth century – collapses.» (ROE, 590)

Des Weiteren bringt ROE die Rolle des US-Bundesgesetzgebers im System des gesellschaftsrechtlichen Wettbewerbs treffend auf den Punkt: 19

> «Although the formal division of authority is said to be that the SEC forces disclosure and regulates stock trading while the states handle the internal affairs of shareholder-director relations, savvy lawyers, judges, and analysts know better. Much substantive law can be – and is – made by the SEC in the name of disclosure. Ex ante, to force disclosure that ‹this company is run by thieves› usually keeps the thieves out.»

> «And so we see a history of repeated federal intervention – actual or threatened – in corporate lawmaking. Whether it was the early mixed issues of antitrust and corporate reorganization, or the 1930s issues of shareholder voting and insider trading, or the 1950s issue of statesanctioned proxy fights, or the 1960s issues of tough takeover bidder tactics, or the 1970s issue of going private, or the 1970s issues of fiduciary duties, or the 1980s issues of power in takeovers, or the early twenty-first-century issues of scandals and effective internal governance, the federal government has been a player in the major, and often in the minor, corporate controversies of the day.» (ROE, 615 f. und 634)

Dass die bundesrechtlichen Gesetze weiterhin einen zunehmenden Einfluss auf die gesellschaftsrechtliche Praxis haben, zeigt sich anhand der neueren Erlasse des Sarbanes-Oxley Act (2002) und des Dodd-Frank Act (2010).   20

Interessant ist, dass diese Überlagerung von einzelstaatlichen Gesellschaftsstatuten und dem bundesrechtlichen Wertpapierrecht wie in den USA auch schon früh in Europa thematisiert wurde. Der Segré-Bericht von 1966[7] äusserte sich nämlich zu einem Europäischen Kapitalmarkt. Gemäss dem Segré-Bericht sind die Gesellschaftsrechte in ihrer Verschiedenheit zu belassen, und es ist ein harmonisiertes Wertpapierhandelsrecht darüberzulegen. Aufgrund der Befürchtung eines ruinösen regulatorischen Wettbewerbs zwischen den nationalen Gesellschaftsrechten wurde die Harmonisierung mittels Richtlinien vorgezogen. Man nahm somit vom ameri-   21

---

[7]   Communauté Economique Européenne Commission Le développement d'un marché européen des capitaux, Segré-Bericht, Brüssel 1966.

kanischen Modell Abstand und mass dem «*race to the the bottom*» wortwörtliche Bedeutung zu (NOBEL, Europäisierung, 522 f.). Heute scheint das Rad wieder zurückgedreht zu werden (s. Kap. § 13, N 28 ff.).

III. Grundlegende gesetzliche Strukturen für die Kotierung und den Handel in den USA

A. *Die US Securities and Exchange Commission (SEC)*

22   Die SEC wurde am 6. Juni 1934 durch den Securities Exchange Act als Folge des New Yorker Börsencrashs von 1929 gegründet, um das Vertrauen der Investoren in den US-Finanzmarkt wiederzugewinnen. Das erklärte Ziel der SEC sind der Investorenschutz, die Aufrechterhaltung eines fairen, geordneten und effizienten Marktes und die Förderung der Kapitalbildung.[8] Des Weiteren hat die SEC weitere Aufgaben[9]:

– die Auslegung der bundesstaatlichen Gesetzgebung;

– den Erlass neuer Regelungen bzw. die Abänderung bereits bestehender Vorschriften;

– die Aufsicht über die Inspektion von Wertpapierfirmen, Broker, Investorenberater und Rating-Agenturen;

– die Beaufsichtigung privater Regulierungsorganisationen in den Bereichen Rechnungslegung und Revision;

– die Koordination der US-Wertschriftenregulierung mit bundesstaatlichen, staatlichen und ausländischen Behörden.

23   Essenziell für die Effektivität der SEC ist ihre Durchsetzungskompetenz. Jedes Jahr erhebt die SEC Hunderte zivilrechtliche Klagen gegen natürliche Personen oder Unternehmen aufgrund Verletzungen von Wertpapiervorschriften. Typische Widerhandlungen beinhalten Insiderhandel, Bilanzfälschung oder die Veröffentlichung falscher oder irreführender Informationen über Wertschriften oder die emittierenden Gesellschaften.

---

[8]   US Securities and Exchange Commission, «The Investor's Advocate: How the SEC Protect Investors, Maintains Market Integrity, and Facilitates Capital Formation», abrufbar unter: http://www.sec.gov/about/whatwedo.shtml (Stand 10. November 2015).

[9]   Vgl. US Securities and Exchange Commission, «The Investor's Advocate: How the SEC Protect Investors, Maintains Market Integrity, and Facilitates Capital Formation», a.a.O.

Die SEC figurierte für Europa als Vorbild, und es fanden tatsächlich auch Diskus-   24
sionen statt, eine europäische SEC zu gründen.[10] Offensichtlich ist, dass die EU-
Mitgliedstaaten nicht dasselbe Bedürfnis nach einer Behörde mit obrigkeitlicher
Kompetenz haben wie die einzelnen US-Bundesstaaten. Dennoch ist die Gründung eines zentralen Organs, welches den Schutz des europäischen Finanzsystems
bezweckt und unmittelbar auch das ordentliche Funktionieren der Wertpapiermärkte und die Verbesserung des Investorenschutzes sicherstellt, von steigender
Bedeutung. In diesem Zusammenhang ist der Ausschuss der europäischen Auf-
sichtsbehörden für das Wertpapierwesen (CESR) zu nennen, welcher von der EU-
Kommission im Juni 2001 gegründet wurde. Der Ausschuss wurde sodann mit
Wirkung vom 1. Januar 2011 durch die Europäische Wertpapier- und Marktauf-
sichtbehörde (ESMA) abgelöst. Die ESMA wurde dabei mit weiter gehenden
Kompetenzen ausgestattet als ihr Vorgänger (CESR). Das Ziel der ESMA besteht
darin, «das öffentliche Interesse zu schützen, indem sie für die Wirtschaft der
Union, ihre Bürger und Unternehmen zur kurz-, mittel- und langfristigen Stabilität
und Effektivität des Finanzsystems beiträgt».[11] Die Kompetenzen der ESMA gehen dabei weniger weit als diejenigen der SEC, unter anderem fehlt ein Mittel zur
direkten Durchsetzbarkeit (vgl. Art. 8 ESMA-VO). Nicht auszuschliessen ist jedoch, dass in der Zukunft der ESMA weiterreichende Befugnisse eingeräumt
werden, und sie sich damit weiter der SEC annähert.

B.   Der Securities Act von 1933[12]

Beim Securities Act von 1933 handelt es sich um die erste US-   25
Bundesgesetzgebung im Bereich des Börsenrechts, die die öffentlichen Zeich-
nungsangebote und Verkäufe von Wertpapieren im landesweiten Handel zum
Inhalt hatte. Die Absicht des Securities Act ist die Gewährleistung zuverlässiger
Informationen für den Kauf von Wertpapieren. Die Bestimmungen des Securities
Act sollen den Investoren ermöglichen, wichtige Informationen über öffentlich
angebotene Wertpapiere zu erhalten. Ferner wird mit den Vorschriften die Ver-

---

[10]   LEE, RUBEN, «Politics and Creation of the European SEC: The Optimal US Strategy –
       Constructive Inconsistency», Discussion Paper of a Joint Initiative on Regulatory Policy
       Between the AEI-Brookings Joint Center for Regulatory Studies and the Groupe
       D'Econonomie Mondial de Sciences Po (Gem), 2005 (abrufbar unter http://www.lse.
       ac.uk/fmg/documents/specialPapers/2005/SP161.pdf (Stand 10. November 2015).
[11]   Verordnung (EU) vom 1. Januar 2001, 1095/2010 («ESMA-VO»), Art. 1 Satz 5.
[12]   Securities Act von 1933, 48 Stat. 74, USC Sections 77a-77mm; abrufbar unter: https://
       www.sec.gov/about/laws/sa33.pdf (Stand 9. November 2015).

meidung von Täuschungen, Fehlinformationen oder andere Formen des Betrugs im Zusammenhang mit dem Aktienverkauf bezweckt.[13]

26   Ein Mittel zur Erreichung der Zielsetzung des Gesetzgebers stellt die Registrierung dar. So sind öffentliche Angebote von Wertpapieren bei der SEC zu registrieren. Diese Informationen dienen dem Investor, sich ein fundiertes Urteil über einen potenziellen Kauf eines Wertpapiers zu verschaffen. Jedoch bestehen von der grundsätzlichen Registrierungspflicht auch Ausnahmeregelungen: für private Angebote, die auf eine kleine Anzahl von Personen oder Institutionen beschränkt sind, sowie für eingeschränkte Angebote, innerstaatliche Angebote und Angebote der öffentlichen Hand, sprich der kommunalen, staatlichen oder bundesstaatlichen Regierungen.[14] Unvollständige, ungenaue oder betrügerische Informationen bei der Registrierung können zu einer zivilrechtlichen Haftung führen.[15]

27   Ferner enthält das Gesetz Offenlegungsvorschriften für bestimmte Informationen, welche dem potenziellen Käufer der Wertpapiere zur Verfügung gestellt werden müssen. So schreibt Section 5 des Securities Act beispielsweise vor, dass für den Käufer ein Prospekt mit vorgegebenen Kategorien von Informationen über den Emittenten und die angebotenen Wertschriften zu erstellen ist. Diese Pflichten entfallen bei einer Ausnahmeregelung der Registrierungspflicht. Der Emittent ist weiter verpflichtet, über das Gesellschaftsvermögen, die Geschäftätigkeit und über die angebotenen Wertpapiere Angaben zu machen sowie Informationen über die Geschäftsleitung und die von einem unabhängigen Revisor geprüften Jahresabschlüsse bereitzustellen.[16]

C.   Der Securities Exchange Act von 1934[17]

1.   Allgemeines

28   Da sich der Securities Exchange Act von 1934 nicht nur auf den Sekundärmarkt, sondern auch auf andere Marktteilnehmer (beispielsweise Broker, Händler und Agenten) bezieht, handelt es sich im Vergleich zum Securi-

---

[13]   U.S. Securities and Exchange Commission, The Laws That Govern the Securities Industry, Fast Answers, abrufbar unter: http://www.sec.gov/about/laws.shtml#secact1933 (Stand 11. November 2015).

[14]   Vgl. U.S. Securities and Exchange Commission, The Laws That Govern the Securities Industry, Fast Answers, a.a.O.

[15]   Sections 11, 12(a)(1) oder 12(a)(2) des Secu 1933 Act (15 USC § 77k).

[16]   Vgl. U.S. Securities and Exchange Commission, The Laws That Govern the Securities Industry, Fast Answers, a.a.O.

[17]   Securities Exchange Act von 1934, 48 Stat. 881, 15 USC Sections 78a-78kk; abrufbar unter: https://www.sec.gov/about/laws/sea34.pdf (Stand 9. November 2015).

ties Act von 1933 um ein umfangreicheres Regelwerk. Nochmals ist an dieser Stelle festzuhalten, dass mit dem 1934 Act die SEC gegründet worden ist. Dabei wurden ihr in Section 4 weitreichende Kompetenzen im Bereich der «Wertschriftenindustrie» (*«broad authority over the securities industry»*) eingeräumt. Mitunter fallen in ihre Kompetenzen die Registrierung, die Regulierung und Beaufsichtigung von Maklerfirmen, die Clearing- und Settlement-Stellen und die Selbstregulierungsorganisationen.[18]

Eine wesentliche Bestimmung stellt ferner die Registrierungspflicht nach Section 12(a) dar. Eine Gesellschaft unterliegt automatisch der Registrierungspflicht, wenn die Aktien an einer der nationalen Börsen (national securities exchanges) gehandelt werden. Dabei spielt die Grösse der Gesellschaft keine Rolle. Diejenigen Gesellschaften, bei welchen die Aktien an keiner der nationalen Börsen, sondern im OTC-Geschäft (over-the-counter) gehandelt werden, ist die Registrierung allerdings von der Grösse des Unternehmens abhängig. Von Gesellschaften, bei welchen das Gesellschaftsvermögen USD 10 Mio. übersteigt und zugleich eine Aktiengattung mit mindestens 500 shareholders of record vorhanden ist, wird eine Registrierung verlangt.[19]   29

2. Verbot des Insiderhandels

Mit Einführung des Securities Exchange Act von 1934 wurde zudem eine Regelung zum Verbot des Insiderhandels eingeführt. Section 10(b) verbietet allgemein betrügerisches (manipulative and deceptive) Verhalten im Zusammenhang mit dem Aktienhandel. Der Begriff «Insiderhandel» wird definiert als der Erwerb von Wertpapieren durch bestimmte Personen in Kenntnis von wesentlichen nicht öffentlichen Informationen über diese Wertpapiere (*«the purchase or sale of securities by certain persons while knowingly in possession of material non-public information relating to those securities»*). (BAINBRIDGE, 6)[20]   30

Im Zusammenhang mit dem seit 1934 in den USA verbotenen Insiderhandel kam es 1981 zu einem Justizkonflikt zwischen den USA und der Schweiz, in welcher die Diskussion um einen strafrechtlichen Tatbestand erst 1973 begann (PETER, 4 Fn. 21).[21] Eine schweizerische Bank weigerte sich 1981, einem Auskunftsbegehren der SEC betreffend Insiderverdacht Folge zu leisten und berief sich dabei auf   31

---

[18]   Vgl. U.S. Securities and Exchange Commission, The Laws That Govern the Securities Industry, Fast Answers, a.a.O.

[19]   Section 12(g) Securities Act, SEC Rule 12g-1.

[20]   Vgl. Detailliertere Ausführungen zum Verbot des Insiderhandels im Securities Exchange Act: NOBEL, Internationales Aktienrecht, 438 N 131 ff.; MERKT, N 1066.

[21]   Auslöser dieser Diskussion bildete ein Beitrag von FORSTMOSER (s. Aktiengesellschaft, 133 ff.).

das Bankgeheimnis. Für die Gewährung der internationalen Rechtshilfe mangelte es an der zwingenden Voraussetzung der doppelten Strafbarkeit, weil der Insiderhandel dazumal in der Schweiz noch nicht strafbar war. In der Folge beantragte die SEC beim Bundesdistriktgericht New York für die Banca della Svizzera Italiana drakonische Strafen, nämlich eine täglich Busse von USD 50 000.–, den Entzug der Zulassung auf dem US-Wertpapierhandel, die Beschlagnahmung sämtlicher Vermögenswerte und Grundstücke in den USA und die Verhaftung aller Angestellten und Verwaltungsräte auf amerikanischem Boden.[22] Der Richter MILTON POLLACK äusserte sich zur Zuständigkeit wie folgt:

> «It would be a travesty of justice to permit a foreign company to invade American markets, violate American laws if they were indeed violated, withdraw profits and resist accountability for itself and its principals for the illegality by claiming their anonymity under foreign law.»[23]

32   Der Streit konnte mit Zustimmung der Kunden geschlichtet werden, da es an der beidseitigen Strafbarkeit (noch) fehlte. Der Konflikt veranlasste jedoch die Regierungen der Schweiz und der USA zur Unterzeichnung des «Memorandum of Understanding». Ferner stimmten die Mitgliedbanken der Schweizer Bankiervereinigung der Konvention XVI zu, welche es den Schweizer Banken nun ermöglichte, die aufgrund einer Anordnung der SEC beantragten Informationen betreffend Insiderhandel im Rahmen einer Strafuntersuchung herauszugeben. Dies führte zu zahlreichen Fällen der Rechtshilfe (vgl. BGE 109 Ib 47; 112 Ib 145; 113 Ib 77). 1988 trat sodann Art. 161 StGB in Kraft, welcher den Insiderhandel strafrechtlich sanktioniert. Der Gesetzesartikel wurde vor allem deshalb erlassen, weil es bei der Rechtshilfe zwischen der Schweiz und den USA immer wieder zu Komplikationen gekommen war (vgl. BGE 118 Ib 543 E. 3b). Aus der Entstehungsgeschichte dieses Artikels rührt daher auch die Bezeichnung *lex americana,* welche auch schon das Bundesgericht verwendete (Urteil 1A.12/2005 vom 9. März 2006 E. 4.1) (vgl. NOBEL, Internationales Aktienrecht, 319 N 181 ff.).

33   Die Strafnorm wurde sodann auch im Börsengesetz aufgenommen, um das Insiderhandelsverbot in der schweizerischen Rechtsordnung stärker zu verankern (Art. 33*e* und Art. 40 BEHG). Die Regelungen wurden sodann mit dem Inkrafttreten des Finanzmarktinfrastrukturgesetzes auf den 1. Januar 2016 praktisch identisch übernommen (Art. 142 und Art. 154 FinfraG). Die Anwendbarkeit der Bestimmungen setzt voraus, dass das Effektengeschäft aufgrund einer Insiderinformation vorgenommen wird.

---

[22]   SEC v. Banca della Svizzera, 91 F.R.D. 111, 113 (S.D.N.Y. 1981).
[23]   Richter Milton Pollack, United States District Court, Southern District of New York. No. 81 Civ. 1836, 16. November 1981 ; Fed.Sec.Law Reports 98, 346, teilweise abgedruckt in NOBEL, Bankenrecht, 109 ff., 117.

D. *Börseneigene Regulierung*

Die meisten Emittenten lassen sich nicht nur bei der SEC   34
registrieren, sondern beantragen auch die Kotierung an der NYSE oder der
NASDAQ (The National Association of Securities Dealers Automated Quota-
tions)[24]. Es handelt sich bei diesen Institutionen um Selbstregulierungsorganisationen (SRO).[25] Dies bedeutet, dass diese Wertschriftenbörsen sich bei der SEC
registrieren lassen (Section 5 des Securities Exchange Act) und sie die Bedingungen von Section 6 des Securities Exchange Act erfüllen müssen. Die SRO können
ihre eigenen Kotierungsvoraussetzungen und auch eigene Regelungen zur Durchsetzung derselben aufstellen, wobei die Prüfung und die Genehmigung der SEC
obliegt. Weiter hat die Wertschriftenbörse sowohl gewisse Standards festzulegen,
welche vor Betrug und Marktmanipulation schützen, als auch faire Handelsgrund-
sätze zu statuieren. Anzumerken ist, dass die SRO ihre eigenen Mitglieder unter
dem wachsamen Auge der SEC selbst beaufsichtigen.[26]

Die Financial Industry Regulatory Authority (FINRA) ist die grösste unabhängige   35
Regulierungsbehörde im US-amerikanischen Wertpapiermarkt. Sie entstand aus
dem Zusammenschluss der NASD und der NYSE-Regulierungsbehörde und wurde
2007 gegründet. Ziel war es, eine effiziente Regulierungsbehörde zu schaffen, um
Kosten zu sparen und den Kundenschutz und die Marktintegrität im US-amerikanischen Wertpapiergeschäft zu gewährleisten.[27] Die Behörde ist hauptsächlich für
die Beobachtung der Marktteilnehmer im Wertpapierhandel zuständig. Diese
Funktion delegierte die SEC auf die FINRA. Verletzt ein Wertpapierunternehmen
die Marktregeln der Regulierungsbehörde, so kann die FINRA Geldbussen gegen
die Marktteilnehmer aussprechen.[28]

---

[24] Bei der NASDAQ handelt es sich um die grösste elektronische Börse in den USA. Die
      Börse wurde 1971 von der National Association of Securities Dealers (NASD) als voll-
      elektronische Handelsplattform gegründet.

[25] Vgl. U.S. Securities and Exchange Commission, The Laws That Govern the Securities
      Industry, Fast Answers, a.a.O.

[26] Legal Information Institute, Cornell University Law School, «Self Regulatory Organiza-
      tion», abrufbar unter: https://www.law.cornell.edu/wex/self_regulatory_organization
      (Stand 12. November 2015).

[27] Legal Information Institute, Cornell University Law School, «Self Regulatory Organiza-
      tion», a.a.O.; vgl. auch Financial Industry Regulatory Authority, about FINRA, abrufbar
      unter: https://www.finra.org/about (Stand 8. Dezember 2015).

[28] Financial Industry Regulatory Authority, about FINRA, a.a.O.

E.   Ausländische Unternehmen unter den Securities Laws

1.   Hintergrund

36   Grundsätzlich gelten die Registrierungs- und Offenlegungsvorschriften der Securities Act sowohl für inländische als auch für ausländische Unternehmen, die mit Wertpapieren in den USA handeln. Die zunehmende Globalisierung führt jedoch zu einem eigentlichen Spannungsverhältnis: Einerseits besteht das Bedürfnis nach einem international konkurrenzfähigen Markt, um ausländischen Unternehmen vorteilhafte Bedingungen zu verschaffen. Anderseits wurde die SEC auch ermutigt, strengere Regelungen für ausländische Unternehmen zu erlassen, um Skandalen und Krisen vorzubeugen (HUNG NIE WOO, 121 ff.).

2.   Ausländischer Emittent

37   Ob ein ausländisches Unternehmen von gewissen Erleichterungen betreffend Registrierungs- oder Offenlegungspflichten (vgl. Ziff. 3 nachfolgend) profitieren kann, hängt davon ab, ob es unter den Begriff des «ausländischen Privatemittenten» gemäss der Rule 3b–4 des Securities Exchange Act fällt. Demnach gilt als ausländisches Unternehmen, welches am Ende des zweiten Geschäftsquartals eine der folgenden Voraussetzungen erfüllt:[29]

(1) Weniger als 50 Prozent der stimmberechtigten Wertpapiere werden von Personen mit US-Wohnsitz gehalten oder

(2) mehr als 50 Prozent der stimmberechtigten Wertpapiere werden von Personen mit US-Wohnsitz gehalten, und keine der folgenden drei Voraussetzungen ist anwendbar:

a. Die Mehrheit der Geschäftsführer bzw. Direktoren sind US-Staatsangehörige oder haben Wohnsitz in den USA.

b. Mehr als 50 Prozent des Vermögens befinden sich in den USA.

c. Die Geschäftstätigkeit wird vorwiegend aus den USA geführt.

---

[29] U.S. Securities and Exchange Commission, Accessing the U.S. Capital Markets – A Brief Overview for Foreign Private Issuers, abrufbar unter: https://www.sec.gov/divisions/corpfin/internatl/foreign-private-issuers-overview.shtml (Stand 13. November 2015).

3. Registrierungsvoraussetzungen und Informationspflichten ausländischer Emittenten

Section 5 des Securities Act von 1933 statuiert, dass die aus- [38] ländischen Emittenten grundsätzlich dieselben Voraussetzungen in Bezug auf die Registrierung erfüllen müssen wie inländische Emittenten. Ausländische Emittenten unterstehen den Registrierungsvoraussetzungen gemäss Section 12(g) des Securities Exchange Act, wenn sie über Aktiva von mehr als USD 10 Mio. verfügen und ihre Anteile von mehr als 500 Anlegern gehalten werden, von denen 300 oder mehr Wohnsitz in den USA haben. Die SEC hat jedoch auf dem Verordnungsweg durch den Erlass der Rule 12g-3-2(b) ausländische Gesellschaften, die weniger als 300 in den USA ansässige Aktionäre haben, die kein öffentliches Angebot von Aktien in den USA machen und deren Aktien nicht an einer US-Börse zugelassen sind, von der Registrierungspflicht freigestellt. Ein weiteres Erfordernis ist, dass die Gesellschaften regelmässig die in ihrem Heimatland oder an anderen Börsen veröffentlichten Informationen an Aktionäre versandten Mitteilungen zusenden, wo sie dann den US-Aktionären der Gesellschaft zugänglich sind.

Die meisten ausländischen Emittenten registrieren ihre Wertpapiere an einer [39] US-Börse mittels des Formulars 20-F, das eine umfassende Berichterstattung verlangt.[30] So ist insbesondere über die Unternehmenstätigkeiten, die Geschäftsführung und die finanzielle Lage zu informieren. Des Weiteren besteht eine Offenlegungspflicht bezüglich der Einnahmen und Geldflüsse der letzten drei Jahre, die Bilanzen der letzten zwei Jahre und ausgewählte zusätzliche Finanzinformationen über einen Zeitraum von fünf Jahren.

Besondere Schwierigkeiten bereitete den Ausländern bis 2007, dass die Vorschrif- [40] ten die Übereinstimmung der Rechnungslegung mit den US Generally Accepted Accounting Principles (US GAAP) oder zumindest eine Überleitung von der nationalen Rechnungslegung auf US GAAP verlangten, wobei die ausländischen Emittenten oftmals die IFRS (International Financial Reporting Standards) als Rechnungslegung verwenden (NOBEL, Internationales Aktienrecht, 509 N 41). Ein europäischer Abschluss nach den hiesigen Regeln der IAS/IFRS wurde daher von der US-amerikanischen Börsenaufsicht Securities Exchange Commission (SEC) nicht ohne Weiteres akzeptiert. Für ausländische Emittenten bedeuteten diese Anforderungen Mehrkosten, da die inhaltlichen Unterschiede zwischen den beiden Rechnungslegungsstandards doch grössere Divergenzen in der Methode und in der

---

[30] U.S. Securities and Exchange Commission, Accessing the U.S. Capital Markets – A Brief Overview for Foreign Private Issuers, Kapitel III.B.I.a., abrufbar unter: https://www.sec.gov/divisions/corpfin/internatl/foreign-private-issuers-overview.shtml (Stand 16. November 2015).

Darstellung ein und desselben Sachverhaltes trotz mehrheitlichen materiellen Übereinstimmungen an den Tag legten (NOBEL, Internationales Aktienrecht, 509 N 41).

41	Diese Problematik war aufgrund der zunehmenden Globalisierung offensichtlich, weshalb verschiedene Initiativen zur Angleichung der beiden Rechnungslegungs- standards aufgegleist wurden. Das Europäische Parlament billigte im Januar 2008 eine Verordnung, welche die Bedingungen festlegte, unter welchen die Generally Accepted Accounting Principles (GAAP) eines Drittlandes als gleichwertig zu den von der EU übernommenen IFRS betrachtet werden.[31] Auf Basis dieser Verord- nung anerkannte die Kommission im Dezember 2008 sodann die Gleichwertigkeit der GAAP der USA, Japans, Chinas, Kanadas, Südkoreas und Indiens.[32] Die An- erkennung ermöglichte es den Gesellschaften aus diesen Ländern, ihre Abschlüsse weiterhin nach den genannten GAAP vorzulegen, obwohl die Gesellschaften an EU-Märkten notiert waren (NOBEL, Internationales Aktienrecht, 509 N 42 ff.).

42	Ferner streben das International Accounting Standards Board (IASB) und das Financial Accounting Standards Board (FASB) zusammen in Absprache mit na- tionalen und regionalen Institutionen eine Angleichung zwischen IFRS und US GAAP an. Diesbezüglich wurde im September 2002 ein Memorandum of Under- standing (MoU) abgeschlossen, auch bekannt als *Norwalk Agreement,* welches bestimmte bis 2008 zu erreichende Meilensteine vorsah. Unter anderem bestimmte die SEC 2007, dass ausländische Emittenten ihre Rechnungslegung nun nach den Vorschriften des US GAAP, der IFRS oder nach den Vorschriften des Heimatstaa- tes vornehmen können und daher nicht länger eine Umwandlung in US GAAP notwendig ist. Einzig bei materiellen Unterschieden der Heimatvorschriften zum US GAAP ist eine Überleitung noch zu erstellen.[33]

[31]	Verordnung (EG) Nr. 1569/2007 der Kommission vom 21. Dezember 2007 über die Ein- ordnung eines Mechanismus zur Festlegung der Gleichwertigkeit der von Drittstaatenemit- tenten angewandten Rechnungslegungsgrundsätze gemäss den Richtlinien 2003/71/EG und 2004/109/EG der Europäischen Parlaments und Rates, ABl. L 340 vom 22. Dezember 2007, 66.

[32]	Verordnung (EG) Nr. 1289/2007 der Kommission vom 12. Dezember 2008 zur Änderung der Verordnung (EG) Nr. 809/2004 zur Umsetzung der Richtlinie 2003/71/EG des Europä- ischen Parlaments und Rates im Hinblick auf bestimmte Angaben für den Prospekt und auf Werbung, Abl. L 340 vom 19. Dezember 2008, 17.

[33]	U.S. Securities and Exchange Commission, Accessing the U.S. Capital Markets – A Brief Overview for Foreign Private Issuers, Kapitel III.B.I.a.

IV. Alternative Kotierungsmethoden an US-Wertschriftenbörsen

A. *American Depositary Receipts (ADRs)*

Die Mehrheit der Aktien ausländischer Emittenten wird in den 43
USA in der Form von sog. American Depositary Receipts («ADRs») gehandelt.
Dabei handelt es sich um handelbare Zertifikate, welche von einem US-
amerikanischen Kreditinstitut ausgegeben werden, das die zugrunde liegenden
Aktien verwahrt (FRIEDLAND, 49). Das US-Kreditinstitut setzt sich dabei für die
Interessen des Emittenten der ausländischen Wertschriften ein (SAUNDERS, 1). Die
ADRs können an jeder Wertschriftenbörse gehandelt werden und sind typischer-
weise durch Aktien des ausländischen Unternehmens gesichert, wobei die Anzahl
Aktien von der Depotbank bestimmt wird. Die Depotbank wird versuchen, für die
ADRs einen mit anderen US-Wertschriften des gleichen Sektors vergleichbaren
Preis festzulegen.[34]

ADRs dienen der Erleichterung von Geschäften mit ausländischen Wertpapieren 44
in den Vereinigten Staaten, denn sie können an einer amerikanischen Börse gehandelt werden, ohne dass sich die Aktiengesellschaft dem vollständigen Zulas-
sungsverfahren der (SEC), das ansonsten für eine Börsennotierung notwendig
wäre, unterziehen muss (NOBEL, Internationales Aktienrecht, 429 N 108 ff.). Der
hauptsächliche Vorteil der ADRs besteht darin, dass sie von Gesetzes wegen US-
Wertschriften darstellen, obschon sie ausländische Aktien vertreten. Demzufolge
profitieren die Inhaber der ADRs vom gleichen umfassenden Schutz wie Investoren gemäss der US-Wertschriftenregulierung (NOBEL, Internationales Aktienrecht,
429 N 110). Ein weiterer Vorteil der ADRs liegt darin, dass direkte Investitionen
in internationale Wertschriften mit bedeutenden Transaktionskosten verbunden
sein können, während diese beim Handel mit ADRs nur sehr gering sind, da Probleme mit verschiedenen Währungen und ausländische Steuern bei einem Verkauf
nicht anfallen. Ferner ist der Erwerb von ADRs auf dem US-Markt aufgrund der
Einfachheit oft reizvoller als ein direkter Handel auf dem ausländischen Markt
(NOBEL, Internationales Aktienrecht, 429 N 110; FRIEDLAND, 49). Nur wenige
grosse US-Banken sind als Depotbank für die ADRs zugelassen; die grösste ist die
Bank von New York, welche für mehr als die Hälfte aller ADR-Emittenten tätig
ist.[35]

---

[34] Buyandhold, a division of free investments, abrufbar unter: https://www.buyandhold.com/
bh/en/education/oak/qa/qa19.html (Stand 16. November 2015).

[35] https://www.bnymellon.com/us/en/what-we-do/solutions/index.jsp#!/us/depositary-receipts-
services-17440 (Stand 16. November 2015).

45   Das durch ein ADR verkörperte Recht vermittelt dem Anleger der Aktien den
       Anspruch, indirekt via die Depositary Bank eine Dividende zu erhalten. Ferner hat
       der Anleger in der Regel ein Stimmrecht an den durch das ADR vermittelten Ak-
       tien. Das Stimmrecht wird jedoch über entsprechende Instruktionen von der Depo-
       sitary Bank, welcher formell die Aktionärsstellung zukommt und die Halter von
       ADR an der Generalversammlung vertritt, ausgeübt (STADELMANN/BIERI, 316).[36]
       ADR-Inhaber sind demzufolge nicht Aktionäre im schweizerischen aktienrechtli-
       chen Sinne.

B.   Regel 144A[37]

46   Die zunehmende Globalisierung führte dazu, dass sich die US-
       Investitionen in ausländische Wertschriften erhöhten. Angesichts der strengen
       Anforderungen bei öffentlichen Kauf- und Verkaufsangeboten sowie dem hohen
       Zeitaufwand für die Registrierungs- und Offenlegungsvorschriften hielten sich die
       ausländischen Unternehmen auf dem US-Börsenmarkt mit Wertschriftenangebo-
       ten eher zurück. Unter Berücksichtigung des kostenaufwendigen Verfahrens –
       besonders im ausserbörslichen Bereich – ist die mangelnde Attraktivität in diesem
       Bereich für Ausländer offensichtlich. Ein anderer hinderlicher Grund für Auslän-
       der bestand darin, dass nicht registrierte Wertschriften (mit Ausnahme von sol-
       chen, welche während mindestens zweier Jahre gehalten wurden) nicht über ein
       öffentliches Kaufangebot weiterverkauft werden konnten.[38] Überdies hatte der
       Mangel an ausländischen Wertschriften auf dem US-Markt zur Folge, dass US-
       Investoren diese zu höheren Preisen im Ausland erwarben. Dies wiederum resul-
       tierte in einer Aufforderung an den US-Gesetzgeber, ausländische Wertschriften
       sowohl im Interesse der US-Investoren wie auch in jenem der ausländischen Emit-
       tenten besser in den US-Markt zu integrieren (KOKKALENIOS, 179; NOBEL, Inter-
       nationales Aktienrecht, 430 N 114).

47   Die diesbezügliche Regel 144A wurde 1990 von der SEC eingeführt und hat zum
       Ziel, die Registrierungsanforderungen im Bereich des internationalen Wertschrif-
       tenhandels zu lockern und damit dem ausländischen Emittenten den Zugang zum
       US-Börsenmarkt zu erleichtern. Die Bemühungen der SEC sind auf die erhöhten
       Anforderungen der Globalisierung zurückzuführen und illustrierten deutlich, dass
       die SEC bestrebt war, die wettbewerbsfähige Position der USA im Bereich des
       internationalen Wertschriftenhandels zu erhalten (LUCCHESI, 1). Die Regel 144A

---

[36]   Vgl. Informationen der SEC betr. ADR, abrufbar unter http://www.sec.gov/answers/
        adrs.htm (Stand 12. Januar 2016) und http://www.sec.gov/investor/pubs/ininvest.htm
        (Stand 12. Januar 2016).
[37]   17 CFR Section 230.144A (1991).
[38]   Regel 144, 17 CFR Section 230.144 (d).

statuiert eine Ausnahme von den Registrierungsvorschriften des Securities Act von 1933 und gilt für den Weiterverkauf von privat platzierten Wertschriften (sowohl von US-Emittenten als auch von ausländischen Emittenten) an qualifizierte institutionelle Käufer (Qualified Institutional Buyers, sog. «QIB») (STEINBERG, 213). Die Regel erlaubt es qualifizierten institutionellen Käufern, nicht registrierte Wertschriften zu kaufen und damit zu handeln. Angesichts der Anwendbarkeit der Regel auf Weiterverkäufe von Wertschriften von US- und ausländischen Emittenten liegt das Ziel in der Regel darin, primäre Angebote von ausländischen Wertschriften durch Intermediäre den US-Investoren auf dem US-Markt zugänglich zu machen. Damit werden die US-Investoren nicht gezwungen, Transaktionen auf ausländischen Märkten zu tätigen. Insgesamt soll dadurch der US-Privatmarkt für ausländische Emittenten attraktiver gestaltet werden (GREENE et al., 4 ff.).

Um unter die Ausnahmeregelung von 144A betreffend Kauf- oder Verkaufsange- 48
bote zu fallen, sind kumulativ vier Voraussetzungen notwendig (vgl. KOKKALENIOS, 186, STEINBERG, 213 ff.):

1) Das Angebot muss gegenüber einem qualifizierten, institutionellen Käufer («QIB»: z.b. berechtigte Versicherungsgesellschaft, Investmentgesellschaften, Risikobeteiligungsgesellschaften) erfolgen. Als solche gelten die Institutionen, die gemäss dem Act von 1934 registriert sind und Vermögenswerte in der Höhe von mindestens 100 Mio. USD am Ende des letzten Geschäftsjahres besitzen oder verwalten. Bankinstitute müssen einen Nettowert von USD 25 Mio. aufweisen, um als QIB qualifiziert werden zu können Für registrierte Brokers reichen Vermögenswerte in der Höhe von USD 10 Mio. aus.

2) Der Verkäufer hat Gewähr zu leisten, dass der Käufer von seiner Ausnahme gemäss der Regel 144A Kenntnis hat.

3) Es muss für potenzielle Käufer die Möglichkeit bestehen, auf Anfrage von den Emittenten gewisse Finanzinformationen zu erhalten. Nicht möglich ist dies allerdings, wenn der Emittent (1) gemäss dem Exchange Act von 1934 registriert ist, (2) aufgrund der nationalen Offenlegungsvorschriften in den Ausnahmekatalog von 12g-3-2(b) fällt oder (3) eine ausländische Regierung ist.

4) Die Wertschriften dürfen nicht austauschbar sein, d.h. sie dürfen nicht derselben Gattung angehören wie jene, die an US-Börsen oder an der NASDAQ kotiert sind. Wertschriften gelten als derselben Gattung zugehörig, wenn sie mehrheitlich einen ähnlichen Charakter aufweisen und deren Inhaber mehrheitlich dieselben Rechte und Privilegien geniessen.[39]

---

[39] Vgl. 17 CFR Section 230.144 (d)(3).

49   Die Regel 144A wurde kritisiert, weil sie einen «144A-Markt» geschaffen habe.[40] Wenngleich hat sie den Finanzplatz USA gefördert, indem sie den ausländischen Emittenten den Zugang zum US-Kapitalmarkt erleichterte (KOKKALENIOS, 201). Die Absenz erheblicher Verfahrensvorschriften über den Handel führte zu einem grösseren Interesse ausländischer Emittenten, ihre Wertschriften auf dem US-Markt anzubieten.

V.   Neuere gesetzliche Entwicklungen in Bezug auf das Aktienrecht

A.   Der Sarbanes-Oxley Act von 2002

1.   Einleitung

50   Der Sarbanes-Oxley Act (SOX) war die Antwort des US-Gesetzgebers auf die Finanzskandale und zielte darauf, das gesunkene Vertrauen der Anleger in die US-Kapitalmärkte wieder zu stärken. Die Unternehmensskandale nahmen ihren Beginn mit dem Enron-Zusammenbruch im November 2001, wobei weitere Betrugsskandale bei US-Unternehmen aufgedeckt wurden (World-Com und Tyco International). Diese Finanzskandale führten dazu, dass die Anleger vom Kapitalmarkt flüchteten und die Wertpapierpreise einbrachen.[41] Die heftigen Reaktionen in der Öffentlichkeit hatten zur Folge, dass innert kürzester Zeit der amerikanische Senat den SOX geschaffen hat. Mit Unterzeichnung durch Präsident GEORGE W. BUSH erlangte der nach seinen Urhebern[42] benannte Sarbanes-Oxley Act am 30. Juli 2002 Rechtskraft. Gleichwohl wurde die Einführung des SOX von diversen Behörden als überstürzt kritisiert (HUFMAN, 246 ff.).

51   Die beabsichtigten Ziele des SOX liegen darin, die Unternehmensführung und -kontrolle zu stärken, effektivere Kontrollen zu gewährleisten, die Transparenz bei Finanzberichten zu verbessern und das Anlegervertrauen wiederherzustellen.[43] Der SOX geht dabei weiter als die bisherige US-Gesetzgebung im Bereich der

---

[40]   Vgl. für eine umfangreiche Analyse der Kritik: KOKKALENIOS, 192 ff.

[41]   U.S. Securities and Exchange Commission, Implementation of the Sarbanes-Oxley Act of 2002, Kapitel II.; abrufbar unter: https://www.sec.gov/news/testimony/090903tswhd.htm (Stand 18. November 2015).

[42]   Einerseits der damalige Senator PAUL S. SARBANES (Jurist und Vorsitzender des Bankenausschusses) und anderseits MICHEAL G. OXLEY (Jurist und Mitglied des Energie und Handelsausschusses).

[43]   U.S. Securities and Exchange Commission, Implementation of the Sarbanes-Oxley Act of 2002, a.a.O.

Wertpapierregulierung. In den nachfolgenden Abschnitten werden deshalb einige wichtige Aspekte des SOX näher betrachtet.

2. Besondere Regelungen

a. Das Public Company Accounting Oversight Board

Die US-amerikanische Aufsichtsbehörde über die Wirtschafts- [52] prüfungsgesellschaften (United States Public Company Accounting Oversight Board, PCAOB) ist eine privatwirtschaftliche, gemeinnützige Einrichtung[44], welcher mit dem SOX umfangreiche prozessuale und disziplinarische Massnahmen eingeräumt wurden.[45] Materiell hat die SEC die Aufsicht über das PCAOB.[46] Das PCAOB wird dabei aus fünf «bekannten und integeren Mitgliedern mit einem guten Leumund» zusammengesetzt, die sich sowohl dem Interesse der Anleger als auch der Allgemeinheit verschrieben haben.[47] Zwei Mitglieder müssen Certified Public Accountants sein.[48] Gewählt werden die Mitglieder durch die SEC.[49]

Das PCAOB wurde vom Kongress gegründet, um die Prüfer börsennotierter Un- [53] ternehmen zu beaufsichtigen und damit sowohl die Interessen einzelner Anleger als auch das öffentliche Interesse bzgl. der Erstellung informativer, angemessener und unabhängiger Prüfberichte zu schützen.[50] Die Aufgaben des PCAOB umfassen u.a. die Registrierung und Überwachung der Prüfungsgesellschaften. Wirtschaftsgesellschaften, die für eine in den USA börsenkotierte Unternehmung einen Revisionsbericht erstellen oder bei dessen Erstellung beteiligt sind, müssen sich beim PCAOB registrieren lassen.[51] Dieser Registrierungspflicht unterliegen auch nicht amerikanische Prüfungsgesellschaften, die für ein in den USA börsenkotiertes Unternehmen in obgenannter Tätigkeit aktiv werden.[52] Es besteht dabei eine jährliche Pflicht zur Erneuerung der Registrierung.[53] Mit der Registrierung müssen ausserdem spezifische Informationen – wie beispielsweise der Kundenstamm –

[44] Vgl. H.R.3763, Sarbanes-Oxley Act of 2002 Titel I Section 101(a); vgl. auch States Public Company Accounting Oversight Board, About the PCAOB, abrufbar unter: https://pcaobus.org//About/pages/default.aspx (Stand 18. November 2015).
[45] Vgl. H.R.3763, Sarbanes-Oxley Act of 2002 Titel I Section 101-109.
[46] Vgl. H.R.3763, Sarbanes-Oxley Act of 2002 Titel I Section 107.
[47] Vgl. H.R.3763, Sarbanes-Oxley Act of 2002 Titel I Section 101 (e)(1).
[48] Vgl. H.R.3763, Sarbanes-Oxley Act of 2002 Titel I Section 101 (e)(2).
[49] Vgl. H.R.3763, Sarbanes-Oxley Act of 2002 Titel I Section 101 (e)(4).
[50] Vgl. H.R.3763, Sarbanes-Oxley Act of 2002 Titel I Section 101(a); vgl. auch States Public Company Accounting Oversight Board, About the PCAOB, abrufbar unter: https://pcaobus.org//About/pages/default.aspx (Stand 18. November 2015).
[51] Vgl. H.R.3763, Sarbanes-Oxley Act of 2002 Titel I Section 102 (a).
[52] Vgl. H.R.3763, Sarbanes-Oxley Act of 2002 Titel I Section 106.
[53] Vgl. H.R.3763, Sarbanes-Oxley Act of 2002 Titel I Section 102(d).

offengelegt werden.[54] Ferner haben die registrierten Wirtschaftsprüfungsgesellschaften dem PCAOB jährlich über ihre Geschäftstätigkeit Bericht zu erstatten.[55]

54   Hauptaufgabe des PCAOB ist jedoch, die registrierten Wirtschaftsprüfungsgesellschaften zu überwachen und zu überprüfen. Revisionsgesellschaften mit mehr als 100 kotierten Kunden werden dabei mindestens einmal jährlich, kleinere Gesellschaften dagegen alle drei Jahre geprüft.[56] Es ist jedoch auch möglich, dass das PCAOB ausserordentliche Inspektionen anordnet.[57] Die Überprüfung bezieht sich auf die Qualitätskontrollen der Prüfungsgesellschaften, ihre Unabhängigkeit und ihr ethisches Verhalten. Unter Umständen erfolgt ein schriftlicher Bericht an die SEC sowie aus Gründen des Anlegerschutzes an die Öffentlichkeit.[58] Die Strafen, die für die Zuwiderhandlung gegen den SOX, die PCAOB-Regeln oder die Prüfberichte betreffenden Wertpapiergesetze verhängt werden können, reichen von der Sistierung der Kotierung oder Dekotierung bis hin zu Bussen von bis zu USD 15 Mio.[59] Daneben beinhaltet der SOX eine Reihe weiterer Bestimmungen hinsichtlich der Stärkung der Unabhängigkeit der Wirtschaftsprüfer und der Vermeidung von Interessenkonflikten.[60]

55   Auch in der Schweiz fand mit den Bilanzskandalen und Unternehmenszusammenbrüchen im In- und Ausland ein Umdenken statt, und das Bedürfnis nach einer glaubwürdigen Revision zeigte sich. Die Mängel im geltenden Recht, aber vor allem auch die internationale Entwicklung (SOX mit dem Public Company Accounting Oversight Board, 8. EU-Richtlinie) führten zu einem Handlungsbedarf und schliesslich zur Revision des Obligationenrechts sowie zur Schaffung des Revisionsaufsichtsgesetzes (RAG), welches am 1. September 2007 in Kraft trat. Das RAG bildet die formelle Grundlage für die Tätigkeit der Eidgenössischen Revisionsaufsichtsbehörde (RAB), die ihre Funktion ebenfalls am 1. September 2007 aufnahm.[61]

b.   Körperschaftliche Verantwortung (Corporate Responsibility)

56   Titel III des SOX («Corporate Responsibility») regelt, dass vom Verwaltungsrat ein Prüfungsausschuss («audit committee») gebildet werden muss, der die vom Emittenten bestellte Wirtschaftsprüfungsfirma überwacht.[62] Die

---

54   Vgl. H.R.3763, Sarbanes-Oxley Act of 2002 Titel I Section 102(b)(2).
55   Vgl. H.R.3763, Sarbanes-Oxley Act of 2002 Titel I Section 102(b)(3).
56   Vgl. H.R.3763, Sarbanes-Oxley Act of 2002 Titel I Section 104(b)(1).
57   Vgl. H.R.3763, Sarbanes-Oxley Act of 2002 Titel I Section 104(b)(2).
58   Vgl. H.R.3763, Sarbanes-Oxley Act of 2002 Titel I Section 103(a)(1).
59   Vgl. H.R.3763, Sarbanes-Oxley Act of 2002 Titel I Section 105(c)(4)(D).
60   Vgl. H.R.3763, Sarbanes-Oxley Act of 2002 Titel II Section 201 ff.
61   Vgl. https://www.rab-asr.ch/de/die-rab/die-rab/entstehung.html (Stand 12. Januar 2016).
62   Vgl. H.R.3763, Sarbanes-Oxley Act of 2002 Titel III Section 301(A) und 301 (B)(2).

Zuständigkeiten des «*audit committee*» umfassen die Bestellung, Vergütung und Überwachung der Arbeit eines vom Emittenten zum Zwecke der Erstellung und Herausgabe eines Prüfberichts oder damit zusammenhängender Arbeiten beauftragten Wirtschaftsprüfungsunternehmens sowie die weitere Anforderung, dass jede solche Wirtschaftsprüfungsfirma direkt dem Prüfungsausschuss berichtet.[63] Der SOX enthält bezüglich der Unabhängigkeit des Prüfungsausschusses gewisse Kriterien.[64] So dürfen die Ausschussmitglieder weder Beratungshonorare annehmen noch mit dem Unternehmen in irgendeiner anderen Weise in ihrer Eigenschaft als Verwaltungsratsmitglied verbunden sein.[65] Durch die strengen Anforderungen an die Unabhängigkeit des Prüfungsausschusses soll gewährleistet werden, dass hochrangige Führungskräfte eines Unternehmens und ihre Revisoren nicht in einer Beziehung zueinander stehen, die eine nicht objektive Prüfung der Geschäftstätigkeit oder sonst ein rechtlich unzulässiges Verhalten fördert (NOBEL, Internationales Aktienrecht, 462 N 180 f.).

Der CEO und der CFO, d.h. der Verwaltungsratsvorsitzende und der Finanzvorstand, müssen in den periodischen Berichten über die Finanzangaben schriftlich bestätigen, dass die darin enthaltenen Informationen wahrheitsgetreu sind und den Berichtsanforderungen des Securities Exchange Act entsprechen.[66] Zur Durchsetzung dieser Bestimmungen enthält der SOX strafrechtliche Sanktionen, welche gegen diejenigen Personen zur Anwendung gelangen, die wissentlich falsche Bestätigungen abgeben.[67] Ferner sind periodische Berichte ab der nächsten Berichtseinreichung des Emittenten unabhängig zu bestätigen, wobei CEO und CFO unter anderem erklären müssen, dass nach ihrem Wissen der Bericht weder unwahre Angaben wesentlicher Tatsachen enthält noch wichtige Tatsachen auslässt, welche erforderlich sind, damit die Angaben angesichts der Umstände, unter denen diese gemacht wurden, nicht irreführend sind, und dass der Abschluss und andere im Bericht enthaltene Finanzangaben in jeder Hinsicht die Finanzlage und das Betriebsergebnis der Emittenten für die im Bericht angegebenen Zeiträume wiedergeben bzw. diese in angemessener Weise darstellen (NOBEL, Internationales Aktienrecht, 462 N 181).[68] 57

c. Unabhängigkeit

Daneben beinhaltet der SOX eine Reihe weiterer Bestimmungen hinsichtlich der Stärkung der Unabhängigkeit der Wirtschaftsprüfer und der 58

---

[63] Vgl. H.R.3763, Sarbanes-Oxley Act of 2002 Titel III Section 301(2).
[64] Vgl. zur Unabhängigkeit des Prüfungsausschusses Kap. IV.A.2.c.
[65] Vgl. H.R.3763, Sarbanes-Oxley Act of 2002 Titel III Section 301 (3)(B).
[66] Vgl. H.R.3763, Sarbanes-Oxley Act of 2002 Titel IX Section 906(a).
[67] Vgl. H.R.3763, Sarbanes-Oxley Act of 2002 Titel IX Section 906(c).
[68] Vgl. H.R.3763, Sarbanes-Oxley Act of 2002 Titel III Section 302 (a)(2) und (3).

Vermeidung von Interessenkonflikten.[69] Die Unabhängigkeit soll dadurch «gestärkt» werden, dass der Umfang, den die Wirtschaftsprüfer neben der externen Prüfung dem gleichen Kunden anbieten dürfen, eingeschränkt wird. So sind insbesondere interne Revisionen, Finanzdienstleistungen sowie Bewertungsarbeiten und die Rechtsberatung verboten.[70] Andere Sections in diesem Titel zielen auch auf die Unabhängigkeit des Wirtschaftsprüfers ab, so insbesondere die Bestimmungen zur Rotation der Wirtschaftsprüfer, zum Prüfbericht an den Prüfungsausschuss und zur Vermeidung von Interessenkonflikten.[71]

59   Titel III des SOX regelt die Bestimmungen über den Prüfungsausschuss. Von den kotierten Gesellschaften wird verlangt, dass dieser in Bezug auf die Vergütung und hinsichtlich der Beziehung zum Unternehmen unabhängig ist. Bezüglich der Vergütung gilt, dass Mitglieder, ausser in ihrer Eigenschaft als Mitglied des Prüfungsausschusses, des Verwaltungsrats oder eines sonstigen Verwaltungsratsausschusses, keine Consulting-, Beratungs- oder sonstige Honorare vom Emittenten annehmen dürfen. Hinsichtlich der Beziehung zum Unternehmen wird in Section 301 (3)(B)(ii) statuiert, dass Prüfungsausschussmitglieder, ausser in ihrer Eigenschaft als Vorsitzende oder Mitglieder des Prüfungsausschusses, keine mit dem Emittenten oder seinem Tochterunternehmen «verbundene Person» sein dürfen. Als verbundene Person gilt eine Person, die den Emittenten unmittelbar oder mittelbar kontrolliert oder von diesem kontrolliert wird oder mit diesem unter gemeinsamer Kontrolle steht (CARDILLI, 801). Durch die strengen Anforderungen an die Unabhängigkeit des Prüfungsausschusses soll gewährleistet werden, dass hochrangige Führungskräfte eines Unternehmens und ihre Revisoren nicht in einer Beziehung zueinander stehen, die eine nicht objektive Prüfung der Geschäftstätigkeit oder sonst ein rechtlich unzulässiges Verhalten fördert (NOBEL, Internationales Aktienrecht, 462 N 180).

d.   Section 404

60   Section 404, «Management assessment of internal controls», ist eine der umstrittensten Bestimmungen des SOX. Section 404(a) zufolge ist das Management (Geschäftsleitung) für die Einrichtung und Pflege funktionsfähiger «Internal Control over Financial Reporting» (ICoFR) verantwortlich, deren Wirksamkeit sie anlässlich der jährlichen Berichterstattung zu bewerten und in Form eines eigenständigen Berichts offenzulegen hat. Überdies hat ein Abschlussprüfer laut Section 404(b), die von der Geschäftsleitung vorgenommene Beurteilung zu prüfen und darüber zu berichten.

---

[69]   Vgl. H.R.3763, Sarbanes-Oxley Act of 2002 Titel II Section 201 ff.
[70]   Vgl. H.R.3763, Sarbanes-Oxley Act of 2002 Titel II Section 201 (g).
[71]   Vgl. H.R.3763, Sarbanes-Oxley Act of 2002 Titel II Section 203, 204 und 206.

Kritisiert wurde die Bestimmung vor allem wegen der hohen Kosten, die mit der   61
Einhaltung verbunden waren. Das PCAOB reagierte darauf und verabschiedete am
24. Mai 2007 den Auditing Standard No. 5 (An Audit of Internal Control That is
Integrated with An Audit of Financial Statements), welcher am 25. Juli 2007 von
der SEC genehmigt wurde und damit den Auditing Standard No. 2 ersetzte.[72]
Obwohl die Umsetzung des Auditing Standard No. 2 nach Ansicht des PCAOB
wesentlichen Nutzen brachte, wurde festgestellt, dass der damit einhergehende
Aufwand teilweise grösser als erforderlich war.[73] Ziel des Auditing Standard war
es daher, die interne Kontrolle auf wesentliche Aspekte auszurichten («The top-
down approach») und überflüssige Tätigkeiten zu eliminieren.[74] Eine wichtige
Neuerung ist vor allem die flexible Ausgestaltung der Prüfungserfordernisse hinsichtlich der Grösse und der Komplexität des Unternehmens.[75]

Trotz allem entstanden auch nach dem Auditing Standard No. 5 für mittelgrosse   62
und kleine Unternehmen unverhältnismässig hohe Compliance-Kosten. Die Bemühungen der SEC und des PCAOB, die Belastung für die Unternehmen zu lin-
dern, wurden auch vom US-Senat unterstützt.[76] Im Jahre 2010 und nachdem den
non-accelerated filers (kleinere kotierte Unternehmen)[77] mehrere Nachfristen
angesetzt wurden in Bezug auf die Einhaltung von Section 404, erliess die SEC
eine Regelung hinsichtlich der internen Prüfungspflicht. Demnach sind kleinere
Unternehmen, welche nicht unter die Rule 12b-2 fallen, dauerhaft von der Pflicht
befreit.[78]

---

[72] SEC Release 2007-144. «SEC Approves PCAOB Auditing Standard No. 5 Regarding
Audits of Internal Control Over Financial Reporting; Adopts Definition of «Significant De-
ficiency», abrufbar unter: https://www.sec.gov/news/press/2007/2007-144.htm (Stand
24. November 2015).

[73] Auditing Standard No. 5, An Audit of Internal Control Over Financial Reporting That Is
Integrated With An Audit of Financial Statements and Related Independence Rule and
Confirming Amendments, PCAOB Release No. 2007-005A, June 12, 2007, PCAOB
Rulemaking Docket Matter No. 021, S. 2; abrufbar unter: http://pcaobus.org/Rules/
Rulemaking/Docket%20021/2007-06-12_Release_No_2007-005A.pdf (Stand 24. Novem-
ber 2015).

[74] Auditing Standard No. 5, a.a.O., 6.

[75] Auditing Standard No. 5, a.a.O., 11.

[76] Vgl. Section 8002 of the America Competes Act, H.R. 2272 vom 9. August 2007, abrufbar
unter: https://hps.org/govtrelations/documents/congress_competes_act.pdf (Stand 24. November 2015).

[77] Non-accelerated filers sind Gesellschaften, welche nicht die Bedingungen eines «accelerated filer» oder eines «large accelerated filer» gemäss Rule 12b-2 des Exchange Act erfüllen. Dies trifft auf Gesellschaften zu, die eine Marktkapitalisierung von unter 75 Mio. USD
aufweisen.

[78] SEC, 17 CFR PARTS 210, 229 und 249 [Release Nos. 33-9142; 34-62914], «Internal
Control over Financial Reporting in Exchange Act Periodic Reports of Non-Accelerated
Filers», abrufbar unter: https://www.sec.gov/rules/final/2010/33-9142.pdf (Stand 24. No-
vember 2015).

63 Bei der schweizerischen Lösung handelt es sich um eine Miniversion von Section
404 des SOX. Gemäss Art. 728a Abs. 1 Ziff. 3 sowie Abs. 2 OR prüft die Revisionsstelle, ob ein funktionierendes internes Kontrollsystem vorliegt. Sofern sie
feststellt, dass es Mängel aufweist, kompensiert sie diese durch eigene Prüfungs-
handlungen (vgl. auch Botschaft vom 24. Juni 2004, BBl 2004 4023).

e. Strafrechtliche Sanktionen

64   Der US-Criminal Code wird durch Section 906 – «Corporate
Responsibility for Financial Reports» – ergänzt. Demnach muss die Geschäftsleitung mit jedem bei der SEC einzureichenden Bericht, sofern dieser Abschlüsse
enthält, eine schriftliche Erklärung abgeben, in welcher sie bestätigt, dass der
jeweilige Bericht die Publizitätsanforderungen nach Section 13(a) bzw. 15(d) des
Securities Exchange Acts erfüllt und dass die darin gemachten Angaben zur wirtschaftlichen Lage des Unternehmens in allen wesentlichen Belangen zutreffend
sind.[79] Einer Zuwiderhandlung folgt eine empfindliche Strafe: Wusste die Geschäftsleitung oder hätte sie wissen müssen («knowingly»), dass die im Bericht
enthaltenen Informationen unzutreffend waren, droht eine Geldstrafe von bis zu
USD 1 Mio. und bzw. oder eine Freiheitsstrafe von bis zu zehn Jahren. Bei einer
vorsätzlich falschen Bestätigung («wilfully») fällt das Strafmass mit einer Geldstrafe von bis zu USD 5 Mio. und einer Freiheitsstrafe von bis zu 20 Jahren noch
höher aus.

65 Ein Grund, weshalb der SOX erlassen wurde, war u.a. die im Zusammenhang mit
den Unternehmensskandalen systematische Vernichtung von Dokumenten durch
Untersuchungsangehörige und Revisoren, welche die Ermittlungen der nationalen
Untersuchungsbehörden damit verunmöglichten. Als Folge davon wurden auch
entsprechende Strafbestimmungen für die Vernichtung von Dokumenten und
andere Straftatbestände für Justizbehinderung erlassen.[80]

66 Der SOX enthält ferner Regelungen zum Schutz von Whistleblower.[81] Als Whistleblower gelten Mitarbeiter, welche Missstände am Arbeitsplatz öffentlich machen.[82] Es ist Emittenten, einschliesslich deren Auftragnehmer, Subunternehmer
und sonstiger Vertreter, verboten, Arbeitnehmer durch Beschäftigungsbedingun-
gen zu diskriminieren, weil sie mit US-Bundesaufsichts- oder Strafverfolgungsbe-

---

[79] Vgl. H.R.3763, Sarbanes-Oxley Act of 2002 Titel IX Section 906(b).
[80] 18 USC § 1519 («Vernichtung, Änderung oder Fälschung von Aufzeichnungen in Bundes-
      Ermittlungsverfahren und Konkursfällen»).
[81] Vgl. H.R.3763, Sarbanes-Oxley Act of 2002 Titel VIII Section 806.
[82] Vgl. Duden, Whistleblower, abrufbar unter http://www.duden.de/rechtschreibung/Whistleblower
      (Stand 23. November 2015).

hörden kooperieren oder Informationen zu deren Ermittlungen beisteuern.[83] Der Arbeitnehmer hat in einem obgenannten Fall die Beschwerde dem US-amerikanischen Arbeitsamt (US Department of Labor) einzureichen. Erfolgt kein Entscheid innerhalb von 180 Tagen, kann der Arbeitnehmer das Verfahren vor dem US-Bundesgericht anhängig machen.[84] Die Entscheidungsmöglichkeiten des US-Bundesgerichts reichen von einer Weiterbeschäftigung bis hin zu rückwirkenden Lohnzahlungen nebst Zinsen und weiterem Schadenersatz einschliesslich Anwalts- und Gerichtsgebühren.[85]

3. Extraterritoriale Anwendung

Die Vorschriften des SOX finden zunächst einmal Anwendung   67
auf alle Unternehmen, die aufgrund einer Leistung an einer US-amerikanischen Börse registrierungspflichtige Emittenten darstellen und somit der US-Börsenaufsicht unterstehen. Der SOX gilt aber nicht nur für inländische Emittenten, sondern auch für die «foreign private issuers». Dabei handelt es sich um alle bei der SEC registrierungspflichtigen Firmen mit Hauptsitz ausserhalb der USA, die sich an einer US-amerikanischen Börse listen lassen möchten bzw. bereits gelistet sind und daher der Registrierungspflicht bei der SEC unterliegen (KÖNIG, 66; TANEDA, 13 ff.).

Seit dem Erlass des SOX wurde dieser von ausländischen Emittenten als untaug-   68
lich befunden, da die Kosten für die Einhaltung der Vorschriften ein zentrales Problem darstellen. Dazu kommt das erhöhte Fehlerrisiko für ausländische Emittenten und damit die Gefahr der Strafbarkeit (NOBEL, Internationales Aktienrecht, 469 N 195 ff.; FALENCKI, 1218). Der SOX wurde ferner dafür kritisiert, dass die Bestimmungen des SOX und die dazu ergangenen SEC-Regeln mit den Gesetzen und den entsprechenden Praktiken anderer Länder kollidieren (FALENCKI, 1211 ff.).[86] Section 302 verlangt beispielsweise von den Vorstandsvorsitzenden und dem Finanzvorstand, dass sie für die einwandfreie Rechnungslegung bürgen, mit a.W. sich für die dem SEC eingereichten Unterlagen verantworten und die Effektivität des internen Kontrollsystems bestätigen. Die Regeln des Securities Exchange Act betreffend die Bestätigungsanforderungen (13a-14 und 15d-14) sind

---

[83] Vgl. H.R.3763, Sarbanes-Oxley Act of 2002 Titel VIII Section 806 (a)(1).
[84] Vgl. H.R.3763, Sarbanes-Oxley Act of 2002 Titel VIII Section 806 (b).
[85] Vgl. H.R.3763, Sarbanes-Oxley Act of 2002 Titel VIII Section 806 (c)(2).
[86] Vgl. dazu die Worte des EU Commissioner FRITS BOLKESTEIN, in TIME Europe, «Tough Act to Follow» (23. September 2002)/col 160 No. 13. Er gab seine Zweifel über die PCAOB kund und bezeichnete diese als «a new US body that will oversee auditing firms, regulate non-US auditors and have access to internal audit documents. This would likely breach national professional secrecy laws in Europe and constitutes a wholly unnecessary and burdensome second layer of public oversight for EU audit firms.»

demzufolge auf die Organvertreter ausländischer Emittenten anwendbar, welche
ihre Unterlagen gemäss 13(a) oder 15(d) des Act von 1934 einreichen müssen.
Problematisch ist nun, dass der Gesetzgeber anderer Länder nicht denselben Or-
ganen wie in den USA die Verantwortung für die Richtigkeit der offengelegten
Dokumente übertragen hat (NOBEL, Internationales Aktienrecht, 470 N 196;
FALENCKI, 1215).

69   Der Erlass des SOX führte auch in der Schweiz zu Diskussionen bzgl. der Ver-
träglichkeit mit Schweizer Recht.[87] So führen die Pflichten, gewisse spezifische
Informationen offenzulegen und Unterlagen einzureichen (Section 102), zu einem
Spannungsverhältnis zum Bank- und Geschäftsgeheimnis, denn die Wirtschaftsprüfer sind an die in Art. 730 OR verankerte Pflicht zur Wahrung des Geschäfts-
geheimnisses gebunden. Bei einer Verletzung von Geschäftsgeheimnissen wird
der Prüfer nach Art. 755 OR schadenersatzpflichtig, und es droht ihm eine strafrechtliche Verfolgung nach Art. 321 StGB (VON DER CRONE/ROTH, 138). Die
Einwilligung der Gesellschaft ist somit nach schweizerischem Recht notwendig,
damit der Wirtschaftsprüfer gewisse Informationen gegenüber der SEC oder dem
PCAOB offenlegen kann. Bei einer entsprechenden Zustimmung steht der Weitergabe von Informationen durch schweizerische Wirtschaftsprüfer an amerikanische
Institutionen der Kapitalmarktaufsicht grundsätzlich nichts entgegen. Fehlt aber
die Zustimmung zur Weitergabe von Informationen an die SEC und an das
PCAOB, so bleibt nur der Verzicht auf die US-Kotierung oder die Dekotierung
(VON DER CRONE/ROTH, 138).

4. Ausnahmeregelungen für ausländische Emittenten und Wirtschaftsprüfer

70   Wie bereits erwähnt, wurden die Bestimmungen des SOX auf
die US-amerikanischen Gegebenheiten zugeschnitten und den abweichenden internationalen Gesetzgebungen im Ausland wenig Beachtung geschenkt. Nicht von
ungefähr wurde den USA deshalb vorgeworfen, sie würden ein *«kind of economic
imperialism»* praktizieren.[88] Aufgrund des Aufschreis in Europa nach dem Erlass
des SOX und den Drohungen europäischer Unternehmen, sich dekotieren zu lassen oder von einer Kotierung abzusehen und der damit drohenden Gefahr des
Attraktivitätsverlustes US-amerikanischer Börsen, wich die SEC teilweise von
ihrem rigorosen Standpunkt ab und erliess einige Ausnahmeregelungen für ausländische Emittenten und Wirtschaftsprüfer.

---

[87]   Vgl. Neue Zürcher Zeitung, «Weitgehende Auswirkungen der Sarbanes-Oxley Act», vom
       17. September 2002; Vgl. auch VON DER CRONE/ROTH, 137 ff.
[88]   Vgl. KAPNER, SUZANNE: «S.E.C. Chief Promises To Cooperate With Europe», The New
       York Times, 11. Oktober 2012, abrufbar unter: http://www.nytimes.com/2002/10/11/business/
       sec-chief-promises-to-cooperate-with-europe.html (Stand 27. November 2015).

Die SEC erkannte die Notwendigkeit, Section 301, d.h. die Anforderungen an die   71
Prüfungsausschüsse von Aktiengesellschaften, anzupassen und erliess 2003 eine
sogenannte Final Rule.[89] Mit dieser revidierten Fassung werden ausländische
Emittenten unter bestimmten Voraussetzungen von den Anforderungen an den
Prüfungsausschuss befreit. Für eine Ausnahme ist unter anderem vorausgesetzt,
dass (NOBEL, Internationales Aktienrecht, 473 N 205):

– der Emittent einen Prüfungsausschuss (oder eine ähnliche Struktur) oder einen
  nach seinem Heimatrecht vorgeschriebenen Abschlussprüfer hat;

– der Prüfungsausschuss vom Verwaltungsrat getrennt ist (d.h., dass er mit einem oder mehreren Mitgliedern besetzt ist, die nicht dem Verwaltungsrat angehören);

– der Prüfungsausschuss nicht von der Unternehmensleitung des Emittenten
  gewählt wird und kein Geschäftsführungsorgan des Emittenten Mitglied des
  Prüfungsausschusses ist;

– das Heimatrecht die Unabhängigkeit des Prüfungsausschusses von der Unternehmensleitung gewährleistet;

– das Heimatrecht (oder die Satzung) dem Prüfungsausschuss die Verantwortung
  für die Wahl und Überwachung der Aktivitäten der externen Revisoren überträgt.

Von besonderem Interesse sind die Ausnahmeregelungen für Deutschland. So   72
können die Arbeitnehmervertreter im Aufsichtsrat – entgegen der ursprünglichen
SOX-Definition – auch dann als unabhängig gelten, wenn sie einen Arbeitslohn
vom Unternehmen beziehen. Die anfänglich aufgrund des Mitbestimmungsgeset-
zes erlassene erhebliche Einschränkung bei der Besetzung des Audit Committee
ist somit bei den deutschen Unternehmen kein Thema mehr.[90]

Die SEC befreite ausländische Emittenten noch von anderen Pflichten: Die von   73
der SEC gewissermassen gewährte Freiheit bei der Wahl der Rechnungslegungs-
grundsätze für ausländische Emittenten wurde bereits erwähnt.[91] Ebenfalls dargestellt wurde, dass (immerhin) non–accelerated filers von der Pflicht zur Wahrung

---

[89] «Standards Relating to Listed Company Audit Committees», SEC Release No. 33-8220
(25. April 2003), abrufbar unter: https://www.sec.gov/rules/final/33-8220.htm (Stand
27. November 2015).

[90] «Standards Relating to Listed Company Audit Committees», a.a.O., Kapitel II.F.3.a.i.

[91] SEC, Final Rule: Acceptance From Foreign Private Issuers of Financial Statements Prepared in Accordance With International Financial Reporting Standards Without Reconciliation to U.S. GAAP, Release Nos. 33-8879, 34-57026, Fassung vom 21. Dezember 2007,
abrufbar unter: http://www.sec.gov/rules/final/2007/33-8879.pdf (Stand 30. November
2015).

eines internen Kontrollsystems nach Section 404 des SOX «erlöst» wurden
(N 58 ff.) Die genannten Beispiele illustrieren, dass sich die SEC der Problematik
rund um die ausländischen Emittenten teilweise annahm und Ausnahmeregelungen erliess. Trotzdem bestehen weiterhin SOX-Regelungen wie die Registrie-
rungsanforderungen in Section 304 und 906 oder auch die internen Kontrollen
über die Finanzberichterstattung gemäss Section 404 (mit Ausnahme der *non-
accelerated filers*), welche für ausländische Emittenten nach wie vor Bürden
darstellen und die Entscheidung, auf dem US-Markt aktiv zu werden, beeinflussen
(NOBEL, Internationales Aktienrecht, 475 N 209; HUNG NIE WOO, 172).

B.   Dodd-Frank Act[92]

[74]   Der Dodd-Frank Wall Street Reform and Consumer Protection
Act (kurz Dodd-Frank Act) wurde am 21. Juli 2010 durch die Unterzeichnung von
Präsident BARACK OBAMA verabschiedet. Das US-amerikanische Bundesgesetz
wurde nach dem damaligen Vorsitzenden des Ausschusses für Banken, Woh-
nungs- und Städtebau des Senats, CHRIS DODD, und dem damaligen Vorsitzenden
des Ausschusses für Finanzdienstleistungen des Repräsentantenhauses, BARNEY
FRANK, benannt.[93] Das Gesetz bezweckt gemäss seiner Präambel die Förderung
der Stabilität des Finanzmarktes der USA. Hierzu sollen die Verantwortlichkeit
und die Transparenz im Finanzsystem verbessert werden und der faktische Zwang
zur Rettung von Finanzdienstleistungsunternehmen, die zu bedeutend für das
Finanzsystem sind, um sie untergehen zu lassen (*«too big to fail»*), vermieden
werden. Ferner sollen die amerikanischen Steuerzahler vor staatlichen Rettungen
von Finanzdienstleistungsunternehmen (*«bailouts»*) und die Konsumenten vor
missbräuchlichen Praktiken bei Finanzdienstleistungen geschützt werden.

[75]   Der Dodd-Frank Act zielt zwar primär auf die Regulierung des Bankensektors und
der Finanzmärkte ab, nahm jedoch auch den Bereich der Corporate Governance
ins Visier und geht in einigen Punkten über die Regelungen des SOX hinaus. In
den nachfolgenden Abschnitten wird auf die wichtigsten Corporate-Governance-
Themen des Dodd-Frank Act eingegangen. Andererseits werden weitere wichtige
Neuerungen des Dodd-Frank Act, wie beispielsweise die Einführung des Financial
Stability Oversight Council, die Belohnung und der Schutz von Whistleblower,
die Deregulierung für kleine Kapitalgesellschaften (small issuers) und die Volcker
Rule Gegenstand nachfolgender Ausführungen sein.

[92]   Dodd-Frank Wall Street Reform and Consumer Protection Act, H.R. 4173, 111th Cong.,
      Pub. L. No. 111–203, § 1401, (2010) (zit. Dodd-Frank Act).
[93]   PALETTA, DAMIAN: «It Has A Name: The Dodd/Frank Act» in The Wall Street Journal
      vom 22. Juli 2010, abrufbar unter: http://blogs.wsj.com/washwire/2010/06/25/it-has-a-name-
      the-doddfrank-act/ (Stand 25. November 2015).

1. Der Financial Stability Oversight Council

Der erste Titel des Gesetzes schafft mit dem *Financial Stability* 76
Oversight Council (FSOC) einen Rat zur Überwachung der Stabilität des US-
amerikanischen Finanzmarktes und zur Koordinierung der Aktivitäten der Finanzmarktaufsichtsbehörden des Bundes. Das Mandat des FSOC umfasst laut Section 112 des Dodd-Frank Act u.a. die Feststellung von Risiken für die Finanzstabilität in den USA, die aus schweren finanziellen Schieflagen bzw. dem finanziellen
Zusammenbruch oder laufenden Aktivitäten grosser und komplexer Finanzinstitute
entstehen. Zudem fördert er insofern die Marktdisziplin, als in Schwierigkeiten
geratene Finanzinstitute nicht mit staatlicher Hilfe rechnen können. Ferner hat er
zur Aufgabe, Bedrohungen für die Stabilität des US-Finanzsystems abzuwehren
(FRIEDLAND, 23).

Um die Finanzstabilität des US-Markts zu gewährleisten, unterstehen auch ge- 77
wisse *«nonbank financial companies»*, welche für das System wichtig sind, den
Bestimmungen des Dodd-Frank Act.[94] Als Finanzdienstleistungsunternehmen
ausserhalb des Bankensektors gilt gemäss Dodd-Frank Act ein Unternehmen,
wenn es mindestens 85 Prozent des Konzernumsatzerlöses oder des Gesamtvermögens den Aktivitäten auf dem Finanzmarkt zuschreiben kann.[95] Diese Regelung hat zur Folge, dass potenziell eine grössere Zahl ausländischer Unternehmen in den Anwendungsbereich des Dodd-Frank Act fällt. Dies gilt insbesondere für diejenigen Unternehmen, welche Bankgeschäfte ausserhalb der USA, aber
keine Niederlassung in den USA haben (NOBEL, Internationales Aktienrecht,
483 N 226 f.).

2. Corporate Governance und Compensation Committee

Ein zentrales Regelungsinstrument des Dodd-Frank Act ist der 78
sogenannte *«say on pay»:* Die Hauptversammlung ist berechtigt, sich zur Höhe der
Vergütung des Leitungsmanagements im Beschlussweg zu äussern. Zuvor war ein
Vergütungsvotum auf freiwilliger Basis möglich (MERKT, N 682).[96] Mit Section
951 des Dodd-Frank Act wurde der Securities Exchange Act um Section 14A
ergänzt. Gemäss Section 14A(e) des Securities Exchange Act wird die SEC ermächtigt, bestimmte Emittenten von der Pflicht zur Herbeiführung eines Vergü-
tungsvotums durch gesonderte Rechtsvorschriften freizustellen. Die SEC befreite

---

[94] Dodd-Frank Act, H.R. 4173 Titel VIII, Sections 804 und 809.
[95] Dodd-Frank Act, H.R. 4173 Titel I, Sections 102(i)(4) und 102(i)(6).
[96] Dodd-Frank Act, H.R. 4173 Titel XI, Section 951 und 14A des Securities Exchange
Act.

ausländische Gesellschaften von der zwingenden Vorschrift, einen Beschluss über die Managementvergütung zu fassen.[97]

79   Der Dodd-Frank Act bzw. der ergänzte Securities Exchange Act macht ferner in zweifacher Hinsicht Angaben zur Häufigkeit eines Say-on-Pay-Beschlusses. Section 14A(a)(1) des Securities Exchange Act schreibt zunächst vor, dass die Gesellschafter alle drei Jahre ihr Votum zur Vergütung abgeben müssen. Es obliegt allerdings der Gesellschaft selbst, in zeitlich geringeren Abständen abzustimmen. So ist gemäss Section 14A(a)(2) Securities Exchange Act mindestens alle sechs Jahre ein Beschluss darüber zu fassen, ob das Vergütungsvotum jedes Jahr oder nur alle zwei oder drei Jahre wiederholt wird.

80   An ein zustimmendes oder ablehnendes Vergütungsvotum der Gesellschafterversammlung ist keine rechtliche Bindungswirkung geknüpft. Nach Section 14A(c) des Securities Exchange Act bindet der Beschluss weder den Emittenten oder den Verwaltungsrat noch schränken sie die Gesellschafter in ihren Rechten ein. Der Verwaltungsrat bleibt somit weiterhin bei der Festlegung der Managementvergütung frei. Der Gesetzgeber erachtete wohl die negative öffentliche Wirkung, die ein ablehnender Beschluss entfaltet, für angemessen und ausreichend. Es ist anzunehmen, dass bei einem ablehnenden Vergütungsvotum eine Änderung des Vergütungssystems ins Auge gefasst wird (MERKT, N 683).

81   Dem compensation committee obliegt es, die Gehaltspolitik für das Management zu bestimmen. Diesbezüglich behandelt Section 10C(a) des Securities Exchange Act (Section 952 des Dodd-Frank Act) die Anforderungen an die Unabhängigkeit des compensation committee. Der SEC wird dabei die Aufgabe erteilt, auf dem Wege des Erlasses sogenannter listing standards die Börsen und die Handelssysteme anzuweisen, für die Unabhängigkeit der Mitglieder des compensation committee der an ihnen gelisteten Emittenten zu sorgen. Erforderlich ist, dass die Mitglieder des compensation committee zugleich Mitglieder des Verwaltungsrats sind und dass sie die Anforderungen an die Unabhängigkeit erfüllen. Folgende Faktoren sind für die Unabhängigkeit zu berücksichtigen: erstens die Quelle der Vergütung des director, einschliesslich etwaiger Beratergebühren, die die Emittentin zahlt (Section 10C [a][3][A] Securities Exchange Act), und zweitens, ob der director mit dem Emittenten oder einer Tochtergesellschaft eines Emittenten verbunden (affiliated) ist, worunter die Beteiligung am Aktienkapital zu verstehen ist (Section 10C [a][3][B] Securities Exchange Act) (MERKT, N 652).[98] In der neu eingefügten Section 10C(a) des Securities Exchange Act befindet sich sodann auch eine Ausnahmeregelung für ausländische Emittenten. Ausländische Emitten-

---

[97]   SEC Final Rule on Shareholder Approval on Executive Compensation and Golden Parachute Compensation, vom 4. April 2011, abrufbar unter: https://www.sec.gov/rules/final/2011/33-9178.pdf (Stand 2. Dezember 2015).

[98]   Vgl. weitergehende Ausführungen zum compensation committee: MERKT, N 653 ff.

ten sind vom Erfordernis eines compensation committee befreit, sofern sie den Aktionären die Gründe für das Nichtbestehen eines solchen offenlegen.

Zur Verbesserung der Corporate Governance börsennotierter Gesellschaften wur- 82
de die Pflicht zur Offenlegung der Managementvergütung eingeführt (Section 953 des Dodd-Frank Act bzw. 14[i] des Securities Act Exchange Act). Die SEC ist demnach verpflichtet, von den Emittenten zu verlangen, in Materialien zur Einwerbung von Stimmrechtsbevollmächtigungen *(proxy solicitation)* eine leicht verständliche Beschreibung von Vergütungsleistungen aufzunehmen, die der Emittent nach Bundesrecht offenlegen muss. Dabei ist insbesondere das Verhältnis der Vergütung zum wirtschaftlichen Erfolg des Emittenten unter Berücksichtigung etwaiger Veränderungen des Aktienkurses und etwaiger Gewinnausschüttungen offenzulegen. Darüber hinaus wurden die jährlichen Offenlegungspflichten für Emittenten folgendermassen erweitert: die Angabe des Durchschnittsjahresverdienstes aller Mitarbeiter der Gesellschaft mit Ausnahme des CEO, die Angabe des Jahresverdiensts des CEO und die Angabe des Verhältnisses des Durchschnittsverdienstes zum Verdienst des CEO. Ausländischen Emittenten ist es erlaubt, die Managementvergütung auf einer zusammengefassten Basis offenzulegen. Sie unterliegen daher nicht den gleich strengen Vorschriften wie die inländischen Gesellschaften. Wenn der ausländische Emittent allerdings in Zusammenhang mit den inländischen Vorschriften oder auf freiwilliger Basis mehr Informationen über die Managementvergütung offenlegt, ist dies im Formular 20-F anzugeben.[99]

3. Whistleblower

Mit Section 922 des Dodd-Frank Act wurde eine weitere Be- 83
stimmung dem Securities Exchange Act hinzugefügt (21F). Sie beinhaltet die Belohnung für einen Whistleblower, wobei sie sowohl für inländische als auch für ausländische Emittenten Anwendung findet. Wer freiwillig an die SEC originäre Informationen weiterleitet, die sich auf Verstösse gegen die securities laws beziehen und zu Geldstrafen von mindestens USD 1 Mio. führen *(civil penalties* oder *criminal penalties)*, hat einen Anspruch auf eine Belohnung, wobei diese zwischen zehn Prozent und 30 Prozent beträgt. Der Dodd-Frank Act belohnt jedoch nicht nur Whistleblower, sondern schützt sie auch zusätzlich. Es ist dem Arbeitgeber verboten, sich gegenüber dem Whistleblower zu rächen oder ihn zu diskriminieren. Bei einer solchen Widerhandlung steht es dem Whistleblower offen, eine Klage gegen den Arbeitgeber einzureichen.[100]

---

[99] U.S. Securities and Exchange Commission, Accessing the U.S. Capital Markets – A Brief Overview for Foreign Private Issuers, Kapitel III.B.1.a, abrufbar unter: https://www.sec.gov/divisions/corpfin/internatl/foreign-private-issurs-overview.shtml (Stand 28. März 2017).

[100] Dodd-Frank Act, H.R. 4173, Section 922 (h)(1)(A) und 922 (h)(1)(B).

4.   **Keine Bestätigung des Abschlussprüfers bei kleineren Gesellschaften**

84   In einem einzigen Punkt bringt der Dodd-Frank Act eine Deregulierung gegenüber dem SOX: *«non-accelerated filers»* werden von der bürdenvollen Pflicht befreit, eine Bestätigung des Abschlussprüfers zum internen Überwachungssystem *(internal controls)* vorzulegen, wie dies Section 404(b) des SOX verlangt. Diese Erleichterung gilt jedoch nicht für *«accelerated filers»* und *«large accelerated filers»*.[101]

5.   **Too-big-to-fail-Problematik und Volcker Rule**

85   Die Volcker Rule sollte den Eigenhandel, welcher hohe Risiken und Interessenkonflikte darstellt, einschränken und wurde in Section 619 des Dodd-Frank Act eingefügt. Ferner reduziere diese Bestimmung gemäss US-Senator MERKLEY das Risiko für das Finanzsystem, welches von konkurrierenden Unternehmen ausgehe, um immer noch grössere Einnahmen mittels erhöhtem Umfang, Leverage und Risikograd hinsichtlich ihrer Investitionen zu generieren. Dies sei ein kritischer Punkt, um die Too-big-to-fail-Problematik einzudämmen (STONE, 96).[102] Die Volcker Rule lässt sich in zwei Hauptkomponenten unterteilen: Einerseits soll dem Eigenhandel *(proprietary trading)* von Banken neue Grenzen gesetzt werden. Andererseits stehen Verflechtungen zwischen Banken und Hedge- bzw. Private Equity Fonds im Fokus der Regelung, die durch ein den Banken insoweit auferlegtes Investitionsverbot gelöst werden sollen (HILKE, 207; STONE, 97).

86   Unter die Bestimmung des verbotenen Eigenhandels fällt man, wenn *covered banking entities* auf eigene Rechnung bestimmte Positionen *(covered financial positions)* im Rahmen des *trading account* erwerben oder veräussern (HILKE, 207, STONE, 98). In den Anwendungsbereich der Volcker Rule fallen alle *covered banking entitites*, worunter Institute, die der Einlagensicherung unterliegen (depositary institutions), sowie deren kontrollierende Gesellschaften und verbundene Unternehmen zu verstehen sind.[103] Unter dem Begriff der covered financial positions werden alle Positionen, d.h. Long-, Short-, Synthetische- oder andere Posi-

---

[101]   Vgl. SEC Final Rule, «Internal Control Over Financial Reporting in Exchange Act Periodic Reports of Non-Accelerated Filers» [Release Nos. 33-9142; 34-62914]; vgl. Auch Dodd-Frank Act, H.R. 4173, Section 989G und Section 404(c) des SOX. Als «accelerated filer» gilt eine Gesellschaft mit einer Marktkapitalisierung von mehr als 75 Mio. USD, aber weniger als 700 Mio. USD. Bei einer Marktkapitalisierung von über 700 Mio. USD spricht man von einem «large accelerated filer» gemäss Rule 12b-2 des Exchange Act.

[102]   Vgl. 156 Cong. Rec, 5894.

[103]   Section 13(h)(1) Bank Holding Company Act.

tionen, in Zusammenhang mit Wertpapieren, Derivaten und Warentermingeschäften verstanden (HILKE, 208).[104] Schliesslich erfasst die Definition des Eigenhandels auch den Begriff des *trading account,* welcher aufsichtsrechtlich dann anzunehmen ist, wenn die obgenannten Positionen von den betroffenen Banken eingegangen werden, um diese sodann kurzfristig wieder zu veräussern bzw. um von kurzfristigen Marktpreisbewegungen zu profitieren, oder wenn entsprechende (Hedge-)Geschäfte zur Sicherung der vorgenannten Zwecke abgeschlossen werden (HILKE, 208).[105] Das Eigenhandelverbot erfasst somit primär Investitionen, die von den Banken mit kurzer Halteabsicht eingegangen werden. Dabei gilt die widerlegbare Vermutungsregel, wonach eine Zuordnung zum *trading account* grundsätzlich immer dann zu bejahen ist, wenn die Haltedauer einer Position weniger als 60 Tage beträgt (HILKE, 208).[106]

Es wird jedoch nicht jeder Eigenhandel untersagt, denn das Gesetz sieht für die Volcker Rule gewisse Ausnahmen vor. Eine solche Ausnahmeregelung wird im Gesetz unter anderem ausdrücklich für das Market Making[107] und Sicherungsgeschäfte (Hedging-Geschäfte)[108] statuiert.[109] Angesichts der Auslegungs- und Abgrenzungsschwierigkeiten, welche mit dem unklaren Begriff des Eigenhandels und der Ausnahmen und Gegenausnahmen geschaffen wurden, setzte sich die

87

---

[104] Vgl. Entwurf von 12 C.F.R. § 44.3(b)(3)(i), wobei Optionen auf die erfassten Finanzinstrumente ebenfalls erfasst sind. Kredite, Waren, Sorten und Devisen sind davon ausgenommen § 44.3(b)(3)(ii).

[105] Section 13(h)(6) Bank Holding Company Act; Entwurf von 12 C.F.R. § 44.3(b)(2)(i)(A).

[106] Entwurf von 12 C.F.R. § 44.3(b)(2)(ii).

[107] Beim Market Making handelt es sich um Kaufs- und Verkaufsaktivitäten in Bezug auf Wertpapiere, wodurch deren Liquidität gesichert und damit auch der Markt und die Preisentwicklung stabilisiert werden soll (vgl. CARNELL/MACEY/MILLER, 528 f.). Die Ausnahmeregelung ist in Section 13(d)(1)(B) des Bank Holding Company Act enthalten: «The purchase, sale, acquisition, or disposition of securities and other instruments […] in connection with underwriting or market-making-related activities, to the extent that any such activities permitted by this subparagraph are designed not to exceed the reasonably expected near term demands of clients, customers, or counterparties.»

[108] Vgl. Section 13(d)(1)(C) des Bank Holding Company Act.

[109] Unter den Ausnahmekatalog zählt auch der Handel mit Schuldverschreibungen bestimmter US-Emittenten (government obligations), sog. Underwriting-Aktivitäten und Geschäfte auf Rechnung von Kunden der erfassten Banken. Vgl. dazu Section 13(d)(1)(A)-(J) des Bank Holding Company Act. Als Gegenausnahmen (limitations on permitted activities) gelten die grundsätzlich zwar zu den erlaubten Tätigkeiten zählenden Aktivitäten, welchen jedoch durch Section 13(d)(2)(A)(i)-(iv) eine Grenze gesetzt wird. Demnach sind die erlaubten Tätigkeiten dennoch verboten, wenn sie (a) in einem wesentlichen Interessenkonflikt zwischen dem Institut und seinen Kunden oder Gegenparteien münden; (b) zu einer wesentlichen offenen Position gegenüber einem high-risk asset oder einer high-risk trading strategy führen oder (c) die Stabilität des Instituts oder des US-Finanzsystems gefährden. Für weitergehende Ausführungen zu den einzelnen Ausnahmen und Gegenausnahmen vgl. HILKE, 209 ff.; STONE, 99 ff.

Volcker Rule starker Kritik aus. Insbesondere ermögliche dies für Banken grössere Umgehungsmöglichkeiten (PFLOCK, 204).

88   Ursprünglich war geplant, die Volcker Rule per Juli 2010 umzusetzen. Die grossen Banken kämpften aber jahrelang gegen die Einführung an, was dazu führte, dass die Vorschriften erst am 1. April 2014 effektiv in Kraft traten. Die US-Notenbank kam den Banken insofern entgegen, als sie erst am 21. Juli 2015 die Vorschriften vollständig einzuhalten hatten.[110] Gemäss Berichten hätten viele Banken wie beispielsweise die Bank of America, Citigroup und Goldman Sachs einige Praktiken aufgegeben, welche unter die Einschränkungen der Volcker Rule gefallen wären, wie beispielsweise den Eigenhandel. Ferner habe das effektive Inkrafttreten dazu geführt, dass viele Banken kurz vor dem 21. Juli 2015 noch einige Wertschriften abgestossen haben, wie beispielsweise CLOs (Collateralized Loan Obligations), um den Bestand von risikoreichen Unternehmenskrediten zu reduzieren und damit keine Widerhandlung gegen die Volcker Rule zu verursachen.[111] Ob die erst seit einigen Monaten vollständig zu befolgende Volcker Rule die von VOLCKER und MERKLEY gewünschten Auswirkungen haben wird und die Lösung des Too-big-to-fail-Problems darstellt, wird sich erst noch zeigen müssen.

C.   JOBS Act[112]

89   Beim Jumpstart Our Business Startups Act (kurz JOBS Act) handelt es sich um die letzte umfassendere US-Gesetzgebung im Bereich des Wertschriftenhandels. Er hat die Verbesserung des Zugangs zum öffentlichen Kapitalmarkt der USA, die Schaffung von Arbeitsplätzen und die Erhöhung des Wirtschaftswachstums in den USA zum Ziel (vgl. Präambel). Das US-amerikanische Bundesgesetz erlangte am 5. April 2012 durch die Unterschrift von Präsident BARACK OBAMA Gesetzeskraft.

90   Eine wichtige Gesetzesbestimmung des JOBS Act zur Lockerung des Kapitalmarktes ist u.a. die Erhöhung der Zahl der Aktionäre, die an einer Gesellschaft beteiligt sind, bevor diese ihre Wertpapiere bei der SEC registrieren lassen muss und im Anschluss deren Berichterstattungspflichten unterliegt. Die bisherigen

---

[110]   SEC Press Release vom 10. Dezember 2013. 2013-258, Agencies Issue Final Rules Implementing the Volcker Rule, What's Next?, abrufbar unter: http://www.sec.gov/News/PressRelease/Detail/PressRelease/1370540476526 (Stand 16. Dezember 2015).

[111]   ROBERTS, DANIEL, «The Volcker Rule takes effect today after years of delays», in: Fortune.com vom 22. Juli 2015, abrufbar unter: http://fortune.com/2015/07/22/volcker-rule/ (Stand 16. Dezember 2015).

[112]   Jumpstart Our Business Startups Act vom 5. April 2012, H.R. 3606.

Vorschriften[113] verpflichteten dazu ab einer Bilanzsumme von USD 10 Mio. und ab 500 im Aktienbuch eingetragenen Aktionären (shareholders of record). Die mit dem neuen Gesetz eingeführte Schwelle wurde für die Anzahl der im Aktienbuch eingetragenen Aktionäre auf 500 Kleinanleger als Aktionäre (d.h. keine accredited investors) oder 2000 Aktionäre (accredited oder unaccredited) erhöht.[114] Da allerdings nach verbreiteter Praxis grosse Aktienpakete, die von einer Vielzahl von Aktionären gehalten werden, im Namen von Brokern und unter der Adresse (street name ownership) im Aktienbuch eingetragen sind, war es schon bisher möglich und üblich, dass ein Unternehmen tatsächlich eine grosse Zahl von Aktionären hatte, aber trotzdem nicht verpflichtet war, seine Aktien bei der SEC zu registrieren (MERKT, N 561).

Der JOBS Act befreit zudem sogenannte «emerging growth companies»[115] von bestimmten Angaben im Wertpapierprospekt und in der laufenden Berichterstattung für einen Zeitraum von maximal fünf Jahren nach der ersten Inanspruchnahme des öffentlichen Kapitalmarkts. Mithin entfällt auch die Pflicht, die Wirksamkeit des internen Kontrollsystems für die Rechnungslegung durch eine Prüfgesellschaft gemäss Section 404 des SOX prüfen zu lassen. Zuvor profitierten erst Unternehmen mit einem Streubesitz von unter USD 75 Mio. Aktienkapital (smaller public companies) von der Befreiung dieser Verpflichtung (MERKT, N 563).[116] 91

VI. Problembereiche aus dem Steuerrecht

verwiesen. Diesbezüglich wird insbesondere auf das Kap. § 15, N 97 ff. 92

VII. Schlussbemerkungen

Ein Streifzug durch das amerikanische Recht hinterlässt jeden- 93
falls den starken Eindruck, dass (auch) das Kapital ein Wettbewerbsobjekt ist, national und international, wobei dieser Wettbewerb aber hochreguliert ist. Das führte natürlich auch zu einer Vereinheitlichung im weiten amerikanischen Markt.

---

[113] Section 12(g) of the Securities Exchange Act of 1934 und SEC Rule 12g-1, 17 CFR 240.12g-1, abrufbar unter: http://www.ecfr.gov/cgi-bin/text-idx?SID=8d6f3651148aebd f309f1212f4023d10&mc=true&node=se17.4.240_112g_61&rgn=div8 (Stand 1. Dezember 2015).

[114] Jumpstart Our Business Startups Act vom 5. April 2012, H.R. 3606, Section 501.

[115] Gemäss Section 101(a)(19) des JOBS Act sind dies Unternehmen, welche weniger als einen jährlichen Gesamtbruttoumsatz von USD 1 Mrd. im letzten abgeschlossenen Geschäftsjahr aufgewiesen haben.

[116] Jumpstart Our Business Startups Act vom 5. April 2012, H.R. 3606, Section 103.

Für das europäische Einigungswerk im Gesellschaftsrecht wurde anfänglich ein solcher Zugang auch vorgeschlagen (Segré-Bericht von 1966), von dem heute (noch) gesagt wird, er stehe am Anfang europäischen Kapitalmarktdenkens (vgl. LANGENBUCHER, ZGR Sonderheft 19, 2016, 274). In Europa wurde dann aber, einerseits aus Angst vor dem sog. *«race to the bottom»* (den keiner kannte), andererseits unter dem deutlichen deutschen Druck, der Weg gewählt und mit Mühe begangen, den man den organisationsrechtlichen nennen kann. Erst unter dem englischen Einfluss kam kapitalmarktliches Denken wieder in den Vordergrund und führte zu einer eigentümlichen, schwer zu durchschauenden Mischsituation (vgl. 50 Jahre Aktiengesetz, ZGR Sonderheft 19, 2016).

94   Das amerikanische Recht pflegt den Zugang zum Gesellschaftsrecht damit vor allem von der Kapitalbeschaffungsseite und greift mit Schutznormen ein, sobald diese auf irgendeine Weise öffentlich, d.h. marktmässig stattfinden. Die Überlagerung der einzelstaatlichen Gesellschaftsrechte durch die Wertpapiergesetze des Bundes und das Wirken der SEC sind markant, doch darf dabei das weite Feld der weniger prominenten, der nicht kotierten auch in *«corporations»* organisierten Wirtschaft nicht übersehen werden. Dort waren die Harmonisierungsbemühungen auch stets zu verzeichnen (Model Business Corporation Act), blieben aber eigentlich wenig erfolgreich.

95   Weltweit haben sich aber jedenfalls die Standards durchgesetzt, die den Insiderhandel und die Marktmanipulation verpönen, also den sog. Marktmissbrauch. Hier kann man auch sagen, dass eine eigentliche Rezeption stattgefunden hat, die auch das Unrechtsbewusstsein gewissermassen erst schuf. Sogar unser Bundesgericht sprach hier einmal von einer *«lex americana»* (Bundesgerichtsurteil vom 9. März 2006 1A.12/2005).

96   Einen starken Einfluss übte die amerikanische Entwicklung auch auf die Entwicklung der Revision der Rechnungslegung aus, indem Unabhängigkeit und Professionalität erhöht wurden und der Berufsstand als Ganzes einer Aufsicht unterstellt wurde, auch wenn dies mehr zur Erreichung von Anerkennung und Reziprozität als zur Beseitigung von Missständen geschah (RAB nach dem Muster des PCAOB).

97   Im Bereiche der Rechnungslegung ist es enttäuschend, dass die Standards von IFRS und US GAAP nicht zu einem Weltstandard vereinigt werden konnten. Das ist auch bedauerlich. Wenigstens wurde aber erreicht, dass in den USA eine Rechnungslegung nach IFRS anerkannt wird und nicht mehr in US GAAP übergeleitet werden muss. In der Schweiz ist die Rechnungslegung nach internationalen Standards ausserhalb des Bankenbereichs gesetzlich erstmals mit der Revision des Buchführungs- und Rechnungslegungsrechtes 2011 geregelt worden (Art. 962 ff. OR, VASR).

Die amerikanische Rechtsentwicklung hat auch das stark gefördert, was man mit   98
«Compliance» meint, nämlich die routinemässige alltägliche Kontrolle der Einhaltung der «Regulations». Besonders zum Ausdruck kommt dies auch im Institut der
internen Kontrolle (sec. 404 SOX und Art. 728*a* Abs. 1 Ziffer 3 OR).

6. Teil Steuerrecht

§ 15 Die Aktiengesellschaft als Steuersubjekt

Materialien:

Botschaft zu Bundesgesetzen über die Harmonisierung der direkten Steuern der Kantone und Gemeinden sowie über die direkte Bundessteuer vom 25. Mai 1983 (zit. Botschaft Steuerharmonisierung); Botschaft zur Reform der Unternehmensbesteuerung 1997 vom 26. März 1997 (zit. Botschaft UStR 1997); Botschaft zum Bundesgesetz über die Verbesserung der steuerlichen Rahmenbedingungen für unternehmerische Tätigkeiten und Investitionen (Unternehmenssteuerreformgesetz II) vom 22. Juni 2005 (zit. Botschaft UStR II); Botschaft zum Unternehmenssteuerreformgesetz III vom 5. Juni 2015 (zit. Botschaft UStR III); Botschaft zur Genehmigung der multilateralen Vereinbarung der zuständigen Behörden über den automatischen Informationsaustausch über Finanzkonten und zu ihrer Umsetzung (Bundesgesetz über den internationalen automatischen Informationsaustausch in Steuersachen) vom 5. Juni 2015 (zit. Botschaft AIAG); EFD, Erläuternder Bericht zur Vernehmlassungsvorlage zum Bundesgesetz über die steuerliche Behandlung finanzieller Sanktionen (Umsetzung Motion 14.3450 Luginbühl), vom 18. Dezember 2015 (zit. Erläuternder Bericht, Umsetzung Motion Luginbühl); EFD, Erläuternder Bericht zur multilateralen Vereinbarung der zuständigen Behörden über den Austausch länderbezogener Berichte und zum Bundesgesetz über den internationalen automatischen Austausch länderbezogener Berichte multinationaler Konzerne, vom 13. April 2016 (zit. Erläuternder Bericht, ALBA-Vereinbarung); EFD, Erläuternder Bericht zur Verordnung über den internationalen automatischen Informationsaustausch in Steuersachen (AIAV), vom 18. Mai 2016; ESTV, Kreisschreiben Nr. 4, Umstrukturierungen, vom 1. Juni 2004; ESTV, Kreisschreiben Nr. 6, Verdecktes Eigenkapital bei Kapitalgesellschaften und Genossenschaften, vom 6. Juni 1997; ESTV, Kreisschreiben Nr. 8, Internationale Steuerausscheidung von Principal-Gesellschaften, vom 18. Dezember 2001; ESTV Kreisschreiben 24, Verrechnungssteuer/Stempelabgabe, vom 1. Januar 2009; ESTV, Kreisschreiben Nr. 27, Steuerermässigung auf Beteiligungserträge von Kapitalgesellschaften und Genossenschaften, vom 17. Dezember 2009; ESTV, Kreisschreiben Nr. 35, Besteuerung konzessionierter Verkehrs- und Infrastrukturunternehmen, vom 2. Dezember 2011; Zürcher Steuerbuch Teil I, Weisung der Finanzdirektion über die Besteuerung von Beteiligungs-, Holding-, Domizil- und gemischten Gesellschaften, vom 12. November 2010, Nr. 26/052 (zit. Weisung Finanzdirektion Zürich); [1]

Literatur:

ALTENBURGER, PETER R., Internationales Steuerrecht der Schweiz, St. Gallen 2011; BÖCKLI, PETER, Neue OR-Rechnungslegung, Zürich/Basel/Genf 2014; CAMENZIND, ALOIS/HONAUER, NIKLAUS/VALLENDER, KLAUS A./ JUNG, MARCEL R./PROBST, SIMEON L., Handbuch zum Mehrwertsteuergesetz (MWSTG), 3. Aufl., Bern/Stuttgart/Wien 2012 (zit. CAMENZIND et al., N); DONATSCH, ANDREAS/HEIMGARTNER, STEFAN/MEYER, FRANK/ SIMONEK, MADELEINE, Internationale Rechtshilfe, 2. Aufl., Zürich/Basel/ Genf 2015; FORSTMOSER, PETER/MEIER-HAYOZ, ARTHUR/NOBEL, PETER, Schweizerisches Aktienrecht, Bern 1996; Geiger, Felix/Schluckebier, Regine (Hrsg.), MWSTG, Kommentar zum Schweizerischen Bundesgesetz über die Mehrwertsteuer, Zürich 2012 (zit. Kommentar MWSTG-AUTOR); HÖHN, ERNST/WALDBURGER, ROBERT, Steuerrecht, Bd. I, Bern 2001; KEISER, RUDOLF, Gewinn- und Kapitalsteuern juristischer Personen, Luzern 2011; KOBIERSKI, MARLENE, Der Durchgriff im Gesell-[2]

schafts- und Steuerrecht, Diss. Bern 2012, aufgenommen in SSW, Bd. 22, Bern 2012; MATTEOTTI, RENÉ, Der Durchgriff bei von Inländern beherrschten Auslandsgesellschaften im Gewinnsteuerrecht, Diss. Bern 2003, aufgenommen in BBSW, Bd. 18, Bern 2003; MÄUSLI-ALLENSPACH, PETER/OERTLI, MATHIAS, Das Schweizerische Steuerrecht, 8. Aufl., Muri bei Bern 2015; METZGER, DIETER, Kurzkommentar zum Mehrwertsteuergesetz, Muri/Bern 2000; REICH, MARKUS, Steuerrecht, 2. Aufl., Zürich/Basel/Genf 2012; REGLI, FLORIAN, Tendenzen der Konzernbesteuerung im schweizerischen Steuerrecht, SZW 1/2016, 21 ff.; ROTH, PHILIPP, Der Steuerstreit zwischen der Schweiz und der Europäischen Union, ST 2010/10, 721 ff.; SCHNEEBERGER, DANIELA, Unternehmenssteuerreform III – Die wichtigsten Massnahmen, TREX 2016, 202 ff.; STAUBLI, ANDREAS/KÜTTEL, REMO/RÖLLIN, ROLF, Zinsbereinigte Gewinnsteuer: Was lange währt, wird endlich gut, Expert Focus 9/15, 728 ff.; STREULE, FABIAN/ALTORFER, JÜRG, Unternehmenssteuerreform III, Weichenstellung im Schweizer Unternehmenssteuerrecht, IWB 19/2016, 720 ff.; STOCKAR, CONRAD, Übersicht und Fallbeispiele zu den Stempelabgaben und zur Verrechnungssteuer, 4. Aufl., Therwil/Basel 2006; VORPE, SAMUELE, Spontaner Informationsaustausch über Steuerrulings, Umsetzung des BEPS-Aktionspunkts 5 und Auswirkungen für die Schweiz, AJP 2016, 1229 ff.; WALDBURGER, ROBERT, Amts- und Rechtshilfe in Steuersachen gemäss den sog. Bilateralen II, in: Waldburger, Robert/Baer, Charlotte M./Nobel, Ursula/Bernet, Benno (Hrsg.), Wirtschaftsrecht zu Beginn des 21. Jahrhunderts, Festschrift für Peter Nobel zum 60. Geburtstag, Bern 2005; Zweifel, Martin/Athanas, Peter (Hrsg.), Kommentar zum Schweizerischen Steuerrecht, Bd. I/2a, Bundesgesetz über die direkte Bundessteuer (DBG), Art. 1–82, 2. Aufl., Basel 2007 (zit. Kommentar DBG-AUTOR); Zweifel, Martin/Beusch, Michael/Riedweg, Peter/Oesterhelt, Stefan (Hrsg.), Umstrukturierungen, Kommentar zum schweizerischen Steuerrecht, Basel 2016 (zit. AUTOR, in: Zweifel/Beusch/Riedweg/Oesterhelt).

I. Einleitung

3 Dieses abschliessende Kapitel über die Aktiengesellschaft als Steuersubjekt soll einen Einblick in das schweizerische Unternehmenssteuerrecht geben, aber vor allem einige Problembereiche aus dem Steuerrecht ansprechen. Dabei spielen Globalisierungstendenzen eine entscheidende Rolle. Änderungen sind entsprechend oft vom Ausland oder von internationalen Organisationen wie der OECD angetrieben. 2017 werden die gesetzlichen Grundlagen für die Einführung des automatischen Informationsaustauschs in Steuersachen (AIA) in Kraft treten. Die schweizerischen Finanzinstitute werden ab diesem Zeitpunkt Bankinformationen an die Eidg. Steuerverwaltung liefern und diese ab 2018 den ausländischen Partnerstaaten, mit denen eine entsprechende staatsvertragliche Grundlage besteht, zur Verfügung stellen (und auch entsprechende Informationen über schweizerische Steuerpflichtige erhalten). Auch die ersten Massnahmen zur Umsetzung der internationalen Bemühungen um faire Steuerpraktiken (BEPS) dürften

vor der Einführung stehen. Daneben stehen die Verhandlungen mit den USA über den Wechsel von Modell 2 zu Modell 1 des FATCA-Abkommens an. Schliesslich wird die Schweiz auch die Zusammenarbeit in Steuerfragen mit anderen wichtigen Partnern wie Frankreich, Italien, Grossbritannien, Griechenland und Indien weiterführen müssen, um einerseits die bilateralen Beziehungen zu diesen Ländern zu stärken und andererseits ein positives Ergebnis der Länderüberprüfung durch das Global Forum on Transparency and Exchange of Information zu erreichen und zu erhalten. Ein eigentlicher Paradigmenwechsel wird bezüglich der Transparenz für international tätige Unternehmen vollzogen. Erstmals wird die Schweiz nicht nur Steuerinformationen im Einzelfall auf Anfrage ausländischer Steuerbehörden erteilen, sondern solche spontan übermitteln. Dazu ist sie künftig immer dann verpflichtet, wenn eine schweizerische Steuerbehörde auf Sachverhalte stösst, von denen sie ausgeht, dass diese für die Kollegen im Ausland bedeutsam sein könnten. Im Weiteren hat sich die Schweiz zu einem automatischen Austausch von Angaben über Aktivitäten, Gewinne, Mitarbeiterzahlen und Steuerleistungen von grossen multinationalen Unternehmen (Umsatz ab EUR 750 Mio.) verpflichtet und schliesslich hat sie sich auf OECD-Ebene auch verpflichtet gewisse Steuerrulings über grenzüberschreitende Sachverhalte mit Partnerstaaten, die Gegenrecht halten, systematisch austauschen.

II. Subjektive Steuerpflicht der AG

A. Selbstständige Besteuerung juristischer Personen

1. Juristische Personen als Steuersubjekte

a. Das Trennungs- oder Sphärenprinzip

Die Steuerrechtsfähigkeit juristischer Personen ist sowohl im [4] Bund als auch in den Kantonen anerkannt (Art. 49 DBG und Art. 20 StHG). Juristische Personen werden daher als selbstständige Steuersubjekte behandelt und nach dem Prinzip der wirtschaftlichen Leistungsfähigkeit besteuert.

In der schweizerischen Steuerrechtsordnung sollte der Grundsatz der Rechts- [5] formneutralität der Besteuerung angestrebt werden (s. REICH, § 18 N 24 ff.). Der Gedanke dahinter ist, dass die Wahl der Rechtsform nicht durch steuerliche Überlegungen beeinflusst werden sollte. Die rechtsformneutrale Besteuerung ist im geltenden Recht nicht vollständig verwirklicht. Unterschiede ergeben sich sowohl zwischen Kapitalgesellschaften und Personenunternehmen als auch zwischen den juristischen Personen untereinander (vgl. Botschaft UStR II, 4771). So bestehen beispielsweise bei der Ermittlung des steuerbaren Gewinns von Vereinen Abweichungen (HÖHN/WALDBURGER, § 16 N 1). Namhafte Unterschiede bestehen auch in der Besteuerung von Genossenschaften (REICH, § 18 N 26). Von der Steuerpflicht gänzlich ausgenommen sind nur bestimmte juristische Personen (s. nachfolgend N 13 ff.).

6   Das geltende Steuerrecht enthält eine klare Verzerrung zugunsten der Rechtsform juristischer Personen, weil trotz Einführung des Teilbesteuerungs- bzw. Teilsatzverfahrens bei Dividenden aus wesentlichen Beteiligungen die Steuerfreiheit privater Kapitalgewinne weiterhin gilt, während Kapitalgewinne von Personenunternehmungen der vollen Einkommensbesteuerung (und den Sozialversicherungsabgaben) unterliegen.

7   Mit der selbstständigen Besteuerung juristischer Personen geht das sogenannte *Trennungs- oder Sphärenprinzip* einher, nach welchem jede juristische Person so besteuert wird, wie wenn sie ihren Gewinn völlig unabhängig von der Interessenlage ihrer Beteiligten auf dem freien Markt erzielt hätte (REICH, § 18 N 7). Es wird daher streng zwischen der Sphäre der juristischen Person und der Sphäre der an ihr beteiligten (natürlichen oder juristischen) Personen unterschieden. Der Abgrenzung zwischen der juristischen Person und deren Anteilsinhabern kommt daher seit je eine besondere Bedeutung zu (REGLI, 22 ff.).

8   Eine Ausnahme vom Trennungs- bzw. Sphärenprinzip stellt der steuerrechtliche Durchgriff dar. Das Wort *Durchgriff* beschreibt die Durchbrechung bzw. die Ausserachtlassung der rechtlichen Selbstständigkeit der juristischen Person (s. dazu § 4, N 272 ff.). Im Steuerrecht bedeutet dies, dass die Rechtspersönlichkeit der juristischen Person bildlich gesprochen beiseite geschoben wird und der nach der allgemeinen handels- und steuerrechtlichen Ordnung korrekt ermittelte Gewinn nicht demjenigen Rechtsträger zugeordnet wird, der ihn erwirtschaftet hat, sondern dem hinter der juristischen Person stehenden Rechtsträger (REICH, § 18 N 10; s.a. HÖHN/WALDBURGER, § 17 N 11; s.a. MATTEOTTI, § 4 N 1 ff.). Damit soll verhindert werden, dass dem Fiskus Steuersubstrat – gerechtfertigt oder nicht – entzogen wird. Ein solcher Durchgriff ist jedoch nur unter einschränkenden Voraussetzungen möglich; die Steuerbehörden müssen einen Rechtsmissbrauch nachweisen (KOBIERSKI, 39, mit zahlreichen Beispielen, 87 ff.).

b.   Problem der Doppel- oder Mehrfachbelastung

9   Im Vergleich zu Personenunternehmen führt das Trennungs- bzw. Sphärenprinzip zu einer wirtschaftlichen Doppelbelastung, da sowohl die Kapitalgesellschaft auf ihrem Gewinn und ihrem Kapital Steuern zu entrichten hat (Gewinn- und Kapitalsteuer) als auch deren Anteilsinhaber für ihre Beteiligungen an der Gesellschaft (kantonale Vermögenssteuer) und die daraus ergehenden Er-

träge (Einkommenssteuer auf allen drei Steuerhoheitsebenen – Bund, Kanton und Gemeinde des Wohnsitzes der Anteilsinhaber).

Innerhalb von Konzernen käme es sogar zu einer Dreifach- oder Mehrfachbelastung des *wirtschaftlich gleichen Gewinns,* wenn man dem Trennungsprinzip ausnahmslos folgen würde (REICH, § 23 N 5). Zum einen unterliegt der von einer Tochtergesellschaft erwirtschaftete Gewinn der Gewinnsteuer, und zum andern hätte die Muttergesellschaft bei Ausschüttung dieses Gewinns diesen als Beteiligungsertrag nochmals zu versteuern, bevor deren Ausschüttungen an ihre Aktionäre besteuert werden. Die analoge Problematik stellt sich auch für Kapitalgewinne auf Beteiligungen, welche juristische Personen erzielen. Um eine solche Mehrfachbelastung zu vermeiden, sieht das Gesetz für Kapitalgesellschaften und Genossenschaften eine Steuerermässigung auf Beteiligungserträge von Kapitalgesellschaften und Genossenschaften vor (sog. *Beteiligungsabzug*). 10

Bei der direkten Bundessteuer wird der Beteiligungsabzug für Beteiligungserträge gewährt, sofern eine Gesellschaft oder Genossenschaft mit mindestens zehn Prozent am Grund- oder Stammkapital oder am Gewinn und an den Reserven einer anderen Gesellschaft beteiligt ist oder ihre Beteiligungsrechte einen Verkehrswert von mindestens einer Million Schweizer Franken haben (Art. 69 DBG).[1] Für den Beteiligungsabzug auf Kapitalgewinnen entfällt die Möglichkeit, bereits aufgrund des Beteiligungswerts in den Genuss des Beteiligungsabzugs zu kommen. Hier müssen die oben genannten prozentualen Bedingungen der Beteiligung am Gewinn oder Kapital erfüllt sein. Beim Beteiligungsabzug ermässigt sich die Gewinnsteuer im Verhältnis des Nettoertrags aus den Beteiligungsrechten zum gesamten Reingewinn (mit Beispielen MÄUSLI-ALLENSPACH/OERTLI, 256 ff.). Der Nettoertrag aus Beteiligungen entspricht dem Ertrag dieser Beteiligungen, abzüglich des darauf entfallenden Finanzierungsaufwandes und eines Beitrags von fünf Prozent zur Deckung des Verwaltungsaufwandes oder des nachweisbaren effektiven Verwaltungsaufwandes (Art. 70 Abs. 1 DBG; s. Berechnungsbeispiel bei HÖHN/WALDBURGER, § 18 N 134). Im Normalfall führt der Beteiligungsabzug im Ergebnis zu einer Nichtbesteuerung der entsprechenden Beteiligungsertägnisse (REICH, § 23 N 12). 11

Auf kantonaler Ebene ist der Beteiligungsabzug ebenfalls vorgesehen (Art. 28 Abs. 1 StHG). Den Kantonen ist es jedoch freigestellt, die Ermässigung auf Kapitalgewinne aus Beteiligungen sowie auf Erlöse aus dazugehörigen Bezugsrechten auszudehnen (Art. 28 Abs. 1bis StHG). 12

---

[1] Ausführlich zum Beteiligungsabzug Kreisschreiben Nr. 27 der ESTV vom 17. Dezember 2009 zur Steuerermässigung auf Beteiligungserträgen von Kapitalgesellschaften und Genossenschaften.

2. Ausnahmen

13   Vom Grundsatz der subjektiven Steuerpflicht von juristischen Personen gibt es auf der kantonalen Ebene wie auch auf der Bundesebene zahlreiche Ausnahmen (s. Art. 23 StHG und Art. 56 DBG)[2].

14   Von der Steuerpflicht befreit sind die vom Bund konzessionierten Verkehrs- und Infrastrukturunternehmen, die für diese Tätigkeit Abgeltungen erhalten oder aufgrund ihrer Konzession einen ganzjährigen Betrieb von nationaler Bedeutung aufrechterhalten müssen. Nebenbetriebe und Liegenschaften, die keine notwendige Beziehung zur konzessionierten Tätigkeit haben, sind jedoch von der Steuerbefreiung ausgenommen (s. auch ESTV, Kreisschreiben Nr. 35).

15   Juristische Personen, die öffentliche oder gemeinnützige Zwecke oder die kantonal oder gesamtschweizerisch Kultuszwecke verfolgen, sind für den Gewinn und das Kapital, welche ausschliesslich und unwiderruflich diesen Zwecken gewidmet sind, ebenfalls nicht steuerpflichtig. Der Grund der Steuerbefreiung liegt in der mangelnden wirtschaftlichen Leistungsfähigkeit, die mit einer Besteuerung abgeschöpft werden könnte (REICH, § 19 N 19).

16   Nicht steuerpflichtig sind auch Vorsorgeeinrichtungen sowie Sozialversicherungs- und Ausgleichskassen. Aber auch kollektive Kapitalanlagen mit direktem Grundbesitz, sofern deren Anleger ausschliesslich Vorsorgeeinrichtungen sowie Sozialversicherungs- und Ausgleichskassen sind. Zu beachten ist, dass die Steuerbefreiung sämtlicher hier und in N 15 genannten Personen für die Grundstückgewinnsteuer auf Kantons- bzw. Gemeindesteuerebene entfällt (Art. 23 Abs. 4 StHG).

B.   Anknüpfungstatbestände

1.   Persönliche Zugehörigkeit

17   Die steuerliche Zugehörigkeit (Steuerpflicht) der juristischen Personen zur Schweiz entsteht, wenn die juristische Person ihren Sitz, gemeint ist der statutarische Sitz (s. HÖHN/WALDBURGER, § 17 N 12), oder ihre tatsächliche Verwaltung in der Schweiz hat (Art. 50 DBG). Gleiches gilt für die kantonale steuerliche Zugehörigkeit (Art. 20 Abs. 1 StHG). Die Eintragung einer juristischen Person ins Handelsregister führt somit zur unbeschränkten Steuerpflicht in der

---

[2]   Von der Steuerpflicht befreit sind auch der Bund und seine Anstalten, die Kantone und ihre Anstalten, die Gemeinden und ihre Anstalten, andere Gebietskörperschaften der Kantone sowie ausländische Staaten für ihre inländischen, ausschliesslich für den unmittelbaren Gebrauch der diplomatischen und konsularischen Vertretung bestimmten Liegenschaften.

schweizerischen Eidgenossenschaft und am Ort des Handelsregistereintrages
(REICH, § 19 N 5).

Alternativ knüpft die persönliche Steuerzugehörigkeit von juristischen Personen [18]
an den Ort der tatsächlichen Verwaltung (Art. 50 DBG und Art. 20 Abs. 1 StHG),
wenn dem statutarischen Sitz nur formelle Bedeutung zukommt oder wenn dieser
im Ausland liegt (Kommentar DBG-ATHANAS/GIGLIO, Art. 50 N 2). Der Ort der
tatsächlichen Verwaltung entspricht dem Ort der Geschäftsleitung (HÖHN/WALD-
BURGER, §17 N 12; REICH, § 19 N 5a). Er befindet sich dort, «wo die Fäden der
Geschäftsführung zusammenlaufen, die wesentlichen Unternehmensentscheide
fallen» (Botschaft Steuerharmonisierung, 108). Massgeblich sind die wesentlichen
Entscheidungen des Tagesgeschäfts und nicht die strategischen unternehmerischen
Entscheidungen. Dieser Grundsatz ist auch international anerkannt, weil andernfalls bei gut geführten internationalen Konzernen sämtliche Konzerngesellschaften
am Ort der Konzernleitung steuerpflichtig wären, was weder praktikabel noch
akzeptabel wäre.

Eine Besonderheit der schweizerischen Steuerordnung besteht darin, dass das [19]
Prinzip der weltweiten Gewinnbesteuerung zwar grundsätzlich gilt, aber durch die
unilateral vorgesehene Befreiung von im Ausland gelegenen Gewinnen aus Ge-
schäftsbetrieben (Beteiligungen an ausländischen Personenunternehmen), Betriebs-
tätten und Liegenschaften durchbrochen wird. (Art. 52 Abs. 1 DBG; das StHG
regelt diese Frage nicht, aber sämtliche Kantone haben diese Regelung in ihr kantonales Recht übernommen.)

2. Wirtschaftliche Zugehörigkeit

Hat eine juristische Person weder ihren statutarischen Sitz noch [20]
die Geschäftsleitung in der Schweiz, kann sich die Steuerpflicht aufgrund der
wirtschaftlichen Zugehörigkeit ergeben. Anknüpfungspunkt sind Geschäftsbetrie-
be, Betriebsstätten, Grundstücke sowie die Vermittlung von Grundstücken (vgl.
Art. 51 DBG; im interkantonalen Verhältnis vgl. Art. 21 StHG). Im Unterschied
zur persönlichen Zugehörigkeit beschränkt sich die Steuerpflicht bei der wirtschaftlichen Zugehörigkeit auf den Gewinn, für den eine subjektive Steuerpflicht
nach den genannten Anknüpfungsregeln besteht (vgl. 52 Abs. 2 und 3 DBG).
Steuerpflichtige, die keinen Sitz oder die Geschäftsleitung nicht in der Schweiz
haben, müssen nur den in der Schweiz erzielten Gewinn versteuern (Art. 52 Abs. 4
DBG).

Bei Umstrukturierungen werden stille Reserven einer juristischen Person nicht [21]
besteuert, soweit die Steuerpflicht in der Schweiz fortbesteht und die bisher massgeblichen Gewinnsteuerwerte beibehalten werden (Art. 61 Abs. 1 DBG bzw.

Art. 24 Abs. 3 StHG). Der Begriff der Umstrukturierung ist im Steuerrecht erfolgsorientiert, d.h., aufgrund einer wirtschaftlichen Betrachtungsweise auszulegen. Er umfasst insbesondere Fusionen, Spaltungen oder Umwandlungen, aber auch Tatbestände der Übertragung einzelner Vermögenswerte des Geschäftsvermögens von Personenunternehmen (Art. 19 Abs. 1 lit. a und b DBG) oder des Austauschs von Beteiligungs- und Mitgliedschaftsrechten (sog. Quasifusion[3]) (vgl. REICH, § 20 N 33).

22 Auch bei einer Sitzverlegung ins Ausland kann für die Schweiz als Emigrationsland ein Besteuerungsrecht verbleiben, sofern Vermögenswerte bzw. die damit verknüpften stillen Reserven in einer inländischen Betriebsstätte verhaftet bleiben oder eine inländische Liegenschaft zurückbleibt (wirtschaftliche Zugehörigkeit; dazu ZWEIFEL, in: Zweifel/Beusch/Riedweg/Oesterhelt, § 10 N 127 und 138; vgl. auch ESTV, Kreisschreiben Nr. 5, S. 50). Sind die Voraussetzungen der fiskalischen Verknüpfung der stillen Reserven aufgrund der Verlegung des Sitzes und der tatsächlichen Verwaltung ins Ausland nicht mehr erfüllt, ist gewinnsteuerlich über diejenigen Vermögenswerte bzw. stillen Reserven abzurechnen, welche die schweizerische Steuerhoheit verlassen, dieser Steuersubstrat entzogen wird (Exit-Besteuerung; HÖHN/WALDBURGER, § 18 N 24).

C. Gesellschaften mit besonderem Steuerstatus

23 Es wird hier darauf hingewiesen, dass ein wesentliches Element der Unternehmenssteuerreform III die Abschaffung der drei nachfolgenden besonderen Steuerstatus war. Auch wenn das Referendum gutgeheissen wurde, muss das Parlament eine Neuauflage mit der Abschaffung sofort ausarbeiten.

1. Allgemeines

24 Gesellschaften, die hauptsächlich Verwaltungsfunktionen übernehmen und in der Schweiz keine oder nur eine untergeordnete Geschäftstätigkeit ausüben, wird in den meisten Kantonen ein besonderer Steuerstatus zuerkannt. Im Zuge der Steuerharmonisierung fand diesbezüglich eine Angleichung der kantonalrechtlichen Bestimmungen statt (vgl. Botschaft, Steuerharmonisierung, 5). Die Besonderheit der kantonalen Steuerstatus liegt darin, dass diese Gesellschaften trotz unbeschränkter Steuerpflicht auf Kantons- und Gemeindesteuerebene keine (Holdinggesellschaften) oder eine reduzierte Gewinnsteuer (und in den meisten

---

[3] Dazu s. OESTERHELT, STEFAN, Voraussetzungen der Quasifusion, Steuer Revue Nr. 9/2015, 650 ff.

Fällen eine ermässigte Kapitalsteuer) entrichten müssen (HÖHN/WALDBURGER, § 20 N 1 f.). Von der Steuerermässigung sind jedoch Einkünfte und Erträge ausgeschlossen, wenn dafür eine Entlastung von ausländischen Quellensteuern beansprucht wird und der anwendbare Staatsvertrag die ordentliche Besteuerung in der Schweiz voraussetzt (Art. 28 Abs. 5 StHG). Ebenfalls der ordentlichen Besteuerung unterliegen bei gewissen Gesellschaften die Einkünfte aus schweizerischen Quellen (Art. 28 Abs. 3 und 4 StHG) bzw. die Einkünfte aus schweizerischen Liegenschaften (Art. 28 Abs. 2 StHG).

Die nachfolgend beschriebenen besonderen Steuerstatus lassen sich nur standortpolitisch rechtfertigen, da sie weit über die Vermeidung der Drei- und Mehrfachbelastung von juristischen Personen gehen (s. auch nachfolgend UStR III, N 118 ff.). [25]

Auf der Ebene der Bundesteuern ist kein besonderer Steuerstatus vorgesehen. (HÖHN/WALDBURGER, § 20 N 1). [26]

2. Holdinggesellschaften

Als Holdinggesellschaften gelten Kapitalgesellschaften und [27]
Genossenschaften, deren statutarischer Zweck zur Hauptsache in der dauernden Verwaltung von Beteiligungen liegt und die in der Schweiz keine Geschäftstätigkeit ausüben (Art. 28 Abs. 2 StHG; s.a. Art. 92 StG SG; s.a. KEISER, 42; HÖHN/WALDBURGER, § 20 N 13 ff.). Holdinggesellschaften haben auf den Reingewinn keine Steuer zu entrichten, sofern die Beteiligungen oder die Erträge aus den Beteiligungen längerfristig mindestens zwei Drittel der gesamten Aktiven oder Erträge ausmachen (Art. 28 Abs. 2 StHG; sog. Holdingprivileg, s. KEISER, 42 ff.).

3. Verwaltungs- bzw. Domizilgesellschaften

Verwaltungsgesellschaften sind Kapitalgesellschaften, Genos- [28]
senschaften und Stiftungen, die in der Schweiz lediglich eine Verwaltungstätigkeit, aber keine Geschäftstätigkeit ausüben (Art. 28 Abs. 3 StHG). Der Ausdruck Domizilgesellschaft wird teilweise synonym verwendet (vgl. § 74 StG ZH).

Als Verwaltungstätigkeiten gelten die Verwaltung des eigenen Vermögens sowie [29]
Hilfstätigkeiten wie die Verwertung immaterieller Rechte, Vermittlung von Know-how, Fakturierung und Inkasso, Telefondienst und Buchführung, aber auch gewisse Konzerndienstleistungen wie die Überwachung von Vertragsabwicklungen oder die Konzernfinanzierung, sofern diese Aktivitäten keinen grösseren Bürobetrieb und keinen umfangreichen Personalbedarf in der Schweiz erfordern (s. Weisung Finanzdirektion Zürich, 10).

30 Verwaltungsgesellschaften sind im Gegensatz zu Holdinggesellschaften nicht ganz von der Gewinnsteuer befreit. Sie unterliegen einem besonderen Steuerregime, welches nach Ertragsarten und Ertragsquellen differenziert (HÖHN/WALD-BURGER, § 20 N 33). Sie haben ihre Gewinnsteuer wie folgt zu entrichten (Art. 28 Abs. 3 StHG):

a. Erträge aus Beteiligungen nach Art. 28 Abs. 1 StHG sowie Kapital- und Aufwertungsgewinne auf solchen Beteiligungen sind steuerfrei;

b. die übrigen Einkünfte aus der Schweiz werden ordentlich besteuert;

c. die übrigen Einkünfte aus dem Ausland werden nach der Bedeutung der Verwaltungstätigkeit in der Schweiz ordentlich besteuert;

d. der geschäftsmässig begründete Aufwand, der mit bestimmten Erträgen und Einkünften in wirtschaftlichem Zusammenhang steht, wird vorher abgezogen. Verluste auf Beteiligungen im Sinne von Buchstabe a können nur mit Erträgen gemäss Buchstabe a verrechnet werden.

4.   Gemischte Gesellschaften

31   Kapitalgesellschaften und Genossenschaften, deren *Geschäftstätigkeit überwiegend auslandsbezogen* ist und die *in der Schweiz nur eine untergeordnete Geschäftstätigkeit* ausüben, werden den Verwaltungsgesellschaften (s. Art. 28 Abs. 3 StHG) steuerrechtlich grundsätzlich gleichgestellt (Art. 28 Abs. 4 StHG). Im Unterschied zu den Verwaltungsgesellschaften üben gemischte Gesellschaften in der Schweiz eine, wenn auch untergeordnete, Geschäftstätigkeit aus. Nach deren Umfang, und nicht nach dem Umfang der Verwaltungstätigkeit (s. oben), richtet sich die Besteuerung der Auslandsertragnisse, was dazu führt, dass diese Einkünfte i.d.R. höher besteuert werden als die Auslandseinkünfte bei Verwaltungsgesellschaften (s. REICH, § 23 N 27).

32 Die überwiegende Geschäftstätigkeit muss jedoch auslandsbezogen sein. Dies wird im Kanton Zürich angenommen, wenn kumulativ mindestens 80 Prozent des Bruttoertrages aus ausländischen Quellen stammen und 80 Prozent des Aufwandes für die eigene oder durch Dritte erfolgte Leistungserstellung im Ausland anfallen (s. Weisung Finanzdirektion Zürich, 14).

III. Steuerarten

A. *Gewinn- und Kapitalsteuer*

Die Kapitalgesellschaften und Genossenschaften unterstehen 33
einer Gewinn- und Kapitalbesteuerung analog zur Einkommens- und Vermögenssteuer bei natürlichen Personen. Der Bund erhebt eine Gewinnsteuer von 8,5 Prozent des Reingewinns (Art. 68 DBG), aber keine Kapitalsteuer.[4] In den Kantonen
bzw. teilweise auch in den Gemeinden wird auch eine Kapitalsteuer erhoben.
Sowohl die Gewinn- als auch die Kapitalsteuersätze sind von Kanton zu Kanton
unterschiedlich.

1. Die Gewinnermittlung

a. *Massgeblichkeitsprinzip*

Gegenstand der Gewinnsteuer ist der Reingewinn (Art. 57 34
DBG). Für die Ermittlung des steuerbaren Gewinns (Steuerveranlagung) bildet der
handelsrechtskonforme Jahresabschluss nach dem OR (Art. 957 ff.) die Grundlage
(Massgeblichkeitsprinzip; s. Art. 58 Abs. 1 lit. a DBG u. Art. 24 Abs. 1 StHG).
Die Veranlagungsbehörden dürfen «vom nach handelsrechtlichen Vorschriften
ausgewiesenen Gewinn nur abweichen, wenn sie bestimmte steuergesetzliche
Korrekturnormen anzurufen vermögen (namentlich eine Gewinnvorwegnahme
oder eine Verbuchung von nicht geschäftsmässig begründetem Aufwand bzw. eine
verdeckte Gewinnausschüttung)» (BÖCKLI, 5 N 13). Bilanzberichtigungen sind bis
zum Eintritt der Rechtskraft von Veranlagungsverfügungen noch möglich, nicht
jedoch Bilanzänderungen. Dies bedeutet, dass handelsrechtswidrige Jahresabschlüsse steuerlich nicht massgeblich sind und auch nach Einreichung der Steuererklärung noch mit steuerlicher Wirkung berichtigt werden können (sog. Bilanzberichtigungen). Hingegen ist es nach Einreichung der Steuererklärung nicht mehr
möglich, handelsrechtskonforme Wertansätze durch andere handelsrechtskonforme Wertansätze zu ersetzen (sog. Bilanzänderungen).

b. *Steuerrechtliche Korrekturvorschriften*

i. Geschäftsmässig nicht begründete Aufwendungen

Aus dem Massgeblichkeitsprinzip ergibt sich, dass grundsätz- 35
lich sämtliche verbuchten Aufwendungen der juristischen Personen abzugsfähig

---

[4] Per 1. Januar 1998 wurde auf Bundesebene die Kapitalsteuer für juristische Personen ab-
    geschafft.

sind. Art. 59 DBG bzw. Art. 25 StHG enthalten jedoch teilweise Wiederholungen (z.B. Abs. 1 lit. c) teilweise betragsmässige Einschränkungen (Abs. 1 lit. d) und teilweise Ausschlüsse (Abs. 2).

36 Eine Besonderheit bei der Besteuerung von juristischen Personen ist, im Gegensatz zu der Besteuerung von natürlichen Personen, die Möglichkeit, vom Reingewinn die eidgenössischen, kantonalen und kommunalen Steuern abzuziehen (s. Art. 59 Abs. 1 lit. a DBG; Art. 25 Abs. 1 lit. a StHG). Steuerbussen hingegen sind nicht abzugsfähig (Art. 59 Abs. 1 lit. a DBG; Art. 25 Abs. 1 lit. a StHG). Nach bundesgerichtlicher Rechtsprechung gilt dasselbe für Bussen (wie z.b. die durch Banken für ihre Verstösse gegen ausländische Steuer- und Aufsichtsvorschriften in den letzten Jahren entrichteten Bussen und andere Zahlungen mit Strafcharakter [s. BGer 2C_916/2014 u. 2C_917/2014 E. 7.2 vom 26. September 2016]).[5] Der Bundesrat hat einen Gesetzesvorschlag zur Regelung der Bussen, anderer Zahlungen mit Strafcharakter (nicht abzugsfähig) und für Gewinnabschöpfungen (z.B. im Rahmen von Kartellverfahren – abzugsfähig) vorgelegt. Dessen parlamentarische Behandlung war im Zeitpunkt der Drucklegung dieses Buches noch ausstehend.

37 Verdeckte Gewinnausschüttungen (Art. 58 Abs. 1 lit. b) und Gewinnvorwegnahmen (Art. 58 Abs. 1 lit. c) (s. hierzu nachfolgend ii) sowie weitere Belastungen der Erfolgsrechnung, die nicht geschäftsmässig begründet sind, werden steuerrechtlich korrigiert und dem steuerbaren Gewinn hinzugerechnet. Unter weitere Belastungen der Erfolgsrechnung sind insbesondere Abschreibungen zu zählen, die über die allgemein anerkannten Ansätze hinausgehen, ohne dass Gründe für eine zusätzliche oder ausserordentliche Abschreibung vorliegen, und Rückstellungen, bei denen der Eintritt des auslösenden Ereignisses noch wenig wahrscheinlich ist (HÖHN/WALDBURGER, § 19 N 92 u. 94).

38 Erwähnenswert sind auch Art. 59 Abs. 2 DBG und Art. 25 Abs. 1bis StHG, die beide festhalten, dass Zahlungen von Bestechungsgeldern im Sinne des schweizerischen Strafrechts an schweizerische oder fremde Amtsträger keinen geschäftsmässig begründeten Aufwand darstellen. Noch bis zum 31. Dezember 2000 waren Bestechungsgelder jedoch abzugsfähig, wenn der Nachweis der geschäftsmässigen Begründetheit erbracht wurde (AS 2000 2147; BBl 1997 II 1037 und BBl 1997 IV 1336). Als Folge der Verschärfung des Korruptionsstrafrechts per 1. Juli 2016, mit dem die Bestechung Privater ebenfalls für strafbar erklärt wurde (vgl. Art. 322[octies] ff. StGB), hat der Bundesrat kurz vor Drucklegung dieses Buches einen Gesetzgebungsvorschlag vorgelegt, welcher nebst der Nichtabzugsfähigkeit von Bussen und anderen Zahlungen mit Strafcharakter

---

5 Siehe auch SCHÖCHLI, HANSUELI, Es gibt keinen Steuerbonus für Bussen, NZZ vom 13. Oktober 2016, S. 25.

(s. N 36) auch die Verweigerung der Abzugsfähigkeit der Zahlungen für Privat-
bestechung vorsieht.

Ebenfalls nicht abzugsfähig sind die Zinsen auf dem sog. verdeckten Eigenkapital   39
(s. zu diesem Institut N 41).

ii. Verdeckte Gewinnausschüttungen und Gewinnvorwegnahme

Ebenfalls nicht zum geschäftsmässig begründeten Aufwand ge-   40
hören verdeckte Gewinnausschüttungen und Gewinnvorwegnahmen (vgl. Art. 58
Abs. 1 lit. b und c DBG; Art. 24 Abs. 1 StHG). Diese sind dem steuerbaren Gewinn hinzuzurechnen.

Bei verdeckten Gewinnausschüttungen handelt es sich um «Leistungen der Ge-   41
sellschaft an die Inhaber von Beteiligungsrechten, denen keine oder keine genügenden Leistungen gegenüberstehen und die einem an der Gesellschaft nicht beteiligten Dritten nicht oder in wesentlich geringerem Umfang erbracht worden
wären» und die nicht ordnungsgemäss als Gewinnverwendung verbucht werden
(s. REICH, § 20 N 20, m.w.H.). Es werden Kosten als Aufwand verbucht, die nicht
der Verfolgung der Unternehmensziele dienen, sondern einzig zur Begünstigung
der Inhaber der Beteiligungsrechte oder diesen nahestehenden Personen getätigt
werden (REICH, § 20 N 22). Typische Beispiele sind u.a. übersetzte Lohn-, Kom-
missions-, Provisions- oder Spesenzahlungen an mitarbeitende Gesellschafter oder
diesen nahestehenden Personen; die Deckung privater Aufwendungen der Gesellschafter oder übersetzte Zinsleistungen für Darlehen von Gesellschaftern (vgl.
REICH, § 20 N 21; weitere Beispiele bei MÄUSLI-ALLENSPACH/OERTLI, 200). Bei
der Gewinnvorwegnahme wird hingegen Ertrag, der an sich der Gesellschaft zusteht, direkt von den Beteiligten oder von diesen nahestehenden Personen verein-
nahmt (s. HÖHN/WALDBURGER, § 18 N 74), was erfolgstechnisch zum gleichen
Ergebnis führt wie verdeckte Gewinnausschüttungen.

Zu beachten ist, dass auch verdeckte Gewinnausschüttungen und Gewinnvorweg-   42
nahmen, die aktienrechtlich zu einer Forderung der Gesellschaft gegenüber den
Leistungsempfängern führen steuerlich als erfolgt gelten. Die Einbuchung der
entsprechenden Forderung führt deshalb nicht dazu, dass die Gewinnsteuerkorrek-
tur rückgängig gemacht werden kann.

c. Verlustverrechnung

Sowohl auf Bundesebene als auch auf kantonaler Ebene ist bei   43
der Ermittlung der Gewinnsteuern die Möglichkeit vorgesehen, Verluste aus sie-

ben vorangegangener Geschäftsjahre mit dem Reingewinn des laufenden Geschäftsjahrs zu verrechnen (Art. 67 Abs. 1 DBG; Art. 25 Abs. 2 StHG).

44   Verluste sind stets im nächstmöglichen Jahr mit Gewinn zu verrechnen (BGer 2A.587/2002 E. 1.1 vom 11. März 2003). Hat es die steuerpflichtige Person versäumt, in einer früheren Steuerperiode einen Verlust bzw. einen Verlustvortrag vom Reingewinn abzuziehen, kann die Verlustverrechnung in einer späteren Steuerperiode nicht nachgeholt werden (Gebot der ungesäumten Verlustverrechnung, BGer 2C_696/2013 E. 3.1 vom 29. April 2014).

45   Diese zeitliche Beschränkung der Verlustverrechnung gilt nicht, wenn im Rahmen von Sanierungen (beim Vorliegen einer Unterbilanz) erfolgswirksame Vorgänge verwirklicht werden. Mit dieser Regelung soll namentlich verhindert werden, dass Gesellschaften aufgrund von Forderungsverzichten von Gläubigern im Rahmen von Sanierungen darauf teilweise Gewinnsteuern zu entrichten haben.

46   Ein Rücktrag von Verlusten auf Gewinne, die in Vorjahren versteuert worden sind, ist nicht möglich.

2.   Die Kapitalsteuer bei Aktiengesellschaften

47   Neben der Gewinnsteuer wird in den Kantonen bzw. teilweise auch in den Gemeinden eine Kapitalsteuer erhoben (vgl. Art. 2 Abs. 1 lit. b StHG). Die Kapitalsteuersätze sind jedoch von Kanton zu Kanton verschieden. Im Kanton Zürich beträgt der Kapitalsteuersatz für juristische Personen 0,75 Promille (§ 82 StG ZH), im Kanton St. Gallen liegt der Kapitalsteuersatz hingegen bei 0,2 Promille (Art. 99 StG SG).

48   Gegenstand der Kapitalsteuer ist lediglich das buchmässige Eigenkapital der juristischen Person. Dieses setzt sich bei Kapitalgesellschaften und Genossenschaften aus dem einbezahlten Grund- oder Stammkapital, den offenen und den aus versteuertem Gewinn gebildeten stillen Reserven zusammen (Art. 29 Abs. 2 lit. a StHG). Bei der Aktiengesellschaft ist neben dem Aktienkapital auch das Partizipationskapital (Art. 656a OR) Teil des Grundkapitals (zum Partizipationskapital allgemein FORSTMOSER/MEIER-HAYOZ/NOBEL, § 1 N 55 u. § 46 1 ff.). Hinzugerechnet wird gemäss Wortlaut der Bestimmung jedoch nur das einbezahlte Aktien- bzw. Partizipationskapital, auch wenn das nominelle Kapital höher ist (vgl. HÖHN/WALDBURGER, § 19 N 5). Genussscheine sind für die Ermittlung des steuerbaren Eigenkapitals nicht von Bedeutung, da sie von Gesetzes wegen keinen Nennwert haben (vgl. Art. 657 OR).

49   Die offenen und die aus versteuertem Gewinn gebildeten stillen Reserven fallen auch unter die Kapitalsteuer. Zu den offenen Reserven gehören die gesetzlichen,

die freien und die Spezialreserven sowie das Agio und der Gewinnvortrag (MÄUSLI-ALLENSPACH/OERTLI, 252). Als Gewinn versteuerte stille Reserven gelten namentlich die steuerlich nicht anerkannten Abschreibungen und Rückstellungen (REICH, § 20 N 60).

Schliesslich ist auch das sogenannte «verdeckte Eigenkapital» zu versteuern, also 50 der Teil des Fremdkapitals, dem wirtschaftlich die Bedeutung von Eigenkapital zukommt (Art. 29a StHG; vgl. auch ESTV, Kreisschreiben Nr. 6). Nur Darlehen, die der Gesellschaft von den Gesellschaftern zur Verfügung gestellt werden (inkl. sog. *back to back*-Darlehen) können steuerrechtlich in Eigenkapital umgewandelt werden (vgl. REICH, § 20 N 62 ff.).

Anders als bei Personenunternehmen bilden jedoch die (nicht als Ertrag versteuer- 51 ten) stillen Reserven nicht Gegenstand der Substanzbesteuerung.

B. Verrechnungssteuer auf Kapitalerträgen

1. Gesetzliche Grundlage

Gemäss der Schweizer Bundesverfassung ist der Bund berech- 52 tigt, auf dem Ertrag von beweglichem Kapitalvermögen, auf Lotteriegewinnen und auf Versicherungsleistungen eine Verrechnungssteuer zu erheben (Art. 132 Abs. 2 BV). Kantonen und Gemeinden ist die Erhebung einer gleichartigen Steuer untersagt (vgl. Art. 134 BV). Die Verrechnungssteuer ist im Bundesgesetz über die Verrechnungssteuer (Verrechnungssteuergesetz, VStG) vom 13. Oktober 1965 (SR 642.21) und in der dazugehörenden Vollziehungsverordnung über die Verrechnungssteuer (Verrechnungssteuerverordnung, VStV) vom 12. Dezember 1966 (SR 642.211) geregelt. Sowohl das Gesetz als auch die Verordnung sind per 1. Januar 1967 in Kraft getreten (AS 1966 371 und 1585). Zudem sind für die Erhebung und Rückerstattung der Verrechnungssteuer die von der Eidgenössischen Steuerverwaltung erlassenen Weisungen, Verfügungen und Entscheide massgeblich (vgl. Art. 34 Abs. 1 VStG).

2. Steuerobjekt

Die Verrechnungssteuer wird auf dem Ertrag von beweglichem 53 Kapitalvermögen, auf Lotteriegewinnen und auf Versicherungsleistungen erhoben (Art. 1 Abs. 1 VStG). Gegenstand der Verrechnungssteuer auf dem Ertrag beweglichen Kapitalvermögens sind die Zinsen, Renten, Gewinnanteile und sonstige Erträge der von einem Inländer (zum Begriff s. Art. 9 Abs. 1 VStG) ausgegebenen Obligationen, Serienschuldbriefen, Seriengülten, Schuldbuchguthaben, Aktien,

Stammanteile an GmbH, Genossenschaftsanteile, Partizipationsscheine, Genussscheine, Anteile an einer kollektiven Kapitalanlage nach KAG[6] sowie der Kundenguthaben bei inländischen Banken und Sparkassen (Art. 4 Abs. 1 VStG; s.a. Art. 14 ff. VStV). Ebenso der Verrechnungssteuer unterliegen verdeckte Gewinnausschüttungen, Liquidationsüberschüsse, geldwerte Leistungen ohne Kapitalentnahme (z.B. Gratisnennwerterhöhung oder Gratisaktien- und Gratispartizipationsscheine) und u.U. beim Rückkauf eigener Gesellschaftsanteile (s. HÖHN/WALDBURGER, § 21 N 13 ff.; STOCKAR, 80 ff.). Kauft nämlich eine Gesellschaft eigene Beteiligungsrechte zurück (s. Art. 659 OR) – dem ist in steuerrechtlicher Hinsicht der Erwerb von Beteiligungsrechten durch Tochtergesellschaften (vgl. Art. 659b OR) gleichgestellt –, tritt steuerrechtlich eine Teilliquidation ein, wenn die Gesellschaft entreichert wird und deren Substanz abnimmt (BGer vom 13. Februar 1995, StE 1995 B 24.4 Nr. 38 E. 4b; s.a. REICH, § 13 N 142). Diesbezüglich umschreibt Art. 4a VStG ausführlich, unter welchen Voraussetzungen der Erwerb eigener Beteiligungsrechte die Verrechnungssteuer auslöst.

54   Soweit es sich bei einer Aktiengesellschaft nicht um eine Bank oder um eine Gesellschaft handelt, welche Obligationen ausgegeben hat,[7] ist somit die Verrechnungssteuer ausschliesslich im Zusammenhang mit Gewinnausschüttungen von Bedeutung, wobei jedoch zu beachten ist, dass nicht nur die offenen Gewinnausschüttungen, sondern auch die verdeckten Gewinnausschüttungen und die Gewinnvorwegnahmen (s. dazu N 40 ff.) der Verrechnungssteuer unterliegen.

3.   Funktionsweise

55   Bei der Verrechnungssteuer handelt es sich um eine Objektsteuer, die unabhängig der wirtschaftlichen Leistungsfähigkeit des Steuerpflichtigen anfällt und an der Quelle, daher beim Schuldner und nicht beim Empfänger der steuerbaren Leistungen, erhoben wird (REICH, § 28 N 5). Der Steuerschuldner ist verpflichtet, die steuerbare Leistung bei der Auszahlung, Überweisung, Gutschrift oder Verrechnung um den Steuerbetrag zu kürzen (Art. 14 Abs. 1 VStG). Damit findet eine Überwälzung der Verrechnungssteuer auf den Empfänger der Leistung statt, der schliesslich der Steuerträger ist. Vereinbarungen zwischen dem Schuldner und dem Empfänger der steuerbaren Leistung, welche dieser Verpflichtung widersprechen, sind nichtig, und die Nichtüberwälzung ist strafbar (Art. 14 Abs. 1 Satz 2 und Art. 63 VStG).

---

[6]   Zu den kollektiven Kapitalanlagen als Gegenstand der Verrechnungssteuer vgl. ESTV, Kreisschreiben Nr. 24, Verrechnungssteuer/Stempelabgabe, vom 1. Januar 2009.

[7]   Zu beachten ist allerdings, dass sowohl der Begriff der Bank als auch jener der Obligation im Verrechnungssteuerrecht weiter gefasst ist als im Aufsichts- bzw. im Zivilrecht.

Für Verrechnungssteuern, die innerhalb eines Konzerns anfallen, sieht das Gesetz 56
eine verfahrensrechtliche Vereinfachung für die Erfüllung der Steuerpflicht vor;
anstelle der Entrichtung tritt die Meldung. Dividenden können innerhalb eines
Konzerns ohne Abzug der Verrechnungssteuer ausgerichtet werden. Die Konzernobergesellschaft muss dazu die Tochtergesellschaft mittels eines amtlichen Formulars anweisen, ihr die Dividenden ohne Abzug auszurichten, und die Tochtergesellschaft ihrerseits hat das Formular zu vervollständigen und es bei der Eidgenössischen Steuerverwaltung einzureichen (Art. 20 VStG i.V.m. Art. 26a Abs. 1
und 2 VStV). Ein analoges Meldeverfahren ist auch für Dividenden an ausländische Konzerngesellschaften vorgesehen, sofern ein Doppelbesteuerungsabkommen besteht.[8]

Der Steuersatz auf Kapitalerträgen beträgt 35 Prozent der steuerbaren Leistung 57
(Art. 13 Abs. 1 lit. a VStG). Im Rückerstattungsverfahren kann der Steuerträger
die Verrechnungssteuer zurückfordern, sofern er seinen Wohnsitz (natürliche
Person) bzw. seinen Sitz (juristische Person) in der Schweiz hat und in den Genuss
der effektiven Nutzungsberechtigung am steuerbaren Ertrag kommt (zur Nutzungsberechtigung insb. BGE 141 II 447[9]) sowie allfällige weitere Voraussetzungen erfüllt (s. Art. 21 ff. VStG; ausführlich dazu MÄUSLI-ALLENSPACH/OERTLI,
367 ff.). Für Inländer kommt der Verrechnungssteuer demnach primär ein Siche-
rungszweck zu (REICH, § 28 N 6 f.). Für Steuerpflichtige ohne Wohnsitz bzw. Sitz
in der Schweiz, die keinen Rückerstattungsanspruch haben, stellt die Verrechnungssteuer eine definitive Belastung dar (REICH, § 28 N 8). Dies gilt allerdings
nicht oder nicht in vollem Umfang, wenn der Empfänger der Leistung in einem
Staat ansässig ist, mit dem die Schweiz ein Doppelbesteuerungsabkommen abgeschlossen hat. In diesen Fällen reduziert die Schweiz bei natürlichen Personen die
Verrechnungssteuer in aller Regel auf 15 Prozent (im Wege der Rückerstattung),
und diese residuale Verrechnungssteuer kann im Ausland auf die Einkommenssteuer angerechnet werden (nach Massgabe des ausländischen Rechts). Im Kon-
zernverhältnis erfolgt in vielen Fällen eine vollständige Entlastung der Verrechnungssteuer[10], oder es erfolgt – in Übereinstimmung mit Art. 10 Abs. 2 des
OECD-Musterabkommens – eine Reduktion auf fünf Prozent.

---

[8] Siehe Verordnung über die Steuerentlastung schweizerischer Dividenden aus wesentlichen
Beteiligungen ausländischer Gesellschaften vom 22. Dezember 2004 (SR 672.203).

[9] E. 5.2.1: «Somit ist der Dividenden-Empfänger dann effektiv nutzungsberechtigt, wenn er
die Dividende voll verwenden kann und deren vollen Genuss hat, ohne durch eine gesetzliche oder vertragliche Verpflichtung in dieser Verwendung eingeschränkt zu sein.»

[10] Dies ist z.B. für alle EU-Mitgliedstaaten der Fall, aufgrund von Art. 15 Abs. 2 des Zins-
besteuerungsabkommens bzw. der Nachfolgeregelung im Abkommen über den AIA
(Art. 9).

C. Stempelabgaben

1. Gesetzliche Grundlage

58   Nach Art. 132 Abs. 1 BV kann der Bund auf Wertpapieren, auf Quittungen von Versicherungsprämien und auf anderen Urkunden des Handelsverkehrs, nicht aber auf Urkunden des Grundstück- und Grundpfandverkehrs, eine Stempelsteuer erheben, die eine Transaktionssteuer ist. Auf kantonaler und kommunaler Ebene ist eine solche ausgeschlossen (Art. 134 BV). Auf Gesetzesstufe sind die Stempelabgaben im Bundesgesetz über die Stempelabgaben (StG) vom 27. Juni 1973 (SR 641.109) geregelt. Die Ausführungsbestimmungen finden sich in der Verordnung über die Stempelabgaben (StV) vom 3. Dezember 1973 (SR 641.101).

59   Die Stempelabgaben umfassen die Emissionsabgabe auf der Ausgabe inländischer Beteiligungsrechte, die Umsatzabgabe auf dem Umsatz bestimmter in- und ausländischer Urkunden (z.B. Beteiligungsrechte, Fondsanteile, Obligationen und diesen gleichgestellte Urkunden) sowie die Abgabe auf Versicherungsprämien (vgl. Art. 1 Abs. 1 StG).

60   Entgegen dem Wortlaut der Bestimmung werden die Stempelabgaben nicht auf Urkunden, sondern auf bestimmte Vorgänge des *Kapitalverkehrs* erhoben (STOCKAR, 36). Entsprechend hält Art. 1 Abs. 2 StG fest, dass wenn keine Urkunden ausgestellt oder umgesetzt werden, an ihre Stelle die der Feststellung der Rechtsvorgänge dienenden Geschäftsbücher oder sonstige Urkunden treten.

2. Emissionsabgabe

61   Gegenstand der Emissionsabgabe sind die entgeltliche oder unentgeltliche Begründung und Erhöhung des Nennwerts von Beteiligungsrechten an inländischen Kapitalgesellschaften oder Genossenschaften (Art. 5 Abs. 1 StG). Die Emissionsabgabe fällt namentlich an, wenn eine neue Kapitalgesellschaft oder Genossenschaft mit Sitz in der Schweiz gegründet wird oder wenn eine bestehende inländische Kapitalgesellschaft oder Genossenschaft eine Kapitalerhöhung vornimmt oder Genuss- oder Partizipationsscheine ausgibt (REICH, § 7 N 41). Auch die Ausgabe von Gratisaktien wird von der Emissionsabgabe erfasst (STOCKAR, 40). Um Steuerumgehungen vorzubeugen, sind Zuschüsse der Gesellschafter bzw. Genossenschafter, die ohne entsprechende Gegenleistung und ohne Erhöhung des nominellen Kapitals erbracht werden, sowie der sog. Mantelhandel der Ausgabe von Beteiligungsrechten gleichgestellt (Art. 5 Abs. 2 lit. a und b StG). Nicht erfasst wird der sog. Aktiensplit, bei dem anstelle der bestehenden Aktien neu Ak-

tien mit einem kleineren Nominalwert, aber dafür in entsprechend grösserer Zahl ausgegeben werden (STOCKAR, 40).

Das Gesetz sieht daneben zahlreiche Ausnahmen vor, u.a. bei Sanierungen, Umstrukturierungen, der Übertragung von Vermögenswerten im Konzern und der Sitzverlegung in die Schweiz (Art. 6 StG; s. dazu HÖHN/WALDBURGER, § 26 N 32 ff.). Ebenfalls von der Emissionsabgabe ausgenommen sind KMU, sofern bei deren Gründung oder Kapitalerhöhung die ausgegebenen Beteiligungsrechte gesamthaft eine Million Franken nicht übersteigen (Art. 6 Abs. 1 lit. h StG). Soweit die Leistungen der Gesellschafter gesamthaft diesen Freibetrag nicht übersteigen, ist keine Emissionsabgabe geschuldet. Wird der Freibetrag bei der Gründung oder später bei einer Kapitalerhöhung überschritten, ist die Emissionsabgabe nur auf den die Freigrenze übersteigenden Betrag zu bezahlen (s. STOCKAR, 46). Zwar, wie erwähnt als Entlastungsmassnahme für KMU gedacht, ist diese Freigrenze jedoch nicht auf dieses Segment beschränkt, sondern sie steht jeder Gesellschaft offen. [62]

Die Emissionsabgabe auf Beteiligungsrechte beträgt ein Prozent (Art. 8 StG), auf unentgeltlich ausgegebene Genussscheine drei Franken pro Genussschein (Art. 9 Abs. 1 lit. d StG). [63]

3. Umsatzabgabe

Gegenstand der Abgabe ist die entgeltliche Übertragung von Eigentum an in- und ausländischen Obligationen, Aktien, Stammanteilen von GmbH, Anteilsscheinen von Genossenschaften, Partizipationsscheinen, Genussscheinen und Anteilen an kollektiven Kapitalanlagen (vgl. Art. 13 Abs. 1 und 2 StG) unter Beteiligung eines schweizerischen Effektenhändlers als Vertragspartei oder als Vermittler. *Optionen* oder *Futures* auf solche steuerbaren Titel sind nicht Gegenstand der Umsatzabgabe, wohl aber die steuerbaren Titel, die bei der Ausübung der *Option* bzw. der Erfüllung des *Future* gehandelt werden (STOCKAR, 53). Effektenhändler sind nicht nur Banken und Vermögensverwalter, sondern namentlich auch Gesellschaften, die nach Massgabe ihrer letzten Bilanz steuerbare Urkunden von mehr als CHF 10 Mio. aufweisen. Da u.a. Aktien und GmbH-Anteile steuerbare Urkunden sind, unterliegen grössere Holdinggesellschaften, aber auch operativ tätige Gesellschaften, welche Beteiligungen an Tochtergesellschaften mit Buchwerten von insgesamt mehr als CHF 10 Mio. halten, auf sämtlichen Transaktionen, welche sie mit Beteiligungen tätigen, der Umsatzabgabe. [64]

Wie bei der Emissionsabgabe sieht das Gesetz auch bei der Umsatzabgabe verschiedene Ausnahmen von der Abgabepflicht vor. Von der Umsatzabgabe sind insbesondere Vorgänge ausgenommen, welche die Emissionsabgabe auslösen (vgl. Art. 14 StG; s. HÖHN/WALDBURGER, § 26 N 72 ff.). Die Umsatzabgabe ent- [65]

fällt u.a. auch beim Handel mit Bezugsrechten, bei der Rückgabe von Urkunden zur Tilgung, bei der Ausgabe von Obligationen ausländischer Schuldner, die auf fremde Währungen lauten (Euroobligationen), beim Handel mit in- und ausländischen Geldmarktpapieren oder bei der mit einer Umstrukturierung verbundenen Übertragung von steuerbaren Urkunden (vgl. Art. 14 StG).

66   Die Umsatzabgabe ist nur geschuldet, wenn ein Effektenhändler i.S.v. Art. 13 Abs. 3 StG als Vertragspartei oder als Vermittler an dem Geschäft beteiligt ist. Dieser ist auch abgabepflichtig, folglich das Steuersubjekt (s. Art. 17 StG).

67   Die Umsatzabgabe wird auf dem Entgelt, daher dem für den steuerbaren Titel bezahlten Preis, berechnet und beträgt 1,5 Promille für von einem Inländer ausgegebene Urkunden und drei Promille für von einem Ausländer ausgegebene Urkunden (Art. 16 Abs. 1 StG). In Fällen, in denen das Entgelt nicht in einer Geldsumme besteht, wird der Verkehrswert der vereinbarten Leistung zur Bestimmung der Umsatzabgabe herangezogen (Art. 16 Abs. 2 StG).

4.   Abgabe auf Versicherungsprämien

68   Als dritte Abgabe sieht das StG die Abgabe auf Versicherungsprämien vor (Art. 21 ff. StG). Diesbezüglich wird auf die einschlägige Literatur verwiesen.

D.   Mehrwertsteuer

1.   Wesen der Mehrwertsteuer

69   Seit dem 1. Januar 1995 erhebt der Bund anstelle der zuvor geltenden Warenumsatzsteuer (WUST) eine Mehrwertsteuer auf Lieferungen von Gegenständen und auf Dienstleistungen sowie auf Einfuhren (vgl. Art. 130 BV). Die Mehrwertsteuer ist die wichtigste Einnahmequelle des Bundes.[11] Den Kantonen und Gemeinden ist es untersagt, eine gleichartige Steuer auf Sachverhalte zu erheben, die der Mehrwertsteuer unterliegen (Art. 134 BV; s.a. Art. 2 MWSTG). Die Mehrwertsteuer wird im Mehrwertsteuergesetz (SR 641.20) und in der dazugehörenden Mehrwertsteuerverordnung (SR 641.201) geregelt. Beide wurden 2009 einer Totalrevision unterzogen und sind per 1. Januar 2010 in Kraft getreten (AS 2009 5203; BBl 2008 6885).

---

[11]   Siehe Bericht der Eidgenössischen Finanzverwaltung zum Voranschlag 2017 (verfügbar auf: https://www.efv.admin.ch/efv/de/home/finanzberichterstattung/finanzberichte/budget. html#-335201304, Stand 2. November 2016).

Bei der Mehrwertsteuer handelt es sich um eine allgemeine Verbrauchersteuer   70
nach dem System der Netto-Alphasensteuer mit Vorsteuerabzug (Art. 1 Abs. 1
Satz 1 MWSTG). Das bedeutet, dass die Steuer auf jeder Stufe der Leistungser-
bringung durch die steuerpflichtige Person erhoben wird, wobei jeweils die auf der
vorangegangenen Stufe bezahlte Steuer von der Steuerschuld in Abzug gebracht
werden kann (HÖHN/WALDBURGER, § 24 N 11; s.a. METZGER, Art. 1 N 2 u.
Kommentar MWSTG-GEIGER, Art. 1 N 10).

Sie bezweckt die Besteuerung des nicht unternehmerischen Endverbrauchs im   71
Inland (Art. 1 Abs. 1 Satz 2 MWSTG). Man spricht daher von einer Verbrauchersteuer, da die Konsumenten die Steuerträger sein sollen (Kommentar MWSTG-
GEIGER, Art. 1 N 11). Die Verbraucher werden jedoch aus Gründen der Erhe-
bungswirtschaftlichkeit und der Erhebungssicherheit nicht direkt erfasst; stattdessen knüpft die Steuer an die Lieferungen und Dienstleistungen der Unternehmen
an, die die Steuer an den Staat zu entrichten haben (CAMENZIND et al., N 85 ff.).
Den steuerpflichtigen Unternehmen steht es jedoch offen, die Mehrwertsteuer auf
die Verbraucher zu überwälzen (Art. 6 MWSTG u. Art. 1 Abs. 3 lit. c MWSTG).
Da die Steuerpflichtigen mit den Steuerträgern nicht identisch sind, handelt es sich
bei der Mehrwertsteuer auch um eine indirekte Steuer (Kommentar MWSTG-
GEIGER, Art. 1 N 12).

2.   Steuersubjekt

Wer Steuersubjekt der Mehrwertsteuer ist, demnach dem Staat   72
im Steuerrechtsverhältnis gegenübertritt und verpflichtet ist, legt Art. 10 Abs. 1
MWSTG fest. Demnach ist steuerpflichtig, wer unabhängig von Rechtsform,
Zweck und Gewinnabsicht ein Unternehmen betreibt. Ein Unternehmen betreibt,
wer «eine auf die nachhaltige Erzielung von Einnahmen aus Leistungen ausgerich-
tete berufliche oder gewerbliche Tätigkeit selbständig ausübt» und «unter eigenem
Namen nach aussen auftritt». Die Tatsache, dass die Steuerpflicht nicht von der
Rechtsform abhängt, ergibt sich aus der Natur der MwSt als Konsumsteuer und
aus der Funktion der Unternehmen in diesem System (s. CAMENZIND et al.,
N 422 ff.). Materiell sind die Unternehmen blosse Inkassostellen im Auftrag des
Bundes, weil es aus praktischen Gründen nicht möglich ist, die Steuer direkt bei
den Konsumenten zu beziehen. Welche Rechtsformen diese Inkassostellen haben,
ist unerheblich.

Die Grundvoraussetzung für die subjektive Steuerpflicht ist demnach einzig das   73
Betreiben eines Unternehmens (REICH, § 34 N 1).

Unternehmen, die in der Schweiz innerhalb eines Jahres weniger als 100 000   74
Franken Umsatz erzielen, sowie nicht gewinnstrebige, ehrenamtlich geführte

Sport- oder Kulturvereine und gemeinnützige Institutionen, die in der Schweiz weniger als 150 000 Franken Umsatz erzielen, sind von der Steuerpflicht befreit (Art. 10 Abs. 2 lit. a und c MWSTG). Ebenfalls nicht steuerpflichtig sind Unternehmen mit Sitz im Ausland, die in der Schweiz ausschliesslich Leistungen erbringen, die der Bezugssteuer (Art. 45–49 MWSTG) unterliegen (Art. 10 Abs. 2 lit. b MWSTG). Diese Ausnahme gilt jedoch nicht für ausländische Unternehmen, die in der Schweiz Telekommunikations- oder elektronische Dienstleistungen für nicht steuerpflichtige Empfänger erbringen.

75   Für Konzerne sieht Art. 13 MWSTG eine Gruppenbesteuerung vor. Auf Antrag können sich Konzerne zu einem einzigen Steuersubjekt mit einer gemeinsamen MWST-Nummer zusammenschliessen (Mehrwertsteuergruppe). Das Gesetz setzt dabei eine einheitliche Leitung voraus (Art. 13 Abs. 1 MWSTG). Die Mehrwertsteuerverordnung konkretisiert, dass eine einheitliche Leitung vorliegt, «wenn durch Stimmenmehrheit, Vertrag oder auf andere Weise das Verhalten eines Rechtsträgers kontrolliert wird» (Art. 15 MWSTV). In der Praxis geht die ESTV erst ab einer Beteiligung von mehr als 50 Prozent am Grundkapital einer Gesellschaft von einer einheitlichen Leitung aus (ESTV, MWST-Info 03, S. 7). Es setzte das Merkmal der *einheitlichen Leitung* mit der kapital- bzw. stimmenmässigen Beherrschung gleich, gewährte die Gruppenbesteuerung ausnahmsweise dennoch, wenn belegt werden konnte, dass auch ohne kapital- bzw. stimmenmässiger Beherrschung eine einheitliche Leitung vorlag (ESTV, MWST-Info 03, S. 7[12]). Der Effekt der Gruppenbesteuerung ist nicht eine Konsolidierung im aktienrechtlichen Sinne (vgl. dazu § 10, N 40 ff.). Dennoch gelten Umsätze, die zwischen den Gruppenmitgliedern erfolgen, mehrwertsteuerlich als nicht erzielt und unterliegen deshalb nicht der Steuer. Eine weitere Folge dieses Besteuerungssystems ist, dass auch der Vorsteuerabzug nur auf Gruppenebene vorgenommen werden kann.

3.   Steuerobjekt

76   Der Mehrwertsteuer unterliegen alle die in der Schweiz durch steuerpflichtige Personen gegen Entgelt erbrachten Leistungen, vorausgesetzt, das Gesetz sieht dafür keine Ausnahme vor (Art. 18 Abs. 1 MWSTG). Als Leistungen im genannten Sinne gelten insbesondere gegen Entgelt erbrachte Lieferungen von beweglichen oder unbeweglichen Sachen sowie Elektrizität, Gas, Wärme, Kälte und Ähnliches (vgl. Art. 3 Abs. 1 lit. b und d MWSTG) sowie im Inland gegen Entgelt erbrachte Dienstleistungen, umfassend auch immaterielle Werte und Rechte (vgl. Art. 3 Abs. 1 lit. e MWSTG; im Einzelnen CAMENZIND et al., N 652 ff.; s.a. Kommentar MWSTG-GEIGER, Art. 3 N 32 ff.).

---

[12]   ESTV, MWST-Info 03, Gruppenbesteuerung, Januar 2010.

Bestimmte Leistungen sind von der Mehrwertsteuer von Gesetzes wegen ausge- 77
nommen, so zum Beispiel bestimmte Postdienste, Leistungen im Gesundheitswesen und im Sozial- und Pflegebereich sowie Leistungen im Bereich der Bildung
und Erziehung etc. (vgl. Art. 21 Abs. 2 MWSTG sowie Art. 34 ff. MWSTV, ausführlich s. Kommentar MWSTG-SCHLUCKEBIER/CLAVADETSCHER, Art. 21 N 1 ff.).
Daneben sieht das Gesetz für bestimmte Leistungen eine Steuerbefreiung vor. Auf
Leistungen nach Art. 23 MWSTG sind keine Steuern geschuldet (ausführlich
REICH, § 34 N 78 ff.). Der wesentliche Unterschied zwischen den von der Steuer
ausgenommenen und den von der Steuer befreiten Leistungen besteht darin, dass
nur für Letztere das Vorsteuerabzugsrecht gegeben ist. Dies hat bei den von der
Steuer ausgenommenen Umsätzen zur Folge, dass die Unternehmen, sofern es der
Markt zulässt, die ihnen belasteten Vorsteuern auf die Konsumenten überwälzen.
Damit kommt es trotz der Nichtbesteuerung der von der Steuer ausgenommenen
Umsätze zu einer gewissen Konsumbesteuerung.

Die Mehrwertsteuer wird auch auf Leistungen von Unternehmen mit Sitz im Aus- 78
land erhoben, wenn deren Leistungen durch Empfänger in der Schweiz bezogen
werden (Art. 1 Abs. 2 lit. b MWSTG). Man spricht von einer Bezugssteuer
(s. Art. 45 ff. MWSTG). Mit dieser Steuer soll verhindert werden, dass inländische Leistungserbringer einen Wettbewerbsnachteil gegenüber ausländischen
Unternehmen erleiden. Als dritte Art der Mehrwertsteuer sieht das Gesetz zudem
eine Steuer auf die Einfuhr von Gegenständen vor (Einfuhrsteuer). Da die Steuer
nicht von der ESTV, sondern von der EZV erhoben wird, gilt diesbezüglich vorbehaltlich abweichender Bestimmungen im MWSTG die Zollgesetzgebung
(s. Art. 50 ff. MWSTG).

Die Mehrwertsteuer kennt drei verschiedene Steuersätze. Sofern kein reduzierter 79
Satz zur Anwendung kommt, beträgt der Steuersatz acht Prozent des für die Leistung erbrachten Entgelts (Normalsteuersatz, Art. 25 Abs. 1 MWSTG). Ein redu-
zierter Satz von 2,5 Prozent ist u.a. vorgesehen für Nahrungsmittel, Futtermittel,
Dünger, Sämereien, Pflanzen, Pflanzenschutzmittel, Medikamente, Zeitungen,
Zeischriften und Bücher sowie andere Druckerzeugnisse ohne Reklamecharakter
(Art. 25 Abs. 2 lit. a MWSTG). Vom reduzierten Mehrwertsteuersatz profitieren
auch die Dienstleistungen der Radio- und Fernsehgesellschaften (ausgenommen
davon sind Dienstleistungen mit gewerblichem Charakter) sowie Leistungen im
Bereich der Landwirtschaft (s. Art. 25 Abs. 2 lit. b–d MWSTG). Ein besonderer
Steuersatz von 3,8 Prozent gilt für Beherbergungsdienstleistungen (Art. 25 Abs. 4
MWSTG).

E. Übrige Steuern des Bundes und der Kantone

80   Neben den bereits behandelten Steuerarten, existieren noch etliche weitere Steuern, sowohl auf Bundesebene (z.B. Bier-, Tabak- und Alkoholsteuer, Automobilsteuer, Mineralölsteuer, Spielbankenabgaben, Nationalstrassenabgabe [Autobahnvignette], Schwerverkehrsabgabe etc.) als auch auf kantonaler Ebene (z.B. Erbschafts- und Schenkungssteuer, Gewerbesteuer, Grundsteuer, Handänderungssteuer, Personalsteuer, Vergnügungssteuer, Hunde- und Reittiersteuer etc.). Diesbezüglich wird auf die entsprechende Literatur verwiesen.

IV. Entwicklungen im internationalen Unternehmenssteuerrecht – ein Überblick

A. Rechtsquellen

1. Doppelbesteuerungsabkommen

81   Doppelbesteuerungsabkommen (DBA) stellen die wichtigste Rechtsquelle des internationalen Steuerrechts dar (vgl. MÄUSLI-ALLENSPACH/ OERTLI, 575). Bei den DBA handelt es sich um bilaterale völkerrechtliche Verträge, die in erster Linie zum Zweck haben, Doppelbesteuerungen zu vermeiden, die durch eine Überschneidung der nationalen Steuerhoheit der Staaten entstehen können (DONATSCH/HEIMGARTNER/MEYER/SIMONEK, 221). Die DBA haben jedoch auch die Funktion, Steuervermeidungen zu verhindern bzw. zu bekämpfen. Dieses Ziel wird mit der Gewährung von gegenseitiger Amtshilfe angestrebt.

82   Die DBA, welche die Schweiz mit anderen Staaten abgeschlossen hat, basieren auf dem OECD-Musterabkommen (OECD-MA) und sind daher weitgehend vereinheitlicht. Das OECD-MA legt zur Vermeidung einer Doppelbesteuerung Richtlinien und Standards für die grenzüberschreitende Besteuerung von Einkommen (Art. 6–21 OECD-MA) und Vermögen (Art. 22 OECD-MA) fest. Gewinne eines Unternehmens eines Vertragsstaates können nur in diesem Staat besteuert werden, es sei denn, das Unternehmen übt seine Geschäftätigkeit im anderen Staat durch eine dort belegene Betriebsstätte aus (Art. 7 Abs. 1 OECD-MA). Als Unternehmen eines Vertragsstaates gelten Unternehmen, die von einer in einem Vertragsstaat ansässigen Person betrieben werden (vgl. Art. 3 lit. d und Art. 4 OECD-MA). Dividenden und Zinsen, die eine in einem Vertragsstaat ansässige Gesellschaft an eine im anderen Vertagsstaat ansässige Person zahlt, können hingegen im anderen Staat besteuert werden (Art. 10 Abs. 1 und Art. 11 Abs. 1 OECD-MA). Lizenzgebühren, die aus einem Vertagsstaat stammen und deren Nutzungsberechtigter eine

im anderen Vertragsstaat ansässige Person ist, können nur im anderen Staat besteuert werden (Art. 12 Abs. 1 OECD-MA).

Ebenfalls eine grosse Bedeutung geniesst die Regelung der Gestaltung von Verrechnungspreisen (Transferpreise) zwischen verbundenen Unternehmen (dazu ALTENBURGER, 134 ff.). Nach dem OECD-Standard können Vertragsstaaten Gewinnkorrekturen vornehmen, wenn der Leistungsaustausch zwischen verbundenen Unternehmen nicht zu Bedingungen abgewickelt wurde, wie sie unter unabhängigen Dritten angewendet worden wären *(at arm's length)*. Sofern auch der Partnerstaat der Auffassung ist, dass die Gewinnkorrektur des andern Staates zu Recht erfolgt ist, hat er eine sog. Gegenberichtigung vorzunehmen, d.h., die auf dem im Ausland zusätzlich besteuerten Gewinn erhobenen eigenen Steuern zurückzuerstatten (Art. 9 OECD-MA; s.a. OECD-Verrechnungspreisleitlinien[13]). Damit vermeiden die DBA konzeptionell nicht nur die effektiven, sondern auch die wirtschaftlichen Doppelbesteuerungen. In vielen Fällen ist jedoch eine solche Gegenberichtigung nicht oder nicht ohne Weiteres möglich. In diesem Fall streben die zuständigen Behörden Lösungen im Rahmen von Verständigungsverfahren (Art. 25 OECD-MA) an. Da in diesen Verständigungsverfahren kein Einigungszwang besteht, sieht das OECD-MA für diese Fälle ein Schiedsverfahren vor. Die Schweiz verfolgt die Politik, wenn immer möglich solche Schiedsverfahren bilateral zu vereinbaren. Zur Durchsetzung der DBA haben die Vertragsstaaten nach dem OECD-Standard die notwendigen Informationen auszutauschen und sich gegenseitig bei der Erhebung von Steueransprüchen Amtshilfe zu leisten (Art. 26 und 27 OECD-MA; dazu nachfolgend N 92 ff.).

Die Kompetenz zum Abschluss von DBA steht dem Bund zu (Art. 54 Abs. 1 BV). Dieser hat mit über 100 Staaten ein Doppelbesteuerungsabkommen geschlossen.[14] Die meisten der DBA entsprechen dem Musterabkommen der OECD (OECD-MA), das sich zum internationalen Standard entwickelt hat. Die DBA sind direkt anwendbar *(self-executing)* und bedürfen daher keiner innerstaatlichen Umsetzung (REICH, § 3 N 14). Die Steuerpflichtigen können sich demnach direkt auf die DBA berufen.

Die bundesrechtlichen Ausführungsbestimmungen sind enthalten im Bundesgesetz über die Durchführung von zwischenstaatlichen Abkommen des Bundes zur Vermeidung der Doppelbesteuerung (SR 672.2). Zu beachten sind zudem die Verord-

---

[13] OECD (2010), *OECD Transfer Pricing Guidelines for Multinational Enterprises and Tax Administrations 2010,* OECD Publishing Paris (verfügbar auf: http://www.oecd.org/tax/transfer-pricing/, Stand 15. November 2016).

[14] Siehe https://www.sif.admin.ch/sif/de/home/themen/internationale-steuerpolitik/doppelbesteuerung-und-amtshilfe.html#medien__content_sif_de_home_themen_internationale-steuerpolitik_doppelbesteuerung-und-amtshilfe_jcr_content_par_tabs (Stand 3. November 2016).

nung über die pauschale Steueranrechnung (SR 672.201) und der Bundesratsbeschluss betreffend Massnahmen gegen die ungerechtfertigte Inanspruchnahme von Doppelbesteuerungsabkommen des Bundes (SR 672.202) sowie das Steueramtshilfegesetz und die zugehörige Verordnung.

2. Steuerinformationsabkommen

86   Die Schweiz hat mit Andorra, Belize, Brasilien, Grenada, Grönland, Guernsey, Insel Man, Jersey, Seychellen und San Marino ein Steuerinformationsabkommen (SIA) unterzeichnet; die Abkommen mit Belize, Brasilien und Grenada sind jedoch noch nicht in Kraft.[15] Mit weiteren Staaten steht die Schweiz in Verhandlungen.

87   Im Unterschied zu den DBA, die prioritär die Vermeidung der Doppelbesteuerung regeln, beschränken sich die SIA auf die Regelung des Informationsaustauschs bei Anfragen in Steuersachen. Sie sind wie Doppelbesteuerungsabkommen Instrumente für die Vereinbarung einer standardkonformen Amtshilfeklausel.

3. Zinsbesteuerungsabkommen CH–EU

88   Die EU regelte in der Zinsbesteuerungsrichtlinie (2003/48/EG)[16] die Besteuerung von grenzüberschreitenden Zinszahlungen an natürliche Personen innerhalb der EU. Das Ziel der Richtlinie war, dass Erträge, die in einem Mitgliedstaat im Wege von Zinszahlungen an wirtschaftliche Eigentümer, die natürliche Personen sind und die in einem anderen Mitgliedstaat steuerlich ansässig sind, erzielt werden, nach den Rechtsvorschriften dieses letzteren Mitgliedstaates effektiv besteuert werden (s. Art. 1). Um Umgehungen mittels Anlagen in Drittländern zu verhindern, schloss die EU u.a. mit der Schweiz das Zinsbesteuerungsabkommen (ZBstA, SR 0.641.926.81) ab.

4. Betrugsabkommen CH–EU

89   Im Bereich der Mehrwertsteuer ist das am 26. Oktober 2004 von der Schweiz und der EU unterzeichnete Abkommen zur Bekämpfung von Betrug und sonstigen rechtswidrigen Handlungen, die die finanziellen Interessen der Vertragsstaaten beeinträchtigen (SR 0.351.926.81), relevant. Der Anwendungsbereich des Abkommens wird in Art. 2 bestimmt. Dieser erfasst die verwaltungs- und straf-

---

[15]   Siehe https://www.sif.admin.ch/sif/de/home/themen/internationale-steuerpolitik/doppelbesteuerung-und-amtshilfe.html, (Stand 3. November 2016).
[16]   Richtlinie 2003/48/EG des Rates vom 3. Juni 2003 im Bereich der Besteuerung von Zinserträgen, ABl. L 157, 38.

rechtliche Verhinderung, Aufdeckung, Untersuchung, Verfolgung und Ahndung von Betrug und sonstigen rechtswidrigen Handlungen in Bezug auf u.a. den Waren- und Dienstleistungsverkehr, der gegen steuerliche Vorschriften auf dem Gebiet der Mehrwertsteuer und der besonderen Verbrauchersteuern verstösst.

Durch dieses Abkommen verpflichtete sich die Schweiz entgegen ihrer damaligen   90 Praxis erstmals Amts- und Rechtshilfe auch bei Steuerhinterziehung und nicht nur bei Steuer- und Abgabebetrug zu gewähren (ausführlich dazu s. WALDBURGER, 1040 ff.).

5. Amtshilfeübereinkommen

Der Bundesrat hat am 15. Oktober 2013 das Übereinkommen   91 des Europarates und der OECD über die gegenseitige Amtshilfe in Steuersachen (Amtshilfeübereinkommen) unterzeichnet. Dieses Abkommen ist am 1. Januar 2017 in Kraft getreten. Es enthält, z.T. ergänzend zu den DBA, zum Teil eigenständig die materiell-rechtlichen Grundlagen für die Amtshilfe zwischen der Schweiz und den anderen Vertragsparteien. Es sieht drei Formen des Informationsaustausches vor, nämlich den Informationsaustausch auf Ersuchen, den spontanen Informationsaustausch und den automatischen Informationsaustausch (Art. 4 ff. des Amtshilfeübereinkommens).

B. *Entwicklungen im Bereich der Bekämpfung der Steuervermeidung*

1. Internationaler Informationsaustausch in Steuersachen

a. Amtshilfe nach dem OECD-Standard

Lange Zeit herrschte in der Schweiz die Meinung, dass die   92 DBA ausschliesslich die Vermeidung der internationalen Doppelbesteuerung zum Ziel hätten, weshalb die Schweiz die abkommensrechtliche Amtshilfe auf die Durchführung des jeweiligen Abkommens beschränkte und generell in der Gewährung von Amtshilfe in Steuersachen eine grosse Zurückhaltung übte (DONATSCH/HEIMGARTNER/MEYER/SIMONEK, 209). Entsprechend hatte die Schweiz zu dem international anerkannten OECD-Standard von Art. 26 OECD-MA, der in die meisten DBA Eingang fand, einen Vorbehalt angebracht (DONATSCH/HEIMGARTNER/MEYER/SIMONEK, 209). Art. 26 OECD-MA (Informationsaustausch) verpflichtet die Vertragsstaaten, Amtshilfe generell zur Verwaltung und zum Vollzug des innerstaatlichen Rechts des Vertragspartners zu gewähren. Absatz 5 der Musterbestimmung hält zudem fest, dass der Austausch von Informationen nicht nur deshalb abgelehnt werden dürfe, weil sich diese im Besitz einer Bank, einer anderen Finanzinstitution, eines Beauftragten, Bevollmächtigten oder Treuhänders befinden oder weil sich die Informationen auf Beteiligungen an einer Person beziehen. Im Nachgang zur Publikation des Berichts des OECD-Fiskalkomitees zur Verbesserung des Zugangs von Steuerbehörden zu Bankinformationen, in welchem Konsens darüber erzielt wurde, dass bei Verdacht auf kriminelle Steuerwiderhandlungen Steuerbehörden Zugang zu Kundeninformationen haben sollen (und als Folge der Mechanik von Art. 26 Abs. 3 des OECD-MA die entsprechenden Informationen auch international austauschen sollen), hat die Schweiz ihren generellen Vorbehalt zu Art. 26 OECD-MA eingeschränkt und sich dazu bereit erklärt, neu in Fällen von kriminellen Steuerwiderhandlungen Amtshilfe – auch bezüglich von Bankinformationen – zu leisten. In der Folge wurden einige Abkommen auf dieser Basis revidiert. Das erste dieser Abkommen war jenes mit Deutschland, andere Staaten, z.B. Norwegen, Südafrika und Spanien, folgten, wobei in letzterem Abkommen – ebenfalls eine Neuheit in der schweizerischen Abkommenspraxis – eine Meistbegünstigungsklausel eingefügt wurde. Die nächste Etappe der Ausdehnung der schweizerischen Amtshilfepraxis erfolgte als Folge des OECD-Projekts über «Harmful Tax Practices»[17]. Um zu verhindern, dass die Holdinggesellschaften, welche auf Kantons- und Gemeindesteuerebene – mit Ausnahme von Einkünften aus schweizerischen Liegenschaften – vollständig steuerbefreit sind (s. Art. 28 Abs. 2 StHG), nicht auf die «schwarze» Liste der schädlichen Steuerregimes aufgenommen wurden, verpflichtete sich die Schweiz, für Holdinggesellschaften Amtshilfe gemäss dem OECD-Standard zu gewähren.

93 Die letzte Etappe auf diesem Weg zur Änderung ihrer Amtshilfepolitik erfolgte im Jahr 2009. Auf Druck der G20-Staaten sah sich die Schweiz gezwungen, ihre Vertragspraxis zu ändern und die Amtshilfeklauseln in den DBA dem OECD-Standard anzupassen (DONATSCH/HEIMGARTNER/MEYER/SIMONEK, 209). Im April 2009 hat deshalb die Schweiz ihren Vorbehalt zu Art. 26 OECD-MA zurückgezogen. Ab diesem Zeitpunkt wendet die Schweiz ebenfalls den OECD-Standard vollumfänglich an, der seit 2012 auch Gruppenanfragen vorsieht[18]. Letztere wurden mit Wirkung ab dem 1. Februar 2013 in das Steueramtshilfegesetz aufgenommen. Am 12. September 2016 hat das Bundesgericht, anders als das Bundesverwaltungsgericht, in einem die Niederlande betreffenden Fall entschieden, dass solche Gruppenersuchen – entgegen dem Wortlaut der Protokollbestimmungen –, welche verlangen, dass der ersuchende Staat den Namen der betroffenen Person bzw. Personen nennt, zulässig seien (BGer 2C_276/2016). Dieses höchst problematische Urteil war im Zeitpunkt der Drucklegung dieses Buches noch nicht publiziert.

---

[17]   Ursprüngliche Bezeichnung: «Harmful Tax Competition».
[18]   Siehe https://www.sif.admin.ch/sif/de/home/themen/internationale-steuerpolitik/doppelbesteuerung-und-amtshilfe.html (Stand 3. November 2016).

Insgesamt hat die Schweiz 54 DBA nach dem OECD-Standard unterzeichnet, von   94
denen 47 in Kraft sind.[19] In welcher Form (auf Anfrage, spontan oder automatisch) die Amtshilfe zwischen den Staaten ausgestaltet wird, ist gemäss dem
OECD-Standard den Vertragsstaaten überlassen. Die Schweiz hat in ihren staats-
vertraglichen Grundlagen mit allen 54 Staaten vereinbart, dass die Amtshilfe nur
im Einzelfall und auf Anfrage geleistet werden soll. Diese Einschränkung wird
jedoch im für die Schweiz auf den 1. Januar 2017 in Kraft getretenen und ab
1. Januar 2018 anwendbaren multilateralen Amtshilfeübereinkommen faktisch
aufgehoben. Dieses multilaterale Übereinkommen sieht drei Formen des Informationsaustausches vor, nämlich den Informationsaustausch auf Ersuchen, den spontanen Informationsaustausch und den automatischen Informationsaustausch. Da
dieses Abkommen parallel zu den Amtshilfebestimmungen in den DBA Anwendung findet, ist auch der spontane Informationsaustausch möglich. Im Rahmen des
OECD BEPS-Projekts haben sich alle Staaten, welche Teil dieses Projekts sind
(dazu gehören sämtliche OECD-Mitgliedstaaten), verpflichtet, sowohl Steuerrulings als auch Angaben zum Country by Country Reporting (über Gewinne,
Steuerleistungen und Mitarbeitendenzahlen in den einzelnen Ländern, in denen sie
tätig sind) grosser multinationaler Unternehmungen[20] automatisch auszutauschen.
Die Schweiz wird auch an diesem System ab dem 1. Januar 2018 teilhaben.

b. Quellensteuerabkommen (Abgeltungssteuer)

Die Schweiz hat mit Grossbritannien und Österreich je ein   95
Quellensteuerabkommen abgeschlossen, die beide am 1. Januar 2013 in Kraft getreten sind. Damit verpflichtete sich die Schweiz, auf den Bankkonti und Wert-
schriftendepots von britischen oder österreichischen Steuerpflichtigen eine pauschale Quellensteuer zu erheben und diese den Vertragsstaaten in anonymisierter
Form zu übermitteln, sofern die Steuerpflichtigen ihre Vermögenswerte nicht
freiwillig in ihren Wohnsitzstaaten deklarieren. Man spricht daher auch von einer
Abgeltungssteuer.

Die Quellensteuer diente einerseits der Vergangenheitsbewältigung und anderer-   96
seits der Förderung der Steuerehrlichkeit von im Ausland ansässigen Kunden,
indem den ausländischen Steuerbehörden die ihnen zustehenden Steuerbeträge
unter Wahrung der Privatsphäre der Bankkunden überwiesen wurden. Mit dem
Inkrafttreten des Abkommens zwischen der Schweiz und der EU über den automatischen Informationsaustausch in Steuersachen werden diese Quellensteuerabkommen obsolet und sind denn auch mit Wirkung per 31. Dezember 2016 im

---

[19] Siehe https://www.sif.admin.ch/sif/de/home/themen/internationale-steuerpolitik/
doppelbesteuerung-und-amtshilfe.html (Stand 3. November 2016).
[20] Als grosse multinationale Unternehmen gelten jene, die über einen konsolidierten Umsatz
von mehr als EUR 750 Mio. erzielen.

gegenseitigen Einvernehmen aufgehoben worden. In der schweizerischen Öffentlichkeit nicht diskutiert wird die Tatsache, dass mit dieser Aufhebung ein eigentlicher Verrat gegenüber jenen Steuerpflichtigen begangen wird, denen zunächst
zugesichert worden ist, dass sie die Vergangenheit auf anonymer Basis bereinigen
können. Dafür haben diese Steuerpflichtigen einen hohen Preis bezahlt, weil in
aller Regel die finanzielle Belastung für die anonyme Vergangenheitsbereinigung
deutlich höher war, als die Steuerbelastung gewesen wäre, wenn diese Steuerpflichtigen in ihrem Wohnsitzstaat zunächst eine Selbstanzeige gemacht und anschliessend für die freiwillige Meldung unter diesen Quellensteuerabkommen
optiert hätten. Diesen Preis für die Anonymität haben sie nun vergeblich bezahlt,
weil sie ab dem 1. Januar 2018 dem AIA unterliegen (es sei denn, sie treffen Massnahmen, dem AIA auszuweichen).

>   *c.   Informationsaustausch im Verhältnis zur USA*

>   i.   DBA-USA 1996

97   Die Amtshilfe im Verhältnis zur USA ging hingegen schon
immer weiter als gegenüber anderen Staaten. Bereits das erste DBA mit diesem
Land, das im Jahr 1951 abgeschlossen wurde, sah für Steuerbetrug und ähnliche
Delikte die Amtshilfe im Einzelfall auf Anfrage vor. Da jedoch das Bundesgericht
entschieden hat, dass gemäss jenem Abkommen die Schweiz keine Originaldoku-
mente, sondern lediglich einen Amtsbericht in die USA übermitteln durfte, wurde
diese Amtshilfebestimmung nie richtig operabel, weil die US-Strafrichter die
schweizerischen Amtsberichte in aller Regel als sog. *hear-say* aus dem Recht
wiesen. Erst das geltende DBA von 1996 sieht die Ermächtigung des Austauschs
von Originaldokumenten vor und deshalb funktioniert die Amtshilfe mit den USA
erst ab dem Datum des Inkrafttretens dieses Abkommens im Jahr 1997; allerdings
immer noch eingeschränkt auf Fälle von Steuerbetrug und ähnliche Delikte. Gemäss Rechtsprechung des Bundesverwaltungsgerichts bedeutet dies, dass einzig in
Fällen von Steuer- und Abgabebetrug, nicht aber wegen schwerer Steuerhinterziehung Amtshilfe geleistet werden kann bzw. muss. Im Nachgang zum Fall UBS
AG, der nur Dank einem besonderen Staatsvertrag gelöst werden konnte und bei
welchem die UBS bereits einige Jahre vor dem Abschluss dieses Staatsvertrags
vom Department of Justice gezwungen wurde, sich von ihren US-Kunden zu trennen (das Gesamtvolumen betrug ca. CHF 20 Mrd.), transferierte die Mehrzahl der
betroffenen Kunden ihre Gelder zu andern schweizerischen Banken. Erst als sich
abzeichnete, dass die Schweiz den USA im Rahmen des Staatsvertrags Amtshilfe
leisten wird, haben viele dieser betroffenen Steuerpflichtigen vom *voluntary
disclosure program* des IRS Gebrauch gemacht. In diesem Rahmen erhielten die
US-Behörden Informationen darüber, wohin die ehemaligen UBS-Kunden ihre

Gelder transferiert hatten. Gestützt auf diese Informationen eröffnete das Department of Justice Strafverfahren gegen verschiedene schweizerische Banken, und der IRS verlangte zusätzlich, gestützt auf die Amtshilfebestimmung im DBA-USA, in zahlreichen Fällen Amtshilfe betreffend Kunden verschiedener Banken, u.a. der CS u. Julius Bär, die zu Auslegungsstreitigkeiten führten. Umstritten war vor allem, ob die Amtshilfeersuchen unerlaubte Beweisausforschungen *(fishing-expeditions)* darstellten und ob die genannten Tatbestände überhaupt als Betrugsdelikte oder dergleichen qualifiziert werden konnten. Ebenfalls als Folge des UBS-Falles wurde die Amtshilfebestimmung im DBA mit Rückwirkung auf das Datum der Unterzeichnung an den OECD-Standard angepasst. Diese Abkommensrevision wurde vom schweizerischen Parlament genehmigt, während die Genehmigung durch das US-Parlament bis heute noch aussteht (sic), weshalb immer noch die veraltete Amtshilfebestimmung des DBA aus dem Jahr 1996 gilt.

ii. Das QI-System

Im Jahr 2001 schlossen die Schweizer Banken je ein *Qualified* 98 *Intermediary Agreement (QI-Agreement)* mit dem Internal Revenue Service (IRS) der Vereinigten Staaten ab. Das *QI-Agreement* verpflichtete die jeweilige Bank, als *Qualified Intermediary* sicherzustellen, dass die Depotbestände von US-Steuersubjekten in US-Wertschriften dem IRS mit Namensangabe des Berechtigten zur Sicherstellung einer korrekten Besteuerung gemeldet wurden. Eine Verrechnungssteuer von 30 Prozent, welche durch die Bank zu erheben war, wurde fällig, falls die Identität des an den US-Wertschriften Berechtigten nicht an das IRS gemeldet werden konnte, was der Fall war, wenn die Bankkunden nicht vorgängig auf das Bankkundengeheimnis verzichtet hatten. Gemeldet werden mussten natürliche und juristische Personen.

Probleme ergaben sich einerseits dadurch, dass das QI-Agreement keine Regelung 99 für die Konten von US-Steuersubjekten vorsah, welche keine US-Wertschriften hielten, womit faktisch durch Verzicht auf US-Wertschriften die Meldepflicht vermieden werden konnte. Andererseits ergaben sich Probleme aus der korrekten Qualifikation der juristischen Personen, welche z.T. als Sitzgesellschaften Vermögenswerte für US-Kunden hielten. Solche Gesellschaften, Trusts oder Stiftungen qualifizierten nach US-Steuerrecht nur dann als selbstständige Steuersubjekte, wenn sie nicht als sog. «shams» (Scheingesellschaften) angesehen werden mussten. Im Rahmen eines Steueramtshilfeverfahrens stellte das Bundesverwaltungsgericht für das Schweizer Recht fest, dass nur dann von einer Scheingesellschaft auszugehen sei, wenn das «Spiel der AG nicht gespielt worden sei» (A-7426/2008 vom 5. März 2009 E. 5.5.2.5; bestätigt durch das Bundesgericht BGE 139 II 404 E. 9.8). Wird eine solche Scheingesellschaft als selbstständiges Steuersubjekt gegenüber dem IRS deklariert und werden so die IRS-Kontrollmechanismen ausgehebelt, so liegt gemäss Schweizer Recht wegen Vorliegens von Arglistigkeit bzw. eines Urkundendelikts unter dem Doppelbesteuerungsabkommen mit den USA von 1996 ein amtshilfefähiger Abgabe- bzw. Steuerbetrug (sog. *fraud and the like*) vor (BGE 139 II 404 E. 9.8 und 9.9). Das QI-System ist jedoch in der Zwischenzeit vom FATCA-Verfahren abgelöst worden.

ii.   Das FATCA-Abkommen

100   Der *Foreign Account Tax Compliance Act (FATCA)* wurde am 18. März 2010 als Teil des *Hiring Incentives to Restore Employment Act (HIRE Act)* vom US-Kongress verabschiedet und am 17. Januar 2013 in Kraft gesetzt.[21] FATCA verpflichtet Finanzinstitute im Ausland *(foreign financial institutions),* Informationen über steuerpflichtige Kunden an die amerikanische Steuerbehörde zu liefern, ansonsten automatisch eine 30-prozentige Quellensteuer (sog. *Back-up-Withholding tax)* auf alle aus US-Quellen fliessenden Zahlungen inkl. Verkaufs-erlöse auf US-Wertschriften erhoben wird.[22] Um Steuerhinterziehungen zu ver-hindern, sollen demnach sämtliche Einkünfte von in den USA steuerpflichtigen Personen über im Ausland direkt oder indirekt gehaltene Konti der Besteuerung in den USA zugeführt werden können (MÄUSLI-ALLENSPACH/OERTLI, 612). Der wesentliche Unterschied zwischen dem QI- und dem FATCA-System liegt darin, dass Letzteres auch Meldepflichten für US-Steuerpflichtige mit sich bringt, wenn diese ausschliesslich Nicht-US-Wertpapiere halten, und dass das System nicht mehr durch die Zwischenschaltung von Gesellschaften ausgehebelt werden kann.

101   Am 14. Februar 2013 haben die Schweiz und die USA das FATCA-Abkommen (SR 0.672.933.63) unterzeichnet, welches am 2. Juni 2014 in Kraft getreten ist. Gleichzeitig mit dem FATCA-Abkommen hat das eidgenössische Parlament das Bundesgesetz über die Umsetzung des FATCA-Abkommens (FATCA-Gesetz) genehmigt (SR 672.933.6; AS 2014 1575), welches samt dazugehörender Verord-nung (SR 672.933.60, nicht mehr in Kraft) am 30. Juni 2014 in Kraft getreten ist. Das FATCA-Abkommen sieht für die schweizerischen Finanzinstitute Vereinfa-chungen bei der Umsetzung von FATCA vor. Die Umsetzung erfolgt in der Schweiz nach dem sog. Modell 2. Schweizer Finanzinstitute können mit Zustim-mung der betroffenen Kunden deren Kontodaten direkt an die US-Steuerbehörde melden. Kundendaten, für die keine Zustimmungserklärung der Kunden vorliegt, müssen die USA auf dem Amtshilfeweg anfordern.[23]

---

[21]   Siehe   https://www.irs.gov/businesses/corporations/foreign-account-tax-compliance-act-fatca (Stand 9. November 2016).

[22]   Ebd.

[23]   Siehe dazu https://www.sif.admin.ch/sif/de/home/themen/internationale-steuerpolitik/fatca-abkommen.html (Stand 5. Dezember 2016).

Am 8. Oktober 2014 erteilte der Bundesrat dem Sekretariat für internationale 102
Finanzfragen (SIF) das Mandat, mit der USA Verhandlungen über ein neues
FATCA-Abkommen nach dem sog. Modell 1 aufzunehmen.[24] Mit dem neuen Modell würden Daten zwischen den zuständigen Steuerbehörden automatisch auf
gegenseitiger Basis ausgetauscht. Zum gegenwärtigen Zeitpunkt ist nicht abseh-
bar, wann dieses neue Abkommen vorliegen wird.

d. Automatischer Informationsaustausch (AIA)

Am 15. Juli 2014 hat der Rat der OECD zur weiteren Bekämp- 103
fung der grenzüberschreitenden Steuerhinterziehung den neuen globalen Standard
für den internationalen automatischen Informationsaustausch in Steuersachen
(AIA-Standard) verabschiedet.[25] Die erhöhte Transparenz soll verhindern, dass im
Ausland Steuersubstrat vor dem Fiskus versteckt werden kann.

Der neue globale Standard sieht vor, dass Finanzinstitute und gewisse kollektive 104
Anlageinstrumente und Versicherungsgesellschaften Finanzinformationen ihrer im
Ausland steuerlich ansässigen Kunden (natürliche und juristische Personen) sammeln und diese Informationen automatisch der Steuerbehörde übermitteln, welche
die Daten an die für die Kunden zuständige Steuerbehörde im Ausland weiterleitet
(Botschaft AIAG, 5438). Vorgesehen ist auch, dass Informationen über die wirtschaftlich Berechtigten von Strukturen, einschliesslich Trusts und Sitzgesellschaften, ausgetauscht werden müssen (Botschaft AIAG, 5453). In einem gemeinsamen
Meldestandard sollen die Vorgaben zur Identifikation der wirtschaftlich Berechtigten festgehalten werden (vgl. Entwurf Art. 7 ff. AIAG). Die zu übermittelnden
Informationen umfassen neben den persönlichen Informationen des Steuerpflichtigen, auch die Steueridentifikationsnummer, die Kontonummer und den Saldo des
Kontos sowie alle Kapitaleinkommensarten wie Zinsen, Dividenden, Einnahmen
aus bestimmten Versicherungsverträgen und Erlöse aus der Veräusserung vom
Finanzvermögen (Botschaft AIAG, 5464 ff.).

Über 100 Staaten, darunter auch die Schweiz, haben sich zur Übernahme des AIA- 105
Standards bekannt. Für die Einführung des AIA-Standards mussten in der Schweiz
jedoch zuerst die rechtlichen Grundlagen geschaffen werden. Die Bundesversammlung hat diesbezüglich am 18. Dezember 2015 das multilaterale Übereinkommen über die gegenseitige Amtshilfe in Steuersachen (Amtshilfeüberein-

---

[24] SIF, Medienmitteilung vom 8. Oktober 2014 (verfügbar auf: https://www.sif.admin.ch/sif/de/
home/dokumentation/medienmitteilungen/medienmitteilungen.msg-id-54768.html, Stand
15. November 2016).

[25] OECD (2014), *Standard for Automatic Exchange of Financial Account Information in Tax
Matters*, OECD Publishing, Paris (verfügbar auf: http://www.oecd.org/tax/exchange-of-
tax-information/standard-for-automatic-exchange-of-financial-account-information-for-tax-
matters-9789264216525-en.htm, Stand 2. November 2016).

kommen; s. BBl 2015 5645) sowie die multilaterale Vereinbarung der zuständigen Behörden über den automatischen Informationsaustausch über Finanzkonten (Multilateral Competent Authority Agreement MCAA; s. BBl 2015 5527) zusammen mit dem Bundesgesetz über den internationalen automatischen Informationsaustausch in Steuersachen (AIAG, s. AS 2016 1297 u. BBl 2015 5437) verabschiedet. Am 1. Januar 2017 sind die genannten Übereinkommen sowie das AIAG in Kraft getreten. Am 18. Juni 2016 eröffnete der Bundesrat die Vernehmlassung zur Verordnung über den internationalen automatischen Informationsaustausch in Steuersachen (AIAV), die die Ausführungsbestimmungen des AIAG enthält.[26] Die Verordnung bezeichnet insbesondere weitere nicht meldende Finanzinstitute sowie ausgenommene Konten und regelt Einzelheiten in Bezug auf die Melde- und Sorgfaltspflichten der meldenden schweizerischen Finanzinstitute. Neben den Ausführungsbestimmungen zum AIAG führt sie weitere Bestimmungen auf, die zur Umsetzung des automatischen Informationsaustauschs (AIA) erforderlich sind. Die Verordnung enthält zudem Ausführungsbestimmungen zu den Aufgaben der Eidgenössischen Steuerverwaltung (ESTV), zum Informationssystem sowie in ihrem Anhang die anwendbaren Alternativbestimmungen des OECD-Kommentars zum gemeinsamen Melde- und Sorgfaltsstandard für Informationen über Finanzkonten (im Einzelnen s. Erläuternder Bericht, AIAV, vom 18. Mai 2016[27]).

106 Zusätzlich zum Abkommen mit der EU, welches für alle EU-Mitgliedstaaten gilt,[28] hat die Schweiz bisher mit Argentinien, Australien, Brasilien, Guernsey, Indien, Insel Man, Island, Japan, Jersey, Kanada, Mexiko, Norwegen, Südafrika, Südkorea und Uruguay Vereinbarungen zur Einführung des automatischen Informationsaustausches unterzeichnet.[29] Die Abkommen mit der EU und den genannten Staaten sind am 1. Januar 2017 in Kraft getreten[30], sodass ab 2017 Daten gesammelt werden können und ab 2018 ein erster Datenaustausch erfolgen kann. Für die Vereinbarungen mit den übrigen Staaten ist ein Inkrafttreten per 1. Januar 2018 geplant. Mit dem AIA-Abkommen wird das bisher zwischen der Schweiz und der EU geltende Zinsbesteuerungsabkommen (ZBstA, SR 0.641.926.81) ersetzt. Allerdings wurden die für die schweizerischen Unternehmen wichtigen Bestimmungen über die Nichtbesteuerung von konzerninternen Dividenden, Zinsen und Lizenzgebühren an der Quelle (Art. 15 ZBstAa) in das AIA-Abkommen übernommen (in Art. 9 AIA-Abkommen).

---

[26] Medienmitteilung SIF, vom 18. Mai 2016 (www.sif.admin.ch).
[27] Verfügbar auf: https://www.sif.admin.ch/sif/de/home/dokumentation/medienmitteilungen/medienmitteilungen.msg-id-61734.html#downloads (Stand 3. November 2016).
[28] Das AIA-Abkommen mit der EU gilt für alle 28 EU-Mitgliedstaaten und ist auch für Gibraltar anwendbar.
[29] https://www.sif.admin.ch/sif/de/home/themen/internationale-steuerpolitik/automatischer-informationsaustausch.html (Stand 9. November 2016).
[30] Ebd.

2. Das OECD BEPS-Projekt

a. *Allgemeines*

Im Nachgang der Finanzkrise von 2007 bis 2009 und der zu-   107
nehmenden Verschuldung der Staatshaushalte und auch als Folge von öffentlich
gewordenen Fällen von bekannten, global tätigen Firmen, z.B. Apple, Google,
Starbucks, Amazon, die sehr geringe Konzernsteuerbelastungen aufwiesen, beauftragten die G20-Staaten im November 2012 die OECD, Massnahmen gegen die
sogenannte Aushöhlung der Steuerbasis und die Gewinnverlagerung (Base Erosion and Profit Shifting – BEPS) durch internationale Steuerplanung von multinationalen Unternehmen (MNU) zu erarbeiten. BEPS bezieht sich auf die Praxis
multinationaler Unternehmen, die durch «aggressive» internationale, vornehmlich
legale Steuerplanung ihre Gewinne in steuergünstige Länder («Steueroasen», *tax
havens*) verschieben oder sich sogar gänzlich der Besteuerung entziehen. Die
OECD schätzt, dass dadurch den Staaten jährlich etwa USD 100–240 Mrd. an
Steuereinnahmen entgehen, was etwa vier bis zehn Prozent der weltweiten Kör-
perschaftssteuereinnahmen ausmacht.[31] Aus einem NZZ-Artikel, der Bezug nimmt
auf eine Studie zum deutschen Chemiekonzern BASF,[32] geht hervor, dass allein
BASF in der Periode von 2010 bis 2014 durch seine Steuerplanung Steuern in
Höhe von EUR 923 Mio. habe vermeiden können, mitunter durch Holdingstruktu-
ren in der Schweiz.[33]

Am 12. Februar 2013 legte die OECD einen ersten Bericht über das Ausmass und   108
die Funktionsweise von Steuerumgehungsstrategien multinationaler Unternehmen
wie Google, Amazon, Apple oder Microsoft vor.[34] Nur Monate später veröffentlichte die OECD im Rahmen des G20-Gipfels in St. Petersburg am 5./6. September 2013 den BEPS-Aktionsplan[35], der zum Ziel hat, mithilfe internationaler
Koordination und der Harmonisierung des internationalen Steuerrechts gegen die
Steuervermeidung durch multinationale Unternehmen vorzugehen und eine angemessene, faire Besteuerung in den Staaten sicherzustellen, in denen die jewei-

---

[31]   https://www.oecd.org/berlin/presse/steuervermeidung-multinationaler-unternehmen-
       eindaemmen-oecd-praesentiert-reformen-fuer-internationales-steuersystem.htm
       (Stand 4. November 2016).
[32]   MARC AUERBACH, Toxic Tax Deals, When BASF'S Tax Structure is more about Style
       than Substance, The Greens/EFA, 2016 (verfügbar auf: http://www.greens-efa.eu/corporate-
       tax-avoidance-16180.html, Stand 14. November 2016).
[33]   RENÉ HÖLTSCHI, Die Spur führt auch in die Schweiz, NZZ vom 8. November 2016, 27.
[34]   OECD (2013), *Addressing Base Erosion and Profit Shifting*, OECD Publishing, Paris (verfüg-
       bar auf: http://www.oecd.org/tax/addressing-base-erosion-and-profit-shifting-9789264192744-
       en.htm, Stand 4. November 2016).
[35]   OECD (2013), *Action Plan on Base Erosion and Profit Shifting*, OECD Publishing, Paris
       (verfügbar auf: http://www.oecd.org/tax/action-plan-on-base-erosion-and-profit-shifting-
       9789264202719-en.htm, Stand 4. November 2016).

ligen Gewinne der MNU erzielt werden. Der BEPS-Aktionsplan sieht insgesamt 15 Aktionspunkte (Lösungsansätze) vor, welche den Regierungen helfen sollen, Steuerschlupflöcher zu schliessen, um den internationalen Steuervermeidungsstrategien die Grundlage zu entziehen. Im Anschluss hat die OECD zwischen September 2014 und Oktober 2015 13 Schlussberichte zu den Aktionspunkten veröffentlicht, die neue oder verstärkte internationale Standards sowie konkrete Massnahmen enthalten, die den Staaten helfen sollen, BEPS entgegenzuwirken.[36] Das BEPS-Massnahmepaket stellt die erste substanzielle Überarbeitung der internationalen Steuerstandards in fast einem Jahrhundert dar.[37] Die im Massnahmepaket festgehaltenen Standards und Empfehlungen haben in rechtlicher Hinsicht keinen verbindlichen Charakter; man spricht auch von sog. *soft law*. Dabei ist zu unterscheiden zwischen dem Minimalstandard (umfassend die Massnahmen gegen die missbräuchliche Inanspruchnahme von DBA, die länderweise Offenlegungen von Gewinnen, Mitarbeiterzahlen und Steuerleistungen, den schädlichen Steuerwettbewerb und die Verbesserung der Streitbeilegungsmechanismen), der für alle OECD-Mitgliedstaaten und die G20-Staaten verbindlich ist, weil nur diesbezüglich Konsens erzielt werden konnte und den übrigen Empfehlungen, welche nicht nur rechtlich, sondern auch politisch nicht verbindlich sind, weil namentlich wegen der Ablehnung durch die USA kein Konsens erzielt werden konnte. Die OECD- und die G20-Länder haben sich bereit erklärt, ihre Zusammenarbeit auf diesem Gebiet weiterzuführen, um ein «effizientes zielgerichtetes Monitoring der vereinbarten Massnahmen sicherzustellen».[38] Monitoringmassnahmen können zusätzlich zur Einhaltung bzw. Umsetzung der Massnahmen durch die Betroffenen beitragen und wirken bezüglich des Mindeststandards politisch verpflichtend (s. dazu § 12, N 14 ff. u. 100).

b.   Übersicht BEPS-Aktionen

109   Mit dem BEPS-Massnahmepaket haben die beteiligten Staaten den Grundstein für einen modernen internationalen steuerrechtlichen Rahmen gelegt, nach dem die Gewinne dort besteuert werden sollen, wo die wirtschaftliche Aktivität und die Wertschöpfung stattfindet. Im Einzelnen umfasst das BEPS-Paket folgende Massnahmen:

---

[36]   Die Schlussberichte sind verfügbar auf: http://www.oecd-ilibrary.org/taxation/oecd-g20-base-erosion-and-profit-shifting-project_23132612 (Stand 4. November 2016). S.a. OECD (2015), *Explanatory Statement, Final Reports 2015, OECD/G20 Base Erosion and Profit Shifting Project*, OECD (verfügbar auf: https://www.oecd.org/ctp/beps-explanatory-statement-2015.pdf, Stand 4. November 2016).

[37]   OECD (2015), *Explanatory Statement,* 5 (s. Fn. 36).

[38]   OECD (2015), *Explanatory Statement,* 5 (s. Fn. 36).

Aktionspunkt 1:	Regeln und Umsetzungsmechanismen für die Besteuerung der digitalen Wirtschaft
Aktionspunkt 2:	Neutralisierung der Effekte hybrider Gestaltungen
Aktionspunkt 3:	Stärkung der Vorschriften zur Hinzurechnungsbesteuerung (sog. *Controlled Foreign Company Rules*, CFC-Regeln)
Aktionspunkt 4:	Begrenzung der Gewinnverkürzung durch Abzug von Zins- oder sonstigen finanziellen Aufwendungen
Aktionspunkt 5:	Wirksamere Bekämpfung schädlicher Steuerpraktiken unter Berücksichtigung von Transparenz und Substanz (Spontaner Informationsaustausch über Steuerrulings[39])
Aktionspunkt 6:	Verhinderung von Abkommensmissbrauch
Aktionspunkt 7:	Verhinderung der künstlichen Umgehung des Status als Betriebsstätte
Aktionspunkt 8–10:	Gewährleistung der Übereinstimmung zwischen Verrechnungspreisergebnissen und Wertschöpfung
Aktionspunkt 11:	Messung und Monitoring von Gewinnverkürzung und Gewinnverlagerung
Aktionspunkt 12:	Verpflichtung der Steuerpflichtigen zur Offenlegung ihrer aggressiven Steuerplanungsmodelle
Aktionspunkt 13:	Überarbeitung der Verrechnungspreisdokumentation
Aktionspunkt 14:	Verbesserung der Wirksamkeit von Streitbeilegungsmechanismen
Aktionspunkt 15:	Entwicklung eines multilateralen Instruments zur Umsetzung der abkommensbezogenen BEPS-Massnahmen und Änderung bilateraler Doppelbesteuerungsabkommen

c. *Bedeutung für die Schweiz*

Als OECD-Mitglied hat sich die Schweiz aktiv an allen mit [110] dem BEPS-Projekt befassten OECD-Arbeitsgruppen beteiligt. Insbesondere die Standards bzw. empfohlenen Massnahmen zur privilegierten Besteuerung von

---

[39] Vgl. VORPE, SAMUELE, Spontaner Informationsaustausch über Steuerrulings, Umsetzung des BEPS-Aktionspunkts 5 und Auswirkungen für die Schweiz, AJP 2016, 1229 ff.

Patenten und Immaterialgütern, dem spontanen Informationsaustausch über Rulings, präferenzielle Steuerregimes, Streitbeilegungsmechanismen, Missbrauchsbestimmungen von DBA und zu den länderspezifischen Berichten sind für die Schweiz von Bedeutung (Faktenblatt BEPS, Juli 2016[40]).

111   Darüber hinaus wurde mit der Ratifikation des OECD-Europarats-Übereinkommens über die gegenseitige Amtshilfe in Steuersachen (Amtshilfeübereinkommen; s. BBl 2015 5645) die rechtliche Grundlage für den spontanen Informationsaustausch, aber auch den internationalen Ausstausch von sog. *Rulings* geschaffen. Für die Schweiz ist die diesbezügliche Verordnung am 1. Januar 2017 in Kraft getreten. Ab 1. Januar 2018 werden erstmals entsprechende Informationen spontan ausgetauscht werden. Am 27. Januar 2016 hat die Schweiz zudem die multilaterale Vereinbarung über den Austausch länderbezogener Berichte (ALBA-Vereinbarung) unterzeichnet (s. Erläuternder Bericht, ALBA-Vereinbarung, vom 13. April 2016). Die Vernehmlassung dazu und zu dem für deren Umsetzung erforderlichen Bundesgesetz dauerte vom 13. April 2016 bis zum 13. Juli 2016. Ziel der Vorlage ist es, die Transparenz der Besteuerung multinationaler Konzerne zu verbessern und einen einheitlichen Rahmen für den Austausch der Berichte *(Country by Country Reports)* festzulegen.

VII. Die bisherigen Unternehmenssteuerreformen im Überblick

A.   *Unternehmenssteuerreform von 1997*

112   Das Hauptziel der Unternehmenssteuerreform von 1997 (UStR 1997) war die Verbesserung der steuerlichen Rahmenbedingungen für Unternehmen und damit eine Steigerung der Attraktivität des Wirtschaftsstandortes, insbesondere des Holdingstandortes Schweiz. Die Reform brachte namentlich folgende Neuerungen: Aufhebung der Kapitalsteuer im Bundesgesetz über die direkte Bundessteuer; Ausdehnung des Beteiligungsabzugs auf Beteiligungsgewinne; Ersatz der Gewinnsteuer mit drei Progressionsstufen durch eine proportionale Gewinnsteuer mit einem einheitlichen Gewinnsteuersatz von 8,5 Prozent; Senkung der Emissionsabgabe auf Beteiligungen von zwei auf ein Prozent; Erleichterungen im Bereich der Verrechnungssteuer beim Erwerb eigener Aktien; Wiedereinführung der Stempelabgabe auf Lebensversicherungsprämien (2,5%); Vereinfachung der Regeln über die Nachbesteuerung von früher übernommenen Auslandsverlusten; Neuregelung des sogenannten Domizilprivilegs im Bundesgesetz über die Harmo-

---

[40]   https://www.efd.admin.ch/efd/de/home/themen/steuern/steuern-international/beps/fb-beps. html, (Stand 4. November 2016).

nisierung der direkten Steuern der Kantone und Gemeinden (vgl. im Einzelnen Botschaft UStR 1997, 1164 ff.).

Unberücksichtigt blieben hingegen Anliegen wie die Milderung der wirtschaftlichen Doppelbelastung, die Einführung des Kapitaleinlageprinzips sowie steuerliche Entlastungen für die als Personenunternehmen organisierten kleinen und mittleren Unternehmen (KMU) (Botschaft UStR II, 4743).

113

B. Unternehmenssteuerreform II

Von der Unternehmenssteuerreform 1997 profitierten insbesondere Unternehmen und Holdinggesellschaften. Für die Unternehmenssteuerreform II (UStR II) wurde das Schwergewicht daher auf die KMU gelegt (Botschaft UStR II, 4785). Im Wesentlichen ging es um die Milderung der wirtschaftlichen Doppelbelastung, um die Einführung des sog. Kapitaleinlageprinzips sowie um ergänzende steuerliche Massnahmen zugunsten der Kapitalgesellschaften und Genossenschaften, aber auch um Entlastungsmassnahmen von Personenunternehmungen, namentlich bei deren Umstrukturierung und der Übertragung in- und ausserhalb des Erbgangs (s. Botschaft UStR II, 4743). Die UStR II wurde am 24. Februar 2008 in einer Volksabstimmung knapp angenommen (BBl 2008 2781).

114

1. Milderung der wirtschaftlichen Doppelbelastung

Bei der direkten Bundessteuer wurde per 1. Januar 2009 die Teilbesteuerung von Erträgen aus Beteiligungen eingeführt (AS 2008 2893; BBl 2005 4733). Einkünfte aus Beteiligungen im Geschäftsvermögen von mindestens zehn Prozent werden im Umfang von 50 Prozent, solche Einkünfte aus Beteiligungen im Privatvermögen im Umfang von 60 Prozent besteuert (Art. 18b und Art. 20 Abs. 1bis DBG; mit Beispielen MÄUSLI-ALLENSPACH/OERTLI, 172 f.). Auch auf kantonaler Ebene kann – muss aber nicht – eine Teilbesteuerung vorgesehen sein, sofern die Beteiligungsquote mindestens zehn Prozent beträgt (vgl. Art. 7 Abs. 1 Satz 2 StHG). Die steuerliche Entlastung erfolgt dadurch auf Stufe der Anteilsinhaber, was zudem zur Angleichung der steuerlichen Belastung von fremdfinanzierten und eigenfinanzierten Unternehmen führt (Förderung der Unternehmeraktionäre; s. Botschaft UStR II, 4794 ff.). Die Einschränkung der Entlastungsmassnahmen bei der wirtschaftlichen Doppelbelastung auf Beteiligungen ab zehn Prozent ist nicht sachgerecht, weil diese Doppelbelastung auf sämtlichen Dividenden besteht. Das Bundesgericht hat denn auch diese Einschränkung als verfassungswidrig qualifiziert, konnte jedoch aufgrund von Art. 190 BV die Verfassungswidrigkeit nur feststellen, aber nicht beseitigen. Der Bundesrat wollte in

115

der Vernehmlassungsvorlage zur Unternehmenssteuerreform den verfassungsmässigen Zustand herstellen, hat dann aber in der Gesetzesversion gemäss Botschaft
aufgrund des Widerstands der Kantone, welche finanzpolitische Gründe vorgebracht haben, auf die gebotene Ausdehnung auf sämtliche Dividenden verzichtet
und das Parlament ist ihm gefolgt, sodass der verfassungswidrige Zustand fortgeführt wird.

2. Einführung des sog. Kapitaleinlageprinzips

116   Die Rückzahlung von Grund- und Stammkapital, also nominellen Kapitalanteilen ist im Bereich des Privatvermögens ohne Steuerfolgen möglich
(Nennwertprinzip; s. REICH, § 13 N 119). Mit der UStR II folgte ein Wechsel vom
bisherigen Nennwertprinzip zum sog. Kapitaleinlageprinzip (Botschaft UStR II,
4802). Demnach werden seit dem 1. Januar 2011 die Rückzahlungen von Einlagen, Aufgeldern (Agio) und Zuschüssen, die von den Inhabern der Beteiligungsrechte nach dem 31. Dezember 1996 geleistet worden sind, gleich behandelt wie
die Rückzahlung von Grund- und Stammkapital (Art. 20 Abs. 3 DBG, Art. 7*b*
StHG sowie Art. 5 Abs. 1bis VStG). Voraussetzung ist jedoch, dass die Kapitaleinlagen in der Handelsbilanz separat ausgewiesen werden und die Gesellschaft jede
Veränderung des entsprechenden Kontos der ESTV meldet (MÄUSLI-ALLENSPACH/
OERTLI, 138). Diese Änderung ist steuersystematisch sachgerecht. Eine Besonderheit besteht jedoch darin, dass es im Belieben der Unternehmen steht, zu welchem
Zeitpunkt sie die Rückzahlung des eingelegten Kapitals vornehmen und damit
laufende Gewinne für Kapitalrückzahlungen verwenden können, was für die Aktionäre gewisser Gesellschaften dazu geführt hat (und weiter dazu führen wird),
dass sie einkommens- und verrechnungssteuerfreie Dividenden vereinnahmen
können. Gemäss andern Steuerordnungen, z.B. jener von Deutschland oder Frankreich, ist dies deshalb nicht möglich, weil Kapitalrückzahlungen erst dann möglich
sind, wenn zuerst die übrigen Reserven ausgeschüttet worden sind. In anderen
Steuerordnungen wie in jener von Japan sind Kapitalrückzahlungen nur im Verhältnis der Kapitaleinlagen zu den übrigen Reserven steuerfrei möglich.

3. Massnahmen im Bereich der Kapitalsteuer

117   Die Unternehmenssteuerreform II beinhaltete noch weitere
Massnahmen zur Steuerentlastung von Gesellschaften. Art. 30 Abs. 2 StHG sieht
vor, dass Kantone die Anrechnung der Gewinnsteuer an die Kapitalsteuer gesetzlich vorsehen können, was im Ergebnis bedeutet, dass profitable Gesellschaften
keine Kapitalsteuer mehr zu entrichten haben. Mit der Gesetzesreform wurde
zudem die Schwelle für den Beteiligungsabzug und für Ersatzbeschaffungen von

20 Prozent auf zehn Prozent herabgesetzt (Art. 64 und Art. 69 DBG; s.a. Botschaft
UStR II, 4812 f.).

C. Unternehmenssteuerreform III und Ausblick

Die Schweiz war und ist immer noch ein attraktiver Standort [118]
für Unternehmen. Neben gut ausgebildeten Arbeitskräften, einer guten Infrastruktur, einem politisch stabilen System und der damit einhergehenden Rechtssicherheit kann die Schweiz auch ein attraktives Steuerumfeld für Unternehmen bieten.
Insbesondere die kantonalen Steuerstatus (s. oben N 23 ff.), aber auch Sonderlö-
sungen wie die Prinzipalbesteuerung (vgl. ESTV Kreisschreiben 8) und die *Swiss
Finance Branch*[41] garantieren eine international wettbewerbsfähige Unternehmensbesteuerung für mobile Funktionen wie die dauernde Verwaltung von Beteiligungen (Holding), Finanzierungsaktivitäten, Forschungs- und Entwicklungstä-
tigkeiten (F&E), Handelsaktivitäten und Konzernkoordinationsfunktionen und
tragen dadurch zusätzlich zur Attraktivität des Unternehmensstandortes Schweiz
bei (vgl. STREULE/ALTORFER, 720 f.).

Seit 2005 stieg jedoch der politische Druck auf den Steuerstandort Schweiz stetig [119]
an, und die Angriffe internationaler Organisationen (OECD)[42] und vor allem auch
der EU auf die kantonalen Steuerregime nahmen zu. Die Europäische Kommission stellte am 13. Februar 2007 in einem Entscheid fest, dass die kantonalen Steuerstatus der Schweiz zugunsten von Holding- und Verwaltungsgesellschaften
sowie gemischten Gesellschaften eine Form der staatlichen Beihilfe seien, die
gegen das Freihandelsabkommen von 1972[43] zwischen der Schweiz und der EU

---

[41] Es handelt sich dabei um schweizerische Betriebsstätten einer ausländischen Gesellschaft
mit Finanzierungsfunktionen für den Konzern. Hier wird der Finanzgesellschaft mit Sitz im
Ausland ein Nutzungsentgelt für das der schweizerischen Betriebsstätte zur Verfügung ge-
stellte Kapital zugestanden. Die *Swiss Finance Branche* profitiert davon, dass sie einerseits
als gemischte Gesellschaft besteuert wird und andererseits einen fiktiven Zinsabzug als
Nutzungsentgelt für das ihr zur Verfügung gestellte Kapital geltend machen kann. Diese
Behandlung stützt sich auf eine unveröffentlichte Praxis der ESTV und der kantonalen
Steuerbehörden. Sie bewirkt eine effektive Gewinnsteuerbelastung von rund zwei bis drei
Prozent (Botschaft UStR III, 5086).

[42] Vgl. OECD, Harmful Tax Competition: An Emerging Global Issue, 1998 (verfügbar auf:
https://www.oecd.org/tax/transparency/44430243.pdf, Stand 7. November 2016); OECD,
Towards Global Tax Co-operation, Progress in Identifying and Eliminating Harmful Tax
Practices, 2000 (verfügbar auf: https://www.oecd.org/ctp/harmful/2090192.pdf, Stand
7. November 2016); OECD, The OECD'S Project on Harmful Tax Practices, 2004 (verfügbar auf: https://www.oecd.org/ctp/harmful/30901115.pdf, Stand 7. November 2016).

[43] Abkommen zwischen der Schweizerischen Eidgenossenschaft und der Europäischen Wirt-
schaftsgemeinschaft vom 22. Juli 1972 (SR 0.632.401).

verstossen würden. [44, 45] In der Folge nahmen die Schweiz und die EU Gespräche über die strittigen Fragen auf. Insbesondere die Aspekte einer privilegierten Besteuerung von Einkünften aus ausländischen Quellen (sog. *ring-fencing*) standen im Zentrum der Debatten (s. Botschaft UStR III, 5081 f.). Die Schweiz lehnte zwar eine Übernahme des EU-Verhaltenskodexes für die Unternehmensbesteuerung ab, der sie dazu verpflichtet hätte, den schädlichen Wettbewerb im Bereich der Unternehmensbesteuerung zu bekämpfen,[46] bekräftigte aber ihre Intention, im Rahmen der Unternehmenssteuerreform III die fraglichen Steuerregime abzuschaffen und neue steuerliche Massnahmen an internationalen Standards auszurichten (Botschaft UStR III, 5082).

120   Dieser erste Reformversuch, der zur Sicherung der Attraktivität des Steuerstandortes Schweiz und der Wiederherstellung bzw. Erhaltung der internationalen Akzeptanz des schweizerischen Unternehmenssteuersystems die Abschaffung der kantonalen Steuerstatus und die Einführung neuer Regelungen für mobile Erträge (u.a. Patentbox, erhöhte Abzüge für F&E-Ausgaben, zinsbereinigte Gewinnsteuer) vorsah, wurde am 12. Februar 2017 vom Schweizer Volk abgelehnt und ist damit gescheitert. Die Schweiz wird aber nicht drumherum kommen, ihre besonderen Steuerstatus zu überdenken und das Unternehmenssteuerrecht zumindest teilweise zu reformieren, um die OECD- und EU-Standards erfüllen zu können (vgl. SCHNEEBERGER, 202). Es ist offen, was nach einer schlichten Abschaffung der ausschliesslich auf bundesgesetzlicher Ebene (Steuerharmonisierungsgesetz, StHG) geregelten Privilegien für Statusgesellschaften geschehen würde. Jedenfalls würde dies Freiheit für die Kantone schaffen.[47] Eine neue Vorlage dürfte daher kurzfristig zu erwarten sein.

---

[44]   Siehe Pressemitteilung der Europäischen Kommission (IP/07/176) vom 13. Februar 2007 (verfügbar auf: http://europa.eu/rapid/press-release_IP-07-176_de.htm, Stand 7. November 2016).

[45]   Siehe auch ROTH, PHILIPP, Der Steuerstreit zwischen der Schweiz und der Europäischen Union, ST 2010/10, 721 ff.

[46]   Siehe Schlussfolgerungen des Rates «Wirtschafts- und Finanzfragen» vom 1. Dezember 1997 zur Steuerpolitik – Entschliessung des Rates und der im Rat vereinigten Vertreter der Regierungen der Mitgliedstaaten vom 1. Dezember 1997 über einen Verhaltenskodex für die Unternehmensbesteuerung – Besteuerung von Zinserträgen, ABl C 2 vom 6. Januar 1998, 1 ff.

[47]   Vgl. SCHALTEGGER, CHRISTOPH A., «Nachbessern machts nicht besser», Sonntagszeitung vom 19. Februar 2017, 3.

Schlussbemerkungen und Ausblick

Nicht das Aktienrecht, aber die Gesetzgebung dürfte nach einer [1] rund 50-jährigen Revisionsgeschichte verschiedener Intensität mit manchmal überraschenden Wendungen und teilweise auch markanter Politisierung (Minder-Intitiative) nach Abschluss der «grossen» Aktienrechtsrevision (s. Kapitel § 7) wohl etwas zur Ruhe kommen. Was LILIAN UCHTENHAGEN am 3. Juni 1991 im Nationalrat sagte, nämlich: «Wir haben ja alle ein bisschen die Nase voll von diesem Aktienrecht» (AmtlBull NR vom 3. Juni 1991, 852), dürfte jetzt abklingen. Insgesamt ist aber doch ein modernisiertes Gebäude entstanden.

Aktienrecht und Börsenrecht sind mit dem, was man «Börsengesellschaftsrecht» [2] nennen kann, neu aufeinander abgestimmt und dort, wo die Aktiengesellschaft wirklich eine Kapitalschöpfungsmaschine ist, einerseits modernisiert und andererseits eigentlich wieder auf die Ursprünge zurückgeführt worden. Der Kapitalmarkt ist durch die Aktienderivate (Optionen) bereichert worden. Das Aktienrecht zeigt sich auch der Digitalisierung bereits in erheblichem Umfange gewachsen, und zwar, mit dem Bucheffektengesetz, im Wertpapier- oder eben Wertrechteverkehr oder dann auch organisatorisch mit der Teilnahme an Generalversammlungen über das Internet (s. Art. 701c ff. E-OR). Mit dem Rechnungslegungsrecht und den Vorschriften zur Revision sind Transparenz und Investitionssicherheit verbessert worden. Hier zeigt sich auch der internationale Einfluss. Dieser schlägt sich zunehmend in Standards nieder, die zwar nicht durchwegs formell verpflichten, aber Ausdruck einer generellen Auffassung guten Geschäftsgebarens geworden sind.

Mit dem schillernden Schlagwort der «Corporate Governance» ist auch die Politik [3] mindestens indirekt (wieder) stärker ins Aktienrecht eingedrungen und hat die Beitragsleistungen aller Beteiligten neu zu evaluieren begonnen. Gedanklich ist man vom Shareholder-Value zur Stakeholder-Betrachtung fortgeschritten. All das ist aber einer kapitalmarktorientierten Ausrichtung verpflichtet geblieben und hat die unternehmensorganisatorischen Fragen wenig berührt. Mitbestimmungsfragen wurden bislang abgelehnt. In echte politische Empörung mündeten aber die Diskussionen um die Entschädigungsfragen der Unternehmensleitungen. Das Resultat sind ungeminderte Entschädigungen, aber bürokratische Strukturen zur Erreichung einer einigermassen informierten Aktionärszustimmung (Minder-Initiative).

4   Die Konzentration der Diskussion um die börsenkotierten Gesellschaften hat die
    Diskussion um die KMU leider in den Hintergrund gedrängt, obwohl sie die
    Mehrheit der Aktiengesellschaften ausmachen. Der Verdacht liegt nicht ferne,
    dass sie, trotz gewisser Erleichterungen (so im Bereiche der Revision, der Buch-
    führung und Rechnungslegung und der Offenlegung und Einsichtnahme in die
    Jahresrechnung, aber teilweise auch im Steuerrecht) mit Lasten konfrontiert wur-
    den, die ihrer Grösse wenig angemessen sind. Das erklärt teilweise das Auswei-
    chen auf die Rechtsform der GmbH, dann aber auch einen Teil der Rückzüge von
    der Börse *(going private)*. In Bezug auf die heute intensiv diskutierte Ausgestal-
    tung von Venture-Gesellschaften sind die Finanzierungsgrundlagen bis heute
    wenig modern und innovativ ausgestaltet.

5   Im regulierten Bereich der Finanzindustrie ist zudem festzustellen, dass das Pri-
    vatrecht und die Freiheit der Aktionäre gering geworden und von einer regulatori-
    schen Hülle überzogen worden sind. Die Gewährsanforderungen kommen bald
    kirchlichen Bussenkatalogen nahe, insbesondere im Bereiche der Geldwäscherei.
    Deren Abwehr hat mit der Transparenz, die man auch für Inhaberaktien sucht,
    auch im allgemeinen Aktienrecht Einzug gehalten (Art. 697*i* und *j* OR). Das dürfte
    aber noch nicht das Ende sein und eigentlich hat dies bereits mit der Erfassung der
    wirtschaftlich Berechtigten an Domizilgesellschaften in der VSB 1977 begonnen.

6   Es soll hier aber nicht zum Schlusse «quo vadis?» geseufzt werden, sondern es ist
    mit der positiven Feststellung zu enden, dass das Aktienrecht, das als geniale Idee
    der Zentralisierung von Kapital und Mobilität der Anteile auf eine lange Ge-
    schichte zurückblickt, wohl auch noch eine lange Zukunft vor sich hat. Selbst die
    Politik ist nicht in der Lage, hier entscheidend zu stören. So ist auch dieses Buch
    nur eine Wegmarke dazu.

911

Stichwortverzeichnis

(Hauptstichwörter fett / Nebenstichwörter normal ohne Lemma / Unterstichwörter normal mit Lemma / Verweisungen mit Pfeil)

A

Abwehrmassnahme, § 8 N 145 ff., 188 ff.
Abzockerinitiative → Volksinitiative
 «gegen die Abzockerei»
Aktie, § 1 N 74; § 3 N 5, 22 f.
– Dispoaktie, § 1 N 148; § 2 N 81 ff.;
 § 4 N 73, 211; § 9 N 94
– eigene § 2 N 85; § 8 N 137 ff.;
 § 10 N 32 ff.
– Einheitsaktie, § 9 N 95
– Haltedauer, § 1 N 22
– Kleinaktie, § 4 N 31 f.
– Nennwert, § 1 N 9; § 4 N 193, 212
– nennwertlose, § 1 N 21; § 4 N 31 f.
– Pflichtangebot, § 8 N 141 ff.
– Quotenaktie, § 1 N 20
– Stimmrechtsaktie → Stimmrecht
– Stückaktie (dt.), § 1 N 24 f.
– Verkehrswert, § 1 N 21
– Vorratsaktie, § 4 N 348; § 7 N 207
– Vorzugsaktie, § 3 N 94, 102, 260
Aktienbank, § 3 N 79, 103
Aktienbuch (s. auch Namenaktie, Vinkulie-
 rung), § 2 N 81; § 3 N 63; § 4 N 73;
 § 9 N 94
**Aktiengesellschaft, AG (s. auch juristi-
sche Person), § 1 N 11, 162, 203;
§ 3 N 4 ff.**
– Begriff, § 3 N 21 f.
– Bestand, § 1 N 116 ff.
– «bonne à tout faire», § 3 N 105;
 § 4 N 14 ff.
– börsenkotierte, § 2 N 50 ff.
– Errichtungsstadium, § 6 N 28 ff.
– Finanzierung, § 9 N 147
– gemischtwirtschaftliche, § 5 N 9 ff., 31
– Grundtypus, § 6 N 10 ff.
– im 19. Jahrhundert, § 3 N 6 ff.
– Kapitalbezogenheit, § 1 N 15, 36, 121

– «Kapitalpumpe», § 8 N 89
– im Konkursverfahren (s. dort)
– Körperschaft (s. dort)
– Personenbezogenheit, § 1 N 35 f.;
 § 3 N 56
– Personenverbindung, § 1 N 119
– Persönlichkeit, § 1 N 64 ff.
– (rein) privatrechtliche, § 5 N 59
– Rechtsfähigkeit, § 1 N 120; § 6 N 16 f.;
 § 7 N 14
– Rechtspersönlichkeit, § 6 N 13 ff.;
 § 7 N 10
– regulierte, § 5 N 60 ff.
– spezialgesetzliche eidgenössische,
 § 5 N 37 ff.
– spezialgesetzliche kantonale,
 § 5 N 23 ff., 32
– Steuersubjekt → Besteuerung der AG
– Verhältnis zu anderen Gesellschafts-
 formen, § 6 N 41 ff.
– Zahlen, § 2 N 4 ff., 41, 46; § 3 N 105;
 § 4 N 19
– Zweck, § 6 N 7
– Zweckverband, § 1 N 120
Aktienkapital, § 2 N 47
– (Ausschüttungs-)Sperrziffer, § 1 N 26 f.
– bedingtes, § 4 N 264 f.; § 5 N 82
– genehmigtes, § 5 N 81
– Mindestkapital, § 1 N 30 ff.
Aktienrecht, § 1 N 192
– 19. Jahrhundert, § 3 N 61 ff.
– 1881–1936, § 3 N 82 ff.
 – Aktiennovelle, § 3 N 88
 – Botschaft 1928, § 3 N 101 f.;
  § 4 N 6 f.; § 8 N 38 ff.
 – Entwurf 1919/1920, § 3 N 98 f.
 – Entwurf 1923, § 3 N 101
 – Kriegsnovelle, § 3 N 98
 – Motive (MUNZINGER), § 3 N 83, 85
 – OR 1881, § 3 N 92 f.